『語言自邇集の研究』正誤表

頁	行	誤	正
9	8	"要是" 置き換えられるなど	"要是" に置き換えられるなど
26	16	他們吵閙呢	他們吵鬧呢
30	27	"實那" なる。	"實那" となる。
32	注1)4	その書物（原稿）長く	その書物（原稿）は長く
40	3	（ここでは上が左、下が右を表す）	（ここでは上が右、下が左）
126	7	108ページの2行目	108ページの9行目

文化交渉と言語接触研究・資料叢刊 4

語言自邇集の研究

内田慶市
氷野　歩　編著
宋　　桔

関西大学アジア文化研究センター

好文出版

序

　『語言自邇集』のイギリス人の著者トーマス・ウェード（Thomas Francis Wade、1818-1895 年）は、中国語をラテン文字によって表記するウェード式を発明した人物として知られている。しかし彼は、イギリスの外交官であり、また中国語と中国学の研究者でもあった。彼の中国名も威妥瑪として知られている。彼は 1842 年に香港に来航し、その後香港で広東語通訳となり、1852 年には上海副領事、ついで上海海関の税務司となり、さらに 1866 年にはイギリスの駐清公使館の参事としてイギリス公使のラザフォード・オールコックを手助けしている。ウェードは 1869-1882 年まで駐清公使を務め、日本の台湾出兵後の事後処理では、日本側と中国側との仲介に助力し、1876 年にはイギリスと清朝との間で交わされた芝罘条約（煙台条約）の締結に奮進した。その後 1883 年に帰国し、一時期ケンブリッジ大学の中国学の主任教授となるなどの多才な経歴の人物である。

　そのウェードの代表作が『語言自邇集』である。『語言自邇集』は、中国語の研究史においても教育史においても極めて重要な文献で、これまで 1867 年初版本、1886 年第二版、1903 年三版と版を重ねてきた。とりわけ 1867 年の初版本は稀覯書とまで言われ、研究者の間では垂涎の的であった。それを中国語学史の専家である内田慶市研究員が中心となって、『語言自邇集』の分析、語彙索引を加え、本編の影印を行ったのが、本書『語言自邇集の研究』である。

　今回、『語言自邇集の研究』を本関西大学アジア文化研究センターの研究成果として公刊することは、本研究センターにとっても重要な意味があるが、東洋学研究の世界にとっても大きな業績として残るものと確信している。

　本書が多くの識者に裨益することを祈念するものである。

2014 年 11 月
関西大学アジア文化研究センター長
松　浦　　章

目　　次

序　　　　　　　　　　　　　　　　　　　　　　　松浦　章 ………… i

はじめに　　　　　　　　　　　　　　　　　　　　内田慶市 ………… 1

研　究　篇

『語言自邇集』の成立と伝播──解題に代えて　　　内田慶市 ……… 5
"您"に関わることがら　　　　　　　　　　　　　内田慶市 ……… 29
近代日本における『語言自邇集』の受容と展開　　　氷野　歩 ……… 45
《语言自迩集》之协作者《瀛海笔记》之主角　　　宋　　桔 ……… 67
清末佚名《语言问答》研究　　　　　　　　　　　宋　　桔 ……… 79

資　料　篇

『語言自邇集』序文集（漢訳）　　　　　　　　　　宋　　桔訳 ……… 97
『語言自邇集』（初版，1867）全語彙索引
　　　　　　　　氷野　歩・氷野善寛・内田慶市 ……… 125
『問答篇』（1860）全語彙索引　　　　　　　　　　同　　上 ……… 367
『登瀛篇』（1860）全語彙索引　　　　　　　　　　同　　上 ……… 465

影　印　本　文

『語言自邇集』（初版，1867，架蔵） ……………………………… 517
『登瀛篇』（1860，オーストラリア国立図書館蔵） ………………… 1
『問答篇』（1860，ハーバード大学燕京図書館蔵） ………………… 57

はじめに

　トーマス・ウェード（Thomas Francis Wade）による『語言自邇集』は中国語史研究上においても、中国語教育史研究上においても極めて重要な資料である。ただ、これまでは、その資料の希覯性（とりわけ初版本）と量の多さもあって、本格的な研究は未だ展開されてはこなかったように思われる。

　この度、その初版本（1867）といわゆる「試行本」的要素を備えた『問答篇』と『登瀛篇』を影印し、加えて、それらの全語彙索引および関係論文、初版から3版までの序文（英文）の中国語訳を収録して『語言自邇集の研究』として出版することにした。

　これを機に、『語言自邇集』の研究と近代漢語研究、近代中国語教育史の研究が一層深まることになれば、編著者たちの出版の意図は十分に達せられたということになる。

　出版に当たっては、アジア文化研究センター長の松浦章教授の格別のご配慮をいただいた。また、今回も研究所事務室の早川真弓氏には、出版社との連絡等の煩瑣な事務をおとりいただいた。表紙の装幀は、いつものことながら、センターPDの氷野善寛君の手を煩わせた。それぞれお名前を記して心からの感謝申し上げる次第である。

　なお、本書は文部科学省「私立大学戦略的研究基盤形成支援事業」によって関西大学東西学術研究所内に設立された「アジア文化研究センター（CSAC）」（平成23年度-27年度）における研究成果の一部である。

2014年11月吉日
編著者代表・内田慶市

研究篇

『語言自邇集』の成立と伝播
―― 解題に代えて ――

内 田 慶 市

　トーマス・ウェード（Thomas Francis Wade, 威妥瑪, 1818-1895）によって著された『語言自邇集 *A progressive course designed to assist the study of colloquial Chinese as spoken in the capital and the metropolitan department.*』（1867年初版）は，「官話」における「北京語の勝利」（高田2001）[1]を確実なものとしたということでも，中国語史研究とりわけ「19世紀の中国語」を考える上でも極めて重要な資料である。また，中国語法研究においても多くの先駆性が認められるし（内田2002[2]，2004[3]および宋桔2014），さらには近代日本における中国語教育においても大きな影響を与えた著作である。

　ただ，『語言自邇集』の成書過程，その言語の特質，近代日本における中国語教育史での位置付け等々について，いずれも真正面から取り組んだ論考はあまり多くはないのが現状である。ここでは，特に成書過程と言語の特質の一端と，日本における伝播を中心に概観し，本書の解題に代えたいと思う。

1.『語言自邇集』の版本および構成

　『語言自邇集』の初版は1867年に出版され（全4冊），その後，1886年に第2版（全3冊）が，1903年に第3版（全2冊）が出版されているが，その構成は以下の通りである。
（1）　初版（1867）
　　　第1巻
　　　　　Part I Pronunciation
　　　　　Part II The Radicals
　　　　　Part III The Forty Exercise 散語章四十章
　　　　　Part IV The Ten Dialogues 問答章十章

1）高田時雄 2001「トマス・ウェイドと北京語の勝利」『西洋近代文明と中華世界』狭間直樹編，京都大学大学学術出版会
2）内田慶市 2002「近代欧米人の中国語語法研究」『文化事象としての中国』関西大学出版部
3）内田庆市 2004「近代西人的汉语语法研究」『语言接触论集』上海教育出版社

Part V The Eighteen Sections 續散語十八章
　　　Part VI The Hundred Lessons 談論篇百章
　　　Part VII The Tone Exercises（声調練習）
　　　Part VIII The Chapter on the Parts of Speech 言語例略（十三段＋附編＝十四段）
　第2巻
　　　Key（第一巻の第3章から第8章の中国語について英訳し，注釈を加えたもの）
　第3巻
　　　付録

(2) 第2版（1886）
　　全3冊，初版第5章の「續散語十八章」が削除され代わりに第6章として「踐約傳」が入る。

(3) 第3版（1903）
　　全2冊，いわゆる簡約本

（第1版）

（第2版）

（第3版）

2.『語言自邇集』における各章間における言語の不均一性

『語言自邇集』におけるその各章間あるいは版本の違いによる言語の「不一致」性に関して，尾崎1965では次のように述べられている。

「談論篇」は同じく「語言自邇集」の一部を構成しているにもかかわらず，他の章と比べてみると，やや古いことばで著わされていることがわかる。また，再版本にみえる編集上の変化とともに，ことばの面でも新しい要素が加わってきており，同時に，当時としてあまりに特殊なことば・用法が削除されていることもわかる。いずれも清代のことばではあるが，単に「語言自邇集」といっても，テキストの系統によってことばの出入りがあることは知らねばならない。（尾崎實『語言自邇集語彙索引（初稿）』1965.10）

この点について，更に詳しく見ていくと以下のような項目が挙げられる。
(1) 二人称尊称の"您""你納"[4]
"您"は「散語」に12例，「問答」に11例見えるだけで，「談論篇」「續散語十八章」「言語例略」には見えない。

一方，"你納"は，「談論篇」に49例，「續散語十八章」に1例，「問答章」に16例，「言語例略」に11例見えるが，「散語章」にはない。なお，「問答章」には"他納"が1例，「言語例略」の「附編」には"您納"が3例見える。

"您""你納"については，ウェードは以下のように説明するが，"你納"が古い（ゴンサルベスが多用－後述）。

"您"nin, more commonly pronounced ni-na, which, again, is short for ni lao jen-chia; politely, you my elder; you, Sir, or Madam. （Key: 53p）

(2) V＋了＋O＋咯
我也灰了心咯。
連我也是白費了勁咯。
這是你們自己誤了自己咯，還是我誤了你們咯呢。

「談論篇」にのみ（36例）この形が現れ，句末の語気助詞を"咯"で表記。他の章はすべて"了"。

4）"您"に関しては本書所収の「"您"に関わることがら」を参照のこと。

この「了」と「咯」ついては，ウェードは以下のように説明している。
> Liao, to end: ended: after verbs, sign of the past, but at the end of a clause very often a mere expletive, and then pronounced la, or lo. (Key: 7p)
> The liao, here pronounced la, or lo, rounds the sentence so far as sound is concerned, but adds nothing to the sence. (Key: 85p)

これはすなわち「liao」から「la (le)」への過渡期の現象，とくに，文末助詞が「la (le)」に変化したことを「談論編」において積極的に記述したものと考えられる。

なお，「談論篇」には"受了罪咧"（談論92）のように"咧"も1例見える。

(3) "今兒"／"今天"
「散語」においてのみ"今天""明天""昨天""前天"が挙げられており，他の章ではすべて"今兒""明兒"のたぐいが用いられている。

(4) "這們"／"這麼"
"這們""那們"は"這麼""那麼"より古い形であるが，これも「談論篇」「續散語十八章」に多用されるのに対し，「問答章」には"那們樣"が2例見えるだけで，「散語章」「言語例略」には見られない。ただ表記としては"們"であるが実際の発音は"麼"と同じであったようである。
> The mo is sometimes written men, but this is then pronounced mo. (Key: 85p)

以上のほか，たとえば，以下のものは「談論篇」「續散語十八章」に特徴的なことばである。

(5) "跟"の比較の用法
跟石頭這麼硬。（續散語） 跟紙的似的這麼輕巧。（續散語）

(6) "多著的呢"
比我好的多著的呢。（談論篇）
cf. 河西務遠多了。（問答） 煤炭用得多。（散語）

(7) "接"＝"解"
接頭兒另做過。（續散語）

(8)　"夠"
　　鹽放多了夠鹹的。（續散語）
　　夠臭的（同上）夠苦的（同上）夠酸的（同上）

　こうしてみてくると，「談論篇」＞「續散語十八章」＞「言語例略」＞「問答章」＞「散語章」という順で古い形をより多く残しているということが言えるだろう。
　なお，初版と第2版以降の異同も近代中国語語史を考える上で重要である。たとえば，第2版においては「談論篇」においても"您"が登場してくるし，仮定を表す"要是"は初版本では全ての章に見えないが，第2版においては，"若是"が"要是"置き換えられるなど興味深いものが多い。

3.『語言自邇集』の成書過程

　『語言自邇集』の第一版の序文には，以下のように本書の成書過程に関わる記述がある。

　　　　The Ten Dialogues of Part IV, which come next were dictated by me to a remarkably good teacher of the spoken language, who of course corrected my idiom as he took them down. The matter of most of them is trivial enough, but they give the interpreter some idea of a very troublesome portion of his duties, namely, the cross-examination of an unwilling witness. It was with this object that they were composed.

　　　　The Dialogues are followed by the Eighteen Section, the term section being chosen for no reason but to distinguish the divisions of this Part V from those of the foregoing parts and of the next succeeding one. The phrases contained in each of its eighteen pages are a portion of a larger collection written out years ago by Ying Lung-T'ien. I printed the Chinese text of this with a few additions of my own in 1860. Finding them in some favor with those who have used them, I have retained all but my own contributions to the original stock, or such phrases in the latter as are explained in other parts of this work, and now republish them as a sort of continuation of Part III. The contents of that part are in Chinese styles San Yü, detached phrases; those of the fifth part are Hsü San Yü, a supplement to those phrases. The intermediate Dialogues are Wên Ta Chang, question and answer chapters, and the papers which follow in Part VI, are T'an Lun P'ien, or chapters of chat, for distinction's sake entitled The Hundred Lessons. These last are nearly the whole of the native work compiled some two centuries since to teach the Manchus Chinese, and the Chinese Manchu, a copy of which was brought southward in 1851 by the Abbé Huc. Its

phraseology, which was here and there too bookish, having been thoroughly revised by Ying Lung-T'ien, I printed it with what is now reduced to the Hsü San Yü; but it has since been carefully retouched more than once by competent natives.（Preface X-XI）
（PartⅣの Ten Dialogues ＝問答十章は，私の口述したものを口語に秀でた教師に書き取らせたものであり，彼は書き留める際に私の表現の誤りを正してくれた。それらのほとんどのものは，極めてありふれたものであるが，それでも，通訳に自分の職務上における大変やっかいな部分，たとえば証言したがらない人への反対尋問などである。まさにこうした翻訳の過程における問題を解決することがこの部分を書いた目的である。

その Dialogues＝問答十章の後ろに Eighteen Section＝續散語十八章が続くが，これを Section と名付けたのは特に理由はなく，ただこの PartⅤの部分を，前の部分（つまり PartⅣ＝筆者，以下同じ）と次の部分（PartⅥ）とから区別するためのものである。この 18 章に含まれるフレーズは何年か前に應龍田によって著されたより大きな短文集の一部分であり，私はこれを中国語のテキストとして私自身のいくつかの増補を加えて 1860 年に印刷した。ただ，それらを使用したことのある人には非常に好まれていることを知り，元々のものに私自身が付加した部分と，この本の他の部分で説明されているようなフレーズを省いて，そのまま残しておいたもの（＝1860 年に印刷したもの＝筆者）を，今，PartⅢの続きとして再版することにした。PartⅢの内容は，中国語で言えば「散語」つまり detached phrase（独立したフレーズ）であり，5 番目の内容は「續散語」すなわち PartⅢの補遺である。

中間にある Dialogues は「問答章」，すなわち問いと答えの章であり，PartⅥに置かれているのは「談論篇」あるいは「雑談（おしゃべり）」の章であり，他との特徴を際だたせるために 100 課と名付けられた。

この最後のものは，2 世紀前から満州人に中国語を，あるいは中国人に満州語を教えるために編纂された，ネイティブの手になるもののほとんど全てであり，この本は 1851 年に Abbe Huc によって南方からもたらされたものである。ただ，あちこちに余りに文言調のものが見られるその文体は，應龍田によって徹底的に改訂され，その後も有能なネイティブによって注意深く何度も加筆修正がなされたが，私はそれを今，「續散語」として生まれ変わったものと共に印刷した。）

3-1.「談論篇」

上記でウェード自身も述べているし，また以下に示した「問答十章之十」の記述からもわかるように，「談論篇」は 1851 年にフランス・ラザリスト会の Abbe Huc（1812-

1860，1839年来華，マカオ，広東，モンゴル，チベットを遊歴，主に浙江省で布教活動，1852年帰国）から入手した『清文指要』系統のいわゆる「満（清）漢合璧」課本を元にしたものである。この『清文指要』系統のものは，『清文指要』『初學指南』『三合語録』があるが，「談論篇」および，その前段階のものである『問答篇』（1860）のテキストの順序から考えると，おそらくは『初學指南』『三合語録』を直接の底本にしたと考えられる。いずれにせよ，「談論篇」が『自邇集』の各章の中で最も古い中国語を残す理由はここにある。

　　　那清文指要，先生看見過沒有。彷彿是看見過，那是清漢合璧的幾卷話條子那部書，是不是。是那部書。那部書都老些兒，漢文裡有好些個不順當的。先生說得是。因為這個，我早已請過先生，從新刪改了，斟酌了不止一次，都按著現時的說法兒改好的，改名叫談論篇。

　なお，『清文指要』系統のものには，他に『清文指要漢語』『清文要指』といった未定稿写本が存在する。『清文指要』系統には"您"はもちろんのこと，"你納"も現れないが，『清文指要漢語』（天理大学図書館蔵）には"你納"が出現する。ただし，その表記は"你"+「満州文字」である。二人称尊称にはほかに"你老""阿哥"なども多用されている[5]。またこの本には"這晦""那晦""不咂"といった特殊なことばが使われている。"這晦""那晦"は"這們""那們"と同じことばであろうし，"不咂"は『兒女英雄傳』にのみ出現すると言われる"不咱"と同系のことばであると思われる。従ってその言語は『兒女英雄傳』とほぼ同じ時期のものを反映するものと考えられるが，一方で清代には現れないとされる"吧"が使われていたりして，新旧が入り交じったことばである。また，その話の順序は『清話百条』に近い。

3-2.「散語章」と「續散語」

　ウェードは1860年に「談論篇」のひな形である『問答篇』を出版した際に，同時に，『登瀛篇』も出版した。

　『登瀛篇』は全48章からなるが，第1章から第10章までは，最初の1行目にその章に登場する重要単語が並び，それに続けて例文が示されるという体裁で，まさに「散語章」はこの形式を踏襲している。ただし，実際の「散語章」との内容とは大きく異なっているのに対し，第11章以降は，例文のみが示されたもので，「續散語」の例文はすべてこの『登瀛篇』第11章から48章までから抽出されたものである。ウェードは初め

　5）詳しくは本書収所の「"您"にかかわること」を参照。

おそらく「登瀛篇」の第1章から第10章までを「散語章」として構想したのであろうが，その後，その部分を40章にする必要が生じたために，新たに稿を起こしたのではないかと考える。このことによって，「散語章」は『自邇集』の中で最も新しい言語を反映したのだと思われる。

3-3. 『語言問答』

ところで，『語言問答』（ローマ国立中央図書館，ベルギー・ルーバン・カトリック大学図書館所蔵）と名付けられた本が存在する。「語言問答」（52葉）と「續散語十八章」（35葉）からなり，後半部分の「續散語十八章」は罫線入りであり，刊行年，編者も未詳である。

このうち前半部分の「語言問答」は，J. A. Goncalves『漢字文法 *Arte China constante de Alphabetoe Grammatica*』（1829, Macao）の五章「問答」から採られたものであり，一部削除（たとえば15章）や加筆訂正が施され，また同義語が並列されている場合は，そのどちらか一つだけを採用するという若干の異同が見られるだけである。

筆者はこの『語言問答』はおそらくウェードの編纂によるものであると考えている。そしてこの本こそが，序文で述べている「ただ，それらを使用したことのある人には非常に好まれていることを知り，元々のものに私自身が付加した部分と，この本の他の部分で説明されているようなフレーズを除いて，そのまま残しておいたもの」あるいは「應龍田によって著されたより大きな短文集」であると考えるのである。そしてその出版された時期は『問答篇』『登瀛篇』が出版された1860年前後から，『自邇集』が刊行される1867年の間であろう。さらに，この本の前半部分は『自邇集』の「問答章」として組み入れる予定であったかも知れない。ただし，その「問答章」は採用されなかった。その理由は量が多すぎたことと，ことばの古さにあったと考えられる。

ウェードがゴンサルベス（J. A. Goncalves, 1780-1884, ポルトガル・ラザリスト会宣教師，北京官話と広東語に秀でていた）に全幅の信頼をおいていたことは，以下の文からもうかがえるところであり，『自邇集』の"你納"は明らかにゴンサルベスを受け継いだものと思われる。（ゴンサルベスは『漢字文法』以外の彼の著作の中でも，この"你納"を多用する）

> The best is perhaps Goncalves's Arte China, but it is written in Portugues, a tongue few Englishmen under age have cared to cultivate. If the writer's health and strength be spared him it is his purpose one day to produce a Student's Manual somewhat in the style of the Arte.（*Hsin Ching Lu*, 1859, 序文）

（おそらく最もよいのはおそらくゴンサルベスのArte Chinaだろう。しかし，それはポルトガル語で書かれており，未成年の英語話者はほとんどそれを習得しようとはしない。もし筆者の健康と体力が残されるならば，いつの日かそのArteのスタイルでに学生手引き書を作ることが筆者の目標である。）

3-3-1. 『語言問答』と『自邇集』の「時」の表し方の違い

　近代中国語における「時」の表し方については，すでに尾崎實1992などに詳しいが，12時間計と24時間計の共存，また，「時量」と「時段」を区別しないところに特徴がある。ゴンサルベスは『洋漢合字彙』(1831)の中でも"晩上十一下一刻十二分二十秒""子刻一刻十二分二十秒"というように「時段」を表現しているが，『語言問答』＝『漢字文法』でも，以下のように表現する。

　　什麼時候。幾下鐘。看幾下鐘。
　　差不多一下鐘。正打了三刻。打了一下三刻。剛剛兒二下鐘。還沒有三下二刻。六下鐘過了。剛打了七下一刻。
　　大概是十下鐘。慢慢的要打十二下鐘。（問答十二・時辰）

　これに対して『自邇集』での用法は実は「時段」ではなく「時量」となっている。
　　一點鐘兩刻，半點鐘，一點半就是一點兩刻，一下鐘就是一點鐘（散語四十章之九）

　これの英訳は以下の通りである。
　　An hour and two quarters. A half-hour. An hour and a half is the same as an hour and two quarters. Both the following expressions. I hsia chung and I tien chung, mean an hour.（Key: 21p）

　『自邇集』では「時段」は次ように表している。
　　明兒個幾點鐘見。明兒您們申初見罷。（問答十章之九）

　つまり，「申初」（＝15時）であり，これは中国人の伝統的な言い方である。ここに中国人「應龍田」の大きな影を見ることになる。そのような背景もあって，「言語問答」は「問答章」にならなかったと考える。

4. 日本における『語言自邇集』の伝播とその影響

4-1. 抄本『語言自邇集』と『清語階梯語言自邇集』

　日本の中国語教育は明治9（1876）年9月よりそれまでの南京官話から北京官話へと

大きな転換を行った。

 （東京＝筆者）外國語學校でわ日本最初の北京留學生中田敬義[6]等が外務省により選抜されて出發したる歳，明治九（1876年＝筆者）年春，北京人（旗人）薛乃良が前教師浙江人葉松石に代つて來り教師となるや，その四月新たに應募入學した二十餘名の學生より初めて北京官話の教授を開始し，従来の南京語の學生も大半北京語に移つた，残りたる少数者の爲めに南京語わ北京語科に並立して居たが，明治十四年に至つて之を廢し，專ら北京官話のみを教うることゝなつた。（何盛三『北京官話文法』1928，71-72p）

何1928ではさらに当時の中国語教育について以下のように述べている。

 當時の教授法を見るに，外國語學校にてわ薛乃良の招聘と共に學校に藏したる纔かに一部の語言自邇集を原本とし，生徒をして悉く之を筆寫せしめて教科書とし，先づ其平仄編に依り正確なる發音を練習し，十分習熟して甫めて談論編に移り，更に上達して後，教授潁川重寛が紅樓夢を講じ，川崎近義が熱心に之を補佐したと云う。（同上73p）

このように近代日本の中国語教育は『語言自邇集』を主要な教科書として開始されたことが分かる。東洋文庫蔵『語言自邇集』抄本[7]はまさにこの何1928で言及された「生徒をして悉く之を筆寫せしめ」たものである。管見によると，このような抄本はほかに以下の2種がある。

 語言自邇集5巻，言語例畧1巻，文件自邇集16巻，全8冊（静嘉堂文庫）
 語言自邇集抜砕（長崎県立図書館）

長崎県立図書館の抄本は『散語』の語句が収められているのみで，文章は見られない。静嘉堂文庫の抄本は「散

---

6) 中田敬義は明治11年12月に日本で最初の北京官話読本『北京官話伊蘇喩言』を出版している。中田は北京に留学時代に北京人（＝旗人）龔恩禄と龔恩綬兄弟に北京語を学び，渡部温の『通俗伊蘇普物語』を中国語に翻訳した。この書は Edkins, Martin, 紹古英継（英紹古，龔恩禄の父）の序文がある。
7) 鱒澤彰夫「北京官話教育と『語言自邇集 散語問答 明治10年3月川崎近義氏鈔本』」（『中国語学』235，1988）

語四十章」「問答十章」「續散語十八章」「談論篇百章」「平仄篇」「言語例略」，つまり『語言自邇集』の全ての中国語部分が収められている。

　静嘉堂文庫の抄本の各頁上欄外と本文中には以下のような注釈および修正がいくつか施されている。これらの書き込みは同一人の筆跡ではなく，また全頁に書き込みがあるわけではないが，おそらくこの手稿本を使用した学生が授業で教師の説明に従い自身でメモを取ったものであろう。書き込みの内容は非常に面白いもので，当時の北京官話の一斑を理解するのに有益である。

　例えば，『語言自邇集』第一版の「談論篇」に二人称の"您"はなく，"你納"のみであるが，この抄本では一章すべて"你那"が"您"に改められている。"那們"は"那么"に比べ古い用法であるが，ここでは"那么"に改められている。"章京"や"妞兒"など満州語（旗人語）に関する説明の記述もある。"老陽"はおそらく"老爺兒（＝太陽）"の方言である。このように，この抄本は『語言自邇集』第一版に比べ，より新しい当時の北京官話の実情を反映したものといえるだろう。

　　若是我做得來的事清（談論一）或作若是我能做的事情（評註）
　　抽空兒給我編幾個話條子我念（談論一）空本上平聲（評註）
　　差得天地懸隔呢（談論三）此差字當讀去聲（評註）
　　料想也就差不多兒咯（談論三）此差字當讀上平（評註）
　　人生在世頭一件要緊是學念書呢（談論四）要緊→要緊的
　　不論什么事，可自然都會成就（談論四）"可"削除，會成就的
　　人若是學得果然有了本事（談論四）人若是果然學得有了本事（評註）
　　全靠著鉆干逢迎，作他的本事（談論四）他→自己
　　我實在替他害羞（談論四）害羞→害臊
　　往那兒去啊（談論五）往→上，啊→呀，往本上聲（評註）
　　如今天短，沒寫字的空兒（談論五）沒寫字的空兒→沒空兒寫字，空本上平聲（評註）
　　不得閑兒（談論五）→沒空
　　你往這上頭用心（談論八）往→在
　　耽擱時候兒（談論八）時候兒→工夫兒
　　那們就沏茶來（談論十一）那們→那么
　　章京（談論十二）章京本來滿洲話（評註）
　　你納是什么時候兒的人（談論十二）你→您
　　和你納一塊兒行走（談論十二）你→您
　　在你納後頭年輕的人兒們（談論十二）你→您
　　若論你納的差使（談論十二）你→您

合者你納得意思，我請你納（談論十二）你→您

你納是這么說（談論十三）你→您

老爺兒照著他的影兒一跳一跳的（談論四十）老爺兒或作老陽（評註）

這種樣兒的壞孩子可有么（談論四十一）可有么→天底下還有第二個么

脖脛子（談論六十二）脛俗說梗（カン）（評註）

若不努力勤學，以着什么木事給主了出力呢（談論七十九）以或作倚（評註）

看見這個給那個斟酒，那個回敬（談論八十二）或作那個又回敬這個／那個又給這個回敬（評註）

脖頸子（談論八十四）頸俗說梗（評註）

你們妞兒若不罷，如今也有十幾歲了（談論八十七）妞→姐，滿洲曰妞兒，漢人曰姑娘，或曰姐兒亦可（評註）

また，抄本の「談論四十章」の欄外には「明治十五（1882＝筆者）年五月」という書き込みがあり，ここからこの抄本の使用時期が推測できる[8]。

明治13年7月慶応義塾出版部は『清語階梯語言自邇集』（全2冊）を刊行した[9]。これは基本的に『語言自邇集』第一版の翻刻であるが，原本との最大の違いは欄外に多くの注釈があるという点である。また，日本人には不要といえる漢字の解説等はなく，抜粋本といえる。欄外の注釈は上述の抄本の注釈と同様，おそらく当時の教師（薛乃良，後任の龔恩禄，慶應義塾の教師金子弥平等）によって作られたものであろう。

4-2. 廣部精『亜細亜言語集支那官話之部』

『語言自邇集』を底本にした日本における最初の中国語教科書は廣部精編『亞細亞言語集支那官話之部』（青山堂，明治12年～13年）である。この書は明治25年に再版が，明治35年に増訂版が出版されている。内容は以下の通り。

巻一　序（王冶本，廣部精），凡例，音表，散語四十章，散語四十章摘譯（明治12＝1879年6月30日出版）

巻二　序（龔恩禄）続散語十八章，常言（明治13＝1880年2月）

巻三　序（敬宇中邨正直），問答十章（明治13年3月）

---

[8] 鱒澤氏は抄写の時期は明治9年9月頃と考えている。

[9] これまで刊記のある『清語階梯語言自邇集』は見たことがなかったが，この度，本書の共編著者の氷野歩氏が国立公文書館蔵のものに「明治13年6月29日出版御届，同年7月出版，出版人大分縣士族中島精一　印刷發賣発　慶應義塾出版社」という刊記のある版を発見した。

巻四　序（劉世安）談論五十章（明治13年5月）
巻五　續談論五十二章（明治13年5月）
巻六　例言（廣部精），平仄篇（明治13年5月）
巻七　言語例略十五段（明治13年8月）

　各巻の名称からも本書が『語言自邇集』を元にしていることが分かるし，著者も序文において以下のように述べている。

　　此部多取英國威欽差，選語言自邇集。及德國繙譯官阿氏著通俗歐洲述古新編等書。以彙成一本。然間或有削彼字添此字。或有舉後件爲前件。蓋以適邦人習讀爲順次。其不見于自邇集述古新編者。皆余所作也。切望後君子加訂正幸甚。（『亞細亞言語集』序）

　　是ヨリ先キ敬于先生（中村敬宇＝筆者）カラ在清國ノ英公使ウエード氏ノ語言自邇集ヲ贈ラレマシタ之ヲ主トシテ支那官話ノ一書ヲ編輯シ亞細亞言語集支那官話部ト名ケタノガ明治十年デアリマシタ（『増訂亞細亞言語集』諸言）

　このように述べられてはいるが，しかしながら，廣部が元にしたのは，『語言自邇集』ではなかった。他の部分は確かに『語言自邇集』を元にしているが，少なくとも第四巻，第五巻の「談論」はそうではない。そもそも『亜細亜言語集』の「談論」は102章あるのに対し，『語言自邇集』は100章しかなく，明らかに数が異なっているし，『亜細亜言語集』の2話は『語言自邇集』「談論篇」には収められていない章節である。
　これは一体どういうことであるのか。実は，彼は『語言自邇集』ではなく『問答篇』[10]を底本として「談論五十章」，「續談論五十二章」を編んだのである。『問答篇』巻上第42章と巻下第35章を取り入れたことにより計102章となったのであり[11]，当然，「談論」各章の内容は『問答篇』と一致する。具体的な例を以下に示しておく。

　　你這麼寛他，是甚麼道理，人家恭恭敬敬的，在你跟前討個主意，知道就說知道，不知道就說不知道罷了，撒謊作甚麼，儻若把人家的事情躭誤了，倒像你有心害他似的，他若是個可惡的人，我也就不怪你這麼樣兒待他，我看他那個人很老實，一晌就

10）『問答篇』については，内田慶市 2001：400p 以降も参照のこと。
11）『問答篇』下巻第50章は『語言自邇集』『亜細亜言語集』いずれにも収録されていない。

知道，是個慢性子，別人若是這麼欺負他，咱們還當攔勸呢，你反倒這樣兒的刻薄，太錯了，眞眞的我心裡過不去。(『語言自邇集』談論篇第58章)

你這是怎麼說，人家恭恭敬敬的，在你跟前討主意，知道說知道，不知道說不知道，撒謊作甚麼，倘若把人家的事情就悮了，倒像你有心害他的，他若是可惡的人，我也不說來咯，那是一個老實人，怪可憐見兒的，一瞧就知道，是個慢皮性兒的人，倘別人若這麼行，咱們尚且還該攔勸呢，你反倒行這個樣兒的刻薄事太錯了，眞眞的我心裡過不去，(『亜細亜言語集』續談論第9章)

你這是怎麼說，人家恭恭敬敬的，在你跟前討主意，知道說知道，不知道說不知道，撒謊作甚麼，倘若把人家的事情就悮了，倒像你有心害他的，他若是可惡的人，我也不說來咯，那是一個老實人，怪可憐見兒的，一瞧就知道，是個慢皮性兒的個人，別人若這麼行，咱們尚且還該攔勸呢，你反倒行這個樣兒的刻薄事太錯了，眞眞的我心裡過不去，(『問答篇』下卷第6章)

なお，『増訂亜細亜言語集』では，談論篇は正続合わせて100課に改訂されたが，中身は同じであり，続談論篇で，第1章と第2章を一つの章に，また30章と31章を一つに合わせたことにより全体で100章となっただけである。

『亜細亜言語集』の「談論50章」「續談論52章」の底本が『語言自邇集』ではなく『問答篇』であることは，「満語」(「旗人語」)の人称代名詞尊称「阿哥」の書き換えをもっても証明することができる。

『初學指南』『三合語錄』『清文指要』において頻出する「阿哥」は，『問答篇』でも同じく使用され，また「大哥」「哥哥」「二哥」「你那」なども使用される。しかし『語言自邇集』では「阿哥」「大哥」「哥哥」「二哥」などの満語系統の語彙は完全に使用されなくなり，「兄台」「老兄」「老弟」などに書き換えられている。この点において，『亜細亜言語集』は基本的に『問答篇』と一致する。以下に『亜細亜言語集』と『語言自邇集』の使用状況を示しておく。(左が『亜細亜言語集』，右が『語言自邇集』)

(阿哥)
阿哥→老弟 3-2a-12, 4-3a-10, 5-3b-4, 5-3b-9, 32-18a-3, 32-18a-4, B6(55)-4a-3
阿哥→削除 48(47)-27a-12
阿哥→兄臺 3-2b-8
阿哥→令郎 B36(85)-21a-5

阿哥→小兒（?）B36(85)-21a-7
阿哥→那個人 20-11b-8
阿哥們→孩子們 21-12a-12
(哥哥)
哥哥→兄臺 1-1a-9, 1-1b-2, 1-1b-6, 7-5a-3, 9-6a-3, 11-7a-2, 10-7a-2, 10-7a-3, 11-7a-10, 12-7b-3, 20-11b-12, B1(50)-1a-10（自邇集＝我的兄臺，問答篇＝我的哥），B22(71)-13a-4
哥哥→削除 1-1a-10, 11-7a-9
哥哥→你納 1-1a-12
哥哥們－兄臺們 36-20b-1, 50(49)-28a-7
哥哥們→眾位 B44(92)-25b-10
我哥哥→我們家兄 27-15a-7, 27-15a-11
你哥哥→主人 9-6a-5
老哥哥→老兄 11-7a-3
(大哥，二哥)
大哥→兄臺 5-3b-12, 5-4a-6, 10-6b-6, 22-13a-11, 22-13b-1, 33-18b-6, 37-21a-11, 38-21b-5, 39-22a-7, 42(自41)-23b-10, 45(44)-25b-1, 46(45)26b-1, B8(57)-5a-3, B18(67)-11-4, B18(67)-11a-8, B22O(69)-11b-11, B21(70)-12a-11, B23(72)-14a-3, B24(73)-14a-8, B24(73)-14b-3, B24(73)-14b-5, B24(73)-14b-7, B25(74)-15a-5, B39(87)-22b-5, B39(87)-22b-7, B40(88)-23b-1, B46(94)-27a-2,
大哥→老兄 B13(62)-8a-7（大哥你為什麼和他一般一配的爭呢→老兄，不用往他較量這個，和他一般一配的爭竟做什麼），B16(65)-9b-12, B17(66)-10b-3, B21(70)-12b-7, B24(73)-14a-11, B24(73)-14b-2
大哥→你納 30-16b-11, 30-16b-12, 30-17a-1, 30-17a-3, 30-17a-9, B33(82)-19a-3, 34-19b-1（大哥你也有一件事來著→我記得你納也有一件事來著）
大哥→吾兄 B33(62)-18b-11
大哥→老弟 45(44)-25a-9, 45(44)-25b-8, 46(45)-26a-2, 50(49)-28b-1
大哥們→兄臺 B13(62)-8b-2,
老大哥→老兄臺 B40(88)-23a-12
二哥→老弟 B13(62)-8a-10
(你納)
你納→你納 7-5a-3, 10-6b-6, 12-7b-5, 12-7b-8, 12-7b-9, 12-7b-10, 12-7b-11, 12-7b-12, 12-8a-1, 12-8a-1, 12-8a-3, 12-8a-3, 13-8a-9, 42(41)-23b-10, 50(49)

-28b-1, B16(65)-9b-12, B20(69)-11b-11, B24(73)-14a-7, B24(73)-14a-8, B24(73)-14a-12, B24(73)-14b-6, B25(74)-14b-12, B25(74)-15a-1, B25(74)-15a-2, B33(82)-18b-12, B33(82)-19a-2, B40(88)-23b-1, B42(90)-24b-12

你納→兄臺 3-2b-1, 47(46)-26b-3

你納→削除 B24(73)-14a-11,

(『問答篇』と異なるもの)

老弟→老弟（問答篇＝阿哥）19-11a-10

老兄→老兄（問答篇＝大哥）B23(72)-13b-5

令郎→令郎 B33(82)-19a-3（問答篇＝阿哥），B39(87)-22b-5（＝問答篇）

兄臺們→兄臺們 B40(88)-23b-7（問答篇＝阿哥們）

兄弟們→眾位 B40(88)-23b-6（問答篇＝阿哥們）

　（1-1a-1＝談論第一章，頁數，行數，B1(50)-1a-1＝續談論第一章＝語言自邇集の章節，頁數，行數）

このように，『亜細亜言語集』は以下のような若干の異同（修正）は見られるものの，明らかに『問答篇』を底本としていることがわかるのである。

　往這們來了（『問答篇』）

　往這邊來了（『亜細亜言語集』B16(65)-9b-7＝『語言自邇集』）

　廣部精が『問答篇』を見ていた事実はほぼ疑いのないものであるが，何故彼はその書名に触れることをしなかったのかが謎として残る。あるいは，『問答篇』をそのまま取り入れた『語言自邇集』の別の版本もしくは「試用本」の類が存在したのかもしれない。例えば北京社会科学院の鐘少華氏所蔵の『問答十章』木刻本の存在は，『問答篇』『登瀛篇』と同様に，『語言自邇集』の正式出版前に「試用本」として意見を求めていた可能性を示唆している。これについては，『語言自邇集』各章と各版本間の異同についてさらに詳しい調査，分析，検討が必要であり，今後の課題である。

　なお，『亜細亜言語集』第一版出版後には日本語訳註が付けられた『總譯亜細亜言語集支那官話之部』が出版されている。

　『總譯亜細亜言語集支那官話之部』線装4巻6冊

　　巻一　上下2冊，明治13（1880）年5月
　　巻二　明治13年5月
　　巻三　明治13年8月

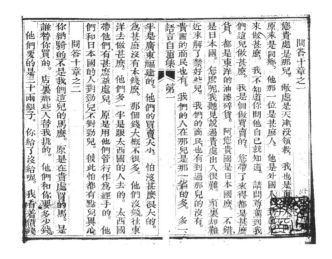

巻四　上下2冊，明治15（1882）年12月
再版　明治25（1899）年6月　4巻4冊（巻一上下1冊，巻四上下1冊）

4-3. 興亜会支那語学校編『新校語言自邇集 散語之部全』

興亜会支那語学校編『新校語言自邇集 散語之部全』，明治13（1880）年4月出版，洋装40頁。奥付には以下のように記載されている。

明治13（1880）年4月17日御届
　編纂　興亜会支那語学校
　出版人　大分県士族　飯田平作
　買捌書林　丸家善七
　同　山中市兵衛
　同　慶應義塾出版社

興亜会は明治13（1880）年3月に長岡護美によって設立されたが，これに先立って2月に支那語学校を開設している。中国語教師には張滋昉，曽根俊虎，金子弥平，廣部精らがいた。

本書は『語言自邇集』の「散語四十章」のみを抜き出し，いくつかの語句に修正を加えたものである。

先にも述べたように，日本の中国語教育は明治9年より北京官話教育が開始されたが，それ以前は長らく南京官話を主とした「南方話」の教育が行われてきた。そのため明治9年以降も「南方話」あるいは南京官話の勢力はかなり強く，ある一定期間（少なくとも明治14年まで）はおそらく北京官話と南京官話両方の教育が併存していたと考えられる。こうした点に着目すると，蔵架蔵の『新校語言自邇集 散語之部全』は極めて興味深いものである。

架蔵の本書には，表紙裏に南京と北京の四声表が書かれており，本文にはおそらく学習者直筆のものであろう書き込みが多く見られる。これらの書き込みはいずれも北京官

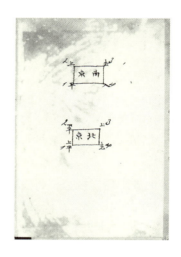

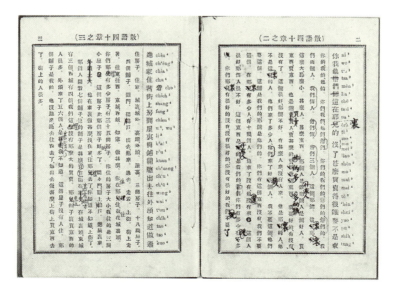

話を南京官話あるいは南方語に書き換えたものである。今，それらを以下に全て整理しておく。

〈声調〉
四聲是上平，下平，上聲，去聲→平聲，上聲，去聲，入聲 (6)

〈名詞，代詞〉
八下兒鐘→八點鐘
他在道兒上躺着→他在路上躺着
道兒上到店里得喂牲口→在路上走路要到了客店里頭才可以養牲口
箒→笤箒
炕上→床上
劈柴→柴火
雞子兒→即是雞蛋
奶子→牛奶
上月我們在一塊兒看書→前個月頭我同他一塊兒看書
後頭→後面
他們倆人→他們兩個人
他們倆兄弟→兩兄弟
他們倆→他們兩個人
旁人的父親→別人家父親
小人兒→小孩子
黑下→晚上

(您，咱們)
您→您
咱們→我們
咱們五六年沒有見→我五六年沒有見過你怎麼樣
上月我們在一塊兒看書→前個月頭我同他一塊兒看書
(兒→天)
昨兒 昨天 今兒 今天 明兒 明天 後兒 後天 (9)
我今兒走→今天
昨兒黑下→昨天晚上

今兒是個晴大→今天天氣很好
明兒可以回來→明天
(兒→里)
這兒→這里
那兒→那里
那兒→那邊
(兒→子)
飯鍋的蓋兒→蓋子
不好性兒→性子
瓦盆兒→盆子
盆兒→盆子
娘兒們→娘子們
賊中頭兒→賊的頭子
(兒→○)
尖兒→尖
時候兒→時候
地方兒→地方
顏色兒→顏色
充數兒→充數
(兒→ X)
我月月兒進的錢→月月里頭
好性兒→好性情
好兒→好處
主兒→主人
(誰→什么人)
那個人是誰→什么人
這個東西是誰的→什么人
外頭來了五六個人，是誰呢→什么人
誰拿了去了→什么人
(那兒＝哪兒→什么地方)
開在那兒→開在什么地方
(多咱，多早晚兒)
他多咱回來→他什么時候回來

多早晚兒→多早晚兒

〈数詞，量詞〉
剩下些個賬目→好多的
好些個人→好多人
賣好些個東西→他賣的多／多的很
來了好些個人→好幾個人
忘了好些個→忘記了好多
他們那些人→那般人

一眼井→一口井
拿條箒來把地掃干淨了→把笤箒
五管筆→五支筆

〈動詞〉
那個人鼻子眼睛長得奇怪→那個人的鼻子同眼睛生得奇怪的很
一個長得俊，一個長得丑→一個貌美俊，一個貌丑
忘了→忘記了
忘了好些個→忘記了好多
喂牲口→養牲口
道兒上到店里得喂牲口→在路上走路要到了客店里頭才可以養牲口
你快弄飯去，得了就端了茶→你快弄飯去，弄好了就端了茶
顏色兒舊了→顏色褪了

＜形容詞＞
我月月兒進的錢總不彀～彀用
像似→好像
順眼→好看
都行→可以
困極了→倦極了
一天比一天增多→一天多過一天

〈能願動詞〉

你這個辮子得梳了→要
　　我這個時辰表有點兒毛病，得找個鐘表匠修理→要

　〈副詞〉
　　八下兒鐘沒起來→沒有
　　這個字見過沒見過→這個字見過沒有見過
　　這個字我還沒看見過呢→沒有
　　我的口音沒什麼很好的→我的口音沒有什麼好的
　　城外頭沒什麼住家兒的→城外頭沒有人住的地方

　　春天沒有冬天冷，秋天沒有夏天熱→春天沒有冬天那么冷，秋天沒有夏天那么熱
　　原舊的顏色兒→本來的顏色

　　賊快來了→賊就要來了

　　其余全是惡人→都

　〈助詞〉
　　實在像馬棚似的→馬棚的樣子
　　你去年進京在那兒住着來着→你去年進京在那里住着
　　他們吵鬧呢→他們在那里吵鬧

　このような書き換えによる対立は，基本的に太田辰夫 1964 で指摘されている北京語と南方語の違い[12]にほぼ一致する。以前，日下恒夫氏が関西大学泊園文庫所蔵の『官話指南』の書き込みによって「清代南京官話」の特徴の一端を明らかにした[13]が，本書も中国語史の研究に有益な資料となるはずである。

4-4. その他の『語言自邇集』系統の教本

　以上のほか，次のような『語言自邇集』系統の教材が日本で出版されているが，これ

---

12) 太田辰夫「北京語の文法特點」『久重福三郎先生坂本一郎先生還暦記念中国研究』1964（のち『中国語文論集　語学篇』収録）
13) 日下恒夫「清代南京官話方言の一斑 —— 泊園文庫蔵『官話指南』の書き入れ」『関西大学中国文学会紀要』第 5 号，1974

については，本書に収録した氷野論文の中で詳しく述べられている。

　　『参訂漢語問答篇国字解』
　　福島九成参訂並解，明治 13（1880）年 9 月

　　『自邇集平仄篇四聲聯珠』線装 9 巻 9 冊注釈 1 冊
　　福島安正編 紹古英繼校訂 明治 19（1886）年 4 月 陸軍文庫刊

　　『北京官話清国語学捷径』
　　土佐 南部義籌編，大日本 東洋新學社蔵版
　　平仄篇 一 明治 27（1894）年 10 月
　　散語篇上 二 明治 27（1894）年 10 月
　　散語篇下 三 明治 28（1895）年 6 月
　　續散語篇 四 明治 28 年 8 月

　この他，北京国家図書館および東京大学図書館にはそれぞれ鉛印本の『語言自邇集』（版心には『語言字邇集』とある）が所蔵されている。これは『語言自邇集』第二版の「散語章」「問答章」をもとに編纂されたものである。

"您"に関わることがら

内　田　慶　市

0. はじめに

　"您"については，ずっと気にかかってきたことがある。

　一つは，確かな日時は覚えていないが，恐らく随分前の近世語研究会（現在の近世語学会）で行われた，上海大学の錢乃榮氏による「呉語の人称代名詞の二層性」というタイトルの講演内容である。

　二つ目は，『華語拼字妙法』という一冊の本の中の一個所の記載である。

　三つ目は，これも近世語研究会（1992.5.31，於関西大学）での故尾崎實氏による「您にかかわるいろいろなことがら」というご発表の中での奇妙な文字表記である。

　さて，二人称代名詞尊称の"您"の来源については，これまでに多くの論考があるが，日下恒夫1977の記述に従って以下の三説にまとめることができると思われる。

A：你老人家＞你老＞你納＞您
B：複数起源説（すなわち清代以前の二人称複数代名詞"您"と清代以降現代に到るまで二人称尊称"您"は連続するもの）
C："你能""你儜""儜"＞"您"（変音）

　AとCは近世語の"您"と現代語の"您"には断絶があるという点で共通している。日下氏の立場は基本的にはCの説に立ちながら，併せてAとBも認めるというものであるが，私も結論的にはそれに近い。ただ，今回そこに上記の「気になる」三点と欧米人の文献を若干加えて考えてみるということである。

1. 錢氏の講演内容――呉語の人称代名詞における二層性

　錢氏の講演の中で私が興味をもったのは次の点である。（錢氏がその後これを論文の形で発表されたか否かは不明）

すなわち，呉語の人称代名詞には各人称ともに二つの系統があって，そのうちの一つは二音節の系統であるというものである。
　たとえば，一人称単数は［ŋ］類のものと［ŋn-］類のものがあり，二人称にも［ɲi］類と［ɲn-］類があるという。後者がそれぞれ二音節であるが，第一音節は母音化された鼻音である。ただこの二音節は漢字で表記される場合，前の音節だけを表記する場合と，後ろの音節を表記する場合があり，一人称の場合，前者の時は「吾」「五」であり，後者は「奴，若，儂」となる。もちろん両方を表記したものもあり，明代の馮夢龍の『山歌』に見える「我儂」はそれである。二人称でも同様に両方表記したものが上海地区民清縣志の「你儂［ɲnoŋ］」である。これは現在は単に［noŋ］とするという。いずれにせよ，第二類つまり二音節のものは呉語の比較的古い形である。
　錢氏の言われる「語頭の二音節」というのは，いわゆる「語頭の複子音」と言い換えていいように思うが，元来，複子音を持つ語が二つの漢字で表記されることは次のようなことからも明らかである。

　　　上古時代の中国語には複子音が存在した。その後，漢字の影響によって，ある複子音は２つの子音に分裂しそれぞれひとつの音節形式となって２つの漢字で表されるようになった。たとえば，「角」と「角落」は元は一つの単語であり，本来の声母は複子音［kl］であった。この［l］が脱落して「角」となり，［k］が脱落すると「落」になる。２つの音節に分かれれば「角落」となる。この「角落」の２つの声母は［k］と［l］と異なるが，韻母は同じであり，たとえば蘇州語では［koʔloʔ］である。
　　　「路」「賂」と「格」「胳」も同様である。これらは古くはいずれも［kl］である。
　　　　　　　　　　　　　　　　　　（錢乃榮主編『現代漢語』高等教育出版社，1990，5p）

「窟窿（ku-long）」と「孔（klong）」の関係なども同じものであろう。
　なお，錢氏は人称代名詞の複数形についても面白いことを述べている。一つは単数形の後ろに語素を加えるもの。もう一つは韻母の形態変化によって表すものである。前者は北方方言の你們の類であるが，後者は特に杭州湾の南北の広い地域に見れるもので，たとえば奉賢では"我若"が"我那"に，"實儂"が"實那"なる。上海語の"儂"が"那"になるのも同じという。

2.『華語拼字妙法』における"您"のローマ字表記

『華語拼字妙法』（Bryan, Shanghai Methodist Publishing House, 1913）の記載とは次のも

のである．

　　你 3．您 2．ning, respectful term for 你．
　　（您 2．ning は你の丁寧な言い方）(21p)

　本書は以前にその音系について取り上げたことがあり（内田 1991），基本的には五声体系の「南京官話」の音系であるというのが私の結論であるが，この［ning］は一体何を意味するかである。南京官話や呉語地区では［n］と［ng］を区別しないことはよく言われるが，この［ning］もその理由で解決できるかということである。なぜなら，［n］と［ng］の混同はこの［ning］だけに見えて，他の語には全くないからである。もちろん，これが「単なる誤植」とも考えられる。しかし，目立った誤植はこの本には他には見られないのである。やはり，［ning］という音節が存在したと考える方が自然である。
　実はこれまでに"您"の音価として「ning」の存在の可能性について触れた方が一人だけおられる。それは先の日下氏であるが，氏は『光緒順天府志』(1886)，『清稗類鈔』(1917)，『北平風俗類徵』(1937) を援用しながら以下のように述べておられた。

　　尊称の二人称代名詞に「ning」のような音節が，少なくとも清末の北京語には存在したと予想してもいいのではないだろうか。(8p)

　　要するに，北京語では少なくとも清末においては，二人称の尊称代名詞として「ning」の如き音節をもつ語が，口語層において使用されていたものとかんがえるのが自然である。(9p)

日下氏の引く文献での例証は次のものである。
　你老二字急呼之則聲近儜，故順天人相稱，加敬則曰儜，否則曰你，（『光緒順天府志』）
　京都人所用者……您音近凝，義似爾汝，施之於較己為尊者也（『清稗類鈔』）
　京兆方言特別字……您讀若凝，實南方"你老人家"四字之省文也（『北平風俗類徵』）

これらの例と『華語拼字妙法』における音注を考え併せてみると，清末あるいは 1900 年代の初めまで［ning］という音価が確かに存在したことが言えそうである。
　なお，日下氏は更に『舊京瑣記』を引いて，［lin］という音の可能性も指摘された。
　　然遇尊長，則必曰您，讀如鄰，非是則不敬

この［lin］の音は，Prémare（1847）[1]でも以下のように示されている。
　　There are wo 我 I, ni 你（or very rarely lin 您）thou, t'a 他 he.（31p）

もちろん，ここの"您"が尊称か，あるいは複数形かは俄には判断しかねるところではある。ただ，この記述の前に，
　　Mun "們" and tang 等 also denote plural: e.g. ta mun 他 們 they; ye mun 爺 們 my lords; ni tang 你等 ye or you. We also find mei 每 ; as wo mei 我每 we.（30p）

ということがあって，その後にこの記述になっており，また"您"が「我，你，他」と並べて述べられているところから「尊称」と考えられる。とすれば，"您"の登場はこれまで考えられてきたよりも早まる（すなわち，この Prémare の言語が反映している1720年代頃）ことになるが，今は意見を保留しておく。

3. 二人称尊称の文献での現れ方

二人称尊称の各種文献での現れ方は，尾崎1992によれば以下のようである。

『庸言知旨』（1802序，1819刊）	你呢
『正音撮要』（1810）	你儜
『洋漢合字彙』（1831）	你納
『正音咀華』（1836）	儜
『癸巳存稿』（1847）	你儂
『蕘友臆說』（？）	你那
『品花寶鑑』（1849）	你能

---

1) Prémare（1666-1736, 中国名を馬若瑟）はフランスのイエスズ会宣教師であるが，1698年に来華し，江西省袁州府で二十五年間の宣教活動を行った。彼の中国語文法研究は後生の学者，たとえば M. Abel. Rémusat や Summers 等から高い評価を受けているが，当時フールモン（Fourmont, 1683-1745）によってその内容を剽竊され，フールモンの妨害によってその書物（原稿）長く陽の目を見ることがなかった。1831年に至って，ようやくモリソンにより出版された（Notitia Linguae Sinicae, Malaccae, 1831）。その後，各国語版が数多く出版されたが，英語訳は Bridgman によって The Notitia Linguae Sinicae of Premare, translated into English, Canton: Printed at the office of the Chinese Repository, 1847 として出版された。このように正式な出版は遅れたが，その書における言語は1700年代のものを反映したものと考えることが出来る。

　該当個所のラテン語版（1831, モリソンによる出版）では次のようになっており，［gin］の音が与えられている。つまり，"人""認""忍""任"と同音である。
　　tu 你 ni vel etiam 您 gin（42p）

『顧誤録』（1851）	您
『語言自邇集』（1867）	你納，您納，您
『英漢韻府』（1874）	你呀
『官話指南』（1882）	您
『漢語入門』（1899）	您
『老殘遊記』（1906）	儜那

これを見れば，"您"が成立するまでの過程として，[ni-na]の系統と[ni-neng][2]の系統があることがわかる。また，いわゆる北方の満漢課本類では[ni-na]であって，南方の「正音」課本類では[ni-neng]という大まかな見方も出来るであろう。

4.『語言自邇集』の二人称尊称

さて，『語言自邇集』には二人称尊称に三つの形が登場する。

(1) 你納 ni-na・・77例（「談論篇」と「問答章」「言語例略」に見える。「散語章」にはなく，「續散語」に1例）
(2) 您 nin（あるいは ni-na）・・22例（「問答章」と「散語章」にのみ）
(3) 您納 nin-na・・3例（「言語例略」の附編のみ。）

このうち，"你納"はすでに，『尋津路』（1859p）にも
　你納這麼大年紀了，比我們年輕的人兒還硬朗（124p）
　但其你納這幾年在我們一塊兒盤桓熟了（327p）

のように2例見えており，その注には次のようにある。
　Obs. 1. ni-na, or ni-ne, you, is more respectful than ni alone.（11p）

---

2) 漢字表記としては"你儜""你儜""你能"となるが，たとえば，『正音撮要』では次のように言う。
　你儜怎麼這樣說呢。我這程子。也有點事兒。總離不了家。儜泥耕（23b）
　また，『癸巳存稿』でも以下のようにある。
　你儜俗門
　京師語稱你儜，音若你能，直隷則通傳為你老，你儜者，即古言爾，詩云，豈不爾思，畏子不敢，爾以親所愛，子以尊大夫，孟子言爾汝，賤之之詞，後人爾汝之歌，則又親之，詩天保指君為爾，則尊之也，你儜者，尊之親之，專言你，則賤之矣，
　つまり，"你儜"も"你儜"，"你能"も同じ音ということになる。

『語言自邇集』での"您"が「談論篇」には見えないことは注目してよいと思われる。つまり,『尋津路』や「談論篇」といったやや「古い」時代の北京語にはやはり,"您"はまだ確立していなかったということであり,その音も [ni-na] であった。以下の"您"についての英文の注もそれを暗示している。

 nin, more commonly pronounced ni-na, which, again, is short for ni lao jen-chia; politely, you my elder; you, Sir, or Madam.（Key, 53p）（第2版でも同じ，126p）

しかしながら,一方で「清文指要」系統に見られる旗人語の"阿哥"を『語言自邇集』およびその前段階の試行本である『問答篇』においては"你納"に置き換えていることから,"你納"はこの時代（1960年代）にはすでに「安定」して使われたことばであることも見て取ることができる。

ところで,『語言自邇集』の成立に関しては,本書でも先に述べたように,中国人教師「YING LUNG-T'ien 應龍田」[3]の存在と,『清文指要』との関わりが取り上げられてきた。

たとえば,高田時雄1999は,『語言自邇集』の成立を中国語における「北京語の勝利」[4]としてとらえ,かつ中国人教師「應龍田」の先行業績である『問答篇』の発見等々,『語言自邇集』の成書過程を探る上で注目すべき論考であるが,以下のように述べている。

 ウェイドは1847年に中國語教師として應龍田を雇い入れている。この人物がウェイドの中國語に決定的な影響を與えることになる‥（3p）

 中國人教師,應龍田はウェイドのためにかなり多くの北京語教材を作ったと見られる。その多くは既成の材料を用いたものだが,時にはかなり自由に書き改めたりもしている。それらの言語教材をウェイドは一種の試行本のかたちで出版している。『尋津路』刊行の翌年,上海で出された『問答篇』『登瀛篇』の二種がそれである。（6p）

『登瀛篇』は,上述のように,現在見ることが出來ないのだが,その内容はどうも『自邇集』初版本のPartVに當たる「續散語十八章」であったらしい。『自邇集』初版の序文に,この「續散語十八章」の成り立ちを説明して,「ここに含まれる文章はずっ

3）應龍田については本書所収の宋桔の研究を参照のこと。
4）それまでの宣教師を中心とする欧米人の「官話」とは,「南京官話」を標準としていたのに対して,Wade は次のように述べていた。
 Pekinese is the dialect an official interpreter ought to learn. Since the establishment of foreign legations with their corps of students at Peking, it has become next to impossible that any other should take precedence.（Preface, vi）

と以前に應龍田の書いたより大きな短文集の一部であって，その中國語原文に私自身の手になるものを若干付け加えて1860年に出版したことがある」と言っているからである。（6pの注13）

高田氏はまた"你納"の成立についても次のように述べられている。
　「你納」という表記は，恐らくは應龍田の發明で，『自邇集』獨特のものと思われるが，『自邇集』が流行するにつれて，これを採用する書物が他にも現れている。そのことで気になるのは『語言問答』という書物の存在である。小型の綫装一册本で，52葉＋35葉，刊年，刊行地とも一切不明である。その内容は，前半が書名と同じ「語言問答」，後半が「續散語十八章」となっている。この書の中には「你納」が頻見し，かつ後半の「續散語十八章」は『自邇集』初版のPart V. The Eighteen Section 續散語十八章と完全に一致するのである。……おそらくこの書物は，注13で觸れた「ずっと以前に應龍田の書いたより大きな短文集」なのだと考えられる。従って前半部の「語言問答」は遂に『自邇集』に含まれることのなかった，準備段階の數多くの資料の一つということになる。（9p）

ただ，これには問題があり，実は尾崎實1990には，應龍田あるいはWadeより前に，ゴンサルベスに"你納"の使用例があることが報告されている。
　尾崎氏の引かれたものは，ゴンサルベスの『洋漢合字彙』（1831）であったが，それ以前のゴンサルベスの著作にも"你納"が数多く使用されている。
　ゴンサルベス（J. A. Goncalves, 1780-1844）はポルトガル人で，ラザリスト会の宣教師であるが，1814年にマカオに到着し，当地のセント・ジョセフ学院で教鞭を執るかたわら官話と広東語を研究した。その著作には以下のようなものがある（いずれもマカオでの出版）。

(1) Grammatica Latina［辣丁字文］（1828）
(2) Arte China［漢字文法］（1929）
(3) Dicctinario Portuguez-China［洋漢合字彙］（1831）
(4) Dicctionario China-Portuguez［漢洋合字彙］（1833）
(5) Vocabularium Latino-Sinicum［辣丁中國話本］（1836）
(6) Lexicon manuale Latino-Sinicum［辣丁中華合字典］（1839）
(7) Lexicon magnum Latino-Sinicum（1841）

これらの著作のうち，最後のものは未見であるが，まず(1)の漢訳対照ラテン語文法書には以下のように"你納"が使われている。

　　要他們記著我叔叔好，給叔叔請安，因為狠想你納，特望看（96）
　　所以我想說你納太冒失（188）
　　我求你納不要把這個話當不好意（188）
　　若你納給我治這個病，我就狠多謝你。（189）
　　若你納同我們去，我喜歡。（192）
　　送你納由不得我（192）
　　多謝你納（204）
　　你納貴姓（209）
　　你納多大歲數（210）

(2)の『漢字文法』はゴンサルベスの代表的著作であるが，これにも以下のように多くの"你納"の使用例が確認できる。

　　平地起風波我沒有看見你納來理會（100）
　　你納來的巧（103）
　　你納貴處。（121）
　　還要煩你納給我細細的講各地方的生意（121）
　　托賴你納的情分我想看一看（121）
　　他是你納的好朋友（216）
　　你納幾歲（223）
　　你納乏了麼（225）
　　你納好，你納，納福（237）
　　好托你納的福，好托你納的恩（237）
　　你納身上也好（237）
　　我狠想你納（237）
　　是了，你納請（239）
　　請你納吃家常飯（246）
　　你納容易使快子（246）
　　你納也好（252）
　　請你納上去給老爺磕頭（252）
　　應當回你納的禮（252）
　　托賴你納的福（252）

你納貴姓（253）
你納貴國，你納是漢人是旗人（254）
請你納說要什麼書（254）
你納要賃這一所房麼（257）
請你納試一試（267）

　注目すべきは，この『漢字文法』の第五章「問答」が実は，これも先に触れた『語言問答』の問答全四十六篇そのものなのである。
　たぶん，應龍田や Wade がこのゴンサルベスを参考にしたことは，『尋津路』（1859）の以下の序文からも明らかである。
　　The best is perhaps Goncalves's Arte China, but it is written in Portugues, a tongue few Englishmen under age have cared to cultivate.

　尾崎氏はゴンサルベスが「北京語を採用」した理由について，同論文において次のように述べられていた。
　　ゴンサルベスは，欽天監で仕えるために，「ポルトガル伝道団から選ばれ，中国にやってきた。だから，マカオに着くとすぐに官話の勉強を始めた」（CALLERY）。結果として，この宿題は，最後まで達成されず，マカオで一生足踏みすることになったが，ポルトガルにとって，ゴンサルベスの北京行は，国威を一気に回復できる絶好のチャンスであったからである。

　つまり，Wade が「北京語を採用した」背景には，このゴンサルベスの中国語観（それはつまり「北京官話の採用」ということであるが）があったと考えられるのである。

　なお，ゴンサルベス以降，Wade 以前においては Edkins（Joseph. Edkins, 1823-1905）の『A Grammar of the Chinese Colloquial Language, commonly called the Mandarin Dialect』（1857年初版，1864年第2版）に"你納"の記述が見られる。
　　In Peking 恁納 nin na is used respectfully for you. Premare says 恁 jen is used. The dictionary gives nin, and this is corroborated by the pronunciation of native speakes.（1857, 49p）

　　In Peking 恁納 nin na [also written 你納 ni na] is used respectfully for you. Premare says 恁 jen is used. The dictionary 五方元音 gives nin, and this is corroborated by the pronunciation of native speakes.（1864, 158p）

初版では"恁納"という表記になっているのに対し，第2版で"你納"が現れているのは興味深い。つまり，1857年当時は"你納"はまだ一般的な言葉ではなかったということが言えるのかも知れない。Edkins は特に第2版の改訂に際しては，Wade の『尋津路』を参考にしたとその序文で述べており，"你納"の出現はその現れであろう。また，以下の記述のように，各種官話間の相違にも着目しており，他の部分でも「官話」を分類したが，それは特に第2版で詳しくなっている。

  Scholars who are native of Peking, distinguish the metropolitan dialect from the Kwan-hwa. Sounds used in reading, and words found in printed mandarin books, form the Kwan-hwa. Sounds not used in reading and words not found in books are referred to the local dialect. Of the personal pronouns, ngo, I, ni, you, are Kwan-hwa, while wo and nin-na are Ching-hwa,（1864, 8p）

5.『清文指要全冊』における"你納"の表記

尾崎1992では，『清文指要漢語』という書物の中の「けったいな」"你納"の表記も報告されていた。「けったいな」というのは，以下に示した「"你"＋満州文字によるna」という表記である。

この『清文指要漢語』は現在，天理大学図書館に所蔵されているが，刊行年は未詳の稿本で，五十章の途中まで残っており，その話の順序は『清文指要』よりも『清話百条』により近い。

奇妙な表記は16個所登場する。この『清文指要漢語』にはまた"你老","阿哥"も多用されている。ほかに特徴的と思われる語彙には以下のようなものがある。

這每，那每，這每著，那每著，咱的，不咱，止於，咧，麼，來，吧，餑餑（煮餑餑）

これらの語彙については，たとえば太田辰夫氏は以下のようなことを指摘されている。
- 列舉以外の"咧"の用法は方言又は俗語であろう。（太田1995，39p）
- 北方語では"你老"が用いられるが北京語では用いない。（同上，249p）
- "餑餑"は満州語ともいわれるが，正しくない。これは旗人語というべきであろう。また餃子のことを"煮餑餑"というのも旗人語である。（太田1988, p.311）
- 僅か1例であるが"不咱"という助詞（吧の意味）が用いられている。これは『兒女英雄傳』に見え"不則"とも書くが，他の資料にはほとんどない。（同上，401p）

こうしてみると，『清文指要漢語』は旗人語あるいは古い北方語によって書かれているように思われる。いずれにせよ，いわゆる完全な北京語ではない。

また，『清文指要漢語』はその配列が『清話百条』と異常に類似しているところから，『清文指要』よりも前に書かれたものとも考えられる。ただし実際にそれが書写されたのは時代がずっと下がるかも知れない。それは，"吧"の存在である。太田氏によれば"吧"という文字表記は清代には見られないという（太田1995，176p など参照）。

"你納"の表記は先に挙げた"你呢"の例もあるように，ゴンサルベスがその漢字表記を採用するまではどうやら不安定であったことがわかる。また，その語は旗人においてもまだ見慣れた言葉ではなく，当時の「新語」に近いものであったことが，この『清文指要漢語』の表記は暗示している。あるいは，次の太田氏の言われるような「旗人語」の一種であった可能性も考えられる。

> 清代になると，旗人は満蒙漢をふくめ，北京の内城に居住することになった。以上のような理由から，旗人の間には特殊な方言が行われることになったらしい。基本的には漢民族の用いる北方語と大差はないが，若干の特殊語彙を有する。筆者はこれを旗人語とよぶ。（太田1988，309p.）

> 旗人の用いる特殊語彙のうち，漢語と推定されるものを旗人語とよぶことにする。多くは称呼である。明代華北の方言が満州の地に保存され，あるいはその変化したものであろう。（同上，311p）

6. 小　　結

さて，本題の"您"である。

たとえば，九江書會の『官話指南』(1893)での並列記載（ここでは上が左，下が右を表す）の中に以下のような対応が見られる。

您納
您　　貴姓（1-1）

この場合，右が北京で左が南京というのは，Mateerの『官話類編』(1892年初版)と同様である。もちろん，他の個所では"您"も使われてはいるが，しかし，少なくとも九江地方では"您"が北京の言葉という認識はないようにないように思われる。

『官話類編』でも您は見えるのだが，たとえば次のようにある。
您納的少爺，不是在戶部有差使嗎。
您

你納這麼坐了，叫我怎麼坐呢。
你（222p）

この您について以下のような注記がある。
　　您 You, you folks. In Peking this word is used as a term of respect, -You, sir, or you, madam. It is also often read as if written 您　納, the na being spoken very lightly. In Shang-tung it always includes a plural idea, and expresses no special respect. It never takes 們 after it.
　　In some places it is read nen2, in others nin2, and in others na3, and Southern Mandarin a nasal n. It is much more used in some places than in others.
（您は北京では尊敬の言い方として用いられる。それはまたしばしば，あたかも您納と書かれるように読まれるが，この時のnaは極めて軽く読まれる。山東ではこの語はいつも複数の意味を含み，尊敬は表さない。また，決して後ろに們を取ることはない。ある所ではそれはnen2と読まれ，あるところではnin2，あるいはna3，南方では鼻音のnと読まれる。それはある特定の場所でよく用いられる。）

你納 or 您納 You, sir, you [my senior]. This form is exclusively Pekingese, and is explained as a contraction for 你老人家.
　　（この形は專ら北京語であり，你老人家の短縮形と解釈される）

　　納 is sometimes added to 他 in the same way.

　これらの記述はおそらくは『語言自邇集』のそれを承けたものであろうが，その音に［nin］以外に［ni-na］，［nen2］，［na3］，［n］を示しているのは注目すべきである。ここでは［nin］の発生が示唆されているように思える。
　清代の北京語は明代のそれと断絶があるとは太田先生の言である。つまり，清代の北京語はその周辺の言語よりも明代の古い形を残しているということである。その一つの現れが恐らく二人称尊称である。
　まず，"你儜"（"你能"，"你儂"）から考えてみる。
　呉語に代表される南方方言では二人称尊称に［ṇ-neng（nong,ning）］の系統が存在した。これを漢字で表記する際に，ある場合は［ni-neng］となるが，この［ni］は恐らくは語頭の鼻音を示すだけで意味はなさなかった。だからこそ『二十年目睹之怪現状』の注[5]があるのである。日下1977では「你の方はいわば二人称マーカーともいえるものではないか」と述べているが，これは多分当っている。私はこれは語頭の口蓋化された［ṇ］を代表しただけと考える。つまりは，［ṇ-neng］である。また，錢氏のいわれるように，ある場合には後ろの音だけを漢字で表記して，"儜"とだけ表わされることもある。発生的にはこのようであっても，漢字表記が定着することによって，音が離れることもある。［ni-neng］［ni-nong］さらに［ning（本来は［neng］であって，［ning］は恐らくは誤読）］の一人歩きである。「正音」類で「北の官話」として認識された"你儜""你能""你儂""儜"はそういうものである。この最後の"儜"に対して，その後，明代以前に存在したの"您"という漢字が当てられたと考える。
　次に"你納"であるが，一方では，二人称の複数形に［ṇ-na］が存在した。たとえば，游1988では呉語地区には［ṇ-na］の音をもつ二人称複数形が広く見られている。また錢氏のいうように呉語地区では［-na］によって複数を示す方法[6]（一種の屈折）も指摘

5）你儜，京師土語，尊稱人也。發音時惟用一儜字，你字之音，蓋藏而不露者。或曰："你老人家"四字之轉音，理或然歟。
6）『語言自邇集』には三人称の尊称として［ta-na］がある。
　他納這些年的病，誰照應家裡呢。（問答二，108p）
　t'a no, like ni na; a respectful form.（Part IV-107p）
　t'a na, like ni-na, a respectful form; pronounced t'an-na.（第2版，217p）

されていた。複数形が尊称に変わるというのは世界の言語ではそれほど不思議な現象ではない。複数によって尊称を表す[7]ことに太田氏は否定的であるが、それを証明する強い根拠は見当たらない。そして、これも漢字表記としては［ni＋na］あるいは後ろの音節だけをとった［na］（Mateerの［na3］はそれを言っているように思われる）とならざるを得ない。ただし、それを表記する漢字はゴンサルベスに至るまでは定着しなかった。従って、『清文指要漢語』の書き手はそれを満州文字で表記せざるを得なかったのである。その後、［ni-na］の第二音節は［na］-［ne］さらには［n］となり、ここで［nin］が誕生する。そして、ここでも明代以前に使われていた"您"という漢字表記が当てられたというのが、私の「妄想」である。

つまりは、"您"は［ṇ-neng］系統と［ṇ-na］系統の二つが後に一緒になった奇妙な二人称尊称ということであり、後者は「北京語」というよりはむしろ「旗人語」ということであるかも知れない。

日下1977では"你納"と"您"の文中での機能にも着目していた。たとえば、『官話指南』あたりからは、すでに"你納"は「主格」にのみ用いられるようになり、他の機能は"您"が担うようになったと述べている。また、尾崎1992でもゴンサルベスの『洋漢合字彙』の"你納"について、「ともに、入る場所は文頭か文末で、挨拶語であるのは興味深い」と述べている。ただし、日下氏も述べているように、初期の"你納"にはそのような制限がないように見受けられる。さらには、上下関係や身分関係、職業などでもその使用法に制限があるようにも思われるが、これらはいずれも今後の課題としておきたい。

[附記]

本稿はもと『近代における東西言語文化接触の研究』（内田慶市，2001）に収められ

---

[7] 実は『語言自邇集』には俗に「初版改訂本」と呼ばれる版本が存在する。明治十三年（1880）に慶應義塾出版部から刊行された『清語階梯語言自邇集』がそれである。初版本とページ数等も全く同じであるが、各ページの欄外に改訂の字句が附されているのが特徴である。若干の誤字もあるが、初版本と一個所大きく異なる語がある。それは"您"であり、「談論篇」の七十二の次の文である。

　老兄，您怎麼纔來，我等了這麼半天了，差一點兒沒有睡著了。

この"您"は初版本も第2版でもいずれも"你"と作るところであって、「誤植」の可能性もなくはないが、面白いのは、この文に対する『清文指要』や『初學指南』などの原文である。

　阿哥你怎麼纔來，我只管等你們，幾乎沒有打睡。（清文指要）
　阿哥你怎麼纔來，我只管等你們，幾乎沒有打盹。（初學指南）
　阿哥們怎麼纔來，我只管等你們，幾乎沒有打盹。（三合語錄）
　眾位怎麼纔來，我等了個難幾乎睡著了。（清文指要漢語）
　大哥，你怎麼纔來，我只管等著你們，差一點兒沒睡了。（問答篇）

つまり、ここの"您"は複数なのである。

たが，今回，本書に掲載するに際し，若干の修正加筆を行った。なお，本稿の中文版「与"您"有关的问题」（『国際漢学』第 22 輯，2012，宋桔訳）もある。

＜参考文献＞

尾崎實　1965「語言自邇集」解説『語言自邇集語彙索引（初稿)』明清文学言語研究会会報単刊 9

＿＿＿＿　1990「ゴンサルベスの『洋漢合字彙』(1831 年)――ポルトガル人が学んだ中国語について」『東西学術研究所所報』第 50 号

＿＿＿＿　1992「"您"にかかわるいろいろなことがら」「近世語研究会」(1992.5.31) での発表レジュメ

日下恒夫　1977「北京語における"nin"の生成」『關西大學文學論集』第 26 巻第 2 号

太田辰夫　1951「清代北京語語法研究資料について」『神戸外大論叢』2 巻 1 號

＿＿＿＿　1988『中國語史通考』白帝社

＿＿＿＿　1995『中國語文論集』汲古書院

高田時雄　1999「トマス・ウェイドと北京語の勝利」「京都大学人文科学研究所創立 70 周年記念国際シンポジューム」(1999.11.19，京大会館) における発表レジュメ，のち『西洋近代文明と中華世界』（狭間直樹編，京都大学学術出版会，2001）に所収。

游汝傑　1988「各地呉語人稱代詞異同比較」「呉語研究國際學術会議」(1988.12.12.-12.14，香港中文大學) における発表レジュメ

六角恆廣　1994『中国語書誌』不二出版

近代日本における『語言自邇集』の受容と展開

氷野　歩

はじめに

　『語言自邇集』は欧米での中国語教育に広く利用されただけでなく，近代日本の中国語教育に大きな影響を与えた書としても知られる。明治以降日本でも多くの中国語教材が出版されてきたが，その中には明らかに『語言自邇集』の影響が見て取れるものが多数存在している。これらの教材は近代日本の中国語教育における『語言自邇集』の位置づけを考える上で非常に重要な存在となるが，これまでこうした資料に対して具体的な言及，分析を行った研究はほとんどなされてこず，未だ明らかになっていない点が多い。そこで本稿では近代日本において『語言自邇集』がいかに受容・展開されていったかということを元に，近代日本の中国語教育における『語言自邇集』の影響について考えていきたい。

1．近代日本における『語言自邇集』の利用

　明治初期の日本では中国に対する経政的動機から中国語は様々な場面において取り上げられる傾向が強く，中国語教育機関も公私を問わず多数存在していた。その中には『語言自邇集』を教材として採用していたところもいくつかある。

1.1. 東京外国語学校

　明治初期に中国語教育が行われていた機関のなかでも最も早く北京官話教育を取り入れたのが東京外国語学校である。東京外国語学校は明治4年に設立された外務省漢語学所の流れを汲み，当初は南京語教育が行われていたが，明治9年に北京官話教育に切り替えられた。東京外国語学校およびその後身となる東京商業学校の中国語教育では『語言自邇集』が教科書の一つとして採用されており，何盛三『北京官話文法』では当時の東京外国語学校での中国語教育について以下のように述べられている。

外國語學校にてわ薛乃良の招聘と共に學校に藏したる纔かに一部の語言自邇集を原本とし，生徒をして悉く之を筆寫せしめて教科書とし，先づ其平仄編に依り正確なる發音を練習し，十分習熟して甫めて談論編に移り，更に上達して後，教授頴川重寬が紅樓夢を講じ，川崎近義が熱心に之を補佐したと云う。(『北京官話文法』p73)

また文求堂店主の田中慶太郎は当時の『語言自邇集』について以下のように述べている。

むかしは學校で教科書をそろへて學生に貸しあたへたものです。(中略)高等商業學校ではたくさんの「語言自邇集」が生徒用として用意してあつたものです。明治三十何年でしたか，全國一齊に官品を整理して拂下げがあつたことがありましたが，そのとき「語言自邇集」と「四声聯珠」で高等商業學校印の押してあるものが三百部以上もあつて，「語言自邇集」は神田あたりの本屋では，どこでも一圓か一圓五十錢ぐらゐで買へたものです。(「出版と支那語」p.43)

こうした記録が示す通り，現在でも東京外国語学校や東京商業学校の蔵書印が押された『語言自邇集』の写本や『清語階梯 語言自邇集[1]』をいくつも確認することができる。

1.2. 慶應義塾附属支那語科

　明治12年，学生からの要望に応じる形で慶應義塾に支那語科が附設された。当時東京外国語学校で教員を務めていた龔恩禄[2]が講師として招かれ[3]，またその通訳として金子彌平[4]を招いている。『慶應義塾五十年史』では当時の支那語科の様子について「一週二回位會話時文等を學べり。教科書には交話會出版の『語原自迩集』(ママ)を用ひ，熱心勉強せし」(p.354)と記録されており，ここでも教科書には『語言自邇集』が採用されていたことがわかる。
　また『慶應義塾五十年史』「慶応義塾出版社出版書目」の記述によると，明治13年に

---

1) 以下『清語階梯』。
2) 満州旗人。明治11年9月から明治13年9月まで東京外国語学校の教師を務めた。来日前には北京で中田敬義とともに『北京官話伊蘇普喩言』(明治12年4月 渡邊温発行)の編纂に取り組んでいる。
3) 明治13年に龔恩禄が帰国した後は張滋昉が，さらにその後は浙江出身の郭宗儀が教授にあたった。
4) 南部藩出身。明治5年に福澤諭吉の書生となり，明治6年慶應義塾に入塾。明治9年に清国北京公使館通弁見習として中国に渡り，帰国後は明治12年より約1年間慶應義塾支那語科の教員に就任し「散語」の講義を担当した。明治13年2月には曾根俊虎や廣部精らと興亜会支那語学校を設立している。(1854-1924)

『改正語言自邇集[5]』および『新校語言自邇集』が慶応義塾出版社より発行されている。

1.3. 興亜会支那語学校

興亜会は明治10年に曽根俊虎によって創設された振亜社を母体として明治13年3月に長岡護美を会長に設立された。支那語学校は興亜会設立準備会の開かれた直後の2月に開設され，教師に張滋昉，曽根俊虎，金子彌平，廣部精などがいた。宮島大八，足立忠七郎など，近代中国語教育界を代表する人物を数多く輩出している。

『興亜会報告』の記録によると，明治13年当時の興亜会支那語学校では5種類の等級を定めて中国語の授業が行われていたが，その全ての等級で「散語篇」が利用されており，さらに「等外1級生」の授業では「問答篇」が利用されていたことがわかる[6]。また明治13年には興亜会支那語学校の編輯による『新校語言自邇集』が慶応義塾出版社より発行されている。

このように明治初期に北京官話教育が行われていた機関では何らかの形で『語言自邇集』との関係性を持っていたことがわかる。これらの中国語教育機関からは著名な中国学者が多数輩出されており，近代日本の中国語教育の礎を築いたと言える。こうした教育機関で『語言自邇集』が利用されていたことこそ『語言自邇集』が近代日本の中国語教育に大きな影響を与えることとなった大きな要因の一つであると考えられる。

2．『清語階梯 語言自邇集』と近代日本の中国語教育

近代日本における『語言自邇集』の利用について考えるとき，最も重要な資料の一つと言えるのが『清語階梯 語言自邇集』である。

2.1.『清語階梯 語言自邇集』

編　者：未詳
出版年：明治13年7月
出版人：中島精一
発売元：慶應義塾出版社
冊　数：2冊（本編1冊，*KEY TO THE TZŬ ERH CHI* 1冊）
装　丁：洋装

5）後述。
6）興亜会『興亜会報告』第六集（明治十三年六月廿三日）pp.20-23

『清語階梯』は『語言自邇集』初版の本編および KEY TO THE TZŬ ERH CHI をほぼそのまま翻刻したもので[7]，訂正を要する箇所には原文に傍線が施され，欄外に書き換え後の表現が記されている[8]。

『清語階梯』は現在でも大学図書館を中心として多数の所蔵が確認出来ているが，通常広く見られる『清語階梯』に刊記は一切見られない。そのため出版年等は長らく不明とされてきたが，国立公文書館内閣文庫所蔵の版本には以下の内容で奥付が付されていることがわかった。

```
明治十三年六月廿九日出版御届    定價金五圓
同    年七月    出版
        出版人    大分縣士族  中島精一
                東京芝區三田四丁目廿六番地
        印刷發賣  慶應義塾出版社
                東京芝區三田二丁目二番地
```

また『慶應義塾五十年史』「慶応義塾出版社出版書目」には『改正語言自邇集』という書名で以下の情報が掲載されている。

```
○英人威徳原著
改正語言自邇集        二册    定價五圓
興亜會用                              (『慶應義塾五十年史』p.430)
```

この『改正語言自邇集』は『清語階梯』と出版社，冊数，価格が一致することから『清語階梯』を指していると思われる。また価格も定価で5円となっていることから，先に挙げた田中慶太郎が「出版と支那語」において言及した『語言自邇集』についても『清語階梯』を指すものと考えられる。このように当時から非常に高価でかつ希少な書であった『語言自邇集』に対し比較的手に入りやすかった『清語階梯』は，「日本における『語言自邇集』」として広く流通，使用されていたことがうかがえる。

---

[7] 六角恒廣氏は『中国語書誌』において『清語階梯 語言自邇集』を「原本とちがい，漢字の解説など日本人に不要な部分を除いた省約本」としているが，実際には "CONTENTS OF THE TZŬ ERH CHI" を除き，『語言自邇集』初版がほぼそのまま収められている。

[8] 『中国語教本類集成』解題では「『語言自邇集』の原文で適当ではない表現を改め傍線をしてその部分を明示し，原文は欄外に示した」とあるが，正しくは欄外には書き換え後の表現が示されている。

2.2. 『清語階梯 語言自邇集』に関連する教材

近代日本の中国語教材の中には『語言自邇集』の影響を受けたと思われるものがいくつかあるが，その中には明らかに『清語階梯』との関連性が見受けられるものも存在している。

2.2.1. 『新校 語言自邇集 散語ノ部』

  編　　者：興亜会支那語学校
  出 版 年：明治 13 年 4 月
  出 版 者：飯田平作
  発 売 元：丸家善七，山中市兵衛，慶應義塾出版社
  冊　　数：1 冊
  装　　丁：洋装
  構　　成：緒言，「散語四十章」

『新校語言自邇集』は『語言自邇集』「散語四十章」を元に作成されたものである。各章冒頭に初出字を列挙し，ウェード式ローマ字表記で発音が併記されており，*KEY TO THE TZŬ ERH CHI* の "THE FORTY EXERCISES. *San Yü Chang.*" に掲載されている体裁に一致する。ただし本文については『語言自邇集』と若干異なる箇所が見受けられ，『語言自邇集』，『清語階梯』欄外，『新校語言自邇集』の三者の記述を対照させると，以下の様に『新校語言自邇集』の本文は『語言自邇集』ではなく『清語階梯』欄外の記述に一致していることがわかる。

  我借錢，是我把人家的錢拏來我使，我借給人錢，是把我的錢拏給人使。
                   （【自】散-13[9])
  我借錢，是拏人家的來我使　我借給人錢　是拏我的錢給人家使。
                 （【階梯】散-13 欄外)
  我借錢，是拏人家的來我使　我借給人錢　是拏我的錢給人家使。 【新校】13)

このように『新校語言自邇集』と『清語階梯』の記述は一致しているが，『清語階梯』が明治 13 年 7 月に発行されているのに対し，『新校語言自邇集』はそれよりも 3 ヶ月早

---

9) 括弧内は【略書名】章題-章数を表す。以下【自】：『語言自邇集』，【階梯】：『清語階梯』，【新校】：『新校語言自邇集』，【捷径】：『北京官話 清国語学捷径』，【問】：『問答篇』，【亜】：『亜細亜言語集』，【国字解】：『参訂漢語問答篇国字解』を表す。

い同年4月に発行されている。このことから『清語階梯』が『新校語言自邇集』に未収録の章を補完する目的で編纂されたか，あるいは『新校語言自邇集』が草稿段階の『清語階梯』を参照して作成されたものと考えられる。両者とも時期を近くして慶應義塾出版社から発行されたということからも，『清語階梯』と『新校語言自邇集』には深い関係性が存在していると考えられる。

2.2.2.『北京官話 清国語学捷径』

編　者：南部義籌[10]
出版年：明治28年6月
出版者：東洋新學社
冊　数：4巻4冊（第一巻「平仄篇」，第二巻「散語篇 上」，第三巻「散語篇 下」，第四巻「續散語篇」）
装　丁：洋装
構　成：緒言，「平仄篇」，「散語篇」上，「散語篇」下，「續散語篇」

『北京官話 清国語学捷径』は『語言自邇集』「練習燕山平仄編」，「散語四十章」，「續散語十八章」をもとに作成された教材である。編者は明治大正時代のローマ字論者南部義籌で，本文の全ての漢字にローマ字で発音が併記されている。ただし採用されている表記はウェード式ローマ字ではなく南部義籌による『東洋新學入門』の表記に基づいているとされる[11]。

本文については「平仄篇」は『語言自邇集』「練習燕山平仄編」との間に異同は見られないが，「散語篇」「續散語篇」については『語言自邇集』との間に語句の入れ替わりが見られる。そこで『語言自邇集』，『清語階梯』欄外，『清国語学捷径』の三者の本文を対照させると『清国語学捷径』の本文が『清語階梯』欄外の記述と一致していることがわかる。

　　爵位尊，是説人做的官大，説小官不算爵位，比方參賛的官爵位也尊貴。

　　　　　　　　　　　　　　　　　　　　　　　　　　　　　【自】散-19

---

10) 土佐藩出身。漢学者でもあったが大庭雪斎の『訳和蘭文語』に触発され日本初のローマ字論者となった。明治5年文部省に『文字ヲ改換スル議』を建白。著書には『北京官話 清国語学捷径』のほか『土佐日記 横文字綴』（明治27年 東洋新学社），『四書素読指掌 日清対照 大学』（明治27年 東洋新学社）などがある。(1840-1917)

11) 此書依英國公使威氏選。語言自邇集。以編纂。其爲示字音所附記羅馬字。據拙著東洋新學入門之綴字法。（『北京官話 清国語学捷径』緒言）

爵位尊，是説人做的官大，但是小官兒不能論爵位 比方參賛的官爵位是尊貴的。
(【階梯】散-19 欄外)

爵位尊，是説人做的官大，但是小官兒不能論爵位，比方參賛的官爵位是尊貴的。
(【捷径】散-19)

打開，在草頭上。(【自】續散-6)
打開，鋪在草上。(【階梯】續散-6 欄外)
打開，鋪在草上。(【捷径】續散-6)

さらに『清国語学捷径』では『清語階梯』で補足説明として欄外に記述されている内容も他の書き換え部分と区別することなくそのまま採用されている。

肩髈兒，脊梁，脊梁背兒，胸前，肚子。(【自】散-18)
肩髈兒，脊梁，脊梁背兒，胸膛或胸口亦可，肚子。(【階梯】散-18 欄外)
肩髈兒，脊梁，脊梁背兒，胸膛或胸口亦可，肚子。(【捷径】散-18)

このように『清国語学捷径』では『新校語言自邇集』と同様，すべての箇所で『清語階梯』欄外の記述が本文として採用されており，明らかに『語言自邇集』原著ではなく『清語階梯』を参照して作成された教本であることがわかる。

このように近代日本における中国語教材の中には『清語階梯』との関連性が見受けられるものが存在している。つまり近代日本で出版された『語言自邇集』系統の教材の多くは『語言自邇集』自体と直接影響関係が存在している訳ではなく，実際には『清語階梯』の流れを汲む物であった可能性が高い[12]。『語言自邇集』が近代日本の中国語教育に広く利用され，多大な影響を与えることとなったのは『清語階梯』の存在に負うところが大きかったと言えるだろう。

---

12) この他にも近代日本の中国語教材で本文に『語言自邇集』の影響が認められるものに『自邇集平仄篇 四聲聯珠』（福島安正編紹古英繼校訂，明治19年陸軍文庫），『華語跬歩』（御幡雅文編，明治36年文求堂）があるが，これらで採用されている表現は『語言自邇集』と一致している。ただし『清語階梯』は『語言自邇集』の原文も収録されているため，これらの教材が『清語階梯』を参照して編纂された可能性も十分に考えられる。

3．『語言自邇集』の鈔本について

　『語言自邇集』は当時非常に高価でかつ貴重な本であったため，日本人学習者の多くは筆写して利用していたとされるが[13]，こうした『語言自邇集』の鈔本は現在のところ以下の4種の存在が確認できている。

　　⑴『語言自邇集抜碎』（長崎県立図書館蔵）
　　⑵『語言自邇集』（静嘉堂文庫蔵）
　　⑶『語言自迩集 散語 問答』（東洋文庫蔵）
　　⑷『語言自邇集巻之一 問答十章』（東洋文庫蔵）

　このうち⑵静嘉堂文庫所蔵『語言自邇集』および⑶東洋文庫所蔵『語言自迩集 散語 問答』については，鱒澤彰夫1988において鈔本中に見られる書き込みについて特に音韻分野に重点を置いた詳細な言及がなされているが，他に『語言自邇集』の鈔本を取り上げた先行研究は現在のところ存在していない。しかしこれらの鈔本には入念に書き込みがなされているものもあり，近代日本における中国語学習や教育の実態を知る上で非常に有益な資料であると言える。そこでここではこれらの鈔本に見られる書き込みに着目し，当時の中国語教育の状況や『語言自邇集』関連資料との関係性などについて検証していきたい。

3.1.『語言自邇集抜碎』
　　所　蔵：長崎県立図書館（長崎歴史文化博物館収蔵）
　　鈔写人：未詳
　　鈔写年：未詳
　　冊　数：1冊
　　装　丁：線装，全50葉

　『語言自邇集』「練習燕山平仄編」の各韻母の見出し字，「散語」各章冒頭の初出字，「練

---

[13] 明治9年に外務省留学生として北京に派遣された中田敬義は「明治初期の支那語」において「北京に來てみると，語學の本がない。當時イギリスの駐支公使になつてゐたサー・タマス・ウエードの作つた「語言自邇集」といふ大きな本があるきり。この本はまことにたつとい本であるが，なかなか高價で，とても買ふ力がない。そこで支那の筆工に寫させ，英紹古といふ人を教師にして，それで語學の稽古をしてゐた。」（中田敬義「明治初期の支那語」）と述べている。また何盛三も『北京官話文法』において「外國語學校にてわ薛乃良の招聘と共に學校に藏したる纔かに一部の語言自邇集を原本とし，生徒をして悉く之を筆寫せしめて教科書とし」と記している。

習燕山平仄編」の各韻母の声調ごとの単語,「談論」の単語,「問答」・「續散語」の初出字が書かれている。初出字の多くは『語言自邇集』巻末の"Appendix"と一致し,「談論」の単語については KEY TO THE TZŬ ERH CHI の「談論」の単語解説（英文）の見出し語と一致しており,『語言自邇集』の本編だけでなく KEY TO THE TZŬ ERH CHI も参照しながら書かれた物であることが分かる。本文はなく,朱筆で声調を表す圏点が書き込まれていること,片仮名で発音,中国語で単語の意味が書き込まれていることから,漢字や単語の練習帳として利用されたものと思われる。

3.2.『語言自邇集』

　　所　　蔵：静嘉堂文庫
　　鈔写人：未詳
　　鈔写年：未詳
　　冊　　数：全6巻4冊（語言自邇集5巻,言語例畧1巻）
　　装　　丁：線装,全230葉
　　収　　録：「談論」「平仄篇」「問答」「散語」「續散語」「言語例畧」
　　旧　　蔵：東京外国語学校（「東京外國語學校圖書」印の上に「東京商業學校消印」）
　　備　　考：「談論篇」を中心に複数の筆跡での書き込み有り。

「平仄篇」の一部の版心に「東京外國語學校」の文字が見られることから東京外国語学校の授業で使用するために筆写されたものと考えられる。東京外国語学校の蔵書印があること,複数の筆跡での書き込みが見られることから,個人が所有したものではなく学校から学生に貸し与えて使用されていたものと思われる。そのため「談論」第40章の欄外には「明治十五年五月」という書き込みが見られるが,実際にはこれよりもずっと早い段階から利用されていた可能性が高い。また「言語例略」第3段に「識就的意思川崎先生不明白」という書き込みが見られることから川崎近義による授業で使用されていたものであることがわかる。

　本文への書き込みはそれほど多くはないが,「談論篇」を中心にいくつか目にすることができ,ごく僅かではあるが中には『清語階梯』欄外の記述に近似する書き込みもある。

　　　車價貫,都是我們北邊那個車店裏的掌櫃的,也要使些個錢。　　　　（【自】散-15）
　　　車價貴 是因爲我們北邊那車店裡的 掌櫃的也要從中使些個錢。　　（【階梯】散-15）

車價貫 都是我們北邊那個車店裏的掌櫃的 也要（從中）使些（幾）個錢。[14]
(ママ)

【静嘉堂】散-15）

書き込みの多くは発音や単語の意味に関するものであるが，単語や文の書き換えが記されている箇所もいくつか見受けられる[15]。これらの書き込みは授業の際に教師の解説に従って記録されたものと考えられ，当時実際に教えられていた言語を反映した資料としても有益であると言える。

3.3.『語言自邇集 散語 問答』
　　所　　蔵：東洋文庫
　　鈔写人：川崎近義[16]
　　鈔写年：未詳
　　冊　　数：残2巻（全1冊）全89葉
　　装　　丁：線装
　　収　　録：「散語四十章」（第1葉～第50葉），「問答十章」（第52葉～第88葉）
　　旧　　蔵：中山久四郎（「中山氏蔵書之記」印）

表紙に「散語問答 語言自邇集 川崎近義持」の記述が残されていることから，明治7年より東京外国学校で中国語の教授に当たっていた川崎近義が利用していた鈔本であることがわかる。全編を通じて朱筆，墨筆による書き込みが多数残されているが，これらの書き込みは本文に対する註釈だけでなく学習日を記録した日付も多数残されている。これらを時系列に整列すると以下のようになる。

〈散語四十章〉
明治九年九月初二為始（1葉表）
　九年十一月卅日告假是昨日近火（25葉表）
　子十二月廿三日為止（32葉裏）
　十年丑一月八日為始（32葉裏）

14）この部分の書き込みは川崎近義による鈔本『語言自邇集 散語 問答』の書き込みとも一致する
15）例えば「談論篇」第12章では"你納"はすべて"您"に改められている。
　　　我替你納（您）算計熟（定）咯，（静嘉堂文庫蔵『語言自邇集』「散語」第12章）
　　　我替你納算計熟咯，（『語言自邇集』「散語」第12章）
16）東京外国語学校中国語助教諭。長崎の頴川重寛のもとで漢語を学び，外務省漢語学塾佐，文書司等外二等，一等兼漢語塾頭などを経て，明治7年東京外国語学校に就任。

十年二月一日念（44 葉裏）
　　　　二月念七日念完（50 葉表）
　明治十一年十月七日起再念　墨筆記号ハ龔先生 ノトキ改ムルナリ（見返裏）
　明治十三年十月十三日起蔡師（32 葉裏）
　　　十三年十月蔡師教學（33 葉表）
〈問答十章〉
　明治十年丁丑二月念二起抄（52 葉表）
　　　　二月二十八日學起（52 葉表）
　明治十年三月九日抄完（88 葉表）
　明治十年五月念六日念完川崎近義（88 葉表）
　明治十二年十月十四日再念起（51 葉裏）
　文中朱字ハ原文　又朱筆抹去字亦原文没有字　十四年三月三日記（51 葉裏）

　これらの記録から明治9〜10年，明治11〜12年，明治13〜14年の計3回この鈔本を利用して学習されていることがわかる。またこの鈔本には薛乃良をはじめ明治11年の記録に龔恩禄，13年の記録に蔡伯昂と東京外国語学校の中国人教師の名が残されており，いずれも彼らの着任時期と合致することから，川崎近義は新しい中国人教師が来るたびこの鈔本を用いて学習していたのではないかと思われる。なお書き込みには朱筆によるものと墨筆によるものがあるが，残されている記述より朱筆は薛乃良，墨筆は龔恩禄の指示によって書き加えられたものと判断できる。

　「散語」の部分では鈔写されている本文は『語言自邇集』「散語四十章」にほぼ一致するが墨筆，つまり龔恩禄の指示による書き込みについては以下のように『清語階梯』の書き換えに近似，あるいは一致する記述が所々で見受けられる。

　　叫你把箱子挪開了，怎広挪那広遠。（【自】散-29）
　　叫你把箱子挪開點兒，怎麼挪那麼遠。（【階梯】散-29）
　　叫你把箱子挪開了（點兒），怎麼挪那麼遠。（【川崎本】散-29）

　『清語階梯』の成立については未だ明らかになっていない点が多いが，『語言自迩集散語問答』の書き込みに『清語階梯』欄外の記述と一致するものが見られることから，『清語階梯』は東京外国語学校で利用されていた写本あるいは授業内容を元に編纂されたという可能性が考えられる。また龔恩禄が『清語階梯』の発行元である慶應義塾でも教鞭を執っていたことを考えると，龔恩禄自身が『清語階梯』の編纂に関わった可能性も大いに考えられる。
　一方「問答」については鈔写されている本文はほぼ『語言自邇集』「問答十章」と一致するが，所々で『語言自邇集』とは異なる箇所が見受けられる。

　　我定規是二十二兩銀子。（【自】問-2）
　　我瞧著値是（定規是）二十二兩銀子。（【川崎本】問-2）

これらの文章は朱筆で『語言自邇集』の原文が書き添えられているが，「文中朱字ハ原文　又朱筆抹去字亦原文没有字　十四年三月三日記」（51葉裏）という記述が残されていることから，明治14年の学習の際に書き加えられたものと考えられる。ここで鈔写されている本文は『清語階梯』欄外の記述とも一致しない物がほとんどで，現段階では出処不明である。『語言自迩集 散語 問答』で『語言自邇集』と異なる本文が鈔写されている要因としては，川崎近義が鈔写する際に参照した底本が既に書き込みがなされている版本あるいは鈔本であった可能性が考えられる。ただし東京外国語学校で北京官話教育が開始されたのは最初の北京官話教師である薛乃良が着任した明治9年9月であり，これはちょうど『語言自迩集 散語 問答』に見られる学習開始日の記録「明治九年九月初二為始」と同時期となることから，川崎近義は東京外国語学校で『語言自邇集』を利用した最初の学習者の一人であったと考えられる。ここから別の人物が東京外国語学校での授業で使用した鈔本を元に『語言自迩集 散語 問答』が鈔写されたということは考えにくく，鈔写した底本自体に書き込みがあった可能性が考えられる。

3.3.『語言自邇集巻之一　問答十章』
　　所　　蔵：東洋文庫
　　鈔写人：未詳
　　鈔写年：未詳
　　冊　　数：残1巻
　　装　　丁：線装
　　収　　録：「問答十章[17]」
　　旧　　蔵：小田切万寿之助（小田切武林贈）
　　備　　考：川嶋浪速[18]の署名多数

---

[17] 収録されているのは『語言自邇集』「問答十章」に相違ないが，1葉裏で四声の解説に描かれている男性が『問答篇』という書を手にしている点は非常に興味深い。
[18] 明治〜昭和前期の大陸浪人。満蒙独立運動の先駆者として知られる。川島芳子（愛新覺羅顯玗，

表紙に「明治十四年二月四日起念」，見返しに「此本乃蔡伯昂師所受」という記述が残ることから，東京外国語学校の中国人教師蔡伯昂から譲り受けたものを川嶋浪速が学習に利用したものと考えられる。

『語言自邇集巻之一 問答十章』の書き込みでは『清語階梯』の書き換えと一致あるいは近似するものはほとんど見受けられないが，本文自体に『清語階梯』の書き換え後の表現が採られている箇所が所々で見受けられる。

　　那兒不覺多，看柴火艇給一百兩銀子，是沒有的。(【自】問-5)
　　怎麼不覺多呢，看柴火艇給一百兩銀子，是沒有的。(【階梯】問-5 欄外)
　　怎麼不覺多呢看柴火船給一百兩銀子，是沒有的。(【川嶋本】5)

また先述のように川崎近義による『語言自迩集 散語 問答』のうち「問答」の本文には『語言自邇集』の記述に一致しない箇所が多数見受けられるが，この原文と異なる記述に一部『語言自邇集巻之一 問答十章』の書き込み部分と一致あるいは近似するものがある。

　　他那一位是甚麼人。(【自】問-1)
　　這（那一）位是誰（甚麼人）(【川崎本】1)
　　他那一（這）位是甚麼人（誰）(【川嶋本】1)

『語言自邇集巻之一 問答十章』が川嶋浪速の手に渡る前にどのように利用されていたかという点がはっきりしないため現時点で詳細を明確にするには至らないが，『語言自迩集 散語 問答』と『語言自邇集巻之一 問答十章』の間には何らかの関連性が存在するものと考えられそうである。

4．『問答篇』の影響が見られる書籍

明治時代に日本で出版された中国語教材の中には『語言自邇集』からの影響を受けたものだけでなく，『語言自邇集』「談論篇」の雛形となった『問答篇』の影響が認められるものも存在する。

1907-1948）の養父。明治 15 年から 19 年まで東京外国語学校で中国語を学んだ。(1866-1949)

4.1. 『亜細亜言語集 支那官話部[19]』

  編　　者：廣部精[20]
  出版年：明治12〜13年
  出版者：青山堂
  冊　　数：7巻7冊（巻一「散語」，巻二「續散語」，巻三「問答」，巻四「談論」，巻五「續談論」，巻六「平仄編」，巻七「言語例略」）
  備　　考：上下2段構成。下欄の本文は『語言自邇集』を底本とし，上欄の「欧州奇話」は「ドイツ翻訳官阿氏」（Carl Arendt, 阿恩徳, 1838-1902）の『通俗欧州述古新編』より収めたもの，「六字話」「常言」「續常言」は廣部が独自に採録したものとされる[21]。

　『亜細亜言語集』は明治12年から13年に初版，明治25年に再刻版が出版され，明治35年には増訂版が出版されている。明治13年から15年にかけて出版された『總譯亜細亜言語集』も版を重ねており，当時の中国語学習者に広く利用されていた教材であることがわかる。

　『亜細亜言語集』は現在でも再刻版，増訂版は多数目にすることができるためこれまでも先行研究ではほとんどの場合で再刻版や増訂版が利用されてきたが，初版本は構成や本文の内容で再刻本以降と一部異なる箇所がある。『亜細亜言語集』初版各巻の構成は以下とおり。

  巻一　明治12年6月30日出版（明治12年3月5日版権免許）。
  巻　　頭：副島種臣による題字「善隣」。王治本よる序，廣部精による自序，「亞細亞言語集支那部凡例」「五音拗直五位圖」

---

[19] 『亜細亜言語集 支那官話部』という書名から，元々単なる中国語教本ではなく，あくまでアジア諸言語の教本シリーズのうちの一部となることを意図して編纂されたことがわかる。廣部はアジアの衰運を挽回すべく日本人はアジア諸国の言語を学ぶべきであると考えており，その嚆矢として『亜細亜言語集』が編纂された。
  日清ノ両國和親セズンバ，亞細亞ノ勢振フベカラズ，而シテ両國ノ人，互ヒニ其語言ニ通ゼズンバ，和親モ亦タ深フスベカラズ（中略）又窃カニ以為ラク，將來有識ニ謀リ，將ニ亞洲各國ノ方言ヲ網羅シ，以テ後巻ニ載セントスルハ，亦タ余區々ノ宿願ナリ（『總譯亜細亜言語集』跋）

[20] 明治4年に上京し加藤煕，中村敬宇，周幼梅，王治本らにつき漢学，英語，中国語を修め，その後日清社を創設し，漢学および中国語を教授，『日清新誌』を刊行した。日清社閉鎖後は同人社，漢語会，共同社，興亜会支那語学校などで中国語を教授している。

[21] 此部多取英國威欽差，選言自邇集。及德國繙譯官阿氏著通俗歐洲述古新編等書。以彙成一本。然間或有削彼字添此字。或有舉後件爲前件。蓋以適邦人習讀爲順次。其不見自邇集述古新編者。皆余所作也。（『亜細亜言語集』序）

本　　　文：「散語」40 章，「散語四十章摘譯」其一〜其四十 [22]
本文上欄：六字話 118 句，欧州奇話 13 条
備　　　考：「散語」では『語言自邇集』同様，各章の冒頭に初出字が列挙されている。また巻末に校字人として高瀬震太郎，飛来義躬，冨地近思の名が挙げられている。

巻二　明治 13 年 2 月出版
巻　　頭：龔恩禄による序
本　　　文：「續散語」18 章，「常言」7 条
本文上欄：「欧州奇話」6 条
備　　　考：「散語」同様，各章の冒頭に初出字が列挙されているが，『語言自邇集』ではこうした形式はとられていない。なおここで挙げられている漢字は『語言自邇集』巻末の"Appendix II"に挙げられているものとほぼ一致する。また「常言」の末尾には「常言七條, 皆係將, 余所記俗諺, 信筆書之自知雜亂無章, 不免貽笑博雅」とある。

巻三　明治 13 年 3 月出版。
巻　　頭：中村正直による序
本　　　文：「問答」10 章
本文上欄：「欧州奇話」4 条
備　　　考：「問答」でも各章の冒頭に初出字が列挙されているが，「續散語」同様『語言自邇集』ではこうした形式はとられておらず，漢字は『語言自邇集』巻末の"Appendix II"に挙げられているものとほぼ一致する。

巻四　明治 13 年 5 月出版
巻　　頭：劉世安による序
本　　　文：「談論」50 章
本文上欄：「續常言」1 条

巻五　明治 13 年 5 月出版
本　　　文「續談論」52 章

22）再刻版未収。日本人にとって意味の解し難い語句や表現に対する注釈が書かれている。

本文上欄：「續常言」9 条

巻六　明治 13 年 8 月出版
巻　　頭：廣部精による例言（発音の解説）
本　　文：「平仄篇」19 葉

巻七　明治 13 年 8 月出版
本　　文：「言語例略」15 段
本文上欄：「續常言」11 条

『増訂亜細亜言語集』では『亜細亜言語集』の底本について以下の様に言及されている。

敬宇先生カラ在清國ノ英公使ウエード氏ノ語言自邇集ヲ贈ラレマシタ之ヲ主トシテ支那官話ノ一書ヲ編輯シ亞細亞言語集支那官話部ト名ケタノガ明治十年デアリマシタ（『増訂亜細亜言語集』諸言）

『亜細亜言語集』は廣部が中村正直（敬宇）から独自に譲り受けた『語言自邇集』を基に作成したものであり，これまでに取りあげた東京外国語学校や『清語階梯』の流れを汲む教材とは一線を画しているという点もその大きな特徴であると言える。
　『亜細亜言語集』は序文に「此部多取英國威欽差，選語言自邇集」と述べられているとおり，巻一「散語」，巻二「續散語」，巻三「問答」，巻六「平仄編」，巻七「言語例略」については『語言自邇集』との間にそれほど大きな違いは見受けられない。しかし内田慶市 2006 でも指摘されているように，『亜細亜言語集』の巻四「談論」および巻五「續談論」については構成，内容とも『語言自邇集』「談論篇」と大きく異なっている。『語言自邇集』初版の「談論」は 100 章であるのに対し『亜細亜言語集』は「談論」「續談論」合わせて 102 章となっており，『亜細亜言語集』の談論第 41 章，續談論第 38 章は『語言自邇集』に収められていない[23)]。これに対し『問答篇』は全部で 103 章あり，上巻第 41 章，下巻第 35 章，下巻第 50 章は『問答篇』にのみ収録されている章であり，『語言自邇集』「談論篇百章」に対応する章はない。このうち『問答篇』上巻第 41 章，下巻第 35 章はそれぞれ『亜細亜言語集』「談論」第 41 章，「續談論」第 38 章に対応してい

[23)] 上村 1957 では『亜細亜言語集』「談論」第 41 章，「續談論」第 38 章に対応する章が『語言自邇集』「談論篇」に存在しないことが指摘されているがこの 2 章について上村氏は「出処未詳」としている。

る[24]。さらに『亜細亜言語集』「談論」「續談論」の内容については，『語言自邇集』の本文を対照すると記述の異なる箇所は 1700 箇所を超える[25]が，『亜細亜言語集』と『問答篇』を対照させると記述の異なる箇所は約 220 箇所となり，『亜細亜言語集』の記述は全体の 8 割以上の文章で『問答篇』に一致していることになる。

　　大哥，你納看我射箭，比前出息了沒有，若有不舒服的去處兒，請撥正撥正，
　　　　　　　　　　　　　　　　　　　　　　　　　　　　　　　（【問】上-10)
　　兄台，你納看我射箭，比從前出息了沒有，若有不是的地方兒，請撥正撥正。
　　　　　　　　　　　　　　　　　　　　　　　　　　　　　　　（【自】談-10)
　　大哥，你納看我射箭，比前出息了沒有，若有不舒服的去處兒，請撥正撥正，
　　　　　　　　　　　　　　　　　　　　　　　　　　　　　　　（【亜】談-10)

ただし以下のように『亞細亞言語集』と『語言自邇集』が一致する記述も約 80 箇所ある。

　　你打聽的，不是那位阿哥麼，（【問】上-19)
　　你打聽的，不是那位老弟麼。（【自】談-19)
　　你打聽的，不是那位老弟麼，（【亜】談-19)

『亜細亜言語集』と『語言自邇集』の記述が一致する箇所で最も多く見受けられるものが上に示したような旗人語に由来する"～哥"からの書き換えや"得"と"的"の書き換えである。これらの例では『亜細亜言語集』と『問答篇』の記述が異なる箇所の大半で『語言自邇集』「談論篇百章」の記述に一致している。また『亜細亜言語集』「談論」「續談論」では『問答篇』，『語言自邇集』のいずれとも一致しない記述も見受けられる。これは序文でも述べられているように[26]，おそらく廣部自身の判断により書き換えられたものと考えられる。

　　各自各兒留心上起的很多（【問】上-17)
　　各自各兒懷着異心的很多（【自】談-17)

24）ただし『問答篇』下巻第 50 章は『亜細亜言語集』にも収められていない。また『總譯亜細亜言語集』「談論」では『問答篇』上巻第 41 章に相当する章は収録されていない。
25）明治 25 年発行の『亜細亞言語集』再刻版および明治 35 年発行の『増訂亜細亜言語集』では『語言自邇集』と同じ表現に改められている箇所もある。
26）此部多取英國威欽差選語言自邇集。……以彙成一本。然間或有削彼字添此字。或有舉後件爲前件。蓋以適邦人習讀爲順次。とある。

各兒懷着異心的很多（【亜】談-17）

ただしこうした例うち多くは上に示すように『亜細亜言語集』では比較的『語言自邇集』に近い表現が採用されていることがわかる。つまり『亜細亜言語集』では『問答篇』と異なる記述が採用されている箇所の大部分が『語言自邇集』の記述に一致あるいは近似するということとなる。また『亜細亜言語集』の記述と『問答篇』の記述が一致しない箇所のうち，特に『亜細亜言語集』で文字数が増加している箇所の版組みに注目してみると，該当部分の文字が小さくなっており明らかに後から彫り直されたと判断できるものが多数見受けられる。

　　　但是差使上滑的，（【問】上-15）
　　　但是遇着差使上滑的，（【自】談-15）
　　　但是遇着差使上滑的，（【亜】談-15）

『問答篇』と『亜細亜言語集』の記述が異なっていても両者の文字数が同じである場合，それが元々の表現であるか，それとも後に彫り直されたものであるのかを判断することは難しいが，上述のような例が存在することを考慮すると，おそらく『亜細亜言語集』「談論」「續談論」は『問答篇』を底本として作成され，後にある程度版が完成している段階で『語言自邇集』を参照して修正が加えられたのではないかと考えられる。

4.2.『参訂漢語問答篇国字解』

　編　者：福島九成[27]参訂並解
　出版年：明治13年5月
　出版者：力水書屋蔵版　丸善書舗発行
　冊　数：3巻1冊
　装　丁：洋装
　構　成：「清国人藕香榭居士」による序，自序，「参訂漢語問答篇國字解巻上」,「参訂漢語問答篇國字解巻中」,「参訂漢語問答篇國字解巻下」
　備　考：上段に中国語，下段に日本語訳が収録されている

---

27) 佐賀藩出身。維新後陸軍少佐となり，明治4年より2年間，清国留学を命じられた。帰国後文官に転じ明治7年から13年まで厦門領事をつとめた。その後大蔵省書記官，内務省書記官，権大書記官，青森県令を歴任した。『参訂漢語問答篇国字解』は厦門滞在中に編纂されたものと思われる。

『参訂漢語問答篇國字解』は書名に「問答篇」，各巻の表題の下にも「大英威妥嗎原本　大日本福島九成參訂並解」とあり，さらに序文でも『問答篇』に言及されている[28]。こうした記述からも『参訂漢語問答篇國字解』は『問答篇』を元に作成されたと考えられるが，以前は『問答篇』の存在自体が明らかになっていなかったこともあり，長らく『語言自邇集』「問答十章」と混同され，「談論篇百章」を元に作成されたと考えられてきた[29]。しかし各章の配列は『問答編』や『語言自邇集』「談論篇百章」とは大きく異なっているものの，本文の内容を対照させてみると『語言自邇集』「談論篇百章」では収録されていない『問答篇』上巻第41章，下巻第35章，下巻第50章が『参訂漢語問答篇国字解』の第85章，第73章，第99章にそれぞれ対応して収録されていることがわかる。ここから判断してもやはり『語言自邇集』「談論篇百章」ではなく『問答篇』を元に作成されたものと考えられる[30]。

　ただし『参訂漢語問答篇国字解』は章の配列が入れ替えられているだけではなく，本文に関しても大幅に手が加えられており，『問答篇』および『語言自邇集』「談論篇百章」いずれの文章とも大きく異なっている。ただし以下に示すように『参訂漢語問答篇国字解』の本文と詳細に対照させていくと，『問答篇』に近い表現だけでなく所々で『語言自邇集』の文章に近い表現が見受けられることがわかる。

　　但只恨我自己，沒有甚麼朋友，（【問】上-23）
　　好雖是好啊，但只恨是我自己，沒有甚麼朋友，（【自】談-23）
　　好雖是好　只恨沒有甚麼朋友來和我作伴（【国字解】6）

　ここから『参訂漢語問答篇国字解』は大幅に組み替え，書き換えがなされているものの，その構成は『問答篇』に近く，一方で本文は『語言自邇集』「談論篇百章」に近い要素も持ち合わせているということがわかる。ここから『参訂漢語問答篇国字解』はやはり『亜細亜言語集』と同様に，『問答篇』と『語言自邇集』「談論篇百章」の両方の要素を受け継ぐ中間的な位置づけが可能な資料であるといえる。

28）余奉命使清職供領事駐閩廈島適友人以英使威公妥嗎所著問答篇見示純屬燕山之音余喜其有心世道公餘之暇反覆細讀（『参訂漢語問答篇國字解』福島九成序）
29）『中国語教本類集成』所収書解題でも「序文によるとウェードの「問答篇」を参訂したと記されているが，ウェードの『語言自邇集』中の「談論篇」に手を加えて，語句を新しく加えたり，多くを削除した」ものとの説明されている。
30）ただし『参訂漢語問答篇國字解』は『問答篇』同様全103章あるが，全ての章が『問答篇』と対応関係にあるわけではなく，『参訂漢語問答篇國字解』第44章，第103章の2章で『問答篇』上巻第4章に対応し，また，『参訂漢語問答篇國字解』第19章，第70章，第94章については，『語言自邇集』『問答篇』いずれとも対応章は不明。

4.3. 近代日本の中国語教育における『問答編』の影響

　以上のように『亜細亜言語集』および『参訂漢語問答篇国字解』の内容から近代日本の中国語教材には『語言自邇集』だけでなく『問答篇』の影響を直接受け継ぐものも存在し，『問答篇』も近代日本の中国語教育に一定の割合で影響を与えていたことが明らかとなった。ただしこれらの教材からはいずれにも共通して『問答篇』と『語言自邇集』両方の要素を見いだすことができた。このことからこれらの教材の成書過程については

　　1）編纂時に『問答篇』と『語言自邇集』「談論篇百章」の両方が参照された。
　　2）『問答篇』と『語言自邇集』の中間に位置づけられる何らかの版本が存在した。

という二つの可能性が考えられる。『問答篇』と『語言自邇集』はあくまでも別の本である以上，それぞれの要素が受け継がれるためには両方を参照したと考えることがごく自然なようにも思えるかもしれない。しかし『亜細亜言語集』を例に見てみれば，成立過程についてかなり詳細な記述が残されているにもかかわらず『問答篇』に対する言及が一切みられない点や『語言自邇集』が手元にありながらより古い言葉を反映した『問答篇』をあえて採用するというのはやや不自然なことのようにも思われる。とすると『問答篇』がそのまま「談論篇」の代わりに収録された，『問答篇』と『語言自邇集』の中間に位置づけられる版本が存在し，底本に利用されたという可能性も考えられる。『語言自邇集』は1867年の初版出版以前から英国領事館では草稿段階のものが試験的に利用されていた[31]ということや，ハーバード大学燕京図書館所蔵の『問答篇』の書き込みには『語言自邇集』「談論篇百章」の本文に一致する記述が多数残されている[32]ことなどもわかっており，廣部精や福島九成が参照した『問答篇』や『語言自邇集』がこうした類の物であった可能性も考えられる。

おわりに

　ここまで見てきたように『語言自邇集』は近代日本において単なる中国語教材として

---

31) 『語言自邇集』の序文に以下の様な記述がある。
　　The vocabulary was accordingly reduced, and after four revisions, the Exercises were left as they now are. The progress of the Consular Students who have used them in manuscript, is fair guarantee of their utility as elementary lessons.（語彙は状況に応じて減らされ，4度の改訂ののち，Exercises は現在の形となった。これらの草稿を利用した領事館の生徒の進歩が初級課程での有用性を保証している）
32) 氷野歩「ハーバード大学燕京図書館所蔵『問答篇』について」中国近世語学会2014年度研究総会 2014年6月7日愛知大学

受容されただけではなく，鈔本や『清語階梯』へ，そこからさらに別の教本へと様々に形を変え展開し続けていったことがわかった。また『語言自邇集』だけでなく，その雛形となった『問答篇』についても同様に『語言自邇集』と関連づけて受容され，さらに別の形へと展開されていたことが明らかとなった。『語言自邇集』は当時から非常に高価かつ貴重な教本であったとされるが，中国語の教材自体がごく少数しか存在しなかった当時，その希少性こそが近代日本の中国語教育において『語言自邇集』が様々な形で展開が繰り広げられる要因となったと言える。これまで『語言自邇集』は近代日本の中国語教育に大きな影響を与えたと一括りにされがちであったが，この影響力とは『語言自邇集』だけが持ち合わせていたものだけではなく，実際には今回取り上げたような様々な過程を経て編まれた『語言自邇集』から展開した資料がそれぞれにまた広く利用されてきた結果として作り出されたものであると言えるだろう。

参照参考文献

Thomas Francis Wade　1860　『問答編』

――――――――――　1867　『語言自邇集 A progressive course designed to assist the study of colloquial Chinese as spoken in the capital and the metropolitan department.』　TRÜBNER & CO., London

青柳篤恒　1942「思ひ出づる支那語研究の懐古」『中國文學』第 83 号

内田慶市　2006「『語言自邇集』に関わることがら」『アジア文化交流研究』第 1 号

――――　2009「『語言自邇集』在日本」『アジア文化交流研究』第 4 号

何盛三　1935『北京官話文法』東學社

金子宗德　2005「金子彌平――ある「明治人」の軌跡」『明治聖德記念学会紀要』復刊第 42 号

黒木彬文・鱒澤彰夫　1993『興亜会報告・亜細亜協会報告』不二出版

興亜会支那語学校編　1880『新校語言自邇集散語ノ部』飯田平作

私立慶應義塾　1907『慶應義塾五十年史』

田中慶太郎　1942「出版と支那語」『中國文學』第 83 号

中田敬義　1942「明治初期の中國語」『中國文學』第 83 号

南部義籌編　1895『北京官話清国語学捷径』東洋新學社

廣部精　1879-1880『亞細亞言語集支那官話部』青山堂

――――　1880-1882『總譯亞細亞言語集支那官話部』青山堂

――――　1904『増訂亞細亞言語集』

福島九成　1880『参訂漢語問答篇国字解』丸善書舗

福島安正編　紹古英繼校訂　1886『自邇集平仄篇 四聲聯珠』陸軍文庫
鱒澤彰夫　1988「北京官話教育と『語言自迩集 散語問答 明治10年3月川崎近義氏鈔本』」
『中国語学』第235号
六角恒廣編　1991-1998『中国語教本類集成』不二出版
編者未詳　1880『清語階梯語言自邇集』慶應義塾出版社

〈鈔本〉
鈔本『語言自迩集 散語 問答』（東洋文庫蔵）
鈔本『語言自邇集巻之一 問答十章』（東洋文庫蔵）
鈔本『語言自邇集』（静嘉堂文庫蔵）
鈔本『語言自邇集抜碎』（長崎県立図書館蔵）

《语言自迩集》之协作者《瀛海笔记》之主角

宋 桔

1.《自迩集》中的 Ying Lung T'ien

随着 2003 年《语言自迩集》中译本的出版,以及对外汉语教学史研究的不断挖掘,英国外交官威妥玛(Thomas Francis Wade)在 19 世纪中出版的汉语教材《语言自迩集》[1]成为新的研究热点。然而,在作者背景研究方面,相对于国内外对于威妥玛的生平及汉学背景研究已经取得的成果,[2]该书的另一些中国本土的协作者则较少得到关注。

尽管版权页上只有威妥玛和禧在明(Warlter Caine Hillier)的名字,但《自迩集》并不是一部单一创作的论著,而是一部中西合著的作品。当时西方人在中国学习汉语都有自己的老师,所翻译或撰写的中文书也一般都会经过中士的润色修改。根据威妥玛在《自迩集》第一版和第二版的序言中的论述,Ying Lung T'ien 所做的工作绝非"润笔"而已。[3]

(一) 1855 年他提供给威妥玛一份以《五方元音》词汇为基础的词汇表(an index of words),成为威妥玛进行汉字拉丁字母标注研究的基础,以"北京话音节表"(the Peking Syllabary)的形式收入《寻津录》。

> It was not till 1855, …but my teacher, YING LUNG-T'IEN, had already of his own motion compiled for me an index of words, which, after reducing the syllables to alphabetic order, I eventually appended to the "Hsin Ching Lu" as the Peking Syllabary.[4]

(二) 他将《五方元音》中的不适合口语学习的词从表中剔除,将其余部分重新分类,保留基本声韵母,作为他所提供的词汇表的音节分类的依据。对于许多词,或改其音,或改其调,或者两者都改,同时,完全取消了第五声,即入声调(re-entering tone)。

---

1) 以下称为《自迩集》。
2) 如 Cooley James. *T.F. Wade in China: Pioneer in Global Diplomacy 1842-1882*. Leiden: Brill, 1981, 顾亮《威妥玛与〈语言自迩集〉》,华东师范大学 2009 年等。
3) 应龙田对于《自迩集》的贡献在王澧华(2006)和顾亮(2009)都有所整理。王澧华(2006:184)遗漏了应龙田协助威妥玛撰写"言语例略"章的内容。顾亮(2009:38)对应龙田工作内容的整理没有出处。
4) Thomas Francis Wade. *Yü yen tzu êrh chi. A progressive course designed to assist the student of colloquial Chinese as spoken in the capital and the metropolitan department*. London: Trubner & Co, 1867: vii.

> His base was an old edition of the "Wu Fang Yuan Yin," …Having struck out of this all words that he thought unavailable for colloquial purposes, he re-classed the remainder, retaining the primitive initials and final indices of syllabic categories, but changing either the sound or tone, or both, of a large number of words, and entirely suppressing the 5th or re-entering tone. His judgments both on sound and tone I have found, during the seven years his table has been on trial, to rally held correct. His measure of the number of words that should suffice a speaker has proved somewhat restricted, and this is remarkable, for his own stock of phraseology was as copious as it was elegant. He died in 1861.[5]

在第二版序言中，威妥玛再次强调了 Ying Lung T'ien 在编写词汇表时，去掉第五声，即入声的科学性。

> In his tables the whole of the 5th tone was merged in the 2nd, and when a year later I took up my abode in Peking, I found that YING LUNG-T'IEN was right. I have heard a very competent judge pronounce his distribution of the tones "invulnerable."[6]

（三）在《自迩集》成书前，他就完成了"散语十八章"部分的短语采集工作，这一部分的中文课本的部分威妥玛曾在 1860 年印制出版。

> The Dialogues are followed by the Eighteen Sections, the term section being chosen for no reason but to distinguish the divisions of this Part V from those of the foregoing parts and of the next succeeding one. The phrases contained in each of its 18 pages are a portion of a larger collection written out years ago by YING LUNG-T'IEN. I printed the Chinese text of this, with a few additions of my own, in 1860.[7]

（四）据日本学者考证，《清文指要》是《自迩集》"谈论篇"的主要来源，[8] Ying Lung

---

5) Thomas Francis Wade. *Yü yen tzu êrh chi. A progressive course designed to assist the student of colloquial Chinese as spoken in the capital and the metropolitan department.* London: Trubner & Co, 1867: vii-viii.
6) Thomas Francis Wade, Walter Caine Hiller. *Yü yen tzu êrh chi. A progressive course designed to assist the student of colloquial Chinese as spoken in the capital and the metropolitan department.* Shanghai, London: the statistical department of the inspectorate general of customs,, W. H. Allen & Co, 1886: ix.
7) Thomas Francis Wade. *Yü yen tzu êrh chi. A progressive course designed to assist the student of colloquial Chinese as spoken in the capital and the metropolitan department.* London: Trubner & Co, 1867: x.
8) 参见内田庆市《〈语言自迩集〉源流及其在日本的传播》，复旦大学历史地理研究中心会议报告，2008。以及藤田益子《威妥瑪和漢語会話課本——从〈語言自迩集〉考察威妥瑪所追求语的語言境

T'ien 担任了《清文指要》的改写工作，去掉了其中过于"书面化"的语言。

> These last are nearly the whole of a native work compiled some two centuries since to teach the Manchus Chinese, and the Chinese Manchu, a copy of which was brought southward in 1851 by the Abbé Hue. Its phraseology, which was here and there too bookish, having been thoroughly revised by YING LUNG-T'IEN, I printed it with what is now reduced to the Hsu San Yu; but it has since been carefully retouched more than once by competent natives.[9]

由此可见，Ying Lung T'ien 在《自迩集》的成稿过程中担当了举足轻重的任务，他的教育背景、方言情况、思想观念，对于最终呈现的威妥玛所描写的北京话的字词情况都是值得研究重视的影响因子。

2. 目前对此人的研究及问题

就笔者掌握的材料，目前国内外对于《自迩集》的协作者 Ying Lung T'ien 的研究尚待完善，一些研究甚至没有注意到这位重要的协作者。[10]

王澧华的《〈语言自迩集〉的编刊与流传》（2006）专文讨论了《自迩集》的刊印、版本、作者方面的问题，详细列举了威妥玛、禧在明的生平情况，俾斯麦（Charles Bismarck）、施本思（Donald Spence）等序言中提及的人名的信息也有考证。而对于应龙田及其它中国助手除了序言中提到的工作内容外，只说道：

> 这些未曾留名的"中国人士"，包括已经具名的"Ying Lung T'ien"与"Yu Tzu pin"，目前皆未考订其生平行事。[11]

顾亮的《威妥玛与〈语言自迩集〉》（2009）对中英各方面作者的工作内容做了详细的整理，[12] 其中认为应龙田曾协助威妥玛编写《言语例略》，但据第一版序言英文原文记述，威妥玛在序言中提到的是另一位口语极好的老师，实际上是这位匿名者协助了《问答

界》，载《新潟大学国际センター纪要》2007 年第 3 期，49-80 页。
9）Thomas Francis Wade. *Yü yen tzu êrh chi. A progressive course designed to assist the student of colloquial Chinese as spoken in the capital and the metropolitan department.* London: Trubner & Co, 1867: x.
10）郝颖（2005）在其论文第一章"其人其书"的研究中只谈到威妥玛一人。鲁健骥（2002：376-377）翻译的《自迩集》的第一版序言时将"Ying Lung T'ien"译音为"应龙天"，且并无考证。
11）引自王澧华《〈语言自迩集〉的编刊与流传》，载《对外汉语研究（第二期）》商务印书馆 2006 年版，185 页。
12）详见顾亮《威妥玛与〈语言自迩集.〉》，华东师范大学 2009 年硕士学位论文，37-36 页。

十章》和《语言例略》的编写工作，鉴定有误。[13] 其文还谈到了应龙田的籍贯及与威妥玛的关系"应龙田是威妥玛的汉语老师，北京人，……也是之后多次参与威妥玛作品编著的重要人物，他们的师生关系维系了数十年直至应龙田去世"[14]，其列出的生平资料仅限于《自迩集》序言。

日本学者一直重视《自迩集》的版本及各块的源流研究，内田庆市（2004）指出威妥玛的中国教师应龙田是《自迩集》之前出版的涉及收入《自迩集》部分章节内容的书籍《问答篇》和《登瀛篇》的第一作者。[15] 据目前所存威妥玛为《问答篇》和《登瀛篇》撰写的序言，最起码应龙田参与了两本先行出版的汉语课本的编辑工作。

予奉命来中土，职兼教习翻译事务，因与应君龙田以官话为问答，笔之于篇，又为登瀛篇，是二编也。诚后学之舌人翻译之嚆矢也，刊成于上海官舍，因书其首。

藤田益子（2007）在提及《自迩集》的成书过程时，对应龙田做了注释：

关于应龙田的资料稀见，他的详细来历不太清楚。在高田（2001）里有简介："a good native scholar, born and bred in the capital"（《寻津路》序文）"a fairly educated Pekingese and an admiral speaker"（《自迩集》第二版序文）等。[16]

"Ying Lung T'ien"只是一个读音的记录，究竟是"应龙田"、"应龙天"还是"应隆添"？何方人士？在历史上还有那些印迹？以下我们将结合历史文献资料，主要是王韬留存下来的日记[17]，做一番基础整理，以稍尽拾遗补阙之事。

3. 生平：直隶人？ 金华人？

《自迩集》序言所提供的 Ying Lung T'ien 的信息相当有限，只提到：他是威妥玛的中

---

13) 参见 Thomas Francis Wade. *Yü yen tzu êrh chi. A progressive course designed to assist the student of colloquial Chinese as spoken in the capital and the metropolitan department*. London: Trubner & Co, 1867: p.x, p.xiii. 原文 "a remarkably good teacher of the spoken language" 以及 "the able teacher before mentioned" 的不定冠词用法说明了非原文中已经提及过的应龙田。
14) 引自顾亮《威妥玛与＜语言自迩集.》，华东师范大学 2009 年硕士学位论文，9 页。
15) 参见内田庆市《近代西人的汉语语法研究》，载《语言接触论集》，上海教育出版社 2004 年，269 页。是否完全归属应龙田所作，尚在讨论中，也有学者认为这两书的作者应是威妥玛。
16) 引自藤田益子《威妥瑪和漢語会話課本——从＜語言自迩集＞考察威妥玛所追求语的语言境界》，载《新潟大学国際センター紀要》2007 年第 3 期，80 页注释第 iv 条。
17) 上海图书馆所藏咸丰八年至同治元年《蘅华馆日记》已于 1987 年校点出版为《王韬日记》，道光二十九年至咸丰五年的日记只存有手稿，目前藏于台湾中央研究院史语所图书馆。参见王尔敏（1981：279）："世传王氏刊行之著述，甚难追寻踪迹。惟其早年手稿，留有道光二十九年（1849）至咸丰五年（1855）之日记，收为蘅华馆杂录六册，则可略见痕迹，至堪珍视。在此数年间之日记，时断时续，而道光三十年（1850）及咸丰元年（1851）者全年缺略。"参见柯文（1994：16）：王韬 1852 年 7 月到 1855 年 5 月的日记为手稿，这些日记藏于台湾中研院史语所图书馆中，《苕花庐日志》1849.6.11-22《苕乡寮日记》1852.7.17-10.12；《瀛壖杂记》1852.10.13-1853.4.17；《沪城见闻录》1853.7-9 月；《瀛壖日志》1853.4.18-1854.1.29；《蘅花馆日记》1854.9.22-1855.5.4

文老师，1861年去世。威妥玛认为他"是一个受过良好教育的北京人，以为令人钦佩的发音人"。

根据笔者翻阅的王韬日记，王韬曾多次提到一位姓应，名龙田的人。

> 雨耕名龙田，祖籍浙江兰溪人，固武世家。其父谒选至京，遂家焉，后为广东副将，又徙于粤。
> 《王韬日记》(《蘅华馆日记》) 咸丰八年 1858年 二十四日丙寅（9月30日）[18]

> 应雨耕名龙田，直隶人，籍浙江金华府。六月初旬从海外来，持其居停威君（Thomas Francis Wade）札，谒见麦公（都思），谓将入教，服膺耶稣。嗣是每日来读圣书。正斋亦来合并。麦公为之讲解，娓娓不倦。
> 《沪城见闻录》咸丰三年六月日记（1853年）[19]

根据上述日记中提到的这位"应龙田"与威妥玛的关系，祖籍所在，以及当时是北京人的信息，我们可以判断，王韬所记录的这个人就是威妥玛编写《自迩集》的协作者Ying Lung T'ien，他字"雨耕"，名"龙田"，父亲是武官，兰溪应氏后人。祖籍为浙江金华府兰溪县，随父亲到京城长大。后为父亲任广东副将，他又随到广东。

由此可知，应龙田虽然祖籍浙江，但从小在北京长大，故可称为"令人钦佩的北京话发言人"，他出生官宦，自然受过较好的传统教育，后在广东生活，又多有机会与西方人结交，并成为西人的中文老师。

4. 口岸知识分子？"双视野"人？

应龙田与王韬的关系密切，现存的王韬的书信集《弢园尺牍》中有一封"寄应雨耕"的书信，据考写于1856年，王韬这样描述两人的感情：

> 一别三年，素心人远。……韬来海上，以文字交者，固不乏人，以意气交者，足下一人而。[20]

王韬1849-1862年拥书上海时已经结交应龙田。1853年应龙田从英国回来后多次拜访墨海书馆，研究者认为王韬最终的信教也有可能是受到了应龙田每每来读"圣书"的影响。[21]

> 应雨耕名龙田，直隶人，籍浙江金华府。六月初旬从海外来，持其居停威君（Thomas Francis Wade）札，谒见麦公（都思），谓将入教，服膺耶稣。嗣是每日来读

18）王韬已刊日记，引自王韬《王韬日记》，方行，汤志钧整理，中华书局1987年版，第16页。
19）王韬未刊日记，转引自王尔敏《王韬早年从教活动及其与西洋教士之交游》，载《近代中国与基督教论文集（第2版）》，台北宇宙光出版社1981年版，289页第15条注释。
20）引自王韬《弢园尺牍》，中华书局1959年版本，"寄应雨耕"15页。
21）有较多研究者提及这一问题，如张海林《王韬评传》，南京大学出版社1993，63页。

圣书。正斋亦来合并。麦公为之讲解，娓娓不倦。

《沪城见闻录》咸丰三年六月日记（1853年）[22]

1854-1855年威妥玛任上海海关税务司。1854年，王韬在日记中多次提到至英署拜访应雨耕，可知当时应龙田应该已经是威妥玛的老师，或就职于英署。

二十二日戊子，俞碧珊来舍，同赴英署，与应雨耕、孟春农往游。

二十三日己丑，薄暮，同陶星垣、许桂山至英署访应雨耕、不遇。

二十五日辛卯，午后至虹口访胡少文不遇，继而雨耕、春农、潞斋至酒肆沽饮。

《蘅花馆日记》咸丰四年九月[23]

根据王韬咸丰九年的日记，应龙田1859年6月7日 同威妥玛一起从香港到上海，6月12日又一同赴北京，在在6天里，两人几乎每天见面饮酒、散步。应龙田不仅以宝剑相赠，而且将自己弟弟应兰皋的儿子应名斋托付给王韬。[24]

应龙田晚年居于上海，去世前一年曾到墨海书馆求医[25]。王韬在咸丰十年（1860年）1月至7月的日记中记录了近五次他和朋友看望应龙田的事，或"雨耕宅中煮酒"，或"饭于雨耕宅中"。[26]

关于应龙田的性格，王韬曾两次有所描写：

雨耕名龙田，……为人慷慨，以胆略自负，待友至悱恻，意气激昂，亦奇男子也。

《王韬日记》（《蘅华馆日记》）咸丰八年 1858年 二十四日丙寅（9月30日）[27]

既夕，独往应雨耕寓斋，数语即别。雨耕胸中固无只字，性情乖溜异常，终日唯痼癖于烟云中而已，何足与谈！

《王韬日记》（《蘅华馆日记》）咸丰十年 1860年 二十三日丁亥（4月18日）[28]

这两次描写都带有较强的个人主观性，一来王韬曾多次跟应龙田借钱，[29] 二来两人也有意见不合的时候。另一方面，我们从现代学者对于王韬及其周围友人的集群性的研究中，也可以窥得应龙田的一些信息。

从史料上看，当时的近代上海存在着这样的一群名士，如王韬、李善兰、华蘅芳、龚澄、管小异、蒋敦复、应雨耕、张斯桂、冯桂芬、徐寿、徐建寅等人，他们是活跃在各个

---

[22] 王韬未刊日记，转引自王尔敏《王韬早年从教活动及其与西洋教士之交游》，载《近代中国与基督教论文集（第2版）》，台北宇宙光出版社1981年版，289页第15条注释。
[23] 王韬未刊日记，转引自王立群《中国早期口岸知识分子形成的文化特征：王韬研究》北京大学出版社2009年版，94页。
[24] 参见王韬《王韬日记》，方行，汤志钧整理，中华书局1987年版，第125-127页。
[25] 参见王韬《王韬日记》，方行，汤志钧整理，中华书局1987年版，第157页。
[26] 参见王韬《王韬日记》，方行，汤志钧整理，中华书局1987年版，第131，182，187，190页。
[27] 王韬已刊日记，引自王韬《王韬日记》，方行，汤志钧整理，中华书局1987年版，第16页。
[28] 王韬已刊日记，引自王韬《王韬日记》，方行，汤志钧整理，中华书局1987年版，第16页。
[29] 参见王尔敏《王韬生活的一面风流至性》，《中央研究院近代史研究所集刊第24期 上》，台北中央研究院近代史研究所1995年版，231页。

通商口岸，逐步接触西方文化，抓住了因西方人的到来而创造的新的工作机会。

美国历史学家柯文认为"作为个人而言，他们颇不寻常，甚或有些古怪，有时才华横溢。就整体而言，他们代表了中国大地上一种新的社会现象——条约口岸知识分子，他们的重要性将与日俱增"[30]。张海林的《王韬评传》描绘了这一近代中国的新的阶层"口岸知识分子"的集体画像，认为他们都是是独步一时的"西学长才"，[31] 正如王立群所言，他们"成为近代中国第一批与西方人合作、向国人介绍西学的知识分子"[32]。

史学家于醒民认为这些"海上狂士"往往"言语狂悖、行为怪诞、人格分裂、思想矛盾、情绪偏激"[33]。"最出格的就是狂到外洋去，狂到不同中国官家搭界，去当鬼子官方的雇员。王韬的老朋友应雨耕、应兰皋就是一例"。[34] 梁元生曾将这群可以看到中国与西方、传统与现代的两个不同的"视域"的文人成为"双视野"人。[35]

5.《瀛海笔记》之主角

在整理应龙田生平情况的过程中，我们还发现，他还与《遐迩贯珍》中一篇重要游记的创作有关，是国内最早的一批旅英的文人。

《遐迩贯珍》（Chinese Serial）创刊于 1853 年 8 月，是香港第一份中文报刊，至 1856 年 5 月停刊，共出版 32 期。该刊主编包括了当时著名的汉学家麦都思、理雅各，主要撰稿人包括伟烈亚力（Alexander Wylie）、慕维廉（William Muirhead）、艾约瑟（Joseph Edkins）等外国传教士，也有本土的王韬、黄胜、李善兰等。主要是向华人读者介绍西方历史、地理、科学、文学、政治、宗教各方面的知识及报道中西新闻。

1854 年 7 月号和 8 月号的《遐迩贯珍》所载的《瀛海笔记》、《瀛海再笔》，就是一篇英国游历的见闻，形式介绍了中国至英国途中的经历、轮船、火车和铁路的知识以及伦敦等城市的情况，该文没有署名，目前关于《遐迩贯珍》或香港报刊文学历史的研究中还未完全理清其作者的情况：

> 1854 年 7 月号和 8 月号刊有一位中国匿名作者的杂记《瀛海笔记》和《瀛海再笔》，记述绕好望角的航行和在英国居留数月的见闻。[36]

---

30) 引自柯文《在传统与现代性之间：王韬与晚清改革》，雷颐，罗检秋译，江苏人民出版社 1994 年版，17-18 页。
31) 参见张海林《王韬评传》，南京大学出版社 1993 年版，304 页。
32) 引自王立群《中国早期口岸知识分子形成的文化特征：王韬研究》北京大学出版社 2009 年版，52 页。
33) 参见于醒民《上海，1862 年》，上海人民出版社 1991 年版，404-410 页。
34) 引自于醒民《上海，1862 年》，上海人民出版社 1991 年版，407 页。
35) 参见梁元生《近代城市中的文化张力与"视野交融"——清末上海"双视野人"的分析》，载《中国近代城市．企业．社会．空间》，上海社会科学院出版社 1998 年版，478-482 页。
36) 引自刘登翰《香港文学史》，人民文学出版社 1999 年版，50 页。参见余绳武，刘存宽《十九世纪的

> 因为家道没落，……进英国传教士麦都思所办"墨海书馆"，帮助英人整理《瀛海笔记》、《英国志》等著作，并翻译《数学启蒙》、《遐迩贯珍》等。[37]

> 《遐迩贯珍》1854年第7号（总第12号）第一篇题为《瀛海笔记》的文章，是《瀛海笔记》一书的节选。该书是王韬根据其友人应有耕随同威妥玛（Thomas F.Wade，1818-1895，曾任英国驻华公使）游历英国的经历笔录而成的。[38]

> 另一位朋友应雨耕从威妥玛（Thomas Francis Wade）旅英归来，王氏也为其《瀛海笔记》作序。[39]

这篇文章的作者是谁，记述的是谁的经历，王韬为其作，还是王韬为其作序？这一系列问题在美国学者柯文在20世纪70年代就在其对于王韬日记的调查中给出了实证据。

> 七月初旬……是月中，应雨耕来，自言曾至英国览海外诸胜。余即书其所道，作《瀛海笔记》一册。"

> 《瀛壖日志》咸丰三年七月十一日（1853年8月15日）[40]

威妥玛1852年他曾因病回国，为不耽误学习汉语还将他的汉语老师一并带上，这个人就是应龙田，也就是应雨耕。1853年，应龙田从英国回来，与王韬见面畅谈了其旅英的经历，王韬根据他的叙述将其海外见闻记录下来，写成《瀛海笔记》。有学者认为，在这之前王韬关于西方国家的信息都是从西方人那里获得的，这大概是他第一次从一个亲自到过英国的中国人口中听到关于英国的情况。[41]

我们发现在多部早年出版的王韬传记资料中，都曾记录王韬于1851年，即在其24岁时"为之作《瀛海笔记》"，[42]且没有给出相应的文献来源，后代的研究也有相袭抄录的情况。[43]

然而，从上文的王韬日记的记录时间就可以确定，应龙田是1853年回国后向王韬转述其经历，而后成文的。王韬创作该文不可能早在1851年。同时影印版《遐迩贯珍》的原文也提供了写作年份的线索：

香港》中华书局1994年版，328页。
37）引自单素玉《王韬及其对法国大革命的述评》，载《辽宁大学学报》1898年第4期，38页。
38）引自王斌《蒸汽机知识传入中国的早期文献考察，清华大学硕士学位论文，2007年，42页。
39）引自钟叔河《走向世界：近代中国知识分子考察西方的历史》，中华书局1985年，145页。
40）王韬未刊日记，转引自柯文《在传统与现代性之间：王韬与晚清改革》，雷颐，罗检秋译，江苏人民出版社1994年版，17页。据悉该抄本藏于台湾历史语言研究所，美国哈佛大学燕京学社图书馆藏有复制件。
41）参见王立群《中国早期口岸知识分子形成的文化特征：王韬研究》北京大学出版社2009年版，94页。
42）参见吉林省历史学会《中国近代爱国人物传》，吉林文史出版社1985年版，99页。张志春《王韬年谱》河北教育出版社1994年版，23页。孙邦华选编的《弢园老民自传》后附年谱，江苏人民出版社1999年版，203页。
43）如谢骏《王韬在近代中西文化交流中的地位》，载《新闻大学》，2001第2期，52页。

> 癸丑六月有人从英来，言客春偕居停，主人回英，居其都者七阅月。[44]

这里的"癸丑"即 1853 年，与王韬日记中记录的应龙田回国的时间一致。在英国停留了 7 个月，也就是 1852 年年末达到的英国的。

> 四海各邦奇器异物，……皆搜罗而聚，……如中土之大市会，然数年前闻英都有此盛会，惜友人抵伦敦时其会期已过。[45]

这里说到的伦敦"大市会"应该就是 1851 年在英国召开的第一次世界博览会，应龙田到伦敦的时候博览会已经结束。

综上所述，笔者认为，王韬为应龙田创作的游记，记录的是 1852 年末 -1853 年 6 月在英国的见闻，写于 1853 年，发表于 1854 年 7 月和 8 月的香港出版的《遐迩贯珍》上。

以上是我们对目前所见文献史料中应龙田（Ying Lung T'ien），也就是"应雨耕"，相关资料的整理，已可形成较简略的纪略，小传。补充了目前研究者单一地从《自迩集》的角度，或王韬友人的角度，来整理的生平资料所造成的缺憾。使威妥玛的协作者 Ying Lung T'ien 的生平背景明晰起来，使研究者在讨论王韬在上海的交友、信教的背景等资料得到了新的利用，同时也以原始资料为依据，辩证了目前研究中因资料收集不全而造成的一些问题。[46]

同时，由于所涉资料的限制，本研究仍然存在不少问题。例如，尽管笔者已经根据应龙田的名号、父亲的职位查找了现存光绪和民国编修的《兰溪县志》，上海图书馆、浙江图书馆所藏的《应氏家谱》等资料，但仍没有找到有关的家族背景及生年信息。

另有一些存疑的方面，如在目前所见的研究结论中，应龙田在担任英国领事馆翻译、威妥玛的老师之外，曾担任"驻挪威公使"：

> 友人驻挪威公使应雨耕（名龙田，直隶人）转道英国归国。在英国时"阅历殆遍"，述其经历，王韬为之作《瀛海笔记》，记载颇详。[47]

虽然后续也有文献提及应雨耕的这一职务，但始终没有指出原始资料出处。1985 年版《清季中外使领年表》中也并无该条记录，是为存疑，以待后续研究。

附录：应龙田小传

应龙田，字雨耕，祖籍浙江金华兰溪，出生官宦家庭，早年随父亲移居北京长大，后父亲迁广东副将，又随之到广东。曾担任英国外交官威妥玛的汉语教师，以及英国领事馆

44）引自《遐迩贯珍》1854 年第 7 号（No.12）第一页《瀛海笔记》a 面。
45）引自《遐迩贯珍》1854 年第 8 号（No.13）第一页《瀛海再笔》b 面。
46）除上面提到的《瀛海笔记》创作的时间外，还有如王立群（2009：94）提到的"1954 年后应雨耕携家人定居香港，二人就此失去联系"的论述；王立群（2009：93）提到的应雨耕卒年不考等。
47）引自孙邦华选编的《弢园老民自传》后附年谱，江苏人民出版社 1999 年版，203 页。

的翻译。1852年末至1853年6月随威妥玛访英，回上海后与王韬等一群"口岸知识分子"交往密切，1853年王韬根据其旅英见闻撰成《瀛海笔记》，刊登在1854年7月及8月出版的《遐迩贯珍》上，是中国最早旅英文人之一，留下了中国人对西方的早期印象。1853年他在上海期间多次访问墨海书馆麦都思（Walter Henry Medhurst，1796-1857）教士，要求入教，对王韬的信教产生了影响。后曾随威妥玛至香港，全家亦迁至香港团圆。应龙田曾协助威妥玛编撰《语言自迩集》。1855年他提供给威妥玛一份在《五方元音》基础上改编的北京话词汇表，取消了原来以南方话为标准时间官话教材上的"入声"系统，对后来威妥玛制成的汉语拉丁字母表达方式——"威妥玛拼音"具有重要的影响。同时参与了《语言自迩集》第一版"散语十八章"的短语收集、"谈论章"原本《清文指要》的改编的工作，以及1860年正式出版的汉语课本《问答篇》和《登瀛篇》的编辑工作。1859年回大陆时多次在上海与王韬见面，将自己的侄子交托王韬照顾，同年，随威妥玛赴北京。最后晚年居上海，于1861年去世。

[附记]

本文的研究工作得到了上海市哲学社会科学规划课题（青年项目）（2013EY004）、上海市教育委员会科研创新项目（人文学科重点项目）（14ZS013）以及复旦大学新进青年教师科研启动项目（20520131510）的资助。

参考文献：

[1]．单素玉．王韬及其对法国大革命的述评［J］．辽宁大学学报，1898（4）：38-41．
[2]．冯尔康．清代人物传记史料研究［M］．天津：天津教育出版社，2005．
[3]．故宫博物院明清档案部．清季中外使领年表［M］．北京：中华书局，1985．
[4]．顾亮．威妥玛与《语言自迩集》［D］．华东师范大学，2009．
[5]．郝颖．《语言自迩集》研究［D］．北京：北京外国语大学，2005．
[6]．吉林省历史学会．国近代爱国人物传［M］．吉林文史出版社，1985．
[7]．柯文［美］．在传统与现代性之间：王韬与晚清改革［M］．雷颐，罗检秋，译．南京：江苏人民出版社，1994．
[8]．梁元生．近代城市中的文化张力与"视野交融"——清末上海"双视野人"的分析［A］．见：张仲礼．中国近代城市．企业．社会．空间［M］．上海：上海社会科学院出版社，1998：466-484．
[9]．刘登翰．香港文学史［M］．北京：人民文学出版社，1999．
[10]．鲁健骥．《语言自迩集》初版序言、《语言自迩集》再版序言［A］．见：张德鑫．对以英语为母语者的汉语教学研究：牛津研讨会论文集［M］．北京：人民教育出版社，

2002：371-392.

[11]. 内田庆市［日］. 近代西人的汉语语法研究［A］. 见：邹嘉彦，游汝杰. 语言接触论集［M］. 上海：上海教育出版社，2004：258-275.

[12]. 松浦章，内田庆市，沈国威. 遐迩贯珍：附解题·索引［M］. 上海：上海辞书出版社，2005.

[13]. 藤田益子. 威妥玛和漢語会話課本——从《語言自邇集》考察威妥玛所追求語的語言境界（一）《語言自邇集》、《問答篇》和《請文指要》的対照［L］. 新潟大学国際センター紀要2007（3）：49-80.

[14]. 王斌. 蒸汽机知识传入中国的早期文献考察［D］. 清华大学，2007.

[15]. 王尔敏. 王韬生活的一面风流至性［A］. 见：中央研究院近代史研究所集刊编辑委员会编辑. 中央研究院近代史研究所集刊第24期 上［M］. 台北：中央研究院近代史研究所，1995：230-262.

[16]. 王尔敏. 王韬早年从教活动及其与西洋教士之交游［A］. 见：林治平. 近代中国与基督教论文集（第2版）［M］. 台北：宇宙光出版社，1981.

[17]. 王澧华. 《语言自邇集》的编刊与流传［A］. 见：上海师范大学《对外汉语研究》编委会. 对外汉语研究（第二期）［M］. 北京：商务印书馆，2006：182-195.

[18]. 王立群. 中国早期口岸知识分子形成的文化特征：王韬研究［M］. 北京：北京大学出版社，2009.

[19]. 王韬. 弢园老民自传［M］. 孙邦华，编选. 南京：江苏人民出版社，1999.

[20]. 王韬. 弢园尺牍［M］. 北京：中华书局，1959.

[21]. 王韬. 王韬日记［M］. 方行，汤志钧，整理. 北京：中华书局，1987.

[22]. 谢骏. 王韬在近代中西文化交流中的地位［J］. 新闻大学，2001（2）：52-55.

[23]. 于醒民. 上海，1862年［M］. 上海：上海人民出版社，1991.

[24]. 余绳武，刘存宽. 十九世纪的香港［M］. 北京：中华书局，1994.

[25]. 张海林. 王韬评传［M］. 南京：南京大学出版社，1993.

[26]. 张志春. 王韬年谱［M］. 河北：河北教育出版社，1994.

[27]. 赵柏田. 帝国的迷津——近代变局中的知识．人性与爱欲［M］. 北京：中华书局，2008.

[28]. 钟叔河. 走向世界：近代中国知识分子考察西方的历史［M］. 中华书局，1985.

[29]. Paul A. Cohen. *Between Tradition and Modernity: Wang T'ao and Reform in Ch'ing Late China*［M］. Cambridge: Harvard University Press, 1974.

[30]. Thomas Francis Wade. *Yü yen tzu êrh chi. A progressive course designed to assist the student of colloquial Chinese as spoken in the capital and the metropolitan department*

[M]. London: Trubner & Co, 1867.

[31]. Thomas Francis Wade, Walter Caine Hiller. *Yü yen tzu êrh chi. A progressive course designed to assist the student of colloquial Chinese as spoken in the capital and the metropolitan department* [M]. Shanghai, London: the statistical department of the inspectorate general of customs, W. H. Allen & Co, 1886.

清末佚名《語言問答》研究

宋　桔

1. 引　言

　　有清一代，隨大批西洋傳教士、外交官、商人進入中國，中西語言接觸日益密切，產生了一大批用於學習中文的語言教科書、詞典、學習手冊等。如《語言自邇集》（Yü yen tzu êrh chi. A progressive course designed to assist the student of colloquial Chinese as spoken in the capital and the metropolitan department, 1867/1886/1903）、《華英字典》（Chinese-English Dictionary,1892）、《漢語劄記》（The Notitia Linguae sinicae, 1728/1831/1847）等。其中大部分採用的是鉛印的現代裝，一部分先印的小冊子和局部流通本也同時採用了本土化的雕版印刷及傳統裝幀。

　　這類書受眾集中、流傳範圍窄，其編寫目的及內容也很難博得傳統士大夫的重視，故在流傳有序的叢書總錄、書志目錄等典籍中的記錄非常有限，甚至難覓其蹤跡。本文研究的《語言問答》就是這樣的一部無版本信息且採用傳統裝幀的漢語教材。

　　截止目前的海內外研究，《語言問答》僅在羅馬國立中央圖書館、比利時魯文大學圖書館、上海圖書館、上海復旦大學圖書館四處有藏。現今國內尚無相關研究，僅上海圖書館古籍部編目著錄該書為清佚名撰，清光緒（1875-1908）刻本。海外研究集中在日本，關西大學內田慶市教授認為《語言問答》可能是威妥瑪（Thomas Francis Wade, 1818-1895）編寫《語言自邇集》的過程中出版的一個小冊子[1]，這一結論我們將在最後一個部分作討論。

　　本文以《語言問答》在國內六個藏本為研究對象，通過其體例行款、內容特色的分析，探究該書的源流；通過藏本朱記及早期西人筆記的調查，追尋實物的流通使用情況。并以此兩個方面為論據分析推定該書的編寫者與編寫背景。

---

[1] 內田慶市《〈語言自邇集〉源流及其在日本的傳播》，載復旦大學歷史地理研究中心編《跨越空間的文化：16-19 世紀中西文化的相遇與調適》，上海東方出版中心 2010 年版，第 50-52 頁。

2. 體例內容及源流推定

　　根據內田慶市所見的羅馬國立中央圖書館和比利時魯文大學圖書館所藏《語言問答》，該書分上下兩個部份，前半部份題為〈語言問答〉，凡 52 頁；後半部份題為〈續散語十八章〉，凡 35 頁[2]。其中后半部份僅藏於羅馬國立中央圖書館，比利時魯文大學圖書館所藏及國內的六個藏本皆為前半部份[3]。

　　後半部分〈續散語十八章〉在內容上與現存《語言自邇集》第一版同名章節的完全一致；在版式上與前半部分類似，差異只在於後半部份打了格線。[4]換言之，後半部份來自《語言自邇集》是比較清晰的，但前半部分，即本文關注的《語言問答》的版本情況有待研究。

　　根據筆者的調查，《語言問答》在國內的六個版本分別為：上海圖書館古籍部藏一種一冊《語言問答》、復旦大學圖書館藏五種五冊《語言問答》[5]。以下我們將從版式、體例上細緻扒梳異同；從內容上確定該書與編寫底本的關係。

1. 行款及體例特點

　　現存《語言問答》同為普通線裝的清代刻本。行款為每半頁十行，每行大字二十個，無欄線，無雙行小字；白口，單魚尾，左右實心邊框；版心刻有"語言問答"字樣及該頁頁碼，共五十二頁，第二十八頁 b 面打了一行欄線，第五十二頁 b 面（即末頁）打了四行欄線。尺寸上，其中的五個藏本均為外衣 15cm×25.5cm，內框 13cm×17.8cm，復旦六號藏本和上圖藏本外衣尺寸略小，但內框與其他藏本一致。

　　通過我們對六種書的字體刊刻及成品的斷口、疊影的進一步比對，結合書中部分文字的歪斜、字體改變的情況，基本判定上海所藏的六種《語言問答》為同一塊書版所印製的。這六種書都屬於該塊數版較後印刷的書，其中復旦大學圖書館古籍部所藏的四號與二號藏本應該是這六個本子中較後印製的，斷口及疊影狀況最為明顯。

　　在體例上，《語言問答》全漢語無外文，漢字從右往左直排書寫，出現了大量繁簡漢字混排和異體字[6]。分四十六章節，每節以"問答"加題名為題目，獨立一行。單個題目下內容以（AB 兩角，甚至兩個以上角色的）對話為主，以頓號和句號斷句，一個角色說完後空一格，與《語言自邇集・問答篇》的體例形式基本一致。其中也混雜了不少不能形

---

2) 內田慶市（2001：51）。
3) 據筆者描述的上海圖書館、復旦大學圖書館藏本的書籍行款情況及提供的書影，內田慶市教授已確認上圖、復旦所藏的《語言問答》是與比利時魯文大學圖書館所藏的《語言問答》相同的一部書。
4) 內田慶市 51。
5) 據復旦大學古籍部卡片目錄顯示，原本的記錄的有 6 個副本，其中一個藏本已因歷史原因丟失。
6) 引文中我們將嚴格著錄《語言問答》的原文，繁簡混排照錄，異體字、自造字通過註釋說明。

成完整對話的短語。

（一） 在對話中夾雜相同內容的不同表述，凸顯編寫者對漢語表述的多樣性的重視：

(1). 天氣怎麼樣、什麼天氣。天晴了。 日頭曬。 這個晚上好天氣。（語言問答 p7a）

(2). 你納幾歲。先生貴庚。你的哥哥多大年紀。你兄弟幾歲。他有二十歲。他還沒 有十五歲。（語言問答 p5a）

如上例中的"天晴了"與"日頭曬"，"多大年紀"與"幾歲"是同一含義的不同講法。

（二） 將各種不同的回答模式並置：

(3). 你說的我全懂的。不懂得、都懂得。都不懂得。（語言問答 p4a）

上例中在一個句子結構"你說的我…"下附加了"全懂的"、"不懂得"、"都懂得"、"都不懂得"是不同情況下的回答。

（三） 在對話設計中融入詞語練習：

(4). 再給我那一部、要多少錢、要一兩六錢三分五厘四毫。（語言問答 p19b）

上例中的練習如何表示漢字的書目的編寫目的非常明顯。

2．內容特點及其與底本的關係

根據全書內容的梳理，我們把全書從內容上分為兩個部分。

第一部份是〈問答一求謝〉至〈問答三十六病人〉，涉及的都是日常生活中的對話內容，題目也往往由談論的核心事件、對話發生的時間（如〈問答十四上學〉、〈問答十八起來〉、〈問答二十早上拜望〉）、地點（如〈問答十五在學房〉）等組成，字數都在七百字字以下，在主要內容上也與普通語言教材的日常用語練習的形式較一致。

第二部份是〈問答三十七管工程〉至〈問答四十六堂官承差走堂〉，篇幅驟大，字數越居千字以上，內容上多涉及社會的醜惡面以及社會的人間百態。一大部分以對話人的身份為標題，如〈問答三十九農夫〉、〈問答四十二當家〉等；另一部份以對話談及的第三方的身份為題名，如〈問答四十三光棍〉、〈問答四十五買辦〉。

其行文的模式多是一方大談自己或某人的種種惡行，另一方對其進行批判和勸誡。多涉及有關罪惡的本質、犯錯後不是接受法律的懲罰，而是通過行善來彌補過失、愛人如愛己的思想等[7]。這些都與天主教接受懺悔、傳達宗教思想有一定的聯繫，這一點在〈問答四十四教〉中表現尤為突出，談話中不僅列舉了天主教、佛教、儒教、天地會、白蓮教、天理教等，否認了它們是一樣的教；而且在思想上，直接否定中國的傳統的禮節，稱他們都是虛假的禮，揭露迷信思想的無理性。這些內容有力地論證了課文的宗教背景。

內田慶市教授在論述中曾提到《語言問答》與公神甫《漢字文法》(Arte china constante de alphabeto e grammatica，1829) 的第五章"問答"的內容密切相關。根據我們對兩書原文的對照分析，可以確定：《語言問答》的內容直接來自《漢字文法‧問答》，兩者在章節內容和標題上完全一致[8]，其差別表現在版式和具體內容上。

在版式上，《語言問答》全中文從右至左直排書寫，《漢字文法‧問答》分兩欄左右中葡對照，漢文和葡文都是從左至右書寫。

在具體內容上，《語言問答》的編寫者對《漢字文法‧問答》中的一些句子、詞彙進行了刪定、替換和修改。

（一）改訂繁簡、異體字形

"裏"與"裡"是一組異體字。《漢字文法‧問答》全文使用"裡"，《語言問答》將部分的"裡"改作"裏"，可作作"這裏"、"那裏"、"心裏"、"家裏"、"裏頭"等，在用法意義上與"裡"沒有差別。另一類似情況是《漢字文法‧問答》全文使用"着"，《語言問答》將部分的"着"改作"著"。

（二）取捨同義詞匯、短語

《漢字文法‧問答》原文中常以"／"符號分割多個同義的詞彙或短語，《語言問答》對這些內容進行了篩選，一部分保留了多個同義的詞彙或短語，改寫為兩個完整的句子；大部分情況下是保存了多個中的一個，刪除了其他，這種刪減、改定表現了編寫者的語言觀念。第一種情況如：

(5). 你納、納福／安福。（汉字文法 p216）
　　　你納好、你納、納福、你納安福。（語言問答 p1b）
(6). 飯巴了鍋／飯烏了。（汉字文法 p248）
　　　飯巴了鍋、飯烏了。（語言問答 p16a）

---

[7] 如問答四十三中提到："你想這個于愛人如己的道理合不合、書上說自所不欲、勿施于人、本來普天下的人該當彼此相愛如兄弟一般、人有好處、比我強、不該當難過、人有禍患、該當安慰他可憐他"。（語言問答 p45b）
[8] 比較例外的是《語言問答》的〈問答十五在學房〉刪除了原文 p233-37 三頁左右的內容，可能是基於編寫者在篇幅上的考慮或內容的喜惡。

這裡的"你納"用來表示尊稱的"您",是目前所見文獻中最早的一例,在《語言自邇集》中的得到了進一步的運用和註釋。這種情況的較少,絕大多數是刪除了一個同義的成份。

第二種情況共計出現了 46 處,除在完全相同的結構之間選擇外,有一些是在偏書面或口語的說法中留下了口語的說法:

⑺. 你聒我的耳。(汉字文法 p221)
　　震聾了我的耳朵。(語言問答 p4a-4b)
⑻. 沒有大病、小病也未免有。(汉字文法 p238)
　　沒有大病、小病也免不了。(語言問答 p10b)
⑼. 春時是最好的。(汉字文法 p228)
　　春天是最好的。(語言問答 p8a)

另一些或修正了原來的習慣用語:

⑽. 你有幾個小婦人／偏房。(汉字文法 p223)
　　你有幾个偏房。(語言問答 p5a)
⑾. 老爺離貴／本國有幾年。(汉字文法 p253)
　　老爺離貴國有幾年。(語言問答 p19a)

"小婦人"是旧时妇人见地位高的人时的自称,戲曲中多見,《漢字文法·問答》的原用法顯然不對。"貴國"用語稱對方的國家表示尊敬,"本國"用於第一人稱談論自己的國家,《語言問答》刪除了不當的用法。

3. 歷史印跡與實物流通

這部分從實物的角度,通過書籍藏章記錄的流通情況和原書上的歷史筆記來推測該書實物的使用、流通情況。

1. 朱記與流通情況

上海的六種《語言問答》中,復旦的五種五冊的封面上都蓋有多枚藏章,據筆者的實地調查[9],已可識讀出如圖一所示的七枚藏書章。

一號藏章為橢圓形內外圈相套朱色章,加蓋於封面頁右上角,上部刻寫有"ZI-KA-WEI"字樣,是上海話"徐家匯"的拉丁語轉寫。裝飾花紋下是字母"SCHOLASTI-

---

9) 在识读过程中,笔者得到了上海图书馆徐家汇藏书楼、复旦大学古籍部图书馆工作人员的大力帮助,在此表示真挚的谢意。

图表 1　國內六藏本朱記：

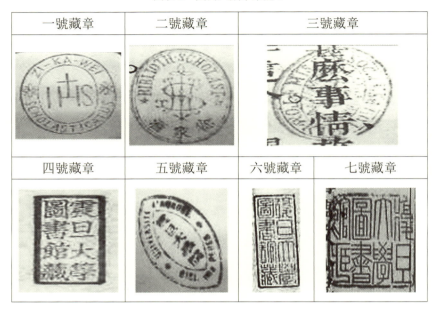

CATUS",即拉丁語經學院、神學院的意思。印章中間是代表耶穌的"IHS"與十字架圖案。1847年天主教教士南裕祿在徐家匯建天主堂老堂,在徐家匯藏書樓內歷史圖片顯示,1896年的徐家匯地區圖上,1897年將拆除的神父樓西側的建築內仍是神學院藏書樓。該書曾經歸神學院所有,此朱記加蓋于神學院藏書樓存在的1847-1897年之間。

二號藏章是橢圓形雙邊朱色章,加蓋在首頁右側最下方。印章的上部刻有"BIBIIOTH * SCHOLASI"字樣,拉丁語"biblioth"義為圖書館、藏書樓,"scholasticatus"為神學院。下部是漢字"徐家匯",中間是字母"IHS"組成花樣裝飾圖,說明該書曾被徐家匯神學院收藏。據徐家匯藏書的王先生言,約六十至七十年代徐家匯神學院開始有了大量藏書,1897年擴建後,神學院藏書樓拆去,併入徐家匯藏書樓,即可以推測該書是1896年及以前歸入神學院藏書的。後期的圖書直接進入徐家匯藏書樓,而不會蓋有此章,加蓋的一般是"biblioth major"大書房藏書章。

三號藏章為橢圓雙邊朱色章,所見僅一,加蓋于二號藏章上部偏文字內容一邊。印跡模糊,識別困難。外圈為文字"MISSION SCHOLASTICATUS TOM KIA TOU,"mission"在拉丁語中表示傳教組織,"tom kia tou"即上海話董家渡的拉丁語轉寫。中間的花紋因印記模糊很難辨認,看似也是一個"IHS"的圖案。加蓋此印說明該書曾被董家渡傳教堂神學院收藏。

四號藏章為長方形粗框漢字楷體"震旦大學圖書館藏"朱色章,19世紀中期在徐家匯地區開始培養教士的神學院、修道院的同時，開始創辦普通的學校，徐匯公學、震旦學院相繼成立。1903 年馬相伯得到耶穌會總會的資助成立震旦學院，因 1905 年馬相伯另組復旦公學而一度停學，1908 年遷入法租界，1928 年改稱震旦大學，即說明該書是 1928 年及以後進入震旦大學的。

五號藏章是藍色尖角雙邊章，中間為宋體漢字"震旦大學院"，上部為"UNIVERSITY L'AURORE"字樣，下部以花紋分隔，文字模糊不能辨認。"震旦學院"1903 年創立時，"震旦"取自西元前印度對中國舊稱——"秦坦"的諧音，法文校名即"L'Aurore"。1912 年，又按法國大學體制，改稱"震旦大學院"，並作為天主教大學，在羅馬教廷立案登記。1928 年前後，傳說中國政府將收回租界，耶穌會擬將震旦遷往安南（越南）西貢，事為馬相伯家屬所聞，請于右任出面干涉作罷。同年依照舊中國政府章程，改稱震旦大學。故五號藏章的使用時段為 1912-1928 年。

六號藏章是長方形細框篆體"復旦大學圖書館藏"朱色章，七號藏章是扁長方形篆體

結合上面的分析，復旦各藏本的藏章及其反映的流通情況如表所示：

索書號	藏章數量	藏章分佈	流通情況
380326：1	封面頁 1 枚	一號藏章	最初為"徐家匯神學院"所有，後為天主教大學"震旦大學院"所有，最後轉入復旦大學圖書館。
	首頁 3 枚	四、五、六號藏章	
380326：2	外封 1 枚	二號藏章	最初為"徐家匯神學院"所有，並收入徐家匯神學院藏書樓，後為天主教大學"震旦大學院"所有，震旦大學圖書館收藏，最後轉入復旦大學圖書館。
	封面頁 1 枚	一號藏章	
	正文首頁 4 枚	二、四、五、六號藏章	
380326：3	外封 1 枚	二號藏章	最初為"徐家匯神學院"所有，並收入徐家匯神學院藏書樓，後曾被董家渡傳教堂神學院、震旦大學圖書館收藏，最後轉入復旦大學圖書館。
	封面頁 1 枚	一號藏章	
	正文首頁 4 枚	二、三、四、六號藏章	
380326：4	外封 1 枚	二號藏章	與 380326：2 情況一致
	封面頁 1 枚	一號藏章	
	正文首頁 4 枚	二、四、五、六號藏章	
380326：6	封面頁：	五號藏章	曾為天主教大學"震旦大學院"收藏，後轉入震旦大學圖書館、復旦大學圖書館。
	正文首頁 2 枚	四、七號藏章	

"復旦大學圖書館藏"朱色章，兩者文字一致。1905年成立復旦公學後，歷經波折，1917年，復旦開始辦理大學生本科業務，正式改名為復旦大學。說明六號和七號藏章都應是1917年后加蓋的。

上海圖書館古籍部所藏的《語言問答》表面沒有任何藏章，徐家匯藏書樓目前沒有收藏該書的紀錄。但從復旦五個藏本的情況來看，可以推定《語言問答》在成書之後至19世紀末20世紀初，主要流通於天主教神學院、教堂、教會學校等場所，是教會學校學習漢語的教材。

2. 復旦藏本筆記研究

復旦四號藏本在隨文欄線內、天頭、地角等位置有大量鉛筆的筆記。隨文欄線內主要是漢字的注音，天頭和地角主要是課文中曾出現的筆記的含義的解釋。根據全書筆記的識讀，我們大致將筆記內容分為五類：注音、標注專有名詞、解釋詞義（英文、拉丁文、法文、中文同義詞）和修改漢字等。

（一）用威妥瑪拼音注音

注音多出現在隨文欄線內和天頭或地角，在拼寫方式上統一為威妥瑪拼音，這一點說明標記者是西人可能性較大。

根據初步統計，全書用威氏拼音方式標注三千餘漢字，其中約50％的筆記仍可清楚識別。除為生詞注音外，有些在全書多次出現的單詞被多次注音，如"掤"（標注為 *p'eng*[10]）在全書被標注了四次，幾乎每次遇到都被標出讀音，可見除為生詞注音外，提示朗讀也是該書注音的一個重要目的。

從具體所標注的讀音來看，除北京音外，標記中還有一些非北京音的成份。一部分表現了吳語的讀音，如圖表所示：

圖表2

頁碼	漢字及其普通話發音	吳方言讀音	普通話發音對應的威妥瑪拼音	筆記中標注的威妥瑪拼音
P6a	篷（peng）	［bon］	*p'eng*	*Peng*
P6b	桃（tao）	［dau］	*t'ao*	*Tao*
P21a	籐（teng）	［den］	*t'eng*	*Teng*

10）本文中凡威妥瑪拼音方式的注音為斜体字，国际音标组合的音节用［ ］表示，汉语拼音发音用（ ）表示。

這些無送氣符號的讀音表現了吳語保留了中古塞音聲母三分的面貌。另一部分表現了粵語的讀音，如圖表二所示：

图表 3

頁碼	對應漢字及普通話發音	粵方言讀音	普通話對應的威妥瑪拼音	筆記中標注的威妥瑪拼音
P12b	香（xiang）	［hoeng］	*hsiang*	*hiang*
P14a	下（xia）	［haa］	*hsia*	*hia*
p10a	限（xian）	［haan］	*hsien*	*hien*
P14a	棋（qi）	［kei］	*ch'i*	*k'i*
P15b	撿（jian）	［gim］	*chian*	*kian*
P25a	金（jin）	［gam］	*chin*	*kin*
P25b	毬（qiu）	［kau］	*ch'iu*	*k'iou*
P26a	牽（qian）	［hin］	*ch'ien*	*kien*
P39a	揀（jian）	［gaan］	*chien*	*kian*
P43b	頃（qing）	［king］	*ch'ing*	*k'ing*

h 與 hs、k 與 ch 混用的情況表現了粵語中見系聲母保留舌根音的面貌。

通過原文對照并利用張衛東先生的研究成果，我們發現《語言自邇集》第一版所附《異讀字音表》中以上表格中漢字的方言讀音情況與筆記中標記的方言音是一致的[11]。換言之，這些筆記標記的時段就是漢語官話中南京音向北京音轉變的這個歷史時期，即清末 19 世紀中期，即在該書編輯完成或收入神學院圖書館後不久。

（二）標注出專有詞語

在隨文欄線正文中用大括弧、方框兩類符號標記了一些中文詞語。其中方框所標記的詞語多為專有名詞，一般沒有解釋，只是標示出詞語，數量較少：

(12). 就是 何 老爺還沒有來罷。（語言問答 P15a）

(13). 老爺走 汀州 的路麼。（語言問答 P18b）

(14). 我是 嘉慶 十六年起的身。（語言問答 P19a）

用大括弧標注的詞語範圍較廣，且 70% 以上有解釋，除專有名詞外，還有一些較難

---

11) 张卫东《从〈语言自迩集·异读字音表〉看百年来北京音的演变》，载《广东外语外贸大学学报》2002 年第 4 期，第 15-23 页。

通過字面理解的詞語：

⒂. 一時傳聞說、澳門成了一片曠野了。（語言問答 P29b）

⒃. 因爲有左堂的詳文。（語言問答 P29a）

⒄. 他有兩個大官的親戚、一個是他的舅舅、是現在的峽西道監察院禦史、一個是他的叔丈人、是現任的刑科給事中。（語言問答 P50a）

⒅. 他的事情就是看小說金瓶梅、西廂鼓兒詞。（語言問答 P45a）

　　因課文內容涉及到官府與時事，所以除了地名、文化類詞語等大多被括弧出來的專有名詞外，大多是官府的名稱或官員的職位。這一類詞的解釋也往往簡要，並沒有指出某個官職的具體定義，只是大概說出一個總括的含義。如例 17"監察院禦史"一詞，標記者在天頭位置抄錄下"*kian tcha*"後，解釋爲"examine"，即英文檢查、管理義。

(三) 多種語言解釋語義

　　解釋詞語的語義是全書筆記中體現標記者背景最顯著的部分，主要採用的是引用解釋法，即先用威妥瑪拼音方式引用詞語，再用其他的語言來解釋。復旦六號藏本上幾乎每兩頁的天頭位置就會出現筆記，有些頁更是寫得滿滿當當。

1. 外文釋義

　　在釋語語言的選擇上，約 75％以上選用的是拉丁語，另外也有部分用法語和英語：

　　課文中的詞語"茅房"，引用爲"*mao fang*"，解釋詞語"cahute"（拉丁語：簡陋的住房，窩棚）（語言問答 P21b 上）。

　　"左堂"，引用爲"*touo tang*"，解釋詞語"un magnate"（拉丁語：一個重要人物）（語言問答 P29a 上）。

　　"效法"，引用爲"*hiao fa*"，解釋詞語"innitor"（拉丁語：學習、以……爲學習的榜樣）（語言問答 P39a 上）。

　　使用法語的如，課文中的詞語"多羅呢"，引用爲"*touo louo ni*"，解釋詞語"droguet"（法語：粗毛呢； 花緞，提花織物）（語言問答 P27a 上）。

　　使用英語如，課文中的詞語"原告"，引用爲"*yuan kao*"，解釋詞語"accusant"（英語：控訴者）（語言問答 P49b 上）。

2. 中文同義詞解釋

　　部分詞語用較口語或者簡易的中文同義詞來解釋，有些也在同義詞之後再用外語解釋。

　　詞語"報房"引用爲"*pao fang*"，在大括弧後用"*pao kuan*"（報館）解釋（語言問答 P24a 上），可見當時"報館"是比較常用的說法。

"剛愨"引用為"*kang gou*"，在大括弧後用"*pou to*"（不多）解釋（P34a 下）。

"好生"引用為"*hao chen*"，在大括弧後用"*hao hao ta*"（好好的）解釋（語言問答 P42a 上），"好好的"應該是比較口語化的說法。

3. 聯想釋義法

除直接引用課文中的詞語外，有時標注者還會擴展課文中的詞語，以拓展辭彙量。

在解釋"鰥寡孤獨"時，標注者將這四個詞語拆開，並分別用法語的單詞來對應解釋，從已經識別出的三個詞語來看，可以說是十分準確的："鰥"（*kuan*＝Veuf（法語：喪偶的丈夫））、"寡"（*koa*＝Veuves（法語：喪偶的妻子））、"孤"（*kou*＝Orphelin（法語：孤兒））。同時又從這個詞語引申出去，在天頭位置引用辭彙為"*kou erh*"（孤兒），大括弧後用"*kou tu*"（孤獨）來解釋，非完全的同義詞解釋。

詞語"狐朋狗友"，在天頭位置引用為"*hou li*"（狐狸），大括弧後用拉丁語"*volpes*"（狐狸）來解釋，（語言問答 P44b 上）在解釋的同時拓展了一個新的詞語。

4. 修改錯誤

在隨文欄線正文中，標注者用鉛筆塗改的方式作了一些錯別字的修改。

（1）加筆法：

課文中的句子"等一會尔等我來"，標記著在正文中在詞語"尔"的左邊加了一個單人旁，改為"你"。（語言問答 P3a）

句子"如今我們單單的用快子吃飯、用不得叉子勺子"，詞語"快"添加了竹字頭。（語言問答 P15a）這一處的漢字在復旦三號副本上作了同樣的修改。

（2）改字法：

課文中的句子"發擡不去作活、父母看見狠傷心。"，如圖 8 所示，正文中在詞語"擡"的旁邊寫了漢字"呆"。（語言問答 P46a）。

4. 編寫者與編寫背景推定

上文已經提到，對《語言問答》頗有研究的內田慶市認定該書是威妥瑪及其助手應龍田在 1860 年出版《問答篇》和《登瀛篇》之後，1867 年出版《語言自邇集》第一版前這段時間出版的另一部書。

他提出的論證依據有兩條，一是威妥瑪曾在《尋津錄》（1859）中提到非常信賴公神甫的漢語，并希望自己能寫出一本與《漢字文法》類型的學生手冊[12]，但這一依據并不能直接證明威妥瑪會將《漢字文法·問答》的內容照錄到自己的書里；第二條是《自邇集》序言中提到的：

> The phrases contained in each of its eighteen pages are a portion of a larger collection written out years age by Ying Lung-T'en. I printed the Chinese text of this with a few additions of my own in 1860, finding them in some favor with those who have used them, I have retained all but my own contributions to the original stock, or such phrases in the latter as are explained in other parts of this work, and now republish them as a sort of continuation of Part III. (perface X)
>
> （18頁中的所有短語，是數年前應龍田已著錄整理好的短語集中的一部分。我將其作另一些添加後，于1860年作為漢語課本印了出來。後來得知課本很受學習者的歡迎，便又把原書的全部內容作為PartIII的續編再版，刪去了自己增添的部分以及在其他章節中作為解釋的短語。）[13]

前一句中提到的印出的课本是1860年出版的《登瀛篇》，是可以確認的。問題在於後一句提到的〈續散語十八章〉的"再次出版"，內田先生認為這就是《語言問答》。但我們的意見是，第二個句子提到的"再版"，也可以解釋為，〈續散語十八章〉的內容第一次在1860年的《登瀛篇》出版了，後來又經過整理后在《自邇集》的第一版再次出版。

除此之外，我們還可以通過本文以上分析的一些成果來審視《語言問答》為威妥瑪直接編寫的這一結論。

（一）對底本內容的刪定與保留

對底本內容的刪定與保留反映了《語言問答》編寫者的觀念與主張。如上文我們已經提到的，《語言問答》刪除了一段勉勵上學讀書的內容，卻保留了大段與勸人信仰西方宗教，貶低佛教道教的言論。如：

> 我還沒有定、人說天主教、同佛教、儒教、天地會、白蓮教、天理教一樣、不過都是勸人學好、這樣沒有異端。 一定有、不能都是真的、到底顧不得考察明白、昨日在廟裡作會祭獻神、唱戲燒香燒紙、香蠟、門神紙錢、掛錢紙馬、元寶都有、到底廟神沒有靈、所以我再不拜那個廟。和尚變甚麼。 人說變驢。 道士作甚麼他們愛辯

---

[12] 內田慶市（2001：51）。
[13] 此段翻譯轉引自內田慶市（2001：48）。

論。妮姑作甚麼、管閒事。（漢字文法 p299；語言問答 p46b）

威妥瑪作為外交官，深知如何與中國人，特別是中國的知識分子打交道，他所選用的語言材料也自然也帶有很強的引導性，如：

> 古來有位聖人姓孔。他的教後世叫做聖教。爲中國最尊重的。同時還有老子的教、叫做道教。佛教是西方僧家傳來的。尊佛爺出家的是僧家、俗說就叫和尙。尊老子出家的是道士。聖教又名儒教。儒教的人叫俗家。三教的總名就叫僧道儒。（自邇集 p64）

即使來自不同的底本，也很難想像這兩段文字會被同一位編寫者採用。

（二）詞彙用語

在原文整理的過程中，我們發現，《語言問答》中頻用的一些詞語形式在《問答篇》、《登瀛篇》或《語言自邇集》中都沒有使用，以下略舉三例：

1. 虛詞：單單

《語言問答》全文使用的十七例"單單"，或肯定或否定，都作為副詞，表示僅僅、唯獨的意思，這個用法在明代已經出現：

> （19）．有一黨人單單的想哄騙人、並不想別的。（漢字文法 p217；語言問答 p2a）
> （20）．如今我們單單的用快子吃飯、用不得叉子勺子。（漢字文法 p246；語言問答 p15a）
> （21）．沒有人說山西那一邊有賊起來了麼。不單單的在那裡、在廣東也有海賊、鬧的利害。（漢字文法 p260；語言問答 p23a）

在《問答篇》、《登瀛篇》及《自邇集》中表示這個意思多用"僅"或"只"，未見"單單"。

2. 虛詞詞組：能彀、能個、能勾

表示有能力的意思，《漢字文法·問答》中使用"能勾"，《語言問答》中〈問答二十三喝茶〉及以前都改作"能个"，〈问答二十四说中国话〉及以后改作"能彀"：

（22）．你能勾倚靠我。（汉字文法 p215）
　　　　 你能个倚靠我。（語言問答 p1a）
（23）．用心二三年的工夫、能勾學好了、這麼容易。（汉字文法 p249）
　　　　 用心二三年的工夫、能彀學好了、這麼容易。（語言問答 p17a）

"能勾"和"能彀"是异体字，根据《汉语方言大词典》词条情况，这里的"能个"应该来自北京话口语中表示聪明、技艺高的"能个儿"（也做"能格儿"），显然与吴语与西南官话系统中表示"這樣"、"怎麼這樣"的用法不同。[14]《問答篇》、《登瀛篇》及《自邇集》中使用的都是"能彀"，未見"能勾"或"能个"。

3. 慣用語：莫奈何、無可奈何
　　《語言問答》使用的是"莫奈何"，表示"無可奈何"的意思：

（24）．料理世務的事情上頭有的危險不少。這些都是莫奈何的事。若別人命你罷了、到底你的師傅命你不聽、這个了不得。（漢字文法 p231；語言問答 p9a）

同樣的意思，《自邇集》中使用的是"無可奈何"，未見"莫奈何"：

（25）．那是從前做買賣時候兒累的、如今是回家歇着了。回家是回家、也是無可奈何。（自邇集 p101）
（26）．我無可奈何呀。我作不得主兒。（自邇集 p114）

例（26）的句子來自《自邇集・續散語十八章》，說明即使是《語言問答》整本的第一部份〈語言問答〉和第二部份〈續散瘀十八章〉中也是存在語言差異的。

　　根據《語言問答》的編寫者對全文四十七處同義的短語和詞彙修訂的情況來看，如果編寫者意識到了如上述些詞彙上的差異，將其改定統一是完全可以做到的。

　　綜合以上的意見，我們將《語言問答》的編寫者與編寫背景推定為兩種可能性。
　　主要從後半部份〈續散語十八章〉的情況來看，威妥瑪和他的助手應龍田編寫了《語言問答》也是具有可能性的，但該書應該是編寫《語言自邇集》過程中一個草稿，絕不是威妥瑪已經編輯完成并出版的書籍。

14）许宝华，宫田一郎《汉语方言大词典》，北京 中华书局出版社 1999 年版，第 5230-5231 頁。

從上述的內容、詞彙的分析來看，我們認為《語言問答》更可能是一個教學學校或神學機構採集其他正式出版的漢語教材，私自編寫刻印的課堂用書。[15] 編寫者的背景決定了《語言問答》中宗教內容的豐富性，雜合編印的性質決定了《漢字文法·問答》和《語言自邇集·續散語十八章》合在了一起，其明顯的上下分冊和體例上的區別應該是兩套書非同時刻印的結果。在流通方面，朱記傳達的藏書信息與該書的編寫場所和主要使用區域相關；刻本上的19世紀中期的鉛筆筆記是當時神學院教學內容的生動體現，復旦藏本上的這些筆記的標記者很可能是學校裡的漢語教師，他熟練掌握了拉丁語、法語和英語，這些筆記也就是授課筆記，用作在課堂上向同學解釋。

　　筆者也將從詞彙、語法等角度對《語言問答》與公神甫的《漢字文法》，威妥瑪的《語言自邇集》、《登瀛篇》及《問答篇》作進一步的比對分析，以得出更進一步的結論。

[附記]

　　本文的研究工作得到了上海市哲学社会科学规划课题（青年项目）（2013EY004）、上海市教育委員会科研创新项目（人文学科重点项目）（14ZS013）以及复旦大学新进青年教师科研启动项目（20520131510）的资助。

參考文獻：

Joaquim Affonso Gonçalves 1829：汉字文法 Arte china constante de alphabeto e grammatical; Macao: impressa com licenca regia no real collegio.

Thomas Francis Wade 1867:. 語言自邇集 Yü yen tzu êrh chi. A progressive course designed to assist the student of colloquial Chinese as spoken in the capital and the metropolitan department; London: Trubner & Co.

顾长声 1981《传教士与近代中国》上海人民出版社

內田慶市 2010《〈語言自邇集〉源流及其在日本的傳播》（復旦大學歷史地理研究中心編 2010《跨越空間的文化：16-19世紀中西文化的相遇與調適》上海東方出版中心）

史式徽，金文祺 1929《八十年來之江南傳教史》上海土山灣印書館

许宝华，宫田一郎 1999《汉语方言大词典》中华书局

赵元任 1956《现代吴语的研究》科学出版社

15）可以作為輔助論據的是，上海圖書館藏有多個刻本形式的《語言自邇集》，原都藏于徐家匯藏書樓。在版式上，一頁刻印了《自邇集》的課文內容，一頁是空白的紙，有些副本中這些空白的紙片上還有拉丁語的原句翻譯和筆記，很顯然是一個翻錄自《自邇集》、私自刻印的課堂教材。本文討論的《語言問答》也很可能是這樣的情況。

資料篇

『語言自邇集』序文集

宋　　桔　訳

1867年版"序言"

"先生,你要学习的是哪种汉语?"我请教过的第一位久负盛名的汉学家这样问我,"有古代典籍中的汉语,近代书籍上的汉语、官方文书里的汉语、书信体的汉语,还有口头的汉语以及众多的汉语方言。那么,您想从哪一种开始学习呢?"这位饱学之士乃是少有的几位在《南京条约》签署时就已熟谙汉语的学者之一,在汉语方面可谓独领风骚,所以不免会在初学者面前故弄玄虚。尽管如此,他在谈话的开始和结束都强调的这个问题毫无疑问也是任何希望学习汉语,或者教授汉语的人必须首先要回答的问题。汉语可分为书面和口语两种,之下还可再做细分,这种划分究竟意味着什么呢?前者(指书面语——译者)有不同的语体风格,后者(指口语——译者)有众多的方言差异,这些差别就连最渊博的学者也无法完全界定清楚。

上述问题的答案取决于询问者的身份和职业。一位纯粹的语言学者?一位希望通过口头或书面形式与他的中国委托人进行直接交流的商人?还是一位以传播圣言为目标的教士?抑或一位官方译员?官方译员作为国际间代理人的角色将一直持续,直到中国人有能力自己来担当翻译的工作,这种责任从重要性上来看与传教士无异。

本书作者的任务与上述最后一类学习者相关。笔者的职责之一就是指导女王陛下驻中国公使馆新招募的人员学习汉语。当然,如果是传教士或商人使用现在出版的这部书,也不会觉得它完全没有价值。但是,这部书最重要的目的还是帮助公使馆的见习译员,让他们花费尽量少的时间打下扎实的汉语基础,这个基础与学习中国官话口语,及阅读书本、公函或任何公众性质文件上的官话书面语都密切相关。

本书主要有两大部分:分别称为"口语系列"和"文件系列",[1] 在两个部分的书名中重复出现的"自迩集"也可以翻译为"循序渐进的课程"(Progressive Course)。中国古语[2] 有云:为了走得更远就必须从近处开始"自迩"(行远必自迩)。这两个系列都称作"集",属于资料汇编。口语部分之前冠以"语言",内容包括字词和短语;另一部分是"文件"的集合,包括一些书面语的文章和公文。其中只有本卷者第一部分,可理所当然地称作是"循序渐近"的内容。这个部分能帮助学习者"自迩",在口语方面实现可观的进步。如果学习者有耐心在进入《文件自迩集》之前彻底掌握口语系列的全部课文,他就会发现,他对于书面字词的形式和意义都已非常熟悉,这就大大减少了他成为翻译员的困难。除此

---

1) 译注:即《语言自迩集》和《文件自迩集》。
2)《中庸》,中庸之道,避免极端,是儒家经典"四书"中的第二部,也是中国人道德的典范。书中有这样一句话:君子之道譬如行远,必自迩;譬如登高,必自卑。它的意思是:"道德的模范——君子在通过睿智的道路上就像一个旅行者,他想去远的地方必须从近处开始;他想去高的地方必须从低处开始。"无论是谁希望达到精通都必须从基础做起。

之外，《语言自迩集》并非《文件自迩集》的导论，《文件自迩集》里16个部分中的任一部分也不能作为其他部分的导论，所以把术语"系列"用于文件部分确实有些不妥。但这并不重要，这部文件汇编很好地回答了最后一个官方译员的问题，用醒目的字体、恰当的标点向学生展示了一系列汉语文件例文。目前正在编写与《文件自迩集》相配一套解说和注释，后面还有可能会附录书中所收文书的译文。

我们当前的任务是"口语系列"，也就是我们面前的这卷。附录的部分[3]收录了所有在中文课文中出现过的汉字，是按它们在课文中第一次出现的顺序排列的。"解说"部分（KEY）单独一卷；另一卷是"音节表（SYLLABARY）"[4]，这些将随后[5]再做说明；还有一卷是"汉字习字法[6]（WRITING EXERCISES）"。我们建议学生将四卷分开来学习。

口语系列的第一章是讲发音；第二章讲汉字部首，即常用汉字的书写部件；第三、四、五、六章为形式多样的练习，用的是通行于直隶衙门的口语，简言之"北京口语"；第七部分是一套练习，用以说明声调对我们这里所讲的方言（北京话——译者）的影响；第八章及最后的附编部分[7]，题为"词类章"，是用汉语口语撰写的对话，内容涉及某些——即使不是全部——我们称之为"语法"的东西在汉语中的"同类现象"。关于这最后一章，我们也会在他处[8]提到，说明使用这种委婉表达理由。

口语系列的内容按此顺序排列，基于如下考虑。首先，如上文所言，本书编写的主要目标是满足公使馆见习译员的需求。对他们来说，书面语知识同口语一样不可或缺，他们不仅要学习说话，还要学会书面的汉英、英汉对译。毋庸置疑，他们最重要的任务是学会使用口语。这么说，并不是因为译员作口头翻译的责任要大于书面翻译，恰恰相反，无疑文稿上的错误造成的影响要更大一些。我们这样说源自经验，书面语学习方面遇到的困难多能通过持之以恒的努力来克服；然而在口语方面，平均学习资质的成年人很难达到精通的程度，除非学习者刚一开始听到这种语言，就特别努力、非常勤奋地练习。另一方面，极少数外国人将他们学习的范围局限于一种方言方音，即使那些汉语说得很好的外国人也是这样，以至于当他们动笔写的时候，书面语方面的困难使他们倍感沮丧。为什么会这样，

3）译注：指第一卷末尾附录的四张第三章、第四章、第五章和第六章的生词表。以生词出现的顺序为序，注明查找的章节数字，方便学习者查找；同时，提供正确的字形，同时帮助学生记忆生词。详见第一版第一卷附录页首页说明，该部分内容第二版放在第三卷，2002年中译本未收录。

4）译注：第二版收录的第一版"序言"此处有注释：第二版的音节表收录在第三卷。

5）译注：原文为"the Syllabary, of which more will be said by-and-bye, another."其中的"Bye"为"by"之误，第二版中收录的第一版"序言"已修改。

6）译注：该卷封二的英文题名为"Writing Course"，中文题名为"汉字习字法"，详见本书附录一的书影。

7）译注：第一版的词类章由13段"言语例略"与一段"附编"（supplement）组成，"附编"内容包括了补充的日常问答五小段与对词义解读的方法谈，详见序言1.1 pp.289-295，该段内容在第二版已删除。

8）译注："序言"的后半部分对第八章的命名有详细的论述，详见序言1.1p.xiii。

这里我们暂不深究。以上谈到的两点作为论据尚不完全充分，但在我看来，它们已足以支持以下的意见：在给定的一段时间里里，如果学习者把提高口语视为最大的任务，那么他还必须意识到，单纯的口语学习并不能使那些书面形式还未被掌握的字词进入个人的词汇表。他不用听了这个就去忙于研究汉语作文，任一体系的惯用语（idiom）与任一方言的口语都有着明显区别；但是他必须用眼睛去检验、观察需记忆的每个字词的结构。这里眼睛必须帮助耳朵。在承认这一点的基础上再推论下去，学习者的第一步是掌握书面汉字的结构。除非学习者熟悉汉字的部首，否则他做不到这一点。因此我们在第二部分设置了部首表，带有翻译、说明和一个测试。这些部首就是索引，汉语辞书的编撰者把所有的字都汇集到不同的部首之下。其中有许多是可以独立在口语或者书面语中使用的汉字，另一些仅用于书面语，还有一些是已废弃不用的符号。[9] 但不论是字还是符号，任何一个都保留了其自身的读音。因为每个读音都必须用组合起来的拉丁字母来表示，所以在学习部首前，必须先考虑一个表音系统（the orthographic system），在本卷"发音章"之中设置了这一语音系统。

"发音章"分为语音、语调和韵律三个部分。后两个部分比较重要，在第七章的题解部分中[10] 做了较详细的说明。语音部分，虽然已通过表音法做了描写，但这还远远不够。所有的针对汉语某种方言的正音系统（the orthographic system）[11] 最多只能记录一种近似值。无论元音字母还是辅音字母，即使用附加符号修正了缺陷，仍然不能与他们所代表的实际发音完全一致。尽管这样，如果学习者不使用任何正音法就进行某种方言的学习，那他很快就会陷入困窘之中。如果他在学习期间不是优先采用先贤的正音方案，而是自造一套，学习时他在音素和声调上的混淆就会越来越多。在方言和正音法上，使用这套教材的学生当然已别无选择。本书所提供的系统与本人在1859年出版的一本基础教程《寻津录》[12] 中记录的系统大致相同，只是音节数量从原来的397个增加到了420个，增加了某些情况下的语音突变说明。到目前为止，这个系统还没有得到完全的认可，反对它的意见基本上来自那些在这个系统出现之前就学习汉语的人。然而，我们认为一开始就表明存在的这些异议，并提出我们的争论对任何初学者来说都是有帮助的。在更深入讨论这个问题

9）译注：威妥玛把汉字的部首分为三类200多个，"头一层是比方人、口、牛、马这宗字，有一百三十六，都是话里常用的，那归一项。第二层是比方曰、犬、臼、邑这宗字，有三十个，是书上有，话里所不说的。另一项其余四十八个字，专作部首的，书上也不见，话里也不说，这算第三层"（问答章 1.1p.79-80）。
10）译注：第一版第一卷的第七章只有语音练习表，这里所谈到的进一步说明应在第一版第二卷第七部分的题解中。详见"声调章"对变调和韵律的介绍，以及关于声调影响韵母的注释（Notes on the Tone Rules Affecting the Finals.）(1.2pp.57-60)
11）译注：该处指用拉丁字母正确表达汉字语音，校准汉字的读音的拼写方法。中译本（2002：13）翻译为"表音系统"；鲁译文（2002：374）翻译为"正字法"。
12）译注：《寻津录》，英文题名为"The Hsin Ching Lu: Book of Experiment"，1859年刊行于香港，是《自迩集》系列教材的"试验本"之一。

之前，有必要对本书选择北京语音系统的原因做一说明。

某些标准是必须的。几乎所有对汉语陌生的人，在听过中国人说的话之后都会发现其中有一种形式，即"Mandarin Dialect"，这就是"官话"，确切的解释应是"政府口语用语"（the oral language of Government）。"官"就是"官府、衙门"的意思，已经通过葡萄牙语欧化为"mandarin"，艾约瑟先生（Mr. Edkins）[13]认为，将"mandarin"与"官"对译十分恰当，不能轻易放弃；但是"dialect"具有误导性，因为"官话"不仅是属于官员和知识分子阶层的口语，也通行于中华帝国近五分之四人口之中，在如此广袤区域里，存在着各种类型的方言（dialect）。艾约瑟先生在方言的差异和界限方面的研究上花费了大量的精力，其成果无人能敌。他把官话分为三个主要系统，即南方官话、北方官话和西部官话，又将南京、北京和四川省的省会成都分别定为这三种官话的标准方言。根据他的观察，南京官话的使用范围比北京话更大，但是北京话被视为更加流行的方言。但他也承认，"想要学习朝廷的语言的人还是要学习北京方言，剔除了北京方言中土话成分的北京话，就是'帝国官话'。"[14]

这里引用的看法进一步证明了本人早已得出的结论，那就是北京话是政府译员必须学习的一种方言。由于外国公使馆和他们的见习译员都在北京，这就使其他方言不可能取得比北京话更大的优势。见习译员一旦被派往总理衙门（the Yamen of Foreign Affairs）工作，他就会发现，他正在学习的语言正是帝国的政府要员们说的话。同时，他的老师、仆人，以及十分之九他所接触的人也都讲这种语言。最后，无论是否属实，据称，北京话已经不同程度地侵入了官话区的其他方言之中。所以，如果学习者确认自己能说好北京话，那么他在与说官话的当地人（mandarin-speaking native）交流时就不会有什么困难，除非对方说的是被地理学家和音韵学家都判断为与标准相差很远的方言。我曾经见过一位官方译员，他非常精通北京话，无论在汉口（Hankow）还是在京城，他的话都一样能被理解；我还认识另一位译员，他以流利使用某种地方方言官话（a local dialect of mandarin）而闻名，但是他只能与一位因其他原因熟悉他所说的这种特殊方言的官员交流，而无法与其他任何其他官员交流。

选择确定一种方言是20年前的事，下一步是建立正音系统。在那个时候，还没有针对北京话而作的正音法，它们所描写的都是南方官话。例如第一部汉英词典的编撰者马礼

13）译注：艾约瑟（Joseph Edkins 1823-1905）。字迪瑾，英国传教士和著名汉学家。1843年在上海传教，参与创建墨海书馆曾赴太平天国起义军中谈论宗教问题。1863年到北京，负责伦敦会的北京事业并创立了北京缸瓦市教会，1875年获爱丁堡大学神学博士。1880年被中国海关总税务司赫德聘为海关翻译。

14）参看《官话口语语法》（艾约瑟 1864：7）。

逊博士（Dr. Morrison）[15]，还有麦都思博士（Dr. Medhurst）[16]和卫三畏博士（Dr. Wells Williams）[17]所作的那些正音法，这些方案即使在他们声称隶属的方言系统（即南京语音系统——译者）也远非无懈可击。艾约瑟先生从根本上否认马礼逊博士的方案可作为官话的正音法，他指出："马礼逊在编撰他那部十分有用的以音节排序字典时，其实并不知道他所依据的并非官话，而是一种早已过时的发音"。[18]麦都思博士几乎完全沿用了马礼逊的正音法，只是稍做了一些修订。麦都思曾指出选择沿用并不是因为这种正音法是最佳的，而是因为它是最为人所知的。我相信，卫三畏博士的正音法，是与马礼逊的富有才华的儿子马儒翰先生（Mr. John Robert Morrison）[19]合作完成的，他们对这部汉语拼音字典的修订至多限于拼写形式。在我看来，这个表音法是较为对称均衡的，但并不比第一个马礼逊的表音法更准确。[20]罗伯聃（Mr. Robert Thom）[21]是我所知唯一的一位有名望的会说北京官话的汉学家。在他的建议下，密迪乐先生（Dr. Meadows）[22]也研究了北京方言，并取得了很

---

15) 译注：马礼逊（Robert Morrison, 1782-1834），苏格兰传教士。1807 年受伦敦会派遣，到达中国广州，在英国东印度公司任职 25 年。1816 年赴北京担任汉文正使，曾将《圣经》译成中文，著有《通用汉语之法》（1815）、《华英字典》（1823）、《广东话土话词汇》（1828）。这里所说的表音法应该是 1815 出版的《通用汉语之法》中提到的汉语音节表。该字表参看马礼逊《通用汉语之法》（1815：5-18）。

16) 译注：麦都思（Walter Henry Medhurst, 1796-1857），英国传教士，自号墨海老人，汉学家。1816 年被英国伦敦会派往马六甲。在马六甲学会马来语、汉语和多种中国方言，并帮助编辑中文刊物《察世俗每月统记传》。1819 年，麦都思在马六甲被任命为牧师，在马六甲、槟城和巴达维亚传教，并用雕版法和石印法先后印行 30 种中文书籍，著有《汉英字典》、《英汉字典》、《福建方言字典》等多部汉语研究论著。

17) 译注：卫三畏（Samuel Wells Williams, 1812-1884），19 世纪传教士。1833，他受美国公理会差会派遣，前往中国广州，负责印刷。从 1848 年到 1851 年编辑《中国丛报》。1855 年任美国驻华专员署（广州）秘书，次年完成《英华分韵撮要》。1860 年任美国驻华公使馆（北京）临时代办。1877 年他返回美国，任耶鲁大学汉学教授，成为美国第一个教汉学的教授。除《中国总论》外，还著有《简易汉语教程》（1842）、《汉语拼音字典》（1874）等。

18) 译注：《通用汉语之法》（1815）所介绍的汉语发音包括平上去入四声，仍属于南京官话音体系，有较多粤语例句，这应该就是这里所说的"过时的"原因。详见马礼逊《通用汉语之法》（1815：19-21）。参看黄爱美《从马礼逊〈通用汉言之法〉看英国早期来华传教士的汉语研究》，载姚小平编《海外汉语探索四百年管窥》，外语教学与研究出版社 2008 年，页 232-244。

19) 译注：马儒翰（John Robert Morrison, 1814-1843），英国人。传教士马礼逊的长子，又称小马礼逊。鸦片战争时期，参加英方行动，担任中英《南京条约》谈判的翻译。英国割占香港后，任香港议政局和定例局委员，兼代辅政司。

20) 我应当对在这里表现出的对马礼逊博士劳动成果的欠尊重表示歉意，如密迪乐先生（Dr. Meadows）所言，对一位减少了学生辛劳的人不能不怀有感激。卫三畏博士是最勤奋的汉学家，他正准备出版一本字典，是对其十年前出版那本十分有用的词典的增补，将为汉语教育增添一份瞩目的新材料。

21) 译注：罗伯聃（Mr.Robert Thom, 1807-1846），英国领事官，生于苏格兰。1834 年来华，抵广州后很快学会汉语，他把《伊索寓言》译成汉文。1840 年进英国领事界，在厦门、舟山、镇海及广州等地任翻译。1841 年 10 月至 1842 年 5 月任镇海民政长官，1843 年 10 月任英国驻宁波第一任领事。编有《汉英字汇》（1842）及《汉英会话》（1846）等书。

22) 译注：密迪乐（Thomas Taylor Meadows, 1815-1868），英国领事官。大学毕业后赴德国慕尼黑大学留学，习中文。1843 年奉派至香港，旋至英国驻广州领事馆任翻译。1852 年初调往上海，仍任翻译。1856 年返沪任副领事，旋升任宁波及上海领事。著有《关于中国政府和人民及关于中国语言等的杂

大的成功。本人要感激密迪乐先生，不仅因为他一开始就向我指出了正确的研究方向，而且也给予了我许多当时无人能给予的帮助。不久之后，他的《关于中国政府和人民及关于中国语言等的杂录》(*Desultory Notes*)[23]出版，书中关于中国语言和政府的章节使我受益匪浅，我必须表示感激。我认为这部杂录包含了第一个北京话正音法方案[24]，本人大体上认可作者对北京方言特征的鉴别能力，但是本书并没有照搬其用于表现这些特征的方法。尽管我能在研究中迈入正轨得益于密迪乐先生的建议，但除了一个处理较为得当的辅音 *hs* 之外，我没有采用他的方案中的其它东西。[25]

开始编制音节表（a list of syllables）之初，主要的困难在于中国没有一部音节系统（syllabic system）的论著可供参照。就比如，你想学习广东人说的广东话，就可以买一本词汇书，因为这本书包括了语音的部分，就能保证你在学习上不走弯路。中国有一种粗略的记音方法，称之为"反切"（spelling），多少有点文化的中国人可以依靠这个方法来推测生字的读音。譬如 *p'ao* 表示某个字的声母，在 *p'ao* 之下的 *t'ien* 表示这个字的韵母，将两者放在一起就可以拼出 *p'ien*。广东话词汇表根据声调系统分章节，每章按已经确定的声母顺序排列，韵母也按固定次序排列，在每一个声母下面罗列生字，可以根据相应的韵尾查找汉字。这一过程要求使用者有起码的书面汉语知识。除了广东话之外，其他方言也有类似的标准词汇表，其中包括了各种官话。还有一些词汇课本包括了复杂的发音系统，用来教非官话区人（绝大多数是广东人）的官话发音。在后者中我发现了两个重要的问题，这些书中所表现的官话从惯用语和语音上看都是一种过时的方言；其次，声母和韵母的配合给人一种模拟官话音节的感觉，但对于地方上的学生来说，这种语音听起来与他们自己惯用的方言没有多大的变化，所以这类书都未能提供学生学习官话足够的信息。

直到1855年有了转机，当时我已经用了八年的时间来制定正音法，经历了反复研究和多次更改。与此同时，一位中国学者发表了一份非常接近于北京话的读音表，该表在广东出版。那时我的老师应龙田[26]也已经主动为我编写了一份词汇引得（an index of words），

录》、《中国人及其革命》等。

23) 译注：该书全名为 *Desultory Notes on the Government and People of China and on the Chinese Language*《关于中国政府和人民及关于中国语言等的杂录》，1847年于伦敦出版。

24) 译注：即密迪乐《杂录》（1847：48-58）'A New Orthography adapted to the Pekin Pronunciation of the Colloquial Chinese' 的相关内容。

25) 译注：王为民《米道斯拼音方案对威妥玛拼音方案的影响》（载《语言教学与研究》2009年第2期，第74-81页）详细对比了罗伯聃、密迪乐和威妥玛的拼音方案，并总结了其中的传承关系，指出密迪乐《杂录》的注音方案即取消了入声、设置了舌面前音并用数字表示声调。这些部分威氏并未提及，但或许这些也对他方案的最终面貌产生了影响，有待进一步研究。

26) 译注：应龙田，字雨耕，祖籍浙江金华兰溪，出生官宦家庭，早年随父亲移居北京长大，后父亲迁广东副将，又随之到广东。曾担任英国外交官威妥玛的汉语教师及英国领事馆的翻译。曾协助威妥玛编撰《语言自迩集》，提供了"威妥玛拼音法"最早的北京话音节表。有关其生平和贡献可看拙作：宋桔《〈语言自迩集〉之协作者〈瀛寰笔记〉之主角》，载《或问》，2012年第22期，页67-78。

我把它简化为一个按字母顺序排列的音节表，作为北京话音节附在《寻津录》之后。这份表格的基础是一部旧版的《五方元音》[27]，其语音系统遵循当时通行的诗韵排列，这份词汇的注释非常有限，但包括了十万个经过审定的汉字，都属于书面语词汇，分五个调类（见第一章，第6页），每个调类下按12个声母和20个韵母的顺序归类。应龙田从中剔除了他认为不适应口语学习的词汇，将其余部分重新分类，保留了基本声韵母，作为音节分类的依据。对于许多词，或改其音，或改其调，或者两者都改，并且完全取消了第五声，即入声调（re-entering tone）。在试用他的这份表格的七年里，我发现，应龙田的声调审定基本是正确的。他确定的口头表达所需要的词汇量非常有限，但他自己平时使用的口头用词既丰富又典雅，结合来看他的这种做法似乎有点不寻常。应龙田于1861年去世，从那时起，为了弥补他所提供的字表中的不足，另外的一些中国助手开始了一项独立的筛选工作，从一个比应龙田已分析的词汇范围大得多的范围中选择。原音节表中收入一份新的词汇表，这份词汇表以及它的附录在普鲁士公使馆汉文秘书璧斯玛（Charles Bismarck）[28]的监督下妥善完工，准备赴印。不论从口语还是翻译的角度来看，璧斯玛都是一位非常有前途的学者，新的附录[29]完全出自他之手。

下面讲音节表的实用价值。应该记住，眼耳需配合，只有当学生掌握了一个词的书面形式时才能说他真正掌握了这个词。书面形式，即汉字（见第二部分，第13页）由两部分组成：部首（the Radical），大致表示这个字的含义；声旁（the Phonetic），大致表示这个字的语音。当一位教师使用了一个学生不认识的字时，学生就可以通过音节表（只要略熟悉以下正音法，他便可听出这个字在哪个音节下）找到这个字，并发现在这个音节形式下不仅有这个字的声调类型、规范字形，还能找到与该字有同样声旁，即有相近读音的汉字。比较和观察这些字的部首的差异、声调的异同，可以加深学生对所要查找的字的形、音、调的记忆。另外，在没有老师的情况下，学生也可以通过查找音节表来加强他对已经认识的汉字的记忆，并巩固声调方面的知识。同时，附录还可以教会、提醒学习者相同的

---

27) 译注：明末清初北方官话民间韵书，樊腾凤（1601～1664）著。书成在清顺治十一年（1654）到康熙三年（1664）之间。本书深受"五音十二律"学说影响，采用反切法，用十二进个韵母和二十个声母来拼音。十二个韵母是：一天、二人、三龙、四羊、五牛、六獒、七虎、八驼、九蛇、十马、十一豹、十二地。二十个字母是：梆、匏、木、风；斗、土、鸟、雷；竹、虫、石、日；剪、鹊、系、云、金、桥、火、蛙。

28) 译注：璧斯玛（Charles Bismarck），生卒年不详。中国海关出版社出版的由美国的凯瑟琳·F·布鲁纳，费正清，理查德·J·司马富编辑的《步入中国清廷仕途：赫德日记（1854-1863）》（2003）和《赫德与中国早期现代化：赫德日记（1863-1866）》（2005）中都提到这位外交官，这里采用的是2005年版的音译。王澧华《〈语言自迩集〉的编刊与流传》（载《对外汉语研究》第2期，商务印书馆2006年，页185）认为该人1864年随德国首任驻华公使的翻译来到中国，1874年任驻天津领事，1877年改任厦门领事，不久离任回国，未注明资料出处，记录于此。

29) 译注：此处所指的"附录"为第一版分册《音节表》的附录，第二版的音节表收录在第三卷，内容为"改变语音或声调的汉字表"（TABLE OF CHARACTERS SUBJECT TO CHANGES OF SOUND OR TONE）。

汉字在音和调上的区别。

上文已经提到，本书所采用的拼音方法，已或多或少受到过批评。精准是不可能的，我倾向于使用在我看来能最简洁地表示音节的音素，且能满足音调等级区分需要的拼写方式。同时，为了印刷和学习的方便，我总是尽可能优先采用字母符号，而非附加符号。例如，与"ship"中的"i"相比，"chih"和"shih"中的"i"的发音时间要短一些，我们用后加"h"的方式避免了"ĭ"的使用。在任何正音法系统中，无论拼做"chĭ"，还是"chih"，若不加说明，都不能读正确。但在我看来，用字母的优点在于简洁。在各种复合元音里，元音"u"的写法比"w"优。正如第七章"声调练习"显示的，在某些声调中，重音落在"u"上，有些则落在后面的元音上。音节"yu"在有的声调时读若"yore"中的"yo"，在其他地方则毫无疑问地读作"yu"，写作"u"也方便我们将"yo"与"yonder"中的"yo"明显地区分开来。"liu"、"miu"、"niu"等音节中的"iu"亦是如是。这几个音节在有些重音下读作"leyeu"、"meyeu"、"neyeu"，但在第二声时，学生将发现他学到的是单音节的"liu"。同理，我采用"ui"，而没有采用"uei"。艾约瑟先生将"perch"中的"er"音或"murrain"中的"ur"音写作"rï"，我认为写作"erh"更好。声母"j"被用来表示与"fusion"中的"s"、"brazier"中的"z"、法文"jaune"中"j"接近的音。如果仔细观察中国人发这个辅音时发音器官的运动方式，我们将会毫无疑问地发现在发这个音之前，会有一个"r"或者"er"的音先发出来，但这一点还没有明显到需要用一个特殊的标记符号来表示。若是一个人要将法语的"j"软化，但发"ju"、"jo"时好像是尽力发成"ru"、"ro"的变体似的，那别人肯定也能听懂，尽管将法语的"j"软化要比发成"ru"、"ro"的变体更确切。最后是声母"hs"，有人抱怨它很容易与"sh"混淆。送气音（"h"）先于咝音（"s"）；若将"hissing"中的第一个"i"去掉，所得的音节恰好是中文的音节"hsing"。上述规则的规律性不强，必须通过练习，耳熟方能详。[30]

---

30) 根据语音表的显示，声母"hs"只出现在意大利元音"i"和法语元音"ü"之前，以"hs"打头的音节自有其来历，值得加以说明。许多读作"his"的词在若干年前读作"hi"，还有许多读作"si"；类似的情况是现在读做"hsü"的词有些之前读作"hü"，有些读作"sü"。新近的一些官话辞书仍然保留了这些音节的区分。在我修订北京音节表时，我的朋友艾约瑟先生督促我将一些变化纳入正音法，就上述这些发音不同的词而言，以适应如上所涉及的新旧异音的检索，也使得这份音节表具有词典的性质。我很愿意采纳这一建议，给词语加标记符号非常容易，就像给所有原来读"HI"的词标记为"HIS"，读"SI"的词标记为"HIS"；"hsü"和"hü"也可以这样处理。对于语言学家来说，标记出这些是具有一定价值；但是对于学习北京话口语的学生来讲，无论他发作"his"，"hsü"或别的什么，在本地人所编制的音节表中，聚集在这个音之下的仍然是一组同音字。这种变动会使音节表中的相关部分形成双式排列。把现在的一类音分做两类，这样做对初学者来说还不确定是更容易发生混淆还是更有好处。如果我今生能编写完成一本词汇书（不是北京话的，是普通官话的），这一点必定会加以注解，我为这样的一本词汇搜集材料，已有数年了。

声母"ch"在所有元音前都是常见的，但只要它在上述元音"i"或者"ü"前，都曾是"k"或者"ts"，在某些方言中仍如此。因此北京人现在将"kiang"和"tsiang"都读作"chang"；"kin"和"tsin"读作"chin"。有些人发这几个音时在"k"和"ts"之间摇摆，但以"ch"居多，而决不会听到"k"。

关于我标记为"ssŭ"、"tzŭ"、"tz'ŭ"的几个音，基本无须再加以论述。要在汉语中处理的任何一个元音都不像这几个音节的元音那样与欧洲的字母表格格不入。马礼逊先生的"sze"被卫三畏博士改成"sz'"，我也这样用了很多年，但我也注意到有些人倾向于把这个音节发成"sizz"，这就使我决定恢复原来使用的元音。艾约瑟先生记做"sĭ"，这并不比"ssŭ"，或者旧的音节表的里的"szŭ"好或差，"ĭ"或"ŭ"代表的元音系统在英语的系统里是没有的，不论我们用哪个字母表示它们，都需要用附加符号。

正音法无论多么科学也没法教会学生发音。但我相信，这些初学者都是以实用为目的的，如果在学习时他们身边有位本地人当老师，正音法对发音教学的效果就会不同。第一章中正音法的说明，再加上第七章"解说"之前的题解，这些内容足以调整好他的听力。音节方面的分歧还会继续存在，除非出现一本比迄今为止已经出版的外国人编写的词典都更具权威性的论著，才能压倒现今所有讨论所做的区分。本教程各部分都附有注释，初学者几乎可以完全不用字典。我还要劝告学习者，暂时应信赖这些注释，并且在他们自己的水平超越这些注释之前，不要去纠缠意义或发音的理论。

"解说"第三页的说明文字[31]将帮助任何一位已完成第一卷第二章测试表（Test table）的人继续学习第三部分，直至第六部分末。这些内容，尤其是第三章的教学原则，在一定程度上就是在欧洲已经普及了的安（Franz Ahn）和奥伦多夫（H.G. Ollendorff）的教学法[32]，但只是一定程度上而已。在我已经研究过的这种教学法的所有范例中，确实都是一开始就把一定数量的字词和句子教给学生的；可是他们的课程还是依照普通欧洲语法的章节顺序来编排的。一开始就学冠词、名词变格、动词变位之类的。我须再次指出，汉语没有屈折变化机制，所以也就不能像其他语言那样建立词源学。这里我只想说，对汉语词法规律的学习可以在语言学习之初给予我们的帮助要比对其他任何语言小得多；对汉语来说，越快进入词句和表达方式的学习越好。第三部分的四十章练习在两年前就编好了，最初在每一项练习右边的词汇栏有50个汉字。一位西方人偶然做了这部分练习的"试验品"，他在某种欧洲语言上有着高于平均的水平，他对练习的数量持有异议，认为这对初学者是

还有在方言里这些特点突变的例子，在毗邻的天津话里，甚至在"a"前的"ts"都成了"ch"，如茶（"ch'a"）这个词，读作"ts'a"。在上海，"ch'a"有时读作"dzo"；在福州读"t'a"，厦门读"t'i"，广州读"ch'a"。

31) 译注：指第一版第二卷开头的"如何使用第三章、第四章、第五章和第六章的注释的说明"（OBSERVATIONS ON THE USE OF THE KEY TO PARTS III, IV, V & VI.），即威氏认为自学者在完成第一章"语音"和第二章"部首"的学习后就可以借用第二卷前的说明文字继续学习散语和对话，这部分说明文字在第二版第二卷已删除。

32) 译注：安（Franz Ahn, 1796-1865）和奥伦多夫（H.G. Ollendorff, 1803-1865）都是德国外语教学语法学家，他们所倡导的"语法—翻译教学法"（Grammar-Translation Method）盛行于18世纪末，主张在第二语言教学过程中将学生的母语与目的语并用，通过翻译和系统的语法知识的讲授来学习第二语言，其语言学理论基础是机械语言或历史比较语言学，心理学理论基础是联想心理学。有关"语法—翻译法"与威氏汉语语法教学理念的关系详见本书第二章第二节第二小节。

个负担。于是我们减少了词汇量,经过四次修订,练习便成了今天的样子。[33] 使用过练习手稿的公使馆见习译员所取得的进步很好地证明了这些练习作为基础教程的效用。

接下去是第四章"问答十章",这部分是由我口授给一位口语极好的教师[34] 写成的。当然,这位老师在记录时也纠正了我的一些用语。多数对话谈的都是很琐碎的事情,但这些事情也涉及到了译员职责中最棘手的部分,例如对一位不愿做证的人进行盘问。[35] 解决翻译过程中的此类问题正是这一部分编写的目的。

"问答十章"之后是"续散语十八章(the Eighteen Sections)"[36],使用"Section"这一术语没有什么特别的原因,只是为了将第五章与前面的部分和后面接连的部分区分开来。[37] 这18节中的词组有一大部分来自多年前应龙田已经收集好的短语。1860年,我将这一部分中文课文加上一些我自己的一些补充出版了。[38] 使用过这些材料的人都很欢迎它们。现在,除去一些我自己添加的内容,及一些在本书的其他章节已解释过的短语,我保留了(1860年已经出版的——译者)材料中短语的全部,作为第三章的续编(即"续散语十八章")出版。第三章的内容可称为"散语",即可分离的短语;第五部分称为"续散语",是对上述短语的补充。"散语章"和"续散语章"中间的章节是"问答章",是一问一答的章节。排在第六的章节是"谈论篇",或者可以称为"杂谈",为醒目起见,冠以"百课"(The Hundred Lessons)的题目。最后的这几部分(These last)几乎完全就是那本200多年前教授满族人汉语和汉族人满语的中国本土教材,[39] 1851年,阿贝•哈克(Abbé Huc)神

---

33)译注:在第一版中,第三章每章练习词汇栏中的数量在21-25个。

34)译注:原文"a remarkably good teacher"(序言1.1p.x)的非定冠词用法说明这并不是上文中已经明示姓名的"应龙田"。

35)译注指第四章问答之三中涉及的一家的老爷盘问一个不想惹事的赶车人的内容。

36)译注:第二版收录的第一版"序言"此处原注:这一部分第二版合并到第六章。即将原"续散语"中的词汇整合到"践约传"的故事中。详见本书第二章第一节第二小节。

37)译注:前面的一章是第四章"问答章",后面一部分是"谈论篇",这一章在目录中的名字为"Hsü San Yǔ, The Eighteen Sections"与第三章"散语章"的题目"San Yǔ Chang, The Forty Exercises"相呼应。从形式上看,"散语章"每章是围绕20个左右汉字的一些短语句子,"续散语章"的每章短语间的关系逻辑性不强。编写者大概只是因为语言形式类似,便都用了"散语"的术语,它们与"问答章"与"谈论篇"的对话形式不同。由于在《自迩集》中文卷原文中作者在"散语章"与"续散语章"采用的小标题是"散语四十章"与续散语四十章",故此处的中文翻译不对"章"和"节"作区分,一律沿用原书中文章节名。

38)译注:即1860年威氏出版的《登瀛篇》。参看内田庆市《〈语言自迩集〉源流及其在日本的传播》,载复旦大学历史地理研究中心编《跨越空间的文化:16-19世纪中西文化的相遇与调适》,东方出版中心2010年,页46-62;及拙作:宋桔《〈自迩集〉诸版本及其双语同时语料价值》,载《语言教学与研究》2013年第1期,页31-39。

39)译注:有人认为这本教材就是《清语指要》,但已有日本学者根据"谈论篇"与《清文指要》内容顺序的差异质疑两者的关系,提出"谈论篇"源自《清话百条》系列满语教科书中的《初学指南》和《三合语录》,我们认为《清话百条》与《清文指要》原本就是同一种书的不同变体,而这种书应该就是《自迩集•谈论篇》的底本。参看太田辰夫「清代北京語語法研究資料について」,『神戸外大論叢』,1951(2,1);内田慶市「"您"に関わることがら」,『近代における東西近代言語文化接触の研究』,関西大学出版部2001,pp.395-421。详见本书第二章第一节第二小节。

父[40]从中国的南方带来了这套书。应龙田修订了这部书中太过文言化的措词，我曾把这部分和现在本书中缩减为"续散语章"的部分一同印了出来，[41]也已经让有能力的中国人多次仔细润色修改过了。

最后的"续散语十八章"和"谈论百篇"的优势在于它们的内容都源自本地人的语言。[42]因此，它们比起第三部分的"散语四十章"和第四部分的"问答十章"更加地道，这是无可争辩的。

第七部分的中文标题是"练习燕山平仄篇"（Lien-Hsi Yen Shan P'ing Tsê Pien），可译作"北京及其所在直隶府声调系统练习"（Exercises in the Tone System of Peking, and the prefecture in which it stands）。关于练习本身，无须多说，从一开始，学生就必须每天跟着他的老师朗读课文的一部分。大部分人都会认为这是一件令人厌倦的事，为了不使学生在学习读音时因完全不懂词汇的意义而感到烦闷，每个练习的每个字词都给出了英文对译。[43]假如学习者记住了词义，他会发现，练习的词汇中有很大的一部分对于扩展他的词汇量是很有作用的。但这些的练习的首要目的还是全面训练学习者对于声调的性质和规律的认识，学习者的当务之急仍是从这些词汇练习中掌握发音规律的正确概念以及重音的知识，应当说重音正是这些练习所着意展示的。学习者的口语水平可以借助本系列的前几部分内容每天得到提高，那么他自然会对这些内容给予更多的注意。本部分的"解说"[44]使学习者了解这些声调练习的具体安排，即这些练习是按附于第一部分之后的语音表的字母顺序编排的。

同时，这里以汉字作为各个音节的索引，每个汉字都附有中文注释，应该提醒学习者注意这些中文注释构成的原则。[45]"字"是汉语的书写形式，如第一部分所言，有数千个；

---

40) 译注：Abbé Huc, 1813-1860，又名 Évariste Régis Huc，一位法国遣使会传教士，以其早期探访西藏地区的经历闻名，1839年来华、游历了澳门、广东、蒙古、西藏等地，主要在浙江进行传教活动，1852年回国。

41) 译注：内田庆市认为这部分可能以《语言问答》的书名出版，由〈语言问答〉（52页）和〈续散语十八章〉（35页）构成。参看内田庆市《〈语言自迩集〉源流及其在日本的传播》，载复旦大学历史地理研究中心编《跨越空间的文化：16-19世纪中西文化的相遇与调适》，东方出版中心2010年，页46-62。据笔者调查，上海图书馆与复旦大学图书馆也藏有该书前半部分，就其内容和刊印形式看，《语言问答》可能是教会学校私自刻印的混编教科书。参看拙作：宋桔《清末佚名〈语言问答〉研究》，载《或问》2010年第19期，页25-26。

42) 译注：这里指他们的来源是中文材料或满汉课本，所以更符合中国的语言习惯。"散语十八章"和"问答十章"是编写者自编的，虽然经过了中国文人的修订润色，但威氏认为不如前面的两个部分地道。详见本书第二章第一节第二小节。

43) 译注：指第一版第二卷第七章中对于每个字词的英文翻译，也是词义解释的一个部分。

44) 译注：指第一版第二卷第七章解说前的注释文字，见声调章 1.2pp.57-60.

45) 译注：这里的中文注释指如"阿 是阿哥的阿 阿○阿阿 是阿 ○ 阿什么 阿哥"（声调章 1.1p220）那样的情况，即先给出一个最简单的，学过的词组里的这个字，再介绍四声的不同用法。下一段即介绍了汉语中的同音同声的现象，及中国人区别这种相同的方法，也就是通过给出上下文的方法区别同音字。

然而"音",即汉语的声音形式,即"字"的读法,不过几百而已。许多字在口语中并不会遇到,但是不论学生是学习口语还是书面语,他的老师都是通过"音"来指出或教授某某字的;并且因为,在许多音素(sounds)之下,有一批"字"不仅同音(one 音,syllabic sound),而且同一个声调(the same 声,intonation)。所以,可以想象,除非听字的人事先已经看到了这个字的书写形式,否则实际所指的字和它的同音字必定会混淆。中国人处理这一问题的时候会想出一个双音节或者多音节的词组,其中就含有所说的这个"字"。就像在英语中那样,如果有必要特别指明某个音到底是"wright"、"write"、"right"还是"rite",我们会利用上下文把意思表达清楚,是"ship wright"的"wright",还是"to write letter"的"write";是"right and left"的"right",还是"rite of baptism"的"rite"。中国人也是这样,他会解释说,他所说的"ai"是"哀求"的"哀"、是"尘埃"的"埃"、"高矮"的"矮",还是"爱惜"的"爱"。但是同音异义的现象,在中文中是一种规律,而在英语中是一种例外,所以中国人要不断求助于这种手段来辨析多音字。

这一题外话的意思是,在学习汉语时,无论口语还书面语,学生必须竭尽全力将一个新学习的单音节词语与其最熟知的相关词语联系起来;如果他的老师称职,当学生向他请教时,他已经准备好了这些相关的词语告诉学生。另外,不要忘记,在多数情况下,"字"不论跟其他什么字结合或者在一个特殊的结合体中,它始终保持自己作为一个独立单音节词来使用的特性。如此一来,学生就会发现,掌握一种"表面上看"是单音节语言的困难大大减少了。第八章"附编"部分结尾的那段对话,就是对现在所说的困难和解决这种困难的方法的说明。[46]

现在我们来看本系列的第八章及其"附编"[47],也是全书的最后一个部分。在内容列表中,学生会看到"附编"是他首先看到的部分。这里的原因,并非如学生理所当然想象的汉语的课文是从我们认为的书本的最后开始读的,而是因为"附编"的这部分内容,包括了一些生词和词组,它们是最早一批需要学生掌握的词和词组之一。仔细思考后,或许这部分材料也可以很容易地纳入到第三部分"散语章"的练习中。第八章"导言"[48]的内容是对于汉语词类问题的分析,比较前面已谈论过的汉语语法的观点,[49]这样的安排看上去有点自相矛盾。请读者牢记在心,这一章不是语法,也没有想过要当作语法来写。这一章

---

46) 译注:第一版第一卷"词类章"附录的对话131借学生与先生的对话讨论了单音词"乱"作为单音节词含义和用法,以及"乱"在"杂乱"、"反乱"、"混乱"、"扰乱"的意义与关联。威氏在这里提及应该就是这一段文字。参看词类章 pp.294-295。

47) 译注:指第一版第一卷中第八章的附编"言语例略第十四段",包括一些列短语,第二版删去了这一部分。原文"And now to come to the eighth and last Part of this Series"(序言 1.1p.xxi)。

48) 译注:指第一版第二卷"词类章"开头对该章内容的概括。

49) 译注:这里指前文已经提过的威氏关于汉语语法的观念,如"我须再次指出,汉语没有屈折变化机制,所以也就不能像其他语言那样建立词源学"等。有关威氏的汉语语法观详见本书第二章第二节第一小节。

不过是一项还没有时间细究的试验，旨在为学生指明有屈折变化（inflected）的英语和无屈折变化的（uninflected）汉语在语法上的一些主要的比较与类比。

外国语言学家告诉我们，语法，作为词法的科学（the Science of Words），可以分为词源学（Etymology）和句法学（Syntax）两个方面，词源学又可再细分为屈折变化规律和派生变化规律（the laws of Inflexion and of Derivation）。汉语符合这一点，但只是有限度的一致。从派生的意义上说，汉语的词源学与其他语言有相同之处，但是从屈折的意义上说，汉语就没有词源学了。

谈到派生，可以说汉语中原有的单纯词的来源在某种程度上都是可以追溯出来的，因为每个单纯词都能在书面语中找到它的代表，罕有例外，这些代表的形式，被较含混地称为"汉字"（Chinese characters）。如外国汉学家所知的，汉字常由两个成分组成，即部首（the Radical）和声旁（the Phonetic）。部首表示词的意义范畴，声旁表示词的声音范畴，对任何词来说都是这样。部首和声旁在所有情况下都不能保证可以将其作为索引来确知该字的意义或者读音，这是事实。因为，虽然汉语还未发生过像其他语言那样的消灭原始特征的成分融合演变，但是在许多例子中，单音节的读音会随着时间的推移而变化。而且有理由相信，部首与声旁，尤其是后者，在某些情况下会发生讹变。不过，本地字典中几千个常见的单音节词的历时演变已经给出了令人相对满意的信息。这样当我们识别多音节组合词时，情况就会简单一些，因为每一个音节都保持了它作为单音节词的完整含义，一眼看去，我们就可以推想，如果分别解释了各个成分，就可以解释整个多音节词的含义。如果考虑到一个单音节词原始的或者现在的意义，要弄清楚一个词如何与一个或几个词组合起来，就远非总是那么明白清楚的了。某个合成词中用的是哪个意思，往往只有查阅这个词首次出现的文言经典，或是借助历史学家及其他后代的作者引用这些经典的原文，口语和书面语都是这样。通过近似地翻译合成词组成部分的方式来解释多音节合成词的含义，这种方法往往引发彻底的误导，就像当解释性质形容词"Shakesperian（研究莎士比亚的学者）"时，要先假设"Shake"和"spear"这两个词隐含着这个性质形容词的含义一样。

因此，当对合成词的组成成分一一考察时（没有这样的对组成成分的一一考察，学习者就不能记住单个词语），学生必须注意不要过分急于采纳看起来可以他可以通过推导确知的一些"不证自明"的结论，这一点非常重要。这样的提醒对于任何多音节语言来说都不是毫无用处的，在很少的情况下，合成词会保留其成分不变，使得我们可以将其成分独立时的意义聚合在一起凑成合成词的词义。在汉语中这一提醒尤为重要，从口语和书面语的关系来看，一个合成词中的一个音节表现出来的形式跟其用作独立的单音节词的形式是一样的。我在这个话题上花了这么多的篇幅是有道理的，经验证明，有缺陷的词源学的调查过程会给译员的汉语学习带来危险。

至于词法的另一个分支——屈折变化，我再说一遍，它在汉语的语法中完全不存在。

如果我们可以说汉语词汇具有多功能性（the versatility）的话，那么这一特性在许多词，特别是我们习惯于称之为名词和动词的词汇身上都有，它们可以应用于不同的语法范畴。这种多功能性表明，任何想要把汉语中的词语划分为我们所知的词类范畴的努力都是徒劳的。但无论我们是否能划分出词性来，汉语中肯定存在与英语的词类范畴等价的东西。汉语一定具有一些它自己的方法，这些方法用以表达其他语言中用屈折变化表达的大多数语义，否则它就不能称其为一种语言。为了指示出我们用格、数、情态、时态、语态之类的术语表达的情况，汉语没有将它的字或词组拆分开来，无论这些部分是仍然使用的（extant）还是已经废弃不用的部首（obsolete）。[50] 汉语通过对词组做语法处理（a syntactic disposition of words），达到了跟英语中通过上述屈折变化达到的几乎等同的效果，且差不多完整地保留了这些词在别处完整地、独立地发挥作用的能力。

目前，已有一些出于理论目的而编写的汉语官话语法论著，某些程度较高的学生可能会从中受益，例如巴赞（Antoine Bazin）[51]和艾约瑟的作品[52]；但我不相信，这些语法论著，或者其他我看过的语法理论研究，在开始阶段会对掌握汉语口语有所帮助。然而在我刚着手编写那些现已出版的初级教程（the elementary course）[53]后不久，我就有了这样的想法，可以在课程之后附录了一些例子，这些例子必须能说明一些概念，就像我在上面已经说过的，是关于两种语言的比较和类比的概念，这将会有助于清除某些两种语言的初学者都常遇到的绊脚石，而不必严格按照我们欧洲样式制定的规则。我拿了一本我能找到的最简单的教学语法书（school grammar），与前面提过的那位很有能力的老师[54]一起翻阅它的词法部分，将例子口译给他听，尽我所能来详细解释这些例子被用来着力说明的语法规则与定义，我们的困难在于"语法术语"，因为对像中国这样不具有语法科学的国家来说，很难找到汉语语法的术语。读者将会发现，我这个自封的语法学家在描写诸如"名词的格"这样的问题时，是多么的困窘。随着我们继续往下读，这位听着我"灌输"的老师提出各种增删的意见，这样才最后得出了译文。译文被提交给了另一位有学问的中国人，他将这一

---

50) 译注：威氏将汉语的部首分为三种：口语中使用的（Colloquially）、书面语使用的（Classical）和已经废弃的（Obsolete）。参看部首章 1.1p.27；问答章 1.1p.79。

51) 译注：茹莲的学生安东尼·巴赞（Antoine Bazin, 1799-1863），他没有到过中国，但是他学会了通俗汉语，在中国白话和通俗文学领域研究卓著，著有《汉语官话语法》（*Grammaire Mandarine*, 1856）。

52) 艾约瑟（Joseph Edkins, 1823-1905），其所著《官话口语法》（*A Grammar of the Chinese Colloquial Language Commonly Called the Mandarin Dialect*），1857年伦敦初版，1864年上海美华书馆再版。该书分析了汉语语音、词类和句法，分出了虚实、死活词等。他写的《上海话口语语法》（*A Grammar of Colloquial Chinese, as Exhibited in the Shanghai Dialect*, 1853）也是汉语方言学史上一本非常重要的语法研究专著。详见本书第一章第一节第二小节。

53) 这里指威氏在香港出版的《寻津录》（1859），在上海出版的《登瀛篇》（1860）、《问答篇》（1860）。

54) 译注：即"序言"中提到的与威妥玛一起编写"问答十章"的那位"口语极好的教师"，参看序言 1.1p.x。

部分称为"语言例略"（Yen Yü Li Lüo），或者"用语法则总论"（Summary of the Laws of Phraseology），我觉得用（后者——译者）[55]这样多少有点自明不凡的标题，在《自迩集》中会显得非常突出。这项试验进行得如此杂乱无章，因此我更愿意称这一章为"词类章"（the Parts of Speech），尽管用了这样一个谦虚的题目，这一章仍是如此不完善，以至于我非常不愿意把将它拿出来供那些跟它的作者一样不怎么喜欢它的人来品评。尽管如此，这一为初学者编写的口语教材，对他们而言，这一章中的课文和注释都具有一定的价值；但至少，这一章的材料及研究方法能为中文教师和学生提供一种学习的工具，这种工具可以帮助增添本章尚未能完全表达的大量信息。通过先前提过的备忘录，学生可以了解到如何能使这章的内容得到最好的利用。[56]

在过去的两年里，整个口语系列经过了反复的修订。数月前，它与文件系列（即《文件自迩集》——译者）一同在上海印刷。同时使用了五台印刷机来印刷现在发行的这几卷书，即便如此，它们还不能完全适应这么大规模的书籍印刷任务。这些只能是我附加在这本书后的长长的勘误表的借口。多亏上海领事馆的领事助理莫瓦特（MOWAT）先生和詹姆森（JAMIESON）先生[57]的帮助，不然需标注出来的错误肯定更多。莫瓦特先生很有希望成为汉语声调系统方面的权威。我非常感谢他提醒我注意到第七章第三声练习结构安排方面的一个重大疏漏，这一部分目前在第二卷"解答"中所显示的准确性得益于他的严谨与勤勉。

在结尾的时候，如果我没有像其他的作者习惯的那样，对自己论著有所贬抑，那并非由于我未意识到这部作品的问题。不完善是必须承认的，但一场持续了超过四分之一世纪的运动[58]使我相信，口语系列能给予了翻译人员不小的帮助，因为它是专门为满足这些译员的需求而编制的。

这部书所包含的基础材料，可以保证任何一位拥有一般资质和勤勉程度的学生在从他到达北京后的12个月内掌握令人钦佩的口语能力。本课程远非全面，但如果一位学习者学完了全部的课程，他就能发现自己的口语水平已经到达了一个不再让自己羞愧的程度。至少在学习者最初开始学习的18个月里，教师应该让他对本课程抱有一种公平的态度，尤其重要的是，让学习者在这段时间放弃他自己想象出来的通向完美境界的捷径，避免所

55）译注：笔者认为这里说的自命不凡的标题应该就是"Summary of the Laws of Phraseology"，因为威氏认为"自迩"本来就是一个很谦虚的，表示从头开始，所以与"Summary 总论"这样的标题不匹配。

56）译注：指第一版第一卷"学习指南备忘"（pp.xvii-xixi）关于第八章内容的利用方法，即在学习第三章散语前先学习第八章的英文翻译和注释，或者基本的汉语文法的概念。在学习完第四章"问答十章"后可以再次细读第八章"词类章"的中文课文，测试学生是否可以自己读懂语法解释。有关该学习法的详见本书第二章第二节第二小节。

57）译注：均为音译，生平待考。

58）译注：笔者认为，这场运动可能是指1840年开始的鸦片战争，尤其是战争结束签订《南京条约》后，中外关系发生较大变化，大量西方人重新踏上了中国的国土，对于中西语言交流的需求越来越大。

有学习者自发的那种对于系统性学习的追求。书面语的一些部分会诱使初学者离开他自以为不太重要的东西，因为书面语看起来像更容易对付的任务。耳朵灵敏的人会幻想，跟一名本地的教师一起学习书面语的课文，教师对词汇的解释会使得他养成口语习惯，就可以不用专门花力气去掌握口语，阅读方面的进步也会更加明显，能更增强他的自信心。如果这样，学习者很可能将自己的时间精力消耗在提高书面语之类他认为能得到更加立竿见影效果的事情上，这是非常错误的想法。如果他经不住这种诱惑，如果他在初学时期因为书面语而忽视了口语，他会因为这个错误抱憾终生。甚至当他的口语水平已经可以让一位称职的主考官满意的时候，他也不能把口语当作是可以不管不理的事情。这本教程给予学生的就是一个相当坚实的基础。为了适应他自己要求的更高的职位，他必须扩大自己的汉语知识范围。为了这个目标，他能依靠的最好的材料就是中国的通俗小说。有了适当的指导，通俗小说中的对话和描写就能丰富学习者的词汇，而且他能从中吸收关于中国的思想与特点两方面的知识，这些被界定为文化差异的知识教会我们如何与中国人交流，在其他任何地方都找不到这样令人满意的、有用的知识。对于汉语，或者其他任何语言的作品来说，参考一个好的译本都能节省时间。学生可以信赖的译本有：戴维斯爵士（Sir John Francis Davis）[59]的《好逑传》（*The Fortunate Union*，1829）和在世最伟大的汉学家茹莲（Stanislas Aignan Julien）[60]的《平山冷燕》（*Les deux jeunes filles lettrées*，1860）和《玉娇梨》（*Les deux Cousines*，1864）。

　　但是，无论是读译本还是原本，都应该跟着一位有学问的中国人一起读，他帮助解释文中的隐喻和典故，指导学生不要太急于将文章中的短语当作日常口语来使用。当然，其中的一大部分是口头的用语，但是，就像中国的白话深深地根植于她的文学，通俗小说中同样也有大量对于日常用语来说太古典的用语，任何在口语中使用准约翰逊[61]式（quasi-Johnsonian phraseology）的雕琢用语，让一个中国人听来，就像是听到司各特（Sir Walter

---

59) 译注：John Francis Davis，1795-1890，又译爹核士、德庇时和大卫斯等。英国汉学家，早年前往中国，曾经担任东印度公司驻广州的大班以及英国政府驻华商务总监。于1844年出任第二任香港总督，1848年去职。另有译作《三与楼》（1815）、《鸟声喧》（1817）、《中国小说选》（1822）、《贤文书》（1823）、《汉宫愁》（1829）等，1899年去世后其根据《好逑传》改编的故事《水冰心：根据中国传奇故事》出版。

60) 译注：Stanislas Aignan Julien，1797-1873，法国籍犹太汉学家。曾在法兰西学院学习，1821年任法兰西学院希腊语助教，1827年任法兰西学会（Institut de France）图书馆副馆长，1832年出任法兰西学院教授。他通过潜心研究法兰西研究院图书馆收藏的三万多卷中文典籍精通中文，此后四十余年陆续翻译《孟子》、《三字经》、《灰阑记》、《赵氏孤儿记》、《西厢记》、《玉娇梨》、《平山冷燕》、《白蛇精记》、《太上感应篇》、《桑蚕记要》、《老子道德经》、《景德镇陶录》、《天工开物》等中国典籍，著有《汉学指南》。

61) 译注：塞缪尔·约翰逊（Samuel Johnson，1709-1784），英国历史上最有名的文人之一，集文评家、诗人、散文家、传记家于一身，他花了九年时间独力编出的《约翰逊字典》。

Scott)[62] 的访客宣称他们见到了复活的傅华萨（Jean Froissart）[63] 一样震惊。这样的暗礁是可以避开的，未来的译员们必须记住，改进其语言形式，并不比扩大词汇量的任务轻。

我提出这个意见，并非出于纯学术的态度。中外官员之间的交往还远不能令人满意，其中奇异的氛围证实了以上意见的正确性。中国的官员来自受教育阶层，实则是中华帝国的统治阶级，他们都精通自己国家的哲学、历史、法律和雅文学，这一丰富的学识背景有力地将他们推入了顽固不化状况，这种状态使他们坚信那些未开化的野蛮人不可能达到中国人的文化水平，这一点使外国官员倍感困惑。我承认，我们经常用比彭丹尼斯（Arthur Pendennis）[64] 蹩脚的法语好不了多少的汉语来讨论问题，但并没有（在表述上——译者）造成明显的偏颇。但是，我认为外交人员要担负的职责远比仅供糊口的日常生意要大得多。应使中国的行政阶层改变他们对外国人和外国事物的错误看法，这一点对于中国和外国的利益同样重要。能改变这一现状的途径并不多，然而，除了外交人员，没有其他人能拥有影响中国统治阶层的能力。能精通这些有文化的中国人得心应手的广泛领域[65] 当然是可取的，但这一点很难实现，我们中的大多数人现在才开始，已经太晚了；但是，当我们的口语水平日益完善，就能去除这些文人抱有的那种"我们不可教化"的观念，这并非过分的野心。我认为，去除这一偏见的重担完全落在了外交官员的身上。我曾希望今年出版一部中国简史，在里面介绍那种更高雅的语言格调，我认为这种语言对于见习译员汉语水平的提高绝对是有帮助的，但因为他们有其他的任务，所以尚需等待。在这些方面成熟之前，我将这部基础教程呈现于见习译员面前，希望他们能耐心阅读。

上海

1867 年 5 月 16 日

[附记]

本文的研究（包括下面的第二版、第三版的序文）工作得到了上海市哲学社会科学规划课题（青年项目）（2013EY004）、上海市教育委员会科研创新项目（人文学科重点项目）（14ZS013）以及复旦大学新进青年教师科研启动项目（20520131510）的资助。

62）译注：Walter Scott，1771-1832，英国作家，著名的历史小说家，欧洲历史小说的创始者，创作《艾凡赫》、《城堡风云》等历史小说，对 19 世纪欧美的许多作家都产生过重要的影响。

63）译注：Jean Froissart，1337?-1405，法国历史学家，中世纪法国最著名的编年学者之一。其《闻见录》详尽记载了英法百年战争时的政治和社会情况，是重要的历史文献。这句话比喻的是现代人说古代人的话。

64）译注：英国著名作家萨克雷（William Makepeace Thackeray）的小说《彭丹尼斯》（1850）的主人公。一位 19 世纪的英国青年人，他出生在乡村，到伦敦追求人生，在这一过程中体味名利场的冷暖。这里比喻法语水平低。

65）指中国的哲学、历史、法律和雅文学等等范畴。

1886 年版"序言"

　　这部书的性质以及选用"自迩集"这个题名的原因,读者可在 1867 年版的"序言"中找到,现在(当然是应朋友们的要求)在这里重印。认真地说,初版"序言"里有一些对初学者有用的东西,当然我也不反对以不费事的方式重新论述一下。

　　目前这一版中的最主要的变化有以下几点。第一版出版后,对该版第三章"散语四十章"有两方面的意见:老学者们认为许多地方的用语很不自然,他们将从中收集的短语称为"公使馆式的汉语"(Legation Chinese)[1]。当我编写这部书时,我是驻北京公使馆的秘书,同时也是中文正使(Chinese Secretary)。书中的措辞虽然已经过修订,但在一定程度上,就用词本身而言还是无疑应接受这样的批评的。另一方面,将这本书作为汉语入门课本的青年学生则抱怨这部分练习的方式,每个练习要求掌握 20-25 个书写形式、读音和意义上完全陌生的生词,这对于一般的记忆能力是一个不小的负担。无论如何,我觉得初学者的意见是对的,只要稍微浏览一下这一版的第三章就会发现学习者的道路变得平坦多了。每个阶段只需掌握 5-10 个新词或新字;在做比较难的练习之前都会先练习较基本的句子;同时因为排印方法的改进,中英文得以并排对照[2],这样对于学习者而言,更为方便、醒目。最后,我相信每一道(第二卷)"散语章"的英文翻译后的英汉练习题都将使学习者受益,这些练习题的中文答案在第一卷中。[3]

　　关于最后一点,我不能自夸是我自己做的。这个想法是我的,当时也已经着手开始做。但我 1882 年回到了英国,即使我的体力和心力可以适应这样的工作,也会大大延误这项任务的完工,因为没有人,包括我自己都不能使自己确信我的汉语水平和中国老师一样好,如果身边没有一位有能力的人指导,我不能独力承担用汉语表达的任务。

　　我有幸得到了几位英国助手的帮助。禧在明先生(Walter Hillier)[4]是当时的汉文副使,现在他已理所当然地升迁为汉文正使了。1883 年他把新课本的完成稿和未完成稿都带了回来。整个英汉练习部分,还有一些打算用于新词汇说明的小型短句都是他完成的;旧版的"练习四十章"中让学生感到厌烦的成段的长文已经由更短小精悍的句子取代了,这方

---

1)译注:即含有翻译腔的不自然的中文。
2)译注:在第二版第二卷中实现了中英并排对照的版式。
3)译注:第二版第二卷"散语章"每个练习的最后是英译汉练习的题目,这部分的答案附在第一卷每篇中文课文后面,参看散语章 2.2p.7 脚注。
4)译注:禧在明(Walter Hillier, 1849-1927),英国外交官,1867 年为英国驻华使馆翻译见习译员,1870 年任汉文副使,1880-1881 年代理汉务参赞,1883-1889 年任汉务参赞,而后调任驻朝总领事,1904-1908 年任伦敦皇家学院汉文教授,1908-1910 年被中国政府聘为财政顾问。著有《华英文义津逮》(*The Chinese Language and How to Learn It: a Manual for Beginners*,1907)和《袖珍英汉北京方言词典》(*An English-Chinese Dictionary of Peking Colloquial*,1908)等。

面所有的缺憾都是禧在明先生弥补的。他极其精通汉语口语,据我所知,还没有英国人可以超越他。正是这种高水平的汉语能力洗脱了旧版所谓"措辞不自然"的指责。毫无疑问,新版中仍有错误,但我仍对口语系列这一部分所取得的明显进步倍感欣喜。

我还要感谢斯宾士先生(Donald Spence)[5]的帮助,他在归航途中进一步完善了这些短句,这一部分我只做了四分之一多一点。但是,由于地点和时间的限制,他对于该书的贡献不如禧在明。禧在明先生是北京话声调方面的权威,他校正了新版前七章每个汉字的声调标号。

现在的第四章"问答十章"基本保持第一版的面貌,只是我的全权代表禧在明先生认为,讨论汉语结构问题的第十章还是删去为好。他用自己另外编写的一段对话替代了它。新的这段是两个朋友在餐馆里的对话,毫无疑问,它比删去的那段对话更适合这一章的主题。已听过不止一个认真的初学者抱怨说,原来的那段内容很难消化理解。

现在的第五章"谈论百篇"和旧版第六章一样,关于这一部分的介绍,请参阅第一版"序言",禧在明为注释中的词加了声调符号,但就我看来,并没有影响原译文。[6]

现在的第六章是"秀才求婚",是对旧版第五章("续散语十八章")内容的重新分配,做了许多修订和增补。这一章节的产生有其历史,我原打算在这一章课文前面的简短引言中用中文把该文的编写过程记述下来。但看到校样时,我发现这部分引言被弄丢了。在这里我把自己翻译的引言誊写出来,以此来表达对主要负责编写故事的中国学者的敬意。我这里说"主要负责",是因为除他之外,我在另一位学者的帮助下对汉语部分做了不少增补。

　　笔者在过去的二十多年里断断续续地进行汉语的研究,在汉语的口语和书面语方面都有所涉及,完成并出版了两部基础的论著——一部是词组和短语集,一部是公文集。[7]随后的问题显而易见,在"口语系列课程"中这两章[8]给出的句子间的关系让阅读者很难捉摸,为了避免持续出现的这种问题,笔者便想出了以连贯的形式将句子结合起来的想法。在这个想法付诸实现之前,一位满族学者于子彬(Yü TZǔ-PIN)[9]主

---

5) 译注:Donald Spence,? -1896,英国英事官。1869年来华,进入英国领事界。一度任《泰晤士报》驻中国记者,怡和洋行驻天津代表。1880年任宜昌领事,1881年调任驻上海领事。
6) 译注:第二卷"谈论篇"的注释文字增加了所解释字词的声调,笔者认为这里指的"未影响"指虽然带声调符号的音节与英语注释语言混在一起,但并没有影响学习者对注释文字的理解。
7) 前者即《语言自迩集》,后者即《文件自迩集》。
8) 译注:指《自迩集》第一版第一卷的"散语章"和"续散语章"。
9) 译注:张卫东(2002)音译为"于子彬",鲁健骥(2004)音译为"俞子宾",均无说明。据查《清代人物生卒年表》中"于、俞、余、虞、郁、裕"等条,未见名音为"TZǔ-PIN"者。其中有一人,名叫"毓检",字"次坪",生于1808年,满洲正蓝旗。有可能是威氏所记"TZǔ-PIN",但现无法断定。此处沿用2002年中译本音译。参看江庆柏编著《清代人物生卒年表》,人民文学出版社2005年,页815;顾廷龙主编《清代硃卷集成》(第10册),成文出版社有限公司1992年,页101-110。

动拿来《西厢记》或名为《西厢房的故事》作为框架，将初版第三章和第五章中的短语串联起来编入这个框架，这项工作无疑给后来的学生带来了很大的便利。这个想法很好，笔者从未让于子彬承担所有的任务，多位中国朋友对故事中的一些段落加以缩减和修订，另一些加以扩展。

这富有独创性的构想无可争议地应当属于于子彬。改进是不能与独创同日而语的。不过，在此还是要感谢几位中国绅士参与本章修订工作时的认真态度，笔者希望学习北京话口语的学生能从这篇文章中获得帮助。

"秀才求婚"的英文翻译工作是我完成的，或者我们可以用我选择的"践约传"作为它的题目。当这部分翻译完成后，我把它们拿给一些我的学生看，这些学生将在1881年完成两年的使馆见习期，这样做是为了看看他们认为这篇文章还需要怎么样的注释。新版中那些满足了学生们需求的丰富注释完全出自禧在明先生的手笔。

我应当承认，作为一个故事，尽管它足以表现中国人观念中的爱情故事是什么样的，但是它好像没有什么其他的优点。这种机械的布局源自这一章的最后一段[10]所谈到的初衷，这篇文章的目的就是为了将特定的一些短语组合起来，以此来减少学习者孤立地学习这些短语的厌倦情绪。由于一个失误，在这篇文章第一行就定下了故事发生的时代是公元600-900年的唐朝，在那个时候，还不知道与西方国家签订的条约是何物，也不会发生在第三十六段提到的外国猎手在一个中国港口附近打鹿的事情了。[11]

余下的是第七和第八章。第七章"声调练习章"，在这一章可以发现很多禧在明先生修改过的痕迹。第八章被命名为"词类章"，禧在明先生基本没有改动什么。我也没有做什么修订。[12] 在我看来，这一章节内容本身的正确性并没有受到质疑。但这一部分涉及的范围还不足够大，我一直想要大大地扩充这一部分的内容。可以说，汉语的语法除了（在例句翻译注释中——译者）顺带地教之外都很困难。语法的学习必须不断积累实例，依我的判断，现在提及的这一章已经在拓展范围方面进行了尝试，它就像一个框架，可继续在它的基础上添加实例来说明问题。我得承认，我对第八章内容是否还能有所改善仍存有疑问。如果我不在了，青年人可能会愿意在我的基础上再继续努力，或者他们从现有的问题中获得启发，从而开拓新的领域。

详见本书第二章第一节第二小节。
10）译注：第六章最后一段有说到："这且不提，可惜，叙到此处，那原版《自迩集》内续散语一章，俱已用完，撰成这《践约传》，于散语外加增的不少，无法再为铺张"（践约传2.1p.232）。
11）译注：第六章"践约传"第36段集中记述了张生和琴童在船上见到的一个码头的情景，还遇到了洋人，并提到"通商口岸"的事。这里威氏对故事中与时代的不符的部分给出了解释。
12）译注：根据笔者对第一版和第二版原文的对照，汉语部分的用词和英文部分的翻译都略有改动，从此句来看，这些修改可能来自禧在明。

我认为再对《自迩集》正音法（orthography）的种种争议做一一反驳是没有必要的。这套教材已试用了将近二十年，使用过这套教材的大部分英国人和一大部分美国人都对它表示满意。若干位语音方面的专家对我系统中的一些音提出了不同的意见。但我认为他们的改进方案会使得系统更加复杂，而非愈加简明。其中一两位知名的学者，从他们对这个问题的大费苦心，以及对自己言论的自信满满来看，必然是这一领域的权威。但我可以自信地断言，批评我的人根本不了解任何语言，包括他们自己的母语；评价我的音节表的众多学者之中，有一两位的方言特征使得我无法信赖他们对该表的语音和声调提出的鉴定意见。我所制定的汉语音节表并非无懈可击，但从我参加过的有关汉语音节表的讨论来看，我认为任何有关汉语正音法的新创造（新争论）都不会超出我和我前辈汉学家已经讨论过的范畴。用外国字母表示汉语语音，即通过音译的方式，充其量只能算是接近真实。我把这个问题留给广大的青年一代，这个教材的目的就是协助这些青年人"自迩致远"，从近及远的。

进一步考虑后，我还是想对一两条意见提出简要的反驳。已故的卫三畏博士（Dr. Wells Williams）曾强烈抗议系统中第五声即入声的消失。我的音节表最早曾收录在1859年出版的《寻津录》，就像我在那里已解释过的，第一次使我注意到入声已经不在北京话口语中的人是应龙田，他一位受过良好教育的优秀北京话发音人。他曾自发地为我编制了一份完整的词汇表，这份词汇表的声调系统是根据实际的使用情况来分类的。在他的表格中，第五声声调完全并入了第二声。第二年[13]搬到北京后，我发现应龙田是对的。我听过一位绝对具有资质的鉴定家的评价：应龙田对于声调判断"无懈可击"。

从学术上来看，第五声在书面语中是被承认的，卫三畏博士在编辑字典时保留了这个声调，他那样做是对。但他始终没有弄明白的是，中国人在大声朗读一个词的时候常常与他口头说这个词时用的声调不同。五声调法对于中国人有特殊的约束力，无论他的方言是什么——是八个声调的广东话，还是，我觉得有十五个声调的厦门话——我认为，这种法则都会在诗歌或者韵文中约束他，这也是他最值得骄傲的造诣之一。在朗读英语诗歌中，我们也会有类似的受约束的经历，我们是因为押韵或者其他韵律方面的要求而这样做。现代希腊人的语言使用习惯提供了两个系统[14]协调的一个较好的实例。当他们完全受口音支配发音时，所发的音与古希腊语的发音差别很大，一点也不比意大利语和拉丁语的发音差别小，但是当他们用古希腊语音模仿荷马的诗句时，也不能完全不顾长短短格和强强格的诗歌法则。

在我看来，对《自迩集》表音方案的异议主要有三个方面。以我的听力而言，如"jan"、

13）译注：即1856年。根据第一版序言，应龙田1855年向威氏提交了这份词汇表，1856年第二次鸦片战争爆发，威氏作为中文秘书参与了天津条约的谈判。

14）译注：指读书音和口语音系统。

"jo"、"ju"都是以一个不送气的软辅音"j"开头的,但我的几个朋友听着却是"ran"、"ro"、"ru"。不可否认,那些拥有非常灵敏听力的学生应该会同意后者的意见,但我不认为他们是对的。值得注意的是,在1793年,当马戛尔尼伯爵(Lord Macartney)[15]到访北京时,这个我用不送气的软辅音"j"表示的音在巴罗(John Barrow)[16]看来,应标为"zh",就像"contusion"这个音后半部分开头的读音一样。有证据可以表明,在这个世纪里,各种声音,包括元音或者辅音都发生了变化;但是,巴罗的音译转写还是值得关注的。我要补充的是,每当我尝试让北京人跟着我发"ran"、"ro"、"ru"时,他总是把它们发成"lan"、"lo"、"lu"。在我看来,北京人的舌头是在口腔中准备发两种音——一种是不送气的软辅音"j",一种是"r"。

两位非常优秀的发音人争论我记作"kuang"的音读起来更像"kuong",在这里我引用巴罗的记录来挑战自己的记音。清朝第二任皇帝的年号为"康熙",根据我的系统,应该记作"k'ang-his",巴罗记做"kaung-shee"。这再一次表现了没有受过训练的耳朵的价值,同时,我必须承认,尽管我把"a"记作"father"中的"a",它在很多情况下的更接近"awe"的发音。但是我不能用"long"中的"o"来表现这个音,否则将破坏我已经划分好的其他的元音的功能。在广东话中,我记作"kuang"的音毫无疑问应读作"kuong"。

最后一个方面,是"êrh"这个音的问题,对此,上述的两位发音人已经作过大量的专题论述。假如他把"ê"念作"merry"中的"e",那他是对的;但我的系统要求应读作"merchant"中的"e"。我不能像马礼逊博士(Dr. Morrison)以及其他人那样将这个音记作"urh",因为在我的系统中这个"u"是意大利语中的"u",(如果我也记作"urh"——译者)现在讨论的这个音在我的系统里就应发作"oorh"了。就此结束这个问题的讨论。

在结束前,我必须对中国海关总税务司赫德先生(Robert Hart)[17]及全体海关工作人员表示衷心的感谢。在赫德先生的首肯下,新版得以在上海的海关印刷厂印刷,且不收我

---

15)译注:马戛尔尼伯爵(Lord Macartney 1737-1806),英国外交家,曾任英国驻俄国圣彼得堡的公使,1792-1794年作为英国政府的全权特使出访中国,率领官员兵丁700余人,乘坐狮子号、豺狼号、印度斯坦号等五艘船只到华,面见乾隆,并提出了外交要求。他对中国的访问是中西关系史上一次重要的事件。
16)译注:巴罗(John Barrow,1764-1848),英国外交官,是1792-1794年英国出使中国的马戛尔尼使团的总管。1804年,他出版了《中国旅行》(*Travels in China, containing Descriptions □ Observations, and Comparisons*),该著既是马戛尔尼使团中国之行的总结和补充,又是对使团成员所获得汉学资料的综合性研究,是英国汉学发展史上里程碑。
17)译注:赫德(Robert Hart,1835-1911),英国人,字鹭宾。曾担任晚清海关总税务司整整半个世纪(1861-1911),通晓汉语,深受恭亲王奕訢的信任,擅长幕后的"业余外交",是总理衙门"可以信赖的顾问",著有《中国论集》等。在华期间与威妥玛有较长时间的交往,其1854-1866年的日记已出版。

分文。他的专员德鲁先生（Mr. drew）是海关统计署的负责人，监督了本书的印刷，他和他的属下帕雷蒙坦（Palamountain）和布莱特（Bright）[18]两位先生为本书的印刷尽心竭力。他们在过去的两年里为新版出版付出了大量的时间和精力，我已为此背负了道义上对他们的亏欠，这些对于我来说是无力偿还的。

雅典娜俱乐部[19]
1886 年 7 月 4 日

18）以上三人均为音译，其生平信息不详。
19）译注：Athenaeum Club，英国伦敦历史优秀的绅士俱乐部，历史悠久，场所华丽，始建于 1824 年。

1903 年版"前言"

本书以节略的形式再版威妥玛先生（Thomas Francis Wade，1818～1895）的伟大论著，在编辑过程中我们接纳了该书第二版（1886年）的合作者禧在明先生（Warlter Caine Hillier，1849～1927）的建议，并得到了威妥玛先生的遗嘱执行人的认可。

自1886年起，涌现出了一大批新的汉语口语教材，以至于英国领事馆见习译员必修课中原来属于《自迩集》的一大部分份额也被其他教材取代了。原版"问答百篇"和"践约传"的内容模式早已被其他教材舍弃多年，而且，因为《自迩集》最初就是为公使馆学生编写的，我们在这里，暂时最少地，只再印这些可使《自迩集》称为教材的章节。

目前再版的只有第二版的第一章到第四章，即第一章"发音"、第二章"部首"、第三章"散语四十章"以及第四章"问答十章"的内容。根据权威的意见，北京话口语的学习者在这四个部分得到的入门指导在他以后的学习过程中将表现得越来越重要。教导给他的词汇经过了精细的设计，其中的语音知识能为将来的学习提供坚实的基础，从而使更进一步的语言学习无忧。

关于威妥玛先生音译（transliteration）系统的正反面的意见已有很多，我们在这里无意于为这场旷日持久的争论再添加些什么，但仅对初学者提出一点要求：请记住，这是目前为止仅有的一种传播地域如此之广，并获得如此长时间认同的罗马字拼音系统。

如原版序言中已说明过的，该书的题目"语言自迩集"源自一本儒家经典——《中庸》，表达的意思是：要想达到精通熟练，就像完成一段旅程，必须从近处开始。"自迩"的意思是"从近处开始"，"语言……集"的意思是"措辞（或者说口语词汇）……集合（或者说汇编）"。完整的书名可以用英语表达为"汉语口语进阶教程"。

1903 年

『語言自邇集』（初版，1867）全語彙索引

凡　例

Ⅰ．本索引作成に当たっては，本書に収録した版本を使用している。

Ⅱ．『語言自邇集』の各篇章の略称は以下の通りとする。
　　散語章四十章＝「散」，問答章十章＝「問」，續散語十八章＝「續」，談論篇百章＝「談」，言語例略＝「言」

Ⅲ．索引の項目は，見出し語－出現回数－章－ページ－行である。
　　たとえば，他納：1（問2-108-9）は，"他納"という語が，「問答章」の第2章の108ページの2行目に使われているという意味である。
　　『問答篇』『登瀛篇』では上，下は上巻（1葉～24葉・全53章），下巻（25葉～47葉・全50章）を表わし（ただし，「上巻」「下巻」という表記はない），ページ数の後ろのアルファベットはそれぞれ，A＝表，B＝裏を表す。

Ⅳ．見出し語の配列は，数字を基準にピンイン順にソートしているが，同じピンインの親字については『新華字典』の並びに準拠している。

Ⅴ．当初，"我"とか"的"とか"一"などは出現回数が極めて多く煩瑣であり，語学研究上においてもさほど重要ではないと判断し削除しようとも考えたが，一方でその語が全く「（使われ）ない」と見なされるのも問題であり，結局，そのまま残すこととした。

Ⅵ．周知のように日本語や中国語の場合は単語をどう区切るかというのは極めて厄介な問題であり，語彙索引を作成する場合，常にこの問題がつきまとってくる。従って，あくまでもある程度は作成者の立ち位置によって恣意的にならざるを得ず，その辺りを考慮してお使いいただきたい。
　　なお，本語彙索引作成に当たっては，かつて内田慶市が弥永信美氏，齋藤希史氏と共同で開発したPerlを使ったMac専用の索引作成ツールを元に，氷野善寛（関西大学PD）氏と北田祐平氏（関西大学大学院理工学研究科・院生）によってWindowsでも利用できるようにウェブプログラムとして設計しなおしたものを利用した。

　　　　　　　　　　　　　　　　　　　　　　　　　　　　　　　　内　田　慶　市

A

阿：49（散 25-56-4，散 25-56-4，問 1-109-2，
問 1-109-5，問 2-108-5，問 2-108-6，
問 2-108-7，問 2-108-9，問 2-107-6，
問 2-106-1，問 3-106-6，問 3-106-9，
問 3-105-1，問 3-105-1，問 3-105-6，
問 3-105-8，問 3-105-12，問 3-103-4，
問 3-103-9，問 4-102-6，問 4-102-9，
問 4-101-1，問 4-101-1，問 4-101-4，
問 4-100-5，問 5-97-2，問 5-97-3，
問 5-96-9，問 6-95-10，問 6-94-1，
問 7-92-11，問 8-88-3，問 8-87-9，
問 8-87-12，問 8-86-9，問 9-83-8，
問 9-82-10，問 9-81-1，問 9-81-2，
問 10-81-12，問 10-80-3，問 10-79-9，
問 10-78-1，問 10-76-1，問 10-76-10，
問 10-74-4，續 5-116-1，續 5-116-6，
續 8-119-7）

啊：131（談 3-213-12，談 3-212-3，
談 3-212-7，談 4-211-2，談 4-211-3，
談 5-211-7，談 5-211-9，談 5-211-11，
談 5-210-1，談 6-210-7，談 6-210-9，
談 6-209-2，談 7-208-1，談 8-208-4，
談 11-206-6，談 11-206-6，談 11-206-7，
談 11-206-7，談 11-206-8，談 11-206-9，
談 12-205-3，談 12-205-4，談 12-205-10，
談 14-203-4，談 15-203-6，談 15-202-1，
談 16-202-6，談 16-202-8，談 17-201-9，
談 18-200-5，談 18-200-8，談 19-200-11，
談 19-199-4，談 19-199-5，談 20-199-7，
談 20-199-10，談 21-198-5，談 21-198-8，
談 23-197-12，談 23-196-1，談 23-196-4，
談 24-195-2，談 26-194-1，談 28-193-10，
談 28-192-2，談 29-192-7，談 32-189-5，
談 33-188-5，談 36-185-1，談 37-185-7，
談 38-184-7，談 44-179-2，談 47-177-4，
談 47-177-8，談 51-174-9，談 53-172-6，
談 54-172-11，談 55-171-12，談 56-170-6，
談 56-170-10，談 57-169-5，談 58-168-7，
談 58-168-11，談 59-167-5，談 59-167-8，
談 61-166-9，談 62-165-8，談 62-165-10，
談 63-164-11，談 64-163-7，談 64-163-8，
談 65-162-5，談 65-162-7，談 66-161-10，
談 67-161-12，談 67-160-4，談 67-160-5，
談 67-160-7，談 68-160-11，談 68-159-5，
談 69-159-10，談 69-158-2，談 71-157-10，
談 71-156-1，談 71-156-2，談 70-156-11，
談 70-156-12，談 73-155-4，談 73-155-5，
談 73-155-6，談 75-154-11，談 75-153-7，
談 76-152-3，談 76-152-5，談 77-151-5，
談 77-151-5，談 79-150-8，談 80-149-5，
談 81-148-2，談 81-148-3，談 82-148-11，
談 82-147-1，談 83-147-8，談 85-145-12，
談 85-144-2，談 86-144-4，談 86-144-9，
談 87-143-7，談 88-141-1，談 89-141-6，
談 91-140-10，談 93-138-8，談 96-135-2，
談 97-135-5，談 97-135-8，談 98-134-7，
談 98-134-7，談 99-134-12，談 99-133-2，
談 99-133-4，談 99-133-4，談 100-133-11，
言 8-264-9，言 9-257-2，言 10-255-5，
言 10-255-6，言 10-254-2，言 13-248-3，
言 14-290-1，言 14-292-5，言 14-293-1）

哎：19（問 6-94-3，問 8-88-6，問 8-88-8，
問 8-84-7，談 11-206-12，談 25-195-7，
談 28-193-6，談 33-188-3，談 34-188-12，
談 34-187-2，談 38-184-8，談 40-182-3，
談 46-178-8，談 48-176-2，談 50-175-9，
談 53-173-10，談 87-143-6，言 8-263-2，
言 10-254-7）

哎呀：12（問 2-108-8，談 23-196-2，
談 30-191-8，談 35-187-11，談 35-186-3，
談 46-178-5，談 86-144-5，談 88-142-12，
談 94-137-3，言 8-264-11，言 10-253-2，
言 13-248-1）

哀求：3（談 43-180-3，談 83-147-11，
談 84-145-2）

挨打：6（問 3-105-10，問 3-105-11，
問 3-104-8，問 3-104-9，言 9-257-8，
言 9-256-2）

挨肩：1（談 87-143-5）
挨肩兒：1（談 87-143-5）
挨罵：1（言 9-256-2）
挨晚兒：1（問 8-87-4）
挨着：2（談 7-209-6，談 32-190-12）
唉：5（問 2-107-6，問 3-105-9，言 1-288-2，
　　言 10-253-3，言 14-294-1）
挃：1（談 28-192-2）
矮：1（言 7-268-9）
嗳：16（問 4-100-6，問 4-100-11，問 5-99-7，
　　問 5-96-3，問 6-93-8，問 7-91-10，
　　問 7-89-1，談 64-163-11，談 65-162-6，
　　談 66-161-2，談 70-156-9，談 76-152-4，
　　談 94-137-10，談 99-133-7，言 9-258-3，
　　言 9-258-4）
嗳哎：2（問 3-105-10，問 3-105-10）
嗳呀：6（談 59-167-7，談 62-165-10，
　　談 67-160-3，談 95-136-7，談 96-136-9，
　　談 98-134-9）
嗳喲：1（問 3-104-11）
嗐：1（續 4-115-7）
愛：40（散 4-35-1，散 4-35-1，散 4-35-2，
　　散 4-35-6，散 4-35-7，散 4-35-7，
　　散 4-35-7，散 9-40-7，散 11-42-6，
　　散 11-42-8，散 11-42-8，散 13-44-5，
　　散 14-45-8，散 14-45-8，散 14-45-8，
　　散 14-45-9，散 14-45-9，散 15-46-5，
　　散 15-46-5，散 21-52-5，散 21-52-9，
　　散 23-54-4，散 31-62-9，散 39-70-4，
　　問 5-98-6，續 3-114-2，續 3-114-9，
　　續 9-120-5，續 11-122-1，續 14-125-3，
　　續 18-129-7，談 77-151-7，言 9-262-10，
　　言 9-262-10，言 9-261-1，言 9-261-1，
　　言 9-261-2，言 9-258-3，言 9-258-3，
　　言 10-253-10）
愛惜：8（散 36-67-2，談 28-193-6，
　　談 52-173-1，談 52-173-1，談 69-158-1，
　　談 72-155-1，談 78-150-1，談 78-150-2）
愛喜：3（言 8-267-12，言 8-265-12，
　　言 8-264-1）

礙：2（散 34-65-3，續 4-115-11）
安：1（散 25-56-5）
安安詳詳兒：1（談 87-142-1）
安定門：1（問 3-105-6）
安靜：5（散 31-62-2，散 31-62-8，散 31-62-8，
　　談 19-200-12，談 42-181-7）
安寧：4（散 24-55-1，散 24-55-6，散 24-55-6，
　　散 24-55-7）
安排：1（續 3-114-3）
安平：1（問 8-85-4）
安慰：1（談 51-174-5）
安穩：1（談 28-193-8）
安閑：1（談 93-138-9）
鞍子：1（問 8-84-8）
岸：1（談 90-140-4）
岸兒：1（言 8-265-2）
按：9（問 6-93-11，問 8-87-5，問 8-87-5，
　　問 10-79-12，言 3-281-12，言 3-277-3，
　　言 5-269-2，言 9-261-2，言 9-258-7）
按照：1（問 8-84-5）
按着：12（散 39-70-6，問 6-94-5，問 10-80-8，
　　問 10-78-6，問 10-78-6，問 10-78-7，
　　問 10-77-5，問 10-77-6，問 10-75-4，
　　談 60-166-1，談 75-153-4，言 3-278-11）
按著：3（散 21-52-2，散 21-52-10，
　　散 37-68-5）
案：1（問 6-94-1）
暗想：1（談 35-186-1）
昂貴：2（散 25-56-2，散 25-56-10）
熬：1（續 14-125-8）
熬夜：1（談 48-177-12）
扣：1（談 54-172-9）
傲慢：2（散 27-58-2，散 27-58-8）

B

八：7（散 6-37-4，散 9-40-5，散 11-42-2，
　　問 10-78-11，言 3-275-12，言 3-274-3，
　　言 9-260-9）
八百：1（言 8-264-12）

八筆：1（言 1-287-1）
八九：1（散 1-32-8）
八旗：1（談 7-209-11）
八千三百六十七：1（散 1-32-5）
八十：1（散 14-45-2）
八字兒：1（談 39-183-4）
扒：2（言 9-262-2，言 9-262-3）
巴不得：2（談 1-214-10，言 13-248-6）
巴不得兒：1（談 41-182-12）
巴結：7（談 13-204-4，談 13-204-4，
　　談 17-201-8，談 34-187-3，談 57-169-11，
　　談 65-162-8，談 100-132-1）
拔：2（續 5-116-9，談 89-141-5）
把：160（散 6-37-2，散 7-38-2，散 7-38-2，
　　散 7-38-2，散 7-38-4，散 8-39-7，
　　散 8-39-9，散 11-42-9，散 12-43-8，
　　散 12-43-9，散 13-44-3，散 13-44-4，
　　散 13-44-5，散 16-47-3，散 16-47-4，
　　散 16-47-7，散 17-48-9，散 17-48-10，
　　散 19-50-9，散 21-52-3，散 23-54-9，
　　散 23-54-10，散 24-55-8，散 26-57-10，
　　散 29-60-6，散 29-60-7，散 29-60-7，
　　散 31-62-3，散 32-63-7，散 32-63-7，
　　散 35-66-1，散 35-66-5，散 36-67-10，
　　散 38-69-9，散 40-71-8，問 3-103-12，
　　問 5-97-5，問 5-97-9，問 6-95-11，
　　問 6-94-7，問 6-94-7，問 6-93-12，
　　問 6-92-4，問 7-89-5，問 7-89-12，
　　問 10-80-10，問 10-79-2，問 10-79-12，
　　問 10-78-7，問 10-78-9，問 10-76-6，
　　問 10-76-8，問 10-75-12，問 10-74-2，
　　續 2-113-4，續 3-114-4，續 5-116-2，
　　續 7-118-4，續 7-118-11，續 8-119-5，
　　續 8-119-6，續 13-124-1，續 14-125-7，
　　續 15-126-4，續 17-128-3，續 17-128-6，
　　談 6-210-12，談 9-207-7，談 10-206-3，
　　談 12-205-3，談 18-200-4，談 18-200-5，
　　談 21-198-8，談 22-197-9，談 25-195-10，
　　談 28-193-7，談 29-192-4，談 30-191-9，
　　談 35-186-2，談 35-186-2，談 36-186-10，
　　談 37-185-11，談 39-183-1，談 39-183-4，
　　談 40-183-12，談 42-181-8，談 44-180-10，
　　談 45-178-1，談 48-176-6，談 50-175-9，
　　談 53-172-4，談 54-172-12，談 58-168-3，
　　談 58-168-9，談 58-168-11，談 59-167-7，
　　談 60-166-2，談 62-164-5，談 63-164-8，
　　談 63-164-9，談 63-163-1，談 64-163-6，
　　談 64-163-8，談 64-163-8，談 65-162-4，
　　談 66-161-5，談 68-160-12，談 70-156-7，
　　談 70-156-10，談 73-155-9，談 77-151-4，
　　談 82-147-2，談 83-147-12，談 84-146-8，
　　談 85-145-11，談 85-145-12，談 85-144-1，
　　談 89-141-10，談 95-136-3，談 95-136-4，
　　談 97-135-5，談 97-135-10，談 100-132-1，
　　談 100-132-4，言 1-288-12，言 1-287-7，
　　言 1-287-12，言 3-282-2，言 3-282-6，
　　言 3-282-8，言 3-282-8，言 3-281-5，
　　言 3-277-7，言 3-277-8，言 3-276-7，
　　言 3-276-7，言 3-276-7，言 3-276-7，
　　言 3-276-8，言 3-276-8，言 3-276-8，
　　言 3-276-8，言 3-276-8，言 4-271-2，
　　言 5-270-8，言 8-266-5，言 9-262-1，
　　言 9-262-9，言 9-260-8，言 9-257-8，
　　言 9-257-9，言 9-257-10，言 10-253-1，
　　言 10-253-4，言 11-250-6，言 11-250-10，
　　言 13-248-3，言 14-291-5，言 14-292-5，
　　言 14-294-4）
把不得：1（言 1-288-8）
把兒：2（談 61-165-1，言 3-276-7）
把勢：1（談 27-194-8）
罷：104（散 10-41-9，散 16-47-9，
　　散 26-57-10，問 2-107-5，問 2-107-7，
　　問 3-106-12，問 3-105-1，問 3-105-2，
　　問 3-105-9，問 3-102-1，問 4-100-4，
　　問 5-98-2，問 5-98-4，問 5-98-11，
　　問 5-97-4，問 5-96-8，問 6-94-11，
　　問 6-92-7，問 6-92-8，問 7-91-3，
　　問 7-91-10，問 8-88-8，問 8-88-12，
　　問 8-86-8，問 8-84-2，問 8-84-6，
　　問 9-83-11，問 9-82-4，問 9-81-10，

問 10-78-4，問 10-78-11，續 1-112-10，
續 2-113-3，續 2-113-11，續 4-115-8，
續 4-115-8，續 5-116-3，續 6-117-3，
續 6-117-7，續 7-118-2，續 7-118-9，
續 10-121-4，續 16-127-7，談 3-212-5，
談 5-211-12，談 6-210-12，談 7-209-10，
談 7-208-1，談 9-207-5，談 11-206-8，
談 11-206-9，談 11-206-11，談 11-205-1，
談 18-200-2，談 21-198-8，談 30-191-4，
談 35-187-11，談 37-185-12，談 39-183-6，
談 40-182-4，談 42-181-8，談 43-180-4，
談 44-180-12，談 44-179-1，談 49-175-2，
談 49-175-3，談 53-173-10，談 53-173-11，
談 53-172-5，談 55-171-8，談 60-166-4，
談 61-166-10，談 62-165-12，談 65-162-5，
談 67-160-4，談 67-160-7，談 70-156-7，
談 73-155-4，談 73-155-11，談 76-152-9，
談 77-152-12，談 78-151-11，談 83-146-2，
談 84-146-10，談 86-144-6，談 92-139-11，
談 94-137-3，談 94-137-6，談 94-137-8，
談 98-134-3，言 1-288-8，言 1-285-5，
言 8-266-10，言 8-265-5，言 8-263-9，
言 9-261-1，言 9-260-6，言 9-260-9，
言 9-258-7，言 9-258-8，言 10-255-6，
言 10-254-5，言 14-289-2，言 14-294-6）
罷了：12（散 10-41-3，散 10-41-5，
散 15-46-4，問 3-103-12，問 5-95-3，
續 2-113-6，談 19-199-3，談 23-196-1，
談 25-195-7，談 25-195-9，談 58-168-3，
談 65-162-12）
罷咧：29（續 9-120-10，續 12-123-5，
談 3-212-6，談 4-211-4，談 5-210-4，
談 6-209-3，談 16-202-7，談 16-202-8，
談 26-194-5，談 33-188-3，談 34-188-12，
談 44-179-5，談 46-178-9，談 57-169-6，
談 57-169-7，談 57-169-11，談 60-166-1，
談 62-164-4，談 63-164-10，談 67-160-2，
談 70-158-9，談 70-156-6，談 74-154-6，
談 78-150-3，談 87-143-8，談 91-139-4，
談 96-136-12，言 5-270-9，言 8-263-8）

罷唷：1（談 44-180-11）
霸州：1（談 32-190-12）
吧：1（談 44-180-10）
白：19（散 17-48-5，續 8-119-5，
續 12-123-12，續 17-128-9，續 17-128-11，
談 4-211-3，談 6-210-10，談 34-188-12，
談 39-183-7，談 46-178-5，談 56-170-6，
談 56-169-1，談 59-167-4，談 74-154-7，
談 90-141-12，談 93-138-9，言 7-268-3，
言 7-268-3，言 13-248-2）
白丁兒：1（續 17-128-9）
白亮亮：1（談 97-135-6）
白饒：1（續 8-119-5）
白日：4（散 21-52-4，談 37-185-7，
談 91-140-10，談 91-140-12）
白肉：1（談 70-156-10）
白手成家：1（續 17-128-9）
白水：1（續 13-124-5）
白糖：1（散 14-45-1）
白晝：2（散 9-40-3，散 9-40-7）
百：5（散 40-71-4，談 39-183-7，
談 46-178-12，談 52-173-2，
談 93-138-11）
百官：1（言 8-265-6）
百官萬民：1（散 19-50-3）
百年：1（談 16-202-5）
百歲：1（談 29-192-4）
百姓：14（散 19-50-2，散 19-50-4，
散 20-51-4，散 20-51-6，散 20-51-7，
散 20-51-9，散 20-51-9，散 21-52-4，
散 24-55-5，散 24-55-8，散 34-65-5，
言 10-252-8，言 14-294-3，言 14-294-4）
擺：3（問 8-87-1，問 8-87-1，言 3-273-5）
擺渡：3（問 8-88-12，問 8-88-12，
問 8-88-12）
擺手兒：2（談 36-186-12，談 82-147-5）
拜：4（散 27-58-8，散 27-58-9，言 8-267-4，
言 8-267-4）
拜年：1（談 11-206-6）
敗：2（續 6-117-3，談 8-208-7）

敗仗：1（言 10-251-12）
搬：3（問 7-90-7，談 22-197-4，談 73-155-4）
搬指兒：1（續 14-125-1）
半：6（問 10-78-3，問 10-78-4，問 10-77-4，
　　問 10-77-4，言 1-285-2，言 1-285-2）
半點兒：1（談 96-136-10）
半點鐘：1（散 9-40-4）
半酣：1（問 5-95-3）
半天：14（散 11-42-10，散 16-47-8，
　　散 29-60-4，散 29-60-4，散 36-67-5，
　　續 5-116-5，續 8-119-3，談 22-197-6，
　　談 70-156-4，言 9-260-8，言 9-259-11，
　　言 9-258-3，言 9-258-5，言 9-258-5）
半信半疑：1（談 20-199-8）
半夜：3（散 10-41-7，問 5-96-7，問 5-96-8）
伴兒：1（問 3-104-10）
絆：1（言 11-250-6）
絆住：4（談 22-197-3，談 56-170-11，
　　談 59-167-7，談 71-157-5）
辦：44（散 22-53-3，散 22-53-10，散 34-65-4，
　　散 37-68-5，散 38-69-8，散 38-69-8，
　　散 38-69-8，問 2-107-1，問 5-98-7，
　　問 5-98-9，問 5-98-10，問 5-98-10，
　　問 5-98-10，問 5-97-4，問 5-96-2，
　　問 6-95-6，問 10-76-12，問 10-75-5，
　　續 2-113-7，續 5-116-12，續 9-120-4，
　　談 13-204-6，談 15-203-7，談 19-199-3，
　　談 25-195-7，談 26-194-4，言 8-267-8，
　　言 8-266-1，言 8-266-1，言 8-266-5，
　　言 8-266-5，言 8-266-11，言 8-266-11，
　　言 8-266-11，言 8-266-12，言 9-260-4，
　　言 9-260-4，言 9-259-7，言 9-259-7，
　　言 10-251-5，言 10-251-6，言 10-251-12，
　　言 12-249-8）
辦得來：1（續 6-117-5）
辦得了：1（問 5-97-4）
辦法：2（散 36-67-4，言 8-265-6）
辦理：3（散 22-53-2，散 22-53-10，
　　言 4-271-4）
辦事：7（散 22-53-2，散 22-53-5，散 22-53-6，
　　散 34-65-6，散 38-69-4，問 4-101-9，
　　言 14-294-2）
辦妥：4（問 10-76-12，問 10-76-12，
　　續 2-113-4，言 9-260-7）
辦完：1（談 59-167-9）
幫：13（散 24-55-2，散 24-55-9，問 2-107-3，
　　問 4-100-9，問 6-93-12，問 9-81-5，
　　問 10-78-5，續 1-112-7，續 2-113-7，
　　續 5-116-12，續 5-116-12，續 8-119-2，
　　談 70-158-12）
幫辦：1（散 38-69-1）
幫幫：2（散 25-56-8，談 70-158-11）
幫手：1（續 17-128-8）
幫同：1（散 27-58-10）
綁緊：1（續 7-118-2）
榜樣：4（問 10-79-11，言 5-270-3，
　　言 9-262-2，言 9-257-3）
榜樣兒：1（談 18-200-9）
髈子：1（談 10-207-11）
傍邊兒：3（談 18-200-1，談 36-186-8，
　　談 55-171-8）
傍不相干兒：2（談 49-176-12，談 55-171-11）
傍人：2（談 17-201-4，談 17-201-9）
包：10（散 16-47-3，散 16-47-4，續 13-124-7，
　　言 3-281-9，言 3-276-10，言 3-276-10，
　　言 3-276-10，言 3-276-10，言 9-262-11，
　　言 14-292-1）
包藏：1（言 3-278-3）
包兒：3（散 16-47-1，散 16-47-3，
　　言 14-290-3）
包袱：1（續 13-124-7）
包含：1（續 16-127-11）
剝：1（續 15-126-1）
保：5（問 4-100-1，問 6-93-11，續 17-128-7，
　　談 44-179-4，言 1-287-9）
保不定：2（續 5-116-5，談 67-160-4）
保舉：5（問 6-93-1，談 15-203-9，
　　談 15-203-11，談 15-203-11，言 8-266-5）
保養：2（談 45-179-9，談 49-176-9）
飽：1（談 11-206-9）

飽飽兒：1（談 100-133-10）
飽呃：1（續 11-122-11）
寶劍贈與烈士，紅粉贈與佳人：1
　　　（續 15-126-11）
抱：4（問 7-90-12，續 2-113-4，談 10-207-10,
　　　談 100-133-10）
抱怨：5（散 39-70-2，散 39-70-4，談 9-207-4,
　　　談 66-161-8，談 87-143-9）
報：2（談 1-214-9，談 4-211-4）
報答：1（談 79-149-1）
報恩：1（談 1-214-10）
報官：1（問 6-94-6）
報應：1（談 14-203-4）
暴虐：2（散 20-51-1，散 20-51-5）
暴雨：1（談 96-136-12）
暴子眼兒：1（談 30-191-5）
卑汚：1（談 100-132-3）
北：6（問 5-98-9，問 8-86-3，問 8-86-5,
　　　問 8-85-7，問 8-85-10，言 10-252-3）
北邊：3（散 15-46-1，散 15-46-9,
　　　散 30-61-10）
北邊兒：1（問 3-105-6）
北城：2（問 3-104-1，問 3-104-1）
北風：1（問 8-88-5）
北裏：1（問 7-90-8）
北門：2（問 8-85-7，問 8-85-7）
北面：1（言 3-281-12）
北頭兒：3（問 8-86-1，問 8-86-2，問 8-86-7）
背：4（散 21-52-2，問 8-84-9，續 6-117-1,
　　　談 6-210-7）
背鐙：1（談 88-142-6）
背地裏：1（談 24-195-1）
背地裡：2（談 61-166-12，談 78-150-6）
背後：2（言 11-250-7，言 11-250-7）
背念：1（問 9-82-3）
背書：1（續 18-129-4）
被：8（問 4-101-11，談 70-158-5，言 3-278-1,
　　　言 3-273-1，言 3-273-1，言 9-257-6,
　　　言 9-257-8，言 9-257-11）
奔波：1（談 71-157-4）

本：44（散 6-37-1，散 6-37-2，散 6-37-4,
　　　散 35-66-8，問 4-102-8，問 4-100-4,
　　　問 7-90-3，問 10-76-12，問 10-76-12,
　　　問 10-75-5，問 10-75-7，續 2-113-8,
　　　續 11-122-7，談 49-176-9，談 62-165-8,
　　　言 1-286-4，言 1-286-6，言 1-286-12,
　　　言 3-281-4，言 3-279-5，言 3-279-5,
　　　言 3-278-3，言 3-276-12，言 3-276-12,
　　　言 3-276-12，言 3-276-12，言 3-275-9,
　　　言 3-274-2，言 3-274-6，言 3-274-10,
　　　言 5-270-8，言 5-270-8，言 5-270-8,
　　　言 5-270-9，言 5-270-9，言 5-270-11,
　　　言 8-267-9，言 8-266-6，言 8-266-9,
　　　言 9-260-4，言 9-260-9，言 9-257-10,
　　　言 14-293-4，言 14-294-1）
本兒：2（續 7-118-11，談 8-208-5）
本分：3（散 20-51-5，續 14-125-7,
　　　談 78-151-12）
本國：1（問 9-83-10）
本家：2（散 34-65-9，問 2-107-2）
本藉：1（言 10-254-4）
本來：2（問 7-89-2，續 11-122-8）
本類：1（問 10-78-8）
本利：1（談 31-190-3）
本名目：6（言 3-283-12，言 3-282-1,
　　　言 3-282-3，言 3-282-4，言 3-282-4,
　　　言 4-272-12）
本錢：3（散 29-60-7，問 1-109-9,
　　　續 8-119-6）
本人：3（言 8-266-9，言 8-266-10,
　　　言 8-266-12）
本任：2（散 38-69-1，散 38-69-3）
本事：16（散 19-50-6，問 6-93-2,
　　　續 18-129-6，談 4-212-12，談 4-211-1,
　　　談 27-194-10，談 27-194-11，談 41-182-8,
　　　談 47-177-7，談 57-169-6，談 57-169-10,
　　　談 79-150-12，談 85-145-6，談 99-133-2,
　　　談 100-133-12，談 100-132-4）
本事裏：1（散 31-62-5）
本事兒：1（談 2-213-6）

本意：1（言 3-281-2）
本義：1（言 3-272-3）
本音：3（言 1-288-12，言 1-287-2，
　　　言 1-287-3）
本月：1（散 9-40-1）
本着：1（問 10-75-5）
奔：2（談 89-141-6，言 11-250-12）
笨：2（問 10-78-3，談 33-188-2）
怽漢子：1（續 12-123-8）
迸：1（續 11-122-9）
弸：1（問 4-100-1）
迸：2（散 35-66-7，散 35-66-7）
迸跳：1（散 35-66-2）
逼：1（談 62-165-8）
鼻子：6（散 17-48-1，散 17-48-4，
　　　談 45-179-11，談 47-177-9，談 63-164-9，
　　　談 86-144-9）
鼻子眼兒：1（散 18-49-1）
比：51（散 3-34-5，散 4-35-9，散 5-36-10，
　　　散 13-44-9，散 13-44-9，散 14-45-3，
　　　散 15-46-9，散 15-46-9，散 26-57-4，
　　　散 26-57-6，散 33-64-9，問 4-101-7，
　　　問 4-101-12，問 10-77-7，問 10-77-10，
　　　問 10-74-1，續 3-114-10，續 6-117-10，
　　　續 6-117-11，續 6-117-11，續 8-119-6，
　　　續 8-119-7，續 8-119-7，續 14-125-11，
　　　談 3-212-3，談 3-212-3，談 6-210-7，
　　　談 10-207-12，談 12-205-5，談 14-204-10，
　　　談 30-191-4，談 33-188-4，談 34-188-11，
　　　談 44-179-4，談 54-171-2，談 56-170-7，
　　　談 57-169-7，談 66-161-2，談 86-144-11，
　　　談 87-143-12，談 97-135-11，
　　　談 99-134-12，言 1-287-12，言 2-283-5，
　　　言 7-268-6，言 7-268-6，言 7-268-6，
　　　言 7-268-9，言 8-267-9，言 8-266-8，
　　　言 10-252-1）
比不起：1（言 7-268-9）
比方：29（散 19-50-4，散 24-55-6，
　　　散 36-67-8，問 6-93-8，問 8-88-8，
　　　問 10-80-10，問 10-80-11，問 10-76-4，

談 17-201-8，談 78-150-1，談 80-149-4，
　　　言 1-288-6，言 1-287-3，言 1-286-5，
　　　言 1-286-10，言 2-284-7，言 2-283-2，
　　　言 3-282-1，言 3-281-9，言 3-280-6，
　　　言 3-277-12，言 3-276-7，言 3-274-5，
　　　言 4-271-2，言 5-269-3，言 7-268-1，
　　　言 7-268-2，言 9-262-10，言 9-257-7）
彼此：18（散 34-65-1，散 34-65-8，
　　　散 36-67-6，問 1-109-12，問 6-94-6，
　　　問 10-76-7，問 10-74-3，談 18-200-1，
　　　談 71-157-11，談 85-144-1，談 92-139-10，
　　　談 99-133-1，言 2-284-11，言 2-284-12，
　　　言 8-263-4，言 8-263-5，言 9-260-7，
　　　言 10-253-9）
彼時：2（談 65-162-4，談 74-154-8）
筆：9（散 6-37-1，散 6-37-3，散 35-66-3，
　　　言 1-288-12，言 1-287-4，言 1-287-4，
　　　言 3-280-12，言 3-280-12，言 3-276-1）
筆底下：1（談 30-191-9）
筆畫：7（言 1-288-11，言 1-288-12，
　　　言 1-287-2，言 1-287-2，言 1-287-3，
　　　言 1-287-7，言 1-287-7）
筆畫兒：1（問 10-80-7）
筆跡：1（續 18-129-7）
筆尖：1（散 30-61-8）
筆尖兒：1（續 12-123-8）
筆帖式：1（談 7-209-10）
筆硯：1（談 22-197-9）
鄙意：1（言 1-288-9）
必：12（問 2-107-3，問 5-96-8，談 7-209-9，
　　　談 9-207-4，談 76-152-6，言 1-286-11，
　　　言 4-271-9，言 8-266-4，言 8-266-12，
　　　言 9-262-4，言 9-262-11，言 10-256-11）
必得：11（問 6-92-4，問 8-84-6，問 10-80-5，
　　　續 15-126-1，談 28-193-6，言 1-287-9，
　　　言 7-269-12，言 7-268-1，言 8-266-3，
　　　言 8-266-5，言 8-266-11）
必定：19（續 1-112-1，續 4-115-6，
　　　續 4-115-6，談 13-204-7，談 14-203-1，
　　　談 19-199-3，談 21-198-6，談 24-195-5，

談 33-189-12，談 38-184-5，談 41-181-1，
談 43-180-4，談 44-179-5，談 46-177-1，
談 53-173-11，談 69-159-12，
談 78-151-12，談 81-148-5，談 83-146-3）
必然：1（問 10-74-1）
必是：8（問 3-103-2，問 7-89-1，問 9-83-8，
談 77-152-12，言 3-281-9，言 3-275-3，
言 9-262-3，言 9-260-7）
必須：2（散 28-59-2，散 28-59-5）
必要：5（談 1-214-9，談 47-177-3，
談 54-172-12，談 67-160-1，言 3-274-1）
必有：1（言 1-285-6）
閉：1（談 95-136-3）
閉戶：1（續 16-127-9）
閉門思過：1（續 17-128-3）
敝處：1（問 1-109-2）
敝國：1（言 1-285-4）
敝友：1（問 10-80-1）
壁：1（續 12-123-1）
避諱：1（續 17-128-3）
碧綠：2（續 10-121-1，談 90-140-2）
編：4（問 10-77-2，問 10-76-8，談 1-214-8，
談 8-208-5）
編造：2（問 6-94-9，談 46-178-7）
鞭子：4（問 3-103-8，問 3-103-8，
談 92-138-2，談 98-134-8）
扁：4（散 35-66-2，散 35-66-8，散 35-66-8，
散 35-66-9）
扁擔：3（續 14-125-6，言 3-274-4，
言 3-274-4）
匾：1（言 3-277-11）
變：4（談 34-187-1，談 65-162-10，
談 98-134-2，言 10-254-8）
變卦：1（續 8-119-11）
變換：2（言 1-285-3，言 9-261-5）
變通：3（言 1-285-1，言 1-285-1，
言 1-285-1）
便：1（言 3-282-9）
辯明：1（言 3-282-6）
辯嘴：3（談 17-201-6，談 43-181-12，

談 55-171-10）
辮子：5（散 17-48-1，散 17-48-3，散 18-49-8，
散 23-54-10，續 3-114-7）
膘壯：1（問 6-93-6）
裱：5（散 28-59-4，散 33-64-2，散 33-64-10，
散 33-64-10，言 3-279-2）
裱糊：1（散 28-59-1）
裱糊匠：1（散 28-59-3）
癟：1（續 12-123-6）
別：79（散 28-59-5，散 28-59-8，散 35-66-10，
問 2-108-12，問 3-104-12，問 7-91-10，
問 7-91-10，問 7-90-6，問 7-89-10，
續 1-112-5，續 1-112-6，續 1-112-7，
續 1-112-7，續 1-112-9，續 2-113-1，
續 2-113-8，續 2-113-11，續 4-115-1，
續 4-115-10，續 4-115-12，續 5-116-1，
續 5-116-5，續 5-116-6，續 5-116-8，
續 5-116-8，續 5-116-10，續 5-116-11，
續 6-117-4，續 6-117-6，續 8-119-1，
續 8-119-10，續 9-120-2，續 9-120-4，
續 11-122-3，續 11-122-5，續 11-122-12，
續 12-123-3，續 12-123-9，續 12-123-10，
續 14-125-1，續 14-125-9，續 15-126-5，
續 15-126-10，續 16-127-6，續 16-127-6，
續 17-128-12，談 6-210-12，談 7-209-6，
談 7-208-1，談 8-208-3，談 11-206-12，
談 12-205-5，談 12-205-10，談 13-204-5，
談 13-204-6，談 21-198-11，談 29-192-7，
談 30-191-9，談 31-190-7，談 32-189-2，
談 32-189-3，談 36-186-12，談 46-178-6，
談 56-170-8，談 62-164-5，談 69-159-8，
談 71-157-9，談 71-156-1，談 70-156-8，
談 73-155-9，談 81-148-6，談 82-147-6，
談 85-145-8，談 87-143-12，談 88-142-11，
談 90-140-7，言 3-276-5，言 9-258-3，
言 9-258-4）
別處：2（言 1-286-9，言 8-263-3）
別處兒：4（談 11-206-11，談 22-197-7，
談 43-181-12，談 73-155-9）
別的：22（問 2-107-7，問 3-106-10，

問 3-105-2，問 5-99-11，問 5-99-12，
問 5-98-6，問 10-75-11，問 10-75-11，
問 10-75-12，續 5-116-6，續 5-116-7，
續 6-117-2，言 3-280-6，言 3-278-9，
言 3-278-12，言 3-277-2，言 3-275-6，
言 3-273-2，言 3-273-4，言 8-263-3，
言 8-263-7，言 8-263-7）

別名：1（散 31-62-6）

別人：20（散 27-58-1，散 27-58-6，
散 34-65-1，散 34-65-4，問 6-92-3，
問 7-91-5，問 8-85-1，續 18-129-2，
談 4-212-12，談 29-192-9，談 41-182-7，
談 53-173-10，談 58-168-5，談 60-166-2，
談 68-160-11，言 8-266-11，言 8-264-8，
言 8-263-1，言 8-263-8，言 13-248-1）

別人兒：5（談 2-213-3，談 26-194-4，
談 62-165-8，談 89-141-10，談 93-138-7）

癟嘴子：1（續 12-123-6）

賓服：1（續 13-124-7）

賓客：2（散 27-58-2，散 27-58-8）

鬢角兒：2（散 18-49-1，散 18-49-3）

冰：3（續 10-121-10，續 10-121-10，
談 98-134-9）

兵：6（散 19-50-7，散 32-63-9，談 12-205-4，
談 12-205-4，言 3-279-1，言 9-261-7）

兵器：2（談 27-194-11，言 3-277-7）

兵權：1（續 16-127-4）

梹榔：1（續 12-123-2）

柄：1（言 3-276-1）

稟報：1（散 38-69-2）

稟帖：2（散 38-69-2，散 38-69-7）

並：21（問 10-77-8，續 4-115-2，續 5-116-9，
談 3-212-6，談 5-210-2，談 6-210-11，
談 18-200-3，談 22-197-6，談 28-193-8，
談 33-188-4，談 50-175-11，談 67-160-2，
談 80-149-3，談 95-136-3，談 100-133-12，
言 1-287-3，言 1-287-8，言 1-286-2，
言 2-284-8，言 9-263-12，言 10-251-2）

並且：1（言 9-256-3）

病：33（散 17-48-2，散 17-48-4，散 17-48-5，
散 17-48-6，散 17-48-6，散 17-48-7，
散 17-48-8，散 31-62-3，散 37-68-7，
問 2-108-8，問 2-108-9，問 2-108-9，
問 3-106-8，問 4-100-7，問 4-100-8，
問 4-100-8，續 7-118-10，續 9-120-1，
談 49-176-9，談 49-175-1，談 50-175-10，
談 50-175-10，談 51-174-4，談 51-174-9，
談 52-173-7，言 2-284-5，言 8-264-5，
言 9-261-6，言 10-255-6，言 10-255-7，
言 10-255-8，言 10-251-7，言 10-251-7）

病人：1（談 51-174-6）

撥：2（談 42-181-9，言 8-263-8）

撥攔：1（續 17-128-9）

撥正撥正：1（談 10-206-1）

波浪：1（散 30-61-1）

波浪皷兒：1（續 4-115-8）

波棱蓋兒：2（散 18-49-2，散 18-49-6）

波蘿：1（續 8-119-9）

玻璃：2（散 28-59-2，散 28-59-8）

玻璃瓶：1（散 28-59-9）

餑餑：1（續 14-125-3）

駁：4（問 8-85-3，言 9-259-12，言 9-258-1，
言 9-258-1）

脖頸子：1（談 84-146-9）

脖脛子：1（談 62-165-11）

脖子：6（散 18-49-1，散 18-49-5，散 18-49-5，
談 27-193-2，談 27-193-2，談 93-138-10）

薄情：1（談 61-165-3）

補：7（散 12-43-8，散 19-50-6，散 19-50-6，
續 7-118-3，談 7-208-1，談 38-184-5，
言 5-270-9）

補還：3（問 3-104-11，問 3-103-5，
問 3-103-11）

補缺：1（散 19-50-2）

補綻：1（續 14-125-7）

補足：2（言 9-261-11，言 9-257-4）

不：532（散 3-34-6，散 3-34-9，散 4-35-1，
散 4-35-2，散 4-35-6，散 4-35-7，
散 4-35-7，散 5-36-2，散 5-36-6，
散 5-36-6，散 5-36-7，散 5-36-7，

散 6-37-4, 散 6-37-5, 散 6-37-5,
散 6-37-6, 散 6-37-7, 散 6-37-7,
散 6-37-7, 散 6-37-8, 散 6-37-9,
散 8-39-9, 散 13-44-1, 散 13-44-2,
散 13-44-4, 散 13-44-6, 散 13-44-7,
散 14-45-8, 散 15-46-4, 散 17-48-7,
散 18-49-8, 散 19-50-10, 散 20-51-7,
散 20-51-7, 散 20-51-8, 散 21-52-3,
散 21-52-5, 散 21-52-9, 散 21-52-10,
散 22-53-4, 散 22-53-7, 散 22-53-10,
散 22-53-10, 散 23-54-3, 散 23-54-4,
散 24-55-5, 散 24-55-7, 散 25-56-10,
散 26-57-4, 散 26-57-5, 散 27-58-3,
散 27-58-7, 散 27-58-8, 散 27-58-9,
散 27-58-10, 散 28-59-7, 散 29-60-4,
散 29-60-5, 散 31-62-4, 散 31-62-6,
散 31-62-9, 散 31-62-9, 散 31-62-9,
散 31-62-10, 散 32-63-2, 散 32-63-6,
散 32-63-9, 散 33-64-10, 散 35-66-10,
散 36-67-4, 散 36-67-5, 散 36-67-6,
散 36-67-6, 散 39-70-3, 散 39-70-3,
散 40-71-1, 散 40-71-2, 散 40-71-2,
散 40-71-3, 散 40-71-4, 問 1-109-3,
問 1-109-9, 問 1-109-11, 問 2-108-10,
問 2-107-3, 問 2-107-4, 問 2-107-5,
問 2-107-6, 問 2-107-7, 問 3-106-7,
問 3-106-11, 問 3-105-3, 問 3-105-6,
問 3-105-7, 問 3-105-11, 問 3-104-7,
問 3-104-9, 問 3-104-12, 問 3-103-4,
問 3-103-11, 問 4-102-9, 問 4-102-9,
問 4-102-12, 問 4-102-12, 問 4-101-11,
問 4-101-11, 問 4-100-8, 問 4-100-12,
問 5-99-10, 問 5-98-6, 問 5-98-9,
問 5-98-10, 問 5-98-11, 問 5-98-12,
問 5-97-3, 問 5-97-7, 問 5-97-9,
問 5-97-12, 問 5-97-12, 問 5-96-1,
問 5-96-1, 問 5-96-4, 問 5-96-8,
問 5-95-1, 問 5-95-2, 問 6-95-7,
問 6-95-7, 問 6-95-8, 問 6-95-9,
問 6-95-9, 問 6-95-12, 問 6-94-2,

問 6-94-3, 問 6-94-4, 問 6-94-10,
問 6-93-1, 問 6-93-2, 問 6-93-2,
問 6-93-8, 問 6-92-1, 問 6-92-4,
問 7-91-6, 問 7-91-8, 問 7-91-9,
問 7-91-12, 問 7-91-12, 問 7-90-2,
問 7-90-5, 問 7-89-6, 問 7-89-10,
問 7-89-12, 問 8-88-8, 問 8-88-10,
問 8-87-9, 問 8-86-5, 問 8-86-5,
問 8-86-10, 問 8-84-11, 問 9-83-11,
問 9-83-12, 問 9-82-2, 問 9-81-9,
問 9-81-9, 問 10-80-2, 問 10-80-4,
問 10-80-8, 問 10-80-12, 問 10-79-1,
問 10-79-1, 問 10-79-2, 問 10-79-7,
問 10-79-8, 問 10-79-8, 問 10-77-3,
問 10-77-8, 問 10-77-10, 問 10-76-1,
問 10-76-5, 問 10-76-10, 問 10-75-3,
問 10-75-11, 問 10-74-1, 續 1-112-12,
續 2-113-3, 續 2-113-5, 續 2-113-7,
續 2-113-12, 續 4-115-7, 續 4-115-7,
續 5-116-3, 續 6-117-1, 續 6-117-2,
續 6-117-6, 續 6-117-11, 續 7-118-4,
續 7-118-5, 續 7-118-11, 續 8-119-11,
續 9-120-7, 續 9-120-7, 續 9-120-8,
續 9-120-11, 續 10-121-1, 續 10-121-2,
續 11-122-4, 續 11-122-5, 續 11-122-9,
續 13-124-4, 續 13-124-7, 續 15-126-10,
續 15-126-12, 續 16-127-10,
續 16-127-12, 續 17-128-7, 談 1-214-4,
談 1-214-4, 談 3-212-4, 談 4-211-1,
談 4-211-1, 談 4-211-1, 談 4-211-4,
談 4-211-5, 談 4-211-5, 談 5-211-9,
談 5-210-3, 談 6-210-11, 談 6-209-3,
談 7-209-11, 談 7-209-12, 談 9-207-3,
談 9-207-4, 談 9-207-6, 談 11-206-9,
談 11-206-10, 談 11-206-12, 談 12-205-4,
談 13-204-1, 談 13-204-2, 談 13-204-4,
談 13-204-4, 談 13-204-6, 談 13-204-6,
談 13-204-7, 談 14-204-11, 談 14-203-2,
談 15-203-11, 談 15-203-12,
談 17-201-10, 談 18-200-6, 談 19-199-2,

談 19-199-3, 談 19-199-4, 談 20-199-10,
談 20-198-1, 談 21-198-4, 談 21-198-5,
談 21-198-6, 談 21-198-9, 談 21-198-10,
談 21-198-11, 談 23-196-1, 談 23-196-5,
談 23-196-6, 談 24-196-11, 談 24-196-12,
談 24-195-1, 談 24-195-3, 談 24-195-5,
談 25-195-7, 談 25-195-9, 談 26-195-12,
談 26-194-1, 談 26-194-2, 談 26-194-4,
談 27-194-7, 談 27-194-12, 談 27-193-3,
談 28-193-7, 談 28-193-8, 談 29-192-5,
談 29-192-6, 談 29-192-6, 談 29-192-9,
談 29-192-11, 談 30-191-10,
談 33-189-10, 談 33-189-12, 談 34-187-5,
談 36-185-2, 談 37-185-8, 談 37-185-12,
談 38-184-8, 談 38-184-10, 談 42-181-6,
談 42-181-7, 談 43-180-4, 談 43-180-5,
談 43-180-6, 談 44-180-10, 談 44-180-10,
談 44-180-11, 談 44-179-2, 談 44-179-3,
談 44-179-3, 談 44-179-5, 談 45-179-7,
談 45-179-12, 談 46-178-9, 談 46-178-10,
談 46-178-12, 談 46-177-1, 談 47-177-5,
談 48-176-4, 談 49-176-9, 談 49-176-11,
談 50-175-8, 談 50-175-10, 談 50-175-12,
談 50-174-2, 談 51-174-4, 談 52-173-1,
談 52-173-3, 談 52-173-7, 談 52-173-7,
談 53-172-1, 談 54-172-8, 談 54-172-8,
談 54-172-9, 談 54-172-11, 談 54-171-3,
談 55-171-6, 談 55-171-8, 談 56-170-5,
談 56-170-5, 談 56-170-10, 談 57-169-7,
談 57-169-8, 談 57-169-8, 談 58-168-3,
談 58-168-3, 談 58-168-4, 談 58-168-6,
談 58-168-8, 談 58-168-12, 談 59-167-3,
談 59-167-3, 談 60-166-1, 談 60-166-3,
談 60-166-6, 談 61-166-9, 談 61-166-9,
談 61-166-11, 談 61-166-11,
談 62-165-10, 談 62-164-1, 談 62-164-2,
談 63-164-8, 談 63-164-10, 談 63-164-10,
談 63-164-11, 談 63-163-1, 談 63-163-2,
談 64-163-10, 談 65-162-6, 談 66-161-3,
談 66-161-8, 談 66-161-9, 談 67-160-2,

談 67-160-5, 談 68-160-10, 談 68-160-12,
談 68-159-2, 談 68-159-5, 談 68-159-5,
談 69-159-7, 談 69-159-9, 談 69-159-10,
談 69-158-1, 談 70-158-12, 談 70-157-1,
談 71-157-4, 談 71-157-6, 談 71-157-9,
談 71-157-11, 談 71-156-1, 談 70-156-5,
談 70-156-12, 談 73-155-8, 談 74-154-6,
談 75-153-7, 談 75-153-9, 談 76-152-3,
談 77-151-6, 談 78-151-10, 談 78-151-11,
談 78-151-12, 談 78-150-2, 談 78-150-2,
談 79-150-10, 談 79-150-10,
談 79-150-12, 談 80-149-5, 談 80-149-6,
談 80-149-8, 談 81-149-12, 談 81-149-12,
談 81-148-2, 談 81-148-6, 談 82-148-10,
談 82-147-1, 談 82-147-4, 談 83-147-8,
談 83-147-10, 談 83-146-1, 談 84-146-11,
談 85-145-6, 談 85-145-6, 談 85-145-7,
談 85-145-9, 談 85-145-10, 談 85-144-2,
談 86-144-8, 談 86-144-12, 談 87-143-10,
談 88-142-8, 談 90-140-8, 談 91-139-5,
談 91-139-5, 談 91-139-6, 談 92-139-8,
談 92-139-9, 談 92-139-12, 談 94-137-6,
談 94-137-10, 談 95-136-4, 談 96-135-2,
談 96-135-3, 談 99-134-12, 談 99-134-12,
談 99-133-1, 談 99-133-4, 談 99-133-6,
談 100-133-12, 談 100-132-1,
談 100-132-3, 談 100-132-4, 言 1-288-5,
言 1-288-9, 言 1-288-9, 言 1-287-1,
言 1-287-2, 言 1-287-3, 言 1-287-10,
言 1-286-5, 言 1-286-7, 言 1-285-8,
言 1-285-11, 言 1-285-12, 言 2-284-5,
言 3-282-4, 言 3-281-11, 言 3-278-3,
言 3-275-3, 言 3-275-10, 言 3-273-7,
言 3-272-5, 言 4-272-12, 言 4-271-8,
言 4-271-8, 言 5-270-10, 言 6-269-7,
言 8-266-12, 言 8-266-12, 言 8-265-4,
言 8-265-5, 言 8-265-7, 言 8-264-1,
言 8-264-6, 言 8-264-9, 言 8-264-11,
言 8-264-12, 言 8-263-1, 言 8-263-3,
言 8-263-6, 言 8-263-7, 言 8-263-8,

言 9-261-3，言 9-260-10，言 9-260-10，
　　言 9-259-1，言 9-259-2，言 9-259-8，
　　言 9-258-1，言 9-258-4，言 9-258-7，
　　言 9-258-8，言 9-258-9，言 9-258-9，
　　言 9-258-10，言 9-258-10，言 10-256-6，
　　言 10-256-7，言 10-255-5，言 10-254-4，
　　言 10-254-5，言 10-254-6，言 10-254-10，
　　言 10-253-3，言 10-253-5，言 10-253-7，
　　言 10-253-8，言 10-253-9，言 10-253-10，
　　言 10-252-4，言 10-252-4，言 10-252-7，
　　言 10-252-8，言 10-252-8，言 10-252-9，
　　言 10-252-9，言 11-250-4，言 12-249-7，
　　言 12-249-7，言 12-249-8，言 13-248-1，
　　言 13-248-2，言 13-248-4，言 14-290-2，
　　言 14-291-1，言 14-292-3，言 14-294-1，
　　言 14-294-2）
不安：2（談 71-157-10，言 9-261-8）
不必：8（問 6-92-5，問 6-92-8，談 31-190-6，
　　談 62-165-11，談 66-161-8，談 70-156-11，
　　談 91-140-11，言 1-288-5）
不便：1（問 3-106-7）
不成：3（談 19-199-3，談 62-164-4，
　　談 81-148-7）
不成材料兒：1（續 18-129-2）
不愁：2（談 79-150-11，談 79-150-11）
不錯：36（散 6-37-2，散 6-37-10，散 15-46-7，
　　問 1-109-5，問 3-105-12，問 4-101-1，
　　問 4-101-3，問 5-98-3，問 6-95-11，
　　問 6-92-7，問 7-92-11，問 7-92-12，
　　問 7-89-1，問 8-86-7，問 9-83-8，
　　問 9-83-11，問 9-82-5，問 9-82-10，
　　問 10-80-1，問 10-80-4，問 10-77-11，
　　問 10-76-2，問 10-76-4，問 10-76-6，
　　問 10-76-10，問 10-74-2，談 39-183-5，
　　談 55-171-10，談 56-170-9，談 76-152-2，
　　言 1-287-10，言 2-283-2，言 8-264-10，
　　言 10-255-1，言 10-255-6，言 10-255-11）
不大：17（散 7-38-7，散 9-40-6，散 38-69-4，
　　問 3-105-7，問 4-101-5，問 5-97-3，
　　問 8-84-7，問 10-80-8，問 10-77-7，

　　談 33-188-3，談 91-140-12，言 4-271-12，
　　言 9-259-5，言 10-252-2，言 10-250-2，
　　言 12-249-5，言 12-249-5）
不待：1（言 1-285-9）
不但：22（問 3-103-9，問 6-95-11，
　　問 6-94-5，問 8-84-2，談 2-213-3，
　　談 3-212-2，談 4-212-12，談 4-211-2，
　　談 5-211-10，談 6-210-9，談 8-208-9，
　　談 28-193-12，談 34-187-4，談 64-163-10，
　　談 77-151-4，言 1-288-12，言 3-283-12，
　　言 8-266-12，言 9-257-9，言 10-254-10，
　　言 12-249-6，言 13-248-2）
不當：1（問 2-108-12）
不得了：1（談 34-187-1）
不等：2（散 39-70-6，言 3-280-1）
不迭：1（談 17-201-9）
不定：11（散 21-52-9，問 2-108-11，
　　問 2-108-11，問 8-87-8，問 8-86-12，
　　問 10-75-12，談 52-173-4，談 86-144-12，
　　言 3-275-12，言 4-271-10，言 14-293-5）
不懂：4（問 9-83-11，問 9-83-11，問 9-82-1，
　　續 11-122-3）
不懂得：1（言 14-293-2）
不獨：1（談 45-179-12）
不斷：2（談 77-151-1，談 90-140-4）
不對：2（散 27-58-6，續 1-112-2）
不多：3（散 2-33-9，談 46-178-12，
　　言 10-251-8）
不犯：1（談 61-166-11）
不妨：1（問 8-85-3）
不分：8（散 21-52-3，散 26-57-7，散 27-58-6，
　　散 31-62-4，散 37-68-4，談 47-177-10，
　　談 61-165-6，談 67-160-2）
不分彼此：1（談 17-201-2）
不分青紅皂白：1（續 11-122-1）
不服：2（問 7-91-9，談 53-172-2）
不該：3（散 31-62-7，散 31-62-7，
　　續 2-113-8）
不敢：8（問 3-105-8，問 4-99-3，續 3-114-8，
　　談 1-214-8，談 2-213-5，談 11-206-10，

談 44-180-12，談 71-157-10）
不敢當：1（談 49-176-11）
不教：5（散 29-60-2，散 29-60-8，散 40-71-6，
　　問 10-78-11，言 13-249-12）
不關：1（散 39-70-4）
不管：7（散 32-63-6，續 3-114-5，續 5-116-8，
　　談 16-202-4，談 44-179-3，言 8-264-8，
　　言 12-249-7）
不過：29（散 15-46-4，問 2-107-4，
　　問 6-94-4，問 8-86-4，問 10-80-9，
　　問 10-77-7，問 10-77-9，續 8-119-1，
　　續 8-119-10，續 9-120-1，談 2-213-6，
　　談 6-209-2，談 12-205-6，談 16-202-6，
　　談 29-192-4，談 34-188-12，談 41-182-7，
　　談 47-177-6，談 52-173-3，談 52-173-5，
　　談 57-169-6，談 57-169-12，談 70-156-11，
　　談 74-154-5，談 91-139-4，談 96-136-12，
　　言 2-283-4，言 9-260-1，言 10-251-5）
不過意：1（談 14-203-2）
不好：38（散 2-33-5，散 2-33-8，散 11-42-8，
　　散 17-48-7，散 18-49-9，散 19-50-8，
　　散 20-51-6，散 31-62-10，問 6-93-2，
　　問 7-89-3，問 8-84-7，問 8-84-7，
　　問 8-83-3，問 8-83-3，問 10-79-4，
　　續 2-113-5，續 7-118-2，續 10-121-5，
　　續 10-121-5，續 15-126-7，談 6-209-1，
　　談 8-208-4，談 16-202-8，談 28-193-7，
　　談 32-189-1，談 37-185-10，談 45-179-8，
　　談 47-177-4，談 52-173-6，談 61-166-12，
　　談 99-133-1，言 8-266-11，言 8-265-2，
　　言 9-260-6，言 9-256-2，言 10-252-2，
　　言 10-252-12，言 10-251-4）
不和：1（散 27-58-6）
不合式：1（問 8-84-8）
不很：2（散 13-44-5，散 15-46-3）
不會：9（散 6-37-2，散 6-37-3，散 12-43-7，
　　散 12-43-7，散 19-50-8，散 31-62-8，
　　續 17-128-6，談 1-214-3，談 28-192-1）
不見：3（問 6-92-6，談 18-200-3，
　　談 38-184-9）

不教而殺謂之虐：1（散 20-51-5）
不盡：2（談 1-214-11，談 49-176-12）
不久：2（談 19-200-11，談 35-187-12）
不拘：8（續 2-113-4，談 10-206-4，
　　談 19-199-2，談 21-198-9，談 54-172-12，
　　談 77-151-5，談 78-150-3，談 79-150-9）
不堪：2（談 9-207-7，談 64-163-8）
不可：8（散 6-37-9，散 20-51-4，散 22-53-5，
　　談 39-183-7，談 79-150-8，言 2-283-4，
　　言 5-269-1，言 8-266-4）
不可與言而與之言，謂之失言：1
　　（談 67-160-6）
不肯：37（散 5-36-8，散 5-36-9，散 20-51-7，
　　散 22-53-7，散 24-55-9，散 24-55-9，
　　散 26-57-5，散 29-60-5，散 29-60-7，
　　散 37-68-9，問 2-107-8，問 3-103-4，
　　問 3-103-10，問 6-93-12，問 6-92-4，
　　問 7-90-4，問 8-84-10，續 4-115-9，
　　談 1-214-9，談 5-210-3，談 18-200-1，
　　談 19-199-3，談 20-199-12，談 26-194-4，
　　談 30-191-4，談 40-182-4，談 41-182-9，
　　談 63-163-1，談 67-160-1，談 69-159-7，
　　談 70-156-12，言 5-270-11，言 5-270-11，
　　言 5-270-12，言 8-264-8，言 9-262-10，
　　言 10-253-8）
不理：1（談 65-162-11）
不論：23（散 14-45-7，散 14-45-8，
　　散 24-55-2，散 27-58-10，散 38-69-3，
　　問 5-95-4，問 6-95-7，問 7-90-3，
　　問 10-76-9，續 8-119-2，談 4-212-11，
　　談 13-204-1，談 13-204-6，談 26-194-1，
　　談 42-181-4，談 47-177-5，談 58-168-9，
　　言 1-285-1，言 5-269-4，言 8-265-9，
　　言 8-265-10，言 8-264-1，言 12-249-6）
不免：1（問 4-100-2）
不明白：1（言 14-293-5）
不能：67（散 14-45-5，散 22-53-8，
　　散 24-55-2，散 24-55-6，散 24-55-10，
　　散 37-68-10，散 40-71-7，問 2-108-9，
　　問 2-107-8，問 4-101-8，問 4-100-11，

問 4-100-12, 問 5-95-4, 問 6-93-3,
問 6-93-11, 問 7-91-10, 問 8-87-11,
問 8-84-2, 問 8-84-3, 問 9-82-2,
問 9-82-3, 問 10-78-6, 問 10-78-8,
問 10-77-8, 問 10-77-9, 問 10-76-3,
問 10-76-5, 續 3-114-3, 續 4-115-6,
續 4-115-7, 續 5-116-4, 續 6-117-5,
續 6-117-5, 談 2-213-3, 談 2-213-10,
談 17-201-5, 談 25-195-7, 談 28-193-10,
談 37-185-11, 談 44-179-4, 談 45-179-9,
談 50-175-10, 談 56-169-1, 談 63-163-2,
談 75-154-12, 談 76-152-6, 談 83-146-3,
言 1-287-9, 言 1-287-9, 言 2-283-1,
言 3-281-3, 言 3-278-9, 言 3-276-12,
言 4-271-5, 言 8-267-3, 言 8-263-5,
言 8-263-7, 言 9-263-12, 言 9-258-8,
言 10-256-6, 言 10-256-10, 言 10-256-10,
言 10-255-9, 言 10-252-1, 言 11-249-3,
言 14-289-2, 言 14-294-5）

不怕：4（問 10-74-3, 談 59-167-8,
談 78-150-5, 言 1-287-10）

不配：1（談 63-164-8）

不然：12（問 3-104-11, 問 7-89-3,
問 10-75-9, 談 9-207-7, 談 13-204-4,
談 42-181-6, 談 45-178-1, 談 56-170-9,
談 61-166-10, 談 70-156-8, 談 94-137-6,
談 94-137-10）

不忍得：1（談 42-181-9）

不容：1（問 8-83-3）

不如：12（問 6-92-3, 問 8-87-12, 問 8-86-9,
問 8-84-11, 談 3-212-7, 談 29-192-5,
談 32-189-7, 談 39-183-7, 談 52-173-7,
談 55-170-1, 談 70-157-1, 言 10-253-10）

不少：4（散 13-44-3, 問 4-100-7,
談 24-195-2, 談 69-159-10）

不甚：2（問 8-86-3, 談 73-155-5）

不勝其任：1（續 18-129-3）

不是：188（散 2-33-5, 散 4-35-7, 散 10-41-3,
散 15-46-6, 散 17-48-7, 散 20-51-5,
散 21-52-9, 散 25-56-6, 散 25-56-9,

散 25-56-10, 散 26-57-3, 散 29-60-9,
散 34-65-4, 散 35-66-9, 散 38-69-8,
散 39-70-3, 問 2-108-2, 問 2-108-6,
問 2-107-1, 問 2-107-2, 問 2-107-11,
問 2-107-12, 問 3-105-1, 問 3-105-4,
問 3-105-5, 問 3-105-9, 問 3-104-8,
問 3-104-9, 問 3-104-9, 問 3-104-10,
問 3-103-7, 問 3-102-2, 問 4-100-1,
問 4-100-2, 問 4-100-10, 問 4-99-2,
問 5-99-8, 問 5-99-9, 問 5-99-10,
問 5-98-3, 問 5-98-6, 問 5-97-1,
問 5-96-5, 問 5-96-6, 問 6-95-7,
問 6-94-6, 問 6-93-6, 問 6-93-12,
問 6-92-5, 問 7-92-12, 問 7-91-1,
問 7-91-1, 問 7-91-1, 問 7-91-2,
問 7-91-2, 問 7-91-3, 問 7-91-4,
問 7-91-7, 問 7-91-7, 問 7-90-1,
問 7-90-3, 問 7-90-4, 問 7-90-6,
問 7-90-7, 問 7-89-2, 問 7-89-4,
問 7-89-8, 問 7-89-8, 問 7-89-9,
問 8-87-3, 問 8-86-7, 問 8-85-6,
問 8-85-6, 問 8-83-4, 問 9-83-9,
問 10-80-5, 問 10-79-10, 問 10-78-6,
問 10-76-1, 問 10-76-4, 問 10-76-10,
問 10-75-2, 問 10-75-5, 問 10-75-6,
問 10-75-7, 問 10-75-7, 續 2-113-3,
續 3-114-1, 續 3-114-3, 續 4-115-2,
續 6-117-11, 續 11-122-7, 續 11-122-8,
續 12-123-4, 談 3-212-6, 談 5-211-7,
談 5-210-1, 談 5-210-4, 談 9-207-2,
談 10-206-1, 談 19-200-11, 談 21-198-5,
談 24-196-12, 談 28-193-10, 談 31-190-5,
談 32-189-1, 談 32-189-2, 談 34-188-7,
談 41-182-12, 談 42-181-3, 談 44-180-9,
談 44-180-11, 談 46-178-7, 談 47-177-4,
談 47-177-6, 談 47-177-10, 談 47-177-10,
談 52-174-12, 談 52-173-1, 談 53-172-2,
談 54-172-12, 談 56-169-1, 談 57-169-4,
談 57-169-5, 談 62-165-11, 談 63-163-3,
談 65-162-9, 談 65-162-11, 談 66-161-8,

談 67-160-3，談 70-158-12，談 71-157-6，
談 73-155-10，談 76-152-8，談 80-149-3，
談 81-148-1，談 81-148-1，談 82-148-11，
談 83-146-1，談 84-146-11，談 86-144-4，
談 87-143-6，談 90-140-7，言 2-284-2，
言 2-284-8，言 2-284-12，言 3-274-1，
言 4-271-9，言 4-271-12，言 5-270-8，
言 5-270-9，言 6-269-8，言 8-267-6，
言 8-266-5，言 8-266-8，言 8-266-8，
言 8-266-10，言 8-265-5，言 8-265-5，
言 8-264-8，言 9-260-10，言 9-259-12，
言 9-258-4，言 9-258-12，言 9-258-12，
言 9-257-10，言 10-255-1，言 10-255-1，
言 10-255-2，言 10-255-6，言 10-255-6，
言 10-254-2，言 10-254-3，言 10-254-6，
言 10-254-7，言 10-254-8，言 10-254-9，
言 10-252-11，言 10-252-11，
言 10-252-12，言 10-252-12，
言 10-252-12，言 10-251-3，言 11-249-2，
言 12-249-8，言 14-290-2，言 14-291-2，
言 14-294-4）
不是東西：1（續 9-120-6）
不舒服：4（談 34-187-5，談 45-179-12，
談 61-165-4，談 67-160-3）
不熟：1（問 3-105-5）
不算：4（散 19-50-4，問 3-106-11，
問 6-94-4，問 8-85-10）
不通：2（續 8-119-10，續 8-119-10）
不同：21（散 8-39-4，散 27-58-6，散 30-61-6，
散 35-66-8，散 38-69-4，散 38-69-7，
問 8-86-3，問 10-76-5，問 10-76-8，
續 13-124-2，談 87-143-12，言 1-286-8，
言 1-285-5，言 3-280-12，言 3-278-5,
言 3-275-7，言 3-275-12，言 4-272-11，
言 9-261-4，言 9-260-1，言 13-249-12）
不妥：2（談 84-145-3，談 98-134-3）
不問：1（談 16-202-5）
不相干：3（續 18-129-2，談 52-173-7，
談 54-172-11）
不想：2（談 22-197-3，談 71-157-5）

不像事：1（談 81-148-7）
不信：2（談 46-178-8，談 47-177-9）
不行：16（問 6-92-4，問 7-90-9，問 8-88-6，
問 8-88-9，問 8-88-9，問 8-84-8，
問 8-84-9，問 10-78-4，問 10-78-8，
問 10-78-8，談 81-148-3，談 81-148-6，
言 8-266-10，言 9-260-6，言 9-259-6，
言 10-256-9）
不許：2（問 6-92-2，言 9-258-2）
不言不語：1（談 55-171-7）
不要：9（散 2-33-6，散 2-33-7，散 2-33-10，
散 14-45-7，問 3-103-4，續 13-124-6，
談 93-138-9，言 8-264-4，言 14-291-4）
不要臉：1（續 13-124-7）
不依：6（問 5-95-3，問 5-95-3，談 9-207-4，
談 60-166-4，談 66-161-5，談 66-161-9）
不易：1（談 93-138-12）
不迎不送：1（談 88-141-1）
不用：22（散 39-70-9，問 3-105-8，
問 3-103-1，問 5-99-12，問 6-94-9，
問 6-93-9，問 6-92-3，問 7-91-6，
問 8-88-8，問 10-80-7，問 10-80-9，
問 10-78-12，談 49-175-3，談 62-165-12，
談 79-150-11，談 79-150-11，
談 79-150-11，言 1-288-4，言 1-287-7，
言 2-283-4，言 8-265-1，言 14-292-6）
不由的：2（談 16-202-9，談 67-160-6）
不再：2（言 9-257-1，言 9-257-2）
不在：7（散 22-53-6，問 5-99-12，問 9-81-6，
談 76-153-12，談 76-152-1，談 94-137-3，
言 10-255-8）
不怎麼樣：1（問 6-93-5）
不知不覺：1（談 62-164-3）
不知恥：1（談 99-133-5）
不知道：1（言 8-265-12）
不知足：1（談 78-151-11）
不止：9（散 28-59-8，散 29-60-9，問 5-98-4，
問 10-75-4，言 1-288-3，言 8-267-1，
言 8-264-10，言 9-257-7，言 13-248-4）
不中用：1（談 42-181-5）

不住：1（談 3-212-4）
不著：1（續 12-123-10）
不准：1（散 32-63-5）
不足：2（散 24-55-4，散 34-65-3）
布：9（散 16-47-1，散 28-59-1，散 28-59-5，
　　散 28-59-5，言 3-278-6，言 3-278-6，
　　言 3-275-3，言 8-265-12，言 8-265-12）
布口袋：1（散 16-47-5）
布鋪：2（問 4-102-12，問 5-98-5）
布置：1（言 14-294-2）
步：3（問 10-74-1，問 10-74-1，
　　談 70-158-10）
步步兒留心：1（續 13-124-3）
步箭：2（談 10-207-9，談 10-206-1）
步行：2（散 4-35-1，散 4-35-4）
步行兒：5（散 4-35-4，散 5-36-3，
　　談 33-188-4，談 75-153-7，談 92-139-11）
部：9（問 10-75-2，問 10-75-2，問 10-75-2，
　　問 10-75-10，談 9-207-2，談 68-159-3，
　　談 68-159-4，言 3-274-10，言 3-274-10）
部首：27（問 10-80-5，問 10-80-6，
　　問 10-80-7，問 10-80-8，問 10-80-8，
　　問 10-80-10，問 10-79-1，問 10-79-3，
　　問 10-79-3，問 10-79-5，問 10-79-6，
　　問 10-79-7，問 10-79-9，問 10-79-10，
　　問 10-79-10，問 10-79-11，問 10-79-12，
　　問 10-78-2，問 10-78-4，問 10-78-5，
　　問 10-78-11，問 10-78-12，問 10-76-10，
　　問 10-76-11，言 14-293-3，言 14-293-3，
　　言 14-293-4）

C

擦一擦：2（散 28-59-2，散 28-59-9）
猜：1（續 1-112-1）
猜一猜：1（談 34-188-8）
纔：108（散 29-60-4，問 2-108-6，
　　問 2-108-12，問 3-104-3，問 3-104-8，
　　問 5-98-10，問 9-82-11，問 9-81-1，
　　問 9-81-3，問 9-81-6，問 10-78-9，

　　問 10-77-1，問 10-76-9，續 1-112-3，
　　續 2-113-5，續 3-114-6，續 3-114-6，
　　續 3-114-12，續 4-115-6，續 5-116-5，
　　續 6-117-4，續 10-121-8，續 14-125-11，
　　續 15-126-5，談 3-212-2，談 7-209-12，
　　談 9-207-2，談 9-207-7，談 10-207-12，
　　談 11-206-9，談 20-199-10，談 21-198-10，
　　談 22-197-5，談 22-197-7，談 24-196-10，
　　談 26-194-2，談 28-193-6，談 28-193-9，
　　談 28-192-2，談 29-192-11，談 31-190-1，
　　談 40-182-1，談 40-182-4，談 42-181-8，
　　談 46-178-5，談 46-178-7，談 46-178-11，
　　談 46-177-1，談 47-177-4，談 48-176-4，
　　談 48-176-7，談 50-175-11，談 51-174-5，
　　談 54-172-12，談 55-171-9，談 59-167-4，
　　談 59-167-6，談 62-165-10，談 63-164-11，
　　談 64-163-6，談 69-159-8，談 69-159-10，
　　談 69-158-1，談 70-158-11，談 71-157-7，
　　談 70-156-4，談 70-156-5，談 70-156-7，
　　談 73-155-4，談 74-154-9，談 75-154-11，
　　談 75-153-1，談 75-153-3，談 77-151-2，
　　談 81-148-2，談 81-148-4，談 82-147-1，
　　談 83-147-12，談 84-145-2，談 85-145-11，
　　談 87-143-11，談 88-142-8，談 88-142-10，
　　談 89-141-8，談 92-139-11，談 92-139-12，
　　談 93-138-7，談 93-138-10，談 96-136-10，
　　談 96-135-1，談 97-135-12，談 98-134-5，
　　言 1-286-9，言 1-285-10，言 3-280-9，
　　言 3-279-3，言 3-278-8，言 3-277-9，
　　言 3-275-3，言 3-275-11，言 7-268-2，
　　言 8-267-10，言 9-262-12，言 9-259-9，
　　言 10-256-10，言 10-253-8，言 10-252-6，
　　言 11-249-1）
纔剛：1（問 10-75-5）
纔略：1（談 43-180-3）
才幹：1（談 47-177-7）
才貌：1（談 85-145-6）
才情：1（談 15-203-6）
財主：3（續 7-118-1，談 28-193-10，
　　言 9-257-12）

裁：2（散12-43-2，散12-43-8）
裁縫：4（散12-43-2，散12-43-8，
　　談86-144-5，談86-144-12）
裁開：1（言3-274-7）
彩頭：1（談13-204-2）
彩頭兒：1（談89-141-9）
菜：9（散14-45-2，散14-45-2，散14-45-5，
　　散14-45-6，問8-86-8，問8-86-8，
　　問8-86-9，談36-186-10，談70-158-8）
菜蔬：1（談70-156-10）
菜園子：1（問3-103-2）
參差：3（散22-53-1，散22-53-5，
　　散22-53-10）
參贊：2（散19-50-1，散19-50-4）
殘疾：1（問4-100-10）
慚愧：2（散27-58-2，散27-58-7）
慘：1（談50-174-2）
慘淡：1（談98-134-3）
倉庫：2（散34-65-1，散34-65-2）
艙：1（續7-118-11）
藏：2（問5-97-1，談77-151-5）
藏私：1（續9-120-7）
操：2（談7-209-9，談86-143-1）
槽：1（談32-189-6）
膆舊：1（談57-169-4）
皭爛：1（談37-185-6）
草：5（談33-189-9，談65-162-8，
　　談89-141-4，談90-140-4，言3-276-3）
草本：1（散26-57-8）
草雞：1（續13-124-4）
草率：2（散33-64-2，散33-64-8）
草木：2（散26-57-2，散26-57-7）
草頭：1（續6-117-2）
草字：2（散33-64-2，散33-64-8）
騲驢：1（續12-123-11）
册子：2（言3-279-5，言3-279-5）
側身子：1（續10-121-8）
層：21（散33-64-3，散33-64-10，
　　問3-103-11，問4-102-9，問5-98-3，
　　問10-80-10，問10-80-10，問10-80-11，
　　問10-79-1，問10-79-1，問10-79-2，
　　問10-79-4，問10-79-5，問10-79-9，
　　問10-79-10，問10-79-11，談22-197-2，
　　談37-185-6，談51-174-10，談54-171-3，
　　言3-281-12）
層層：1（談23-196-3）
層次：2（問10-75-11，言7-268-5）
叉：1（言3-278-8）
叉子：1（言3-276-8）
插：1（續13-124-1）
杈兒：1（談13-204-2）
謠言兒：1（續11-122-12）
鍤子：2（散7-38-2，散8-39-4）
茶：16（散8-39-6，散8-39-7，問3-103-7，
　　問3-103-7，問4-101-3，續4-115-10，
　　續10-121-10，談11-206-10，談11-205-1，
　　談31-190-4，談73-155-8，談90-140-6，
　　談96-136-11，言3-282-11，言3-282-11，
　　言14-293-1）
茶館：1（問3-103-6）
茶館兒：5（問3-103-8，問3-103-9，
　　問3-103-10，問3-103-10，問3-102-1）
茶壺：4（散8-39-1，散8-39-6，散10-41-9，
　　言3-276-7）
茶碗：9（散7-38-2，散7-38-7，散7-38-8，
　　散8-39-6，散23-54-9，散23-54-9，
　　散28-59-10，言5-270-3，言8-267-12）
茶葉：3（問5-98-8，問5-98-8，言10-251-3）
茶盅：2（散7-38-2，散7-38-7）
搽胭抹粉兒：1（續15-126-8）
查：1（言8-265-1）
察：5（散35-66-4，問6-94-3，問10-80-8，
　　言1-287-9，言3-282-5）
察一察：3（問10-80-5，問10-80-5，
　　言1-287-9）
察照：1（問6-94-3）
鑔兒：1（談27-193-1）
岔道兒：2（問8-85-7，言10-254-9）
差：2（續6-117-4，談3-212-3）
差不多：8（問4-101-7，問4-101-12，

問 8-86-2，問 8-86-11，言 10-252-6，
言 10-252-6，言 10-252-7，言 10-252-8）
差不多兒：2（談 3-212-8，言 10-252-5）
差點兒：2（續 1-112-7，談 18-200-5）
差一點兒：4（談 30-191-7，談 70-156-4，
言 10-251-11，言 10-251-11）
差人：2（談 9-207-5，談 21-198-10）
差使：25（散 38-69-1，散 38-69-3，
散 38-69-9，散 38-69-10，問 2-108-7，
問 2-108-10，問 2-108-11，問 2-107-3，
問 6-93-1，問 7-90-6，談 6-209-1，
談 12-205-9，談 13-204-6，談 15-203-9，
談 19-200-12，談 21-198-7，談 33-188-4，
談 33-188-4，談 34-187-5，談 62-165-9，
談 62-165-11，談 100-133-12，
言 8-266-10，言 8-265-6，言 10-255-11）
柴火：10（散 14-45-1，散 14-45-2，
問 5-97-5，問 5-97-6，問 5-97-7，
續 13-124-6，言 3-276-3，言 3-274-4，
言 3-274-5，言 3-274-5）
柴火艇：2（問 5-97-8，問 5-97-12）
柴艇：2（問 5-96-5，問 5-96-10）
攙和：1（續 8-119-11）
讒言：1（談 17-201-5）
饞嘴：1（談 70-158-4）
纏：2（言 8-265-11，言 8-265-12）
產業：4（問 2-107-12，談 17-201-6，
談 29-192-10，言 9-257-11）
鏟子：1（言 3-276-8）
傻頭：1（談 33-189-9）
長 chang：18（散 1-32-8，散 1-32-9，
散 10-41-2，散 10-41-2，散 10-41-8，
散 17-48-9，問 3-104-11，問 3-104-11，
問 3-103-3，問 7-91-9，談 5-211-10，
談 8-208-3，談 10-207-9，談 56-170-7，
談 70-156-6，談 80-149-7，言 3-276-1，
言 14-291-5）
長長兒：2（談 56-170-12，談 69-159-8）
長短：2（散 39-70-7，言 1-285-6）
長髮賊：1（散 18-49-8）

長江：2（散 30-61-1，散 30-61-5）
長街：1（問 8-86-4）
長槍：2（散 21-52-6，言 3-278-8）
長住：1（言 8-265-8）
腸子：1（談 63-164-8）
常：23（散 37-68-3，問 5-97-2，問 5-97-2，
問 8-88-8，問 9-82-8，續 6-117-9，
談 24-196-11，談 28-193-12，談 42-181-6，
談 49-176-11，談 63-164-9，談 64-163-7，
談 71-157-10，言 2-283-2，言 3-279-12，
言 3-278-12，言 3-275-2，言 3-273-1，
言 3-272-6，言 4-271-7，言 9-262-5，
言 10-256-8，言 14-293-5）
常愛：2（問 4-100-7，問 4-100-8）
常幌：1（言 10-251-9）
常見：1（散 37-68-3）
常用：6（問 10-80-11，問 10-79-6，
問 10-76-6，問 10-76-6，言 14-294-6，
言 14-294-6）
嚐：1（談 69-159-12）
場：1（問 9-81-3）
場處：1（談 16-202-9）
暢快：1（談 91-140-11）
唱：3（問 5-96-9，談 90-140-6，言 10-251-4）
唱曲：1（散 33-64-3）
唱曲兒：1（散 33-64-8）
抄寫：3（散 5-36-1，散 6-37-8，言 8-265-9）
超羣：1（談 85-145-6）
朝：1（續 7-118-4）
朝會：1（談 34-187-4）
朝廷：3（散 32-63-1，散 32-63-3，
散 32-63-3）
朝珠：2（言 3-279-10，言 3-279-10）
潮：1（言 12-249-5）
吵：1（談 87-143-8）
吵鬧：5（散 23-54-1，散 23-54-6，
談 16-202-9，談 43-181-12，言 3-281-2）
吵嚷：4（問 3-105-8，談 43-180-1，
談 66-161-4，談 81-148-3）
炒：1（續 8-119-2）

車：37（散4-35-2，散4-35-6，散4-35-6，
　　散15-46-5，散15-46-5，散15-46-9，
　　散15-46-9，散16-47-7，散17-48-9，
　　散34-65-10，散34-65-10，問3-104-1，
　　問3-104-4，問7-90-10，問7-90-11，
　　問7-90-11，問7-90-11，問7-90-12，
　　問7-90-12，問7-90-12，問7-89-2，
　　問7-89-3，問7-89-3，問7-89-5，
　　問7-89-6，問7-89-8，問8-84-5，
　　問8-84-6，續5-116-2，言3-281-4，
　　言9-257-10，言10-254-10，言10-254-11，
　　言10-253-1，言10-253-1，言10-253-1，
　　言10-253-4）
車店：1（散15-46-10）
車價：8（散15-46-9，散15-46-9，問3-104-7，
　　問3-103-9，問3-103-9，問3-103-11，
　　問3-103-12，問3-102-1）
車輛：1（散40-71-3）
車馬：3（散23-54-6，問8-88-12，問8-87-1）
車錢：3（問3-104-1，問3-103-5，
　　言14-290-4）
扯手：1（問8-84-10）
掣肘：1（談83-146-2）
撤：3（散14-45-2，散14-45-10，
　　散14-45-10）
徹底子：1（談58-168-11）
撤任：1（散38-69-4）
澈底兒：1（談78-150-2）
臣子：1（言9-261-6）
沉下臉：1（談84-146-9）
沉重：1（談51-174-4）
陳：1（問4-102-7）
陳案：2（散38-69-2，散38-69-9）
陳穀子爛芝蔴：1（談77-151-4）
趁：3（談16-202-3，談29-192-5，
　　談98-134-3）
趁空兒：1（談55-170-1）
趁愿：1（談70-158-5）
襯：1（言8-263-5）
稱：12（散13-44-9，散13-44-10，
　　散13-44-10，散25-56-2，散25-56-4，
　　散25-56-5，散25-56-5，散38-69-5，
　　談31-190-5，言8-268-12，言8-268-12，
　　言8-267-1）
稱爲：4（言1-287-1，言2-284-5，言3-281-5，
　　言8-267-1）
稱一稱：1（散13-44-3）
稱讚：1（談68-160-10）
撐：1（談91-139-2）
撐船：1（談91-140-12）
成：38（散21-52-9，散39-70-4，問10-79-3，
　　問10-79-6，問10-79-7，問10-78-9，
　　問10-77-1，問10-77-2，問10-77-2，
　　問10-77-9，問10-76-6，問10-75-12，
　　續1-112-12，續7-118-7，談1-214-8，
　　談13-204-2，談18-200-4，談18-200-6，
　　談35-186-4，談44-180-8，談45-179-7，
　　談47-177-7，談64-163-9，談70-158-4，
　　談82-148-10，談86-143-1，談98-134-9，
　　言1-287-3，言1-287-7，言1-287-12，
　　言1-286-2，言1-286-2，言1-286-3，
　　言1-286-3，言1-285-4，言1-285-4，
　　言1-285-6，言8-263-8）
成器：1（談44-179-3）
成雛：1（談17-201-6）
成就：1（談4-212-11）
成句：3（言1-285-6，言1-285-8，
　　言1-285-10）
成名：1（談100-133-11）
成片：1（談2-213-3）
成人：6（散21-52-2，散21-52-9，
　　談1-214-10，談6-209-2，談15-203-11，
　　談20-199-11）
成事：2（散21-52-2，散21-52-10）
成書：1（問10-75-5）
成雙：1（言3-280-9）
成天家：1（續3-114-7）
成樣兒：2（談29-192-6，談50-175-8）
成章：2（言3-275-4，言3-275-5）
誠實：1（問3-102-3）

誠心：1（談 16-202-6）
城：3（問 3-103-6，問 8-85-6，言 10-251-10）
城裏：1（散 3-34-1）
城裏頭：6（散 3-34-3，散 3-34-7，問 5-96-9，
　　問 7-90-3，問 8-85-9，談 92-138-1）
城門：1（散 20-51-4）
城門兒：2（談 75-154-12，談 75-153-2）
城門口兒：1（散 23-54-5）
城外：4（散 3-34-1，問 3-105-5，問 3-105-5，
　　問 8-85-9）
城外頭：13（散 7-38-9，散 15-46-3，
　　散 30-61-9，問 3-105-5，問 7-92-10，
　　問 7-90-9，問 7-90-10，談 33-189-10，
　　談 39-184-12，談 76-152-7，談 90-140-1，
　　談 92-138-3，言 8-267-7）
成效：1（言 10-250-1）
承：1（談 3-213-12）
承辦：2（散 38-69-3，散 38-69-10）
承受：1（言 1-285-7）
承望：1（談 83-146-1）
乘：7（言 3-281-4，言 3-281-4，言 3-281-4，
　　言 3-281-4，言 3-281-4，言 3-281-4，
　　言 3-281-4）
乘涼兒：1（談 93-138-7）
乘興而往，掃興而回：1（談 92-138-3）
秤：3（散 13-44-3，散 13-44-10，言 3-278-8）
吃：12（散 14-45-6，散 14-45-8，散 17-48-8，
　　問 3-103-7，問 3-103-7，問 6-93-10，
　　問 8-87-10，問 8-86-8，問 8-86-8，
　　問 8-86-9，問 8-86-10，談 92-139-11）
吃穿：1（言 14-294-3）
吃飯：5（散 8-39-3，散 14-45-2，散 14-45-8，
　　散 14-45-10，散 15-46-8）
吃食：1（問 8-86-2）
吃煙：2（問 5-98-6，問 5-98-6）
喫：68（散 24-55-11，問 5-97-1，問 5-97-3，
　　問 5-97-3，續 3-114-9，續 8-119-3，
　　續 8-119-11，續 11-122-8，續 11-122-12，
　　續 12-123-1，續 14-125-3，續 14-125-5，
　　續 16-127-11，談 11-206-8，談 11-206-8，
　　談 11-206-9，談 11-206-9，談 11-206-9，
　　談 11-206-11，談 16-202-4，談 17-201-2，
　　談 28-193-7，談 28-193-10，談 28-193-11，
　　談 29-192-6，談 29-192-6，談 29-192-10，
　　談 36-186-10，談 45-179-9，談 45-178-1，
　　談 45-178-2，談 50-175-11，談 51-174-9，
　　談 52-173-1，談 52-173-7，談 60-166-2，
　　談 65-162-7，談 65-162-9，談 69-159-12，
　　談 70-158-6，談 71-157-9，談 71-157-9，
　　談 71-156-1，談 70-156-11，談 70-156-12，
　　談 73-155-10，談 74-154-3，談 79-150-11，
　　談 79-150-11，談 80-149-5，談 80-149-8，
　　談 80-149-8，談 81-149-12，談 82-148-12，
　　談 88-142-6，談 88-142-10，談 88-142-11，
　　談 88-142-11，談 88-142-12，
　　談 91-140-11，談 93-138-11，
　　談 94-137-10，談 94-137-10，談 97-135-6，
　　談 97-135-12，談 100-133-10，
　　談 100-133-11，言 9-260-5）
喫飽：2（續 11-122-11，談 70-156-12）
喫不了：2（談 28-193-7，談 69-159-11）
喫茶：1（談 73-155-9）
喫穿：1（談 16-202-4）
喫飯：2（談 28-193-8，言 10-252-3）
喫喝：2（談 36-186-10，談 82-147-3）
喫喝兒：1（談 42-181-10）
喫酒：1（談 85-145-6）
喫虧：7（散 39-70-2，散 39-70-8，散 39-70-9，
　　談 27-194-7，談 55-171-9，談 81-148-5，
　　言 9-256-2）
喫怕：1（續 8-119-9）
喫煙：1（談 73-155-8）
喫藥：2（續 3-114-1，談 52-174-12）
喫齋：2（談 80-149-4，談 80-149-5）
遲：10（續 5-116-7，續 17-128-1，
　　談 26-195-12，談 28-192-2，談 31-190-3，
　　談 66-161-9，談 69-159-8，談 70-156-8，
　　談 74-154-3，談 85-144-2）
遲疑不斷：1（談 81-148-6）
持齋：1（談 80-149-8）

尺：2（散 25-56-2，散 25-56-10）
摵麴：1（續 11-122-12）
冲散：1（談 82-147-4）
充：3（談 56-170-6，談 57-169-9，談 99-133-3）
充兵：1（散 19-50-7）
充補：1（散 19-50-6）
充當：1（散 19-50-2）
充數兒：2（散 19-50-6，談 6-210-9）
充足：1（談 14-203-3）
虫：2（言 9-262-2，言 9-262-3）
重 chong：4（問 9-82-7，問 10-76-3，談 1-214-9，言 4-272-12）
重重兒：1（談 9-207-7）
重複：2（問 10-76-5，言 3-282-4）
重落：1（談 50-175-11）
寵：2（言 9-261-6，言 9-261-9）
抽：3（散 36-67-9，談 27-193-2，談 27-193-2）
抽打：2（言 14-289-3，言 14-289-3）
抽空兒：3（散 33-64-3，談 1-214-7，談 71-157-8）
抽冷子：1（問 5-97-8）
抽身：1（談 82-147-5）
抽屜：3（散 36-67-2，散 36-67-10，散 36-67-10）
雛：2（談 18-200-5，談 64-163-9）
仇：1（續 7-118-6）
綢：2（言 3-278-6，言 3-275-3）
綢緞：1（談 57-169-10）
稠雲：1（談 94-137-5）
愁：3（談 2-213-10，談 50-175-7，談 55-170-2）
愁眉不展：1（續 12-123-2）
愁容滿面：1（談 59-167-2）
醜：1（談 81-148-7）
瞅：3（談 29-192-7，談 56-170-9，談 58-168-10）
臭：1（續 10-121-2）
臭虫：1（談 95-136-2）

出：33（散 26-57-8，散 32-63-8，散 35-66-4，散 35-66-4，散 38-69-4，問 5-96-3，問 5-96-4，問 8-85-7，續 3-114-8，續 15-126-7，續 16-127-10，談 11-206-12，談 20-199-10，談 27-193-3，談 34-188-10，談 37-185-7，談 45-179-10，談 47-177-7，談 55-171-10，談 56-170-9，談 59-167-5，談 74-154-5，談 81-148-7，談 89-141-4，談 99-133-7，言 3-282-7，言 5-270-3，言 8-265-7，言 8-263-8，言 9-263-12，言 9-261-11，言 9-257-3，言 10-255-10）
出殯：3（談 76-152-3，談 76-152-6，言 3-274-2）
出兵：3（問 4-100-5，談 12-205-9，談 22-197-2）
出差：1（言 10-255-10）
出城：5（問 5-99-7，問 6-92-1，問 8-88-9，談 36-186-7，談 90-140-1）
出城兒：1（談 92-139-8）
出出氣：1（談 62-164-5）
出花兒：2（談 87-143-4，談 87-143-5）
出家：2（散 33-64-5，散 33-64-6）
出嫁：1（問 4-100-4）
出口：5（問 5-97-5，問 5-97-6，問 5-97-6，問 5-97-7，問 6-95-10）
出来：3（談 22-197-7，談 80-149-8，談 92-138-1）
―出來：33（散 14-45-6，散 27-58-3，散 36-67-10，散 36-67-10，問 6-95-10，問 10-80-1，問 10-78-6，問 10-77-4，問 10-77-5，問 10-77-8，續 3-114-5，續 8-119-5，談 11-206-8，談 13-204-2，談 17-201-8，談 21-198-5，談 35-187-12，談 47-177-5，談 60-166-1，談 63-164-10，談 67-160-6，談 82-147-5，談 94-137-8，談 100-132-5，言 1-288-6，言 1-285-10，言 8-265-1，言 8-264-9，言 9-258-11，言 10-253-4，言 10-252-3，言 12-249-6，言 13-249-11）
出類拔萃：1（談 10-207-10）

出力：5（散 32-63-4，談 4-212-11，
　　談 15-202-1，談 17-201-9，談 79-150-12）
出門：11（散 16-47-7，散 34-65-8，
　　問 2-108-9，問 3-106-10，談 31-190-5，
　　談 74-154-7，言 9-260-5，言 10-256-8，
　　言 10-256-8，言 10-255-9，言 10-251-8）
出門子：2（問 4-100-5，問 4-100-7）
出名：2（談 10-207-10，談 30-191-10）
出去：22（散 3-34-2，散 3-34-10，散 9-40-7，
　　散 16-47-8，問 3-105-3，問 3-105-8，
　　問 3-105-8，問 3-103-8，問 7-90-1，
　　問 7-90-2，問 7-90-2，問 7-90-7，
　　談 10-207-11，談 30-191-2，談 30-191-3，
　　談 35-186-1，談 43-180-6，談 92-138-2，
　　談 95-136-6，言 9-259-5，言 10-251-11，
　　言 14-290-4）
出入：4（散 20-51-3，散 32-63-5，問 1-109-6，
　　言 3-280-2）
出身：2（續 16-127-11，談 100-132-5）
出世：1（談 91-139-4）
出頭：1（談 19-200-11）
出外：2（問 2-107-4，問 7-90-1）
出息：4（談 6-209-2，談 10-207-12，
　　談 20-199-8，談 55-170-2）
出息兒：3（談 4-211-4，談 56-169-1，
　　談 75-153-8）
出言不遜：1（續 15-126-8）
出洋：2（問 5-98-7，問 5-97-4）
出於：3（散 20-51-5，續 8-119-5，
　　談 16-202-6）
出遠門兒：1（談 31-190-5）
出災：1（談 51-174-10）
出衆：2（談 10-206-4，談 19-200-12）
初：1（散 27-58-5）
初次：8（散 27-58-5，談 31-190-5，
　　言 9-256-2，言 10-256-12，言 10-255-1，
　　言 10-255-2，言 10-253-8，言 10-252-1）
除：2（談 75-153-2，談 82-148-10）
除此以外：1（談 59-167-4）
除了：14（散 40-71-1，散 40-71-5，
　　散 40-71-5，問 10-75-9，續 1-112-9，
　　談 20-199-11，談 78-150-3，言 1-288-11，
　　言 3-276-5，言 3-275-6，言 3-273-2，
　　言 3-273-4，言 3-272-5，言 8-264-5）
廚房：2（問 8-87-10，問 8-87-11）
廚子：1（言 14-292-3）
厨房：3（散 7-38-1，散 7-38-6，散 8-39-4）
厨子：2（散 7-38-6，續 12-123-1）
鋤：1（談 18-200-4）
處：7（談 31-190-6，言 3-279-8，言 3-279-8，
　　言 3-279-8，言 3-275-8，言 14-293-2，
　　言 14-294-4）
處處：2（散 39-70-1，散 39-70-5）
處處兒：2（問 5-98-12，談 66-161-4）
處兒：3（談 2-213-4，談 10-206-3，
　　言 10-254-11）
畜牲：2（談 99-134-12，言 5-270-4）
搊：2（散 23-54-2，散 23-54-10）
揣摸：1（談 29-192-9）
揣摩：2（散 22-53-1，散 22-53-3）
川流不息：1（續 14-125-8）
穿：40（散 11-42-4，散 11-42-5，散 11-42-5，
　　散 11-42-5，散 11-42-5，散 11-42-6，
　　散 11-42-7，散 11-42-7，散 12-43-5，
　　散 12-43-5，問 6-93-4，問 6-93-4，
　　問 10-74-2，續 1-112-2，續 10-121-1，
　　續 17-128-2，談 16-202-4，談 29-192-6，
　　談 29-192-6，談 29-192-10，談 34-187-4，
　　談 34-187-4，談 34-187-5，談 48-176-3，
　　談 57-169-4，談 57-169-6，談 57-169-6，
　　談 57-169-7，談 57-169-7，談 57-169-7，
　　談 57-169-9，談 65-162-3，談 76-153-12，
　　談 79-150-11，談 80-149-9，談 80-149-9，
　　談 86-144-9，談 94-137-7，言 3-274-11，
　　言 5-269-1）
穿兒：1（言 11-250-8）
穿房入屋：1（續 14-125-7）
穿上：2（散 11-42-1，散 11-42-4）
傳：1（談 64-163-8）
傳話：3（言 2-284-9，言 2-284-9，

言 2-284-10）
傳來：1（散 33-64-5）
船：31（散 15-46-2, 散 15-46-2, 散 15-46-5,
　　散 15-46-5, 散 15-46-6, 散 15-46-7,
　　散 15-46-8, 散 15-46-8, 散 15-46-9,
　　散 28-59-9, 散 30-61-5, 問 5-97-10,
　　問 5-96-6, 問 5-96-6, 問 5-96-7,
　　問 5-96-9, 問 5-95-4, 問 6-95-10,
　　問 6-95-11, 問 8-88-5, 續 16-127-1,
　　談 91-140-11, 談 92-139-10, 言 3-283-11,
　　言 3-283-12, 言 3-282-1, 言 3-282-1,
　　言 3-281-4, 言 3-280-8, 言 9-260-8,
　　言 10-254-2）
船家：1（散 15-46-8）
船價：1（散 15-46-9）
船兒：1（談 53-173-12）
船稍兒：1（續 12-123-12）
串：4（言 3-279-10, 言 3-279-10,
　　言 3-279-10, 言 3-279-10）
窗戶：9（問 3-105-9, 續 5-116-3,
　　談 35-187-8, 談 35-187-12, 談 40-183-10,
　　談 40-183-12, 談 82-147-2, 言 14-292-4,
　　言 14-292-5）
窗戶紙：1（散 28-59-3）
窗戶紙兒：2（談 40-183-12, 談 82-147-2）
牕戶：2（散 3-34-2, 散 3-34-5）
床：7（散 7-38-1, 散 7-38-3, 散 7-38-4,
　　散 7-38-4, 散 8-39-3, 言 14-291-4,
　　言 14-291-4）
牀：10（言 3-282-12, 言 3-278-1, 言 3-278-1,
　　言 3-278-1, 言 3-278-1, 言 3-275-6,
　　言 3-275-6, 言 3-273-1, 言 14-291-3,
　　言 14-291-4）
闖：2（問 3-105-9, 問 3-105-9）
闖禍：1（續 18-129-3）
創：1（言 9-263-12）
吹：1（續 1-112-8）
吹燈：2（散 8-39-2, 散 8-39-7）
吹滅：1（散 8-39-7）
吹哨子：1（續 13-124-1）

春：2（散 16-47-2, 散 16-47-10）
春風兒：1（談 90-140-3）
春景兒：1（談 90-140-2）
春天：1（談 90-141-12）
蠢笨：4（散 31-62-2, 散 31-62-6, 散 31-62-7,
　　散 39-70-10）
詞：2（談 8-208-4, 談 36-186-6）
磁器：2（續 12-123-9, 言 8-264-4）
辭：1（言 9-257-8）
此：2（談 73-155-6, 言 2-283-3）
此處：4（散 34-65-2, 言 1-286-8, 言 1-286-9,
　　言 1-286-12）
此處兒：1（散 34-65-5）
此次：1（言 11-249-2）
此等：1（言 2-284-4）
此地：2（續 11-122-6, 言 14-292-4）
此刻：1（談 53-173-11）
此人：1（談 45-179-8）
此時：1（言 9-259-12）
跐：1（續 10-121-8）
次：31（問 10-75-4, 談 8-208-6, 談 27-194-7,
　　談 65-162-9, 談 74-154-4, 談 74-154-8,
　　談 78-151-11, 談 82-148-12, 談 83-147-9,
　　言 1-287-9, 言 8-265-10, 言 8-265-10,
　　言 10-255-2, 言 10-255-2, 言 10-255-2,
　　言 10-255-4, 言 10-255-5, 言 10-255-9,
　　言 10-254-1, 言 10-254-7, 言 10-253-6,
　　言 10-253-6, 言 10-253-7, 言 10-253-7,
　　言 10-253-7, 言 10-253-9, 言 10-253-9,
　　言 10-253-9, 言 10-253-10, 言 10-251-7,
　　言 13-248-4）
次兒：1（談 7-209-6）
次序：1（問 10-77-5）
刺：1（續 1-112-10）
刺刺不休：1（談 70-156-5）
賜：1（談 1-214-8）
莿撓：1（續 13-124-1）
葱：3（散 26-57-2, 散 26-57-6, 言 3-276-3）
聰明：4（散 39-70-2, 散 39-70-10,
　　問 10-78-3, 談 49-175-3）

從：46（散 38-69-6，問 4-100-8，問 7-90-3，
問 7-89-5，問 7-89-9，問 8-86-9，
問 8-85-5，問 9-82-1，問 9-82-3,
問 9-82-4，問 9-82-5，問 9-82-9,
問 9-82-11，問 9-82-11，續 7-118-9,
談 5-211-7，談 27-194-10，談 30-191-8,
談 34-188-8，談 35-187-12，談 43-180-5,
談 54-172-11，談 55-171-12，談 65-162-2,
談 67-160-7，談 71-157-11，談 76-153-12,
談 82-147-2，談 86-144-9，談 89-141-8,
談 89-141-8，談 90-140-5，談 92-138-1,
談 95-136-4，談 100-132-5，言 1-287-10,
言 9-260-8，言 9-257-10，言 10-253-1,
言 11-250-7，言 11-250-8，言 11-250-9,
言 11-250-10，言 11-250-12，言 11-249-1,
言 11-249-1）
從此：1（談 100-133-11）
從從容容：2（談 27-194-12，談 93-138-11）
從從容容兒：1（談 53-172-2）
從豐：3（問 5-97-10，問 5-97-11，問 5-95-3）
從今：1（談 44-180-12）
從來：4（散 29-60-1，散 29-60-9,
散 29-60-10，續 2-113-5）
從前：24（散 29-60-1，散 29-60-6,
散 32-63-7，問 2-108-5，問 2-108-11,
問 2-106-1，問 4-102-11，問 4-101-10,
問 6-93-8，問 7-90-1，談 8-208-6,
談 10-207-12，談 27-194-8，談 34-188-9,
談 59-167-8，談 61-166-10，言 2-284-3,
言 8-267-4，言 9-259-1，言 9-258-4,
言 9-257-7，言 10-256-11，言 10-256-12,
言 10-254-5）
從頭至尾：3（續 18-129-2，談 60-166-1,
談 87-142-2）
從新：2（問 10-75-3，談 37-185-6）
從中：1（談 64-163-9）
從重：1（問 6-94-7）
湊：5（散 29-60-2，散 30-61-10，散 32-63-7,
問 10-78-9，問 10-77-8）
湊錢：1（散 29-60-6）

湊著使：1（續 8-119-12）
粗：5（散 25-56-9，散 31-62-6，續 4-115-11,
言 7-268-4，言 7-268-4）
粗粗耦耦：1（續 17-128-8）
粗風暴雨：1（續 10-121-3）
粗魯：1（續 11-122-7）
粗細：2（散 25-56-2，言 12-249-6）
粗鹽：1（散 14-45-1）
粗紙：1（言 7-268-3）
竄：1（散 21-52-4）
催：2（散 22-53-7，談 54-171-4）
催逼：1（談 26-194-1）
催馬：1（談 92-138-2）
催人：1（散 22-53-2）
啐吐沫：1（談 67-160-8）
翠藍布：1（續 10-121-1）
村：1（言 9-257-10）
村兒：2（問 3-102-2，續 7-118-6）
存：2（散 38-69-9，談 87-143-5）
存稿：2（散 38-69-2，散 38-69-9）
寸：1（散 1-32-8）
搓磨：1（續 1-112-5）
錯：13（問 2-107-3，問 5-98-2，問 5-98-3,
續 10-121-3，續 11-122-5，談 2-213-5,
談 52-173-1，談 58-168-6，談 84-146-11,
談 88-142-12，言 9-259-2，言 9-259-3,
言 14-293-4）
錯兒：1（言 13-248-2）
錯縫子：2（談 6-209-1，談 41-182-11）
錯過：1（談 7-208-1）

D

耷拉：1（續 12-123-1）
搭：7（續 3-114-2，續 6-117-6，談 10-207-11,
談 48-176-5，言 3-274-2，言 3-274-6,
言 11-249-1）
搭救：2（談 14-203-1，談 17-201-8）
搭拉：3（談 33-188-2，談 48-176-2,
談 56-170-9）

『語言自邇集』（初版，1867）全語彙索引　151

答：4（談 56-170-5，言 3-272-6，言 8-267-3，
　　言 9-262-7）
達：1（言 1-285-10）
答言兒：2（談 44-180-10，談 44-180-12）
答應：7（散 29-60-3，散 29-60-4，
　　談 21-198-9，談 21-198-10，談 22-197-6，
　　談 30-191-3，談 43-180-6）
打：54（散 21-52-6，散 21-52-7，散 21-52-7，
　　散 35-66-7，問 3-104-9，問 3-103-10，
　　問 3-103-11，問 3-103-11，問 3-103-11，
　　問 6-94-10，問 8-88-9，問 8-86-6，
　　問 8-86-7，問 8-85-4，問 8-84-4，
　　續 3-114-7，續 11-122-11，續 7-118-3，
　　續 15-126-3，續 16-127-4，續 17-128-5，
　　續 17-128-7，談 9-207-7，談 22-197-2，
　　談 27-194-8，談 32-190-10，談 41-182-10，
　　談 42-181-8，談 43-180-4，談 43-180-5，
　　談 48-176-6，談 63-163-3，談 81-148-7，
　　談 89-141-5，談 96-136-11，言 3-273-11，
　　言 5-270-6，言 5-270-6，言 5-270-12，
　　言 8-265-11，言 9-259-1，言 9-259-2，
　　言 9-258-11，言 9-258-11，言 9-258-11，
　　言 9-258-12，言 9-258-12，言 9-257-5，
　　言 9-257-6，言 9-257-6，言 9-257-6，
　　言 10-254-2，言 10-251-12，言 11-250-8）
打扮：1（續 7-118-1）
打扮打扮：1（談 34-187-4）
打扮兒：1（續 6-117-12）
打盞子：1（談 86-144-7）
打發：17（散 37-68-2，散 37-68-8，
　　問 4-102-10，問 4-101-4，問 7-92-12，
　　問 8-88-3，問 8-83-4，續 8-119-8，
　　談 9-207-1，談 21-198-10，談 32-189-4，
　　談 61-165-2，談 74-154-4，談 74-154-7，
　　談 74-154-8，談 88-142-9，言 10-255-4）
打更：2（散 10-41-2，散 10-41-7）
打碎：2（散 35-66-1，散 35-66-6）
打架：3（問 3-104-8，問 3-104-8，
　　談 17-201-6）
打尖：1（談 75-153-2）

打開：2（續 6-117-2，言 14-291-5）
打量：3（談 5-211-12，言 9-258-4，
　　言 9-258-5）
打前失：1（談 33-188-2）
打拳脚：1（續 16-127-5）
打傷：2（散 40-71-8，言 9-261-7）
打水：1（續 13-124-10）
打死：2（續 8-119-8，談 42-181-8）
打算：9（散 37-68-6，問 6-95-9，問 6-95-9，
　　問 6-92-3，談 25-195-10，言 8-264-7，
　　言 8-264-7，言 9-257-4，言 9-256-1）
打算打算：1（問 4-99-3）
打聽：10（問 6-92-2，問 7-91-6，問 7-90-7，
　　問 7-89-11，問 8-88-11，談 19-200-11，
　　談 20-199-8，談 37-185-11，談 46-177-1，
　　談 83-147-9）
打聽打聽：2（問 6-94-11，談 46-178-8）
打圖書：1（續 13-124-10）
打圍：2（談 89-141-4，談 89-141-4）
打嗚兒：1（續 13-124-4）
打西到東：1（散 30-61-5）
打藥：1（談 48-176-6）
打雜兒的：1（續 1-112-11）
打戰兒：1（談 95-136-5）
打仗：3（續 7-118-6，談 8-208-6，
　　言 3-281-2）
打主意：1（言 8-264-6）
打住：1（談 59-167-7）
打墜轂轆兒：1（談 40-182-4）
大：71（散 2-33-3，散 3-34-4，散 3-34-5，
　　散 3-34-8，散 5-36-10，散 10-41-10，
　　散 13-44-10，散 19-50-4，散 21-52-6，
　　散 22-53-9，散 27-58-8，散 30-61-3，
　　散 32-63-9，散 34-65-5，散 37-68-9，
　　問 1-109-8，問 1-109-9，問 4-102-12，
　　問 4-101-6，問 4-101-7，問 8-88-5，
　　問 8-86-1，問 8-86-4，問 8-84-1，
　　問 8-84-6，問 8-83-2，問 10-80-9，
　　續 2-113-10，續 4-115-3，續 8-119-11，
　　續 12-123-11，續 13-124-12，續 15-126-9，

續 17-128-8，續 17-128-10，談 7-209-8，
　　談 8-208-4，談 18-200-4，談 31-190-8，
　　談 35-187-8，談 35-187-9，談 35-187-11，
　　談 36-186-8，談 40-183-12，談 47-177-7，
　　談 50-175-10，談 51-174-6，談 51-174-10，
　　談 52-173-4，談 58-168-8，談 59-167-8，
　　談 65-162-4，談 65-162-6，談 68-160-11，
　　談 76-152-7，談 77-152-12，談 79-150-9，
　　談 81-148-7，談 86-143-1，談 95-136-7，
　　談 97-135-7，談 98-134-4，談 99-133-3，
　　言 1-286-3，言 1-286-12，言 8-267-8，
　　言 8-267-9，言 8-266-8，言 9-261-8，
　　言 9-259-2，言 10-250-1，言 12-249-5）
大半：1（散 30-61-8）
大不相同：1（言 1-287-2）
大財：1（續 8-119-8）
大車：2（問 8-84-3，言 14-290-5）
大處兒不算小處兒算：1（續 12-123-2）
大道：3（問 8-88-11，問 8-87-2，
　　言 11-250-12）
大道兒：1（言 10-254-9）
大端：1（言 1-285-3）
大凡：1（散 22-53-9）
大風：3（散 15-46-7，談 98-134-3，
　　言 3-281-2）
大夫：2（談 50-175-10，談 51-174-7）
大概：5（問 1-109-9，問 5-97-7，問 6-94-11，
　　言 9-260-3，言 9-258-3）
大綱：1（言 9-260-2）
大哥：1（問 4-100-10）
大官：1（散 19-50-8）
大漢子：1（談 6-210-11）
大河：1（散 15-46-6）
大家：12（散 26-57-3，散 31-62-11，
　　問 5-96-5，問 6-94-6，談 11-206-6，
　　談 51-174-10，談 70-158-11，談 85-145-8，
　　談 86-144-6，言 4-271-1，言 4-271-4，
　　言 8-264-7）
大家夥兒：1（續 12-123-12）
大江：1（言 11-249-1）

大街：3（散 30-61-2，散 30-61-9，問 8-85-7）
大襟：1（談 86-144-7）
大類：1（言 2-283-6）
大亂：4（散 20-51-2，散 20-51-6，散 24-55-7，
　　言 14-294-5）
大暑：1（問 10-76-4）
大門：2（言 3-281-10，言 3-275-8）
大門兒：1（談 59-167-5）
大名府：1（言 10-254-8）
大拇指頭：1（談 10-206-2）
大錢：5（散 13-44-7，散 24-55-10，
　　談 46-178-10，言 3-272-6，言 3-272-7）
大前兒：1（談 76-153-12）
大清早起：1（續 9-120-4）
大人：25（散 22-53-4，散 34-65-6，
　　問 4-102-6，問 4-102-9，問 4-102-10，
　　問 4-102-11，問 4-102-12，問 4-101-2，
　　問 4-101-2，問 4-101-4，問 4-101-4，
　　問 4-101-7，問 4-101-9，問 4-100-1，
　　問 4-99-4，問 4-99-4，問 5-99-8，
　　問 5-98-2，問 5-98-10，問 6-93-12，
　　問 6-92-1，問 6-92-3，問 6-92-8，
　　談 12-205-8，言 3-272-4）
大人們：1（談 100-132-4）
大肉：1（談 88-142-10）
大嫂子：1（談 87-143-6）
大山：1（散 10-41-10）
大衫：1（續 10-121-1）
大聲兒：1（談 22-197-6）
大手大脚：1（續 9-120-7）
大數兒：1（言 3-282-1）
大水：2（散 30-61-4，續 15-126-6）
大為：1（散 32-63-6）
大喜：1（談 51-174-9）
大小：4（散 8-39-4，散 38-69-3，言 3-281-11，
　　言 14-290-1）
大些兒：1（談 87-143-8）
大搖大擺：1（續 9-120-5）
大雨：2（談 94-137-3，言 3-281-2）
大約：7（散 22-53-1，散 22-53-3，散 22-53-4，

問 8-87-5，談 17-201-3，談 59-167-7，
言 3-281-12）
大衆：1（散 37-68-4）
大宗兒：2（散 34-65-1，散 34-65-3）
獸：1（散 31-62-6）
獸話：1（談 56-170-10）
獸頭獸腦：1（談 8-208-9）
獸子：2（散 31-62-2，散 31-62-6）
呆住：1（續 5-116-1）
歹：1（談 77-151-5）
帶：23（散 16-47-1，散 16-47-2，散 16-47-2，
散 21-52-8，散 35-66-4，問 1-109-10，
問 2-107-5，問 3-104-10，問 4-100-6，
問 4-100-6，問 8-86-9，問 8-86-9，
問 8-84-2，問 8-84-9，問 10-77-12，
談 11-206-12，談 32-189-7，談 36-186-10，
談 62-164-5，談 85-144-1，言 8-264-1，
言 10-252-10，言 12-249-7）
帶兵：3（散 19-50-5，散 19-50-8，
散 32-63-8）
帶不了：1（言 10-251-9）
帶道：2（問 8-88-8，問 8-86-6）
帶來：4（問 1-109-4，問 3-104-10，
言 14-291-4，言 14-292-1）
帶路：1（問 8-88-3）
帶子：1（言 3-274-12）
待：6（散 27-58-1，談 19-199-2，談 31-190-6，
談 58-168-4，談 69-159-8，談 70-156-10）
待待客：1（談 69-159-10）
待人：5（散 27-58-1，散 27-58-6，散 27-58-7，
散 27-58-8，談 14-204-9）
待人兒：1（談 24-196-9）
戴：9（散 12-43-1，散 12-43-7，問 8-84-10，
問 8-84-11，續 9-120-5，續 9-120-6，
續 15-126-3，談 10-206-2，談 12-205-5）
擔：3（言 3-274-4，言 3-274-4，言 3-274-4）
擔錯兒：1（續 18-129-5）
擔待：1（問 3-102-2）
擔子：1（談 93-138-10）
單：14（散 28-59-3，散 35-66-10，問 5-98-2，

問 7-90-7，問 10-77-8，問 10-76-1，
言 1-287-2，言 3-279-10，言 3-279-11，
言 3-277-6，言 3-275-11，言 4-272-11，
言 4-271-10，言 7-268-1）
單間：2（言 3-280-3，言 3-279-9）
單人獨馬：1（續 13-124-9）
單數兒：1（言 4-272-11）
單說：1（言 3-279-6）
單絲不成線，孤木不成林：1（續 17-128-8）
單套：1（問 8-84-6）
單套車：2（散 29-60-8，問 3-104-4）
單衣裳：3（散 12-43-1，散 12-43-3，
散 12-43-5）
單住：1（問 7-90-7）
單子：1（言 8-265-9）
單字：12（言 1-288-3，言 1-288-10，
言 1-287-10，言 1-287-11，言 1-287-12，
言 1-287-12，言 1-286-1，言 1-286-3，
言 1-285-3，言 1-285-3，言 2-284-2，
言 2-284-3）
耽擱：4（散 36-67-1，散 36-67-5，續 1-112-6，
續 7-118-8）
耽悞：5（散 36-67-1，散 36-67-4，問 5-97-5，
問 7-90-6，言 13-248-2）
耽誤：4（問 3-106-9，問 3-104-12，
談 84-146-11，言 9-259-10）
躭擱：2（談 9-207-2，談 25-195-8）
躭誤：4（談 1-214-5，談 47-177-6，
談 58-168-3，談 86-143-1）
膽兒：1（談 37-185-11）
膽虛：3（問 5-95-1，問 5-95-1，問 5-95-1）
膽子：2（談 35-187-8，談 52-173-4）
撢：1（散 12-43-2）
撢一撢：1（散 12-43-9）
撢子：2（散 12-43-2，散 12-43-9）
但：8（談 10-206-3，談 52-174-12，
談 82-148-10，談 85-145-6，談 85-145-9，
談 86-144-10，談 94-137-10，言 3-273-9）
但凡：1（談 2-213-7）
但分：1（談 70-158-6）

但是：8（問 10-80-3，問 10-79-4，
　　談 15-203-9，談 33-188-4，談 37-185-11，
　　談 69-158-1，言 2-284-2，言 3-278-5）
但只：8（談 23-196-4，談 34-187-3，
　　談 39-183-6，談 45-178-2，談 50-175-12，
　　談 69-159-12，談 71-157-9，談 70-156-7）
淡：2（散 28-59-1，續 4-115-10）
彈：4（談 90-140-6，談 100-133-10，
　　談 100-132-4，談 100-132-5）
蛋：1（續 3-114-4）
當：25（散 38-69-7，問 2-108-10，
　　問 2-108-10，問 2-108-11，問 2-108-11，
　　問 2-107-3，問 4-101-9，談 6-209-1，
　　談 58-168-5，談 62-165-11，談 67-160-1，
　　談 70-156-10，談 94-137-7，言 1-286-9，
　　言 2-283-4，言 3-282-10，言 3-272-5，
　　言 4-272-12，言 4-272-12，言 4-271-5，
　　言 5-269-5，言 5-269-5，言 5-269-5，
　　言 8-266-11，言 9-262-10）
當兵：1（散 19-50-7）
當差：2（談 13-204-1，談 13-204-5）
當成：3（談 6-210-12，談 8-208-8，
　　談 63-164-9）
當初：2（問 10-78-7，談 88-142-12）
當家的：1（言 10-253-11）
當今：1（續 13-124-8）
當面兒：1（談 68-159-3）
當時：2（言 9-261-6，言 9-259-11）
當十的大錢：1（散 13-44-7）
當天：1（談 75-154-12）
當頭：1（談 31-190-2）
當眞：3（談 42-181-8，談 70-158-7，
　　談 70-158-10）
當作：2（談 61-165-1，言 3-282-8）
擋：1（續 5-116-6）
攔住：1（言 14-292-4）
黨：1（散 32-63-8）
盪：2（言 10-254-5，言 10-251-8）
檔兒：1（談 40-183-10）
刀：15（散 31-62-5，續 1-112-10，
　　續 13-124-1，續 15-126-1，談 8-208-6，
　　談 27-193-1，談 27-193-2，言 3-277-5，
　　言 3-277-7，言 3-277-8，言 3-277-8，
　　言 3-274-6，言 3-274-6，言 3-274-6，
　　言 3-274-6）
刀尖：1（散 30-61-8）
刀子：5（散 7-38-2，散 8-39-3，散 18-49-7，
　　散 35-66-10，言 3-276-7）
禱告：1（談 36-185-1）
到：169（散 4-35-1，散 9-40-9，散 9-40-10，
　　散 10-41-4，散 15-46-4，散 16-47-5，
　　散 19-50-9，散 21-52-4，散 29-60-2，
　　散 29-60-5，散 29-60-10，散 30-61-5，
　　散 30-61-6，散 30-61-10，散 37-68-7，
　　散 37-68-8，問 1-109-3，問 1-109-4，
　　問 1-109-7，問 2-108-8，問 2-107-8，
　　問 3-106-12，問 5-98-8，問 5-96-8，
　　問 6-95-10，問 6-95-10，問 7-89-10，
　　問 7-89-11，問 7-89-12，問 8-88-7，
　　問 8-88-10，問 8-87-2，問 8-87-4，
　　問 8-87-4，問 8-87-4，問 8-86-8，
　　問 8-86-10，問 8-85-4，問 8-85-5，
　　問 8-85-5，問 8-85-9，問 8-83-1，
　　問 8-83-2，問 9-83-7，問 9-83-10，
　　問 9-82-9，問 9-82-10，問 10-77-8，
　　續 13-124-12，談 4-212-12，談 4-211-5，
　　談 5-211-11，談 5-211-12，談 7-209-7，
　　談 10-207-10，談 10-206-4，談 11-206-11，
　　談 11-205-1，談 15-203-8，談 16-202-5，
　　談 17-201-5，談 18-200-3，談 21-198-4，
　　談 22-197-3，談 22-197-4，談 23-196-1，
　　談 29-192-6，談 29-192-12，談 30-191-3，
　　談 32-190-10，談 33-189-10，談 34-188-9，
　　談 37-185-6，談 39-183-4，談 40-183-11，
　　談 41-182-9，談 42-181-4，談 44-179-2，
　　談 47-177-3，談 48-176-3，談 50-175-8，
　　談 50-175-10，談 51-174-6，談 52-173-2，
　　談 54-171-2，談 62-165-11，談 65-162-2，
　　談 65-162-9，談 68-159-1，談 70-158-9，
　　談 70-158-10，談 71-157-4，談 73-155-3，

談 74-154-6，談 74-154-6，談 74-154-7，
談 75-153-1，談 75-153-1，談 75-153-3，
談 75-153-7，談 75-153-8，談 76-152-6，
談 76-152-7，談 77-151-2，談 81-149-12，
談 81-148-4，談 84-146-9，談 85-145-7，
談 86-144-11，談 87-143-11，談 90-140-1，
談 90-140-5，談 91-140-11，談 91-139-2，
談 91-139-5，談 92-139-9，談 92-139-9，
談 92-139-10，談 92-138-1，談 94-137-4，
談 96-136-9，談 96-135-1，談 98-134-4，
談 98-134-5，談 98-134-8，談 100-132-3，
言 1-288-5，言 1-287-12，言 3-280-2，
言 3-280-5，言 3-275-1，言 3-275-4，
言 3-273-1，言 4-271-1，言 8-267-12，
言 8-263-3，言 9-260-5，言 9-260-8，
言 9-260-9，言 9-259-2，言 9-259-6，
言 9-259-7，言 9-257-9，言 9-257-10，
言 9-256-1，言 10-256-10，言 10-256-11，
言 10-255-8，言 10-255-12，言 10-255-12，
言 10-254-1，言 10-254-1，言 10-254-1，
言 10-254-2，言 10-254-2，言 10-254-5，
言 10-254-10，言 10-254-11，言 10-253-3，
言 10-253-6，言 10-253-6，言 10-252-1，
言 10-251-12，言 10-250-2，言 11-249-1，
言 11-249-1，言 11-249-2，言 11-249-2，
言 12-249-5）

到不了：4（問 8-88-6，談 3-212-8，
談 27-194-9，言 9-259-7）

到得：1（談 28-193-9）

到底：9（問 3-106-10，問 5-99-11，
問 5-96-10，問 7-91-6，談 4-211-2，
談 21-198-8，談 38-184-2，談 54-172-10，
談 54-172-12）

到底兒：3（談 37-185-5，談 57-169-10，
談 66-161-3）

到了兒：1（問 5-95-1）

到手：2（談 15-203-6，談 70-158-12）

倒：54（散 8-39-6，散 8-39-2，散 8-39-6，
散 8-39-7，散 8-39-9，散 11-42-9，
散 23-54-10，散 39-70-8，問 2-108-12，
問 5-99-12，問 7-91-5，問 7-89-4，
問 8-86-10，問 8-85-2，問 8-84-11，
問 8-83-3，問 9-81-8，續 4-115-8，
續 17-128-11，談 7-209-12，談 28-193-8，
談 34-187-6，談 35-186-3，談 36-186-8，
談 36-186-8，談 38-184-6，談 39-183-1，
談 42-181-10，談 52-173-8，談 53-172-4，
談 54-171-4，談 55-171-7，談 56-170-5，
談 58-168-3，談 61-165-4，談 66-161-5，
談 67-160-3，談 69-159-9，談 69-158-2，
談 70-157-1，談 73-155-8，談 75-153-4，
談 83-146-4，談 84-146-8，談 84-146-9，
談 87-142-2，談 89-141-10，談 93-138-12，
談 95-136-7，談 99-133-5，言 8-267-6，
言 9-260-6，言 10-253-12，言 14-289-2）

倒過來：1（續 8-119-1）

倒氣兒：1（談 50-175-8）

倒是：2（問 2-108-4，問 4-100-7）

倒手：1（談 40-182-1）

倒退：1（談 56-170-11）

道：18（問 8-88-10，問 8-88-11，問 8-88-11，
續 2-113-6，談 18-200-1，談 36-186-8，
談 76-152-6，言 3-277-10，言 3-277-10，
言 3-274-8，言 3-274-8，言 3-274-8，
言 3-274-8，言 3-274-8，言 3-274-8，
言 3-273-1，言 3-273-8，言 8-265-2）

道兒：29（散 4-35-3，散 15-46-5，散 16-47-2，
散 16-47-5，散 20-51-2，散 21-52-10，
散 23-54-7，問 3-105-5，問 3-103-6，
問 7-89-2，問 8-87-3，問 8-87-5，
問 8-87-6，問 8-84-6，問 8-84-7，
續 5-116-7，談 9-207-5，談 20-199-12，
談 75-153-2，談 76-152-4，談 92-139-8，
談 98-134-6，言 9-258-7，言 9-257-9，
言 10-255-7，言 10-254-6，言 10-250-1，
言 11-250-6，言 11-250-6）

到而今：1（談 60-166-6）

道光：1（言 10-255-3）

道教：2（散 33-64-1，散 33-64-5）

道理：21（散 20-51-1，散 20-51-5，

問 6-93-7，問 10-79-1，談 4-212-10，
談 4-212-10，談 13-204-7，談 18-200-8，
談 26-194-1，談 28-193-6，談 31-190-6，
談 58-168-2，談 60-166-1，談 66-161-9，
談 67-160-1，談 75-153-6，談 75-153-6，
談 80-149-3，談 99-134-12，言 2-284-2，
言 13-248-5）

道路：2（散 15-46-1，問 4-100-9）

道士：2（散 33-64-1，散 33-64-6）

道士廟：1（散 33-64-7）

道喜：1（談 30-191-2）

道謝：1（談 49-175-1）

得 de2：38（散 14-45-9，問 8-86-10，
問 10-78-2，續 16-127-10，談 5-210-3，
談 11-206-7，談 12-205-10，談 13-204-7，
談 17-201-7，談 17-201-8，談 21-198-6，
談 26-194-2，談 26-194-2，談 26-194-3，
談 28-193-10，談 29-192-6，談 29-192-8，
談 34-188-10，談 39-183-5，談 47-177-6，
談 49-175-4，談 54-172-12，談 66-161-5，
談 70-156-10，談 77-151-8，談 80-149-8，
談 80-149-9，談 81-148-1，談 81-148-2，
談 89-141-10，談 93-138-11，
談 94-137-10，談 97-135-7，言 8-266-5，
言 9-259-9，言 10-252-5，言 10-252-5，
言 10-252-6）

得不着：1（問 2-107-9）

得項：3（問 2-108-11，談 20-198-1，
談 42-181-9）

得樣兒：1（談 34-187-5）

得一步進一步：1（續 9-120-3）

得罪：3（問 5-99-8，問 5-99-8，
談 61-166-10）

德行：1（談 64-163-12）

的：2569（散 2-33-1，散 2-33-1，散 2-33-1，
散 2-33-1，散 2-33-1，散 2-33-1，
散 2-33-1，散 2-33-4，散 2-33-4，
散 2-33-5，散 2-33-5，散 2-33-7，
散 2-33-7，散 2-33-9，散 2-33-9，
散 2-33-9，散 2-33-10，散 2-33-10，

散 2-33-10，散 3-34-4，散 3-34-4，
散 3-34-7，散 3-34-8，散 3-34-8，
散 3-34-9，散 3-34-10，散 4-35-4，
散 4-35-4，散 4-35-7，散 4-35-7，
散 4-35-8，散 4-35-9，散 4-35-9，
散 4-35-9，散 4-35-9，散 4-35-9，
散 4-35-10，散 4-35-10，散 5-36-3，
散 5-36-3，散 5-36-4，散 5-36-6，
散 5-36-6，散 5-36-7，散 5-36-7，
散 5-36-9，散 5-36-9，散 5-36-10，
散 5-36-10，散 6-37-5，散 6-37-6，
散 6-37-6，散 6-37-6，散 6-37-9，
散 6-37-9，散 6-37-9，散 7-38-5，
散 7-38-6，散 7-38-6，散 7-38-8，
散 7-38-9，散 7-38-9，散 7-38-9，
散 7-38-10，散 8-39-3，散 8-39-3，
散 8-39-3，散 8-39-6，散 8-39-6，
散 8-39-8，散 8-39-8，散 8-39-9，
散 8-39-9，散 8-39-9，散 9-40-2，
散 9-40-5，散 9-40-5，散 9-40-6，
散 9-40-7，散 9-40-7，散 9-40-9，
散 9-40-10，散 10-41-8，散 10-41-10，
散 11-42-3，散 11-42-6，散 11-42-7，
散 11-42-9，散 12-43-3，散 12-43-3，
散 12-43-4，散 12-43-4，散 12-43-5，
散 12-43-5，散 12-43-5，散 12-43-6，
散 12-43-6，散 12-43-9，散 12-43-10，
散 13-44-2，散 13-44-3，散 13-44-3，
散 13-44-3，散 13-44-4，散 13-44-4，
散 13-44-5，散 13-44-7，散 13-44-8，
散 13-44-8，散 13-44-9，散 13-44-10，
散 14-45-3，散 14-45-3，散 14-45-4，
散 14-45-5，散 14-45-5，散 14-45-5，
散 14-45-5，散 15-46-1，散 15-46-3，
散 15-46-5，散 15-46-6，散 15-46-6，
散 15-46-9，散 15-46-10，散 16-47-2，
散 16-47-2，散 16-47-3，散 16-47-3，
散 16-47-4，散 16-47-4，散 16-47-5，
散 16-47-7，散 16-47-7，散 16-47-7，
散 16-47-7，散 16-47-8，散 17-48-2，

散 17-48-4，散 17-48-5，散 17-48-5，
散 17-48-6，散 17-48-7，散 17-48-8，
散 17-48-9，散 17-48-9，散 17-48-10，
散 18-49-3，散 18-49-3，散 18-49-4，
散 18-49-4，散 18-49-4，散 18-49-5，
散 18-49-6，散 18-49-6，散 18-49-7，
散 18-49-7，散 18-49-7，散 18-49-8，
散 18-49-8，散 18-49-8，散 18-49-9，
散 19-50-3，散 19-50-3，散 19-50-4,
散 19-50-4，散 19-50-5，散 19-50-5，
散 19-50-5，散 19-50-5，散 19-50-6，
散 19-50-6，散 19-50-6，散 19-50-8，
散 19-50-9，散 19-50-10，散 19-50-10，
散 20-51-3，散 20-51-3，散 20-51-3，
散 20-51-4，散 20-51-4，散 20-51-5，
散 20-51-5，散 20-51-5，散 20-51-7，
散 20-51-7，散 20-51-8，散 20-51-10，
散 21-52-3，散 21-52-8，散 21-52-8，
散 21-52-8，散 21-52-9，散 21-52-9，
散 21-52-10，散 22-53-3，散 22-53-6，
散 22-53-6，散 22-53-9，散 22-53-9，
散 23-54-1，散 23-54-1，散 23-54-3，
散 23-54-4，散 23-54-5，散 23-54-5，
散 23-54-5，散 23-54-6，散 23-54-7，
散 23-54-8，散 23-54-8，散 23-54-9，
散 23-54-10，散 23-54-10，散 24-55-4，
散 24-55-4，散 24-55-5，散 24-55-8，
散 24-55-9，散 24-55-11，散 25-56-2，
散 25-56-3，散 25-56-3，散 25-56-3，
散 25-56-4，散 25-56-4，散 25-56-5，
散 25-56-5，散 25-56-5，散 25-56-5，
散 25-56-6，散 25-56-6，散 25-56-6，
散 25-56-6，散 25-56-7，散 25-56-7，
散 25-56-7，散 25-56-9，散 25-56-9，
散 25-56-9，散 25-56-10，散 26-57-4，
散 26-57-4，散 26-57-6，散 26-57-6，
散 26-57-7，散 26-57-8，散 26-57-8，
散 26-57-8，散 26-57-9，散 26-57-9，
散 26-57-9，散 26-57-9，散 27-58-3，
散 27-58-3，散 27-58-4，散 27-58-4，

散 27-58-4，散 27-58-5，散 27-58-5，
散 27-58-7，散 27-58-8，散 27-58-8，
散 27-58-9，散 27-58-9，散 27-58-10，
散 27-58-10，散 28-59-1，散 28-59-1，
散 28-59-1，散 28-59-2，散 28-59-4，
散 28-59-4，散 28-59-5，散 28-59-5，
散 28-59-5，散 28-59-6，散 28-59-6，
散 28-59-6，散 28-59-6，散 28-59-8，
散 28-59-8，散 28-59-9，散 29-60-3，
散 29-60-5，散 29-60-6，散 29-60-7，
散 29-60-9，散 29-60-9，散 30-61-3，
散 30-61-4，散 30-61-4，散 30-61-5，
散 30-61-6，散 30-61-6，散 30-61-7，
散 30-61-7，散 30-61-8，散 30-61-8，
散 30-61-9，散 30-61-9，散 30-61-10，
散 30-61-10，散 31-62-4，散 31-62-4，
散 31-62-5，散 31-62-6，散 31-62-6，
散 31-62-6，散 31-62-7，散 31-62-7，
散 31-62-10，散 32-63-3，散 32-63-4，
散 32-63-5，散 32-63-7，散 32-63-7，
散 32-63-8，散 32-63-8，散 32-63-8，
散 32-63-8，散 32-63-10，散 32-63-10，
散 33-64-3，散 33-64-4，散 33-64-4，
散 33-64-4，散 33-64-5，散 33-64-5，
散 33-64-6，散 33-64-6，散 33-64-6，
散 33-64-7，散 33-64-7，散 33-64-8，
散 33-64-8，散 33-64-9，散 34-65-3，
散 34-65-3，散 34-65-5，散 34-65-6，
散 34-65-6，散 34-65-6，散 34-65-7，
散 34-65-8，散 34-65-8，散 34-65-9，
散 34-65-9，散 35-66-2，散 35-66-2，
散 35-66-3，散 35-66-4，散 35-66-6，
散 35-66-8，散 35-66-8，散 35-66-8，
散 35-66-9，散 35-66-9，散 35-66-10，
散 36-67-3，散 36-67-3，散 36-67-5，
散 36-67-10，散 37-68-3，散 37-68-3，
散 37-68-3，散 37-68-4，散 37-68-5，
散 37-68-7，散 37-68-9，散 37-68-10，
散 37-68-10，散 38-69-3，散 38-69-4，
散 38-69-5，散 38-69-5，散 38-69-6，

散 38-69-6, 散 38-69-7, 散 38-69-7,
散 38-69-8, 散 38-69-9, 散 38-69-9,
散 38-69-10, 散 38-69-10, 散 39-70-4,
散 39-70-5, 散 39-70-5, 散 39-70-6,
散 39-70-6, 散 39-70-6, 散 39-70-7,
散 39-70-8, 散 39-70-8, 散 39-70-10,
散 39-70-10, 散 40-71-2, 散 40-71-3,
散 40-71-3, 散 40-71-3, 散 40-71-4,
散 40-71-5, 散 40-71-5, 散 40-71-6,
散 40-71-6, 散 40-71-7, 散 40-71-8,
散 40-71-9, 散 40-71-9, 散 40-71-9,
散 40-71-9, 散 40-71-10, 散 40-71-10,
散 40-71-10, 問 1-109-4, 問 1-109-5,
問 1-109-7, 問 1-109-7, 問 1-109-7,
問 1-109-7, 問 1-109-8, 問 1-109-8,
問 1-109-8, 問 1-109-9, 問 1-109-10,
問 1-109-10, 問 1-109-11, 問 2-108-2,
問 2-108-2, 問 2-108-2, 問 2-108-2,
問 2-108-3, 問 2-108-3, 問 2-108-5,
問 2-108-7, 問 2-108-8, 問 2-108-8,
問 2-108-9, 問 2-108-10, 問 2-108-10,
問 2-108-11, 問 2-108-12, 問 2-107-1,
問 2-107-1, 問 2-107-2, 問 2-107-2,
問 2-107-5, 問 2-107-5, 問 2-107-6,
問 2-107-6, 問 2-107-8, 問 2-107-10,
問 2-107-11, 問 2-107-11, 問 2-107-11,
問 2-107-12, 問 2-106-1, 問 3-106-6,
問 3-106-6, 問 3-106-8, 問 3-106-8,
問 3-106-9, 問 3-106-12, 問 3-105-4,
問 3-105-4, 問 3-105-5, 問 3-105-9,
問 3-105-11, 問 3-105-11, 問 3-104-1,
問 3-104-1, 問 3-104-2, 問 3-104-3,
問 3-104-3, 問 3-104-5, 問 3-104-5,
問 3-104-6, 問 3-104-7, 問 3-104-8,
問 3-104-9, 問 3-104-10, 問 3-104-10,
問 3-104-12, 問 3-104-12, 問 3-103-3,
問 3-103-5, 問 3-103-5, 問 3-103-5,
問 3-103-6, 問 3-103-9, 問 3-103-9,
問 3-103-12, 問 3-102-1, 問 3-102-2,
問 3-102-3, 問 4-102-7, 問 4-102-7,
問 4-102-7, 問 4-102-8, 問 4-102-11,
問 4-102-11, 問 4-102-12, 問 4-101-1,
問 4-101-1, 問 4-101-1, 問 4-101-4,
問 4-101-4, 問 4-101-5, 問 4-101-5,
問 4-101-8, 問 4-101-8, 問 4-101-9,
問 4-101-9, 問 4-101-10, 問 4-101-12,
問 4-100-2, 問 4-100-4, 問 4-100-7,
問 4-100-10, 問 4-100-11, 問 4-100-12,
問 4-99-1, 問 4-99-1, 問 4-99-4,
問 5-99-7, 問 5-99-8, 問 5-99-9,
問 5-99-9, 問 5-99-10, 問 5-99-10,
問 5-99-10, 問 5-99-12, 問 5-98-2,
問 5-98-3, 問 5-98-4, 問 5-98-5,
問 5-98-12, 問 5-98-12, 問 5-98-12,
問 5-97-1, 問 5-97-1, 問 5-97-2,
問 5-97-3, 問 5-97-4, 問 5-97-5,
問 5-97-6, 問 5-97-6, 問 5-97-6,
問 5-97-7, 問 5-97-10, 問 5-97-12,
問 5-96-5, 問 5-96-6, 問 5-96-6,
問 5-96-7, 問 5-96-7, 問 5-96-7,
問 5-96-7, 問 5-96-9, 問 5-96-11,
問 5-96-12, 問 5-96-12, 問 5-95-3,
問 5-95-4, 問 5-95-4, 問 5-95-4,
問 6-95-6, 問 6-95-6, 問 6-95-7,
問 6-95-8, 問 6-95-8, 問 6-95-9,
問 6-95-10, 問 6-95-11, 問 6-94-1,
問 6-94-1, 問 6-94-3, 問 6-94-5,
問 6-94-5, 問 6-94-6, 問 6-94-6,
問 6-94-7, 問 6-94-7, 問 6-94-9,
問 6-94-10, 問 6-93-1, 問 6-93-3,
問 6-93-4, 問 6-93-4, 問 6-93-5,
問 6-93-5, 問 6-93-5, 問 6-93-6,
問 6-93-6, 問 6-93-10, 問 6-93-11,
問 6-93-12, 問 6-92-4, 問 6-92-5,
問 6-92-6, 問 7-92-10, 問 7-92-10,
問 7-92-12, 問 7-91-1, 問 7-91-2,
問 7-91-2, 問 7-91-3, 問 7-91-3,
問 7-91-4, 問 7-91-5, 問 7-91-5,
問 7-91-6, 問 7-91-6, 問 7-91-7,
問 7-91-9, 問 7-91-12, 問 7-90-2,

問 7-90-2，問 7-90-4，問 7-90-4，
問 7-90-5，問 7-90-6，問 7-90-9，
問 7-90-10，問 7-90-11，問 7-90-12，
問 7-90-12，問 7-89-1，問 7-89-5，
問 7-89-6，問 7-89-6，問 7-89-7，
問 7-89-8，問 7-89-8，問 7-89-8，
問 7-89-9，問 7-89-11，問 7-89-11，
問 8-88-3，問 8-88-4，問 8-88-5，
問 8-88-9，問 8-88-11，問 8-88-12，
問 8-87-2，問 8-87-3，問 8-87-4，
問 8-87-7，問 8-87-7，問 8-87-7，
問 8-87-8，問 8-87-10，問 8-87-10，
問 8-87-11，問 8-87-11，問 8-86-3，
問 8-86-3，問 8-86-3，問 8-86-5，
問 8-86-5，問 8-86-5，問 8-86-5，
問 8-86-6，問 8-86-6，問 8-86-6，
問 8-86-7，問 8-86-8，問 8-86-9，
問 8-86-10，問 8-86-10，問 8-86-11，
問 8-86-11，問 8-85-2，問 8-85-3,
問 8-85-6，問 8-85-7，問 8-85-8,
問 8-85-8，問 8-85-10，問 8-85-12,
問 8-84-1，問 8-84-1，問 8-84-2,
問 8-84-5，問 8-84-6，問 8-84-6,
問 8-84-7，問 8-84-7，問 8-84-8,
問 8-84-9，問 8-84-9，問 8-84-10,
問 8-84-10，問 8-84-11，問 8-84-12,
問 8-83-2，問 8-83-3，問 8-83-4,
問 9-83-7，問 9-83-8，問 9-83-8,
問 9-83-10，問 9-83-10，問 9-83-11,
問 9-83-11，問 9-82-2，問 9-82-3,
問 9-82-3，問 9-82-3，問 9-82-4,
問 9-82-5，問 9-82-8，問 9-82-9,
問 9-82-10，問 9-82-11，問 9-82-12,
問 9-82-12，問 9-82-12，問 9-81-1,
問 9-81-2，問 9-81-2，問 9-81-5,
問 9-81-6，問 9-81-9，問 10-81-12,
問 10-81-12，問 10-80-1，問 10-80-1,
問 10-80-1，問 10-80-2，問 10-80-3,
問 10-80-4，問 10-80-5，問 10-80-5,
問 10-80-6，問 10-80-6，問 10-80-6,

問 10-80-6，問 10-80-8，問 10-80-8,
問 10-80-9，問 10-80-10，問 10-80-10,
問 10-80-10，問 10-80-11，問 10-80-12,
問 10-79-1，問 10-79-1，問 10-79-2,
問 10-79-6，問 10-79-6，問 10-79-7,
問 10-79-7，問 10-79-10，問 10-79-10,
問 10-79-10，問 10-79-11，問 10-79-11,
問 10-79-12，問 10-78-1，問 10-78-1,
問 10-78-2，問 10-78-2，問 10-78-3,
問 10-78-3，問 10-78-3，問 10-78-4,
問 10-78-5，問 10-78-6，問 10-78-7,
問 10-78-7，問 10-78-8，問 10-78-10,
問 10-78-10，問 10-78-11，問 10-78-12,
問 10-77-1，問 10-77-1，問 10-77-5,
問 10-77-5，問 10-77-5，問 10-77-6,
問 10-77-6，問 10-77-6，問 10-77-6,
問 10-77-6，問 10-77-7，問 10-77-7,
問 10-77-9，問 10-77-10，問 10-77-11,
問 10-77-11，問 10-77-11，問 10-76-3,
問 10-76-3，問 10-76-4，問 10-76-4,
問 10-76-5，問 10-76-5，問 10-76-6,
問 10-76-6，問 10-76-7，問 10-76-8,
問 10-76-9，問 10-76-9，問 10-76-10,
問 10-76-12，問 10-76-12，問 10-75-1,
問 10-75-2，問 10-75-3，問 10-75-4,
問 10-75-4，問 10-75-5，問 10-75-5,
問 10-75-6，問 10-75-6，問 10-75-6,
問 10-75-7，問 10-75-7，問 10-75-8,
問 10-75-8，問 10-75-9，問 10-75-10,
問 10-75-10，問 10-75-10，問 10-75-11,
問 10-74-1，問 10-74-1，問 10-74-2,
問 10-74-2，問 10-74-3，問 10-74-3,
問 10-74-4，續 1-112-2，續 1-112-3,
續 1-112-5，續 1-112-9，續 1-112-10,
續 1-112-11，續 2-113-1，續 2-113-1,
續 2-113-2，續 2-113-3，續 2-113-3,
續 2-113-8，續 2-113-9，續 2-113-12,
續 3-114-1，續 3-114-1，續 3-114-2,
續 3-114-2，續 3-114-2，續 3-114-3,
續 3-114-3，續 3-114-3，續 3-114-6,

續 3-114-9, 續 3-114-11, 續 3-114-11,
續 4-115-1, 續 4-115-1, 續 4-115-1,
續 4-115-4, 續 4-115-5, 續 4-115-6,
續 4-115-7, 續 4-115-7, 續 4-115-8,
續 4-115-10, 續 5-116-3, 續 5-116-3,
續 5-116-6, 續 5-116-9, 續 5-116-11,
續 5-116-12, 續 5-116-12, 續 6-117-1,
續 6-117-2, 續 6-117-3, 續 6-117-5,
續 6-117-6, 續 6-117-7, 續 6-117-9,
續 6-117-11, 續 6-117-12, 續 6-117-12,
續 7-118-1, 續 7-118-1, 續 7-118-1,
續 7-118-4, 續 7-118-5, 續 7-118-6,
續 7-118-7, 續 7-118-9, 續 7-118-10,
續 7-118-11, 續 8-119-2, 續 8-119-3,
續 8-119-4, 續 8-119-6, 續 8-119-6,
續 8-119-6, 續 8-119-7, 續 8-119-10,
續 8-119-12, 續 8-119-12, 續 9-120-1,
續 9-120-2, 續 9-120-2, 續 9-120-3,
續 9-120-3, 續 9-120-4, 續 9-120-5,
續 9-120-5, 續 9-120-6, 續 9-120-6,
續 9-120-7, 續 9-120-8, 續 9-120-8,
續 9-120-9, 續 9-120-10, 續 9-120-10,
續 9-120-10, 續 9-120-11, 續 9-120-12,
續 9-120-12, 續 9-120-12, 續 9-120-12,
續 9-120-12, 續 10-121-1, 續 10-121-1,
續 10-121-1, 續 10-121-2, 續 10-121-2,
續 10-121-2, 續 10-121-2, 續 10-121-2,
續 10-121-2, 續 10-121-3, 續 10-121-3,
續 10-121-3, 續 10-121-3, 續 10-121-3,
續 10-121-4, 續 10-121-4, 續 10-121-6,
續 10-121-6, 續 10-121-6, 續 10-121-7,
續 10-121-7, 續 10-121-8, 續 10-121-9,
續 10-121-10, 續 10-121-10,
續 10-121-10, 續 10-121-10,
續 10-121-11, 續 10-121-11, 續 11-122-1,
續 11-122-2, 續 11-122-2, 續 11-122-3,
續 11-122-4, 續 11-122-6, 續 11-122-6,
續 11-122-7, 續 11-122-7, 續 11-122-7,
續 11-122-9, 續 11-122-9, 續 11-122-10,
續 12-123-1, 續 12-123-2, 續 12-123-2,

續 12-123-3, 續 12-123-3, 續 12-123-4,
續 12-123-6, 續 12-123-6, 續 12-123-7,
續 12-123-7, 續 12-123-8, 續 12-123-8,
續 12-123-9, 續 12-123-9, 續 12-123-9,
續 12-123-10, 續 12-123-10,
續 12-123-10, 續 13-124-2, 續 13-124-2,
續 13-124-3, 續 13-124-4, 續 13-124-5,
續 13-124-5, 續 13-124-6, 續 13-124-7,
續 13-124-8, 續 13-124-9, 續 13-124-9,
續 13-124-9, 續 13-124-10, 續 13-124-10,
續 14-125-1, 續 14-125-4, 續 14-125-6,
續 14-125-8, 續 14-125-8, 續 14-125-8,
續 14-125-9, 續 14-125-9, 續 14-125-10,
續 14-125-10, 續 15-126-2, 續 15-126-3,
續 15-126-3, 續 15-126-4, 續 15-126-6,
續 15-126-6, 續 15-126-6, 續 15-126-8,
續 15-126-8, 續 15-126-10, 續 15-126-12,
續 16-127-1, 續 16-127-2, 續 16-127-3,
續 16-127-3, 續 16-127-4, 續 16-127-7,
續 16-127-8, 續 16-127-8, 續 16-127-9,
續 16-127-9, 續 16-127-10, 續 16-127-12,
續 17-128-1, 續 17-128-4, 續 17-128-6,
續 17-128-8, 續 17-128-10, 續 17-128-11,
續 17-128-12, 續 18-129-1, 續 18-129-2,
續 18-129-3, 續 18-129-3, 續 18-129-4,
續 18-129-6, 續 18-129-7, 續 18-129-8,
談 1-214-2, 談 1-214-3, 談 1-214-4,
談 1-214-5, 談 1-214-6, 談 1-214-6,
談 1-214-7, 談 1-214-8, 談 1-214-9,
談 2-213-2, 談 2-213-2, 談 2-213-2,
談 2-213-3, 談 2-213-4, 談 2-213-4,
談 2-213-5, 談 2-213-7, 談 2-213-7,
談 2-213-8, 談 2-213-9, 談 2-213-10,
談 3-213-12, 談 3-213-12, 談 3-213-12,
談 3-212-1, 談 3-212-3, 談 3-212-4,
談 3-212-5, 談 3-212-6, 談 3-212-7,
談 4-212-10, 談 4-211-1, 談 4-211-1,
談 4-211-3, 談 4-211-3, 談 4-211-4,
談 4-211-4, 談 5-211-8, 談 5-211-8,
談 5-211-8, 談 5-211-9, 談 5-211-10,

談 5-211-11，談 5-211-11，談 5-211-12，
談 5-210-1，談 5-210-1，談 5-210-1，
談 5-210-2，談 6-210-7，談 6-210-7，
談 6-210-7，談 6-210-8，談 6-210-9，
談 6-210-9，談 6-210-11，談 6-210-12，
談 6-210-12，談 6-209-1，談 6-209-2，
談 6-209-2，談 6-209-3，談 6-209-3，
談 7-209-6，談 7-209-6，談 7-209-7，
談 7-209-7，談 7-209-8，談 7-209-11，
談 7-209-11，談 7-209-11，談 8-208-3，
談 8-208-4，談 8-208-4，談 8-208-5，
談 8-208-5，談 8-208-5，談 8-208-7，
談 8-208-8，談 8-208-8，談 8-208-8，
談 8-208-9，談 8-208-9，談 9-208-12，
談 9-207-1，談 9-207-1，談 9-207-2，
談 9-207-5，談 9-207-6，談 9-207-7，
談 9-207-7，談 10-207-9，談 10-207-9，
談 10-207-10，談 10-207-10，
談 10-207-10，談 10-207-12，談 10-206-1，
談 10-206-1，談 11-206-7，談 11-206-7，
談 11-206-8，談 11-206-9，談 11-206-9，
談 11-206-10，談 11-206-11，談 12-205-3，
談 12-205-4，談 12-205-6，談 12-205-6，
談 12-205-6，談 12-205-7，談 12-205-8，
談 12-205-8，談 12-205-9，談 12-205-9，
談 12-205-11，談 13-204-1，談 13-204-1，
談 13-204-2，談 13-204-3，談 13-204-3，
談 13-204-4，談 13-204-5，談 13-204-6，
談 13-204-6，談 13-204-7，談 14-204-9，
談 14-204-10，談 14-204-11，
談 14-204-11，談 14-204-12，
談 14-204-12，談 14-203-1，談 14-203-2，
談 14-203-3，談 14-203-3，談 15-203-6，
談 15-203-7，談 15-203-8，談 15-203-8，
談 15-203-9，談 15-203-9，談 15-203-10，
談 15-203-10，談 15-203-11，
談 15-203-11，談 15-203-12，
談 15-203-12，談 16-202-3，談 16-202-3，
談 16-202-3，談 16-202-4，談 16-202-4，
談 16-202-4，談 16-202-5，談 16-202-5，

談 16-202-7，談 16-202-7，談 16-202-8，
談 16-202-8，談 16-202-9，談 16-202-10，
談 16-202-10，談 16-202-10，
談 16-202-11，談 16-202-11，
談 16-202-11，談 17-201-2，談 17-201-2，
談 17-201-3，談 17-201-3，談 17-201-4，
談 17-201-4，談 17-201-4，談 17-201-7，
談 17-201-8，談 17-201-10，談 17-201-10，
談 18-201-12，談 18-200-1，談 18-200-5，
談 18-200-7，談 18-200-8，談 18-200-8，
談 18-200-9，談 19-200-11，談 19-199-1，
談 19-199-3，談 19-199-4，談 19-199-4，
談 20-199-7，談 20-199-8，談 20-199-9，
談 20-199-10，談 20-199-11，
談 20-199-11，談 20-199-12，談 20-198-1，
談 20-198-1，談 21-198-4，談 21-198-6，
談 21-198-7，談 21-198-7，談 21-198-9，
談 22-197-4，談 22-197-5，談 22-197-5，
談 22-197-7，談 22-197-8，談 22-197-9，
談 23-197-12，談 23-196-1，談 23-196-1，
談 23-196-2，談 23-196-4，談 23-196-6，
談 23-196-7，談 23-196-7，談 24-196-9，
談 24-196-10，談 24-196-11，
談 24-196-12，談 24-196-12，談 24-195-1，
談 24-195-2，談 24-195-2，談 24-195-3，
談 24-195-3，談 24-195-4，談 24-195-4，
談 24-195-5，談 25-195-7，談 25-195-7，
談 25-195-7，談 25-195-8，談 25-195-9，
談 25-195-10，談 26-195-12，談 26-194-2，
談 26-194-3，談 26-194-4，談 27-194-7，
談 27-194-7，談 27-194-9，談 27-194-10，
談 27-194-11，談 27-193-1，談 27-193-1，
談 27-193-1，談 27-193-2，談 27-193-3，
談 27-193-4，談 28-193-6，談 28-193-6，
談 28-193-7，談 28-193-9，談 28-193-9，
談 28-193-9，談 28-193-9，談 28-193-9，
談 28-193-10，談 28-193-11，
談 28-193-12，談 28-192-1，談 28-192-1，
談 29-192-4，談 29-192-4，談 29-192-5，
談 29-192-6，談 29-192-7，談 29-192-8，

談29-192-8, 談29-192-8, 談29-192-9, 談29-192-9, 談29-192-9, 談29-192-11, 談30-191-3, 談30-191-6, 談30-191-7, 談30-191-8, 談30-191-9, 談30-191-10, 談31-190-1, 談31-190-3, 談31-190-5, 談31-190-6, 談31-190-6, 談31-190-7, 談31-190-8, 談32-190-10, 談32-190-11, 談32-190-12, 談32-190-12, 談32-189-1, 談32-189-2, 談32-189-3, 談32-189-3, 談32-189-4, 談32-189-5, 談32-189-6, 談32-189-6, 談32-189-7, 談33-189-9, 談33-189-11, 談33-188-1, 談33-188-2, 談34-188-7, 談34-188-7, 談34-188-7, 談34-188-8, 談34-188-9, 談34-188-11, 談34-188-11, 談34-188-11, 談34-187-1, 談34-187-2, 談34-187-2, 談34-187-2, 談34-187-3, 談34-187-3, 談34-187-4, 談34-187-4, 談34-187-4, 談34-187-4, 談34-187-6, 談34-187-6, 談35-187-8, 談35-187-10, 談35-187-11, 談35-187-12, 談35-186-1, 談35-186-2, 談35-186-4, 談36-186-6, 談36-186-7, 談36-186-7, 談36-186-7, 談36-186-8, 談36-186-8, 談36-186-9, 談36-186-10, 談36-186-10, 談36-186-11, 談36-186-11, 談36-185-1, 談36-185-1, 談36-185-2, 談37-185-4, 談37-185-6, 談37-185-7, 談37-185-7, 談37-185-7, 談37-185-8, 談37-185-8, 談37-185-8, 談37-185-9, 談37-185-9, 談37-185-10, 談37-185-10, 談37-185-11, 談38-184-3, 談38-184-4, 談38-184-5, 談38-184-5, 談38-184-7, 談38-184-7, 談38-184-8, 談39-183-1, 談39-183-1, 談39-183-1, 談39-183-1, 談39-183-2, 談39-183-2, 談39-183-2, 談39-183-3, 談39-183-4, 談39-183-5, 談39-183-5, 談39-183-5, 談39-183-6, 談39-183-6, 談40-183-11, 談40-183-11, 談40-183-11, 談40-183-11, 談40-182-1, 談40-182-2,

談40-182-2, 談40-182-3, 談40-182-4, 談40-182-5, 談41-182-7, 談41-182-7, 談41-182-8, 談41-182-9, 談41-182-11, 談41-182-11, 談41-182-12, 談41-182-12, 談41-181-1, 談41-181-1, 談42-181-3, 談42-181-4, 談42-181-5, 談42-181-6, 談42-181-7, 談42-181-7, 談42-181-8, 談42-181-10, 談43-181-12, 談43-180-2, 談43-180-2, 談43-180-3, 談43-180-3, 談43-180-3, 談43-180-3, 談43-180-3, 談43-180-3, 談43-180-4, 談43-180-5, 談43-180-6, 談44-180-9, 談44-180-11, 談44-180-12, 談44-179-1, 談44-179-3, 談44-179-4, 談44-179-4, 談45-179-7, 談45-179-7, 談45-179-8, 談45-179-8, 談45-179-9, 談45-179-9, 談45-179-10, 談45-179-12, 談45-179-12, 談45-179-12, 談45-178-1, 談45-178-2, 談45-178-2, 談46-178-6, 談46-178-7, 談46-178-7, 談46-178-8, 談46-178-8, 談46-178-8, 談46-178-9, 談46-178-11, 談46-178-11, 談46-178-11, 談46-178-12, 談46-178-12, 談46-177-1, 談47-177-4, 談47-177-5, 談47-177-7, 談47-177-8, 談47-177-8, 談47-177-10, 談47-177-10, 談48-176-1, 談48-176-3, 談48-176-4, 談49-176-9, 談49-176-10, 談49-176-10, 談49-176-11, 談49-176-12, 談49-175-1, 談49-175-2, 談49-175-3, 談49-175-3, 談50-175-6, 談50-175-7, 談50-175-8, 談50-175-9, 談50-175-9, 談50-175-9, 談50-175-9, 談50-175-11, 談50-174-1, 談50-174-2, 談51-174-4, 談51-174-6, 談51-174-6, 談51-174-7, 談51-174-8, 談51-174-8, 談51-174-10, 談51-174-10, 談52-173-1, 談52-173-2, 談52-173-2, 談52-173-3, 談52-173-3, 談52-173-5, 談52-173-5, 談52-173-6, 談52-173-6, 談52-173-7, 談52-173-8, 談53-173-12, 談53-172-1,

談 53-172-2，談 53-172-3，談 53-172-3，
談 53-172-3，談 53-172-4，談 53-172-4，
談 53-172-4，談 53-172-4，談 53-172-6，
談 54-172-9，談 54-172-9，談 54-172-10，
談 54-172-11，談 54-172-11，談 54-171-1，
談 54-171-1，談 54-171-2，談 54-171-3，
談 54-171-4，談 55-171-6，談 55-171-7，
談 55-171-7，談 55-171-8，談 55-171-9，
談 55-171-10，談 55-171-10，
談 55-171-11，談 55-171-12，談 55-170-1，
談 55-170-1，談 55-170-2，談 55-170-2，
談 56-170-4，談 56-170-5，談 56-170-6，
談 56-170-6，談 56-170-7，談 56-170-8，
談 56-170-9，談 56-170-10，談 56-170-10，
談 56-169-1，談 56-169-1，談 56-169-1，
談 56-169-2，談 57-169-4，談 57-169-4，
談 57-169-5，談 57-169-6，談 57-169-6，
談 57-169-7，談 57-169-7，談 57-169-7，
談 57-169-8，談 57-169-9，談 57-169-9，
談 57-169-10，談 57-169-10，
談 57-169-11，談 57-169-12，談 58-168-2，
談 58-168-3，談 58-168-4，談 58-168-4，
談 58-168-6，談 58-168-6，談 58-168-8，
談 58-168-9，談 58-168-9，談 58-168-10，
談 58-168-11，談 58-168-11，談 59-167-2，
談 59-167-3，談 59-167-3，談 59-167-6，
談 59-167-8，談 59-167-8，談 59-167-9，
談 59-167-9，談 60-166-1，談 60-166-2，
談 60-166-3，談 60-166-3，談 60-166-3，
談 60-166-5，談 60-166-6，談 60-166-7，
談 61-166-9，談 61-166-10，談 61-166-12，
談 61-165-2，談 61-165-3，談 61-165-5，
談 61-165-5，談 61-165-6，談 62-165-8，
談 62-165-10，談 62-165-11，
談 62-165-12，談 62-164-1，談 62-164-2，
談 62-164-2，談 62-164-2，談 62-164-3，
談 62-164-4，談 62-164-5，談 63-164-8，
談 63-164-9，談 63-164-10，談 63-164-10，
談 63-164-11，談 63-163-1，談 63-163-2，
談 63-163-3，談 64-163-5，談 64-163-7，

談 64-163-7，談 64-163-8，談 64-163-9，
談 64-163-9，談 64-163-10，談 64-163-10，
談 64-163-10，談 64-163-11，
談 64-163-11，談 64-163-12，談 65-162-2，
談 65-162-3，談 65-162-3，談 65-162-3，
談 65-162-7，談 65-162-8，談 65-162-8，
談 65-162-8，談 65-162-9，談 65-162-10，
談 65-162-11，談 66-161-2，談 66-161-2，
談 66-161-4，談 66-161-4，談 66-161-5，
談 66-161-7，談 66-161-7，談 66-161-8，
談 66-161-9，談 66-161-9，談 67-161-12，
談 67-161-12，談 67-160-1，談 67-160-1，
談 67-160-3，談 67-160-4，談 67-160-4，
談 67-160-5，談 67-160-6，談 67-160-6，
談 68-160-10，談 68-160-11，
談 68-160-12，談 68-159-1，談 68-159-2，
談 68-159-4，談 68-159-5，談 69-159-7，
談 69-159-7，談 69-159-8，談 69-159-8，
談 69-159-9，談 69-159-11，談 69-159-11，
談 69-158-1，談 70-158-4，談 70-158-5，
談 70-158-6，談 70-158-8，談 70-158-8，
談 70-158-8，談 70-158-9，談 70-158-9，
談 70-158-10，談 70-158-12，談 71-157-5，
談 71-157-5，談 71-157-7，談 71-157-7，
談 71-157-8，談 71-157-9，談 71-157-9，
談 71-157-9，談 71-157-9，談 71-157-10，
談 71-157-12，談 71-157-12，談 71-156-1，
談 71-156-1，談 71-156-2，談 70-156-5，
談 70-156-6，談 70-156-7，談 70-156-8，
談 70-156-10，談 70-156-10，談 73-155-4，
談 73-155-5，談 73-155-9，談 73-155-10，
談 73-155-10，談 73-155-11，談 74-154-2，
談 74-154-3，談 74-154-5，談 74-154-6，
談 74-154-7，談 74-154-8，談 75-153-2，
談 75-153-3，談 75-153-5，談 75-153-6，
談 75-153-7，談 75-153-9，談 76-153-12，
談 76-152-3，談 76-152-4，談 76-152-7，
談 76-152-8，談 76-152-9，談 77-152-11，
談 77-152-12，談 77-151-1，談 77-151-1，
談 77-151-2，談 77-151-2，談 77-151-2，

談 77-151-4, 談 77-151-4, 談 77-151-5,
談 77-151-5, 談 77-151-7, 談 78-151-12,
談 78-150-1, 談 78-150-3, 談 78-150-4,
談 78-150-4, 談 78-150-4, 談 78-150-5,
談 79-150-8, 談 79-150-8, 談 79-150-9,
談 79-150-9, 談 79-150-10, 談 79-150-10,
談 79-150-10, 談 79-150-11,
談 79-150-11, 談 79-150-12, 談 79-149-1,
談 80-149-3, 談 80-149-4, 談 80-149-4,
談 80-149-4, 談 80-149-5, 談 80-149-5,
談 80-149-6, 談 80-149-6, 談 80-149-7,
談 80-149-7, 談 80-149-8, 談 81-149-11,
談 81-149-12, 談 81-149-12,
談 81-149-12, 談 81-148-2, 談 81-148-2,
談 81-148-3, 談 81-148-3, 談 81-148-4,
談 81-148-5, 談 81-148-5, 談 81-148-6,
談 81-148-6, 談 81-148-6, 談 81-148-7,
談 82-148-9, 談 82-148-9, 談 82-148-10,
談 82-148-12, 談 82-147-1, 談 82-147-2,
談 82-147-2, 談 82-147-4, 談 82-147-4,
談 82-147-5, 談 83-147-8, 談 83-147-8,
談 83-147-8, 談 83-147-10, 談 83-147-11,
談 83-147-11, 談 83-147-12, 談 83-146-1,
談 83-146-1, 談 83-146-2, 談 83-146-4,
談 84-146-7, 談 84-146-8, 談 84-146-8,
談 84-146-9, 談 84-146-11, 談 84-146-11,
談 84-146-12, 談 84-145-1, 談 84-145-1,
談 84-145-2, 談 84-145-2, 談 84-145-2,
談 84-145-3, 談 85-145-6, 談 85-145-6,
談 85-145-6, 談 85-145-7, 談 85-145-8,
談 85-145-9, 談 85-145-10, 談 85-145-10,
談 85-145-10, 談 85-145-11,
談 85-145-12, 談 85-145-12, 談 85-144-2,
談 86-144-4, 談 86-144-4, 談 86-144-5,
談 86-144-5, 談 86-144-5, 談 86-144-7,
談 86-144-8, 談 86-144-8, 談 86-144-8,
談 86-144-10, 談 86-144-10,
談 86-144-11, 談 86-144-11,
談 86-144-12, 談 86-144-12, 談 87-143-4,
談 87-143-5, 談 87-143-5, 談 87-143-6,

談 87-143-7, 談 87-143-7, 談 87-143-8,
談 87-143-8, 談 87-143-8, 談 87-143-9,
談 87-143-9, 談 87-143-10, 談 87-143-12,
談 87-143-12, 談 87-142-1, 談 87-142-1,
談 87-142-1, 談 87-142-1, 談 87-142-2,
談 87-142-3, 談 87-142-3, 談 87-142-4,
談 88-142-6, 談 88-142-6, 談 88-142-7,
談 88-142-7, 談 88-142-8, 談 88-142-8,
談 88-142-9, 談 88-142-9, 談 88-142-10,
談 88-142-12, 談 88-141-1, 談 88-141-1,
談 89-141-4, 談 89-141-5, 談 89-141-5,
談 89-141-6, 談 89-141-6, 談 89-141-7,
談 89-141-9, 談 89-141-10, 談 89-141-10,
談 89-141-10, 談 89-141-10,
談 90-141-12, 談 90-140-1, 談 90-140-2,
談 90-140-2, 談 90-140-3, 談 90-140-3,
談 90-140-3, 談 90-140-4, 談 90-140-4,
談 90-140-4, 談 90-140-5, 談 90-140-5,
談 90-140-5, 談 90-140-6, 談 90-140-6,
談 90-140-6, 談 90-140-6, 談 90-140-7,
談 90-140-8, 談 91-140-10, 談 91-140-11,
談 91-140-11, 談 91-140-12,
談 91-140-12, 談 91-139-1, 談 91-139-2,
談 91-139-2, 談 91-139-3, 談 91-139-3,
談 91-139-4, 談 91-139-5, 談 91-139-6,
談 92-139-9, 談 92-139-9, 談 92-139-11,
談 92-139-12, 談 92-138-1, 談 92-138-1,
談 92-138-2, 談 92-138-3, 談 93-138-5,
談 93-138-6, 談 93-138-6, 談 93-138-7,
談 93-138-9, 談 93-138-10, 談 93-138-10,
談 93-138-11, 談 93-138-11,
談 93-138-11, 談 93-138-12, 談 93-137-1,
談 94-137-3, 談 94-137-3, 談 94-137-4,
談 94-137-4, 談 94-137-5, 談 94-137-5,
談 94-137-5, 談 94-137-6, 談 94-137-9,
談 95-136-1, 談 95-136-2, 談 95-136-2,
談 95-136-3, 談 95-136-3, 談 95-136-4,
談 95-136-4, 談 95-136-5, 談 95-136-6,
談 95-136-6, 談 95-136-7, 談 96-136-10,
談 96-136-10, 談 96-136-11,

談 96-136-11, 談 96-136-12, 談 96-135-1,
談 96-135-2, 談 96-135-2, 談 96-135-2,
談 96-135-2, 談 96-135-3, 談 97-135-6,
談 97-135-6, 談 97-135-6, 談 97-135-7,
談 97-135-7, 談 97-135-10, 談 97-135-10,
談 97-135-11, 談 98-134-2, 談 98-134-2,
談 98-134-6, 談 98-134-6, 談 98-134-6,
談 98-134-7, 談 98-134-8, 談 98-134-8,
談 98-134-8, 談 98-134-9, 談 98-134-9,
談 99-134-12, 談 99-133-1, 談 99-133-1,
談 99-133-2, 談 99-133-2, 談 99-133-3,
談 99-133-4, 談 99-133-4, 談 99-133-5,
談 99-133-7, 談 100-133-10,
談 100-133-11, 談 100-133-12,
談 100-133-12, 談 100-132-2,
談 100-132-2, 談 100-132-3,
談 100-132-3, 談 100-132-4,
談 100-132-5, 談 100-132-5, 言 1-288-2,
言 1-288-2, 言 1-288-3, 言 1-288-3,
言 1-288-3, 言 1-288-4, 言 1-288-4,
言 1-288-5, 言 1-288-5, 言 1-288-5,
言 1-288-7, 言 1-288-7, 言 1-288-8,
言 1-288-8, 言 1-288-9, 言 1-288-9,
言 1-288-10, 言 1-288-11, 言 1-288-12,
言 1-287-1, 言 1-287-2, 言 1-287-2,
言 1-287-4, 言 1-287-4, 言 1-287-4,
言 1-287-5, 言 1-287-6, 言 1-287-7,
言 1-287-8, 言 1-287-8, 言 1-287-10,
言 1-287-10, 言 1-287-11, 言 1-287-11,
言 1-287-11, 言 1-287-12, 言 1-286-1,
言 1-286-1, 言 1-286-2, 言 1-286-3,
言 1-286-4, 言 1-286-6, 言 1-286-6,
言 1-286-8, 言 1-286-8, 言 1-286-8,
言 1-286-9, 言 1-286-9, 言 1-286-9,
言 1-285-1, 言 1-285-1, 言 1-285-2,
言 1-285-3, 言 1-285-3, 言 1-285-4,
言 1-285-6, 言 1-285-7, 言 1-285-10,
言 1-285-11, 言 2-284-2, 言 2-284-2,
言 2-284-3, 言 2-284-4, 言 2-284-8,
言 2-284-9, 言 2-284-9, 言 2-284-9,

言 2-284-10, 言 2-284-10, 言 2-284-10,
言 2-284-12, 言 2-283-1, 言 2-283-2,
言 2-283-2, 言 2-283-3, 言 2-283-4,
言 2-283-5, 言 2-283-5, 言 2-283-5,
言 2-283-6, 言 2-283-6, 言 3-283-10,
言 3-283-10, 言 3-283-10, 言 3-283-12,
言 3-283-12, 言 3-282-1, 言 3-282-1,
言 3-282-2, 言 3-282-4, 言 3-282-4,
言 3-282-5, 言 3-282-5, 言 3-282-6,
言 3-282-6, 言 3-282-7, 言 3-282-7,
言 3-282-8, 言 3-282-8, 言 3-282-9,
言 3-282-10, 言 3-281-1, 言 3-281-3,
言 3-281-3, 言 3-281-3, 言 3-281-4,
言 3-281-4, 言 3-281-4, 言 3-281-5,
言 3-281-8, 言 3-281-8, 言 3-281-9,
言 3-280-3, 言 3-280-4, 言 3-280-5,
言 3-280-8, 言 3-280-9, 言 3-280-12,
言 3-279-2, 言 3-279-3, 言 3-279-5,
言 3-279-8, 言 3-279-8, 言 3-279-9,
言 3-279-11, 言 3-278-2, 言 3-278-3,
言 3-278-3, 言 3-278-6, 言 3-278-6,
言 3-278-7, 言 3-278-8, 言 3-278-11,
言 3-278-12, 言 3-278-12, 言 3-277-2,
言 3-277-3, 言 3-277-3, 言 3-277-4,
言 3-277-6, 言 3-277-6, 言 3-277-8,
言 3-277-8, 言 3-277-8, 言 3-277-11,
言 3-277-11, 言 3-276-1, 言 3-276-1,
言 3-276-3, 言 3-276-4, 言 3-276-6,
言 3-276-7, 言 3-276-10, 言 3-276-10,
言 3-275-1, 言 3-275-3, 言 3-275-4,
言 3-275-7, 言 3-275-8, 言 3-275-9,
言 3-275-9, 言 3-275-11, 言 3-274-2,
言 3-274-3, 言 3-274-3, 言 3-274-7,
言 3-274-8, 言 3-273-1, 言 3-273-3,
言 3-273-8, 言 3-273-11, 言 3-272-3,
言 3-272-6, 言 3-272-6, 言 3-272-6,
言 4-272-10, 言 4-272-10, 言 4-272-10,
言 4-272-11, 言 4-272-11, 言 4-272-11,
言 4-272-12, 言 4-272-12, 言 4-271-1,
言 4-271-1, 言 4-271-2, 言 4-271-2,

言 4-271-2, 言 4-271-3, 言 4-271-8,
言 4-271-9, 言 4-271-9, 言 4-271-12,
言 4-271-12, 言 5-270-3, 言 5-270-5,
言 5-270-5, 言 5-270-8, 言 5-270-8,
言 5-270-9, 言 5-270-9, 言 5-270-9,
言 5-270-9, 言 5-270-10, 言 5-270-10,
言 5-270-10, 言 5-269-2, 言 5-269-2,
言 5-269-3, 言 5-269-4, 言 5-269-4,
言 5-269-4, 言 5-269-5, 言 5-269-5,
言 6-269-8, 言 7-269-12, 言 7-269-12,
言 7-269-12, 言 7-268-1, 言 7-268-3,
言 7-268-3, 言 7-268-4, 言 7-268-5,
言 7-268-7, 言 7-268-7, 言 7-268-7,
言 7-268-7, 言 7-268-8, 言 7-268-8,
言 7-268-8, 言 7-268-8, 言 7-268-9,
言 7-268-9, 言 7-268-9, 言 7-268-10,
言 8-267-1, 言 8-267-4, 言 8-267-4,
言 8-267-5, 言 8-267-5, 言 8-267-6,
言 8-267-7, 言 8-267-8, 言 8-267-8,
言 8-267-9, 言 8-267-9, 言 8-267-9,
言 8-266-1, 言 8-266-1, 言 8-266-2,
言 8-266-3, 言 8-266-4, 言 8-266-6,
言 8-266-6, 言 8-266-6, 言 8-266-8,
言 8-266-8, 言 8-266-8, 言 8-266-9,
言 8-266-9, 言 8-266-9, 言 8-266-9,
言 8-266-10, 言 8-266-11, 言 8-266-11,
言 8-266-12, 言 8-266-12, 言 8-265-2,
言 8-265-3, 言 8-265-3, 言 8-265-4,
言 8-265-4, 言 8-265-4, 言 8-265-4,
言 8-265-5, 言 8-265-5, 言 8-265-6,
言 8-265-6, 言 8-265-6, 言 8-265-6,
言 8-265-7, 言 8-265-8, 言 8-265-8,
言 8-265-12, 言 8-265-12, 言 8-264-1,
言 8-264-4, 言 8-264-8, 言 8-264-9,
言 8-264-9, 言 8-264-11, 言 8-264-12,
言 8-264-12, 言 8-263-2, 言 8-263-2,
言 8-263-3, 言 8-263-5, 言 9-263-11,
言 9-263-11, 言 9-263-11, 言 9-262-1,
言 9-262-1, 言 9-262-3, 言 9-262-3,
言 9-262-3, 言 9-262-3, 言 9-262-4,

言 9-262-5, 言 9-262-6, 言 9-262-7,
言 9-262-7, 言 9-262-8, 言 9-262-9,
言 9-262-9, 言 9-262-10, 言 9-262-11,
言 9-261-1, 言 9-261-1, 言 9-261-2,
言 9-261-3, 言 9-261-4, 言 9-261-4,
言 9-261-5, 言 9-261-6, 言 9-261-6,
言 9-261-7, 言 9-261-7, 言 9-261-7,
言 9-261-9, 言 9-261-9, 言 9-261-10,
言 9-261-10, 言 9-261-11, 言 9-261-11,
言 9-261-11, 言 9-261-12, 言 9-260-1,
言 9-260-1, 言 9-260-1, 言 9-260-1,
言 9-260-2, 言 9-260-2, 言 9-260-2,
言 9-260-2, 言 9-260-3, 言 9-260-5,
言 9-260-10, 言 9-260-10, 言 9-259-2,
言 9-259-3, 言 9-259-4, 言 9-259-5,
言 9-259-5, 言 9-259-5, 言 9-259-8,
言 9-259-9, 言 9-259-11, 言 9-258-4,
言 9-258-5, 言 9-258-6, 言 9-258-7,
言 9-257-1, 言 9-257-1, 言 9-257-3,
言 9-257-3, 言 9-257-4, 言 9-257-4,
言 9-257-4, 言 9-257-5, 言 9-257-5,
言 9-257-6, 言 9-257-6, 言 9-257-7,
言 9-257-7, 言 9-257-7, 言 9-257-8,
言 9-257-11, 言 9-257-11, 言 9-257-11,
言 9-257-12, 言 9-257-12, 言 9-256-2,
言 9-256-4, 言 10-256-8, 言 10-256-8,
言 10-256-8, 言 10-256-8, 言 10-256-8,
言 10-256-9, 言 10-256-11, 言 10-256-11,
言 10-256-11, 言 10-256-12,
言 10-256-12, 言 10-255-3, 言 10-255-3,
言 10-255-4, 言 10-255-4, 言 10-255-6,
言 10-255-7, 言 10-255-7, 言 10-255-7,
言 10-255-9, 言 10-255-9, 言 10-255-9,
言 10-255-10, 言 10-255-10,
言 10-255-11, 言 10-255-11,
言 10-255-12, 言 10-254-3, 言 10-254-3,
言 10-254-4, 言 10-254-5, 言 10-254-7,
言 10-254-7, 言 10-254-12, 言 10-254-12,
言 10-253-1, 言 10-253-2, 言 10-253-3,
言 10-253-3, 言 10-253-4, 言 10-253-4,

『語言自邇集』（初版，1867）全語彙索引　167

言 10-253-4，言 10-253-5，言 10-252-4，
言 10-252-7，言 10-252-9，言 10-252-9，
言 10-252-10，言 10-252-10，
言 10-252-11，言 10-252-11，
言 10-252-12，言 10-252-12，言 10-251-3，
言 10-251-6，言 10-251-7，言 10-251-7，
言 10-251-9，言 10-251-10，言 10-250-1，
言 11-250-6，言 11-250-9，言 11-250-9，
言 12-249-5，言 12-249-6，言 13-249-11，
言 13-249-11，言 13-249-11，
言 13-249-11，言 13-249-11，
言 13-249-12，言 13-249-12，
言 13-249-12，言 13-248-1，言 13-248-2，
言 13-248-2，言 13-248-3，言 13-248-3，
言 13-248-3，言 13-248-4，言 13-248-5，
言 13-248-5，言 14-289-1，言 14-289-2，
言 14-290-1，言 14-290-2，言 14-290-2，
言 14-290-4，言 14-290-5，言 14-291-1，
言 14-291-1，言 14-291-2，言 14-291-2，
言 14-291-3，言 14-291-4，言 14-291-4，
言 14-291-4，言 14-291-5，言 14-291-6，
言 14-292-1，言 14-292-3，言 14-292-3，
言 14-292-4，言 14-292-5，言 14-293-3，
言 14-293-4，言 14-293-4，言 14-293-4，
言 14-293-5，言 14-294-1，言 14-294-1，
言 14-294-5，言 14-294-6，言 14-294-6）

得 0：214（散 4-35-4，散 4-35-4，散 5-36-4，
散 6-37-3，散 6-37-10，散 8-39-1，
散 10-41-10，散 11-42-7，散 12-43-6，
散 13-44-6，散 14-45-4，散 14-45-6，
散 15-46-8，散 16-47-3，散 16-47-6，
散 17-48-4，散 17-48-6，散 17-48-8，
散 17-48-10，散 18-49-10，散 18-49-10，
散 18-49-10，散 18-49-10，散 19-50-7，
散 20-51-6，散 20-51-8，散 20-51-9，
散 21-52-4，散 22-53-10，散 24-55-7，
散 25-56-1，散 25-56-7，散 28-59-4，
散 28-59-8，散 29-60-6，散 30-61-8，
散 31-62-7，散 32-63-3，散 33-64-10，
散 34-65-4，散 34-65-10，散 36-67-10，
散 37-68-4，散 37-68-6，散 38-69-7，
問 1-109-5，問 2-108-7，問 3-106-8，
問 3-104-4，問 4-100-5，問 4-100-12，
問 5-98-9，問 6-95-9，問 8-86-3，
問 8-86-3，問 8-85-12，問 8-83-4，
問 9-82-7，問 10-80-7，問 10-79-12，
問 10-78-6，問 10-76-2，問 10-75-3，
續 2-113-5，續 2-113-7，續 3-114-9，
續 5-116-4，續 5-116-5，續 5-116-7，
續 6-117-10，續 15-126-3，續 18-129-6，
續 18-129-6，談 1-214-10，談 1-214-11，
談 2-213-2，談 2-213-3，談 3-213-12，
談 3-212-1，談 3-212-2，談 3-212-3，
談 3-212-4，談 3-212-6，談 4-212-10，
談 4-212-12，談 4-211-4，談 7-209-8，
談 7-209-10，談 9-207-4，談 10-207-12，
談 10-206-1，談 10-206-2，談 10-206-4，
談 11-206-9，談 19-200-12，談 23-196-3，
談 23-196-3，談 24-195-1，談 30-191-5，
談 30-191-9，談 31-190-3，談 33-189-10，
談 33-189-10，談 33-189-11，
談 33-189-12，談 34-188-10，談 36-186-9，
談 39-183-1，談 39-183-1，談 39-183-5，
談 42-181-3，談 44-180-8，談 47-177-3，
談 47-177-3，談 48-176-5，談 50-175-7，
談 50-175-8，談 50-174-2，談 51-174-4，
談 53-173-11，談 55-171-11，談 59-167-4，
談 61-165-5，談 63-164-8，談 63-164-12，
談 65-162-2，談 66-161-7，談 72-155-1，
談 74-154-2，談 75-154-12，談 75-153-4，
談 75-153-9，談 77-151-3，談 77-151-4，
談 79-150-9，談 80-149-6，談 83-147-9，
談 84-146-8，談 86-144-11，談 87-143-5，
談 87-143-7，談 87-143-8，談 90-140-4，
談 91-140-10，談 91-140-12，
談 92-139-11，談 93-137-1，談 95-136-1，
談 95-136-2，談 98-134-5，談 98-134-8，
談 99-133-3，談 99-133-4，談 100-133-10，
談 100-132-4，言 1-287-8，言 1-285-12，
言 3-280-11，言 3-278-1，言 3-277-5，

言 3-277-10, 言 3-276-12, 言 3-274-7,
言 3-273-5, 言 3-273-5, 言 3-273-12,
言 4-271-6, 言 4-271-7, 言 5-270-4,
言 5-270-4, 言 5-270-4, 言 5-270-4,
言 5-270-6, 言 5-270-6, 言 5-270-8,
言 5-270-12, 言 6-269-7, 言 6-269-7,
言 8-267-2, 言 8-267-5, 言 8-267-6,
言 8-267-7, 言 8-267-7, 言 8-267-7,
言 8-267-9, 言 8-267-10, 言 8-267-11,
言 8-267-11, 言 8-267-11, 言 8-265-11,
言 8-264-5, 言 8-264-9, 言 8-263-1,
言 8-263-2, 言 10-256-7, 言 10-256-7,
言 10-256-7, 言 10-255-5, 言 10-254-1,
言 10-254-1, 言 10-254-6, 言 10-254-9,
言 10-254-12, 言 10-253-1, 言 10-253-2,
言 10-252-2, 言 10-252-2, 言 10-252-10,
言 10-251-2, 言 10-251-3, 言 10-251-4,
言 10-251-4, 言 14-292-4, 言 14-294-2）
得很：18（散 9-40-9, 散 17-48-4, 散 20-51-8,
散 24-55-7, 散 26-57-5, 散 26-57-10,
散 31-62-6, 散 36-67-5, 散 39-70-3,
問 10-78-2, 續 2-113-7, 續 14-125-1,
談 32-189-1, 談 70-158-4, 言 1-288-2,
言 8-264-10, 言 10-252-2, 言 13-248-3）
得 dei：50（散 10-41-3, 散 10-41-6,
散 10-41-8, 散 11-42-5, 散 11-42-7,
散 11-42-10, 散 12-43-7, 散 12-43-9,
散 13-44-10, 散 16-47-5, 散 17-48-3,
散 18-49-7, 散 19-50-6, 散 19-50-6,
散 22-53-4, 散 22-53-4, 散 22-53-5,
散 22-53-7, 散 25-56-8, 散 26-57-10,
散 33-64-8, 散 33-64-9, 散 35-66-6,
散 35-66-7, 問 3-106-12, 問 3-104-2,
問 3-104-11, 問 3-104-12, 問 6-92-7,
問 8-85-4, 問 9-83-12, 問 10-80-8,
問 10-78-2, 問 10-75-10, 續 2-113-11,
談 46-178-7, 談 77-151-5, 言 3-281-8,
言 3-275-10, 言 7-268-5, 言 8-266-3,
言 8-264-1, 言 8-264-12, 言 9-260-2,
言 9-259-9, 言 9-258-9, 言 11-249-1,

言 14-290-4, 言 14-291-3, 言 14-291-5）
燈：6（散 7-38-1, 散 7-38-5, 散 7-38-5,
續 1-112-12, 續 17-128-3, 言 3-282-10）
燈草：1（言 3-278-10）
燈蛾兒：1（續 17-128-3）
燈火：1（散 8-39-8）
燈籠：1（言 3-282-10）
燈油：3（散 14-45-1, 散 14-45-3,
散 14-45-3）
登：1（談 61-166-9）
登高自卑，行遠自邇：1（問 10-74-3）
等：60（散 29-60-1, 散 29-60-4, 問 3-106-7,
問 4-99-3, 問 6-93-10, 問 7-90-5,
問 8-84-4, 問 10-78-7, 問 10-77-1,
問 10-77-4, 續 2-113-10, 續 5-116-1,
談 5-211-10, 談 9-207-3, 談 9-207-6,
談 22-197-7, 談 26-194-4, 談 27-194-7,
談 30-191-8, 談 31-190-3, 談 31-190-4,
談 34-187-2, 談 48-176-3, 談 51-174-4,
談 53-173-10, 談 70-156-4, 談 74-154-6,
談 74-154-7, 談 76-152-5, 談 96-136-11,
談 96-136-12, 言 1-287-12, 言 2-284-11,
言 2-283-6, 言 3-280-8, 言 3-278-3,
言 3-278-10, 言 3-276-10, 言 3-275-3,
言 3-273-10, 言 4-271-1, 言 4-271-4,
言 5-270-3, 言 5-270-3, 言 7-269-12,
言 7-269-12, 言 7-268-4, 言 7-268-4,
言 9-261-9, 言 9-261-12, 言 9-260-1,
言 9-260-3, 言 9-259-6, 言 9-259-8,
言 9-259-9, 言 9-258-9, 言 9-257-10,
言 12-249-7, 言 13-249-12, 言 14-290-5）
等急：1（談 70-156-7）
等一等：1（散 29-60-10）
等着：4（談 49-175-1, 談 70-158-9,
談 88-142-9, 言 3-281-3）
凳：1（言 3-282-12）
櫈：1（散 8-39-3）
櫈子：2（散 8-39-1, 散 8-39-1）
磴兒：1（談 63-163-3）
瞪眼：2（談 6-210-7, 談 67-160-3）

低三兒下四：1（續 9-120-9）
低頭：1（談 93-138-8）
隄防：1（談 28-192-1）
笛：3（言 3-280-12，言 3-280-12，言 3-276-1）
底兒：1（談 46-178-10）
底根兒：5（散 24-55-2，散 24-55-10，問 2-107-9，談 22-197-2，談 37-185-5）
底下：14（散 26-57-9，問 5-97-5，問 10-77-1，問 10-75-12，續 7-118-11，續 15-126-2，談 31-190-6，談 35-187-9，談 74-154-3，談 86-143-1，談 93-138-7，言 3-279-2，言 10-253-2，言 14-295-1）
底下人：9（散 19-50-1，散 19-50-3，散 25-56-7，散 25-56-7，問 3-106-10，問 3-105-11，問 3-105-12，問 5-96-8，言 10-251-11）
底下人們：2（問 5-96-9，問 5-96-10）
底子：1（談 48-176-5）
地：14（散 26-57-9，散 35-66-1，散 35-66-5，問 3-106-11，問 8-87-5，問 8-85-5，問 8-85-10，續 2-113-1，續 5-116-11，談 32-190-12，談 75-153-5，談 76-152-5，談 97-135-6）
地步兒：2（談 3-212-8，言 10-253-3）
地方：7（散 20-51-8，散 32-63-2，散 32-63-5，問 8-88-12，問 8-86-4，言 9-257-11，言 14-294-4）
地方兒：54（散 15-46-5，散 18-49-5，散 23-54-2，散 23-54-5，散 24-55-7，散 30-61-3，散 30-61-5，問 3-106-12，問 5-97-6，問 8-87-4，問 10-77-7，問 10-75-10，續 5-116-8，續 11-122-2，續 11-122-10，續 12-123-6，談 9-207-6，談 10-206-1，談 11-206-11，談 14-204-12，談 14-204-12，談 18-200-1，談 20-198-1，談 23-196-4，談 31-190-7，談 32-190-11，談 32-190-12，談 36-186-9，談 42-181-10，談 54-172-11，談 57-169-8，談 58-168-11，談 59-167-4，談 62-164-5，談 74-154-5，談 75-153-3，談 75-153-5，談 81-149-11，談 81-148-2，談 85-145-7，談 90-140-1，談 90-140-5，談 94-137-10，談 95-136-2，談 100-132-2，言 1-288-5，言 1-287-5，言 1-287-8，言 2-283-3，言 2-283-5，言 3-279-8，言 9-262-1，言 10-254-8，言 10-250-1）
地方官：3（散 24-55-7，散 32-63-3，散 32-63-4）
地名：1（言 2-283-6）
地兒：1（談 98-134-8）
地勢：1（談 37-185-5）
地下：10（散 4-35-2，散 4-35-3，散 14-45-6，散 23-54-10，散 28-59-10，散 35-66-5，散 40-71-9，談 35-186-3，言 3-279-11，言 14-292-2）
地主兒：1（續 4-115-11）
弟台：1（談 3-212-5）
弟兄：3（散 25-56-5，散 25-56-5，問 4-100-3）
弟兄們：9（問 4-100-9，談 15-203-6，談 15-203-11，談 17-201-2，談 17-201-7，談 17-201-8，談 17-201-10，談 19-199-1，談 97-135-9）
遞：1（談 7-209-10）
遞給：1（續 17-128-1）
第：27（散 1-32-1，散 1-32-2，散 1-32-2，散 1-32-2，散 1-32-2，問 8-88-7，問 8-88-7，問 8-88-11，問 8-88-11，問 8-85-3，問 10-80-11，問 10-79-1，續 4-115-4，談 87-143-4，言 1-285-11，言 1-285-12，言 2-284-12，言 8-267-6，言 9-261-10，言 9-260-9，言 10-255-2，言 10-253-7，言 10-253-7，言 10-253-9，言 10-253-9，言 10-253-9，言 10-253-10）
第二天：1（談 51-174-6）
第一：1（談 13-204-5）
掂掂：1（續 14-125-5）
顛：1（談 33-189-10）
顛三倒四：1（續 14-125-4）

點：8（談 62-164-3，談 71-157-8，
　　談 71-157-12，談 97-135-12，言 14-292-1，
　　言 14-292-1，言 14-292-2，言 14-292-2）
點不著：1（續 4-115-9）
點燈：4（散 8-39-2，散 8-39-7，散 8-39-7，
　　談 35-186-3）
點兒：36（問 2-108-12，問 7-89-10，
　　問 8-88-7，問 8-85-8，問 8-85-10，
　　問 10-75-8，問 10-75-11，續 1-112-7，
　　續 2-113-6，續 3-114-4，續 4-115-2，
　　續 4-115-9，續 5-116-4，續 6-117-7，
　　續 7-118-2，續 8-119-1，談 2-213-2，
　　談 3-212-7，談 29-192-6，談 29-192-6，
　　談 31-190-1，談 31-190-2，談 45-178-2，
　　談 47-177-4，談 47-177-5，談 48-176-4，
　　談 51-174-8，談 69-159-12，談 70-158-11，
　　談 70-157-1，談 71-157-6，談 73-155-11，
　　談 81-148-4，談 87-143-8，談 89-141-5，
　　言 10-253-7）
點頭：2（談 19-199-3，談 84-145-2）
點子：2（續 12-123-5，談 69-159-11）
玷辱：1（談 100-132-1）
店：18（散 15-46-4，散 16-47-5，散 29-60-10，
　　問 2-108-3，問 8-87-7，問 8-87-7，
　　問 8-87-8，問 8-87-9，問 8-87-9，
　　問 8-87-10，問 8-87-12，問 8-87-12，
　　問 8-86-1，問 8-86-8，問 8-86-10，
　　問 8-86-10，問 8-86-11，問 8-85-9）
店東：3（問 8-86-12，問 8-85-1，問 8-85-1）
惦記：3（問 4-101-5，談 49-175-1，
　　談 50-175-12）
惦念：1（談 75-153-9）
墊：1（續 14-125-5）
靛缸裏拉不出白布來：1（續 14-125-5）
奠酒：2（談 75-153-1，談 75-153-7）
貂鼠掛子：1（談 34-188-7）
吊：4（散 13-44-2，散 13-44-2，言 8-263-1，
　　言 8-263-6）
弔：1（言 10-253-2）
弔喪：1（談 76-152-2）

釣魚：1（續 16-127-1）
釣魚竿兒：1（續 16-127-1）
窎遠：1（談 32-190-11）
掉：4（散 23-54-2，散 23-54-2，散 23-54-9，
　　散 28-59-10）
掉皮：1（續 9-120-3）
跌：4（續 5-116-1，續 5-116-6，談 56-170-12，
　　談 98-134-9）
跌倒：2（談 56-170-12，談 89-141-9）
迭：2（談 27-193-2，談 94-137-7）
碟子：2（散 8-39-1，散 8-39-4）
疊：3（散 26-57-10，續 14-125-7，
　　談 54-172-12）
叠次：1（散 26-57-2）
疊次：1（散 26-57-6）
丁憂：1（言 10-255-9）
叮：1（談 95-136-2）
釘：3（續 10-121-10，談 86-144-8，
　　談 86-144-8）
釘書：1（續 14-125-12）
頂：18（散 4-35-2，散 4-35-6，續 2-113-2，
　　續 2-113-9，續 3-114-10，續 5-116-6，
　　續 6-117-6，續 6-117-11，續 10-121-7，
　　續 17-128-4，談 75-154-12，言 3-281-4，
　　言 3-273-3，言 3-273-3，言 7-268-8，
　　言 7-268-8，言 10-252-9，言 11-250-10）
頂戴：1（問 6-95-12）
頂冠束帶：1（續 15-126-6）
頂子：1（散 38-69-9）
訂問：1（言 1-286-6）
定：24（散 19-50-8，散 20-51-4，散 29-60-6，
　　散 39-70-7，問 5-96-11，問 6-93-11，
　　問 10-79-2，問 10-77-9，問 10-76-5，
　　談 21-198-7，談 33-188-3，談 75-153-8，
　　談 81-148-6，談 85-145-10，言 1-287-6，
　　言 1-287-8，言 1-287-8，言 4-271-5，
　　言 7-269-12，言 7-269-12，言 9-262-9，
　　言 9-262-11，言 9-257-6，言 14-294-5）
定不得：1（談 12-205-6）
定不住：1（談 10-206-3）

定更：2（散10-41-2，散10-41-8）
定規：8（散22-53-2，散22-53-5，散22-53-7，
　　　散29-60-4，問2-108-4，問8-88-4，
　　　問10-81-12，問10-80-1）
定例：1（言9-261-2）
定數：1（言1-288-11）
定數兒：1（問10-77-10）
定妥：1（散22-53-6）
定向：3（散22-53-2，散22-53-2，
　　　散22-53-6）
定章：2（散20-51-1，散20-51-4）
定制：1（言2-284-4）
丟：21（散24-55-2，散24-55-7，散24-55-8，
　　　問3-105-10，問3-105-11，問4-101-12，
　　　問6-95-11，問6-95-12，問6-95-12，
　　　問8-87-9，問8-87-9，續6-117-9，
　　　續16-127-6，續17-128-7，談38-184-6，
　　　談38-184-8，談81-148-7，談87-143-10，
　　　言3-280-9，言5-270-8，言5-270-8）
丟開手：1（續17-128-4）
丟臉：1（問6-94-8）
丟人：1（續15-126-9）
東：1（散3-34-3）
東邊兒：1（問8-88-9）
東便門：2（問8-85-10，問8-85-11）
東城：3（散3-34-3，散3-34-7，問3-106-11）
東大街：1（言8-267-6）
東方：1（談75-153-1）
東花園兒：2（談92-139-10，言8-266-10）
東華門：1（言11-250-7）
東家：3（續9-120-1，言1-285-5，
　　　言2-284-2）
東拉西扯：1（續10-121-3）
東門：2（言10-254-4，言10-254-4）
東南：1（散26-57-8）
東南海：1（散30-61-2）
東西：83（散2-33-3，散2-33-3，散2-33-4，
　　　散2-33-4，散2-33-7，散2-33-7，
　　　散2-33-9，散2-33-9，散3-34-8，
　　　散7-38-7，散8-39-3，散13-44-8，

　　　散13-44-9，散16-47-2，散16-47-2，
　　　散16-47-3，散16-47-4，散16-47-6，
　　　散17-48-8，散19-50-7，散21-52-1，
　　　散21-52-2，散21-52-3，散21-52-3，
　　　散24-55-1，散26-57-8，散28-59-8，
　　　散29-60-1，散29-60-1，散40-71-9，
　　　問3-103-7，問5-98-12，問8-87-9，
　　　問8-87-9，問8-84-1，續1-112-3，
　　　續4-115-1，續8-119-7，續11-122-8，
　　　續12-123-1，續12-123-4，續16-127-12，
　　　續16-127-12，談28-193-6，談35-186-3，
　　　談35-186-4，談38-184-3，談38-184-4，
　　　談44-179-4，談45-178-2，談48-176-6，
　　　談49-176-11，談51-174-9，談56-169-1，
　　　談58-168-7，談62-164-2，談64-163-5，
　　　談69-159-7，談70-158-4，談71-156-1，
　　　談70-156-11，談73-155-10，談77-151-3，
　　　談78-151-10，談78-150-1，談81-149-12，
　　　談84-146-7，談94-137-9，談95-136-6，
　　　言3-278-8，言3-278-12，言3-277-3，
　　　言3-276-1，言3-276-4，言3-276-7，
　　　言3-275-9，言3-274-2，言3-274-4，
　　　言3-272-6，言6-269-7，言8-267-10，
　　　言8-265-4，言14-294-1）
東西兒：1（談71-157-12）
東洋：2（問1-109-5，問1-109-9）
冬：3（散16-47-2，散16-47-10，
　　　談93-138-12）
冬天：3（散16-47-10，言12-249-5，
　　　言14-292-5）
懂：5（散6-37-7，散23-54-3，談99-134-12，
　　　談99-133-3，言10-252-4）
懂得：11（散6-37-1，散6-37-7，散6-37-7，
　　　散23-54-3，散36-67-8，問10-79-2，
　　　問10-79-2，問10-79-2，談2-213-3，
　　　談56-170-5，談57-169-5）
懂得了：1（談52-173-4）
動：9（談37-185-8，談45-178-1，
　　　談63-164-8，談66-161-5，談89-141-6，
　　　談89-141-6，談92-139-12，談92-139-12，

談 99-133-1）
動兒：3（談 37-185-8，談 63-164-8，
　　談 99-133-1）
動勁兒：1（談 27-194-9）
動靜：1（談 66-161-9）
動靜兒：1（談 60-166-3）
動氣：1（談 41-182-10）
動身：4（問 8-88-7，談 70-156-5，言 9-258-1，
　　言 10-251-10）
動手：2（續 4-115-10，談 86-144-6）
動作：2（問 10-78-7，言 1-285-7）
動作兒：1（談 56-170-4）
凍：3（談 97-135-5，談 98-134-8，
　　談 98-134-9）
凍瘡：1（續 4-115-12）
洞：1（言 11-250-7）
都：448（散 4-35-2，散 4-35-7，散 4-35-8，
　　散 4-35-10，散 6-37-4，散 6-37-6，
　　散 6-37-6，散 7-38-7，散 7-38-8，
　　散 7-38-9，散 7-38-10，散 8-39-3，
　　散 8-39-3，散 8-39-6，散 9-40-2，
　　散 10-41-5，散 10-41-10，散 11-42-8，
　　散 12-43-10，散 13-44-5，散 13-44-7，
　　散 13-44-9，散 14-45-5，散 14-45-7，
　　散 14-45-8，散 14-45-8，散 14-45-9，
　　散 14-45-10，散 15-46-1，散 15-46-4，
　　散 15-46-4，散 15-46-5，散 15-46-5，
　　散 15-46-6，散 15-46-9，散 16-47-3，
　　散 16-47-4，散 16-47-5，散 16-47-6，
　　散 16-47-6，散 17-48-5，散 17-48-6，
　　散 17-48-7，散 17-48-8，散 17-48-10，
　　散 19-50-7，散 19-50-7，散 20-51-3，
　　散 20-51-6，散 20-51-9，散 21-52-4，
　　散 21-52-4，散 21-52-5，散 22-53-4，
　　散 22-53-10，散 23-54-3，散 23-54-7，
　　散 24-55-3，散 24-55-7，散 24-55-8，
　　散 24-55-8，散 24-55-10，散 26-57-3，
　　散 26-57-5，散 26-57-7，散 27-58-6，
　　散 28-59-2，散 28-59-4，散 28-59-6，
　　散 29-60-5，散 30-61-6，散 30-61-8，

散 30-61-8，散 30-61-9，散 31-62-3，
散 31-62-3，散 31-62-4，散 31-62-7，
散 32-63-3，散 32-63-5，散 32-63-7，
散 32-63-10，散 34-65-7，散 34-65-8，
散 34-65-9，散 37-68-4，散 38-69-3，
散 38-69-5，散 39-70-5，散 39-70-5，
散 39-70-7，散 40-71-2，散 40-71-3，
散 40-71-9，問 1-109-5，問 1-109-5，
問 1-109-12，問 2-108-6，問 3-104-3，
問 3-104-7，問 3-104-7，問 3-104-10，
問 3-103-9，問 4-101-12，問 4-100-4，
問 4-100-4，問 4-100-4，問 4-100-5，
問 4-100-5，問 4-100-6，問 4-100-10，
問 5-99-8，問 5-98-1，問 5-98-4，
問 5-98-12，問 5-97-1，問 5-97-6，
問 5-96-8，問 5-96-12，問 5-95-3，
問 5-95-4，問 6-94-12，問 6-93-2，
問 7-90-3，問 8-88-9，問 8-87-1，
問 8-87-5，問 8-87-10，問 8-87-11，
問 8-87-11，問 8-86-1，問 8-86-2，
問 8-86-12，問 8-85-3，問 8-85-11，
問 8-84-2，問 8-84-8，問 8-84-9，
問 8-84-10，問 9-83-11，問 9-82-6，
問 9-82-8，問 10-80-6，問 10-80-11，
問 10-79-2，問 10-78-5，問 10-78-10，
問 10-78-11，問 10-77-1，問 10-77-3，
問 10-77-5，問 10-77-5，問 10-77-12，
問 10-76-1，問 10-76-6，問 10-76-6，
問 10-76-6，問 10-76-10，問 10-75-4，
問 10-75-7，問 10-74-4，續 1-112-3，
續 1-112-4，續 1-112-6，續 1-112-9，
續 2-113-4，續 3-114-5，續 5-116-3，
續 5-116-8，續 7-118-2，續 7-118-6，
續 7-118-7，續 8-119-5，續 8-119-5，
續 10-121-7，續 12-123-8，續 12-123-11，
續 13-124-3，續 13-124-9，續 14-125-6，
續 14-125-9，續 14-125-11，續 14-125-12，
續 15-126-2，續 15-126-6，續 17-128-10，
續 18-129-5，談 1-214-5，談 1-214-8，
談 2-213-7，談 4-212-11，談 4-211-3，

談 5-211-7, 談 5-211-8, 談 5-211-8,
談 5-210-1, 談 7-209-11, 談 8-208-4,
談 8-208-7, 談 10-207-10, 談 10-206-2,
談 11-206-11, 談 11-205-1, 談 12-205-8,
談 12-205-8, 談 14-203-3, 談 15-202-1,
談 16-202-10, 談 17-201-3, 談 17-201-5,
談 23-196-3, 談 24-195-3, 談 27-194-7,
談 28-193-9, 談 30-191-4, 談 30-191-8,
談 31-191-12, 談 31-190-6, 談 31-190-8,
談 32-189-2, 談 33-189-11, 談 33-188-2,
談 36-186-6, 談 36-186-8, 談 36-186-11,
談 36-186-11, 談 36-185-2, 談 37-185-9,
談 37-185-10, 談 38-184-3, 談 38-184-9,
談 39-184-12, 談 39-183-2, 談 39-183-3,
談 39-183-5, 談 39-183-5, 談 40-182-2,
談 41-182-8, 談 43-180-1, 談 43-180-2,
談 43-180-6, 談 44-180-8, 談 45-179-8,
談 45-179-10, 談 46-178-5, 談 46-178-7,
談 46-178-9, 談 46-178-11, 談 47-177-9,
談 48-176-1, 談 48-176-5, 談 48-176-6,
談 50-175-7, 談 50-175-12, 談 52-173-1,
談 53-172-3, 談 55-171-8, 談 56-170-5,
談 57-169-4, 談 59-167-9, 談 60-166-3,
談 61-165-2, 談 61-165-6, 談 63-164-8,
談 65-162-3, 談 65-162-8, 談 65-162-10,
談 70-156-8, 談 70-156-9, 談 70-156-9,
談 75-153-5, 談 76-153-12, 談 77-151-5,
談 77-151-7, 談 78-151-12, 談 78-150-2,
談 80-149-6, 談 81-148-4, 談 81-148-7,
談 84-145-1, 談 85-145-8, 談 85-145-9,
談 85-144-1, 談 86-144-5, 談 86-144-6,
談 86-144-6, 談 86-144-9, 談 86-144-9,
談 87-143-5, 談 87-143-5, 談 87-143-8,
談 87-143-9, 談 87-143-12, 談 87-142-2,
談 88-142-8, 談 90-140-4, 談 90-140-6,
談 92-139-11, 談 92-138-1, 談 92-138-2,
談 93-138-6, 談 93-138-8, 談 93-138-9,
談 94-137-8, 談 95-136-1, 談 95-136-2,
談 95-136-6, 談 97-135-11, 談 97-135-11,
談 98-134-2, 談 98-134-3, 談 98-134-4,

談 98-134-6, 談 98-134-8, 談 99-133-4,
談 99-133-7, 談 100-133-12, 言 1-288-2,
言 1-287-8, 言 1-286-1, 言 1-286-2,
言 1-286-7, 言 1-285-2, 言 1-285-7,
言 2-284-5, 言 2-283-2, 言 2-283-5,
言 2-283-6, 言 3-283-12, 言 3-282-11,
言 3-281-10, 言 3-281-11, 言 3-281-12,
言 3-280-2, 言 3-280-7, 言 3-280-9,
言 3-279-9, 言 3-278-1, 言 3-278-6,
言 3-278-7, 言 3-278-8, 言 3-278-10,
言 3-277-1, 言 3-277-3, 言 3-277-3,
言 3-277-5, 言 3-277-11, 言 3-276-3,
言 3-276-4, 言 3-276-7, 言 3-276-8,
言 3-276-9, 言 3-276-10, 言 3-276-12,
言 3-275-4, 言 3-275-8, 言 3-275-12,
言 3-274-1, 言 3-274-3, 言 3-274-8,
言 3-274-12, 言 3-273-8, 言 3-273-12,
言 4-271-1, 言 4-271-3, 言 4-271-6,
言 4-271-12, 言 5-270-2, 言 6-269-7,
言 6-269-7, 言 8-267-7, 言 8-267-10,
言 8-266-1, 言 8-266-4, 言 8-266-4,
言 8-266-5, 言 8-266-6, 言 8-265-3,
言 8-265-4, 言 8-265-7, 言 8-265-8,
言 8-265-8, 言 8-265-9, 言 8-265-9,
言 8-265-11, 言 8-265-11, 言 8-264-1,
言 8-264-1, 言 8-264-2, 言 8-264-3,
言 8-264-3, 言 8-264-4, 言 8-264-4,
言 8-264-5, 言 8-264-6, 言 8-264-6,
言 8-264-7, 言 8-264-7, 言 8-264-8,
言 8-263-5, 言 8-263-8, 言 9-263-11,
言 9-262-3, 言 9-262-3, 言 9-262-3,
言 9-262-3, 言 9-262-7, 言 9-262-8,
言 9-261-2, 言 9-261-7, 言 9-261-8,
言 9-261-9, 言 9-261-11, 言 9-260-7,
言 9-260-8, 言 9-260-8, 言 9-258-3,
言 9-257-1, 言 9-257-3, 言 9-257-4,
言 9-257-9, 言 9-257-11, 言 9-257-12,
言 9-256-2, 言 10-255-5, 言 10-254-9,
言 10-254-11, 言 10-253-2, 言 10-253-5,
言 10-252-4, 言 10-252-9, 言 10-252-9,

言 10-252-10，言 10-251-6，言 11-250-4，
言 11-250-8，言 11-250-10，言 12-249-6，
言 12-249-7，言 12-249-8，言 13-248-2，
言 14-290-2，言 14-290-5，言 14-291-2，
言 14-292-5，言 14-294-1，言 14-294-5，
言 14-294-6）

兜屁股將：1（談 58-168-10）
陡然間：1（談 95-136-5）
斗：3（散 1-32-9，散 1-32-9，散 1-32-9）
鬪：1（續 9-120-1）
鬪笑兒：1（談 55-171-7）
荳腐：1（續 13-124-5）
豆子：3（散 14-45-3，續 8-119-2，
　　談 32-189-6）
嘟噥：1（續 17-128-7）
毒藥：1（談 47-177-9）
獨：2（談 7-209-11，言 3-277-6）
獨門獨院兒：1（續 13-124-10）
獨異：1（言 1-288-11）
獨占鼇頭：1（續 13-124-3）
獨自：1（談 77-151-8）
讀書：1（談 100-132-2）
堵：3（言 3-273-8，言 3-273-8，言 3-273-8）
堵得住：1（談 81-148-3）
堵住：1（續 13-124-8）
賭錢：3（談 46-177-1，談 85-145-6，
　　言 8-265-6）
肚腸子：1（談 56-170-10）
肚皮：1（談 24-195-4）
肚子：5（散 18-49-2，散 18-49-6，
　　談 17-201-2，談 45-178-2，談 99-133-3）
度命：1（談 93-138-11）
渡口兒：1（問 8-87-2）
鍍金：1（續 13-124-9）
蠹魚子：1（續 13-124-8）
端：4（散 14-45-2，散 14-45-9，續 13-124-12，
　　談 97-135-10）
端端正正兒：1（談 87-142-1）
端硯：1（續 15-126-7）
短：15（散 10-41-2，散 10-41-2，散 10-41-8，
　　散 12-43-5，散 18-49-8，問 5-98-11，
　　問 5-98-11，問 5-98-11，續 1-112-7，
　　續 7-118-10，談 5-211-9，談 31-190-1，
　　談 42-181-9，談 70-156-6，談 80-149-7）
短處：2（問 3-103-4，問 3-103-4）
叚：3（言 1-285-4，言 1-285-4，言 5-270-3）
叚兒：3（問 8-87-2，問 8-87-3，談 2-213-3）
叚分：1（言 2-284-2）
緞：1（言 3-275-3）
緞子：1（談 34-188-11）
斷：4（談 15-203-10，談 26-194-4，
　　談 27-193-1，談 56-170-10）
斷不：2（談 68-160-11，言 10-253-11）
斷斷：1（談 9-207-6）
堆：7（談 23-196-3，言 3-273-9，言 3-273-9，
　　言 3-273-9，言 3-273-9，言 3-273-9，
　　言 3-273-10）
對：8（問 8-84-7，問 10-77-10，續 17-128-11，
　　談 39-183-1，談 39-183-5，言 3-281-7，
　　言 3-278-7，言 9-262-1）
對出光兒來：1（續 11-122-9）
對敵：1（言 10-251-12）
對兒：2（談 3-212-3，談 85-145-11）
對過兒：1（談 37-185-4）
對勁：1（散 36-67-7）
對勁兒：6（散 36-67-2，問 1-109-11，
　　問 1-109-11，談 33-188-4，談 34-187-6，
　　談 90-140-8）
對面：2（散 39-70-10，散 39-70-10）
對面兒：1（散 27-58-4）
對讓：1（談 18-200-1）
對賽：2（散 26-57-1，散 26-57-4）
對頭兒：1（問 7-89-3）
對證：1（問 2-107-4）
對字：1（言 3-278-7）
敦厚：3（散 27-58-1，散 27-58-4，
　　散 27-58-7）
躉船：1（問 5-97-1）
燉：1（續 17-128-6）
頓：10（問 6-93-10，談 9-207-7，談 62-164-5，

談 71-157-12，談 74-154-3，談 77-151-2，
言 3-273-11，言 3-273-11，言 3-273-11，
言 3-273-11）

多：125（散 1-32-7，散 1-32-7，散 3-34-5，
散 3-34-8，散 3-34-10，散 5-36-7，
散 5-36-9，散 5-36-10，散 9-40-4，
散 10-41-8，散 11-42-5，散 11-42-7，
散 13-44-5，散 14-45-4，散 15-46-9，
散 19-50-8，散 22-53-9，散 22-53-10，
散 23-54-5，散 23-54-6，散 25-56-7，
散 25-56-10，散 26-57-9，散 28-59-4，
散 30-61-3，散 30-61-9，散 32-63-8，
散 33-64-7，散 36-67-4，散 37-68-3，
問 1-109-8，問 1-109-9，問 2-108-4，
問 2-108-11，問 2-108-12，問 2-107-11，
問 3-104-6，問 4-101-8，問 4-101-9，
問 4-100-2，問 4-100-3，問 5-99-12，
問 5-97-7，問 5-97-12，問 5-97-12，
問 5-96-8，問 5-96-8，問 6-94-3，
問 6-94-4，問 6-94-4，問 8-87-2,
問 8-87-3，問 8-87-5，問 8-87-9，
問 8-86-6，問 8-86-12，問 8-85-3，
問 8-85-4，問 8-85-5，問 8-85-9，
問 8-85-10，問 9-83-11，問 9-81-1，
問 9-81-1，問 10-80-9，問 10-77-8，
問 10-77-12，問 10-76-1，續 2-113-5，
續 3-114-4，續 4-115-3，續 5-116-5，
續 7-118-8，續 8-119-6，續 9-120-10，
續 10-121-2，續 14-125-1，續 14-125-5，
談 3-212-2，談 3-212-4，談 11-206-11，
談 12-205-6，談 17-201-4，談 38-184-7，
談 39-183-2，談 47-177-5，談 49-175-3，
談 56-170-8，談 58-168-8，談 67-160-7，
談 69-159-10，談 82-148-9，談 83-146-1，
談 90-140-5，言 1-288-4，言 1-287-6，
言 1-287-7，言 2-284-6，言 3-281-4，
言 3-281-11，言 3-280-12，言 3-279-5，
言 3-279-12，言 3-278-12，言 3-277-4，
言 3-275-12，言 3-274-3，言 3-273-2，
言 4-272-10，言 4-271-1，言 4-271-3，
言 4-271-7，言 7-268-9，言 8-266-8，
言 8-264-9，言 8-264-10，言 8-264-12，
言 8-263-1，言 8-263-7，言 9-262-5，
言 9-262-9，言 9-257-4，言 10-255-5，
言 10-252-1，言 14-293-6）

多半天：1（續 2-113-11）
多大：7（散 36-67-3，問 9-82-4，問 9-82-11，
續 7-118-1，談 28-192-1，言 8-266-8，
言 9-259-1）
多多兒：1（問 5-97-9）
多寡：1（言 3-275-11）
多日：1（散 27-58-5）
多少：50（散 1-32-7，散 2-33-6，散 2-33-7，
散 2-33-9，散 3-34-4，散 4-35-8，
散 6-37-5，散 7-38-8，散 13-44-10，
散 40-71-4，問 2-108-4，問 5-97-11，
問 6-92-2，問 8-84-1，問 9-82-2，
問 9-81-3，問 10-78-2，續 2-113-11，
續 2-113-12，續 3-114-2，續 5-116-11，
續 6-117-7，續 6-117-8，續 8-119-2，
續 16-127-8，談 32-189-5，談 34-188-7，
言 1-286-4，言 3-282-3，言 3-282-7，
言 3-281-11，言 3-280-4，言 3-280-4，
言 3-279-11，言 3-277-7，言 3-277-7，
言 3-275-5，言 3-272-7，言 4-271-1，
言 4-271-3，言 4-271-5，言 4-271-6，
言 8-264-11，言 8-263-5，言 8-263-5，
言 8-263-8，言 10-254-6，言 10-253-6，
言 11-249-1，言 14-290-4）
多少錢：7（問 2-108-3，問 2-108-6，
問 3-104-6，問 5-97-10，問 8-85-2，
續 15-126-4，言 8-263-1）
多一半：2（問 1-109-8，問 1-109-10）
多遠：2（問 8-87-5，問 8-85-8）
多遠兒：1（問 3-103-6）
多僧：3（談 5-211-12，談 6-210-9，
談 39-183-5）
多喒：14（散 10-41-2，散 10-41-9，
散 25-56-3，問 4-102-8，問 6-92-1，
問 6-92-1，問 7-90-1，問 8-88-4，

談 55-171-9，談 76-152-3，言 9-260-5，
言 10-255-3，言 10-255-3，言 10-252-5）
多嗒晚兒：1（續 3-114-12）
多嚼：2（續 1-112-3，續 2-113-10）
多嘴：1（續 4-115-7）
多嘴多舌：1（續 11-122-1）
多坐會兒：1（談 53-172-5）
鐸：1（言 3-277-9）
朵：4（言 3-280-11，言 3-273-4，言 3-273-4，
言 3-273-4）
垛：5（言 3-273-5，言 3-273-5，言 3-273-5，
言 3-273-9，言 3-273-9）
躲：7（談 17-201-9，談 17-201-9，
談 27-193-2，談 36-186-11，談 44-179-2，
談 64-163-6，談 94-137-7）
躲避：6（談 23-197-12，談 37-185-11，
談 43-180-2，言 9-261-7，言 10-254-10，
言 10-254-10）
躲開：1（問 5-95-2）
躲懶：1（續 1-112-7）
柁工：1（續 12-123-12）

E

訛錯：2（散 23-54-1，散 23-54-5）
訛人：1（問 3-104-7）
哦：2（言 8-266-8，言 8-266-9）
鵝：1（言 3-280-8）
額數：2（散 19-50-2，散 19-50-5）
惡：3（散 39-70-3，散 39-70-6，散 39-70-9）
惡人：2（散 39-70-5，散 39-70-10）
餓：6（續 1-112-3，談 11-206-9，談 28-192-2，
談 45-178-2，談 65-162-8，談 70-156-9）
鄂博：1（談 36-186-12）
恩：3（談 1-214-9，談 16-202-3，
談 79-149-1）
恩典：2（散 32-63-2，散 32-63-10）
恩情：1（談 4-211-3）
恩赦：1（散 32-63-10）
兒：1（談 87-143-8）

兒馬：1（言 6-269-9）
兒女：2（散 25-56-6，問 5-98-1）
兒孫：1（散 31-62-4）
兒子：15（散 25-56-1，散 25-56-6，
問 3-102-3，問 4-101-1，問 4-101-1，
問 5-99-9，問 5-99-9，問 5-98-2，
續 6-117-3，談 47-177-6，言 9-257-4，
言 9-257-5，言 9-257-5，言 9-257-12，
言 10-252-10）
而：8（散 30-61-7，散 31-62-6，問 9-82-3，
言 3-281-12，言 3-280-9，言 3-276-4，
言 4-272-10，言 13-249-12）
而且：17（問 6-93-3，談 2-213-3，
談 3-213-12，談 3-212-2，談 8-208-9，
談 15-203-7，談 21-198-7，談 22-197-2，
談 24-196-12，談 28-193-12，
談 34-188-10，談 34-187-5，談 42-181-9，
談 79-150-10，談 90-140-3，談 90-140-6，
談 95-136-2）
耳傍風：1（談 6-210-12）
耳朵：9（散 17-48-1，散 17-48-3，續 6-117-1，
續 12-123-1，談 6-210-11，談 22-197-8，
談 35-187-8，談 46-178-11，談 48-176-5）
耳圈兒：1（續 10-121-1）
耳濡目染：1（談 17-201-5）
耳聞不如眼見：1（續 15-126-10）
二：18（散 25-56-10，問 8-88-7，問 8-88-11，
問 8-88-11，問 8-85-3，問 9-81-1，
問 9-81-4，問 10-80-11，問 10-79-10，
問 10-78-11，續 4-115-4，言 1-285-11，
言 10-255-4，言 10-255-4，言 10-253-7，
言 10-253-7，言 10-253-9，言 10-253-9）
二百：5（散 1-32-10，散 14-45-3，散 26-57-7，
問 10-80-9，談 34-188-8）
二百多：1（散 1-32-8）
二百五十：1（談 34-188-9）
二百五十四：1（散 1-32-6）
二等：2（言 5-269-3，言 5-269-5）
二更：2（問 5-96-8，問 5-96-8）
二來：2（問 8-87-8，言 10-253-11）

二人同一心,黃土變成金:1（續 10-121-6）
二三:4（問 8-85-10,問 10-79-4,問 10-79-5,
　　問 10-79-11）
二三百:1（散 1-32-1）
二三千:1（散 1-32-1）
二十:10（散 1-32-1,散 7-38-9,散 9-40-4,
　　問 8-85-4,問 8-85-5,問 8-85-5,
　　問 10-77-8,談 7-209-7,言 1-287-6,
　　言 8-266-8）
二十二:2（問 2-108-5,言 2-284-12）
二十七:1（散 1-32-2）
二十三:1（言 10-255-3）
二十四:1（言 14-290-1）
二套:2（問 8-84-6,問 8-84-6）
二套車:3（散 29-60-9,問 3-104-4,
　　問 3-104-4）
二則:4（散 23-54-3,散 23-54-4,問 5-95-1,
　　談 1-214-5）

F

發:4（散 38-69-9,續 8-119-7,談 99-133-2,
　　言 1-288-6）
發財:1（續 7-118-3）
發獄:1（續 8-119-1）
發福:1（續 13-124-6）
發瘧子:1（續 9-120-1）
發怯:1（續 8-119-10）
發燒:1（談 48-176-4）
發信:1（散 37-68-7）
發芽兒:1（續 7-118-6）
乏:6（散 15-46-2,散 15-46-4,談 14-204-11,
　　談 48-177-12,談 91-139-5,言 10-251-5）
乏乏:1（談 23-197-12）
罰:1（問 6-94-7）
法:2（談 8-208-4,言 2-284-7）
法兒:3（問 10-79-4,談 6-209-3,
　　談 70-156-7）
法令:1（散 32-63-8）
法子:21（散 22-53-2,散 22-53-6,

散 40-71-8,問 3-103-11,問 5-96-2,
問 8-84-3,問 9-82-4,問 9-81-8,
問 10-80-10,談 38-184-5,談 45-178-2,
談 58-168-8,談 94-137-11,言 1-287-6,
言 7-268-8,言 10-252-12,言 10-252-12,
言 10-251-1,言 10-251-6,言 12-249-8,
言 14-292-4）
繙:2（問 10-80-3,言 9-261-9）
繙譯:6（問 10-77-5,續 8-119-5,談 1-214-4,
　　談 5-211-10,談 7-209-6,談 7-209-8）
翻:1（問 7-89-3）
翻過:1（談 86-144-6）
翻來覆去:1（談 95-136-2）
翻臉:1（續 17-128-10）
翻騰:1（續 4-115-1）
凡:12（散 22-53-1,散 22-53-2,談 15-203-8,
　　言 2-284-4,言 2-284-6,言 2-284-7,
　　言 2-284-7,言 3-283-9,言 4-271-1,
　　言 6-269-7,言 8-266-4,言 9-261-3）
凡論:1（散 22-53-8）
凡事:2（散 22-53-1,言 4-271-4）
凡是:3（問 10-78-10,問 10-77-4,
　　言 3-276-10）
煩:2（談 59-167-8,談 68-160-11）
煩悶:3（散 37-68-1,散 37-68-5,
　　散 37-68-7）
煩惱:1（談 76-152-6）
煩瑣:1（談 82-148-10）
煩雜:1（散 37-68-6）
反:2（散 32-63-2,散 32-63-7）
反穿:1（談 34-187-1）
反倒:9（散 40-71-7,談 4-211-4,談 9-207-4,
　　談 53-172-1,談 58-168-6,談 62-165-11,
　　談 62-164-4,談 78-150-1,言 10-254-10）
反到:1（談 41-182-9）
反覆不定:1（續 12-123-8）
反過來:1（散 32-63-7）
反悔:1（問 5-96-4）
反亂:2（言 14-293-6,言 14-294-2）
反切:5（問 10-77-6,問 10-77-6,問 10-77-7,

犯：4（散 32-63-9，散 32-63-9，談 11-206-11，談 46-178-10）

犯法：4（散 35-66-9，續 9-120-2，言 8-266-3，言 8-266-3）

犯欺：1（續 16-127-6）

犯罪：1（散 32-63-2）

飯：16（散 7-38-3，散 7-38-6，散 8-39-4，散 14-45-5，散 14-45-9，問 6-93-10，問 8-86-10，談 28-193-7，談 71-157-9，談 70-156-9，談 73-155-9，談 74-154-3，談 77-151-2，談 92-139-11，言 3-273-11，言 9-260-5）

飯鍋：3（散 7-38-2，散 7-38-6，散 7-38-6）

飯錢：1（問 3-103-9）

飯碗：1（散 8-39-4）

泛論：1（言 2-283-1）

方：2（言 3-278-2，言 3-278-2）

方便：8（散 36-67-1，散 36-67-6，問 8-87-8，問 8-86-2，問 8-86-2，問 8-86-2，問 8-85-12，言 3-282-8）

方纔：5（談 21-198-6，談 31-190-4，談 65-162-2，談 67-160-3，談 88-142-7）

方能：1（言 1-285-6）

防備：2（談 16-202-3，談 60-166-3）

妨碍：1（談 54-172-11）

房柁：2（言 3-281-7，言 3-281-7）

房脊：1（言 7-268-8）

房門：1（談 97-135-5）

房門兒：1（談 11-206-12）

房錢：3（問 8-86-10，問 8-86-11，問 8-85-2）

房屋：2（問 10-78-7，談 36-186-8）

房簷兒：1（續 14-125-2）

房子：47（散 3-34-1，散 3-34-1，散 3-34-4，散 3-34-4，散 3-34-4，散 3-34-5，散 3-34-5，散 10-41-6，散 13-44-6，散 18-49-10，散 40-71-3，散 40-71-3，散 40-71-4，問 2-107-12，問 8-87-8，問 8-86-2，續 3-114-5，續 7-118-1，談 29-192-10，談 37-185-4，談 37-185-5，

談 73-155-4，言 3-281-8，言 3-281-9，言 3-281-10，言 3-281-10，言 3-281-11，言 3-281-11，言 3-280-1，言 3-280-4，言 3-280-4，言 3-279-8，言 3-279-8，言 3-275-8，言 3-275-8，言 3-275-9，言 4-271-10，言 4-271-10，言 5-269-2，言 5-269-2，言 5-269-4，言 5-269-4，言 5-269-4，言 9-257-11，言 10-252-6，言 11-250-7，言 11-250-7）

彷彿：13（散 35-66-1，散 35-66-3，散 40-71-7，問 10-75-1，問 10-74-2，言 3-281-3，言 3-275-9，言 3-275-11，言 3-273-9，言 8-263-6，言 9-261-8，言 10-255-7，言 14-293-5）

放：15（問 2-107-2，問 2-107-2，問 3-105-8，續 10-121-2，談 6-210-11，談 12-205-3，談 21-198-8，談 27-193-2，談 40-182-4，談 60-167-12，談 71-157-7，談 70-156-8，談 83-147-10，談 92-139-8，言 13-248-4）

放火：1（言 5-269-3）

放寬：1（談 60-166-4）

放槍：4（散 21-52-2，散 40-71-8，言 10-254-11，言 10-254-12）

放生：1（談 40-182-3）

放下：2（談 36-186-10，談 70-156-12）

放下去：1（問 5-97-8）

放心：5（問 2-107-7，問 3-102-1，問 7-89-2，談 51-174-5，言 9-260-6）

放賬：1（續 6-117-7）

飛：3（談 40-182-1，言 9-262-2，言 9-262-3）

飛鷹：1（談 33-188-1）

非：3（問 4-99-2，續 11-122-9，續 18-129-3）

肥馬輕裘：1（談 65-162-3）

匪：2（散 32-63-2，散 32-63-10）

匪類：1（言 14-294-4）

費：9（續 17-128-9，談 5-210-4，談 6-210-10，談 33-189-9，談 33-189-9，談 84-146-12，談 100-132-2，言 8-266-11，言 10-250-1）

費錢：2（散 13-44-6，問 8-84-3）

費事：9（散 23-54-5，散 36-67-1，散 36-67-5，

問 6-92-8，問 8-88-5，問 9-82-4，
問 10-80-9，談 84-146-8，言 1-288-2）
費手：1（談 88-142-8）
費心：2（談 49-176-11，談 73-155-9）
廢物：1（談 55-171-6）
分：68（散 6-37-3，散 6-37-4，散 6-37-4，
散 6-37-5，散 7-38-7，散 9-40-2，
散 10-41-8，散 12-43-6，散 13-44-8，
散 13-44-8，散 26-57-7，散 26-57-8，
散 37-68-4，散 39-70-9，問 2-107-10，
問 2-107-11，問 2-107-11，問 6-94-5，
問 10-80-7，問 10-80-10，問 10-79-1，
問 10-78-6，問 10-76-1，問 10-75-10，
談 31-190-6，談 71-157-11，言 1-288-6，
言 1-287-1，言 1-286-3，言 1-286-5，
言 1-286-11，言 1-285-3，言 1-285-4，
言 1-285-4，言 1-285-6，言 1-285-10，
言 2-284-2，言 2-284-3，言 2-284-4，
言 2-284-5，言 2-284-7，言 2-284-12，
言 3-282-7，言 3-281-9，言 3-281-11，
言 3-281-12，言 3-280-1，言 3-277-3，
言 3-274-10，言 4-272-11，言 5-270-3，
言 5-270-3，言 6-269-7，言 6-269-7，
言 6-269-7，言 7-269-12，言 7-269-12，
言 7-268-2，言 7-268-3，言 7-268-4，
言 7-268-5，言 9-262-6，言 9-262-9，
言 9-260-1，言 9-260-2，言 9-260-3，
言 9-257-6，言 10-251-4）
分（量）：1（散 13-44-9）
分辨：2（談 53-173-11，談 66-161-7）
分別：7（談 91-139-2，言 2-284-7，
言 2-284-11，言 3-278-5，言 3-277-6，
言 3-275-5，言 5-270-3）
分不清：1（續 13-124-4）
分得開：1（散 6-37-4）
分叚：1（問 10-77-5）
分家：1（談 16-202-9）
分解：1（談 60-166-2）
分類：1（問 10-79-12）
分剖：2（散 35-66-2，散 35-66-10）

分清：1（言 2-284-10）
分兒：7（問 2-107-8，問 6-94-5，談 4-211-5，
談 29-192-8，談 50-175-10，談 62-164-3，
談 67-160-1）
分手：1（言 11-250-9）
分晰：2（問 3-104-12，言 3-282-6）
分心：1（談 88-142-11）
吩咐：1（問 8-83-4）
紛紛：1（談 97-135-11）
墳：5（談 36-186-10，談 75-153-1，
談 75-153-7，談 76-152-6，言 3-273-12）
墳地：5（談 75-154-11，談 75-153-9，
談 76-152-4，言 9-258-10，言 9-258-10）
墳墓：2（散 30-61-2，散 30-61-10）
墳院：1（談 36-186-8）
份兒：1（續 2-113-3）
風：4（談 98-134-4，言 3-275-9，言 10-251-2，
言 10-251-8）
風毛：1（談 34-188-10）
風清月朗：1（談 91-139-5）
風兒：5（續 1-112-8，談 64-163-7，
談 91-139-3，談 98-134-2，談 98-134-7）
風水：1（談 75-153-5）
風絲兒：1（談 93-138-5）
風聞：1（言 10-254-9）
封：8（問 5-97-9，問 5-97-9，問 5-96-1，
言 3-279-7，言 3-278-3，言 3-278-3，
言 3-278-4，言 3-278-4）
峯嶺：2（散 30-61-2，散 30-61-3）
逢場做戲：1（續 9-120-10）
逢迎：1（談 4-211-1）
縫：3（散 12-43-2，散 12-43-8，談 86-144-7）
縫補：3（散 11-42-1，散 11-42-3，
散 12-43-9）
縫縫：1（續 14-125-7）
奉還：1（談 31-190-3）
奉求：3（散 37-68-1，散 37-68-6，
談 1-214-5）
奉託：1（散 37-68-1）
佛教：3（散 33-64-1，散 33-64-5，

談 80-149-7）
佛爺：2（散 33-64-1，散 33-64-5）
否：2（散 22-53-1，散 22-53-4）
夫婦：1（言 6-269-8）
夫妻：1（談 85-145-9）
扶：1（言 9-257-10）
扶住：1（談 56-170-12）
浮橋：3（散 30-61-1，散 30-61-4，
　　　問 8-88-10）
浮生如夢：1（談 29-192-5）
浮水：1（續 4-115-3）
浮頭兒：1（續 13-124-5）
浮餘：1（談 70-157-1）
服：2（談 15-202-1，談 48-176-6）
服侍：1（談 42-181-6）
服藥：1（談 52-174-12）
幅：7（續 13-124-7，言 3-278-5，言 3-278-5，
　　　言 3-278-5，言 3-278-6，言 3-278-6，
　　　言 3-278-6）
福：2（談 87-143-7，談 87-143-7）
福分：1（談 99-133-7）
福建：1（問 1-109-8）
福氣：2（續 18-129-6，談 51-174-6）
福田：1（談 28-192-1）
福蔭：1（談 12-205-6）
斧：1（談 8-208-7）
斧子：1（續 13-124-6）
輔助：2（言 7-268-1，言 7-268-5）
府：1（言 10-254-4）
府城：1（問 8-86-4）
府上：4（問 7-89-12，續 14-125-3，
　　　談 73-155-5，談 73-155-11）
父母：14（談 4-212-11，談 4-211-3，
　　　談 4-211-4，談 16-202-3，談 16-202-3，
　　　談 16-202-8，談 19-199-1，談 39-183-4，
　　　談 50-175-12，談 64-163-11，
　　　談 85-145-10，言 9-257-4，言 9-257-5，
　　　言 9-257-5）
父親：22（散 25-56-3，散 25-56-4，
　　　散 25-56-4，散 36-67-8，散 36-67-9，

問 3-103-2，問 4-102-10，問 4-102-11，
問 4-101-3，問 4-101-8，問 4-100-1，
問 4-100-3，問 4-100-11，問 5-99-9，
問 6-95-7，問 6-95-8，問 6-95-8，
問 6-94-9，問 6-94-10，續 1-112-8，
言 8-266-8，言 9-257-11）
赴席：1（談 47-177-4）
婦女：1（言 3-277-6）
腹：1（談 48-176-4）
副：3（言 3-278-7，言 3-278-7，言 3-278-7）
富：1（談 87-143-9）
富富餘餘：1（談 29-192-9）
富貴：2（談 11-206-7，談 70-158-8）
富家：1（言 3-274-3）
富興：1（問 8-87-12）
賦：1（言 3-275-4）

G

嘎嘎：2（散 23-54-1，散 23-54-7）
噶拉兒：1（談 22-197-5）
該：21（散 13-44-4，問 6-94-8，續 1-112-9，
　　　續 1-112-10，續 4-115-4，續 7-118-1，
　　　續 8-119-6，續 15-126-5，談 6-210-8，
　　　談 11-206-11，談 14-204-11，
　　　談 14-204-12，談 17-201-6，談 31-190-7，
　　　談 38-184-8，談 38-184-8，談 50-175-11，
　　　談 54-171-3，談 54-171-3，談 99-133-5，
　　　言 8-266-3）
該班兒：1（談 76-152-1）
該當：10（問 4-101-5，續 5-116-8，
　　　談 11-206-7，談 13-204-4，談 32-189-6，
　　　談 34-187-4，談 52-174-12，談 57-169-6，
　　　談 70-158-7，談 88-142-7）
該錢：1（散 13-44-1）
該殺的：2（談 35-186-2，談 44-180-10）
該殺的們：1（談 43-180-2）
該死：2（談 43-180-3，談 51-174-4）
該死的：2（談 54-172-10，談 70-158-5）
該下：1（談 46-178-6）

改：11（散 22-53-4，散 29-60-5，談 10-206-4，
　　談 44-179-2，談 44-179-2，談 44-179-5，
　　談 55-171-12，談 56-169-1，談 67-160-7，
　　談 78-150-4，言 3-276-2）
改好：2（問 10-75-4，談 55-170-2）
改換：1（言 5-270-2）
改悔：1（談 70-158-6）
改名：1（問 10-75-4）
改日：3（談 11-205-1，談 73-155-11，
　　言 9-260-6）
改日子：1（言 8-263-9）
改天：1（續 1-112-9）
改邪歸正：1（續 16-127-6）
改一改：1（談 7-209-8）
盍：2（談 37-185-6，談 37-185-7）
蓋：3（散 18-49-10，散 40-71-3，續 3-114-5）
蓋兒：2（散 7-38-7，散 7-38-7）
乾：1（散 26-57-10）
乾乾淨淨兒：1（談 60-166-5）
乾菓子：1（續 14-125-11）
乾淨：3（散 11-42-1，散 11-42-2，
　　散 35-66-5）
乾淨：5（談 10-206-2，談 23-196-4，
　　談 37-185-6，談 91-139-4，言 9-257-9）
干涉：2（問 6-94-1，言 1-287-5）
杆子：1（言 3-278-10）
甘心：2（問 5-96-12，談 67-160-8）
甘心情願：1（續 15-126-12）
桿：6（散 21-52-2，散 21-52-7，言 3-278-8，
　　言 3-278-8，言 3-278-8，言 3-278-8）
稈秤(桿秤)：1（散 13-44-10）
趕：1（問 3-103-8）
趕車：1（問 3-105-9）
趕：10（問 8-88-7，談 3-212-5，談 21-198-10，
　　談 40-182-2，談 40-182-2，談 75-153-2，
　　談 89-141-6，談 91-139-2，談 92-138-1，
　　言 10-253-5）
趕辦：1（散 22-53-7）
趕不出來：1（言 10-251-10）
趕不上：10（散 16-47-9，散 16-47-9，
　　續 10-121-11，續 17-128-1，談 31-190-3，
　　談 86-144-12，談 88-142-10，言 9-259-10，
　　言 9-259-10，言 10-256-11）
趕車：1（散 29-60-9）
趕車的：2（散 23-54-6，問 8-87-9）
趕到：3（談 43-181-12，談 81-148-3，
　　談 92-138-2）
趕得上：5（散 16-47-9，散 16-47-9，
　　談 86-144-12，言 9-258-6，言 9-258-12）
趕回：1（談 92-139-10）
趕緊：4（談 25-195-7，談 40-182-1，
　　談 55-170-1，談 89-141-5）
趕忙：2（談 9-207-2，談 18-200-3）
趕上：5（散 16-47-8，談 21-198-11，
　　談 56-170-12，談 89-141-7，言 9-259-12）
趕着：8（散 21-52-7，談 7-209-12，
　　談 9-207-3，談 27-193-1，談 40-182-2，
　　談 76-152-9，談 97-135-9，言 10-256-9）
趕著：2（散 24-55-8，談 2-213-8）
敢：6（問 7-91-9，續 17-128-7，續 18-129-5，
　　談 3-212-3，談 69-159-12，談 75-153-2）
感化：1（續 16-127-1）
感激：2（問 4-99-1，談 1-214-11）
感情：1（談 49-176-12）
幹：11（散 22-53-5，問 4-100-11，
　　續 3-114-10，續 4-115-7，續 8-119-3，
　　續 8-119-4，續 9-120-9，續 9-120-11，
　　續 11-122-12，續 14-125-4，言 9-258-3）
幹事：5（散 22-53-2，散 22-53-6，續 5-116-3，
　　續 10-121-6，續 16-127-2）
剛：12（續 2-113-5，談 36-186-11，
　　談 40-182-1，談 43-180-2，談 62-165-9，
　　談 82-147-1，談 98-134-4，言 1-285-5，
　　言 3-282-1，言 4-272-10，言 9-257-3，
　　言 10-251-8）
剛纔：7（散 29-60-1，散 29-60-3，問 7-89-9，
　　談 40-183-10，談 41-182-10，談 76-152-1，
　　言 9-259-4）
剛剛兒：7（談 71-157-7，談 75-153-2，
　　談 84-145-2，談 86-144-11，談 89-141-7，

談 92-139-9，談 95-136-3）

綱：5（言 1-285-7，言 1-285-7，言 1-285-11，
　言 1-285-11，言 1-285-12）

綱目：3（言 1-285-6，言 1-285-10，
　言 2-284-2）

缸：1（言 3-277-5）

高：10（散 1-32-10，散 30-61-7，散 30-61-7，
　問 9-81-2，續 10-121-7，續 16-127-1，
　續 16-127-5，談 30-191-4，言 7-268-8，
　言 7-268-9）

高等兒：1（談 13-204-7）

高低兒：2（談 60-166-4，談 63-163-3）

高高兒：1（談 97-135-10）

高見：1（問 2-107-3）

高帽子：1（續 9-120-5）

高明：1（談 39-183-2）

高親貴友：1（談 69-159-11）

高陞：1（談 13-204-3）

高壽：2（散 36-67-1，散 36-67-3）

高興：2（談 91-139-4，談 97-135-11）

膏藥：1（言 3-273-2）

稿底子：2（散 38-69-2，散 38-69-8）

告：1（散 35-66-9）

告報：1（散 38-69-6）

告假：4（問 3-106-7，問 3-106-7，
　問 3-106-10，談 73-155-12）

告饒兒：1（續 12-123-12）

告示：3（散 33-64-2，散 33-64-8，
　散 35-66-4）

告訴：57（散 5-36-2，散 5-36-5，散 5-36-9，
　散 20-51-7，問 3-102-3，問 5-99-7，
　問 6-95-6，問 6-93-12，問 6-93-12，
　問 6-92-1，問 6-92-3，問 6-92-4，
　問 7-91-11，問 7-90-5，問 8-88-9，
　問 9-83-8，問 9-83-9，續 8-119-6，
　續 11-122-4，談 2-213-7，談 9-207-4，
　談 18-200-2，談 18-200-5，談 21-198-9，
　談 21-198-10，談 22-197-5，談 22-197-8，
　談 25-195-10，談 26-194-2，談 31-190-5，
　談 32-189-5，談 36-186-6，談 37-185-11，
　談 38-184-4，談 39-183-1，談 40-183-10，
　談 44-180-9，談 58-168-11，談 64-163-9，
　談 70-156-4，談 74-154-8，談 82-147-5，
　談 83-146-1，談 83-146-3，談 84-146-8，
　談 87-142-3，談 89-141-10，言 3-282-2，
　言 8-266-1，言 8-265-1，言 8-265-1，
　言 8-264-10，言 8-264-11，言 9-258-1，
　言 10-256-9，言 14-291-6，言 14-293-6）

誥封：1（言 3-279-3）

擱：13（散 10-41-3，散 10-41-9，散 10-41-9，
　散 10-41-9，散 11-42-6，散 11-42-7，
　問 8-84-1，續 1-112-9，續 1-112-10，
　續 6-117-7，談 64-163-6，言 3-274-6，
　言 14-289-4）

胳臂：5（散 17-48-1，散 17-48-9，散 18-49-4，
　散 23-54-10，言 3-280-8）

胳肢窩：2（談 35-187-12，談 86-144-7）

肮星兒：1（談 7-209-9）

骯臂：1（續 18-129-1）

哥哥：6（問 3-106-5，問 3-106-5，問 3-106-6，
　問 3-106-10，問 3-106-12，言 8-266-8）

哥兒：2（續 6-117-9，續 13-124-4）

革：2（問 6-94-8，言 13-248-3）

革退：1（談 13-204-5）

閣下：11（問 9-83-7，問 9-83-9，問 10-80-7，
　問 10-79-4，問 10-79-8，問 10-78-1，
　問 10-78-9，問 10-76-1，問 10-76-7，
　問 10-76-9，談 73-155-3）

格局：1（言 9-257-4）

格外：1（問 8-87-8）

擱：2（散 40-71-2，散 40-71-9）

擱回：2（續 4-115-5，續 5-116-2）

擱開：1（續 2-113-6）

擱淺：1（散 15-46-7）

擱下：3（問 2-108-8，問 2-108-12，
　言 8-265-5）

隔：7（續 15-126-5，談 14-203-2，
　談 20-199-7，談 24-195-4，談 40-183-12，
　談 46-178-5，談 71-157-11）

隔壁兒：2（續 4-115-5，談 22-197-9）

隔斷：1（談 7-209-6）
个：1（言 5-270-2）
個：493（散 1-32-1，散 1-32-2，散 1-32-2，
散 1-32-2，散 1-32-3，散 1-32-6，
散 1-32-6，散 1-32-7，散 1-32-7，
散 1-32-7，散 1-32-7，散 1-32-7，
散 1-32-7，散 1-32-7，散 1-32-8，
散 1-32-8，散 1-32-8，散 1-32-8，
散 1-32-8，散 1-32-9，散 2-33-2，
散 2-33-2，散 2-33-3，散 2-33-4，
散 2-33-4，散 2-33-6，散 2-33-8，
散 3-34-2，散 3-34-7，散 3-34-7，
散 3-34-8，散 3-34-9，散 6-37-5，
散 6-37-5，散 6-37-6，散 7-38-2，
散 7-38-2，散 7-38-2，散 7-38-3，
散 7-38-7，散 7-38-8，散 7-38-9，
散 8-39-1，散 8-39-1，散 8-39-8，
散 8-39-8，散 9-40-5，散 9-40-8，
散 10-41-5，散 11-42-2，散 12-43-2，
散 12-43-8，散 13-44-7，散 14-45-6，
散 16-47-8，散 18-49-4，散 19-50-10，
散 20-51-10，散 21-52-6，散 21-52-6，
散 23-54-4，散 23-54-8，散 23-54-8，
散 23-54-8，散 24-55-3，散 24-55-9，
散 24-55-9，散 24-55-10，散 29-60-6，
散 29-60-6，散 29-60-8，散 30-61-1，
散 31-62-8，散 33-64-4，散 35-66-5，
散 35-66-7，散 36-67-6，散 36-67-8，
散 36-67-9，散 37-68-8，散 37-68-8，
散 39-70-9，散 40-71-8，問 1-109-4，
問 2-107-4，問 2-107-10，問 2-107-11，
問 2-107-11，問 3-105-9，問 3-104-1，
問 3-104-5，問 3-104-5，問 3-104-6，
問 3-104-9，問 3-104-10，問 3-103-2，
問 3-102-2，問 3-102-3，問 4-102-8，
問 4-102-12，問 4-100-3，問 4-100-3，
問 4-100-3，問 4-100-5，問 4-100-6，
問 4-100-6，問 4-100-6，問 4-100-6，
問 4-100-7，問 4-100-9，問 4-99-1，
問 5-98-2，問 5-97-2，問 5-97-2，
問 5-96-1，問 5-96-2，問 5-96-2，
問 5-96-3，問 5-95-2，問 6-95-12，
問 6-94-6，問 6-94-7，問 6-94-12，
問 6-93-1，問 6-93-1，問 6-93-1，
問 6-93-7，問 7-91-1，問 7-91-2，
問 7-90-12，問 7-90-12，問 7-89-1，
問 8-87-12，問 8-86-1，問 8-86-1，
問 8-86-1，問 8-86-1，問 8-86-1，
問 8-86-4，問 8-86-12，問 8-85-6，
問 8-85-10，問 8-84-3，問 8-84-4，
問 9-83-7，問 9-83-10，問 9-83-12，
問 9-82-4，問 9-82-6，問 9-82-6，
問 9-81-8，問 10-80-9，問 10-80-10，
問 10-80-12，問 10-79-1，問 10-79-5，
問 10-79-11，問 10-78-3，問 10-78-3，
問 10-78-4，問 10-77-8，問 10-77-9，
問 10-77-9，問 10-76-2，問 10-76-3，
問 10-76-3，問 10-76-4，問 10-76-4，
問 10-75-3，問 10-75-6，問 10-75-10，
問 10-74-1，問 10-74-1，續 1-112-6，
續 1-112-10，續 1-112-11，續 2-113-2，
續 2-113-2，續 3-114-2，續 3-114-6，
續 5-116-1，續 5-116-4，續 5-116-11，
續 6-117-10，續 7-118-6，續 7-118-8，
續 7-118-9，續 7-118-10，續 7-118-12，
續 8-119-3，續 8-119-10，續 9-120-5，
續 10-121-7，續 10-121-7，續 11-122-3，
續 11-122-7，續 11-122-7，續 11-122-8，
續 12-123-4，續 12-123-4，續 12-123-4，
續 12-123-8，續 12-123-11，續 12-123-12，
續 13-124-1，續 13-124-4，續 14-125-3，
續 14-125-12，續 15-126-2，續 15-126-11，
續 16-127-3，續 16-127-4，續 16-127-5，
續 16-127-10，續 17-128-2，續 17-128-5，
續 17-128-6，續 17-128-8，續 17-128-9，
續 18-129-4，談 1-214-8，談 2-213-4，
談 2-213-7，談 3-212-1，談 5-210-1，
談 6-210-7，談 6-210-7，談 6-210-9，
談 10-207-10，談 11-206-8，談 12-205-4，
談 14-204-9，談 16-202-5，談 17-201-2，

談 17-201-7, 談 18-200-1, 談 18-200-2, 談 18-200-2, 談 18-200-9, 談 19-200-11, 談 22-197-7, 談 22-197-9, 談 22-197-10, 談 23-196-5, 談 24-196-12, 談 24-195-2, 談 26-194-1, 談 27-194-9, 談 27-194-10, 談 27-194-10, 談 28-193-10, 談 28-193-10, 談 30-191-4, 談 30-191-5, 談 30-191-7, 談 30-191-8, 談 32-189-3, 談 34-187-1, 談 35-187-8, 談 35-187-9, 談 35-186-4, 談 36-186-12, 談 37-185-4, 談 39-184-12, 談 39-183-4, 談 39-183-7, 談 40-183-10, 談 40-183-10, 談 40-183-10, 談 40-183-12, 談 40-183-12, 談 40-182-3, 談 41-182-11, 談 42-181-3, 談 42-181-6, 談 44-180-11, 談 46-178-10, 談 46-178-10, 談 46-178-11, 談 46-178-12, 談 48-176-3, 談 49-176-9, 談 49-175-3, 談 51-174-7, 談 52-174-12, 談 52-173-4, 談 52-173-6, 談 53-173-12, 談 54-171-2, 談 55-171-9, 談 56-170-4, 談 56-170-6, 談 57-169-12, 談 58-168-2, 談 58-168-4, 談 58-168-5, 談 58-168-10, 談 59-167-7, 談 60-166-1, 談 60-166-3, 談 60-166-4, 談 60-166-6, 談 60-166-6, 談 61-165-2, 談 62-164-1, 談 63-163-3, 談 63-163-3, 談 64-163-5, 談 64-163-5, 談 64-163-6, 談 64-163-8, 談 64-163-10, 談 65-162-6, 談 66-161-7, 談 66-161-8, 談 67-161-12, 談 67-160-2, 談 70-158-4, 談 71-157-7, 談 70-156-5, 談 73-155-3, 談 73-155-7, 談 74-154-6, 談 75-153-8, 談 76-152-6, 談 76-152-8, 談 78-151-10, 談 78-150-4, 談 78-150-5, 談 78-150-5, 談 79-150-12, 談 81-148-7, 談 82-147-4, 談 82-147-6, 談 83-146-1, 談 83-146-4, 談 85-145-11, 談 87-143-4, 談 87-143-4, 談 87-143-5, 談 87-143-5, 談 87-143-5, 談 87-143-7, 談 87-143-8, 談 87-143-10, 談 87-143-11, 談 88-142-7, 談 89-141-4, 談 89-141-7, 談 89-141-8, 談 91-140-11, 談 91-139-4, 談 92-139-8, 談 93-138-7, 談 94-137-3, 談 95-136-1, 談 96-136-12, 談 97-135-7, 談 99-133-3, 談 99-133-3, 談 100-132-5, 言 1-287-3, 言 1-287-3, 言 1-287-6, 言 1-287-8, 言 1-286-7, 言 1-286-8, 言 1-286-8, 言 1-285-8, 言 2-284-5, 言 2-284-8, 言 2-284-8, 言 2-284-8, 言 3-283-9, 言 3-283-10, 言 3-283-10, 言 3-283-11, 言 3-283-11, 言 3-281-10, 言 3-281-12, 言 3-280-2, 言 3-280-3, 言 3-280-3, 言 3-279-4, 言 3-279-8, 言 3-278-12, 言 3-278-12, 言 3-278-12, 言 3-277-1, 言 3-277-7, 言 3-275-1, 言 3-275-2, 言 3-275-8, 言 3-274-2, 言 3-274-4, 言 3-274-9, 言 3-273-6, 言 3-273-6, 言 3-273-6, 言 3-272-6, 言 4-272-11, 言 4-271-1, 言 4-271-3, 言 4-271-4, 言 4-271-6, 言 4-271-6, 言 4-271-6, 言 4-271-6, 言 4-271-7, 言 4-271-7, 言 4-271-11, 言 4-271-11, 言 6-269-8, 言 6-269-8, 言 7-268-1, 言 7-268-2, 言 7-268-3, 言 7-268-4, 言 7-268-10, 言 7-268-10, 言 7-268-10, 言 8-268-12, 言 8-267-1, 言 8-267-8, 言 8-266-1, 言 8-265-2, 言 8-265-3, 言 8-265-4, 言 8-265-4, 言 8-265-5, 言 8-265-5, 言 8-265-7, 言 8-265-7, 言 8-265-8, 言 8-265-10, 言 8-265-10, 言 8-264-1, 言 8-264-1, 言 8-264-2, 言 8-264-2, 言 8-264-2, 言 8-264-2, 言 8-264-2, 言 8-264-3, 言 8-264-3, 言 8-264-4, 言 8-264-6, 言 8-264-7, 言 8-264-8, 言 8-264-9, 言 8-264-9, 言 8-264-10, 言 8-264-10, 言 8-264-10, 言 8-264-11, 言 8-264-12, 言 8-264-12, 言 8-263-2, 言 8-263-4, 言 9-263-12, 言 9-262-2, 言 9-262-5, 言 9-262-9, 言 9-262-12, 言 9-261-3, 言 9-261-4, 言 9-261-5, 言 9-261-5, 言 9-261-8, 言 9-261-10,

言 9-260-2，言 9-260-9，言 9-260-10，
言 10-256-6，言 10-255-3，言 10-255-5，
言 10-254-7，言 10-253-3，言 10-251-1，
言 10-251-1，言 10-251-1，言 10-251-1，
言 10-251-1，言 10-251-2，言 10-251-12，
言 11-250-4，言 11-250-6，言 11-250-7，
言 11-250-7，言 11-250-8，言 12-249-8，
言 13-249-12，言 14-293-3）
個個：3（散 30-61-6，問 10-77-9，
言 8-265-12）
個個兒：3（問 4-100-4，談 98-134-6，
言 8-264-1）
個兒：1（散 14-45-8）
個人兒：1（續 14-125-11）
各：21（散 28-59-4，散 39-70-6，問 10-78-8，
問 10-77-1，續 13-124-9，談 27-193-1，
言 1-288-12，言 1-286-1，言 1-285-3，
言 3-282-8，言 3-281-12，言 3-281-12，
言 3-275-12，言 3-272-3，言 7-268-4，
言 9-262-9，言 9-262-10，言 9-261-9，
言 9-261-12，言 11-249-2，言 13-249-12）
各別另樣：1（談 13-204-5）
各處：1（散 39-70-1）
各處兒：7（談 31-190-2，談 38-184-5，
談 65-162-8，談 70-158-8，談 93-138-10，
談 96-135-2，言 14-294-3）
各處兒各處兒：1（談 1-214-3）
各個兒：1（續 4-115-5）
各國：5（散 38-69-7，言 1-288-4，言 1-288-5，
言 1-288-10，言 1-288-11）
各人：7（續 13-124-2，談 98-134-3，
言 8-265-6，言 8-265-6，言 8-265-6，
言 8-265-6，言 9-262-6）
各式各樣兒：1（續 5-116-3）
各樣：2（散 10-41-1，談 90-140-3）
各樣兒：3（談 28-193-6，談 36-186-8，
談 52-173-7）
各自：3（談 13-204-1，談 27-194-11，
談 27-194-11）
各自個兒：1（言 8-266-11）

各自各：1（言 8-265-7）
各自各兒：6（散 10-41-5，散 10-41-6，
散 10-41-6，談 17-201-4，言 8-265-6，
言 9-257-1）
虼蚤：1（談 95-136-2）
給：135（散 6-37-2，散 6-37-2，散 6-37-3，
散 7-38-6，散 13-44-4，散 13-44-4，
散 14-45-6，散 35-66-10，散 36-67-9，
散 37-68-9，問 2-108-4，問 2-108-4，
問 2-108-4，問 2-108-4，問 2-107-10，
問 3-106-6，問 3-105-10，問 3-104-1，
問 3-104-7，問 3-103-9，問 3-103-10，
問 3-102-2，問 4-100-5，問 4-99-1，
問 4-99-3，問 5-97-9，問 5-97-11，
問 5-97-11，問 5-97-12，問 5-96-1，
問 5-96-1，問 5-96-1，問 5-95-3，
問 5-95-4，問 6-94-5，問 6-94-12，
問 6-93-9，問 6-93-10，問 6-92-7，
問 7-91-3，問 7-91-4，問 7-91-5，
問 7-91-5，問 7-91-6，問 7-90-3，
問 7-90-3，問 7-90-4，問 7-90-5，
問 7-89-7，問 8-88-3，問 8-86-6，
問 9-83-12，問 10-79-9，問 10-78-9，
問 10-74-2，續 1-112-11，續 6-117-8，
續 9-120-1，續 14-125-9，續 16-127-4，
談 1-214-8，談 1-214-11，談 4-212-11，
談 8-208-6，談 11-206-6，談 15-202-1，
談 18-200-8，談 23-196-5，談 24-196-12，
談 25-195-8，談 28-193-7，談 30-191-8，
談 31-190-2，談 31-190-5，談 32-189-5，
談 36-186-12，談 38-184-5，談 40-182-4，
談 42-181-6，談 45-178-1，談 52-173-4，
談 54-172-11，談 58-168-10，談 60-166-4，
談 61-165-1，談 62-164-3，談 62-164-5，
談 67-160-4，談 68-159-3，談 68-159-5，
談 68-159-5，談 70-157-1，談 76-152-6，
談 76-152-6，談 78-151-11，談 78-151-12，
談 78-151-12，談 78-151-12，
談 79-150-12，談 80-149-5，談 82-147-3，
談 82-147-3，談 85-144-1，談 86-144-4，

談 87-142-2，談 94-137-9，言 5-270-8，
言 5-270-9，言 5-270-9，言 5-270-10，
言 5-270-10，言 5-270-10，言 8-267-9，
言 8-266-9，言 8-266-10，言 8-265-7，
言 8-263-1，言 8-263-8，言 8-263-9，
言 8-263-9，言 9-260-7，言 9-260-7，
言 9-258-8，言 9-258-9，言 9-258-9，
言 9-256-1，言 10-253-7，言 10-253-8，
言 10-253-8，言 10-253-9，言 10-253-12，
言 10-253-12，言 14-290-4，言 14-290-6，
言 14-291-2）

給你臉不要臉：1（續 15-126-9）

根：8（散 21-52-1，續 16-127-1，談 65-162-8，
言 3-281-8，言 3-278-10，言 3-278-10，
言 3-278-11，言 11-250-6）

根兒裏：1（問 2-108-6）

根子：1（談 63-164-10）

跟：17（問 1-109-10，問 5-97-10，問 5-96-2，
問 7-90-1，問 7-89-9，續 1-112-4，
續 2-113-8，續 4-115-1，續 4-115-10，
續 4-115-10，續 6-117-6，談 24-195-1，
談 58-168-10，談 62-164-1，談 92-139-11，
言 5-270-9，言 10-255-9）

跟班：4（散 16-47-1，散 16-47-7，散 16-47-7，
散 16-47-8）

跟班的：1（散 23-54-6）

跟前：8（問 4-100-3，談 19-199-1，
談 19-199-1，談 20-199-8，談 47-177-6，
談 58-168-2，談 62-164-3，談 68-159-1）

跟前兒：10（談 27-194-9，談 40-183-12，
談 42-181-6，談 50-175-8，談 55-171-7，
談 56-170-4，談 65-162-2，談 92-139-9，
談 92-138-3，言 10-254-10）

跟人：1（言 10-253-4）

跟着：2（談 83-147-10，談 89-141-6）

耕耨：2（散 20-51-2，散 20-51-5）

耕田：2（散 20-51-2，散 20-51-6）

更：27（散 10-41-8，散 33-64-9，問 2-107-2，
問 6-92-5，問 9-81-6，問 9-81-6，
續 2-113-12，續 4-115-11，續 6-117-11，

續 6-117-12，續 7-118-2，續 7-118-4，
談 9-207-7，談 16-202-8，談 44-179-2，
談 62-164-3，談 63-163-1，談 91-140-11，
談 91-139-4，談 92-138-2，談 97-135-11，
言 1-288-3，言 1-287-12，言 3-278-12，
言 7-268-5，言 7-268-7，言 10-253-10）

更夫：2（散 10-41-2，散 10-41-7）

更改：2（散 22-53-1，散 22-53-4）

工夫：16（散 10-41-2，散 10-41-8，
散 36-67-5，問 3-106-9，問 3-104-12，
問 9-82-10，問 10-78-3，問 10-74-1，
談 20-199-11，談 65-162-6，談 86-144-12，
言 1-288-4，言 1-287-7，言 9-259-5，
言 10-250-2，言 13-248-2）

工夫兒：10（問 7-90-6，問 9-82-9，
談 7-209-7，談 16-202-11，談 35-187-12，
談 77-151-2，談 91-140-12，言 9-259-2，
言 9-259-2，言 10-255-4）

工錢：3（問 3-103-12，續 6-117-7，
言 10-251-10）

功過：1（散 39-70-6）

功課：1（言 8-267-8）

功名：3（問 6-95-12，問 6-94-1，問 6-94-7）

弓：5（談 10-207-10，談 10-207-11，
談 10-206-3，談 89-141-5，言 3-282-12）

公：1（續 13-124-3）

公出：1（散 38-69-3）

公道：2（散 37-68-1，散 37-68-5）

公的：2（言 6-269-9，言 6-269-9）

公幹：1（問 9-81-4）

公館：3（問 5-96-9，問 8-85-10，問 8-85-11）

公雞：1（續 13-124-4）

公母：1（言 6-269-7）

公牛：1（言 6-269-10）

公然：2（問 5-98-12，問 5-98-12）

公事：6（散 37-68-3，散 37-68-4，散 37-68-5，
散 38-69-6，談 20-199-12，言 4-271-4）

公私：3（散 37-68-1，散 37-68-4，
散 37-68-4）

供：2（談 16-202-7，談 80-149-3）

供飯：1（談 75-153-1）
供事：2（散 38-69-2，散 38-69-9）
恭恭敬敬：2（談 58-168-2，談 99-133-1）
恭喜：1（談 12-205-3）
共總：5（問 10-77-12，言 8-265-12，
　　言 8-264-12，言 10-255-2，言 14-290-3）
勾引：1（談 58-168-9）
溝眼：1（談 28-193-8）
鈎搭：1（續 16-127-10）
狗：8（散 35-66-2，散 35-66-6，續 12-123-1，
　　談 61-165-2，談 99-133-4，言 3-274-12，
　　言 5-270-5，言 8-267-2）
狗拏耗子，多管閒事：1（續 9-120-7）
彀：1（續 7-118-11）
彀用：1（言 14-291-1）
咕朶：1（言 3-273-4）
咕嚷：1（續 17-128-6）
沽：1（談 6-210-9）
姑娘：3（問 4-100-4，問 4-100-7，
　　言 9-257-12）
軲轆：1（續 14-125-1）
辜負：2（散 39-70-2，散 39-70-7）
古：2（談 14-204-10，談 18-200-7）
古來：3（散 33-64-1，散 33-64-3，
　　談 8-208-3）
古兒：2（談 8-208-4，談 36-186-6）
古時候兒：1（談 18-201-12）
古窰：1（續 12-123-9）
古語：1（談 67-160-6）
古語兒：1（談 79-150-8）
古字：1（散 33-64-9）
股：13（散 21-52-1，散 21-52-4，散 21-52-4，
　　散 22-53-8，散 22-53-9，散 32-63-8，
　　問 8-85-7，言 1-285-4，言 3-279-6，
　　言 3-279-6，言 3-277-10，言 3-277-10，
　　言 3-277-10）
骨節兒：1（散 18-49-2）
骨肉：2（談 6-209-2，談 85-145-9）
骨肉相關：1（談 17-201-8）
骨頭：2（散 18-49-4，言 9-261-7）

骨頭節兒：2（散 18-49-6，散 18-49-6）
骨子：1（談 99-133-3）
鼓：1（言 3-276-6）
鼓舞：2（散 32-63-1，散 32-63-5）
臌：1（談 99-133-3）
估摸：6（問 6-93-5，問 7-90-9，問 7-90-10，
　　問 10-76-2，續 2-113-3，言 11-249-1）
故：1（談 45-179-8）
故此：12（談 14-203-2，談 15-202-1，
　　談 24-195-3，談 69-159-8，談 74-154-3，
　　談 75-153-5，談 83-146-3，談 90-140-7，
　　言 3-281-3，言 3-281-8，言 3-279-2，
　　言 3-275-9）
故意兒：3（續 3-114-2，談 35-186-4，
　　談 55-171-7）
固辭：1（談 69-159-7）
固然：1（言 1-286-9）
顧前不顧後：1（續 14-125-9）
雇：8（散 37-68-7，散 37-68-8，問 8-84-4，
　　問 8-84-5，問 8-84-7，問 8-84-8，
　　問 8-83-2，問 8-83-2）
雇人：1（散 37-68-2）
僱：2（續 13-124-12，談 86-144-4）
僱車：1（問 3-104-5）
僱人：1（談 86-144-9）
颳：8（散 15-46-7，續 15-126-1，談 90-140-4，
　　談 98-134-3，談 98-134-3，談 98-134-4，
　　談 98-134-5，言 10-251-2）
颳風：2（散 9-40-3，散 9-40-7）
刮臉：2（散 18-49-2，散 18-49-7）
寡：2（談 12-205-4，談 55-171-11）
寡不敵衆：1（問 5-95-1）
掛：11（散 33-64-3，散 33-64-9，散 33-64-10，
　　續 7-118-9，續 7-118-9，續 13-124-7，
　　談 38-184-9，談 57-169-12，言 3-279-10，
　　言 3-277-8，言 14-289-4）
罣礙：1（談 53-172-1）
挂：1（言 3-274-11）
挂子：5（散 12-43-1，散 12-43-5，問 6-93-4，
　　續 2-113-2，談 34-187-1）

拐灣兒：1（談 22-197-4）
怪：15（問 2-108-12，續 10-121-3，
　　　續 10-121-10，談 1-214-6，談 2-213-4，
　　　談 36-185-2，談 36-185-2，談 37-185-7，
　　　談 42-181-9，談 46-178-6，談 58-168-4，
　　　談 58-168-12，談 66-161-6，談 82-148-9，
　　　談 90-140-7）
怪不得：1（談 82-147-4）
怪事：1（談 36-186-6）
怪物：1（談 35-187-9）
關：6（問 3-105-11，問 3-105-11，
　　　談 22-197-6，談 74-154-9，談 80-149-8，
　　　談 92-138-3）
關礙：1（談 58-168-11）
關帝廟：1（言 10-253-6）
關東：1（談 89-141-4）
關俸：1（談 34-187-2）
關裏：1（談 92-138-1）
關門：3（散 3-34-2，續 16-127-9，
　　　談 40-182-1）
關切：1（談 55-171-11）
關上：3（散 3-34-5，散 36-67-10，問 5-96-6）
關係：4（談 31-190-8，談 55-171-9，
　　　談 57-169-7，談 81-149-11）
關餉：1（續 8-119-7）
關心：2（續 15-126-10，談 49-176-12）
觀望：1（談 58-168-9）
官：21（散 19-50-4，散 19-50-4，散 20-51-7，
　　　散 20-51-10，散 32-63-3，散 32-63-6，
　　　散 32-63-7，散 32-63-8，散 35-66-4，
　　　散 35-66-4，散 38-69-3，散 38-69-4，
　　　散 38-69-7，問 6-94-7，問 7-90-1，
　　　問 9-81-5，談 39-183-5，言 3-283-11，
　　　言 3-283-11，言 10-251-11，言 13-248-2）
官板兒：1（續 1-112-6）
官兵：3（散 19-50-1，散 19-50-5，
　　　散 20-51-4）
官差：1（談 93-138-9）
官場：1（談 100-132-3）
官場中：2（問 6-94-2，問 6-94-3）

官船：1（問 5-96-12）
官話：5（散 6-37-1，散 6-37-3，散 6-37-7，
　　　言 7-268-9，言 8-267-4）
官宦：1（續 16-127-8）
官帽兒：2（散 12-43-6，散 12-43-6）
官米：1（談 100-133-11）
官廟：1（言 10-253-11）
官民：3（散 19-50-1，散 19-50-3，
　　　散 19-50-9）
官兒：1（續 15-126-3）
官人：2（散 19-50-2，散 38-69-8）
官人們：1（談 31-190-6）
官身子：1（談 32-190-11）
官事：2（散 37-68-4，散 38-69-3）
官役：1（問 6-94-3）
官員們：1（談 100-132-4）
官長：2（散 19-50-3，散 20-51-6）
鰥寡孤獨：1（續 15-126-12）
館子：1（續 13-124-12）
管：26（散 6-37-1，散 6-37-3，散 15-46-8，
　　　散 15-46-8，散 19-50-5，散 35-66-3，
　　　問 1-109-11，問 2-108-10，問 2-106-1，
　　　問 3-103-1，問 8-87-10，續 2-113-2，
　　　續 2-113-11，續 7-118-1，續 8-119-10，
　　　談 52-173-3，談 83-147-8，言 1-287-5，
　　　言 1-285-6，言 3-280-12，言 3-280-12，
　　　言 3-276-1，言 3-276-1，言 3-276-1，
　　　言 8-264-9，言 14-292-3）
管保：1（談 60-166-6）
管管：1（言 3-276-1）
管換：1（續 16-127-10）
管教：1（談 9-207-6）
管仲鮑叔：2（談 18-201-12，談 18-200-6）
貫（貴）：1（散 15-46-9）
慣會：2（談 58-168-8，談 87-143-6）
慣：8（問 8-84-11，續 3-114-8，續 9-120-7，
　　　談 2-213-9，談 9-207-7，談 27-194-9，
　　　談 28-193-12，談 93-138-9）
灌：1（續 15-126-12）
光：1（談 54-171-2）

光滑：1（談 38-184-8）
光脊梁：1（談 93-138-8）
光景：8（問 4-100-11，問 5-98-4，
　　談 25-195-10，談 29-192-4，談 83-146-2，
　　談 84-145-1，談 94-137-4，言 9-262-9）
光明正大：1（續 11-122-1）
光潤：5（散 28-59-1，散 28-59-7，散 28-59-7，
　　散 28-59-7，散 28-59-8）
光宗耀祖：1（談 4-211-4）
廣：1（言 3-277-11）
廣東：1（問 1-109-8）
廣文齋：2（問 7-92-11，問 7-92-12）
逛：7（談 18-200-1，談 59-167-4，
　　談 90-140-5，談 91-140-10，談 92-139-8，
　　言 10-251-11，言 10-251-11）
逛逛：1（言 8-266-10）
逛一逛：1（談 39-183-7）
歸：15（問 2-107-10，問 2-106-1，問 10-80-7，
　　問 10-80-11，問 10-80-12，問 10-79-11，
　　問 10-78-8，言 1-286-1，言 1-285-3，
　　言 3-272-3，言 5-269-5，言 9-263-11，
　　言 9-261-2，言 9-261-10，言 14-293-3）
規過：1（談 67-160-1）
規矩：3（談 86-143-1，談 88-142-12，
　　言 14-294-3）
規模兒：2（談 2-213-2，談 86-144-5）
鬼：8（續 10-121-12，談 16-202-10，
　　談 35-187-11，談 35-187-12，談 35-186-1，
　　談 35-186-4，談 36-186-6，談 37-185-7）
鬼頭鬼腦：1（續 9-120-11）
櫃子：2（散 36-67-10，談 38-184-8）
貴：12（散 13-44-1，散 13-44-6，散 15-46-8，
　　散 15-46-9，散 15-46-9，散 26-57-7，
　　問 2-108-7，續 8-119-8，談 32-189-6，
　　言 8-263-2，言 8-263-3，言 8-263-7）
貴處：5（問 1-109-2，問 1-109-6，問 2-108-2，
　　問 9-83-10，言 10-254-3）
貴幹：1（問 9-83-7）
貴庚：1（問 9-81-3）
貴國：21（問 1-109-5，問 1-109-7，
　　問 8-87-7，問 9-83-10，問 9-82-1，
　　問 9-82-6，問 10-80-2，問 10-80-6，
　　問 10-78-2，問 10-77-6，問 10-77-7，
　　問 10-77-10，問 10-77-11，問 10-75-8，
　　問 10-75-9，言 1-288-2，言 1-288-4，
　　言 1-287-2，言 1-287-11，言 1-286-2，
　　言 1-285-5）
貴姓：2（問 4-101-3，問 9-83-6）
跪：2（談 43-180-3，談 83-147-11）
滾：1（言 1-287-4）
滾刀肉：1（續 11-122-3）
滾熱：1（續 10-121-10）
棍：1（談 8-208-7）
棍子：7（散 21-52-6，散 21-52-8，散 22-53-8，
　　言 3-278-10，言 3-278-11，言 3-278-11，
　　言 3-274-5）
鍋：3（散 8-39-6，散 11-42-9，言 3-277-5）
鍋蓋：2（散 7-38-2，散 7-38-6）
國：6（問 10-76-7，問 10-74-3，續 7-118-6，
　　談 8-208-6，言 2-283-5，言 9-262-1）
國計：2（散 34-65-1，散 34-65-3）
國計民生：1（散 34-65-3）
國家：5（散 20-51-4，問 4-101-9，
　　談 4-212-11，談 79-150-12，言 8-265-6）
國勢：1（言 9-261-8）
果：1（言 9-259-8）
果然：12（談 4-212-12，談 12-205-10，
　　談 20-199-9，談 29-192-9，談 35-186-1，
　　談 46-178-6，談 52-174-12，談 54-171-3，
　　談 60-166-4，談 63-163-3，談 70-158-9，
　　談 77-151-1）
果子：3（散 14-45-1，散 14-45-8，
　　談 36-186-10）
裹：3（談 33-189-11，談 57-169-10，
　　言 3-276-10）
過：155（散 5-36-2，散 5-36-3，散 5-36-3，
　　散 5-36-4，散 5-36-4，散 5-36-5，
　　散 5-36-5，散 5-36-5，散 5-36-8，
　　散 5-36-8，散 6-37-4，散 6-37-5，
　　散 6-37-5，散 6-37-7，散 6-37-9，

散 7-38-8，散 9-40-4，散 9-40-5，
散 9-40-10，散 15-46-2，散 20-51-8，
散 26-57-4，散 27-58-5，散 29-60-9，
散 33-64-3，散 34-65-4，散 34-65-8，
散 37-68-3，散 40-71-7，問 1-109-6，
問 1-109-7，問 2-107-8，問 3-104-1，
問 4-102-7，問 4-99-3，問 4-99-4，
問 4-99-4，問 5-98-3，問 5-98-3，
問 5-98-4，問 5-98-9，問 5-98-10，
問 6-94-1，問 6-93-1，問 6-92-7，
問 7-91-12，問 7-90-5，問 7-89-12，
問 8-88-10，問 8-88-11，問 8-88-12，
問 8-87-3，問 8-86-8，問 8-86-8，
問 8-86-9，問 8-85-7，問 9-82-2，
問 9-81-1，問 9-81-6，問 10-79-2，
問 10-78-5，問 10-77-11，問 10-77-12，
問 10-76-2，問 10-76-8，問 10-76-9，
問 10-75-1，問 10-75-1，問 10-75-3，
續 2-113-5，續 2-113-6，續 3-114-6，
續 6-117-6，續 7-118-3，續 7-118-12，
續 11-122-5，續 11-122-12，談 3-213-12，
談 5-211-7，談 5-210-3，談 8-208-6，
談 11-206-7，談 12-205-9，談 12-205-9，
談 12-205-9，談 19-199-4，談 27-194-7，
談 28-192-1，談 29-192-12，談 30-191-2，
談 33-189-10，談 39-183-3，談 42-181-8，
談 44-180-12，談 49-176-9，談 50-175-11，
談 50-175-11，談 56-170-11，談 58-168-8，
談 61-165-4，談 65-162-9，談 66-161-4，
談 70-158-5，談 70-158-6，談 71-157-11，
談 71-156-1，談 70-156-11，談 76-153-12，
談 78-151-11，談 85-145-7，談 85-145-10，
談 86-144-8，談 89-141-6，談 89-141-7，
談 89-141-8，談 91-139-1，談 95-136-2，
談 95-136-5，談 96-136-12，談 97-135-11，
言 1-287-9，言 1-287-9，言 1-287-11，
言 2-284-3，言 2-284-3，言 2-284-10，
言 3-282-2，言 5-269-2，言 9-260-4，
言 9-260-4，言 9-260-4，言 9-260-10，
言 9-259-1，言 9-259-4，言 9-257-10，

言 10-255-2，言 10-255-4，言 10-255-10，
言 10-255-12，言 10-254-1，言 10-254-1，
言 10-254-5，言 10-254-5，言 10-253-6，
言 10-253-6，言 10-251-5，言 10-251-8，
言 11-250-4，言 11-250-8，言 11-250-11，
言 11-250-11，言 12-249-5，言 13-248-4，
言 14-290-1，言 14-293-5）

過不去：2（談 58-168-6，談 78-151-11）

過過：1（談 55-171-12）

過後兒：1（談 44-179-5）

過獎：1（談 12-205-5）

過客：1（散 20-51-3）

過來：14（散 29-60-3，散 29-60-5，
問 9-81-8，談 51-174-5，談 51-174-8，
談 70-158-6，談 70-158-7，談 73-155-5，
言 8-267-3，言 8-267-3，言 8-267-3，
言 8-266-6，言 8-266-6，言 9-260-5）

過年：1（談 62-165-9）

過去：16（散 3-34-2，散 3-34-10，散 7-38-6，
散 30-61-4，散 35-66-2，問 8-87-1，
續 1-112-6，談 15-203-10，談 39-183-1，
談 39-183-5，談 51-174-4，談 63-164-12，
談 65-162-4，談 89-141-8，言 9-260-1，
言 11-250-8）

過日子：9（散 24-55-4，散 24-55-5，
問 4-100-9，續 16-127-4，談 19-199-1，
談 28-193-6，談 29-192-7，談 80-149-9，
談 100-133-11）

過時：1（談 34-187-2）

過意不去：1（談 21-198-11）

過於：8（散 13-44-6，散 26-57-5，散 36-67-5，
談 49-176-11，談 68-160-10，
談 68-160-10，言 10-252-4，言 10-252-4）

過逾：5（問 6-94-9，談 29-192-7，
談 47-177-3，談 66-161-2，言 10-251-3）

H

哈哈：2（散 23-54-1，散 23-54-4）

還 hai：208（散 5-36-3，散 5-36-8，

散 6-37-7，散 8-39-5，散 9-40-5，
散 10-41-7，散 12-43-8，散 14-45-6，
散 22-53-3，散 25-56-9，散 27-58-9，
散 28-59-6，散 36-67-7，散 37-68-6，
問 2-108-10，問 2-108-10，問 2-108-10，
問 2-108-11，問 2-107-3，問 2-107-3，
問 2-107-7，問 2-107-10，問 3-105-6，
問 3-104-7，問 3-104-12，問 3-103-1，
問 3-103-12，問 4-101-1，問 4-101-6，
問 4-101-12，問 4-100-7，問 4-100-12，
問 4-100-12，問 5-98-11，問 5-98-12，
問 5-97-5，問 5-97-9，問 5-96-9，
問 6-94-7，問 6-93-7，問 7-91-2，
問 7-91-7，問 7-91-9，問 7-90-3，
問 7-89-4，問 7-88-1，問 8-86-9，
問 8-86-10，問 8-85-4，問 8-85-5，
問 8-85-9，問 8-84-3，問 8-84-9，
問 9-82-10，問 9-81-7，問 10-78-4，
問 10-77-10，問 10-75-12，問 10-74-2，
續 2-113-5，續 2-113-5，續 2-113-12，
續 5-116-4，續 6-117-5，續 6-117-11，
續 7-118-11，續 8-119-6，續 14-125-11，
續 16-127-3，談 1-214-4，談 1-214-7，
談 2-213-3，談 2-213-6，談 3-212-2，
談 5-211-9，談 5-211-10，談 7-209-12，
談 8-208-5，談 8-208-9，談 9-208-12，
談 9-208-12，談 9-207-4，談 10-207-11，
談 10-206-2，談 10-206-3，談 11-206-10，
談 11-206-11，談 13-204-4，談 15-203-12，
談 15-202-1，談 17-201-6，談 17-201-8，
談 17-201-9，談 17-201-9，談 20-199-8，
談 23-196-6，談 24-195-4，談 25-195-8，
談 26-195-12，談 27-194-10，談 27-193-4，
談 29-192-11，談 29-192-12，
談 31-191-12，談 31-190-1，談 31-190-4，
談 34-187-2，談 37-185-7，談 40-182-3，
談 42-181-6，談 44-179-4，談 46-178-6，
談 47-177-5，談 48-176-2，談 49-176-10，
談 50-175-6，談 52-173-2，談 52-173-4，
談 53-172-6，談 54-172-11，談 54-171-3，

談 55-171-11，談 56-170-7，談 56-170-8，
談 56-170-12，談 57-169-4，談 57-169-7，
談 58-168-5，談 59-167-5，談 60-166-4，
談 61-166-10，談 61-166-12，談 61-165-1，
談 61-165-4，談 62-165-9，談 62-164-4，
談 63-164-12，談 63-163-2，談 68-160-10，
談 69-159-11，談 70-158-12，
談 70-158-12，談 71-157-6，談 71-157-11，
談 73-155-9，談 75-153-9，談 76-152-6，
談 77-151-5，談 78-151-11，談 78-150-4，
談 83-146-2，談 86-144-12，談 87-143-8，
談 88-142-7，談 88-142-9，談 88-142-10，
談 88-141-1，談 92-139-12，談 93-138-8，
談 93-137-1，談 94-137-7，談 94-137-10，
談 94-137-10，談 96-136-9，談 98-134-7，
談 99-133-3，談 99-133-5，言 1-287-1，
言 1-286-7，言 2-284-3，言 2-284-9，
言 3-281-7，言 3-276-12，言 3-275-1，
言 3-275-10，言 3-273-1，言 3-273-4，
言 3-272-2，言 8-266-1，言 8-266-6，
言 8-264-10，言 8-263-1，言 8-263-5，
言 8-263-7，言 9-259-2，言 9-259-3，
言 9-259-6，言 9-259-10，言 9-259-10，
言 9-259-11，言 9-259-12，言 9-259-12，
言 9-258-6，言 9-258-9，言 9-257-9，
言 9-256-3，言 10-255-6，言 10-255-9，
言 10-254-11，言 10-253-12，言 10-251-1，
言 11-250-9，言 13-248-1，言 13-248-2，
言 14-289-4，言 14-290-4，言 14-291-1，
言 14-291-3）

還是：58（散 8-39-5，散 10-41-4，散 21-52-8，
散 25-56-7，散 26-57-6，散 29-60-5，
散 37-68-10，散 38-69-9，問 2-107-11，
問 3-106-11，問 5-99-10，問 5-98-11，
問 5-98-12，問 5-97-1，問 5-97-4，
問 5-96-7，問 7-89-6，問 8-87-2，
問 8-87-12，問 8-85-4，問 9-83-10，
問 9-82-12，問 9-82-12，問 10-80-5，
問 10-75-6，談 3-212-4，談 6-210-10，
談 16-202-7，談 18-200-7，談 21-198-3，

談 29-192-8，談 29-192-10，談 30-191-6，
談 44-179-2，談 44-179-5，談 49-176-12，
談 69-159-7，談 69-159-8，談 69-158-1，
談 69-158-2，談 73-155-11，談 78-150-5，
談 92-138-3，談 95-136-5，談 95-136-5，
談 99-133-2，談 100-133-11，言 1-287-9，
言 3-279-5，言 3-279-12，言 7-268-10，
言 8-267-9，言 8-263-4，言 9-262-5，
言 9-259-4，言 9-258-11，言 10-254-3，
言 14-293-3）

還有：64（散 5-36-6，散 29-60-6，散 33-64-4，
散 40-71-5，散 40-71-6，問 2-107-7，
問 2-107-10，問 3-104-5，問 4-100-3，
問 4-100-7，問 4-100-9，問 4-100-11，
問 5-96-2，問 5-96-4，問 7-91-10，
問 8-88-11，問 8-87-5，問 8-87-10，
問 8-85-5，問 8-85-8，問 8-85-12，
問 8-84-3，問 8-83-1，問 10-79-4，
問 10-79-10，問 10-79-12，問 10-78-6，
問 10-76-11，問 10-76-12，問 10-75-5，
談 1-214-5，談 1-214-11，談 2-213-4，
談 4-211-1，談 16-202-8，談 23-196-7，
談 38-184-9，談 60-166-3，談 61-166-10，
談 70-158-7，談 70-157-1，談 72-155-1，
談 77-151-5，談 79-150-10，談 85-145-11，
言 1-288-12，言 1-287-6，言 1-286-5，
言 2-283-3，言 2-283-6，言 3-281-8，
言 3-279-3，言 3-277-6，言 8-266-6，
言 9-260-2，言 9-259-7，言 9-256-4，
言 10-251-4，言 12-249-9，言 14-290-3，
言 14-290-3，言 14-291-5，言 14-292-1，
言 14-293-2）

孩子：18（散 37-68-2，問 4-100-6，
問 4-100-6，問 7-89-1，續 2-113-4，
續 2-113-9，續 3-114-4，續 6-117-10，
續 6-117-10，續 9-120-6，續 14-125-3，
談 20-199-7，談 20-199-11，談 41-182-7，
談 61-165-1，談 85-145-5，談 87-143-11，
談 87-142-3）

孩子們：7（續 1-112-3，談 21-198-6，

談 29-192-7，談 85-145-10，談 86-144-5，
談 87-143-12，言 9-261-6）

海：2（散 15-46-2，散 15-46-6）

海邊兒：1（散 15-46-7）

海船：1（散 15-46-6）

海岱門：1（問 8-85-11）

海關：1（問 5-96-10）

海角天涯：2（散 34-65-2，散 34-65-8）

海面：1（問 6-95-11）

海水：1（散 15-46-6）

海賊：4（問 6-95-11，問 6-94-1，問 6-94-2，
問 6-94-2）

害：6（談 24-195-1，談 37-185-11，
談 47-177-10，談 48-176-5，談 58-168-4，
談 67-160-4）

害怕：4（散 23-54-9，散 35-66-6，
續 11-122-4，談 44-180-12）

害臊：1（續 1-112-12）

害羞：2（談 4-211-2，談 25-195-9）

嗐：2（談 38-184-6，談 93-138-7）

含含糊糊：1（續 9-120-11）

含糊：2（續 16-127-11，談 38-184-3）

寒心：2（散 39-70-3，散 39-70-7）

喊：2（散 29-60-3，續 1-112-3）

喊叫：1（散 29-60-3）

漢帝：1（言 9-261-6）

漢話：13（問 9-83-11，問 10-80-3，
問 10-77-4，言 1-288-2，言 1-288-4，
言 2-284-3，言 2-284-7，言 2-283-1，
言 3-283-9，言 4-272-11，言 5-270-2，
言 8-267-1，言 9-257-7）

漢口：2（言 11-250-12，言 11-249-1）

漢人：1（言 9-262-2）

漢人們：2（談 1-214-3，言 1-287-10）

漢書：2（談 1-214-4，言 10-252-7）

漢文：8（問 10-80-4，問 10-75-2，
言 1-288-10，言 1-287-1，言 1-287-1，
言 1-287-2，言 1-286-7，言 9-263-12）

漢音：1（談 3-212-2）

漢仗兒：2（談 19-200-12，談 24-196-9）

漢子：3（談 57-169-10，談 60-166-3，
　　談 99-133-6）
漢子家：2（談 57-169-6，談 77-151-2）
漢字：6（問 9-83-11，問 10-77-3，談 7-209-6，
　　言 1-287-5，言 1-287-8，言 1-285-2）
汗：1（談 38-184-7）
汗流如雨：1（談 93-138-10）
汗衫：3（散 12-43-1，散 12-43-4，
　　散 12-43-8）
旱：1（談 32-189-2）
旱路：5（問 8-88-4，問 8-88-4，問 8-88-6，
　　問 8-88-8，言 11-250-12）
翰林：1（續 16-127-11）
行 hang：1（散 28-59-4）
毫：1（談 52-173-7）
豪橫：1（談 99-133-2）
毫無：1（言 1-287-5）
好：246（散 2-33-4，散 2-33-5，散 2-33-8，
　　散 2-33-10，散 2-33-10，散 2-33-10，
　　散 3-34-5，散 4-35-9，散 4-35-9，
　　散 4-35-9，散 5-36-9，散 5-36-10，
　　散 6-37-3，散 11-42-9，散 11-42-10，
　　散 12-43-10，散 13-44-5，散 14-45-9，
　　散 15-46-3，散 15-46-4，散 15-46-4，
　　散 15-46-4，散 16-47-7，散 24-35-1，
　　散 25-56-2，散 25-56-3，散 25-56-4，
　　散 25-56-4，散 25-56-10，散 26-57-4，
　　散 26-57-4，散 26-57-5，散 26-57-5，
　　散 27-58-10，散 27-58-10，散 28-59-7，
　　散 32-63-7，散 33-64-10，散 34-65-5，
　　散 39-70-3，散 39-70-3，散 39-70-4，
　　問 2-107-2，問 2-107-9，問 3-106-7，
　　問 3-103-8，問 4-102-10，問 4-101-2，
　　問 4-101-4，問 4-101-6，問 4-101-6，
　　問 4-101-11，問 4-99-3，問 5-98-6，
　　問 6-95-9，問 6-95-9，問 6-94-11，
　　問 6-94-11，問 6-93-2，問 6-93-5，
　　問 6-93-7，問 6-92-3，問 6-92-4，
　　問 8-88-3，問 8-88-4，問 8-88-5，
　　問 8-87-7，問 8-87-7，問 8-87-12，
　　問 8-87-12，問 8-86-8，問 8-86-9，
　　問 8-85-11，問 8-85-12，問 8-84-3，
　　問 8-84-6，問 8-84-11，問 8-83-1，
　　問 8-83-3，問 8-83-3，問 9-81-6，
　　問 9-81-6，問 10-79-4，問 10-79-4，
　　問 10-79-4，問 10-79-4，問 10-75-4，
　　續 2-113-4，續 3-114-3，續 3-114-8，
　　續 3-114-10，續 4-115-3，續 4-115-6，
　　續 5-116-5，續 6-117-10，續 6-117-10，
　　續 6-117-11，續 6-117-12，續 7-118-12，
　　續 7-118-12，續 10-121-8，續 11-122-8，
　　續 14-125-11，續 15-126-7，續 17-128-11，
　　談 1-214-2，談 3-213-12，談 3-212-1，
　　談 3-212-2，談 3-212-4，談 7-209-10，
　　談 8-208-3，談 9-207-7，談 10-207-10，
　　談 10-207-12，談 10-206-2，談 12-205-5，
　　談 13-204-2，談 14-203-3，談 16-202-4，
　　談 16-202-4，談 22-197-6，談 23-196-3，
　　談 23-196-4，談 23-196-4，談 24-196-11，
　　談 24-195-1，談 25-195-10，談 27-194-8，
　　談 27-194-9，談 27-193-3，談 29-192-11，
　　談 30-191-9，談 32-189-1，談 32-189-1，
　　談 33-189-9，談 33-189-12，談 33-188-1，
　　談 33-188-1，談 34-187-2，談 34-187-4，
　　談 34-187-4，談 34-187-5，談 37-185-5，
　　談 37-185-7，談 38-184-4，談 38-184-6，
　　談 41-182-8，談 42-181-6，談 44-179-2，
　　談 46-178-7，談 46-177-1，談 49-175-1，
　　談 49-175-3，談 50-175-8，談 50-175-10，
　　談 50-175-11，談 50-174-1，談 51-174-5，
　　談 51-174-6，談 51-174-7，談 51-174-9，
　　談 51-174-10，談 52-174-12，談 52-173-2，
　　談 52-173-6，談 52-173-8，談 56-170-7，
　　談 57-169-7，談 57-169-7，談 62-164-1，
　　談 64-163-6，談 67-161-12，談 68-159-1，
　　談 69-159-9，談 69-159-10，談 70-158-8，
　　談 70-158-8，談 70-158-11，談 71-157-8，
　　談 70-156-11，談 75-153-3，談 75-153-5，
　　談 77-151-5，談 81-148-2，談 83-147-9，
　　談 83-146-4，談 84-145-1，談 85-145-11，

　　　　談 87-143-8，談 87-143-11，談 89-141-9，
　　　　談 93-138-5，談 93-138-7，談 94-137-9，
　　　　談 94-137-10，談 95-136-5，談 96-135-2，
　　　　談 97-135-5，談 97-135-8，談 98-134-7，
　　　　談 99-133-3，談 100-132-3，言 1-288-8，
　　　　言 1-287-6，言 1-285-10，言 1-285-11，
　　　　言 1-285-11，言 3-281-10，言 3-274-1，
　　　　言 7-268-1，言 7-268-1，言 7-268-2，
　　　　言 7-268-2，言 8-266-11，言 8-265-2，
　　　　言 8-265-2，言 8-265-3，言 8-264-2，
　　　　言 8-264-2，言 8-264-3，言 8-263-4，
　　　　言 8-263-6，言 9-261-3，言 9-260-6，
　　　　言 9-260-10，言 9-259-6，言 9-257-2，
　　　　言 10-255-7，言 10-252-2，言 10-252-2，
　　　　言 10-252-2，言 10-252-9，言 10-252-9，
　　　　言 10-252-12，言 10-251-1，言 10-251-7，
　　　　言 10-251-7，言 12-249-8，言 13-248-4，
　　　　言 13-248-5，言 13-248-5，言 13-248-6，
　　　　言 13-248-6，言 14-290-1，言 14-292-4）
好啊歹的：1（談 48-176-6）
好喫懶做：1（續 9-120-6）
好處：6（散 39-70-1，散 39-70-5，散 39-70-8，
　　　　問 3-103-4，問 9-81-6，言 12-249-9）
好處兒：2（散 39-70-5，談 14-204-11）
好歹：8（散 26-57-7，散 39-70-6，
　　　　續 11-122-3，續 11-122-3，談 15-203-7，
　　　　談 61-165-5，談 61-165-6，談 99-134-12）
好道兒：1（談 24-196-12）
好過：1（散 31-62-9）
好漢子：1（談 63-163-3）
好好端端：1（談 61-166-10）
好好兒：6（談 43-180-4，談 49-175-3，
　　　　談 66-161-5，談 78-150-3，談 79-150-10，
　　　　談 83-147-8）
好話：3（續 9-120-4，續 17-128-10，
　　　　談 54-172-9）
好貨：1（續 11-122-8）
好幾：1（談 32-189-6）
好久：1（談 22-197-4）
好看：3（散 18-49-10，散 28-59-8，

　　　　散 30-61-3）
好强：1（談 27-194-7）
好兒：2（散 27-58-3，談 50-175-11）
好人：3（散 2-33-3，談 68-160-10，
　　　　言 7-268-2）
好容易：1（續 3-114-6）
好使：1（續 11-122-7）
好事：7（談 5-210-4，談 47-177-4，
　　　　談 47-177-6，談 55-171-10，談 80-149-3
　　　　談 80-149-3，言 9-261-3）
好說：1（談 11-206-6）
好天：1（談 98-134-2）
好聽：2（談 90-140-3，言 10-251-4）
好像：2（談 89-141-10，談 91-139-3）
好些：33（散 1-32-7，散 2-33-4，散 2-33-6，
　　　　散 6-37-6，散 9-40-9，散 11-42-4，
　　　　散 20-51-9，散 36-67-6，問 3-104-9，
　　　　問 4-102-8，問 5-97-5，問 8-84-2，
　　　　問 10-76-8，問 10-75-3，續 7-118-8，
　　　　續 16-127-3，談 32-190-10，談 78-151-11，
　　　　談 82-147-4，言 1-288-6，言 3-281-5，
　　　　言 3-281-5，言 3-281-9，言 3-280-11，
　　　　言 3-279-6，言 4-272-11，言 4-271-1，
　　　　言 4-271-3，言 4-271-7，言 8-264-12，
　　　　言 8-264-12，言 10-254-5，言 10-252-6）
好些兒：1（問 1-109-6）
好心：1（談 67-160-3）
好性兒：2（散 39-70-1，散 39-70-3）
好意思：2（談 53-172-5，談 83-147-11）
好用：1（言 8-265-7）
好運：1（談 13-204-2）
號令：4（散 32-63-2，散 32-63-8，散 32-63-9，
　　　　續 13-124-3）
耗子：1（續 7-118-8）
浩浩：1（談 91-139-1）
呵：1（談 90-141-12）
喝：43（散 14-45-2，散 14-45-9，散 14-45-9，
　　　　散 26-57-3，散 30-61-8，問 3-103-7，
　　　　問 3-103-7，問 3-103-7，問 5-95-3，
　　　　問 8-87-10，續 15-126-12，續 15-126-12，

續 17-128-1，續 17-128-5，談 11-206-10，
談 11-205-1，談 12-205-10，談 12-205-10，
談 31-190-4，談 36-186-10，談 44-180-8，
談 44-179-2，談 44-179-4，談 44-179-5，
談 44-179-5，談 45-179-10，談 45-178-1，
談 47-177-3，談 47-177-3，談 47-177-4，
談 47-177-5，談 47-177-5，談 47-177-9，
談 47-177-10，談 62-165-9，談 62-164-1，
談 82-147-4，談 91-139-5，談 92-139-10，
談 93-138-6，談 96-136-11，談 97-135-10，
言 8-265-11）
喝風：1（談 80-149-9）
喝喰：1（續 17-128-2）
和：76（散 27-58-1，散 27-58-1，散 27-58-6，
散 27-58-6，散 30-61-5，散 31-62-4，
散 31-62-4，散 32-63-8，散 33-64-7，
散 35-66-5，散 36-67-8，散 38-69-4，
問 1-109-11，問 2-108-3，問 3-105-3，
問 3-105-12，問 3-104-8，問 4-102-8，
問 4-101-6，問 5-98-3，問 5-96-5，
問 5-96-8，問 6-94-5，問 6-94-10，
問 7-89-3，問 10-75-6，談 2-213-8，
談 2-213-8，談 5-211-8，談 6-209-1，
談 8-208-6，談 12-205-7，談 18-200-4，
談 20-199-9，談 24-196-10，談 33-188-4，
談 34-187-6，談 41-182-11，談 49-176-10，
談 51-174-10，談 53-172-6，談 56-170-8，
談 58-168-8，談 60-167-12，談 60-166-4，
談 62-165-8，談 62-165-12，談 63-164-8，
談 63-164-11，談 64-163-10，談 65-162-6，
談 70-158-8，談 74-154-4，談 78-151-10，
談 82-148-12，談 82-147-6，談 83-147-9，
談 84-146-7，談 86-144-10，談 90-140-8，
談 91-139-1，談 94-137-5，言 1-288-4，
言 1-287-2，言 2-283-1，言 3-280-12，
言 3-278-5，言 3-275-5，言 3-275-8，
言 3-273-9，言 5-270-9，言 5-270-11，
言 5-269-1，言 8-266-11，言 10-254-12，
言 10-251-12）
和睦：2（續 13-124-4，言 4-271-8）

和氣：1（談 13-204-5）
和尚：4（散 33-64-2，散 33-64-5，問 8-87-9，
言 10-253-10）
和尚道士們：1（談 80-149-6）
和尚廟：1（散 33-64-7）
和顏悅色：2（談 14-204-11，談 16-202-4）
合：10（問 10-77-8，續 12-123-4，
談 12-205-10，談 20-198-1，談 34-188-11，
談 37-185-6，談 38-184-4，談 63-163-3，
言 2-283-1，言 3-281-5）
合成：1（言 1-287-4）
合夥兒：2（談 21-198-6，言 14-292-4）
合上：1（談 86-144-6）
合式：3（散 40-71-1，散 40-71-3，
散 40-71-4）
合算：2（散 40-71-1，散 40-71-5）
合意：1（談 85-144-1）
何：5（談 23-196-5，談 39-183-7，
談 79-150-10，談 99-134-12，言 1-285-6）
何必：4（談 21-198-3，談 56-169-1，
談 62-164-2，談 83-146-5）
何不：3（談 39-183-3，談 71-157-4，
談 100-132-2）
何曾：1（談 52-174-12）
何等樣兒：1（談 17-201-3）
何妨：3（談 57-169-6，談 70-156-6，
言 9-258-5）
何干：2（問 3-105-11，談 53-173-10）
何況：2（續 5-116-4，談 79-150-10）
何如：1（談 23-196-6）
何所取義：1（問 10-76-7）
何足掛齒：2（談 69-159-11，談 71-157-12）
河：8（散 15-46-2，問 8-88-12，問 8-85-7，
續 15-126-2，言 3-274-8，言 3-273-1，
言 3-273-1，言 8-265-2）
河北：2（散 19-50-9，散 19-50-9）
河路：1（散 15-46-5）
河面：1（問 8-85-6）
河南：3（散 21-52-4，散 24-55-6，
問 2-107-2）

河水：2（散 30-61-8，問 8-88-5）
河西務：7（問 8-87-3，問 8-87-3，問 8-87-4，
　　問 8-87-5，問 8-87-12，問 8-86-3，
　　問 8-85-4）
河沿兒：1（談 90-140-2）
核兒：2（續 6-117-4，續 9-120-2）
闊家子：1（談 50-175-6）
黑：6（散 7-38-5，談 34-188-10，談 64-163-7，
　　談 96-136-9，言 8-265-4，言 14-292-2）
黑豆：1（談 32-189-3）
黑上：1（續 2-113-2）
黑下：7（散 9-40-3，散 9-40-7，散 9-40-8，
　　散 9-40-8，談 35-187-8，談 91-140-11，
　　談 97-135-5）
黑下白日：1（談 10-207-9）
黑早兒：1（談 82-147-6）
很：210（散 2-33-5，散 2-33-8，散 2-33-8，
　　散 2-33-10，散 2-33-10，散 3-34-8，
　　散 3-34-10，散 6-37-3，散 6-37-10，
　　散 7-38-5，散 7-38-7，散 8-39-10，
　　散 9-40-6，散 9-40-7，散 10-41-10，
　　散 12-43-10，散 13-44-1，散 13-44-6，
　　散 13-44-7，散 17-48-2，散 17-48-4，
　　散 19-50-8，散 21-52-9，散 23-54-5，
　　散 23-54-8，散 23-54-8，散 24-55-1，
　　散 27-58-3，散 30-61-3，散 30-61-4，
　　散 32-63-7，散 36-67-7，散 36-67-7，
　　散 39-70-8，散 40-71-3，散 40-71-4，
　　散 40-71-8，問 1-109-6，問 1-109-9，
　　問 1-109-9，問 3-106-8，問 3-106-11，
　　問 3-106-11，問 4-102-8，問 4-100-8，
　　問 4-100-9，問 4-99-1，問 4-99-3，
　　問 5-98-6，問 5-97-3，問 6-94-4，
　　問 6-94-10，問 6-94-12，問 6-93-5，
　　問 6-93-8，問 7-91-12，問 7-89-5，
　　問 8-86-3，問 8-85-3，問 8-85-10，
　　問 8-85-12，問 8-84-3，問 8-83-1，
　　問 10-80-8，問 10-80-9，問 10-79-4，
　　問 10-79-11，問 10-77-8，問 10-76-7，
　　問 10-75-4，續 2-113-9，續 6-117-2，

續 6-117-9，續 8-119-10，續 9-120-8，
續 9-120-8，續 10-121-5，續 10-121-12，
續 11-122-3，續 11-122-5，續 12-123-10，
續 14-125-3，續 15-126-6，續 16-127-1，
續 16-127-2，續 16-127-5，續 16-127-7，
續 16-127-7，續 16-127-9，續 16-127-9，
續 16-127-9，續 16-127-12，續 17-128-5，
續 18-129-6，續 18-129-6，談 1-214-2，
談 2-213-2，談 3-212-1，談 3-212-2，
談 7-209-6，談 7-209-10，談 10-207-11，
談 10-206-2，談 14-204-9，談 14-204-10，
談 14-204-10，談 14-203-1，談 17-201-4，
談 19-199-2，談 20-199-8，談 20-199-11，
談 20-199-12，談 20-199-12，談 21-198-7，
談 21-198-11，談 22-197-8，談 23-196-3，
談 23-196-5，談 24-196-9，談 24-196-9，
談 24-196-10，談 24-195-1，談 27-193-3，
談 29-192-8，談 30-191-9，談 34-187-6，
談 35-187-8，談 35-186-4，談 36-186-9，
談 36-186-9，談 37-185-5，談 37-185-5，
談 37-185-6，談 37-185-11，談 38-184-7，
談 38-184-7，談 39-184-12，談 39-183-2，
談 41-182-8，談 41-182-9，談 42-181-5,
談 45-179-8，談 45-179-9，談 47-177-3,
談 47-177-3，談 48-177-12，談 49-176-9,
談 49-175-3，談 51-174-4，談 58-168-5,
談 59-167-6，談 59-167-6，談 61-166-9,
談 61-165-3，談 61-165-4，談 61-165-6,
談 63-163-3，談 65-162-3，談 65-162-7,
談 65-162-11，談 67-161-12，談 67-160-3,
談 67-160-5，談 71-157-8，談 74-154-5,
談 75-154-12，談 75-153-4，談 75-153-9,
談 76-152-4，談 76-152-4，談 76-152-8,
談 81-149-12，談 84-146-7，談 84-146-8,
談 85-144-1，談 90-141-12，談 90-140-6,
談 92-139-11，談 93-138-10，談 96-136-9,
談 97-135-8，談 98-134-2，言 1-288-4,
言 1-287-7，言 3-281-3，言 4-271-3,
言 4-271-12，言 8-266-4，言 8-264-9,
言 8-264-11，言 8-263-6，言 9-259-2,

言 9-259-6，言 9-257-8，言 9-257-10，
言 9-256-2，言 10-254-6，言 10-253-2，
言 10-252-2，言 10-252-2，言 10-252-3，
言 10-252-8，言 10-251-3，言 10-251-4，
言 10-251-12，言 10-250-1，言 10-250-1，
言 10-250-1，言 11-250-6，言 12-249-5）

很很的：2（談 41-182-10，談 65-162-5）

很很心：1（談 44-179-1）

狠：3（言 4-271-8，言 10-254-5，
言 14-290-1）

恨：5（問 2-107-6，問 2-107-7，談 16-202-10，
談 23-196-4，言 8-264-9）

哼：4（問 6-92-5，談 6-210-7，談 6-210-7，
談 84-145-1）

哼阿哼的：2（散 23-54-1，散 23-54-3）

恆產：4（散 24-55-1，散 24-55-5，散 24-55-5，
散 24-55-10）

橫：7（散 40-71-9，散 40-71-10，言 1-287-4，
言 1-287-4，言 3-280-4，言 10-253-2，
言 11-250-6）

橫竪：2（散 40-71-2，續 11-122-4）

轟：1（談 65-162-2）

哄：2（談 41-181-1，談 54-171-1）

紅：8（散 28-59-1，散 28-59-6，散 28-59-7，
談 41-182-11，言 7-268-3，言 7-268-3，
言 8-265-11，言 8-265-12）

虹：1（言 3-274-12）

哄人：1（談 68-159-5）

鬨狗咬猪：1（續 7-118-3）

齁：4（續 10-121-2，續 10-121-2，
續 10-121-2，續 10-121-3）

候：1（續 15-126-2）

猴兒：2（談 30-191-8，談 42-181-7）

猴兒們：1（談 43-180-1）

后土：1（言 3-282-6）

後：16（問 8-87-4，問 8-87-4，問 9-82-8，
問 9-81-4，問 9-81-5，問 9-81-7，
問 10-79-2，問 10-76-10，談 89-141-5，
談 96-135-1，言 2-284-11，言 4-271-2，
言 10-256-8，言 10-256-9，言 10-255-9，
言 11-250-9）

後半天：1（散 37-68-8）

後半夜：2（散 10-41-2，散 10-41-7）

後兒：4（散 9-40-2，散 25-56-8，問 6-93-11，
問 6-93-11）

後悔：5（散 39-70-2，散 39-70-4，散 39-70-8，
談 28-192-2，談 81-148-5）

後來：29（散 29-60-6，散 36-67-9，
問 4-100-8，問 5-96-11，問 6-95-8，
問 6-94-6，問 9-82-8，問 9-81-1，
問 9-81-2，談 9-207-2，談 17-201-3，
談 20-199-8，談 24-196-11，談 27-194-8，
談 37-185-6，談 37-185-8，談 40-182-3，
談 56-170-10，談 56-169-1，談 65-162-5，
談 68-159-2，談 83-146-2，談 84-146-10，
談 92-139-12，談 98-134-7，言 9-258-11，
言 9-256-3，言 10-255-8，言 11-250-11）

後樓：1（言 3-281-12）

後年：2（散 9-40-1，散 9-40-6）

後世：2（散 33-64-1，散 33-64-4）

後天：5（散 9-40-2，言 5-270-12，言 9-260-8，
言 13-248-6，言 13-248-6）

後頭：10（散 4-35-1，散 4-35-5，散 16-47-8，
散 18-49-4，問 5-97-2，談 12-205-8，
談 83-147-10，談 89-141-7，言 14-292-4，
言 14-292-5）

後月：1（散 9-40-6）

厚：2（談 34-188-10，談 34-188-11）

厚薄：2（散 27-58-1，散 27-58-6）

厚道積福：1（談 14-203-1）

忽然：11（談 35-187-10，談 36-186-11，
談 37-185-7，談 56-170-8，談 91-139-2，
談 94-137-5，談 95-136-4，談 96-136-11，
談 98-134-2，言 3-281-2，言 10-251-9）

胡：1（談 46-178-7）

胡拉溜扯：1（續 10-121-4）

胡哩嗎哩：1（談 52-173-5）

胡鬧：2（散 22-53-2，散 22-53-8）

胡說：1（談 84-146-9）

胡說八道：1（續 10-121-4）

胡同：1（言 8-267-5）
胡游亂走：1（談 85-145-7）
衚衕：5（散 30-61-1，散 30-61-9，言 8-267-6，
　　言 8-267-7，言 10-256-12）
衚衕兒：1（問 5-97-2）
鬍子：6（散 17-48-1，散 17-48-5，散 18-49-7，
　　談 30-191-6，談 46-178-5，言 3-278-10）
湖：1（散 30-61-5）
湖北：1（散 30-61-5）
湖絲：2（問 5-98-8，問 5-98-8）
煳焦：1（續 8-119-1）
糊：7（散 28-59-3，散 28-59-3，散 28-59-3，
　　散 28-59-4，言 14-292-5，言 14-292-5，
　　言 14-292-6）
糊口：1（談 80-149-6）
糊裡糊塗：1（談 56-170-6）
糊裏麻裏：1（談 26-194-2）
糊塗：12（散 36-67-2，散 36-67-5，
　　問 3-105-2，問 3-105-3，問 5-99-11，
　　問 5-97-11，談 8-208-8，談 9-207-4，
　　談 21-198-9，談 41-182-11，談 48-176-3，
　　言 10-252-4）
餬口：1（續 8-119-4）
壺：5（散 8-39-2，散 8-39-2，散 8-39-2，
　　散 8-39-2，散 8-39-8）
熁熁：1（談 36-186-11）
虎：1（言 3-280-8）
虎口：2（問 5-96-3，問 5-96-4）
虎皮衚衕：2（言 8-267-5，言 8-267-5）
互相：3（問 10-74-4，言 1-288-4，
　　言 1-285-1）
戶部：2（問 7-90-6，問 7-90-7）
護：2（談 14-204-12，談 19-199-2）
花：6（散 15-46-9，續 9-120-7，續 12-123-5，
　　談 29-192-11，談 70-157-1，言 3-273-4）
花不了：1（談 39-183-6）
花草：1（散 26-57-8）
花費：3（散 13-44-1，散 13-44-5，
　　散 13-44-5）
花瓶：5（散 8-39-1，散 8-39-5，散 8-39-5，
　　散 8-39-9，散 13-44-6）
花錢：4（散 13-44-5，散 13-44-5，散 26-57-5，
　　問 6-93-7）
花兒：3（談 23-196-2，言 3-280-11，
　　言 3-280-11）
花樣兒：1（談 34-188-11）
花子：1（談 70-158-4）
滑：2（續 10-121-7，談 15-203-9）
滑東西：1（談 9-207-5）
化緣：1（談 80-149-8）
畫畫兒（畫畫兒）：1（續 13-124-3）
畫兒：15（散 33-64-3，問 7-91-3，問 7-91-3，
　　問 7-91-4，問 7-91-5，問 7-91-12，
　　問 7-90-3，問 7-89-6，問 7-89-7，
　　問 7-89-7，問 7-89-8，問 7-89-10，
　　問 7-89-12，續 13-124-7，言 3-279-2）
畫符念咒：1（續 13-124-5）
話：182（散 6-37-9，散 23-54-1，散 23-54-3，
　　散 23-54-5，散 27-58-4，散 27-58-8，
　　散 27-58-9，散 31-62-7，散 31-62-10，
　　散 40-71-10，問 2-107-7，問 2-107-8，
　　問 3-104-11，問 3-104-11，問 3-102-1，
　　問 3-102-1，問 3-102-1，問 5-99-8，
　　問 6-95-6，問 6-95-9，問 6-94-10，
　　問 6-94-11，問 6-94-12，問 6-93-3，
　　問 6-93-9，問 6-93-12，問 6-92-1，
　　問 6-92-4，問 6-92-6，問 7-91-9，
　　問 7-91-9，問 7-91-9，問 7-91-10，
　　問 7-91-10，問 7-90-5，問 7-90-5，
　　問 7-90-10，問 8-85-2，問 9-83-11，
　　問 9-83-12，問 9-81-2，問 9-81-7，
　　問 9-81-7，問 10-80-1，問 10-80-10，
　　問 10-80-11，問 10-80-12，問 10-79-1，
　　問 10-79-2，問 10-79-3，問 10-79-5，
　　問 10-79-6，問 10-79-6，問 10-79-7，
　　問 10-79-11，問 10-78-9，問 10-76-6，
　　問 10-75-8，問 10-74-3，續 2-113-12，
　　續 7-118-11，續 11-122-9，續 15-126-10，
　　談 1-214-6，談 1-214-10，談 2-213-2，
　　談 2-213-4，談 2-213-9，談 3-212-5，

談 3-212-6, 談 5-211-8, 談 6-210-8,
談 7-209-11, 談 9-207-1, 談 9-207-2,
談 11-206-7, 談 15-203-10, 談 17-201-4,
談 18-200-3, 談 18-200-8, 談 20-199-9,
談 20-199-10, 談 20-198-1, 談 22-197-5,
談 22-197-9, 談 23-197-12, 談 25-195-9,
談 26-195-12, 談 26-194-4, 談 29-192-8,
談 29-192-11, 談 31-190-1, 談 31-190-5,
談 36-185-1, 談 39-183-6, 談 39-183-6,
談 46-178-7, 談 46-178-8, 談 50-174-1,
談 50-174-2, 談 52-174-12, 談 53-173-11,
談 53-172-2, 談 55-171-10, 談 56-170-11,
談 58-168-9, 談 59-167-7, 談 59-167-8,
談 60-167-12, 談 61-166-11, 談 61-165-1,
談 62-165-8, 談 62-164-4, 談 63-163-1,
談 64-163-6, 談 64-163-10, 談 66-161-4,
談 67-160-3, 談 67-160-4, 談 67-160-7,
談 68-160-12, 談 70-158-7, 談 70-158-10,
談 70-158-10, 談 70-156-7, 談 74-154-5,
談 76-152-9, 談 78-150-4, 談 79-150-8,
談 80-149-6, 談 80-149-7, 談 84-146-8,
談 84-146-9, 談 84-146-9, 談 85-145-8,
談 85-145-11, 談 86-144-10, 談 88-142-6,
談 88-142-12, 談 89-141-10, 談 93-138-9,
談 100-132-4, 言 1-288-4, 言 1-288-5,
言 1-288-7, 言 1-288-7, 言 1-288-8,
言 1-288-8, 言 1-288-9, 言 1-285-9,
言 2-283-5, 言 3-283-9, 言 3-282-1,
言 3-282-2, 言 3-282-9, 言 3-280-2,
言 3-279-4, 言 3-279-11, 言 3-274-6,
言 3-273-2, 言 3-272-3, 言 4-271-5,
言 4-271-5, 言 4-271-8, 言 4-271-9,
言 6-269-9, 言 8-266-4, 言 8-263-3,
言 9-262-2, 言 9-262-4, 言 9-262-11,
言 9-261-1, 言 9-259-11, 言 9-258-4,
言 9-257-1, 言 9-257-1, 言 9-257-5,
言 10-253-12, 言 10-252-4, 言 11-250-5,
言 13-249-11, 言 13-249-12）
話兒：9（續 5-116-8, 談 3-212-2,
談 24-195-4, 談 36-186-6, 談 71-157-9,

談 73-155-12, 談 85-145-8, 談 87-142-2,
談 97-135-8）
話條子：6（問 10-80-2, 問 10-80-3,
問 10-77-2, 問 10-75-2, 談 1-214-8,
言 14-293-1）
話頭兒：1（散 34-65-8）
話頭話尾：1（談 57-169-4）
話文：1（言 1-285-2）
懷：1（談 17-201-4）
踝子骨：2（散 18-49-2, 散 18-49-7）
壞：13（散 7-38-3, 散 7-38-8, 散 28-59-2,
散 28-59-10, 散 34-187-1, 談 41-182-7,
談 63-164-8, 談 77-151-7, 談 83-146-4,
言 10-251-3, 言 10-251-4, 言 10-251-11,
言 13-248-4）
壞處兒：2（談 41-182-8, 談 58-168-8）
壞名：1（談 4-211-2）
還 huan：4（散 40-71-5, 散 40-71-7,
續 16-127-3, 言 5-270-12）
還價兒：2（問 8-85-3, 言 8-263-5）
還錢：1（問 6-92-7）
還元兒：1（談 51-174-8）
環子：1（言 3-278-7）
緩：1（言 9-262-9）
換：6（散 11-42-1, 散 11-42-2, 散 11-42-5,
談 94-137-8, 言 3-280-6, 言 5-269-1）
喚：1（續 11-122-7）
患難：1（續 16-127-9）
荒：1（言 8-265-3）
荒郊：1（談 18-201-12）
荒亂：2（言 14-293-6, 言 14-294-3）
荒唐：1（談 20-199-12）
慌：4（散 37-68-6, 續 2-113-7, 續 10-121-10,
談 50-174-2）
慌慌張張：1（談 52-173-5）
皇：1（言 10-252-3）
皇城：1（言 11-250-10）
皇宮：3（散 32-63-1, 散 32-63-5,
言 7-268-8）
皇上：4（散 32-63-1, 散 32-63-3, 散 32-63-9,

散 32-63-10）
皇天：1（言 3-282-6）
黃：1（言 8-265-3）
黃昏：1（談 77-151-2）
黃泉路上沒老小：1（續 14-125-10）
黃紙：1（談 35-187-9）
恍恍惚惚：3（談 92-138-1，談 95-136-3，
　談 96-135-1）
恍兒：1（談 29-192-5）
謊：1（問 3-104-3）
謊話：1（談 8-208-8）
熀：1（續 2-113-7）
熀熀兒：2（續 2-113-10，續 3-114-1）
晃離晃盪：1（續 10-121-8）
灰：1（談 27-194-8）
灰心：1（談 2-213-5）
回：14（問 3-103-8，問 3-102-2，問 6-92-2，
　問 6-92-7，問 8-83-1，談 52-173-5，
　談 70-158-7，談 91-139-6，言 1-286-4，
　言 9-257-10，言 10-253-6，言 10-253-6，
　言 10-253-8，言 12-249-7）
回家：6（問 4-101-10，問 4-101-10，
　問 4-101-10，問 4-100-6，談 74-154-8，
　言 8-265-10）
回藉：1（言 10-254-5）
回敬：1（談 82-147-3）
回來：29（問 3-103-8，問 4-100-5，
　問 6-92-1，問 6-92-2，問 7-91-8，
　問 7-90-1，問 7-90-1，問 9-81-6，
　談 21-198-10，談 22-197-8，談 31-190-3，
　談 36-186-7，談 38-184-9，談 43-180-1，
　談 49-175-4，談 54-172-10，談 65-162-2，
　談 74-154-2，談 74-154-3，談 75-154-11，
　談 75-154-12，談 83-146-3，言 9-260-5，
　言 9-259-6，言 9-259-6，言 9-259-7，
　言 9-259-8，言 9-258-9，言 10-255-10）
回去：16（問 2-108-8，問 3-106-9，
　問 3-103-12，問 3-102-2，談 18-200-6，
　談 18-200-7，談 21-198-4，談 30-191-4，
　談 69-158-2，談 83-147-12，言 4-271-4，

言 8-265-10，言 9-258-8，言 10-255-3，
　言 10-255-4，言 10-255-11）
回手：1（談 89-141-5）
回鄉：1（言 9-257-9）
回答：3（問 2-107-5，言 3-282-3，
　言 9-256-1）
迴：6（續 3-114-8，續 4-115-4，續 6-117-10，
　續 6-117-10，續 6-117-11，續 6-117-11）
迴答：1（言 3-281-11）
迴家：3（散 9-40-8，散 10-41-4，
　續 1-112-10）
迴來：14（散 4-35-1，散 4-35-5，散 4-35-5，
　散 4-35-5，散 9-40-5，散 10-41-9，
　散 10-41-9，散 25-56-8，散 37-68-8，
　續 2-113-10，談 6-209-1，談 9-207-4，
　談 9-207-5，談 9-207-7）
迴去：2（散 29-60-7，散 34-65-8）
毀壞：1（言 9-257-12）
會：27（散 6-37-3，散 12-43-7，散 19-50-9，
　散 36-67-7，問 4-102-7，問 6-94-1，
　問 8-85-2，問 9-82-3，問 10-78-3，
　續 4-115-3，續 4-115-3，續 7-118-10，
　續 9-120-9，續 16-127-5，談 2-213-7，
　談 2-213-10，談 4-212-11，談 13-204-2，
　談 27-194-11，談 80-149-3，談 86-144-6，
　談 87-142-2，談 93-138-7，言 1-288-12，
　言 8-267-3，言 9-262-12，言 9-259-10）
會得：1（談 3-212-4）
會齊兒：1（談 48-176-1）
會兒：2（言 9-258-6，言 9-258-7）
會說話兒：1（談 24-196-10）
會子：1（談 93-137-1）
晦：1（談 16-202-9）
昏：1（談 51-174-4）
葷：1（問 8-87-11）
渾河：1（談 32-189-1）
渾身：6（續 15-126-2，談 35-187-10，
　談 48-177-12，談 48-176-3，談 48-176-4，
　談 94-137-8）
混：12（散 21-52-6，散 21-52-7，散 21-52-10，

散 22-53-2，散 22-53-8，續 4-115-1，
　　續 11-122-2，續 15-126-10，談 42-181-4，
　　談 52-173-5，談 64-163-8，談 99-133-2）
混混：2（談 24-196-11，談 63-164-9）
混亂：3（言 14-293-6，言 14-294-3，
　　言 14-294-3）
混跑：2（散 21-52-1，散 21-52-5）
混吣溷說：1（續 17-128-6）
混說：3（散 21-52-1，散 21-52-5，
　　談 57-169-11）
混帳：2（談 64-163-7，談 68-160-10）
溷：4（續 9-120-4，續 11-122-12，
　　續 14-125-9，續 15-126-5）
劐：1（續 12-123-5）
活：9（散 39-70-7，續 7-118-5，續 17-128-11，
　　談 29-192-12，言 1-286-8，言 1-286-9，
　　言 1-286-9，言 1-285-2，言 3-275-1）
活便：1（續 5-116-5）
活動：5（散 39-70-2，散 39-70-10，
　　散 40-71-10，續 10-121-7，言 1-285-3）
活扣兒：1（續 4-115-11）
活人兒：1（談 16-202-7）
活脫兒：1（談 42-181-3）
活用：1（言 3-277-1）
活魚活蝦：1（談 90-140-6）
活字：15（言 1-286-9，言 1-286-10，
　　言 1-286-11，言 1-285-8，言 1-285-8，
　　言 1-285-9，言 9-263-12，言 9-262-1，
　　言 9-262-8，言 9-262-9，言 9-261-2，
　　言 9-261-5，言 9-261-10，言 9-261-10，
　　言 9-257-3）
火：7（散 7-38-6，散 8-39-8，散 11-42-9，
　　散 14-45-4，散 14-45-5，談 48-176-4，
　　談 73-155-8）
火棍兒：1（談 42-181-9）
火盆：1（散 14-45-4）
夥計：2（問 8-84-12，續 6-117-6）
或：18（散 34-65-9，散 34-65-9，散 34-65-9，
　　談 31-190-2，談 31-190-2，言 3-281-10，
　　言 3-281-10，言 3-280-3，言 3-275-12，

　　言 3-275-12，言 3-272-3，言 3-272-3，
　　言 3-272-6，言 9-262-12，言 9-262-12，
　　言 9-261-12，言 9-261-12，言 9-261-12）
或東或西：1（言 12-249-8）
或是：9（散 38-69-3，散 38-69-4，談 2-213-8，
　　談 17-201-4，談 42-181-9，談 60-166-2，
　　談 86-144-9，言 3-274-2，言 9-262-4）
或者：2（談 62-164-4，談 93-138-12）
貨：3（散 37-68-9，問 1-109-5，問 5-97-9）
貨物：1（散 35-66-4）
禍：2（談 47-177-7，談 81-148-5）
禍福：2（散 39-70-1，散 39-70-6）
禍事：1（談 17-201-8）

J

譏誚：1（談 63-164-9）
饑寒：1（談 16-202-4）
機：1（言 3-282-12）
機會：2（談 7-208-1，談 13-204-1）
機密：1（續 5-116-12）
機器：1（言 13-248-3）
雞：3（續 9-120-1，續 9-120-2，談 94-137-9）
雞叫：1（問 3-104-3）
雞犬不留：1（續 16-127-5）
雞湯：1（散 14-45-9）
雞子兒：2（散 14-45-1，散 14-45-6）
鶏：1（言 3-280-8）
唧叮咕咚：1（談 42-181-7）
積善之家必有餘慶：1（談 20-198-1）
及：3（言 1-288-10，言 2-284-6，
　　言 9-263-11）
極：4（談 39-183-1，談 58-168-8，
　　言 13-248-6，言 14-294-4）
極了：4（散 23-54-2，散 23-54-7，
　　談 60-167-12，言 10-252-3）
吉人天相，天必降福：1（談 19-199-4）
吉凶：1（散 24-55-2）
吉兆：2（散 24-55-1，散 24-55-4）
即如：1（言 2-284-5）

卽如：8（談 57-169-7，言 2-283-5，
　　　　言 3-283-10，言 3-282-6，言 3-280-9，
　　　　言 3-276-1，言 3-276-10，言 9-262-2）
急：6（散 37-68-7，問 3-105-3，問 7-91-8，
　　　談 84-145-2，言 3-281-3，言 10-255-5）
急綳綳：1（談 53-172-3）
急忙：4（談 21-198-10，談 56-170-12，
　　　　談 82-147-5，談 97-135-5）
急燥：1（談 53-173-10）
疾忙：1（談 89-141-6）
嫉妬：2（散 27-58-2，散 27-58-3）
藉：1（談 47-177-7）
幾：109（散 1-32-6，散 1-32-7，散 1-32-7，
　　　　散 1-32-7，散 1-32-9，散 1-32-9，
　　　　散 1-32-9，散 2-33-8，散 6-37-5，
　　　　散 6-37-5，散 14-45-7，散 17-48-6，
　　　　散 22-53-9，散 22-53-9，散 24-55-9，
　　　　散 25-56-2，散 33-64-1，散 33-64-2，
　　　　散 33-64-7，散 33-64-7，散 36-67-7，
　　　　問 3-104-6，問 4-101-4，問 4-100-3，
　　　　問 4-99-4，問 7-91-3，問 7-90-5，
　　　　問 8-88-5，問 8-88-8，問 8-86-12，
　　　　問 9-82-9，問 9-81-5，問 10-79-3，
　　　　問 10-77-1，問 10-76-3，問 10-75-2，
　　　　問 10-75-6，續 3-114-8，談 1-214-4，
　　　　談 1-214-8，談 8-208-6，談 10-207-10，
　　　　談 10-206-3，談 11-206-8，談 20-199-7，
　　　　談 22-197-2，談 27-194-7，談 27-194-9，
　　　　談 29-192-5，談 31-190-4，談 32-189-4，
　　　　談 39-183-3，談 39-183-4，談 39-183-7，
　　　　談 45-179-8，談 48-177-12，談 54-171-3，
　　　　談 59-167-2，談 71-157-11，談 74-154-4，
　　　　談 74-154-6，談 83-147-9，談 87-143-4，
　　　　談 87-143-8，談 87-143-11，談 88-142-7，
　　　　談 91-140-11，談 91-139-4，談 91-139-6，
　　　　談 92-139-8，言 1-286-6，言 3-282-3，
　　　　言 3-280-2，言 3-280-5，言 3-280-5，
　　　　言 3-280-6，言 3-280-6，言 3-279-3，
　　　　言 3-278-12，言 3-277-5，言 3-276-7，
　　　　言 3-275-2，言 3-274-1，言 3-274-6，
　　　　言 3-274-10，言 3-274-11，言 3-272-4，
　　　　言 3-272-6，言 4-271-7，言 4-271-11，
　　　　言 4-271-11，言 4-271-11，言 8-265-4，
　　　　言 8-264-8，言 8-264-9，言 8-264-9，
　　　　言 8-264-9，言 8-264-11，言 8-263-4，
　　　　言 8-263-8，言 9-262-2，言 9-257-4，
　　　　言 10-255-2，言 10-255-5，言 10-255-8，
　　　　言 10-251-4，言 14-290-2，言 14-292-1，
　　　　言 14-293-2）
幾點鐘：1（問 9-81-9）
幾分：1（言 1-287-1）
幾幾乎：2（談 52-173-1，談 56-170-12）
幾兒：3（續 1-112-12，談 32-190-10，
　　　　談 71-157-11）
幾天：1（談 46-178-5）
幾天兒：1（談 63-164-11）
擠：1（言 10-253-1）
擠顧擠顧：1（談 42-181-4）
擠滿：1（談 39-183-2）
擠眼兒：1（續 12-123-9）
脊梁：4（散 18-49-1，散 18-49-5，
　　　　談 56-170-11，談 64-163-10）
脊梁背兒：2（散 18-49-1，散 18-49-5）
計策：2（散 19-50-2，散 19-50-8）
計較：2（談 21-198-11，談 65-162-6）
記：9（問 10-77-5，問 10-77-6，談 2-213-9，
　　　談 3-212-2，談 49-175-1，談 31-190-8，
　　　談 61-166-11，談 66-161-2，言 10-254-6）
記錯：1（散 6-37-6）
記得：34（散 5-36-2，散 5-36-2，散 5-36-6，
　　　　散 5-36-6，散 5-36-6，散 5-36-7，
　　　　散 6-37-6，散 6-37-6，問 4-102-12，
　　　　問 4-102-12，問 4-101-1，問 4-101-5，
　　　　問 5-98-9，問 5-98-10，問 6-95-7，
　　　　問 6-95-7，問 6-95-8，問 6-95-8，
　　　　問 6-94-10，問 7-90-2，問 10-78-2，
　　　　問 10-78-4，談 8-208-3，談 34-188-12，
　　　　談 65-162-6，言 1-286-2，言 8-263-7，
　　　　言 10-255-5，言 10-255-7，言 10-254-5，
　　　　言 14-290-2，言 14-290-2，言 14-293-5，

言 14-295-1）
記性：2（問 10-78-3，談 66-161-2）
記載：1（言 1-286-3）
劑：4（續 9-120-2，談 48-176-6，言 3-281-5，
　　言 3-281-5）
濟：1（續 6-117-11）
旣：11（問 3-106-8，問 6-94-7，問 6-93-7，
　　談 4-211-4，談 21-198-3，談 46-178-12，
　　談 70-158-7，談 70-158-10，言 1-286-3，
　　言 9-261-2，言 10-253-12）
寄：1（言 9-260-8）
寄居：1（續 11-122-6）
祭：1（談 88-142-6）
祭奠：2（談 36-185-1，談 36-185-1）
加：13（問 3-104-6，問 3-104-7，談 92-138-2，
　　言 2-284-6，言 2-283-4，言 3-283-10，
　　言 3-283-12，言 3-272-5，言 4-272-12，
　　言 4-271-2，言 4-271-2，言 7-269-12，
　　言 9-261-11）
夾：2（散 12-43-6，談 27-193-2）
夾衣裳：3（散 12-43-1，散 12-43-3，
　　散 12-43-4）
家：41（散 3-34-1，散 3-34-6，散 32-63-3，
　　問 4-100-5，問 5-98-3，續 4-115-1，
　　談 4-212-11，談 11-206-10，談 20-199-11，
　　談 21-198-4，談 21-198-9，談 21-198-10，
　　談 22-197-4，談 22-197-7，談 27-194-10，
　　談 30-191-3，談 38-184-3，談 39-183-7，
　　談 62-165-10，談 65-162-9，談 71-156-1，
　　談 73-155-3，談 73-155-6，談 74-154-2，
　　談 74-154-2，談 76-152-4，談 77-152-11，
　　談 82-147-1，談 92-139-11，談 95-136-6，
　　談 98-134-4，言 8-267-4，言 8-264-11，
　　言 9-257-12，言 9-256-1，言 10-255-8，
　　言 10-254-5，言 10-253-11，言 10-251-2，
　　言 10-251-5，言 11-250-5）
家產：2（問 2-107-10，談 17-201-4）
家常：1（談 57-169-6）
家當兒：1（續 3-114-6）
家父：3（問 3-106-9，問 4-101-3，

　　問 4-101-7）
家口：1（問 5-99-12）
家裏：24（散 3-34-6，散 8-39-3，散 11-42-7，
　　散 13-44-5，散 13-44-7，散 24-55-4，
　　散 37-68-5，問 2-108-5，問 2-108-9，
　　問 2-108-10，問 2-106-1，問 3-106-7，
　　問 3-106-11，問 4-100-2，問 4-100-4，
　　問 4-100-4，問 5-99-11，問 9-81-4，
　　談 23-196-1，談 37-185-8，談 52-173-5，
　　談 59-167-4，談 59-167-4，言 4-271-7）
家裡：21（談 11-206-8，談 11-205-1，
　　談 21-198-4，談 21-198-9，談 59-167-5，
　　談 73-155-4，談 74-154-6，談 76-153-12，
　　談 76-153-12，談 77-151-3，談 83-147-8，
　　談 86-144-5，談 86-144-9，談 90-141-12，
　　談 94-137-9，言 8-264-5，言 9-256-3，
　　言 9-256-4，言 10-255-5，言 10-251-5，
　　言 14-294-3）
家裡人們：1（談 94-137-5）
家母：1（問 3-106-8）
家雀兒：1（談 40-183-12）
家生子兒：1（談 42-181-9）
家事：1（散 24-55-5）
家務：3（散 37-68-1，散 37-68-4，
　　問 2-108-8）
家下人：2（談 35-186-3，談 82-147-5）
家下人們：3（談 28-193-7，談 74-154-4，
　　談 97-135-8）
家鄉：1（談 63-164-10）
家信：2（散 38-69-3，散 38-69-6）
家兄：9（散 25-56-1，散 25-56-5，
　　問 2-107-10，問 2-106-1，談 27-194-9，
　　談 27-194-11，談 27-193-1，談 27-193-2，
　　談 37-185-5）
家業：3（問 4-101-9，談 14-203-3，
　　談 46-178-11）
家主兒：3（散 19-50-1，散 19-50-3，
　　散 25-56-7）
家祖：2（散 25-56-3，散 25-56-8）
傢伙：13（散 8-39-1，散 8-39-3，散 8-39-3，

散 8-39-3，散 8-39-5，散 8-39-5，
散 8-39-6，問 8-84-9，問 10-78-7，
談 93-138-6，言 3-280-5，言 3-280-6，
言 14-291-1）

假：8（散 19-50-6，問 5-99-8，續 4-115-7，
續 4-115-7，談 16-202-7，談 20-199-10，
談 61-165-3，言 8-266-4）

假公濟私：1（續 15-126-11）

假話：1（問 6-94-9）

假粧：2（續 3-114-1，續 16-127-2）

價：1（言 8-263-9）

價兒：7（問 8-86-11，問 8-86-11，問 8-85-3，
談 32-189-3，談 32-189-5，談 32-189-6，
談 37-185-9）

價錢：6（散 13-44-1，散 13-44-6，
散 25-56-10，散 37-68-9，問 2-108-4，
問 5-98-11）

價值：2（散 13-44-1，散 13-44-6）

架：9（談 8-208-7，談 27-193-1，言 3-281-7，
言 3-281-7，言 3-281-7，言 3-281-7，
言 3-281-7，言 3-281-7，言 3-272-1）

架子：3（談 24-196-12，談 57-169-12，
言 14-289-4）

嫁粧：1（言 3-274-3）

箋紙：2（言 3-278-5，言 3-278-5）

尖：2（散 30-61-7，散 30-61-7）

尖兒：3（散 30-61-2，散 30-61-6，
散 30-61-7）

奸詐：1（續 15-126-8）

間：26（散 3-34-1，散 3-34-1，散 3-34-4，
散 3-34-4，散 40-71-4，散 40-71-4，
散 40-71-5，談 37-185-5，談 76-152-7，
言 3-281-8，言 3-281-8，言 3-281-9，
言 3-281-11，言 3-281-11，言 3-281-12，
言 3-280-1，言 3-280-1，言 3-280-1，
言 3-280-1，言 3-280-2，言 3-280-3，
言 3-280-4，言 3-279-8，言 4-271-10，
言 4-271-10，言 4-271-10）

間斷：1（問 10-74-1）

肩髈：2（散 18-49-4，談 93-138-10）

肩髈兒：3（散 18-49-1，散 18-49-4，
言 3-274-5）

艱難：3（散 31-62-2，散 31-62-9，
談 28-193-9）

監工：1（言 9-258-10）

煎：2（續 6-117-7，續 14-125-8）

揀：2（談 18-200-1，談 18-200-2）

揀選：2（談 12-205-3，談 12-205-3）

儉省：1（談 28-193-6）

減：1（續 4-115-9）

減半兒：1（談 32-189-7）

剪草爲馬，撒豆兒成兵：1（談 8-208-8）

簡簡決決：1（談 2-213-5）

簡決：1（談 70-156-9）

簡直：2（問 6-92-3，問 6-92-4）

見：68（散 17-48-5，散 19-50-9，散 21-52-4，
散 27-58-4，散 27-58-5，散 27-58-5，
散 27-58-5，散 27-58-5，散 27-58-8，
散 27-58-9，散 27-58-9，散 27-58-9，
散 35-66-6，問 4-102-10，問 4-102-10，
問 4-99-4，問 5-98-4，問 5-98-4，
問 6-93-8，問 7-91-12，問 7-90-3，
問 9-83-6，問 9-81-9，問 9-81-10，
問 10-80-1，問 10-79-1，問 10-74-1，
續 2-113-5，續 3-114-1，續 3-114-9，
續 6-117-6，續 7-118-2，續 9-120-8，
續 10-121-12，續 16-127-12，續 17-128-1，
談 11-205-1，談 14-204-9，談 14-204-12，
談 16-202-7，談 23-196-2，談 24-196-9，
談 36-185-2，談 38-184-3，談 38-184-4，
談 46-178-11，談 50-175-7，談 51-174-7，
談 60-166-4，談 63-163-3，談 71-157-5，
談 74-154-6，談 76-152-5，談 87-143-12，
言 1-287-9，言 8-265-12，言 8-263-6，
言 9-262-11，言 9-261-4，言 9-259-1，
言 10-256-10，言 10-256-10，
言 10-256-10，言 10-252-11，言 11-250-4，
言 11-250-11，言 14-293-5，言 14-295-1）

見財起意：1（續 9-120-11）

見長：2（問 5-98-11，言 8-267-8）

見得：1（言5-269-3）
見教：1（談85-145-5）
見利忘義：1（談18-200-8）
見面兒：2（續11-122-9，談22-197-2）
見兒：1（談87-142-1）
見世面：1（續10-121-11）
見識：3（問5-95-2，談8-208-9，
　　談54-171-2）
見天：1（續3-114-1）
見效：1（談52-173-7）
見笑：2（談86-144-9，言9-256-4）
件：73（散11-42-2，散11-42-3，散11-42-4，
　　散11-42-5，散12-43-4，散12-43-8，
　　散12-43-8，散12-43-9，散13-44-6，
　　散22-53-3，散22-53-7，散29-60-3，
　　散34-65-4，散36-67-4，散37-68-6，
　　散39-70-4，問3-106-8，問3-104-12，
　　問6-94-7，問8-85-12，問10-77-3，
　　問10-77-11，續2-113-1，續5-116-7，
　　續10-121-1，續10-121-4，續16-127-7，
　　續17-128-2，續17-128-4，談4-212-10，
　　談17-201-8，談19-199-2，談21-198-8，
　　談34-188-7，談34-188-8，談34-188-10，
　　談34-188-12，談34-187-2，談34-187-4，
　　談36-186-6，談59-167-7，談66-161-2，
　　談71-157-5，談71-157-7，談74-154-4，
　　談81-149-11，談82-148-9，談82-148-10，
　　談82-148-11，談83-147-9，談84-146-7，
　　談85-145-9，談87-142-2，言3-280-5，
　　言3-280-5，言3-280-5，言3-280-5，
　　言3-280-5，言3-279-12，言3-274-11，
　　言3-274-11，言8-264-6，言8-264-6，
　　言9-262-6，言9-260-7，言10-252-3，
　　言10-252-4，言10-252-5，言10-251-5，
　　言10-251-6，言10-251-12，言14-290-2，
　　言14-290-3）
件件兒：1（談39-183-5）
件兒：1（言8-264-4）
餞行：1（續14-125-9）
賤：7（散13-44-1，散13-44-7，散14-45-3，
　　談32-189-3，談34-188-9，談43-181-12，
　　談90-140-6）
賤貨：1（談42-181-3）
賤貨兒：3（談63-164-11，談64-163-11，
　　談99-133-7）
賤賤：1（談37-185-9）
賤賣不賒：1（續18-129-7）
賤姓：2（問4-101-3，問9-83-7）
濺：1（續11-122-10）
建功立業：1（續15-126-10）
建立：2（散32-63-1，散32-63-3）
健壯：1（散17-48-4）
漸漸兒：3（續6-117-10，談17-201-3，
　　談55-170-1）
箭：4（談10-207-11，談89-141-5，
　　談89-141-8，談89-141-9）
箭箭兒：1（談10-207-12）
江：1（散30-61-5）
江河湖海：2（散30-61-1，散30-61-3）
江蘇：2（言10-254-3，言10-254-3）
江西：3（散30-61-5，散30-61-6，問7-90-2）
將：1（言9-261-12）
將就：2（談33-188-3，談73-155-10）
將來：2（談61-165-5，言9-260-2）
講：5（問9-81-1，問10-77-4，談14-204-10，
　　言2-283-4，言4-272-10）
講究：5（問10-76-7，續16-127-12，
　　談34-187-3，談68-160-11，談77-151-4）
講明：1（談60-167-12）
匠人：2（散28-59-1，散28-59-4）
降：1（談36-185-1）
降伏：1（續13-124-6）
降福：1（談80-149-5）
糨稠麻子：1（談30-191-6）
交：4（談24-196-11，談67-160-1，
　　談82-147-1，言8-266-10）
交民巷：2（問7-90-8，問7-90-8）
交情：4（散36-67-1，散36-67-8，問4-102-8，
　　言11-250-5）
嬌養：1（續3-114-8）

焦黃：2（續 9-120-3，續 10-121-1）
嚼：1（談 64-163-8）
嚼子：1（問 8-84-10）
餃子：1（談 11-206-8）
矯情：1（言 9-258-7）
僥倖：1（談 24-195-4）
脚：7（散 18-49-6，續 4-115-12，續 5-116-3，續 10-121-8，續 12-123-5，談 56-170-11，言 3-280-8）
脚底下：1（續 9-120-4）
脚兒：1（談 47-177-4）
脚面兒：1（續 7-118-7）
腳趾：1（談 100-133-12）
攪：4（續 1-112-7，續 2-113-8，續 8-119-1，談 82-147-3）
叫：109（散 4-35-2，散 4-35-2，散 4-35-3，散 6-37-8，散 7-38-8，散 8-39-7，散 8-39-9，散 8-39-10，散 17-48-3，散 22-53-6，散 22-53-6，散 25-56-7，散 29-60-7，散 29-60-10，散 38-69-8，散 38-69-9，散 38-69-10，散 39-70-7，續 6-117-12，續 12-123-11，談 4-211-3，談 4-211-4，談 6-209-2，談 6-209-3，談 9-207-1，談 15-203-10，談 15-203-10，談 16-202-4，談 16-202-5，談 16-202-9，談 21-198-6，談 21-198-11，談 22-197-3，談 22-197-6，談 22-197-6，談 26-194-4，談 26-194-4，談 26-194-4，談 27-193-2，談 29-192-10，談 29-192-10，談 35-186-3，談 38-184-10，談 39-183-3，談 39-183-4，談 41-181-1，談 42-181-6，談 43-180-4，談 44-179-1，談 47-177-8，談 47-177-9，談 53-172-6，談 54-171-4，談 56-170-10，談 57-169-10，談 58-168-7，談 59-167-4，談 59-167-7，談 61-165-3，談 62-165-8，談 63-163-1，談 64-163-8，談 64-163-9，談 65-162-5，談 66-161-3，談 69-158-2，談 70-158-10，談 71-157-5，談 71-156-1，談 73-155-7，談 77-151-5，談 77-151-6，談 78-151-12，談 79-150-8，談 80-149-7，談 80-149-9，談 81-148-1，談 83-147-12，談 83-146-3，談 83-146-4，談 86-144-12，談 87-143-10，談 88-142-6，談 88-142-7，談 88-142-11，談 92-138-2，談 95-136-6，談 95-136-7，談 97-135-9，談 97-135-9，談 98-134-4，談 99-133-3，談 99-133-4，談 99-133-7，言 3-273-4，言 8-267-11，言 8-267-11，言 8-267-11，言 8-266-5，言 8-266-5，言 9-259-11，言 9-258-6，言 9-258-7，言 9-258-8，言 9-257-12，言 9-256-2，言 9-256-3，言 10-254-8，言 10-251-8）
叫喊：1（談 53-172-6）
叫唤：1（談 90-140-3）
叫做：1（散 24-55-5）
吗：65（散 11-42-3，散 12-43-5，散 12-43-7，散 16-47-6，散 16-47-7，散 18-49-5，散 18-49-5，散 18-49-5，散 18-49-7，散 18-49-8，散 18-49-9，散 19-50-4，散 19-50-7，散 19-50-8，散 26-57-8，散 28-59-3，散 28-59-4，散 30-61-10，散 30-61-10，散 33-64-5，散 33-64-6，散 35-66-4，散 38-69-3，散 40-71-3，問 2-107-9，問 3-106-4，問 3-106-4，問 3-106-6，問 3-106-9，問 3-105-1，問 3-103-12，問 4-102-6，問 4-101-5，問 4-101-12，問 5-99-7，問 5-97-10，問 5-96-2，問 6-95-7，問 6-95-8，問 6-95-10，問 6-95-11，問 6-94-2，問 6-94-8，問 6-93-11，問 6-92-2，問 6-92-7，問 7-92-12，問 7-91-12，問 7-91-12，問 7-89-12，問 8-87-2，問 8-86-8，問 10-79-12，問 10-75-1，問 10-75-4，續 1-112-11，續 8-119-1，續 15-126-6，談 2-213-5，談 74-154-8，言 3-279-11，言 9-262-12，言 9-260-7，言 14-289-2，言 14-291-3）
吗喚：1（續 16-127-8）
吗門：2（問 7-92-10，問 7-92-10）
轎：2（散 4-35-6，言 3-281-4）

轎子：2（散 4-35-2，言 3-273-3）
較：4（問 10-77-10，言 1-286-5，言 4-271-7,
　　言 9-263-12）
較比：3（言 1-286-1，言 1-285-8,
　　言 9-261-5）
較量：1（談 62-165-12）
教：33（散 5-36-8，散 5-36-8，散 5-36-8,
　　散 21-52-3，散 33-64-4，散 33-64-4,
　　問 2-107-1，問 9-83-12，問 9-83-12,
　　問 9-82-1，問 9-82-2，問 9-82-2,
　　問 9-81-7，問 10-80-1，問 10-80-1,
　　問 10-79-3，問 10-74-4，談 1-214-10,
　　談 5-211-9，談 5-211-10，談 5-210-1,
　　談 5-210-1，談 5-210-4，談 45-178-1,
　　談 55-170-1，談 87-142-2，言 8-267-4,
　　言 8-267-7，言 8-267-7，言 8-267-8,
　　言 8-267-8，言 10-253-9，言 10-251-4）
教導：4（問 10-78-1，談 6-209-3,
　　談 14-204-12，談 14-204-12）
教話：1（散 5-36-4）
教書：1（問 9-81-4）
教學：3（散 5-36-1，問 9-82-2，談 5-211-10）
徼倖：3（問 9-81-2，談 12-205-6,
　　言 10-253-3）
皆：1（言 2-284-5）
結菓子：2（續 6-117-4，續 6-117-4）
結結巴巴：1（談 56-170-4）
結結實實：2（談 29-192-4，談 43-180-5）
結實：3（續 5-116-12，續 5-116-12,
　　談 33-189-12）
接不上：1（談 2-213-4）
接連：1（言 9-262-3）
接連不斷：2（談 14-204-10，談 39-183-2）
接頭兒：1（續 2-113-6）
接着：1（言 3-282-2）
揭短：1（談 63-164-10）
街：5（問 8-86-1，問 8-86-1，問 8-86-6,
　　談 59-167-3，言 3-274-12）
街坊：3（談 20-199-7，談 65-162-3,
　　談 95-136-6）

街兒：1（問 8-88-10）
街上：7（散 3-34-2，散 3-34-10，散 10-41-4,
　　散 12-43-7，散 17-48-6，問 3-103-3,
　　言 5-270-11）
節兒：1（續 11-122-5）
結：4（問 6-95-6，談 15-203-7，談 62-164-2,
　　言 9-259-7）
結果：1（談 99-133-7）
結交：1（談 61-165-3）
姐妹：1（問 4-100-3）
解：4（問 5-97-4，問 10-80-4，續 4-115-11,
　　談 80-149-4）
解法：1（問 10-77-5）
解恨：1（談 42-181-8）
解禁：1（問 1-109-6）
解悶兒：1（談 39-183-7）
解說：2（問 9-82-12，問 9-81-1）
界限：1（言 2-284-10）
戒：1（談 8-208-4）
戒酒：1（談 44-179-1）
借：13（散 13-44-4，散 36-67-9，談 22-197-9,
　　談 31-190-2，談 31-190-2，談 31-190-2,
　　言 5-270-9，言 5-270-10，言 5-270-10,
　　言 5-270-10，言 5-270-11，言 8-266-9,
　　言 14-291-2）
借端：1（談 80-149-6）
借錢：2（散 13-44-1，散 13-44-3）
借債：1（談 29-192-10）
斤：21（散 1-32-8，散 1-32-9，散 1-32-9,
　　散 13-44-10，散 13-44-10，散 14-45-2,
　　散 14-45-2，散 14-45-2，散 14-45-3,
　　散 14-45-7，散 14-45-7，散 14-45-8,
　　散 26-57-2，散 26-57-7，散 37-68-10,
　　言 8-264-11，言 8-264-12，言 8-263-2,
　　言 8-263-6，言 8-263-7，言 8-263-8）
今：1（談 14-204-10）
今兒：53（散 9-40-1，散 9-40-5，散 9-40-5,
　　散 9-40-8，散 9-40-8，散 10-41-10,
　　散 25-56-8，散 29-60-4，散 33-64-9,
　　問 3-104-3，問 7-89-11，問 8-83-4,

問 10-81-12，續 1-112-8，續 1-112-10，
續 1-112-12，續 2-113-9，續 8-119-1，
談 6-210-7，談 30-191-2，談 31-190-1，
談 36-185-1，談 38-184-4，談 43-180-2，
談 43-180-5，談 44-180-8，談 44-180-10，
談 44-180-12，談 44-179-4，談 45-178-1，
談 52-173-2，談 62-165-9，談 62-165-11，
談 67-160-7，談 71-157-6，談 73-155-12，
談 74-154-9，談 75-154-11，談 75-153-1，
談 82-148-12，談 85-145-5，談 93-138-5，
談 94-137-4，談 96-135-1，談 98-134-5，
言 8-266-10，言 8-266-10，言 10-256-6，
言 10-252-7，言 10-252-10，言 10-251-3，
言 14-292-1，言 14-292-2）

今兒個：5（散 11-42-5，問 4-99-2，
　　問 9-81-8，談 71-157-7，言 10-256-6）

今年：10（散 9-40-1，散 9-40-8，散 13-44-7，
　　散 36-67-3，問 4-101-7，問 9-81-3，
　　問 9-81-3，談 32-189-1，談 87-143-11，
　　言 12-249-5）

今天：3（散 9-40-1，言 9-260-3，言 9-260-9）

金：2（言 2-283-5，言 2-283-6）

金箔：2（言 3-273-2，言 3-273-2）

金魚兒：1（談 23-196-3）

金玉良言：1（談 31-190-8）

金元寶：3（談 18-200-1，談 18-200-2，
　　談 18-200-5）

金鐲子：1（續 10-121-1）

金子：4（散 13-44-9，續 7-118-7，
　　談 18-200-3，談 18-200-6）

觔斗：2（談 24-195-2，言 11-250-6）

筋骨：1（談 29-192-6）

僅：2（問 10-76-4，言 3-274-5）

僅彀：1（續 8-119-1）

儘：3（散 12-43-5，散 12-43-5，續 1-112-11）

儘力兒：1（談 14-203-1）

儘量兒：3（續 5-116-9，續 17-128-5，
　　談 84-146-12）

儘溜頭兒：1（談 22-197-5）

儘自：3（問 7-90-6，談 77-151-4，

談 92-139-12）

緊：5（續 4-115-9，談 21-198-7，談 33-188-4，
　　談 89-141-6，談 92-138-2）

緊催：1（談 89-141-7）

緊底下：1（續 13-124-5）

緊急：2（散 40-71-1，散 40-71-2）

緊緊：1（談 50-175-9）

緊著：1（續 4-115-9）

謹慎：1（續 7-118-2）

錦上添花：1（續 9-120-10）

盡：10（續 3-114-2，續 3-114-4，續 6-117-3，
　　續 17-128-2，談 29-192-11，談 76-152-8，
　　談 77-151-7，談 78-151-12，談 80-149-7，
　　談 99-133-7）

盡力：1（談 19-199-3）

盡力兒：1（續 8-119-2）

盡是：1（續 17-128-9）

盡頭兒：1（談 28-193-11）

盡心：1（談 6-209-3）

盡興：1（談 91-140-10）

進：13（散 3-34-5，散 12-43-7，散 24-55-5，
　　散 40-71-6，問 8-86-6，問 8-85-6，
　　問 8-85-9，問 8-85-9，問 8-85-10，
　　問 8-85-11，談 56-170-5，談 82-147-1，
　　言 11-250-8）

進城：1（談 94-137-8）

進京：17（散 15-46-1，散 15-46-3，
　　問 8-88-3，問 8-88-11，問 8-87-6，
　　問 8-85-3，問 8-85-8，問 8-84-2，
　　問 8-83-1，問 8-83-2，言 10-256-12，
　　言 10-255-1，言 10-255-2，言 10-255-3，
　　言 10-255-4，言 10-255-5，言 10-255-8）

進口：1（問 5-97-6）

進來：22（散 3-34-2，散 3-34-10，問 3-106-4，
　　問 3-105-1，問 3-105-1，問 3-105-9，
　　問 3-105-9，問 4-101-2，問 6-92-3，
　　問 9-83-6，問 9-83-6，問 10-81-12，
　　談 21-198-3，談 21-198-10，談 30-191-4，
　　談 35-186-2，談 43-180-1，談 62-165-9，
　　談 75-153-3，談 94-137-3，談 97-135-8，

言 8-264-1）
進去：16（問 7-91-10，續 2-113-4,
　　續 16-127-7，談 23-196-2，談 36-186-9,
　　談 46-178-10，談 58-168-10,
　　談 77-152-12，談 82-147-4，談 85-144-1,
　　言 10-253-6，言 10-253-7，言 10-253-7,
　　言 10-253-9，言 10-253-11，言 10-252-1）
進入：1（言 8-266-4）
進退：2（談 53-172-6，言 10-254-11）
進退兩難：1（談 81-148-1）
進學：1（問 9-81-1）
進益：1（問 10-76-11）
近：10（散 15-46-1，問 3-106-11，問 3-105-5,
　　問 10-77-10，談 39-184-12，談 75-153-4,
　　談 75-153-9，談 76-152-4，言 3-278-5,
　　言 10-255-12）
近來：6（散 25-56-10，散 27-58-7,
　　散 32-63-7，問 1-109-6，談 50-175-6,
　　言 9-256-2）
近年：1（散 20-51-6）
近視眼：1（續 17-128-12）
近硃者赤，近墨者黑：1（續 14-125-2）
勁兒：5（問 8-84-7，續 17-128-10,
　　談 6-210-10，談 48-177-12,
　　談 54-172-12）
禁地：2（散 32-63-1，散 32-63-5）
禁止：2（散 32-63-1，散 32-63-5）
經得起：1（談 95-136-7）
經過：5（問 5-95-2，談 36-186-7,
　　談 59-167-8，談 60-167-12，談 98-134-9）
經手的：1（問 1-109-11）
京：11（散 36-67-6，問 8-88-7，問 8-87-5,
　　問 8-86-7，問 8-85-8，續 15-126-2,
　　言 10-255-5，言 10-255-9，言 10-255-10,
　　言 10-255-12，言 10-252-3）
京城：9（散 30-61-8，散 30-61-8，散 33-64-7,
　　散 38-69-8，言 3-274-8，言 7-268-8,
　　言 9-260-7，言 10-254-2，言 10-254-3）
京話：2（問 10-77-10，續 9-120-1）
京音：2（問 10-76-6，問 10-76-8）

驚：4（問 7-89-2，續 10-121-10，言 10-253-5,
　　言 13-249-12）
驚醒：2（談 35-187-10，談 77-152-11）
驚訝：4（問 5-96-11，言 1-288-6，言 1-288-8,
　　言 13-249-11）
精淡：1（續 10-121-2）
精光：1（談 46-178-11）
精神：1（問 4-100-2）
精溼：1（續 4-115-4）
精熟：1（談 3-212-7）
精通：1（談 2-213-8）
井：3（散 30-61-1，續 5-116-6，言 3-272-8）
井水：1（散 30-61-8）
井台兒：1（續 13-124-10）
景況：1（談 65-162-11）
景兒：1（談 97-135-10）
景致：2（談 91-139-6，言 8-265-3）
淨：1（問 4-101-12）
靜靜兒：4（談 16-202-10，談 52-173-8,
　　談 80-149-8，談 93-138-12）
竟：43（問 3-102-2，問 4-101-11，問 5-97-3,
　　問 5-97-10，問 5-96-10，問 6-93-9,
　　問 7-91-1，問 7-91-2，問 7-90-7,
　　問 10-80-3，問 10-78-8，問 10-76-1,
　　問 10-76-2，續 7-118-3，續 9-120-9,
　　續 12-123-5，續 13-124-7，續 15-126-4,
　　談 22-197-3，談 28-193-7，談 42-181-3,
　　談 50-175-6，談 53-173-11，談 57-169-9,
　　談 59-167-5，談 59-167-6，談 68-159-5,
　　談 71-157-6，談 71-156-1，談 80-149-3,
　　談 80-149-9，談 84-146-7，談 90-141-12,
　　談 91-139-1，談 92-139-8，談 93-137-1,
　　談 100-133-10，言 1-286-6，言 1-285-8,
　　言 1-285-8，言 1-285-9，言 3-283-12,
　　言 12-249-8）
竟顧：1（續 5-116-7）
竟管：1（續 1-112-5）
鏡：1（言 3-276-6）
鏡子：1（續 8-119-4）
靖：2（散 32-63-2，散 32-63-6）

敬：1（談 19-199-3）
敬重：1（談 47-177-8）
窘：2（散 24-55-1，散 24-55-7）
究辦：2（言 8-266-3，言 8-266-3）
究竟：1（談 33-188-4）
九：8（散 1-32-8，散 1-32-9，問 5-98-4，談 87-143-5，談 87-143-5，言 1-285-3，言 2-284-3，言 9-263-11）
九百九十九萬三千：1（散 1-32-6）
九萬八千四百零二：1（散 1-32-5）
久：7（問 2-108-9，續 1-112-6，談 12-205-7，談 14-203-2，談 28-192-1，談 68-159-3，談 87-143-6）
久而久之：2（談 37-185-7，談 55-171-10）
久而自明：1（談 66-161-8）
酒：22（散 26-57-3，問 3-103-7，問 5-98-6，續 11-122-11，續 15-126-12，續 17-128-5，談 12-205-10，談 12-205-10，談 36-186-11，談 36-185-1，談 36-185-1，談 44-179-4，談 47-177-3，談 47-177-3，談 47-177-7，談 47-177-8，談 62-165-9，談 70-158-8，談 82-147-4，談 90-140-6，談 92-139-10，談 97-135-10）
酒杯：3（散 7-38-2，散 7-38-7，散 8-39-4）
酒菜：1（談 97-135-9）
酒菜兒：1（談 97-135-9）
酒鬼：1（談 62-164-5）
酒壺：2（散 8-39-1，散 8-39-6）
酒瓶：2（散 8-39-1，散 8-39-6）
酒肉朋友，柴米夫妻：1（續 16-127-10）
酒色：1（談 49-176-9）
酒糟：1（談 47-177-9）
酒盅子：2（散 7-38-3，散 7-38-7）
舊：11（散 28-59-1，散 28-59-5，續 6-117-12，談 20-199-7，談 34-187-5，談 57-169-6，談 65-162-3，談 65-162-10，談 75-153-4，談 86-143-1，談 86-144-5）
舊書：1（續 13-124-8）
臼：1（問 10-80-12）
舅舅：1（談 27-194-10）

救：1（言 8-265-8）
救星：1（言 10-253-4）
救星兒：1（談 51-174-4）
救援：1（言 13-248-5）
就：283（散 10-41-5，散 12-43-3，散 12-43-5，散 12-43-7，散 14-45-6，散 14-45-9，散 16-47-6，散 16-47-7，散 17-48-2，散 18-49-7，散 18-49-8，散 18-49-8，散 18-49-9，散 19-50-9，散 20-51-8，散 21-52-7，散 21-52-8，散 22-53-5，散 22-53-5，散 22-53-6，散 22-53-6，散 22-53-8，散 23-54-9，散 24-55-4，散 24-55-5，散 24-55-5，散 25-56-3，散 26-57-3，散 26-57-10，散 29-60-8，散 29-60-10，散 30-61-4，散 30-61-9，散 30-61-10，散 33-64-8，散 40-71-10，問 1-109-4，問 2-106-1，問 3-106-12，問 3-103-6，問 3-103-8，問 4-101-4，問 4-100-5，問 5-98-1，問 5-98-5，問 5-97-9，問 5-96-11，問 5-95-2，問 6-94-10，問 6-93-1，問 6-93-1，問 6-92-1，問 7-92-11，問 7-91-8，問 7-91-10，問 7-90-5，問 8-88-6，問 8-88-7，問 8-86-6，問 8-85-7，問 8-84-5，問 8-83-2，問 9-82-7，問 9-81-1，問 9-81-2，問 9-81-9，問 10-80-9，問 10-79-2，問 10-78-3，問 10-78-12，問 10-77-1，問 10-77-2，問 10-76-8，問 10-75-4，問 10-75-8，續 3-114-9，續 5-116-5，續 7-118-12，續 8-119-2，續 8-119-8，續 9-120-6，續 10-121-11，續 11-122-9，續 15-126-5，續 17-128-1，續 17-128-10，續 18-129-3，談 1-214-3，談 1-214-11，談 2-213-4，談 2-213-7，談 2-213-10，談 3-212-6，談 3-212-8，談 5-211-12，談 6-210-8，談 7-209-7，談 7-209-7，談 9-207-7，談 11-206-9，談 11-206-10，談 14-203-1，談 15-203-7，談 16-202-3，談 16-202-11，談 17-201-4，談 17-201-6，談 17-201-7，

談 18-200-2, 談 18-200-4, 談 19-199-3,
談 21-198-3, 談 21-198-8, 談 22-197-9,
談 23-196-1, 談 23-196-1, 談 25-195-7,
談 26-195-12, 談 26-194-3, 談 26-194-4,
談 27-194-8, 談 27-194-9, 談 27-193-2,
談 28-192-2, 談 29-192-5, 談 29-192-11,
談 31-190-3, 談 31-190-7, 談 32-189-3,
談 33-189-9, 談 33-189-10, 談 33-188-4,
談 34-188-9, 談 35-187-12, 談 35-186-2,
談 36-186-6, 談 36-186-10, 談 37-185-8,
談 37-185-8, 談 37-185-9, 談 37-185-10,
談 37-185-12, 談 39-184-12, 談 41-182-9,
談 42-181-6, 談 43-181-12, 談 44-180-10,
談 44-179-4, 談 45-179-7, 談 45-179-9,
談 45-179-11, 談 45-178-1, 談 45-178-3,
談 46-178-8, 談 48-176-3, 談 48-176-4,
談 48-176-6, 談 49-175-2, 談 49-175-4,
談 52-173-4, 談 53-172-6, 談 55-170-2,
談 56-170-7, 談 56-170-8, 談 56-170-9,
談 57-169-8, 談 58-168-2, 談 58-168-3,
談 58-168-4, 談 58-168-5, 談 58-168-8,
談 58-168-10, 談 59-167-4, 談 60-167-12,
談 60-166-1, 談 61-166-11, 談 62-165-11,
談 62-164-2, 談 63-164-8, 談 63-164-11,
談 64-163-8, 談 65-162-4, 談 65-162-6,
談 65-162-10, 談 66-161-9, 談 67-160-2,
談 67-160-6, 談 68-160-12, 談 70-158-7,
談 70-158-9, 談 70-157-1, 談 71-157-10,
談 71-157-10, 談 70-156-10,
談 70-156-11, 談 70-156-11, 談 73-155-5,
談 75-154-12, 談 75-153-2, 談 75-153-4,
談 75-153-8, 談 76-152-6, 談 76-152-8,
談 77-151-3, 談 77-151-6, 談 78-151-10,
談 79-150-9, 談 81-148-5, 談 81-148-6,
談 81-148-7, 談 82-148-12, 談 82-148-12,
談 82-147-1, 談 82-147-5, 談 82-147-6,
談 84-146-9, 談 84-146-10, 談 84-145-3,
談 85-145-7, 談 85-145-11, 談 85-144-1,
談 86-144-6, 談 86-144-8, 談 86-144-11,
談 88-142-11, 談 89-141-6, 談 89-141-7,

談 91-140-12, 談 92-139-10,
談 92-139-11, 談 94-137-5, 談 94-137-6,
談 95-136-4, 談 96-136-12, 談 97-135-8,
談 98-134-3, 談 98-134-4, 談 98-134-7,
談 98-134-9, 談 99-133-2, 言 1-288-9,
言 1-288-11, 言 1-287-4, 言 1-287-7,
言 1-287-12, 言 1-286-3, 言 3-282-4,
言 3-282-8, 言 4-271-4, 言 5-269-5,
言 5-269-5, 言 7-268-5, 言 8-266-3,
言 8-265-1, 言 8-265-5, 言 8-265-11,
言 8-264-11, 言 9-261-1, 言 9-261-4,
言 9-261-8, 言 9-260-9, 言 9-259-4,
言 9-259-6, 言 9-259-7, 言 9-259-9,
言 9-258-4, 言 9-258-5, 言 9-258-6,
言 9-257-8, 言 9-257-11, 言 10-255-4,
言 10-255-8, 言 10-255-10, 言 10-255-11,
言 10-254-2, 言 10-252-6, 言 10-251-7,
言 10-251-8, 言 10-250-2, 言 11-249-2,
言 11-249-2, 言 13-248-4, 言 13-248-5）

就好：1（談 56-170-7）

就好了：2（續 13-124-1, 談 38-184-8）

就是：200（散 9-40-1, 散 9-40-2, 散 9-40-4,
散 9-40-4, 散 10-41-3, 散 10-41-5,
散 10-41-6, 散 10-41-7, 散 10-41-8,
散 10-41-10, 散 14-45-4, 散 14-45-10,
散 19-50-3, 散 21-52-3, 散 21-52-10,
散 22-53-9, 散 23-54-4, 散 24-55-7,
散 25-56-3, 散 25-56-6, 散 30-61-7,
散 31-62-3, 散 31-62-5, 散 31-62-7,
散 31-62-8, 散 32-63-9, 散 33-64-6,
散 35-66-8, 散 35-66-8, 散 35-66-10,
散 37-68-4, 散 37-68-9, 散 38-69-4,
散 38-69-5, 散 38-69-8, 問 2-107-5,
問 2-106-1, 問 3-106-12, 問 3-105-12,
問 3-104-4, 問 3-104-11, 問 3-103-5,
問 3-103-9, 問 3-103-10, 問 4-100-1,
問 4-99-2, 問 5-98-2, 問 5-98-6,
問 5-97-4, 問 5-96-9, 問 6-95-8,
問 6-95-12, 問 6-94-6, 問 7-92-11,
問 7-91-7, 問 7-91-10, 問 7-91-12,

問 7-89-4, 問 7-89-6, 問 7-89-10,
問 8-88-11, 問 8-87-2, 問 8-86-12,
問 8-85-1, 問 8-85-3, 問 8-85-8,
問 8-84-1, 問 8-84-10, 問 9-82-10,
問 9-81-7, 問 10-80-7, 問 10-79-2,
問 10-79-9, 問 10-79-10, 問 10-78-3,
問 10-78-4, 問 10-77-3, 問 10-76-5,
問 10-75-9, 續 10-121-11, 續 12-123-8,
續 12-123-9, 續 13-124-9, 續 15-126-1,
談 1-214-7, 談 2-213-5, 談 2-213-6,
談 4-212-12, 談 5-210-2, 談 8-208-5,
談 10-207-9, 談 13-204-3, 談 16-202-7,
談 17-201-5, 談 20-199-11, 談 24-195-1,
談 24-195-3, 談 26-194-3, 談 27-194-12,
談 28-193-9, 談 29-192-12, 談 33-188-1,
談 34-188-11, 談 35-187-11, 談 38-184-5,
談 41-182-9, 談 44-179-3, 談 45-178-2,
談 46-178-10, 談 47-177-8, 談 50-174-1,
談 54-172-8, 談 54-172-8, 談 54-171-3,
談 57-169-10, 談 60-166-5, 談 61-166-10,
談 62-165-10, 談 64-163-7, 談 64-163-11,
談 65-162-9, 談 66-161-7, 談 67-161-12,
談 67-160-5, 談 69-158-1, 談 72-155-1,
談 75-153-9, 談 77-151-7, 談 80-149-5,
談 85-145-6, 談 88-142-7, 談 91-139-4,
談 94-137-10, 談 99-134-12, 談 99-133-7,
言 1-288-10, 言 1-288-11, 言 1-287-11,
言 1-286-6, 言 1-286-8, 言 1-286-11,
言 1-286-11, 言 1-286-12, 言 1-285-3,
言 1-285-4, 言 1-285-6, 言 1-285-10,
言 2-284-4, 言 2-284-10, 言 2-284-12,
言 3-283-11, 言 3-282-3, 言 3-282-4,
言 3-281-7, 言 3-280-12, 言 3-279-4,
言 3-279-8, 言 3-278-2, 言 3-278-5,
言 3-277-2, 言 3-277-10, 言 3-276-6,
言 3-276-11, 言 3-274-6, 言 3-273-3,
言 3-272-8, 言 4-272-10, 言 4-272-11,
言 5-270-3, 言 5-270-10, 言 8-267-10,
言 8-265-5, 言 9-263-12, 言 9-262-11,
言 9-261-2, 言 9-261-11, 言 9-260-1,

言 9-260-1, 言 9-260-2, 言 9-260-3,
言 9-260-4, 言 9-259-11, 言 9-258-4,
言 9-258-7, 言 9-257-3, 言 9-257-6,
言 10-255-1, 言 10-255-9, 言 10-254-7,
言 10-253-6, 言 10-253-10, 言 13-249-11,
言 14-290-4, 言 14-291-2, 言 14-292-5,
言 14-293-3, 言 14-294-3, 言 14-294-4,
言 14-294-5, 言 14-295-1）
就是了：13（散 16-47-10, 問 5-98-4,
　問 7-89-12, 問 8-86-7, 續 1-112-12,
　續 3-114-12, 續 6-117-4, 談 6-209-3,
　談 34-187-3, 談 61-165-6, 談 88-142-6,
　言 3-272-3, 言 10-253-12）
就是咯：6（談 13-204-4, 談 29-192-7,
　談 31-190-8, 談 34-187-1, 談 34-187-2,
　談 75-153-8）
就算：3（談 16-202-6, 談 53-172-3,
　談 80-149-3）
就要：7（散 32-63-4, 問 8-88-4,
　談 19-200-11, 談 22-197-3, 談 31-191-12,
　談 65-162-5, 談 74-154-8）
拘：1（問 10-76-10）
拘攣：1（談 98-134-8）
居家：1（談 19-199-1）
居民：1（言 10-250-1）
舉動兒：1（談 63-163-2）
舉薦：1（續 14-125-11）
舉人：2（問 9-81-3, 問 9-81-4）
句：72（散 23-54-1, 散 23-54-3, 散 23-54-9,
　散 27-58-9, 問 3-104-2, 問 6-95-9,
　問 6-94-11, 問 6-93-3, 問 6-93-9,
　問 7-90-5, 問 9-83-11, 問 9-82-7,
　問 10-79-3, 續 9-120-1, 談 2-213-4,
　談 3-212-6, 談 20-199-9, 談 20-198-1,
　談 56-170-9, 談 61-166-11, 談 64-163-6,
　談 85-145-7, 談 85-145-8, 談 87-143-6,
　言 1-286-2, 言 1-286-2, 言 1-286-3,
　言 1-286-3, 言 1-286-5, 言 1-286-10,
　言 1-286-10, 言 1-285-4, 言 1-285-4,
　言 1-285-6, 言 1-285-6, 言 1-285-10,

言 1-285-11，言 1-285-11，言 1-285-12，
言 2-284-2，言 2-284-8，言 2-284-12，
言 2-283-3，言 2-283-4，言 2-283-6，
言 3-280-2，言 3-279-4，言 3-279-4，
言 3-275-12，言 3-275-12，言 3-275-12，
言 3-275-12，言 3-275-12，言 3-274-6，
言 4-271-5，言 4-271-5，言 4-271-8，
言 5-269-2，言 7-268-2，言 7-268-4，
言 9-262-2，言 9-262-4，言 9-262-5，
言 9-262-11，言 9-261-1，言 9-261-9，
言 9-260-3，言 9-257-4，言 9-257-5，
言 9-257-5，言 14-294-5，言 14-294-5）
句兒：1（談 87-142-3）
句法：7（問 10-75-11，言 1-286-2，
　　　言 1-286-2，言 1-285-3，言 1-285-4，
　　　言 1-285-5，言 1-285-5）
句句兒：1（談 7-209-9）
捐：2（問 6-94-1，問 6-94-1）
捐官：3（散 19-50-2，散 19-50-7，
　　　續 15-126-4）
捲：2（續 15-126-11，談 97-135-10）
捲兒：1（續 15-126-11）
捲毛兒：1（談 30-191-6）
卷：6（問 10-75-2，言 3-279-5，言 3-279-5，
　　　言 3-279-5，言 3-276-12，言 3-276-12）
噘嘴：1（談 41-182-10）
決：2（談 81-148-6，言 1-287-9）
決不：1（問 3-102-3）
決斷：1（談 15-203-6）
決計：1（問 6-92-6）
決意：1（談 69-158-1）
覺：13（問 5-97-12，問 5-97-12，談 4-212-12，
　　　談 25-195-9，談 35-187-8，談 48-176-4，
　　　談 48-176-7，談 55-171-8，談 78-151-10，
　　　談 90-141-12，談 91-139-5，談 91-139-5，
　　　言 10-252-3）
絕交：1（散 27-58-7）
爵位：6（散 19-50-1，散 19-50-4，散 19-50-4，
　　　散 19-50-4，散 27-58-8，散 34-65-5）
均：2（言 4-271-1，言 4-271-3）

均分：2（問 2-107-11，問 6-94-5）
均攤勻散：1（續 14-125-6）
君上：2（散 19-50-1，散 19-50-3）
俊：1（續 6-117-10）

K

卡倫：4（散 20-51-1，散 20-51-3，散 20-51-3，
　　　散 35-66-4）
開：11（散 3-34-2，散 3-34-6，散 3-34-7，
　　　散 35-66-10，問 3-103-2，續 17-128-9，
　　　談 21-198-6，談 52-173-6，談 55-170-1，
　　　談 60-166-2，談 81-148-3）
開不了：1（散 11-42-10）
開除：1（言 2-283-2）
開船：1（續 2-113-10）
開發：1（問 6-92-8）
開花：1（言 3-273-4）
開講：4（問 9-82-11，問 9-82-11，問 9-82-11，
　　　問 9-82-12）
開開：2（談 35-187-12，談 97-135-5）
開口：4（散 23-54-4，問 4-99-3，談 1-214-6，
　　　談 82-148-9）
開列：1（言 3-282-9）
開門：1（散 3-34-5）
開鋪子：1（散 30-61-9）
開缺：2（散 19-50-1，散 19-50-5）
開手：2（問 10-78-2，談 46-178-11）
開水：3（散 11-42-8，散 11-42-8，
　　　言 14-289-1）
楷書：5（散 33-64-2，散 33-64-8，散 33-64-9，
　　　問 6-93-2，談 5-211-9）
砍：5（續 1-112-1，談 8-208-6，談 18-200-4，
　　　談 18-200-6，言 5-270-7）
砍肩兒：3（散 12-43-1，散 12-43-4，
　　　散 12-43-8）
看：127（散 5-36-1，散 5-36-3，散 6-37-3，
　　　散 6-37-4，散 6-37-4，散 6-37-8，
　　　散 9-40-4，散 9-40-8，散 10-41-4，
　　　散 15-46-4，散 15-46-5，散 23-54-8，

問 3-106-6, 問 4-101-7, 問 5-97-12,
問 8-85-3, 問 8-85-8, 問 9-82-1,
問 9-82-12, 問 9-81-1, 問 10-79-9,
問 10-78-1, 問 10-78-2, 問 10-78-12,
問 10-77-2, 問 10-76-2, 問 10-76-5,
問 10-76-8, 問 10-76-11, 問 10-76-11,
問 10-76-12, 問 10-74-3, 續 6-117-9,
續 15-126-12, 續 18-129-2, 談 2-213-9,
談 3-212-5, 談 6-210-8, 談 8-208-3,
談 8-208-3, 談 8-208-3, 談 8-208-4,
談 8-208-5, 談 10-207-12, 談 11-206-12,
談 13-204-1, 談 18-200-6, 談 20-199-11,
談 30-191-8, 談 33-189-9, 談 34-188-10,
談 35-187-11, 談 36-186-7, 談 40-183-12,
談 42-181-3, 談 47-177-3, 談 51-174-7,
談 53-172-3, 談 58-168-4, 談 59-167-2,
談 64-163-9, 談 66-161-7, 談 66-161-9,
談 67-160-1, 談 68-159-2, 談 70-158-9,
談 73-155-9, 談 75-153-5, 談 75-153-8,
談 83-146-2, 談 83-146-2, 談 90-140-6,
談 95-136-6, 言 1-288-2, 言 1-288-4,
言 1-287-4, 言 1-287-11, 言 1-286-5,
言 1-286-12, 言 1-285-7, 言 3-283-10,
言 3-282-10, 言 3-275-11, 言 4-271-7,
言 5-270-3, 言 7-268-5, 言 8-267-8,
言 8-267-9, 言 8-267-9, 言 8-264-2,
言 8-263-6, 言 9-261-1, 言 9-261-2,
言 9-261-3, 言 9-261-3, 言 9-261-3,
言 9-261-3, 言 9-261-4, 言 9-261-4,
言 9-261-4, 言 9-260-3, 言 9-260-8,
言 9-260-9, 言 9-260-12, 言 9-260-12,
言 9-260-12, 言 9-260-12, 言 9-259-1,
言 9-259-2, 言 9-259-2, 言 9-259-3,
言 9-259-3, 言 9-259-4, 言 9-259-5,
言 9-259-8, 言 9-259-9, 言 9-259-10,
言 9-259-10, 言 9-259-11, 言 9-259-12,
言 9-258-11, 言 9-257-3, 言 10-252-6,
言 11-250-11, 言 12-249-6, 言 12-249-6,
言 14-293-1）

看不出：1（續 18-129-7）

看不得：1（談 30-191-5）
看不見：4（散 10-41-10, 續 16-127-2,
　　談 42-181-4, 言 9-258-3）
看不清：1（續 17-128-12）
看不眞：1（散 17-48-3）
看財奴：1（談 52-173-1）
看待：1（談 16-202-5）
看得出來：1（言 12-249-6）
看家：1（言 8-267-3）
看見：36（散 5-36-2, 散 5-36-2, 散 5-36-3,
　　散 5-36-8, 散 21-52-7, 散 24-55-3,
　　散 37-68-3, 問 3-103-3, 問 10-75-1,
　　問 10-75-1, 續 12-123-7, 續 15-126-5,
　　談 8-208-9, 談 18-200-1, 談 23-197-12,
　　談 23-196-1, 談 32-189-5, 談 35-187-11,
　　談 36-186-8, 談 36-186-11, 談 40-183-10,
　　談 62-164-1, 談 65-162-4, 談 76-153-12,
　　談 77-151-6, 談 78-151-10, 談 82-147-3,
　　談 82-147-5, 談 92-139-12, 談 96-135-2,
　　談 98-134-6, 言 8-263-4, 言 9-259-4,
　　言 9-259-4, 言 9-258-1, 言 9-258-2）
看看：2（談 76-152-5, 言 14-290-4）
看面上：1（談 44-180-12）
看起：1（談 46-178-9）
看起來：8（談 17-201-9, 談 20-199-9,
　　談 27-193-3, 談 33-189-11, 談 54-172-8,
　　談 60-166-5, 言 4-272-10, 言 10-254-2）
看輕：2（談 30-191-9, 談 63-163-1）
看守：1（續 16-127-6）
看樣兒：1（續 2-113-5）
看一看：6（問 3-105-8, 問 10-79-9,
　　問 10-78-9, 問 10-78-10, 談 14-203-2,
　　言 9-259-5）
看着：5（問 2-108-4, 談 16-202-10,
　　談 24-196-10, 談 84-145-1,
　　談 97-135-11）
看着容易做着難：1（談 10-207-9）
礦兒：1（續 7-118-12）
康健：1（問 4-101-7）
扛：1（言 3-274-5）

炕：6（散 7-38-1，散 7-38-3，散 7-38-10，
　　散 10-41-5，談 50-175-8，言 3-275-6）
炕爐子：1（散 14-45-4）
炕頭：1（散 8-39-4）
考：10（問 6-93-1，談 7-209-9，談 7-209-10，
　　談 7-209-10，談 7-209-10，談 7-209-11，
　　談 7-209-11，談 7-209-12，談 7-209-12，
　　言 1-286-11）
考察：4（散 34-65-1，散 34-65-5，散 34-65-6，
　　言 1-286-4）
考查：1（問 5-98-3）
考較：1（談 24-196-11）
烤：1（談 48-176-4）
靠不住：2（問 6-93-3，問 6-93-7）
靠頭兒：1（談 73-155-7）
靠着：2（談 51-174-9，談 100-133-11）
棵：3（續 5-116-9，言 3-277-2，言 3-277-2）
顆：6（言 3-279-10，言 3-277-3，言 3-277-3，
　　言 3-277-3，言 3-277-4，言 3-277-4）
磕磕巴巴：1（談 42-181-4）
磕頭：7（問 3-105-10，談 1-214-11，
　　談 11-206-7，談 43-180-3，談 43-180-3，
　　談 49-175-1，談 85-144-2）
咳：3（問 3-104-2，言 9-257-1，
　　言 13-249-12）
咳嗽：2（續 2-113-7，談 43-180-1）
渴：1（談 93-138-6）
可：58（散 16-47-3，散 27-58-2，散 27-58-7，
　　散 27-58-9，問 3-102-1，問 4-100-11，
　　問 4-100-11，問 6-93-9，問 10-79-2，
　　問 10-78-11，問 10-77-1，問 10-76-1，
　　問 10-76-3，續 1-112-10，續 5-116-1，
　　談 1-214-7，談 2-213-5，談 4-212-11，
　　談 5-210-2，談 6-209-4，談 15-203-6，
　　談 15-203-9，談 24-195-2，談 29-192-12，
　　談 33-188-3，談 39-184-12，談 41-182-7，
　　談 42-181-8，談 47-177-8，談 49-175-2，
　　談 51-174-8，談 51-174-10，談 54-172-9，
　　談 58-168-7，談 61-165-3，談 64-163-9，
　　談 66-161-3，談 67-160-2，談 68-160-11，
　　談 70-158-10，談 82-147-6，談 90-140-7，
　　談 91-140-10，談 94-137-7，言 1-288-6，
　　言 1-288-9，言 1-287-2，言 2-284-11，
　　言 2-283-2，言 2-283-5，言 3-282-1，
　　言 8-265-5，言 8-265-12，言 8-263-7，
　　言 9-261-12，言 9-261-12，言 9-261-12，
　　言 10-251-4）
可愛：1（談 90-140-2）
可不：1（談 51-174-9）
可不是：4（問 9-83-9，談 3-212-3，
　　談 32-189-4，言 1-286-10）
可不是麽：5（散 25-56-9，談 1-214-3，
　　談 75-153-4，談 90-141-12，言 1-288-10）
可恥：1（談 57-169-8）
可觀：1（談 33-188-1）
可就：1（問 5-97-9）
可憐：4（問 4-100-8，談 87-142-1，
　　言 8-264-8，言 9-257-7）
可怕：3（談 24-195-3，談 98-134-5，
　　言 10-251-2）
可巧：2（談 59-167-6，談 97-135-8）
可是：8（問 3-105-12，問 4-100-1，
　　問 4-100-10，問 10-79-11，談 30-191-7，
　　談 36-186-9，談 86-143-1，言 9-262-7）
可惡：8（問 4-101-12，問 4-100-1，
　　問 7-89-5，談 58-168-4，談 77-151-5，
　　談 84-146-7，言 5-270-12，言 13-248-1）
可惜：10（散 36-67-2，散 36-67-5，
　　散 36-67-7，散 40-71-3，問 2-107-8，
　　問 4-100-9，問 5-99-7，問 9-81-7，
　　談 5-211-11，言 8-265-8）
可惜了兒：3（問 4-101-12，言 1-288-8，
　　言 13-248-2）
可惜了兒的：4（問 6-93-9，談 38-184-6，
　　談 81-149-12，談 91-139-6）
可喜：1（言 10-251-3）
可笑：6（問 5-96-7，續 13-124-5，
　　談 30-191-5，談 35-186-4，談 56-170-7，
　　談 89-141-9）
可信：1（談 100-132-4）

可以：206（散6-37-2，散6-37-4，散6-37-8，
　　散6-37-8，散6-37-9，散7-38-7，
　　散8-39-5，散9-40-2，散9-40-5，
　　散9-40-6，散10-41-9，散12-43-7，
　　散13-44-10，散13-44-10，散14-45-6，
　　散14-45-7，散15-46-1，散16-47-9，
　　散17-48-10，散21-52-9，散21-52-10，
　　散24-55-3，散25-56-4，散27-58-5，
　　散27-58-10，散28-59-6，散30-61-4，
　　散30-61-6，散31-62-7，散37-68-4，
　　問2-108-10，問2-108-10，問2-108-10，
　　問2-108-10，問3-106-12，問3-105-1，
　　問3-105-1，問3-105-8，問3-104-2，
　　問3-104-6，問3-104-8，問3-103-4，
　　問3-103-12，問4-102-8，問4-101-6，
　　問4-100-9，問5-95-4，問6-95-9，
　　問6-93-10，問6-93-12，問8-88-7，
　　問8-88-7，問8-88-9，問8-87-1，
　　問8-87-4，問8-87-6，問8-87-6，
　　問8-87-10，問8-86-12，問8-85-2，
　　問8-85-2，問8-84-4，問8-84-7，
　　問8-84-8，問8-84-9，問8-84-12，
　　問8-84-12，問8-83-1，問8-83-2，
　　問8-83-4，問9-82-4，問9-82-7，
　　問9-81-9，問9-81-9，問9-81-9，
　　問9-81-9，問10-80-3，問10-80-9，
　　問10-79-5，問10-79-8，問10-78-1，
　　問10-78-2，問10-78-3，問10-78-9，
　　問10-78-9，問10-77-3，問10-76-8，
　　問10-76-11，問10-76-12，問10-75-7，
　　問10-75-12，問10-74-2，談3-212-2，
　　談5-211-12，談7-209-9，談8-208-3，
　　談17-201-6，談17-201-7，談18-200-8，
　　談26-194-2，談26-194-3，談31-190-7，
　　談33-189-10，談50-175-6，談54-172-11，
　　談62-164-4，談63-164-12，談65-162-11，
　　談71-157-8，談76-152-5，談87-143-7，
　　談93-138-5，言1-288-12，言1-287-7，
　　言1-287-8，言1-287-8，言1-286-3，
　　言1-286-9，言1-285-1，言1-285-2，
　　言1-285-5，言2-284-3，言2-284-6，
　　言2-284-8，言2-284-9，言2-283-6，
　　言3-283-9，言3-283-12，言3-282-2，
　　言3-282-4，言3-282-5，言3-282-7，
　　言3-282-11，言3-281-7，言3-280-6，
　　言3-280-12，言3-279-1，言3-279-9，
　　言3-278-6，言3-278-11，言3-277-3，
　　言3-277-8，言3-277-11，言3-276-7，
　　言3-276-10，言3-276-12，言3-275-1，
　　言3-275-2，言3-275-3，言3-274-2，
　　言3-274-3，言3-274-7，言3-274-10，
　　言3-274-10，言3-274-11，言4-272-12，
　　言4-272-12，言4-271-5，言4-271-6，
　　言4-271-12，言7-268-5，言8-267-2，
　　言8-267-2，言8-266-1，言8-265-1，
　　言8-265-8，言8-265-9，言8-265-9，
　　言8-264-6，言8-264-7，言8-264-9，
　　言8-263-1，言8-263-5，言8-263-8，
　　言8-263-8，言8-263-9，言9-262-5，
　　言9-262-6，言9-262-9，言9-262-11，
　　言9-261-4，言9-260-5，言9-258-1，
　　言9-258-2，言9-258-7，言9-258-9，
　　言10-256-6，言10-256-6，言10-256-6，
　　言10-256-10，言10-255-11，
　　言10-255-11，言10-254-10，言10-252-5，
　　言10-251-1，言10-250-2，言11-249-2，
　　言12-249-6，言13-249-12，言13-248-5，
　　言13-248-6，言14-291-2，言14-291-6，
　　言14-292-5，言14-294-6，言14-295-1）
可意：1（續6-117-3）
可著：1（續14-125-9）
克食：1（談88-141-1）
刻薄：8（散27-58-2，散27-58-3，散27-58-4，
　　散27-58-4，散27-58-4，散27-58-6，
　　談57-169-4，談58-168-6）
刻搜：2（散20-51-1，散20-51-4）
刻字匠：1（問6-92-6）
客：6（續1-112-12，談48-176-3，
　　談53-173-10，談70-156-10，談97-135-8，
　　言3-272-4）

客店：3（散 15-46-2，散 15-46-3，
　　散 15-46-3）
客人：3（散 15-46-5，散 16-47-2，
　　問 8-86-12）
客人們：1（言 10-251-10）
課：1（言 9-262-6）
騾馬：1（言 6-269-9）
肯：18（散 24-55-9，散 39-70-5，問 2-107-3，
　　問 3-102-2，續 4-115-10，談 9-207-1，
　　談 15-203-8，談 17-201-9，談 33-188-2，
　　談 55-171-11，談 66-161-7，談 78-150-3，
　　談 78-150-3，談 79-150-10，談 83-146-2，
　　言 8-265-8，言 9-262-10，言 9-262-10）
肯要：1（問 5-96-3）
坑：2（散 30-61-1，續 14-125-5）
坑害：1（談 24-195-2）
空：11（散 8-39-2，散 8-39-2，散 8-39-8，
　　散 8-39-9，散 34-65-10，問 7-91-2，
　　問 7-91-2，問 7-91-2，談 24-196-12，
　　言 3-276-1，言 12-249-9）
空飯：1（談 71-157-12）
空空的：1（談 11-206-12）
空拳頭：1（續 16-127-4）
空兒：17（散 10-41-8，問 7-91-11，
　　問 9-81-8，談 3-213-12，談 5-211-9，
　　談 5-210-4，談 6-209-1，談 7-209-12，
　　談 21-198-6，談 22-197-3，談 42-181-5，
　　談 49-175-4，談 71-157-6，談 73-155-12，
　　談 86-144-8，談 89-141-5，談 96-136-11）
空手兒：2（續 8-119-7，談 18-200-7）
空說：1（言 7-268-1）
空子：1（談 58-168-10）
孔雀翎子：1（談 12-205-5）
孔子：1（散 33-64-1）
恐怕：14（問 8-84-2，問 8-84-11，問 9-83-11，
　　問 9-82-3，續 11-122-9，談 9-207-5，
　　談 17-201-9，談 23-196-6，談 41-182-8，
　　談 53-172-5，談 74-154-9，談 88-142-10，
　　言 9-259-2，言 10-256-9）
口：16（散 7-38-2，問 10-80-11，談 33-188-2，
　　談 63-163-1，言 3-277-5，言 3-277-5，
　　言 3-277-5，言 3-277-5，言 3-277-5，
　　言 3-277-5，言 3-277-5，言 3-277-6，
　　言 3-277-7，言 3-277-7，言 3-277-8，
　　言 11-249-2）
口瘡：1（談 73-155-8）
口袋：3（散 16-47-1，散 16-47-4，
　　談 81-148-7）
口號：1（散 32-63-8）
口緊不依：1（談 84-146-8）
口氣：1（言 1-286-6）
口氣兒：1（談 53-172-1）
口外：1（散 16-47-5）
口音：8（散 5-36-2，散 5-36-7，散 5-36-9，
　　散 5-36-9，問 10-77-6，問 10-76-7，
　　問 10-76-9，言 1-288-3）
口子：1（言 3-274-8）
叩求：1（談 85-145-8）
扣：2（問 6-95-11，談 40-182-3）
哭：2（問 7-89-9，問 7-89-10）
窟窿：2（續 13-124-8，談 40-183-12）
苦：2（散 20-51-9，續 10-121-2）
苦拔苦掖：1（談 85-145-11）
苦處：3（散 39-70-5，談 14-204-12，
　　言 9-256-3）
苦口良言：1（談 6-210-12）
苦難：1（言 9-256-4）
苦兒：1（談 70-158-6）
褲子：2（散 12-43-1，散 12-43-5）
誇獎：1（談 24-196-11）
誇口：1（談 57-169-4）
跨：2（散 34-65-2，散 34-65-10）
跨馬：1（散 34-65-10）
擓：1（續 11-122-11）
擓癢癢兒：1（續 11-122-10）
塊：15（散 6-37-1，散 6-37-3，散 28-59-5，
　　散 28-59-5，續 4-115-11，續 17-128-8，
　　言 3-277-11，言 3-277-11，言 3-277-11，
　　言 3-277-11，言 3-277-11，言 3-277-11，
　　言 3-277-12，言 3-277-12，言 11-250-11）

塊錢：2（言 14-290-5，言 14-290-5）
塊兒：3（散 20-51-7，談 4-212-12，
　　談 83-147-9）
快：58（散 4-35-1，散 4-35-4，散 4-35-5，
　　散 4-35-10，散 5-36-4，散 7-38-4，
　　散 8-39-9，散 11-42-4，散 11-42-9，
　　散 14-45-9，散 16-47-9，散 16-47-9，
　　散 20-51-7，散 22-53-7，問 3-106-10，
　　問 3-104-4，問 3-104-5，問 3-104-6，
　　問 7-91-10，問 7-90-6，問 8-85-12，
　　問 8-84-3，問 8-84-6，問 8-83-1，
　　問 10-79-12，續 1-112-12，續 2-113-2，
　　續 3-114-9，續 3-114-11，續 6-117-6，
　　續 6-117-9，談 3-212-1，談 7-208-1，
　　談 33-189-11，談 46-178-5，談 49-175-3，
　　談 70-156-8，談 73-155-8，談 92-139-12，
　　談 92-138-2，談 94-137-3，談 94-137-6，
　　談 98-134-3，言 1-285-10，言 1-285-12，
　　言 9-261-1，言 9-259-6，言 10-255-1，
　　言 10-255-11，言 10-250-2，言 11-249-3，
　　言 12-249-8，言 13-248-2，言 13-248-5，
　　言 14-289-2，言 14-291-6，言 14-292-2，
　　言 14-292-2）
快快兒：1（談 78-150-4）
快樂：1（續 5-116-11）
快要：1（散 32-63-4）
筷子：2（談 65-162-10，談 70-156-12）
寬：2（續 5-116-8，續 7-118-2）
寬綽：5（散 24-55-1，散 24-55-4，
　　問 2-108-12，續 11-122-6，談 57-169-7）
寬大：1（言 3-282-12）
寬闊：2（散 30-61-1，散 30-61-5）
寬免：2（散 32-63-2，散 32-63-9）
寬恕：2（問 3-106-10，問 3-105-2）
寬宥：1（問 2-107-8）
寬窄：1（言 3-278-5）
誆哄：2（談 58-168-7，言 9-257-1）
誆騙：4（散 36-67-2，散 36-67-7，散 36-67-7，
　　談 80-149-7）
狂傲：1（問 5-98-5）

誑：3（言 9-258-4，言 9-258-5，言 9-258-5）
曠野：1（談 90-140-1）
況且：16（散 23-54-3，散 23-54-5，
　　談 7-209-11，散 19-199-2，談 20-199-12，
　　談 28-193-10，談 33-188-2，談 34-187-5，
　　談 60-166-2，談 71-157-12，談 76-152-8，
　　談 78-151-12，談 86-144-8，談 86-144-11，
　　談 88-141-1，談 93-138-12）
虧損：1（談 49-176-9）
虧心：1（談 83-146-4）
魁偉：1（談 24-196-9）
揆情度理：1（續 13-124-8）
捆：1（談 9-207-7）
捆兒：2（談 28-193-11，談 46-178-10）
綑：5（言 3-276-3，言 3-276-3，言 3-276-3，
　　言 3-276-3，言 3-274-5）
困：3（散 23-54-2，散 23-54-7，談 70-158-4）
睏：2（談 95-136-3，談 95-136-3）

L

拉：18（散 17-48-2，散 17-48-9，散 17-48-10，
　　散 17-48-10，散 23-54-10，散 29-60-8，
　　散 36-67-9，散 36-67-10，問 8-88-5，
　　問 8-84-10，談 10-207-9，談 10-207-10，
　　談 33-189-10，言 4-271-11，言 9-257-1，
　　言 10-253-4，言 11-250-10，
　　言 11-250-10）
拉不了：1（散 29-60-9）
拉扯：1（談 81-148-6）
拉後：1（續 5-116-2）
拉開：1（談 89-141-5）
拉老婆舌頭：1（續 12-123-5）
拉篷扯縴：1（續 16-127-4）
拉摔：1（談 28-193-9）
拉縴：1（續 16-127-3）
拉絲：2（散 31-62-2，散 31-62-8）
拉拽：2（散 17-48-2，散 17-48-10）
邋遢：1（續 12-123-1）
爉：2（言 14-292-1，言 14-292-2）

『語言自邇集』（初版，1867）全語彙索引　219

燃燈：2（散 7-38-1，散 7-38-5）
燃燭：1（言 14-292-1）
來：345（散 1-32-6，散 1-32-7，散 2-33-5，
　　散 2-33-5，散 2-33-6，散 2-33-6，
　　散 2-33-8，散 2-33-8，散 3-34-5，
　　散 3-34-8，散 4-35-2，散 4-35-4，
　　散 4-35-4，散 5-36-3，散 5-36-3，
　　散 5-36-4，散 5-36-8，散 5-36-9，
　　散 9-40-9，散 9-40-10，散 11-42-3，
　　散 12-43-7，散 12-43-8，散 14-45-9，
　　散 16-47-5，散 20-51-7，散 20-51-8，
　　散 21-52-5，散 21-52-7，散 21-52-8，
　　散 21-52-8，散 21-52-8，散 22-53-3，
　　散 24-55-3，散 25-56-3，散 27-58-8，
　　散 28-59-3，散 28-59-9，散 29-60-1，
　　散 29-60-9，散 30-61-5，散 34-65-5，
　　散 34-65-5，散 35-66-5，散 37-68-9，
　　散 40-71-2，散 40-71-2，問 1-109-3，
　　問 3-106-4，問 3-106-5，問 3-106-9，
　　問 3-106-9，問 3-106-10，問 3-106-12，
　　問 3-106-12，問 3-104-1，問 3-104-5，
　　問 3-104-10，問 4-102-9，問 4-102-10，
　　問 4-102-10，問 4-102-11，問 4-101-1，
　　問 4-101-2，問 4-101-3，問 4-101-4，
　　問 4-100-6，問 4-99-3，問 4-99-4，
　　問 5-99-7，問 5-98-4，問 5-97-8，
　　問 6-93-6，問 6-93-6，問 6-93-11，
　　問 6-93-11，問 6-92-2，問 6-92-2，
　　問 6-92-6，問 6-92-6，問 6-92-7，
　　問 6-92-7，問 7-92-10，問 7-92-12，
　　問 7-92-12，問 7-91-1，問 7-91-3，
　　問 7-91-3，問 7-91-4，問 7-91-12，
　　問 7-90-4，問 7-89-11，問 7-88-1，
　　問 8-88-3，問 8-86-6，問 8-86-7，
　　問 8-83-4，問 8-83-4，問 9-83-6，
　　問 9-83-7，問 10-81-12，問 10-81-12，
　　問 10-81-12，問 10-77-1，續 1-112-2，
　　續 1-112-3，續 1-112-4，續 1-112-8，
　　續 1-112-9，續 1-112-9，續 1-112-11，
　　續 2-113-2，續 2-113-8，續 2-113-10，
　　續 3-114-8，續 3-114-9，續 3-114-11，
　　續 4-115-5，續 4-115-12，續 5-116-7，
　　續 5-116-10，續 6-117-1，續 7-118-9，
　　續 8-119-8，續 14-125-12，續 17-128-10，
　　續 18-129-7，談 1-214-5，談 3-212-6，
　　談 8-208-7，談 9-208-12，談 9-208-12，
　　談 9-208-12，談 9-207-3，談 11-206-10，
　　談 11-206-12，談 12-205-10，
　　談 15-203-12，談 16-202-7，談 20-199-11，
　　談 21-198-6，談 21-198-9，談 21-198-9，
　　談 22-197-7，談 22-197-8，談 22-197-8，
　　談 23-196-6，談 23-196-6，談 23-196-7，
　　談 24-195-3，談 27-194-10，談 30-191-2，
　　談 30-191-2，談 30-191-2，談 30-191-8，
　　談 30-191-9，談 31-190-2，談 31-190-3，
　　談 31-190-4，談 32-190-10，談 32-190-10，
　　談 32-190-11，談 32-190-11，談 32-189-5，
　　談 32-189-7，談 33-189-10，談 35-186-3，
　　談 35-186-4，談 35-186-4，談 36-186-6，
　　談 38-184-3，談 38-184-4，談 38-184-5，
　　談 38-184-5，談 38-184-7，談 39-184-12，
　　談 40-182-2，談 43-180-2，談 46-178-5，
　　談 46-178-9，談 47-177-7，談 49-176-11，
　　談 49-175-2，談 49-175-4，談 52-173-4，
　　談 53-172-4，談 54-172-8，談 55-171-10，
　　談 56-170-10，談 56-170-11，談 59-167-6，
　　談 60-166-3，談 60-166-3，談 61-165-2，
　　談 63-164-12，談 64-163-11，談 65-162-2，
　　談 68-159-2，談 68-159-4，談 69-159-8，
　　談 69-159-9，談 69-159-9，談 69-159-10，
　　談 69-159-11，談 71-157-7，談 71-157-8，
　　談 71-157-9，談 71-157-10，談 71-157-11，
　　談 70-156-4，談 70-156-5，談 70-156-8，
　　談 70-156-8，談 70-156-8，談 73-155-4，
　　談 73-155-6，談 73-155-7，談 73-155-8，
　　談 73-155-8，談 73-155-9，談 73-155-11，
　　談 74-154-6，談 74-154-7，談 74-154-8，
　　談 74-154-9，談 74-154-9，談 76-152-1，
　　談 77-152-11，談 77-152-12，
　　談 77-152-12，談 77-151-5，談 81-149-11，

談 81-149-11，談 82-148-11，
談 82-148-11，談 83-147-9，談 84-146-9，
談 84-146-11，談 85-145-5，談 85-145-5，
談 85-145-5，談 85-145-12，談 86-144-4，
談 86-144-7，談 87-143-12，談 88-142-10，
談 88-142-10，談 89-141-5，談 89-141-8，
談 90-140-1，談 90-140-7，談 90-140-8，
談 91-140-12，談 91-139-3，談 92-138-1，
談 96-136-12，談 96-135-2，談 97-135-7，
談 97-135-8，談 97-135-9，談 97-135-11，
談 98-134-5，談 99-133-1，談 99-133-7，
言 1-286-12，言 2-284-8，言 2-284-8，
言 2-284-9，言 2-284-10，言 2-284-11，
言 3-282-10，言 3-281-3，言 3-279-2，
言 3-279-12，言 4-271-3，言 4-271-4，
言 4-271-5，言 4-271-5，言 4-271-5，
言 4-271-6，言 4-271-6，言 4-271-6，
言 4-271-6，言 4-271-8，言 4-271-10，
言 4-271-11，言 4-271-11，言 8-267-2，
言 8-267-11，言 8-267-11，言 8-267-11，
言 8-267-12，言 8-267-12，言 8-266-9，
言 9-263-12，言 9-262-11，言 9-262-11，
言 9-262-12，言 9-260-5，言 9-260-6，
言 9-260-6，言 9-260-8，言 9-258-8，
言 10-256-6，言 10-256-6，言 10-256-6，
言 10-256-6，言 10-256-7，言 10-256-7，
言 10-256-7，言 10-256-7，言 10-256-7，
言 10-256-8，言 10-256-9，言 10-256-9，
言 10-256-10，言 10-255-4，言 10-255-4，
言 10-255-5，言 10-255-9，言 10-255-11，
言 10-255-12，言 10-253-1，言 10-253-3，
言 10-253-5，言 10-253-8，言 10-252-5，
言 10-252-10，言 10-251-7，言 10-251-8，
言 10-251-9，言 11-250-4，言 11-250-5，
言 11-250-10，言 11-250-11，言 13-248-5，
言 13-248-6，言 14-289-1，言 14-289-1，
言 14-290-1，言 14-290-4，言 14-291-5，
言 14-291-6，言 14-293-1，言 14-293-1）
來到：2（談 49-176-10，談 52-173-5）
來福：1（問 3-106-4）

來囘：2（問 7-90-5，談 22-197-3）
來客：1（談 77-152-11）
來來往往：1（談 90-140-4）
來去：1（談 88-141-1）
來順：13（問 3-106-6，問 3-106-6，
　　問 3-106-6，問 3-105-1，問 3-105-2，
　　問 3-105-12，問 3-104-4，問 3-104-5，
　　問 3-104-10，問 3-104-10，問 3-103-2，
　　問 3-103-6，問 3-102-3）
來往：8（散 23-54-6，散 38-69-7，問 8-88-8，
　　問 8-83-1，談 53-172-6，談 56-170-7，
　　談 76-152-7，言 10-254-6）
來文：1（散 38-69-2）
來意：1（問 4-99-2）
來着：53（問 3-103-7，問 6-94-8，問 7-90-1，
　　問 7-90-11，問 7-89-9，談 17-201-3，
　　談 20-199-8，談 30-191-3，談 30-191-8，
　　談 34-188-12，談 37-185-5，談 45-179-9，
　　談 48-177-12，談 50-175-6，談 56-170-6，
　　談 56-170-10，談 61-166-10，談 61-165-2，
　　談 61-165-4，談 64-163-5，談 65-162-5，
　　談 65-162-7，談 66-161-2，談 66-161-8，
　　談 66-161-8，談 68-159-1，談 71-157-5，
　　談 71-157-11，談 73-155-3，談 73-155-3，
　　談 74-154-2，談 74-154-2，談 74-154-9，
　　談 75-154-11，談 82-147-4，談 83-147-8，
　　談 83-146-2，談 83-146-5，談 84-146-7，
　　談 86-144-6，談 86-144-9，談 88-142-7，
　　談 88-142-12，談 89-141-4，談 92-139-8，
　　談 94-137-3，談 94-137-4，談 98-134-2，
　　談 99-133-6，言 9-260-8，言 9-258-12，
　　言 10-255-7，言 10-254-7）
來著：3（散 11-42-6，續 4-115-2，
　　續 4-115-4）
攔：4（談 26-194-5，談 53-172-1，
　　談 54-171-4，談 58-168-5）
攔住：2（談 70-156-7，談 82-147-5）
藍：4（散 28-59-2，散 28-59-6，續 10-121-1，
　　續 10-121-1）
籃子：1（續 11-122-11）

懶：1（談 5-210-3）
懶怠：2（談 8-208-9，談 45-179-12）
懶惰：4（散 21-52-1，散 21-52-5，散 21-52-9，
　　談 79-150-8）
撈：2（談 12-205-6，談 15-203-10）
撈摸：1（談 77-151-6）
勞脣乏舌：1（談 56-169-2）
勞動：1（談 49-176-11）
勞乏：2（談 1-214-7，談 49-176-11）
勞駕：1（問 4-101-5）
勞苦：2（談 16-202-3，談 33-189-12）
勞碌：1（續 14-125-1）
老：11（散 17-48-3，散 17-48-7，問 7-89-3，
　　問 10-75-2，續 17-128-1，續 18-129-2，
　　談 16-202-3，談 29-192-5，談 33-188-2，
　　談 86-144-5，談 86-144-10）
老輩：1（談 16-202-9）
老城：1（問 8-85-5）
老大人：6（問 2-107-3，問 2-107-7，
　　問 4-101-2，問 4-99-1，問 4-99-2，
　　談 15-203-6）
老弟：16（散 33-64-10，談 3-213-12，
　　談 4-211-3，談 5-211-7，談 5-211-10，
　　談 19-200-11，談 32-190-10，
　　談 32-190-10，談 44-180-8，談 44-179-3，
　　談 45-179-7，談 46-178-5，談 49-175-3，
　　談 55-171-9，談 62-164-2，談 73-155-9）
老佛爺：1（續 13-124-8）
老虎：1（談 54-171-1）
老家兒：3（談 16-202-4，談 20-199-10，
　　談 69-159-9）
老家兒們：1（談 50-175-7）
老江湖：1（續 7-118-4）
老媽兒：2（談 22-197-7，談 22-197-8）
老嫩：3（散 26-57-2，散 26-57-7，
　　散 26-57-7）
老婆子：2（問 7-90-12，問 7-90-12）
老親：1（談 85-145-9）
老人家：9（談 14-203-2，談 14-203-3，
　　談 16-202-5，談 51-174-5，談 51-174-6，

　　談 69-159-12，言 5-269-2，言 5-269-3，
　　言 5-269-4）
老少：2（散 31-62-1，散 31-62-3）
老生兒子：1（談 87-143-4）
老實：5（問 3-103-3，問 8-83-1，談 33-188-4，
　　談 58-168-5，談 68-160-10）
老實人：1（續 3-114-9）
老是：2（續 2-113-6，續 3-114-3）
老手：1（問 9-82-1）
老太太：1（續 12-123-1）
老天爺：2（談 66-161-7，談 87-143-10）
老頭子：2（散 23-54-7，續 18-129-4）
老翁：3（散 25-56-1，散 25-56-4，
　　散 25-56-8）
老兄：8（談 62-165-12，談 65-162-6，
　　談 66-161-6，談 70-158-10，談 70-156-4，
　　談 73-155-6，談 73-155-8，談 74-154-8）
老兄台：1（談 88-142-6）
老兄長：1（談 11-206-7）
老徐：4（問 5-98-5，問 6-95-11，問 6-94-7，
　　問 6-94-8）
老樣兒：2（續 7-118-10，談 46-178-5）
老爺：64（散 31-62-1，問 3-106-4，
　　問 3-106-7，問 3-106-9，問 3-106-10，
　　問 3-105-1，問 3-105-2，問 3-105-3，
　　問 3-105-4，問 3-105-7，問 3-105-10，
　　問 3-105-10，問 3-105-11，問 3-105-11，
　　問 3-105-11，問 3-104-3，問 3-104-11，
　　問 3-104-12，問 3-103-1，問 3-103-5，
　　問 3-103-11，問 3-103-12，問 3-102-1，
　　問 7-89-2，問 8-88-3，問 8-88-3，
　　問 8-88-3，問 8-88-4，問 8-88-6，
　　問 8-88-9，問 8-86-2，問 8-86-7，
　　問 8-86-8，問 8-86-9，問 8-85-2，
　　問 8-85-6，問 8-85-8，問 8-84-1，
　　問 8-84-2，問 8-84-2，問 8-84-3，
　　問 8-84-4，問 8-84-5，問 8-84-6，
　　問 8-84-8，問 8-84-11，問 8-83-2，
　　問 8-83-4，問 9-83-6，談 22-197-8，
　　談 85-145-12，言 14-289-1，言 14-290-1，

言 14-290-2，言 14-290-3，言 14-290-4，
言 14-291-1，言 14-291-2，言 14-291-3，
言 14-291-4，言 14-292-1，言 14-292-1，
言 14-292-2，言 14-293-1）
老爺們：6（問 8-86-6，談 30-191-3，
　　談 85-106-7，談 85-145-8，言 14-290-5，
　　言 14-292-4）
老爺兒：4（續 2-113-1，續 2-113-7，
　　續 9-120-6，談 40-183-11）
老幼：2（散 31-62-1，散 31-62-3）
老遠：2（談 23-196-1，談 65-162-2）
老子：10（散 25-56-4，散 33-64-1，
　　散 33-64-4，散 33-64-5，問 3-102-3，
　　問 4-101-9，談 42-181-3，談 44-179-4，
　　談 99-133-6，談 99-133-7）
老子娘：1（談 4-211-3）
潦：1（談 32-189-2）
烙餅：1（續 11-122-12）
勒索：2（問 6-94-3，問 6-94-4）
樂：8（散 37-68-6，問 5-96-9，談 29-192-5，
　　談 29-192-9，談 29-192-10，談 91-140-10，
　　談 91-140-10，談 91-139-4）
樂處兒：1（談 55-171-8）
樂一樂：1（談 29-192-8）
了：1403（散 2-33-4，散 2-33-6，散 2-33-6，
　　散 2-33-8，散 2-33-10，散 3-34-5，
　　散 3-34-5，散 3-34-6，散 3-34-6，
　　散 3-34-8，散 3-34-10，散 3-34-10，
　　散 4-35-1，散 4-35-5，散 4-35-5，
　　散 4-35-6，散 4-35-6，散 4-35-8，
　　散 5-36-3，散 5-36-4，散 5-36-5，
　　散 5-36-6，散 6-37-1，散 6-37-2，
　　散 6-37-4，散 6-37-6，散 6-37-6，
　　散 6-37-10，散 7-38-3，散 7-38-5，
　　散 7-38-5，散 7-38-6，散 7-38-6，
　　散 7-38-8，散 7-38-8，散 7-38-8，
　　散 7-38-8，散 7-38-9，散 8-39-2，
　　散 8-39-2，散 8-39-7，散 8-39-7，
　　散 8-39-7，散 8-39-8，散 8-39-9，
　　散 9-40-8，散 9-40-9，散 9-40-10，

散 10-41-6，散 10-41-7，散 10-41-9，
散 10-41-10，散 10-41-10，散 10-41-11，
散 11-42-2，散 11-42-3，散 11-42-4，
散 11-42-4，散 11-42-8，散 11-42-9，
散 11-42-10，散 12-43-8，散 12-43-8，
散 12-43-9，散 13-44-5，散 14-45-2，
散 14-45-2，散 14-45-9，散 14-45-9，
散 14-45-10，散 14-45-10，散 14-45-10，
散 15-46-2，散 15-46-4，散 15-46-7，
散 15-46-7，散 15-46-7，散 16-47-6，
散 16-47-8，散 16-47-8，散 16-47-9，
散 17-48-3，散 17-48-3，散 17-48-5，
散 17-48-6，散 17-48-7，散 17-48-8，
散 17-48-9，散 17-48-10，散 19-50-5，
散 19-50-8，散 19-50-9，散 19-50-9，
散 20-51-7，散 20-51-8，散 20-51-8，
散 20-51-8，散 21-52-3，散 21-52-4，
散 21-52-4，散 21-52-5，散 21-52-7，
散 21-52-7，散 21-52-8，散 22-53-1，
散 22-53-4，散 22-53-5，散 22-53-5，
散 22-53-6，散 23-54-2，散 23-54-2，
散 23-54-7，散 23-54-9，散 23-54-9，
散 23-54-9，散 23-54-10，散 23-54-10，
散 24-55-2，散 24-55-6，散 24-55-7，
散 24-55-8，散 24-55-8，散 24-55-8，
散 24-55-10，散 26-57-1，散 26-57-2，
散 26-57-3，散 26-57-3，散 26-57-3，
散 26-57-10，散 26-57-10，散 27-58-5，
散 27-58-7，散 27-58-7，散 28-59-2，
散 28-59-2，散 28-59-2，散 28-59-3，
散 28-59-3，散 28-59-3，散 28-59-5，
散 28-59-9，散 28-59-10，散 28-59-10，
散 28-59-10，散 29-60-2，散 29-60-4，
散 29-60-5，散 29-60-6，散 29-60-7，
散 29-60-7，散 29-60-7，散 29-60-8，
散 29-60-8，散 30-61-6，散 31-62-3，
散 31-62-4，散 31-62-7，散 31-62-7，
散 31-62-10，散 31-62-10，散 32-63-2，
散 32-63-4，散 32-63-7，散 32-63-7，
散 32-63-9，散 32-63-9，散 32-63-9，

散 34-65-2, 散 34-65-4, 散 34-65-7,
散 34-65-8, 散 35-66-1, 散 35-66-5,
散 35-66-5, 散 35-66-6, 散 35-66-6,
散 35-66-10, 散 35-66-10, 散 36-67-3,
散 36-67-4, 散 36-67-5, 散 36-67-7,
散 36-67-9, 散 37-68-8, 散 37-68-8,
散 38-69-9, 散 39-70-4, 散 39-70-6,
散 39-70-8, 散 39-70-8, 散 40-71-8,
問 1-109-4, 問 1-109-6, 問 2-108-4,
問 2-108-4, 問 2-108-5, 問 2-108-6,
問 2-108-8, 問 2-108-9, 問 2-107-2,
問 2-107-2, 問 2-107-2, 問 2-107-3,
問 2-107-10, 問 2-107-10, 問 2-107-11,
問 3-106-7, 問 3-106-9, 問 3-106-10,
問 3-105-1, 問 3-105-10, 問 3-105-10,
問 3-104-1, 問 3-104-3, 問 3-104-6,
問 3-104-8, 問 3-104-10, 問 3-104-11,
問 3-104-12, 問 3-103-5, 問 3-103-8,
問 3-103-8, 問 3-103-8, 問 3-103-9,
問 3-103-10, 問 3-103-10, 問 3-103-11,
問 3-102-2, 問 3-102-2, 問 4-102-9,
問 4-101-6, 問 4-101-10, 問 4-101-12,
問 4-101-12, 問 4-101-12, 問 4-100-1,
問 4-100-1, 問 4-100-5, 問 4-100-5,
問 4-100-6, 問 4-100-8, 問 4-99-2,
問 4-99-3, 問 5-99-7, 問 5-99-8,
問 5-99-8, 問 5-99-11, 問 5-99-12,
問 5-98-1, 問 5-98-2, 問 5-98-2,
問 5-98-2, 問 5-98-3, 問 5-98-4,
問 5-98-11, 問 5-97-7, 問 5-97-8,
問 5-97-9, 問 5-97-9, 問 5-97-10,
問 5-97-12, 問 5-96-1, 問 5-96-2,
問 5-96-3, 問 5-96-4, 問 5-96-4,
問 5-96-6, 問 5-96-8, 問 5-96-10,
問 5-96-11, 問 5-95-2, 問 5-95-2,
問 5-95-4, 問 5-95-4, 問 6-95-6,
問 6-95-6, 問 6-95-10, 問 6-95-11,
問 6-95-11, 問 6-95-12, 問 6-95-12,
問 6-94-2, 問 6-94-3, 問 6-94-4,
問 6-94-6, 問 6-94-7, 問 6-94-7,

問 6-94-8, 問 6-94-12, 問 6-94-12,
問 6-93-1, 問 6-93-2, 問 6-93-8,
問 6-93-8, 問 6-93-8, 問 6-93-11,
問 6-92-1, 問 6-92-1, 問 6-92-5,
問 6-92-5, 問 6-92-6, 問 6-92-6,
問 6-92-7, 問 6-92-7, 問 6-92-8,
問 6-92-8, 問 7-91-1, 問 7-91-4,
問 7-91-4, 問 7-91-8, 問 7-91-10,
問 7-91-11, 問 7-90-1, 問 7-90-2,
問 7-90-5, 問 7-90-7, 問 7-89-2,
問 7-89-3, 問 7-89-3, 問 7-89-3,
問 7-89-4, 問 7-89-4, 問 7-89-5,
問 7-89-9, 問 8-88-5, 問 8-88-9,
問 8-88-10, 問 8-88-11, 問 8-87-1,
問 8-87-3, 問 8-87-4, 問 8-87-6,
問 8-87-9, 問 8-86-8, 問 8-86-10,
問 8-85-3, 問 8-85-4, 問 8-85-7,
問 8-85-7, 問 8-85-8, 問 8-85-12,
問 8-83-4, 問 9-83-6, 問 9-82-1,
問 9-82-3, 問 9-82-7, 問 9-82-8,
問 9-82-9, 問 9-82-10, 問 9-81-1,
問 9-81-3, 問 9-81-3, 問 9-81-6,
問 9-81-6, 問 9-81-9, 問 9-81-10,
問 10-81-12, 問 10-81-12, 問 10-79-12,
問 10-78-1, 問 10-78-3, 問 10-78-4,
問 10-78-5, 問 10-78-8, 問 10-78-12,
問 10-78-12, 問 10-78-12, 問 10-77-2,
問 10-77-3, 問 10-76-11, 問 10-76-12,
問 10-75-3, 問 10-75-4, 問 10-75-5,
問 10-75-12, 問 10-75-12, 續 1-112-1,
續 1-112-2, 續 1-112-2, 續 1-112-3,
續 1-112-3, 續 1-112-4, 續 1-112-4,
續 1-112-4, 續 1-112-6, 續 1-112-7,
續 1-112-8, 續 1-112-9, 續 1-112-11,
續 1-112-12, 續 1-112-12, 續 1-112-12,
續 1-112-12, 續 2-113-2, 續 2-113-5,
續 3-114-3, 續 3-114-3, 續 3-114-6,
續 3-114-7, 續 3-114-8, 續 3-114-8,
續 3-114-9, 續 3-114-10, 續 3-114-10,
續 3-114-11, 續 3-114-11, 續 3-114-11,

續 4-115-1, 續 4-115-1, 續 4-115-7,
續 4-115-9, 續 4-115-10, 續 4-115-11,
續 4-115-12, 續 5-116-1, 續 5-116-1,
續 5-116-3, 續 5-116-5, 續 5-116-6,
續 5-116-8, 續 5-116-11, 續 5-116-11,
續 6-117-1, 續 6-117-1, 續 6-117-2,
續 6-117-3, 續 6-117-3, 續 6-117-3,
續 6-117-5, 續 6-117-5, 續 6-117-5,
續 6-117-8, 續 6-117-8, 續 6-117-8,
續 6-117-9, 續 6-117-10, 續 6-117-11,
續 6-117-12, 續 6-117-12, 續 7-118-1,
續 7-118-2, 續 7-118-3, 續 7-118-3,
續 7-118-3, 續 7-118-4, 續 7-118-5,
續 7-118-5, 續 7-118-5, 續 7-118-7,
續 7-118-11, 續 7-118-11, 續 7-118-12,
續 7-118-12, 續 7-118-12, 續 8-119-1,
續 8-119-2, 續 8-119-2, 續 8-119-3,
續 8-119-6, 續 8-119-7, 續 8-119-8,
續 8-119-9, 續 8-119-11, 續 8-119-11,
續 8-119-11, 續 9-120-4, 續 9-120-8,
續 9-120-8, 續 9-120-11, 續 9-120-11,
續 10-121-2, 續 10-121-3, 續 10-121-7,
續 10-121-8, 續 10-121-8, 續 10-121-10,
續 10-121-11, 續 11-122-5, 續 11-122-6,
續 11-122-8, 續 11-122-8, 續 11-122-8,
續 11-122-9, 續 11-122-10, 續 11-122-11,
續 11-122-11, 續 12-123-3, 續 12-123-3,
續 12-123-5, 續 12-123-5, 續 12-123-9,
續 12-123-11, 續 13-124-5, 續 13-124-6,
續 13-124-10, 續 13-124-12,
續 13-124-12, 續 14-125-4, 續 14-125-4,
續 14-125-5, 續 14-125-7, 續 14-125-12,
續 14-125-12, 續 15-126-1, 續 15-126-2,
續 15-126-3, 續 15-126-3, 續 15-126-4,
續 15-126-5, 續 15-126-7, 續 15-126-11,
續 16-127-5, 續 16-127-6, 續 16-127-9,
續 16-127-10, 續 16-127-10, 續 17-128-1,
續 17-128-1, 續 17-128-2, 續 17-128-3,
續 17-128-3, 續 17-128-5, 續 17-128-6,
續 17-128-7, 續 17-128-7, 續 17-128-10,

續 17-128-11, 續 18-129-1, 續 18-129-2,
續 18-129-2, 續 18-129-4, 續 18-129-5,
談 1-214-4, 談 1-214-8, 談 1-214-9,
談 1-214-11, 談 2-213-2, 談 2-213-4,
談 2-213-5, 談 2-213-9, 談 3-212-5,
談 3-212-6, 談 3-212-6, 談 3-212-6,
談 4-212-10, 談 4-212-12, 談 4-211-5,
談 5-211-10, 談 5-210-4, 談 6-210-8,
談 6-210-10, 談 6-210-10, 談 6-210-10,
談 6-210-11, 談 6-210-11, 談 6-210-12,
談 6-210-12, 談 6-209-1, 談 6-209-3,
談 7-209-6, 談 7-209-7, 談 7-209-9,
談 7-209-10, 談 7-208-1, 談 8-208-5,
談 8-208-7, 談 8-208-7, 談 9-208-12,
談 9-208-12, 談 9-207-1, 談 9-207-2,
談 9-207-3, 談 9-207-3, 談 9-207-4,
談 9-207-5, 談 9-207-7, 談 9-207-7,
談 10-207-10, 談 10-207-12, 談 10-206-4,
談 11-206-8, 談 11-206-9, 談 11-206-11,
談 11-206-12, 談 11-206-12, 談 12-205-3,
談 12-205-3, 談 12-205-3, 談 12-205-7,
談 12-205-8, 談 12-205-8, 談 12-205-10,
談 12-205-10, 談 13-204-3, 談 13-204-7,
談 14-204-9, 談 14-204-9, 談 14-204-11,
談 14-204-12, 談 14-203-2, 談 15-203-8,
談 15-203-10, 談 16-202-5, 談 16-202-7,
談 16-202-8, 談 16-202-9, 談 16-202-9,
談 16-202-11, 談 17-201-3, 談 17-201-3,
談 17-201-4, 談 17-201-5, 談 17-201-5,
談 17-201-6, 談 17-201-6, 談 17-201-6,
談 17-201-7, 談 18-200-3, 談 18-200-4,
談 18-200-5, 談 18-200-7, 談 19-199-3,
談 20-199-7, 談 20-199-8, 談 20-199-8,
談 20-199-8, 談 20-198-1, 談 20-198-1,
談 21-198-4, 談 21-198-4, 談 21-198-6,
談 21-198-6, 談 21-198-9, 談 21-198-10,
談 22-197-2, 談 22-197-2, 談 22-197-3,
談 22-197-4, 談 22-197-5, 談 22-197-5,
談 22-197-6, 談 22-197-6, 談 22-197-7,
談 22-197-7, 談 22-197-7, 談 22-197-8,

談 22-197-9, 談 22-197-9, 談 22-197-10,
談 23-197-12, 談 23-196-1, 談 23-196-2,
談 23-196-2, 談 23-196-2, 談 23-196-6,
談 24-196-11, 談 24-195-2, 談 24-195-5,
談 25-195-7, 談 25-195-7, 談 25-195-10,
談 26-194-2, 談 26-194-2, 談 26-194-3,
談 27-194-8, 談 27-194-10, 談 27-194-10,
談 27-194-11, 談 27-193-1, 談 27-193-1,
談 27-193-2, 談 27-193-3, 談 27-193-3,
談 28-193-6, 談 28-193-12, 談 28-192-2,
談 28-192-2, 談 28-192-2, 談 29-192-5,
談 29-192-6, 談 29-192-7, 談 29-192-10,
談 29-192-11, 談 29-192-11, 談 30-191-2,
談 30-191-2, 談 30-191-4, 談 30-191-7,
談 30-191-7, 談 30-191-8, 談 30-191-9,
談 30-191-10, 談 30-191-10,
談 31-191-12, 談 31-191-12, 談 31-190-1,
談 31-190-2, 談 31-190-4, 談 31-190-4,
談 31-190-4, 談 31-190-7, 談 32-190-10,
談 32-190-10, 談 32-190-10,
談 32-190-11, 談 32-189-2, 談 32-189-2,
談 32-189-2, 談 32-189-3, 談 32-189-5,
談 32-189-7, 談 33-189-10, 談 33-189-10,
談 33-188-2, 談 33-188-2, 談 33-188-3,
談 34-188-9, 談 34-187-1, 談 34-187-1,
談 34-187-2, 談 34-187-2, 談 34-187-2,
談 34-187-4, 談 35-187-8, 談 35-187-11,
談 35-187-12, 談 35-187-12, 談 35-186-1,
談 35-186-2, 談 35-186-3, 談 35-186-3,
談 35-186-3, 談 35-186-3, 談 36-186-8,
談 36-186-10, 談 36-186-11,
談 36-186-11, 談 36-185-1, 談 36-185-1,
談 36-185-1, 談 36-185-2, 談 37-185-6,
談 37-185-6, 談 37-185-7, 談 37-185-7,
談 37-185-8, 談 37-185-8, 談 37-185-8,
談 37-185-9, 談 37-185-9, 談 37-185-12,
談 38-184-2, 談 38-184-3, 談 38-184-4,
談 38-184-4, 談 38-184-4, 談 38-184-5,
談 38-184-6, 談 38-184-6, 談 38-184-7,
談 38-184-8, 談 38-184-9, 談 38-184-9,

談 38-184-10, 談 39-184-12, 談 39-183-2,
談 39-183-3, 談 39-183-4, 談 39-183-4,
談 39-183-6, 談 40-183-12, 談 40-183-12,
談 40-182-1, 談 40-182-2, 談 40-182-3,
談 40-182-4, 談 40-182-4, 談 40-182-5,
談 41-182-8, 談 41-182-9, 談 41-182-10,
談 41-182-10, 談 41-182-11, 談 42-181-8,
談 42-181-8, 談 43-180-1, 談 43-180-1,
談 43-180-4, 談 43-180-4, 談 43-180-6,
談 44-180-8, 談 44-180-8, 談 44-180-8,
談 44-180-11, 談 44-179-1, 談 44-179-3,
談 44-179-4, 談 44-179-4, 談 44-179-5,
談 45-179-7, 談 45-179-10, 談 45-179-10,
談 45-179-10, 談 45-179-10,
談 45-179-11, 談 45-179-11,
談 45-179-11, 談 45-178-1, 談 45-178-1,
談 45-178-3, 談 46-178-5, 談 46-178-5,
談 46-178-6, 談 46-178-6, 談 46-178-8,
談 46-178-10, 談 46-178-12,
談 46-178-12, 談 47-177-3, 談 47-177-7,
談 47-177-7, 談 47-177-7, 談 47-177-8,
談 47-177-10, 談 47-177-10,
談 48-177-12, 談 48-176-2, 談 48-176-2,
談 48-176-3, 談 48-176-3, 談 48-176-3,
談 48-176-4, 談 48-176-5, 談 48-176-6,
談 48-176-6, 談 48-176-6, 談 49-176-9,
談 49-176-11, 談 49-175-1, 談 49-175-2,
談 49-175-3, 談 49-175-4, 談 50-175-6,
談 50-175-6, 談 50-175-7, 談 50-175-8,
談 50-175-8, 談 50-175-10, 談 50-175-11,
談 50-175-11, 談 50-175-12, 談 50-174-1,
談 51-174-4, 談 51-174-4, 談 51-174-6,
談 51-174-6, 談 51-174-7, 談 51-174-7,
談 51-174-7, 談 51-174-8, 談 51-174-8,
談 51-174-8, 談 51-174-10, 談 51-174-10,
談 51-174-10, 談 52-173-1, 談 52-173-2,
談 52-173-6, 談 52-173-6, 談 53-173-10,
談 53-173-11, 談 53-172-1, 談 53-172-3,
談 53-172-6, 談 54-172-10, 談 54-172-10,
談 54-172-12, 談 54-171-1, 談 55-171-8,

談 55-171-9, 談 55-171-9, 談 55-171-11, 談 55-171-12, 談 55-170-1, 談 55-170-2, 談 55-170-2, 談 56-170-5, 談 56-170-7, 談 56-170-10, 談 56-170-11, 談 56-170-12, 談 56-169-1, 談 57-169-4, 談 58-168-3, 談 58-168-6, 談 58-168-7, 談 58-168-8, 談 58-168-9, 談 59-167-6, 談 59-167-6, 談 59-167-7, 談 59-167-7, 談 59-167-9, 談 60-167-12, 談 60-166-2, 談 60-166-2, 談 60-166-4, 談 60-166-5, 談 60-166-6, 談 61-166-9, 談 61-166-10, 談 61-166-11, 談 61-166-11, 談 62-165-8, 談 62-165-9, 談 62-165-9, 談 62-165-9, 談 62-165-11, 談 62-165-11, 談 62-165-11, 談 62-164-1, 談 62-164-2, 談 62-164-3, 談 62-164-3, 談 62-164-4, 談 63-164-8, 談 63-164-10, 談 63-164-12, 談 63-164-12, 談 63-163-1, 談 63-163-1, 談 63-163-2, 談 64-163-9, 談 64-163-11, 談 65-162-2, 談 65-162-2, 談 65-162-3, 談 65-162-4, 談 65-162-4, 談 65-162-5, 談 65-162-6, 談 65-162-7, 談 65-162-10, 談 65-162-10, 談 65-162-10, 談 65-162-10, 談 65-162-11, 談 66-161-2, 談 66-161-3, 談 66-161-3, 談 66-161-4, 談 66-161-5, 談 66-161-5, 談 66-161-5, 談 66-161-6, 談 66-161-7, 談 66-161-9, 談 67-161-12, 談 68-160-10, 談 68-160-10, 談 68-159-2, 談 68-159-2, 談 68-159-3, 談 68-159-5, 談 69-159-8, 談 69-159-9, 談 69-158-1, 談 69-158-1, 談 69-158-2, 談 69-158-2, 談 70-158-4, 談 70-158-4, 談 70-158-6, 談 70-158-9, 談 70-158-9, 談 70-158-10, 談 70-158-12, 談 70-157-1, 談 71-157-4, 談 71-157-6, 談 71-157-6, 談 71-157-6, 談 71-157-7, 談 71-157-7, 談 71-157-7, 談 71-157-9, 談 71-157-9, 談 70-156-4, 談 70-156-4, 談 70-156-4, 談 70-156-7, 談 70-156-8, 談 70-156-8, 談 70-156-8, 談 70-156-9, 談 70-156-10, 談 70-156-12, 談 70-156-12, 談 72-155-1, 談 73-155-6, 談 73-155-7, 談 73-155-7, 談 73-155-8, 談 73-155-8, 談 73-155-9, 談 73-155-10, 談 73-155-11, 談 73-155-12, 談 74-154-3, 談 74-154-4, 談 74-154-4, 談 74-154-5, 談 74-154-6, 談 74-154-7, 談 74-154-7, 談 74-154-7, 談 74-154-8, 談 74-154-9, 談 74-154-9, 談 75-154-12, 談 75-153-1, 談 75-153-1, 談 75-153-1, 談 75-153-1, 談 75-153-1, 談 75-153-2, 談 75-153-3, 談 75-153-3, 談 75-153-4, 談 75-153-5, 談 75-153-6, 談 75-153-8, 談 75-153-8, 談 76-153-12, 談 76-152-1, 談 76-152-2, 談 76-152-5, 談 76-152-5, 談 76-152-7, 談 77-152-11, 談 77-152-11, 談 77-152-11, 談 77-152-12, 談 77-152-12, 談 77-151-1, 談 77-151-2, 談 77-151-2, 談 77-151-2, 談 77-151-4, 談 77-151-5, 談 77-151-6, 談 77-151-7, 談 77-151-7, 談 78-151-11, 談 78-151-11, 談 78-151-12, 談 78-150-2, 談 78-150-4, 談 79-150-9, 談 79-150-9, 談 79-150-10, 談 80-149-4, 談 80-149-4, 談 81-149-12, 談 81-149-12, 談 81-148-1, 談 81-148-3, 談 81-148-4, 談 81-148-4, 談 81-148-4, 談 81-148-4, 談 81-148-5, 談 81-148-5, 談 81-148-6, 談 81-148-7, 談 81-148-7, 談 82-148-9, 談 82-148-11, 談 82-148-12, 談 82-148-12, 談 82-148-12, 談 82-147-1, 談 82-147-2, 談 82-147-2, 談 82-147-4, 談 82-147-5, 談 82-147-6, 談 82-147-6, 談 83-147-9, 談 83-147-10, 談 83-147-12, 談 83-146-1, 談 83-146-2, 談 83-146-3, 談 83-146-3, 談 83-146-4, 談 84-146-8, 談 84-146-8, 談 84-146-9, 談 84-146-9, 談 84-146-10, 談 84-146-11, 談 84-146-11, 談 84-146-12, 談 84-146-12, 談 84-145-1, 談 84-145-1, 談 84-145-2, 談 84-145-3, 談 85-145-11,

談 85-144-1, 談 86-144-4, 談 86-144-5, 談 86-144-8, 談 86-144-11, 談 86-144-11, 談 86-143-1, 談 86-143-1, 談 86-143-1, 談 87-143-4, 談 87-143-4, 談 87-143-5, 談 87-143-5, 談 87-143-7, 談 87-143-9, 談 87-143-9, 談 87-143-10, 談 87-143-11, 談 87-143-11, 談 87-143-12, 談 88-142-6, 談 88-142-10, 談 88-142-12, 談 89-141-5, 談 89-141-6, 談 89-141-7, 談 89-141-7, 談 89-141-7, 談 89-141-8, 談 89-141-8, 談 89-141-9, 談 89-141-9, 談 89-141-10 談 90-140-1, 談 90-140-1, 談 90-140-5, 談 90-140-7, 談 91-140-11, 談 91-140-11, 談 91-140-11, 談 91-140-12, 談 91-139-1, 談 91-139-3, 談 91-139-3, 談 91-139-4, 談 91-139-4, 談 91-139-6, 談 92-139-8, 談 92-139-8, 談 92-139-9, 談 92-139-9, 談 92-139-10, 談 92-139-11, 談 92-139-11, 談 92-139-12, 談 92-139-12, 談 92-138-1, 談 92-138-1, 談 92-138-2, 談 92-138-2, 談 92-138-3, 談 92-138-3, 談 93-138-6, 談 93-138-6, 談 93-138-7, 談 93-138-7, 談 93-138-9, 談 93-138-9, 談 93-137-1, 談 94-137-4, 談 94-137-5, 談 94-137-5, 談 94-137-8, 談 94-137-10, 談 95-136-1, 談 95-136-1, 談 95-136-2, 談 95-136-3, 談 95-136-4, 談 95-136-5, 談 95-136-5, 談 95-136-7, 談 96-136-10, 談 96-136-11, 談 96-136-11, 談 96-136-11, 談 96-136-11, 談 96-136-11, 談 96-136-11, 談 96-136-11, 談 96-136-12, 談 96-136-12, 談 96-135-1, 談 96-135-1, 談 97-135-5, 談 97-135-6, 談 97-135-6, 談 97-135-9, 談 97-135-9, 談 97-135-11, 談 97-135-12, 談 97-135-12, 談 97-135-12, 談 98-134-2, 談 98-134-3, 談 98-134-4, 談 98-134-4, 談 98-134-4, 談 98-134-5, 談 98-134-8, 談 99-133-1, 談 99-133-6, 談 99-133-7, 談 99-133-7, 談 99-133-7, 談 100-132-1, 言 1-288-3, 言 1-288-7, 言 1-288-7, 言 1-288-8, 言 1-288-8, 言 1-287-9, 言 1-287-10, 言 1-287-11, 言 1-286-4, 言 1-286-6, 言 1-285-10, 言 2-284-8, 言 2-284-9, 言 2-284-9, 言 2-284-10, 言 2-284-10, 言 2-283-2, 言 3-282-2, 言 3-282-3, 言 3-282-3, 言 3-282-3, 言 3-282-5, 言 3-281-9, 言 3-281-9, 言 3-280-5, 言 3-280-9, 言 3-279-2, 言 3-279-8, 言 3-277-12, 言 3-275-1, 言 3-275-4, 言 3-273-1, 言 3-273-11, 言 4-271-1, 言 4-271-4, 言 4-271-5, 言 4-271-5, 言 4-271-5, 言 4-271-10, 言 4-271-11, 言 5-270-8, 言 5-270-11, 言 5-270-12, 言 6-269-9, 言 8-267-3, 言 8-267-3, 言 8-267-3, 言 8-266-3, 言 8-266-7, 言 8-265-1, 言 8-265-5, 言 8-264-6, 言 8-263-9, 言 9-261-5, 言 9-261-6, 言 9-261-7, 言 9-261-7, 言 9-261-8, 言 9-260-4, 言 9-260-5, 言 9-260-7, 言 9-260-8, 言 9-260-9, 言 9-260-9, 言 9-260-10, 言 9-259-1, 言 9-259-3, 言 9-259-4, 言 9-259-7, 言 9-259-8, 言 9-259-8, 言 9-259-12, 言 9-259-12, 言 9-258-2, 言 9-258-5, 言 9-258-5, 言 9-258-8, 言 9-258-8, 言 9-258-9, 言 9-257-1, 言 9-257-4, 言 9-257-9, 言 9-257-9, 言 9-257-9, 言 9-257-10, 言 9-257-11, 言 9-257-12, 言 9-256-1, 言 9-256-3, 言 10-256-7, 言 10-256-9, 言 10-256-10, 言 10-256-11, 言 10-255-1, 言 10-255-1, 言 10-255-1, 言 10-255-2, 言 10-255-4, 言 10-255-4, 言 10-255-7, 言 10-255-8, 言 10-255-8, 言 10-255-8, 言 10-255-10, 言 10-255-10, 言 10-255-11, 言 10-255-11, 言 10-254-2, 言 10-254-5, 言 10-254-6, 言 10-254-8, 言 10-254-8, 言 10-254-8, 言 10-254-9, 言 10-254-10, 言 10-253-1, 言 10-253-2,

言10-253-3, 言10-253-5, 言10-253-5,
言10-253-5, 言10-253-7, 言10-253-9,
言10-253-12, 言10-252-4, 言10-252-5,
言10-252-5, 言10-252-5, 言10-252-6,
言10-252-6, 言10-252-7, 言10-252-7,
言10-252-7, 言10-252-8, 言10-252-8,
言10-251-2, 言10-251-2, 言10-251-7,
言10-251-7, 言10-251-8, 言10-251-9,
言10-251-10, 言10-251-11,
言10-251-11, 言10-251-12, 言10-250-1,
言10-250-2, 言11-250-6, 言11-250-6,
言11-250-10, 言11-250-10,
言11-250-10, 言11-250-11,
言11-250-12, 言11-250-12, 言13-248-1,
言13-248-2, 言13-248-2, 言13-248-3,
言13-248-5, 言13-248-6, 言13-248-6,
言14-289-3, 言14-289-3, 言14-289-3,
言14-290-1, 言14-290-1, 言14-290-1,
言14-290-4, 言14-290-5, 言14-291-5,
言14-291-6, 言14-292-2, 言14-292-2,
言14-293-1, 言14-293-4, 言14-293-6)
擂鼓：1（續11-122-11）
類：16（問10-78-6, 問10-78-6, 問10-78-7,
問10-78-7, 問10-78-8, 言1-286-1,
言3-282-6, 言3-282-7, 言3-282-7,
言3-276-8, 言3-276-11, 言3-273-10,
言9-262-3, 言9-262-3, 言9-262-3,
言9-262-3）
累：5（散31-62-9, 散37-68-6, 問4-101-8,
問4-101-9, 問4-101-10）
累贅：1（問10-80-7）
冷：15（散9-40-3, 散9-40-7, 散9-40-7,
散9-40-9, 散10-41-7, 散14-45-4,
散16-47-10, 散16-47-10, 續10-121-6,
續11-122-11, 談93-138-12, 談97-135-5,
談98-134-9, 言12-249-5, 言14-292-2）
冷不防：1（續11-122-9）
冷淡：1（談14-204-9）
冷孤丁：1（談45-179-7）
冷冷清清：1（續11-122-10）

冷清：2（續16-127-9, 談23-196-5）
冷笑：1（散23-54-1）
離：22（散34-65-8, 問3-106-11, 問3-105-5,
問3-103-6, 問7-90-9, 問8-87-1,
問8-87-2, 問8-87-5, 問8-86-3,
問8-86-3, 問8-85-4, 問8-85-8,
談3-212-4, 談47-177-5, 談73-155-5,
談75-154-11, 談75-153-4, 談75-153-9,
談76-152-3, 談92-139-11, 言8-263-3,
言10-255-12）
離不開：2（問8-83-3, 談47-177-3）
離間：1（談17-201-4）
離開：1（問8-83-4）
禮拜：1（續5-116-4）
禮貌：1（續9-120-2）
禮物：2（談69-159-11, 言3-274-3）
李：1（散22-53-4）
李永成：1（問6-94-10）
裏：128（散3-34-1, 散3-34-5, 散3-34-8,
散6-37-4, 散7-38-5, 散7-38-6,
散7-38-7, 散7-38-9, 散7-38-9,
散7-38-10, 散8-39-3, 散8-39-4,
散8-39-5, 散8-39-6, 散8-39-6,
散10-41-9, 散11-42-6, 散11-42-9,
散12-43-6, 散12-43-7, 散14-45-5,
散15-46-3, 散15-46-4, 散15-46-6,
散15-46-10, 散16-47-5, 散19-50-9,
散29-60-10, 散30-61-3, 散30-61-8,
散31-62-8, 散33-64-6, 散33-64-9,
散33-64-10, 散34-65-7, 散36-67-6,
散36-67-6, 散36-67-10, 散36-67-10,
散37-68-2, 散37-68-7, 散38-69-10,
散39-70-9, 問2-108-3, 問3-105-4,
問3-105-8, 問3-104-2, 問3-103-6,
問3-102-1, 問3-102-3, 問4-102-6,
問5-97-1, 問5-97-1, 問5-96-3,
問5-96-9, 問6-92-5, 問7-89-11,
問8-87-7, 問8-87-7, 問8-87-8,
問8-87-8, 問8-87-9, 問8-87-10,
問8-87-10, 問8-87-11, 問8-87-12,

問 8-86-7, 問 8-86-10, 問 8-86-10,
問 8-85-9, 問 8-84-12, 問 8-83-1,
問 8-83-3, 問 10-80-11, 問 10-80-12,
問 10-79-1, 問 10-79-5, 問 10-79-6,
問 10-79-6, 問 10-79-6, 問 10-76-5,
問 10-76-6, 問 10-76-7, 問 10-75-2,
問 10-75-6, 續 2-113-1, 續 7-118-6,
續 10-121-4, 續 13-124-1, 續 13-124-12,
續 15-126-7, 談 17-201-2, 談 22-197-9,
談 24-195-1, 談 27-194-10, 談 28-193-8,
談 31-190-4, 談 32-190-10, 談 34-188-7,
談 34-188-7, 談 35-187-9, 談 35-187-9,
談 35-187-12, 談 35-186-1, 談 36-186-11,
談 37-185-7, 談 38-184-5, 談 38-184-8,
談 38-184-9, 談 39-183-2, 談 39-183-7,
談 40-182-2, 談 44-179-2, 談 46-178-11,
談 46-178-11, 談 52-173-2, 言 3-282-1,
言 3-281-10, 言 3-281-11, 言 3-281-12,
言 3-280-2, 言 3-279-11, 言 3-279-11,
言 4-272-11, 言 4-271-8, 言 5-270-2,
言 5-270-5, 言 14-291-5）

裏兒：2（散 12-43-3, 散 12-43-3）

裏頭：34（散 3-34-1, 散 8-39-7, 散 8-39-8,
散 12-43-5, 散 13-44-7, 散 17-48-2,
散 32-63-5, 問 3-105-6, 問 3-104-7,
問 5-97-2, 問 5-97-5, 問 8-86-8,
問 8-85-11, 問 8-84-10, 問 9-81-4,
問 10-79-2, 問 10-79-10, 問 10-78-8,
問 10-78-12, 問 10-76-1, 問 10-76-3,
問 10-76-8, 續 7-118-8, 續 13-124-8,
談 13-204-5, 談 21-198-3, 談 22-197-5,
談 30-191-3, 談 36-186-8, 談 80-149-8,
言 3-281-11, 言 3-280-1, 言 3-279-9,
言 3-272-3）

裡：56（談 57-169-9, 談 63-164-9,
談 75-153-4, 談 77-152-11, 談 77-152-11,
談 82-147-2, 談 82-147-2, 談 85-145-10,
談 86-144-9, 談 89-141-4, 談 91-140-10,
談 91-140-10, 談 91-139-2, 談 94-137-7,
談 95-136-6, 談 96-136-9, 談 96-136-9,

言 1-287-3, 言 1-286-4, 言 1-286-7,
言 1-286-10, 言 1-286-11, 言 1-285-11,
言 2-284-4, 言 2-284-6, 言 2-284-7,
言 2-284-12, 言 2-283-1, 言 2-283-1,
言 2-283-4, 言 2-283-4, 言 2-283-5,
言 2-283-5, 言 2-283-6, 言 3-283-9,
言 3-282-5, 言 3-277-8, 言 5-269-2,
言 7-268-6, 言 8-267-6, 言 8-263-2,
言 9-260-7, 言 9-258-10, 言 9-257-12,
言 10-256-8, 言 10-256-10, 言 10-256-11,
言 10-253-4, 言 10-253-7, 言 11-250-7,
言 11-250-10, 言 14-289-2, 言 14-291-1,
言 14-291-1, 言 14-291-2, 言 14-292-2）

裡邊：1（言 3-274-11）

裡兒：1（談 86-144-6）

裡頭：29（談 82-147-1, 談 85-144-1,
談 99-133-1, 談 100-132-5, 言 1-286-7,
言 2-283-3, 言 3-283-9, 言 3-283-11,
言 3-281-7, 言 3-281-10, 言 3-277-8,
言 5-270-12, 言 6-269-10, 言 7-268-4,
言 7-268-8, 言 8-268-12, 言 8-267-2,
言 8-266-6, 言 9-262-8, 言 9-261-1,
言 9-261-9, 言 9-261-10, 言 10-254-4,
言 10-253-6, 言 10-251-8, 言 11-250-5,
言 11-250-8, 言 11-250-8, 言 14-294-6）

里：12（散 1-32-9, 散 1-32-10, 散 1-32-10,
問 3-106-11, 問 8-87-2, 問 8-87-5,
問 8-85-4, 問 8-85-5, 問 8-85-5,
問 8-85-9, 問 8-85-10, 談 76-152-4）

理：35（散 21-52-5, 散 29-60-10, 問 6-94-4,
問 10-80-6, 問 10-78-6, 問 10-77-6,
問 10-77-7, 問 10-77-7, 問 10-74-4,
談 7-209-11, 談 11-206-12, 談 19-199-4,
談 23-196-1, 談 23-196-7, 談 29-192-12,
談 35-186-1, 談 38-184-3, 談 52-173-1,
談 62-164-2, 談 65-162-4, 談 65-162-5,
談 73-155-6, 談 81-148-1, 談 88-141-1,
談 93-138-12, 言 1-288-10, 言 1-287-7,
言 1-286-4, 言 1-285-1, 言 1-285-6,
言 1-285-9, 言 3-278-3, 言 3-278-12,

言 3-274-12, 言 9-257-7）
理會：3（散 20-51-1, 散 20-51-7,
　　問 3-105-12）
理論：1（談 61-165-4）
理應：1（散 27-58-9）
力：2（言 3-274-6, 言 10-250-1）
力量：3（散 39-70-2, 散 39-70-9,
　　問 4-100-2）
力量兒：2（談 52-173-6, 談 75-153-4）
立：2（散 22-53-5, 言 3-272-3）
立墳：2（談 75-153-3, 談 75-153-6）
立櫃：2（談 35-187-12, 言 8-266-6）
立刻：9（散 29-60-10, 問 3-106-12,
　　問 3-103-12, 續 10-121-11, 談 36-185-1,
　　談 45-179-11, 言 9-259-10, 言 10-256-10,
　　言 10-251-7）
立夏：1（談 93-138-5）
立意：1（問 10-79-8）
粒：3（言 3-276-4, 言 3-276-4, 言 3-276-4）
利害：20（散 16-47-2, 散 17-48-6,
　　散 20-51-8, 散 26-57-5, 問 3-106-8,
　　問 5-97-3, 問 7-89-5, 續 6-117-5,
　　談 54-172-10, 談 55-171-9, 談 61-166-12,
　　談 80-149-7, 談 93-138-5, 言 8-264-5,
　　言 8-264-9, 言 9-257-8, 言 10-252-10,
　　言 11-250-6, 言 14-292-4, 言 14-294-2）
利錢：1（續 8-119-6）
倆：39（散 2-33-2, 散 2-33-2, 散 8-39-8,
　　散 9-40-9, 散 9-40-10, 散 21-52-6,
　　散 26-57-4, 散 26-57-5, 散 27-58-7,
　　散 36-67-6, 問 4-102-7, 問 4-100-5,
　　續 3-114-2, 談 1-214-6, 談 18-201-12,
　　談 18-200-4, 談 18-200-6, 談 22-197-2,
　　談 27-194-11, 談 30-191-2, 談 66-161-3,
　　談 90-140-5, 談 90-140-7, 言 3-280-2,
　　言 3-280-3, 言 7-268-9, 言 8-267-7,
　　言 8-267-8, 言 8-267-10, 言 8-265-6,
　　言 8-265-9, 言 8-265-9, 言 8-265-10,
　　言 8-265-12, 言 9-262-6, 言 9-262-7,
　　言 10-253-2, 言 10-252-7, 言 11-250-5）

倆人：1（散 26-57-1）
連：42（散 17-48-2, 散 17-48-8, 散 24-55-10,
　　散 30-61-10, 問 3-104-7, 問 3-103-9,
　　問 6-95-12, 問 8-87-10, 問 10-78-12,
　　問 10-77-2, 問 10-77-12, 談 4-211-3,
　　談 6-210-10, 談 11-206-12, 談 22-197-2,
　　談 38-184-9, 談 46-178-10, 談 48-176-5,
　　談 53-172-1, 談 61-165-2, 談 65-162-4,
　　談 68-159-2, 談 70-157-1, 談 75-153-7,
　　談 77-151-6, 談 81-148-7, 談 86-144-8,
　　談 95-136-1, 談 98-134-8, 言 1-288-12,
　　言 1-287-7, 言 1-286-1, 言 1-286-3,
　　言 1-285-4, 言 1-285-4, 言 3-282-8,
　　言 3-280-2, 言 3-280-4, 言 3-279-9,
　　言 12-249-6, 言 12-249-7, 言 14-293-5）
連鬢鬍子：1（談 30-191-5）
連成：1（問 10-79-10）
連竄帶跳：1（續 14-125-10）
連呼：1（言 13-248-4）
連環：1（續 16-127-10）
連哭帶喊：1（續 16-127-7）
連累：1（談 17-201-9）
連絡：1（問 10-77-1）
連忙：1（談 18-200-4）
連上：1（言 1-287-12）
連夜兒：1（談 86-144-12）
連陰雨：2（散 24-55-6, 談 95-136-1）
憐愛：1（談 15-203-8）
憐恤：4（問 6-93-8, 問 6-93-9, 言 13-249-11,
　　言 13-248-1）
簾子：2（續 16-127-7, 談 97-135-10）
臉：7（續 8-119-4, 談 21-198-8, 談 35-187-9,
　　談 47-177-9, 談 65-162-4, 談 96-136-10,
　　談 98-134-7）
臉蛋兒：1（續 9-120-12）
臉面：1（談 31-190-7）
臉面兒：1（談 59-167-5）
臉盆：2（散 11-42-2, 言 14-289-2）
臉盆架：2（言 14-291-3, 言 14-291-4）
臉兒：1（談 62-164-5）

臉頓：1（談 83-147-11）
臉上：9（續 9-120-3，續 13-124-6，
　　續 16-127-5，談 41-182-11，談 45-179-7，
　　談 51-174-8，談 67-160-7，談 68-159-4，
　　談 78-151-11）
臉上下不來：2（談 53-172-5，談 61-165-2）
臉子：2（談 63-164-9，談 83-146-4）
練習：1（問 10-76-9）
良民：3（散 32-63-1，散 32-63-6，
　　散 32-63-6）
良善：2（談 20-199-11，言 4-271-3）
良藥：1（談 67-160-5）
良藥苦口：1（談 41-182-12）
糧船：1（續 16-127-3）
糧米：1（談 79-150-12）
涼：3（散 9-40-3，散 11-42-5，散 11-42-8）
涼快：1（續 10-121-4）
涼帽：1（散 12-43-6）
涼水：3（散 11-42-8，散 11-42-8，
　　散 11-42-10）
涼：5（續 10-121-10，續 11-122-8，
　　談 45-179-9，談 45-178-2，談 48-176-4）
涼茶：1（談 45-179-11）
涼快：1（談 36-186-9）
涼快涼快：1（談 45-179-10）
涼涼兒：1（續 5-116-1）
涼兒：1（續 10-121-4）
涼水：3（談 93-138-6，言 14-289-1，
　　言 14-289-1）
兩：91（散 1-32-7，散 2-33-2，散 4-35-2，
　　散 6-37-1，散 6-37-3，散 7-38-7，
　　散 11-42-2，散 17-48-6，散 18-49-4，
　　散 23-54-8，散 23-54-9，散 25-56-8，
　　散 26-57-6，散 28-59-9，散 29-60-6，
　　散 36-67-7，問 3-102-3，問 4-101-7，
　　問 4-100-4，問 4-100-6，問 4-99-4，
　　問 5-97-11，問 5-97-11，問 5-96-6，
　　問 5-96-6，問 6-92-7，問 7-89-12，
　　問 8-86-1，問 8-86-1，問 8-85-7，
　　問 8-84-2，問 9-82-6，問 10-79-4，
　　問 10-79-5，問 10-79-8，問 10-79-9，
　　問 10-79-12，問 10-77-7，問 10-76-7，
　　問 10-74-3，續 6-117-9，續 7-118-6，
　　續 7-118-6，續 10-121-8，續 13-124-4，
　　續 13-124-12，續 16-127-4，談 16-202-5，
　　談 20-199-9，談 42-181-4，談 44-180-9，
　　談 48-177-12，談 75-154-12，談 77-151-2，
　　談 90-140-4，談 97-135-12，言 1-287-4，
　　言 1-287-4，言 1-286-3，言 1-286-8，
　　言 1-286-11，言 1-285-6，言 2-284-8，
　　言 2-283-5，言 2-283-5，言 3-281-7，
　　言 3-281-12，言 3-279-4，言 3-276-7，
　　言 3-274-2，言 4-271-6，言 6-269-9，
　　言 7-268-2，言 7-268-3，言 7-268-4，
　　言 8-268-12，言 8-265-2，言 8-265-2，
　　言 8-265-7，言 8-265-7，言 8-265-8，
　　言 8-264-2，言 8-264-2，言 9-262-1，
　　言 9-262-5，言 9-262-6，言 9-261-4，
　　言 10-251-1，言 10-251-1，言 12-249-8，
　　言 14-290-3）
兩（量）：25（散 13-44-2，散 13-44-4，
　　散 13-44-9，散 13-44-10，散 34-65-3，
　　散 36-67-7，散 37-68-10，散 37-68-10，
　　散 40-71-5，散 40-71-6，問 2-108-3，
　　問 2-108-5，問 5-97-12，問 5-96-1，
　　問 5-96-1，問 5-95-3，問 6-94-4，
　　續 3-114-6，續 6-117-8，談 31-190-4，
　　談 34-188-8，談 34-188-8，談 34-188-9，
　　談 34-188-10，言 10-251-10）
兩半兒：1（談 18-200-6）
兩邊：1（言 3-278-6）
兩邊：3（散 18-49-3，散 18-49-3，
　　問 8-86-4）
兩截兒：1（談 18-200-4）
兩口子不和氣：1（續 17-128-11）
兩難：1（談 53-172-6）
兩三：3（談 7-209-7，談 65-162-9，
　　談 74-154-8）
兩三千：1（散 1-32-1）
兩頭兒：8（散 30-61-3，問 9-82-9，

續 11-122-4，續 11-122-8，言 3-279-2，
　　言 3-275-3，言 3-274-4，言 10-254-11）
兩頭兒蛇：2（談 18-200-3，談 18-200-5）
兩下裏：3（散 32-63-6，談 1-214-5，
　　談 64-163-9）
兩樣：1（言 1-288-5）
兩樣兒：8（散 11-42-8，散 12-43-6，
　　問 6-93-2，問 10-76-12，問 10-75-7，
　　續 8-119-11，談 5-211-9，言 8-264-2）
亮：4（談 96-136-9，談 97-135-5，
　　言 10-251-3，言 10-251-9）
亮兒：1（談 75-153-2）
亮鐘：1（談 95-136-3）
晾：1（續 11-122-8）
輛：4（散 4-35-2，問 8-84-5，問 8-84-5，
　　言 10-253-1）
量：2（散 29-60-2，散 29-60-8）
量必：1（問 4-100-9）
撩：1（談 83-146-4）
燎亮：1（談 54-172-8）
了不得：9（散 15-46-8，散 20-51-9，
　　散 27-58-3，問 4-100-11，續 15-126-8，
　　談 42-181-6，談 54-172-10，談 58-168-7，
　　談 63-164-8）
了不了：1（續 17-128-4）
了了：1（談 91-140-10）
了然：2（問 10-79-8，言 9-261-5）
了手：1（談 6-210-9）
料：3（談 33-189-9，談 50-175-10，
　　言 3-281-6）
料估：1（言 10-252-5）
料貨：2（散 28-59-2，散 28-59-8）
料理：1（問 2-108-8）
料想：1（談 3-212-8）
撂：3（談 27-193-3，談 46-178-11，
　　談 48-176-1）
撂得下：1（談 50-175-12）
撂臉子：1（談 41-182-10）
撂下：2（談 18-200-2，談 42-181-7）
咧：3（談 7-209-12，談 12-205-5，

　　談 92-139-8）
裂：2（散 28-59-2，散 28-59-3）
列位：3（散 34-65-2，散 34-65-7，
　　散 34-65-7）
趔趄：1（續 10-121-7）
林子：1（散 26-57-9）
臨：1（談 2-213-4）
臨到：1（續 4-115-9）
臨民：2（散 32-63-1，散 32-63-3）
臨死：2（散 32-63-1，散 32-63-4）
臨走：4（散 32-63-1，散 32-63-3，散 34-65-9，
　　談 56-170-10）
賃房子：1（言 8-265-8）
伶便：1（談 33-188-1）
伶俐：1（續 2-113-9）
伶牙俐齒：1（續 11-122-6）
伶牙利齒：1（談 24-196-10）
翎子：1（談 10-206-2）
零：2（問 10-77-1，續 7-118-8）
零碎：5（散 16-47-4，散 38-69-10，
　　問 10-75-6，談 5-211-8，言 14-290-3）
零用：1（散 8-39-6）
靈：4（散 39-184-12，言 2-283-5，言 5-270-5，
　　言 5-270-5）
靈動：1（散 39-70-10）
靈魂兒：1（談 16-202-7）
綾：1（言 3-275-3）
領：3（言 3-276-5，言 3-276-5，言 3-276-5）
領教：2（問 1-109-2，言 14-294-5）
領受：1（談 67-160-8）
另：7（問 8-84-5，問 9-82-2，問 10-80-12，
　　續 2-113-6，談 52-174-12，談 71-157-9，
　　言 3-280-3）
另派：2（散 34-65-1，散 34-65-4）
另請：1（談 51-174-7）
另外：2（談 25-195-10，談 87-143-12）
令：5（散 39-70-8，言 1-288-6，言 9-262-12，
　　言 9-261-1，言 9-261-1）
令弟：2（散 25-56-5，言 10-255-6）
令郎：4（問 7-89-11，談 82-148-12，

談85-145-12，談87-143-4）
令人：2（談90-140-2，言1-288-8）
令孫：2（問7-89-7，問7-89-9）
令堂：1（問2-106-2）
令兄：3（散25-56-5，問2-107-11，
　　談55-171-10）
令友：3（問9-83-10，問9-82-3，問9-81-5）
令祖：1（散25-56-4）
令尊：8（散25-56-4，問2-108-8，
　　問2-108-10，問2-107-10，問4-100-2，
　　言10-255-3，言10-255-6，言10-255-7）
溜：1（言3-280-4）
溜打溜打：1（續2-113-8）
劉大人：3（問5-96-6，問5-96-8，問5-96-8）
留：8（問6-94-6，談24-195-5，談36-186-12，
　　談62-164-3，談67-160-1，談70-157-1，
　　談74-154-3，言8-263-8）
留分兒：1（談54-172-11）
留客：1（問8-87-8）
留空兒：1（談86-144-12）
留情：1（談60-166-5）
留下：10（散24-55-2，問2-107-10，
　　問2-107-11，續8-119-12，談22-197-10，
　　談30-191-8，談69-159-7，談74-154-5，
　　言8-265-10，言11-250-5）
留心：2（續5-116-3，談55-171-12）
留住：1（散24-55-8）
流：1（散30-61-5）
流黏涎子：1（續14-125-11）
流水：1（散30-61-1）
流血：1（談35-187-9）
流星：1（散37-68-2）
琉璃廠：1（問7-90-10）
琉璃河：1（談32-190-12）
柳枝兒：1（談90-140-2）
六：5（散1-32-9，問4-100-6，問9-81-4，
　　言9-262-9，言9-261-10）
六部：2（散38-69-1，散38-69-5）
六七：1（問9-82-9）
六十八：1（散1-32-1）

六十多：1（散36-67-3）
六十九：1（問4-101-7）
六十四：1（言3-274-2）
六萬零五百零七：1（散1-32-3）
咯：101（談1-214-5，談1-214-11，
　　談2-213-5，談2-213-6，談2-213-10，
　　談3-212-8，談6-210-10，談6-210-10，
　　談6-210-11，談6-210-12，談9-208-12，
　　談9-207-6，談10-206-2，談12-205-3，
　　談12-205-5，談12-205-5，談12-205-7，
　　談12-205-8，談15-203-7，談17-201-6，
　　談17-201-10，談18-200-2，談18-200-6，
　　談18-200-7，談18-200-7，談19-200-11，
　　談21-198-4，談21-198-10，談22-197-4，
　　談23-196-7，談24-195-4，談32-189-2，
　　談35-186-4，談37-185-8，談38-184-6，
　　談38-184-6，談38-184-10，談40-182-1，
　　談40-182-2，談40-182-4，談42-181-9，
　　談43-180-1，談43-180-2，談43-180-2，
　　談43-180-4，談44-180-8，談45-179-7，
　　談45-179-11，談46-178-5，談46-178-12，
　　談47-177-7，談51-174-9，談51-174-10，
　　談53-172-3，談54-172-10，談54-172-12，
　　談55-171-8，談56-170-12，談61-166-10，
　　談63-164-8，談63-164-9，談63-164-12，
　　談63-163-1，談64-163-12，談65-162-10，
　　談68-159-4，談70-158-7，談71-157-5，
　　談71-157-9，談75-153-6，談81-149-11，
　　談82-148-11，談82-147-6，談83-146-1，
　　談83-146-4，談84-146-8，談84-145-2，
　　談85-145-5，談88-142-6，談91-139-5，
　　談92-138-2，談93-138-5，談93-138-6，
　　談94-137-3，談94-137-6，談94-137-7，
　　談94-137-8，談95-136-1，談95-136-4，
　　談95-136-7，談96-135-2，談96-135-2，
　　談97-135-7，談97-135-8，談97-135-10，
　　談98-134-9，談99-133-4，談99-133-5，
　　談99-133-6，談99-133-7，談100-132-1）
龍田：2（問4-102-6，問5-99-7）
聾：2（續5-116-4，談22-197-8）

聾子啞：1（談 44-180-9）
籠絡：1（談 24-195-5）
籠頭：2（問 8-84-9，問 8-84-10）
朧：1（談 97-135-9）
樓：5（言 3-280-1，言 9-258-2，言 9-258-2，
　　言 9-258-2，言 9-258-3）
樓板：1（續 6-117-7）
樓上：3（散 4-35-2，散 4-35-3，言 9-260-12）
陋：4（散 23-54-2，散 23-54-8，散 23-54-8，
　　散 23-54-9）
漏：3（談 9-207-3，談 95-136-1，
　　言 14-289-2）
蘆葦：1（談 91-139-2）
爐子：6（散 8-39-1，散 8-39-4，散 8-39-4，
　　散 8-39-5，散 8-39-5，散 8-39-8）
滷麵：1（續 13-124-12）
滷牲口：1（續 8-119-3）
攎：1（言 9-257-9）
櫓船：1（續 13-124-12）
鹿：1（談 89-141-8）
鹿觭角：1（續 14-125-1）
轆轤：1（續 13-124-10）
路：5（問 7-90-8，問 8-85-9，續 14-125-12，
　　言 3-277-10，言 8-267-6）
露：1（言 3-278-3）
露出：4（談 46-178-5，談 49-175-2，
　　言 3-279-2，言 11-250-4）
驢：7（散 4-35-3，散 4-35-7，散 4-35-8，
　　散 4-35-10，言 3-275-1，言 3-273-6，
　　言 3-273-6）
驢駄子：1（散 16-47-6）
驢子：2（散 4-35-8，散 17-48-9）
屢次：2（散 37-68-1，散 37-68-3）
律例：2（散 20-51-1，散 20-51-4）
綠：2（續 10-121-1，續 10-121-2）
綠森森：2（散 26-57-2，散 26-57-9）
亂：8（談 47-177-8，談 59-167-7，言 9-261-8，
　　言 14-293-3，言 14-293-4，言 14-294-1，
　　言 14-295-1，言 14-295-1）
亂來：1（談 31-190-7）

亂亂烘烘：1（談 50-175-7）
略：22（談 7-209-8，談 10-206-3，
　　談 10-206-3，談 23-196-2，談 26-195-12，
　　談 30-191-4，談 31-190-3，談 36-186-9，
　　談 46-178-7，談 51-174-8，談 54-172-11，
　　談 56-170-6，談 63-163-3，談 64-163-7，
　　談 69-159-12，談 74-154-3，談 81-149-11，
　　談 84-145-2，談 89-141-5，談 93-138-7，
　　談 96-136-11，談 98-134-5）
畧：5（問 10-76-4，問 10-76-5，談 70-158-11，
　　談 99-133-4，言 9-261-5）
掄：3（散 22-53-2，散 22-53-8，散 31-62-5）
論：48（散 14-45-7，散 14-45-8，散 14-45-8，
　　散 22-53-1，散 22-53-8，散 29-60-3，
　　散 35-66-8，散 38-69-6，散 38-69-6，
　　問 8-86-2，問 10-75-10，談 12-205-7，
　　談 12-205-8，談 13-204-4，談 14-204-10，
　　談 26-195-12，談 62-165-11，
　　談 69-159-10，談 86-144-6，言 1-288-10，
　　言 1-285-3，言 1-285-7，言 1-285-11，
　　言 1-285-11，言 1-285-12，言 2-284-8，
　　言 2-283-3，言 3-279-3，言 3-278-6，
　　言 3-278-6，言 3-277-6，言 3-277-6，
　　言 3-277-6，言 3-277-7，言 3-276-4，
　　言 3-276-7，言 3-275-4，言 3-275-5，
　　言 3-275-8，言 3-273-7，言 3-273-7，
　　言 8-267-2，言 8-264-3，言 9-262-5，
　　言 9-261-3，言 9-257-7，言 10-255-12，
　　言 11-250-9）
論及：1（言 2-284-8）
輪船：2（言 11-249-1，言 11-249-1）
羅：2（言 3-282-12，言 3-275-3）
羅織：1（問 10-76-7）
鑼：1（言 3-276-6）
騾：1（言 3-275-1）
騾馬：1（散 20-51-9）
騾駄子：1（散 16-47-6）
騾子：18（散 4-35-2，散 4-35-7，散 4-35-8，
　　散 4-35-8，散 4-35-9，散 4-35-9，
　　散 4-35-9，散 4-35-9，散 4-35-10，

散 17-48-9，問 6-93-5，問 6-93-6，
問 6-93-6，問 8-84-8，言 3-273-6，
言 3-273-6，言 9-258-12，言 9-258-12）
駱駝：3（散 16-47-1，散 16-47-5，
言 3-275-2）
落：9（散 29-60-2，問 7-90-10，續 6-117-1，
續 12-123-11，談 24-195-1，談 40-183-10，
談 70-158-10，談 89-141-5，
談 92-139-12）
落不出好來：1（續 17-128-5）
落不下：1（談 87-142-3）
落欸：1（續 16-127-6）
落下：2（散 29-60-6，言 8-266-7）

M

麻：1（續 5-116-3）
麻利：1（續 11-122-12）
馬：60（散 4-35-2，散 4-35-7，散 4-35-8，
散 5-36-3，散 5-36-4，散 5-36-4，
散 9-40-7，散 17-48-9，散 34-65-10，
問 2-108-2，問 2-108-2，問 2-108-5，
問 8-84-7，問 8-84-8，問 8-84-9，
問 8-84-9，問 8-84-11，問 8-84-11，
問 8-84-11，問 8-84-12，問 8-84-12，
問 10-80-11，續 2-113-9，續 3-114-3，
續 3-114-3，續 10-121-10，談 32-189-6，
談 33-189-9，談 33-189-9，談 33-189-10，
談 33-189-12，談 33-189-12，談 33-188-2，
談 89-141-5，談 89-141-7，言 1-285-8，
言 1-285-10，言 1-285-12，言 3-283-11，
言 3-283-11，言 3-282-1，言 3-282-1，
言 3-281-4，言 3-275-1，言 4-271-9，
言 4-271-10，言 4-271-11，言 4-271-11，
言 4-271-12，言 8-265-2，言 9-262-2，
言 9-262-3，言 9-262-4，言 9-262-5，
言 9-262-5，言 9-260-10，言 9-258-12，
言 9-258-12，言 10-253-5，言 11-250-10）
馬鞍子：1（問 8-84-9）
馬步箭：1（談 20-199-11）

馬掛子：2（散 12-43-5，散 12-43-9）
馬箭：1（談 33-189-11）
馬駒橋：1（問 3-103-2）
馬駒橋店：1（問 3-104-2）
馬棚：1（散 40-71-2）
馬棚兒：1（散 40-71-4）
馬錢：1（談 52-173-6）
馬圈：1（言 11-250-10）
馬上：2（續 1-112-2，續 10-121-10）
馬頭：2（問 8-85-5，問 8-85-5）
馬馱子：1（散 16-47-6）
螞蜂：1（續 6-117-12）
螞蟻：1（續 12-123-11）
罵：2（談 62-164-5，談 64-163-11）
罵人：1（談 99-133-2）
嗎：2（談 1-214-9，談 1-214-10）
埋：2（談 75-153-5，言 3-279-11）
買：105（散 2-33-3，散 3-34-8，散 4-35-7，
散 4-35-7，散 4-35-8，散 4-35-8，
散 4-35-8，散 6-37-3，散 7-38-8，
散 7-38-8，散 7-38-8，散 7-38-8，
散 7-38-8，散 7-38-9，散 7-38-9，
散 7-38-9，散 13-44-8，散 13-44-9，
散 14-45-2，散 14-45-6，散 14-45-7，
散 14-45-8，散 25-56-6，散 25-56-6，
散 37-68-9，散 37-68-10，問 2-108-2，
問 2-108-2，問 2-108-7，問 2-108-7，
問 3-105-4，問 5-98-12，問 6-95-8，
問 7-91-4，問 7-91-4，問 7-91-5，
問 7-91-5，問 7-91-5，問 7-91-6，
問 7-91-7，問 7-90-4，問 7-90-4，
問 7-90-4，問 7-90-4，問 7-89-7，
問 7-89-8，問 7-89-8，問 7-89-9，
問 8-84-11，問 8-84-12，談 32-189-4，
談 32-189-5，談 32-189-6，談 32-189-6，
談 33-189-9，談 33-189-9，談 33-188-3，
談 34-188-7，談 34-188-7，談 34-188-8，
談 34-187-2，談 37-185-4，談 37-185-12，
談 37-185-12，談 38-184-4，談 40-182-3，
談 70-157-1，談 86-144-9，言 3-282-2，

言 3-282-3，言 3-282-3，言 3-282-3，
言 3-281-9，言 3-281-9，言 3-279-8，
言 3-277-12，言 4-271-12，言 4-271-12，
言 4-271-12，言 4-271-12，言 6-269-8，
言 8-266-9，言 8-266-10，言 8-265-3，
言 8-265-4，言 8-264-4，言 8-264-4，
言 8-264-4，言 8-264-4，言 8-264-11，
言 8-264-12，言 8-264-12，言 8-263-1，
言 8-263-2，言 8-263-2，言 8-263-2，
言 8-263-7，言 9-260-4，言 9-260-4，
言 9-260-10，言 14-291-1，言 14-291-2，
言 14-291-4，言 14-292-2，言 14-292-4）

買東西：1（散 3-34-10）
買官：1（散 19-50-7）
買賣：9（散 3-34-7，散 3-34-8，散 30-61-8，
問 1-109-8，問 2-107-12，問 2-106-1，
問 4-101-11，問 8-85-1，言 9-256-2）
買賣人：1（散 2-33-4）
麥子：1（散 1-32-9）
賣：29（散 2-33-3，散 2-33-4，散 2-33-4，
散 36-67-9，散 37-68-9，散 37-68-10，
問 2-108-5，問 2-108-6，問 5-98-12，
問 5-98-12，問 5-98-12，問 8-84-12，
續 6-117-1，續 7-118-12，續 8-119-2，
續 12-123-8，談 29-192-10，談 34-188-9，
談 37-185-9，談 38-184-5，談 90-140-6，
談 90-140-6，談 90-140-6，言 4-271-8，
言 4-271-9，言 4-271-9，言 4-271-9，
言 4-271-9，言 8-263-6）
賣線的：1（續 4-115-8）
顢頇：1（談 25-195-9）
埋怨：1（續 15-126-5）
饅頭：3（散 14-45-1，散 14-45-8，
續 16-127-8）
瞞：1（談 90-140-7）
瞞不過：1（談 15-203-7）
瞞得住：2（談 62-165-8，談 62-165-8）
滿：9（散 8-39-2，散 8-39-2，散 8-39-8，
散 8-39-9，散 10-41-10，續 4-115-4，
談 30-191-6，談 40-182-1，言 10-251-9）

滿處兒：1（談 64-163-8）
滿地：1（散 35-66-6）
滿地下：1（續 14-125-1）
滿肚子：1（續 11-122-10）
滿服：1（言 10-255-9）
滿漢酒席：1（續 16-127-12）
滿臉：1（談 62-164-4）
滿心裡：1（談 84-146-10）
滿洲：2（談 100-133-11，談 100-132-1）
滿洲話：3（問 10-80-2，談 1-214-2，
談 3-212-1）
滿洲人：1（談 10-207-9）
滿洲書：5（談 1-214-2，談 1-214-4，
談 5-211-7，談 6-210-8，談 7-209-12）
滿洲字：1（續 14-125-4）
滿嘴：1（續 12-123-7）
滿嘴裏：4（續 9-120-5，續 10-121-4，
續 12-123-12，續 17-128-6）
滿嘴裡：1（言 9-257-1）
漫荒野地：1（談 94-137-7）
慢：4（散 4-35-1，散 4-35-4，散 4-35-10，
問 8-88-7）
慢待：2（散 27-58-2，散 27-58-10）
慢慢：2（言 10-255-6，言 14-294-1）
慢慢兒：6（談 40-183-11，談 50-175-8，
談 84-145-1，談 91-140-12，談 97-135-10，
言 10-255-10）
慢性子：1（談 58-168-5）
慢走：1（散 17-48-7）
忙：15（散 22-53-1，散 22-53-5，散 22-53-5，
散 22-53-7，問 3-104-12，問 7-91-10，
問 7-91-10，問 9-81-8，談 27-194-12，
談 36-186-12，談 36-185-1，談 71-157-6，
談 76-152-1，談 82-147-6，談 92-138-1）
茫：1（言 2-284-9）
牦牛：1（言 6-269-9）
莽撞：1（續 4-115-5）
貓叼耗子：1（續 1-112-10）
毛：1（散 18-49-3）
毛病：3（散 35-66-7，問 2-108-6，

問 2-108-6）
毛病兒：5（談 10-207-11，談 10-206-3，
　　談 19-199-2，談 33-189-11，談 67-160-5）
毛道兒：1（談 34-188-10）
毛稍兒：1（談 34-187-1）
冒失：4（散 31-62-2，散 31-62-7，
　　續 2-113-11，談 62-164-4）
冒雨兒：1（談 94-137-10）
帽襻兒：1（續 10-121-9）
帽子：11（散 12-43-1，散 12-43-1，
　　散 12-43-1，散 12-43-6，散 12-43-7，
　　散 12-43-7，續 7-118-10，續 10-121-9，
　　談 40-182-3，談 86-144-8，言 3-273-3）
貌：7（散 23-54-2，散 23-54-2，散 23-54-8，
　　散 23-54-8，散 23-54-8，散 23-54-8，
　　散 23-54-9）
麼：305（散 4-35-7，散 5-36-3，散 5-36-6，
　　散 6-37-6，散 8-39-5，散 10-41-3，
　　散 15-46-7，散 17-48-5，散 17-48-7，
　　散 25-56-9，散 26-57-3，散 35-66-9，
　　問 1-109-5，問 1-109-9，問 2-108-2，
　　問 2-108-9，問 2-108-10，問 2-108-12，
　　問 2-107-1，問 2-107-2，問 2-107-6，
　　問 2-107-8，問 3-106-6，問 3-106-7，
　　問 3-105-4，問 3-105-5，問 3-105-6，
　　問 3-105-12，問 3-104-1，問 3-104-1，
　　問 3-104-1，問 3-104-5，問 3-104-8，
　　問 3-104-8，問 3-104-10，問 3-104-11，
　　問 3-103-2，問 3-103-5，問 3-103-7，
　　問 3-103-7，問 3-103-8，問 3-103-9，
　　問 3-103-10，問 3-102-1，問 4-102-7，
　　問 4-102-8，問 4-102-9，問 4-102-9，
　　問 4-101-1，問 4-101-3，問 4-101-11，
　　問 4-100-6，問 4-100-7，問 4-100-8，
　　問 5-99-9，問 5-99-10，問 5-98-1，
　　問 5-98-3，問 5-98-6，問 5-98-10，
　　問 5-98-12，問 5-97-1，問 5-97-2，
　　問 5-96-5，問 5-96-6，問 5-96-7，
　　問 6-95-7，問 6-95-9，問 6-95-12，
　　問 6-94-2，問 6-94-4，問 6-92-5，
　　問 7-92-10，問 7-92-12，問 7-92-12，
　　問 7-91-1，問 7-91-7，問 7-90-1，
　　問 7-90-1，問 7-90-6，問 7-90-7，
　　問 7-90-8，問 7-89-1，問 7-89-2，
　　問 7-89-3，問 7-89-4，問 7-89-9，
　　問 8-87-3，問 8-87-10，問 8-86-3，
　　問 8-86-10，問 8-86-11，問 8-86-12，
　　問 8-85-6，問 8-84-2，問 8-84-5，
　　問 8-83-4，問 9-83-9，問 9-83-10，
　　問 9-82-5，問 10-77-6，問 10-76-10，
　　問 10-75-5，問 10-75-8，續 1-112-4，
　　續 1-112-4，續 1-112-12，續 1-112-12，
　　續 2-113-2，續 2-113-3，續 2-113-12，
　　續 2-113-12，續 3-114-9，續 3-114-11，
　　續 4-115-3，續 4-115-4，續 4-115-6，
　　續 4-115-9，續 6-117-5，續 6-117-6，
　　續 6-117-7，續 6-117-8，續 7-118-1，
　　續 7-118-5，續 7-118-10，續 8-119-2，
　　談 1-214-2，談 1-214-3，談 1-214-7，
　　談 2-213-2，談 3-212-6，談 4-211-4，
　　談 4-211-5，談 5-211-7，談 5-210-1，
　　談 6-209-1，談 7-209-11，談 9-208-12，
　　談 9-207-1，談 9-207-2，談 9-207-5，
　　談 11-206-9，談 11-206-10，談 11-206-12，
　　談 12-205-4，談 12-205-6，談 13-204-5，
　　談 13-204-7，談 16-202-7，談 17-201-9，
　　談 19-200-11，談 19-199-4，談 21-198-3，
　　談 23-196-1，談 23-196-1，談 23-196-2，
　　談 26-194-3，談 27-193-4，談 28-193-7，
　　談 28-193-8，談 29-192-12，談 30-191-2，
　　談 31-191-12，談 31-190-5，談 32-189-1，
　　談 32-189-2，談 32-189-4，談 32-189-4，
　　談 34-188-7，談 35-186-1，談 37-185-10，
　　談 38-184-3，談 39-184-12，談 41-182-7，
　　談 44-180-11，談 46-178-9，談 47-177-4，
　　談 47-177-10，談 49-175-1，談 50-175-9，
　　談 50-175-10，談 52-173-1，談 52-173-7，
　　談 53-173-11，談 53-172-1，談 53-172-3，
　　談 54-171-4，談 55-171-7，談 55-171-7，
　　談 55-171-11，談 55-171-12，談 57-169-4，

談 57-169-10, 談 58-168-12, 談 59-167-2,
談 59-167-6, 談 59-167-10, 談 60-166-1,
談 60-166-2, 談 60-166-4, 談 60-166-5,
談 60-166-5, 談 61-166-9, 談 61-165-4,
談 61-165-4, 談 61-165-6, 談 62-165-8,
談 62-165-9, 談 62-165-9, 談 62-165-11,
談 63-164-8, 談 63-163-1, 談 63-163-3,
談 65-162-6, 談 65-162-6, 談 66-161-5,
談 66-161-7, 談 67-160-3, 談 67-160-5,
談 69-159-11, 談 70-158-4, 談 70-158-11,
談 70-158-12, 談 71-157-8, 談 70-156-10,
談 73-155-4, 談 75-154-11, 談 76-152-2,
談 77-151-3, 談 77-151-8, 談 78-151-10,
談 78-151-11, 談 78-151-12, 談 78-150-2,
談 78-150-3, 談 78-150-6, 談 80-149-6,
談 80-149-9, 談 81-148-1, 談 82-148-11,
談 83-147-8, 談 83-146-3, 談 84-146-12,
談 86-144-4, 談 86-144-5, 談 86-144-11,
談 87-143-5, 談 88-142-9, 談 88-142-12,
談 88-141-1, 談 88-141-2, 談 89-141-7,
談 91-139-6, 談 93-138-9, 談 93-138-12,
談 93-137-1, 談 94-137-11, 談 98-134-3,
談 99-133-1, 談 100-132-4, 談 100-132-5,
言 1-288-5, 言 1-287-2, 言 1-286-5,
言 1-286-6, 言 1-286-10, 言 1-286-10,
言 5-270-8, 言 6-269-8, 言 8-267-3,
言 8-267-5, 言 8-266-6, 言 8-266-6,
言 8-266-8, 言 8-266-9, 言 8-265-12,
言 8-264-10, 言 8-263-1, 言 9-262-7,
言 9-260-5, 言 9-259-7, 言 9-259-11,
言 9-258-1, 言 9-258-2, 言 9-258-6,
言 9-258-12, 言 9-256-4, 言 10-256-10,
言 10-255-2, 言 10-255-10, 言 10-254-3,
言 10-254-6, 言 10-254-8, 言 10-253-8,
言 10-253-12, 言 10-252-11,
言 10-252-12, 言 10-252-12, 言 11-250-8,
言 11-249-2, 言 13-248-1, 言 13-248-1,
言 13-248-5, 言 13-248-6, 言 14-291-1）
沒：200（散 3-34-6, 散 3-34-10, 散 4-35-5,
散 5-36-5, 散 5-36-8, 散 7-38-8,
散 9-40-6, 散 11-42-5, 散 12-43-4,
散 12-43-8, 散 16-47-8, 散 18-49-7,
散 19-50-6, 散 24-55-3, 散 24-55-6,
散 24-55-10, 散 24-55-11, 散 26-57-4,
散 27-58-5, 散 27-58-5, 散 27-58-7,
散 27-58-9, 散 29-60-4, 散 29-60-9,
散 29-60-10, 散 30-61-9, 散 31-62-9,
散 35-66-9, 散 40-71-8, 問 1-109-2,
問 1-109-9, 問 2-108-4, 問 2-108-4,
問 2-108-6, 問 2-108-12, 問 3-106-6,
問 3-105-12, 問 3-103-9, 問 3-103-11,
問 3-102-1, 問 3-102-1, 問 3-102-1,
問 4-100-2, 問 4-100-7, 問 4-100-9,
問 5-99-11, 問 5-98-1, 問 5-98-2,
問 5-98-4, 問 5-98-4, 問 5-98-9,
問 5-98-10, 問 5-97-10, 問 5-96-5,
問 6-95-10, 問 6-94-5, 問 6-93-1,
問 6-93-2, 問 7-91-11, 問 7-90-11,
問 7-90-11, 問 7-89-3, 問 7-89-4,
問 8-88-9, 問 8-87-11, 問 8-86-8,
問 8-86-8, 問 8-86-9, 問 8-85-5,
問 9-83-9, 問 9-82-10, 問 9-81-7,
問 9-81-8, 問 10-77-8, 問 10-76-9,
續 2-113-4, 續 2-113-5, 續 2-113-10,
續 4-115-11, 續 4-115-12, 續 5-116-6,
續 6-117-2, 續 7-118-2, 續 7-118-11,
續 8-119-2, 續 8-119-4, 續 9-120-2,
續 10-121-11, 續 10-121-11,
續 11-122-12, 續 12-123-6, 續 12-123-6,
續 12-123-9, 續 16-127-8, 談 2-213-7,
談 4-211-4, 談 5-211-9, 談 6-209-3,
談 8-208-5, 談 9-208-12, 談 9-208-12,
談 9-207-4, 談 11-205-1, 談 17-201-6,
談 18-200-5, 談 21-198-8, 談 21-198-11,
談 22-197-3, 談 22-197-6, 談 22-197-7,
談 23-196-2, 談 26-194-3, 談 27-193-2,
談 30-191-3, 談 31-191-12, 談 31-190-2,
談 31-190-4, 談 32-190-10, 談 38-184-3,
談 38-184-3, 談 38-184-9, 談 46-178-7,
談 50-175-10, 談 50-175-11, 談 50-174-1,

談 51-174-6, 談 51-174-9, 談 55-170-2,
談 56-170-7, 談 56-170-11, 談 56-170-12,
談 57-169-11, 談 58-168-8, 談 59-167-3,
談 59-167-5, 談 60-166-3, 談 60-166-6,
談 61-166-11, 談 61-165-2, 談 61-165-3,
談 62-164-1, 談 64-163-12, 談 65-162-9,
談 66-161-4, 談 68-159-3, 談 69-159-10,
談 70-158-5, 談 70-158-6, 談 71-156-1,
談 70-156-7, 談 73-155-12, 談 74-154-5,
談 74-154-7, 談 83-146-2, 談 85-145-7,
談 90-140-8, 談 93-138-9, 談 94-137-7,
談 98-134-8, 談 100-132-2, 言 1-288-7,
言 1-287-9, 言 1-287-11, 言 2-284-3,
言 3-279-9, 言 3-278-5, 言 3-277-2,
言 3-273-2, 言 3-273-4, 言 3-273-4,
言 8-267-4, 言 8-266-1, 言 8-266-6,
言 8-265-8, 言 9-260-11, 言 9-259-1,
言 9-259-2, 言 9-259-3, 言 9-259-4,
言 9-258-1, 言 9-258-11, 言 10-256-8,
言 10-255-8, 言 10-254-1, 言 10-254-2,
言 10-254-10, 言 10-254-12,
言 10-253-10, 言 10-253-11,
言 10-253-12, 言 10-253-12, 言 10-252-6,
言 10-251-2, 言 10-251-7, 言 10-250-1,
言 11-250-5, 言 11-250-9, 言 14-291-3,
言 14-294-2, 言 14-294-3)
沒出息兒：3（問 2-107-9, 談 64-163-5,
　　談 75-153-8）
沒錯：2（問 7-91-3, 言 9-259-2）
沒得：3（談 22-197-2, 談 76-152-1,
　　談 87-143-11）
沒法兒：5（談 22-197-9, 談 31-190-2,
　　談 37-185-9, 談 40-182-4, 談 93-138-6）
沒法子：2（問 2-107-9, 談 48-176-3）
沒酒兒三分醉：1（續 9-120-9）
沒理：1（談 65-162-4）
沒路兒：1（問 6-93-8）
沒趣兒：2（談 27-193-3, 談 83-147-12）
沒甚麼：4（問 1-109-8, 問 8-87-1,
　　問 8-86-10, 問 8-83-3）

沒事：2（問 3-105-2, 談 47-177-5）
沒事兒：1（談 60-166-5）
沒羞沒臊：1（續 2-113-1）
沒用：2（談 37-185-9, 談 87-142-3）
沒用頭：1（續 1-112-1）
沒有：242（散 2-33-4, 散 2-33-4, 散 2-33-5,
　　散 2-33-7, 散 2-33-8, 散 2-33-8,
　　散 2-33-10, 散 2-33-10, 散 2-33-10,
　　散 3-34-8, 散 3-34-9, 散 4-35-5,
　　散 4-35-8, 散 4-35-9, 散 5-36-3,
　　散 5-36-3, 散 5-36-4, 散 5-36-6,
　　散 5-36-9, 散 5-36-10, 散 6-37-4,
　　散 6-37-8, 散 7-38-4, 散 7-38-6,
　　散 7-38-10, 散 8-39-7, 散 8-39-8,
　　散 9-40-9, 散 10-41-8, 散 12-43-3,
　　散 13-44-7, 散 15-46-5, 散 15-46-6,
　　散 16-47-10, 散 16-47-10, 散 17-48-5,
　　散 17-48-5, 散 18-49-9, 散 19-50-6,
　　散 20-51-9, 散 21-52-5, 散 22-53-3,
　　散 22-53-4, 散 24-55-5, 散 24-55-9,
　　散 24-55-10, 散 27-58-7, 散 30-61-7,
　　散 30-61-8, 散 37-68-8, 散 40-71-6,
　　問 1-109-7, 問 1-109-9, 問 2-108-6,
　　問 2-107-5, 問 3-105-1, 問 3-104-8,
　　問 3-104-10, 問 3-103-7, 問 3-102-3,
　　問 4-101-6, 問 4-101-8, 問 5-99-12,
　　問 5-98-5, 問 5-97-9, 問 5-97-12,
　　問 5-96-1, 問 5-96-2, 問 6-95-6,
　　問 6-94-11, 問 6-94-12, 問 6-93-1,
　　問 6-93-3, 問 7-91-1, 問 7-91-4,
　　問 7-89-5, 問 8-88-12, 問 8-87-8,
　　問 8-87-11, 問 8-86-3, 問 8-86-5,
　　問 9-82-7, 問 9-81-4, 問 9-81-9,
　　問 10-80-1, 問 10-80-3, 問 10-80-6,
　　問 10-80-8, 問 10-78-3, 問 10-77-2,
　　問 10-77-11, 問 10-77-11, 問 10-77-12,
　　問 10-76-2, 問 10-76-9, 問 10-75-1,
　　問 10-75-9, 續 1-112-6, 續 2-113-12,
　　續 3-114-1, 續 3-114-5, 續 3-114-10,
　　續 4-115-7, 續 5-116-7, 續 5-116-9,

續 7-118-9，續 8-119-7，續 8-119-11，
續 10-121-9，續 13-124-10，續 16-127-3，
續 16-127-6，續 17-128-1，續 17-128-5，
談 3-212-1，談 5-211-8，談 5-211-11，
談 5-211-11，談 5-210-2，談 7-209-9，
談 7-209-10，談 9-208-12，談 10-207-11，
談 10-206-1，談 12-205-4，談 13-204-2，
談 15-203-10，談 17-201-10，談 19-199-2，
談 23-197-12，談 23-196-5，談 24-195-3，
談 26-195-12，談 29-192-5，談 30-191-7，
談 32-189-3，談 33-189-11，談 33-188-4，
談 33-188-4，談 38-184-2，談 38-184-5，
談 44-180-9，談 44-180-11，談 48-177-12，
談 49-175-1，談 50-174-2，談 51-174-8，
談 52-173-2，談 52-173-4，談 53-173-12，
談 55-171-12，談 56-170-7，談 57-169-6，
談 57-169-8，談 57-169-9，談 60-167-12，
談 62-164-2，談 64-163-10，談 66-161-2，
談 66-161-2，談 66-161-4，談 67-161-12，
談 68-160-10，談 70-156-4，談 70-156-6，
談 70-156-11，談 75-153-2，談 75-153-3，
談 75-153-5，談 75-153-6，談 75-153-6，
談 75-153-8，談 76-152-2，談 76-152-7，
談 76-152-9，談 77-151-1，談 77-151-3，
談 77-151-7，談 78-150-4，談 80-149-8，
談 80-149-9，談 82-148-10，談 84-145-1，
談 85-145-6，談 85-145-12，談 87-143-4，
談 88-142-8，談 88-142-9，談 90-141-12，
談 90-140-7，談 93-138-6，談 94-137-9，
談 95-136-2，談 95-136-3，談 95-136-6，
談 96-136-9，談 96-135-1，談 96-135-2，
談 97-135-7，談 98-134-2，談 98-134-3，
言 1-288-5，言 1-288-7，言 1-287-8，
言 1-286-4，言 1-286-10，言 1-285-2，
言 1-285-8，言 1-285-9，言 2-284-2，
言 2-284-3，言 2-284-4，言 2-284-7，
言 2-284-12，言 3-280-12，言 3-277-9，
言 3-276-5，言 3-275-6，言 5-270-2，
言 7-268-1，言 8-265-12，言 8-264-7，
言 8-263-3，言 9-263-12，言 9-260-4，

言 9-260-4，言 9-259-3，言 9-259-4，
言 9-259-6，言 9-259-6，言 9-259-7，
言 9-259-11，言 10-254-1，言 10-252-8，
言 10-251-2，言 10-251-2，言 11-250-7，
言 14-289-3，言 14-290-1，言 14-292-4，
言 14-293-3，言 14-294-3）
沒造化：1（談 41-182-12）
沒主意：1（談 50-175-7）
沒準兒：1（談 45-179-8）
玫瑰花兒：1（續 3-114-12）
眉棱骨：1（散 18-49-3）
眉毛：2（散 18-49-1，散 18-49-3）
眉清目秀：1（續 18-129-6）
煤：9（散 14-45-1，散 14-45-2，散 14-45-4，
言 8-264-11，言 8-263-6，言 8-263-6，
言 8-263-7，言 8-263-9，言 14-292-3）
煤鋪：2（言 8-263-3，言 8-263-4）
煤炭：2（散 14-45-4，言 14-292-3）
每：9（散 32-63-6，散 38-69-4，續 5-116-4，
續 5-116-4，言 3-282-7，言 4-272-10，
言 8-265-9，言 8-265-10，言 10-251-10）
每逢：4（談 47-177-3，談 76-152-7，
談 77-151-5，談 78-151-10）
每年：2（散 10-41-1，散 10-41-3）
每人：2（談 18-200-6，談 30-191-8）
每日：3（散 10-41-1，散 10-41-4，
談 63-164-9）
每天：3（散 10-41-1，散 10-41-3，
談 87-143-8）
每月：3（散 10-41-1，散 10-41-3，
續 6-117-7）
美：3（散 23-54-2，散 23-54-8，散 23-54-8）
妹妹：1（續 5-116-2）
門：12（散 17-48-10，散 40-71-8，散 40-71-9，
問 3-105-5，問 8-85-9，問 8-85-11，
問 8-84-1，續 2-113-4，續 7-118-12，
續 10-121-9，言 3-280-3，言 3-275-9）
門檻兒：1（談 61-166-9）
門檻子：1（談 56-170-11）
門口兒：3（談 21-198-4，談 30-191-3，

言 10-253-6）

門路：1（問 10-78-2）

門面房：1（談 37-185-5）

門兒：4（續 16-127-10，談 22-197-6，談 22-197-6，談 62-165-9）

門扇：1（言 3-275-9）

門上：1（言 9-257-8）

門生：1（問 9-82-2）

悶：1（續 12-123-2）

悶得慌：3（散 37-68-1，散 37-68-5，談 71-157-8）

悶得謊：1（談 90-141-12）

們：1（言 4-271-8）

矇矇亮兒：1（續 18-129-3）

猛然：2（談 35-186-2，談 77-152-11）

猛然間：1（談 56-170-9）

孟大爺：1（問 7-90-12）

孟：2（問 7-92-11，問 7-92-11）

孟爺：1（問 7-92-11）

夢見：1（續 15-126-9）

迷惑：1（談 85-145-6）

米：11（散 1-32-9，散 14-45-3，散 24-55-8，散 29-60-2，散 29-60-8，散 34-65-3，散 34-65-3，續 11-122-11，談 28-193-9，談 81-148-7，言 3-276-4）

米倉：2（散 34-65-1，散 34-65-2）

米粒兒：2（談 28-193-10，談 79-150-9）

米麵：1（散 14-45-1）

密：1（言 10-252-8）

綿：1（散 12-43-6）

綿花：3（散 12-43-4，散 13-44-7，散 28-59-5）

綿衣裳：2（散 12-43-1，散 12-43-3）

棉襖：1（談 86-144-6）

棉花：1（談 86-144-6）

免：2（問 10-76-3，談 100-132-3）

勉強：1（言 9-262-2）

愐忺：1（續 14-125-3）

面：4（散 30-61-5，言 3-276-6，言 3-276-6，言 10-251-8）

面貌兒：1（談 65-162-3）

面前：1（散 40-71-10）

面兒：3（散 12-43-3，續 17-128-1，談 71-157-5）

面子：2（談 15-203-9，談 34-188-11）

麵：1（散 14-45-3）

苗：1（談 81-148-5）

苗兒：2（散 26-57-2，散 26-57-8）

苗子：1（散 26-57-8）

藐視：1（續 17-128-4）

妙：4（問 10-79-11，言 13-248-4，言 13-248-4，言 13-248-4）

妙齡：1（續 18-129-3）

廟：13（散 33-64-1，散 33-64-7，問 8-87-7，問 8-87-7，問 8-87-8，問 8-87-10，問 8-87-11，談 34-188-7，談 91-139-2，言 3-277-8，言 3-273-12，言 10-253-7，言 11-250-7）

廟門兒：1（談 80-149-8）

滅：4（散 8-39-7，散 8-39-8，散 11-42-9，談 36-185-2）

滅火：2（散 8-39-2，散 8-39-8）

民：1（散 19-50-5）

民人：6（散 19-50-2，散 19-50-7，散 24-55-7，散 30-61-10，散 32-63-4，散 32-63-5）

民生：1（散 34-65-1）

敏捷：1（談 15-203-6）

名：3（言 1-287-4，言 1-287-4，言 3-277-7）

名目：24（散 20-51-2，散 20-51-10，言 1-286-12，言 2-284-5，言 2-284-5，言 2-284-6，言 2-283-4，言 3-283-9，言 3-283-10，言 3-283-12，言 3-282-5，言 3-282-6，言 3-282-8，言 3-281-8，言 3-278-10，言 3-277-3，言 3-277-5，言 4-272-10，言 4-272-12，言 4-271-1，言 4-271-2，言 5-270-2，言 5-269-4，言 7-269-12）

名兒：2（談 34-187-1，談 100-132-3）

名聲：1（問 5-98-5）

名師：1（談 55-170-1）

名字：3（問 4-101-3，談 7-209-10，
　　　談 7-208-1）
明：4（談 65-162-10，談 99-134-12,
　　　言 9-259-8，言 9-259-9）
明白：52（散 6-37-2，散 6-37-4，散 6-37-5,
　　　散 6-37-5，散 31-62-6，散 35-66-9,
　　　散 36-67-5，問 3-105-7，問 3-105-7,
　　　問 3-104-6，問 3-104-12，問 5-95-1,
　　　問 6-92-4，問 7-91-8，問 7-90-5,
　　　問 8-86-7，問 8-85-12，問 10-80-5,
　　　問 10-79-7，問 10-79-8，問 10-79-8,
　　　問 10-78-12，問 10-77-2，問 10-77-3,
　　　問 10-77-5，續 3-114-6，續 3-114-10,
　　　談 3-213-12，談 4-212-10，談 4-212-10,
　　　談 7-209-6，談 9-207-4，談 15-203-7,
　　　談 32-189-5，談 53-173-11，談 54-172-8,
　　　談 55-170-1，談 69-159-7，言 1-288-9,
　　　言 1-288-9，言 1-288-9，言 7-268-5,
　　　言 7-268-6，言 7-268-6，言 7-268-6,
　　　言 7-268-6，言 7-268-6，言 7-268-7,
　　　言 8-264-6，言 9-261-5，言 10-253-10,
　　　言 14-293-5）
明明白白兒：1（談 83-146-1）
明明兒：2（談 8-208-8，談 71-156-1）
明年：1（散 9-40-1）
明兒：14（散 9-40-2，散 10-41-9，問 8-88-4,
　　　問 8-88-7，問 9-81-8，問 9-81-9,
　　　續 8-119-6，續 14-125-9，談 62-165-11,
　　　談 70-156-7，談 82-147-6，談 94-137-8,
　　　言 9-260-6，言 14-292-2）
明兒個：7（問 8-87-6，問 9-81-9,
　　　續 3-114-11，言 8-265-10，言 10-256-6,
　　　言 10-256-9，言 10-256-9）
明天：3（散 9-40-2，言 9-260-3,
　　　言 14-292-5）
明文：1（言 1-286-2）
命：5（談 18-200-6，談 50-175-11,
　　　談 93-138-9，言 8-265-8，言 10-253-3）
命定：2（散 39-70-6，談 52-173-7）
命棚：1（談 39-183-2）

命運：2（散 39-70-1，散 39-70-4）
謬：1（散 20-51-7）
摸不清：1（續 17-128-2）
摸不着：1（談 1-214-4）
摸摸搩搩：1（續 12-123-2）
摩：1（談 52-173-5）
模糊：1（續 2-113-7）
模模糊糊：1（問 4-101-5）
末末了兒：3（散 29-60-1，散 29-60-5,
　　　散 32-63-6）
末尾兒：1（談 92-138-3）
莫不是：1（問 4-101-11）
墨：5（散 6-37-1，散 6-37-3，散 33-64-2,
　　　散 33-64-9，言 3-277-11）
謀畧：1（問 10-76-4）
謀叛：1（言 9-261-7）
謀算：2（散 19-50-2，散 19-50-8）
某：5（散 27-58-1，散 37-68-3，言 8-264-11,
　　　言 10-254-11，言 14-294-4）
某人：9（散 27-58-3，散 27-58-3，散 27-58-5,
　　　散 31-62-6，散 36-67-8，續 1-112-11,
　　　談 65-162-3，言 8-264-10，言 9-261-4）
模樣兒：1（續 12-123-10）
母：1（續 13-124-3）
母的：2（言 6-269-9，言 6-269-9）
母牛：2（言 6-269-10，言 6-269-10）
母親：2（問 4-100-8，談 17-201-2）
畝：1（續 5-116-11）
木：1（言 6-269-7）
木雕泥塑：1（談 55-171-6）
木匠：3（散 28-59-4，言 14-291-3,
　　　言 14-291-5）
木橛：1（言 3-279-11）
木梳：1（散 12-43-9）
木頭：9（散 16-47-3，散 40-71-8，散 40-71-9,
　　　續 15-126-2，言 3-279-2，言 3-278-10,
　　　言 3-273-5，言 3-273-9，言 11-250-6）
木箱：1（言 14-290-3）
木箱子：1（言 14-291-5）
目：4（言 1-285-7，言 1-285-11，言 1-285-12,

　　　　　　　　言1-285-12）
目覩眼見：1（續13-124-6）
目下：2（散24-55-2, 言9-260-2）
募化重修：1（續13-124-4）
幕：2（問9-81-5, 問9-81-6）

N

拏：104（散6-37-2, 散7-38-5, 散7-38-5,
　　散7-38-6, 散11-42-3, 散12-43-9,
　　散13-44-3, 散13-44-4, 散14-45-10,
　　散16-47-4, 散17-48-10, 散18-49-7,
　　散21-52-3, 散21-52-3, 散21-52-6,
　　散21-52-6, 散21-52-7, 散22-53-8,
　　散28-59-9, 散33-64-9, 散35-66-5,
　　續1-112-2, 續1-112-9, 續1-112-11,
　　續2-113-12, 續3-114-5, 續3-114-12,
　　續7-118-4, 續8-119-4, 續8-119-8,
　　續10-121-9, 續10-121-10, 續11-122-11,
　　續13-124-6, 續13-124-7, 續14-125-4,
　　續14-125-5, 續14-125-5, 續14-125-6,
　　續14-125-12, 續15-126-1, 續15-126-1,
　　續15-126-4, 續15-126-12, 續16-127-1,
　　續17-128-9, 續17-128-12, 談3-212-5,
　　談8-208-6, 談8-208-7, 談9-208-12,
　　談9-207-3, 談16-202-4, 談18-200-7,
　　談27-194-11, 談27-194-12,
　　談29-192-10, 談30-191-8, 談31-190-4,
　　談31-190-4, 談35-187-12, 談35-186-1,
　　談35-186-2, 談38-184-2, 談38-184-2,
　　談38-184-3, 談38-184-4, 談38-184-6,
　　談38-184-7, 談38-184-7, 談38-184-8,
　　談40-182-2, 談40-182-2, 談40-182-3,
　　談40-182-4, 談42-181-7, 談47-177-5,
　　談58-168-9, 談63-164-8, 談73-155-8,
　　談73-155-9, 談77-151-6, 談78-150-2,
　　談79-149-1, 談80-149-6, 談81-148-6,
　　談94-137-8, 談97-135-11, 言3-282-10,
　　言3-277-12, 言3-276-7, 言3-274-4,
　　言5-270-11, 言5-270-11, 言8-267-3,
　　言8-267-3, 言8-267-3, 言8-266-6,
　　言8-266-6, 言8-265-4, 言10-252-5,
　　言14-289-1, 言14-292-5, 言14-293-1）
拏不住：1（談98-134-8）
拏定：1（談3-212-7）
拏來：4（散6-37-2, 散7-38-5, 散11-42-3,
　　散13-44-3）
拏上：1（談52-173-6）
拏住：4（散18-49-8, 談15-203-10,
　　談40-182-1, 談40-182-2）
拿：6（散5-36-1, 散5-36-5, 問7-91-1,
　　問7-90-4, 問7-89-8, 問8-86-9）
那3：29（問1-109-8, 問2-107-7, 問7-90-2,
　　問7-90-10, 問8-85-11, 續2-113-9,
　　談4-212-12, 談67-160-2, 談83-147-9,
　　談100-132-5, 言5-270-10, 言7-268-10,
　　言7-268-10, 言8-267-8, 言8-267-12,
　　言8-265-2, 言8-265-2, 言8-265-4,
　　言8-264-1, 言8-264-1, 言8-264-2,
　　言8-264-2, 言8-264-2, 言8-264-3,
　　言8-264-4, 言8-264-4, 言8-263-2,
　　言10-254-4, 言10-251-1）
那個3：11（問3-105-5, 問3-105-12,
　　問3-104-5, 問8-87-12, 問8-85-9,
　　言1-285-2, 言8-267-10, 言8-267-11,
　　言14-292-2, 言14-293-3, 言14-293-4）
那塊兒3：2（續15-126-7, 言10-254-3）
那裏3：1（談32-190-11）
那裡3：1（言14-289-4）
那們3：1（言9-258-9）
那麼3：1（問8-88-9）
那兒3：92（散2-33-5, 散3-34-3, 散3-34-6,
　　散3-34-7, 散4-35-5, 散5-36-6,
　　散6-37-8, 散7-38-9, 散10-41-9,
　　散15-46-3, 散15-46-4, 散15-46-9,
　　散16-47-8, 散21-52-9, 散27-58-9,
　　散28-59-3, 問1-109-2, 問2-107-7,
　　問3-103-5, 問4-102-7, 問4-102-12,
　　問4-101-6, 問5-98-8, 問5-97-6,
　　問5-97-12, 問5-95-3, 問6-95-9,

問 7-92-10, 問 7-91-9, 問 7-89-1,
問 8-87-3, 問 8-87-7, 問 8-87-11,
問 8-84-12, 問 9-82-1, 問 9-81-2,
問 10-80-3, 問 10-79-11, 問 10-78-11,
問 10-77-3, 問 10-74-3, 續 1-112-8,
續 6-117-1, 續 7-118-9, 續 14-125-3,
續 14-125-9, 談 2-213-2, 談 2-213-6,
談 2-213-8, 談 5-211-7, 談 5-211-11,
談 7-209-11, 談 10-207-10, 談 10-206-4,
談 21-198-8, 談 23-196-7, 談 27-194-12,
談 30-191-9, 談 32-190-12, 談 38-184-9,
談 39-183-6, 談 42-181-4, 談 44-179-2,
談 54-171-2, 談 59-167-4, 談 62-165-9,
談 69-159-12, 談 71-157-4, 談 71-157-6,
談 73-155-3, 談 76-152-3, 談 78-150-1,
談 87-143-10, 談 92-139-9, 談 94-137-3,
談 96-135-1, 言 1-288-9, 言 3-282-7,
言 8-264-7, 言 8-263-3, 言 9-259-3,
言 9-258-9, 言 9-258-12, 言 9-257-1,
言 10-256-10, 言 10-256-11,
言 10-255-11, 言 10-254-1, 言 10-254-10,
言 10-251-5, 言 14-291-1, 言 14-291-4）

那一個 3：1（問 10-80-7）
那 4：574（散 5-36-4, 散 6-37-2, 散 6-37-2,
散 6-37-4, 散 6-37-6, 散 7-38-4,
散 7-38-5, 散 7-38-5, 散 7-38-7,
散 7-38-8, 散 8-39-6, 散 8-39-6,
散 8-39-8, 散 8-39-9, 散 8-39-9,
散 9-40-4, 散 10-41-6, 散 10-41-7,
散 10-41-9, 散 11-42-4, 散 11-42-7,
散 11-42-9, 散 12-43-4, 散 12-43-8,
散 12-43-8, 散 12-43-8, 散 12-43-9,
散 13-44-6, 散 13-44-7, 散 14-45-10,
散 15-46-3, 散 16-47-4, 散 16-47-8,
散 17-48-8, 散 17-48-8, 散 17-48-10,
散 18-49-7, 散 19-50-7, 散 19-50-7,
散 19-50-8, 散 19-50-9, 散 20-51-3,
散 20-51-7, 散 20-51-8, 散 21-52-4,
散 21-52-4, 散 21-52-5, 散 21-52-6,
散 21-52-7, 散 22-53-3, 散 22-53-6,

散 22-53-8, 散 22-53-8, 散 22-53-9,
散 23-54-4, 散 23-54-6, 散 23-54-8,
散 23-54-8, 散 23-54-8, 散 23-54-9,
散 24-55-4, 散 24-55-4, 散 24-55-5,
散 24-55-6, 散 24-55-7, 散 24-55-8,
散 25-56-8, 散 25-56-9, 散 25-56-9,
散 26-57-5, 散 26-57-9, 散 27-58-8,
散 28-59-7, 散 28-59-7, 散 28-59-10,
散 29-60-9, 散 30-61-3, 散 30-61-4,
散 30-61-5, 散 30-61-6, 散 30-61-7,
散 30-61-10, 散 32-63-5, 散 32-63-6,
散 32-63-7, 散 32-63-9, 散 32-63-10,
散 33-64-8, 散 33-64-8, 散 33-64-9,
散 34-65-5, 散 34-65-6, 散 34-65-6,
散 34-65-9, 散 35-66-3, 散 35-66-3,
散 35-66-6, 散 35-66-8, 散 35-66-8,
散 35-66-9, 散 35-66-10, 散 36-67-4,
散 36-67-4, 散 36-67-8, 散 37-68-2,
散 37-68-7, 散 37-68-9, 散 37-68-9,
散 38-69-4, 散 38-69-9, 散 39-70-4,
散 39-70-7, 散 40-71-3, 散 40-71-3,
散 40-71-4, 散 40-71-8, 散 40-71-9,
問 1-109-3, 問 2-107-1, 問 2-107-1,
問 2-107-3, 問 3-105-1, 問 3-105-4,
問 3-103-1, 問 4-102-11, 問 4-101-1,
問 4-101-8, 問 4-101-10, 問 4-100-4,
問 4-100-6, 問 4-100-7, 問 5-99-7,
問 5-99-9, 問 5-99-12, 問 5-99-12,
問 5-98-2, 問 5-98-5, 問 5-98-5,
問 5-98-7, 問 5-98-10, 問 5-98-11,
問 5-97-7, 問 5-97-8, 問 5-97-11,
問 5-97-11, 問 5-97-12, 問 5-95-2,
問 6-95-6, 問 6-95-6, 問 6-95-7,
問 6-95-9, 問 6-95-10, 問 6-95-12,
問 6-94-3, 問 6-94-5, 問 6-94-9,
問 6-94-10, 問 6-94-11, 問 6-94-12,
問 6-94-12, 問 6-93-4, 問 6-93-4,
問 6-93-5, 問 6-93-6, 問 6-93-12,
問 6-92-4, 問 6-92-5, 問 7-91-6,
問 7-91-11, 問 7-91-11, 問 7-91-11,

問 7-90-3, 問 7-89-1, 問 7-89-1,
問 7-89-4, 問 7-89-11, 問 8-88-6,
問 8-88-12, 問 8-88-12, 問 8-87-1,
問 8-87-3, 問 8-86-2, 問 8-86-6,
問 8-86-10, 問 8-86-12, 問 8-86-12,
問 8-86-12, 問 8-85-2, 問 8-85-3,
問 8-85-6, 問 8-85-7, 問 8-85-8,
問 8-85-8, 問 8-85-10, 問 8-85-11,
問 8-84-5, 問 8-84-6, 問 8-84-9,
問 8-84-9, 問 8-84-12, 問 9-83-8,
問 9-82-1, 問 9-82-2, 問 9-82-4,
問 9-82-7, 問 9-82-10, 問 9-81-2,
問 9-81-6, 問 9-81-7, 問 9-81-8,
問 10-81-12, 問 10-80-4, 問 10-80-6,
問 10-80-8, 問 10-80-11, 問 10-79-2,
問 10-79-2, 問 10-79-10, 問 10-78-6,
問 10-78-11, 問 10-78-11, 問 10-77-1,
問 10-77-6, 問 10-77-7, 問 10-77-8,
問 10-77-10, 問 10-77-11, 問 10-77-12,
問 10-76-1, 問 10-76-3, 問 10-76-4,
問 10-76-4, 問 10-76-5, 問 10-76-7,
問 10-76-10, 問 10-75-1, 問 10-75-1,
問 10-75-2, 問 10-75-2, 問 10-75-2,
問 10-75-5, 問 10-74-1, 問 10-74-1,
續 1-112-11, 續 3-114-4, 續 3-114-9,
續 5-116-7, 續 5-116-11, 續 5-116-11,
續 7-118-6, 續 7-118-10, 續 8-119-5,
續 8-119-5, 續 9-120-2, 續 9-120-2,
續 16-127-7, 續 17-128-7, 談 2-213-8,
談 3-212-2, 談 3-212-7, 談 6-209-1,
談 8-208-6, 談 8-208-8, 談 9-207-1,
談 9-207-2, 談 14-203-3, 談 17-201-8,
談 19-200-11, 談 20-198-1, 談 21-198-5,
談 28-193-7, 談 28-192-2, 談 29-192-12,
談 30-191-5, 談 32-189-2, 談 33-188-1,
談 35-187-10, 談 35-187-11, 談 35-186-1,
談 35-186-2, 談 36-186-7, 談 36-186-8,
談 36-185-1, 談 37-185-4, 談 38-184-2,
談 43-180-1, 談 43-180-5, 談 46-178-10,
談 50-175-7, 談 51-174-4, 談 51-174-6,

談 54-172-10, 談 57-169-7, 談 58-168-7,
談 58-168-7, 談 59-167-7, 談 61-165-6,
談 64-163-5, 談 64-163-11, 談 65-162-7,
談 67-160-3, 談 68-160-10, 談 68-159-3,
談 68-159-3, 談 69-159-9, 談 70-158-5,
談 72-155-1, 談 75-153-5, 談 78-150-3,
談 78-150-4, 談 80-149-5, 談 81-148-4,
談 81-148-5, 談 81-148-7, 談 82-148-11,
談 86-143-1, 談 86-143-1, 談 87-143-11,
談 89-141-9, 談 91-140-10, 談 91-139-1,
談 91-139-3, 談 97-135-6, 談 97-135-10,
談 98-134-7, 談 99-134-12, 談 99-133-4,
言 1-288-2, 言 1-288-5, 言 1-288-5,
言 1-288-7, 言 1-288-7, 言 1-288-7,
言 1-288-7, 言 1-288-8, 言 1-288-8,
言 1-287-1, 言 1-287-1, 言 1-287-2,
言 1-287-3, 言 1-287-4, 言 1-287-6,
言 1-287-7, 言 1-287-10, 言 1-287-11,
言 1-287-12, 言 1-286-1, 言 1-286-3,
言 1-286-4, 言 1-286-5, 言 1-286-6,
言 1-286-7, 言 1-286-7, 言 1-286-8,
言 1-286-9, 言 1-286-10, 言 1-286-11,
言 1-286-11, 言 1-285-2, 言 1-285-3,
言 1-285-4, 言 1-285-5, 言 1-285-5,
言 1-285-7, 言 1-285-7, 言 1-285-7,
言 1-285-9, 言 1-285-10, 言 1-285-11,
言 2-284-3, 言 2-284-3, 言 2-284-4,
言 2-284-6, 言 2-284-9, 言 2-284-10,
言 2-284-11, 言 2-284-11, 言 2-284-12,
言 2-283-2, 言 2-283-3, 言 2-283-4,
言 2-283-6, 言 3-283-9, 言 3-283-11,
言 3-282-4, 言 3-282-5, 言 3-282-7,
言 3-282-8, 言 3-282-10, 言 3-281-4,
言 3-281-5, 言 3-281-9, 言 3-281-10,
言 3-281-11, 言 3-281-11, 言 3-280-1,
言 3-280-2, 言 3-280-3, 言 3-280-8,
言 3-280-11, 言 3-279-6, 言 3-278-8,
言 3-278-10, 言 3-277-3, 言 3-277-8,
言 3-276-4, 言 3-275-5, 言 3-275-6,
言 3-275-9, 言 3-274-1, 言 3-274-5,

言3-274-9, 言3-273-4, 言3-272-5, 言4-272-11, 言4-271-5, 言4-271-7, 言4-271-11, 言5-270-3, 言5-270-4, 言5-270-6, 言5-270-6, 言5-270-6, 言5-270-8, 言5-270-8, 言5-270-8, 言5-270-9, 言5-270-9, 言5-269-2, 言5-269-3, 言5-269-4, 言7-269-12, 言7-268-2, 言7-268-5, 言7-268-7, 言7-268-7, 言7-268-7, 言8-267-2, 言8-267-3, 言8-267-5, 言8-267-6, 言8-267-9, 言8-267-9, 言8-267-12, 言8-266-4, 言8-266-4, 言8-266-6, 言8-266-9, 言8-266-9, 言8-265-2, 言8-265-2, 言8-265-3, 言8-265-4, 言8-265-7, 言8-265-7, 言8-265-8, 言8-265-11, 言8-264-4, 言8-264-6, 言8-264-6, 言8-263-3, 言8-263-9, 言9-263-11, 言9-263-12, 言9-262-1, 言9-262-4, 言9-262-4, 言9-262-5, 言9-262-9, 言9-262-9, 言9-262-10, 言9-262-11, 言9-262-11, 言9-262-12, 言9-261-1, 言9-261-2, 言9-261-3, 言9-261-6, 言9-261-6, 言9-261-6, 言9-261-7, 言9-261-9, 言9-261-10, 言9-261-11, 言9-261-11, 言9-261-11, 言9-260-3, 言9-260-4, 言9-260-7, 言9-260-10, 言9-259-5, 言9-259-11, 言9-258-7, 言9-257-3, 言9-257-4, 言9-257-5, 言9-257-6, 言9-257-6, 言9-257-6, 言9-257-6, 言9-257-7, 言9-257-11, 言9-256-1, 言10-256-6, 言10-256-12, 言10-255-1, 言10-255-2, 言10-255-3, 言10-255-5, 言10-255-9, 言10-254-4, 言10-254-7, 言10-254-7, 言10-254-11, 言10-253-6, 言10-253-10, 言10-253-11, 言10-252-3, 言10-252-4, 言10-252-4, 言10-252-5, 言10-252-7, 言10-252-7, 言10-252-7, 言10-252-8, 言10-251-1, 言10-251-1, 言10-251-3, 言10-251-4, 言10-251-5, 言10-251-6,
言10-251-9, 言10-251-10, 言10-251-11, 言10-251-12, 言11-250-4, 言11-250-4, 言11-250-9, 言11-250-9, 言11-250-10, 言12-249-5, 言13-249-11, 言13-248-3, 言13-248-3, 言13-248-5, 言14-289-2, 言14-289-2, 言14-289-3, 言14-289-3, 言14-289-4, 言14-290-1, 言14-290-4, 言14-290-5, 言14-291-2, 言14-291-3, 言14-291-3, 言14-291-4, 言14-291-4, 言14-292-3, 言14-292-3, 言14-292-3, 言14-292-4, 言14-292-4, 言14-292-5, 言14-293-1, 言14-293-2, 言14-293-3, 言14-293-4, 言14-293-4, 言14-293-6, 言14-294-1, 言14-294-2, 言14-294-3, 言14-294-4)

那邊 4：2（言8-266-5, 言11-250-11）

那邊兒 4：6（散20-51-2, 散29-60-5, 續5-116-10, 談73-155-3, 談89-141-8, 言6-269-8）

那個 4：186（散2-33-2, 散2-33-3, 散2-33-3, 散2-33-5, 散2-33-7, 散2-33-8, 散3-34-5, 散3-34-6, 散3-34-8, 散3-34-9, 散4-35-5, 散4-35-6, 散5-36-6, 散5-36-9, 散6-37-6, 散13-44-2, 散13-44-6, 散15-46-9, 散17-48-3, 散17-48-4, 散17-48-6, 散18-49-8, 散18-49-9, 散18-49-9, 散18-49-10, 散21-52-7, 散21-52-7, 散21-52-8, 散21-52-9, 散22-53-7, 散22-53-9, 散23-54-5, 散26-57-4, 散26-57-6, 散26-57-6, 散28-59-9, 散30-61-7, 散35-66-7, 散35-66-8, 散36-67-5, 散36-67-5, 散36-67-7, 問1-109-9, 問2-108-12, 問3-106-6, 問3-106-6, 問3-105-12, 問3-104-1, 問4-102-6, 問4-102-6, 問4-102-12, 問4-100-1, 問5-97-4, 問5-96-10, 問5-95-2, 問6-94-2, 問6-93-3, 問6-93-12, 問7-90-1, 問7-89-6, 問7-89-6, 問8-88-10,

問 8-88-10，問 8-87-2，問 8-86-1，
問 8-85-5，問 8-84-3，問 9-82-5，
問 10-80-4，問 10-77-4，問 10-77-12，
問 10-75-9，續 1-112-2，續 2-113-3，
續 2-113-4，續 2-113-12，續 5-116-5，
續 6-117-8，續 6-117-9，續 6-117-11，
續 8-119-8，續 17-128-1，談 3-212-8，
談 6-209-2，談 8-208-6，談 8-208-7，
談 9-208-12，談 9-207-6，談 18-200-3，
談 18-200-7，談 20-199-7，談 27-194-12，
談 28-193-11，談 30-191-7，談 34-188-12，
談 35-186-2，談 35-186-3，談 37-185-4，
談 37-185-11，談 42-181-7，談 44-180-8，
談 47-177-8，談 50-175-10，談 50-174-1，
談 55-171-8，談 55-171-12，談 56-170-4，
談 56-170-9，談 58-168-4，談 59-167-2，
談 59-167-2，談 59-167-8，談 61-165-3，
談 61-165-4，談 63-164-12，談 65-162-9，
談 68-160-10，談 70-158-4，談 76-152-8，
談 77-152-12，談 77-151-3，談 82-147-3，
談 82-147-3，談 83-147-9，談 83-146-1，
談 86-144-7，談 86-144-7，談 86-144-10，
談 87-143-12，談 87-142-1，談 87-142-3，
談 88-142-8，談 91-140-10，談 98-134-5，
談 99-133-3，言 1-288-10，言 1-287-7，
言 1-286-7，言 1-286-8，言 1-285-6，
言 2-284-9，言 2-284-10，言 2-284-11，
言 2-284-12，言 2-283-1，言 2-283-2，
言 2-283-3，言 3-282-10，言 3-281-2，
言 3-281-10，言 3-281-10，言 3-281-11，
言 3-280-9，言 5-270-4，言 7-268-2，
言 7-268-3，言 7-268-4，言 7-268-8，
言 8-267-4，言 8-267-6，言 8-267-7，
言 8-267-8，言 8-265-11，言 8-264-5，
言 9-261-6，言 9-260-4，言 9-260-8，
言 9-260-12，言 9-259-1，言 9-259-5，
言 9-259-10，言 9-258-3，言 9-257-3，
言 10-256-12，言 10-254-8，言 10-252-2，
言 10-251-3，言 10-250-1，言 11-250-9，
言 11-250-11，言 12-249-5，言 13-248-1，

言 13-248-4，言 14-290-4，言 14-293-5，
言 14-294-6）
那個樣兒：1（談 38-184-7）
那塊兒：2（談 32-189-1，言 10-251-12）
那裡：1（言 14-290-2）
那們：5（問 7-90-9，問 8-84-4，談 11-206-10，
談 65-162-4，談 65-162-6）
那們樣：3（問 4-101-11，問 5-96-5，
談 34-187-2）
那們着：2（談 23-196-6，談 70-156-12）
那麼：33（散 2-33-3，散 3-34-8，散 9-40-9，
散 29-60-8，散 39-70-7，問 2-108-12，
問 2-107-7，問 5-99-10，問 6-93-4，
問 7-91-4，問 7-89-3，問 7-89-6，
問 8-87-12，問 8-86-4，問 8-85-4，
問 8-84-3，問 8-83-1，問 9-82-4，
問 9-81-10，談 11-206-9，談 59-167-8，
談 59-167-9，談 62-165-10，談 70-156-6，
談 74-154-2，談 80-149-7，談 91-139-3，
談 95-136-7，言 9-261-8，言 10-254-3，
言 10-254-12，言 11-249-3，言 13-248-1）
那麼些：2（問 10-76-2，言 14-290-2）
那麼樣：3（散 10-41-4，問 4-100-1，
言 1-285-5）
那麼着：8（問 8-87-10，問 8-84-5，
問 10-75-6，問 10-75-11，談 45-178-2，
談 46-178-7，談 53-172-2，言 10-254-9）
那麼著：1（散 9-40-2）
那兒４：63（散 2-33-2，散 2-33-8，
散 2-33-10，散 3-34-3，散 4-35-9，
散 4-35-9，散 4-35-9，散 4-35-10，
散 17-48-6，散 30-61-6，散 33-64-7，
問 1-109-7，問 1-109-8，問 3-104-1，
問 3-103-6，問 5-98-7，問 7-89-4，
問 7-89-9，問 7-89-11，問 8-88-10，
問 8-87-6，問 8-87-12，問 8-87-12，
問 8-84-8，續 4-115-5，談 11-206-12，
談 18-200-2，談 18-200-3，談 22-197-4，
談 32-189-1，談 32-189-7，談 39-183-4，
談 48-176-2，談 51-174-9，談 52-173-3，

談 64-163-8，談 64-163-8，談 65-162-7，
　　　談 70-158-8，談 74-154-4，談 75-154-12，
　　　談 75-153-6，談 76-153-12，談 76-152-2，
　　　談 77-152-11，談 90-140-3，談 94-137-7，
　　　談 95-136-1，談 95-136-7，言 5-270-6，
　　　言 5-270-6，言 8-266-1，言 8-263-5，
　　　言 9-262-6，言 9-262-7，言 9-260-12，
　　　言 9-259-6，言 9-259-7，言 9-259-10，
　　　言 9-259-11，言 9-257-8，言 9-257-10，
　　　言 10-254-1）
那時：3（問 5-97-1，問 5-97-4，言 11-250-4）
那時候：2（問 2-108-7，談 44-179-2）
那時候兒：6（問 2-108-7，談 70-158-8，
　　　言 9-258-1，言 9-258-1，言 9-258-2，
　　　言 10-255-7）
那天：4（問 3-105-4，問 6-93-11，
　　　談 96-136-10，言 10-252-3）
那些：38（散 4-35-7，散 7-38-8，散 11-42-3，
　　　散 13-44-10，散 15-46-7，散 23-54-7，
　　　散 24-55-10，散 39-70-9，問 2-108-3，
　　　問 8-84-1，問 8-84-1，問 8-83-2，
　　　問 10-79-3，問 10-78-8，問 10-77-1，
　　　問 10-76-6，續 2-113-2，續 7-118-10，
　　　談 28-193-10，談 85-145-6，言 1-288-11，
　　　言 1-286-2，言 3-282-7，言 3-282-8，
　　　言 3-279-8，言 4-271-8，言 4-271-11，
　　　言 7-268-6，言 8-265-5，言 9-261-6，
　　　言 9-261-7，言 9-260-8，言 10-253-4，
　　　言 10-252-9，言 10-252-9，言 10-252-10，
　　　言 14-290-5，言 14-291-1）
那些個：3（問 5-99-8，問 5-98-1，問 5-96-9）
那樣兒：5（談 41-182-7，談 45-179-12，
　　　談 60-166-3，談 61-166-12，談 77-151-2）
那一：3（問 6-95-9，問 6-94-1，問 9-82-10）
哪：30（問 2-107-12，問 3-102-2，問 4-101-2，
　　　談 1-214-9，談 3-212-2，談 3-212-5，
　　　談 7-209-6，談 11-206-6，談 11-206-7，
　　　談 20-199-7，談 25-195-10，談 29-192-10，
　　　談 34-188-9，談 41-182-12，談 42-181-3，
　　　談 46-178-5，談 46-178-7，談 50-174-1，
　　　談 53-173-12，談 70-158-7，談 71-157-10，
　　　談 70-156-9，談 74-154-7，談 75-154-12，
　　　談 76-152-4，談 83-146-4，談 87-143-6，
　　　談 87-143-7，談 90-140-8，談 95-136-7）
奶：1（問 4-100-8）
耐：4（散 31-62-2，散 31-62-10，
　　　談 33-189-12，談 93-138-12）
耐煩：1（續 11-122-5）
男女：5（散 31-62-1，散 31-62-3，散 31-62-3，
　　　言 3-277-6，言 6-269-7）
男人：2（散 31-62-1，言 3-277-7）
男人們：1（續 3-114-7）
南：4（問 5-98-9，問 8-86-3，問 8-86-5，
　　　言 10-254-9）
南北：2（散 30-61-3，問 8-85-6）
南邊：3（散 15-46-1，散 15-46-5，
　　　散 29-60-9）
南邊兒：1（問 3-105-6）
南蔡村：1（問 8-87-4）
南門：1（問 8-85-7）
南頭兒：4（問 8-86-1，問 8-86-2，問 8-86-7，
　　　言 8-267-6）
難：23（問 1-109-6，問 1-109-6，問 5-97-4，
　　　問 10-80-8，續 10-121-7，談 1-214-6，
　　　談 1-214-6，談 3-212-5，談 23-196-5，
　　　談 41-182-8，談 59-167-2，談 59-167-8，
　　　談 75-153-4，談 75-153-8，談 82-148-9，
　　　談 87-143-10，言 1-287-5，言 1-287-12，
　　　言 1-286-5，言 1-285-8，言 9-263-12，
　　　言 9-261-5，言 10-254-11）
難纏：1（談 26-194-3）
難處：10（問 5-98-11，談 10-207-10，
　　　言 1-288-2，言 1-288-2，言 1-288-3，
　　　言 1-288-3，言 1-288-3，言 1-288-10，
　　　言 1-287-12，言 14-293-2）
難處兒：1（談 81-148-4）
難道：5（問 6-94-1，續 6-117-8，
　　　談 53-173-12，談 53-172-3，言 1-288-4）
難得：1（談 87-143-6）
難怪：1（問 6-94-8）

難過：1（續3-114-1）
難免：6（散32-63-2，散32-63-10，
　　散34-65-6，散34-65-9，散39-70-4，
　　談15-203-10）
難事：1（談59-167-9）
難受：3（續11-122-3，續16-127-2，
　　談95-136-2）
難說：1（問8-85-2）
難爲：1（散32-63-6）
嚢：2（散20-51-2，散20-51-9）
嚢中之錐：1（談19-200-11）
撓：1（續12-123-1）
撓頭：1（續12-123-4）
惱：5（談21-198-4，談21-198-8，
　　談21-198-8，談61-166-11，談76-152-5）
腦袋：7（散17-48-1，散17-48-3，散18-49-5，
　　散18-49-9，談77-151-4，談87-143-8，
　　言8-265-11）
腦門子：1（散18-49-3）
腦子：1（散17-48-2）
鬧：13（散24-55-7，問5-96-9，續9-120-8，
　　續17-128-2，談17-201-8，談37-185-7，
　　談84-146-8，談84-146-11，言8-264-5，
　　言9-257-12，言10-252-3，言13-248-2，
　　言14-294-2）
鬧出事來：3（問5-97-7，問5-97-7，
　　談21-198-8）
鬧事精：1（談42-181-6）
鬧糟糕：1（續12-123-12）
鬧賊：1（續9-120-6）
呢：390（散5-36-6，散5-36-8，散6-37-8，
　　散11-42-5，散12-43-8，散14-45-9，
　　散14-45-10，散15-46-9，散16-47-8，
　　散17-48-9，散21-52-7，散21-52-9，
　　散23-54-6，散24-55-6，散26-57-3，
　　散27-58-9，散28-59-7，散33-64-10，
　　散36-67-8，問1-109-6，問2-108-4，
　　問2-108-9，問2-108-9，問2-108-11，
　　問2-107-1，問2-107-9，問3-106-7，
　　問3-105-10，問3-103-4，問3-103-5，
　　問4-102-8，問4-102-11，問4-101-8，
　　問4-101-11，問4-101-11，問4-100-3，
　　問4-100-7，問4-100-10，問4-100-11，
　　問4-100-12，問5-99-8，問5-99-8，
　　問5-99-11，問5-98-1，問5-98-8，
　　問5-97-4，問5-97-5，問5-97-6，
　　問5-96-2，問5-96-4，問5-96-9，
　　問5-96-11，問5-95-2，問5-95-3，
　　問6-95-9，問6-94-1，問6-93-3，
　　問6-93-4，問6-93-4，問6-92-2，
　　問6-92-6，問7-91-8，問7-90-1，
　　問7-90-10，問7-89-2，問7-89-7，
　　問7-89-8，問7-89-8，問7-89-11，
　　問7-88-1，問8-88-5，問8-88-6，
　　問8-88-8，問8-88-12，問8-87-1，
　　問8-87-3，問8-87-7，問8-87-11，
　　問8-86-2，問8-86-8，問8-86-9，
　　問8-85-8，問8-84-1，問8-84-9，
　　問8-84-10，問9-83-12，問9-82-6，
　　問9-82-8，問9-82-11，問9-81-2，
　　問9-81-6，問10-80-4，問10-79-6，
　　問10-79-11，問10-78-5，問10-78-7，
　　問10-78-8，問10-78-11，問10-77-4，
　　問10-76-1，問10-76-5，問10-76-12，
　　問10-75-1，問10-74-2，問10-74-3，
　　續2-113-1，續2-113-4，續2-113-10，
　　續3-114-3，續3-114-10，續3-114-12，
　　續5-116-4，續5-116-5，續7-118-6，
　　續7-118-11，續7-118-11，續7-118-12，
　　續15-126-3，續16-127-1，談1-214-2，
　　談1-214-4，談1-214-5，談1-214-6，
　　談1-214-7，談1-214-9，談1-214-10，
　　談1-214-10，談1-214-11，談2-213-2，
　　談2-213-3，談2-213-5，談2-213-6，
　　談2-213-10，談3-212-1，談3-212-2，
　　談3-212-3，談3-212-4，談4-212-10，
　　談4-212-11，談4-212-11，談5-211-10，
　　談5-210-2，談5-210-5，談6-210-11，
　　談6-209-2，談6-209-4，談7-209-11，
　　談7-209-12，談7-209-12，談8-208-5，

談 8-208-6，談 8-208-9，談 9-208-12，
談 9-207-5，談 10-207-11，談 10-207-12，
談 10-206-1，談 10-206-3，談 10-206-4，
談 11-206-7，談 11-206-11，談 12-205-6，
談 12-205-10，談 13-204-5，談 15-203-12，
談 16-202-6，談 16-202-10，談 17-201-7，
談 17-201-9，談 17-201-10，談 19-200-12，
談 20-199-11，談 21-198-3，談 21-198-4，
談 21-198-5，談 21-198-7，談 22-197-5，
談 22-197-6，談 23-197-12，談 23-196-5，
談 23-196-6，談 23-196-7，談 25-195-8，
談 25-195-9，談 26-195-12，談 26-195-12，
談 26-194-5，談 27-194-8，談 27-194-12，
談 28-193-8，談 28-193-11，談 28-193-12，
談 28-192-1，談 29-192-5，談 29-192-6，
談 29-192-6，談 29-192-9，談 29-192-10，
談 29-192-10，談 29-192-12，談 30-191-4，
談 30-191-7，談 30-191-10，談 31-190-4，
談 32-190-12，談 32-189-7，談 33-188-3，
談 34-187-3，談 38-184-2，談 38-184-9，
談 39-183-7，談 39-183-8，談 40-182-3，
談 41-181-1，談 42-181-8，談 43-180-1，
談 43-180-5，談 44-179-2，談 46-178-8，
談 46-177-1，談 47-177-5，談 48-176-1，
談 50-175-8，談 50-174-1，談 51-174-9，
談 52-173-2，談 52-173-3，談 53-173-10，
談 53-172-5，談 53-172-6，談 54-171-1，
談 54-171-4，談 55-171-8，談 55-171-9，
談 55-171-11，談 55-170-2，談 56-170-4，
談 56-170-6，談 56-170-8，談 56-169-1，
談 56-169-2，談 57-169-5，談 57-169-6，
談 57-169-7，談 57-169-8，談 57-169-11，
談 58-168-5，談 58-168-11，談 59-167-3，
談 59-167-5，談 59-167-5，談 59-167-9，
談 60-166-2，談 61-165-1，談 61-165-3，
談 61-165-5，談 62-164-2，談 63-164-11，
談 63-164-12，談 64-163-5，談 64-163-6，
談 66-161-9，談 67-160-3，談 69-159-8，
談 69-159-9，談 69-159-12，談 69-159-12，
談 69-158-2，談 70-158-12，談 71-157-4，

談 71-157-6，談 71-157-7，談 71-157-8，
談 71-157-11，談 71-157-12，談 70-156-6，
談 70-156-8，談 70-156-9，談 70-156-12，
談 72-155-1，談 73-155-7，談 73-155-10，
談 74-154-3，談 75-153-10，談 76-153-12，
談 76-152-3，談 76-152-3，談 76-152-8，
談 77-152-11，談 77-152-12，
談 77-152-12，談 78-151-10，談 78-150-1，
談 78-150-2，談 78-150-5，談 79-150-10，
談 79-149-1，談 79-149-1，談 80-149-5，
談 80-149-7，談 80-149-9，談 81-148-3，
談 81-148-4，談 81-148-5，談 81-148-7，
談 82-148-9，談 82-147-3，談 83-147-12，
談 83-147-12，談 83-146-5，談 84-146-12，
談 85-145-9，談 85-145-12，談 86-144-12，
談 86-143-2，談 87-143-10，談 88-142-6，
談 88-142-8，談 88-142-10，談 88-142-12，
談 88-141-1，談 93-138-8，談 94-137-7，
談 94-137-11，談 96-136-9，談 96-135-3，
談 98-134-10，談 99-133-2，談 99-133-5，
談 99-133-6，談 99-133-8，談 100-133-10，
談 100-133-11，談 100-133-11，
談 100-132-2，言 1-288-2，言 1-288-3，
言 1-288-11，言 1-287-6，言 2-284-9，
言 5-270-6，言 5-270-7，言 5-270-11，
言 5-270-12，言 5-269-3，言 8-267-8，
言 8-266-8，言 8-265-5，言 8-264-2，
言 8-264-4，言 8-264-5，言 8-264-7，
言 8-264-10，言 8-264-12，言 8-263-3，
言 8-263-3，言 8-263-4，言 8-263-9，
言 9-260-10，言 9-260-12，言 9-260-12，
言 9-259-1，言 9-259-2，言 9-259-3，
言 9-259-4，言 9-259-9，言 9-259-10，
言 9-259-11，言 9-258-12，言 10-256-7，
言 10-256-10，言 10-254-2，言 10-254-3，
言 10-254-4，言 10-254-7，言 10-254-10，
言 10-254-12，言 10-253-4，言 10-253-7，
言 10-253-9，言 10-253-10，言 10-253-11，
言 10-252-12，言 10-251-5，言 14-289-3，
言 14-290-4，言 14-292-2，言 14-292-3，

言14-293-2, 言14-293-3）
内：3（散39-70-9, 言3-279-8, 言3-275-8）
内地：1（言8-266-4）
内裏：1（談48-176-6）
内外：2（談31-190-6, 言10-254-5）
能：40（問2-108-12, 問6-93-3, 問6-93-8,
　　問9-83-12, 問9-82-1, 問10-80-4,
　　問10-79-6, 問10-78-4, 續1-112-3,
　　續6-117-5, 續13-124-6, 談10-207-10,
　　談10-206-2, 談10-206-4, 談15-203-12,
　　談16-202-10, 談17-201-7, 談20-199-7,
　　談21-198-7, 談24-196-10, 談28-192-1,
　　談39-183-6, 談42-181-5, 談44-179-1,
　　談50-175-12, 談57-169-10, 談63-163-1,
　　談80-149-4, 談82-148-10, 談93-138-10,
　　談93-137-1, 談99-133-8, 談100-132-3,
　　談100-132-5, 言1-285-9, 言8-264-7,
　　言9-259-12, 言9-259-12, 言9-258-7,
　　言10-253-11）
能處：1（續5-116-7）
能幹：6（續17-128-4, 談54-172-8,
　　談79-150-9, 談79-150-10, 談87-143-6,
　　言7-268-9）
能彀：31（問4-101-8, 談1-214-8,
　　談2-213-6, 談4-211-3, 談4-211-4,
　　談13-204-5, 談29-192-5, 談49-176-12,
　　談54-171-2, 談57-169-5, 談60-166-1,
　　談60-166-2, 談60-166-5, 談61-165-5,
　　談63-163-2, 談71-157-6, 談75-153-7,
　　談75-153-9, 談77-151-8, 談78-151-12,
　　談80-149-5, 談81-148-1, 談81-148-3,
　　談85-145-10, 談88-142-8, 談91-139-6,
　　談93-138-11, 談97-135-7, 談100-132-4,
　　言1-285-1, 言9-262-12）
能耐：1（續5-116-6）
能人：1（談27-193-4）
能爲：1（談78-150-4）
能言快語：1（續13-124-2）
圿：1（續7-118-7）
泥：1（談44-180-8）

你：665（散2-33-1, 散2-33-10, 散3-34-3,
　　散3-34-4, 散3-34-6, 散4-35-7,
　　散5-36-2, 散5-36-2, 散5-36-2,
　　散5-36-3, 散5-36-3, 散5-36-4,
　　散5-36-5, 散5-36-5, 散5-36-7,
　　散5-36-7, 散5-36-7, 散5-36-8,
　　散5-36-9, 散5-36-9, 散6-37-2,
　　散6-37-3, 散6-37-3, 散6-37-3,
　　散6-37-4, 散6-37-5, 散6-37-8,
　　散6-37-9, 散6-37-9, 散6-37-9,
　　散6-37-10, 散7-38-3, 散7-38-8,
　　散7-38-8, 散8-39-7, 散8-39-9,
　　散9-40-5, 散10-41-6, 散11-42-4,
　　散11-42-5, 散11-42-6, 散11-42-7,
　　散11-42-8, 散11-42-9, 散12-43-7,
　　散14-45-6, 散14-45-8, 散14-45-9,
　　散14-45-10, 散15-46-3, 散15-46-4,
　　散15-46-6, 散16-47-6, 散16-47-8,
　　散16-47-9, 散17-48-3, 散17-48-4,
　　散17-48-5, 散17-48-7, 散23-54-3,
　　散23-54-8, 散24-55-9, 散26-57-3,
　　散26-57-3, 散26-57-4, 散28-59-7,
　　散29-60-7, 散39-70-3, 散40-71-2,
　　散40-71-3, 散40-71-3, 問1-109-3,
　　問2-108-2, 問2-108-3, 問2-108-4,
　　問2-108-4, 問2-108-5, 問2-108-6,
　　問2-108-7, 問2-108-10, 問2-108-11,
　　問2-108-12, 問2-108-12, 問2-107-1,
　　問2-107-3, 問2-107-3, 問2-107-3,
　　問2-107-3, 問2-107-4, 問2-107-5,
　　問2-107-5, 問2-107-6, 問2-107-7,
　　問2-107-7, 問2-107-8, 問2-107-9,
　　問2-107-10, 問2-107-12, 問2-106-1,
　　問2-106-1, 問3-106-4, 問3-106-4,
　　問3-106-5, 問3-106-5, 問3-106-9,
　　問3-106-11, 問3-106-12, 問3-105-1,
　　問3-105-2, 問3-105-7, 問3-105-9,
　　問3-105-11, 問3-105-12, 問3-104-2,
　　問3-104-3, 問3-104-8, 問3-104-11,
　　問3-103-1, 問3-103-1, 問3-103-1,

問 3-103-3, 問 3-103-4, 問 3-103-5,
問 3-103-7, 問 3-103-9, 問 3-103-10,
問 3-103-11, 問 3-103-12, 問 3-102-1,
問 3-102-1, 問 3-102-2, 問 3-102-2,
問 4-102-7, 問 4-102-8, 問 4-102-9,
問 4-101-2, 問 4-101-3, 問 4-101-5,
問 4-100-3, 問 4-100-9, 問 4-100-10,
問 4-100-11, 問 4-99-1, 問 4-99-1,
問 4-99-2, 問 4-99-3, 問 4-99-3,
問 5-99-7, 問 5-98-3, 問 5-98-4,
問 5-98-7, 問 5-97-9, 問 5-97-10,
問 6-95-6, 問 6-95-7, 問 6-94-3,
問 6-94-4, 問 6-93-7, 問 6-93-7,
問 6-93-9, 問 6-93-11, 問 6-92-1,
問 6-92-3, 問 6-92-5, 問 7-92-10,
問 7-92-10, 問 7-92-10, 問 7-92-12,
問 7-91-8, 問 7-91-10, 問 7-91-10,
問 7-91-11, 問 7-90-4, 問 7-90-5,
問 7-90-5, 問 7-90-6, 問 7-90-9,
問 7-90-9, 問 7-90-11, 問 7-89-10,
問 7-89-10, 問 8-88-3, 問 8-88-8,
問 8-88-8, 問 8-86-6, 問 8-84-3,
問 8-83-3, 問 8-83-4, 續 1-112-1,
續 1-112-2, 續 1-112-3, 續 1-112-3,
續 1-112-3, 續 1-112-4, 續 1-112-5,
續 1-112-5, 續 1-112-6, 續 1-112-8,
續 1-112-8, 續 1-112-8, 續 1-112-10,
續 1-112-11, 續 1-112-12, 續 1-112-12,
續 2-113-2, 續 2-113-3, 續 2-113-7,
續 2-113-7, 續 2-113-8, 續 2-113-11,
續 2-113-11, 續 2-113-11, 續 3-114-1,
續 3-114-5, 續 3-114-7, 續 3-114-9,
續 3-114-12, 續 4-115-1, 續 4-115-2,
續 4-115-2, 續 4-115-3, 續 4-115-3,
續 4-115-4, 續 4-115-6, 續 4-115-7,
續 4-115-9, 續 4-115-11, 續 5-116-1,
續 5-116-4, 續 5-116-5, 續 5-116-6,
續 5-116-7, 續 5-116-10, 續 5-116-10,
續 5-116-11, 續 6-117-2, 續 6-117-6,
續 6-117-8, 續 6-117-9, 續 7-118-6,

續 7-118-10, 續 8-119-3, 續 8-119-3,
續 11-122-3, 續 11-122-3, 續 15-126-7,
續 16-127-12, 續 17-128-7, 續 17-128-7,
談 1-214-2, 談 1-214-9, 談 1-214-9,
談 1-214-9, 談 1-214-10, 談 2-213-2,
談 2-213-7, 談 2-213-7, 談 2-213-7,
談 3-213-12, 談 3-212-3, 談 3-212-5,
談 3-212-5, 談 4-212-12, 談 4-212-12,
談 4-211-3, 談 5-211-7, 談 5-211-12,
談 5-211-12, 談 5-210-4, 談 7-209-6,
談 7-209-8, 談 7-209-11, 談 7-209-11,
談 7-209-12, 談 7-208-1, 談 8-208-3,
談 8-208-10, 談 9-207-3, 談 9-207-4,
談 10-206-1, 談 10-206-2, 談 10-206-4,
談 12-205-4, 談 16-202-6, 談 16-202-6,
談 16-202-10, 談 17-201-9, 談 18-200-2,
談 19-200-11, 談 19-199-3, 談 20-199-10,
談 21-198-3, 談 21-198-4, 談 21-198-5,
談 21-198-7, 談 21-198-9, 談 23-196-5,
談 23-196-6, 談 24-195-1, 談 24-195-1,
談 25-195-7, 談 25-195-9, 談 25-195-9,
談 25-195-9, 談 26-194-1, 談 27-194-7,
談 28-193-6, 談 28-193-7, 談 28-193-7,
談 28-193-8, 談 28-192-1, 談 29-192-8,
談 29-192-11, 談 29-192-12,
談 29-192-12, 談 31-191-12, 談 31-190-3,
談 31-190-4, 談 31-190-5, 談 31-190-5,
談 31-190-5, 談 31-190-5, 談 32-190-11,
談 32-190-12, 談 32-189-4, 談 32-189-5,
談 33-189-12, 談 33-188-1, 談 33-188-2,
談 33-188-3, 談 34-188-8, 談 34-188-10,
談 34-188-11, 談 37-185-4, 談 37-185-10,
談 38-184-2, 談 38-184-3, 談 38-184-3,
談 38-184-3, 談 38-184-4, 談 38-184-4,
談 38-184-4, 談 38-184-5, 談 38-184-5,
談 38-184-6, 談 38-184-6, 談 39-184-12,
談 40-183-10, 談 40-182-3, 談 42-181-3,
談 44-180-8, 談 44-180-8, 談 44-179-3,
談 45-179-7, 談 45-179-7, 談 45-179-12,
談 45-178-1, 談 46-178-5, 談 46-178-6,

談 46-178-6，談 46-178-9，談 46-178-9，
談 47-177-3，談 47-177-9，談 47-177-10，
談 49-175-3，談 49-175-4，談 50-175-8，
談 52-174-12，談 52-173-3，談 52-173-6，
談 53-173-10，談 53-173-10，
談 53-173-11，談 53-173-12，談 53-172-1，
談 53-172-3，談 53-172-3，談 53-172-3，
談 53-172-4，談 53-172-5，談 53-172-5，
談 53-172-6，談 54-172-8，談 54-172-8，
談 54-172-9，談 54-172-9，談 54-172-10，
談 54-171-2，談 54-171-3，談 54-171-3，
談 54-171-3，談 54-171-4，談 54-171-4，
談 54-171-4，談 55-171-6，談 55-171-6，
談 55-171-7，談 55-171-7，談 55-171-8，
談 55-171-9，談 55-171-9，談 55-171-11，
談 56-170-9，談 57-169-4，談 58-168-2，
談 58-168-2，談 58-168-3，談 58-168-4，
談 58-168-6，談 58-168-6，談 58-168-8，
談 58-168-9，談 58-168-9，談 58-168-10，
談 58-168-10，談 58-168-10，
談 58-168-12，談 59-167-7，談 60-167-12，
談 60-166-1，談 60-166-2，談 60-166-2，
談 60-166-3，談 60-166-4，談 60-166-4，
談 60-166-4，談 60-166-5，談 60-166-5，
談 60-166-6，談 60-166-7，談 61-166-9，
談 61-165-4，談 62-165-8，談 62-165-10，
談 62-164-1，談 62-164-1，談 62-164-2，
談 62-164-5，談 62-164-5，談 63-164-8，
談 63-164-10，談 63-164-11，談 63-163-1，
談 63-163-1，談 63-163-2，談 64-163-5，
談 64-163-6，談 64-163-6，談 64-163-9，
談 64-163-10，談 66-161-2，談 66-161-2，
談 66-161-3，談 66-161-6，談 66-161-6，
談 66-161-7，談 66-161-8，談 67-161-12，
談 67-160-4，談 68-160-10，談 68-160-10，
談 68-159-3，談 69-159-7，談 70-158-4，
談 70-158-12，談 71-157-4，談 71-157-5，
談 71-157-8，談 71-157-8，談 71-157-10，
談 71-157-11，談 71-157-12，
談 71-157-12，談 71-156-1，談 71-156-1，

談 70-156-4，談 70-156-4，談 70-156-7，
談 70-156-9，談 70-156-11，談 75-154-11，
談 76-152-2，談 76-152-5，談 76-152-5，
談 76-152-6，談 77-151-7，談 78-151-11，
談 78-151-11，談 78-151-12，
談 78-151-12，談 78-150-1，談 78-150-1，
談 78-150-2，談 78-150-2，談 78-150-3,
談 78-150-3，談 78-150-4，談 78-150-6,
談 81-148-3，談 81-148-3，談 81-148-3,
談 81-148-4，談 81-148-6，談 82-148-11,
談 82-147-6，談 83-147-11，談 84-146-7,
談 84-146-11，談 84-145-2，談 84-145-3,
談 85-145-8，談 86-144-10，談 87-143-4,
談 87-143-12，談 88-142-9，談 88-142-9,
談 93-138-8，談 93-138-9，談 94-137-3,
談 94-137-7，談 94-137-8，談 94-137-10,
談 99-133-1，談 100-133-10,
談 100-132-3，談 100-132-5，言 1-286-5,
言 1-286-7，言 1-286-8，言 5-270-8,
言 5-270-9，言 5-270-9，言 5-270-10,
言 5-270-10，言 5-270-11，言 5-270-12,
言 7-268-5，言 7-268-6，言 8-268-12,
言 8-268-12，言 8-267-1，言 8-267-4,
言 8-267-9，言 8-267-11，言 8-267-11,
言 8-267-11，言 8-267-11，言 8-267-12,
言 8-267-12，言 8-266-5，言 8-266-8,
言 8-266-9，言 8-266-9，言 8-266-9,
言 8-266-9，言 8-266-10，言 8-266-11,
言 8-266-11，言 8-265-3，言 8-265-4,
言 8-265-4，言 8-265-5，言 8-265-5,
言 8-265-11，言 8-265-12，言 8-264-2,
言 8-264-2，言 8-264-4，言 8-264-5,
言 8-264-9，言 8-264-10，言 8-264-11,
言 8-264-12，言 8-263-1，言 8-263-1,
言 8-263-3，言 8-263-7，言 8-263-8,
言 8-263-9，言 9-262-10，言 9-260-4,
言 9-260-4，言 9-260-5，言 9-260-6,
言 9-260-6，言 9-260-7，言 9-260-7,
言 9-260-9，言 9-260-10，言 9-260-12,
言 9-259-1，言 9-259-1，言 9-259-2,

言 9-259-4，言 9-259-4，言 9-259-4，
言 9-259-5，言 9-259-6，言 9-259-6，
言 9-259-6，言 9-259-7，言 9-259-7，
言 9-259-8，言 9-259-9，言 9-259-10，
言 9-259-10，言 9-259-11，言 9-259-12，
言 9-259-12，言 9-258-1，言 9-258-1，
言 9-258-2，言 9-258-2，言 9-258-2，
言 9-258-4，言 9-258-4，言 9-258-4，
言 9-258-5，言 9-258-5，言 9-258-5，
言 9-258-6，言 9-258-6，言 9-258-6，
言 9-258-7，言 9-258-7，言 9-258-8，
言 9-258-8，言 9-258-8，言 9-258-10，
言 9-257-1，言 9-257-1，言 9-257-5，
言 9-257-6，言 9-257-6，言 9-256-2，
言 10-256-7，言 10-256-9，言 10-256-10，
言 10-256-12，言 10-255-12，言 10-254-1，
言 10-254-2，言 10-254-3，言 10-254-4，
言 10-253-6，言 10-253-9，言 10-253-12，
言 10-252-3，言 10-252-3，言 10-252-11，
言 10-252-11，言 10-251-1，言 10-251-2，
言 11-250-8，言 12-249-7，言 12-249-7，
言 12-249-7，言 12-249-8，言 12-249-8，
言 13-249-12，言 13-248-1，言 13-248-3，
言 14-289-3，言 14-290-1）

你們：51（散 2-33-1，散 2-33-1，散 2-33-7，
散 2-33-9，散 2-33-9，散 3-34-3，
散 7-38-9，散 25-56-9，散 34-65-7，
問 3-104-6，問 4-102-7，問 4-100-3，
問 4-100-9，問 8-83-3，談 5-211-9，
談 5-211-11，談 6-210-8，談 6-210-9，
談 6-210-10，談 6-210-10，談 6-210-12，
談 6-209-1，談 6-209-2，談 6-209-3，
談 15-203-10，談 18-200-5，談 22-197-8，
談 26-194-2，談 30-191-9，談 32-190-12，
談 34-187-3，談 36-186-6，談 36-186-6，
談 36-186-12，談 36-185-2，談 37-185-4，
談 43-180-4，談 43-180-5，談 43-180-5，
談 56-170-6，談 61-166-9，談 82-148-12，
談 86-144-5，談 87-143-10，談 99-133-2，
言 8-267-1，言 8-265-9，言 8-265-10，
言 8-264-1，言 9-262-7，言 13-248-3）

你納：77（問 2-108-2，問 2-107-1，
問 2-107-2，問 7-92-11，問 7-91-4，
問 7-91-5，問 7-91-5，問 7-91-6，
問 7-91-8，問 7-91-9，問 7-91-11，
問 7-91-11，問 7-90-4，問 7-90-6，
問 7-89-7，問 7-89-12，續 14-125-3，
談 1-214-7，談 7-209-8，談 10-207-12，
談 11-206-10，談 12-205-5，談 12-205-7，
談 12-205-7，談 12-205-8，談 12-205-8，
談 12-205-9，談 12-205-9，談 12-205-11，
談 12-205-11，談 13-204-3，談 21-198-11，
談 30-191-2，談 30-191-2，談 30-191-3，
談 30-191-4，談 30-191-8，談 31-190-2，
談 32-190-11，談 32-189-6，談 34-188-12，
談 41-182-7，談 46-178-8，談 56-170-7，
談 65-162-6，談 68-159-1，談 69-159-7，
談 69-159-10，談 69-159-10，談 73-155-3，
談 73-155-4，談 73-155-6，談 73-155-7，
談 73-155-10，談 74-154-4，談 74-154-4，
談 74-154-5，談 82-148-10，談 82-148-10，
談 82-148-11，談 82-148-11，
談 83-147-10，談 88-142-7，談 90-140-7，
談 90-140-8，談 90-140-8，言 8-267-9，
言 8-266-11，言 10-256-9，言 10-256-12，
言 10-255-2，言 10-255-5，言 10-255-8，
言 10-255-10，言 10-253-12，言 10-252-3，
言 10-252-12）

你情我願：1（續 15-126-6）

你我：1（問 10-78-7）

擬：2（談 12-205-3，談 12-205-3）

年：42（散 9-40-5，散 9-40-9，散 17-48-5，
散 17-48-6，散 24-55-9，問 2-108-9，
問 2-108-9，問 4-102-8，問 4-101-4，
問 5-98-4，問 5-98-4，問 5-98-4，
問 5-98-4，問 6-95-6，問 6-94-1，
問 7-90-2，問 8-88-8，問 9-82-9，
問 9-82-10，問 9-82-10，問 9-81-1,
問 9-81-1，問 9-81-3，問 9-81-4，
問 9-81-4，問 9-81-5，談 1-214-4，

談 2-213-10，談 7-209-7，談 7-209-8，
　　談 12-205-7，談 22-197-2，談 32-189-3，
　　談 36-186-7，談 65-162-7，談 68-159-1，
　　言 2-284-5，言 10-255-1，言 10-255-1，
　　言 10-255-3，言 10-255-4，言 13-248-1）
年高：1（散 31-62-4）
年紀：4（散 36-67-1，散 36-67-3，問 4-101-6，
　　問 4-101-6）
年紀兒：3（談 14-204-9，談 16-202-9，
　　談 28-193-12）
年年：1（散 10-41-3）
年輕：10（散 18-49-7，散 31-62-4，
　　散 36-67-2，問 2-107-6，談 11-206-9，
　　談 12-205-8，談 14-204-11，談 27-194-7，
　　談 34-187-3，談 57-169-8）
年歲：1（言 14-294-2）
捻手捻腳兒：1（談 40-183-11）
撐出去：1（談 53-172-4）
念：35（散 6-37-5，散 6-37-5，散 6-37-9，
　　問 9-82-5，問 9-82-5，問 9-82-5，
　　問 9-82-5，問 9-82-6，問 9-82-7，
　　問 9-82-7，問 9-82-8，問 9-82-8，
　　問 9-82-8，問 9-82-8，問 9-82-8，
　　問 9-82-9，問 9-82-9，問 9-82-10，
　　問 10-76-10，問 10-75-12，續 4-115-9，
　　談 1-214-3，談 1-214-4，談 1-214-8，
　　談 3-212-4，談 5-211-7，談 5-211-8，
　　談 5-211-11，談 5-211-12，談 6-210-8，
　　談 7-209-7，談 8-208-6，言 1-287-9，
　　言 1-287-11，言 9-262-5）
念法：1（問 10-76-4）
念經：4（散 33-64-2，散 33-64-7，
　　談 76-152-2，談 80-149-8）
念書：16（散 21-52-9，散 22-53-4，
　　問 4-100-12，問 9-82-3，問 9-82-4，
　　問 10-80-6，談 4-212-10，談 4-211-1，
　　談 4-211-5，談 5-211-7，談 5-211-10，
　　談 5-211-12，談 5-210-4，談 23-196-4，
　　談 23-196-5，談 55-170-1）
念熟：1（續 18-129-3）

念頭：1（言 1-288-6）
娘兒們：5（散 31-62-1，散 31-62-3，
　　續 8-119-12，續 17-128-4，言 6-269-8）
鳥：2（言 9-262-2，言 9-262-3）
鳥槍：1（散 21-52-8）
鳥鎗：1（續 8-119-11）
捏：2（散 35-66-1，散 35-66-3）
捏報：2（散 35-66-1，散 35-66-4）
捏造：3（散 35-66-1，散 35-66-4，
　　散 36-67-9）
捏做：2（散 35-66-1，散 35-66-3）
孽：1（談 99-133-6）
您：26（散 25-56-1，散 25-56-2，散 25-56-3，
　　散 25-56-3，散 25-56-4，散 25-56-4，
　　散 25-56-10，散 27-58-9，散 27-58-10，
　　散 36-67-3，散 37-68-2，散 37-68-5，
　　散 37-68-6，問 1-109-2，問 1-109-4，
　　問 1-109-5，問 6-92-8，問 8-88-10，
　　問 9-83-8，問 9-82-9，問 9-81-10，
　　問 10-80-1，問 10-79-9，問 10-77-2，
　　問 10-76-2，問 10-75-10）
您納：3（言 14-293-2，言 14-293-4，
　　言 14-293-5）
寧可：1（續 6-117-6）
擰：1（續 5-116-12）
妞兒：3（續 4-115-1，談 87-143-10，
　　言 5-270-6）
牛：13（問 10-80-11，續 8-119-9，言 3-282-2，
　　言 3-282-3，言 3-282-3，言 3-280-8，
　　言 3-273-6，言 3-273-6，言 4-271-8，
　　言 4-271-9，言 4-271-9，言 4-271-10，
　　言 8-265-3）
牛奶：4（散 14-45-1，散 14-45-7，散 14-45-7，
　　散 14-45-7）
牛肉：1（散 1-32-8）
牛羊：1（散 20-51-9）
牛羊肉：1（散 26-57-7）
扭：4（問 7-89-5，續 6-117-3，談 63-164-12，
　　談 65-162-4）
鈕釦子：1（續 14-125-10）

鈕襻兒：1（續 10-121-10）
鈕子：2（談 86-144-8，談 86-144-8）
濃：2（散 33-64-2，散 33-64-9）
弄：15（散 14-45-1，散 26-57-10，散 31-62-5，
　　　　問 8-87-11，問 8-87-12，問 8-86-8，
　　　　問 10-76-6，續 1-112-4，續 4-115-2，
　　　　續 7-118-9，談 24-196-12，談 31-190-7，
　　　　談 46-178-11，談 70-158-11，
　　　　談 71-157-9）
弄飯：2（散 14-45-9，問 8-87-11）
弄壞：1（談 66-161-6）
弄火：1（散 14-45-3）
膿揉：1（談 16-202-8）
奴才：2（散 25-56-1，散 25-56-6）
奴才們：4（談 21-198-9，談 43-181-12，
　　　　　談 43-180-3，談 88-142-7）
努力：2（續 10-121-6，談 79-150-12）
努嘴兒：1（續 12-123-9）
怒氣：1（談 62-164-4）
怒氣沖沖：1（談 53-172-4）
女孩兒：1（談 85-145-12）
女人：7（散 17-48-8，散 31-62-1，
　　　　談 17-201-6，談 39-183-4，談 47-177-6，
　　　　言 9-257-12，言 9-256-3）
女人們：2（續 3-114-7，談 37-185-8，）
女兒：1（問 5-98-1）
女婿：1（談 86-144-4）
暖和：3（散 9-40-3，散 9-40-8，散 10-41-7）
暖帽：1（散 12-43-6）
煖和：1（談 34-187-3）
挪：1（散 29-60-8）
挪開：2（散 29-60-2，散 29-60-7）

O

毆打：1（問 3-103-5）
偶爾：1（言 9-262-4）
偶然：5（散 21-52-2，散 21-52-8，散 21-52-8，
　　　　談 17-201-8，談 57-169-5）
漚：1（談 42-181-5）

漚透：1（談 38-184-7）

P

趴：1（續 12-123-1）
怕：44（散 21-52-9，散 24-55-5，散 29-60-9，
　　　　問 1-109-8，問 1-109-12，問 3-106-9，
　　　　問 5-98-2，問 5-96-9，問 7-91-3，
　　　　問 8-88-5，問 8-86-8，問 8-86-12，
　　　　問 8-84-9，問 10-78-4，問 10-75-9，
　　　　續 2-113-8，續 6-117-1，續 12-123-7，
　　　　談 2-213-5，談 12-205-10，談 16-202-6，
　　　　談 36-186-12，談 39-183-6，談 43-180-6，
　　　　談 60-166-2，談 60-166-2，談 60-166-2，
　　　　談 60-166-3，談 60-166-5，談 62-164-2，
　　　　談 62-164-4，談 63-163-2，談 70-156-7，
　　　　談 79-150-10，談 93-138-8，談 94-137-10，
　　　　談 98-134-4，言 8-265-10，言 9-259-3，
　　　　言 10-256-6，言 12-249-7，言 14-289-2，
　　　　言 14-290-2，言 14-294-6）
怕是：3（散 16-47-9，散 21-52-8，
　　　　言 10-254-4）
排二：1（問 4-100-10）
排牖兒：1（談 38-184-9）
排子：1（續 17-128-2）
派：5（散 34-65-4，散 34-65-4，散 34-65-5，
　　　散 38-69-5，談 83-146-3）
攀：1（談 13-204-6）
盤：1（談 97-135-12）
盤察：1（散 20-51-3）
盤纏銀子：1（談 31-191-12）
盤費：1（散 15-46-8）
盤誦珠兒：1（談 38-184-2）
盤子：2（散 8-39-1，散 8-39-4）
凳：1（續 10-121-8）
盼：2（談 15-203-11，談 85-145-10）
盼望：2（散 34-65-2，散 34-65-5）
旁：1（言 9-261-11）
旁邊兒：1（散 40-71-8）
旁不相干兒：1（談 71-157-5）

旁岔兒：1（問 6-95-6）
旁面：1（散 40-71-10）
旁人：5（散 25-56-1，散 25-56-4，
　　　言 8-268-12，言 8-267-1，言 9-262-4）
胖：1（談 65-162-4）
胖大：1（續 6-117-6）
胖子：2（談 30-191-4，談 30-191-7）
抛費：1（問 5-99-11）
抛頭露面：1（續 9-120-10）
麅子：2（談 89-141-4，談 89-141-5）
袍：1（言 3-274-11）
袍子：1（談 45-179-10）
跑：29（散 5-36-3，散 5-36-4，散 16-47-9，
　　　散 16-47-9，散 19-50-8，散 20-51-8，
　　　散 20-51-9，散 21-52-8，問 3-103-8，
　　　問 3-103-9，問 3-103-10，問 4-100-1，
　　　談 33-189-11，談 89-141-4，談 89-141-6，
　　　談 89-141-9，談 93-138-10，談 98-134-6，
　　　言 9-262-2，言 9-262-3，言 9-262-4，
　　　言 9-262-5，言 9-262-5，言 9-261-1，
　　　言 9-256-1，言 10-253-5，言 11-250-10，
　　　言 11-250-11，言 11-250-12）
跑獬馬：1（續 6-117-12）
泡：1（談 88-142-11）
礮：5（言 3-281-7，言 3-272-1，言 3-272-1，
　　　言 3-272-1，言 3-272-4）
炮燥：1（談 45-179-10）
陪：5（散 27-58-2，散 27-58-10，散 27-58-10，
　　　談 12-205-3，言 9-261-11）
陪伴：28（言 3-283-10，言 3-283-11，
　　　言 3-283-12，言 3-282-4，言 3-282-4，
　　　言 3-282-7，言 3-282-8，言 3-282-12，
　　　言 3-281-8，言 3-280-5，言 3-280-6，
　　　言 3-280-8，言 3-279-4，言 3-279-10，
　　　言 3-278-2，言 3-278-3，言 3-278-10，
　　　言 3-277-2，言 3-277-6，言 3-276-10，
　　　言 3-275-1，言 3-275-3，言 3-275-4，
　　　言 3-273-3，言 3-273-8，言 3-273-11，
　　　言 3-272-8，言 4-272-10）
陪伴字：7（言 3-282-2，言 3-282-5，
　　　言 3-282-8，言 3-281-3，言 3-276-1，
　　　言 3-276-6，言 3-272-5）
陪坐：1（談 48-176-2）
賠本：8（問 4-100-11，問 5-99-9，問 5-99-10，
　　　問 5-99-10，問 5-99-10，問 5-99-10，
　　　問 5-99-11，問 6-95-8）
賠本兒：1（續 18-129-5）
賠補：5（問 5-96-11，問 5-96-11，問 5-96-11，
　　　問 5-96-12，問 5-96-12）
賠墊：1（問 2-108-11）
佩服：1（續 10-121-12）
配：2（談 85-145-11，言 3-281-5）
噴：1（續 10-121-2）
噴香：1（續 17-128-6）
盆：3（散 11-42-2，散 11-42-6，散 14-45-5）
盆兒匠：1（散 35-66-3）
盆子：1（談 97-135-9）
朋友：32（散 24-55-1，散 24-55-9，
　　　散 34-65-9，問 4-100-1，問 6-94-9，
　　　問 9-81-5，問 9-81-7，續 16-127-9，
　　　談 3-212-1，談 12-205-8，談 18-201-12，
　　　談 23-196-5，談 35-187-8，談 35-187-10，
　　　談 35-186-1，談 35-186-2，談 37-185-4，
　　　談 37-185-11，談 39-183-3，談 46-178-12，
　　　談 59-167-2，談 61-165-2，談 67-160-1，
　　　談 67-160-2，談 68-160-10，談 69-159-9，
　　　談 74-154-2，談 76-152-8，談 82-147-4，
　　　談 83-146-1，談 94-137-3，談 97-135-7）
朋友們：15（續 9-120-10，談 2-213-9，
　　　談 13-204-5，談 19-199-2，談 20-199-8，
　　　談 24-195-3，談 25-195-8，談 31-190-6，
　　　談 46-178-9，談 53-172-6，談 61-166-12，
　　　談 74-154-6，談 84-146-11，談 88-142-10，
　　　談 99-134-12）
膨悶：1（談 48-176-4）
蓬鬆：1（談 35-187-10）
碰：9（散 28-59-2，散 28-59-2，散 28-59-2，
　　　散 28-59-9，散 28-59-10，問 7-89-3，
　　　問 7-89-3，問 7-89-8，續 5-116-6）
碰釘子：1（談 54-172-10）

碰見：2（問 7-90-10，言 9-257-9）
披：1（談 70-158-5）
劈：1（續 13-124-6）
霹雷：1（談 96-136-12）
皮：1（續 15-126-1）
皮掛子：2（散 13-44-6，散 36-67-9）
皮臉：1（談 6-210-12）
皮氣：3（談 56-169-1，談 65-162-11，談 70-158-12）
皮肉：1（談 43-180-5）
皮箱：1（言 14-290-3）
皮靴子：1（散 11-42-7）
皮着臉兒：1（談 8-208-5）
皮子：1（散 16-47-3）
疲：1（談 25-195-7）
琵琶：4（談 100-133-10，談 100-132-3，談 100-132-4，談 100-132-5）
脾氣：5（散 39-70-1，散 39-70-3，續 12-123-3，續 12-123-8，續 14-125-9）
匹：26（散 4-35-2，散 4-35-8，散 5-36-4，問 2-108-5，問 8-84-11，問 8-84-12，續 12-123-11，談 32-189-6，談 33-189-9，談 33-189-9，談 33-189-10，言 3-283-11，言 3-283-11，言 3-282-1，言 3-275-1，言 3-275-1，言 3-275-1，言 4-271-9，言 4-271-10，言 4-271-11，言 4-271-11，言 4-271-12，言 8-265-2，言 8-265-2，言 8-265-2，言 9-262-4）
疋：6（散 16-47-1，散 28-59-1，散 28-59-1，散 28-59-7，言 3-275-3，言 3-275-3）
屁股：1（談 83-147-10）
僻地方兒：1（談 94-137-9）
僻靜：1（談 62-164-5）
譬如：2（談 6-209-1，談 93-138-9）
偏：8（散 34-65-10，問 3-103-4，問 8-85-8，續 5-116-10，談 13-204-2，談 63-164-12，言 10-252-10，言 13-248-4）
篇：8（問 10-77-4，問 10-77-4，問 10-76-2，言 3-275-4，言 3-275-4，言 3-275-4，言 3-275-4，言 3-275-4）

偏偏兒：1（談 82-148-12）
偏疼：1（談 42-181-10）
篇兒：1（言 3-275-5）
剮：1（談 70-156-10）
便宜：18（散 13-44-1，散 13-44-6，散 14-45-7，散 36-67-1，散 36-67-6，問 5-96-3，續 3-114-4，談 20-199-12，談 32-189-3，談 32-189-7，談 43-180-5，談 54-172-9，談 54-172-12，談 64-163-11，談 66-161-5，談 77-151-7，談 79-150-12，談 94-137-10）
片：1（談 97-135-7）
騙：5（散 39-70-8，問 3-103-9，問 4-101-12，續 11-122-9，言 11-250-10）
飄飄颻颻：1（談 97-135-6）
票子：3（散 13-44-2，散 13-44-2，散 13-44-8）
撇：1（續 13-124-5）
貧窮：2（散 24-55-1，散 24-55-4）
品評：1（言 7-268-2）
平：6（散 32-63-7，散 40-71-2，散 40-71-9，談 10-207-11，談 43-180-4，言 3-274-6）
平安街：2（言 8-263-2，言 8-263-4）
平白：1（談 81-149-12）
平常：6（散 37-68-1，散 37-68-3，談 2-213-9，談 13-204-1，談 34-188-9，談 47-177-10）
平定：1（散 31-62-8）
平素：3（散 27-58-1，散 27-58-5，談 76-152-7）
平西：1（續 3-114-11）
平行：2（散 38-69-1，散 38-69-7）
平正：1（談 34-188-10）
憑：13（散 27-58-2，散 27-58-2，散 27-58-9，散 27-58-9，散 27-58-10，散 28-59-6，問 6-93-9，問 6-92-2，言 1-285-5，言 8-266-4，言 8-266-5，言 8-263-7，言 12-249-8）
憑據：1（談 58-168-9）
瓶：1（散 14-45-8）
頗：2（談 3-212-4，言 1-287-1）

破：11（散 11-42-3，散 12-43-9，散 17-48-6，
　散 17-48-8，散 28-59-2，散 28-59-2，
　散 35-66-10，續 1-112-10，談 34-187-6，
　談 70-158-5，談 82-147-2）
破敗：1（談 70-158-4）
破壞：3（散 8-39-2，散 8-39-9，散 28-59-9）
破家：1（談 28-193-12）
破爛：1（談 36-186-8）
破裂：1（散 28-59-2）
破碎：2（散 28-59-3，散 28-59-10）
破綻：1（談 58-168-10）
破嘴：1（談 41-182-9）
剖開：2（散 35-66-2，散 35-66-10）
撲：1（續 17-128-3）
撲鼻：1（談 90-140-4）
撲滅：1（續 17-128-3）
鋪：10（散 7-38-1，散 7-38-3，散 26-57-10，
　言 3-275-6，言 3-275-6，言 3-275-6，
　言 10-251-9，言 14-292-3，言 14-292-3，
　言 14-292-3）
鋪店：1（言 3-275-6）
鋪盖：1（言 14-290-3）
鋪蓋：4（散 7-38-1，散 7-38-4，問 8-84-4，
　續 15-126-11）
鋪開：1（談 94-137-5）
鋪上：2（散 7-38-4，談 86-144-6）
鋪子：13（散 7-38-9，問 3-105-4，問 3-105-4，
　問 3-105-5，問 3-105-5，問 7-89-11，
　問 8-86-4，談 34-188-7，談 34-188-7，
　談 38-184-5，言 8-263-2，言 8-263-4，
　言 14-291-2）
噗哧：1（談 30-191-7）
菩提：1（談 38-184-7）
樸實：1（談 20-199-11）
浦口：2（問 8-87-2，問 8-87-4）
普：1（言 14-294-4）
普裏普兒：1（談 48-176-1）
普天底下：1（續 17-128-10）
普天下：2（散 20-51-2，散 20-51-6）
譜：1（續 13-124-3）

嗜嚕：1（談 40-182-1）
舖子：7（散 3-34-2，散 3-34-7，散 3-34-7，
　散 3-34-8，散 3-34-9，續 4-115-5，
　續 4-115-5）

Q

七：11（散 1-32-9，散 3-34-7，散 4-35-8，
　散 13-44-8，問 9-82-5，續 5-116-4，
　談 37-185-5，談 87-143-11，言 6-269-9，
　言 11-249-1，言 14-290-3）
七八：2（問 7-89-1，問 9-81-3）
七十八：1（問 10-79-5）
七十萬零二十：1（散 1-32-3）
七十一：1（問 4-101-7）
七萬零一百九十一：1（散 1-32-4）
沏：2（問 4-101-3，談 11-206-10）
妻妾：1（談 17-201-4）
棲身：1（談 94-137-10）
期滿：1（言 10-255-11）
欺：1（談 62-164-2）
欺負：1（談 58-168-5）
欺哄：3（散 36-67-2，散 36-67-7，
　散 36-67-8）
欺善怕惡：1（續 12-123-2）
漆黑：2（續 9-120-12，談 96-136-10）
齊：6（散 16-47-6，散 19-50-9，散 22-53-10，
　談 27-193-1，談 97-135-10，言 3-275-10）
齊化門：1（言 10-255-12）
齊截：3（續 1-112-3，續 1-112-4，
　談 34-188-10）
齊心：1（續 10-121-6）
齊整：1（言 3-273-5）
其：27（散 39-70-9，問 10-80-7，問 10-79-11，
　問 10-76-5，談 25-195-9，談 71-157-10，
　談 78-151-12，談 100-132-1，言 1-287-2，
　言 1-287-3，言 1-287-9，言 1-286-1，
　言 1-286-10，言 1-286-11，言 1-285-3，
　言 1-285-9，言 1-285-10，言 2-284-7，
　言 2-284-7，言 2-283-1，言 2-283-2，

言 2-283-3，言 2-283-3，言 2-283-4，
言 3-272-3，言 3-272-5，言 9-261-12）
其實：1（談 52-173-5）
其餘：10（散 39-70-3，散 39-70-9，
問 8-84-4，問 10-80-12，問 10-77-5，
談 52-173-3，言 1-286-6，言 2-283-2，
言 3-278-9，言 8-264-6）
其中：2（言 1-286-5，言 9-261-2）
棋：1（談 97-135-11）
旗：1（言 3-276-6）
旗杆：2（談 86-143-1，言 3-278-10）
旗人：1（談 79-150-11）
旗下：1（談 12-205-9）
奇處兒：2（談 12-205-5，談 57-169-11）
奇怪：6（散 17-48-2，散 17-48-4，問 5-96-3，
問 6-93-3，談 32-189-2，言 13-248-4）
奇特：1（談 85-145-6）
騎：19（散 5-36-3，散 5-36-3，散 5-36-4，
散 9-40-7，問 2-108-2，問 6-93-5，
問 6-93-6，問 8-85-6，問 8-84-8，
續 12-123-11，談 23-197-12，談 23-196-1，
談 33-189-10，談 33-188-1，談 65-162-3，
言 9-258-12，言 9-258-12，言 10-254-10，
言 10-253-5）
騎馬：1（談 65-162-2）
豈：7（談 19-199-4，談 54-171-4，
談 67-160-5，談 73-155-6，談 91-139-6，
談 96-135-3，談 99-133-1）
豈可：1（談 80-149-6）
豈有此理：1（言 8-263-6）
起：17（問 9-82-1，問 9-82-5，問 9-82-9，
續 3-114-5，續 5-116-9，談 11-206-7，
談 11-206-7，談 11-206-8，談 34-188-8，
談 42-181-7，談 63-164-11，談 67-160-7，
談 82-147-6，言 1-286-12，言 1-285-11，
言 1-285-12，言 3-272-6）
起初：5（散 27-58-1，散 27-58-7，
談 20-199-8，談 24-196-9，談 37-185-7）
起根兒：1（談 83-147-11）
起開：1（續 5-116-5）

起來：55（散 4-35-1，散 4-35-3，散 9-40-6，
散 10-41-4，散 11-42-4，散 16-47-4，
散 16-47-4，散 17-48-7，散 26-57-10，
散 29-60-3，散 40-71-5，問 3-105-6，
問 3-104-11，問 4-99-3，問 5-98-10，
問 7-91-9，問 8-86-5，問 9-82-9，
續 1-112-6，續 4-115-2，續 5-116-2，
續 5-116-6，續 7-118-9，談 4-211-5，
談 12-205-7，談 14-204-10，談 27-194-12，
談 30-191-10，談 35-186-2，談 36-186-10，
談 37-185-7，談 43-180-2，談 45-179-9，
談 45-179-11，談 52-173-2，談 54-171-1，
談 56-170-8，談 56-170-8，談 66-161-5，
談 76-152-7，談 77-151-5，談 84-146-11，
談 88-141-2，談 94-137-6，談 96-136-9，
談 96-136-10，談 97-135-5，談 97-135-7，
談 97-135-10，談 98-134-4，談 99-133-6，
言 1-285-7，言 3-276-10，言 9-257-10，
言 10-251-9）
起身：6（問 3-104-3，續 18-129-3，
談 31-191-12，談 31-191-12，
談 75-154-12，談 75-153-2）
起誓：1（談 44-180-11）
起誓發願：1（談 21-198-6）
起頭兒：1（續 7-118-2）
起先：1（問 6-93-12）
起疑：1（言 9-257-2）
氣：4（談 42-181-7，談 43-180-3，
談 62-165-11，談 84-146-9）
氣兒：2（談 42-181-8，談 84-145-1）
氣色兒：1（談 51-174-8）
氣頭兒上：1（續 12-123-3）
氣血：3（散 23-54-1，散 23-54-7，
談 49-176-9）
棄嫌：1（談 85-145-7）
砌牆：2（散 35-66-1，散 35-66-6）
掐：1（談 86-144-11）
恰：1（問 10-77-9）
恰好：1（談 40-183-12）
恰巧：2（散 21-52-2，散 21-52-6）

千：1（談 8-208-5）
千萬：5（散 1-32-4，散 6-37-9，續 14-125-1，
　　談 21-198-11，談 76-152-6）
千字文：2（問 9-82-5，問 9-82-7）
牽：1（談 33-189-10）
牽腸掛肚：1（續 16-127-2）
牽連：1（談 53-173-12）
謙：1（談 12-205-7）
謙恭：1（續 16-127-2）
前：9（問 4-102-8，問 4-101-4，問 5-98-1，
　　問 6-94-1，問 9-81-4，談 36-186-10，
　　談 74-154-7，談 89-141-6，言 10-255-1）
前半夜：2（散 10-41-1，散 10-41-7）
前不著村兒，後不著店兒：1（續 11-122-2）
前次：1（問 5-95-2）
前非：1（談 67-160-7）
前鋒校：1（談 12-205-4）
前功盡棄：1（續 17-128-3）
前後：2（散 12-43-4，言 10-254-11）
前後兒：1（問 4-99-3）
前來：1（談 35-187-10）
前門：1（言 3-274-8）
前門大街：1（續 11-122-8）
前年：8（散 9-40-1，散 9-40-6，散 15-46-6，
　　問 7-90-2，問 7-90-2，談 52-173-1，
　　言 10-254-6，言 10-254-7）
前前後後：1（言 10-254-6）
前兒：10（散 9-40-1，談 39-183-3，
　　談 45-179-9，談 51-174-7，談 56-170-10，
　　談 66-161-2，談 75-154-11，談 91-140-10，
　　談 92-139-8，談 97-135-5）
前兒個：1（談 75-154-12）
前生：1（談 87-143-7）
前世：1（談 85-145-9）
前手：1（談 10-206-3）
前思後想：1（續 9-120-8）
前天：2（散 9-40-1，言 5-270-10）
前頭：4（散 4-35-1，散 4-35-4，散 18-49-5，
　　言 14-292-5）
前仰兒後合：2（續 10-121-9，談 44-180-9）

前月：1（散 9-40-6）
錢：63（散 13-44-2，散 13-44-2，散 13-44-3，
　　散 13-44-4，散 13-44-4，散 13-44-5，
　　散 13-44-8，散 15-46-9，散 20-51-9，
　　散 24-55-4，散 24-55-4，散 24-55-5，
　　散 24-55-9，散 24-55-10，散 25-56-10，
　　散 26-57-3，散 26-57-6，散 26-57-7，
　　散 29-60-7，散 29-60-10，散 35-66-8，
　　散 37-68-9，散 40-71-6，問 1-109-9，
　　問 1-109-9，問 2-108-6，問 2-108-7，
　　問 3-105-3，問 3-105-4，問 3-105-4，
　　問 3-105-10，問 3-105-11，問 3-104-6，
　　問 3-104-7，問 3-104-12，問 3-103-10，
　　問 3-102-2，問 4-101-12，問 5-97-9，
　　問 5-96-1，問 5-96-2，問 5-96-11，
　　問 6-94-3，問 6-94-6，問 6-93-4，
　　問 6-92-6，問 7-90-4，問 8-86-12，
　　續 7-118-12，談 32-189-3，談 39-183-7，
　　言 1-286-5，言 1-286-7，言 1-286-8，
　　言 3-272-6，言 3-272-6，言 7-268-8，
　　言 7-268-9，言 8-263-1，言 8-263-6，
　　言 9-256-1，言 10-253-8，言 10-253-12）
錢財：1（談 80-149-7）
錢財兒：1（談 29-192-11）
錢糧：1（談 100-133-12）
錢鏝兒：1（續 14-125-4）
錢兒：1（談 93-138-11）
淺：3（散 15-46-2，散 15-46-6，問 10-74-4）
淺近：1（問 10-74-2）
欠：2（散 13-44-3，續 16-127-3）
欠安：4（散 31-62-2，散 31-62-9，問 3-106-7，
　　問 3-105-3）
欠債：1（談 57-169-8）
欠賬：1（散 13-44-1）
欠主兒：1（問 4-100-1）
槍：5（散 21-52-2，散 21-52-2，散 21-52-7，
　　散 21-52-7，言 3-278-8）
槍奪：1（散 21-52-3）
鎗：4（談 8-208-7，談 27-194-9，
　　談 27-194-12，談 27-193-2）

鎗尖兒：1（談 27-193-1）
蜣螂：1（續 8-119-9）
強：17（問 10-74-1，續 2-113-12，續 8-119-7，
　　　　續 8-119-7，續 17-128-7，續 17-128-10，
　　　　談 12-205-9，談 33-188-5，談 48-176-1，
　　　　談 54-172-9，談 88-141-1，談 95-136-3，
　　　　言 7-268-10，言 7-268-10，言 7-268-10，
　　　　言 7-268-10，言 8-267-9）
強暴：2（散 32-63-1，散 32-63-6）
強如：1（談 42-181-9）
強壓：1（談 83-146-3）
強壓着頭：1（談 26-194-3）
強要：1（談 16-202-9）
墻：1（散 33-64-8）
牆：9（散 33-64-3，散 33-64-9，散 35-66-6，
　　　　散 35-66-7，續 13-124-7，言 3-274-8，
　　　　言 3-273-8，言 9-261-8，言 11-250-4）
牆兒：1（續 12-123-1）
牆上：1（續 13-124-11）
牆頭兒：1（言 11-250-4）
牆垣：1（談 36-186-8）
搶：4（言 5-270-12，言 9-257-9，言 9-256-3，
　　　　言 10-253-1）
搶奪：2（散 21-52-1，言 14-294-3）
搶奪的：1（問 3-104-10）
敲：1（談 22-197-6）
橋：4（問 8-88-10，問 8-88-11，問 8-88-11，
　　　　言 3-274-8）
樵夫：1（言 5-270-6）
瞧：46（散 5-36-5，散 5-36-5，散 5-36-5，
　　　　散 5-36-5，散 28-59-7，散 29-60-7，
　　　　問 10-77-1，問 10-77-2，談 8-208-9，
　　　　談 21-198-3，談 22-197-5，談 22-197-8，
　　　　談 22-197-9，談 23-196-4，談 32-190-11，
　　　　談 35-187-9，談 35-187-11，談 39-183-4，
　　　　談 39-183-4，談 41-182-7，談 42-181-3，
　　　　談 44-180-8，談 49-176-10，談 49-176-11，
　　　　談 49-175-4，談 50-175-7，談 56-170-10，
　　　　談 59-167-5，談 59-167-6，談 64-163-10，
　　　　談 70-158-9，談 70-158-10，談 71-157-5，
　　　　談 73-155-6，談 74-154-2，談 74-154-6，
　　　　談 75-153-5，談 77-151-1，談 90-140-2，
　　　　談 91-139-1，談 95-136-6，談 96-136-9，
　　　　談 97-135-5，談 97-135-10，言 11-250-5，
　　　　言 13-248-4）
瞧不起：1（續 17-128-4）
瞧見：3（談 50-175-9，談 62-165-10，
　　　　談 85-145-12）
瞧見不得：1（談 77-151-6）
瞧瞧：7（談 1-214-5，談 7-209-8，
　　　　談 39-183-3，談 85-145-12，談 85-144-1，
　　　　談 99-133-2，言 10-251-12）
瞧上：1（談 64-163-5）
瞧一瞧：1（談 47-177-9）
睄：1（談 58-168-5）
巧：1（談 23-196-3）
巧話兒：1（談 63-164-8）
巧了：1（問 5-98-9）
巧妙：2（續 13-124-2，言 13-248-3）
悄不聲兒：1（續 12-123-10）
悄悄：2（談 60-166-6，談 82-147-2）
悄悄兒：2（談 35-187-11，談 66-161-3）
俏皮：2（續 6-117-2，續 12-123-10）
鞘子：1（續 13-124-1）
撬開：1（續 10-121-9）
且：2（談 62-165-11，言 2-284-11）
且住：1（談 6-210-8）
趄坡子：1（續 10-121-7）
切碎：1（續 6-117-8）
竊：1（問 4-101-12）
怯：1（談 60-167-12）
欽差：1（問 5-96-6）
親：7（問 4-102-9，問 5-98-3，談 17-201-10，
　　　　談 22-197-2，談 36-185-2，談 44-179-4，
　　　　談 47-177-3）
親近：2（散 32-63-8，談 19-199-4）
親戚：9（散 34-65-9，問 2-107-1，
　　　　談 59-167-7，談 73-155-3，言 8-267-7，
　　　　言 10-254-7，言 10-254-12，言 10-253-1，
　　　　言 10-253-2）

親戚骨肉：1（談 50-175-12）
親戚們：3（談 5-210-2，談 48-176-1，
　　　談 49-176-12）
親熱：6（散 27-58-1，談 14-204-10，
　　　談 17-201-3，談 19-199-1，談 24-196-9
　　　談 76-152-8）
親蔬：1（談 67-160-2）
親叔叔：2（談 76-152-1，談 76-152-2）
親友們：1（談 88-141-1）
親自：2（問 7-88-1，談 36-186-7）
禽獸：2（言 6-269-7，言 8-267-2）
勤：2（續 8-119-1，談 19-200-12）
勤儉：2（問 2-107-6，談 19-199-1）
勤謹：3（談 13-204-5，談 15-203-8，
　　　談 20-199-12）
勤學：2（談 79-150-8，談 79-150-12）
青草：1（散 26-57-2）
清：1（續 15-126-3）
清酱：1（續 14-125-5）
清楚：4（續 17-128-5，談 3-212-1，
　　　談 7-209-9，言 10-254-6）
清漢合璧：1（問 10-75-1）
清話：6（談 2-213-2，談 2-213-7，談 2-213-8，
　　　談 2-213-8，談 3-213-12，談 3-212-1）
清話指要：1（談 5-211-8）
清清楚楚兒：1（談 59-167-9）
清書：1（談 5-211-11）
清文：1（言 1-287-1）
清文啟蒙：2（問 10-75-9，問 10-75-9）
清文指要：1（問 10-75-1）
清香：1（續 3-114-11）
清雅：1（談 97-135-11）
清早兒：1（談 96-136-9）
清字：1（談 5-211-9）
輕：6（散 13-44-2，散 13-44-9，續 10-121-5，
　　　談 24-195-1，談 47-177-6，談 51-174-9）
輕放：1（談 15-203-10）
輕慢：1（談 63-164-8）
輕巧：1（續 4-115-2）
輕重：1（散 13-44-3）

傾盆：1（談 96-136-12）
情：1（談 38-184-5）
情理：4（續 8-119-5，續 8-119-10，
　　　談 54-171-4，談 78-150-1）
情投意合：1（續 11-122-7）
情形：1（續 8-119-6）
情愿：1（談 83-147-8）
情願：3（散 39-70-2，言 13-249-12，
　　　言 13-248-5）
情願意：2（散 39-70-2，散 39-70-8）
晴：4（散 9-40-8，散 10-41-7，談 98-134-2，
　　　言 10-251-8）
晴天：2（散 9-40-3，散 9-40-8）
請：80（散 5-36-1，散 5-36-2，散 5-36-4，
　　　散 5-36-4，散 5-36-8，散 5-36-8，
　　　散 5-36-8，散 25-56-10，散 29-60-5，
　　　問 3-106-10，問 3-105-2，問 3-104-11，
　　　問 3-103-5，問 3-103-11，問 3-102-1，
　　　問 4-101-2，問 4-101-2，問 4-101-2，
　　　問 4-101-2，問 4-101-2，問 4-99-3，
　　　問 4-99-4，問 4-99-5，問 8-85-1，
　　　問 9-83-6，問 9-83-6，問 9-83-6，
　　　問 9-83-7，問 9-83-9，問 9-83-10，
　　　問 9-83-10，問 9-81-8，問 9-81-10，
　　　問 9-81-10，問 10-81-12，問 10-80-1，
　　　問 10-79-9，問 10-78-10，問 10-75-3，
　　　談 1-214-6，談 5-211-12，談 8-208-7，
　　　談 10-206-1，談 11-206-6，談 11-206-7，
　　　談 11-206-7，談 11-206-8，談 11-206-8，
　　　談 11-206-8，談 11-206-11，談 11-205-1，
　　　談 12-205-11，談 23-197-12，談 23-196-6，
　　　談 30-191-3，談 32-189-4，談 46-178-8，
　　　談 51-174-5，談 52-173-4，談 55-170-1，
　　　談 61-165-2，談 69-159-12，談 71-157-12，
　　　談 73-155-6，談 73-155-9，談 73-155-9，
　　　談 74-154-4，談 75-153-5，談 76-152-6，
　　　談 85-144-1，談 88-142-7，談 88-142-9，
　　　談 88-142-9，談 88-142-11，談 97-135-9，
　　　言 5-270-3，言 10-252-3，言 14-290-3，
　　　言 14-293-1，言 14-293-6）

請安：4（問 4-102-11，問 4-101-4，
　　問 4-99-4，問 8-88-3）
請教：1（散 5-36-2）
請問：4（問 1-109-4，問 7-90-7，問 9-81-5，
　　問 10-78-4）
請坐：2（言 14-293-1，言 14-293-1）
窮：2（續 10-121-12，談 65-162-7）
窮的伴富的，伴的沒褲子：1（談 70-158-6）
秋：2（散 16-47-2，散 16-47-10）
秋天：2（散 24-55-6，談 96-135-2）
求：20（問 2-107-4，問 3-105-10，
　　問 3-105-10，問 6-94-12，續 11-122-3，
　　談 1-214-7，談 7-209-8，談 26-194-4，
　　談 29-192-12，談 31-190-2，談 43-180-3，
　　談 43-180-3，談 68-160-11，談 68-159-1，
　　談 81-149-11，談 82-148-9，談 82-148-10，
　　談 83-147-10，言 4-271-4，言 9-256-1）
求不着：1（談 65-162-10）
求告：1（談 57-169-8）
求親：1（談 85-145-5）
求情：1（談 44-179-3）
求之不得：1（問 4-101-8）
曲曲灣灣：2（續 8-119-3，談 90-140-5）
屈：1（談 24-195-2）
趨：1（言 3-275-9）
取：7（散 29-60-1，散 29-60-7，談 9-208-12，
　　談 9-208-12，談 9-207-1，談 9-207-3，
　　言 8-266-4）
取錢：1（問 5-96-3）
娶：2（談 17-201-7，談 86-144-11）
娶媳婦兒：1（談 61-165-1）
去：225（散 3-34-6，散 3-34-6，散 3-34-10，
　　散 3-34-10，散 4-35-5，散 4-35-6，
　　散 4-35-6，散 4-35-6，散 7-38-5，
　　散 7-38-5，散 8-39-9，散 10-41-6，
　　散 11-42-7，散 13-44-5，散 14-45-6，
　　散 14-45-9，散 16-47-7，散 21-52-3，
　　散 21-52-4，散 23-54-10，散 25-56-8，
　　散 25-56-8，散 27-58-9，散 27-58-9，
　　散 27-58-10，散 29-60-6，散 29-60-7，

散 30-61-6，散 34-65-8，散 35-66-6，
散 37-68-8，散 40-71-2，散 40-71-3，
問 1-109-10，問 1-109-10，問 3-106-12，
問 3-105-1，問 3-105-2，問 3-103-8，
問 5-99-7，問 5-98-9，問 5-97-2，
問 5-97-6，問 5-97-6，問 6-95-10，
問 7-91-10，問 7-90-2，問 7-89-2，
問 7-89-11，問 8-85-4，問 8-85-8，
問 8-83-2，問 8-83-4，續 1-112-2，
續 1-112-4，續 1-112-5，續 1-112-5，
續 1-112-7，續 1-112-7，續 1-112-9，
續 2-113-2，續 2-113-11，續 2-113-11，
續 2-113-11，續 3-114-6，續 3-114-11，
續 3-114-12，續 4-115-4，續 4-115-4，
續 4-115-5，續 5-116-2，續 6-117-6，
續 6-117-9，續 7-118-3，續 13-124-1，
續 13-124-5，續 15-126-1，續 15-126-7，
談 2-213-8，談 3-212-8，談 5-211-7，
談 5-211-7，談 5-211-12，談 5-211-12，
談 9-208-12，談 9-208-12，談 9-207-1，
談 9-207-1，談 9-207-2，談 9-207-3，
談 9-207-4，談 9-207-5，談 9-207-6，
談 10-206-4，談 10-206-4，談 11-206-11，
談 11-206-11，談 11-206-11，
談 11-206-12，談 13-204-7，談 14-203-2，
談 15-203-7，談 18-200-2，談 18-200-2，
談 18-200-3，談 21-198-6，談 21-198-9，
談 21-198-10，談 21-198-10，談 22-197-3，
談 22-197-3，談 22-197-5，談 22-197-7，
談 22-197-9，談 26-194-4，談 27-193-1，
談 27-193-3，談 31-190-4，談 32-189-4，
談 38-184-2，談 38-184-2，談 38-184-3，
談 38-184-4，談 38-184-6，談 38-184-7，
談 38-184-9，談 38-184-10，談 39-183-2，
談 39-183-3，談 39-183-3，談 39-183-7，
談 40-182-5，談 43-181-12，談 44-180-11，
談 44-179-2，談 49-176-10，談 50-175-7，
談 51-174-7，談 52-173-6，談 54-172-10，
談 54-171-3，談 54-171-4，談 56-170-10，
談 56-170-12，談 58-168-9，談 59-167-4，

談 59-167-5，談 60-167-12，談 61-165-2，
　　談 68-160-12，談 71-157-4，談 71-157-9，
　　談 71-157-12，談 71-156-1，談 73-155-3，
　　談 73-155-3，談 73-155-9，談 73-155-10，
　　談 74-154-2，談 74-154-2，談 74-154-4，
　　談 74-154-4，談 74-154-5，談 74-154-5，
　　談 75-154-11，談 75-154-12，談 75-153-7，
　　談 76-152-5，談 76-152-5，談 76-152-6，
　　談 78-150-2，談 82-148-12，談 82-147-1，
　　談 82-147-5，談 83-147-8，談 84-146-7，
　　談 88-142-7，談 88-142-9，談 89-141-4，
　　談 89-141-6，談 89-141-7，談 89-141-7，
　　談 90-140-1，談 91-140-10，談 92-139-9，
　　談 94-137-3，談 94-137-4，談 94-137-7，
　　言 2-283-5，言 5-270-12，言 5-270-12，
　　言 8-267-4，言 8-267-4，言 8-263-3，
　　言 9-261-1，言 9-260-5，言 9-260-6，
　　言 9-259-9，言 9-259-10，言 9-258-3，
　　言 9-258-6，言 9-258-7，言 9-258-7，
　　言 9-258-8，言 9-258-9，言 9-258-10，
　　言 9-258-10，言 9-258-10，言 9-257-9，
　　言 10-254-9，言 10-254-10，言 10-253-9，
　　言 10-251-8，言 11-250-5，言 11-250-8，
　　言 11-250-11，言 11-250-12，言 11-249-1，
　　言 12-249-7，言 12-249-7，言 12-249-7，
　　言 12-249-8，言 14-291-1，言 14-291-2，
　　言 14-291-5）
去處兒：2（談 85-145-6，談 91-139-2）
去來：1（談 76-152-2）
去年：14（散 9-40-1，散 9-40-9，散 9-40-9，
　　散 9-40-10，散 15-46-3，散 19-50-8，
　　散 24-55-6，散 36-67-7，問 7-90-3，
　　問 9-81-6，談 70-158-5，談 87-143-4，
　　言 8-267-9，言 8-263-7）
去聲：1（散 6-37-2）
去世：3（問 2-108-8，問 5-98-1，問 5-98-1）
去文：1（散 38-69-3）
趣兒：3（談 29-192-7，談 54-171-1，
　　談 82-147-4）
圈兒内：1（談 74-154-5）

圈套兒：2（談 24-195-1，談 58-168-8）
權：3（談 7-209-9，言 1-285-3，言 9-262-1）
權變：1（續 16-127-5）
權且：1（言 5-270-3）
全：32（散 19-50-2，散 19-50-8，散 19-50-8，
　　散 19-50-9，散 20-51-7，散 35-66-4，
　　散 39-70-9，問 5-99-11，問 5-96-1，
　　問 6-95-11，問 10-78-6，問 10-76-3，
　　續 2-113-12，談 6-210-12，談 45-178-1，
　　談 68-160-12，談 70-157-1，談 82-148-10，
　　談 84-145-1，言 1-288-4，言 1-288-5，
　　言 1-285-1，言 1-285-10，言 3-274-10，
　　言 4-271-1，言 4-271-4，言 8-263-7，
　　言 9-262-1，言 10-252-6，言 10-252-7，
　　言 10-251-4，言 10-251-8）
全都：2（散 32-63-7，談 66-161-6）
全家兒：1（續 6-117-3）
全靠：1（談 4-211-1）
全數兒：1（言 8-263-8）
痊愈：1（續 1-112-4）
泉水：1（續 14-125-9）
拳頭：1（續 16-127-4）
跤：1（續 16-127-3）
顴骨：1（續 16-127-5）
犬：1（問 10-80-12）
犬夫（大夫）：1（續 7-118-5）
勸：13（續 16-127-6，談 41-182-7，
　　談 46-178-12，談 52-174-12，
　　談 53-173-10，談 53-173-10，談 56-169-1，
　　談 56-169-2，談 58-168-5，談 60-166-4，
　　談 67-160-2，談 67-160-2，談 67-160-2）
缺：4（散 19-50-6，散 38-69-4，問 4-100-8，
　　言 3-275-3）
瘸子：3（談 27-194-10，談 27-194-12，
　　談 27-193-2）
却：32（散 27-58-8，問 1-109-6，問 3-105-11，
　　問 4-100-9，問 5-99-9，問 5-98-1，
　　問 5-98-6，問 6-95-12，問 6-94-2，
　　問 6-92-4，問 7-90-11，問 7-89-4，
　　問 8-86-3，問 8-84-10，問 10-80-8，

問 10-79-8，問 10-77-12，問 10-76-4,
問 10-75-2，談 13-204-4，談 38-184-7,
談 48-176-2，談 54-172-8，談 57-169-7,
談 58-168-7，談 73-155-5，言 1-288-2,
言 1-285-5，言 2-284-12，言 3-278-9,
言 3-276-12，言 8-264-9）

却不是：1（談 14-204-9）
却是：5（散 26-57-1，散 26-57-3，散 27-58-4,
談 64-163-5，談 96-135-2）
確然：1（言 2-284-10）
雀鳥兒：1（談 90-140-3）
雀兒：4（續 12-123-11，談 40-183-11,
談 40-182-2，談 40-182-3）
羣：3（談 21-198-5，談 65-162-2,
言 11-250-4）

R

然而：4（問 6-94-1，談 59-167-8,
談 69-159-12，言 1-286-9）
然後：1（談 58-168-9）
染：6（散 28-59-1，散 28-59-1，散 28-59-5,
散 28-59-6，散 28-59-6，散 28-59-8）
嚷：1（談 18-200-4）
讓：8（問 4-101-1，問 4-101-2，續 1-112-6,
談 70-156-12，談 78-150-3，談 88-141-1,
談 88-141-2，言 9-262-1）
讓人：1（談 81-149-12）
饒：2（談 44-180-12，談 44-179-4）
饒人兒：1（續 9-120-7）
擾亂：3（言 9-257-11，言 14-293-6,
言 14-294-4）
繞：4（散 15-46-1，散 15-46-1，續 5-116-12,
談 92-139-9）
惹：6（續 12-123-3，談 47-177-7,
談 54-172-9，談 55-171-8，談 84-146-10,
談 84-146-10）
熱：12（散 9-40-3，散 9-40-6，散 11-42-8,
散 16-47-10，散 16-47-10，續 2-113-9,
續 5-116-1，談 45-179-9，談 93-138-5,
談 93-138-6，談 93-138-12，言 11-250-9）
熱鬧：7（散 31-62-2，散 31-62-9，問 8-88-10,
續 16-127-9，談 9-207-6，談 82-147-3,
言 12-249-5）
熱水：1（散 11-42-10）
熱天氣：1（談 49-176-10）
人：461（散 1-32-2，散 1-32-6，散 1-32-7,
散 1-32-7，散 1-32-7，散 2-33-2,
散 2-33-2，散 2-33-2，散 2-33-3,
散 2-33-3，散 2-33-3，散 2-33-5,
散 2-33-5，散 2-33-5，散 2-33-6,
散 2-33-6，散 2-33-6，散 2-33-8,
散 2-33-8，散 2-33-8，散 2-33-8,
散 2-33-9，散 3-34-6，散 3-34-8,
散 3-34-9，散 3-34-9，散 3-34-9,
散 3-34-10，散 4-35-2，散 4-35-2,
散 4-35-5，散 4-35-7，散 4-35-7,
散 5-36-9，散 6-37-7，散 8-39-7,
散 8-39-9，散 8-39-9，散 8-39-10,
散 9-40-4，散 10-41-5，散 11-42-3,
散 12-43-7，散 13-44-3，散 13-44-4,
散 13-44-4，散 15-46-4，散 15-46-7,
散 15-46-8，散 16-47-7，散 16-47-8,
散 17-48-2，散 17-48-3，散 17-48-4,
散 17-48-4，散 17-48-4，散 17-48-6,
散 17-48-7，散 17-48-10，散 18-49-7,
散 18-49-9，散 18-49-9，散 19-50-4,
散 19-50-6，散 19-50-6，散 19-50-9,
散 20-51-3，散 21-52-3，散 21-52-3,
散 21-52-5，散 21-52-8，散 21-52-9,
散 21-52-9，散 21-52-9，散 21-52-10,
散 22-53-3，散 22-53-7，散 22-53-9,
散 23-54-4，散 23-54-6，散 23-54-7,
散 24-55-2，散 25-56-2，散 25-56-3,
散 25-56-6，散 26-57-4，散 26-57-8,
散 27-58-1，散 27-58-3，散 27-58-5,
散 27-58-5，散 27-58-6，散 29-60-6,
散 29-60-6，散 31-62-8，散 31-62-10,
散 32-63-9，散 33-64-6，散 33-64-7,
散 34-65-10，散 35-66-7，散 35-66-9,

散 36-67-5, 散 36-67-7, 散 36-67-8,
散 37-68-8, 散 37-68-8, 散 38-69-10,
散 39-70-6, 散 39-70-9, 散 40-71-5,
散 40-71-6, 散 40-71-8, 散 40-71-10,
問 1-109-3, 問 1-109-7, 問 1-109-10,
問 1-109-11, 問 2-108-3, 問 2-107-5,
問 2-107-11, 問 2-107-11, 問 3-106-4,
問 3-106-12, 問 3-105-7, 問 3-105-8,
問 3-105-9, 問 3-104-9, 問 3-103-2,
問 3-103-4, 問 3-103-5, 問 3-103-6,
問 3-102-2, 問 3-102-2, 問 3-102-3,
問 4-102-6, 問 4-102-6, 問 4-102-12,
問 4-101-12, 問 5-98-5, 問 5-98-7,
問 5-97-4, 問 5-97-11, 問 6-95-6,
問 6-95-10, 問 6-94-5, 問 6-94-11,
問 6-94-12, 問 6-93-3, 問 6-93-8,
問 6-93-10, 問 7-90-6, 問 8-88-3,
問 8-88-8, 問 8-87-7, 問 8-86-11,
問 8-84-10, 問 8-83-2, 問 9-83-9,
問 9-83-10, 問 9-83-10, 問 10-80-2,
問 10-80-6, 問 10-80-6, 問 10-80-8,
問 10-80-11, 問 10-79-12, 問 10-78-2,
問 10-78-3, 問 10-78-3, 問 10-77-11,
問 10-77-11, 問 10-74-3, 續 2-113-9,
續 5-116-12, 續 7-118-3, 續 8-119-6,
續 8-119-8, 續 8-119-8, 續 8-119-10,
續 8-119-12, 續 9-120-2, 續 9-120-10,
續 10-121-11, 續 11-122-2, 續 11-122-2,
續 11-122-4, 續 11-122-7, 續 11-122-7,
續 12-123-6, 續 12-123-8, 續 12-123-9,
續 14-125-9, 續 15-126-12, 續 16-127-4,
續 17-128-12, 續 18-129-4, 談 1-214-8,
談 4-212-10, 談 4-212-11, 談 4-211-2,
談 4-211-5, 談 7-209-6, 談 8-208-4,
談 8-208-5, 談 8-208-9, 談 10-206-2,
談 11-206-11, 談 12-205-7, 談 13-204-2,
談 13-204-5, 談 13-204-6, 談 14-204-9,
談 14-204-9, 談 15-203-7, 談 15-203-8,
談 15-203-9, 談 16-202-8, 談 16-202-8,
談 16-202-9, 談 16-202-10, 談 17-201-10,

談 19-199-4, 談 20-199-7, 談 21-198-3,
談 22-197-4, 談 24-196-12, 談 24-196-12,
談 24-195-1, 談 24-195-2, 談 26-194-2,
談 27-194-8, 談 27-194-10, 談 28-193-8,
談 29-192-4, 談 30-191-2, 談 30-191-10,
談 32-189-4, 談 34-187-2, 談 35-186-4,
談 37-185-11, 談 39-183-2, 談 41-182-8,
談 41-182-12, 談 42-181-3, 談 42-181-3,
談 42-181-5, 談 49-176-12, 談 49-175-3,
談 51-174-4, 談 53-173-12, 談 53-172-3,
談 53-172-4, 談 53-172-6, 談 54-172-11,
談 54-172-11, 談 55-171-7, 談 55-171-8,
談 55-171-9, 談 55-171-11, 談 56-170-6,
談 56-170-7, 談 56-170-10, 談 57-169-8,
談 58-168-4, 談 58-168-5, 談 58-168-8,
談 59-167-8, 談 60-166-1, 談 61-165-3,
談 62-164-1, 談 63-163-1, 談 65-162-2,
談 65-162-10, 談 66-161-2, 談 66-161-3,
談 66-161-4, 談 66-161-4, 談 67-161-12,
談 68-160-11, 談 68-160-12, 談 74-154-4,
談 74-154-7, 談 74-154-8, 談 75-153-5,
談 76-152-9, 談 78-150-1, 談 79-150-8,
談 79-150-9, 談 80-149-3, 談 80-149-7,
談 80-149-7, 談 82-148-10, 談 83-147-8,
談 83-147-9, 談 83-146-1, 談 83-146-4,
談 85-145-6, 談 85-145-10, 談 86-144-4,
談 87-143-7, 談 87-143-9, 談 88-142-7,
談 88-142-9, 談 88-142-9, 談 90-140-8,
談 91-140-11, 談 91-139-4, 談 92-139-8,
談 92-139-11, 談 95-136-6, 談 99-134-12,
談 99-133-3, 談 99-133-4, 言 1-288-2,
言 1-288-5, 言 1-288-7, 言 1-288-7,
言 1-288-7, 言 1-288-7, 言 1-288-8,
言 1-288-8, 言 1-288-8, 言 1-285-1,
言 1-285-7, 言 1-285-8, 言 1-285-9,
言 1-285-11, 言 1-285-11, 言 2-284-4,
言 2-284-5, 言 2-284-8, 言 2-284-8,
言 2-284-8, 言 2-284-9, 言 2-284-9,
言 2-284-10, 言 2-284-12, 言 2-283-3,
言 2-283-5, 言 2-283-6, 言 3-283-9,

言 3-283-10，言 3-283-11，言 3-282-2，
言 3-281-9，言 3-281-11，言 3-278-12，
言 3-277-5，言 3-277-6，言 3-277-6，
言 3-277-9，言 3-274-2，言 3-274-2，
言 3-274-4，言 3-272-3，言 4-271-3，
言 4-271-3，言 4-271-4，言 4-271-5，
言 4-271-5，言 4-271-5，言 4-271-6，
言 4-271-6，言 4-271-6，言 4-271-6，
言 4-271-6，言 4-271-7，言 4-271-7，
言 4-271-7，言 4-271-8，言 4-271-9，
言 4-271-10，言 4-271-11，言 4-271-11，
言 4-271-11，言 5-270-2，言 5-270-4，
言 5-270-4，言 6-269-7，言 7-268-2，
言 7-268-2，言 7-268-3，言 7-268-6，
言 7-268-6，言 7-268-6，言 7-268-7，
言 7-268-10，言 8-268-12，言 8-267-1，
言 8-267-3，言 8-267-3，言 8-267-4，
言 8-267-7，言 8-267-10，言 8-267-10，
言 8-267-11，言 8-267-11，言 8-266-1，
言 8-265-1，言 8-265-6，言 8-265-7，
言 8-265-10，言 8-265-10，言 8-265-11，
言 8-265-12，言 8-264-1，言 8-264-6，
言 8-264-6，言 8-264-6，言 8-264-7，
言 8-264-7，言 8-264-8，言 8-264-9，
言 8-264-10，言 8-264-10，言 8-264-10，
言 8-264-11，言 9-263-11，言 9-262-12，
言 9-261-1，言 9-261-1，言 9-261-1，
言 9-260-12，言 9-259-1，言 9-259-2，
言 9-259-3，言 9-259-3，言 9-259-5，
言 9-259-8，言 9-259-10，言 9-258-3，
言 9-258-8，言 9-258-11，言 9-258-11，
言 9-257-7，言 9-257-8，言 9-257-10，
言 9-256-1，言 9-256-2，言 9-256-4，
言 10-256-6，言 10-255-11，言 10-254-3，
言 10-254-3，言 10-254-3，言 10-253-2，
言 10-253-9，言 10-252-4，言 10-252-7，
言 10-252-9，言 10-252-9，言 10-252-10，
言 10-251-2，言 10-251-2，言 11-250-4，
言 11-250-4，言 11-250-11，言 12-249-6，
言 13-248-1，言 14-289-2）

人不知，鬼不覺：1（續 10-121-5）
人家：51（散 13-44-3，散 21-52-3，
　　散 25-56-5，散 26-57-6，散 28-59-6，
　　問 5-96-6，續 9-120-5，續 12-123-7，
　　續 15-126-5，續 15-126-10，續 16-127-3，
　　續 16-127-4，談 2-213-2，談 4-211-3，
　　談 4-211-4，談 8-208-6，談 14-204-12，
　　談 15-202-1，談 16-202-6，談 25-195-8，
　　談 25-195-10，談 40-182-3，談 44-180-9，
　　談 47-177-8，談 52-173-3，談 52-173-4，
　　談 56-170-4，談 56-170-5，談 58-168-2，
　　談 58-168-3，談 62-164-4，談 63-164-11，
　　談 64-163-7，談 64-163-12，談 67-161-12，
　　談 77-151-3，談 77-151-4，談 77-151-4，
　　談 78-151-10，談 78-151-11，
　　談 78-151-12，談 78-150-1，談 78-150-5，
　　談 82-147-4，談 83-147-11，談 83-146-3，
　　談 84-146-11，談 86-144-9，談 89-141-9，
　　談 99-133-4，言 1-285-7）
人家兒：2（續 16-127-8，談 28-193-10）
人口：4（問 4-100-2，問 4-100-6，問 5-99-12，
　　談 75-153-5）
人們：17（談 8-208-8，談 18-200-7，
　　談 18-200-9，談 21-198-4，談 21-198-9，
　　談 24-195-4，談 28-193-12，談 39-183-2，
　　談 57-169-11，談 70-158-8，談 76-153-12，
　　談 80-149-4，談 87-143-9，談 87-143-10，
　　談 92-138-2，談 98-134-6，言 4-271-8）
人情：3（談 76-152-8，談 78-151-12，
　　言 1-288-10）
人兒：13（問 2-107-10，續 7-118-6，
　　續 17-128-2，談 11-206-9，談 22-197-6，
　　談 23-196-5，談 27-194-9，談 40-183-10，
　　談 47-177-10，談 54-171-2，談 64-163-10，
　　談 83-146-1，談 87-142-1）
人兒們：4（談 12-205-8，談 14-204-11，
　　談 34-187-3，談 57-169-9）
人人：3（談 45-179-10，談 81-148-4，
　　言 8-264-8）
人人兒：2（散 20-51-6，散 24-55-7）

人身子：1（談 64-163-5）
人生：2（談 76-152-8，談 91-139-5）
人往高處兒走，水往低處兒流：1
　　（談 100-132-2）
人心：4（散 31-62-8，散 31-62-8，
　　談 24-195-3，談 99-133-5）
人姓：1（言 2-283-6）
人意兒：1（談 82-147-5）
人子：2（談 4-211-3，談 16-202-3）
任：1（談 42-181-4）
任憑：7（談 3-212-7，談 16-202-5，
　　談 54-171-2，談 66-161-3，談 80-149-4，
　　談 84-146-12，談 100-132-3）
任甚麼兒：1（續 3-114-5）
任意兒：3（談 28-193-7，談 43-181-12，
　　談 47-177-9）
仁愛：1（談 14-204-12）
忍：5（談 17-201-5，談 65-162-8，
　　談 78-150-3，談 84-145-1，談 95-136-3）
忍不住：1（談 28-193-7）
忍氣吞聲：1（續 18-129-7）
認：6（散 6-37-7，續 6-117-5，續 7-118-4，
　　談 65-162-3，談 65-162-3，言 1-287-10）
認錯：2（談 63-163-1，言 9-259-8）
認得：36（散 5-36-7，散 5-36-7，散 5-36-10，
　　散 5-36-10，散 6-37-5，散 6-37-7，
　　散 6-37-7，散 6-37-7，問 3-104-9，
　　問 3-103-3，問 6-94-12，問 7-91-11，
　　問 7-91-11，問 7-91-12，問 9-83-12，
　　問 9-82-7，問 10-80-4，問 10-80-6，
　　問 10-80-8，問 10-79-3，問 10-77-3，
　　談 12-205-4，談 14-204-9，談 15-203-7，
　　談 33-189-12，談 68-160-12，
　　談 73-155-11，言 9-259-1，言 9-259-1，
　　言 9-258-8，言 9-258-10，言 9-258-10，
　　言 10-254-4，言 10-254-4，言 10-252-7，
　　言 10-252-8）
認識：10（問 4-102-7，問 4-102-7，
　　問 4-101-4，問 7-91-6，問 7-91-6，
　　問 7-91-7，續 17-128-12，談 61-166-12，

　　談 82-147-4，談 83-147-9）
認字：1（散 5-36-1）
扔：3（散 21-52-2，續 6-117-4，言 9-257-12）
扔下：1（散 21-52-7）
仍：2（談 18-200-1，言 1-286-12）
仍舊：3（續 2-113-4，談 18-200-6，
　　談 44-179-2）
日：1（談 27-194-10）
日本國：3（問 1-109-5，問 1-109-6，
　　問 1-109-11）
日後：6（散 24-55-3，散 24-55-5，散 39-70-4，
　　談 67-160-7，談 81-148-5，言 1-287-9）
日落：1（言 11-250-5）
日平西：2（談 74-154-6，談 92-139-10）
日頭：4（問 7-90-10，談 92-139-12，
　　談 96-135-2，談 98-134-2）
日頭地裏：1（散 26-57-10）
日月：1（談 6-210-10）
日子：28（散 6-37-5，散 11-42-4，散 11-42-7，
　　散 31-62-9，散 40-71-7，問 2-108-8，
　　問 5-97-5，問 8-83-3，問 9-83-11，
　　續 2-113-11，續 2-113-12，續 7-118-8，
　　續 8-119-7，談 3-212-4，談 11-206-8，
　　談 28-192-1，談 32-190-10，談 34-187-4，
　　談 50-175-6，談 59-167-3，談 68-159-2，
　　談 69-159-9，談 86-144-11，談 95-136-1，
　　言 10-255-5，言 10-255-10，言 10-251-7，
　　言 11-250-5）
絨：2（散 25-56-2，散 25-56-9）
榮任：1（問 9-81-5）
容讓：1（談 84-146-12）
容易：12（散 36-67-1，散 36-67-4，
　　散 36-67-5，問 3-103-12，問 9-82-7，
　　續 4-115-11，續 10-121-7，談 7-209-6，
　　談 28-193-10，談 41-182-9，談 84-146-7，
　　言 9-258-6）
揉挫：1（談 63-164-11）
肉：12（散 18-49-4，續 4-115-11，
　　續 4-115-12，續 12-123-8，續 17-128-6，
　　談 43-180-4，談 51-174-8，談 80-149-5，

談88-142-6，談88-142-6，談88-142-11，
談88-141-1）
肉麻：1（談99-133-3）
肉湯：1（散14-45-9）
如：1（談91-139-1）
如此：5（談50-175-11，談70-158-7，
言2-284-4，言2-284-10，言9-262-6）
如果：3（問8-87-9，談66-161-9，
談76-152-5）
如何：8（談3-212-3，談21-198-7，
談37-185-4，談38-184-6，談58-168-11，
談61-165-5，談67-160-2，談99-133-8）
如今：45（散39-70-8，問4-101-6，
問4-101-10，問6-93-8，問8-85-12，
續14-125-12，談1-214-2，談2-213-2，
談5-211-9，談6-209-2，談18-200-8，
談20-199-7，談22-197-2，談33-188-3，
談34-188-11，談41-182-9，談46-178-6，
談49-176-9，談50-175-8，談51-174-10，
談52-173-2，談60-166-5，談61-166-9，
談63-164-11，談65-162-10，談66-161-4，
談70-158-9，談86-144-10，談86-144-12，
談87-143-10，談87-143-11，談99-133-1，
談100-132-5，言3-282-8，言8-267-7，
言9-258-4，言9-258-8，言10-256-11，
言10-255-9，言10-252-6，言10-252-8，
言10-251-7，言10-250-1，言11-250-12，
言14-292-2）
如若：4（散34-65-1，散34-65-6，
散40-71-10，問6-92-5）
如同：2（談17-201-10，談91-140-12）
儒教：3（散33-64-1，散33-64-6，
散33-64-6）
辱：1（談4-211-2）
入手：1（問10-80-2）
入眼：1（談23-196-4）
褥子：1（言3-278-1）
輭：3（談10-206-3，談33-188-2，
談62-164-2）
輭弱：4（散17-48-1，散17-48-4，散17-48-5，

續4-115-9）
若：95（散35-66-8，問2-107-3，問3-104-2，
問3-104-6，問5-97-9，問5-96-1，
問6-92-3，問8-86-2，問8-85-3，
問10-80-4，談1-214-4，談1-214-8，
談2-213-9，談5-210-4，談8-208-7，
談9-207-3，談9-207-5，談9-207-6，
談10-207-10，談10-206-1，談10-206-2，
談10-206-4，談11-206-9，談12-205-7，
談12-205-8，談12-205-10，談13-204-1，
談18-201-12，談21-198-5，談23-197-12，
談23-196-5，談24-195-5，談25-195-8，
談26-194-2，談26-194-4，談28-193-6，
談29-192-6，談31-190-3，談33-189-9，
談35-186-1，談41-182-8，談41-182-12，
談42-181-6，談43-180-5，談44-180-10，
談44-179-4，談46-178-6，談46-178-8，
談47-177-5，談47-177-7，談47-177-9，
談52-174-12，談52-173-3，談53-172-2，
談53-172-5，談54-171-3，談55-171-7，
談57-169-8，談57-169-10，談59-167-7，
談60-166-4，談60-166-6，談62-165-10，
談62-164-3，談63-164-10，談63-163-3，
談63-163-3，談64-163-10，談67-160-2，
談68-160-11，談69-159-10，
談70-158-11，談71-157-6，談71-157-11，
談71-156-1，談70-156-6，談70-156-12，
談73-155-5，談75-153-7，談78-150-3，
談79-150-12，談80-149-6，談80-149-7，
談81-148-5，談85-145-7，談87-143-10，
談87-143-11，談87-142-2，談89-141-10，
談93-138-11，談93-137-1，談99-134-12，
談99-133-4，談100-132-4，言3-275-1）
若果：1（談23-196-6）
若是：83（問2-108-11，問6-92-1，
問6-92-2，問6-92-2，問6-92-4，
問8-88-6，問8-86-11，問8-85-9，
問8-85-9，問10-78-3，問10-76-1，
談1-214-6，談1-214-10，談4-212-11，
談4-211-5，談7-209-7，談7-209-9，

談 7-209-10，談 8-208-3，談 13-204-4，
談 14-204-10，談 14-204-11，談 14-203-2，
談 15-203-10，談 15-203-11，談 16-202-4，
談 17-201-7，談 17-201-9，談 19-199-3，
談 23-196-6，談 24-195-1，談 25-195-7，
談 26-194-3，談 28-193-7，談 28-193-12，
談 28-192-1，談 29-192-10，談 31-190-7，
談 32-190-11，談 32-189-4，談 33-189-12，
談 34-187-1，談 34-187-4，談 37-185-10，
談 42-181-5，談 42-181-7，談 44-179-2，
談 45-178-2，談 46-178-10，談 46-178-12，
談 47-177-4，談 49-176-12，談 51-174-4，
談 52-173-6，談 52-173-6，談 55-171-6，
談 55-171-10，談 57-169-11，談 58-168-4，
談 58-168-5，談 58-168-11，談 69-159-9，
談 70-156-12，談 73-155-5，談 73-155-8，
談 75-153-3，談 75-153-8，談 76-152-4，
談 78-150-2，談 78-150-4，談 81-149-11，
談 81-148-3，談 81-148-3，談 84-146-11，
談 84-145-2，談 86-144-9，談 86-143-1，
談 91-139-6，言 3-281-5，言 3-279-6，
言 3-278-8，言 8-266-12，言 9-259-12）

若要：3（談 3-212-5，談 81-149-11，
　　　言 7-269-12）

若要人不知，除非己莫爲：1（續 10-121-12）

弱：2（續 17-128-10，談 49-176-9）

S

撒：1（談 10-206-2）

撒袋：1（談 33-188-1）

撒歡兒：1（續 2-113-9）

撒謊：10（散 37-68-2，散 37-68-9，
　　　問 3-105-8，問 5-98-2，續 9-120-3，
　　　談 11-206-10，談 58-168-3，談 71-157-7，
　　　談 89-141-10，言 9-259-11）

撒賴：1（續 1-112-9）

撒野：1（續 6-117-10）

洒：1（散 35-66-5）

灑：3（散 35-66-1，散 35-66-5，散 35-66-5）

顋：1（談 98-134-7）

顋頰：3（散 18-49-1，散 18-49-3，
　　　談 48-176-5）

賽：2（散 26-57-1，散 26-57-4）

三：51（散 1-32-8，散 2-33-2，散 3-34-1，
　　　散 3-34-4，散 3-34-7，散 4-35-2，
　　　散 4-35-8，散 13-44-8，散 39-70-9，
　　　問 2-107-11，問 4-100-3，問 8-88-7，
　　　問 8-84-7，問 9-82-6，問 10-80-10，
　　　問 10-79-1，問 10-79-1，問 10-79-2，
　　　續 16-127-1，談 9-207-3，談 65-162-7，
　　　言 1-285-8，言 1-285-10，言 1-285-12，
　　　言 3-272-3，言 4-271-6，言 4-271-6，
　　　言 5-270-2，言 5-270-3，言 5-270-3，
　　　言 7-268-10，言 8-265-3，言 8-265-10，
　　　言 9-260-1，言 9-260-2，言 9-260-3，
　　　言 9-260-3，言 9-260-9，言 9-259-8，
　　　言 9-259-9，言 9-259-9，言 9-259-10，
　　　言 9-258-9，言 9-258-9，言 10-255-2，
　　　言 10-253-6，言 10-253-9，言 10-253-10，
　　　言 13-249-12，言 14-290-3，言 14-290-5）

三百：6（散 13-44-10，散 14-45-2，
　　　問 5-96-1，問 5-96-1，問 6-94-4，
　　　談 34-188-8）

三倍：2（問 10-76-1，言 10-252-1）

三鼻子眼兒多出氣：1（續 3-114-5）

三道橋：1（言 3-274-9）

三等：2（言 5-269-3，言 5-269-5）

三更天：3（散 10-41-4，散 10-41-7，
　　　談 98-134-5）

三教：1（散 33-64-6）

三來：1（言 10-253-11）

三兩：2（散 1-32-1，問 10-76-3）

三日打魚兩日曬網：1（談 7-209-7）

三十：6（問 2-108-3，問 8-87-2，問 8-87-5，
　　　問 9-81-3，問 10-80-12，言 3-281-11）

三十四：1（散 1-32-1）

三十五：1（散 3-34-4）

三十五萬：1（散 1-32-3）

三四：3（散 14-45-6，問 8-83-1，

言 10-255-3）
三四百：1（言 8-263-8）
三萬：1（散 1-32-7）
三五：2（散 1-32-2，言 3-274-1）
三五成羣兒：1（談 90-140-5）
三字經：2（問 9-82-5，問 9-82-6）
散：10（散 34-65-2，散 34-65-7，談 48-176-3，
　　談 53-173-10，談 97-135-12，談 98-134-4，
　　言 10-256-8，言 10-256-8，言 10-256-9，
　　言 10-253-5）
散班兒：1（續 15-126-3）
散工：1（言 10-251-11）
散話：1（問 10-76-8）
散話兒：1（問 10-78-5）
散話章：4（問 10-78-9，問 10-76-6，
　　問 10-76-9，問 10-75-7）
散開：1（散 35-66-5）
喪命：1（談 52-173-2）
喪事：1（談 76-152-8）
桑樹：2（散 26-57-2，散 26-57-9）
嗓子：4（散 18-49-1，散 18-49-5，
　　談 45-179-11，談 77-152-12）
顙子：1（續 15-126-7）
嗓子眼兒：1（散 18-49-1）
騷擾：1（談 71-157-10）
掃：3（散 35-66-1，散 35-66-5，續 6-117-8）
澁：1（續 10-121-3）
嗇刻：2（散 26-57-1，散 26-57-5）
僧道儒：1（散 33-64-6）
僧家：3（散 33-64-1，散 33-64-5，
　　散 33-64-5）
殺：9（散 19-50-9，散 20-51-8，散 31-62-3，
　　續 16-127-5，談 42-181-8，談 60-166-2，
　　談 63-163-2，言 8-266-4，言 14-294-4）
殺生害命：1（續 9-120-12）
殺退：2（散 19-50-2，散 19-50-9）
沙窩門兒：2（問 3-103-6，問 8-85-9）
紗：8（散 28-59-1，散 28-59-5，散 28-59-5，
　　散 28-59-7，散 28-59-7，散 28-59-7，
　　散 28-59-8，言 3-275-3）

傻子：1（談 99-133-3）
篩子：1（續 11-122-11）
摋鑼：1（續 11-122-11）
曬乾：2（散 26-57-2，散 26-57-10）
曬一曬：1（散 26-57-10）
山：9（散 1-32-10，談 89-141-6，談 89-141-7，
　　言 3-273-12，言 6-269-7，言 9-257-9，
　　言 10-252-8，言 11-250-7，言 11-250-7）
山崩地裂：1（談 95-136-4）
山川：1（談 97-135-11）
山東：4（散 15-46-7，散 21-52-4，問 6-95-11，
　　問 9-81-5）
山峯：3（散 30-61-2，散 30-61-6，
　　散 30-61-7）
山梁兒：3（談 89-141-6，談 89-141-7，
　　談 89-141-8）
山嶺：1（散 30-61-7）
山嶺兒：2（散 30-61-2，散 30-61-3）
山牆：1（談 95-136-7）
山嚷怪叫：1（談 53-172-5）
山水：1（散 30-61-6）
山子石兒：1（談 23-196-3）
山嘴兒：1（談 91-139-1）
刪改：1（問 10-75-3）
珊瑚頂子：1（續 15-126-3）
扇：4（言 3-275-9，言 3-275-9，言 3-275-9，
　　言 3-275-10）
扇門：1（談 92-138-2）
扇子：2（續 16-127-6，言 3-276-8）
善：4（散 39-70-3，散 39-70-6，散 39-70-9，
　　散 39-70-9）
善人：1（散 39-70-5）
善射：1（談 12-205-9）
善終：1（談 16-202-10）
傷：9（散 40-71-7，談 17-201-7，談 37-185-8，
　　談 47-177-8，言 9-257-10，言 10-254-12，
　　言 10-254-12，言 10-253-2，言 13-248-5）
傷風：1（談 45-179-11）
傷寒病：1（續 2-113-6）
傷痕：1（言 10-255-6）

傷心：5（散40-71-2，談16-202-5，
　　談16-202-9，談50-174-1，談87-143-12）
傷雅：1（言10-252-4）
商：1（言9-262-9）
商量：11（散29-60-3，散29-60-4，
　　問5-96-5，問8-85-2，問9-82-4，
　　問9-81-8，談66-161-3，談74-154-4，
　　談84-146-8，言10-253-10，言10-251-1）
商量商量：1（問8-83-1）
商民：2（問1-109-7，問1-109-7）
晌午：7（散10-41-1，散10-41-4，
　　續10-121-3，談82-147-1，談94-137-4，
　　言9-260-6，言9-260-6）
賞：5（散24-55-1，散24-55-8，言8-266-3，
　　言8-266-3，言8-266-5）
賞賜：1（談85-145-7）
賞給：2（散32-63-4，問3-103-12）
賞功罰罪：1（談15-203-12）
賞錢：1（散24-55-2）
上：31（散3-34-10，散4-35-6，散11-42-7，
　　散38-69-6，問5-97-2，問8-85-7，
　　問8-85-10，續1-112-7，續4-115-12，
　　談4-211-5，談5-210-3，談16-202-8，
　　談34-187-3，談46-178-6，談65-162-2，
　　談80-149-5，談82-147-2，談89-141-6，
　　談91-140-12，談96-136-10，言8-266-10，
　　言8-263-4，言9-260-2，言9-260-6，
　　言9-258-1，言9-258-2，言9-258-2，
　　言9-258-3，言9-258-8，言9-258-9，
　　言9-258-10）
一上：139（散4-35-3，散6-37-6，散7-38-3，
　　散7-38-3，散7-38-4，散7-38-4，
　　散7-38-4，散7-38-5，散7-38-10，
　　散8-39-7，散10-41-5，散10-41-10，
　　散11-42-1，散12-43-9，散14-45-5，
　　散15-46-7，散15-46-8，散16-47-5，
　　散16-47-7，散17-48-6，散18-49-3，
　　散20-51-3，散23-54-7，散28-59-3，
　　散28-59-9，散30-61-9，散33-64-3，
　　散33-64-8，散33-64-9，散33-64-10，
　　散33-64-10，散35-66-7，問2-107-8，
　　問3-104-4，問3-103-6，問5-96-9，
　　問6-95-11，問6-94-5，問7-90-11，
　　問7-90-11，問7-90-12，問7-89-5，
　　問8-84-4，問9-82-11，問9-82-11，
　　問10-80-12，問10-79-1，問10-78-9，
　　問10-75-12，續2-113-10，續4-115-12，
　　續6-117-2，續6-117-7，續7-118-4，
　　續7-118-9，續10-121-10，續12-123-11，
　　續12-123-12，續13-124-7，續13-124-10，
　　續14-125-2，續14-125-4，續16-127-1，
　　續16-127-6，談9-207-7，談12-205-3，
　　談13-204-7，談15-203-9，談15-203-9，
　　談18-200-8，談19-200-12，談20-199-12，
　　談24-196-11，談27-194-12，談27-193-2，
　　談28-193-6，談28-192-2，談31-190-8，
　　談32-189-6，談33-189-12，談33-188-1，
　　談34-188-7，談34-188-8，談34-187-5，
　　談35-186-3，談36-186-7，談38-184-9，
　　談40-183-10，談40-182-1，談42-181-5，
　　談45-179-12，談47-177-3，談48-176-5，
　　談50-175-8，談50-175-10，談53-173-12，
　　談53-172-1，談59-167-3，談61-166-11，
　　談62-165-11，談75-154-11，談75-153-1，
　　談75-153-2，談75-153-7，談76-152-6，
　　談84-146-9，談87-143-11，談89-141-8，
　　談90-140-2，談90-140-3，談90-140-4，
　　談90-140-4，談90-140-5，談94-137-8，
　　談95-136-4，談98-134-6，談100-132-1，
　　談100-132-3，言1-286-3，言3-280-11，
　　言3-274-5，言8-265-11，言9-260-8，
　　言9-257-9，言10-255-7，言10-254-6，
　　言10-254-8，言10-254-9，言10-252-8，
　　言11-250-4，言11-250-6，言11-250-6，
　　言11-250-7，言11-250-10，言14-289-4，
　　言14-289-4，言14-292-5，言14-292-5，
　　言14-293-3）
上岸：1（續3-114-10）
上半天：2（散10-41-1，散10-41-6）
上船：2（問8-84-4，續3-114-10）

上次：1（問 2-107-4）
上檔：2（續 7-118-11，續 15-126-5）
上鐙：1（談 97-135-12）
上冬：1（談 70-158-9）
上房：3（談 49-176-10，談 77-152-11，談 82-147-1）
上墳：3（談 75-154-11，談 75-153-4，談 75-153-9）
上海：4（問 4-102-7，問 5-98-7，問 5-97-6，言 11-249-1）
上海洋行：1（問 5-96-2）
上間：2（問 4-100-5，言 10-253-8）
上貨：1（言 11-249-2）
上街：3（散 3-34-2，散 3-34-6，散 3-34-10）
上來：7（續 3-114-11，續 6-117-10，續 6-117-11，談 42-181-7，談 92-139-10，談 95-136-3，談 97-135-10）
上領條兒：1（談 86-144-7）
上馬：1（談 92-139-12）
上年紀：1（談 50-175-12）
上平：1（散 6-37-1）
上坡兒：1（續 10-121-7）
上氣：1（言 10-252-3）
上前：1（談 87-142-1）
上前兒：1（續 5-116-1）
上山擒虎易，開口告人難：1（談 31-190-1）
上聲：1（散 6-37-1）
上水：2（問 8-88-5，言 11-250-9）
上司：5（散 38-69-1，散 38-69-4，散 38-69-5，言 8-266-12，言 8-265-1）
上湯：1（談 88-142-11）
上天：1（談 79-149-1）
上頭：15（散 13-44-8，散 18-49-4，散 18-49-6，問 10-76-3，續 16-127-3，談 8-208-10，談 21-198-8，談 100-132-1，言 3-283-10，言 3-283-12，言 3-272-5，言 4-271-2，言 9-261-5，言 9-257-3，言 10-253-2）
上吐下瀉：1（續 13-124-9）
上下：4（散 40-71-9，問 10-77-7，談 91-139-1，言 3-281-12）
上學：1（談 41-182-8）
上諭：1（言 3-274-8）
上月：5（散 6-37-8，散 9-40-1，散 9-40-9，談 38-184-8，言 10-252-6）
上鐘弦：1（續 4-115-1）
上坐：2（談 11-206-8，談 73-155-6）
尚：2（問 3-104-2，言 9-261-3）
尚且：2（談 26-194-1，談 69-159-8）
稍：3（續 1-112-11，談 53-172-1，言 3-282-12）
稍微：1（談 58-168-10）
燒：7（散 20-51-8，續 4-115-12，談 75-153-9，言 5-269-2，言 5-269-3，言 9-257-11，言 14-294-4）
燒火：4（散 8-39-2，散 8-39-5，散 14-45-4，言 14-292-3）
勺子：2（散 7-38-2，散 8-39-4）
少：12（散 5-36-6，散 24-55-4，問 5-97-7，問 5-95-4，問 10-78-4，談 27-193-4，談 38-184-7，談 47-177-4，談 47-177-8，談 69-159-11，談 74-154-5，言 9-257-4）
少年：1（談 15-203-8）
少年們：1（談 33-188-1）
少少兒：1（談 45-178-2）
少爺：1（問 7-90-6）
捎：1（續 4-115-4）
奢侈：1（談 28-193-6）
舌頭：2（散 17-48-7，續 14-125-4）
蛇：1（談 18-200-4）
捨不得：1（散 34-65-9）
捨臉兒：1（談 31-190-1）
捨命：2（談 17-201-8，談 44-179-4）
設若：2（言 2-284-9，言 3-282-2）
舍弟：5（散 25-56-1，散 25-56-5，問 2-107-10，問 2-106-2，言 10-255-6）
射：7（談 10-207-9，談 10-206-1，談 10-206-4，談 33-189-11，談 89-141-5，談 89-141-8，談 89-141-9）
射箭：1（談 10-207-12）

赦罪：2（散32-63-2，散32-63-9）
申初：1（問9-81-10）
伸：2（續16-127-3，談93-138-10）
伸寃：1（問3-105-11）
身：2（談4-211-2，言3-280-1）
身底下：1（問2-107-12）
身量：3（談55-171-11，言7-268-9，
　　言7-268-9）
身上：5（散16-47-5，散31-62-9，問8-84-9，
　　續13-124-1，談95-136-5）
身心：1（談8-208-4）
身子：22（散17-48-4，散17-48-5，
　　散17-48-5，散17-48-7，散23-54-7，
　　問4-101-8，談10-207-11，談29-192-5，
　　談33-188-2，談34-188-11，談45-179-9，
　　談45-179-11，談45-179-12，談47-177-8，
　　談48-176-1，談49-176-9，談49-175-2，
　　談51-174-8，談52-173-1，談56-170-12，
　　談87-142-1，言10-251-4）
深：13（散15-46-2，散15-46-6，問4-100-12，
　　問10-74-4，續5-116-6，續7-118-7，
　　續7-118-7，談3-212-4，談21-198-7，
　　談83-147-11，談91-139-2，言10-251-3，
　　言11-250-5）
深不的淺不的：1（續10-121-5）
深密：1（談36-186-9）
深信：1（談80-149-6）
深知：1（談56-170-7）
甚麼：338（散2-33-3，散2-33-3，散2-33-4，
　　散2-33-5，散2-33-9，散3-34-3，
　　散3-34-6，散3-34-7，散3-34-9，
　　散3-34-10，散5-36-5，散5-36-6，
　　散5-36-8，散5-36-10，散6-37-8，
　　散8-39-9，散14-45-9，散14-45-10，
　　散15-46-8，散16-47-3，散16-47-3，
　　散17-48-9，散18-49-9，散19-50-6，
　　散22-53-4，散22-53-5，散22-53-10，
　　散23-54-6，散24-55-3，散24-55-6，
　　散24-55-7，散24-55-8，散24-55-9，
　　散28-59-6，散30-61-7，散30-61-9，

散31-62-5，散34-65-5，散35-66-3，
散36-67-4，問1-109-3，問1-109-3，
問1-109-4，問1-109-5，問1-109-10，
問1-109-10，問2-107-3，問2-107-4，
問2-107-6，問2-107-8，問3-106-4，
問3-106-4，問3-106-4，問3-106-5，
問3-106-8，問3-106-9，問3-105-1，
問3-105-4，問3-105-7，問3-105-8，
問3-105-9，問3-105-10，問3-104-1，
問3-103-1，問3-103-1，問3-103-1，
問3-103-11，問3-103-11，問4-102-6，
問4-102-9，問4-102-10，問4-102-11，
問4-102-12，問4-100-8，問4-100-10，
問4-100-10，問5-99-8，問5-98-5，
問5-98-7，問5-98-8，問5-97-4，
問5-96-2，問5-96-4，問5-96-11，
問5-96-12，問6-95-6，問6-94-11，
問6-93-1，問6-93-4，問6-93-7，
問6-93-9，問6-93-11，問6-92-3，
問6-92-5，問7-92-11，問7-92-12，
問7-91-2，問7-91-2，問7-91-5，
問7-91-7，問7-90-1，問7-90-3，
問7-90-4，問7-90-4，問7-90-9，
問7-89-2，問7-89-5，問7-89-7，
問7-89-7，問8-88-3，問8-88-9，
問8-86-3，問8-86-5，問8-86-5，
問8-86-8，問8-86-9，問8-84-1，
問8-84-3，問8-84-10，問8-83-2，
問9-82-6，問9-82-8，問9-81-4，
問9-81-4，問9-81-5，問9-81-9，
問10-80-1，問10-80-3，問10-79-4，
問10-78-8，問10-77-3，問10-77-5，
問10-77-11，問10-77-12，問10-76-9，
問10-76-11，問10-75-1，續1-112-5，
續1-112-6，續1-112-8，續2-113-3，
續2-113-4，續2-113-10，續3-114-7，
續3-114-9，續3-114-10，續4-115-7，
續4-115-11，續5-116-8，續8-119-4，
續8-119-11，續9-120-8，續15-126-9，
續15-126-10，續17-128-7，續17-128-7，

談 1-214-6, 談 1-214-10, 談 1-214-11,
談 2-213-10, 談 3-213-12, 談 3-212-1,
談 3-212-3, 談 4-212-11, 談 4-211-5,
談 5-211-8, 談 5-210-5, 談 8-208-5,
談 8-208-10, 談 10-206-1, 談 10-206-3,
談 11-206-6, 談 11-206-7, 談 12-205-5,
談 12-205-10, 談 13-204-1, 談 13-204-6,
談 15-203-6, 談 16-202-6, 談 16-202-7,
談 16-202-8, 談 18-200-5, 談 19-200-12,
談 23-197-12, 談 23-197-12, 談 23-196-5,
談 25-195-8, 談 26-195-12, 談 26-194-1,
談 26-194-1, 談 28-193-9, 談 28-193-11,
談 28-193-11, 談 29-192-4, 談 29-192-7,
談 29-192-10, 談 30-191-4, 談 33-189-9,
談 33-188-2, 談 33-188-4, 談 34-188-12,
談 34-187-3, 談 37-185-4, 談 38-184-2,
談 38-184-4, 談 39-183-4, 談 39-183-4,
談 40-182-4, 談 41-182-11, 談 41-181-1,
談 43-180-4, 談 46-178-8, 談 46-178-10,
談 46-177-1, 談 46-177-1, 談 47-177-6,
談 49-175-1, 談 50-175-11, 談 56-170-4,
談 53-172-2, 談 54-172-9, 談 54-171-1,
談 55-171-8, 談 55-171-10, 談 55-170-2,
談 56-170-4, 談 57-169-5, 談 57-169-7,
談 57-169-8, 談 57-169-11, 談 58-168-2,
談 58-168-3, 談 58-168-9, 談 59-167-2,
談 59-167-3, 談 59-167-8, 談 59-167-9,
談 61-166-11, 談 61-165-1, 談 62-165-9,
談 62-165-12, 談 62-164-1, 談 63-164-9,
談 63-164-12, 談 63-163-2, 談 65-162-5,
談 65-162-7, 談 65-162-9, 談 66-161-5,
談 68-160-11, 談 68-160-12, 談 68-159-1,
談 68-159-4, 談 68-159-4, 談 70-158-5,
談 70-158-6, 談 70-158-7, 談 71-157-12,
談 72-156-10, 談 72-156-11, 談 72-155-1,
談 76-152-7, 談 77-151-3, 談 77-151-5,
談 77-151-7, 談 78-151-10, 談 78-151-10,
談 78-150-5, 談 79-150-9, 談 79-150-10,
談 79-150-12, 談 79-149-1, 談 81-148-2,
談 81-148-4, 談 82-148-9, 談 83-146-5,

談 84-146-12, 談 85-145-5, 談 86-144-4,
談 86-143-2, 談 87-143-7, 談 87-142-2,
談 87-142-4, 談 88-142-6, 談 88-142-6,
談 88-142-12, 談 92-139-8, 談 93-138-8,
談 94-137-9, 談 94-137-10, 談 94-137-11,
談 97-135-11, 談 100-133-10, 言 1-288-2,
言 1-287-6, 言 1-287-8, 言 3-276-5,
言 3-275-6, 言 4-271-3, 言 4-271-11,
言 5-270-4, 言 5-270-5, 言 5-270-6,
言 5-269-4, 言 5-269-4, 言 8-267-5,
言 8-267-5, 言 8-267-8, 言 8-267-9,
言 8-267-10, 言 8-267-11, 言 8-267-11,
言 8-267-12, 言 8-266-1, 言 8-266-1,
言 8-266-5, 言 8-266-5, 言 8-266-11,
言 8-265-4, 言 9-260-12, 言 9-260-12,
言 9-259-1, 言 9-259-2, 言 9-259-7,
言 9-258-3, 言 9-258-11, 言 9-257-6,
言 9-257-9, 言 9-256-2, 言 10-254-12,
言 10-253-4, 言 10-253-5, 言 10-252-4,
言 10-251-6, 言 11-250-9, 言 14-293-2,
言 14-294-1, 言 14-294-6）
甚麽的：2（問 8-86-4, 談 70-156-9）
甚麽地方兒：2（問 7-90-8, 言 10-251-6）
甚麽兒：1（談 42-181-4）
甚麽時候兒：4（問 3-104-3, 談 12-205-7,
　　言 10-256-12, 言 10-251-5）
神：2（談 16-202-10, 談 88-142-6）
神佛：2（談 80-149-3, 談 80-149-5）
神鬼：1（談 54-172-9）
神氣：4（問 10-75-11, 言 1-288-6,
　　言 3-281-3, 言 13-249-12）
神仙：3（續 14-125-11, 談 8-208-8,
　　談 91-139-4）
神仙轉世：1（談 39-184-12）
甚：2（言 1-287-12, 言 3-278-5）
甚至於：1（言 1-285-1）
升：1（談 32-189-3）
陞：4（談 12-205-8, 談 15-203-8, 言 8-266-5,
　　言 13-248-2）
陞官：3（談 11-206-7, 談 13-204-5,

談 30-191-2)
陞騰：1（談 99-133-8）
生：16（散 14-45-5，散 14-45-5，散 26-57-9，
　　問 5-98-2，續 12-123-6，談 3-212-6，
　　談 4-212-10，談 6-210-7，談 13-204-2，
　　談 17-201-2，談 20-199-10，談 29-192-4，
　　談 47-177-5，談 55-171-10，談 64-163-11，
　　談 87-143-5）
生成：1（談 15-203-12）
生分：1（談 17-201-3）
生來：3（談 19-200-12，談 26-194-3，
　　談 44-179-3）
生氣：7（散 23-54-9，談 16-202-5，
　　談 16-202-9，談 53-173-10，談 62-164-5，
　　談 63-163-1，言 10-252-4）
生養：1（談 79-149-1）
牲口：9（散 16-47-1，散 16-47-2，散 16-47-5，
　　散 16-47-5，散 17-48-9，問 8-84-10，
　　續 8-119-3，言 10-254-11，言 10-253-5）
牲口腸子：1（談 64-163-5）
聲：11（散 25-56-1，散 25-56-7，散 35-66-2，
　　散 35-66-6，問 10-77-12，問 10-76-1，
　　問 10-76-1，談 35-186-3，談 40-182-1，
　　談 43-180-1，言 3-275-7）
聲名：1（談 31-190-7）
聲兒：10（散 33-64-7，問 6-92-5，
　　續 3-114-10，談 3-213-12，談 37-185-8，
　　談 82-147-2，談 98-134-5，談 99-133-4，
　　言 3-277-9，言 10-253-5）
聲音：2（言 1-288-12，言 1-287-5）
繩子：3（續 5-116-12，續 5-116-12，
　　言 3-274-12）
省：2（問 1-109-8，續 13-124-9）
省錢：1（續 8-119-12）
省事：1（言 1-286-1）
聖教：3（散 33-64-1，散 33-64-4，
　　散 33-64-6）
聖人：2（散 33-64-1，散 33-64-4）
勝：1（談 7-209-9）
盛設：1（談 70-156-12）

剩：3（續 2-113-5，續 14-125-12，
　　言 9-261-5）
剩下：1（散 40-71-7）
膡：2（談 46-178-10，談 86-144-11）
膡不下：1（談 46-178-10）
膡下：1（談 6-209-1）
失：1（談 23-197-12）
失陪：1（問 9-81-10）
失神：2（散 22-53-1，散 22-53-6）
失望：1（問 5-99-7）
失言兒：1（談 63-164-12）
師傅：1（談 5-210-1）
師傅們：1（談 2-213-8）
詩：1（言 13-248-3）
詩家：1（言 3-275-11）
詩首：3（言 3-275-11，言 3-275-11，
　　言 3-275-11）
淫：4（散 26-57-2，散 26-57-9，散 26-57-10，
　　談 95-136-1）
濕透：1（談 94-137-8）
釃酒：1（續 11-122-11）
十：30（散 1-32-7，散 1-32-7，散 1-32-7，
　　散 1-32-7，散 1-32-8，散 1-32-8，
　　散 2-33-8，散 6-37-3，散 6-37-4，
　　散 6-37-5，散 11-42-2，散 29-60-6，
　　問 4-99-3，問 5-98-4，問 5-95-3，
　　問 8-88-8，問 10-78-11，續 9-120-3，
　　談 1-214-4，談 27-194-9，談 86-144-11，
　　談 87-143-11，談 87-143-11，言 1-287-3，
　　言 1-287-4，言 3-282-3，言 3-274-1，
　　言 3-274-6，言 10-255-1，言 10-255-1）
十八：1（散 3-34-1）
十冬臘月：1（續 10-121-6）
十二：2（問 9-82-11，言 3-275-12）
十分：11（問 6-93-6，問 10-79-8，
　　續 15-126-1，續 15-126-8，談 32-189-1，
　　談 32-189-3，談 48-176-2，談 49-176-12，
　　談 69-159-7，言 10-252-2，言 10-252-2）
十九：1（散 1-32-1）
十來：3（散 1-32-8，問 2-108-9，

談 32-189-3）

十六：3（散 1-32-1，問 9-81-1，言 3-275-12）

十七：1（散 1-32-1）

十四：2（問 9-82-10，問 9-82-10）

十萬：1（散 1-32-4）

十五：1（談 12-205-9）

石：10（散 14-45-3，散 29-60-2，散 29-60-8，散 29-60-8，散 29-60-9，散 34-65-3，問 10-74-2，談 32-189-5，言 3-278-2，言 6-269-7）

石榴：1（續 3-114-9）

石頭：2（續 4-115-10，續 17-128-8）

時常：2（談 2-213-9，言 10-254-6）

時辰表：2（散 35-66-2，散 35-66-7）

時候：12（散 9-40-3，散 32-63-4，問 2-106-1，問 5-96-7，談 2-213-4，談 36-186-7，談 55-171-12，談 91-139-3，言 9-260-1，言 9-260-3，言 9-259-2，言 10-252-5）

時候兒：115（散 9-40-6，散 9-40-7，散 9-40-7，散 14-45-4，散 18-49-7，散 22-53-6，散 24-55-8，散 33-64-3，散 34-65-9，問 2-108-8，問 2-107-6，問 3-104-3，問 3-104-5，問 4-101-10，問 4-100-12，問 5-99-7，問 5-97-1，問 5-96-5，問 6-94-10，問 6-93-10，問 7-89-5，問 7-89-8，問 8-87-4，問 8-86-6，問 8-83-2，問 9-82-11，問 9-82-12，問 10-80-6，問 10-78-1，續 2-113-8，續 8-119-7，續 18-129-3，談 9-207-2，談 9-207-7，談 15-203-8，談 17-201-2，談 18-200-7，談 24-196-9，談 28-192-2，談 29-192-6，談 29-192-11，談 29-192-12，談 31-190-3，談 32-189-4，談 34-187-2，談 34-187-4，談 35-187-8，談 35-186-2，談 36-186-10，談 36-186-12，談 37-185-10，談 38-184-8，談 40-182-2，談 43-181-12，談 45-179-9，談 45-179-9，談 47-177-4，談 49-176-10，談 50-175-6，談 55-171-9，談 55-171-12，談 55-170-2，談 56-170-10，談 61-165-4，談 64-163-9，談 65-162-7，談 65-162-10，談 66-161-9，談 68-159-1，談 70-158-9，談 70-156-8，談 74-154-8，談 75-153-3，談 75-153-4，談 76-152-7，談 77-152-11，談 77-151-2，談 81-148-5，談 82-148-12，談 85-144-2，談 86-144-5，談 86-144-7，談 86-144-10，談 87-142-1，談 88-142-10，談 89-141-4，談 90-141-12，談 91-140-11，談 92-138-1，談 93-137-1，談 94-137-5，談 97-135-6，談 98-134-2，談 98-134-6，談 98-134-7，談 99-133-1，言 1-287-11，言 3-272-6，言 8-264-1，言 9-261-7，言 9-260-5，言 9-260-10，言 9-259-3，言 9-259-4，言 9-259-5，言 9-258-2，言 9-258-6，言 9-257-12，言 10-256-8，言 10-256-8，言 10-256-12，言 10-255-3，言 10-255-7，言 10-253-4，言 10-251-9）

時間：1（談 17-201-5）

時令：1（散 9-40-2）

時樣兒：1（談 34-188-11）

時運：2（談 13-204-1，談 37-185-10）

實：5（問 6-94-9，言 1-285-9，言 2-284-12，言 8-263-6，言 8-263-8）

實誠：1（談 71-156-1）

實話：3（問 3-105-7，談 37-185-11，言 9-259-5）

實兒：1（談 26-194-3）

實任：2（散 38-69-1，散 38-69-4）

實實在在：1（談 83-147-10）

實義：2（問 10-77-9，言 1-286-7）

實用：2（言 3-282-5，言 9-261-10）

實在：58（散 27-58-2，散 27-58-7，散 31-62-7，散 32-63-10，散 34-65-3，散 36-67-6，散 37-68-6，散 40-71-4，散 40-71-7，問 3-105-2，問 3-102-2，問 4-100-7，問 4-100-8，問 4-99-2，問 4-99-3，問 4-99-4，問 5-97-7，問 5-97-11，問 6-95-7，問 6-95-8，問 9-82-6，問 10-78-1，問 10-77-12，談 3-212-5，談 4-211-2，談 18-200-8，

談 21-198-11，談 23-196-3，談 25-195-9，
談 25-195-10，談 41-182-10，談 42-181-5，
談 49-176-11，談 51-174-6，談 55-171-10，
談 63-163-2，談 64-163-12，談 67-160-4，
談 69-159-9，談 69-158-2，談 73-155-12，
談 77-151-6，談 78-151-10，談 81-148-1，
談 82-148-9，談 87-143-7，談 89-141-9，
談 90-140-3，談 91-139-2，談 92-138-3，
談 95-136-2，談 98-134-4，言 5-270-12，
言 8-266-2，言 8-264-8，言 9-257-7，
言 10-251-3，言 12-249-9）

實字：5（言 1-286-5，言 1-286-7，
言 1-286-12，言 7-269-12，言 7-269-12）

拾：2（談 65-162-8，言 8-267-12）

食：1（談 48-176-6）

使：21（散 11-42-8，散 11-42-8，散 11-42-10，
散 11-42-10，散 13-44-4，散 13-44-4，
散 13-44-5，散 13-44-10，散 16-47-4，
續 8-119-2，談 8-208-6，談 8-208-7，
談 18-200-4，談 27-194-9，談 27-193-1，
談 31-190-4，談 40-182-3，談 43-180-2，
談 52-173-5，談 62-165-11，談 69-158-1）

使絆子：1（續 9-120-4）

使不得：4（散 8-39-10，散 33-64-9，
談 9-207-6，談 47-177-9）

使得：23（散 8-39-2，散 8-39-10，散 8-39-10，
散 25-56-3，問 3-104-3，談 1-214-3，
談 4-211-5，談 11-206-12，談 12-205-6，
談 26-194-3，談 29-192-8，談 58-168-11，
談 61-165-6，談 67-160-2，談 83-146-3，
談 88-141-2，言 3-280-7，言 3-278-9，
言 3-276-9，言 3-273-6，言 8-265-11，
言 8-264-3，言 9-258-3）

使喚：5（散 16-47-7，散 25-56-6，
散 38-69-10，問 3-105-2，談 9-208-12）

使勁兒：2（散 36-67-2，散 36-67-9）

使錢：1（散 15-46-10）

使性子：1（談 78-150-1）

使用：1（言 9-262-9）

始終：2（問 6-95-10，問 7-90-5）

世：1（談 4-212-10）

世界：1（言 14-294-3）

世上：2（談 66-161-2，談 87-143-9）

世務：1（談 55-170-2）

式：1（談 63-163-3）

式樣：8（散 38-69-3，散 38-69-7，散 40-71-3，
言 1-285-5，言 5-270-2，言 9-262-9，
言 9-261-2，言 9-261-10）

試：7（問 10-78-8，問 10-78-8，談 33-189-10，
談 58-168-8，言 10-253-10，言 10-253-10，
言 12-249-7）

試論：1（言 9-261-5）

試試：1（續 17-128-10）

試演試演：1（續 15-126-7）

試一試：3（續 5-116-9，談 27-194-11，
談 52-173-4）

勢：2（言 2-284-4，言 2-284-7）

事：84（散 22-53-3，散 22-53-5，散 22-53-8，
散 22-53-10，散 29-60-3，散 31-62-7，
散 34-65-4，散 36-67-4，散 37-68-3，
散 37-68-4，散 40-71-2，問 2-108-10，
問 3-106-8，問 3-105-2，問 3-104-12，
問 6-94-7，問 6-92-3，問 8-85-12，
問 10-77-3，問 10-77-11，續 2-113-8，
續 5-116-7，續 5-116-11，續 5-116-11，
續 8-119-6，續 10-121-4，續 13-124-7，
續 13-124-10，續 14-125-7，續 16-127-7，
續 17-128-2，續 17-128-4，續 17-128-9，
談 4-212-11，談 5-211-10，談 8-208-9，
談 10-207-9，談 13-204-1，談 19-199-2，
談 39-183-1，談 39-183-6，談 53-173-12，
談 54-172-11，談 56-170-8，談 57-169-5，
談 58-168-9，談 59-167-2，談 59-167-7，
談 60-167-12，談 70-156-6，談 74-154-4，
談 81-149-11，談 82-148-9，談 82-148-10，
談 83-147-9，談 83-146-1，談 83-146-4，
談 84-146-11，談 84-146-12，談 85-145-9，
談 86-143-2，談 90-141-12，談 97-135-7，
言 1-285-7，言 2-284-4，言 3-279-12，
言 8-266-1，言 8-266-1，言 8-264-6，

言 8-264-6, 言 9-262-6, 言 9-261-12,
言 9-260-7, 言 9-259-7, 言 9-259-7,
言 10-253-3, 言 10-252-3, 言 10-252-4,
言 10-251-5, 言 10-251-6, 言 10-251-12,
言 11-250-9, 言 12-249-8, 言 13-248-3）

事件：1（散 38-69-6）

事情：85（散 10-41-3, 散 10-41-5,
散 10-41-8, 散 24-55-2, 散 24-55-3,
散 31-62-6, 散 32-63-4, 散 32-63-7,
散 37-68-4, 散 38-69-7, 散 39-70-4,
問 3-106-8, 問 3-105-9, 問 3-102-1,
問 4-99-1, 問 5-96-10, 問 6-94-12,
問 6-93-1, 問 6-93-9, 問 7-89-2,
問 7-89-2, 問 8-87-8, 問 9-81-4,
續 8-119-4, 續 9-120-4, 續 9-120-11,
續 11-122-12, 續 12-123-3, 續 14-125-4,
續 16-127-10, 續 16-127-12, 談 1-214-2,
談 1-214-5, 談 1-214-6, 談 8-208-3,
談 15-203-6, 談 22-197-3, 談 24-196-12,
談 25-195-7, 談 26-195-12, 談 26-195-12,
談 26-194-1, 談 26-194-3, 談 29-192-8,
談 36-185-2, 談 39-183-5, 談 42-181-5,
談 44-180-8, 談 46-178-11, 談 47-177-7,
談 47-177-8, 談 53-172-4, 談 57-169-6,
談 58-168-3, 談 58-168-11, 談 64-163-8,
談 66-161-3, 談 66-161-5, 談 66-161-6,
談 67-160-6, 談 68-160-11, 談 68-160-12,
談 68-159-2, 談 71-157-5, 談 71-157-7,
談 77-151-3, 談 77-151-4, 談 79-150-10,
談 81-148-2, 談 82-148-9, 談 82-148-11,
談 83-147-8, 談 83-147-12, 談 83-146-2,
談 84-146-7, 談 84-145-3, 談 87-142-2,
談 88-142-9, 言 3-280-5, 言 3-280-6,
言 3-279-11, 言 3-279-11, 言 8-264-7,
言 9-261-12, 言 10-254-7）

事務：1（散 37-68-1）

事由兒：1（問 2-107-9）

是：1472（散 2-33-3, 散 2-33-3, 散 2-33-4,
散 2-33-5, 散 2-33-7, 散 2-33-7,
散 2-33-9, 散 2-33-9, 散 3-34-4,

散 3-34-7, 散 3-34-9, 散 3-34-9,
散 4-35-3, 散 4-35-3, 散 4-35-4,
散 4-35-4, 散 4-35-5, 散 4-35-6,
散 4-35-6, 散 4-35-6, 散 4-35-7,
散 4-35-7, 散 4-35-8, 散 4-35-8,
散 4-35-9, 散 5-36-3, 散 5-36-3,
散 5-36-4, 散 5-36-6, 散 6-37-1,
散 6-37-10, 散 7-38-6, 散 7-38-6,
散 7-38-6, 散 7-38-9, 散 7-38-9,
散 8-39-3, 散 8-39-3, 散 8-39-4,
散 8-39-5, 散 8-39-6, 散 8-39-6,
散 8-39-7, 散 8-39-7, 散 8-39-8,
散 8-39-8, 散 8-39-8, 散 8-39-9,
散 8-39-9, 散 9-40-2, 散 9-40-8,
散 9-40-9, 散 9-40-9, 散 9-40-10,
散 10-41-4, 散 10-41-5, 散 11-42-5,
散 11-42-5, 散 11-42-5, 散 11-42-6,
散 11-42-6, 散 11-42-8, 散 11-42-8,
散 11-42-9, 散 12-43-3, 散 12-43-3,
散 12-43-4, 散 12-43-4, 散 12-43-4,
散 12-43-5, 散 12-43-6, 散 12-43-6,
散 12-43-6, 散 12-43-9, 散 12-43-10,
散 13-44-3, 散 13-44-4, 散 13-44-5,
散 13-44-6, 散 13-44-8, 散 13-44-8,
散 13-44-8, 散 14-45-3, 散 14-45-3,
散 14-45-4, 散 14-45-4, 散 14-45-5,
散 14-45-5, 散 14-45-6, 散 14-45-7,
散 14-45-8, 散 14-45-10, 散 15-46-5,
散 15-46-5, 散 15-46-6, 散 15-46-7,
散 15-46-8, 散 15-46-8, 散 15-46-8,
散 15-46-8, 散 15-46-9, 散 16-47-2,
散 16-47-3, 散 16-47-4, 散 16-47-4,
散 16-47-4, 散 16-47-5, 散 16-47-7,
散 17-48-5, 散 17-48-5, 散 17-48-7,
散 17-48-7, 散 17-48-10, 散 18-49-3,
散 18-49-3, 散 18-49-3, 散 18-49-4,
散 18-49-4, 散 18-49-5, 散 18-49-6,
散 18-49-7, 散 18-49-9, 散 18-49-10,
散 19-50-2, 散 19-50-3, 散 19-50-3,
散 19-50-4, 散 19-50-5, 散 19-50-5,

散 19-50-6, 散 19-50-6, 散 19-50-6,
散 19-50-7, 散 19-50-8, 散 19-50-10,
散 20-51-3, 散 20-51-4, 散 20-51-4,
散 20-51-5, 散 20-51-6, 散 20-51-6,
散 21-52-3, 散 21-52-8, 散 22-53-3,
散 22-53-3, 散 22-53-3, 散 22-53-9,
散 23-54-6, 散 23-54-9, 散 24-55-4,
散 24-55-6, 散 25-56-3, 散 25-56-4,
散 25-56-5, 散 25-56-5, 散 25-56-6,
散 25-56-6, 散 25-56-7, 散 25-56-9,
散 25-56-9, 散 26-57-5, 散 26-57-7,
散 26-57-7, 散 26-57-8, 散 27-58-3,
散 27-58-4, 散 27-58-5, 散 27-58-6,
散 27-58-9, 散 27-58-10, 散 27-58-10,
散 28-59-3, 散 28-59-4, 散 28-59-5,
散 28-59-5, 散 28-59-6, 散 28-59-7,
散 28-59-7, 散 28-59-7, 散 28-59-8,
散 29-60-9, 散 30-61-2, 散 30-61-4,
散 30-61-6, 散 30-61-6, 散 30-61-7,
散 30-61-8, 散 30-61-9, 散 31-62-4,
散 31-62-4, 散 31-62-5, 散 31-62-5,
散 31-62-5, 散 31-62-6, 散 31-62-6,
散 31-62-8, 散 31-62-8, 散 31-62-9,
散 31-62-9, 散 32-63-3, 散 32-63-4,
散 32-63-4, 散 32-63-5, 散 32-63-8,
散 32-63-8, 散 32-63-9, 散 32-63-10,
散 33-64-3, 散 33-64-5, 散 33-64-5,
散 33-64-6, 散 33-64-7, 散 33-64-7,
散 33-64-7, 散 34-65-2, 散 34-65-3,
散 34-65-4, 散 34-65-5, 散 34-65-6,
散 34-65-7, 散 34-65-7, 散 34-65-7,
散 34-65-8, 散 34-65-9, 散 34-65-10,
散 34-65-10, 散 35-66-3, 散 35-66-4,
散 35-66-5, 散 35-66-5, 散 35-66-8,
散 35-66-9, 散 35-66-10, 散 36-67-2,
散 36-67-3, 散 36-67-4, 散 36-67-6,
散 36-67-8, 散 36-67-9, 散 36-67-9,
散 36-67-10, 散 37-68-3, 散 37-68-3,
散 37-68-3, 散 37-68-9, 散 37-68-9,
散 38-69-6, 散 38-69-6, 散 38-69-9,

散 39-70-4, 散 39-70-5, 散 39-70-6,
散 39-70-7, 散 39-70-7, 散 39-70-9,
散 39-70-9, 散 39-70-10, 散 39-70-10,
散 39-70-10, 散 40-71-8, 散 40-71-9,
散 40-71-9, 散 40-71-10, 問 1-109-2,
問 1-109-2, 問 1-109-2, 問 1-109-2,
問 1-109-3, 問 1-109-3, 問 1-109-4,
問 1-109-5, 問 1-109-5, 問 1-109-5,
問 1-109-6, 問 1-109-8, 問 1-109-8,
問 1-109-10, 問 1-109-11, 問 2-108-2,
問 2-108-2, 問 2-108-3, 問 2-108-5,
問 2-108-5, 問 2-108-7, 問 2-108-7,
問 2-107-1, 問 2-107-2, 問 2-107-2,
問 2-107-3, 問 2-107-4, 問 2-107-10,
問 2-107-11, 問 2-107-12, 問 2-107-12,
問 2-106-2, 問 2-106-2, 問 3-106-4,
問 3-106-5, 問 3-106-5, 問 3-106-6,
問 3-106-6, 問 3-106-9, 問 3-106-9,
問 3-105-2, 問 3-105-3, 問 3-105-3,
問 3-105-4, 問 3-105-9, 問 3-104-1,
問 3-104-2, 問 3-104-4, 問 3-104-4,
問 3-104-4, 問 3-104-5, 問 3-104-6,
問 3-104-6, 問 3-104-7, 問 3-104-8,
問 3-104-9, 問 3-104-9, 問 3-104-10,
問 3-104-10, 問 3-103-2, 問 3-103-2,
問 3-103-3, 問 3-103-4, 問 3-103-5,
問 3-103-5, 問 3-103-6, 問 3-103-7,
問 3-103-10, 問 3-102-2, 問 3-102-2,
問 4-102-6, 問 4-102-6, 問 4-102-6,
問 4-102-7, 問 4-102-7, 問 4-102-7,
問 4-102-8, 問 4-102-8, 問 4-102-10,
問 4-102-10, 問 4-102-11, 問 4-102-11,
問 4-102-11, 問 4-102-12, 問 4-101-1,
問 4-101-1, 問 4-101-3, 問 4-101-3,
問 4-101-4, 問 4-101-9, 問 4-101-10,
問 4-101-10, 問 4-101-10, 問 4-101-10,
問 4-101-11, 問 4-100-2, 問 4-100-2,
問 4-100-4, 問 4-100-5, 問 4-100-6,
問 4-100-8, 問 4-100-10, 問 4-99-1,
問 4-99-2, 問 4-99-2, 問 4-99-4,

問 5-99-8, 問 5-99-9, 問 5-99-10,
問 5-99-11, 問 5-98-2, 問 5-98-6,
問 5-98-7, 問 5-98-8, 問 5-98-8,
問 5-98-9, 問 5-98-11, 問 5-98-12,
問 5-97-1, 問 5-97-2, 問 5-97-3,
問 5-97-4, 問 5-97-6, 問 5-97-6,
問 5-97-7, 問 5-97-8, 問 5-97-10,
問 5-97-12, 問 5-96-1, 問 5-96-3,
問 5-96-6, 問 5-96-6, 問 5-96-7,
問 5-96-7, 問 5-96-9, 問 5-96-10,
問 5-96-10, 問 5-96-10, 問 5-95-1,
問 5-95-1, 問 5-95-1, 問 6-95-6,
問 6-95-7, 問 6-95-8, 問 6-95-9,
問 6-95-10, 問 6-95-12, 問 6-94-1,
問 6-94-2, 問 6-94-2, 問 6-94-4,
問 6-94-4, 問 6-94-6, 問 6-94-6,
問 6-94-8, 問 6-94-12, 問 6-93-1,
問 6-93-1, 問 6-93-2, 問 6-93-2,
問 6-93-4, 問 6-93-5, 問 6-93-5,
問 6-93-6, 問 6-93-6, 問 6-93-7,
問 6-93-9, 問 6-93-9, 問 6-93-10,
問 6-92-1, 問 6-92-5, 問 6-92-6,
問 6-92-6, 問 6-92-6, 問 6-92-7,
問 7-92-10, 問 7-92-10, 問 7-92-10,
問 7-92-10, 問 7-92-12, 問 7-91-1,
問 7-91-3, 問 7-91-3, 問 7-91-5,
問 7-91-6, 問 7-91-8, 問 7-91-11,
問 7-90-2, 問 7-90-2, 問 7-90-3,
問 7-90-4, 問 7-90-7, 問 7-90-7,
問 7-90-8, 問 7-90-9, 問 7-90-10,
問 7-90-11, 問 7-90-12, 問 7-90-12,
問 7-89-1, 問 7-89-1, 問 7-89-3,
問 7-89-3, 問 7-89-6, 問 7-89-7,
問 7-89-7, 問 7-89-7, 問 7-89-8,
問 7-89-8, 問 7-89-9, 問 7-89-9,
問 8-88-3, 問 8-88-3, 問 8-88-4,
問 8-88-4, 問 8-88-4, 問 8-88-4,
問 8-88-8, 問 8-88-9, 問 8-88-12,
問 8-88-12, 問 8-88-12, 問 8-87-1,
問 8-87-3, 問 8-87-5, 問 8-87-6,

問 8-87-6, 問 8-87-7, 問 8-87-7,
問 8-87-8, 問 8-87-8, 問 8-87-9,
問 8-87-9, 問 8-87-10, 問 8-87-11,
問 8-86-1, 問 8-86-1, 問 8-86-2,
問 8-86-4, 問 8-86-5, 問 8-86-6,
問 8-86-7, 問 8-85-1, 問 8-85-1,
問 8-85-4, 問 8-85-5, 問 8-85-6,
問 8-85-7, 問 8-85-10, 問 8-85-10,
問 8-85-11, 問 8-85-11, 問 8-84-2,
問 8-84-2, 問 8-84-6, 問 8-84-6,
問 8-84-10, 問 8-84-12, 問 8-83-3,
問 9-83-8, 問 9-83-8, 問 9-83-8,
問 9-83-9, 問 9-83-10, 問 9-83-10,
問 9-82-1, 問 9-82-2, 問 9-82-2,
問 9-82-3, 問 9-82-4, 問 9-82-5,
問 9-82-5, 問 9-82-6, 問 9-82-7,
問 9-82-8, 問 9-82-12, 問 9-81-2,
問 9-81-2, 問 9-81-5, 問 9-81-5,
問 9-81-7, 問 10-81-12, 問 10-80-1,
問 10-80-3, 問 10-80-4, 問 10-80-5,
問 10-80-5, 問 10-80-6, 問 10-80-6,
問 10-80-9, 問 10-80-10, 問 10-80-10,
問 10-80-11, 問 10-80-11, 問 10-80-12,
問 10-79-3, 問 10-79-4, 問 10-79-9,
問 10-79-9, 問 10-79-12, 問 10-79-12,
問 10-79-12, 問 10-78-5, 問 10-78-6,
問 10-78-6, 問 10-78-6, 問 10-78-7,
問 10-78-10, 問 10-78-11, 問 10-77-1,
問 10-77-3, 問 10-77-4, 問 10-77-4,
問 10-77-6, 問 10-77-8, 問 10-77-9,
問 10-77-11, 問 10-77-12, 問 10-76-2,
問 10-76-3, 問 10-76-3, 問 10-76-4,
問 10-76-6, 問 10-76-6, 問 10-76-7,
問 10-76-7, 問 10-76-10, 問 10-76-12,
問 10-76-12, 問 10-75-1, 問 10-75-1,
問 10-75-2, 問 10-75-2, 問 10-75-3,
問 10-75-5, 問 10-75-6, 問 10-75-7,
問 10-75-8, 問 10-75-11, 問 10-74-1,
問 10-74-2, 問 10-74-4, 續 1-112-1,
續 1-112-1, 續 1-112-5, 續 1-112-9,

續 1-112-10, 續 2-113-1, 續 2-113-3,
續 2-113-9, 續 2-113-9, 續 3-114-2,
續 3-114-9, 續 3-114-9, 續 3-114-10,
續 4-115-1, 續 4-115-7, 續 4-115-7,
續 4-115-8, 續 4-115-11, 續 5-116-2,
續 5-116-6, 續 5-116-10, 續 6-117-3,
續 6-117-6, 續 7-118-1, 續 7-118-4,
續 7-118-4, 續 7-118-5, 續 7-118-7,
續 7-118-9, 續 7-118-10, 續 8-119-5,
續 8-119-5, 續 8-119-6, 續 8-119-7,
續 8-119-8, 續 8-119-10, 續 8-119-12,
續 8-119-12, 續 9-120-2, 續 9-120-2,
續 9-120-2, 續 9-120-3, 續 11-122-1,
續 11-122-7, 續 12-123-6, 續 12-123-8,
續 13-124-9, 續 14-125-4, 續 14-125-6,
續 14-125-7, 續 14-125-9, 續 15-126-3,
續 15-126-4, 續 15-126-5, 續 15-126-5,
續 15-126-6, 續 16-127-7, 續 16-127-8,
續 16-127-11, 續 17-128-8, 續 17-128-9,
續 18-129-4, 續 18-129-4, 續 18-129-7,
談 1-214-2, 談 1-214-7, 談 1-214-8,
談 1-214-9, 談 1-214-10, 談 2-213-4,
談 2-213-7, 談 2-213-7, 談 3-213-12,
談 3-212-2, 談 3-212-6, 談 3-212-7,
談 4-212-10, 談 4-212-10, 談 5-211-7,
談 5-211-7, 談 5-211-8, 談 5-211-8,
談 5-210-1, 談 5-210-1, 談 5-210-1,
談 5-210-1, 談 5-210-3, 談 5-210-4,
談 6-210-8, 談 6-210-9, 談 6-210-9,
談 6-210-10, 談 6-210-10, 談 6-210-11,
談 6-209-2, 談 7-209-6, 談 7-209-8,
談 7-209-11, 談 8-208-4, 談 8-208-7,
談 8-208-7, 談 8-208-8, 談 9-207-6,
談 10-207-9, 談 10-207-12, 談 11-206-7,
談 11-206-9, 談 12-205-3, 談 12-205-4,
談 12-205-4, 談 12-205-6, 談 12-205-7,
談 12-205-7, 談 12-205-9, 談 12-205-9,
談 12-205-10, 談 12-205-10, 談 13-204-3,
談 13-204-7, 談 14-203-1, 談 14-203-3,
談 15-203-10, 談 15-203-12, 談 16-202-6,
談 16-202-10, 談 17-201-2, 談 17-201-3,
談 18-200-5, 談 18-200-6, 談 18-200-8,
談 18-200-8, 談 19-200-11, 談 19-200-11,
談 19-199-1, 談 19-199-4, 談 20-199-7,
談 20-199-9, 談 20-199-9, 談 20-199-9,
談 20-199-10, 談 20-199-10, 談 20-198-1,
談 21-198-4, 談 21-198-5, 談 21-198-7,
談 21-198-11, 談 23-196-1, 談 23-196-4,
談 23-196-4, 談 24-195-3, 談 24-195-4,
談 24-195-4, 談 25-195-8, 談 25-195-9,
談 26-195-12, 談 26-194-1, 談 27-194-7,
談 27-194-8, 談 27-194-9, 談 27-194-10,
談 28-193-6, 談 28-193-8, 談 28-193-9,
談 28-193-11, 談 29-192-8, 談 29-192-9,
談 29-192-9, 談 30-191-2, 談 30-191-4,
談 30-191-4, 談 30-191-6, 談 30-191-10,
談 31-190-5, 談 31-190-6, 談 31-190-8,
談 32-190-10, 談 32-190-11, 談 32-189-1,
談 32-189-2, 談 32-189-5, 談 32-189-6,
談 33-188-2, 談 34-188-7, 談 34-188-7,
談 34-187-2, 談 34-187-3, 談 34-187-4,
談 35-186-1, 談 35-186-4, 談 36-186-6,
談 36-186-7, 談 36-185-2, 談 37-185-5,
談 37-185-10, 談 38-184-8, 談 39-184-12,
談 39-183-6, 談 40-183-12, 談 41-182-7,
談 41-182-8, 談 41-182-11, 談 42-181-4,
談 42-181-5, 談 42-181-9, 談 44-180-11,
談 44-180-12, 談 44-179-3, 談 45-179-12,
談 46-178-7, 談 46-178-7, 談 46-178-8,
談 46-178-9, 談 46-178-10, 談 46-178-10,
談 46-178-11, 談 46-178-12, 談 47-177-6,
談 47-177-7, 談 48-176-4, 談 48-176-5,
談 49-176-9, 談 49-175-2, 談 49-175-3,
談 50-175-9, 談 50-175-10, 談 50-175-11,
談 51-174-5, 談 51-174-6, 談 52-173-5,
談 52-173-6, 談 52-173-6, 談 53-173-12,
談 53-172-2, 談 53-172-3, 談 54-172-10,
談 54-172-12, 談 54-171-3, 談 55-171-6,
談 55-171-7, 談 55-171-10, 談 55-171-10,
談 55-171-12, 談 56-170-4, 談 57-169-4,

談 57-169-5, 談 57-169-5, 談 57-169-12,
談 58-168-2, 談 58-168-5, 談 59-167-2,
談 59-167-3, 談 59-167-4, 談 59-167-6,
談 59-167-7, 談 59-167-8, 談 60-166-1,
談 60-166-6, 談 61-166-9, 談 61-165-1,
談 61-165-2, 談 61-165-4, 談 61-165-6,
談 62-165-8, 談 62-165-9, 談 62-164-1,
談 62-164-1, 談 62-164-3, 談 63-164-12,
談 63-163-1, 談 64-163-5, 談 64-163-5,
談 64-163-6, 談 64-163-7, 談 64-163-12,
談 65-162-3, 談 65-162-7, 談 65-162-8,
談 65-162-10, 談 66-161-3, 談 66-161-6,
談 66-161-7, 談 67-161-12, 談 67-160-2,
談 67-160-4, 談 67-160-4, 談 67-160-5,
談 68-160-12, 談 68-159-5, 談 69-159-9,
談 69-159-9, 談 69-159-10, 談 69-159-10,
談 69-159-11, 談 69-159-12, 談 70-158-4,
談 70-158-7, 談 70-158-10, 談 71-157-7,
談 71-156-1, 談 70-156-9, 談 70-156-11,
談 73-155-4, 談 73-155-5, 談 73-155-6,
談 74-154-2, 談 74-154-5, 談 74-154-7,
談 75-154-11, 談 75-153-3, 談 75-153-6,
談 75-153-6, 談 75-153-6, 談 75-153-7,
談 76-152-1, 談 76-152-1, 談 76-152-2,
談 76-152-3, 談 77-152-12, 談 77-152-12,
談 77-151-1, 談 78-151-10, 談 78-151-12,
談 78-151-12, 談 78-150-1, 談 78-150-3,
談 78-150-3, 談 78-150-4, 談 78-150-5,
談 79-150-8, 談 79-150-9, 談 79-150-10,
談 79-150-11, 談 80-149-3, 談 80-149-6,
談 81-148-1, 談 81-148-2, 談 81-148-3,
談 82-148-11, 談 83-147-8, 談 83-147-11,
談 83-146-1, 談 83-146-3, 談 83-146-5,
談 84-146-9, 談 84-146-11, 談 85-145-9,
談 85-145-9, 談 85-145-9, 談 85-145-11,
談 85-145-12, 談 86-144-4, 談 86-144-4,
談 86-144-4, 談 86-144-6, 談 86-144-9,
談 87-143-4, 談 87-143-4, 談 87-143-5,
談 87-143-5, 談 87-143-6, 談 87-143-7,
談 87-143-7, 談 87-143-9, 談 87-143-11,

談 88-142-7, 談 88-142-7, 談 88-142-9,
談 88-142-12, 談 88-141-1, 談 89-141-10,
談 90-140-2, 談 90-140-2, 談 90-140-4,
談 90-140-4, 談 91-140-10, 談 91-140-11,
談 91-139-2, 談 91-139-4, 談 92-139-8,
談 92-139-8, 談 92-139-11, 談 92-138-3,
談 93-138-5, 談 93-138-6, 談 93-138-8,
談 93-138-8, 談 93-138-9, 談 93-138-12,
談 94-137-4, 談 95-136-2, 談 95-136-4,
談 95-136-6, 談 96-136-9, 談 96-136-10,
談 96-136-12, 談 97-135-6, 談 97-135-11,
談 98-134-4, 談 98-134-4, 談 98-134-6,
談 98-134-6, 談 98-134-7, 談 98-134-7,
談 99-134-12, 談 99-133-2, 談 99-133-3,
談 99-133-5, 談 99-133-6, 談 99-133-6,
談 100-133-10, 談 100-133-11,
談 100-133-11, 談 100-133-12,
談 100-133-12, 談 100-132-1,
談 100-132-5, 言 1-288-2, 言 1-288-2,
言 1-288-5, 言 1-288-5, 言 1-288-7,
言 1-288-7, 言 1-288-8, 言 1-288-8,
言 1-288-8, 言 1-288-9, 言 1-288-9,
言 1-288-11, 言 1-287-3, 言 1-287-4,
言 1-287-5, 言 1-287-5, 言 1-287-6,
言 1-287-8, 言 1-287-10, 言 1-287-10,
言 1-286-1, 言 1-286-2, 言 1-286-4,
言 1-286-4, 言 1-286-6, 言 1-286-6,
言 1-286-8, 言 1-286-9, 言 1-286-9,
言 1-286-9, 言 1-285-1, 言 1-285-5,
言 1-285-5, 言 1-285-9, 言 1-285-10,
言 1-285-11, 言 1-285-11, 言 1-285-12,
言 2-284-3, 言 2-284-3, 言 2-284-5,
言 2-284-10, 言 2-284-11, 言 2-283-2,
言 2-283-3, 言 2-283-3, 言 2-283-4,
言 2-283-5, 言 2-283-6, 言 2-283-6,
言 2-283-7, 言 3-283-9, 言 3-283-9,
言 3-283-9, 言 3-283-10, 言 3-283-12,
言 3-282-5, 言 3-282-5, 言 3-282-6,
言 3-282-10, 言 3-282-12, 言 3-281-2,
言 3-281-2, 言 3-281-3, 言 3-281-4,

言 3-281-5, 言 3-281-8, 言 3-281-9, 言 5-269-4, 言 6-269-7, 言 6-269-7,
言 3-281-9, 言 3-281-10, 言 3-281-11, 言 6-269-7, 言 6-269-8, 言 6-269-8,
言 3-280-1, 言 3-280-1, 言 3-280-2, 言 6-269-9, 言 6-269-9, 言 6-269-10,
言 3-280-2, 言 3-280-3, 言 3-280-4, 言 6-269-10, 言 7-269-12, 言 7-268-1,
言 3-280-5, 言 3-280-9, 言 3-280-11, 言 7-268-1, 言 7-268-2, 言 7-268-2,
言 3-280-11, 言 3-279-2, 言 3-279-3, 言 7-268-3, 言 7-268-4, 言 7-268-6,
言 3-279-6, 言 3-279-8, 言 3-279-10, 言 7-268-7, 言 7-268-7, 言 7-268-7,
言 3-279-11, 言 3-279-12, 言 3-278-3, 言 7-268-8, 言 7-268-8, 言 8-267-1,
言 3-278-6, 言 3-278-7, 言 3-278-8, 言 8-267-4, 言 8-267-4, 言 8-267-5,
言 3-278-10, 言 3-278-12, 言 3-277-1, 言 8-267-5, 言 8-267-5, 言 8-267-6,
言 3-277-3, 言 3-277-3, 言 3-277-5, 言 8-267-7, 言 8-267-7, 言 8-267-7,
言 3-277-6, 言 3-277-6, 言 3-277-7, 言 8-267-9, 言 8-267-11, 言 8-267-11,
言 3-277-8, 言 3-277-8, 言 3-277-11, 言 8-267-11, 言 8-267-12, 言 8-266-1,
言 3-276-1, 言 3-276-1, 言 3-276-2, 言 8-266-1, 言 8-266-2, 言 8-266-3,
言 3-276-3, 言 3-276-4, 言 3-276-7, 言 8-266-3, 言 8-266-4, 言 8-266-5,
言 3-276-8, 言 3-275-1, 言 3-275-2, 言 8-266-6, 言 8-266-8, 言 8-266-9,
言 3-275-3, 言 3-275-4, 言 3-275-5, 言 8-266-9, 言 8-266-9, 言 8-266-9,
言 3-275-6, 言 3-275-6, 言 3-275-8, 言 8-266-10, 言 8-266-12, 言 8-265-3,
言 3-275-9, 言 3-275-11, 言 3-274-2, 言 8-265-4, 言 8-265-4, 言 8-265-4,
言 3-274-3, 言 3-274-4, 言 3-274-4, 言 8-265-8, 言 8-265-9, 言 8-265-11,
言 3-274-5, 言 3-274-6, 言 3-274-6, 言 8-265-12, 言 8-264-4, 言 8-264-5,
言 3-274-8, 言 3-274-9, 言 3-274-10, 言 8-264-5, 言 8-264-5, 言 8-264-6,
言 3-274-10, 言 3-274-10, 言 3-274-11, 言 8-264-7, 言 8-264-9, 言 8-264-11,
言 3-273-1, 言 3-273-2, 言 3-273-5, 言 8-263-1, 言 8-263-1, 言 8-263-2,
言 3-273-7, 言 3-273-8, 言 3-273-8, 言 8-263-2, 言 8-263-4, 言 8-263-4,
言 3-273-9, 言 3-273-9, 言 3-273-11, 言 8-263-5, 言 8-263-5, 言 8-263-6,
言 3-272-3, 言 3-272-3, 言 3-272-5, 言 9-263-11, 言 9-263-11, 言 9-263-11,
言 3-272-6, 言 3-272-7, 言 4-272-11, 言 9-263-11, 言 9-262-1, 言 9-262-3,
言 4-271-3, 言 4-271-5, 言 4-271-6, 言 9-262-3, 言 9-262-3, 言 9-262-3,
言 4-271-7, 言 4-271-7, 言 4-271-8, 言 9-262-4, 言 9-262-5, 言 9-262-6,
言 4-271-9, 言 4-271-10, 言 4-271-10, 言 5-262-7, 言 9-262-7, 言 9-262-8,
言 4-271-11, 言 4-271-11, 言 4-271-11, 言 9-262-8, 言 9-262-11, 言 9-262-12,
言 5-270-2, 言 5-270-2, 言 5-270-2, 言 9-261-1, 言 9-261-2, 言 9-261-3,
言 5-270-3, 言 5-270-4, 言 5-270-4, 言 9-261-3, 言 9-261-4, 言 9-261-4,
言 5-270-4, 言 5-270-5, 言 5-270-5, 言 9-261-4, 言 9-261-5, 言 9-261-8,
言 5-270-6, 言 5-270-6, 言 5-270-8, 言 9-261-10, 言 9-261-10, 言 9-261-11,
言 5-270-8, 言 5-270-9, 言 5-270-10, 言 9-261-11, 言 9-261-12, 言 9-260-1,
言 5-269-2, 言 5-269-3, 言 5-269-3, 言 9-260-1, 言 9-260-1, 言 9-260-2,
言 5-269-3, 言 5-269-3, 言 5-269-3, 言 9-260-2, 言 9-260-6, 言 9-260-7,
言 5-269-4, 言 5-269-4, 言 5-269-4, 言 9-260-7, 言 9-260-8, 言 9-260-9,

言 9-260-10, 言 9-260-12, 言 9-259-3,
言 9-259-3, 言 9-259-5, 言 9-259-6,
言 9-259-11, 言 9-259-12, 言 9-258-4,
言 9-258-5, 言 9-258-5, 言 9-258-5,
言 9-258-10, 言 9-258-11, 言 9-258-11,
言 9-258-12, 言 9-258-12, 言 9-257-1,
言 9-257-1, 言 9-257-3, 言 9-257-4,
言 9-257-4, 言 9-257-5, 言 9-257-5,
言 9-257-6, 言 9-257-6, 言 9-257-6,
言 9-257-8, 言 9-257-11, 言 9-257-12,
言 9-257-12, 言 9-256-1, 言 9-256-3,
言 10-256-7, 言 10-256-8, 言 10-256-8,
言 10-256-11, 言 10-256-11,
言 10-256-12, 言 10-256-12,
言 10-256-12, 言 10-255-1, 言 10-255-1,
言 10-255-2, 言 10-255-2, 言 10-255-3,
言 10-255-3, 言 10-255-4, 言 10-255-4,
言 10-255-6, 言 10-255-6, 言 10-255-7,
言 10-255-7, 言 10-255-8, 言 10-255-11,
言 10-255-11, 言 10-255-12,
言 10-255-12, 言 10-254-1, 言 10-254-1,
言 10-254-3, 言 10-254-3, 言 10-254-4,
言 10-254-5, 言 10-254-5, 言 10-254-7,
言 10-254-8, 言 10-254-8, 言 10-254-9,
言 10-254-10, 言 10-254-10,
言 10-254-11, 言 10-254-11,
言 10-254-11, 言 10-254-12,
言 10-254-12, 言 10-253-3, 言 10-253-3,
言 10-253-4, 言 10-253-5, 言 10-253-6,
言 10-253-7, 言 10-253-8, 言 10-253-8,
言 10-253-8, 言 10-253-9, 言 10-253-11,
言 10-252-6, 言 10-252-8, 言 10-252-9,
言 10-252-9, 言 10-252-10, 言 10-252-10,
言 10-252-11, 言 10-252-12, 言 10-251-3,
言 10-251-5, 言 10-251-5, 言 10-251-5,
言 10-251-9, 言 10-251-10, 言 11-250-7,
言 11-250-8, 言 11-250-9, 言 11-250-10,
言 11-250-11, 言 11-250-12,
言 11-250-12, 言 11-249-1, 言 11-249-2,
言 12-249-7, 言 12-249-8, 言 13-248-3,

言 14-289-1, 言 14-289-1, 言 14-289-2,
言 14-289-3, 言 14-290-2, 言 14-290-4,
言 14-290-5, 言 14-290-5, 言 14-291-2,
言 14-291-4, 言 14-292-3, 言 14-292-3,
言 14-292-3, 言 14-292-5, 言 14-292-5,
言 14-293-2, 言 14-293-3, 言 14-293-4,
言 14-293-4, 言 14-293-4, 言 14-293-4,
言 14-293-5, 言 14-294-1, 言 14-294-1,
言 14-294-2, 言 14-294-2, 言 14-294-3,
言 14-294-3, 言 14-294-4, 言 14-294-5,
言 14-294-6, 言 14-294-6, 言 14-295-1）

是非：2（談 67-161-12, 言 1-285-7）
是否：2（言 2-284-6, 言 9-262-11）
螫：2（續 6-117-12, 續 6-117-12）
收：4（談 29-192-4, 談 38-184-8,
　　談 38-184-9, 言 3-276-10）
收成：4（散 24-55-7, 談 32-189-1,
　　談 96-135-3, 言 14-294-2）
收斂：1（續 14-125-12）
收入：1（散 35-66-4）
收拾：7（散 8-39-2, 散 8-39-10, 散 8-39-10,
　　談 88-142-8, 談 88-142-8, 談 97-135-9,
　　言 14-289-2）
收拾不及：1（言 10-251-10）
收收兒：1（談 46-178-7）
收下：1（談 69-158-1）
手：12（散 17-48-10, 續 6-117-12,
　　續 11-122-12, 續 12-123-5, 續 14-125-5,
　　續 16-127-5, 續 17-128-9, 談 42-181-9,
　　談 50-175-9, 談 96-136-10, 言 3-280-8,
　　言 5-270-12）
手長：1（談 31-190-7）
手底下：1（問 10-79-8）
手工人：1（散 28-59-4）
手脚：1（談 17-201-7）
手脚兒：1（談 66-161-5）
手巾：4（散 11-42-2, 散 11-42-6,
　　言 14-289-3, 言 14-289-4）
手裏：7（散 35-66-3, 問 7-91-1, 問 7-89-8,
　　續 14-125-6, 續 16-127-1, 談 24-195-2,

談 37-185-6）
手裡：1（言 3-276-7）
手兒：1（談 3-212-4）
手頭兒：1（續 11-122-6）
手下：1（散 34-65-6）
手藝：1（談 79-150-11）
手藝人：1（續 18-129-4）
手指頭：1（談 98-134-8）
首：8（言 3-275-11，言 3-275-11，
　　言 3-275-12，言 3-274-1，言 3-274-1，
　　言 3-274-1，言 3-274-1，言 13-248-3）
首級：3（散 18-49-2，散 18-49-9，
　　言 3-277-3）
首飾：1（續 13-124-9）
首尾：1（言 3-275-11）
壽數：1（散 39-70-7）
受：30（散 31-62-10，散 31-62-10，
　　散 32-63-10，問 4-101-8，問 4-101-9，
　　問 5-96-12，問 10-74-4，續 6-117-5，
　　續 11-122-12，談 4-211-4，談 24-195-5，
　　談 28-193-9，談 63-164-11，談 70-158-5，
　　談 77-151-3，言 5-269-5，言 9-263-11，
　　言 9-262-9，言 9-257-4，言 9-257-4，
　　言 9-257-5，言 9-257-6，言 9-257-6，
　　言 9-257-9，言 9-256-3，言 9-256-4，
　　言 10-254-6，言 10-254-12，言 10-251-10，
　　言 13-248-1）
受不得：5（續 15-126-4，談 41-182-10，
　　談 45-179-10，談 48-176-2，談 55-171-8）
受罰：1（續 6-117-8）
受賄賂：1（續 14-125-1）
受驚：1（問 5-96-12）
受累：4（散 15-46-2，散 15-46-7，問 6-94-9，
　　談 71-157-6）
受傷：6（問 4-100-2，問 7-89-4，談 12-205-9，
　　言 9-256-3，言 10-255-6，言 12-249-7）
受享：1（談 16-202-7）
受罪：1（談 92-139-8）
瘦：4（談 45-179-7，談 50-175-7，
　　談 50-175-7，談 59-167-6）

書：88（散 6-37-1，散 6-37-2，散 6-37-4，
　　散 6-37-5，散 6-37-6，散 6-37-6，
　　散 6-37-8，散 6-37-9，散 9-40-5，
　　散 9-40-8，散 10-41-4，散 35-66-8，
　　問 7-92-12，問 7-91-1，問 7-91-1，
　　問 7-91-1，問 7-91-2，問 9-83-12，
　　問 9-82-1，問 10-80-2，問 10-80-12，
　　問 10-79-1，問 10-77-4，問 10-76-12，
　　問 10-75-2，問 10-75-2，問 10-75-2，
　　問 10-75-7，問 10-75-9，問 10-75-10，
　　問 10-75-12，續 6-117-1，續 6-117-1，
　　續 6-117-2，談 2-213-9，談 3-212-4，
　　談 5-211-8，談 5-211-8，談 6-210-7，
　　談 8-208-3，談 8-208-3，談 9-208-12，
　　談 9-207-2，談 20-199-11，談 68-159-1，
　　談 68-159-2，談 68-159-3，談 68-159-4，
　　言 1-287-11，言 1-287-11，言 1-286-2，
　　言 1-286-2，言 1-286-3，言 2-284-5，
　　言 3-282-10，言 3-279-5，言 3-279-5，
　　言 3-278-3，言 3-276-12，言 3-276-12，
　　言 3-276-12，言 3-275-5，言 3-274-10，
　　言 3-274-10，言 3-274-10，言 3-274-10，
　　言 5-270-8，言 5-270-8，言 5-270-8，
　　言 5-270-8，言 5-270-11，言 8-267-9，
　　言 8-267-10，言 8-266-6，言 8-266-9，
　　言 9-262-5，言 9-261-1，言 9-261-3，
　　言 9-261-3，言 9-261-4，言 9-261-4，
　　言 9-261-4，言 9-260-3，言 9-260-4，
　　言 9-260-8，言 9-260-9，言 10-252-6，
　　言 14-291-3）
書班：3（散 38-69-2，散 38-69-8，
　　散 38-69-9）
書房：2（問 3-106-6，談 23-196-3）
書架子：2（言 14-291-3，言 14-291-3）
書吏：2（散 38-69-2，散 38-69-8）
書鋪：2（問 7-92-12，問 7-92-12）
書手：2（散 38-69-2，散 38-69-8）
書套：3（問 7-91-1，問 7-91-2，問 7-91-2）
書字：1（言 3-278-4）
舒服：6（散 31-62-2，散 31-62-4，散 31-62-9，

散 31-62-9，續 14-125-11，談 73-155-6）
舒展：1（續 14-125-7）
叔叔：2（談 36-186-12，談 76-152-1）
梳：3（散 12-43-2，散 12-43-9，散 17-48-3）
梳纂：1（續 3-114-7）
熟：16（散 14-45-5，散 26-57-9，問 6-94-10，
　　問 8-88-8，問 8-88-8，問 9-82-3，
　　問 10-78-1，問 10-78-4，問 10-78-5，
　　問 10-78-12，問 10-76-11，談 2-213-7，
　　談 10-206-2，談 12-205-5，談 33-189-12，
　　談 95-136-1）
熟菜：1（散 14-45-5）
熟練：1（談 3-212-2）
熟悉：1（問 7-91-12）
熟習：2（問 10-80-9，談 2-213-9）
暑：1（言 3-275-9）
署理：2（散 38-69-1，散 38-69-5）
署任：2（散 38-69-1，散 38-69-4）
黍子：1（散 1-32-9）
屬：5（談 39-183-4，言 1-285-9，言 4-271-3，
　　言 9-261-2，言 9-261-3）
數：15（散 1-32-7，散 1-32-8，散 14-45-7，
　　問 10-77-1，談 46-178-12，談 56-170-6，
　　談 93-138-11，言 1-288-12，言 3-282-7，
　　言 3-275-12，言 3-274-2，言 4-271-7，
　　言 8-264-9，言 14-290-1，言 14-290-1）
數不清：1（言 4-271-7）
數兒：13（散 13-44-8，散 22-53-9，
　　散 29-60-8，問 5-97-10，問 6-94-4，
　　問 10-76-2，言 3-277-6，言 3-275-5，
　　言 3-274-1，言 4-272-11，言 4-271-2，
　　言 4-271-10，言 8-263-7）
數落：1（談 84-146-12）
數目：5（問 10-78-7，問 10-78-10，
　　言 1-287-3，言 4-272-10，言 4-272-12）
數目字：4（問 10-77-1，言 4-272-12，
　　言 4-271-2，言 4-271-2）
數目字眼兒：1（言 4-272-12）
束：2（言 3-279-6，言 3-276-3）
樹：8（散 26-57-9，續 1-112-11，續 6-117-4，

續 6-117-4，續 7-118-6，談 93-138-7，
　　言 3-280-11，言 3-277-2）
樹根兒：1（續 12-123-11）
樹林子：4（散 26-57-2，散 26-57-9，
　　散 26-57-9，談 90-140-5）
樹木：4（散 26-57-8，談 36-186-9，
　　談 97-135-11，言 10-252-8）
樹梢兒：2（續 12-123-11，談 98-134-4）
樹枝兒：1（談 90-140-3）
樹枝子：1（言 5-270-7）
豎：4（散 40-71-9，散 40-71-10，言 1-287-4，
　　言 1-287-4）
恕：1（談 63-164-12）
刷：2（續 6-117-1，言 14-289-3）
刷白：1（談 45-179-7）
刷洗：3（散 11-42-1，散 11-42-7，
　　散 11-42-10）
刷一刷：1（散 11-42-3）
刷印：1（問 10-77-4）
刷子：1（散 11-42-3）
耍：2（散 31-62-5，談 62-164-1）
耍刀：3（散 31-62-1，散 31-62-5，
　　談 27-194-11）
耍錢：1（談 46-178-9）
耍錢場兒：1（談 46-178-6）
耍錢場兒：1（談 21-198-6）
耍戲：2（問 7-91-8，問 7-91-9）
衰：2（散 23-54-2，散 23-54-7）
摔：4（散 23-54-2，談 27-193-3，談 98-134-5，
　　言 10-253-2）
摔搭：1（談 78-150-1）
摔碎：1（散 23-54-9）
拴：5（問 3-103-8，問 3-103-8，談 32-189-6，
　　談 33-189-9，談 33-189-9）
拴牲口：1（散 29-60-2）
涮涮：2（談 94-137-6，談 96-136-11）
雙：4（散 11-42-1，散 11-42-2，散 11-42-2，
　　散 28-59-3）
雙生兒：1（續 17-128-11）
雙數：2（言 3-274-1，言 3-274-3）

孀婦：1（問 4-100-5）
爽快：5（散 31-62-2，散 31-62-8，
　　談 24-196-9，談 45-179-12，
　　談 93-138-12）
爽爽利利兒：1（談 13-204-3）
誰：117（散 2-33-3，散 7-38-5，散 8-39-9，
　　散 12-43-9，散 22-53-3，散 26-57-3，
　　問 2-108-2，問 2-108-9，問 2-107-9，
　　問 3-106-5，問 3-105-3，問 3-104-9，
　　問 3-104-9，問 4-102-6，問 5-98-1，
　　問 6-94-8，問 7-92-10，問 7-91-6，
　　問 7-89-6，問 8-87-9，續 1-112-2，
　　續 2-113-8，續 3-114-3，續 4-115-1，
　　續 4-115-2，續 4-115-4，續 4-115-4，
　　續 4-115-9，續 4-115-10，續 4-115-11，
　　續 6-117-7，續 6-117-11，續 7-118-11，
　　續 17-128-10，續 17-128-10，
　　續 17-128-10，續 18-129-5，談 2-213-7，
　　談 5-210-1，談 8-208-6，談 8-208-6，
　　談 9-208-12，談 10-206-4，談 12-205-4，
　　談 12-205-9，談 16-202-6，談 16-202-7，
　　談 18-200-1，談 19-199-2，談 19-199-3，
　　談 19-199-3，談 21-198-9，談 26-194-5，
　　談 30-191-2，談 30-191-3，談 30-191-7，
　　談 30-191-10，談 38-184-10，談 39-183-1，
　　談 50-174-1，談 51-174-6，談 53-172-4，
　　談 54-172-10，談 54-172-12，談 55-171-6，
　　談 55-171-7，談 61-166-10，談 62-165-8，
　　談 62-164-4，談 63-164-10，談 63-164-11，
　　談 63-163-2，談 63-163-2，談 63-163-2，
　　談 63-163-3，談 65-162-6，談 66-161-3，
　　談 68-159-1，談 68-159-3，談 70-156-8，
　　談 74-154-2，談 74-154-6，談 76-153-12，
　　談 77-152-12，談 78-150-3，談 80-149-9，
　　談 81-148-3，談 83-147-8，談 84-146-7，
　　談 85-145-9，談 85-145-9，談 87-142-2，
　　談 88-142-10，談 98-134-9，談 99-133-5，
　　言 4-271-11，言 5-270-3，言 5-270-6，
　　言 5-270-8，言 5-269-3，言 5-269-4，
　　言 8-268-12，言 8-268-12，言 8-267-4，
　　言 8-267-7，言 8-267-10，言 8-267-11，
　　言 8-266-3，言 8-266-3，言 8-266-4，
　　言 8-266-4，言 8-266-5，言 8-266-12，
　　言 8-265-8，言 8-265-9，言 8-265-11，
　　言 9-261-4）
水：27（散 8-39-2，散 8-39-6，散 8-39-8，
　　散 8-39-8，散 8-39-9，散 11-42-2，
　　散 11-42-9，散 11-42-9，散 14-45-5，
　　散 15-46-2，散 15-46-2，散 15-46-6，
　　散 35-66-1，散 35-66-5，散 35-66-5，
　　續 1-112-11，續 4-115-3，續 7-118-7，
　　續 10-121-10，續 11-122-10，續 17-128-1，
　　談 90-140-4，談 91-139-1，言 6-269-7，
　　言 11-250-10，言 14-289-1，言 14-289-2）
水路：5（問 8-88-4，問 8-88-5，問 8-88-5，
　　問 8-88-6，言 11-250-12）
水陸平安：1（續 14-125-2）
水落石出：1（問 6-94-7）
水清山靜：1（談 91-139-2）
水兒：1（談 91-140-12）
水洗：1（談 91-139-3）
水性楊花：1（續 11-122-4）
水烟袋：1（續 17-128-1）
睡：8（問 5-96-8，談 10-207-10，談 35-187-8，
　　談 35-187-8，談 48-176-1，談 95-136-4，
　　談 95-136-4，言 9-262-7）
睡貫早覺：1（續 7-118-5）
睡覺：8（散 26-57-1，散 26-57-3，
　　續 12-123-10，談 77-152-11，談 95-136-1，
　　言 9-262-7，言 9-262-7，言 9-262-8）
睡夢：3（談 35-187-10，談 95-136-7，
　　談 97-135-5）
睡着：3（談 48-176-3，談 56-170-5，
　　談 70-156-4）
順：2（散 25-56-7，談 84-145-1）
順便兒：2（談 22-197-3，談 73-155-3）
順當：5（散 24-55-1，散 24-55-5，問 10-75-3，
　　談 7-209-9，言 13-248-1）
順來：1（問 8-86-1）
順流：2（散 30-61-1，散 30-61-6）

順情說好話，耿直惹人嫌：1（續 11-122-5）
順水：1（問 5-97-8）
順着：4（問 8-85-7，談 91-140-12，
　　　談 91-139-3，談 98-134-7）
順嘴兒：1（談 2-213-10）
說：527（散 5-36-6，散 5-36-9，散 5-36-9，
　　散 6-37-3，散 6-37-10，散 8-39-1，
　　散 9-40-6，散 9-40-6，散 13-44-6，
　　散 15-46-4，散 16-47-6，散 17-48-8，
　　散 17-48-10，散 18-49-9，散 18-49-9，
　　散 18-49-9，散 18-49-10，散 18-49-10，
　　散 19-50-4，散 19-50-4，散 19-50-7，
　　散 19-50-7，散 19-50-7，散 20-51-7，
　　散 21-52-4，散 22-53-1，散 22-53-8，
　　散 22-53-9，散 23-54-5，散 23-54-9，
　　散 23-54-9，散 24-55-9，散 24-55-9，
　　散 25-56-5，散 25-56-5，散 25-56-7，
　　散 26-57-7，散 27-58-3，散 27-58-5，
　　散 27-58-8，散 28-59-4，散 28-59-8，
　　散 28-59-8，散 29-60-8，散 30-61-8，
　　散 31-62-7，散 31-62-7，散 31-62-7，
　　散 31-62-8，散 32-63-3，散 34-65-4，
　　散 34-65-4，散 34-65-6，散 34-65-8，
　　散 34-65-10，散 35-66-9，散 35-66-10，
　　散 35-66-10，散 36-67-4，散 36-67-5，
　　散 37-68-3，散 37-68-3，散 37-68-8，
　　散 39-70-4，問 2-108-12，問 2-107-5，
　　問 2-107-6，問 2-107-8，問 3-105-7，
　　問 3-104-6，問 3-104-6，問 3-104-7，
　　問 3-104-8，問 3-104-9，問 3-104-11，
　　問 3-104-11，問 3-103-1，問 3-103-4，
　　問 3-103-4，問 3-103-5，問 4-102-10，
　　問 4-102-10，問 4-99-4，問 5-99-9，
　　問 5-99-10，問 5-99-10，問 5-98-3，
　　問 5-98-3，問 5-98-5，問 5-98-7，
　　問 5-98-9，問 5-97-9，問 5-97-10，
　　問 5-97-11，問 6-95-9，問 6-94-4，
　　問 6-94-9，問 6-94-11，問 6-93-3，
　　問 6-93-12，問 6-92-1，問 7-91-8，
　　問 7-91-9，問 7-91-10，問 7-91-10，
　　問 7-91-10，問 7-91-11，問 7-90-4，
　　問 7-90-6，問 7-90-12，問 7-89-10，
　　問 7-89-12，問 8-87-5，問 8-87-6，
　　問 8-87-8，問 8-87-10，問 8-86-5，
　　問 8-86-6，問 8-85-2，問 8-85-11，
　　問 8-84-3，問 8-84-3，問 9-83-8，
　　問 9-83-8，問 9-82-1，問 9-82-1，
　　問 9-82-2，問 10-80-7，問 10-80-12，
　　問 10-79-1，問 10-79-5，問 10-78-6，
　　問 10-76-1，問 10-76-9，問 10-76-10，
　　問 10-75-3，問 10-75-5，問 10-75-10，
　　續 1-112-2，續 2-113-11，續 4-115-4，
　　續 5-116-8，續 5-116-8，續 8-119-5，
　　續 8-119-10，續 9-120-1，續 9-120-1，
　　續 9-120-4，續 9-120-4，續 13-124-2，
　　續 15-126-10，續 17-128-10，談 1-214-6，
　　談 1-214-9，談 1-214-10，談 1-214-10，
　　談 1-214-11，談 2-213-2，談 2-213-3，
　　談 2-213-3，談 2-213-3，談 2-213-5，
　　談 2-213-5，談 2-213-7，談 2-213-8，
　　談 2-213-9，談 2-213-10，談 3-213-12，
　　談 3-212-1，談 5-210-2，談 6-210-8，
　　談 6-210-11，談 6-210-12，談 6-210-12，
　　談 8-208-7，談 9-207-2，談 9-207-3，
　　談 9-207-4，談 10-206-1，談 10-206-3，
　　談 12-205-3，談 12-205-9，談 12-205-10，
　　談 13-204-3，談 14-204-11，談 14-203-2，
　　談 15-203-11，談 16-202-8，談 18-201-12，
　　談 18-200-2，談 18-200-4，談 18-200-5，
　　談 19-199-4，談 20-199-8，談 20-199-10，
　　談 21-198-4，談 21-198-5，談 21-198-11，
　　談 22-197-4，談 22-197-7，談 22-197-7，
　　談 22-197-8，談 24-196-10，談 24-195-3，
　　談 24-195-3，談 24-195-4，談 26-194-3，
　　談 27-194-11，談 28-193-7，談 28-193-12，
　　談 29-192-8，談 29-192-9，談 30-191-2，
　　談 30-191-3，談 31-190-1，談 31-190-8，
　　談 32-190-10，談 32-189-2，談 32-189-2，
　　談 32-189-3，談 35-187-11，談 36-186-6，
　　談 36-186-6，談 36-186-9，談 36-186-12，

談 36-185-2, 談 37-185-6, 談 38-184-2,
談 39-184-12, 談 39-183-1, 談 39-183-6,
談 40-182-3, 談 41-182-9, 談 41-182-11,
談 41-182-12, 談 43-180-3, 談 43-180-4,
談 43-180-6, 談 44-179-1, 談 44-179-4,
談 46-178-8, 談 47-177-7, 談 49-176-10,
談 49-175-1, 談 49-175-2, 談 49-175-2,
談 49-175-3, 談 49-175-4, 談 50-175-8,
談 50-175-9, 談 50-174-1, 談 51-174-5,
談 51-174-9, 談 51-174-10, 談 52-173-5,
談 52-173-6, 談 53-173-10, 談 53-173-11,
談 53-173-11, 談 53-172-1, 談 53-172-3,
談 54-172-10, 談 54-171-1, 談 55-171-6,
談 55-171-7, 談 55-171-11, 談 56-170-8,
談 56-170-8, 談 56-170-9, 談 56-170-11,
談 57-169-12, 談 58-168-2, 談 58-168-3,
談 59-167-7, 談 59-167-8, 談 60-166-1,
談 61-166-12, 談 61-165-3, 談 61-165-4,
談 61-165-6, 談 62-165-8, 談 62-165-10,
談 62-165-12, 談 62-164-3, 談 62-164-4,
談 63-164-10, 談 63-164-10,
談 63-164-10, 談 63-164-12,
談 63-164-12, 談 64-163-8, 談 64-163-10,
談 65-162-5, 談 66-161-8, 談 66-161-8,
談 67-160-2, 談 67-160-3, 談 67-160-3,
談 67-160-4, 談 67-160-6, 談 68-160-11,
談 68-159-1, 談 68-159-3, 談 69-159-10,
談 70-158-4, 談 70-158-6, 談 70-158-8,
談 70-158-9, 談 70-158-10, 談 71-157-7,
談 71-157-8, 談 70-156-4, 談 70-156-6,
談 70-156-7, 談 70-156-7, 談 70-156-8,
談 72-155-1, 談 73-155-11, 談 74-154-4,
談 74-154-8, 談 75-153-3, 談 75-153-5,
談 76-152-1, 談 76-152-3, 談 76-152-4,
談 76-152-9, 談 77-151-4, 談 78-150-5,
談 78-150-6, 談 79-150-8, 談 79-150-8,
談 80-149-3, 談 82-148-12, 談 82-147-1,
談 82-147-6, 談 83-147-9, 談 83-147-9,
談 83-146-1, 談 83-146-2, 談 83-146-2,
談 83-146-4, 談 83-146-5, 談 84-146-7,

談 84-146-9, 談 84-146-9, 談 84-146-9,
談 84-146-11, 談 85-145-8, 談 85-145-11,
談 85-145-12, 談 86-144-10, 談 87-143-6,
談 87-142-2, 談 89-141-9, 談 89-141-10,
談 91-140-10, 談 91-140-11,
談 92-139-11, 談 92-138-2, 談 93-137-1,
談 94-137-6, 談 94-137-6, 談 94-137-7,
談 94-137-10, 談 95-136-6, 談 97-135-8,
談 98-134-3, 談 100-133-10,
談 100-132-4, 言 1-288-5, 言 1-286-9,
言 1-285-1, 言 1-285-5, 言 1-285-8,
言 2-284-2, 言 2-284-7, 言 2-284-9,
言 2-284-11, 言 3-283-12, 言 3-282-1,
言 3-282-1, 言 3-282-2, 言 3-282-2,
言 3-282-11, 言 3-281-4, 言 3-281-4,
言 3-281-7, 言 3-281-9, 言 3-281-10,
言 3-281-12, 言 3-280-1, 言 3-280-1,
言 3-280-3, 言 3-280-6, 言 3-280-9,
言 3-280-12, 言 3-280-12, 言 3-279-3,
言 3-279-5, 言 3-279-8, 言 3-279-9,
言 3-279-10, 言 3-279-11, 言 3-279-12,
言 3-279-12, 言 3-278-1, 言 3-278-3,
言 3-278-6, 言 3-278-6, 言 3-278-8,
言 3-278-8, 言 3-278-8, 言 3-278-11,
言 3-278-11, 言 3-278-12, 言 3-277-3,
言 3-277-5, 言 3-277-6, 言 3-277-6,
言 3-277-7, 言 3-277-7, 言 3-277-8,
言 3-277-10, 言 3-277-11, 言 3-276-2,
言 3-276-3, 言 3-276-8, 言 3-276-8,
言 3-276-12, 言 3-276-12, 言 3-276-12,
言 3-275-1, 言 3-275-1, 言 3-275-2,
言 3-275-3, 言 3-275-4, 言 3-275-6,
言 3-275-9, 言 3-275-12, 言 3-273-1,
言 3-273-1, 言 3-273-1, 言 3-273-2,
言 3-273-5, 言 3-273-6, 言 3-273-9,
言 3-273-9, 言 3-273-12, 言 3-272-1,
言 3-272-2, 言 3-272-6, 言 3-272-7,
言 3-272-8, 言 4-271-1, 言 4-271-3,
言 4-271-6, 言 4-271-7, 言 4-271-7,
言 4-271-9, 言 4-271-10, 言 5-270-12,

言 5-270-12, 言 7-268-1, 言 7-268-9,
言 8-267-2, 言 8-267-3, 言 8-267-3,
言 8-267-4, 言 8-267-5, 言 8-267-5,
言 8-267-10, 言 8-267-10, 言 8-267-10,
言 8-266-1, 言 8-266-1, 言 8-266-2,
言 8-266-4, 言 8-265-2, 言 8-265-9,
言 8-265-11, 言 8-264-5, 言 8-264-7,
言 8-264-11, 言 8-264-12, 言 8-264-12,
言 9-262-2, 言 9-262-3, 言 9-262-4,
言 9-262-5, 言 9-262-9, 言 9-262-10,
言 9-262-10, 言 9-261-2, 言 9-261-5,
言 9-259-3, 言 9-259-4, 言 9-259-5,
言 9-259-9, 言 9-259-11, 言 9-259-12,
言 9-259-12, 言 9-258-10, 言 9-257-8,
言 9-256-1, 言 10-256-12, 言 10-255-6,
言 10-255-8, 言 10-255-10, 言 10-254-1,
言 10-253-8, 言 10-253-9, 言 10-253-10,
言 10-253-11, 言 10-252-1, 言 10-252-11,
言 10-252-11, 言 10-252-11,
言 10-252-12, 言 10-251-1, 言 12-249-8,
言 13-249-11, 言 13-249-12, 言 14-293-5,
言 14-293-5, 言 14-294-2, 言 14-294-4,
言 14-294-6）
說不完：1（談 70-156-6）
說不出：1（談 68-159-4）
說不出來：1（續 11-122-10）
說長道短：1（談 62-165-8）
說出來：1（續 11-122-3）
說錯：1（談 3-212-5）
說到：3（問 4-101-6, 問 10-80-4,
　　談 16-202-9）
說道：1（談 76-152-5）
說得起：1（談 93-138-5）
說定：1（問 3-104-6）
說法：2（言 5-269-2, 言 9-261-4）
說法兒：1（問 10-75-4）
說橫說豎：1（散 40-71-9）
說話：36（散 5-36-2, 散 5-36-7, 散 5-36-8,
　　散 17-48-8, 散 21-52-5, 散 23-54-4,
　　散 23-54-7, 散 31-62-8, 問 6-92-5,
　　問 9-83-12, 問 9-82-2, 問 10-75-11,
　　續 9-120-7, 續 9-120-7, 續 9-120-11,
　　續 10-121-3, 續 10-121-4, 續 11-122-1,
　　續 11-122-1, 續 11-122-6, 續 16-127-2,
　　續 16-127-11, 續 17-128-6, 談 2-213-4,
　　談 15-203-12, 談 30-191-6, 談 56-170-4,
　　談 61-165-3, 談 63-164-8, 談 67-160-7,
　　談 77-152-12, 談 77-151-3, 談 99-133-4,
　　言 8-268-12, 言 8-268-12, 言 10-252-4）
說話兒：4（談 56-170-8, 談 76-152-7,
　　談 77-152-12, 談 92-139-10）
說開：3（問 7-89-3, 問 7-89-4,
　　談 60-167-12）
說來說去：1（問 4-100-12）
說破：1（續 1-112-2）
說是：3（散 39-70-6, 問 5-97-12, 問 6-95-7）
說說：4（談 5-211-12, 談 5-210-4,
　　談 83-147-10, 談 97-135-7）
說說笑笑：1（談 92-139-12）
說頭兒：1（談 77-151-7）
說完：1（談 56-170-11）
說一說：1（言 14-293-2）
說着玩兒：1（問 6-92-6）
私事：1（散 38-69-6）
私受：1（言 9-257-8）
司：1（言 3-282-8）
司官：4（散 38-69-1, 散 38-69-5, 散 38-69-6,
　　散 38-69-8）
絲：4（散 25-56-2, 散 25-56-8, 散 25-56-9,
　　散 28-59-5）
絲毫：2（談 39-183-5, 談 42-181-5）
絲毫不錯：1（續 13-124-2）
思：1（談 13-204-3）
思量：1（談 11-206-11）
斯文：1（續 8-119-12）
死：22（散 32-63-4, 問 4-100-8, 問 5-98-1,
　　談 16-202-8, 談 17-201-6, 談 29-192-11,
　　談 29-192-11, 談 51-174-9, 談 63-164-12,
　　談 70-158-11, 言 1-288-7, 言 1-288-7,
　　言 1-288-7, 言 1-288-8, 言 1-286-8,

言1-286-8，言1-286-9，言1-285-2,
言1-285-2，言8-264-6，言9-257-10,
言10-255-6）
死擺架子：1（續17-128-2）
死黨：2（散32-63-2，散32-63-8）
死活：2（談52-173-3，言1-286-5）
死肉：1（談70-156-5）
死守：1（談86-143-1）
死物：3（言6-269-7，言6-269-8,
言8-267-2）
死樣：2（散39-70-2，散39-70-10）
死字：3（言1-286-10，言1-285-8,
言1-285-9）
死罪：1（散32-63-10）
四：22（散1-32-8，散3-34-2，散3-34-7,
散4-35-3，散13-44-2，散14-45-2,
問3-106-11，問4-100-3，續13-124-7,
續14-125-7，談9-207-2，言2-284-5,
言3-283-11，言3-281-8，言3-275-12,
言4-271-11，言5-270-3，言8-267-6,
言8-263-1，言8-263-6，言11-249-2,
言11-249-2）
四百一十：1（問10-77-12）
四川：1（散26-57-8）
四點兒鐘：1（續7-118-3）
四方臉兒：1（談30-191-5）
四更天：1（談48-176-3）
四千零七十二：1（散1-32-5）
四聲：3（散6-37-1，散6-37-3，散6-37-4）
四十：7（問10-78-5，問10-78-12,
問10-76-9，問10-76-10，問10-76-10,
問10-76-11，問10-76-11）
四時：1（散9-40-2）
四十八：1（問10-80-12）
四十六萬一千：1（散1-32-4）
四十五：1（散36-67-3）
四書：3（問9-82-8，問9-82-9，言8-267-8）
四萬：1（散1-32-9）
四五：5（問5-98-3，問5-98-4，問10-77-9,
談2-213-4，言3-275-10）

四五千：1（散6-37-7）
四五十：2（散40-71-5，談76-152-4）
四下裏：1（散21-52-5）
四下裡：1（言10-253-5）
似：15（散40-71-4，續4-115-1，談16-202-5,
談35-187-9，談42-181-7，談53-172-4,
談55-171-7，談58-168-4，談59-167-6,
談65-162-8，談89-141-10，談91-139-3,
談96-136-12，談98-134-8，談99-133-4）
似乎：3（問10-76-3，談81-149-11,
言4-271-7）
伺候：2（問2-106-2，續14-125-8）
鬆快：1（談48-176-7）
宋都老爺：3（言10-254-12，言10-253-1,
言10-253-2）
宋家：1（言10-254-4）
送：29（散29-60-1，散29-60-7，問7-92-12,
問7-91-1，問7-91-2，問7-91-3,
問7-91-3，問7-91-4，問7-91-12,
問7-91-12，問7-90-3，問7-89-6,
問7-89-10，問7-89-10，問7-89-12,
問8-83-2，續6-117-2，談11-206-12,
談49-176-11，談68-159-2，談69-159-11,
談76-152-6，談76-152-7，談88-142-6,
談88-142-7，言3-274-3，言5-270-8,
言5-270-9，言8-267-9）
送殯：1（談94-137-4）
送祟：1（談37-185-9）
送信：2（散37-68-2，散37-68-8）
誦珠：2（言3-279-10，言3-279-10）
誦珠兒：1（談38-184-7）
搜：3（問5-97-10，問5-95-4，問6-95-10）
搜察：2（散20-51-1，散20-51-3）
搜拏：2（散20-51-1，散20-51-8）
餿：1（談77-151-4）
蘇：1（問9-83-7）
蘇城：1（言10-254-4）
蘇先生：1（問10-81-12）
蘇州：2（續1-112-7，言10-254-4）
甦醒：1（談51-174-5）

俗話：1（散 33-64-2）
俗家：2（散 33-64-2，散 33-64-6）
俗名：1（言 3-273-4）
俗說：2（散 33-64-2，散 33-64-5）
俗語兒：10（談 14-203-2，談 19-199-4，
　　談 24-195-3，談 31-190-1，談 41-182-12，
　　談 44-179-1，談 54-171-1，談 61-165-4，
　　談 70-158-6，談 93-137-1）
俗字字典：1（言 14-293-3）
素菜：1（問 8-87-11）
素餐尸位：1（談 13-204-4）
素常：2（談 20-199-11，談 69-159-8）
素來：2（問 3-103-3，談 59-167-3）
速：2（言 1-286-10，言 1-286-10）
宿：1（續 12-123-10）
酸：1（續 10-121-3）
酸頓：1（續 15-126-2）
酸甜苦辣：1（續 11-122-12）
算：52（散 30-61-10，散 32-63-5，散 33-64-8，
　　散 36-67-9，問 4-101-6，問 4-100-12，
　　問 5-98-12，問 5-96-4，問 5-96-12，
　　問 6-95-6，問 6-93-5，問 7-89-10，
　　問 8-87-3，問 8-85-5，問 8-85-9，
　　問 9-82-9，問 9-81-2，問 10-80-7，
　　問 10-79-1，問 10-78-12，問 10-77-8，
　　問 10-77-11，問 10-77-11，問 10-77-12，
　　問 10-76-2，問 10-76-2，談 3-212-1，
　　談 10-207-12，談 13-204-3，談 24-195-4，
　　談 32-189-5，談 34-188-12，談 39-183-1，
　　談 39-183-5，談 52-173-6，談 57-169-5，
　　談 59-167-9，談 74-154-7，談 79-150-9，
　　談 81-148-4，談 86-144-11，談 87-143-7，
　　談 99-133-2，談 100-132-4，言 1-288-9，
　　言 1-285-8，言 6-269-7，言 8-264-9，
　　言 8-264-10，言 9-262-1，言 9-262-4，
　　言 9-261-3）
算不清：1（談 24-195-2）
算得：1（問 8-87-6）
算得起：1（談 3-212-2）
算計：6（散 15-46-1，散 15-46-8，問 10-78-2，

　　談 12-205-5，談 29-192-7，談 74-154-5）
算了：1（談 47-177-4）
算命的：1（談 39-184-12）
算盤子兒：1（續 15-126-3）
算清：1（言 14-290-5）
算上：2（問 10-76-1，言 3-281-10）
算是：8（散 8-39-5，散 8-39-5，散 21-52-5，
　　言 1-286-7，言 1-286-11，言 1-286-12，
　　言 1-285-9，言 9-261-9）
雖：25（問 2-108-9，問 10-79-8，談 2-213-3，
　　談 15-203-10，談 18-200-8，談 23-196-4，
　　談 38-184-7，談 46-178-12，談 52-173-2，
　　談 54-172-8，談 57-169-7，談 58-168-7，
　　談 59-167-8，談 64-163-5，談 69-159-10，
　　談 70-158-10，談 75-153-3，談 76-152-7，
　　談 85-145-11，言 1-287-1，言 1-287-2，
　　言 1-286-7，言 8-263-4，言 9-263-12，
　　言 10-250-1）
雖然：26（散 37-68-2，散 37-68-6，
　　問 10-80-8，問 10-77-9，談 3-212-8，
　　談 6-210-11，談 20-199-10，談 24-195-1，
　　談 30-191-9，談 39-183-5，談 39-183-6，
　　談 48-176-1，談 49-175-2，談 51-174-5，
　　談 51-174-8，談 51-174-9，談 67-160-1，
　　談 85-145-5，談 86-144-10，談 94-137-4，
　　談 94-137-9，言 1-286-11，言 2-284-7，
　　言 3-277-5，言 9-256-1，言 12-249-5）
隨：8（問 6-92-5，問 8-86-2，談 6-209-3，
　　言 3-275-11，言 9-262-1，言 9-258-2，
　　言 10-255-1，言 14-294-6）
隨便：3（問 5-96-12，言 3-273-6，
　　言 14-294-6）
隨便兒：2（續 6-117-4，談 73-155-10）
隨地：1（散 32-63-3）
隨羣兒：1（談 13-204-6）
隨時：2（問 10-78-1，言 1-285-1）
隨事：1（散 32-63-9）
隨勢：3（言 1-288-6，言 1-285-1，
　　言 5-270-2）
隨勢酌情：1（散 40-71-9）

隨手：1（談 33-189-11）
隨手兒：1（續 17-128-12）
隨心：1（談 13-204-3）
隨着：3（談 53-172-1，言 3-283-12，
　　言 10-255-2）
歲：14（散 36-67-3，散 36-67-4，問 4-101-7，
　　問 7-89-1，問 9-82-5，問 9-82-10，
　　問 9-82-11，問 9-82-11，問 9-81-2，
　　問 9-81-3，談 54-171-3，談 87-143-11，
　　談 87-143-11，談 87-143-11）
歲數：1（問 4-100-7）
歲數兒：6（散 36-67-1，散 36-67-3，
　　問 4-101-6，問 9-82-11，談 55-171-11，
　　言 8-266-8）
碎：3（散 28-59-3，散 28-59-10，
　　談 98-134-9）
碎貨：1（問 1-109-5）
祟：1（談 37-185-7）
孫女：1（散 25-56-6）
孫子：2（散 25-56-1，散 25-56-6）
損壞：2（問 5-96-12，談 95-136-6）
所：41（散 38-69-4，散 38-69-6，散 39-70-7，
　　問 4-102-12，問 4-101-12，問 5-96-4，
　　問 6-93-3，問 6-92-4，問 10-80-12，
　　問 10-75-10，續 17-128-12，談 1-214-7，
　　談 1-214-8，談 13-204-2，談 13-204-3，
　　談 29-192-8，談 36-186-11，談 36-185-1，
　　談 37-185-4，談 45-178-1，談 45-178-1，
　　談 61-165-2，言 1-285-7，言 2-284-2，
　　言 2-284-4，言 2-284-6，言 2-284-8，
　　言 2-283-3，言 3-275-8，言 3-275-8，
　　言 3-272-3，言 8-267-1，言 9-262-3，
　　言 9-262-5，言 9-261-2，言 9-261-10，
　　言 9-257-5，言 9-257-5，言 9-257-6，
　　言 10-252-7，言 10-252-8）
所剩：1（言 2-283-2）
所屬：2（問 10-79-6，談 32-190-12）
所行所爲：1（談 24-196-11）
所以：19（散 37-68-2，散 37-68-9，
　　散 37-68-10，問 5-97-7，問 10-80-9，

問 10-76-5，問 10-74-2，談 49-176-9，
談 74-154-9，談 75-154-12，談 83-147-12，
談 90-140-8，言 1-285-10，言 3-280-9，
言 3-278-3，言 3-275-4，言 8-264-8，
言 10-255-8，言 11-249-2）
所有：13（問 10-79-12，談 5-210-1，
　　談 48-176-6，談 61-166-12，談 78-151-12，
　　談 93-138-6，談 95-136-6，言 3-282-12，
　　言 8-266-3，言 8-266-6，言 9-263-11，
　　言 9-260-1，言 9-257-11）
索性：7（談 25-195-9，談 34-187-5，
　　談 38-184-6，談 62-164-3，談 63-164-12，
　　談 66-161-8，談 93-138-12）
鎖：2（續 17-128-7，言 3-274-12）
鎖上：1（續 2-113-4）
鎖頭：1（言 3-276-8）

T

他：954（散 2-33-1，散 2-33-4，散 2-33-5，
　　散 2-33-5，散 2-33-8，散 2-33-8，
　　散 3-34-6，散 3-34-7，散 3-34-9，
　　散 3-34-10，散 4-35-3，散 4-35-3，
　　散 4-35-3，散 4-35-3，散 4-35-4，
　　散 4-35-4，散 4-35-5，散 4-35-5，
　　散 4-35-5，散 4-35-5，散 4-35-5，
　　散 4-35-6，散 4-35-6，散 4-35-6，
　　散 4-35-7，散 4-35-7，散 5-36-8，
　　散 5-36-8，散 5-36-8，散 5-36-9，
　　散 5-36-9，散 5-36-10，散 6-37-6，
　　散 6-37-7，散 6-37-7，散 6-37-8，
　　散 6-37-8，散 6-37-9，散 7-38-3，
　　散 7-38-4，散 8-39-7，散 9-40-4，
　　散 9-40-7，散 9-40-9，散 10-41-4，
　　散 10-41-6，散 10-41-9，散 11-42-4，
　　散 11-42-4，散 11-42-5，散 11-42-5，
　　散 13-44-3，散 13-44-3，散 13-44-4，
　　散 13-44-5，散 13-44-6，散 13-44-7，
　　散 16-47-4，散 16-47-7，散 16-47-7，
　　散 16-47-8，散 16-47-9，散 16-47-9，

散 16-47-10, 散 17-48-7, 散 17-48-9,
散 17-48-10, 散 18-49-10, 散 18-49-10,
散 19-50-7, 散 20-51-7, 散 20-51-7,
散 21-52-9, 散 22-53-3, 散 22-53-7,
散 22-53-7, 散 22-53-7, 散 22-53-9,
散 23-54-3, 散 23-54-3, 散 23-54-4,
散 23-54-4, 散 23-54-4, 散 23-54-5,
散 23-54-5, 散 23-54-8, 散 23-54-9,
散 23-54-9, 散 23-54-10, 散 23-54-10,
散 23-54-10, 散 24-55-9, 散 26-57-3,
散 26-57-5, 散 26-57-5, 散 27-58-2,
散 27-58-5, 散 27-58-6, 散 27-58-6,
散 27-58-6, 散 27-58-7, 散 27-58-8,
散 27-58-8, 散 27-58-9, 散 27-58-9,
散 27-58-10, 散 29-60-3, 散 29-60-4,
散 29-60-4, 散 29-60-5, 散 29-60-5,
散 29-60-5, 散 29-60-10, 散 31-62-3,
散 31-62-8, 散 31-62-10, 散 33-64-4,
散 34-65-5, 散 35-66-3, 散 35-66-4,
散 35-66-6, 散 35-66-10, 散 36-67-3,
散 36-67-3, 散 36-67-3, 散 36-67-7,
散 36-67-8, 散 36-67-8, 散 36-67-8,
散 36-67-9, 散 36-67-9, 散 36-67-9,
散 37-68-3, 散 37-68-5, 散 37-68-7,
散 37-68-8, 散 37-68-8, 散 37-68-9,
散 38-69-4, 散 39-70-3, 散 39-70-3,
散 39-70-4, 散 39-70-4, 散 39-70-5,
散 39-70-7, 散 39-70-7, 散 39-70-8,
散 39-70-8, 散 39-70-8, 散 40-71-3,
散 40-71-8, 問 1-109-3, 問 1-109-3,
問 1-109-3, 問 2-107-2, 問 2-107-4,
問 2-107-4, 問 2-107-5, 問 2-107-5,
問 2-107-5, 問 2-107-6, 問 2-107-6,
問 2-107-7, 問 2-107-8, 問 3-106-6,
問 3-106-7, 問 3-106-9, 問 3-106-9,
問 3-106-9, 問 3-105-1, 問 3-105-12,
問 3-105-12, 問 3-104-1, 問 3-104-5,
問 3-104-7, 問 3-104-8, 問 3-104-9,
問 3-104-9, 問 3-103-2, 問 3-103-3,
問 3-103-3, 問 3-103-3, 問 3-103-4,

問 3-103-7, 問 3-103-12, 問 3-102-1,
問 3-102-3, 問 3-102-3, 問 3-102-4,
問 4-102-8, 問 4-102-9, 問 4-102-9,
問 4-102-10, 問 4-102-10, 問 4-102-10,
問 4-102-10, 問 4-102-10, 問 4-102-11,
問 4-101-1, 問 4-101-1, 問 4-101-1,
問 4-101-2, 問 4-101-4, 問 4-101-5,
問 4-101-5, 問 4-101-7, 問 4-101-8,
問 4-101-9, 問 4-100-8, 問 4-100-10,
問 5-99-7, 問 5-99-7, 問 5-99-7,
問 5-99-8, 問 5-99-8, 問 5-99-9,
問 5-99-9, 問 5-99-10, 問 5-99-10,
問 5-99-11, 問 5-99-11, 問 5-99-12,
問 5-98-1, 問 5-98-1, 問 5-98-1,
問 5-98-5, 問 5-98-5, 問 5-98-6,
問 5-98-7, 問 5-98-7, 問 5-98-7,
問 5-98-9, 問 5-98-9, 問 5-98-9,
問 5-98-11, 問 5-97-4, 問 5-97-4,
問 5-97-5, 問 5-97-10, 問 5-97-10,
問 5-97-11, 問 5-97-11, 問 5-96-1,
問 5-96-1, 問 5-96-2, 問 5-96-2,
問 5-96-3, 問 5-96-7, 問 5-96-7,
問 5-96-11, 問 5-96-12, 問 5-95-1,
問 5-95-2, 問 5-95-4, 問 5-95-4,
問 6-95-6, 問 6-95-6, 問 6-95-6,
問 6-95-7, 問 6-95-7, 問 6-95-7,
問 6-95-8, 問 6-95-8, 問 6-95-8,
問 6-95-9, 問 6-95-12, 問 6-95-12,
問 6-94-1, 問 6-94-2, 問 6-94-7,
問 6-94-8, 問 6-94-9, 問 6-94-9,
問 6-94-10, 問 6-94-11, 問 6-94-11,
問 6-94-12, 問 6-94-12, 問 6-94-12,
問 6-93-2, 問 6-93-2, 問 6-93-2,
問 6-93-2, 問 6-93-5, 問 6-93-6,
問 6-93-7, 問 6-93-7, 問 6-93-8,
問 6-93-9, 問 6-93-9, 問 6-93-10,
問 6-93-10, 問 6-93-10, 問 6-93-11,
問 6-93-11, 問 6-93-11, 問 6-93-12,
問 6-93-12, 問 6-93-12, 問 6-92-1,
問 6-92-1, 問 6-92-2, 問 6-92-2,

問 6-92-2, 問 6-92-3, 問 6-92-4,
問 6-92-5, 問 6-92-6, 問 6-92-7,
問 6-92-7, 問 7-91-7, 問 7-91-7,
問 7-91-7, 問 7-91-7, 問 7-91-7,
問 7-91-11, 問 7-91-12, 問 7-91-12,
問 7-91-12, 問 7-90-1, 問 7-90-1,
問 7-90-3, 問 7-90-3, 問 7-90-5,
問 7-90-7, 問 7-90-7, 問 7-90-8,
問 7-90-8, 問 7-90-8, 問 7-90-10,
問 7-90-10, 問 7-90-11, 問 7-90-11,
問 7-90-11, 問 7-90-12, 問 7-90-12,
問 7-89-5, 問 7-89-6, 問 7-89-6,
問 7-89-8, 問 7-89-9, 問 7-89-10,
問 7-89-12, 問 7-89-12, 問 7-88-1,
問 8-85-1, 問 8-85-2, 問 8-85-3,
問 8-85-3, 問 8-85-3, 問 9-83-8,
問 9-83-9, 問 9-83-12, 問 9-83-12,
問 9-82-1, 問 9-82-2, 問 9-81-6,
問 10-77-9, 續 1-112-1, 續 1-112-2,
續 1-112-5, 續 1-112-7, 續 1-112-7,
續 1-112-8, 續 2-113-1, 續 2-113-4,
續 2-113-5, 續 2-113-5, 續 2-113-6,
續 2-113-7, 續 2-113-9, 續 2-113-9,
續 2-113-10, 續 2-113-10, 續 2-113-11,
續 3-114-1, 續 3-114-2, 續 3-114-2,
續 3-114-2, 續 3-114-3, 續 3-114-3,
續 3-114-3, 續 3-114-6, 續 3-114-8,
續 3-114-8, 續 3-114-9, 續 3-114-10,
續 3-114-10, 續 4-115-2, 續 4-115-5,
續 4-115-5, 續 4-115-9, 續 4-115-10,
續 5-116-1, 續 5-116-1, 續 5-116-2,
續 5-116-3, 續 5-116-3, 續 5-116-8,
續 5-116-8, 續 5-116-10, 續 5-116-11,
續 5-116-11, 續 6-117-3, 續 6-117-3,
續 6-117-3, 續 6-117-6, 續 6-117-6,
續 6-117-8, 續 6-117-8, 續 6-117-9,
續 6-117-10, 續 7-118-1, 續 7-118-2,
續 7-118-3, 續 7-118-4, 續 7-118-4,
續 7-118-4, 續 7-118-5, 續 7-118-6,
續 7-118-9, 續 7-118-12, 續 7-118-12,

續 8-119-1, 續 8-119-2, 續 8-119-4,
續 8-119-6, 續 8-119-10, 續 8-119-12,
續 8-119-12, 續 9-120-1, 續 9-120-2,
續 9-120-7, 續 9-120-9, 續 10-121-1,
續 10-121-12, 續 10-121-12, 續 11-122-1,
續 11-122-7, 續 11-122-7, 續 11-122-7,
續 11-122-9, 續 12-123-3, 續 12-123-7,
續 12-123-11, 續 13-124-5, 續 13-124-6,
續 13-124-8, 續 14-125-8, 續 14-125-9,
續 14-125-10, 續 14-125-12, 續 15-126-1,
續 15-126-10, 續 15-126-12,
續 15-126-12, 續 15-126-12, 續 16-127-1,
續 16-127-4, 續 16-127-5, 續 16-127-5,
續 16-127-6, 續 16-127-7, 續 16-127-7,
續 16-127-8, 續 16-127-10, 續 16-127-11,
續 17-128-1, 續 17-128-3, 續 17-128-4,
續 17-128-4, 續 17-128-9, 續 18-129-1,
續 18-129-4, 續 18-129-4, 續 18-129-5,
續 18-129-7, 談 2-213-7, 談 2-213-8,
談 3-212-3, 談 3-212-3, 談 3-212-3,
談 3-212-4, 談 3-212-5, 談 3-212-6,
談 3-212-7, 談 3-212-7, 談 3-212-8,
談 4-211-1, 談 4-211-2, 談 5-210-3,
談 9-207-1, 談 9-207-1, 談 9-207-2,
談 9-207-3, 談 9-207-3, 談 9-207-4,
談 9-207-5, 談 9-207-6, 談 9-207-7,
談 9-207-7, 談 12-205-4, 談 13-204-2,
談 14-204-11, 談 14-203-1, 談 14-203-3,
談 15-203-7, 談 15-203-10, 談 15-203-10,
談 16-202-4, 談 16-202-11, 談 16-202-11,
談 18-200-2, 談 19-200-11, 談 19-200-12,
談 19-199-2, 談 19-199-2, 談 19-199-3,
談 19-199-3, 談 19-199-4, 談 19-199-4,
談 20-199-10, 談 20-198-1, 談 21-198-8,
談 21-198-10, 談 22-197-3, 談 22-197-4,
談 22-197-4, 談 22-197-5, 談 22-197-7,
談 22-197-8, 談 22-197-9, 談 24-196-9,
談 24-196-10, 談 24-196-10,
談 24-196-11, 談 24-196-11, 談 24-195-1,
談 24-195-2, 談 24-195-3, 談 24-195-5,

談 24-195-5, 談 25-195-10, 談 26-194-4,
談 26-194-4, 談 26-194-5, 談 27-194-9,
談 27-194-12, 談 27-194-12, 談 27-193-2,
談 27-193-3, 談 30-191-9, 談 30-191-10,
談 34-188-9, 談 35-187-11, 談 35-186-2,
談 37-185-4, 談 37-185-10, 談 37-185-11,
談 37-185-12, 談 39-183-1, 談 39-183-3,
談 39-183-4, 談 39-183-6, 談 40-183-11,
談 40-182-4, 談 40-182-4, 談 40-182-4,
談 40-182-4, 談 41-182-7, 談 41-182-8,
談 41-182-8, 談 41-182-9, 談 41-182-10,
談 41-182-10, 談 41-181-1, 談 41-181-1,
談 42-181-3, 談 42-181-6, 談 42-181-8,
談 42-181-8, 談 42-181-10, 談 44-180-8,
談 44-180-8, 談 44-180-9, 談 44-180-10,
談 44-180-11, 談 44-180-11,
談 44-180-11, 談 44-179-1, 談 44-179-1,
談 44-179-3, 談 44-179-3, 談 44-179-4,
談 44-179-4, 談 44-179-4, 談 49-176-9,
談 49-176-10, 談 49-175-2, 談 50-175-6,
談 50-175-7, 談 50-175-7, 談 50-175-8,
談 50-175-9, 談 50-174-1, 談 51-174-4,
談 51-174-7, 談 51-174-7, 談 51-174-10,
談 52-173-3, 談 52-173-4, 談 52-173-6,
談 52-173-7, 談 53-173-10, 談 53-172-1,
談 54-172-8, 談 54-172-9, 談 54-172-10,
談 54-172-11, 談 54-172-11, 談 55-170-1,
談 56-170-4, 談 56-170-7, 談 56-170-8,
談 56-169-1, 談 56-169-1, 談 56-169-2,
談 57-169-4, 談 57-169-9, 談 57-169-11,
談 58-168-2, 談 58-168-4, 談 58-168-4,
談 58-168-4, 談 58-168-4, 談 58-168-5,
談 58-168-7, 談 58-168-7, 談 58-168-8,
談 58-168-11, 談 59-167-2, 談 59-167-3,
談 59-167-4, 談 59-167-4, 談 59-167-4,
談 59-167-5, 談 59-167-6, 談 59-167-8,
談 60-167-12, 談 60-166-1, 談 60-166-2,
談 60-166-4, 談 60-166-6, 談 61-166-9,
談 61-166-10, 談 61-165-2, 談 61-165-5,
談 62-165-8, 談 62-165-8, 談 62-165-9,

談 62-165-10, 談 62-165-11,
談 62-165-12, 談 62-165-12,
談 62-165-12, 談 62-164-2, 談 62-164-3,
談 62-164-3, 談 62-164-3, 談 62-164-4,
談 62-164-5, 談 64-163-5, 談 64-163-6,
談 64-163-6, 談 64-163-8, 談 64-163-8,
談 64-163-9, 談 64-163-10, 談 64-163-10,
談 64-163-11, 談 64-163-11,
談 64-163-11, 談 65-162-4, 談 65-162-5,
談 65-162-5, 談 65-162-5, 談 65-162-6,
談 65-162-9, 談 65-162-12, 談 66-161-3,
談 67-160-1, 談 67-160-3, 談 68-160-11,
談 68-160-11, 談 68-160-12,
談 68-160-12, 談 68-160-12, 談 68-159-1,
談 68-159-1, 談 68-159-1, 談 68-159-3,
談 68-159-4, 談 70-158-5, 談 70-158-6,
談 70-158-9, 談 70-158-10, 談 70-158-11,
談 70-158-11, 談 70-158-12,
談 70-158-12, 談 70-157-1, 談 70-156-6,
談 70-156-7, 談 74-154-2, 談 76-153-12,
談 76-152-1, 談 76-152-1, 談 76-152-2,
談 76-152-5, 談 76-152-5, 談 76-152-6,
談 76-152-6, 談 76-152-8, 談 76-152-9,
談 77-152-11, 談 77-151-1, 談 77-151-2,
談 77-151-3, 談 77-151-5, 談 77-151-6,
談 77-151-6, 談 77-151-6, 談 80-149-4,
談 80-149-5, 談 80-149-9, 談 80-149-9,
談 82-147-1, 談 82-147-6, 談 83-147-8,
談 83-147-8, 談 83-147-10, 談 83-147-10,
談 83-147-12, 談 83-147-12, 談 83-146-1,
談 83-146-4, 談 83-146-4, 談 84-146-7,
談 84-146-8, 談 84-146-8, 談 84-146-10,
談 84-146-12, 談 84-146-12, 談 84-145-1,
談 84-145-1, 談 84-145-2, 談 84-145-2,
談 87-143-12, 談 87-142-2, 談 87-142-2,
談 89-141-8, 談 93-138-11, 談 99-133-1,
談 99-133-5, 談 99-133-6, 談 99-133-7,
談 99-133-7, 言 1-287-8, 言 2-283-4,
言 3-282-2, 言 3-282-3, 言 3-282-3,
言 3-274-4, 言 3-274-4, 言 4-271-8,

言 4-271-9，言 5-270-6，言 5-270-6，
言 5-270-8，言 5-270-8，言 5-270-9，
言 5-270-9，言 5-270-9，言 5-270-9，
言 5-270-10，言 5-270-10，言 5-270-11，
言 5-270-11，言 5-270-11，言 5-270-11，
言 5-270-12，言 5-270-12，言 5-269-1，
言 7-268-5，言 7-268-6，言 7-268-6，
言 7-268-6，言 7-268-6，言 7-268-7，
言 7-268-8，言 7-268-9，言 7-268-9，
言 8-267-1，言 8-267-2，言 8-267-2，
言 8-267-3，言 8-267-3，言 8-267-4，
言 8-267-7，言 8-267-7，言 8-267-7，
言 8-266-1，言 8-266-1，言 8-266-2，
言 8-266-5，言 8-266-5，言 8-266-8，
言 8-266-8，言 8-265-4，言 8-265-7，
言 8-265-8，言 8-265-8，言 8-265-8，
言 8-265-11，言 8-264-4，言 8-264-4，
言 8-264-5，言 8-264-5，言 8-264-5，
言 8-264-6，言 8-264-8，言 8-264-8，
言 8-264-9，言 8-264-9，言 8-264-11，
言 8-263-2，言 9-262-4，言 9-262-5，
言 9-262-7，言 9-262-7，言 9-262-8，
言 9-262-10，言 9-262-11，言 9-262-11，
言 9-262-11，言 9-262-12，言 9-262-12，
言 9-261-1，言 9-261-2，言 9-261-4，
言 9-261-6，言 9-261-6，言 9-260-4，
言 9-260-12，言 9-260-12，言 9-259-11，
言 9-259-12，言 9-259-12，言 9-258-1，
言 9-258-3，言 9-258-3，言 9-258-7，
言 9-258-9，言 9-258-9，言 9-258-9，
言 9-258-10，言 9-258-11，言 9-258-11，
言 9-258-12，言 9-258-12，言 9-257-8，
言 9-257-8，言 9-257-9，言 9-257-9，
言 9-257-10，言 9-257-10，言 9-257-10，
言 9-257-11，言 9-257-11，言 9-257-12，
言 9-256-1，言 9-256-1，言 9-256-2，
言 9-256-3，言 9-256-3，言 10-256-6，
言 10-256-7，言 10-256-7，言 10-256-8，
言 10-256-8，言 10-256-9，言 10-256-9，
言 10-256-9，言 10-256-10，言 10-256-11，
言 10-256-11，言 10-255-6，言 10-255-11，
言 10-255-11，言 10-254-5，言 10-254-5，
言 10-254-6，言 10-254-6，言 10-254-7，
言 10-254-9，言 10-254-9，言 10-253-10，
言 10-253-11，言 10-253-12，
言 10-253-12，言 10-253-12，言 10-252-2，
言 10-252-2，言 10-252-2，言 10-252-3，
言 10-252-3，言 10-252-9，言 10-252-10，
言 10-252-10，言 10-252-10，言 10-251-4，
言 10-251-5，言 10-251-6，言 10-251-7，
言 10-251-7，言 10-251-7，言 10-251-8，
言 10-251-8，言 10-251-10，言 10-251-11，
言 10-251-11，言 10-251-12，
言 10-251-12，言 10-251-12，
言 10-251-12，言 11-250-4，言 11-250-5，
言 11-250-5，言 11-250-6，言 11-250-11，
言 11-250-12，言 11-249-1，言 12-249-5，
言 12-249-6，言 12-249-6，言 12-249-7，
言 13-248-2，言 13-248-3，言 13-248-4，
言 13-248-5，言 13-248-6，言 13-248-6，
言 14-290-6，言 14-291-5）

他們：110（散 2-33-1，散 2-33-1，散 2-33-6，
散 2-33-6，散 2-33-6，散 2-33-7，
散 4-35-7，散 9-40-10，散 23-54-6，
散 25-56-8，散 25-56-8，散 26-57-4，
散 26-57-5，散 27-58-7，散 39-70-5，
問 1-109-8，問 1-109-9，問 1-109-10，
問 1-109-10，問 1-109-11，問 1-109-11，
問 2-108-3，問 2-108-3，問 3-105-3，
問 3-105-3，問 3-104-10，問 3-103-8，
問 3-103-9，問 3-103-10，問 4-100-5，
問 4-100-12，問 4-100-12，問 4-100-12，
問 5-97-10，問 5-96-2，問 5-96-3，
問 5-96-5，問 5-96-10，問 5-96-11，
問 5-96-12，問 5-95-3，問 5-95-3，
問 6-94-3，問 6-94-5，問 6-94-5，
問 8-87-11，問 8-87-11，問 8-86-8，
問 8-86-10，問 8-86-10，問 8-86-10，
問 10-80-4，問 10-78-1，續 7-118-5，
續 8-119-9，談 2-213-8，談 4-211-1，

談 6-210-7，談 6-210-8，談 18-201-12，
談 18-200-1，談 18-200-4，談 18-200-6，
談 22-197-9，談 27-194-11，談 30-191-4，
談 30-191-8，談 32-189-2，談 53-172-1，
談 53-172-1，談 57-169-5，談 57-169-8，
談 57-169-10，談 57-169-11，
談 57-169-12，談 66-161-4，談 66-161-9，
談 75-153-5，談 75-153-8，談 75-153-9，
談 76-153-12，談 76-152-3，談 80-149-6，
談 80-149-7，談 82-147-5，談 86-144-4，
談 92-139-12，言 4-271-11，言 7-268-6，
言 7-268-9，言 8-267-1，言 8-267-8，
言 8-267-8，言 8-265-1，言 8-265-1，
言 8-265-6，言 8-265-9，言 8-265-12，
言 9-260-7，言 9-256-1，言 9-256-1，
言 10-254-8，言 10-254-10，言 10-253-3，
言 10-253-3，言 10-253-4，言 10-253-8，
言 10-253-8，言 11-250-5，言 11-250-5）
他納：1（問 2-108-9）
趿拉：1（續 16-127-1）
塔：1（言 3-273-12）
擡：6（言 3-274-2，言 3-274-2，言 3-274-2，
言 3-274-3，言 3-274-3，言 3-274-3）
擡舉：1（談 65-162-11）
臺灣：2（散 30-61-1，散 30-61-2）
台階兒：1（談 82-147-2）
太：42（散 11-42-8，散 11-42-8，散 16-47-2，
散 16-47-10，散 16-47-10，散 20-51-4，
散 20-51-7，散 22-53-1，散 22-53-5，
散 22-53-5，散 24-55-4，散 28-59-1，
散 36-67-4，問 7-91-8，續 4-115-7，
續 4-115-11，續 7-118-2，續 7-118-8，
續 8-119-8，續 9-120-6，談 6-210-12，
談 11-206-11，談 12-205-7，談 25-195-7，
談 28-193-6，談 49-176-11，談 53-173-10，
談 58-168-6，談 60-167-12，談 63-163-1，
談 67-161-12，談 68-160-10，談 68-159-5，
談 70-156-8，談 70-156-12，談 74-154-2，
談 74-154-9，談 78-151-11，談 82-148-9，
言 8-263-7，言 10-252-4，言 10-252-8）

太謬：1（散 20-51-2）
太平：1（言 14-294-5）
太太們：3（談 85-145-12，談 85-144-1，
談 85-144-1）
太西國：2（問 1-109-10，問 1-109-10）
太陽：2（續 3-114-11，續 3-114-11）
泰興煤鋪：1（言 8-263-2）
貪：3（問 5-98-6，談 47-177-3，談 49-176-9）
貪玩兒：1（續 3-114-4）
貪頑兒：1（談 55-171-12）
貪心不足：1（續 9-120-3）
癱瘓病：1（續 16-127-10）
談論：1（談 2-213-9）
談論篇：2（問 10-75-4，問 10-75-6）
歎口氣：1（談 29-192-11）
歎美：1（言 13-249-11）
炭：4（散 14-45-1，散 14-45-2，散 14-45-4，
言 14-292-3）
炭火：1（談 97-135-9）
探聽：1（談 60-166-6）
湯：5（散 14-45-2，散 14-45-9，散 14-45-9，
續 14-125-8，言 3-281-5）
搪：1（談 8-208-7）
糖：1（言 3-276-10）
堂官：3（散 38-69-1，散 38-69-5，
散 38-69-5）
堂子胡同：1（問 7-91-6）
儻：1（談 81-148-6）
儻若：5（談 21-198-7，談 26-194-4，
談 58-168-3，談 66-161-4，談 77-151-6）
躺：11（散 4-35-1，散 4-35-3，散 7-38-3，
散 7-38-4，散 10-41-5，散 11-42-4，
散 17-48-6，散 23-54-7，續 10-121-9，
言 9-261-7，言 9-261-8）
躺下：3（談 50-175-6，言 9-261-8，
言 10-253-2）
燙：1（續 10-121-10）
燙手兒：1（談 93-138-6）
韜略兒：1（談 30-191-10）
餡兒：1（續 16-127-8）

逃：1（散 24-55-8）
逃竄：1（散 21-52-1）
逃散：2（散 21-52-1，散 21-52-4）
桃花兒：1（談 90-140-2）
陶氣：3（續 9-120-6，談 42-181-5，談 42-181-6）
淘溝：1（談 45-179-8）
討：5（談 41-181-1，談 42-181-3，談 47-177-6，談 58-168-2，談 58-168-8）
討好：1（談 15-203-9）
討人嫌：5（散 31-62-2，散 31-62-10，續 18-129-1，談 68-159-5，談 70-156-5）
討人厭：1（續 15-126-8）
討厭：2（談 64-163-11，談 77-152-12）
套：13（問 8-84-7，談 9-207-2，談 9-207-3，談 9-207-3，談 58-168-9，談 70-157-1，言 3-280-6，言 3-274-10，言 3-274-10，言 3-274-10，言 3-274-11，言 3-274-11，言 3-274-11）
套車：2（散 29-60-2，問 3-104-4）
套兒：1（續 7-118-9）
忒：1（續 4-115-10）
特：4（談 38-184-4，談 71-157-12，談 81-149-11，談 85-145-5）
特立：1（言 3-279-12）
特爲：2（談 4-212-10，談 24-195-4）
特意：4（散 21-52-2，散 21-52-8，問 7-89-8，談 79-150-8）
特意兒：1（問 7-89-7）
疼：9（散 17-48-2，散 17-48-9，續 6-117-3，談 48-176-5，談 77-151-5，談 83-147-10，談 87-143-8，談 98-134-8，言 9-261-8）
疼愛：6（問 4-99-1，談 1-214-7，談 31-190-6，談 85-145-7，言 9-261-6，言 9-261-9）
提：26（問 4-99-2，問 5-99-12，問 5-98-9，問 5-98-9，問 5-98-10，問 7-91-7，問 7-91-7，問 7-91-9，問 10-80-9，問 10-78-12，談 68-160-11，談 68-159-2，談 68-159-2，言 2-284-3，言 2-284-6，言 2-284-10，言 3-282-1，言 3-282-4，言 4-271-8，言 8-267-10，言 8-267-10，言 8-267-10，言 9-258-11，言 9-257-5，言 10-253-12，言 10-253-12）
提拔：2（問 4-99-4，談 15-203-8）
提撥：1（談 54-171-3）
提補：1（問 10-78-1）
提出：2（言 3-279-11，言 4-271-2）
提到：1（問 5-98-10）
提溜不動：1（續 4-115-3）
提起來：1（言 8-267-2）
提說：1（問 9-83-7）
提一提：1（問 10-79-5）
提起：6（談 24-195-3，談 36-186-6，言 3-283-9，言 4-272-10，言 8-267-1，言 8-267-2）
題：4（續 5-116-11，談 30-191-10，言 1-285-7，言 3-275-11）
題目：2（問 10-78-10，問 10-78-12）
題目字：2（問 10-77-4，問 10-76-7）
題起：1（談 87-143-11）
體面：17（散 18-49-2，散 18-49-10，散 18-49-10，散 31-62-10，問 6-93-4，問 6-93-4，問 6-93-4，續 3-114-2，談 4-212-12，談 15-203-8，談 24-196-9，談 57-169-9，談 57-169-11，談 65-162-3，談 65-162-6，談 78-151-11，言 10-252-3）
體面人：1（散 18-49-9）
體體面面兒：1（談 55-171-6）
屜板兒：1（言 14-289-4）
屜子：1（散 36-67-10）
剃：1（散 18-49-7）
剃頭：3（散 18-49-2，散 18-49-7，散 18-49-8）
替：32（散 25-56-2，散 25-56-10，散 35-66-9，散 37-68-6，散 37-68-7，散 38-69-4，問 2-108-2，問 2-108-3，問 3-106-5，問 3-105-4，問 5-97-3，問 6-92-8，問 8-85-1，問 9-83-9，續 15-126-7，續 15-126-12，談 4-211-2，談 5-211-12，談 5-210-4，談 11-205-1，談 12-205-4，

談 17-201-9，談 19-199-3，談 25-195-9，
談 32-189-4，談 62-165-10，談 69-159-10，
談 76-152-5，談 83-147-10，談 87-143-12，
言 8-266-11，言 8-264-7）
替工：1（問 3-106-5）
替換：4（言 3-282-2，言 3-282-4，言 3-282-5，
言 3-282-5）
替手兒：1（談 88-142-9）
天：82（散 9-40-2，散 9-40-3，散 9-40-3，
散 9-40-3，散 9-40-6，散 9-40-6，
散 9-40-8，散 10-41-2，散 10-41-2，
散 10-41-8，散 10-41-8，散 11-42-5，
散 26-57-6，散 26-57-6，散 26-57-6，
散 27-58-8，散 36-67-8，散 39-70-6，
問 4-99-3，問 4-99-4，問 4-99-4，
問 5-96-8，問 5-96-8，問 6-93-4，
問 7-89-12，問 8-88-5，問 8-88-6，
問 8-88-7，問 8-88-7，問 8-85-3，
問 8-84-2，問 10-78-2，續 5-116-4，
續 10-121-3，續 10-121-6，續 16-127-8，
談 5-211-9，談 5-211-10，談 18-201-12，
談 39-183-3，談 44-179-5，談 45-179-8，
談 48-177-12，談 50-175-7，談 59-167-2，
談 59-167-3，談 65-162-4，談 68-159-3，
談 71-157-8，談 71-157-11，談 73-155-11，
談 86-144-8，談 86-144-11，談 91-139-1，
談 93-138-7，談 94-137-5，談 94-137-8，
談 96-136-9，談 96-136-10，談 97-135-5，
言 3-282-6，言 9-259-8，言 9-259-9，
言 9-259-9，言 9-259-10，言 9-258-9，
言 9-258-9，言 10-255-5，言 10-255-8，
言 10-253-12，言 10-252-6，言 10-251-8，
言 10-251-8，言 10-251-9，言 11-250-9，
言 11-249-1，言 11-249-1，言 11-249-2，
言 11-249-2，言 12-249-5，言 13-248-3，
言 14-292-2）
天長日久：1（續 17-128-11）
天底下：2（問 2-107-5，言 7-268-7）
天地不容：1（談 16-202-10）
天地懸隔：1（談 3-212-3）

天兒：2（談 20-199-7，談 29-192-5）
天分：1（問 9-81-2）
天寒火冷：1（續 11-122-1）
天津：10（問 1-109-2，問 6-95-10，
問 6-95-10，問 6-95-10，問 8-87-2，
問 8-86-6，問 8-86-9，問 8-84-11，
言 10-254-2，言 14-290-4）
天理昭彰：1（續 18-129-5）
天亮：3（散 9-40-3，散 9-40-7，談 91-139-5）
天命：2（散 39-70-1，散 39-70-7）
天氣：6（散 9-40-2，散 9-40-8，散 14-45-4，
談 45-179-8，談 94-137-6，談 98-134-3）
天上：2（散 10-41-10，散 24-55-3）
天生：1（續 5-116-3）
天塌地陷：1（續 16-127-8）
天堂：1（談 80-149-5）
天天：5（散 10-41-5，問 5-98-11，談 5-211-7，
談 38-184-7，談 80-149-8）
天天兒：14（散 12-43-10，散 13-44-5，
散 40-71-2，散 40-71-7，問 6-92-2，
談 2-213-9，談 5-210-2，談 15-203-11，
談 17-201-5，談 27-194-8，談 65-162-8，
談 89-141-4，談 100-133-10，
言 10-251-11）
天下：6（散 20-51-6，散 20-51-10，
散 30-61-4，談 27-193-4，言 1-288-5，
言 14-294-5）
天下大亂：1（言 14-294-4）
天陰陰兒：1（談 94-137-4）
添：6（談 34-188-8，談 34-188-9，言 1-285-8，
言 7-268-1，言 7-268-2，言 9-257-4）
添病：1（談 50-175-6）
田地：2（談 70-158-10，談 96-135-2）
甜：1（續 10-121-2）
填平：1（續 14-125-4）
舔：1（談 82-147-2）
腆臉：1（談 99-133-5）
餂：1（續 14-125-4）
挑：9（散 25-56-2，散 25-56-10，問 2-108-3，
談 52-173-3，談 93-138-10，言 3-274-4，

挑扁擔：1（言 3-274-4）
挑斥：1（言 8-266-12）
挑擔子：1（談 79-150-11）
挑揀：1（續 17-128-12）
挑缺：1（談 15-203-8）
挑唆：1（談 17-201-4）
挑子：1（續 7-118-8）
調羹：1（續 7-118-10）
條：40（散 8-39-1，散 11-42-2，散 11-42-6，
　　散 12-43-2，散 12-43-5，散 21-52-1，
　　散 21-52-6，散 21-52-6，散 30-61-1，
　　散 34-65-10，散 35-66-1，散 35-66-1，
　　散 35-66-5，散 35-66-6，問 8-86-4，
　　續 14-125-5，續 14-125-6，續 16-127-3，
　　續 16-127-3，續 16-127-6，談 18-200-3，
　　談 18-200-5，言 3-278-5，言 3-278-8，
　　言 3-278-11，言 3-277-10，言 3-274-8，
　　言 3-274-12，言 3-274-12，言 3-274-12，
　　言 3-274-12，言 3-274-12，言 3-274-12，
　　言 3-274-12，言 3-274-12，言 3-274-12，
　　言 3-273-1，言 3-273-1，言 3-272-2，
　　言 8-267-6）
条幅：1（言 3-279-2）
跳：12（散 35-66-2，散 35-66-7，問 7-89-5，
　　續 11-122-9，談 18-200-4，談 35-187-10，
　　談 35-187-10，談 35-187-11，
　　談 35-187-12，談 35-186-1，談 52-173-2，
　　談 95-136-5）
跳過：1（散 35-66-6）
跳神：1（談 37-185-9）
跳跳鑽鑽：1（談 40-182-5）
貼：6（散 33-64-3，散 33-64-8，續 13-124-11，
　　言 3-273-2，言 3-273-2，言 3-273-2）
貼錢買罪受：1（續 12-123-6）
貼寫：2（問 6-93-1，問 6-93-3）
鐵：3（散 13-44-8，散 13-44-9，言 14-291-4）
鐵匠：1（散 28-59-4）
鐵錢：1（散 13-44-2）
鐵石的人：1（談 50-174-1）

鐵通條：1（續 10-121-9）
聽：34（散 22-53-8，散 23-54-5，散 32-63-9，
　　問 5-98-2，問 5-98-3，問 8-83-4，
　　問 9-82-12，問 9-82-12，續 5-116-8，
　　續 17-128-5，談 6-210-8，談 6-210-11，
　　談 6-209-3，談 6-209-3，談 8-208-6，
　　談 8-208-9，談 9-207-1，談 17-201-3，
　　談 17-201-4，談 17-201-5，談 18-200-3，
　　談 41-182-9，談 46-178-11，談 50-174-1，
　　談 77-152-11，談 77-151-4，談 84-146-9，
　　談 85-145-8，談 99-133-4，言 2-284-8，
　　言 2-284-9，言 8-265-7，言 8-265-8，
　　言 8-264-8）
聽不出來：2（散 6-37-9，散 23-54-3）
聽不見：1（談 22-197-8）
聽不進去：1（談 53-173-11）
聽不眞：1（散 17-48-3）
聽倒：1（談 54-172-9）
聽得出來：1（散 6-37-9）
聽得見：1（談 32-190-12）
聽話：2（散 20-51-7，散 25-56-7）
聽見：28（散 6-37-1，散 6-37-3，散 29-60-4，
　　散 34-65-4，問 9-83-7，談 20-199-7，
　　談 32-190-10，談 32-190-11，談 35-187-9，
　　談 39-184-12，談 57-169-4，談 62-164-2，
　　談 64-163-7，談 64-163-8，談 66-161-4，
　　談 70-158-4，談 76-152-1，談 82-147-1，
　　談 91-139-2，言 2-284-3，言 2-284-3，
　　言 4-271-2，言 9-262-4，言 10-255-8，
　　言 10-255-10，言 10-253-5，言 10-251-6，
　　言 11-250-9）
聽見說：12（散 6-37-7，散 15-46-3，
　　問 1-109-6，問 8-88-11，問 10-78-5，
　　談 1-214-2，談 2-213-2，談 40-182-2，
　　談 46-178-6，言 1-287-12，言 10-254-11，
　　言 13-248-5）
聽說：1（續 4-115-6）
停當：1（續 2-113-12）
停住：1（談 48-176-6）
艇：2（問 5-97-5，問 5-97-7）

通：1（問 6-94-2）
通報：1（談 21-198-3）
通共：8（散 40-71-1，散 40-71-4，散 40-71-4，問 10-80-9，問 10-79-5，言 8-264-4，言 10-255-2，言 14-290-1）
通鑑：2（談 8-208-3，言 10-252-6）
通氣兒：2（言 8-263-4，言 8-263-5）
通身：1（問 5-99-8）
通知：1（談 85-144-1）
通州：10（問 8-88-6，問 8-85-8，問 8-84-4，問 8-83-2，言 10-255-12，言 10-255-12，言 10-255-12，言 10-254-1，言 10-254-1，言 10-254-2）
同：9（散 13-44-9，散 23-54-4，問 3-103-7，問 8-84-4，談 76-152-5，言 1-287-2，言 3-275-6，言 10-254-7，言 14-290-5）
同伴兒：1（問 3-104-5）
同居各爨：1（續 14-125-10）
同類：1（言 3-283-10）
同人：1（散 22-53-7）
同時：1（散 33-64-4）
同事的：2（問 6-94-5，問 6-94-5）
同喜：1（談 11-206-6）
同鄉：1（問 1-109-2）
銅：1（散 13-44-8）
銅錢：2（散 13-44-2，言 3-272-5）
統：2（言 1-286-3，言 1-286-4）
統一：1（言 3-281-10）
慟哭：1（談 16-202-6）
痛：2（續 1-112-6，談 67-160-7）
痛快：2（續 11-122-1，續 16-127-11）
痛痛快快的：1（談 44-180-10）
偷：4（散 21-52-1，散 21-52-3，談 35-186-4，談 38-184-10）
偷偷兒：1（續 12-123-9）
偷着：1（問 5-97-6）
頭：28（散 4-35-2，散 4-35-3，散 4-35-8，散 4-35-8，散 4-35-8，散 10-41-8，散 17-48-2，問 8-87-2，問 8-87-3，問 10-80-10，問 10-79-9，問 10-79-9，問 10-79-10，問 10-78-10，問 10-78-10，談 1-214-2，談 4-212-10，談 68-160-12，談 89-141-8，言 1-285-11，言 3-275-1，言 3-273-6，言 3-273-6，言 3-273-6，言 3-273-6，言 3-273-7，言 10-253-6，言 10-253-7）
頭等：2（言 5-269-2，言 5-269-5）
頭頂：1（談 100-133-12）
頭兒：2（散 19-50-10，談 68-160-11）
頭髮：3（散 18-49-3，散 18-49-8，談 35-187-10）
頭髮：6（散 12-43-2，散 12-43-2，散 12-43-10，續 9-120-12，續 12-123-9，言 3-278-10）
頭惛腦悶：1（續 11-122-2）
頭裏：7（散 32-63-6，問 1-109-6，問 2-108-7，問 3-105-12，問 6-94-12，談 36-186-12，談 38-184-6）
頭裡：5（言 9-259-3，言 9-258-6，言 9-258-10，言 10-252-8，言 10-250-1）
頭上：1（續 15-126-3）
頭疼：2（談 24-195-3，談 45-179-11）
頭緒：4（問 9-81-7，問 10-80-1，談 1-214-4，言 4-271-4）
頭緒兒：1（談 7-209-7）
頭一天兒：1（談 93-138-5）
投機：1（續 7-118-11）
透：5（續 4-115-12，續 4-115-12，談 47-177-10，談 95-136-7，談 96-135-2）
透澈：2（談 61-165-5，言 1-286-4）
透風：1（言 14-292-4）
透汗：1（談 45-179-10）
禿：1（續 12-123-8）
禿子：1（續 12-123-9）
突突：1（談 95-136-5）
圖：2（續 9-120-8，談 83-146-5）
圖財害命：1（續 13-124-10）
徒然：1（談 91-139-6）
屠戶：2（續 12-123-8，言 3-277-8）
土：5（散 3-34-5，散 12-43-9，續 14-125-4，

言 3-282-6，言 3-273-10）
土貨：6（散 25-56-2，散 25-56-9，
　　散 25-56-10，問 5-98-7，問 5-98-8，
　　問 5-98-8）
土兒：1（散 26-57-8）
土音：1（散 23-54-5）
吐：3（續 9-120-2，談 45-178-1，
　　談 98-134-8）
兔死狐悲，物傷其類：1（續 13-124-11）
團：4（散 25-56-2，散 25-56-8，散 25-56-9，
　　散 25-56-9）
推辭：2（問 6-92-6，談 1-214-7）
推托不開：1（談 83-147-12）
腿：8（散 17-48-6，散 18-49-6，散 34-65-10，
　　問 3-104-3，問 7-89-5，續 16-127-3，
　　續 16-127-3，談 33-188-2）
腿兒：1（續 10-121-8）
腿脚：1（問 4-100-10）
腿腕子：1（續 6-117-3）
骸子：1（談 33-189-12）
退：2（散 19-50-9，談 56-170-5）
吞：3（散 26-57-1，散 26-57-3，散 26-57-6）
吞錢：1（散 31-62-10）
屯：7（散 30-61-10，散 36-67-6，散 37-68-2，
　　散 37-68-7，談 27-194-10，談 31-190-4，
　　談 32-190-10）
屯裏：1（散 30-61-2）
托：2（問 5-98-7，談 19-199-2）
托福：2（問 4-101-4，談 51-174-10）
託：9（散 37-68-1，散 37-68-7，問 4-99-1，
　　問 6-95-6，問 6-93-9，問 9-83-10，
　　談 12-205-6，談 82-148-9，言 8-266-9）
脫：5（散 11-42-1，散 11-42-4，談 45-179-10，
　　談 93-137-1，言 10-251-8）
脫空兒：1（談 62-165-10）
脫皮：1（談 51-174-9）
脫身：1（言 10-253-3）
脫身兒：1（談 71-157-6）
馱子：4（散 16-47-1，散 16-47-6，散 16-47-6，
　　談 31-191-12）

駝：1（散 16-47-5）
妥：1（問 5-96-5）
妥當：7（散 22-53-1，散 22-53-3，
　　散 22-53-10，談 31-191-12，談 33-189-11，
　　談 82-147-6，談 94-137-6）
唾沫：1（談 98-134-8）

W

瓦：1（言 10-251-8）
瓦匠：1（散 28-59-4）
瓦盆兒：1（散 35-66-3）
襪：1（言 3-280-8）
襪子：2（散 11-42-1，散 11-42-2）
歪：3（談 36-186-8，談 36-186-8，
　　談 56-170-12）
歪歪扭扭：1（談 30-191-9）
外：5（問 3-105-6，問 8-85-1，問 10-78-9，
　　談 82-148-10，言 10-254-4）
外邊兒：1（散 34-65-10）
外道：1（談 71-157-11）
外國：11（問 8-86-11，問 8-85-10，
　　問 8-85-11，問 8-84-11，問 8-84-11，
　　言 1-287-6，言 1-287-6，言 1-287-11，
　　言 1-287-12，言 1-286-1，言 13-248-3）
外國人：3（問 1-109-3，言 1-288-3，
　　言 1-287-5）
外國洋行：1（問 5-97-1）
外面：2（散 31-62-6，言 3-274-11）
外面兒：1（談 54-172-8）
外面皮兒：1（談 58-168-7）
外人：3（談 1-214-9，談 5-210-2，
　　談 73-155-11）
外人兒：2（談 16-202-5，談 21-198-3）
外頭：15（散 3-34-1，散 3-34-5，散 3-34-8，
　　散 12-43-5，散 23-54-6，散 34-65-10，
　　問 2-106-2，問 3-103-2，問 3-103-6，
　　問 8-85-7，問 8-84-1，問 9-81-5，
　　言 3-280-1，言 3-274-9，言 11-250-8）
外鄉：1（續 8-119-8）

灣：1（問 5-96-6）
灣一灣船：1（續 8-119-9）
丸散膏丹：1（續 14-125-6）
丸藥：2（言 3-281-5，言 3-276-4）
完：26（散 6-37-2，散 6-37-4，散 14-45-10，
　　問 9-82-9，問 9-82-10，續 8-119-2，
　　談 6-209-3，談 37-185-12，談 43-180-6，
　　談 49-175-4，談 50-174-1，談 60-167-12，
　　談 68-160-12，談 68-159-2，談 69-158-1，
　　談 70-157-1，談 74-154-6，談 81-148-6，
　　談 82-147-6，談 85-145-11，談 86-144-8，
　　談 92-139-11，談 99-133-7，言 9-260-9，
　　言 9-259-8，言 10-252-6）
完全：1（談 79-150-9）
完事：1（談 53-172-3）
玩兒：4（問 3-103-3，續 1-112-4，
　　續 4-115-10，談 46-178-7）
玩意兒：2（問 7-89-10，問 7-89-10）
頑意兒：2（散 31-62-1，散 31-62-5）
頑兒：4（續 2-113-1，談 9-207-6，
　　談 17-201-2，談 62-164-3）
頑兒話：1（談 87-143-6）
頑耍：2（散 31-62-1，散 31-62-5）
頑笑：1（談 55-171-10）
碗：7（散 8-39-6，散 8-39-7，散 14-45-8，
　　續 13-124-12，談 45-179-11，言 3-282-10，
　　言 3-282-11）
挽回：1（談 83-146-3）
晚：9（談 11-206-11，談 69-159-9，
　　談 74-154-2，談 74-154-9，談 81-148-5，
　　談 94-137-8，言 10-256-7，言 10-256-7，
　　言 10-251-10）
晚輩：2（散 31-62-1，散 31-62-5）
晚飯：2（談 91-140-11，談 97-135-12）
晚晌：1（問 3-106-12）
晚上：11（散 10-41-1，散 10-41-4，
　　問 7-90-11，問 8-88-7，談 48-177-12，
　　談 65-162-8，談 75-153-1，言 9-260-5，
　　言 9-260-9，言 10-252-5，言 10-251-3）
萬：4（散 1-32-9，散 22-53-9，問 6-93-11，
　　問 7-90-4）
萬不得已兒：1（談 5-210-3）
萬不可：1（言 10-251-1）
萬不能：1（續 17-128-4）
萬分：1（言 1-287-12）
萬慮皆空：1（談 91-139-3）
萬難：1（言 9-256-2）
萬全之計：1（談 81-148-2）
萬事起頭兒難：1（續 12-123-4）
萬數：1（續 3-114-6）
萬萬：1（談 47-177-9）
萬物：2（談 99-134-12，言 2-283-5）
萬幸：1（談 23-196-7）
萬一：2（談 4-211-4，談 29-192-11）
賟：3（續 7-118-12，續 8-119-2，
　　談 93-138-10）
王大人：5（問 2-107-1，言 9-257-7，
　　言 10-255-1，言 10-255-9，言 10-255-9）
王法：2（談 21-198-7，談 46-178-10）
王公府：1（言 3-281-12）
王老爺：1（言 13-248-4）
王立：2（言 9-258-11，言 9-258-11）
枉然：2（談 7-209-8，談 37-185-9）
往：65（散 3-34-3，散 3-34-3，散 3-34-6，
　　散 3-34-10，散 4-35-5，散 34-65-8，
　　散 38-69-6，問 1-109-9，問 5-98-9，
　　問 5-98-9，問 5-97-6，問 5-96-5，
　　問 6-95-10，問 7-90-2，問 8-88-11，
　　問 8-87-2，問 8-85-4，問 8-85-7，
　　問 8-85-8，問 8-85-10，續 8-119-9，
　　談 2-213-8，談 5-211-7，談 8-208-10，
　　談 9-207-6，談 14-204-11，談 27-194-12，
　　談 34-187-3，談 38-184-8，談 41-182-8，
　　談 41-182-8，談 43-181-12，談 44-179-2，
　　談 61-166-11，談 62-165-12，談 65-162-2，
　　談 65-162-4，談 67-160-7，談 71-157-4，
　　談 71-157-9，談 71-156-1，談 70-156-5，
　　談 73-155-3，談 73-155-3，談 73-155-9，
　　談 74-154-2，談 75-154-11，談 82-147-2，
　　談 89-141-6，談 89-141-7，談 89-141-8，

談 90-140-1，談 91-140-10，談 91-139-1,
　　談 94-137-3，談 94-137-7，談 98-134-5,
　　言 8-263-4，言 9-258-9，言 10-254-9,
　　言 10-253-6，言 11-250-11，言 11-250-11,
　　言 11-250-12）
往古：2（散 33-64-1，散 33-64-3）
往後：4（問 8-87-1，問 8-87-1，談 56-170-12,
　　談 61-165-3）
往間：1（談 92-138-1）
往間裡：2（談 75-153-2，談 94-137-5）
往前：2（談 56-170-11，談 85-145-8）
旺：2（談 27-194-7，談 37-185-10）
望：12（問 3-103-10，問 3-102-1，問 5-96-11,
　　問 6-94-11，問 8-85-2，問 8-85-2,
　　問 10-77-1，問 10-75-12，談 30-191-6,
　　談 65-162-4，談 66-161-5，談 83-146-4）
忘：13（散 6-37-1，散 6-37-6，散 6-37-10,
　　續 4-115-1，談 1-214-8，談 3-212-5,
　　談 38-184-9，談 44-180-11，談 60-166-6,
　　談 65-162-10，談 86-144-5，言 10-252-7,
　　言 10-252-7）
忘記：2（言 1-287-10，言 1-287-10）
微物兒：1（談 69-159-11）
圍：2（談 12-205-4，言 11-250-10）
圍場：1（談 33-189-12）
爲 2：43（散 32-63-2，散 32-63-3,
　　散 32-63-8，散 32-63-8，散 32-63-10,
　　散 33-64-4，散 38-69-6，散 40-71-10,
　　問 10-79-11，談 4-211-3，談 8-208-4,
　　談 8-208-4，談 16-202-3，談 59-167-2,
　　言 1-286-7，言 1-285-7，言 1-285-7,
　　言 1-285-11，言 1-285-12，言 1-285-12,
　　言 3-282-8，言 3-282-9，言 3-281-8,
　　言 3-281-8，言 3-279-6，言 3-279-7,
　　言 3-274-10，言 5-269-5，言 5-269-5,
　　言 5-269-5，言 5-269-5，言 7-269-12,
　　言 8-268-12，言 8-268-12，言 8-268-12,
　　言 8-267-1，言 9-263-11，言 9-263-11,
　　言 9-261-2，言 9-261-10，言 9-260-1,
　　言 9-257-5，言 9-257-6）

爲難：2（續 9-120-8，談 69-158-2）
爲人：2（續 16-127-7，談 67-160-1）
桅杆：2（續 16-127-1，言 3-278-10）
惟：1（言 1-288-10）
惟獨：2（言 3-278-12，言 3-273-6）
葦箔：1（言 3-276-5）
尾：2（言 3-272-2，言 3-272-2）
尾巴：1（談 89-141-6）
委屈：4（續 11-122-10，談 50-175-12,
　　談 58-168-12，談 66-161-6）
委員：2（散 38-69-1，散 38-69-5）
爲 4：20（問 3-104-4，問 4-101-9,
　　問 4-101-9，問 6-94-6，問 8-87-9,
　　問 9-82-7，問 10-79-12，問 10-75-7,
　　談 5-211-10，談 16-202-3，談 35-186-4,
　　談 53-172-3，談 73-155-10，談 82-148-11,
　　談 84-146-11，談 84-146-11,
　　談 85-145-10，言 7-268-2，言 9-261-11,
　　言 10-252-3）
爲得是：1（問 10-76-8）
爲甚麼：27（問 1-109-9，問 2-108-5,
　　問 2-106-1，問 3-105-3，問 7-91-3,
　　問 7-91-4，問 7-91-8，問 7-91-9,
　　問 7-89-10，續 1-112-8，續 5-116-1,
　　續 5-116-7，談 6-209-2，談 9-207-3,
　　談 17-201-10，談 27-194-8，談 28-193-8,
　　談 44-180-10，談 60-167-12，言 4-271-3,
　　言 8-264-6，言 8-263-3，言 9-260-10,
　　言 10-256-7，言 10-256-7，言 10-253-7,
　　言 10-253-11）
未：3（問 5-97-4，言 2-284-7，言 9-262-11）
未必：7（問 4-100-4，續 4-115-6,
　　談 7-209-10，談 39-183-6，談 75-153-9,
　　言 9-259-12，言 9-258-7）
未來：1（談 39-183-6）
未免：3（談 63-164-10，談 68-159-5,
　　言 1-287-11）
未有：1（言 9-260-1）
味：2（言 3-281-5，言 3-281-5）
味兒：5（談 11-206-12，談 29-192-6,

談 45-179-8，談 60-166-4，談 70-158-7）
位：18（散 34-65-5，散 34-65-7，問 1-109-3，
談 14-203-1，談 15-203-6，談 19-200-11，
談 55-170-1，談 87-143-4，言 3-283-11，
言 3-283-11，言 3-272-1，言 3-272-3，
言 3-272-3，言 3-272-4，言 3-272-4，
言 3-272-4，言 8-267-4，言 10-251-4）
畏首畏尾：1（談 56-170-5）
餧：4（散 16-47-1，散 16-47-5，續 3-114-3，
談 32-189-6）
餧飽：1（續 3-114-2）
謂：8（散 20-51-9，散 21-52-5，散 22-53-5，
散 22-53-8，散 24-55-4，散 24-55-4，
散 26-57-9，言 1-286-4）
謂之：5（散 31-62-9，散 31-62-10，
散 33-64-4，散 33-64-4，散 37-68-4）
温：1（散 11-42-9）
温和水兒：1（散 11-42-9）
温水：2（言 14-289-1，言 14-289-2）
温一温：1（散 11-42-9）
文：11（言 1-288-11，言 1-287-12，
言 1-286-1，言 1-286-3，言 3-282-5，
言 3-279-4，言 3-272-5，言 3-272-5，
言 3-272-6，言 3-272-6，言 3-272-6）
文法：1（言 1-288-3）
文官：2（散 19-50-1，散 19-50-5）
文話：2（言 1-288-9，言 3-277-10）
文理：1（續 8-119-10）
文墨：1（談 99-133-3）
文書：8（散 38-69-2，散 38-69-6，散 38-69-9，
問 9-81-7，言 3-280-5，言 3-280-6，
言 8-267-8，言 9-260-4）
文說話：1（言 2-284-5）
文武全才：1（續 18-129-6）
文章：3（問 9-81-1，言 1-285-4，言 3-275-4）
紋銀：1（續 9-120-3）
蚊子：2（續 7-118-10，談 95-136-2）
穩：3（續 10-121-8，續 14-125-5，
談 33-189-11）
穩重：1（談 55-171-6）

問：47（散 5-36-2，散 5-36-7，散 6-37-9，
散 25-56-4，問 1-109-3，問 3-106-4，
問 3-103-1，問 3-103-1，問 4-102-9，
問 4-102-10，問 6-92-1，問 8-87-9，
談 22-197-4，談 30-191-7，談 31-190-5，
談 32-190-12，談 37-185-4，談 44-180-8，
談 56-170-4，談 59-167-6，談 68-159-1，
談 68-159-3，談 77-151-6，談 77-151-6，
談 84-146-10，談 87-142-2，談 92-139-9，
言 1-288-6，言 1-288-7，言 1-286-10，
言 2-283-4，言 3-282-3，言 3-281-10，
言 3-280-4，言 3-272-5，言 3-272-6，
言 5-269-3，言 8-267-3，言 8-265-8，
言 9-262-7，言 9-262-10，言 9-259-4，
言 9-259-9，言 9-257-1，言 9-257-2，
言 10-254-1，言 13-248-6）
問答章：1（言 9-257-3）
問好：2（談 11-205-1，談 87-142-1）
問一問：2（散 37-68-7，談 76-152-1）
蹅：2（續 12-123-5，續 12-123-5）
我：990（散 2-33-1，散 2-33-4，散 2-33-6，
散 3-34-3，散 3-34-4，散 3-34-9，
散 3-34-9，散 4-35-3，散 4-35-4，
散 4-35-4，散 4-35-4，散 4-35-7，
散 5-36-2，散 5-36-3，散 5-36-6，
散 5-36-6，散 5-36-7，散 5-36-7，
散 5-36-8，散 5-36-8，散 5-36-9，
散 5-36-9，散 5-36-10，散 6-37-2，
散 6-37-3，散 6-37-3，散 6-37-3，
散 6-37-4，散 6-37-5，散 6-37-7，
散 6-37-8，散 6-37-9，散 7-38-3，
散 7-38-4，散 7-38-6，散 7-38-8，
散 8-39-7，散 8-39-9，散 9-40-5，
散 9-40-9，散 11-42-3，散 11-42-7，
散 12-43-7，散 12-43-8，散 13-44-3，
散 13-44-3，散 13-44-4，散 13-44-4，
散 13-44-4，散 14-45-2，散 14-45-6，
散 14-45-7，散 14-45-9，散 15-46-3，
散 15-46-4，散 16-47-7，散 16-47-8，
散 17-48-5，散 17-48-5，散 17-48-9，

散 17-48-10, 散 22-53-3, 散 23-54-3,
散 23-54-4, 散 23-54-4, 散 23-54-5,
散 24-55-8, 散 24-55-9, 散 24-55-10,
散 25-56-2, 散 25-56-3, 散 25-56-3,
散 25-56-6, 散 25-56-6, 散 25-56-8,
散 25-56-8, 散 25-56-10, 散 27-58-1,
散 27-58-3, 散 27-58-3, 散 27-58-6,
散 27-58-9, 散 27-58-9, 散 27-58-10,
散 28-59-9, 散 29-60-4, 散 29-60-5,
散 29-60-7, 散 29-60-7, 散 29-60-8,
散 29-60-8, 散 29-60-9, 散 29-60-10,
散 33-64-9, 散 35-66-7, 散 35-66-9,
散 35-66-9, 散 35-66-9, 散 35-66-9,
散 35-66-10, 散 36-67-2, 散 36-67-3,
散 36-67-5, 散 36-67-6, 散 36-67-7,
散 36-67-8, 散 37-68-3, 散 37-68-5,
散 37-68-6, 散 37-68-6, 散 37-68-6,
散 37-68-7, 散 37-68-8, 散 37-68-8,
散 39-70-4, 散 40-71-5, 散 40-71-6,
散 40-71-7, 問 1-109-2, 問 1-109-3,
問 1-109-4, 問 1-109-6, 問 2-108-3,
問 2-108-4, 問 2-108-4, 問 2-108-5,
問 2-108-7, 問 2-108-11, 問 2-108-12,
問 2-107-1, 問 2-107-1, 問 2-107-3,
問 2-107-4, 問 2-107-4, 問 2-107-5,
問 2-107-5, 問 2-107-6, 問 2-107-8,
問 2-107-9, 問 3-106-6, 問 3-106-7,
問 3-105-3, 問 3-105-7, 問 3-105-11,
問 3-105-11, 問 3-105-12, 問 3-104-1,
問 3-104-3, 問 3-104-11, 問 3-104-12,
問 3-104-12, 問 3-103-1, 問 3-103-1,
問 3-103-3, 問 3-103-5, 問 3-103-5,
問 3-103-8, 問 3-103-8, 問 3-103-10,
問 3-103-10, 問 3-103-11, 問 3-103-11,
問 3-102-3, 問 4-102-6, 問 4-102-7,
問 4-102-9, 問 4-102-10, 問 4-102-12,
問 4-101-1, 問 4-101-4, 問 4-101-5,
問 4-101-7, 問 4-101-7, 問 4-101-8,
問 4-101-8, 問 4-101-9, 問 4-100-1,
問 4-100-4, 問 4-100-8, 問 4-100-9,

問 4-100-10, 問 4-100-11, 問 4-99-1,
問 4-99-1, 問 4-99-1, 問 4-99-3,
問 4-99-3, 問 4-99-4, 問 5-99-7,
問 5-98-3, 問 5-98-3, 問 5-98-9,
問 5-98-9, 問 5-98-10, 問 5-97-6,
問 5-96-12, 問 6-95-7, 問 6-95-7,
問 6-95-12, 問 6-94-10, 問 6-94-10,
問 6-94-10, 問 6-93-5, 問 6-93-8,
問 6-93-9, 問 6-93-11, 問 6-93-11,
問 6-93-12, 問 6-92-1, 問 6-92-3,
問 6-92-6, 問 6-92-6, 問 6-92-7,
問 6-92-8, 問 7-92-10, 問 7-92-10,
問 7-92-11, 問 7-92-11, 問 7-92-11,
問 7-92-12, 問 7-91-4, 問 7-91-4,
問 7-91-4, 問 7-91-5, 問 7-91-7,
問 7-91-7, 問 7-91-8, 問 7-91-9,
問 7-91-10, 問 7-91-11, 問 7-91-11,
問 7-90-2, 問 7-90-2, 問 7-90-2,
問 7-90-3, 問 7-90-4, 問 7-90-4,
問 7-90-5, 問 7-90-5, 問 7-90-9,
問 7-90-11, 問 7-89-1, 問 7-89-10,
問 8-88-3, 問 8-88-8, 問 8-88-9,
問 8-87-8, 問 8-86-5, 問 8-86-7,
問 8-85-2, 問 8-85-11, 問 8-85-12,
問 8-85-12, 問 8-85-12, 問 8-84-3,
問 8-84-5, 問 8-84-7, 問 8-84-9,
問 8-83-1, 問 8-83-4, 問 9-83-8,
問 9-83-9, 問 9-83-9, 問 9-83-9,
問 9-83-10, 問 9-83-12, 問 9-82-1,
問 9-82-5, 問 9-82-11, 問 9-82-12,
問 9-81-3, 問 9-81-6, 問 9-81-7,
問 9-81-8, 問 9-81-9, 問 9-81-10,
問 10-80-1, 問 10-80-9, 問 10-80-10,
問 10-79-5, 問 10-79-8, 問 10-79-9,
問 10-78-5, 問 10-78-5, 問 10-78-7,
問 10-78-9, 問 10-78-12, 問 10-77-3,
問 10-77-12, 問 10-76-2, 問 10-76-8,
問 10-75-3, 問 10-75-6, 問 10-75-6,
問 10-74-2, 續 1-112-1, 續 1-112-1,
續 1-112-3, 續 1-112-4, 續 1-112-5,

續 1-112-5, 續 1-112-6, 續 1-112-6,
續 1-112-7, 續 2-113-1, 續 2-113-2,
續 2-113-2, 續 2-113-3, 續 2-113-3,
續 2-113-3, 續 2-113-5, 續 2-113-7,
續 2-113-7, 續 2-113-8, 續 2-113-8,
續 2-113-8, 續 2-113-10, 續 2-113-12,
續 3-114-1, 續 3-114-1, 續 3-114-6,
續 3-114-6, 續 3-114-7, 續 3-114-8,
續 3-114-8, 續 3-114-9, 續 4-115-1,
續 4-115-3, 續 4-115-9, 續 4-115-12,
續 5-116-2, 續 5-116-3, 續 5-116-4,
續 5-116-5, 續 5-116-6, 續 5-116-9,
續 5-116-10, 續 5-116-12, 續 6-117-5,
續 6-117-5, 續 6-117-6, 續 6-117-6,
續 6-117-12, 續 7-118-2, 續 7-118-11,
續 8-119-2, 續 8-119-6, 續 8-119-8,
續 8-119-8, 續 8-119-9, 續 9-120-1,
續 10-121-12, 續 11-122-4, 續 12-123-8,
續 13-124-6, 續 13-124-7, 續 15-126-1,
續 15-126-8, 續 16-127-6, 續 17-128-1,
續 17-128-1, 續 17-128-2, 續 17-128-3,
續 17-128-5, 續 17-128-7, 續 17-128-12,
談 1-214-2, 談 1-214-3, 談 1-214-5,
談 1-214-6, 談 1-214-7, 談 1-214-7,
談 1-214-7, 談 1-214-8, 談 1-214-8,
談 1-214-8, 談 1-214-11, 談 2-213-3,
談 2-213-3, 談 2-213-3, 談 2-213-5,
談 2-213-5, 談 2-213-7, 談 3-212-1,
談 3-212-1, 談 3-212-3, 談 3-212-3,
談 4-211-1, 談 4-211-2, 談 5-211-10,
談 5-211-11, 談 5-211-12, 談 5-211-12,
談 5-210-1, 談 5-210-4, 談 6-210-8,
談 6-210-8, 談 6-210-10, 談 6-210-10,
談 6-210-12, 談 6-210-12, 談 6-209-1,
談 6-209-2, 談 6-209-3, 談 6-209-3,
談 7-209-8, 談 9-207-2, 談 10-207-12,
談 11-206-8, 談 11-206-10, 談 11-206-10,
談 11-206-11, 談 11-205-1, 談 12-205-3,
談 12-205-4, 談 12-205-5, 談 12-205-5,
談 12-205-9, 談 12-205-10, 談 12-205-11,

談 13-204-3, 談 14-204-9, 談 14-203-2,
談 15-203-11, 談 15-203-11,
談 15-203-12, 談 15-202-1, 談 15-202-1,
談 18-200-4, 談 18-200-5, 談 18-200-5,
談 20-199-8, 談 21-198-3, 談 21-198-4,
談 21-198-5, 談 21-198-6, 談 21-198-6,
談 21-198-8, 談 21-198-9, 談 21-198-10,
談 21-198-10, 談 21-198-11,
談 21-198-11, 談 22-197-2, 談 22-197-5,
談 22-197-6, 談 22-197-7, 談 22-197-8,
談 22-197-9, 談 22-197-9, 談 23-197-12,
談 23-196-1, 談 23-196-2, 談 23-196-4,
談 23-196-5, 談 23-196-6, 談 23-196-6,
談 23-196-7, 談 24-196-9, 談 24-196-10,
談 24-195-4, 談 25-195-9, 談 26-194-3,
談 26-194-4, 談 26-194-4, 談 26-194-4,
談 27-194-8, 談 27-194-10, 談 27-193-3,
談 28-193-6, 談 28-193-7, 談 29-192-4,
談 29-192-8, 談 29-192-9, 談 29-192-10,
談 29-192-10, 談 29-192-12,
談 29-192-12, 談 30-191-3, 談 30-191-6,
談 30-191-6, 談 30-191-7, 談 30-191-7,
談 30-191-8, 談 31-190-1, 談 31-190-2,
談 31-190-3, 談 31-190-4, 談 31-190-5,
談 31-190-5, 談 32-190-10, 談 32-190-10,
談 32-190-12, 談 32-189-4, 談 32-189-5,
談 32-189-5, 談 32-189-5, 談 33-189-10,
談 33-188-4, 談 33-188-4, 談 34-188-8,
談 34-188-9, 談 34-188-12, 談 34-188-12,
談 34-187-2, 談 34-187-4, 談 35-187-8,
談 35-187-10, 談 35-186-1, 談 35-186-2,
談 36-186-6, 談 36-186-7, 談 36-186-7,
談 36-186-12, 談 36-185-2, 談 37-185-4,
談 37-185-6, 談 37-185-11, 談 37-185-11,
談 38-184-2, 談 38-184-2, 談 38-184-4,
談 38-184-4, 談 38-184-4, 談 38-184-5,
談 38-184-8, 談 39-183-3, 談 39-183-3,
談 39-183-3, 談 39-183-4, 談 39-183-5,
談 40-183-10, 談 40-183-10,
談 40-183-11, 談 40-182-1, 談 40-182-3,

談 41-182-9, 談 41-182-10, 談 41-182-11, 談 41-182-11, 談 41-182-12, 談 42-181-7, 談 42-181-9, 談 43-181-12, 談 43-181-12, 談 43-180-1, 談 43-180-3, 談 43-180-4, 談 43-180-4, 談 44-180-8, 談 44-180-10, 談 44-180-12, 談 44-180-12, 談 44-179-3, 談 44-179-4, 談 45-179-10, 談 45-179-12, 談 45-178-1, 談 46-178-6, 談 46-178-11, 談 46-177-1, 談 47-177-3, 談 48-177-12, 談 48-176-1, 談 48-176-5, 談 49-176-11, 談 49-176-12, 談 49-176-12, 談 49-175-1, 談 49-175-1, 談 50-175-7, 談 50-175-8, 談 50-175-9, 談 50-175-9, 談 50-175-9, 談 50-175-9, 談 50-175-10, 談 50-175-11, 談 50-175-11, 談 50-175-12, 談 51-174-5, 談 51-174-7, 談 51-174-9, 談 51-174-10, 談 52-174-12, 談 52-174-12, 談 52-174-12, 談 52-173-1, 談 52-173-7, 談 52-173-7, 談 53-173-10, 談 53-173-11, 談 53-172-2, 談 54-171-2, 談 54-171-3, 談 55-171-12, 談 56-170-10, 談 56-170-11, 談 56-170-12, 談 56-170-12, 談 57-169-4, 談 57-169-4, 談 57-169-6, 談 57-169-7, 談 57-169-9, 談 57-169-12, 談 58-168-4, 談 58-168-6, 談 58-168-11, 談 58-168-12, 談 58-168-12, 談 59-167-5, 談 59-167-6, 談 60-166-4, 談 60-166-5, 談 61-166-9, 談 61-166-11, 談 61-166-12, 談 61-166-12, 談 61-165-1, 談 61-165-1, 談 61-165-2, 談 61-165-3, 談 61-165-3, 談 61-165-4, 談 62-165-8, 談 62-165-10, 談 62-165-10, 談 62-165-11, 談 62-164-3, 談 62-164-5, 談 63-164-8, 談 63-164-8, 談 63-164-9, 談 63-164-9, 談 63-164-10, 談 63-164-10, 談 63-164-10, 談 63-164-11, 談 63-163-1, 談 63-163-3, 談 64-163-6, 談 64-163-10, 談 65-162-2, 談 65-162-4, 談 65-162-5, 談 65-162-5, 談 65-162-6, 談 65-162-6, 談 65-162-9, 談 65-162-9, 談 66-161-2, 談 66-161-6, 談 66-161-6, 談 66-161-7, 談 66-161-7, 談 66-161-8, 談 66-161-8, 談 66-161-8, 談 67-160-4, 談 67-160-4, 談 67-160-5, 談 67-160-5, 談 67-160-5, 談 67-160-7, 談 67-160-7, 談 67-160-8, 談 68-159-1, 談 68-159-2, 談 68-159-2, 談 68-159-3, 談 68-159-3, 談 68-159-5, 談 68-159-5, 談 69-159-7, 談 69-159-7, 談 69-159-8, 談 69-159-8, 談 69-159-8, 談 69-159-10, 談 69-159-10, 談 69-159-11, 談 69-159-12, 談 69-158-1, 談 69-158-1, 談 69-158-1, 談 69-158-2, 談 70-158-9, 談 70-158-9, 談 70-158-11, 談 71-157-4, 談 71-157-5, 談 71-157-7, 談 71-157-7, 談 71-157-8, 談 71-157-9, 談 71-157-10, 談 71-157-10, 談 71-157-11, 談 71-156-1, 談 71-156-1, 談 70-156-4, 談 70-156-4, 談 70-156-6, 談 70-156-7, 談 70-156-10, 談 72-155-1, 談 72-155-1, 談 73-155-3, 談 73-155-5, 談 73-155-6, 談 73-155-6, 談 73-155-7, 談 73-155-7, 談 73-155-8, 談 73-155-9, 談 73-155-11, 談 74-154-2, 談 74-154-3, 談 74-154-3, 談 74-154-5, 談 74-154-6, 談 74-154-7, 談 74-154-7, 談 74-154-8, 談 76-153-12, 談 76-152-2, 談 76-152-5, 談 76-152-6, 談 76-152-8, 談 77-152-11, 談 78-150-3, 談 78-150-3, 談 78-150-4, 談 81-149-11, 談 81-148-1, 談 81-148-6, 談 82-148-9, 談 82-148-10, 談 82-148-10, 談 82-148-12, 談 82-148-12, 談 82-147-1, 談 82-147-2, 談 82-147-3, 談 82-147-5, 談 82-147-5, 談 82-147-6, 談 83-147-8, 談 83-147-9, 談 83-147-9, 談 83-147-9, 談 83-147-10, 談 83-147-11, 談 83-147-11, 談 83-147-12, 談 83-146-2, 談 83-146-3, 談 83-146-4, 談 83-146-4, 談 83-146-5, 談 84-146-7, 談 84-146-8, 談 84-146-9, 談 84-146-9, 談 84-146-10, 談 84-146-12,

談 84-146-12, 談 84-145-2, 談 85-145-5,
談 85-145-8, 談 85-145-11, 談 87-143-6,
談 87-143-8, 談 87-143-12, 談 88-142-9,
談 89-141-5, 談 89-141-6, 談 89-141-9,
談 90-140-1, 談 90-140-1, 談 90-140-7,
談 92-139-11, 談 93-138-6, 談 93-138-11,
談 94-137-3, 談 94-137-5, 談 94-137-8,
談 95-136-1, 談 95-136-5, 談 96-136-9,
談 96-136-10, 談 96-136-12, 談 97-135-5,
談 97-135-5, 談 97-135-7, 談 97-135-8,
談 98-134-3, 談 98-134-4, 談 98-134-6,
談 99-133-1, 談 100-132-4, 言 1-286-4,
言 3-282-2, 言 3-282-3, 言 3-282-3,
言 3-282-10, 言 3-281-9, 言 4-271-12,
言 5-270-8, 言 5-270-9, 言 5-270-11,
言 5-270-11, 言 5-270-11, 言 5-270-12,
言 5-270-12, 言 5-269-2, 言 6-269-8,
言 7-268-9, 言 7-268-9, 言 7-268-9,
言 8-268-12, 言 8-268-12, 言 8-268-12,
言 8-267-1, 言 8-267-4, 言 8-267-4,
言 8-267-5, 言 8-267-7, 言 8-267-8,
言 8-267-9, 言 8-267-12, 言 8-267-12,
言 8-266-2, 言 8-266-3, 言 8-266-5,
言 8-266-5, 言 8-266-5, 言 8-266-6,
言 8-266-8, 言 8-266-8, 言 8-266-9,
言 8-266-10, 言 8-266-10, 言 8-266-10,
言 8-266-11, 言 8-266-12, 言 8-266-12,
言 8-265-2, 言 8-265-4, 言 8-265-4,
言 8-265-5, 言 8-265-5, 言 8-265-8,
言 8-265-9, 言 8-265-12, 言 8-265-12,
言 8-264-1, 言 8-264-4, 言 8-264-5,
言 8-264-10, 言 8-264-10, 言 8-264-11,
言 8-264-12, 言 8-263-3, 言 8-263-6,
言 8-263-7, 言 9-262-1, 言 9-262-5,
言 9-262-7, 言 9-262-7, 言 9-262-8,
言 9-262-8, 言 9-262-10, 言 9-262-11,
言 9-261-7, 言 9-260-2, 言 9-260-4,
言 9-260-5, 言 9-260-5, 言 9-260-6,
言 9-260-6, 言 9-260-7, 言 9-260-7,
言 9-260-8, 言 9-260-8, 言 9-260-8,

言 9-260-9, 言 9-260-10, 言 9-260-12,
言 9-260-12, 言 9-259-1, 言 9-259-2,
言 9-259-3, 言 9-259-4, 言 9-259-4,
言 9-259-5, 言 9-259-5, 言 9-259-6,
言 9-259-6, 言 9-259-7, 言 9-259-8,
言 9-259-8, 言 9-259-9, 言 9-259-9,
言 9-259-10, 言 9-259-11, 言 9-259-12,
言 9-259-12, 言 9-258-1, 言 9-258-2,
言 9-258-2, 言 9-258-4, 言 9-258-6,
言 9-258-6, 言 9-258-8, 言 9-258-8,
言 9-258-8, 言 9-258-8, 言 9-258-10,
言 9-258-11, 言 9-258-11, 言 9-258-12,
言 9-257-1, 言 9-257-1, 言 9-257-5,
言 9-257-6, 言 9-257-6, 言 10-256-7,
言 10-256-8, 言 10-256-10, 言 10-256-11,
言 10-256-11, 言 10-255-4, 言 10-255-5,
言 10-255-5, 言 10-255-7, 言 10-255-7,
言 10-254-1, 言 10-254-3, 言 10-254-3,
言 10-254-5, 言 10-254-5, 言 10-254-6,
言 10-254-7, 言 10-254-12, 言 10-253-1,
言 10-253-2, 言 10-253-7, 言 10-253-8,
言 10-253-12, 言 10-252-1, 言 10-252-6,
言 10-252-7, 言 10-252-11, 言 10-252-11,
言 10-251-4, 言 10-251-6, 言 10-251-9,
言 10-251-9, 言 10-251-11, 言 10-250-1,
言 11-250-4, 言 11-250-5, 言 11-250-5,
言 11-250-5, 言 11-250-6, 言 11-250-10,
言 11-250-11, 言 11-249-1, 言 12-249-7,
言 12-249-7, 言 12-249-7, 言 13-248-5,
言 14-289-2, 言 14-290-2, 言 14-290-5,
言 14-291-1, 言 14-291-2, 言 14-291-2,
言 14-291-4, 言 14-291-5, 言 14-291-5,
言 14-291-6, 言 14-292-1, 言 14-293-2,
言 14-293-4, 言 14-293-5, 言 14-293-6,
言 14-295-1）

我門（我們）：1（談 85-145-5）
我們：129（散 2-33-1, 散 2-33-1, 散 2-33-1,
散 2-33-2, 散 2-33-7, 散 2-33-7,
散 2-33-9, 散 2-33-10, 散 3-34-8,
散 5-36-8, 散 6-37-8, 散 7-38-10,

散 9-40-9，散 13-44-5，散 14-45-7，
散 15-46-7，散 15-46-9，散 16-47-4，
散 24-55-10，散 26-57-4，散 29-60-3，
散 29-60-6，散 36-67-6，問 1-109-4，
問 1-109-7，問 1-109-7，問 2-108-2，
問 2-108-8，問 4-102-8，問 4-101-4，
問 4-100-3，問 5-97-9，問 7-89-9，
問 7-89-11，問 7-89-12，問 7-89-12，
問 8-86-8，問 8-86-11，問 8-85-2，
問 8-84-8，問 8-84-8，問 8-84-9，
問 8-84-11，問 8-84-12，問 8-84-12，
問 9-83-11，問 9-82-2，問 9-82-3，
問 10-80-2，問 10-80-5，問 10-80-7，
問 10-77-4，問 10-77-6，問 10-77-6，
問 10-77-6，問 10-77-8，問 10-77-11，
問 10-75-5，問 10-75-7，問 10-75-8，
問 10-75-11，續 4-115-5，續 6-117-9，
續 7-118-6，續 7-118-12，談 5-211-11，
談 5-210-1，談 5-210-1，談 5-210-2，
談 5-210-3，談 5-210-4，談 9-207-1，
談 9-207-1，談 9-207-3，談 9-207-4，
談 21-198-4，談 22-197-2，談 27-194-9，
談 27-194-11，談 27-193-1，談 27-193-2，
談 34-187-5，談 34-187-6，談 36-186-7，
談 36-186-9，談 37-185-5，談 49-176-10，
談 49-176-10，談 49-175-2，談 49-175-3，
談 49-175-3，談 61-166-10，談 61-165-1，
談 70-156-5，談 70-156-7，談 70-156-10，
談 70-156-12，談 73-155-3，談 75-154-11，
談 76-152-4，談 76-152-7，談 85-145-12，
談 87-143-9，談 88-142-10，談 89-141-4，
談 89-141-4，談 90-140-5，談 90-140-7，
談 91-140-10，談 91-140-11，談 91-139-4，
談 92-139-8，談 94-137-9，言 1-288-2，
言 1-288-4，言 1-287-10，言 1-287-11，
言 1-286-1，言 1-285-2，言 1-285-6，
言 2-284-11，言 3-280-2，言 3-280-3，
言 8-267-1，言 9-262-6，言 9-256-1，
言 10-251-12，言 11-250-7，言 11-250-8）
臥：1（談 54-172-12）

屋：19（散 3-34-1，散 3-34-5，散 7-38-5，
散 7-38-7，散 7-38-9，散 7-38-10，
散 8-39-3，散 8-39-5，散 10-41-9，
散 12-43-7，散 14-45-5，散 33-64-9，
散 33-64-10，談 95-136-6，談 96-136-9，
言 3-280-2，言 14-291-1，言 14-291-1，
言 14-292-2）
屋門：1（言 3-280-3）
屋子：11（散 3-34-1，散 3-34-4，散 3-34-9，
續 4-115-4，續 7-118-8，談 40-182-1，
言 3-281-8，言 3-280-1，言 3-280-2，
言 3-280-3，言 8-267-12）
無：3（言 1-286-2，言 1-286-6，言 3-282-6）
無不可：2（言 9-262-1，言 9-262-8）
無常：1（言 14-294-4）
無定向：1（言 2-284-9）
無妨：3（談 45-178-3，談 47-177-5，
談 94-137-8）
無妨無礙：1（談 60-166-7）
無妨無妨：1（談 51-174-5）
無非：1（問 10-74-4）
無干：1（問 5-96-10）
無故：1（談 68-159-5）
無花菓：1（續 7-118-8）
無精打彩：1（談 41-182-9）
無可奈何：2（問 4-101-10，續 3-114-7）
無來由：1（續 18-129-4）
無聊無賴：1（談 59-167-2）
無論：11（散 16-47-9，問 2-107-8，
談 2-213-7，談 4-212-12，談 15-203-6，
談 75-153-7，言 1-285-6，言 8-266-3，
言 8-266-3，言 9-263-11，言 9-261-3）
無能：1（散 31-62-6）
無事生事：1（談 64-163-6）
無所：1（談 91-139-1）
無頭無尾：1（談 56-170-9）
無味：1（談 48-176-5）
無緣無故：2（談 2-213-4，談 71-157-9）
吾兄：3（談 81-149-11，談 82-148-9，
談 85-145-5）

五：14（散 1-32-8，散 6-37-1，散 29-60-8，散 29-60-9，續 3-114-2，談 37-185-6，言 3-279-6，言 6-269-9，言 8-264-10，言 8-264-10，言 9-261-5，言 10-255-2，言 10-251-10，言 14-290-5）
五百：1（談 34-188-10）
五百萬零一：1（散 1-32-3）
五吊錢：1（問 3-104-6）
五更：1（散 10-41-8）
五經：3（問 9-82-8，問 9-82-9，問 9-82-10）
五六：4（散 3-34-9，散 9-40-5，散 17-48-5，問 8-88-6）
五七：3（言 3-281-12，言 3-280-1，言 3-280-1）
五七百：1（散 1-32-2）
五千多：1（散 1-32-8）
五十：2（散 14-45-2，問 8-85-9）
五十七：1（散 1-32-1）
五十七萬零六百一十：1（散 1-32-3）
五萬零八十八：1（散 1-32-4）
武：1（散 31-62-5）
武官：3（散 19-50-1，散 19-50-5，問 4-100-5）
武職：1（談 34-187-5）
侮弄：1（續 9-120-5）
勿論：1（問 3-106-10）
物：8（言 1-285-7，言 2-284-4，言 3-283-9，言 3-272-3，言 5-270-2，言 7-268-2，言 8-266-1，言 9-263-11）
務必：1（談 55-171-11）
霧：2（散 10-41-3，散 10-41-10）
悞：3（續 6-117-9，談 6-210-10，談 6-210-10）
誤：1（談 86-143-1）

X

西：4（散 3-34-3，散 3-34-10，問 8-85-8，言 8-267-6）
西北：3（問 8-88-11，問 8-85-4，談 95-136-4）
西城：4（散 3-34-3，散 3-34-7，問 3-105-4，問 4-102-12）
西城根兒：1（談 74-154-3）
西方：1（散 33-64-5）
西瓜：2（散 35-66-8，散 35-66-10）
西路：2（散 20-51-2，問 4-100-5）
西山：1（談 91-140-10）
西頭：1（問 7-90-8）
西頭兒：1（談 22-197-4）
吸吸哈哈：1（談 98-134-6）
希罕：4（續 16-127-11，續 16-127-12，續 16-127-12，談 65-162-8）
唏唏哈哈：1（續 12-123-6）
稀罕：2（談 68-159-4，談 78-151-10）
稀糊腦子爛：1（續 17-128-5）
稀爛：1（續 17-128-6）
稀少：1（談 87-143-9）
稀鬆平常：1（續 18-129-2）
惜衣得衣，惜食得食：1（談 28-193-12）
蓆子：5（散 7-38-1，散 7-38-3，散 7-38-9，散 7-38-10，言 3-276-5）
媳婦兒：1（續 5-116-2）
洗：4（散 11-42-10，散 12-43-10，談 96-136-10，言 14-291-5）
洗臉：2（散 11-42-3，言 14-289-1）
洗手：1（散 11-42-8）
洗衣裳：1（言 14-291-6）
洗一洗：1（散 11-42-6）
洗澡：6（散 12-43-2，散 12-43-10，散 12-43-10，續 13-124-1，談 93-138-6，言 14-289-1）
筵筵：1（續 11-122-11）
喜歡：15（散 36-67-2，散 36-67-6，問 2-107-4，續 2-113-2，談 14-204-10，談 16-202-4，談 40-182-5，談 41-181-1，談 97-135-8，談 99-133-5，言 8-264-11，言 10-251-12，言 12-249-8，言 12-249-9，言 13-249-11）
喜酒：1（談 12-205-10）

喜事：1（談 47-177-5）
繫：2（續 4-115-9，談 33-188-1）
細：9（散 25-56-9，問 10-80-7，問 10-77-7，
　　　談 4-211-5，談 65-162-3，言 3-282-5，
　　　言 3-281-9，言 7-268-4，言 7-268-4）
細辨：1（言 1-286-5）
細查：1（言 9-261-10）
細故：2（談 59-167-9，談 64-163-7）
細究：1（問 6-94-7）
細目：3（言 3-282-8，言 9-260-2，
　　　言 9-260-3）
細說：3（問 3-104-2，問 6-92-4，問 9-81-8）
細細：1（問 5-98-3）
細細兒：6（問 8-88-9，問 10-78-10，
　　　問 10-75-10，談 17-201-10，談 24-196-11，
　　　談 46-178-8）
細鹽：1（散 14-45-1）
細紙：1（言 7-268-3）
瞎：1（續 5-116-11）
瞎話：4（續 5-116-8，續 9-120-5，
　　　續 13-124-2，談 8-208-5）
瞎子：1（續 9-120-5）
下：37（散 9-40-6，散 9-40-7，散 9-40-8，
　　　散 10-41-3，散 10-41-6，散 10-41-10，
　　　散 13-44-4，散 24-55-6，散 25-56-10，
　　　散 29-60-2，散 38-69-5，散 38-69-6，
　　　問 5-97-5，問 5-96-5，問 8-86-6，
　　　問 9-81-3，談 9-207-3，談 10-206-4，
　　　談 64-163-11，談 85-145-8，談 91-139-1，
　　　談 94-137-6，談 95-136-1，談 96-136-10，
　　　談 96-136-11，談 96-136-12，談 96-135-1，
　　　談 97-135-6，談 97-135-7，談 97-135-9，
　　　談 97-135-11，談 97-135-12，言 1-285-12，
　　　言 9-261-9，言 9-257-12，言 10-251-3，
　　　言 12-249-5）
下巴：2（談 30-191-6，談 33-188-2）
下巴頦兒：4（散 18-49-1，散 18-49-4，
　　　續 7-118-7，談 29-192-7）
下班兒：1（談 76-152-5）
下半天：2（散 10-41-1，散 10-41-6）

下蛋：1（續 13-124-4）
下地獄：1（談 80-149-5）
下回：1（續 4-115-4）
下貨：1（言 11-249-2）
下賤：2（談 57-169-11，談 100-132-3）
下來：10（散 11-42-1，散 18-49-8，
　　　散 23-54-2，散 35-66-7，問 7-89-5，
　　　談 23-197-12，談 36-186-7，談 48-176-6，
　　　談 50-174-1，言 10-253-2）
下裏：1（問 8-85-6）
下民：2（散 19-50-1，散 19-50-3）
下平：1（散 6-37-1）
下坡兒：1（續 10-121-7）
下棋：1（續 13-124-3）
下去：5（散 14-45-10，散 23-54-2，
　　　散 23-54-9，續 5-116-6，談 48-176-1）
下人：1（問 5-96-7）
下剩：3（散 40-71-1，散 40-71-6，
　　　續 6-117-7）
下頭：2（散 18-49-4，散 18-49-5）
下雪：2（散 9-40-3，談 59-167-3）
下藥：1（續 7-118-5）
下餘：2（散 40-71-1，散 40-71-5）
下雨：5（談 59-167-3，談 94-137-4，
　　　言 1-285-10，言 1-285-11，言 1-285-11）
下月：2（散 9-40-1，散 9-40-5）
下葬：2（散 25-56-2，散 25-56-8）
下鐘：1（散 9-40-5）
下注：1（言 8-265-7）
嚇：4（談 18-200-4，談 35-187-11，
　　　談 35-186-4，談 37-185-8）
嚇諕：1（談 80-149-7）
嚇愣：1（談 36-186-11）
嚇醒：1（談 95-136-5）
夏：3（散 16-47-2，散 16-47-10，
　　　談 93-138-12）
夏天：4（散 16-47-10，散 20-51-5，
　　　談 35-187-8，談 50-175-6）
唬：1（續 11-122-9）
先：53（散 22-53-5，散 24-55-3，散 35-66-6，

問 3-106-10, 問 3-103-8, 問 4-99-2,
問 5-96-10, 問 6-92-7, 問 7-91-11,
問 7-89-8, 問 8-87-4, 問 8-85-2,
問 8-85-6, 問 9-83-12, 問 9-82-5,
問 9-82-5, 問 9-82-6, 問 9-82-8,
問 10-80-5, 問 10-76-10, 問 10-75-11,
談 5-211-12, 談 9-207-1, 談 21-198-3,
談 26-194-1, 談 32-189-2, 談 59-167-5,
談 60-166-3, 談 66-161-8, 談 69-159-9,
談 73-155-6, 談 73-155-9, 談 77-151-5,
談 94-137-8, 談 98-134-6, 言 1-287-10,
言 2-284-6, 言 2-283-4, 言 3-282-1,
言 3-273-4, 言 4-271-2, 言 9-262-9,
言 9-260-7, 言 9-259-8, 言 9-259-9,
言 9-258-8, 言 10-256-8, 言 10-256-9,
言 10-256-10, 言 10-256-11, 言 10-253-7,
言 11-250-11, 言 14-292-2)
先父：4（問 2-108-8, 問 2-106-1,
言 10-255-3, 言 10-255-4）
先後：1（言 5-270-3）
先生：52（散 5-36-1, 散 5-36-1, 散 5-36-1,
散 5-36-4, 散 5-36-4, 散 5-36-4,
散 5-36-8, 散 9-40-5, 問 9-83-6,
問 9-83-6, 問 9-83-6, 問 9-83-7,
問 9-83-7, 問 9-83-9, 問 9-83-9,
問 9-83-12, 問 9-82-1, 問 9-82-4,
問 9-82-5, 問 9-82-10, 問 9-82-11,
問 9-82-12, 問 9-82-12, 問 9-81-2,
問 9-81-3, 問 9-81-3, 問 9-81-6,
問 9-81-8, 問 10-81-12, 問 10-80-1,
問 10-79-1, 問 10-79-3, 問 10-79-7,
問 10-78-5, 問 10-77-2, 問 10-77-10,
問 10-75-1, 問 10-75-3, 問 10-75-3,
問 10-75-6, 問 10-74-3, 續 2-113-2,
言 1-288-9, 言 2-284-3, 言 8-267-4,
言 9-262-11, 言 9-262-12, 言 9-262-12,
言 10-251-4, 言 14-293-1, 言 14-293-1,
言 14-293-6）
先頭裏：1（續 6-117-11）
先兆：1（散 24-55-1）

先兆兒：1（散 24-55-3）
掀：1（續 16-127-7）
鮮菓子：1（續 14-125-11）
鮮紅：2（續 9-120-12, 談 90-140-2）
鮮明：1（談 57-169-9）
閑：4（問 4-102-11, 談 5-210-3,
談 90-141-12, 談 93-138-9）
閑逛：1（談 36-186-7）
閑空兒：1（散 37-68-1）
閑坐：1（散 37-68-5）
弦子：1（談 100-133-10）
絃子：3（談 100-132-3, 談 100-132-4,
談 100-132-5）
鹹：1（續 10-121-2）
嫌：1（談 42-181-4）
嫌多：1（談 87-143-9）
顯而易見：1（談 81-148-2）
顯形兒：1（談 37-185-8）
險：3（續 16-127-7, 續 16-127-7,
言 11-250-7）
險惡：1（談 58-168-8）
現：1（言 9-261-12）
現成：2（談 28-193-11, 言 14-291-3）
現成兒：7（談 11-206-8, 談 71-157-9,
談 71-157-12, 談 73-155-9, 談 73-155-10,
談 81-149-12, 談 93-138-11）
現今：1（散 24-55-2）
現時：1（問 10-75-4）
現銀子：1（問 2-107-12）
現在：18（散 24-55-2, 散 24-55-10,
問 4-102-11, 問 8-84-6, 續 6-117-2,
談 5-211-8, 談 12-205-9, 談 14-203-3,
談 22-197-4, 談 66-161-6, 談 70-158-10,
談 78-150-5, 言 8-267-9, 言 9-262-6,
言 9-260-2, 言 9-259-3, 言 9-257-4,
言 10-255-10）
限：1（續 16-127-8）
限定：2（言 3-275-11, 言 5-270-2）
限制：3（言 1-285-2, 言 9-263-12,
言 9-261-3）

線：2（散12-43-2，言3-274-12）
陷：1（談46-178-10）
羨慕：2（續15-126-1，談24-196-10）
獻勤兒：1（談15-203-9）
鄉：1（續3-114-9）
鄉試：1（問9-81-2）
鄉談：1（談1-214-3）
鄉勇：1（言10-254-8）
相：6（散27-58-1，散28-59-10，散34-65-8，問8-86-3，言2-283-1，言8-263-5）
相拜：1（散27-58-2）
相幫：3（散39-70-8，問6-92-4，言9-256-2）
相對：3（散26-57-1，問10-77-5，言9-262-1）
相反：1（言9-262-1）
相干：2（續4-115-11，言1-287-3）
相隔：1（問8-87-5）
相好：10（散24-55-9，散27-58-7，散37-68-7，問9-83-7，談22-197-2，談46-178-12，談56-170-6，談61-166-9，談61-165-6，談64-163-10）
相好的：1（問9-83-10）
相見：1（言9-260-7）
相貌：3（續18-129-6，談24-196-9，談30-191-9）
相似：2（問10-75-9，言1-287-1）
相同：8（散30-61-5，散38-69-9，問10-77-7，言1-288-5，言1-288-10，言1-287-1，言1-285-9，言3-275-8）
相宜：1（談33-188-3）
相與：2（談18-201-12，談18-200-8）
相與相與：1（談24-196-10）
相爭：1（問6-94-6）
廂房：1（談37-185-6）
箱：1（言3-280-8）
箱子：11（散16-47-1，散16-47-3，散16-47-4，散16-47-7，散29-60-7，問8-84-2，問8-83-2，言10-253-4，言10-251-9，言14-290-1，言14-290-2）
香：4（續10-121-2，談90-140-4，言3-279-6，言3-279-6）

香錢：1（言10-253-7）
香山：1（續1-112-8）
香油：3（散14-45-1，散14-45-3，散14-45-3）
香資：1（言10-253-12）
鑲：1（續7-118-7）
詳細：5（問3-104-2，問9-83-9，談26-194-1，談26-194-2，言2-284-7）
祥瑞：2（散24-55-1，散24-55-3）
享：1（談99-133-7）
享福：1（問6-93-8）
響聲兒：1（談35-187-9）
响：2（談95-136-4，談96-136-11）
响聲兒：1（談95-136-7）
想：57（散26-57-3，問2-107-3，問2-107-4，問3-105-6，問4-100-4，問5-98-10，問5-97-6，問6-92-3，問8-84-2，問10-80-1，問10-79-4，續1-112-5，續2-113-1，續2-113-7，續2-113-7，續4-115-2，續5-116-9，續7-118-3，談2-213-5，談4-211-5，談12-205-10，談15-203-12，談28-193-11，談29-192-4，談31-190-7，談34-188-9，談35-186-1，談38-184-5，談39-183-5，談42-181-8，談44-180-11，談48-176-5，談51-174-6，談52-173-2，談56-170-8，談58-168-10，談60-166-6，談61-166-9，談65-162-5，談65-162-5，談70-158-11，談77-152-12，談83-146-2，談83-146-2，談84-146-7，談84-146-7，談84-146-10，談84-146-10，談87-143-10，談96-136-12，談96-135-2，談99-133-8，言8-264-10，言9-258-6，言9-256-2，言12-249-6，言12-249-7）
想必：4（談11-206-9，談21-198-4，談46-178-9，談70-156-9）
想不到：5（談21-198-9，談70-156-5，談89-141-8，談89-141-10，言13-249-12）
想來：7（問10-75-10，談25-195-9，

談 62-164-1，談 69-159-11，談 71-157-8，
談 76-152-9，談 88-142-10）
想想：1（談 17-201-10）
想一想：4（問 6-94-3，談 4-211-3，
談 17-201-6，談 84-145-2）
想着：4（談 5-211-11，談 16-202-3，
談 49-176-12，談 97-135-7）
想著：1（散 26-57-1）
向：1（言 8-268-12）
向來：11（散 26-57-1，散 26-57-4，
問 2-107-4，問 8-87-7，問 8-86-5，
問 10-80-6，續 6-117-2，言 1-285-4，
言 9-262-6，言 9-256-4，言 14-290-4）
向例：1（散 32-63-5）
向前：1（談 13-204-7）
向人：1（散 25-56-5）
向著：1（續 5-116-10）
嚮晴：1（談 94-137-4）
項：18（問 8-84-4，問 10-80-11，問 10-80-12，
言 1-286-3，言 1-285-3，言 2-284-3，
言 2-284-3，言 2-284-4，言 2-283-7，
言 3-282-6，言 3-282-7，言 3-282-8，
言 3-275-3，言 7-269-12，言 7-269-12，
言 7-268-2，言 7-268-3，言 9-263-11）
像：57（散 40-71-1，散 40-71-3，散 40-71-4，
問 5-99-10，問 5-99-10，續 6-117-9，
續 17-128-11，談 1-214-3，談 2-213-3，
談 6-210-9，談 7-209-11，談 10-206-2，
談 14-203-1，談 16-202-5，談 17-201-7，
談 25-195-8，談 26-194-2，談 28-193-10，
談 29-192-9，談 33-188-1，談 34-188-9，
談 38-184-7，談 39-184-12，談 39-183-1，
談 42-181-3，談 45-179-11，談 48-176-4，
談 53-172-4，談 54-172-8，談 54-172-9，
談 55-171-7，談 56-170-5，談 57-169-8，
談 57-169-10，談 58-168-3，談 58-168-7，
談 59-167-5，談 66-161-6，談 68-159-2，
談 70-158-11，談 77-151-7，談 87-143-9，
談 87-142-2，談 87-142-3，談 88-141-5，
談 91-139-5，談 93-138-11，談 95-136-4，

談 98-134-7，談 99-133-4，談 99-133-5，
言 1-288-2，言 1-288-4，言 2-283-3，
言 3-282-5，言 7-269-12，言 9-256-4）
像貌兒：1（談 87-143-12）
像似：4（散 40-71-1，言 2-283-1，
言 3-273-11，言 9-261-10）
像形：1（言 3-282-12）
像樣兒：1（續 9-120-8）
消息：1（言 11-250-9）
逍遙：1（續 5-116-10）
簫：1（言 3-276-1）
蕭條：1（言 10-250-1）
小：16（散 2-33-3，散 3-34-4，散 3-34-4，
散 16-47-4，問 1-109-8，問 4-100-7，
問 4-100-12，續 15-126-1，續 18-129-7，
談 17-201-2，談 37-185-11，談 50-175-12，
談 59-167-8，談 87-143-8，言 8-267-8，
言 8-267-9）
小襖兒：1（續 1-112-2）
小便宜：1（談 78-150-5）
小便宜兒：1（談 81-148-4）
小車：1（言 14-290-5）
小車兒：2（問 8-84-4，問 8-84-5）
小船兒：3（散 15-46-6，談 90-140-4，
言 11-250-9）
小刀子：1（續 6-117-9）
小道兒：2（談 90-140-5，言 11-250-12）
小的：22（問 3-106-4，問 3-106-5，
問 3-106-5，問 3-106-5，問 3-106-9，
問 3-106-10，問 3-106-12，問 3-105-2，
問 3-105-2，問 3-105-5，問 3-105-6，
問 3-105-7，問 3-105-8，問 3-105-10，
問 3-104-2，問 3-104-7，問 3-104-9，
問 3-104-9，問 3-103-4，問 3-103-12，
問 3-102-2，問 8-83-2）
小官：1（散 19-50-4）
小官兒：3（散 34-65-6，散 34-65-6，
散 34-65-6）
小棍子：1（散 21-52-1）
小孩子：11（散 37-68-7，散 40-71-8，

問 7-89-1，問 9-82-4，問 9-82-7，
問 9-82-7，談 9-207-1，談 40-182-3，
談 57-169-5，言 5-270-4，言 10-251-5）
小孩子們：1（談 40-182-2）
小漢仗兒：1（續 16-127-12）
小河兒：2（散 30-61-4，問 8-85-6）
小夥子：1（續 18-129-5）
小雞子：1（散 14-45-6）
小鷄子：1（言 6-269-9）
小價錢：1（散 37-68-9）
小轎子：1（散 4-35-6）
小街兒：1（談 22-197-4）
小句兒：3（問 10-77-1，問 10-77-2，
問 10-77-2）
小買賣人兒們：1（談 93-138-9）
小帽兒：1（散 12-43-6）
小民：2（散 19-50-3，散 20-51-5）
小妞兒：1（言 12-249-6）
小鋪兒：2（問 5-97-2，談 22-197-9）
小兒：5（問 7-90-7，問 7-89-11，問 9-82-3，
談 85-144-1，言 1-287-10）
小人：1（談 65-162-11）
小人兒：1（散 23-54-8）
小人兒們：1（散 31-62-5）
小晌午：1（談 97-135-6）
小時候兒：2（問 3-103-3，問 3-103-3）
小書兒：1（問 9-82-6）
小樹兒：1（續 5-116-10）
小說：3（談 8-208-3，談 8-208-4，
談 18-200-8）
小孫子：3（問 7-89-1，問 7-89-4，問 7-89-9）
小童：1（言 12-249-6）
小巷：2（散 30-61-2，散 30-61-9）
小小子兒：1（言 5-270-6）
小心：13（散 16-47-6，問 3-104-2，
續 4-115-2，續 5-116-1，續 5-116-6，
續 8-119-3，談 15-203-6，談 15-203-9，
談 20-199-12，談 43-180-5，談 56-170-11，
談 61-165-5，談 67-160-4）
小性兒：1（續 18-129-6）

小猪子：1（談 94-137-9）
小子們：1（談 74-154-8）
小嘴兒：1（談 87-142-2）
孝：1（談 76-153-12）
孝敬：1（談 16-202-4）
孝順：2（談 4-212-11，談 19-199-1）
孝悌忠信：1（談 80-149-3）
孝心：1（談 69-159-12）
効勞：1（續 12-123-12）
笑：8（散 23-54-1，散 23-54-1，散 23-54-4，
散 23-54-7，續 12-123-6，談 30-191-7，
談 56-170-10，談 82-147-2）
笑話：5（散 23-54-8，談 8-208-9，
談 16-202-6，言 9-259-8，言 9-259-9）
笑話兒：2（續 8-119-10，談 40-183-10）
笑頭兒：1（續 2-113-3）
笑嘻嘻：1（談 51-174-10）
些：6（散 24-55-8，問 2-108-11，問 9-81-8，
談 64-163-6，談 75-153-6，言 10-255-10）
些個：10（散 15-46-10，散 40-71-7，
問 8-86-4，續 9-120-9，續 12-123-5，
續 13-124-7，談 31-190-5，談 77-151-4，
言 8-265-3，言 8-263-1）
些兒：43（散 22-53-7，散 34-65-5，
問 8-87-8，問 8-85-12，問 9-82-1，
問 10-77-7，問 10-76-3，問 10-75-2，
續 5-116-2，續 8-119-7，續 15-126-8，
續 16-127-2，續 16-127-11，談 1-214-7，
談 10-206-3，談 26-195-12，談 30-191-4，
談 31-190-3，談 37-185-7，談 42-181-6，
談 42-181-10，談 43-180-4，談 48-176-7，
談 50-175-9，談 57-169-6，談 70-156-6，
談 70-156-9，談 70-156-11，談 74-154-3，
談 84-146-12，談 85-145-8，談 93-138-7，
談 98-134-5，談 98-134-7，言 1-286-1，
言 1-285-2，言 3-278-5，言 4-271-7，
言 7-268-10，言 8-263-4，言 8-263-7，
言 9-261-5，言 9-256-1）
些微：5（問 5-98-11，問 10-75-11，
談 45-178-2，談 81-148-4，言 10-251-4）

歇：6（散 15-46-2，散 15-46-4，問 4-101-10，
　　談 75-154-12，談 75-153-1，談 75-153-2）
歇手：3（談 19-199-3，談 27-194-8，
　　談 54-172-12）
歇歇：1（言 9-260-3）
歇歇兒：2（續 14-125-2，談 6-209-1）
歇心：1（談 25-195-10）
歇一歇兒：1（談 36-186-9）
蠍子：1（續 6-117-12）
邪祟：1（談 37-185-10）
挾：1（談 35-187-12）
斜：2（談 30-191-6，言 10-254-9）
鞋：6（散 11-42-1，散 11-42-2，散 11-42-5，
　　散 11-42-6，散 11-42-7，續 15-126-1）
鞋兒：1（續 16-127-2）
鞵：2（言 3-280-8，言 3-280-9）
寫：24（散 5-36-1，散 13-44-8，散 26-57-4，
　　散 33-64-8，散 33-64-9，散 33-64-9，
　　散 35-66-3，問 5-96-2，問 6-93-3，
　　問 10-77-8，續 12-123-8，談 5-211-9，
　　談 22-197-9，言 1-287-1，言 1-287-3，
　　言 1-287-4，言 5-270-4，言 5-270-4，
　　言 9-262-5，言 9-260-7，言 9-260-8，
　　言 10-252-2，言 10-252-2，言 12-249-6）
寫字：9（散 22-53-4，散 26-57-4，續 8-119-4，
　　談 5-211-9，談 5-211-10，談 93-138-8，
　　談 93-138-11，言 1-288-11，言 1-287-6）
血：1（談 44-179-4）
血氣：1（談 27-194-7）
洩底：1（續 18-129-7）
洩漏：1（談 66-161-3）
謝儀：1（談 36-186-12）
心：12（散 40-71-7，問 4-99-1，問 5-96-11，
　　續 6-117-2，續 16-127-1，談 27-194-8，
　　談 59-167-7，談 60-166-4，談 66-161-7，
　　談 70-156-11，言 2-283-3，言 8-266-11）
心腸：3（續 8-119-4，談 70-158-7，
　　談 85-145-11）
心慈面輭：1（續 14-125-8）
心定自然涼：1（談 93-137-1）

心活：1（續 11-122-6）
心急腿慢：1（續 10-121-11）
心口：1（談 27-194-12）
心裏：39（散 21-52-10，散 22-53-6，
　　散 27-58-4，散 31-62-9，散 37-68-5，
　　散 37-68-6，散 37-68-7，散 39-70-10，
　　問 4-101-9，問 5-95-1，問 6-94-10，
　　問 6-93-8，談 4-211-2，談 13-204-4，
　　談 15-203-7，談 17-201-5，談 21-198-11，
　　談 24-196-10，談 24-196-12，
　　談 27-194-11，談 28-193-8，談 30-191-9，
　　談 35-187-11，談 35-186-1，談 41-182-10，
　　談 44-180-11，談 48-176-2，談 48-176-6，
　　談 49-175-1，談 51-174-5，談 52-173-2，
　　談 53-173-11，談 53-172-2，談 54-172-8，
　　談 54-171-3，談 58-168-7，談 60-167-12，
　　談 61-166-11，談 92-138-2）
心裡：13（談 58-168-6，談 67-161-12，
　　談 67-160-3，談 70-158-11，談 71-157-10，
　　談 78-151-11，談 84-146-9，談 95-136-1，
　　談 95-136-5，談 97-135-7，談 97-135-8，
　　言 2-284-9，言 13-249-11）
心裏頭：6（續 7-118-3，續 11-122-4，
　　續 11-122-5，談 14-203-2，談 57-169-7，
　　談 61-165-5）
心裡頭：3（談 78-150-2，談 91-139-3，
　　談 93-138-7）
心軟：1（問 6-94-12）
心上：2（談 6-210-11，談 64-163-6）
心思：3（談 23-196-3，談 52-174-12，
　　談 100-132-2）
心下：1（談 38-184-6）
心胸：1（續 1-112-11）
心眼兒：1（續 11-122-7）
心眼子：1（談 64-163-7）
心意：2（談 61-165-1，談 69-159-7）
心遠：1（談 24-195-5）
心直口快：1（談 15-203-12）
辛苦：6（散 15-46-2，散 15-46-7，問 4-101-9，
　　續 1-112-3，談 28-193-9，言 13-248-1）

辛辛苦苦：1（續 9-120-8）
新：9（散 28-59-1，散 28-59-8，散 33-64-10，
　　續 2-113-1，續 3-114-5，續 6-117-4，
　　談 5-211-8，談 39-184-12，談 57-169-5）
新到：1（散 38-69-5）
新近：4（問 2-107-2，談 61-165-1，
　　談 73-155-4，言 9-257-11）
新來：1（問 9-83-11）
新喜：1（談 11-206-6）
新鮮：1（談 34-188-11）
新鮮樣兒：1（續 9-120-9）
信：20（問 6-94-10，續 2-113-3，
　　續 15-126-10，談 16-202-6，談 18-200-6，
　　談 25-195-8，談 26-194-4，談 26-194-4，
　　談 31-190-1，談 52-173-4，談 60-166-6，
　　談 66-161-7，談 99-133-2，言 3-278-3，
　　言 3-278-4，言 8-266-5，言 9-260-7，
　　言 9-260-8，言 9-258-4，言 10-255-5）
信不得：3（談 32-189-2，談 61-165-3，
　　談 64-163-10，）
信兒：6（續 1-112-11，談 60-166-6，
　　談 64-163-9，談 68-159-3，談 76-152-6，
　　談 83-146-4）
信服：2（續 18-129-5，談 67-160-5）
星宿：1（言 10-251-3）
星子：1（談 96-136-10）
形勢：2（言 3-281-3，言 9-261-12）
形像：5（言 3-283-10，言 3-278-8，
　　言 3-278-11，言 3-277-3，言 3-276-4）
行：31（散 28-59-2，散 28-59-8，問 1-109-11，
　　問 8-88-9，問 8-85-3，問 8-84-8，
　　問 8-84-12，問 8-84-12，問 8-83-1，
　　問 8-83-3，問 10-78-9，問 10-78-10，
　　談 13-204-7，談 26-194-3，談 29-192-11，
　　談 46-178-9，談 54-171-3，談 60-166-1，
　　談 68-160-12，談 80-149-3，談 81-149-11，
　　談 81-149-12，談 81-148-1，談 81-148-3，
　　言 5-269-4，言 9-262-9，言 9-259-6，
　　言 9-257-4，言 9-257-5，言 9-257-6，
　　言 10-251-1）

行動兒：1（談 19-200-12）
行樂圖：1（續 13-124-11）
行李：10（散 16-47-1，散 16-47-2，
　　散 16-47-6，散 20-51-3，散 35-66-4，
　　問 8-85-12，問 8-84-1，問 8-84-5，
　　談 31-191-12，言 14-290-1）
行事：3（談 15-202-1，談 25-195-8，
　　談 61-165-3）
行書：3（散 33-64-2，散 33-64-8，
　　散 33-64-9）
行爲：1（談 14-203-3）
行文：1（散 38-69-7）
行止：2（散 18-49-9，問 6-93-2）
行子：3（談 64-163-7，談 68-160-11，
　　談 78-150-3）
行走：7（散 38-69-6，談 12-205-8，
　　談 13-204-1，談 13-204-4，談 61-166-10，
　　談 61-166-11，談 61-166-11）
醒：7（談 48-176-4，談 56-170-5，
　　談 97-135-5，言 9-262-7，言 9-262-7，
　　言 9-262-8，言 9-262-8）
興：2（續 4-115-2，續 8-119-11）
興頭：1（談 99-133-5）
興旺：1（談 14-203-3）
幸而：2（談 45-178-1，談 100-133-11）
幸虧：1（談 31-190-3）
性：2（談 47-177-8，談 65-162-10）
性兒：1（談 26-194-3）
性急：2（散 39-70-1，散 39-70-3）
性命：2（續 17-128-7，談 52-173-3）
性命兒：1（談 37-185-9）
性情：3（散 39-70-1，散 39-70-3，
　　談 58-168-7）
性子：3（談 25-195-7，談 78-150-3，
　　談 84-145-2）
姓：8（問 3-106-4，問 3-106-5，問 7-92-11，
　　問 7-92-11，談 30-191-8，談 39-183-4，
　　言 8-267-4，言 8-267-5）
姓黃名龍：1（散 19-50-10）
姓孔：1（散 33-64-4）

姓李的：11（散 26-57-4，散 39-70-7，
　　散 39-70-7，散 39-70-8，散 39-70-9，
　　問 6-94-11，言 7-268-10，言 7-268-10，
　　言 10-252-7，言 10-252-9，言 10-251-2）
姓劉的：1（言 10-252-9）
姓孟的：1（問 7-92-11）
姓名：3（散 19-50-2，散 19-50-10，
　　散 27-58-3）
姓王的：1（言 10-252-10）
姓徐的：1（問 4-102-6）
姓張的：9（散 22-53-3，談 14-204-9，
　　談 82-148-11，言 5-270-4，言 8-266-9，
　　言 9-261-6，言 10-252-7，言 10-251-2，
　　言 11-250-4）
兒：1（言 8-266-4）
凶：1（談 37-185-5）
凶兆：1（散 24-55-1）
胸前：2（散 18-49-2，散 18-49-5）
兄弟：12（散 26-57-5，散 26-57-6，
　　散 36-67-7，問 4-100-11，談 1-214-8，
　　談 31-190-8，談 39-183-4，談 50-175-12，
　　談 70-156-9，談 72-155-1，談 90-140-1，
　　言 10-252-2）
兄妹：1（言 6-269-8）
兄台：52（談 1-214-5，談 1-214-8，
　　談 1-214-11，談 3-213-12，談 5-211-12，
　　談 5-210-4，談 7-209-8，談 9-207-2，
　　談 10-207-12，談 11-206-6，談 11-206-6，
　　談 11-206-6，談 11-206-11，談 12-205-3，
　　談 20-199-10，談 23-197-12，談 23-196-1，
　　談 31-190-2，談 31-190-8，談 33-189-10，
　　談 37-185-9，談 38-184-2，談 39-184-12，
　　談 41-182-7，談 44-180-11，談 44-179-2，
　　談 45-179-7，談 50-175-9，談 53-173-11，
　　談 56-170-11，談 57-169-4，談 58-168-6，
　　談 58-168-10，談 62-164-4，談 67-160-4，
　　談 67-160-7，談 69-159-7，談 70-158-4，
　　談 71-157-5，談 70-156-11，談 73-155-4，
　　談 73-155-8，談 73-155-9，談 73-155-11，
　　談 74-154-7，談 83-147-9，談 86-144-9，
　　談 87-143-4，談 87-143-6，談 88-142-7，
　　談 90-140-7，談 94-137-7）
兄台們：3（談 36-186-6，談 49-176-11，
　　談 88-142-11）
熊：1（續 6-117-6）
修：1（言 9-258-10）
修理：2（散 35-66-2，散 35-66-8）
修品：2（談 4-211-1，談 4-211-5）
修橋補路：1（談 80-149-4）
脩蓋：1（續 7-118-1）
羞：1（談 57-169-6）
羞惱變成怒：2（續 13-124-12，談 66-161-4）
羞辱：4（散 31-62-2，散 31-62-10，
　　散 31-62-11，談 65-162-5）
秀才：3（問 9-81-2，談 7-209-10，
　　談 7-209-12）
秀氣：1（續 18-129-6）
袖口兒：2（談 86-144-7，談 86-144-8）
袖子：1（散 12-43-4）
虛：1（談 24-196-12）
虛度：2（談 6-210-9，談 91-139-6）
虛名：1（談 6-210-9）
虛實：2（言 1-286-3，言 1-286-11）
虛詐：1（問 6-94-9）
虛字：5（言 1-286-5，言 1-286-6，言 1-286-7，
　　言 1-286-12，言 1-286-12）
欻：2（散 35-66-2，散 35-66-6）
徐福慶：6（問 4-101-1，問 4-101-3，
　　問 4-101-4，問 5-99-9，問 5-99-9，
　　問 5-99-12）
徐：3（問 4-101-3，問 4-101-3，問 5-98-3）
徐永：10（問 5-99-7，問 5-98-7，問 5-97-1，
　　問 5-97-2，問 5-97-11，問 5-96-10，
　　問 5-95-2，問 6-94-8，問 6-94-12，
　　問 6-92-5）
許：4（續 2-113-2，談 7-209-11，談 68-159-3，
　　言 9-258-2）
許多：11（談 22-197-2，談 23-196-2，
　　談 23-196-2，談 32-189-3，談 35-187-12，
　　談 46-178-6，談 70-156-10，談 87-142-3，

談 95-136-1，言 4-271-5，言 13-248-2）
許久：2（談 23-196-2，言 10-255-8）
序齒：1（談 88-142-11）
叙談叙談：1（談 22-197-3）
續：1（問 10-75-12）
絮煩：1（談 78-151-10）
絮叨：1（談 70-156-6）
喧嚷：2（散 23-54-1，散 23-54-6）
懸燈結綵：1（續 16-127-9）
懸心：2（續 10-121-5，續 16-127-9）
漩窩：1（續 15-126-2）
選：1（續 15-126-3）
選擇：1（問 10-79-6）
鏇：1（續 15-126-2）
颱風：1（續 15-126-1）
楦頭楦：1（續 15-126-1）
靴：1（言 3-280-8）
靴子：8（散 11-42-1，散 11-42-1，散 11-42-5，
　　　散 11-42-6，散 11-42-6，散 11-42-7，
　　　散 11-42-10，言 14-289-3）
學：52（散 6-37-3，散 6-37-3，問 4-100-12，
　　　問 9-82-2，問 9-81-7，問 9-81-7，
　　　問 10-80-2，問 10-80-6，問 10-80-8，
　　　問 10-80-10，問 10-79-3，問 10-79-4，
　　　問 10-79-7，問 10-79-7，問 10-79-12，
　　　問 10-76-10，問 10-76-11，問 10-75-7，
　　　問 10-75-8，談 1-214-2，談 1-214-4，
　　　談 1-214-9，談 1-214-10，談 2-213-2，
　　　談 2-213-8，談 2-213-9，談 3-213-12，
　　　談 3-212-4，談 3-212-8，談 4-212-10，
　　　談 4-212-10，談 4-212-12，談 6-210-9，
　　　談 7-209-6，談 7-209-6，談 7-209-8，
　　　談 7-209-12，談 16-202-11，談 18-201-12，
　　　談 20-199-11，談 27-193-3，談 41-182-9，
　　　談 47-177-7，談 57-169-10，談 79-150-10，
　　　談 100-133-12，談 100-132-1，
　　　談 100-132-3，言 1-288-2，言 1-287-5，
　　　言 3-282-9，言 13-249-12）
學房：2（談 5-211-11，談 5-211-12）
學話：1（言 1-288-4）

學壞：1（談 41-182-8）
學會：3（談 3-212-6，談 79-150-9，
　　　言 1-287-7）
學來學去：1（談 2-213-6）
學生：10（散 5-36-1，散 5-36-9，問 10-79-3，
　　　問 10-79-12，問 10-78-11，問 10-77-3，
　　　問 10-76-8，問 10-76-11，問 10-75-7，
　　　問 10-75-12）
學生們：1（問 10-80-3）
學問：4（談 8-208-3，談 14-204-10，
　　　談 19-200-12，言 7-268-10）
學習：4（散 38-69-1，散 38-69-6，問 10-79-3，
　　　問 10-79-12）
雪：5（散 9-40-7，談 97-135-6，談 97-135-6，
　　　談 97-135-10，言 10-251-3）
雪白：3（續 9-120-12，談 35-187-10，
　　　談 97-135-11）
尋：4（續 1-112-6，談 38-184-5，談 65-162-9，
　　　談 78-151-10）
尋嗔：1（談 54-172-8）
巡察：2（散 20-51-1，散 20-51-4）
巡船：3（問 5-97-8，問 5-96-5，問 6-94-5）
巡撫：2（問 2-107-2，問 2-107-2）
巡哨船：2（問 5-96-6，問 5-95-2）
巡役們：4（問 5-97-9，問 5-97-10，
　　　問 5-97-12，問 5-96-4）
訓：1（續 10-121-2）
徇庇：1（問 6-93-7）

Y

壓：2（談 10-206-4，談 93-138-10）
壓驚：1（問 7-89-7）
呀：35（問 2-107-11，問 2-107-12，
　　　問 5-98-9，問 5-96-9，問 6-93-3，
　　　問 7-90-4，問 7-89-6，問 10-75-11，
　　　續 3-114-8，續 4-115-6，續 5-116-9，
　　　談 5-210-1，談 9-207-4，談 11-206-10，
　　　談 11-205-1，談 28-193-6，談 28-193-12，
　　　談 29-192-8，談 29-192-8，談 31-190-8，

　　　　談 33-188-3，談 43-180-6，談 46-178-7，
　　　　談 47-177-6，談 50-175-10，談 51-174-10，
　　　　談 55-171-10，談 55-171-12，談 57-169-4，
　　　　談 60-166-2，談 60-166-7，談 66-161-6，
　　　　談 83-146-2，談 93-138-5，談 100-132-5）
鴉片烟：1（續 7-118-9）
鴨：1（言 3-280-8）
牙：3（散 1-32-9，續 10-121-7，續 12-123-6）
牙清口白：1（談 66-161-7）
衙門：19（散 4-35-2，散 4-35-6，散 11-42-7，
　　　　散 34-65-7，散 38-69-8，散 38-69-10，
　　　　問 2-108-7，問 7-90-9，談 5-210-3，
　　　　談 65-162-2，談 96-136-10，談 98-134-2，
　　　　言 9-260-3，言 9-260-6，言 10-256-7，
　　　　言 10-256-9，言 10-256-10，言 10-256-11，
　　　　言 12-249-5）
衙門候補：1（散 38-69-5）
衙役：2（散 38-69-2，散 38-69-10）
啞：2（續 5-116-4，談 45-179-11）
啞吧：1（談 55-171-7）
煙：1（問 5-97-5）
煙館：1（問 5-97-2）
煙禁：1（問 5-97-4）
煙土：1（言 3-276-10）
烟燻火燎：1（續 15-126-6）
焉：4（談 16-202-10，談 17-201-7，
　　　　談 80-149-4，言 1-285-9）
淹：1（續 15-126-6）
腌臢：5（散 11-42-1，散 11-42-2，散 11-42-3，
　　　　散 11-42-6，續 15-126-6）
延纏：1（談 49-176-10）
嚴明：1（續 13-124-3）
嚴嚴兒：1（談 9-207-6）
言：1（言 1-285-9）
言不應口：1（續 8-119-12）
言聽計從：1（續 18-129-8）
言語：6（散 23-54-1，散 23-54-3，問 3-105-3，
　　　　續 2-113-9，續 12-123-10，續 12-123-10）
言語兒：1（談 87-143-12）
言重：1（問 2-107-6）

沿：2（談 86-144-7，談 86-144-8）
沿江：1（言 11-249-2）
沿路兒：1（談 92-139-9）
鹽：1（續 10-121-2）
顏色：2（散 28-59-6，散 28-59-6）
顏色兒：9（散 28-59-1，散 28-59-5，
　　　　散 28-59-6，散 28-59-7，散 28-59-8，
　　　　續 6-117-1，談 34-188-10，談 34-187-1，
　　　　談 91-139-1）
簷溜：1（問 10-74-2）
掩：2（談 75-153-2，談 92-138-2）
眼：7（散 30-61-1，續 5-116-11，談 44-180-9，
　　　　談 46-178-11，言 3-272-8，言 3-272-8，
　　　　言 3-272-8）
眼巴巴兒：1（談 15-203-11）
眼不見，嘴不饞，耳不聽，心不煩：1
　　　　（續 15-126-9）
眼聰着：2（談 13-204-3，談 85-145-10）
眼錯不見：1（續 10-121-11）
眼角兒：1（談 57-169-9）
眼睛：13（散 17-48-1，散 17-48-3，
　　　　散 17-48-4，問 4-101-5，問 4-101-6，
　　　　續 2-113-7，續 2-113-7，談 15-203-7，
　　　　談 35-187-9，談 42-181-4，談 48-176-2，
　　　　談 95-136-3，言 3-280-8）
眼看：4（問 6-93-10，談 20-199-7，
　　　　談 51-174-7，談 86-144-11）
眼看着：1（談 13-204-1）
眼淚：1（談 50-174-1）
眼淚汪汪：1（談 41-182-11）
眼面前兒：1（談 5-211-8）
眼皮子：1（談 48-176-2）
眼皮子淺：2（續 18-129-7，談 78-150-6）
眼兒：5（續 9-120-5，續 12-123-4，
　　　　續 12-123-5，談 82-147-2，談 86-143-1）
眼色兒：1（談 43-180-2）
眼珠兒：2（談 56-170-9，談 57-169-11）
演習：1（談 27-194-8）
厭煩：5（談 23-196-5，談 23-196-7，
　　　　談 41-181-1，談 47-177-6，談 99-133-4）

硯台：1（續 3-114-1）
嚥不下：1（續 15-126-7）
揚氣：1（續 3-114-2）
楊村：1（問 8-87-4）
羊：4（言 3-280-8，言 3-273-7，言 4-271-8，
　　言 4-271-9）
羊角風：1（續 15-126-1）
羊肉：1（散 1-32-9）
洋貨：1（問 5-98-9）
洋錢：1（言 3-277-11）
洋藥：7（問 5-98-10，問 5-98-10，問 5-98-10，
　　問 5-98-11，問 5-97-7，問 6-95-6，
　　問 6-95-9）
仰八脚兒：1（續 5-116-2）
仰面：1（談 24-195-2）
仰面兒：1（談 56-170-12）
養：7（談 23-196-2，談 52-173-8，
　　談 87-142-3，談 94-137-9，談 99-133-7，
　　言 9-257-4，言 9-257-5）
養兒子：1（談 87-143-6）
養活：7（問 4-100-2，問 5-99-11，問 5-99-12，
　　問 5-98-1，談 16-202-3，談 33-188-3，
　　談 80-149-9）
養兒：1（談 16-202-3）
養身子：1（談 49-175-3）
癢癢：2（談 43-180-4，談 67-160-6）
樣：3（談 37-185-6，言 3-280-6，言 3-272-5）
樣兒：28（問 3-102-3，續 5-116-4，
　　續 14-125-7，談 5-211-8，談 9-207-5，
　　談 10-206-2，談 16-202-7，談 16-202-10，
　　談 16-202-11，談 23-196-3，談 28-193-9，
　　談 30-191-4，談 33-189-12，談 34-187-3，
　　談 41-182-7，談 49-175-2，談 50-175-11，
　　談 56-170-4，談 59-167-3，談 59-167-8，
　　談 65-162-7，談 70-158-5，談 77-151-7，
　　談 79-150-9，談 87-142-3，談 88-142-12，
　　言 3-275-9，言 14-290-3）
樣樣兒：1（談 13-204-1）
樣子：10（散 30-61-7，散 31-62-6，
　　問 10-75-6，問 10-75-7，問 10-75-8，

談 83-146-2，言 3-281-1，言 3-279-12，
　　言 3-272-4，言 9-262-8）
吆喝：1（談 93-138-10）
腰：1（散 17-48-6）
腰刀：1（談 35-186-2）
腰牌：1（言 8-264-2）
腰腿：2（散 17-48-1，散 17-48-7）
謠言：1（談 32-189-2）
搖：1（續 4-115-8）
搖提：1（續 5-116-10）
搖鈴兒：1（續 4-115-8）
搖頭愰腦：1（續 12-123-3）
搖搖擺擺：1（談 57-169-9）
咬定：1（談 63-163-1）
咬舌兒：1（談 30-191-6）
藥：10（續 9-120-2，續 14-125-6，
　　續 14-125-8，談 50-175-11，談 52-173-1，
　　談 52-173-7，言 3-281-5，言 3-281-5，
　　言 3-281-5，言 3-281-6）
藥材：1（問 5-98-8）
藥方兒：1（談 52-173-6）
藥性：1（談 52-173-4）
要：216（散 2-33-4，散 2-33-6，散 4-35-7，
　　散 5-36-5，散 5-36-5，散 7-38-3，
　　散 11-42-9，散 11-42-10，散 13-44-9，
　　散 14-45-7，散 14-45-7，散 15-46-10，
　　散 22-53-5，散 23-54-10，散 24-55-8，
　　散 26-57-10，散 27-58-9，散 28-59-6，
　　散 28-59-9，散 29-60-10，散 34-65-4，
　　散 34-65-4，散 35-66-3，散 35-66-6，
　　散 36-67-9，散 37-68-7，問 2-108-3，
　　問 2-108-3，問 2-107-5，問 3-105-3，
　　問 3-105-3，問 3-105-4，問 3-104-3，
　　問 3-104-5，問 3-104-7，問 3-103-10，
　　問 3-102-4，問 4-102-9，問 4-102-10，
　　問 4-99-1，問 5-98-8，問 5-97-4，
　　問 5-97-10，問 5-97-10，問 5-97-11，
　　問 5-97-11，問 5-96-1，問 5-96-4，
　　問 5-96-11，問 5-96-11，問 5-95-4，
　　問 6-93-1，問 6-93-2，問 6-92-6，

問 7-89-9, 問 8-88-4, 問 8-86-12,
問 8-85-2, 問 8-85-3, 問 8-84-6,
問 8-84-12, 問 9-83-6, 問 9-83-7,
問 9-83-8, 問 9-83-9, 問 9-83-10,
問 9-81-7, 問 10-80-4, 問 10-79-5,
問 10-75-8, 問 10-75-12, 續 1-112-1,
續 1-112-2, 續 2-113-11, 續 2-113-11,
續 2-113-11, 續 4-115-4, 續 5-116-4,
續 5-116-5, 續 7-118-1, 續 7-118-2,
續 8-119-3, 續 8-119-9, 續 8-119-9,
續 14-125-11, 續 16-127-2, 談 1-214-9,
談 2-213-3, 談 2-213-8, 談 4-211-2,
談 5-210-2, 談 5-210-4, 談 7-209-6,
談 10-207-11, 談 10-207-11,
談 10-207-11, 談 10-206-2, 談 11-206-11,
談 12-205-5, 談 13-204-2, 談 13-204-5,
談 13-204-5, 談 15-203-6, 談 15-203-9,
談 15-203-11, 談 18-200-5, 談 21-198-3,
談 27-194-11, 談 27-193-2, 談 28-193-12,
談 36-186-11, 談 37-185-4, 談 38-184-2,
談 38-184-4, 談 40-182-4, 談 41-182-8,
談 43-180-5, 談 45-179-10, 談 46-178-12,
談 47-177-5, 談 48-177-12, 談 53-173-11,
談 53-172-4, 談 53-172-5, 談 55-171-12,
談 58-168-7, 談 59-167-6, 談 63-163-3,
談 65-162-9, 談 67-160-4, 談 67-160-7,
談 68-159-2, 談 71-157-5, 談 71-157-11,
談 70-156-5, 談 70-156-10, 談 73-155-9,
談 74-154-4, 談 75-153-7, 談 78-150-5,
談 80-149-8, 談 80-149-8, 談 81-148-7,
談 82-148-9, 談 82-147-5, 談 83-146-2,
談 84-146-10, 談 84-146-10, 談 88-142-7,
談 94-137-4, 談 94-137-6, 談 96-136-10,
談 98-134-3, 談 99-133-8, 談 100-133-11,
談 100-133-11, 言 1-286-5, 言 1-286-5,
言 1-286-7, 言 1-286-8, 言 1-286-9,
言 1-286-10, 言 1-286-10, 言 2-283-3,
言 2-283-3, 言 3-283-10, 言 3-282-7,
言 3-282-10, 言 3-281-5, 言 3-280-6,
言 3-280-9, 言 3-279-11, 言 3-272-6,
言 4-272-10, 言 4-271-1, 言 4-271-9,
言 4-271-11, 言 4-271-12, 言 4-271-12,
言 5-270-9, 言 5-269-3, 言 8-267-11,
言 8-267-12, 言 8-266-2, 言 8-265-5,
言 8-264-2, 言 8-264-4, 言 8-264-4,
言 8-264-4, 言 8-264-12, 言 8-263-1,
言 8-263-5, 言 8-263-5, 言 8-263-6,
言 8-263-8, 言 8-263-8, 言 9-261-8,
言 9-261-9, 言 9-257-10, 言 10-255-6,
言 10-253-1, 言 10-253-3, 言 10-253-8,
言 10-253-8, 言 10-253-8, 言 10-252-9,
言 10-252-9, 言 13-248-4, 言 13-248-4,
言 14-289-1, 言 14-289-1, 言 14-289-1,
言 14-291-3, 言 14-291-3, 言 14-291-4,
言 14-292-3）

要飯：1（問 6-93-10）
要價兒還價兒：1（續 18-129-1）
要緊：20（散 40-71-1, 散 40-71-2,
　　問 3-106-8, 問 3-106-8, 問 3-103-11,
　　談 1-214-2, 談 4-212-10, 談 10-207-9,
　　談 26-195-12, 談 31-190-7, 談 47-177-7,
　　談 59-167-9, 談 61-166-12, 談 68-159-5,
　　談 71-157-7, 談 70-156-5, 言 9-258-1,
　　言 9-258-9, 言 10-252-4, 言 13-248-2）
要事：2（散 22-53-7, 散 37-68-6）
要要飯的：1（問 6-93-10）
鑰匙：1（續 17-128-7）
爺們：4（散 31-62-1, 散 31-62-3,
　　談 70-156-9, 言 6-269-8）
也：334（散 6-37-5, 散 6-37-6, 散 8-39-1,
　　散 8-39-5, 散 8-39-5, 散 8-39-6,
　　散 14-45-8, 散 15-46-8, 散 15-46-10,
　　散 16-47-8, 散 17-48-3, 散 18-49-10,
　　散 19-50-4, 散 19-50-5, 散 20-51-4,
　　散 20-51-8, 散 20-51-10, 散 21-52-9,
　　散 22-53-4, 散 22-53-4, 散 23-54-4,
　　散 23-54-5, 散 24-55-11, 散 26-57-7,
　　散 27-58-5, 散 27-58-6, 散 27-58-8,
　　散 28-59-8, 散 29-60-7, 散 30-61-3,
　　散 30-61-3, 散 30-61-3, 散 30-61-6,

散 30-61-7, 散 30-61-10, 散 31-62-9,
散 32-63-6, 散 37-68-2, 散 37-68-4,
散 38-69-8, 散 39-70-3, 散 39-70-6,
問 1-109-2, 問 1-109-7, 問 1-109-7,
問 2-107-5, 問 2-107-12, 問 2-106-2,
問 3-105-1, 問 3-104-10, 問 3-104-11,
問 3-104-11, 問 4-102-10, 問 4-101-9,
問 4-101-10, 問 4-101-11, 問 5-99-10,
問 5-98-2, 問 5-98-6, 問 5-98-12,
問 5-97-2, 問 5-97-3, 問 5-97-12,
問 5-96-3, 問 5-95-4, 問 6-95-9,
問 6-95-12, 問 6-94-3, 問 6-94-4,
問 6-94-4, 問 6-94-6, 問 6-94-8,
問 6-94-9, 問 6-93-5, 問 6-93-5,
問 6-93-11, 問 7-89-3, 問 8-85-10,
問 8-84-2, 問 8-84-7, 問 8-84-9,
問 9-83-12, 問 9-82-4, 問 9-81-2,
問 9-81-2, 問 10-80-8, 問 10-80-9,
問 10-79-1, 問 10-79-1, 問 10-79-7,
問 10-78-2, 問 10-78-3, 問 10-78-6,
問 10-77-8, 問 10-76-11, 問 10-75-5,
問 10-75-8, 問 10-75-9, 問 10-75-10,
問 10-75-12, 問 10-74-3, 續 2-113-1,
續 2-113-5, 續 3-114-9, 續 6-117-4,
續 8-119-6, 續 12-123-5, 續 12-123-5,
續 13-124-6, 談 2-213-5, 談 2-213-6,
談 2-213-8, 談 3-212-6, 談 3-212-8,
談 4-212-12, 談 5-211-12, 談 5-210-4,
談 6-210-10, 談 6-210-11, 談 6-209-3,
談 7-209-8, 談 9-207-5, 談 11-205-1,
談 12-205-6, 談 12-205-8, 談 14-204-11,
談 16-202-7, 談 16-202-11, 談 17-201-6,
談 17-201-7, 談 18-200-1, 談 20-199-10,
談 20-199-12, 談 21-198-10, 談 23-196-3,
談 24-195-5, 談 25-195-7, 談 25-195-10,
談 26-195-12, 談 27-194-9, 談 27-194-9,
談 27-194-12, 談 27-193-3, 談 28-193-8,
談 28-193-10, 談 28-192-2, 談 29-192-6,
談 29-192-6, 談 29-192-8, 談 29-192-9,
談 30-191-9, 談 31-190-7, 談 32-190-11,

談 33-189-9, 談 33-188-2, 談 33-188-2,
談 34-188-8, 談 34-188-10, 談 34-188-11,
談 34-188-12, 談 34-188-12, 談 34-187-1,
談 34-187-1, 談 34-187-5, 談 36-186-6,
談 37-185-9, 談 37-185-9, 談 37-185-10,
談 38-184-5, 談 38-184-8, 談 39-183-3,
談 39-183-3, 談 39-183-5, 談 41-182-9,
談 43-180-6, 談 44-179-3, 談 45-179-11,
談 45-179-11, 談 45-179-12, 談 45-178-1,
談 45-178-2, 談 46-178-10, 談 46-178-12,
談 47-177-3, 談 48-176-2, 談 48-176-2,
談 49-175-1, 談 50-174-2, 談 51-174-8,
談 51-174-9, 談 52-173-2, 談 53-173-12,
談 53-172-1, 談 56-170-5, 談 56-170-7,
談 57-169-5, 談 57-169-9, 談 58-168-4,
談 59-167-9, 談 60-166-1, 談 60-166-4,
談 60-166-6, 談 61-166-11, 談 61-166-11,
談 61-165-2, 談 63-163-2, 談 63-163-3,
談 64-163-12, 談 65-162-4, 談 65-162-4,
談 65-162-9, 談 65-162-11, 談 66-161-9,
談 67-160-1, 談 67-160-1, 談 67-160-8,
談 68-159-2, 談 68-159-5, 談 69-159-10,
談 69-159-12, 談 70-158-6, 談 70-157-1,
談 71-157-8, 談 71-157-9, 談 71-157-10,
談 70-156-11, 談 70-156-12, 談 74-154-5,
談 74-154-6, 談 75-153-2, 談 75-153-7,
談 76-152-1, 談 76-152-4, 談 76-152-6,
談 76-152-9, 談 77-151-3, 談 77-151-6,
談 77-151-7, 談 78-151-10, 談 78-151-11,
談 78-150-2, 談 78-150-3, 談 78-150-5,
談 80-149-5, 談 82-148-10, 談 84-145-1,
談 85-145-7, 談 85-145-11, 談 85-145-12,
談 85-144-2, 談 87-143-10, 談 87-143-10,
談 87-142-3, 談 90-140-4, 談 90-140-6,
談 90-140-6, 談 90-140-6, 談 91-139-4,
談 91-139-5, 談 91-139-5, 談 92-139-12,
談 93-138-6, 談 94-137-8, 談 95-136-1,
談 95-136-1, 談 97-135-8, 談 98-134-4,
談 98-134-8, 談 99-133-5, 談 99-133-6,
談 100-132-1, 言 1-287-7, 言 1-286-9,

言 1-285-4, 言 2-284-2, 言 2-284-7,
言 2-283-1, 言 2-283-7, 言 3-283-12,
言 3-282-1, 言 3-282-5, 言 3-282-10,
言 3-280-6, 言 3-280-12, 言 3-279-3,
言 3-279-9, 言 3-279-10, 言 3-278-6,
言 3-278-9, 言 3-278-11, 言 3-277-6,
言 3-277-7, 言 3-277-7, 言 3-277-8,
言 3-277-8, 言 3-277-10, 言 3-277-11,
言 3-276-2, 言 3-275-1, 言 3-274-10,
言 3-273-1, 言 3-273-6, 言 3-273-9,
言 3-273-9, 言 3-272-1, 言 4-271-5,
言 4-271-12, 言 7-268-5, 言 8-264-8,
言 8-264-12, 言 8-263-5, 言 8-263-6,
言 9-262-1, 言 9-262-6, 言 9-260-8,
言 9-258-1, 言 9-258-3, 言 9-258-7,
言 9-257-2, 言 9-257-11, 言 9-257-12,
言 10-255-1, 言 10-255-5, 言 10-255-10,
言 10-252-1, 言 10-251-3, 言 11-249-2,
言 12-249-5, 言 12-249-5, 言 12-249-5,
言 12-249-6, 言 14-289-3, 言 14-293-5,
言 14-294-2)

也不怎麽樣：1（問 6-93-4）
野地：2（散 30-61-2, 散 30-61-10）
野鹿：1（續 14-125-1）
野外：1（談 18-201-12）
拽：3（散 17-48-2, 散 17-48-10,
　　　散 17-48-10）
夜：8（散 10-41-2, 散 10-41-2, 散 10-41-8,
　　　問 8-87-6, 問 8-87-6, 談 51-174-4,
　　　談 75-154-12, 談 75-153-1）
夜裏：4（散 10-41-1, 散 10-41-4, 散 10-41-7,
　　　　散 21-52-3）
一：691（散 1-32-2, 散 1-32-9, 散 4-35-2,
　　　散 4-35-2, 散 4-35-6, 散 4-35-8,
　　　散 6-37-1, 散 6-37-1, 散 6-37-2,
　　　散 6-37-2, 散 6-37-4, 散 7-38-1,
　　　散 7-38-1, 散 7-38-1, 散 7-38-1,
　　　散 7-38-1, 散 7-38-2, 散 7-38-2,
　　　散 7-38-2, 散 7-38-2, 散 7-38-2,
　　　散 7-38-2, 散 7-38-2, 散 7-38-2,

散 7-38-3, 散 7-38-4, 散 7-38-5,
散 8-39-1, 散 8-39-1, 散 8-39-1,
散 8-39-8, 散 8-39-8, 散 10-41-5,
散 10-41-7, 散 10-41-8, 散 11-42-1,
散 11-42-2, 散 11-42-2, 散 11-42-3,
散 11-42-4, 散 11-42-5, 散 11-42-6,
散 12-43-2, 散 12-43-2, 散 12-43-4,
散 12-43-5, 散 12-43-8, 散 12-43-8,
散 12-43-8, 散 12-43-8, 散 12-43-9,
散 13-44-2, 散 13-44-2, 散 13-44-6,
散 13-44-7, 散 13-44-8, 散 14-45-6,
散 15-46-2, 散 16-47-1, 散 19-50-10,
散 21-52-1, 散 21-52-1, 散 21-52-1,
散 21-52-2, 散 21-52-4, 散 21-52-4,
散 21-52-6, 散 21-52-6, 散 21-52-6,
散 21-52-6, 散 21-52-7, 散 22-53-3,
散 22-53-7, 散 22-53-8, 散 23-54-1,
散 23-54-3, 散 23-54-4, 散 23-54-4,
散 23-54-8, 散 23-54-8, 散 24-55-9,
散 24-55-10, 散 25-56-1, 散 25-56-2,
散 25-56-7, 散 25-56-9, 散 25-56-9,
散 25-56-10, 散 26-57-2, 散 26-57-6,
散 26-57-6, 散 26-57-7, 散 26-57-8,
散 27-58-4, 散 27-58-8, 散 27-58-9,
散 28-59-1, 散 28-59-1, 散 28-59-5,
散 28-59-5, 散 28-59-7, 散 28-59-10,
散 28-59-10, 散 29-60-2, 散 29-60-8,
散 30-61-1, 散 30-61-1, 散 30-61-1,
散 33-64-9, 散 33-64-10, 散 34-65-4,
散 34-65-5, 散 34-65-10, 散 35-66-1,
散 35-66-1, 散 35-66-2, 散 35-66-5,
散 35-66-6, 散 35-66-6, 散 35-66-8,
散 36-67-4, 散 36-67-8, 散 36-67-9,
散 37-68-6, 散 37-68-7, 散 37-68-8,
散 37-68-9, 散 37-68-10, 散 37-68-10,
散 39-70-4, 問 1-109-3, 問 1-109-8,
問 2-107-10, 問 2-107-10, 問 3-104-2,
問 3-104-4, 問 3-104-5, 問 3-104-10,
問 4-100-6, 問 4-100-6, 問 4-100-7,
問 5-98-2, 問 5-97-2, 問 5-96-7,

問 5-96-7，問 5-96-11，問 5-95-2，
問 6-94-1，問 6-94-11，問 6-94-12，
問 6-93-1，問 6-93-3，問 6-93-9，
問 8-88-10，問 8-87-2，問 8-87-3，
問 8-87-6，問 8-87-6，問 8-87-10，
問 8-87-12，問 8-86-1，問 8-86-1，
問 8-86-1，問 8-86-4，問 8-86-6，
問 8-85-12，問 8-84-4，問 8-84-5，
問 9-83-7，問 9-83-10，問 9-83-11，
問 9-83-12，問 9-82-1，問 9-82-2，
問 9-82-4，問 9-82-5，問 9-82-7，
問 9-82-12，問 9-81-1，問 9-81-8，
問 10-80-10，問 10-80-11，問 10-80-12，
問 10-79-3，問 10-79-7，問 10-79-9，
問 10-79-9，問 10-79-10，問 10-79-12，
問 10-78-3，問 10-78-8，問 10-78-8，
問 10-78-10，問 10-78-10，問 10-78-11，
問 10-77-3，問 10-77-9，問 10-77-11，
問 10-76-2，問 10-76-4，問 10-76-4，
問 10-76-12，問 10-76-12，問 10-75-2，
問 10-75-4，問 10-75-5，問 10-75-7，
問 10-75-10，問 10-74-1，問 10-74-1，
問 10-74-1，問 10-74-1，續 1-112-6，
續 1-112-10，續 2-113-2，續 3-114-6，
續 5-116-4，續 5-116-7，續 5-116-11，
續 6-117-8，續 6-117-10，續 6-117-10，
續 6-117-11，續 6-117-11，續 7-118-8，
續 7-118-11，續 8-119-9，續 9-120-2，
續 10-121-1，續 11-122-9，續 12-123-11，
續 13-124-11，續 13-124-12，續 14-125-4，
續 15-126-4，續 15-126-11，續 16-127-3，
續 16-127-3，續 16-127-10，續 17-128-2，
續 17-128-8，續 17-128-11，談 4-212-10，
談 4-211-1，談 4-211-2，談 5-210-1，
談 6-210-7，談 6-210-7，談 8-208-5，
談 8-208-6，談 9-207-2，談 9-207-3，
談 9-207-7，談 12-205-4，談 13-204-2，
談 14-204-9，談 14-203-1，談 16-202-8，
談 17-201-2，談 17-201-5，談 17-201-7，
談 17-201-7，談 17-201-8，談 18-201-12，

談 18-200-1，談 18-200-2，談 18-200-3，
談 18-200-3，談 18-200-4，談 18-200-5，
談 18-200-6，談 19-199-2，談 21-198-8，
談 22-197-4，談 22-197-5，談 22-197-7，
談 23-196-5，談 24-195-2，談 27-194-10，
談 27-194-10，談 27-194-10，
談 27-194-12，談 27-193-1，談 27-193-3，
談 28-193-10，談 29-192-5，談 30-191-4，
談 30-191-5，談 30-191-5，談 30-191-6,
談 30-191-7，談 32-189-3，談 34-188-10，
談 34-188-12，談 35-187-9，談 35-187-9，
談 35-187-10，談 35-187-10，
談 35-187-11，談 35-186-3，談 35-186-3，
談 36-186-6，談 36-186-7，談 36-186-12，
談 36-185-1，談 38-184-9，談 39-184-12，
談 40-183-10，談 40-183-10，
談 40-183-12，談 40-183-12，談 40-182-1，
談 40-182-1，談 40-182-3，談 41-182-11，
談 42-181-8，談 46-178-10，談 48-176-3，
談 48-176-6，談 50-175-7，談 50-175-11，
談 51-174-4，談 51-174-7，談 51-174-10，
談 52-174-12，談 52-173-3，談 52-173-4，
談 52-173-5，談 53-173-12，談 54-171-2，
談 54-171-3，談 55-171-9，談 55-170-1，
談 56-170-9，談 56-170-12，談 58-168-5，
談 58-168-10，談 59-167-3，談 59-167-7，
談 61-165-2，談 62-165-9，談 62-164-5，
談 63-163-1，談 63-163-3，談 64-163-10，
談 65-162-2，談 65-162-3，談 65-162-4，
談 65-162-5，談 65-162-8，談 68-160-12，
談 68-160-12，談 68-159-3，談 68-159-3，
談 68-159-4，談 70-158-12，談 70-157-1，
談 71-157-5，談 71-157-8，談 71-157-12，
談 73-155-3，談 73-155-11，談 74-154-3，
談 74-154-4，談 75-153-1，談 75-153-7，
談 75-153-9，談 77-152-11，談 77-151-1，
談 78-150-5，談 81-149-11，談 82-148-9，
談 82-148-12，談 82-147-1，談 83-146-1，
談 83-146-2，談 84-146-9，談 84-146-10，
談 84-146-10，談 85-145-8，談 87-143-10，

談 87-142-2, 談 87-142-3, 談 89-141-5, 談 89-141-6, 談 89-141-8, 談 89-141-8, 談 90-140-2, 談 90-140-6, 談 91-139-1, 談 92-138-2, 談 94-137-3, 談 95-136-6, 談 95-136-6, 談 96-136-9, 談 96-136-10, 談 96-136-11, 談 96-136-12, 談 97-135-5, 談 97-135-5, 談 97-135-6, 談 97-135-7, 談 97-135-9, 談 97-135-10, 談 100-132-5, 言 1-287-3, 言 1-287-3, 言 1-287-4, 言 1-287-4, 言 1-287-8, 言 1-287-9, 言 1-286-5, 言 1-286-8, 言 1-286-10, 言 1-285-11, 言 2-284-8, 言 2-283-3, 言 2-283-4, 言 3-283-10, 言 3-283-10, 言 3-283-11, 言 3-283-11, 言 3-283-11, 言 3-282-10, 言 3-282-11, 言 3-282-11, 言 3-281-2, 言 3-281-2, 言 3-281-2, 言 3-281-4, 言 3-281-4, 言 3-281-5, 言 3-281-5, 言 3-281-7, 言 3-281-7, 言 3-281-7, 言 3-281-7, 言 3-281-7, 言 3-281-8, 言 3-280-2, 言 3-280-3, 言 3-280-3, 言 3-280-3, 言 3-280-4, 言 3-280-5, 言 3-280-6, 言 3-280-10, 言 3-280-11, 言 3-280-11, 言 3-280-11, 言 3-280-12, 言 3-280-12, 言 3-280-12, 言 3-279-1, 言 3-279-1, 言 3-279-2, 言 3-279-2, 言 3-279-5, 言 3-279-5, 言 3-279-5, 言 3-279-5, 言 3-279-6, 言 3-279-6, 言 3-279-6, 言 3-279-7, 言 3-279-8, 言 3-279-8, 言 3-279-10, 言 3-279-10, 言 3-279-10, 言 3-279-10, 言 3-279-11, 言 3-279-12, 言 3-278-1, 言 3-278-1, 言 3-278-1, 言 3-278-4, 言 3-278-4, 言 3-278-5, 言 3-278-5, 言 3-278-6, 言 3-278-6, 言 3-278-6, 言 3-278-7, 言 3-278-7, 言 3-278-7, 言 3-278-8, 言 3-278-8, 言 3-278-8, 言 3-278-8, 言 3-278-11, 言 3-278-11, 言 3-277-3, 言 3-277-3, 言 3-277-3, 言 3-277-4, 言 3-277-5, 言 3-277-5, 言 3-277-5, 言 3-277-5, 言 3-277-7,
言 3-277-7, 言 3-277-8, 言 3-277-8, 言 3-277-10, 言 3-277-10, 言 3-277-10, 言 3-277-11, 言 3-277-11, 言 3-277-11, 言 3-277-11, 言 3-277-12, 言 3-277-12, 言 3-276-1, 言 3-276-1, 言 3-276-1, 言 3-276-2, 言 3-276-3, 言 3-276-3, 言 3-276-3, 言 3-276-4, 言 3-276-4, 言 3-276-5, 言 3-276-5, 言 3-276-7, 言 3-276-7, 言 3-276-8, 言 3-276-8, 言 3-276-8, 言 3-276-8, 言 3-276-8, 言 3-276-10, 言 3-276-10, 言 3-276-12, 言 3-276-12, 言 3-276-12, 言 3-276-12, 言 3-275-1, 言 3-275-1, 言 3-275-1, 言 3-275-4, 言 3-275-4, 言 3-275-4, 言 3-275-6, 言 3-275-6, 言 3-275-8, 言 3-275-8, 言 3-275-8, 言 3-275-12, 言 3-274-4, 言 3-274-4, 言 3-274-5, 言 3-274-6, 言 3-274-6, 言 3-274-8, 言 3-274-8, 言 3-274-8, 言 3-274-8, 言 3-274-8, 言 3-274-10, 言 3-274-10, 言 3-274-10, 言 3-274-11, 言 3-274-11, 言 3-274-11, 言 3-274-11, 言 3-274-11, 言 3-274-12, 言 3-274-12, 言 3-274-12, 言 3-274-12, 言 3-274-12, 言 3-274-12, 言 3-274-12, 言 3-274-12, 言 3-273-1, 言 3-273-1, 言 3-273-1, 言 3-273-1, 言 3-273-2, 言 3-273-2, 言 3-273-2, 言 3-273-4, 言 3-273-5, 言 3-273-5, 言 3-273-6, 言 3-273-6, 言 3-273-6, 言 3-273-6, 言 3-273-6, 言 3-273-6, 言 3-273-9, 言 3-273-9, 言 3-273-10, 言 3-273-11, 言 3-273-11, 言 3-273-12, 言 3-273-12, 言 3-273-12, 言 3-273-12, 言 3-272-1, 言 3-272-1, 言 3-272-1, 言 3-272-2, 言 3-272-2, 言 3-272-4, 言 3-272-6, 言 3-272-6, 言 4-271-6, 言 4-271-7, 言 4-271-9, 言 4-271-9, 言 4-271-10, 言 4-271-10, 言 4-271-10, 言 4-271-12, 言 5-270-9, 言 5-269-2, 言 6-269-8, 言 6-269-8, 言 7-268-1,

言 7-268-5, 言 7-268-10, 言 7-268-10,
言 8-267-1, 言 8-267-4, 言 8-267-8,
言 8-267-9, 言 8-267-12, 言 8-266-6,
言 8-266-9, 言 8-265-2, 言 8-265-2,
言 8-265-2, 言 8-265-2, 言 8-265-4,
言 8-265-5, 言 8-265-10, 言 8-265-10,
言 8-264-1, 言 8-264-1, 言 8-264-2,
言 8-264-2, 言 8-264-2, 言 8-264-3,
言 8-264-3, 言 8-264-4, 言 8-264-4,
言 8-264-6, 言 8-264-6, 言 8-263-2,
言 9-263-12, 言 9-262-10, 言 9-262-12,
言 9-261-4, 言 9-261-5, 言 9-260-7,
言 9-257-5, 言 10-256-6, 言 10-255-9,
言 10-254-1, 言 10-254-4, 言 10-254-7,
言 10-254-7, 言 10-254-12, 言 10-253-6,
言 10-253-6, 言 10-253-7, 言 10-253-8,
言 10-253-10, 言 10-253-12, 言 10-252-4,
言 10-251-1, 言 10-251-1, 言 10-251-1,
言 10-251-2, 言 10-251-6, 言 10-251-7,
言 10-251-8, 言 10-251-9, 言 10-251-11,
言 11-250-4, 言 11-250-6, 言 11-250-6,
言 11-250-6, 言 11-250-11, 言 12-249-7,
言 13-248-4, 言 14-290-3, 言 14-292-1,
言 14-294-5）

一百：6（問 5-97-11, 問 5-97-11, 問 5-97-12,
言 3-274-3, 言 8-263-1, 言 8-263-6）

一百零三：1（散 1-32-5）

一百三十六：1（問 10-80-11）

一百萬：1（散 1-32-3）

一百萬零三百：1（散 1-32-2）

一百一十八：1（散 1-32-6）

一般：1（談 33-188-1）

一般一配：2（談 62-165-12, 談 70-158-8）

一半：3（問 6-94-10, 談 61-166-11,
言 3-280-9）

一半兒：4（續 4-115-8, 續 4-115-8,
談 18-200-7, 談 31-190-4）

一輩兒：2（散 31-62-4, 散 31-62-4）

一輩子：4（續 17-128-11, 談 77-151-6,
談 79-150-9, 談 99-133-6）

一邊兒：5（續 1-112-11, 續 7-118-4,
言 8-265-2, 言 8-265-3, 言 8-265-3）

一遍：2（續 18-129-2, 談 84-146-8）

一併：2（談 31-190-3, 言 3-282-9）

一步兒：1（談 20-199-12）

一層：1（問 5-98-11）

一場：1（談 51-174-9）

一處：1（言 3-281-9）

一處兒：3（談 14-204-10, 談 56-170-8,
談 82-147-3）

一次：3（問 7-91-12, 談 44-180-12,
言 14-293-5）

一帶：1（問 8-85-11）

一旦：1（談 65-162-10）

一等：1（續 2-113-9）

一點：6（散 22-53-7, 問 2-108-4, 問 5-98-2,
談 67-161-12, 談 67-161-12,
談 98-134-2）

一點半鐘：1（散 9-40-4）

一點兒：30（散 25-56-10, 問 2-108-6,
問 3-102-3, 問 8-86-9, 問 10-77-10,
問 10-78-6, 續 7-118-8, 續 15-126-10,
談 1-214-4, 談 3-212-1, 談 7-209-9,
談 19-199-2, 談 27-194-12, 談 33-189-11,
談 42-181-5, 談 53-173-12, 談 54-172-11,
談 69-159-12, 談 70-158-6, 談 70-157-1,
談 70-156-11, 談 78-150-4, 談 79-150-9,
談 84-145-2, 談 85-145-7, 談 90-141-12,
談 93-138-5, 談 95-136-6, 談 99-133-5,
言 10-255-12）

一點鐘：1（散 9-40-4）

一點鐘兩刻：2（散 9-40-3, 散 9-40-4）

一定：18（散 19-50-5, 散 20-51-3,
問 6-93-12, 問 8-86-11, 問 8-86-11,
談 9-207-6, 談 10-206-4, 談 12-205-5,
談 12-205-6, 談 40-182-4, 談 74-154-6,
談 83-147-10, 談 94-137-6, 言 3-274-1,
言 4-271-9, 言 9-257-10, 言 10-256-10,
言 12-249-7）

一定兒：1（問 5-96-11）

一肚子氣：1（續 12-123-6）
一端：1（言 1-285-3）
一頓：3（談 41-182-10，談 43-180-4，談 44-180-10）
一二千：1（散 40-71-6）
一分兒：1（問 2-107-11）
一概：1（談 61-165-6）
一箇：1（談 81-148-1）
一個巴掌拍不響：1（續 17-128-8）
一個頂十個：1（談 87-142-3）
一個個：1（談 43-180-2）
一個個兒：1（續 3-114-4）
一個樣：7（散 33-64-8，續 10-121-11，談 17-201-7，談 42-181-3，談 54-172-9，談 87-142-2，談 95-136-4）
一個樣兒：6（散 13-44-9，談 1-214-3，談 14-203-1，談 39-183-1，談 85-145-9，談 86-144-10）
一紅一白：1（談 68-159-4）
一會兒：6（散 9-40-3，散 20-51-8，談 45-179-9，談 95-136-3，談 96-136-11，言 14-290-5）
一會兒一會兒：1（談 21-198-7）
一會子：4（談 22-197-6，談 51-174-5，談 84-145-1，談 95-136-5）
一家：1（問 2-107-10）
一家兒：2（談 5-210-2，談 41-182-12）
一家子：2（散 31-62-3，談 100-133-12）
一家子團圓：1（續 15-126-4）
一截兒：3（談 27-193-1，談 98-134-9，談 98-134-9）
一舉兩得：1（問 10-79-4）
一塊：4（散 30-61-10，問 5-96-5，談 70-158-5，談 75-153-5）
一塊兒：26（散 6-37-8，散 20-51-10，散 24-55-6，散 28-59-4，散 29-60-2，問 3-104-7，問 3-103-7，問 8-84-4，問 10-77-8，續 1-112-4，談 12-205-7，談 17-201-2，談 17-201-2，談 24-196-11，談 56-170-7，談 63-164-9，言 1-288-12，言 3-280-2，言 3-280-11，言 3-279-6，言 3-279-7，言 3-276-3，言 3-274-6，言 3-274-10，言 10-255-2，言 10-254-7）
一來：2（問 8-87-8，言 10-253-11）
一連：3（談 2-213-4，談 48-177-12，談 83-147-9）
一兩：4（談 2-213-10，談 44-179-5，談 86-144-8，談 94-137-9）
一溜兒：1（談 88-142-11）
一路：1（散 30-61-6）
一面：6（問 10-79-3，問 10-79-3，問 10-79-7，問 10-79-7，問 10-76-11，問 10-76-11）
一面兒：3（散 12-43-3，談 97-135-8，談 97-135-9）
一年：1（散 9-40-2）
一旁：1（散 34-65-10）
一片一片：1（談 94-137-5）
一撲納心兒：3（談 6-210-8，談 13-204-6，談 19-199-1）
一齊：3（散 20-51-9，談 40-182-2，談 43-180-1）
一千：2（散 13-44-4，問 9-82-8）
一千八百六十五：1（散 1-32-2）
一千零五：1（散 1-32-5）
一瞧：1（談 82-147-2）
一竅不通：1（續 12-123-7）
一羣：4（散 20-51-2，散 20-51-8，散 20-51-9，散 20-51-10）
一人有福托帶滿屋：1（談 14-203-3）
一身：5（散 12-43-10，續 11-122-10，談 10-207-11，談 45-179-10，言 9-256-3）
一身不能當二役：1（續 18-129-4）
一身一口：1（散 1-32-8）
一生：2（談 19-199-4，談 67-160-5）
一聲：3（談 43-180-1，談 43-180-6，談 95-136-4）
一聲兒：1（談 84-146-12）
一聲兒不言語：1（談 44-180-9）
一時：3（問 5-98-5，談 47-177-3，言 10-251-10）

一說：1（談 61-166-10）
一所：1（言 3-281-9）
一天：10（散 21-52-6，問 8-87-3，
　　談 65-162-9，談 74-154-7，談 90-140-7，
　　言 5-270-10，言 8-265-7，言 8-265-11，
　　言 8-263-3，言 11-250-8）
一天比一天：1（談 51-174-7）
一天一夜：1（談 96-135-1）
一跳一跳：1（談 40-183-11）
一萬：1（散 40-71-5）
一萬零六：1（散 1-32-5）
一味：1（談 62-165-12）
一文錢憋倒英雄漢：1（續 14-125-8）
一無所有：1（言 9-256-3）
一下兒：2（問 7-89-5，談 35-186-3）
一下鐘：1（散 9-40-4）
一線：1（續 14-125-12）
一言難盡：1（問 4-99-1）
一樣：17（問 8-86-5，問 8-86-5，談 42-181-7，
　　談 45-179-12，談 48-176-5，談 56-170-6，
　　談 77-151-5，談 91-140-12，談 91-139-1，
　　言 1-288-3，言 3-279-3，言 3-276-2，
　　言 3-273-8，言 5-270-10，言 8-266-12，
　　言 8-265-5，言 9-257-7）
一樣兒：6（問 10-80-2，續 3-114-3，
　　續 9-120-8，續 9-120-9，談 31-190-6，
　　言 3-274-2）
一一：1（談 60-166-1）
一則：4（散 23-54-3，散 23-54-4，問 5-95-1，
　　談 1-214-5）
一眨眼兒：2（談 16-202-11，談 29-192-4）
一陣兒：2（談 90-140-3，談 90-140-3）
一整天：1（談 76-152-2）
一直：1（談 21-198-3）
一宗兒：1（談 1-214-2）
衣裳：37（散 11-42-1，散 11-42-2，
　　散 11-42-3，散 11-42-3，散 11-42-4，
　　散 11-42-4，散 11-42-4，散 11-42-5，
　　散 11-42-10，散 12-43-2，散 12-43-2，
　　散 12-43-2，散 12-43-4，散 12-43-5，
　　散 12-43-9，散 26-57-10，續 9-120-11，
　　續 13-124-7，續 14-125-7，續 17-128-2，
　　談 34-187-5，談 35-187-12，談 35-186-1，
　　談 48-176-3，談 57-169-5，談 57-169-9，
　　談 57-169-12，談 70-157-1，談 86-144-4，
　　談 86-144-6，談 94-137-8，言 3-280-5，
　　言 3-274-11，言 10-252-5，言 14-289-2，
　　言 14-289-3，言 14-291-5）
衣冠齊楚：1（續 11-122-5）
依：13（問 5-95-3，問 5-95-4，問 6-94-12，
　　問 8-87-7，問 8-84-3，問 10-75-10，
　　談 29-192-11，談 59-167-7，談 60-166-4，
　　談 66-161-8，談 66-161-9，談 66-161-9，
　　言 8-265-2）
依戀：3（散 34-65-2，散 34-65-9，
　　散 34-65-9）
依着：2（問 2-107-1，談 68-160-12）
醫生：2（談 52-173-2，談 52-173-4）
胰子：2（言 14-289-3，言 14-289-4）
貽笑大方：1（問 10-74-3）
疑惑：7（散 29-60-3，散 29-60-4，
　　散 29-60-10，問 7-90-9，談 59-167-6，
　　談 67-160-3，談 96-136-9）
疑心太重：1（續 18-129-1）
乙：1（言 14-293-4）
已：3（談 74-154-7，言 2-284-7，
　　言 9-261-12）
已經：14（散 34-65-4，問 10-78-11，
　　續 1-112-7，談 6-210-11，談 33-188-3，
　　談 66-161-6，談 73-155-7，談 73-155-11，
　　談 74-154-7，談 97-135-9，言 9-260-1，
　　言 9-260-5，言 9-260-9，言 14-291-6）
以：3（談 8-208-3，談 8-208-4，談 86-144-6）
以和爲貴：1（談 31-190-6）
以後：5（散 29-60-4，談 43-180-5，
　　談 44-179-1，談 53-172-6，言 5-270-12）
以及：1（問 10-74-4）
以來：1（談 62-165-9）
以前：1（談 65-162-7）
以然：1（問 6-92-4）

以上：3（散 18-49-6，散 22-53-9，
　　言 4-271-6）
以外：1（散 18-49-8）
以爲：2（散 40-71-10，言 1-287-5）
以下：2（散 18-49-6，言 5-270-3）
以着：1（談 79-150-12）
以致：1（談 17-201-5）
矣：1（言 1-285-9）
倚靠：2（問 6-92-3，言 11-250-4）
椅：1（言 3-282-12）
椅子：5（散 7-38-1，散 7-38-4，散 7-38-8，
　　言 3-276-8，言 14-291-2）
襤褸：1（談 70-158-4）
義：2（問 10-79-12，言 9-261-11）
義學生：1（談 7-209-11）
議：3（言 2-284-6，言 9-263-11，
　　言 9-261-10）
議論：3（談 46-178-9，談 53-172-1，
　　談 77-151-1）
異：1（談 99-134-12）
異心：2（問 1-109-12，問 17-201-4）
邑：1（問 10-80-12）
益處：9（散 39-70-1，問 2-107-9，問 10-79-7，
　　問 10-77-12，問 10-75-8，談 8-208-4，
　　談 8-208-5，談 16-202-8，談 70-157-1）
益處兒：3（問 1-109-11，問 9-82-6，
　　談 100-133-10）
意：1（問 8-86-3）
意見：1（談 55-170-1）
意思：45（散 25-56-3，散 25-56-7，
　　散 32-63-5，散 34-65-9，散 37-68-3，
　　問 4-99-1，問 7-91-5，問 7-91-5，
　　問 7-89-7，問 10-80-4，問 10-78-1，
　　續 3-114-7，談 6-209-2，談 12-205-11，
　　談 25-195-8，談 38-184-4，談 41-182-8，
　　談 53-172-2，談 63-164-12，談 69-158-1，
　　談 71-156-2，談 78-151-10，談 79-150-8，
　　言 1-285-10，言 3-282-6，言 3-279-3，
　　言 3-279-8，言 3-278-6，言 3-278-7，
　　言 3-276-3，言 3-275-4，言 3-275-11，
　　言 3-274-8，言 3-273-11，言 4-271-9，
　　言 8-263-6，言 9-262-4，言 9-262-6，
　　言 9-262-10，言 9-262-11，言 10-255-10，
　　言 14-293-4，言 14-294-1，言 14-294-1，
　　言 14-294-5）
因：8（問 6-94-9，談 48-176-1，談 59-167-5，
　　談 71-157-10，言 2-284-12，言 3-281-2，
　　言 3-278-8，言 3-274-6）
因此：3（談 19-199-3，談 82-148-10，
　　談 88-142-9）
因爲：54（散 36-67-1，散 36-67-4，
　　散 37-68-7，問 2-108-5，問 2-108-6，
　　問 2-106-2，問 3-106-7，問 3-104-8，
　　問 4-100-2，問 4-99-2，問 6-95-8，
　　問 6-94-2，問 6-94-2，問 6-93-2，
　　問 6-93-2，問 9-82-7，問 10-77-11，
　　問 10-75-3，問 10-74-2，談 1-214-5，
　　談 5-210-3，談 6-209-2，談 7-209-12，
　　談 16-202-6，談 21-198-8，談 27-193-3，
　　談 38-184-3，談 44-180-11，談 45-179-8，
　　談 52-173-1，談 61-166-11，談 69-159-7，
　　談 69-159-8，談 74-154-9，談 75-153-4，
　　談 76-153-12，談 78-150-3，談 82-147-4，
　　談 83-147-12，談 85-145-5，談 88-142-8，
　　言 1-287-10，言 1-286-6，言 3-282-12，
　　言 3-279-2，言 3-278-3，言 3-276-3，
　　言 3-275-9，言 3-273-11，言 9-257-3，
　　言 9-257-8，言 10-253-8，言 11-249-2，
　　言 13-248-2）
陰：2（續 10-121-4，談 96-136-10）
陰功：1（談 20-199-10）
陰天：2（散 10-41-2，散 10-41-10）
陰險：1（談 24-196-12）
陰陽：1（言 6-269-7）
音：17（問 10-77-3，問 10-77-5，問 10-77-8，
　　問 10-77-9，問 10-77-12，問 10-77-12，
　　問 10-76-1，問 10-76-2，問 10-76-2，
　　問 10-76-4，問 10-76-5，問 10-76-9，
　　言 1-287-3，言 1-287-6，言 1-287-8，
　　言 1-287-8，言 3-275-7）

音母：2（問 10-77-8，問 10-77-9）
音目：3（問 10-76-5，問 10-76-5，
　　問 10-76-7）
音信：1（談 60-166-6）
銀：5（散 34-65-3，散 34-65-3，談 91-139-1，
　　言 2-283-5，言 2-283-6）
銀庫：2（散 34-65-1，散 34-65-3）
銀錢：10（散 24-55-2，散 26-57-6，
　　散 32-63-4，散 39-70-8，問 2-107-12，
　　問 4-101-11，談 29-192-9，談 29-192-10，
　　談 52-173-1，言 9-257-8）
銀錢如糞土，臉面值千金：1（續 13-124-11）
銀子：32（散 13-44-1，散 13-44-2，
　　散 13-44-4，散 13-44-9，散 13-44-9，
　　散 25-56-10，散 36-67-7，散 37-68-10，
　　散 37-68-10，散 40-71-5，散 40-71-6，
　　問 2-108-3，問 2-108-4，問 2-108-5，
　　問 5-97-12，問 5-95-3，問 6-94-4，
　　續 3-114-6，續 6-117-7，續 6-117-8，
　　續 12-123-5，續 15-126-4，談 31-190-2，
　　談 31-190-4，談 32-189-5，談 34-188-7，
　　談 34-188-8，談 34-188-10，談 70-158-11，
　　談 70-158-12，言 3-277-12，
　　言 10-251-10）
銀子錢：6（散 13-44-1，散 13-44-9，
　　散 19-50-7，談 28-193-11，談 29-192-4，
　　談 31-190-7）
引誘：1（談 14-204-11）
飲：1（言 3-281-5）
飲食：1（談 48-176-5）
印：2（續 6-117-1，續 6-117-2）
應：9（問 5-96-12，問 8-87-10，談 15-203-8，
　　談 15-203-11，談 15-203-12，談 19-199-2，
　　談 39-183-5，談 39-183-6，談 70-158-9）
應承：3（談 25-195-7，談 83-147-12，
　　談 83-146-2）
應酬：1（續 9-120-10）
應當：4（問 3-106-10，問 6-94-4，
　　談 29-192-9，談 69-159-10）
應得：1（言 3-272-3）

應該：5（問 5-95-1，問 10-77-5，談 16-202-3，
　　談 18-201-12，談 80-149-3）
應時：1（談 96-135-2）
應許：3（問 6-92-7，談 68-159-2，
　　言 10-252-1）
應允：1（談 83-146-3）
英國：4（言 1-285-2，言 2-284-5，言 5-270-2，
　　言 9-263-11）
英漢合璧：1（問 10-80-4）
英話：4（問 10-77-4，言 5-269-2，言 9-261-9，
　　言 9-257-3）
英順行：1（問 8-88-3）
英文：6（問 10-80-3，言 2-284-4，言 2-283-1，
　　言 9-262-9，言 9-261-2，言 9-261-5）
英雄：1（談 33-188-1）
鷹：1（言 3-281-7）
迎：1（談 9-207-5）
迎風兒：1（談 98-134-7）
迎接：2（散 25-56-1，散 25-56-8）
塋地：2（談 75-153-4，談 76-152-3）
盈餘：3（散 40-71-1，散 40-71-6，
　　散 40-71-6）
影兒：4（談 8-208-5，談 26-195-12，
　　談 40-183-11，談 46-178-7）
硬：6（散 21-52-3，續 4-115-10，
　　談 10-207-11，談 29-192-6，談 62-164-2，
　　言 5-270-12）
擁：1（言 10-253-1）
永遠：4（散 29-60-1，散 29-60-5，續 6-117-9，
　　談 31-190-8）
勇：7（言 3-279-1，言 10-254-11，
　　言 10-254-11，言 10-253-1，言 10-253-3，
　　言 10-253-4，言 10-253-5）
勇往：1（談 13-204-6）
用：75（散 7-38-6，散 8-39-3，散 8-39-3，
　　散 14-45-4，散 14-45-4，散 14-45-4，
　　散 14-45-5，散 16-47-3，散 17-48-9，
　　散 17-48-9，散 19-50-7，散 24-55-4，
　　散 33-64-8，散 33-64-8，散 35-66-10，
　　散 38-69-7，散 38-69-7，問 1-109-11，

問 6-92-5，問 8-84-2，問 10-79-2，
問 10-78-8，問 10-77-6，問 10-77-9，
續 11-122-12，談 16-202-6，談 23-196-3，
談 31-190-4，談 32-189-5，談 100-132-2，
言 1-287-2，言 1-286-6，言 1-286-9，
言 1-285-2，言 2-284-6，言 2-284-11，
言 2-284-12，言 2-283-1，言 3-282-2，
言 3-282-9，言 3-282-10，言 3-282-11，
言 3-282-12，言 3-281-3，言 3-280-5，
言 3-280-9，言 3-280-12，言 3-279-1，
言 3-279-6，言 3-278-10，言 3-278-12，
言 3-277-8，言 3-276-10，言 3-275-1，
言 3-275-4，言 3-275-11，言 3-274-5，
言 3-274-6，言 3-273-8，言 3-272-8，
言 4-272-10，言 4-272-12，言 4-272-12，
言 4-271-1，言 4-271-1，言 5-270-2，
言 7-268-2，言 7-268-5，言 8-267-10，
言 9-262-1，言 9-262-1，言 9-262-8，
言 9-262-12，言 9-257-3，言 10-251-4）

用不着：4（問 10-79-5，談 34-187-5，
言 4-271-8，言 8-267-2）

用處：7（問 10-77-11，言 1-287-1，
言 3-283-10，言 3-278-12，言 3-277-11，
言 3-276-5，言 3-273-4）

用得着：1（言 8-267-11）

用法：2（言 1-286-5，言 3-277-2）

用功：3（散 39-70-2，散 39-70-5，
談 5-210-3）

用工夫：1（散 21-52-5）

用力：1（散 17-48-10）

用頭：2（續 2-113-10，續 4-115-3）

用心：6（談 3-212-7，談 8-208-10，
言 9-260-9，言 9-260-9，言 9-260-9，
言 9-260-10）

用心用意：1（續 8-119-4）

憂愁：1（談 59-167-9）

優等：1（談 13-204-3）

悠悠揚揚：1（談 91-139-3）

猶豫：1（談 81-148-6）

猶預不決：1（續 11-122-4）

由：10（問 9-82-3，問 10-74-4，談 21-198-8，
談 37-185-12，談 70-156-6，談 78-150-2，
言 3-280-2，言 10-255-12，言 11-250-12，
言 11-250-12）

由不得：1（談 85-145-10）

由頭：1（談 55-171-10）

油：2（續 4-115-8，言 14-292-2）

油燈：2（言 14-292-1，言 14-292-1）

油漆：1（問 1-109-5）

游：2（言 9-262-2，言 9-262-4）

游魂：1（談 65-162-8）

游人：1（談 90-140-4）

游玩：4（談 70-158-8，談 90-140-1，
談 90-140-7，談 91-140-10）

有：538（散 1-32-6，散 1-32-7，散 1-32-7，
散 1-32-10，散 2-33-4，散 2-33-5，
散 2-33-7，散 2-33-7，散 2-33-8，
散 2-33-9，散 2-33-9，散 2-33-10，
散 3-34-4，散 3-34-4，散 3-34-7，
散 3-34-7，散 5-36-9，散 6-37-5，
散 6-37-5，散 6-37-6，散 7-38-4，
散 7-38-7，散 7-38-9，散 7-38-10，
散 8-39-3，散 8-39-4，散 8-39-8，
散 10-41-3，散 10-41-8，散 12-43-3，
散 12-43-3，散 12-43-3，散 12-43-4，
散 12-43-4，散 12-43-6，散 13-44-8，
散 13-44-8，散 14-45-5，散 14-45-5，
散 15-46-3，散 16-47-3，散 16-47-3，
散 17-48-2，散 17-48-2，散 17-48-4，
散 17-48-6，散 17-48-7，散 17-48-8，
散 19-50-5，散 19-50-5，散 19-50-10，
散 20-51-3，散 20-51-3，散 20-51-4，
散 20-51-10，散 21-52-6，散 22-53-2，
散 22-53-5，散 22-53-7，散 22-53-8，
散 22-53-10，散 24-55-3，散 24-55-3，
散 24-55-3，散 24-55-5，散 24-55-7，
散 24-55-10，散 25-56-6，散 25-56-6，
散 26-57-7，散 27-58-3，散 27-58-8，
散 27-58-9，散 28-59-5，散 28-59-5，
散 28-59-9，散 30-61-4，散 30-61-5，

散 30-61-10, 散 32-63-4, 散 32-63-6,
散 32-63-10, 散 33-64-4, 散 33-64-7,
散 33-64-7, 散 36-67-3, 散 36-67-3,
散 36-67-6, 散 36-67-8, 散 37-68-3,
散 37-68-3, 散 37-68-6, 散 38-69-4,
散 38-69-7, 散 38-69-9, 散 39-70-5,
散 39-70-5, 散 39-70-6, 散 39-70-9,
散 39-70-10, 散 40-71-2, 散 40-71-4,
散 40-71-5, 散 40-71-8, 散 40-71-8,
問 1-109-7, 問 1-109-7, 問 1-109-10,
問 2-108-6, 問 2-108-7, 問 2-108-7,
問 2-107-6, 問 2-107-8, 問 2-107-9,
問 2-107-12, 問 2-107-12, 問 3-106-8,
問 3-106-8, 問 3-106-11, 問 3-105-9,
問 3-104-2, 問 3-104-9, 問 3-103-4,
問 3-103-6, 問 3-103-11, 問 4-102-8,
問 4-102-9, 問 4-101-9, 問 4-100-4,
問 4-100-10, 問 5-98-3, 問 5-98-4,
問 5-98-8, 問 5-98-8, 問 5-98-8,
問 5-97-5, 問 5-97-8, 問 5-96-4,
問 6-95-12, 問 6-94-3, 問 6-94-6,
問 6-94-10, 問 6-93-8, 問 6-93-9,
問 7-91-5, 問 7-91-7, 問 7-91-8,
問 7-91-9, 問 7-91-10, 問 7-90-6,
問 7-90-10, 問 8-88-12, 問 8-88-12,
問 8-88-12, 問 8-87-7, 問 8-87-7,
問 8-87-8, 問 8-87-12, 問 8-86-3,
問 8-86-4, 問 8-86-5, 問 8-86-11,
問 8-86-11, 問 8-85-1, 問 8-85-1,
問 8-85-4, 問 8-85-5, 問 8-85-6,
問 8-85-7, 問 8-85-9, 問 8-84-1,
問 8-84-12, 問 8-83-1, 問 9-83-6,
問 9-82-2, 問 9-82-6, 問 9-82-9,
問 9-82-9, 問 9-81-4, 問 9-81-8,
問 10-80-2, 問 10-80-2, 問 10-80-3,
問 10-80-3, 問 10-80-8, 問 10-80-10,
問 10-80-11, 問 10-80-12, 問 10-80-12,
問 10-79-6, 問 10-79-7, 問 10-79-8,
問 10-78-3, 問 10-78-5, 問 10-78-8,
問 10-78-10, 問 10-77-3, 問 10-77-7,

問 10-77-9, 問 10-77-12, 問 10-76-1,
問 10-76-3, 問 10-76-3, 問 10-76-4,
問 10-76-4, 問 10-76-4, 問 10-76-8,
問 10-76-9, 問 10-75-3, 問 10-75-8,
問 10-75-11, 問 10-75-12, 問 10-75-12,
續 2-113-1, 續 2-113-3, 續 2-113-6,
續 3-114-6, 續 4-115-3, 續 5-116-3,
續 5-116-12, 續 6-117-7, 續 7-118-6,
續 7-118-7, 續 7-118-7, 續 7-118-8,
續 9-120-1, 續 10-121-4, 續 13-124-3,
續 13-124-8, 續 13-124-10, 續 14-125-2,
續 14-125-5, 續 14-125-11, 續 15-126-2,
續 16-127-5, 續 18-129-6, 談 1-214-6,
談 1-214-6, 談 2-213-2, 談 2-213-6,
談 2-213-8, 談 3-212-1, 談 4-212-12,
談 7-209-7, 談 7-209-8, 談 7-209-11,
談 8-208-4, 談 8-208-5, 談 8-208-5,
談 8-208-9, 談 9-207-2, 談 9-207-5,
談 10-207-10, 談 10-207-10, 談 10-206-1,
談 10-206-1, 談 10-206-4, 談 11-206-12,
談 12-205-4, 談 12-205-4, 談 12-205-5,
談 12-205-10, 談 13-204-2, 談 13-204-7,
談 14-204-9, 談 14-204-12, 談 15-203-6,
談 15-203-8, 談 16-202-8, 談 18-201-12,
談 18-200-1, 談 18-200-2, 談 18-200-3,
談 18-200-5, 談 20-199-7, 談 20-199-10,
談 20-199-12, 談 20-199-12, 談 23-196-1,
談 23-196-3, 談 23-196-5, 談 27-194-9,
談 27-194-12, 談 28-193-11,
談 28-193-11, 談 28-193-12, 談 28-192-1,
談 29-192-7, 談 29-192-10, 談 29-192-10,
談 30-191-2, 談 30-191-2, 談 30-191-10,
談 31-190-7, 談 31-190-8, 談 32-189-3,
談 32-189-7, 談 34-188-12, 談 34-187-1,
談 35-187-8, 談 35-187-9, 談 35-187-9,
談 35-186-1, 談 36-186-8, 談 36-186-12,
談 37-185-4, 談 37-185-9, 談 37-185-10,
談 38-184-3, 談 39-183-2, 談 39-183-4,
談 39-183-7, 談 40-182-3, 談 41-182-7,
談 43-180-4, 談 46-178-10, 談 46-178-12,

談47-177-4, 談50-175-10, 談51-174-4, 談52-174-12, 談52-173-1, 談52-173-2, 談53-172-2, 談54-172-11, 談54-171-1, 談54-171-4, 談55-171-8, 談55-171-9, 談56-169-1, 談57-169-5, 談57-169-7, 談57-169-11, 談58-168-11, 談59-167-3, 談59-167-8, 談60-167-12, 談61-166-9, 談62-164-1, 談63-164-11, 談63-163-2, 談67-160-1, 談68-160-11, 談68-160-11, 談68-159-1, 談68-159-1, 談68-159-4, 談69-159-10, 談70-158-6, 談71-157-6, 談71-157-7, 談70-156-10, 談73-155-6, 談73-155-7, 談74-154-4, 談75-153-6, 談76-152-4, 談78-150-1, 談79-150-12, 談81-149-11, 談81-148-1, 談81-148-2, 談82-148-9, 談82-147-4, 談85-145-5, 談87-143-7, 談87-143-10, 談87-143-10, 談87-143-11, 談88-142-12, 談88-141-1, 談90-140-6, 談90-140-6, 談90-140-6, 談90-140-8, 談93-138-12, 談94-137-4, 談94-137-8, 談94-137-11, 談96-135-3, 談97-135-8, 談99-133-5, 談100-133-10, 談100-133-12, 言1-288-3, 言1-288-3, 言1-288-3, 言1-288-6, 言1-288-6, 言1-288-6, 言1-288-6, 言1-288-6, 言1-288-11, 言1-288-11, 言1-288-12, 言1-287-1, 言1-287-2, 言1-287-6, 言1-287-11, 言1-286-2, 言1-286-4, 言1-286-7, 言1-286-12, 言1-286-12, 言1-285-1, 言1-285-3, 言1-285-3, 言1-285-4, 言1-285-6, 言1-285-8, 言1-285-9, 言2-284-2, 言2-284-4, 言2-284-6, 言2-284-6, 言2-284-7, 言2-284-8, 言2-284-8, 言2-283-5, 言3-283-9, 言3-283-9, 言3-283-10, 言3-283-12, 言3-282-1, 言3-282-2, 言3-282-4, 言3-282-6, 言3-282-7, 言3-282-7, 言3-282-12, 言3-281-4, 言3-281-11, 言3-281-11, 言3-281-12, 言3-280-3, 言3-280-4, 言3-280-4, 言3-280-8, 言3-280-8, 言3-279-11, 言3-278-3, 言3-278-6, 言3-277-9, 言3-277-9, 言3-276-3, 言3-276-7, 言3-275-5, 言3-275-12, 言3-275-12, 言3-274-2, 言3-274-5, 言3-273-9, 言3-272-3, 言4-272-11, 言4-272-11, 言4-272-11, 言4-272-12, 言4-272-12, 言4-271-1, 言4-271-2, 言4-271-2, 言4-271-3, 言4-271-3, 言4-271-4, 言4-271-4, 言4-271-5, 言4-271-6, 言4-271-6, 言4-271-9, 言4-271-10, 言6-269-9, 言8-267-7, 言8-266-4, 言8-266-10, 言8-266-11, 言8-265-3, 言8-265-6, 言8-265-6, 言8-265-7, 言8-265-12, 言8-264-8, 言8-264-9, 言8-264-9, 言8-264-10, 言8-264-10, 言8-264-10, 言8-264-11, 言8-263-4, 言9-262-1, 言9-262-1, 言9-262-2, 言9-262-4, 言9-262-7, 言9-262-7, 言9-262-9, 言9-261-1, 言9-261-1, 言9-261-5, 言9-261-12, 言9-261-12, 言9-261-12, 言9-259-1, 言9-259-6, 言9-259-6, 言9-259-8, 言9-259-8, 言9-259-9, 言9-257-10, 言9-257-10, 言9-256-1, 言10-255-5, 言10-255-10, 言10-253-9, 言10-253-12, 言10-251-7, 言11-250-7, 言11-250-7, 言11-250-7, 言13-249-11, 言13-249-11, 言13-249-11, 言13-249-11, 言13-249-12, 言13-249-12, 言13-248-5, 言14-289-2, 言14-290-2, 言14-290-3, 言14-291-4, 言14-292-1, 言14-293-1, 言14-293-6, 言14-293-6, 言14-293-6, 言14-293-6, 言14-293-6, 言14-293-6, 言14-294-2）

有礙：1（問8-84-11）

有邊兒：1（續9-120-4）

有喫有穿：1（談78-150-5）

有出息兒：1（談75-153-8）

有的：5（問5-98-6, 問5-98-10, 問6-92-7,

談 28-193-11，談 75-153-6）
有點：2（問 5-98-11，言 3-275-5）
有點兒：23（散 25-56-3，散 27-58-8，
　　散 35-66-7，問 1-109-12，問 3-105-7，
　　問 5-98-6，問 7-89-2，問 7-89-2，
　　續 6-117-1，續 8-119-1，續 11-122-3，
　　續 12-123-4，續 16-127-6，談 3-212-5，
　　談 42-181-10，談 46-178-9，談 53-173-12，
　　談 53-172-2，談 58-168-10，談 61-165-4，
　　談 64-163-7，談 81-149-11，言 10-251-4）
有拐棍兒不跌跤、有商量兒不失着：1
　　（談 54-171-1）
有害：1（談 81-148-5）
有勁兒：1（談 10-207-12）
有空：1（談 19-199-4）
有空兒：1（談 71-157-4）
有理：5（談 85-144-1，談 86-144-10，
　　言 8-264-5，言 8-264-5，言 8-264-5）
有利：1（談 81-148-5）
有力：1（散 21-52-10）
有名兒：1（談 54-172-10）
有氣：2（言 9-258-3，言 9-258-4）
有氣兒：1（談 29-192-11）
有情有義：1（續 11-122-6）
有趣兒：1（談 33-189-9）
有人：4（散 7-38-5，散 21-52-6，散 23-54-9，
　　散 35-66-9）
有甚麼老子有甚麼兒子：1（問 5-97-3）
有生以來：1（談 98-134-9）
有時：4（言 2-283-1，言 3-282-5，
　　言 14-294-5，言 14-294-5）
有事：8（續 9-120-1，談 13-204-6，
　　談 47-177-5，談 48-177-12，談 70-156-7，
　　言 8-265-10，言 10-255-4，言 10-254-9）
有條有理兒：1（談 15-203-7）
有頭無尾：1（言 1-285-9）
有無：3（言 1-288-6，言 1-288-7，
　　言 1-285-7）
有限：1（續 17-128-12）
有些：3（散 1-32-6，散 37-68-5，

　　問 10-75-10）
有些兒：1（言 3-273-11）
有心：1（談 58-168-4）
有要沒緊兒：1（談 9-207-1）
有一點兒：2（談 10-206-3，談 42-181-9）
有益：1（續 4-115-6）
有用：1（談 100-132-1）
有緣：1（談 85-145-5）
有志不在年高：1（談 20-199-9）
有志者事竟成：2（談 3-212-6，談 20-199-9）
有滋有味兒：1（談 8-208-9）
又：138（散 28-59-7，散 28-59-8，散 34-65-4，
　　散 35-66-9，散 35-66-9，問 2-107-12，
　　問 5-96-4，問 5-96-6，問 6-93-7，
　　問 8-83-1，問 8-83-1，問 10-79-7，
　　續 5-116-4，續 5-116-4，續 7-118-5，
　　續 8-119-10，談 2-213-10，談 3-213-12，
　　談 3-212-1，談 3-212-1，談 5-210-2，
　　談 5-210-4，談 8-208-7，談 8-208-7，
　　談 9-207-5，談 10-207-11，談 10-206-2，
　　談 10-206-2，談 10-206-2，談 12-205-9，
　　談 14-204-12，談 15-203-7，談 19-200-12，
　　談 19-200-12，談 19-199-1，談 19-199-1，
　　談 19-199-2，談 20-199-11，談 20-199-12，
　　談 21-198-3，談 21-198-4，談 21-198-7，
　　談 22-197-2，談 22-197-6，談 22-197-8，
　　談 23-197-12，談 23-196-2，談 24-196-9，
　　談 24-196-9，談 24-196-9，談 24-196-12，
　　談 25-195-7，談 26-194-2，談 28-193-7，
　　談 30-191-6，談 32-190-11，談 32-189-2，
　　談 33-189-11，談 33-189-11，
　　談 33-189-11，談 33-189-12，談 33-188-1，
　　談 33-188-2，談 33-188-4，談 34-188-10，
　　談 34-188-11，談 34-188-11，談 35-186-2，
　　談 37-185-6，談 39-183-7，談 40-182-1，
　　談 42-181-8，談 42-181-8，談 44-180-8，
　　談 44-180-9，談 45-179-9，談 45-179-10，
　　談 47-177-10，談 48-176-5，談 49-176-9，
　　談 49-176-11，談 50-175-11，
　　談 50-175-12，談 52-174-12，談 53-172-5，

談 53-172-5, 談 55-171-8, 談 55-170-2,
談 56-170-9, 談 57-169-10, 談 59-167-6,
談 59-167-9, 談 62-164-1, 談 63-164-10,
談 64-163-7, 談 69-159-11, 談 71-157-4,
談 71-157-12, 談 70-156-5, 談 70-156-10,
談 73-155-10, 談 74-154-9, 談 75-154-12,
談 75-153-1, 談 77-151-3, 談 78-150-4,
談 79-150-11, 談 81-149-12, 談 81-148-1,
談 81-148-1, 談 82-148-10, 談 82-147-1,
談 82-147-5, 談 84-146-12, 談 84-145-1,
談 87-143-9, 談 88-142-6, 談 89-141-7,
談 89-141-8, 談 92-139-10, 談 92-139-11,
談 94-137-4, 談 94-137-11, 談 95-136-2,
談 95-136-3, 談 96-136-11, 談 97-135-9,
言 1-286-2, 言 1-286-11, 言 3-283-9,
言 3-282-1, 言 3-281-4, 言 3-280-8,
言 9-257-9, 言 10-253-9, 言 11-249-2,
言 11-249-2, 言 13-248-6）

又搭着：2（談 45-179-8, 談 74-154-3）
又名：1（散 33-64-6）
右邊：1（言 10-253-1）
幼不學老何爲：1（談 79-150-8）
幼兒：1（談 79-150-12）
於：8（散 28-59-8, 散 34-65-3, 問 3-105-3,
談 8-208-4, 談 17-201-6, 談 31-190-7,
言 1-287-5, 言 3-282-9）
餘：1（散 40-71-4）
魚：5（散 1-32-9, 言 3-272-2, 言 3-272-2,
言 9-262-2, 言 9-262-3）
愚蠢：1（談 58-168-7）
與：20（問 3-105-11, 問 5-96-10, 問 6-94-2,
問 8-84-11, 問 10-75-8, 續 18-129-2,
談 25-195-9, 談 33-188-3, 談 52-173-7,
談 53-173-10, 談 53-173-12,
談 54-172-11, 談 99-134-12,
談 100-132-1, 言 1-287-3, 言 3-278-5,
言 4-272-10, 言 9-261-4, 言 9-258-1,
言 9-258-5）
與其：3（談 32-189-6, 談 39-183-7,
談 52-173-7）

雨：12（散 9-40-6, 散 9-40-8, 散 10-41-6,
問 8-88-5, 續 9-120-10, 談 94-137-6,
談 96-136-10, 談 96-136-12, 談 96-135-2,
言 1-285-8, 言 1-285-11, 言 12-249-5）
雨兒：1（談 64-163-7）
雨淋：1（談 95-136-7）
雨傘：1（續 15-126-4）
雨水：1（問 8-84-6）
雨樣兒（兩樣兒）：1（散 14-45-8）
雨衣：1（談 94-137-7）
玉器：2（續 14-125-2, 言 8-264-2）
預備：8（散 40-71-1, 散 40-71-3, 問 5-96-7,
問 8-87-10, 談 66-161-9, 談 71-157-11,
談 73-155-10, 談 97-135-10）
預先：1（談 58-168-9）
遇：6（問 8-88-5, 談 15-203-9, 談 34-187-4,
言 2-284-6, 言 2-284-7, 言 8-266-4）
遇見：24（問 4-102-7, 問 5-98-7, 談 2-213-7,
談 14-204-11, 談 18-200-2, 談 27-194-10,
談 44-179-3, 談 55-171-9, 談 61-166-12,
談 61-165-2, 談 67-160-5, 談 68-159-3,
談 71-157-4, 談 70-156-5, 談 76-152-7,
談 82-147-1, 談 90-140-8, 言 1-287-7,
言 5-270-11, 言 8-265-11, 言 10-254-8,
言 10-254-9, 言 10-252-7, 言 11-250-6）
遇着：2（談 42-181-9, 談 91-139-6）
御河橋：1（問 8-85-11）
御史：1（言 10-254-5）
冤：1（談 58-168-2）
冤屈：2（續 15-126-4, 言 9-257-8）
冤枉：3（散 35-66-3, 散 35-66-9,
言 9-256-2）
淵博：1（談 19-200-12）
園子：3（談 38-184-8, 言 11-250-7,
言 11-250-8）
圓：5（散 35-66-2, 散 35-66-8, 散 35-66-8,
散 35-66-9, 言 3-277-3）
原：33（問 1-109-11, 問 2-108-2, 問 2-107-2,
問 2-106-2, 問 3-103-10, 問 5-99-10,
問 5-98-10, 問 5-96-10, 問 7-90-7,

問 7-89-9，問 8-87-10，問 8-84-2，
問 10-80-7，談 16-202-3，談 32-189-5，
談 58-168-11，談 61-165-4，談 64-163-6，
談 65-162-3，談 67-160-5，談 84-146-7，
談 85-145-10，言 1-287-4，言 1-287-4，
言 2-284-11，言 2-283-2，言 3-281-2，
言 3-277-7，言 8-266-6，言 9-257-12，
言 10-255-1，言 10-254-5，言 10-252-12）
原本：1（續 15-126-5）
原處兒：1（續 5-116-2）
原故：3（問 7-91-8，問 7-91-8，
言 10-253-11）
原舊：1（散 28-59-6）
原來：13（散 27-58-1，散 27-58-8，
散 28-59-7，問 1-109-2，問 5-98-6，
問 6-95-12，談 24-196-12，談 33-189-12，
談 35-186-4，談 58-168-6，談 96-136-9，
談 97-135-5，言 3-280-9）
原諒：1（談 62-164-4）
原是：3（散 27-58-1，散 27-58-4，
散 37-68-4）
原想：1（談 82-147-3）
原意：1（言 9-257-3）
原由：1（言 3-272-5）
原有：1（談 67-160-6）
緣分：1（談 85-145-10）
緣故：20（散 36-67-1，散 36-67-4，
散 36-67-4，問 2-107-6，談 2-213-7，
談 3-212-4，談 17-201-3，談 19-200-12，
談 21-198-5，談 21-198-5，談 27-194-7，
談 37-185-10，談 38-184-2，談 57-109-8，
談 59-167-3，談 60-166-1，談 68-159-4，
談 78-150-5，談 82-148-9，言 10-251-6）
緣由：1（問 6-95-8）
遠：27（散 15-46-1，散 29-60-8，散 34-65-8，
問 3-106-11，問 3-106-11，問 3-106-11，
問 5-97-7，問 7-90-9，問 8-87-3，
問 8-86-3，問 8-86-3，問 8-85-10，
續 4-115-10，談 27-193-3，談 33-188-4，
談 73-155-5，談 74-154-3，談 75-154-12，

談 75-153-3，談 75-153-6，談 75-153-6，
談 76-152-4，談 92-139-11，言 8-263-4，
言 10-255-12，言 10-255-12，
言 10-250-1）
遠處：1（散 34-65-8）
遠近：1（散 15-46-1）
遠親：1（問 4-102-8）
遠遠：1（談 90-140-2）
遠遠兒：1（談 58-168-9）
院牆：3（續 15-126-5，言 3-279-8，
言 3-279-9）
院子：5（問 3-105-8，問 4-102-6，問 6-92-5，
談 82-147-1，談 96-136-9）
願望：2（言 1-288-6，言 1-288-8）
願意：11（散 39-70-2，散 39-70-8，
問 2-108-11，問 4-100-9，問 8-87-9，
問 8-86-10，談 15-202-1，談 54-171-3，
言 9-262-12，言 10-252-9，言 10-252-9）
曰：1（問 10-80-12）
約：2（問 6-93-11，談 90-140-7）
約會：2（談 88-142-10，談 90-140-1）
約束：2（談 15-203-12，談 15-203-12）
月：15（散 6-37-6，散 9-40-5，問 6-93-1，
問 10-78-3，問 10-78-3，問 10-78-4，
問 10-75-6，問 10-74-1，問 10-74-1，
續 3-114-6，言 8-265-10，言 9-260-9，
言 10-255-3，言 10-251-10，
言 13-249-12）
月底：2（問 6-92-7，談 76-152-3）
月間：1（談 100-133-12）
月亮：3（談 35-187-9，談 91-140-12，
談 92-138-1）
月月：1（散 10-41-3）
月月兒：1（散 40-71-6）
閱歷：1（問 10-76-9）
越：11（續 4-115-3，續 4-115-3，續 6-117-12，
續 10-121-12，續 10-121-12，談 42-181-3，
談 42-181-3，談 53-173-10，談 53-173-10，
談 93-138-6，談 93-138-6）
越發：2（談 97-135-7，談 99-133-5）

暈暈忽忽：1（談 45-179-12）
雲彩：4（散 10-41-2，散 10-41-10，談 45-179-11，言 10-251-9）
雲裏來霧裏去：1（談 8-208-7）
匀：1（談 5-210-3）
運：2（問 5-98-8，問 8-83-2）
運氣：4（散 39-70-1，散 39-70-5，散 39-70-6，談 37-185-10）

Z

咂：1（談 65-162-10）
雜亂：8（散 34-65-1，散 34-65-6，言 3-273-9，言 14-293-6，言 14-294-2，言 14-294-6，言 14-295-1，言 14-295-1）
雜亂無章：2（散 34-65-4，言 14-294-2）
雜碎：3（談 77-151-7，談 88-142-8，談 88-142-8）
砸：2（言 5-270-4，言 5-270-4）
栽：1（談 23-196-2）
栽培：1（問 4-100-12）
宰：2（續 8-119-9，談 94-137-9）
宰猪：2（談 88-142-8，談 88-142-8）
再：81（散 29-60-1，散 29-60-7，散 32-63-10，問 2-107-8，問 4-99-4，問 4-99-4，問 5-99-7，問 6-92-7，問 7-90-5，問 8-88-5，問 8-88-11，問 8-85-3，問 8-84-5，問 9-82-1，問 9-81-8，問 10-78-12，續 3-114-10，續 4-115-7，續 4-115-12，續 5-116-5，續 7-118-2，續 8-119-1，續 11-122-8，續 15-126-10，續 17-128-1，續 18-129-4，談 1-214-4，談 1-214-8，談 2-213-8，談 10-207-12，談 11-205-1，談 13-204-5，談 17-201-6，談 17-201-7，談 17-201-7，談 17-201-9，談 27-193-3，談 31-190-4，談 32-189-4，談 34-187-2，談 43-180-5，談 44-179-3，談 49-175-1，談 49-175-4，談 53-173-11，談 61-165-3，談 62-165-12，談 66-161-2，談 66-161-9，談 67-160-2，談 67-160-7，談 68-160-10，談 70-158-9，談 71-157-11，談 71-156-1，談 70-156-7，談 73-155-11，談 76-152-5，談 76-152-5，談 81-148-6，談 82-148-10，談 83-146-2，談 85-144-2，談 94-137-8，談 96-135-1，談 99-133-4，談 99-133-8，言 1-287-9，言 1-286-10，言 2-284-11，言 3-282-4，言 4-272-10，言 7-268-7，言 8-267-5，言 8-263-9，言 9-261-11，言 9-260-3，言 9-257-4，言 10-253-10，言 11-250-5，言 14-292-2）
再來：1（散 29-60-10）
再三：1（散 29-60-3）
再三再四：2（散 29-60-1，散 29-60-5）
再也：2（續 6-117-5，續 6-117-5）
再者：4（問 8-87-9，談 5-210-2，談 50-175-12，談 85-145-12）
在：316（散 2-33-8，散 3-34-3，散 3-34-3，散 3-34-6，散 3-34-6，散 3-34-7，散 3-34-7，散 4-35-3，散 4-35-3，散 4-35-4，散 4-35-5，散 6-37-8，散 7-38-3，散 7-38-3，散 7-38-4，散 7-38-4，散 7-38-9，散 7-38-9，散 8-39-6，散 8-39-7，散 10-41-5，散 10-41-9，散 10-41-9，散 11-42-6，散 11-42-7，散 11-42-9，散 12-43-7，散 14-45-5，散 15-46-3，散 15-46-3，散 15-46-4，散 15-46-7，散 16-47-7，散 16-47-8，散 16-47-8，散 20-51-10，散 23-54-7，散 23-54-10，散 26-57-10，散 28-59-3，散 28-59-4，散 28-59-9，散 28-59-10，散 29-60-3，散 29-60-8，散 30-61-9，散 33-64-3，散 33-64-7，散 33-64-10，散 34-65-10，散 34-65-10，散 35-66-5，散 36-67-6，散 37-68-5，散 39-70-4，散 39-70-9，散 40-71-9，散 40-71-10，散 40-71-10，問 1-109-8，問 2-108-2，問 2-107-3，問 2-106-1，問 2-106-1，問 2-106-2，問 3-106-5，問 3-105-5，問 3-105-6，問 3-105-6，問 3-105-6，問 3-104-7，問 3-104-7，

問 3-103-2, 問 3-103-3, 問 3-103-6,
問 3-103-6, 問 3-103-7, 問 4-102-7,
問 4-102-7, 問 4-100-4, 問 4-100-4,
問 5-98-1, 問 5-98-5, 問 5-98-7,
問 5-98-7, 問 5-97-1, 問 5-97-5,
問 5-96-9, 問 5-96-9, 問 6-95-10,
問 6-94-9, 問 7-90-3, 問 7-90-6,
問 7-90-7, 問 7-90-8, 問 7-90-8,
問 7-90-8, 問 7-90-10, 問 7-90-11,
問 7-90-11, 問 7-90-11, 問 7-89-4,
問 8-87-6, 問 8-87-7, 問 8-87-11,
問 8-86-1, 問 8-86-1, 問 8-86-7,
問 8-86-7, 問 8-85-11, 問 8-85-11,
問 8-84-7, 問 8-84-10, 問 8-84-11,
問 9-82-1, 問 9-81-4, 問 9-81-5,
問 10-78-10, 問 10-78-11, 問 10-76-1,
問 10-76-3, 問 10-76-7, 問 10-76-8,
續 1-112-8, 續 1-112-9, 續 1-112-11,
續 2-113-1, 續 2-113-5, 續 2-113-10,
續 4-115-5, 續 5-116-5, 續 5-116-9,
續 6-117-1, 續 6-117-2, 續 6-117-7,
續 7-118-6, 續 7-118-11, 續 11-122-6,
續 13-124-1, 續 14-125-3, 續 15-126-2,
續 15-126-7, 續 16-127-5, 談 4-212-10,
談 4-212-10, 談 6-210-11, 談 10-207-10,
談 11-206-8, 談 11-206-10, 談 12-205-8,
談 13-204-7, 談 14-204-10, 談 16-202-3,
談 17-201-2, 談 18-201-12, 談 20-199-8,
談 20-199-11, 談 21-198-4, 談 21-198-8,
談 21-198-9, 談 21-198-10, 談 22-197-5,
談 22-197-7, 談 22-197-9, 談 23-196-1,
談 24-195-1, 談 24-195-2, 談 27-194-10,
談 27-193-2, 談 28-193-8, 談 30-191-3,
談 30-191-3, 談 32-190-12, 談 32-190-12,
談 32-189-6, 談 32-189-7, 談 34-188-7,
談 35-187-10, 談 35-187-12, 談 35-186-3,
談 36-186-6, 談 36-186-10, 談 36-185-1,
談 38-184-3, 談 38-184-8, 談 38-184-9,
談 39-183-7, 談 42-181-6, 談 44-180-12,
談 45-179-11, 談 47-177-6, 談 48-176-1,

談 48-176-2, 談 49-175-1, 談 50-175-8,
談 50-175-12, 談 51-174-8, 談 53-172-3,
談 53-172-5, 談 55-171-7, 談 56-170-4,
談 56-170-7, 談 58-168-2, 談 59-167-3,
談 59-167-4, 談 59-167-4, 談 59-167-5,
談 60-167-12, 談 61-166-11, 談 62-165-9,
談 62-164-5, 談 63-164-9, 談 64-163-6,
談 64-163-8, 談 65-162-7, 談 69-158-1,
談 70-156-8, 談 73-155-4, 談 73-155-4,
談 73-155-5, 談 74-154-3, 談 75-154-12,
談 75-153-3, 談 75-153-5, 談 76-152-2,
談 76-152-3, 談 77-152-11, 談 77-152-11,
談 77-151-3, 談 80-149-8, 談 82-147-1,
談 82-147-3, 談 83-147-8, 談 83-147-9,
談 83-147-10, 談 86-143-1, 談 87-143-10,
談 89-141-4, 談 89-141-4, 談 90-141-12,
談 90-140-3, 談 92-138-3, 談 93-138-7,
談 94-137-7, 談 98-134-2, 談 100-132-1,
談 100-132-2, 言 1-288-12, 言 1-286-9,
言 1-286-10, 言 1-286-11, 言 1-286-11,
言 2-283-3, 言 2-283-3, 言 3-283-12,
言 3-281-10, 言 3-280-1, 言 3-280-1,
言 3-280-2, 言 3-280-3, 言 3-280-11,
言 3-279-6, 言 3-279-6, 言 3-279-9,
言 3-279-11, 言 3-276-3, 言 3-274-5,
言 3-274-6, 言 3-274-10, 言 4-271-2,
言 5-270-6, 言 5-270-6, 言 5-270-11,
言 8-267-4, 言 8-267-5, 言 8-267-6,
言 8-267-12, 言 8-267-12, 言 8-266-1,
言 8-263-2, 言 8-263-6, 言 9-262-7,
言 9-260-12, 言 9-260-12, 言 9-259-1,
言 9-259-4, 言 9-259-7, 言 9-259-11,
言 9-258-11, 言 9-257-7, 言 10-256-7,
言 10-255-5, 言 10-255-6, 言 10-255-7,
言 10-255-9, 言 10-254-6, 言 10-254-8,
言 10-253-1, 言 10-253-1, 言 10-253-2,
言 10-253-2, 言 10-253-11, 言 10-251-2,
言 10-251-5, 言 10-251-5, 言 10-251-5,
言 11-250-4, 言 11-250-5, 言 11-250-6,
言 14-289-4, 言 14-289-4, 言 14-289-4,

言 14-291-1，言 14-291-2，言 14-291-4，
言 14-291-4）
在世：3（問 2-108-10，談 76-152-8，
談 91-139-5）
在於：1（散 20-51-10）
咱們：52（問 3-104-1，談 1-214-2，
談 1-214-6，談 1-214-10，談 3-212-7，
談 3-212-7，談 10-207-9，談 20-199-7，
談 21-198-3，談 21-198-5，談 23-196-2，
談 23-196-4，談 28-193-10，談 32-190-11，
談 32-189-6，談 36-186-9，談 39-183-1，
談 39-183-1，談 39-183-2，談 39-183-6，
談 46-178-5，談 46-178-12，談 53-173-12，
談 53-172-1，談 55-171-12，談 58-168-5，
談 59-167-2，談 65-162-3，談 65-162-7，
談 65-162-11，談 66-161-3，談 66-161-5，
談 66-161-5，談 70-158-4，談 70-158-11，
談 71-157-8，談 71-157-11，談 73-155-5，
談 73-155-11，談 74-154-2，談 74-154-5，
談 75-153-6，談 76-152-9，談 84-146-8，
談 85-145-8，談 85-145-8，談 86-144-5，
談 88-142-11，談 88-142-12，談 94-137-6，
談 98-134-3，談 100-133-11）
俗們：19（散 2-33-1，散 2-33-1，散 2-33-2，
散 2-33-2，散 17-48-5，散 24-55-9，
散 29-60-4，散 30-61-4，問 4-99-4，
問 10-81-12，續 3-114-10，續 8-119-2，
續 8-119-9，續 15-126-7，談 65-162-11，
談 92-139-11，言 8-268-12，言 8-267-1，
言 11-250-9）
喀們：2（問 9-81-8，問 9-81-10）
攢湊攢湊：1（談 70-158-11）
暫且：1（續 14-125-2）
暫住：1（言 8-265-9）
鏨花兒：1（續 14-125-10）
讚：1（言 13-248-4）
讚美：1（言 10-252-2）
臟：2（談 30-191-5，言 14-291-5）
葬：1（談 75-153-5）
遭：2（談 59-167-2，言 11-250-11）

遭遢：1（續 11-122-2）
遭遭兒：1（談 38-184-2）
塴塌：1（談 61-165-1）
早：16（散 16-47-9，問 5-98-1，問 5-95-2，
問 9-81-2，談 2-213-3，談 31-190-3，
談 32-190-11，談 55-171-11，
談 69-159-10，談 71-157-5，談 70-156-8，
談 73-155-5，談 74-154-7，談 83-146-4，
言 9-259-4，言 10-256-7）
早飯：4（談 45-179-9，談 82-148-12，
談 96-135-1，談 97-135-6）
早就：1（問 5-99-12）
早起：14（散 10-41-1，散 10-41-4，
散 10-41-10，問 7-89-11，問 8-85-4，
談 6-210-7，談 43-180-2，談 65-162-7，
談 82-148-12，談 94-137-4，談 98-134-5，
言 9-260-4，言 10-251-8，言 10-251-9）
早睡：1（談 48-177-12）
早晚：1（問 7-89-4）
早晚兒：3（問 7-89-1，談 10-206-1，
談 31-191-12）
早已：16（散 33-64-3，問 10-80-10，
問 10-75-3，談 27-193-2，談 30-191-10，
談 39-183-3，談 60-166-6，談 92-139-10，
言 2-284-6，言 2-284-8，言 2-284-10，
言 2-283-2，言 10-256-12，言 10-251-7，
言 10-251-7，言 14-289-3）
早早兒：1（續 3-114-11）
澡盆：1（言 14-289-2）
皁隸：2（散 38-69-2，散 38-69-10）
造：3（續 5-116-5，談 85-145-10，
談 87-143-7）
造化：3（談 23-196-6，談 51-174-6，
談 81-148-3）
造謠言：1（續 13-124-1）
燥熱：1（談 93-138-7）
責罰：3（談 44-180-10，談 44-179-3，
言 10-252-10）
責任：2（談 6-209-3，言 8-266-12）
擇：1（問 10-79-11）

賊：35（散 18-49-2，散 18-49-8，散 18-49-8，
　　散 19-50-8，散 19-50-8，散 19-50-8，
　　散 19-50-9，散 19-50-10，散 20-51-7，
　　散 20-51-8，散 20-51-8，散 21-52-1，
　　散 21-52-4，散 21-52-4，散 21-52-5，
　　散 21-52-6，散 21-52-7，散 21-52-7，
　　散 21-52-7，散 22-53-8，散 22-53-9，
　　散 22-53-9，散 31-62-3，散 35-66-4，
　　散 35-66-9，談 35-186-4，言 8-266-4，
　　言 8-265-11，言 9-257-9，言 9-257-11，
　　言 9-257-12，言 9-256-3，言 10-254-8，
　　言 10-254-8，言 10-251-12）
賊匪：7（散 32-63-2，散 32-63-7，散 32-63-7，
　　言 5-269-2，言 5-269-2，言 5-269-3，
　　言 14-294-2）
賊猾：1（問 3-103-4）
賊眉鼠眼：1（談 43-180-1）
賊頭兒：2（散 19-50-9，散 32-63-8）
賊咬一口，入骨三分：1（續 13-124-2）
怎麼：109（散 26-57-1，散 26-57-3，
　　散 26-57-5，散 28-59-7，散 29-60-8，
　　散 33-64-10，問 1-109-6，問 2-108-11，
　　問 2-107-1，問 2-107-5，問 3-106-7，
　　問 3-106-7，問 3-106-8，問 3-106-11，
　　問 3-105-12，問 4-101-8，問 4-101-11，
　　問 4-101-11，問 5-99-7，問 5-99-8，
　　問 5-96-4，問 5-95-4，問 6-94-1，
　　問 6-94-2，問 6-93-3，問 6-93-4，
　　問 6-93-8，問 6-93-9，問 7-91-1，
　　問 7-90-9，問 7-90-11，問 7-89-4，
　　問 8-88-8，問 9-83-12，問 9-82-2，
　　問 9-81-6，問 10-80-4，問 10-79-6，
　　問 10-78-7，問 10-77-4，續 4-115-2，
　　續 4-115-4，續 7-118-10，續 9-120-1，
　　續 17-128-11，談 1-214-9，談 2-213-5，
　　談 3-212-3，談 5-210-2，談 11-206-10，
　　談 15-203-12，談 16-202-6，談 21-198-4，
　　談 21-198-5，談 23-196-4，談 23-196-4，
　　談 24-196-10，談 25-195-8，談 34-188-9，
　　談 38-184-6，談 43-180-4，談 45-179-7，
　　談 48-176-1，談 48-176-4，談 53-173-10，
　　談 53-172-4，談 53-172-6，談 55-171-6，
　　談 56-170-4，談 56-170-4，談 56-170-5，
　　談 56-170-5，談 56-170-6，談 61-166-12，
　　談 61-165-3，談 62-165-10，談 64-163-5，
　　談 66-161-2，談 69-159-9，談 71-157-4，
　　談 71-157-11，談 70-156-4，談 73-155-7，
　　談 73-155-10，談 75-154-11，談 80-149-7，
　　談 81-148-1，談 82-148-11，談 83-147-11，
　　談 93-138-8，談 97-135-7，談 99-133-6，
　　談 100-133-10，言 1-288-3，言 1-288-11，
　　言 5-270-10，言 5-270-11，言 5-269-3，
　　言 8-264-12，言 9-259-9，言 9-259-9，
　　言 9-259-10，言 9-258-10，言 10-255-4，
　　言 10-254-2，言 10-253-3，言 10-253-9，
　　言 10-252-12，言 14-289-3）
怎麼咯：1（談 46-178-5）
怎麼了：1（談 61-166-9）
怎麼說：3（談 70-158-12，談 70-156-9，
　　談 99-133-6）
怎麼樣：25（問 4-100-11，問 5-98-5，
　　問 5-97-5，問 5-95-2，問 6-93-5，
　　問 8-88-6，問 8-88-12，問 8-87-1，
　　問 8-85-12，問 10-78-4，談 1-214-7，
　　談 4-211-2，談 33-188-3，談 35-187-11，
　　談 42-181-8，談 54-171-2，談 60-166-2，
　　談 68-159-3，談 70-158-9，談 78-150-2，
　　談 84-146-10，談 84-146-10，談 99-133-2，
　　言 10-253-10，言 12-249-8）
怎麼樣兒：7（續 4-115-6，談 3-212-7，
　　談 6-209-4，談 29-192-12，談 75-153-7，
　　談 80-149-4，談 100-132-3）
怎麼着：2（問 5-99-11，言 8-265-9）
怎麼著：1（散 36-67-8）
增多：2（散 26-57-2，散 26-57-6）
憎惡：1（言 13-249-11）
憎嫌：1（續 16-127-7）
扎：3（談 8-208-7，談 27-194-12，
　　談 98-134-8）
扎掙：3（談 48-176-2，談 49-176-10，

談 50-175-6）
扎挣不住：2（談 45-178-1，談 49-175-2，）
紮：1（續 4-115-9）
喳：6（散 25-56-1，散 25-56-7，問 3-106-4，
　　問 4-101-3，談 43-180-6，言 14-289-1）
渣兒：1（談 67-161-12）
閘：1（談 92-139-10）
閘口：1（談 92-139-9）
乍富：1（談 65-162-11）
乍見：4（散 27-58-1，散 27-58-4，散 27-58-5，
　　散 27-58-5）
乍涼乍熱：1（談 45-179-8）
炸開：1（言 9-261-7）
炸砲：1（言 9-261-7）
柵欄兒：1（談 74-154-9）
齋戒沐浴：1（續 13-124-4）
齋僧道：1（談 80-149-3）
摘：2（散 12-43-1，散 12-43-7）
摘脫：1（談 71-157-7）
窄：6（散 23-54-2，散 23-54-6，散 30-61-4，
　　問 5-97-2，談 68-159-1，談 75-153-7）
占：1（談 78-150-5）
占便宜：1（談 15-203-9）
沾：1（續 14-125-5）
沾染：1（談 20-198-1）
氊褂子：1（談 94-137-7）
氊子：5（散 16-47-1，散 16-47-4，言 3-278-1，
　　言 14-292-3，言 14-292-3）
甐子：1（散 28-59-1）
氈子：1（言 3-277-12）
斬：4（散 18-49-2，散 18-49-8，散 18-49-8，
　　言 1-288-7）
盞：8（散 7-38-1，散 7-38-5，散 7-38-5，
　　言 3-282-10，言 3-282-10，言 3-282-10，
　　言 3-282-11，言 14-292-1）
佔：2（續 3-114-4，續 5-116-8）
戰抖抖：1（談 70-158-5）
站：7（散 4-35-1，談 6-210-7，談 30-191-3，
　　談 44-180-8，言 9-261-7，言 9-261-8，
　　言 9-261-9）

站不住：6（續 12-123-1，續 10-121-8，
　　續 10-121-9，談 44-180-8，談 47-177-3，
　　談 98-134-6）
站理：1（談 54-172-12）
站住：1（談 36-186-12）
棧房：1（問 5-97-1）
湛：1（續 2-113-1）
張：28（散 6-37-1，散 6-37-2，散 7-38-1，
　　散 7-38-1，散 7-38-1，散 7-38-3，
　　散 7-38-4，散 13-44-8，散 28-59-3，
　　散 33-64-9，問 3-106-5，問 7-91-3，
　　問 10-78-5，問 10-78-8，續 13-124-11，
　　談 33-189-11，談 75-153-9，言 3-282-12，
　　言 3-282-12，言 3-279-2，言 3-278-5，
　　言 3-278-5，言 3-276-8，言 3-275-5，
　　言 3-275-6，言 3-274-6，言 3-273-2，
　　言 8-267-5）
張大爺：1（問 7-89-11）
張兒紙：1（散 28-59-3）
張家：1（言 8-267-5）
張家灣：6（問 8-85-5，問 8-85-6，
　　言 10-255-12，言 10-254-1，言 10-254-1，
　　言 10-254-2）
張來順：1（問 3-103-1）
張老爺：2（言 11-250-12，言 13-248-5）
張羅：1（談 65-162-8）
張羅張羅：1（續 3-114-1）
張先生：4（問 9-83-8，問 9-83-8，問 9-83-8，
　　言 8-267-6）
張揚：2（問 6-94-8，談 64-163-8）
張爺：4（問 7-91-6，問 7-91-7，問 7-91-11，
　　問 7-89-6）
張嘴：1（談 6-210-7）
章：17（散 22-53-9，問 10-79-3，問 10-79-7，
　　問 10-79-8，問 10-79-9，問 10-79-9，
　　問 10-79-10，問 10-79-12，問 10-79-12，
　　問 10-78-10，問 10-78-12，問 10-76-9，
　　問 10-76-10，問 10-76-10，問 10-76-11，
　　問 10-76-11，言 7-268-5）
章程：3（散 20-51-1，散 20-51-3，

散 22-53-3）
章京：1（談 12-205-3）
齉齆：1（續 14-125-1）
長 zhang：23（散 14-45-6，散 17-48-4，
　散 18-49-9，散 18-49-10，問 5-95-2，
　問 8-88-5，續 4-115-12，續 6-117-10，
　續 12-123-10，續 18-129-6，續 18-129-6，
　談 30-191-9，談 36-186-9，談 42-181-3，
　談 47-177-7，談 51-174-8，談 54-171-3，
　談 55-171-11，談 56-170-6，談 73-155-8，
　談 99-133-3，言 3-280-11，言 3-280-11）
長輩：2（散 31-62-1，散 31-62-4）
長輩兒：1（談 85-145-11）
長輩兒們：1（談 47-177-6）
長成：2（續 7-118-5，談 6-210-11）
長大：2（談 17-201-3，談 20-199-7）
長房：1（問 4-100-10）
長價兒：1（談 62-164-3）
長進：3（問 10-74-1，談 2-213-6，
　談 7-209-8）
長子：1（問 2-106-1）
掌：1（續 1-112-12）
掌櫃的：7（散 15-46-2，散 15-46-4，
　散 15-46-10，問 8-86-12，問 8-86-12，
　問 8-85-1，問 8-85-1）
丈人：1（言 9-256-1）
仗：6（續 8-119-4，續 16-127-4，談 10-206-2，
　談 15-203-11，談 63-163-2，
　談 83-147-10）
帳：2（言 3-276-12，言 3-276-12）
帳子：2（散 7-38-1，散 7-38-4）
賬：2（散 40-71-5，談 46-178-6）
賬目：4（散 13-44-1，散 13-44-3，散 13-44-4，
　散 40-71-7）
招：4（續 18-129-3，談 55-171-8，言 3-275-9，
　言 8-266-12）
着 zhao：4（談 13-204-1，談 36-186-11，
　談 45-178-2，談 48-176-4）
着急：8（散 40-71-2，散 40-71-7，問 4-100-3，
　談 14-203-1，談 26-194-1，談 83-147-11，

談 92-138-2，談 93-137-1）
找：48（散 5-36-1，散 5-36-1，散 5-36-4，
　散 5-36-4，散 5-36-5，散 5-36-5，
　散 5-36-5，散 19-50-6，散 24-55-8，
　散 35-66-7，散 37-68-8，問 4-99-1，
　問 6-94-12，問 6-93-9，問 7-92-10，
　問 7-92-10，問 7-92-11，問 9-83-9，
　問 9-83-9，續 7-118-3，談 5-211-11，
　談 6-210-12，談 18-200-3，談 21-198-9，
　談 22-197-3，談 22-197-5，談 22-197-5，
　談 31-190-2，談 38-184-9，談 41-182-11，
　談 74-154-7，談 82-148-11，談 90-140-8，
　談 92-139-9，言 8-264-6，言 9-260-10，
　言 9-260-10，言 9-260-10，言 9-260-11，
　言 9-258-3，言 9-258-3，言 9-258-8，
　言 9-256-1，言 10-251-2，言 10-251-2，
　言 14-291-5，言 14-293-4，言 14-293-4）
找不着：1（言 14-293-2）
照：15（問 5-95-2，問 9-82-3，續 2-113-12，
　續 8-119-4，談 2-213-9，談 13-204-2，
　談 16-202-11，談 22-197-5，談 32-189-5，
　談 35-186-4，談 40-183-11，談 62-165-10，
　談 75-153-5，談 81-148-5，談 91-140-12）
照會：2（散 38-69-3，散 38-69-7）
照鏡子：1（談 47-177-9）
照舊：1（續 4-115-5）
照樣兒：3（談 21-198-10，談 44-179-5，
　談 68-160-12）
照應：5（問 2-108-9，問 2-107-8，問 8-85-1，
　續 8-119-3，言 10-252-8）
遮掩：4（問 6-94-8，問 6-94-8，問 6-94-8，
　續 15-126-8）
遮遮掩掩：1（續 12-123-7）
折：1（談 17-201-7）
折福：1（談 28-193-12）
折給：1（問 3-103-12）
這：333（散 7-38-3，散 7-38-5，散 7-38-7，
　散 11-42-2，散 11-42-3，散 11-42-6，
　散 11-42-9，散 12-43-5，散 13-44-6，
　散 17-48-6，散 22-53-9，散 26-57-6，

散 27-58-3, 散 28-59-8, 散 28-59-10,
散 29-60-3, 散 29-60-8, 散 32-63-5,
散 34-65-4, 散 36-67-7, 問 2-108-5,
問 3-105-5, 問 3-104-12, 問 3-103-2,
問 3-103-11, 問 4-102-12, 問 4-100-8,
問 5-99-9, 問 5-98-3, 問 5-97-2,
問 5-97-11, 問 5-96-1, 問 5-96-4,
問 5-96-4, 問 6-94-4, 問 6-94-7,
問 7-91-2, 問 7-91-8, 問 7-89-7,
問 8-88-5, 問 8-88-7, 問 8-88-8,
問 8-88-10, 問 8-87-5, 問 8-86-1,
問 8-86-11, 問 9-82-6, 問 9-81-4,
問 10-79-1, 問 10-79-1, 問 10-79-2,
問 10-79-5, 問 10-79-8, 問 10-79-9,
問 10-79-10, 問 10-79-11, 問 10-78-5,
問 10-78-10, 問 10-78-12, 問 10-78-12,
問 10-77-3, 問 10-77-10, 問 10-76-2,
問 10-76-3, 問 10-76-5, 問 10-76-7,
問 10-76-8, 問 10-76-9, 問 10-76-10,
問 10-76-11, 問 10-76-11, 問 10-75-4,
問 10-75-6, 問 10-75-7, 問 10-75-10,
續 1-112-5, 續 2-113-2, 續 2-113-3,
續 2-113-8, 續 3-114-4, 續 4-115-7,
續 4-115-8, 續 4-115-10, 續 4-115-11,
續 4-115-11, 續 4-115-12, 續 5-116-3,
續 5-116-6, 續 5-116-7, 續 5-116-9,
續 5-116-9, 續 5-116-10, 續 5-116-12,
續 5-116-12, 續 6-117-1, 續 6-117-1,
續 6-117-2, 續 6-117-3, 續 6-117-4,
續 6-117-4, 續 6-117-10, 續 7-118-1,
續 7-118-2, 續 7-118-4, 續 7-118-8,
續 8-119-2, 續 8-119-3, 續 8-119-7,
續 9-120-1, 續 9-120-1, 續 9-120-2,
續 9-120-3, 續 9-120-6, 續 12-123-1,
續 12-123-3, 續 14-125-3, 續 14-125-5,
續 15-126-4, 續 15-126-6, 續 17-128-2,
續 17-128-4, 續 18-129-7, 談 1-214-6,
談 2-213-7, 談 3-212-5, 談 3-212-6,
談 4-211-2, 談 5-211-9, 談 5-211-10,
談 5-211-12, 談 6-210-10, 談 7-209-10,

談 8-208-10, 談 10-206-3, 談 11-206-8,
談 12-205-7, 談 14-204-9, 談 15-203-6,
談 18-200-3, 談 18-200-8, 談 20-199-9,
談 20-198-1, 談 21-198-8, 談 23-196-5,
談 24-195-3, 談 26-195-12, 談 27-194-10,
談 30-191-7, 談 30-191-8, 談 31-190-5,
談 32-189-2, 談 32-189-3, 談 33-189-10,
談 33-188-2, 談 34-188-7, 談 34-188-8,
談 34-188-10, 談 35-187-11, 談 36-185-2,
談 37-185-10, 談 39-183-3, 談 39-183-7,
談 43-181-12, 談 44-180-12, 談 45-179-8,
談 46-178-7, 談 46-178-9, 談 47-177-4,
談 47-177-10, 談 48-177-12, 談 48-176-6,
談 50-175-9, 談 50-175-11, 談 51-174-9,
談 53-172-2, 談 53-172-6, 談 54-172-12,
談 54-171-1, 談 54-171-3, 談 57-169-5,
談 57-169-6, 談 57-169-8, 談 59-167-2,
談 61-165-1, 談 63-164-11, 談 64-163-6,
談 66-161-2, 談 67-160-4, 談 67-160-5,
談 68-159-4, 談 69-159-11, 談 70-158-7,
談 70-158-10, 談 71-157-12, 談 70-156-7,
談 70-156-9, 談 70-156-10, 談 70-156-11,
談 73-155-4, 談 73-155-4, 談 73-155-6,
談 74-154-6, 談 77-151-3, 談 77-151-6,
談 78-151-10, 談 78-150-4, 談 81-148-4,
談 82-148-10, 談 83-147-9, 談 83-146-5,
談 84-146-7, 談 84-146-9, 談 84-146-11,
談 85-145-9, 談 86-144-4, 談 87-143-4,
談 87-143-4, 談 87-143-6, 談 87-143-8,
談 87-142-3, 談 88-142-7, 談 88-142-12,
談 90-141-12, 談 92-139-12, 談 93-138-9,
談 94-137-6, 談 95-136-1, 談 96-136-12,
談 96-136-12, 談 99-133-7,
談 100-133-10, 談 100-132-1,
談 100-132-2, 言 1-288-4, 言 1-288-7,
言 1-288-9, 言 1-288-9, 言 1-288-10,
言 1-287-4, 言 1-287-5, 言 1-286-8,
言 1-286-10, 言 1-286-10, 言 1-286-11,
言 1-285-5, 言 1-285-7, 言 1-285-8,
言 1-285-10, 言 1-285-10, 言 2-284-2,

言 2-284-5，言 2-284-8，言 2-284-11，
言 2-284-12，言 2-283-4，言 2-283-5，
言 2-283-6，言 3-283-11，言 3-283-12，
言 3-282-3，言 3-282-5，言 3-281-7，
言 3-280-2，言 3-280-3，言 3-280-4，
言 3-280-5，言 3-280-5，言 3-279-4，
言 3-279-4，言 3-278-2，言 3-278-3，
言 3-278-10，言 3-278-12，言 3-277-2，
言 3-277-5，言 3-277-11，言 3-276-6，
言 3-276-8，言 3-275-5，言 3-274-6，
言 3-274-12，言 3-273-3，言 3-272-6，
言 4-271-1，言 4-271-5，言 4-271-6，
言 4-271-8，言 4-271-10，言 4-271-10，
言 5-270-11，言 5-269-2，言 7-268-2，
言 7-268-2，言 7-268-3，言 7-268-4，
言 7-268-5，言 7-268-10，言 8-267-10，
言 8-265-2，言 8-265-2，言 8-265-3，
言 8-265-3，言 8-265-5，言 8-265-5，
言 8-264-2，言 8-264-2，言 8-264-12，
言 8-263-7，言 9-263-12，言 9-262-2，
言 9-262-5，言 9-262-6，言 9-262-8，
言 9-260-2，言 9-260-3，言 9-260-8，
言 9-259-2，言 9-259-11，言 9-258-2，
言 9-258-6，言 9-258-9，言 9-257-1，
言 9-257-3，言 9-257-5，言 10-253-8，
言 10-252-5，言 10-251-1，言 10-251-1，
言 10-251-5，言 10-251-7，言 11-250-11，
言 14-294-5，言 14-295-1）
這邊：2（談 65-162-2，言 11-250-11）
這邊兒：1（續 5-116-10）
這程子：1（續 7-118-2）
這等：1（言 2-284-6）
這個：188（散 2-33-2，散 2-33-5，散 2-33-6，
散 2-33-6，散 2-33-6，散 2-33-7，
散 2-33-7，散 2-33-8，散 2-33-9，
散 2-33-9，散 3-34-5，散 3-34-9，
散 5-36-5，散 5-36-7，散 5-36-7，
散 10-41-5，散 11-42-9，散 13-44-2，
散 17-48-3，散 17-48-4，散 20-51-10，
散 26-57-3，散 27-58-3，散 27-58-6，

散 29-60-7，散 29-60-10，散 35-66-7，
散 36-67-4，散 40-71-7，問 2-107-9，
問 3-106-12，問 3-105-6，問 3-105-7，
問 3-104-2，問 3-104-4，問 3-104-8，
問 3-103-1，問 3-103-10，問 3-102-1，
問 4-100-2，問 4-100-11，問 4-99-2，
問 5-98-2，問 5-97-9，問 5-96-3，
問 5-96-3，問 5-96-4，問 5-96-12，
問 6-95-8，問 6-94-3，問 6-94-8，
問 6-94-9，問 6-94-11，問 6-93-10，
問 7-91-12，問 7-90-5，問 7-90-6，
問 7-90-10，問 7-89-10，問 8-85-1，
問 9-82-8，問 9-81-7，問 10-79-8，
問 10-79-11，問 10-78-2，問 10-78-4，
問 10-76-8，問 10-75-3，問 10-74-2，
問 10-74-4，續 1-112-1，續 1-112-1，
續 1-112-9，續 1-112-9，續 1-112-10，
續 3-114-6，續 3-114-9，續 3-114-10，
續 4-115-3，續 6-117-2，續 6-117-3，
續 6-117-4，續 7-118-3，續 7-118-9，
續 7-118-10，續 7-118-11，續 7-118-12，
續 8-119-5，續 8-119-11，續 8-119-12，
續 13-124-8，續 14-125-4，談 3-212-2，
談 4-211-5，談 6-209-1，談 7-209-12，
談 8-208-6，談 8-208-7，談 11-206-12，
談 16-202-9，談 17-201-9，談 20-199-9，
談 21-198-5，談 22-197-8，談 23-196-3，
談 27-194-8，談 27-193-3，談 28-193-8，
談 28-193-11，談 29-192-4，談 29-192-8，
談 29-192-11，談 33-189-11，談 36-186-7，
談 36-186-9，談 37-185-11，談 38-184-3，
談 42-181-7，談 44-180-10，談 44-180-11，
談 50-175-10，談 52-173-7，談 53-173-11，
談 53-173-12，談 55-171-8，談 55-170-1，
談 56-170-7，談 56-170-7，談 56-170-8，
談 58-168-10，談 61-165-2，談 62-165-12，
談 62-164-5，談 65-162-9，談 71-157-10，
談 78-150-1，談 79-150-8，談 81-148-1，
談 81-148-2，談 82-147-3，談 82-147-3，
談 85-145-5，談 86-144-7，談 86-144-7，

談 88-142-8，談 88-142-12，談 88-142-12，
談 89-141-10，談 94-137-9，談 94-137-10，
談 99-133-4，談 99-133-7，談 100-133-11，
言 1-287-5，言 1-286-4，言 1-286-12，
言 1-285-7，言 2-284-2，言 3-281-2，
言 3-280-9，言 3-279-11，言 3-278-3，
言 3-278-12，言 3-278-12，言 3-273-11，
言 3-272-8，言 5-270-2，言 5-270-4，
言 7-268-3，言 7-268-4，言 8-265-9，
言 8-264-7，言 8-264-11，言 9-263-12，
言 9-262-4，言 9-259-3，言 9-259-3，
言 9-259-8，言 9-258-8，言 9-257-8，
言 10-253-3，言 10-253-12，言 10-252-2，
言 10-252-12，言 12-249-8，言 13-248-5，
言 14-291-1，言 14-293-3）

這個樣：1（談 6-210-11）

這個樣兒：10（續 2-113-6，續 7-118-5，
談 18-200-8，談 45-179-7，談 57-169-10，
談 63-163-2，談 91-139-5，談 93-138-11，
談 94-137-3，談 98-134-9）

這會兒：1（問 7-90-7）

這們：4（問 2-107-4，續 4-115-2，續 5-116-8，
談 89-141-9）

這們樣：1（續 3-114-4）

這們着：2（續 1-112-1，言 8-266-2）

這們著：1（續 15-126-5）

這麼：80（散 2-33-2，散 5-36-9，散 17-48-7，
散 23-54-3，散 33-64-10，問 2-107-6，
問 4-101-6，問 4-101-7，問 4-100-3，
問 4-99-1，問 6-93-7，問 6-93-7，
問 8-86-5，問 8-85-12，問 10-75-10，
續 1-112-2，續 1-112-8，續 2-113-1，
續 2-113-8，續 2-113-11，續 4-115-1，
續 4-115-10，續 4-115-10，續 5-116-7，
續 6-117-6，續 7-118-7，續 7-118-7，
談 1-214-9，談 2-213-9，談 13-204-3，
談 15-203-10，談 20-199-10，談 25-195-9，
談 26-194-1，談 28-193-12，談 32-189-3，
談 33-189-9，談 34-188-9，談 39-183-6，
談 44-179-2，談 46-178-5，談 47-177-10，
談 49-175-1，談 49-175-2，談 53-173-10，
談 53-172-3，談 53-172-4，談 55-171-11，
談 58-168-2，談 58-168-5，談 58-168-12，
談 59-167-7，談 60-166-3，談 69-159-7，
談 71-157-11，談 70-156-4，談 70-156-6，
談 70-156-10，談 73-155-7，談 77-152-12，
談 77-151-7，談 80-149-6，談 85-145-11，
談 86-144-12，談 98-134-5，談 3-272-7，
言 5-270-10，言 8-264-12，言 8-263-1，
言 8-263-2，言 8-263-2，言 9-262-2，
言 9-258-4，言 9-258-5，言 9-258-5，
言 10-254-2，言 10-253-9，言 10-252-11，
言 10-252-11，言 10-251-2）

這麼個：2（問 10-80-7，談 2-213-6）

這麼些：3（問 5-96-1，問 5-96-2，問 8-83-3）

這麼樣：12（散 10-41-5，問 4-101-8，
問 4-101-12，問 9-81-7，續 4-115-2，
談 2-213-5，談 34-188-12，談 71-157-10，
談 83-146-4，談 87-143-9，談 98-134-4，
言 3-282-1）

這麼樣兒：16（續 4-115-6，談 2-213-6，
談 6-210-9，談 25-195-8，談 28-192-1，
談 55-171-6，談 58-168-4，談 60-166-5，
談 66-161-6，談 67-160-7，談 68-159-2，
談 69-159-8，談 70-158-12，談 83-147-11，
談 84-146-7，談 91-139-4）

這麼着：32（問 3-103-2，問 5-97-8，
問 6-95-11，問 6-93-6，問 6-92-2，
問 8-88-6，問 8-87-1，問 9-83-12，
問 10-80-10，問 10-79-9，談 1-214-5，
談 1-214-10，談 5-210-4，談 6-210-8，
談 27-193-3，談 32-189-4，談 38-184-3，
談 43-180-5，談 73-155-5，談 73-155-8，
談 76-152-4，談 89-141-7，談 98-134-3，
言 1-287-6，言 2-283-7，言 3-283-9，
言 10-256-8，言 10-254-12，言 10-253-4，
言 10-252-11，言 10-252-12，
言 14-292-5）

這麼著：1（問 3-106-8）

這兒：76（散 2-33-2，散 2-33-5，散 3-34-8，

散 4-35-8，散 4-35-9，散 4-35-9，
散 4-35-9，散 9-40-6，散 9-40-9，
散 14-45-7，散 25-56-9，散 29-60-3，
散 30-61-4，問 1-109-3，問 1-109-4，
問 2-108-2，問 3-106-5，問 3-106-9，
問 3-106-11，問 7-91-3，問 7-91-3，
問 7-91-5，問 7-90-11，問 8-86-4，
問 8-84-7，問 8-84-12，問 9-83-7，
問 9-82-3，問 10-78-10，問 10-78-10，
問 10-75-5，問 10-75-11，續 1-112-4，
續 1-112-9，續 1-112-10，續 2-113-5，
續 2-113-10，續 2-113-10，續 3-114-8，
續 4-115-12，續 5-116-5，續 5-116-9，
續 7-118-8，續 8-119-8，談 5-211-7，
談 28-193-9，談 32-189-6，談 36-185-1，
談 40-183-10，談 44-180-12，談 48-176-1，
談 50-175-12，談 53-172-3，談 53-172-5，
談 64-163-8，談 64-163-9，談 69-158-1，
談 70-158-8，談 71-157-4，談 71-157-9，
談 70-156-5，談 70-156-8，談 73-155-5，
談 73-155-6，談 73-155-7，談 74-154-8，
談 95-136-1，言 8-267-12，言 8-267-12，
言 8-263-3，言 8-263-5，言 9-259-1，
言 9-259-5，言 9-259-7，言 9-258-11，
言 10-255-11）
這天：1（談 89-141-4）
這些：51（散 24-55-9，散 34-65-7，
問 2-108-9，問 5-98-8，問 5-97-9，
問 6-94-9，問 8-87-4，問 10-79-6，
問 10-78-9，問 10-78-11，問 10-76-6，
問 10-75-12，續 7-118-10，談 17-201-5，
談 21-198-3，談 50-175-6，談 53-172-4，
談 59-167-9，談 65-162-6，談 66-161-4，
談 67-160-3，談 67-160-4，談 79-150-12，
談 86-144-4，談 87-143-5，言 1-288-12，
言 1-286-2，言 1-286-11，言 2-284-11，
言 3-283-12，言 3-282-12，言 3-281-8，
言 3-277-5，言 3-276-3，言 4-272-10，
言 4-271-1，言 4-271-4，言 7-268-6，
言 7-268-8，言 8-265-3，言 8-265-4，
言 8-264-1，言 9-262-8，言 9-261-3，
言 9-261-8，言 9-256-3，言 10-251-8，
言 13-248-1，言 14-291-1，言 14-294-1，
言 14-294-5）
這些個：3（問 10-74-2，談 17-201-10，
言 1-286-12）
這樣兒：27（問 10-75-9，談 7-209-11，
談 14-204-9，談 19-199-4，談 20-199-10，
談 27-194-9，談 34-188-9，談 39-183-2，
談 41-182-7，談 41-182-8，談 43-180-3，
談 46-178-11，談 49-176-10，談 58-168-6，
談 60-166-3，談 61-166-12，談 62-164-2，
談 66-161-6，談 67-160-2，談 67-160-5，
談 70-158-10，談 71-156-1，談 76-152-8，
談 77-151-1，談 88-141-1，談 93-138-7，
言 9-256-4）
這一次：1（談 7-209-9）
這一個：1（言 14-293-2）
這一向：3（談 21-198-5，談 59-167-5，
談 71-157-4）
這種：11（談 8-208-3，談 9-207-5，
談 15-203-9，談 16-202-10，談 24-195-4，
談 27-194-7，談 41-182-7，談 42-181-3，
談 57-169-8，談 65-162-11，談 77-151-7）
這種樣兒：2（談 64-163-11，談 80-149-5）
這宗：11（散 38-69-8，問 3-102-3，
問 10-80-11，問 10-80-12，問 10-78-1，
談 84-146-7，言 3-272-4，言 8-264-7，
言 8-263-6，言 8-263-7，言 9-263-11）
這宗樣兒：1（問 10-80-2）
一着：371（散 3-34-2，散 3-34-6，散 17-48-2，
散 21-52-7，散 21-52-8，散 27-58-2，
問 2-108-11，問 3-103-2，問 4-101-5，
問 4-101-10，問 4-100-6，問 4-100-6，
問 4-100-9，問 5-97-8，問 5-96-6，
問 6-94-1，問 6-94-3，問 6-94-11，
問 6-93-6，問 6-93-7，問 6-93-10，
問 7-91-2，問 7-91-3，問 7-90-10，
問 7-90-12，問 7-90-12，問 7-89-8，
問 8-88-5，問 8-88-5，問 8-88-7，

問 8-88-7, 問 8-86-9, 問 8-86-10, 問 8-85-6, 問 8-85-8, 問 8-84-1, 問 8-84-8, 問 8-84-9, 問 9-82-3, 問 10-78-2, 問 10-77-2, 問 10-77-5, 問 10-76-2, 問 10-76-12, 問 10-75-5, 問 10-75-12, 談 2-213-9, 談 2-213-10, 談 3-212-5, 談 4-212-12, 談 4-211-1, 談 5-211-10, 談 5-210-3, 談 6-210-7, 談 6-210-7, 談 6-210-7, 談 6-210-11, 談 9-207-2, 談 9-207-3, 談 9-207-4, 談 10-207-10, 談 10-207-11, 談 10-206-2, 談 12-205-6, 談 12-205-6, 談 12-205-6, 談 12-205-6, 談 12-205-10, 談 13-204-2, 談 14-203-1, 談 15-203-9, 談 15-203-10, 談 15-203-10, 談 15-203-11, 談 15-203-11, 談 16-202-3, 談 16-202-4, 談 16-202-9, 談 16-202-11, 談 17-201-4, 談 17-201-8, 談 17-201-9, 談 18-200-3, 談 18-200-4, 談 18-200-7, 談 20-199-7, 談 21-198-6, 談 21-198-10, 談 22-197-4, 談 22-197-5, 談 22-197-5, 談 22-197-6, 談 22-197-6, 談 23-197-12, 談 23-196-1, 談 23-196-2, 談 24-195-2, 談 24-195-5, 談 25-195-8, 談 25-195-9, 談 26-194-1, 談 26-194-4, 談 26-194-5, 談 27-194-7, 談 27-193-2, 談 28-193-7, 談 28-193-11, 談 28-193-11, 談 28-192-1, 談 29-192-4, 談 29-192-5, 談 29-192-7, 談 29-192-8, 談 29-192-9, 談 29-192-12, 談 30-191-3, 談 30-191-6, 談 30-191-6, 談 31-190-1, 談 31-190-2, 談 31-190-7, 談 31-190-8, 談 32-189-5, 談 32-189-6, 談 33-189-9, 談 33-189-9, 談 33-188-1, 談 33-188-3, 談 34-188-11, 談 34-187-4, 談 35-187-8, 談 35-187-8, 談 35-187-8, 談 35-187-10, 談 35-187-11, 談 35-186-1, 談 35-186-2, 談 35-186-2, 談 36-186-10, 談 36-186-10, 談 36-186-10, 談 36-186-12, 談 36-185-1, 談 36-185-1, 談 37-185-5, 談 37-185-6, 談 37-185-8, 談 37-185-11, 談 38-184-3,

談 38-184-4, 談 38-184-5, 談 38-184-9, 談 39-183-7, 談 40-183-10, 談 40-183-10, 談 40-183-11, 談 40-183-12, 談 40-182-4, 談 40-182-5, 談 41-182-10, 談 41-182-10, 談 41-181-1, 談 43-181-12, 談 43-180-2, 談 43-180-3, 談 43-180-6, 談 44-180-9, 談 44-180-12, 談 44-179-5, 談 45-178-2, 談 47-177-5, 談 47-177-6, 談 47-177-7, 談 47-177-7, 談 47-177-9, 談 47-177-9, 談 48-176-2, 談 48-176-2, 談 48-176-3, 談 48-176-4, 談 48-176-7, 談 49-176-10, 談 49-175-3, 談 50-175-6, 談 51-174-7, 談 51-174-10, 談 52-173-4, 談 52-173-8, 談 53-172-1, 談 53-172-5, 談 54-172-9, 談 54-172-12, 談 54-171-1, 談 54-171-3, 談 54-171-4, 談 54-171-4, 談 55-171-6, 談 56-170-5, 談 56-170-8, 談 56-170-9, 談 56-170-9, 談 56-170-11, 談 56-170-12, 談 58-168-10, 談 59-167-4, 談 59-167-6, 談 60-166-3, 談 61-166-10, 談 62-165-8, 談 63-164-12, 談 63-163-2, 談 64-163-6, 談 65-162-2, 談 65-162-4, 談 65-162-7, 談 65-162-8, 談 65-162-8, 談 66-161-2, 談 67-160-3, 談 67-160-3, 談 69-158-1, 談 70-158-5, 談 70-158-10, 談 70-158-11, 談 71-157-8, 談 70-156-11, 談 73-155-5, 談 73-155-6, 談 73-155-10, 談 73-155-11, 談 74-154-5, 談 75-153-2, 談 75-153-9, 談 76-153-12, 談 76-152-1, 談 76-152-4, 談 76-152-5, 談 77-151-1, 談 77-151-3, 談 77-151-6, 談 77-151-6, 談 79-150-11, 談 79-149-1, 談 80-149-6, 談 80-149-7, 談 80-149-8, 談 81-148-5, 談 83-147-8, 談 83-147-10, 談 83-147-11, 談 83-146-3, 談 83-146-4, 談 84-146-10, 談 84-146-12, 談 84-145-1, 談 85-145-10, 談 86-144-9, 談 86-144-11, 談 86-144-11, 談 86-144-12, 談 86-143-1, 談 86-143-1, 談 88-142-10, 談 88-142-11, 談 89-141-7, 談 89-141-9, 談 90-141-12, 談 90-141-12,

談 90-140-7，談 91-140-12，談 92-139-8，
談 92-139-9，談 92-139-9，談 92-139-9，
談 92-139-10，談 92-139-10，
談 92-139-12，談 92-138-1，談 92-138-2，
談 93-138-8，談 93-138-8，談 93-138-8，
談 93-138-9，談 93-138-10，談 93-138-10，
談 93-138-10，談 93-138-10，
談 93-138-12，談 94-137-5，談 94-137-6，
談 94-137-6，談 94-137-11，談 95-136-3，
談 96-136-12，談 97-135-10，
談 97-135-11，談 98-134-3，談 98-134-7，
談 99-133-2，談 99-133-3，談 99-133-5，
談 100-133-10，談 100-133-12，
談 100-133-12，談 100-132-1，言 1-288-4，
言 1-287-2，言 3-281-9，言 3-280-4，
言 3-280-11，言 3-274-2，言 3-274-4，
言 3-274-4，言 3-274-5，言 3-274-5，
言 4-272-10，言 5-270-11，言 5-269-2，
言 6-269-8，言 8-267-2，言 8-265-11，
言 8-265-12，言 8-264-10，言 9-262-3，
言 9-262-5，言 9-262-7，言 9-262-8，
言 9-262-8，言 9-262-8，言 9-261-7，
言 9-261-7，言 9-261-8，言 9-261-8，
言 9-261-8，言 9-261-9，言 9-261-9，
言 9-261-9，言 9-261-10，言 9-261-11，
言 9-260-4，言 9-260-11，言 9-260-12，
言 9-260-12，言 9-259-1，言 9-259-3，
言 9-259-7，言 9-259-10，言 9-259-11，
言 9-259-12，言 9-258-4，言 9-258-4，
言 9-258-5，言 9-258-7，言 9-258-12，
言 9-258-12，言 9-257-1，言 10-256-10，
言 10-255-7，言 10-254-9，言 10-254-10，
言 10-254-11，言 10-254-12，言 10-253-5，
言 10-252-5，言 10-251-2，言 11-250-4，
言 11-250-10，言 11-250-10，言 13-248-4，
言 14-289-4，言 14-291-5）
一著：115（散 3-34-2，散 4-35-1，散 4-35-1，
散 4-35-1，散 4-35-1，散 4-35-3，
散 4-35-3，散 4-35-3，散 4-35-4，
散 4-35-6，散 5-36-3，散 5-36-3，

散 7-38-3，散 7-38-4，散 7-38-4，
散 10-41-3，散 10-41-6，散 10-41-9，
散 11-42-4，散 11-42-6，散 11-42-7，
散 13-44-8，散 15-46-1，散 15-46-1，
散 15-46-2，散 15-46-3，散 15-46-4，
散 16-47-5，散 16-47-6，散 16-47-9，
散 17-48-2，散 17-48-2，散 17-48-6，
散 17-48-10，散 20-51-9，散 21-52-3，
散 21-52-6，散 21-52-6，散 22-53-3，
散 22-53-7，散 22-53-8，散 23-54-5，
散 23-54-7，散 25-56-7，散 26-57-4，
散 27-58-10，散 28-59-2，散 29-60-1，
散 31-62-2，散 31-62-5，散 31-62-10，
散 33-64-3，散 34-65-2，散 34-65-10，
散 34-65-10，散 34-65-10，散 35-66-1，
散 35-66-3，散 35-66-4，散 37-68-8，
散 38-69-9，散 40-71-4，散 40-71-10，
續 1-112-7，續 1-112-10，續 2-113-3，
續 2-113-12，續 5-116-1，續 5-116-6，
續 5-116-7，續 5-116-9，續 5-116-9，
續 5-116-10，續 5-116-11，續 5-116-12，
續 6-117-11，續 6-117-12，續 7-118-4，
續 8-119-1，續 8-119-2，續 8-119-4，
續 8-119-7，續 8-119-11，續 9-120-5，
續 9-120-6，續 10-121-1，續 10-121-4，
續 10-121-8，續 10-121-8，續 10-121-9，
續 12-123-1，續 12-123-2，續 12-123-5，
續 12-123-6，續 12-123-11，續 12-123-11，
續 12-123-12，續 13-124-7，續 13-124-11，
續 14-125-5，續 14-125-6，續 15-126-3，
續 15-126-5，續 15-126-8，續 16-127-1，
續 16-127-2，續 16-127-3，續 16-127-3，
續 16-127-4，續 16-127-4，續 16-127-6，
續 16-127-11，續 17-128-5，續 17-128-10，
談 2-213-5）
針：2（散 12-43-2，續 10-121-10）
針線：2（散 12-43-1，散 12-43-7）
針線兒：1（續 14-125-12）
鍼兒：1（談 98-134-7）
珍饈美味：1（談 16-202-7）

眞：33（散 5-36-2，散 5-36-7，散 19-50-6，
　　問 5-99-9，續 6-117-5，續 11-122-1，
　　續 13-124-5，談 8-208-8，談 11-206-9，
　　談 15-203-8，談 20-199-9，談 20-199-9，
　　談 23-196-7，談 24-196-10，談 30-191-5，
　　談 32-189-4，談 32-189-4，談 33-188-1，
　　談 39-183-1，談 41-182-11，談 53-172-2，
　　談 62-165-11，談 66-161-6，談 66-161-7，
　　談 87-143-6，談 87-143-6，談 87-143-11，
　　談 90-140-2，談 98-134-5，談 100-132-1，
　　言 9-258-5，言 9-258-7，言 10-255-7）
眞草隸篆：1（續 14-125-7）
眞得：1（談 42-181-8）
眞是：15（散 22-53-8，散 24-55-10，
　　問 5-97-3，問 7-90-9，續 11-122-3，
　　談 5-211-10，談 13-204-2，談 14-203-1，
　　談 19-199-1，談 23-196-6，談 23-196-7，
　　談 42-181-6，談 65-162-3，言 9-261-8，
　　言 13-248-3）
眞眞：1（談 58-168-6）
斟：2（談 36-186-11，談 36-185-1）
斟酒：1（談 82-147-3）
斟酌：3（散 29-60-2，散 29-60-4，
　　問 10-75-4）
診脈：1（談 52-173-5）
枕頭：2（談 48-176-3，談 51-174-9）
陣：5（言 3-281-2，言 3-281-2，言 3-281-2，
　　言 3-281-2，言 3-281-2）
陣兒：2（續 5-116-7，談 96-136-12）
陣亡：1（問 4-100-5）
震：1（談 95-136-7）
鎭：1（問 8-87-2）
鎭店：2（問 3-103-2，問 8-86-4）
爭：2（問 6-94-6，談 17-201-4）
爭鬪：2（散 32-63-2，散 32-63-6）
爭競：1（談 62-165-12）
挣：1（問 4-101-12）
挣脫：1（談 40-182-1）
挣銀子錢：1（談 52-173-3）
睜：3（續 9-120-5，續 12-123-4，
　　談 86-143-1）
睜開眼：3（談 35-187-9，談 50-175-9，
　　談 95-136-5）
整：2（問 10-76-10，談 8-208-5）
整理：1（談 31-191-12）
整年家：1（談 13-204-4）
整齊：2（言 3-273-9，言 14-294-1）
整千整萬：1（續 5-116-12）
整天家：4（談 14-204-10，談 39-183-2，
　　談 71-157-6，談 77-151-3）
整月：1（談 62-165-10）
整整齊齊兒：1（續 7-118-1）
整字：3（問 10-80-6，言 1-288-12，
　　言 1-287-3）
正：23（散 5-36-2，散 5-36-7，散 27-58-10，
　　續 12-123-10，談 10-207-11，談 12-205-3，
　　談 20-198-1，談 35-187-8，談 35-186-1，
　　談 36-186-10，談 39-183-5，談 40-182-2，
　　談 43-180-1，談 55-171-12，談 56-170-8，
　　談 71-157-8，談 77-152-11，談 82-147-3，
　　談 89-141-9，談 94-137-6，言 9-259-11，
　　言 9-259-11，言 10-253-4）
正經：10（問 7-91-9，談 24-196-12，
　　談 26-195-12，談 26-194-2，談 41-182-8，
　　談 42-181-5，談 47-177-8，談 92-139-8，
　　談 100-133-12，談 100-132-3）
正派：1（談 15-202-1）
正陪：1（散 27-58-2）
正是：6（續 5-116-9，談 23-196-4，
　　談 70-156-8，談 81-148-5，談 88-142-10，
　　談 89-141-9）
正似：1（談 95-136-4）
正要：1（言 9-260-6）
正義：4（言 1-286-4，言 1-286-6，
　　言 1-286-12，言 9-261-11）
正在：13（問 10-79-5，問 10-76-12，
　　問 10-75-5，續 12-123-3，續 18-129-3，
　　談 34-187-3，言 9-262-5，言 9-262-6，
　　言 9-261-12，言 9-261-12，言 9-261-12，
　　言 9-260-4，言 9-260-5）

之：44（散 20-51-9，散 21-52-5，散 22-53-6，
　　散 22-53-8，散 24-55-3，散 24-55-4，
　　散 24-55-4，散 26-57-7，散 26-57-9，
　　散 27-58-4，散 30-61-5，散 38-69-5，
　　問 5-98-1，問 8-87-4，問 9-82-8，
　　問 9-81-4，問 9-81-7，問 10-79-2，
　　續 14-125-12，談 7-209-9，談 58-168-8，
　　談 82-148-10，談 93-138-12，言 1-288-10，
　　言 1-286-5，言 1-286-6，言 1-286-11，
　　言 1-285-6，言 2-284-7，言 2-284-11，
　　言 2-284-12，言 3-282-2，言 3-282-6，
　　言 3-282-6，言 3-279-8，言 3-275-6，
　　言 3-275-8，言 3-273-4，言 3-272-3，
　　言 7-268-2，言 9-263-12，言 14-294-2，
　　言 14-294-4，言 14-295-1）
之後：8（散 32-63-10，問 10-78-4，
　　問 10-78-5，問 10-77-2，談 16-202-5，
　　談 30-191-2，談 93-138-5，言 1-287-7）
之乎者也：1（續 12-123-7）
之間：1（談 65-162-10）
之前：2（談 76-152-6，言 11-250-5）
之外：9（散 40-71-6，問 10-75-9，續 8-119-5，
　　言 1-288-11，言 2-283-2，言 3-275-6，
　　言 3-272-5，言 7-268-1，言 8-268-12）
之中：1（談 95-136-7）
芝麻：1（散 14-45-3）
支吾：1（談 68-159-4）
吱兒喳兒：1（談 87-143-8）
枝：12（續 16-127-1，談 89-141-9，
　　言 3-280-11，言 3-280-11，言 3-280-11，
　　言 3-280-11，言 3-280-11，言 3-280-12，
　　言 3-280-12，言 3-280-12，言 3-279-6，
　　言 3-276-2）
枝子：3（言 3-280-12，言 3-279-1，
　　言 3-279-1）
隻：39（散 7-38-2，散 14-45-6，散 15-46-2，
　　散 28-59-9，散 28-59-10，散 28-59-10，
　　問 5-96-6，問 5-96-6，問 5-96-7，
　　問 5-96-7，續 8-119-9，續 9-120-1，
　　續 9-120-2，續 10-121-8，續 13-124-12，
　　談 17-201-7，談 42-181-4，談 94-137-9，
　　言 3-283-11，言 3-283-11，言 3-282-1，
　　言 3-282-3，言 3-282-3，言 3-282-4，
　　言 3-280-8，言 3-280-8，言 3-280-9，
　　言 3-280-10，言 3-273-7，言 4-271-9，
　　言 4-271-9，言 4-271-9，言 4-271-10，
　　言 6-269-9，言 6-269-9，言 6-269-9，
　　言 14-290-2，言 14-290-3，言 14-290-3）
隻眼：1（談 30-191-5）
織就：1（言 3-278-6）
知：2（談 68-159-3，言 1-287-5）
知道：125（散 3-34-3，散 3-34-6，散 3-34-6，
　　散 3-34-9，散 6-37-8，散 8-39-9，
　　散 13-44-2，散 19-50-10，散 19-50-10，
　　散 20-51-6，散 21-52-3，散 22-53-4，
　　散 24-55-3，散 26-57-5，散 36-67-8，
　　散 37-68-8，問 1-109-3，問 1-109-4，
　　問 2-107-4，問 2-107-7，問 3-105-6，
　　問 4-102-9，問 4-102-9，問 4-102-9，
　　問 6-95-12，問 6-94-7，問 6-93-7，
　　問 6-92-1，問 7-91-4，問 7-90-2，
　　問 7-90-12，問 7-89-5，問 7-89-6，
　　問 7-89-12，問 7-89-12，問 8-88-10，
　　問 8-88-10，問 8-88-10，問 10-80-2，
　　問 10-80-3，問 10-79-7，問 10-77-3，
　　問 10-77-10，問 10-77-10，談 3-212-6，
　　談 4-211-1，談 12-205-10，談 21-198-5，
　　談 21-198-7，談 21-198-11，談 27-194-7，
　　談 28-193-8，談 28-193-9，談 29-192-8，
　　談 30-191-7，談 30-191-10，談 33-189-10，
　　談 37-185-10，談 38-184-10，談 39-183-3，
　　談 43-180-6，談 44-180-11，談 44-179-3，
　　談 45-179-7，談 46-178-8，談 46-178-9，
　　談 46-178-12，談 48-176-4，談 49-176-9，
　　談 50-175-10，談 52-173-3，談 52-173-7，
　　談 55-171-9，談 56-170-5，談 56-169-1，
　　談 57-169-5，談 57-169-9，談 57-169-10，
　　談 58-168-2，談 58-168-2，談 58-168-3，
　　談 58-168-3，談 58-168-5，談 58-168-6，
　　談 58-168-8，談 59-167-3，談 61-166-9，

談 61-165-5，談 62-164-1，談 62-164-2，
談 63-164-10，談 63-163-2，談 66-161-3，
談 66-161-9，談 67-161-12，談 67-160-5，
談 69-159-9，談 69-159-9，談 70-158-12，
談 73-155-5，談 74-154-6，談 76-152-3，
談 76-152-3，談 81-148-4，談 82-148-11，
談 83-147-8，談 83-147-11，談 83-146-4，
談 85-145-9，談 88-142-7，談 88-142-9，
談 92-139-9，談 96-135-1，談 99-133-6，
言 1-287-7，言 1-287-9，言 2-284-8，
言 2-284-9，言 7-268-5，言 9-259-6，
言 9-258-10，言 9-257-11，言 10-253-5，
言 10-251-6，言 13-248-1）
知會：2（散 38-69-2，散 38-69-7）
知己：1（談 46-178-12）
知覺：1（談 99-133-5）
知其一不知其二：1（談 86-144-10）
知人知面不知心：2（談 24-195-4，
　　談 61-165-5）
知識：1（談 55-170-1）
知縣：1（問 9-81-5）
蜘蛛網：1（續 14-125-2）
揸：2（續 5-116-2，談 35-187-8）
執拗：1（言 8-264-8）
執照：1（言 8-266-4）
直：16（散 15-46-1，散 15-46-1，散 17-48-6，
　　散 40-71-10，談 27-194-12，談 56-170-11，
　　談 60-167-12，談 67-161-12，談 75-153-1，
　　談 91-139-5，談 96-135-1，談 98-134-5，
　　談 99-133-3，言 9-262-10，言 9-262-10，
　　言 9-261-2）
直到：1（談 48-176-3）
直瞪：1（談 44-180-9）
直概兒：1（談 43-180-2）
直隸人：1（問 1-109-2）
直流：1（談 50-174-1）
直說：5（談 77-151-2，言 1-288-6，
　　言 1-288-7，言 2-283-6，言 10-253-10）
直挺挺：1（談 77-151-1）
直言奉上：1（談 67-160-1）

值：1（談 34-188-8）
值得：2（問 3-104-12，談 59-167-9）
值錢：2（散 13-44-7，問 6-93-5）
姪兒：5（問 7-91-11，問 7-89-6，問 7-89-11，
　　談 7-209-12，談 37-185-6）
職名：1（談 30-191-8）
止：1（談 81-148-1）
只：16（問 5-95-3，續 14-125-12，談 9-207-3，
　　談 13-204-1，談 13-204-4，談 16-202-10，
　　談 28-193-8，談 48-176-1，談 52-173-3，
　　談 54-172-8，談 57-169-9，談 61-166-12，
　　談 63-164-9，談 67-160-2，談 75-153-8，
　　談 86-144-10）
只當：2（談 39-183-7，談 62-164-1）
只得：2（談 33-188-3，談 61-165-5）
只顧：1（續 3-114-4）
只管：4（續 3-114-12，談 47-177-5，
　　談 53-172-4，談 70-156-6）
只好：3（問 10-79-6，談 1-214-11，
　　談 6-209-3）
只見：2（談 18-200-3，談 89-141-5）
只怕：6（問 8-84-8，問 8-83-3，談 1-214-9，
　　談 3-212-5，談 7-209-10，談 90-140-7）
只是：23（談 1-214-6，談 6-210-7，
　　談 6-209-1，談 7-209-6，談 10-206-3，
　　談 14-203-2，談 18-200-6，談 25-195-8，
　　談 29-192-7，談 29-192-9，談 31-191-12，
　　談 41-182-11，談 49-175-1，談 52-174-12，
　　談 68-159-4，談 70-156-6，談 78-150-5，
　　談 82-148-9，談 82-148-10，談 85-145-6，
　　談 85-145-9，談 93-138-8，談 100-132-1）
只要：2（問 3-103-1，談 3-212-7）
指：13（談 100-132-5，言 2-283-3，
　　言 3-280-9，言 3-276-4，言 9-262-4，
　　言 9-262-12，言 9-262-12，言 9-261-4，
　　言 9-261-11，言 9-261-11，言 9-258-8，
　　言 9-258-9，言 9-258-9）
指撥：2（談 14-204-11，談 14-204-12）
指出：1（言 2-284-6）
指定：7（散 22-53-8，言 1-288-12，

言 1-286-2，言 2-284-12，言 2-283-1，
　　言 2-283-2，言 2-283-4）
指甲：2（散 17-48-1，散 17-48-8）
指教：1（談 81-149-11）
指教指教：1（談 56-170-6）
指明：4（言 1-286-6，言 2-284-4，
　　言 2-284-10，言 9-262-10）
指使：1（談 54-172-9）
指頭：5（散 17-48-1，散 17-48-9，續 1-112-5，
　　續 1-112-10，談 52-173-5）
指頭兒：2（談 24-195-2，談 86-144-11）
指望：2（談 12-205-6，談 13-204-5）
指望兒：1（談 51-174-6）
指着：2（談 62-164-5，談 64-163-10）
紙：16（散 6-37-1，散 6-37-2，散 13-44-8，
　　散 28-59-3，散 33-64-10，續 4-115-1，
　　言 3-282-12，言 3-279-6，言 3-274-6，
　　言 3-274-6，言 7-268-3，言 7-268-3，
　　言 7-268-3，言 7-268-4，言 7-268-4，
　　言 14-292-5）
紙錢：1（談 75-153-10）
至：1（談 34-188-9）
至不及：1（談 65-162-9）
至不濟：3（談 34-188-8，言 9-259-8，
　　言 9-259-9）
至多：3（問 3-106-11，談 2-213-10，
　　談 44-179-5）
至今：6（談 1-214-4，談 3-212-4，
　　談 9-208-12，談 9-207-4，言 1-286-4，
　　言 10-251-7）
至若：2（言 1-287-8，言 3-282-7）
至少：2（談 76-152-4，言 3-274-3）
至於：11（問 9-82-3，談 8-208-4，
　　談 20-199-12，言 1-286-3，言 1-286-8，
　　言 1-285-4，言 2-283-4，言 3-283-9，
　　言 3-277-7，言 7-268-5，言 9-260-3）
志氣：3（散 39-70-1，散 39-70-5，
　　談 70-158-6）
制台：1（續 13-124-9）
治：4（續 7-118-10，談 50-175-11，

談 51-174-7，談 51-174-7）
治病：2（談 52-173-4，談 67-160-4）
治理：4（散 20-51-1，散 20-51-4，散 20-51-6，
　　散 20-51-8）
治亂：4（散 20-51-1，散 20-51-10，
　　言 14-293-6，言 14-294-4）
置：1（談 17-201-6）
中：15（散 19-50-10，散 20-51-2，散 20-51-9，
　　問 8-84-12，問 9-81-2，問 9-81-3，
　　問 9-81-4，談 10-207-12，談 16-202-6，
　　談 35-187-10，談 48-176-4，談 89-141-9，
　　談 97-135-5，談 100-132-4，言 9-257-9）
中國：8（散 20-51-5，散 30-61-2，散 33-64-4，
　　問 10-77-7，問 10-77-9，言 1-288-11，
　　言 1-286-1，言 2-284-2）
中國人：1（問 10-75-8）
中間：3（散 12-43-4，言 3-281-8，
　　言 3-276-1）
中間兒：2（散 18-49-6，問 8-87-6）
中年：1（續 8-119-6）
中暑：1（談 93-138-8）
中外：2（散 38-69-7，言 1-288-9）
中用：1（談 29-192-5）
中止：1（談 81-149-12）
忠厚：1（問 3-102-2）
忠言逆耳：1（談 41-182-12）
盅：1（談 96-136-11）
盅子：1（談 47-177-5）
鍾：2（談 36-185-1，談 75-153-7）
鐘：5（言 3-281-7，言 3-277-5，言 3-277-8，
　　言 3-277-8，言 3-277-8）
鐘表：1（散 35-66-2）
鐘表匠：1（散 35-66-7）
鐘聲兒：1（談 91-139-2）
鍾子：1（談 36-186-11）
種：6（談 4-211-1，談 4-211-2，談 8-208-5，
　　談 13-204-2，談 16-202-8，談 33-188-1）
腫：2（續 18-129-1，談 48-176-5）
種４：2（續 5-116-11，續 7-118-6）
種地：2（談 28-193-9，談 79-150-11）

衆：5（談 14-204-12，談 19-199-2，
　　言 3-277-7，言 4-271-1，言 10-250-1）
衆官：1（散 34-65-7）
衆人：8（散 34-65-2，散 34-65-5，散 34-65-5，
　　散 34-65-7，續 18-129-5，談 36-186-11，
　　言 4-271-3，言 8-264-5）
衆位：3（談 15-203-6，談 88-142-11，
　　談 92-139-11）
重 zhong：12（散 13-44-2，散 13-44-9，
　　散 40-71-8，續 10-121-5，續 14-125-5，
　　談 47-177-7，談 93-138-10，言 2-283-5，
　　言 9-257-10，言 10-255-6，言 10-253-2，
　　言 10-252-10）
重辦：1（散 34-65-7）
重任：1（問 4-101-9）
重重：1（談 44-179-2）
舟山：1（續 8-119-9）
周密：1（問 10-78-1）
周朝：1（言 3-272-5）
軸：3（言 3-279-2，言 3-279-2，言 3-279-3）
軸兒：1（言 3-279-2）
肘子：1（續 18-129-1）
帚：2（散 35-66-1，散 35-66-5）
咒罵：2（談 4-211-3，談 4-211-4）
畫：1（散 33-64-10）
畫夜：1（談 47-177-10）
珠：1（言 3-279-10）
珠寶：1（續 14-125-2）
珠子：2（言 3-279-10，言 3-277-3）
蛛蛛網子：1（續 6-117-8）
諸：1（言 4-271-1）
諸位：1（言 4-271-4）
主：3（言 7-269-12，言 9-261-2，言 9-261-3）
主兒：2（續 3-114-8，談 26-195-12）
主人：6（散 19-50-3，散 35-66-6，問 8-87-10，
　　談 9-207-3，談 22-197-7，談 88-142-11）
主意：21（散 22-53-5，散 28-59-6，
　　問 2-107-1，問 3-104-5，問 10-79-11，
　　問 10-78-7，續 3-114-8，談 3-212-7，
　　談 26-194-2，談 58-168-2，談 58-168-9，

談 58-168-11，談 66-161-8，談 70-158-12，
　　談 81-148-2，談 81-148-6，談 81-148-6，
　　言 8-265-7，言 8-265-7，言 8-265-8，
　　言 8-264-8）
主子：5（散 19-50-1，散 19-50-3，散 32-63-3，
　　談 79-150-12，談 100-133-12）
主子管奴才，靴子裏摸襪子：1（談 44-179-1）
煮：4（散 7-38-3，續 4-115-12，續 6-117-7，
　　談 11-206-8）
煮：3（散 7-38-6，續 13-124-5，續 14-125-3）
囑咐：1（談 66-161-2）
住：64（散 3-34-1，散 3-34-1，散 3-34-3，
　　散 3-34-4，散 3-34-4，散 3-34-9，
　　散 10-41-6，散 15-46-3，散 15-46-3，
　　散 17-48-10，散 30-61-10，散 36-67-6，
　　散 37-68-5，散 40-71-4，散 40-71-5，
　　問 4-102-11，問 6-95-11，問 7-91-6，
　　問 7-90-8，問 7-90-8，問 7-90-9，
　　問 8-87-6，問 8-87-6，問 8-87-7，
　　問 8-87-7，問 8-86-6，問 8-86-7，
　　問 8-86-7，問 8-86-11，問 8-85-9，
　　續 1-112-8，續 7-118-6，續 13-124-10，
　　續 14-125-3，談 22-197-4，談 32-190-11，
　　談 37-185-5，談 37-185-6，談 40-182-3，
　　談 43-180-1，談 49-176-11，談 54-172-12，
　　談 59-167-5，談 65-162-5，談 65-162-7，
　　談 68-159-1，談 70-158-4，談 73-155-4，
　　談 73-155-5，談 74-154-2，談 75-153-9，
　　談 81-148-6，談 96-135-1，談 98-134-5，
　　言 3-280-2，言 3-280-3，言 8-267-5，
　　言 8-267-6，言 8-267-7，言 9-257-11，
　　言 10-256-11，言 10-256-11，
　　言 10-256-11，言 10-255-5）
住不得：1（談 37-185-5）
住處：2（問 7-89-12，談 63-164-10）
住房：1（問 2-107-12）
住伙食：1（續 8-119-8）
住家兒：2（散 30-61-9，散 30-61-9）
住口兒：2（談 24-196-11，談 68-160-10）
住嘴兒：1（談 77-151-1）

註子：2（問 9-82-12，問 9-81-1）
柱子：1（言 3-281-8）
炷：3（言 3-279-6，言 3-279-6，言 3-279-6）
蛀：1（續 12-123-11）
鑄錢：1（言 3-272-5）
抓：3（談 40-183-12，談 40-183-12，談 48-176-3）
抓破：2（散 17-48-2，散 17-48-9）
抓住：3（問 5-97-8，問 5-97-8，談 40-183-12）
爪部：1（言 14-293-4）
專：20（散 22-53-1，散 22-53-9，問 2-107-10，問 10-80-6，問 10-80-8，問 10-79-1，問 10-75-7，言 1-287-5，言 1-285-6，言 2-284-12，言 2-283-3，言 3-280-5，言 3-277-2，言 3-277-7，言 3-275-1，言 3-275-3，言 9-262-4，言 9-261-3，言 9-261-4，言 9-261-11）
專名子：1（言 9-263-12）
專屬：1（言 3-283-9）
專項：1（言 3-282-6）
專心：3（散 22-53-1，散 22-53-4，談 7-209-6）
專一：1（言 9-261-11）
專用：1（問 10-79-9）
專主：1（散 27-58-10）
磚：4（言 3-278-2，言 3-277-11，言 3-273-5，言 3-273-9）
轉：4（談 51-174-8，談 56-170-11，談 68-160-12，談 91-139-1）
轉臉：1（言 11-250-11）
轉賣：2（言 8-263-1，言 8-263-8）
轉託：1（問 6-92-3）
轉向兒：1（續 12-123-3）
轉眼：1（談 89-141-6）
賺錢：3（散 37-68-2，散 37-68-9，散 37-68-10）
粧：2（談 35-186-4，談 66-161-8）
粧假：1（談 11-206-9）
庄稼：1（談 96-135-3）

莊稼：2（續 15-126-6，談 32-189-1）
莊稼地：1（言 11-250-11）
莊稼漢：3（談 18-200-2，談 18-200-3，談 18-200-7）
莊子：1（談 75-154-11）
樁：4（言 3-280-6，言 3-279-11，言 3-279-11，言 3-279-11）
裝：13（散 16-47-3，散 16-47-4，散 16-47-7，問 5-97-5，問 5-97-7，問 7-91-2，問 7-91-2，問 8-84-4，問 8-84-5，續 4-115-8，續 8-119-1，言 14-291-3，言 14-291-5）
裝滿：1（談 17-201-5）
裝模做樣：1（續 12-123-4）
裝槍：1（散 21-52-2）
裝上：1（散 21-52-7）
裝箱子：1（散 16-47-1）
裝藥：1（續 8-119-11）
壯健：1（散 17-48-1）
撞：4（問 5-96-5，問 5-96-10，談 42-181-4，言 3-277-9）
撞磕：1（談 37-185-8）
追：4（散 16-47-8，散 16-47-10，言 9-258-3，言 10-254-8）
追不上：1（1 續 1-112-51）
追趕：4（散 16-47-2，散 16-47-8，散 19-50-9，談 18-200-4）
追趕得上：1（言 9-258-6）
准：16（散 22-53-1，散 22-53-1，散 22-53-4，散 22-53-5，散 24-55-5，談 7-209-10，談 7-209-11，談 7-209-12，談 7-209-12，談 7-209-12，言 1-286-1，言 8-265-10，言 9-262-11，言 9-259-7，言 9-258-7，言 10-252-5）
准定：1（言 9-262-10）
准兒：1（談 26-194-2）
準：5（談 39-183-1，言 1-287-8，言 1-287-8，言 2-284-7，言 2-284-7）
拙嘴笨顋：1（續 17-128-6）
桌：1（言 3-282-12）

桌腿兒：1（續 14-125-5）
桌椅：1（散 8-39-3）
桌子：11（散 7-38-1，散 7-38-5，散 7-38-8，
　　散 10-41-9，散 28-59-9，散 36-67-10，
　　問 3-105-4，續 5-116-10，談 70-156-9，
　　言 8-267-3，言 14-291-2）
桌子腿兒：1（續 15-126-2）
酌情：2（散 32-63-3，散 32-63-9）
斫：1（談 35-186-3）
着落：1（言 7-268-1）
着實：1（問 4-101-5）
着重：1（言 10-252-10）
濯漑：1（續 9-120-10）
資本：2（問 6-95-11，問 6-95-12）
子：1（談 11-206-7）
子弟：1（談 5-210-2）
子弟們：1（談 15-203-8）
子孫：6（散 25-56-1，談 14-203-3，
　　談 16-202-11，談 75-153-9，談 87-143-9，
　　談 87-143-9）
子孫們：2（談 75-153-3，談 75-153-8）
子孫娘娘：1（談 87-143-7）
紫糖色兒：1（談 30-191-5）
自：3（談 79-150-12，談 99-133-3，
　　言 1-288-6）
自從：3（談 50-175-10，談 62-165-9，
　　談 93-138-5）
自各兒：1（續 3-114-4）
自古至今：1（談 93-138-12）
自己：43（散 10-41-5，散 24-55-10，
　　散 25-56-5，散 31-62-10，問 1-109-4，
　　問 5-99-11，問 5-99-11，問 5-97-3，
　　問 6-94-6，問 8-86-9，問 9-82-12，
　　問 9-81-1，續 18-129-7，談 4-212-12，
　　談 4-211-2，談 5-210-3，談 6-210-10，
　　談 6-210-10，談 14-203-1，談 23-196-4，
　　談 25-195-9，談 28-192-2，談 36-186-11，
　　談 46-178-8，談 46-178-9，談 47-177-10，
　　談 47-177-10，談 52-173-8，談 55-171-8，
　　談 63-164-9，談 65-162-11，談 65-162-11，
　　談 68-159-1，談 78-150-1，談 84-146-10，
　　談 84-146-10，談 84-146-11，
　　談 85-145-10，談 99-133-2，言 8-268-12，
　　言 8-266-11，言 8-265-1，言 9-258-2）
自己個兒：1（言 8-266-12）
自己人：1（談 1-214-10）
自家：2（談 2-213-3，談 70-156-12）
自來：1（談 77-151-1）
自連：1（言 4-272-10）
自然：13（散 21-52-2，散 21-52-10，
　　問 4-100-2，問 9-82-4，問 10-77-1，
　　問 10-74-1，談 4-212-11，談 7-209-7，
　　談 10-207-11，言 1-288-10，言 2-284-11，
　　言 4-271-4，言 10-255-8）
自然而然：4（談 2-213-10，談 27-194-7，
　　談 51-174-4，談 55-170-2）
自找喫虧：1（談 54-171-1）
字：191（散 5-36-1，散 5-36-1，散 5-36-5，
　　散 5-36-5，散 5-36-5，散 5-36-5，
　　散 5-36-6，散 5-36-6，散 5-36-6，
　　散 5-36-7，散 5-36-7，散 5-36-10，
　　散 6-37-5，散 6-37-6，散 6-37-7，
　　散 6-37-7，散 6-37-8，散 26-57-4，
　　散 35-66-5，散 35-66-5，散 35-66-5，
　　散 36-67-8，問 9-82-1，問 9-82-6，
　　問 9-82-7，問 9-82-8，問 10-80-4，
　　問 10-80-8，問 10-80-9，問 10-80-10，
　　問 10-80-11，問 10-80-12，問 10-79-1，
　　問 10-79-6，問 10-79-10，問 10-79-10，
　　問 10-79-10，問 10-78-6，問 10-78-7，
　　問 10-78-8，問 10-78-9，問 10-78-10，
　　問 10-78-11，問 10-78-11，問 10-77-1，
　　問 10-77-6，問 10-77-8，問 10-76-2，
　　問 10-76-4，問 10-76-4，問 10-76-5，
　　問 10-76-6，問 10-76-6，續 14-125-7，
　　言 1-287-3，言 1-287-3，言 1-287-4，
　　言 1-287-4，言 1-287-4，言 1-287-7，
　　言 1-287-8，言 1-286-1，言 1-286-2，
　　言 1-286-4，言 1-286-6，言 1-286-7，
　　言 1-286-7，言 1-286-7，言 1-286-7，

言 1-286-8，言 1-286-8，言 1-286-8，
言 1-286-9，言 1-286-10，言 1-286-10，
言 1-286-11，言 1-286-11，言 1-286-11，
言 1-285-2，言 1-285-3，言 1-285-4，
言 1-285-8，言 1-285-11，言 1-285-11，
言 1-285-12，言 2-284-4，言 2-284-5，
言 2-284-5，言 2-284-5，言 2-284-5，
言 2-284-5，言 2-284-11，言 2-284-11，
言 2-284-12，言 2-283-1，言 2-283-2，
言 2-283-4，言 2-283-4，言 2-283-6，
言 2-283-6，言 2-283-6，言 3-283-10，
言 3-283-11，言 3-283-11，言 3-283-11，
言 3-283-11，言 3-283-12，言 3-282-3，
言 3-282-4，言 3-282-10，言 3-282-10，
言 3-282-12，言 3-282-12，言 3-281-2，
言 3-281-4，言 3-281-4，言 3-280-5，
言 3-280-5，言 3-280-6，言 3-280-8，
言 3-280-8，言 3-280-9，言 3-280-11，
言 3-279-4，言 3-279-4，言 3-279-10，
言 3-278-2，言 3-278-3，言 3-278-3，
言 3-278-3，言 3-278-5，言 3-278-10，
言 3-278-12，言 3-277-1，言 3-277-2，
言 3-277-5，言 3-277-11，言 3-276-6，
言 3-276-10，言 3-276-10，言 3-276-12，
言 3-275-1，言 3-275-1，言 3-275-3，
言 3-275-11，言 3-274-8，言 3-273-3，
言 3-273-8，言 3-273-8，言 3-273-8，
言 3-273-9，言 3-273-9，言 3-273-11，
言 3-272-3，言 3-272-5，言 3-272-5，
言 3-272-8，言 4-272-10，言 4-272-12，
言 4-271-1，言 4-271-8，言 5-270-4，
言 7-268-1，言 7-268-1，言 7-268-2，
言 7-268-3，言 7-268-4，言 8-267-2，
言 8-267-2，言 9-262-5，言 9-262-10，
言 9-262-10，言 9-262-12，言 9-261-1，
言 9-261-2，言 9-261-2，言 9-261-2，
言 9-261-3，言 9-261-3，言 9-261-10，
言 9-261-10，言 9-261-11，言 9-261-11，
言 10-252-2，言 12-249-6，言 14-293-2，
言 14-293-3，言 14-293-4，言 14-293-5，

言 14-294-1，言 14-295-1）
字典：5（散 5-36-1，散 5-36-1，散 5-36-5，問 10-80-5，問 10-75-8）
字彙：1（問 10-75-8）
字句：1（言 1-285-6）
字母：1（言 1-287-1）
字兒：7（散 36-67-9，問 5-96-2，問 5-96-3，問 5-96-4，續 8-119-5，談 22-197-10，言 8-267-10）
字形：1（言 1-287-5）
字眼：1（言 14-293-6）
字眼兒：17（散 30-61-7，散 34-65-7，問 10-79-3，問 10-79-6，問 10-79-7，問 10-79-10，言 2-283-1，言 3-282-8，言 7-269-12，言 7-268-1，言 7-268-3，言 7-268-5，言 8-267-10，言 9-257-6，言 9-257-7，言 14-294-1，言 14-294-6）
字樣：10（言 1-286-3，言 2-284-4，言 2-284-6，言 2-284-6，言 2-283-4，言 3-282-7，言 3-280-6，言 9-263-11，言 9-263-12，言 9-261-9）
字音：2（問 10-77-9，問 10-77-10）
字字兒：1（談 7-209-9）
宗：3（談 58-168-7，言 3-282-7，言 3-280-5）
踪影兒：1（談 38-184-9）
總：36（散 20-51-7，散 20-51-10，散 40-71-6，問 2-107-8，問 3-104-8，問 5-99-12，問 6-92-2，續 5-116-11，續 10-121-11，續 17-128-2，談 13-204-1，談 20-198-1，談 22-197-8，談 31-190-2，談 32-190-10，談 49-176-12，談 54-172-9，談 54-171-2，談 61-166-9，談 66-161-3，談 71-157-4，談 75-153-2，談 77-151-1，談 83-147-10，談 96-135-1，談 100-132-3，言 1-286-4，言 2-284-2，言 3-277-6，言 3-275-8，言 4-272-11，言 9-260-1，言 9-260-10，言 10-252-6，言 10-252-12，言 10-251-5）
總得：12（散 20-51-3，散 22-53-2，散 31-62-10，散 37-68-5，問 2-108-12，問 3-105-7，問 10-80-4，問 10-78-9，

言 3-275-6，言 8-266-3，言 8-265-10，
言 9-260-9）
總督：1（續 13-124-9）
總而言之：3（談 47-177-8，談 75-153-6，
言 9-258-5）
總類：1（言 3-282-6）
總例：1（言 1-288-9）
總名：7（散 26-57-8，散 28-59-9，散 33-64-6，
散 34-65-3，散 38-69-10，言 2-283-6，
言 3-282-7）
總名兒：1（散 30-61-4）
總是：5（問 8-86-6，問 10-75-12，
談 46-177-1，談 64-163-6，言 10-251-12）
總數兒：1（言 4-272-11）
總要：1（談 26-194-1）
總之：2（言 3-282-5，言 5-269-4）
縱：1（續 6-117-10）
縱然：1（談 66-161-7）
縱使：1（談 67-160-7）
走：103（散 3-34-2，散 3-34-2，散 4-35-1，
散 4-35-1，散 4-35-1，散 4-35-4，
散 4-35-4，散 4-35-4，散 4-35-5，
散 4-35-5，散 9-40-5，散 10-41-4，
散 15-46-1，散 15-46-1，散 15-46-1，
散 15-46-1，散 15-46-2，散 15-46-5，
散 15-46-5，散 15-46-6，散 16-47-2，
散 16-47-9，散 21-52-10，散 21-52-10，
散 32-63-4，問 3-106-7，問 3-106-9，
問 3-104-4，問 3-104-12，問 3-103-5，
問 3-103-11，問 5-96-5，問 6-95-10，
問 7-89-3，問 8-88-4，問 8-88-4，
問 8-88-4，問 8-88-6，問 8-88-7，
問 8-88-9，問 8-87-2，問 8-85-4，
問 8-85-10，問 8-85-12，問 8-84-4，
問 8-84-5，問 8-84-7，問 8-84-7，
續 8-119-3，談 13-204-2，談 18-200-2，
談 18-200-7，談 20-199-12，談 24-195-1，
談 36-186-12，談 40-183-11，
談 41-182-11，談 43-180-1，談 43-180-2，
談 50-175-6，談 50-175-8，談 53-172-5，
談 56-170-11，談 56-170-11，談 62-165-9，
談 73-155-6，談 75-153-1，談 75-153-2，
談 77-152-12，談 77-151-2，談 77-151-6，
談 90-140-5，談 91-139-1，談 92-139-8，
談 92-139-11，談 92-138-2，談 94-137-5，
談 94-137-6，談 94-137-11，談 96-135-1，
談 98-134-3，談 98-134-7，談 98-134-7，
言 1-285-12，言 3-280-3，言 9-261-1，
言 9-261-1，言 9-261-1，言 9-259-12，
言 9-259-12，言 9-258-6，言 9-258-7，
言 10-256-9，言 10-256-11，言 10-255-11，
言 10-254-7，言 10-254-9，言 10-254-10，
言 10-251-7，言 10-250-2，言 11-250-10，
言 11-250-12，言 11-249-1）
走徧：1（續 17-128-10）
走不動：2（談 22-197-7，談 4-115-9）
走岔：1（談 9-207-5）
走道兒：2（續 9-120-6，言 3-282-10）
走動：1（談 76-152-9）
走路：1（散 15-46-4）
走水：1（續 11-122-8）
走私：2（問 6-94-2，問 6-94-2）
走走：1（談 71-157-4）
足：8（散 1-32-9，散 1-32-10，散 24-55-4，
問 8-88-7，問 10-78-12，續 9-120-3，
談 63-164-11，言 3-273-11）
足彀：1（問 5-98-12）
足壯：1（問 4-100-8）
足足：1（談 90-140-7）
族兄：2（談 5-210-1，談 5-210-2）
祖：1（散 25-56-4）
祖父：1（散 31-62-4）
祖上：1（散 25-56-1）
祖宗：2（談 12-205-6，談 88-141-1）
鑽幹：1（談 4-211-1）
鑽頭覓縫兒：1（談 5-211-10）
鑽心兒：1（談 100-132-1）
揝：2（續 7-118-12，續 16-127-4）
揝住：3（散 23-54-2，散 23-54-10，
談 50-175-9）

嘴：12（散 17-48-1，散 18-49-3，散 18-49-4，
　　續 17-128-6，續 17-128-7，續 17-128-7，
　　談 28-193-11，談 47-177-5，談 54-172-8，
　　談 67-161-12，談 67-160-6，談 81-148-3）
嘴巴：1（談 99-133-3）
嘴脣：1（談 56-170-9）
嘴脣兒：1（續 9-120-12）
嘴脣子：2（散 17-48-1，散 17-48-8）
嘴裏：12（散 17-48-1，散 17-48-8，
　　散 17-48-8，散 27-58-4，問 8-84-10，
　　續 9-120-4，續 10-121-7，續 11-122-2，
　　談 24-195-1，談 42-181-4，談 49-175-2，
　　談 51-174-5）
嘴裡：3（談 73-155-8，談 81-149-12，
　　言 13-249-11）
嘴裏頭：2（續 13-124-1，續 14-125-11）
嘴皮子：1（談 62-164-1）
嘴兒：3（談 2-213-9，談 3-212-4，
　　談 99-133-2）
嘴碎唠叨：1（續 18-129-1）
嘴硬：1（續 7-118-4）
嘴直：1（談 46-178-6）
最：32（散 11-42-8，散 11-42-10，
　　散 13-44-10，散 32-63-8，散 33-64-4，
　　續 3-114-2，續 6-117-3，續 13-124-6，
　　續 13-124-7，續 14-125-1，續 14-125-3，
　　談 10-207-9，談 14-204-12，談 14-204-12，
　　談 15-203-8，談 27-194-8，談 57-169-11，
　　談 99-134-12，言 1-287-5，言 2-283-3，
　　言 2-283-5，言 3-278-12，言 3-277-11，
　　言 3-275-12，言 5-270-5，言 5-270-5，
　　言 7-268-6，言 7-268-7，言 9-261-6，
　　言 9-261-6，言 10-252-9，言 14-294-6）
醉：6（談 44-180-8，談 44-179-2，
　　談 47-177-3，談 62-164-1，談 91-139-5，
　　言 8-265-11）
罪：6（散 32-63-9，散 32-63-9，散 32-63-10，
　　談 50-175-10，談 87-143-7，言 10-254-7）
罪惡：1（談 80-149-4）
罪兒：1（談 70-158-5）

罪孽：1（談 93-138-8）
尊：6（散 19-50-4，散 33-64-4，散 33-64-5，
　　散 33-64-5，言 3-272-1，言 3-272-1）
尊稱：1（散 34-65-7）
尊大人：1（續 1-112-4）
尊貴：3（散 19-50-1，散 19-50-5，
　　談 99-134-12）
尊駕：1（問 1-109-4）
尊重：3（散 25-56-1，散 25-56-3，
　　談 4-212-12）
遵：1（談 80-149-7）
遵命：1（問 9-81-9）
昨兒：27（散 9-40-1，散 9-40-7，散 9-40-8，
　　散 14-45-2，散 37-68-6，問 7-90-10，
　　問 7-90-11，問 9-83-7，問 10-81-12，
　　問 10-81-12，問 10-80-1，問 10-80-9，
　　談 12-205-3，談 22-197-3，談 33-189-10，
　　談 45-178-1，談 48-177-12，談 49-176-10，
　　談 59-167-5，談 74-154-2，談 76-152-2，
　　談 78-150-2，談 88-142-6，談 90-140-1，
　　談 96-136-9，言 3-282-3，言 10-252-5）
昨兒個：9（談 43-181-12，談 75-153-1，
　　談 98-134-2，言 10-256-6，言 10-256-7，
　　言 10-252-11，言 10-252-11，言 11-250-8，
　　言 11-250-10）
昨天：3（散 9-40-1，言 9-260-2，
　　言 14-293-1）
左：1（言 3-282-9）
左邊：2（言 10-253-1，言 10-253-1）
左不過：1（續 4-115-7）
左近：3（談 5-211-11，談 73-155-4，
　　言 8-263-3）
左右：1（言 10-251-5）
左右做人難：1（續 10-121-5）
作：60（問 2-108-7，問 4-102-6，問 4-102-9，
　　問 4-102-10，問 4-102-11，問 4-100-10，
　　問 5-98-7，問 7-92-11，問 7-91-2，
　　問 7-91-7，問 7-90-3，問 7-90-4，
　　問 7-90-9，問 7-89-7，問 9-81-1，
　　問 9-81-5，問 9-81-6，問 10-80-10，

問 10-79-1, 問 10-79-3, 問 10-78-5,
問 10-75-5, 續 7-118-4, 談 4-211-1,
談 12-205-8, 談 18-200-9, 談 23-197-12,
談 29-192-4, 談 33-189-9, 談 37-185-4,
談 37-185-7, 談 40-182-4, 談 41-182-11,
談 41-181-1, 談 46-177-1, 談 46-177-1,
談 54-172-9, 談 58-168-3, 談 63-164-11,
談 66-161-9, 談 70-156-10, 談 79-150-11,
談 80-149-3, 談 80-149-3, 談 85-145-9,
談 87-142-4, 談 88-142-6, 談 99-133-6,
言 1-287-3, 言 1-286-3, 言 1-285-4,
言 2-284-5, 言 3-272-8, 言 8-265-4,
言 9-260-12, 言 9-261-10, 言 9-261-12,
言 9-257-3, 言 10-254-5, 言 13-248-3)

作伴兒：1（談 23-196-6）
作不得：1（續 3-114-8）
作惡：1（談 80-149-4）
作官：1（談 79-150-10）
作好人兒：1（談 64-163-9）
作踐：1（續 14-125-10）
作客：1（談 11-206-10）
作買賣：3（問 4-102-11, 問 4-102-12,
問 5-98-5）
作幕：1（問 2-106-2）
作死：1（續 1-112-1）
作爲：4（問 1-109-11, 言 3-282-3,
言 3-276-1, 言 9-262-8）
作文：3（言 1-287-12, 言 1-286-1,
言 1-285-5）
作主：3（問 3-105-10, 問 3-105-10,
談 78-150-2）
做：99（散 3-34-3, 散 3-34-6, 散 3-34-10,
散 8-39-4, 散 9-40-5, 散 14-45-3,
散 14-45-3, 散 14-45-5, 散 14-45-5,
散 14-45-5, 散 16-47-3, 散 16-47-3,
散 19-50-4, 散 19-50-7, 散 28-59-5,
散 28-59-5, 散 31-62-7, 散 31-62-7,
問 1-109-3, 問 1-109-4, 問 1-109-10,
問 3-106-4, 問 3-106-5, 問 3-105-9,
問 6-93-3, 問 6-93-11, 問 8-86-9,

問 8-85-1, 問 8-85-1, 問 10-79-6,
問 10-79-7, 問 10-79-11, 問 10-77-2,
問 10-75-6, 問 10-75-12, 續 1-112-3,
續 1-112-3, 續 1-112-5, 續 1-112-8,
續 1-112-12, 續 2-113-6, 續 2-113-8,
續 2-113-12, 續 3-114-2, 續 3-114-7,
續 4-115-2, 續 5-116-1, 續 5-116-8,
續 7-118-2, 續 8-119-10, 續 9-120-1,
續 12-123-1, 續 13-124-7, 談 8-208-10,
談 11-206-6, 談 34-188-12, 談 62-165-12,
談 65-162-5, 談 86-144-4, 談 86-144-4,
談 86-144-6, 談 86-144-6, 談 86-144-8,
談 86-144-9, 談 86-144-9, 談 86-144-12,
言 1-285-2, 言 3-282-12, 言 3-281-3,
言 3-281-5, 言 3-278-2, 言 3-278-3,
言 3-277-2, 言 3-276-6, 言 3-276-10,
言 3-275-3, 言 3-275-4, 言 3-275-10,
言 3-275-11, 言 3-275-11, 言 3-275-11,
言 3-274-1, 言 3-274-1, 言 3-273-3,
言 3-273-8, 言 3-273-11, 言 4-271-11,
言 5-270-6, 言 8-267-12, 言 9-263-11,
言 9-262-2, 言 9-262-6, 言 9-262-11,
言 9-262-12, 言 9-262-12, 言 9-261-9,
言 9-258-11, 言 9-257-8, 言 14-291-3)
做不來：6（續 6-117-9, 續 17-128-3,
言 7-268-7, 言 7-268-7, 言 7-268-7,
言 7-268-8）
做得來：1（談 1-214-6）
做官：2（談 4-212-11, 談 20-199-8）
做好：1（續 16-127-8）
做臉兒：2（續 9-120-11, 續 9-120-11）
做買賣：4（散 29-60-6, 問 1-109-4,
問 4-101-10, 續 18-129-5）
做夢：2（散 23-54-2, 散 23-54-7）
做事：4（散 10-41-8, 散 22-53-2, 散 31-62-8,
續 16-127-11）
做爲：3（散 35-66-4, 言 3-283-10,
言 3-282-2）
坐：79（散 4-35-1, 散 4-35-3, 散 4-35-3,
散 4-35-6, 散 4-35-6, 散 4-35-6,

散 4-35-6，散 7-38-4，散 11-42-7，
散 15-46-2，散 15-46-5，散 15-46-5，
散 15-46-5，散 15-46-6，散 15-46-8，
散 15-46-8，散 15-46-9，散 15-46-9，
散 34-65-10，散 34-65-10，問 4-101-2，
問 4-101-2，問 4-101-2，問 4-101-2，
問 4-101-2，問 4-99-5，問 5-96-7，
問 5-96-7，問 7-90-12，問 8-84-5，
問 8-84-6，問 9-83-6，問 9-83-6，
續 10-121-4，續 10-121-8，續 12-123-12，
談 11-206-6，談 14-204-10，談 23-196-1，
談 30-191-3，談 36-186-10，談 39-183-7，
談 40-183-10，談 45-179-11，談 53-172-3，
談 53-172-5，談 55-171-6，談 59-167-4，
談 59-167-4，談 69-158-1，談 71-157-8，
談 73-155-6，談 73-155-7，談 73-155-7，
談 73-155-11，談 76-152-2，談 77-151-1，
談 77-151-3，談 79-150-11，談 83-147-8，
談 84-145-1，談 85-145-8，談 90-141-12，
談 92-139-12，談 93-138-8，談 96-136-11，
言 3-272-3，言 6-269-8，言 9-261-8，
言 9-261-9，言 9-260-12，言 9-260-12，
言 9-259-1，言 9-259-5，言 9-259-7，
言 10-254-2，言 10-254-10，言 10-254-11，
言 10-254-12）

坐不安睡不寧：1（談 59-167-6）
坐車：7（散 4-35-4，散 29-60-9，問 6-93-6，
　問 6-93-6，問 8-84-7，談 74-154-4，
　談 75-153-7）
坐兒：2（問 3-104-5，談 96-136-11）
坐煩：1（談 70-156-8）
坐上：2（談 91-140-11，談 92-139-10）
坐臥不安：1（談 48-176-5）
坐下：3（談 56-170-8，談 73-155-7，
　談 88-142-11）
坐一坐兒：1（談 23-196-2）
坐坐兒：1（談 73-155-4）
座：9（散 33-64-1，散 33-64-7，散 33-64-7，
　談 36-186-8，言 3-273-12，言 3-273-12，
　言 3-273-12，言 3-273-12，言 3-273-12）

『問答篇』(1860) 全語彙索引

A

阿哥：17（上 3-2A-2，上 3-2A-7，上 4-2B-7,
上 5-3A-1，上 5-3A-4，上 19-9A-7,
上 20-9B-4，上 32-14B-6，上 32-14B-6,
上 47-21B-4，上 48-22A-8，下 3-26A-3,
下 30-38A-8，下 33-39B-7，下 33-40A-2,
下 33-40A-3，下 35-41A-1）

阿哥們：3（上 21-10A-4，下 38-42A-2,
下 38-42A-3）

啊：133（上 3-2A-5，上 3-2A-8，上 4-2B-6,
上 4-2B-6，上 5-3A-1，上 5-3A-3,
上 5-3A-5，上 5-3A-7，上 5-3A-9,
上 6-3B-4，上 6-3B-9，上 7-4A-8,
上 8-4B-1，上 11-5B-5，上 11-5B-5,
上 11-5B-6，上 11-5B-7，上 11-5B-7,
上 11-5B-8，上 12-6A-4，上 12-6A-5,
上 14-7A-2，上 14-7A-8，上 15-7B-4,
上 15-7B-6，上 16-8A-1，上 16-8A-3,
上 17-8B-4，上 18-9A-2，上 18-9A-5,
上 18-9A-6，上 19-9A-7，上 19-9B-3,
上 20-9B-4，上 20-9B-7，上 21-10A-4,
上 21-10A-7，上 23-11A-1，上 23-11A-2,
上 24-11B-5，上 26-12A-5，上 28-13A-2,
上 28-13A-6，上 29-13B-1，上 32-15A-3,
上 33-15B-4，上 36-17A-3，上 37-17A-9,
上 38-18A-1，上 41-19A-8，上 41-19A-9,
上 42-19B-1，上 43-19B-8，上 45-20B-9,
上 48-22A-4，上 48-22A-9，上 51-23B-2,
上 51-23B-5，上 52-24A-1，上 52-24A-1,
上 52-24A-2，上 53-24A-4，下 1-25A-8,
下 2-25B-2，下 4-26A-9，下 4-26B-3,
下 5-26B-9，下 6-27B-2，下 6-27B-6,
下 7-28A-4，下 9-28B-5，下 10-29A-5,
下 10-29A-7，下 12-30A-6，下 12-30A-7,
下 13-30B-7，下 13-30B-8，下 14-31A-9,
下 15-31B-1，下 15-31B-4，下 15-31B-5,
下 15-31B-7，下 16-32A-1，下 16-32A-5,
下 17-32A-8，下 17-32A-8，下 17-32B-4,
下 19-33B-1，下 19-33B-4，下 19-33B-4,
下 20-33B-9，下 20-34A-2，下 20-34A-3,
下 20-34A-3，下 21-34A-6，下 21-34A-8,
下 21-34B-2，下 21-34B-2，下 23-35A-5,
下 23-35B-3，下 24-36A-1，下 27-37A-3,
下 28-37B-1，下 29-37B-8，下 29-37B-9,
下 30-38A-7，下 30-38A-9，下 31-38B-6,
下 33-40A-4，下 34-40A-5，下 34-40B-1,
下 35-40B-5，下 36-41A-7，下 36-41A-8,
下 37-41B-8，下 37-42A-4，下 38-42A-8,
下 39-42B-4，下 39-42B-6，下 40-43A-3,
下 42-44A-4，下 44-45A-5，下 45-45B-2,
下 46-45B-4，下 46-45B-7，下 47-46A-7,
下 47-46A-7，下 48-46B-1，下 48-46B-3,
下 48-46B-4，下 49-46B-9，下 49-47A-1,
下 50-47B-5）

哎：2（上 34-16A-3，上 40-18B-9）

哎呀：9（上 23-11A-3，上 30-14A-4,
上 35-16A-9，上 35-16B-4，上 47-21B-3,
下 3-26A-2，下 34-40A-6，下 37-42A-3,
下 43-44A-9）

哀求：2（下 31-38B-9，下 32-39B-3）

挨肩兒：1（下 36-41A-6）

挨晩兒：1（下 45-45B-1）

挨着：1（上 7-4A-2）

捱：1（上 28-13A-6）

噯：4（上 51-23B-1，下 12-30B-1,
下 13-30B-7，下 48-46B-7）

噯呀：6（下 7-28A-3，下 10-29A-7,
下 15-31B-4，下 44-45A-4，下 45-45A-6,
下 47-46A-8）

愛：2（下 26-36B-7，下 26-36B-7）

愛惜：2（上 28-12B-8，上 53-24A-4）

安安詳詳兒：1（下 36-41B-4）

安靜：2（上 19-9A-8，上 43-20A-3）

安慰：1（上 52-23B-7）

安穩：1（上 28-13A-1）

安閒：1（下 42-44A-5）

岸：1（下 39-42B-8）

按着：3（上 41-19A-8，下 8-28A-8,
下 23-35A-9）

暗想：1（上 35-16B-2）
熬眼：1（上 49-22B-1）
扨：1（下 2-25B-1）

B

八旂：1（上 7-4A-7）
八字兒：1（上 39-18A-9）
巴不得：2（上 1-1A-9，上 42-19B-6）
巴結：8（上 13-6B-7，上 13-6B-7，
　　上 17-8B-4，上 19-9B-2，上 34-16A-4，
　　下 5-27A-6，下 13-30B-8，下 49-47A-2）
拔：1（下 38-42A-7）
把：64（上 6-3B-6，上 9-5A-4，上 10-5B-3，
　　上 12-6A-4，上 18-9A-2，上 18-9A-2，
　　上 21-10A-6，上 22-10B-8，上 25-12A-2，
　　上 28-12B-9，上 29-13A-7，上 30-14A-5，
　　上 35-16B-3，上 35-16B-3，上 36-17A-1，
　　上 37-17B-4，上 39-18A-6，上 39-18A-9，
　　上 40-18B-6，上 41-19A-5，上 42-19B-2，
　　上 43-20A-3，上 45-20B-6，上 46-21A-9，
　　上 51-23B-1，下 1-25A-6，下 2-25B-4，
　　下 6-27A-8，下 6-27B-4，下 6-27B-6，
　　下 8-28A-9，下 10-29B-4，下 11-29B-6，
　　下 11-29B-7，下 11-30A-2，下 12-30A-7，
　　下 12-30A-8，下 13-30B-5，下 14-31A-6，
　　下 16-32A-2，下 20-33B-8，下 20-34A-1，
　　下 21-34B-2，下 25-36A-9，下 30-38B-1，
　　下 32-39A-7，下 33-40A-1，下 33-40A-2，
　　下 33-40A-3，下 33-40A-3，下 35-40B-8，
　　下 35-41A-2，下 35-41A-2，下 35-41A-3，
　　下 35-41A-4，下 38-42B-2，下 44-45A-1，
　　下 44-45A-2，下 46-45B-4，下 46-45B-9，
　　下 49-47A-3，下 49-47A-5，下 50-47B-2，
　　下 50-47B-3）
把勢：1（上 27-12B-1）
把穩兒：1（上 39-18A-6）
霸州：1（上 32-14B-8）
罷：44（上 3-2A-7，上 5-3A-6，上 6-3B-6，
　　上 7-4A-6，上 7-4A-8，上 9-5A-2，
　　上 11-5B-7，上 11-5B-8，上 11-6A-3，
　　上 18-8B-9，上 21-10A-7，上 26-12A-8，
　　上 30-13B-9，上 35-16A-9，上 37-17B-4，
　　上 39-18B-2，上 40-18B-9，上 43-20A-4，
　　上 45-20B-8，上 45-20B-8，上 50-23A-4，
　　上 50-23A-6，下 1-25A-1，下 1-25A-1，
　　下 3-26A-1，下 8-28B-2，下 9-28B-6，
　　下 10-29A-8，下 13-30B-6，下 15-31B-5，
　　下 15-31B-7，下 20-33B-8，下 21-34A-6，
　　下 21-34B-2，下 21-34B-4，下 21-34B-5，
　　下 24-36A-4，下 25-36A-6，下 26-36B-4，
　　下 31-39A-3，下 32-39A-9，下 41-43B-5，
　　下 43-44A-9，下 47-46A-3）
罷咯：4（上 32-14B-8，上 48-22A-6，
　　下 10-29B-1，下 13-30B-6）
罷了：7（上 19-9B-1，上 23-11A-2，
　　上 25-11B-9，上 25-12A-2，上 33-15B-3，
　　下 9-28B-7，下 37-41B-7）
罷咧：26（上 3-2A-8，上 4-2B-7，上 5-3B-1，
　　上 6-4A-1，上 16-8A-1，上 16-8A-2，
　　上 45-21A-3，上 47-21B-7，上 53-24A-6，
　　下 5-27A-1，下 5-27A-1，下 5-27A-6，
　　下 6-27B-4，下 8-28A-8，下 10-29B-3，
　　下 11-29B-7，下 15-31B-3，下 18-33A-1，
　　下 20-33B-7，下 22-34B-9，下 26-36B-8，
　　下 36-41A-8，下 37-41B-8，下 37-41B-9，
　　下 40-43A-9，下 45-45A-9）
罷喲：1（上 45-20B-7）
白：12（上 4-2B-7，上 6-3B-5，上 34-15B-6，
　　上 34-16A-1，上 39-18B-2，上 47-21B-3，
　　下 4-26A-8，下 4-26B-6，下 7-28A-1，
　　下 22-35A-1，下 39-42B-4，下 42-44A-5）
白花花：1（下 46-45B-5）
白日：3（上 37-17A-9，下 40-43A-3，
　　下 40-43A-5）
白肉：1（下 20-34A-1）
百：4（上 39-18B-2，上 47-22A-1，
　　上 53-24A-5，下 42-44A-6）
百年：1（上 16-7B-9）
百歲：1（上 29-13A-7）

擺手兒：2（上 36-17A-3，下 30-38B-4）
敗：1（上 8-4B-3）
拜年：1（上 11-5B-6）
搬：2（上 22-10B-4，下 21-34A-6）
辦：5（上 13-6B-9，上 15-7A-9，上 19-9B-2，
　　上 26-12A-8，下 18-33A-3）
辦完：1（下 7-28A-5）
半點子：1（下 45-45A-7）
半天：1（上 22-10B-5）
半信半疑：1（上 20-9B-5）
拌嘴：1（下 3-26A-3）
絆住：4（上 22-10B-3，下 4-26B-5，
　　下 7-28A-4，下 19-33A-6）
幫幫：1（下 18-33A-3）
榜樣：1（上 18-9A-6）
髈子：1（上 10-5A-8）
傍：1（下 50-47A-9）
傍邊兒：3（上 18-8B-8，上 36-16B-8，
　　下 3-26A-1）
傍不相干兒：3（上 50-23A-3，下 3-26A-3，
　　下 19-33A-6）
傍人：2（上 17-8A-9，上 17-8B-4）
飽：2（上 11-5B-8，下 20-34A-3）
飽飽兒：1（下 49-46B-9）
保不定：1（下 15-31B-4）
保舉：3（上 15-7B-2，上 15-7B-5，
　　上 15-7B-5）
保養：2（上 46-21A-6，上 50-22B-9）
報：2（上 1-1A-8，上 4-2B-7）
報答：1（下 27-37A-7）
報恩：1（上 1-1A-9）
報應：1（上 14-7A-8）
抱：2（上 10-5A-7，下 49-46B-9）
抱怨：3（上 9-5A-2，下 14-31A-8，
　　下 36-41A-9）
暴雨：1（下 45-45A-9）
暴子眼兒：1（上 30-14A-1）
卑汚：1（下 49-47A-5）
背：1（上 6-3B-2）
背燈：1（下 37-41B-7）

背地裡：3（上 24-11B-4，下 9-28B-7，
　　下 26-37A-1）
被：1（下 18-32B-6）
奔：2（上 41-19A-5，下 38-42A-8）
奔波：1（下 19-33A-5）
本：1（上 50-22B-9）
本兒：1（上 8-4B-1）
本分：1（下 26-36B-6）
本利：1（上 31-14A-9）
本事：13（上 4-2B-4，上 4-2B-5，
　　上 27-12B-2，上 27-12B-3，上 42-19B-2，
　　上 48-22A-7，下 5-27A-1，下 5-27A-4，
　　下 27-37A-6，下 33-39B-5，下 48-46B-3，
　　下 49-47A-2，下 49-47A-5）
本事兒：1（上 2-1B-6）
笨：1（上 33-15B-2）
逼：1（下 10-29A-5）
鼻子：4（上 46-21A-8，上 48-22A-8，
　　下 11-29B-7，下 39-42B-7）
鼻子眼兒：1（下 34-40A-9）
比：18（上 3-2A-4，上 3-2A-5，上 6-3B-2，
　　上 10-5A-9，上 12-6A-6，上 12-6A-9，
　　上 14-7A-4，上 30-13B-9，上 33-15B-4，
　　上 34-15B-9，上 41-19A-2，上 45-21A-2，
　　下 2-25B-6，下 4-26B-1，下 34-40B-2，
　　下 36-41B-3，下 46-45B-9，下 48-46B-1）
比方：3（上 17-8B-3，下 26-36B-6，
　　下 28-37A-8）
彼此：5（上 18-8B-8，下 19-33B-2，
　　下 33-40A-3，下 41-43B-4，下 48-46B-2）
彼時：2（下 13-30B-5，下 22-35A-3）
筆底下：1（上 30-14A-5）
筆帖式：1（上 7-4A-5）
筆硯：1（上 22-10B-8）
必得：1（上 7-4A-5）
必定：15（上 1-1A-8，上 13-6B-9，
　　上 14-7A-5，上 19-9B-2，上 21-10A-5，
　　上 38-17B-8，上 42-19B-7，上 44-20B-1，
　　上 47-22A-2，上 48-22A-3，下 1-25A-1，
　　下 17-32B-3，下 26-36B-5，下 29-38A-2，

下 31-39A-4）
必要：1（下 2-25B-4）
閉：1（下 44-45A-1）
碧綠：1（下 39-42B-6）
編：2（上 1-1A-7, 上 8-4B-1）
編造：1（上 47-21B-5）
鞭子：2（下 41-43B-8, 下 47-46A-7）
貶眼：1（上 29-13A-7）
變：3（上 34-16A-2, 下 13-31A-1,
　　下 47-46A-2）
便飯：1（下 22-34B-7）
辯嘴：2（上 17-8B-2, 上 44-20A-6）
別：28（上 6-3B-7, 上 7-4A-2, 上 7-4A-8,
　　上 11-6A-2, 上 12-6B-2, 上 13-6B-8,
　　上 13-6B-8, 上 29-13B-1, 上 30-14A-5,
　　上 31-14B-4, 上 32-15A-1, 上 32-15A-1,
　　上 36-17A-3, 上 47-21B-4, 下 4-26B-2,
　　下 10-29B-4, 下 14-31A-4, 下 14-31A-8,
　　下 17-32A-8, 下 19-33B-4, 下 21-34B-3,
　　下 27-37A-3, 下 29-38A-2, 下 30-38B-4,
　　下 33-39B-7, 下 36-41B-3, 下 37-42A-2,
　　下 39-43A-1）
別處兒：4（上 11-6A-1, 上 22-10B-7,
　　上 44-20A-6, 下 21-34B-3）
別人：5（上 4-2B-4, 下 1-25A-1,
　　下 6-27B-1, 下 8-28A-9, 下 16-32A-1）
別人兒：9（上 2-1B-3, 上 26-12A-8,
　　上 29-13B-3, 上 41-19A-6, 上 42-19B-1,
　　下 10-29A-5, 下 13-30B-6, 下 38-42B-3,
　　下 42-44A-3）
氷：1（下 47-46A-8）
氷水：1（下 42-44A-2）
兵：1（上 12-6A-5）
兵器：1（上 27-12B-3）
並：14（上 3-2A-8, 上 5-3A-8, 上 6-3B-6,
　　上 18-9A-1, 上 22-10B-6, 上 29-13B-3,
　　上 33-15B-3, 上 51-23B-3, 下 8-28B-3,
　　下 15-31B-3, 下 28-37A-8, 下 35-40B-7,
　　下 44-44B-9, 下 49-47A-2）
病：8（上 50-22B-9, 上 50-23A-4,

上 51-23B-2, 上 51-23B-2, 上 52-24A-1,
　　上 53-24A-9, 下 15-31B-5, 下 35-40B-8）
撥：2（上 43-20A-4, 上 43-20A-5）
撥正撥正：1（上 10-5B-1）
駁回兒：1（下 35-41A-2）
脖頸子：1（下 32-39A-8）
脖脛子：1（下 10-29A-8）
脖子：3（上 27-12B-6, 上 27-12B-6,
　　下 42-44A-6）
博學：1（上 19-9A-8）
補名：1（上 7-4A-8）
不：223（上 1-1A-3, 上 1-1A-3, 上 3-2A-6,
　　上 4-2B-5, 上 4-2B-5, 上 4-2B-5,
　　上 4-2B-7, 上 4-2B-8, 上 4-2B-9,
　　上 5-3A-3, 上 5-3A-8, 上 6-3B-6,
　　上 6-4A-1, 上 7-4A-7, 上 9-5A-1,
　　上 9-5A-1, 上 9-5A-2, 上 9-5A-4,
　　上 11-5B-9, 上 11-6A-2, 上 12-6A-5,
　　上 13-6B-4, 上 13-6B-5, 上 13-6B-7,
　　上 13-6B-7, 上 13-6B-8, 上 13-6B-9,
　　上 13-7A-1, 上 14-7A-3, 上 14-7A-6,
　　上 15-7B-5, 上 15-7B-5, 上 17-8B-5,
　　上 18-9A-3, 上 19-9B-1, 上 19-9B-2,
　　上 20-9B-6, 上 20-10A-1, 上 21-10A-3,
　　上 21-10A-4, 上 21-10A-5, 上 21-10A-8,
　　上 21-10A-8, 上 21-10A-9, 上 23-11A-2,
　　上 23-11A-6, 上 23-11A-7, 上 24-11B-1,
　　上 24-11B-3, 上 24-11B-4, 上 24-11B-6,
　　上 24-11B-7, 上 24-11B-7, 上 25-12A-2,
　　上 26-12A-4, 上 26-12A-5, 上 26-12A-8,
　　上 27-12A-9, 上 27-12B-4, 上 27-12B-7,
　　上 28-12B-8, 上 28-13A-1, 上 28-13A-3,
　　上 28-13A-5, 上 29-13A-8, 上 29-13A-8,
　　上 29-13A-8, 上 29-13A-9, 上 29-13A-9,
　　上 29-13B-5, 上 30-14A-6, 上 33-15A-7,
　　上 33-15A-9, 上 33-15B-2, 上 34-16A-5,
　　上 36-17A-5, 上 37-17B-1, 上 37-17B-2,
　　上 37-17B-4, 上 38-18A-2, 上 38-18A-3,
　　上 39-18B-2, 上 41-19A-4, 上 41-19A-8,
　　上 42-19B-6, 上 43-20A-1, 上 43-20A-3,

上 44-20B-1, 上 44-20B-2, 上 44-20B-2,
上 45-20B-6, 上 45-20B-6, 上 45-20B-7,
上 45-20B-9, 上 45-21A-1, 上 45-21A-2,
上 45-21A-2, 上 45-21A-3, 上 46-21A-4,
上 46-21A-9, 上 47-21B-6, 上 47-21B-8,
上 48-22A-5, 上 49-22B-5, 上 50-22B-9,
上 51-23A-8, 上 51-23B-2, 上 51-23B-3,
上 51-23B-5, 上 52-23B-6, 上 53-24A-4,
上 53-24A-6, 上 53-24A-7, 上 53-24A-9,
下 1-25A-3, 下 2-25A-9, 下 2-25A-9,
下 2-25B-1, 下 2-25B-2, 下 3-25B-8,
下 3-26A-1, 下 4-26A-8, 下 4-26A-8,
下 4-26B-4, 下 5-27A-2, 下 5-27A-2,
下 5-27A-2, 下 6-27A-7, 下 6-27A-7,
下 6-27A-9, 下 6-27B-2, 下 6-27B-3,
下 6-27B-7, 下 7-27B-9, 下 8-28A-8,
下 8-28A-9, 下 8-28B-4, 下 9-28B-5,
下 9-28B-5, 下 9-28B-7, 下 9-28B-7,
下 10-29A-7, 下 10-29A-9, 下 10-29B-1,
下 11-29B-7, 下 11-29B-8, 下 11-29B-8,
下 11-30A-2, 下 12-30A-9, 下 13-30B-5,
下 13-30B-7, 下 13-30B-9, 下 14-31A-9,
下 14-31A-9, 下 15-31B-3, 下 15-31B-6,
下 16-31B-9, 下 16-32A-2, 下 16-32A-4,
下 16-32A-5, 下 16-32A-6, 下 17-32A-7,
下 17-32A-9, 下 17-32A-9, 下 17-32B-1,
下 17-32B-4, 下 18-33A-3, 下 19-33A-5,
下 19-33B-1, 下 19-33B-2, 下 20-33B-6,
下 20-34A-3, 下 21-34B-1, 下 22-35A-1,
下 25-36B-1, 下 26-36B-4, 下 26-36B-5,
下 26-36B-6, 下 26-36B-7, 下 26-36B-7,
下 27-37A-5, 下 27-37A-5, 下 27-37A-6,
下 27-37A-6, 下 28-37B-2, 下 29-37B-6,
下 29-37B-8, 下 29-38A-2, 下 30-38A-6,
下 30-38A-9, 下 30-38B-2, 下 31-38B-6,
下 31-38B-9, 下 31-39A-2, 下 33-39B-6,
下 33-39B-6, 下 33-39B-6, 下 33-39B-7,
下 33-39B-8, 下 33-40A-4, 下 34-40A-8,
下 34-40B-2, 下 35-41A-4, 下 36-41B-1,
下 37-41B-9, 下 37-42A-5, 下 39-43A-2,
下 40-43A-9, 下 41-43B-2, 下 41-43B-2,
下 41-43B-6, 下 43-44B-3, 下 43-44B-7,
下 44-45A-1, 下 45-45B-2, 下 45-45B-2,
下 48-46B-1, 下 48-46B-5, 下 48-46B-5,
下 48-46B-6, 下 49-47A-2, 下 49-47A-2,
下 49-47A-6）

不安：1（下 19-33B-1）
不必：3（上 31-14B-3, 下 10-29A-8,
　　　　下 40-43A-3）
不便：1（下 28-37B-1）
不成：4（上 19-9B-2, 上 45-21A-3,
　　　　下 10-29B-4, 下 29-38A-3）
不愁：2（下 27-37A-5, 下 27-37A-5）
不錯：2（上 39-18B-1, 下 4-26B-2）
不但：10（上 2-1B-3, 上 3-2A-4, 上 4-2B-4,
　　　　上 4-2B-6, 上 5-3A-4, 上 6-3B-4,
　　　　上 8-4B-5, 上 28-13A-4, 上 34-16A-5,
　　　　下 12-30A-9）
不的了：1（上 34-16A-2）
不迭：1（上 17-8B-5）
不定：1（下 34-40B-3）
不懂：1（下 48-46B-1）
不獨：1（上 46-21A-9）
不斷：2（下 25-36A-7, 下 39-42B-8）
不對：1（上 34-16A-5）
不多：1（上 47-21B-9）
不妨：1（下 8-28B-1）
不分：3（上 48-22A-9, 下 9-29A-4,
　　　　下 15-31B-3）
不分彼此：1（上 17-8A-7）
不服：1（下 1-25A-4）
不敢：5（上 1-1A-7, 上 2-1B-5,
　　　　上 45-20B-7, 下 19-33B-2, 下 35-41A-2）
不顧：1（下 48-46B-2）
不管：1（上 16-7B-8）
不過：14（上 2-1B-6, 上 6-3B-8,
　　　　上 16-8A-1, 上 29-13A-7, 上 42-19B-1,
　　　　上 48-22A-5, 上 53-24A-5, 下 5-27A-1,
　　　　下 5-27A-6, 下 20-34A-2, 下 22-34B-9,
　　　　下 32-39B-1, 下 40-43A-8, 下 45-45A-9）

不過意：1（上 14-7A-7）
不好：12（上 6-3B-8，上 8-4A-9，
　　　　上 16-8A-3，上 28-12B-9，上 42-19B-2，
　　　　上 46-21A-5，上 53-24A-9，下 9-28B-7，
　　　　下 15-31B-2，下 18-33A-3，下 48-46B-2，
　　　　下 50-47B-2）
不會：1（上 1-1A-2）
不見：2（上 18-9A-1，上 38-18A-3）
不盡：2（上 1-1B-1，上 50-23A-3）
不久：3（上 19-9A-7，上 35-16B-1，
　　　　下 40-43A-4）
不拘：7（上 10-5B-3，上 19-9B-1，
　　　　上 21-10A-7，下 2-25B-3，下 25-36A-9，
　　　　下 26-36B-8，下 27-37A-3）
不覺：1（下 26-36B-4）
不開：1（下 31-39A-1）
不堪：3（上 9-5A-5，上 43-20A-2，
　　　　下 12-30A-7）
不可：2（上 39-18B-3，下 38-43B-1）
不可與言而與之言，謂之失言：1
　　　　（下 15-31B-6）
不肯：14（上 1-1A-8，上 5-3A-9，
　　　　上 18-8B-8，上 19-9B-2，上 20-9B-9，
　　　　上 26-12A-7，上 30-13B-9，上 40-18B-9，
　　　　上 42-19B-3，下 11-30A-1，下 15-31B-2，
　　　　下 20-34A-3，下 27-37A-6，
　　　　下 32-39A-7）
不論：7（上 4-2B-3，上 13-6B-4，
　　　　上 13-6B-9，上 26-12A-5，上 43-19B-9，
　　　　上 48-22A-5，下 6-27B-4）
不能：18（上 2-1B-3，上 2-2A-1，
　　　　上 17-8B-1，上 25-11B-9，上 25-11B-9，
　　　　上 28-13A-2，上 29-13B-3，上 46-21A-6，
　　　　上 51-23B-2，下 4-26B-6，下 11-30A-3，
　　　　下 19-33A-7，下 23-35A-6，下 24-36A-2，
　　　　下 31-39A-3，下 35-40B-8，下 35-40B-9，
　　　　下 49-47A-5）
不怕：2（下 7-28A-4，下 26-37A-1）
不配：1（下 11-29B-6）
不勸：1（上 47-22A-1）

不然：8（上 9-5A-5，上 13-6B-7，
　　　　上 43-20A-2，上 46-21B-1，下 4-26B-2，
　　　　下 20-33B-8，下 43-44B-3，下 43-44B-7）
不如：2（上 3-2A-9，上 53-24B-1）
不少：2（上 24-11B-5，下 17-32B-1）
不時：2（上 50-23A-2，下 17-32A-8）
不是：46（上 3-2A-8，上 5-3A-1，上 5-3A-7，
　　　　上 5-3B-1，上 9-4B-9，上 19-9A-7，
　　　　上 21-10A-4，上 24-11B-2，上 28-13A-2，
　　　　上 31-14B-2，上 32-14B-8，上 34-15B-5，
　　　　上 43-19B-8，上 45-20B-5，上 45-20B-7，
　　　　上 47-21B-5，上 48-22A-4，上 48-22A-6，
　　　　上 48-22A-9，上 48-22A-9，上 53-24A-3，
　　　　上 53-24A-3，下 1-25A-4，下 2-25B-4，
　　　　下 4-26B-6，下 5-26B-8，下 5-26B-9，
　　　　下 10-29A-8，下 11-30A-1，下 11-30A-4，
　　　　下 13-31A-1，下 14-31A-8，下 15-31B-4，
　　　　下 19-33A-7，下 21-34B-3，下 24-36A-3，
　　　　下 28-37A-8，下 29-37B-7，下 29-37B-7，
　　　　下 30-38A-7，下 31-39A-2，下 32-39B-1，
　　　　下 34-40A-5，下 35-40B-5，下 36-41A-6，
　　　　下 39-43A-2）
不舒服：6（上 10-5B-1，上 34-16A-5，
　　　　上 46-21A-9，上 49-22B-5，下 9-29A-2，
　　　　下 15-31B-4）
不同：2（上 14-7A-2，上 32-14B-7）
不妥：2（下 32-39B-4，下 47-46A-3）
不問：2（上 16-7B-9，下 50-47A-9）
不想：3（上 21-10A-8，上 22-10B-3，
　　　　下 19-33A-6）
不像兒：1（下 29-38A-4）
不信：2（上 47-21B-6，上 48-22A-8）
不行：3（下 29-37B-6，下 29-37B-8，
　　　　下 29-38A-3）
不言不語：1（下 3-25B-9）
不要：3（上 19-9B-2，下 2-25B-7，
　　　　下 42-44A-4）
不依：4（下 8-28B-2，下 14-31A-5，
　　　　下 14-31A-9，下 35-40B-7）
不易：1（下 42-44A-7）

不迎不送：1（下 37-42A-5）
不用：1（上 50-23A-5）
不由的：2（上 16-8A-4，下 15-31B-6）
不在：4（上 32-15A-4，下 24-35B-5，
　　　下 24-35B-6，下 43-44A-9）
不知不覺：1（下 10-29B-3）
不中用：1（上 43-20A-1）
不住：1（上 3-2A-6）
步甲們：1（下 50-47B-2）
步箭：2（上 10-5A-6，上 10-5B-1）
步行兒：3（上 33-15B-4，下 23-35B-2，
　　　下 41-43B-5）
部：2（上 9-4B-9，下 16-32A-5）

C

猜一猜：1（上 34-15B-6）
纔：55（上 3-2A-4，上 7-4A-8，上 9-4B-9，
　　　上 9-5A-5，上 10-5A-9，上 11-5B-8，
　　　上 20-9B-7，上 21-10A-8，上 21-10B-1，
　　　上 24-11B-1，上 26-12A-6，上 27-12B-6，
　　　上 28-12B-8，上 28-13A-2，上 29-13B-5，
　　　上 31-14A-8，上 40-18B-6，上 40-19A-1，
　　　上 43-20A-3，上 46-21A-7，上 47-21B-9，
　　　上 48-22A-4，上 49-22B-4，上 49-22B-8，
　　　上 51-23B-3，上 52-23B-6，下 2-25B-4，
　　　下 3-26A-2，下 7-28A-3，下 10-29A-7，
　　　下 18-33A-3，下 19-33A-8，下 20-33B-5，
　　　下 20-33B-6，下 20-33B-8，下 22-35A-4，
　　　下 23-35A-5，下 23-35A-7，下 23-35A-8，
　　　下 23-35B-1，下 25-36A-8，下 29-37B-7，
　　　下 29-38A-1，下 30-38A-9，下 31-39A-1，
　　　下 32-39B-3，下 38-42B-1，下 41-43B-4，
　　　下 41-43B-6，下 42-44A-3，下 42-44A-6，
　　　下 45-45A-7，下 45-45B-1，下 46-46A-1，
　　　下 47-46A-4）
纔罢：1（上 44-20A-9）
才幹：1（上 48-22A-7）
才貌：1（下 33-39B-5）
才情：1（上 15-7A-9）

財主：1（上 28-13A-3）
裁縫們：1（下 34-40A-5）
彩頭：1（上 13-6B-5）
彩頭兒：1（下 38-42B-2）
菜：3（上 36-17A-1，下 18-32B-9，
　　　下 19-33B-1）
菜蔬：1（下 20-34A-1）
慘淡：1（下 47-46A-2）
操：1（下 34-40B-4）
膆舊：1（下 5-26B-8）
草：4（上 33-15A-6，下 13-30B-8，
　　　下 38-42A-6，下 39-42B-7）
層：3（上 22-10B-2，上 37-17A-7，
　　　上 52-24A-1）
層層：1（上 23-11A-4）
杈兒：1（上 13-6B-5）
茶：7（上 11-5B-9，上 11-6A-3，
　　　上 31-14B-2，下 21-34B-1，下 21-34B-1，
　　　下 39-42B-9，下 45-45A-8）
舖兒：1（上 27-12B-5）
差：1（上 3-2A-5）
差不遠兒：1（上 3-2B-1）
差點兒：1（上 18-9A-3）
差一點兒：2（上 30-14A-3，下 20-33B-5）
拆毀：1（下 50-47B-3）
差人：2（上 9-5A-2，上 21-10A-9）
差使：13（上 6-3B-7，上 12-6B-1，
　　　上 13-6B-8，上 13-6B-9，上 15-7B-2，
　　　上 19-9A-8，上 21-10A-6，上 33-15B-3，
　　　上 33-15B-3，上 34-16A-5，下 10-29A-6，
　　　下 10-29A-7，下 49-47A-2）
傻頭：1（上 33-15A-6）
讒言：1（上 17-8B-1）
饞嘴：1（下 18-32B-5）
纏住：1（上 50-23A-1）
產業：2（上 17-8B-2，上 29-13B-3）
娼婦：1（下 35-41A-2）
長 chang：7（上 5-3A-4，上 7-4A-4，
　　　上 8-4A-9，上 10-5A-6，上 41-19A-7，
　　　下 20-33B-7，下 28-37B-2）

長短：1（下 50-47A-9）
腸子：2（上 43-20A-3，下 11-29B-6）
嚐嚐：1（下 17-32B-3）
常：5（上 24-11B-2，上 43-20A-1，
　　　上 50-23A-2，下 11-29B-7，下 19-33B-2）
場處：1（上 16-8A-4）
暢快：1（下 40-43A-4）
唱：1（下 39-42B-9）
吵：1（下 36-41A-9）
吵鬧：3（上 16-8A-3，上 44-20A-6，
　　　下 35-40B-7）
吵嚷：3（上 44-20A-7，下 14-31A-4，
　　　下 29-37B-9）
超羣：1（下 33-39B-5）
朝會：1（上 34-16A-4）
徹底子：1（下 6-27B-6）
掣肘：1（下 31-39A-2）
澈底兒：1（下 26-36B-7）
沉：1（上 51-23B-2）
沉重：1（上 52-23B-6）
陳穀子爛蔴：1（下 25-36A-9）
趁：3（上 16-7B-7，上 29-13A-8，
　　　下 47-46A-3）
趁愿：1（下 18-32B-6）
稱：1（上 31-14B-2）
稱贊：1（下 16-31B-9）
撐：1（下 40-43A-6）
撐船：1（下 40-43A-5）
成：14（上 1-1A-7，上 13-6B-5，上 18-9A-2，
　　　上 18-9A-4，上 25-11B-9，上 35-16B-5，
　　　上 46-21A-4，上 48-22A-7，上 51-23A-8，
　　　下 7-28A-5，下 12-30A-8，下 18-32B-5，
　　　下 30-38A-6，下 47-46A-8）
成讐：1（上 17-8B-2）
成就：1（上 4-2B-3）
成名：1（下 49-47A-1）
成片：1（上 2-1B-3）
成器：1（上 45-21A-2）
成人：4（上 1-1A-9，上 6-3B-9，上 15-7B-5，
　　　上 20-9B-7）

成樣兒：1（上 29-13A-9）
誠心：1（上 16-8A-1）
城裏頭：1（下 41-43B-7）
城門兒：2（下 23-35A-6，下 23-35A-8）
城外頭：5（上 33-15A-7，上 39-18A-5，
　　　下 24-36A-2，下 39-42B-5，下 41-43B-8）
承：1（上 3-2A-2）
承望：1（下 31-39A-2）
乘涼兒：1（下 42-44A-3）
吃：51（上 11-5B-7，上 11-5B-8，
　　　上 11-5B-8，上 11-5B-8，上 11-6A-2，
　　　上 16-7B-8，上 17-8A-7，上 28-12B-9，
　　　上 28-13A-3，上 28-13A-3，上 29-13A-8，
　　　上 29-13A-9，上 29-13B-4，上 46-21A-6，
　　　上 46-21B-1，上 46-21B-2，上 51-23B-3，
　　　上 52-24A-1，上 53-24A-4，上 53-24B-1，
　　　下 8-28A-9，下 13-30B-8，下 13-30B-9，
　　　下 17-32B-3，下 18-32B-7，下 19-33A-9，
　　　下 19-33B-4，下 20-34A-2，下 20-34A-3，
　　　下 21-34B-4，下 22-34B-7，下 27-37A-5，
　　　下 27-37A-6，下 28-37B-3，下 28-37B-3，
　　　下 29-37B-6，下 30-38A-8，下 37-41B-7，
　　　下 37-42A-2，下 37-42A-3，下 37-42A-3，
　　　下 37-42A-3，下 40-43A-4，下 41-43B-4，
　　　下 42-44A-7，下 43-44B-6，下 43-44B-6，
　　　下 46-45B-5，下 46-46A-1，下 49-46B-9，
　　　下 49-47A-1）
吃不了：2（上 28-12B-9，下 17-32B-2）
吃穿：1（上 16-7B-8）
吃醋：1（下 35-40B-6）
吃飯：1（上 28-13A-1）
吃喝：4（上 36-17A-1，上 36-17A-1，
　　　下 30-38B-2，下 46-45B-9）
吃喝兒：1（上 43-20A-5）
吃酒：1（下 33-39B-6）
吃虧：3（上 27-12A-9，下 3-26A-2，
　　　下 29-38A-2）
吃屎：1（上 41-19A-8）
吃煙：1（下 21-34B-1）
吃齋：1（下 28-37A-9）

喫：1（下 28-37B-1）
喫齋：1（下 28-37B-1）
遲：7（上 26-12A-4，上 28-13A-6，
　　上 31-14B-1，下 14-31A-4，下 17-32A-7，
　　下 22-34B-7，下 33-40A-4，）
遲疑不斷：1（下 29-38A-3）
持齋：1（下 28-37B-3）
赤身露體：1（下 42-44A-3）
充：3（下 4-26A-8，下 5-27A-4，
　　下 48-46B-4）
冲散：1（下 30-38B-3）
充數兒：1（上 6-3B-4）
重 chong：1（上 1-1A-8）
重重兒：1（上 9-5A-4）
抽：2（上 27-12B-5，上 27-12B-6）
抽空兒：1（上 1-1A-6）
抽身：1（下 30-38B-3）
仇：1（下 12-30A-8）
讐：1（上 18-9A-2）
愁：4（上 2-2A-1，上 51-23A-8，下 3-26A-6，
　　下 27-37A-5）
愁容滿面：1（下 7-27B-8）
稠雲：1（下 43-44B-2）
醜：1（下 29-38A-4）
瞅：3（上 29-13A-9，下 4-26B-3，
　　下 6-27B-5）
臭蟲：1（下 44-44B-9）
出：16（上 11-6A-2，上 17-8B-3，
　　上 20-9B-7，上 27-12B-6，上 34-15B-8，
　　上 37-17A-9，上 46-21A-7，上 48-22A-6，
　　下 3-26A-4，下 4-26B-3，下 7-28A-1，
　　下 22-34B-8，下 29-38A-4，下 38-42A-6，
　　下 48-46B-7，下 50-47A-8）
出殯：2（下 24-35B-8，下 24-36A-1）
出兵：2（上 12-6B-1，上 22-10B-2）
出城：2（上 36-16B-7，上 39-42B-5）
出城兒：1（下 41-43B-2）
出出氣：1（下 10-29B-5）
出花兒：1（下 36-41A-5）
出來：2（上 11-5B-8，上 22-10B-6）

-出來：12（上 3-2A-8，上 13-6B-5，
　　上 21-10A-4，上 35-16B-1，上 35-16B-3，
　　上 48-22A-5，下 8-28A-8，下 11-29B-8，
　　下 16-32A-5，下 30-38B-3，下 41-43B-7，
　　下 43-44B-5）
出類拔萃：1（上 10-5A-7）
出力：4（上 4-2B-3，上 15-7B-6，
　　上 17-8B-5，下 27-37A-7）
出門：2（上 31-14B-2，下 22-35A-2）
出名：2（上 10-5A-7，上 30-14A-6）
出去：7（上 10-5A-8，上 30-13B-7，
　　上 30-13B-8，上 35-16B-2，下 41-43B-7，
　　下 41-43B-8，下 44-45A-4）
出身：1（下 49-47A-6）
出世：1（下 40-43A-8）
出頭：1（上 19-9A-7）
出息：4（上 6-3B-9，上 10-5A-9，
　　上 20-9B-5，下 3-26A-6）
出息兒：3（上 4-2B-8，下 4-26B-6，
　　下 23-35B-4）
出於：1（上 16-8A-1）
出災：1（上 52-24A-2）
出衆：2（上 10-5B-4，上 19-9A-8）
初次：1（上 31-14B-2）
除：3（上 38-17B-7，下 23-35A-8，
　　下 30-38A-6）
除此以外：1（下 7-27B-9）
除了：2（上 20-9B-8，下 26-36B-8）
鋤：1（上 18-9A-2）
處處兒：1（下 14-31A-4）
處兒：3（上 2-1B-4，上 10-5B-3，
　　上 41-19A-6）
畜牲：1（下 48-46B-1）
揣摸：1（上 29-13B-2）
穿：20（上 29-13A-8，上 29-13A-9，
　　上 29-13B-4，上 34-16A-4，上 34-16A-5，
　　上 34-16A-6，上 49-22B-4，下 5-26B-8，
　　下 5-27A-1，下 5-27A-1，下 5-27A-1，
　　下 5-27A-2，下 5-27A-4，下 13-30B-4，
　　下 24-35B-5，下 27-37A-5，下 28-37B-3，

下 28-37B-3，下 34-40A-9，下 43-44B-4）
傳：1（下 12-30A-8）
船：2（下 40-43A-4，下 41-43B-3）
船兒：1（下 1-25A-2）
窗戶：5（上 35-16A-7，上 35-16B-2，
　　上 40-18B-4，上 40-18B-6，下 30-38B-1）
窗戶紙兒：2（上 40-18B-6，下 30-38B-1）
闖：1（下 7-28A-1）
春風兒：1（下 39-42B-7）
春景兒：1（下 39-42B-5）
春天：1（下 39-42B-4）
詞：2（上 8-4B-1，上 36-16B-6）
此：2（上 46-21A-5，下 21-34A-8）
此刻：2（下 1-25A-1，下 26-36B-9）
次：8（上 8-4B-3，上 27-12A-9，
　　下 13-30B-9，下 22-34B-8，下 22-35A-3，
　　下 26-36B-5，下 30-38A-8，下 31-38B-7）
次兒：1（上 7-4A-2）
賜：1（上 1-1A-7）
聰明：1（上 50-23A-5）
從：17（上 27-12B-3，上 30-14A-4，
　　上 34-15B-6，上 35-16B-2，下 2-25B-2，
　　下 3-26A-4，下 13-30B-3，下 15-31B-7，
　　下 19-33B-2，下 30-38B-1，下 34-40A-9，
　　下 38-42A-9，下 38-42B-1，下 39-42B-8，
　　下 41-43B-7，下 44-45A-2，下 49-47A-6）
從此：1（下 49-47A-1）
從從容容：3（上 27-12B-5，下 1-25A-5，
　　下 42-44A-7）
從來：1（下 9-28B-6）
從前：5（上 8-4B-2，上 27-12B-1，
　　上 34-15B-7，下 4-26B-6，下 7-28A-4）
從頭至尾：2（下 8-28A-8，下 36-41B-5）
從新：1（上 37-17A-8）
從中：1（下 12-30A-8）
湊成：1（下 35-41A-4）
催：1（下 2-25B-7）
催逼：1（上 26-12A-5）
催馬：1（下 41-43B-8）
啐吐沫：1（下 15-31B-8）

存：2（上 47-21B-8，下 36-41A-6）
挫磨：1（下 35-41A-2）
錯：5（上 2-1B-4，上 53-24A-4，下 6-27B-1，
　　下 32-39A-9，下 37-42A-4）
錯縫子：2（上 6-3B-7，上 42-19B-5）
錯過：1（上 7-4A-8）

D

搭救：2（上 14-7A-6，上 17-8B-4）
搭拉：2（上 33-15B-1，下 4-26B-2）
搭拉：1（上 49-22B-3）
答：1（下 4-26A-7）
答言兒：2（上 45-20B-6，上 45-20B-7）
答應：6（上 21-10A-8，上 21-10A-8，
　　上 22-10B-6，上 30-13B-8，上 44-20B-3，
　　下 16-32A-5）
打：18（上 9-5A-5，上 22-10B-2，
　　上 27-12B-1，上 32-14B-6，上 42-19B-4，
　　上 44-20B-1，上 44-20B-2，上 49-22B-7，
　　下 11-30A-4，下 29-38A-2，下 29-38A-3，
　　下 38-42A-7，下 45-45A-8，下 50-47B-1，
　　下 50-47B-1，下 50-47B-1，下 50-47B-2，
　　下 50-47B-3）
打扮打扮：1（上 34-16A-4）
打錯：1（下 26-36B-6）
打盪子：1（下 34-40A-7）
打發：7（上 9-4B-8，上 21-10A-8，
　　上 32-15A-2，下 9-28B-9，下 22-34B-8，
　　下 22-35A-2，下 37-42A-1）
打架：1（上 17-8B-1）
打尖：1（下 23-35A-8）
打前失：1（上 33-15B-2）
打死：1（下 50-47A-8）
打算：1（上 25-12A-3）
打聽：6（上 19-9A-7，上 20-9B-5，
　　上 37-17B-4，上 47-21B-6，上 47-22A-2，
　　下 31-38B-7）
打圍：2（下 38-42A-6，下 38-42A-6）
打藥：1（上 49-22B-7）

打戰：1（下 44-45A-3）
打仗：1（上 8-4B-2）
打住：1（下 7-28A-3）
打墜嘟嚕兒：1（上 40-18B-9）
大：25（上 8-4B-1，上 18-9A-1，
　　　上 31-14B-5，上 32-14B-9，上 35-16A-7，
　　　上 35-16A-8，上 35-16A-9，上 36-16B-8，
　　　上 40-18B-6，上 41-19A-7，上 48-22A-6，
　　　上 52-24A-2，上 53-24A-7，下 6-27B-4，
　　　下 7-28A-4，下 13-30B-4，下 24-36A-2，
　　　下 25-36A-6，下 27-37A-4，下 29-38A-4，
　　　下 34-40B-4，下 44-45A-5，下 46-45B-6，
　　　下 48-46B-4，下 50-47A-8）
大不相同：1（下 36-41B-3）
大風：2（下 47-46A-3，下 47-46A-4）
大夫：2（上 51-23B-2，上 52-23B-8）
大哥：58（上 5-3A-6，上 5-3B-1，
　　　上 10-5A-9，上 23-11A-1，上 23-11A-2，
　　　上 30-13B-7，上 30-13B-7，上 30-13B-8，
　　　上 30-13B-9，上 30-14A-4，上 33-15A-7，
　　　上 34-15B-9，上 37-17B-2，上 38-17B-5，
　　　上 39-18A-5，上 42-19B-1，上 45-20B-4，
　　　上 45-20B-6，上 45-21A-1，上 45-21A-1，
　　　上 46-21A-4，上 46-21A-4，上 50-23A-5，
　　　下 1-25A-2，下 4-26B-4，下 5-26B-8，
　　　下 6-27B-2，下 6-27B-6，下 10-29A-9，
　　　下 10-29B-4，下 13-30B-7，下 14-31A-6，
　　　下 15-31B-5，下 15-31B-7，下 17-32A-7，
　　　下 18-32B-5，下 18-33A-1，下 20-33B-5，
　　　下 20-34A-2，下 21-34A-6，下 21-34A-7，
　　　下 21-34B-1，下 21-34B-1，下 21-34B-3，
　　　下 21-34B-4，下 22-35A-1，下 22-35A-2，
　　　下 29-37B-5，下 30-38A-5，下 30-38A-7，
　　　下 31-38B-7，下 34-40B-1，下 36-41A-5，
　　　下 36-41A-6，下 37-41B-8，下 39-43A-1，
　　　下 43-44B-3，下 50-47B-4）
大漢子：1（上 6-3B-5）
大家：3（上 11-5B-5，下 18-33A-2，
　　　下 33-39B-7）
大襟：1（下 34-40A-7）

大拇指頭：1（上 10-5B-1）
大錢：1（上 47-21B-8）
大人：1（上 12-6A-9）
大人們：1（下 49-47A-6）
大肉：1（下 37-42A-2）
大嫂子：1（下 36-41A-7）
大聲兒：1（上 22-10B-6）
大喜：1（上 52-24A-1）
大小：1（下 50-47B-3）
大些兒：1（下 36-41A-8）
大雨：1（下 43-44A-9）
大約：2（上 17-8A-8，下 7-28A-3）
獃話：1（下 4-26B-3）
獃頭獃腦：1（上 8-4B-5）
帶：5（上 11-6A-2，上 32-15A-4，
　　　上 36-17A-1，下 10-29B-4，下 33-40A-3）
待：2（上 31-14B-3，下 20-34A-1）
待待客：1（下 17-32B-1）
戴：2（上 10-5B-2，上 12-6A-6）
耽擱：2（上 9-4B-8，上 25-12A-1）
耽悞：4（上 1-1A-4，上 48-22A-6，
　　　下 6-27B-8，下 34-40B-4）
胆兒：1（上 37-17B-4）
胆子：2（上 35-16A-7，上 53-24A-7）
但：13（上 10-5B-2，上 33-15B-3，
　　　上 51-23B-3，上 53-24A-3，下 15-31B-1，
　　　下 15-31B-6，下 16-32A-6，下 17-32B-3，
　　　下 30-38A-5，下 33-39B-5，下 33-39B-8，
　　　下 34-40B-1，下 43-44B-6）
但凡：1（上 2-1B-7）
但是：1（上 15-7B-2）
但只：5（上 23-11A-5，上 34-16A-3，
　　　上 39-18B-1，上 46-21B-1，下 19-33B-1）
担子：1（下 42-44A-5）
彈：4（下 39-42B-9，下 49-46B-9，
　　　下 49-47A-5，下 49-47A-6）
當：5（上 6-3B-7，上 16-7B-7，下 10-29A-7，
　　　下 20-34A-1，下 43-44B-4）
當差：1（上 13-6B-4）
當成：3（上 6-3B-7，上 8-4B-5，

當初：1（下 37-42A-4）
當面兒：1（下 16-32A-4）
當天：1（下 23-35A-6）
當頭：1（上 31-14A-9）
當眞：4（上 43-20A-4，下 17-32A-9，
　　下 18-32B-8，下 18-33A-2）
當作：1（下 9-28B-8）
檔兒：1（上 40-18B-4）
刀：3（上 8-4B-3，上 27-12B-5，
　　上 27-12B-6）
禱告：1（上 36-17A-4）
到：72（上 4-2B-4，上 4-2B-8，上 5-3A-5，
　　上 5-3A-6，上 7-4A-3，上 10-5A-7，
　　上 10-5B-3，上 11-6A-1，上 11-6A-3，
　　上 15-7B-2，上 16-7B-9，上 18-9A-1，
　　上 22-10B-3，上 22-10B-4，上 23-11A-2，
　　上 28-13A-2，上 29-13B-5，上 30-13B-8，
　　上 32-14B-6，上 33-15A-7，上 34-15B-7，
　　上 37-17A-8，上 39-18A-7，上 39-18A-8，
　　上 40-18B-5，上 41-19A-6，上 43-19B-9，
　　上 45-20B-9，上 48-22A-3，上 51-23A-9，
　　下 2-25B-6，下 10-29A-8，下 13-30B-3，
　　下 13-30B-9，下 14-31A-6，下 18-32B-9，
　　下 19-33A-5，下 21-34A-5，下 22-34B-9，
　　下 22-35A-1，下 22-35A-2，下 23-35A-7，
　　下 23-35A-9，下 23-35B-3，下 24-36A-2，
　　下 24-36A-2，下 25-36A-7，下 25-36A-8，
　　下 29-37B-6，下 29-38A-1，下 30-38A-9，
　　下 32-39A-8，下 33-39B-6，下 36-41B-2，
　　下 39-42B-5，下 39-42B-9，下 40-43A-3，
　　下 40-43A-6，下 40-43A-9，下 41-43B-3，
　　下 41-43B-3，下 41-43B-4，下 41-43B-6，
　　下 43-44B-1，下 45-45A-6，下 45-45B-1，
　　下 45-45B-1，下 47-46A-3，下 47-46A-4，
　　下 47-46A-8，下 48-46B-2，下 49-47A-4）
到不了：2（上 3-2A-9，上 27-12B-1）
到得：1（上 29-13A-8）
到底：5（上 4-2B-5，上 21-10A-7，
　　上 38-17B-5，下 2-25B-1，下 14-31A-4）

到底兒：1（上 37-17A-7）
到手：2（上 15-7A-9，下 18-33A-4）
倒：32（上 11-5B-9，上 28-12B-9，
　　上 30-14A-5，上 34-16A-6，上 35-16B-4，
　　上 36-16B-8，上 36-16B-8，上 38-17B-9，
　　上 39-18A-6，上 41-19A-8，上 43-20A-5，
　　下 1-25A-6，下 2-25B-1，下 2-25B-7，
　　下 3-25B-9，下 6-27A-8，下 9-29A-2，
　　下 17-32A-9，下 17-32B-4，下 18-33A-4，
　　下 21-34B-1，下 31-39A-4，下 32-39A-7，
　　下 32-39A-7，下 35-41A-2，下 36-41B-5，
　　下 38-42B-2，下 42-44A-8，下 44-45A-4，
　　下 48-46B-5，下 50-47A-9，下 50-47B-4）
倒底：1（下 2-25B-4）
倒氣兒：1（上 51-23A-9）
倒手：1（上 40-18B-6）
倒退：1（下 4-26B-4）
道：2（上 18-8B-8，上 36-16B-8）
道場：1（下 24-35B-7）
道理：15（上 4-2B-2，上 4-2B-2，
　　上 13-7A-1，上 18-9A-5，上 26-12A-5，
　　上 28-12B-8，上 31-14B-3，上 41-19A-8，
　　上 53-24A-4，下 8-28A-8，下 15-31B-2，
　　下 23-35B-2，下 23-35B-2，下 28-37A-8，
　　下 48-46B-1）
道兒：6（上 9-5A-3，上 20-9B-9，
　　下 23-35A-7，下 24-35B-9，下 41-43B-2，
　　下 47-46A-5）
道喜：1（上 30-13B-7）
道謝：1（上 50-23A-4）
得 de2：32（上 5-3A-8，上 11-5B-6，
　　上 12-6B-2，上 17-8B-3，上 17-8B-4，
　　上 21-10A-5，上 23-11A-7，上 26-12A-6，
　　上 26-12A-7，上 28-13A-2，上 29-13B-1，
　　上 29-13A-9，上 31-14A-9，上 31-14B-4，
　　上 34-15B-8，上 39-18A-9，上 44-20B-1，
　　上 48-22A-6，，上 50-23A-6 上 51-23A-8，
　　下 2-25B-4，下 14-31A-5，下 24-35B-6，
　　下 25-36B-3，下 28-37B-3，下 28-37B-3，
　　下 29-37B-7，下 29-37B-8，下 42-44A-6，

下 43-44B-6，下 46-45B-6，下 49-47A-5）
得項：2（上 20-9B-9，上 43-20A-5）
得樣兒：1（上 34-16A-5）
得罪：1（下 9-28B-6）
的：1096（上 1-1A-1，上 1-1A-1，上 1-1A-2，
　　上 1-1A-3，上 1-1A-4，上 1-1A-5，
　　上 1-1A-5，上 1-1A-6，上 1-1A-7，
　　上 1-1A-8，上 1-1A-9，上 1-1A-9，
　　上 1-1A-9，上 1-1B-1，上 2-1B-2，
　　上 2-1B-2，上 2-1B-3，上 2-1B-3，
　　上 2-1B-3，上 2-1B-4，上 2-1B-5，
　　上 2-1B-6，上 2-1B-7，上 2-1B-7，
　　上 2-1B-8，上 2-1B-8，上 2-1B-9，
　　上 2-1B-9，上 3-2A-2，上 3-2A-2，
　　上 3-2A-2，上 3-2A-3，上 3-2A-5，
　　上 3-2A-5，上 3-2A-6，上 3-2A-6，
　　上 3-2A-8，上 3-2A-9，上 3-2A-9，
　　上 4-2B-2，上 4-2B-3，上 4-2B-5，
　　上 4-2B-5，上 4-2B-7，上 4-2B-7，
　　上 4-2B-7，上 4-2B-8，上 5-3A-2，
　　上 5-3A-2，上 5-3A-2，上 5-3A-4，
　　上 5-3A-4，上 5-3A-5，上 5-3A-5，
　　上 5-3A-6，上 5-3A-7，上 5-3A-7，
　　上 5-3A-7，上 5-3A-7，上 5-3A-9，
　　上 6-3B-2，上 6-3B-2，上 6-3B-2，
　　上 6-3B-3，上 6-3B-3，上 6-3B-4，
　　上 6-3B-6，上 6-3B-6，上 6-3B-7，
　　上 6-3B-8，上 6-3B-8，上 6-3B-9，
　　上 6-3B-9，上 6-3B-9，上 7-4A-2，
　　上 7-4A-2，上 7-4A-3，上 7-4A-3，
　　上 7-4A-4，上 7-4A-6，上 7-4A-7，
　　上 7-4A-7，上 7-4A-8，上 8-4A-9，
　　上 8-4A-9，上 8-4A-9，上 8-4B-1，
　　上 8-4B-1，上 8-4B-1，上 8-4B-4，
　　上 8-4B-4，上 8-4B-4，上 8-4B-5，
　　上 8-4B-5，上 9-4B-7，上 9-4B-8，
　　上 9-4B-8，上 9-4B-9，上 9-5A-3，
　　上 9-5A-4，上 9-5A-4，上 9-5A-5，
　　上 10-5A-6，上 10-5A-6，上 10-5A-7，
　　上 10-5A-7，上 10-5A-7，上 10-5A-8，

上 10-5B-1，上 10-5B-1，上 11-5B-6，
上 11-5B-7，上 11-5B-7，上 11-5B-8，
上 11-5B-8，上 11-5B-8，上 11-5B-9，
上 11-5B-9，上 11-6A-1，上 11-6A-3，
上 12-6A-4，上 12-6A-5，上 12-6A-6，
上 12-6A-7，上 12-6A-7，上 12-6A-7，
上 12-6A-8，上 12-6A-8，上 12-6A-8，
上 12-6A-9，上 12-6A-9，上 12-6B-1，
上 12-6B-1，上 12-6B-3，上 13-6B-4，
上 13-6B-4，上 13-6B-5，上 13-6B-6，
上 13-6B-6，上 13-6B-6，上 13-6B-7，
上 13-6B-8，上 13-6B-9，上 13-6B-9，
上 13-7A-1，上 14-7A-2，上 14-7A-3，
上 14-7A-3，上 14-7A-3，上 14-7A-3，
上 14-7A-4，上 14-7A-4，上 14-7A-4，
上 14-7A-5，上 14-7A-6，上 14-7A-7，
上 14-7A-8，上 15-7A-9，上 15-7B-1，
上 15-7B-2，上 15-7B-2，上 15-7B-2，
上 15-7B-3，上 15-7B-4，上 15-7B-4，
上 15-7B-5，上 15-7B-5，上 15-7B-6，
上 16-7B-7，上 16-7B-7，上 16-7B-7，
上 16-7B-8，上 16-7B-8，上 16-7B-9，
上 16-7B-9，上 16-8A-1，上 16-8A-2，
上 16-8A-3，上 16-8A-3，上 16-8A-4，
上 16-8A-4，上 16-8A-5，上 16-8A-5，
上 16-8A-5，上 16-8A-5，上 16-8A-6，
上 17-8A-7，上 17-8A-7，上 17-8A-7，
上 17-8A-8，上 17-8A-8，上 17-8A-8，
上 17-8A-9，上 17-8A-9，上 17-8A-9，
上 17-8B-3，上 17-8B-4，上 17-8B-5，
上 17-8B-6，上 18-8B-7，上 18-8B-8，
上 18-9A-3，上 18-9A-5，上 18-9A-5，
上 18-9A-5，上 18-9A-6，上 19-9A-7，
上 19-9A-8，上 19-9A-9，上 19-9B-2，
上 19-9B-3，上 19-9B-3，上 20-9B-4，
上 20-9B-5，上 20-9B-6，上 20-9B-6，
上 20-9B-7，上 20-9B-7，上 20-9B-8，
上 20-9B-8，上 20-9B-9，上 20-9B-9，
上 20-10A-1，上 21-10A-3，上 21-10A-5，
上 21-10A-6，上 21-10A-6，上 21-10A-7，

上 22-10B-3, 上 22-10B-5, 上 22-10B-5,
上 22-10B-6, 上 22-10B-9, 上 23-11A-1,
上 23-11A-2, 上 23-11A-2, 上 23-11A-3,
上 23-11A-4, 上 23-11A-5, 上 23-11A-7,
上 23-11A-7, 上 24-11B-1, 上 24-11B-1,
上 24-11B-2, 上 24-11B-3, 上 24-11B-3,
上 24-11B-4, 上 24-11B-5, 上 24-11B-6,
上 24-11B-6, 上 24-11B-6, 上 24-11B-7,
上 24-11B-7, 上 24-11B-8, 上 25-11B-9,
上 25-11B-9, 上 25-12A-1, 上 25-12A-1,
上 25-12A-2, 上 26-12A-5, 上 26-12A-6,
上 26-12A-7, 上 26-12A-7, 上 27-12A-9,
上 27-12A-9, 上 27-12A-9, 上 27-12B-2,
上 27-12B-2, 上 27-12B-3, 上 27-12B-5,
上 27-12B-5, 上 27-12B-5, 上 27-12B-6,
上 27-12B-7, 上 28-12B-8, 上 28-12B-8,
上 28-12B-9, 上 28-13A-1, 上 28-13A-1,
上 28-13A-1, 上 28-13A-2, 上 28-13A-2,
上 28-13A-3, 上 28-13A-3, 上 28-13A-4,
上 28-13A-4, 上 28-13A-5, 上 28-13A-5,
上 29-13A-7, 上 29-13A-7, 上 29-13A-8,
上 29-13A-8, 上 29-13A-9, 上 29-13A-9,
上 29-13B-1, 上 29-13B-2, 上 29-13B-2,
上 29-13B-2, 上 29-13B-3, 上 29-13B-3,
上 29-13B-4, 上 30-13B-8, 上 30-14A-1,
上 30-14A-2, 上 30-14A-3, 上 30-14A-4,
上 30-14A-5, 上 30-14A-6, 上 31-14A-8,
上 31-14A-9, 上 31-14B-1, 上 31-14B-3,
上 31-14B-3, 上 31-14B-4, 上 31-14B-4,
上 31-14B-5, 上 31-14B-5, 上 32-14B-6,
上 32-14B-7, 上 32-14B-8, 上 32-14B-8,
上 32-14B-9, 上 32-15A-1, 上 32-15A-1,
上 32-15A-2, 上 32-15A-3, 上 32-15A-4,
上 32-15A-5, 上 33-15A-6, 上 33-15A-7,
上 33-15A-7, 上 33-15A-8, 上 33-15A-8,
上 33-15A-9, 上 33-15B-1, 上 33-15B-2,
上 34-15B-5, 上 34-15B-5, 上 34-15B-5,
上 34-15B-6, 上 34-15B-7, 上 34-15B-8,
上 34-15B-8, 上 34-15B-9, 上 34-16A-1,
上 34-16A-2, 上 34-16A-2, 上 34-16A-3,

上 34-16A-4, 上 34-16A-4, 上 34-16A-4,
上 34-16A-4, 上 34-16A-4, 上 34-16A-5,
上 34-16A-6, 上 34-16A-6, 上 35-16A-7,
上 35-16A-7, 上 35-16A-9, 上 35-16B-1,
上 35-16B-1, 上 35-16B-2, 上 35-16B-3,
上 35-16B-5, 上 36-16B-6, 上 36-16B-7,
上 36-16B-7, 上 36-16B-8, 上 36-16B-8,
上 36-16B-9, 上 36-17A-1, 上 36-17A-1,
上 36-17A-2, 上 36-17A-3, 上 36-17A-4,
上 36-17A-4, 上 36-17A-4, 上 37-17A-6,
上 37-17A-6, 上 37-17A-8, 上 37-17A-9,
上 37-17A-9, 上 37-17B-1, 上 37-17B-1,
上 37-17B-1, 上 37-17B-1, 上 37-17B-2,
上 37-17B-3, 上 37-17B-4, 上 38-17B-6,
上 38-17B-7, 上 38-17B-8, 上 38-18A-1,
上 38-18A-1, 上 38-18A-2, 上 39-18A-6,
上 39-18A-6, 上 39-18A-6, 上 39-18A-6,
上 39-18A-7, 上 39-18A-7, 上 39-18A-7,
上 39-18A-7, 上 39-18A-8, 上 39-18A-9,
上 39-18A-9, 上 39-18B-1, 上 39-18B-1,
上 39-18B-1, 上 39-18B-2, 上 39-18B-3,
上 40-18B-5, 上 40-18B-5, 上 40-18B-5,
上 40-18B-5, 上 40-18B-7, 上 40-18B-7,
上 40-18B-8, 上 40-18B-8, 上 40-19A-1,
上 40-19A-1, 上 41-19A-2, 上 41-19A-2,
上 41-19A-2, 上 41-19A-3, 上 41-19A-3,
上 41-19A-3, 上 41-19A-4, 上 41-19A-4,
上 41-19A-4, 上 41-19A-5, 上 41-19A-5,
上 41-19A-7, 上 41-19A-7, 上 41-19A-8,
上 41-19A-8, 上 41-19A-8, 上 42-19B-1,
上 42-19B-1, 上 42-19B-2, 上 42-19B-2,
上 42-19B-4, 上 42-19B-5, 上 42-19B-5,
上 42-19B-6, 上 42-19B-6, 上 42-19B-6,
上 42-19B-7, 上 43-19B-8, 上 43-19B-8,
上 43-19B-9, 上 43-19B-9, 上 43-20A-1,
上 43-20A-3, 上 43-20A-3, 上 43-20A-3,
上 43-20A-4, 上 43-20A-5, 上 44-20A-6,
上 44-20A-7, 上 44-20A-8, 上 44-20A-8,
上 44-20A-9, 上 44-20A-9, 上 44-20A-9,
上 44-20B-1, 上 44-20B-1, 上 44-20B-2,

上44-20B-3, 上45-20B-4, 上45-20B-5,
上45-20B-6, 上45-20B-8, 上45-20B-9,
上45-21A-1, 上45-21A-2, 上45-21A-2,
上45-21A-2, 上46-21A-4, 上46-21A-4,
上46-21A-5, 上46-21A-5, 上46-21A-6,
上46-21A-6, 上46-21A-7, 上46-21A-8,
上46-21A-8, 上46-21A-9, 上46-21A-9,
上46-21B-1, 上46-21B-2, 上46-21B-2,
上47-21B-4, 上47-21B-5, 上47-21B-5,
上47-21B-5, 上47-21B-6, 上47-21B-6,
上47-21B-6, 上47-21B-7, 上47-21B-8,
上47-21B-8, 上47-21B-9, 上47-21B-9,
上47-21B-9, 上47-21B-9, 上47-21B-9,
上47-22A-1, 上47-22A-1, 上48-22A-4,
上48-22A-5, 上48-22A-6, 上48-22A-6,
上48-22A-7, 上48-22A-8, 上48-22A-9,
上49-22B-1, 上49-22B-4, 上49-22B-5,
上49-22B-6, 上49-22B-7, 上50-23A-1,
上50-23A-2, 上50-23A-2, 上50-23A-3,
上50-23A-4, 上50-23A-4, 上50-23A-4,
上50-23A-6, 上51-23A-7, 上51-23A-8,
上51-23A-8, 上51-23A-9, 上51-23A-9,
上51-23B-1, 上51-23B-1, 上51-23B-1,
上51-23B-2, 上51-23B-3, 上51-23B-5,
上51-23B-5, 上52-23B-6, 上52-23B-8,
上52-23B-8, 上52-23B-9, 上52-24A-2,
上53-24A-3, 上53-24A-4, 上53-24A-5,
上53-24A-5, 上53-24A-6, 上53-24A-6,
上53-24A-8, 上53-24A-9, 上53-24A-9,
上53-24A-9, 上53-24B-1, 上53-24B-1,
下1-25A-2, 下1-25A-2, 下1-25A-4,
下1-25A-4, 下1-25A-5, 下1-25A-5,
下1-25A-5, 下1-25A-5, 下1-25A-6,
下1-25A-6, 下1-25A-6, 下1-25A-6,
下1-25A-7, 下2-25B-1, 下2-25B-1,
下2-25B-2, 下2-25B-3, 下2-25B-3,
下2-25B-4, 下2-25B-5, 下2-25B-6,
下2-25B-6, 下2-25B-7, 下3-25B-8,
下3-25B-8, 下3-25B-9, 下3-25B-9,
下3-26A-1, 下3-26A-2, 下3-26A-2,

下3-26A-3, 下3-26A-3, 下3-26A-3,
下3-26A-5, 下3-26A-6, 下3-26A-6,
下3-26A-6, 下4-26A-7, 下4-26A-8,
下4-26A-8, 下4-26A-8, 下4-26A-9,
下4-26B-1, 下4-26B-2, 下4-26B-2,
下4-26B-3, 下4-26B-4, 下4-26B-6,
下4-26B-7, 下5-26B-8, 下5-26B-8,
下5-26B-9, 下5-26B-9, 下5-27A-1,
下5-27A-1, 下5-27A-2, 下5-27A-2,
下5-27A-3, 下5-27A-3, 下5-27A-4,
下5-27A-4, 下5-27A-5, 下5-27A-5,
下5-27A-6, 下6-27A-7, 下6-27A-8,
下6-27A-8, 下6-27A-8, 下6-27A-9,
下6-27B-1, 下6-27B-2, 下6-27B-3,
下6-27B-3, 下6-27B-4, 下6-27B-5,
下6-27B-5, 下6-27B-5, 下6-27B-6,
下6-27B-7, 下7-27B-8, 下7-27B-9,
下7-28A-1, 下7-28A-2, 下7-28A-4,
下7-28A-5, 下7-28A-5, 下7-28A-5,
下8-28A-8, 下8-28A-8, 下8-28A-8,
下8-28B-1, 下8-28B-1, 下8-28B-1,
下8-28B-3, 下8-28B-3, 下8-28B-4,
下8-28B-4, 下9-28B-5, 下9-28B-6,
下9-28B-7, 下9-28B-8, 下9-29A-1,
下9-29A-1, 下9-29A-1, 下9-29A-3,
下9-29A-3, 下9-29A-3, 下9-29A-4,
下10-29A-5, 下10-29A-7, 下10-29A-8,
下10-29A-9, 下10-29A-9, 下10-29B-1,
下10-29B-2, 下10-29B-2, 下10-29B-2,
下10-29B-3, 下10-29B-3, 下11-29B-6,
下11-29B-7, 下11-29B-8, 下11-29B-8,
下11-29B-9, 下11-30A-1, 下11-30A-1,
下11-30A-3, 下11-30A-3, 下12-30A-5,
下12-30A-6, 下12-30A-7, 下12-30A-7,
下12-30A-8, 下12-30A-8, 下12-30A-8,
下12-30A-9, 下12-30A-9, 下12-30B-1,
下12-30B-1, 下12-30B-1, 下12-30B-1,
下13-30B-3, 下13-30B-3, 下13-30B-4,
下13-30B-4, 下13-30B-4, 下13-30B-7,
下13-30B-9, 下13-30B-9, 下14-31A-3,

下 14-31A-3, 下 14-31A-4, 下 14-31A-4, 下 28-37A-8, 下 28-37A-9, 下 28-37A-9,
下 14-31A-4, 下 14-31A-6, 下 14-31A-7, 下 28-37A-9, 下 28-37B-1, 下 28-37B-1,
下 14-31A-8, 下 14-31A-8, 下 14-31A-9, 下 28-37B-1, 下 28-37B-2, 下 28-37B-2,
下 15-31B-1, 下 15-31B-1, 下 15-31B-2, 下 28-37B-3, 下 29-37B-5, 下 29-37B-6,
下 15-31B-3, 下 15-31B-3, 下 15-31B-4, 下 29-37B-6, 下 29-37B-6, 下 29-37B-8,
下 15-31B-5, 下 15-31B-5, 下 15-31B-5, 下 29-37B-8, 下 29-37B-9, 下 29-37B-9,
下 15-31B-5, 下 15-31B-7, 下 15-31B-7, 下 29-37B-9, 下 29-38A-1, 下 29-38A-1,
下 16-31B-9, 下 16-31B-9, 下 16-32A-1, 下 29-38A-2, 下 29-38A-2, 下 29-38A-2,
下 16-32A-2, 下 16-32A-2, 下 16-32A-3, 下 29-38A-3, 下 29-38A-3, 下 29-38A-4,
下 16-32A-4, 下 16-32A-5, 下 16-32A-6, 下 30-38A-5, 下 30-38A-5, 下 30-38A-6,
下 17-32A-7, 下 17-32A-8, 下 17-32A-8, 下 30-38A-8, 下 30-38A-8, 下 30-38A-9,
下 17-32A-8, 下 17-32A-9, 下 17-32B-1, 下 30-38B-3, 下 30-38B-3, 下 31-38B-6,
下 17-32B-2, 下 17-32B-3, 下 17-32B-4, 下 31-38B-6, 下 31-38B-6, 下 31-38B-8,
下 18-32B-5, 下 18-32B-6, 下 18-32B-6, 下 31-38B-9, 下 31-38B-9, 下 31-39A-1,
下 18-32B-7, 下 18-32B-8, 下 18-32B-9, 下 31-39A-2, 下 31-39A-2, 下 31-39A-3,
下 18-32B-9, 下 18-33A-1, 下 18-33A-2, 下 31-39A-5, 下 32-39A-6, 下 32-39A-7,
下 18-33A-3, 下 18-33A-4, 下 19-33A-6, 下 32-39A-8, 下 32-39B-1, 下 32-39B-2,
下 19-33A-6, 下 19-33A-8, 下 19-33A-8, 下 32-39B-3, 下 32-39B-3, 下 32-39B-3,
下 19-33A-8, 下 19-33A-9, 下 19-33A-9, 下 32-39B-3, 下 32-39B-3, 下 32-39B-4,
下 19-33A-9, 下 19-33B-1, 下 19-33B-3, 下 33-39B-5, 下 33-39B-5, 下 33-39B-6,
下 19-33B-3, 下 19-33B-4, 下 19-33B-4, 下 33-39B-6, 下 33-39B-7, 下 33-39B-8,
下 20-33B-6, 下 20-33B-7, 下 20-33B-8, 下 33-39B-9, 下 33-39B-9, 下 33-39B-9,
下 20-34A-1, 下 20-34A-1, 下 20-34A-3, 下 33-40A-1, 下 33-40A-2, 下 33-40A-2,
下 21-34A-6, 下 21-34A-7, 下 21-34B-2, 下 33-40A-4, 下 34-40A-5, 下 34-40A-5,
下 21-34B-3, 下 21-34B-4, 下 21-34B-5, 下 34-40A-5, 下 34-40A-6, 下 34-40A-6,
下 22-34B-6, 下 22-34B-6, 下 22-34B-8, 下 34-40A-7, 下 34-40A-8, 下 34-40A-8,
下 22-34B-9, 下 22-34B-9, 下 22-35A-1, 下 34-40A-8, 下 34-40B-1, 下 34-40B-1,
下 22-35A-1, 下 22-35A-2, 下 23-35A-6, 下 34-40B-2, 下 34-40B-2, 下 34-40B-2,
下 23-35A-8, 下 23-35B-1, 下 23-35B-2, 下 34-40B-3, 下 35-40B-5, 下 35-40B-5,
下 23-35B-2, 下 23-35B-4, 下 24-35B-5, 下 35-40B-6, 下 35-40B-9, 下 35-41A-2,
下 24-35B-9, 下 24-36A-3, 下 24-36A-4, 下 36-41A-5, 下 36-41A-6, 下 36-41A-7,
下 25-36A-5, 下 25-36A-7, 下 25-36A-7, 下 36-41A-8, 下 36-41A-8, 下 36-41A-8,
下 25-36A-7, 下 25-36A-7, 下 25-36A-8, 下 36-41A-8, 下 36-41A-9, 下 36-41A-9,
下 25-36A-8, 下 25-36A-9, 下 25-36A-9, 下 36-41A-9, 下 36-41B-1, 下 36-41B-3,
下 25-36A-9, 下 25-36B-1, 下 25-36B-2, 下 36-41B-3, 下 36-41B-4, 下 36-41B-4,
下 25-36B-2, 下 26-36B-5, 下 26-36B-7, 下 36-41B-4, 下 36-41B-4, 下 36-41B-5,
下 26-36B-8, 下 26-36B-9, 下 26-36B-9, 下 36-41B-5, 下 36-41B-6, 下 36-41B-6,
下 26-36B-9, 下 26-37A-1, 下 27-37A-3, 下 37-41B-7, 下 37-41B-7, 下 37-41B-8,
下 27-37A-3, 下 27-37A-4, 下 27-37A-4, 下 37-41B-8, 下 37-41B-9, 下 37-41B-9,
下 27-37A-5, 下 27-37A-6, 下 27-37A-7, 下 37-42A-1, 下 37-42A-4, 下 37-42A-4,

下 37-42A-5， 下 38-42A-6， 下 38-42A-7，
下 38-42A-7， 下 38-42A-8， 下 38-42A-8，
下 38-42A-8， 下 38-42A-9， 下 38-42B-2，
下 38-42B-2， 下 38-42B-2， 下 38-42B-3，
下 38-42B-3， 下 39-42B-4， 下 39-42B-5，
下 39-42B-6， 下 39-42B-6， 下 39-42B-7，
下 39-42B-7， 下 39-42B-7， 下 39-42B-8，
下 39-42B-8， 下 39-42B-8， 下 39-42B-8，
下 39-42B-9， 下 39-42B-9， 下 39-42B-9，
下 39-42B-9， 下 39-42B-9， 下 39-43A-1，
下 39-43A-2， 下 40-43A-3， 下 40-43A-4，
下 40-43A-4， 下 40-43A-5， 下 40-43A-5，
下 40-43A-6， 下 40-43A-6， 下 40-43A-7，
下 40-43A-7， 下 40-43A-8， 下 40-43A-8，
下 40-43A-8， 下 38-43B-1， 下 38-43B-1，
下 38-43B-1， 下 41-43B-3， 下 41-43B-3，
下 41-43B-5， 下 41-43B-5， 下 41-43B-5，
下 41-43B-6， 下 41-43B-7， 下 41-43B-8，
下 41-43B-9， 下 42-44A-1， 下 42-44A-2，
下 42-44A-2， 下 42-44A-3， 下 42-44A-4，
下 42-44A-5， 下 42-44A-5， 下 42-44A-6，
下 42-44A-7， 下 42-44A-7， 下 42-44A-7，
下 42-44A-8， 下 42-44A-8， 下 43-44A-9，
下 43-44A-9， 下 43-44B-1， 下 43-44B-1，
下 43-44B-1， 下 43-44B-2， 下 43-44B-2，
下 43-44B-3， 下 43-44B-6， 下 44-44B-8，
下 44-44B-9， 下 44-45A-1， 下 44-45A-1，
下 44-45A-2， 下 44-45A-2， 下 44-45A-2，
下 44-45A-3， 下 44-45A-3， 下 44-45A-4，
下 44-45A-5， 下 45-45A-7， 下 45-45A-7，
下 45-45A-8， 下 45-45A-8， 下 45-45B-1，
下 45-45B-1， 下 45-45B-2， 下 45-45B-2，
下 45-45B-2， 下 45-45B-2， 下 45-45B-3，
下 46-45B-5， 下 46-45B-5， 下 46-45B-5，
下 46-45B-5， 下 46-45B-6， 下 46-45B-8，
下 46-45B-9， 下 46-45B-9， 下 46-45B-9，
下 47-46A-2， 下 47-46A-4， 下 47-46A-5，
下 47-46A-5， 下 47-46A-6， 下 47-46A-6，
下 47-46A-7， 下 47-46A-7， 下 47-46A-7，
下 47-46A-7， 下 47-46A-7， 下 47-46A-8，

下 47-46A-9， 下 48-46B-1， 下 48-46B-2，
下 48-46B-2， 下 48-46B-3， 下 48-46B-3，
下 48-46B-4， 下 48-46B-4， 下 48-46B-5，
下 48-46B-5， 下 48-46B-6， 下 48-46B-7，
下 49-46B-9， 下 49-47A-1， 下 49-47A-2，
下 49-47A-3， 下 49-47A-3， 下 49-47A-5，
下 49-47A-6， 下 49-47A-6， 下 50-47A-9，
下 50-47B-1， 下 50-47B-1， 下 50-47B-2，
下 50-47B-3， 下 50-47B-3， 下 50-47B-3，
下 50-47B-4）

的很：1（下 18-32B-5）

得 0：42（上 2-1B-2， 上 3-2A-2， 上 3-2A-3，
　　上 3-2A-4， 上 3-2A-5， 上 3-2A-6，
　　上 3-2A-8， 上 4-2B-2， 上 4-2B-7，
　　上 7-4A-4， 上 7-4A-5， 上 7-4A-6，
　　上 9-5A-2， 上 10-5A-9， 上 10-5B-1，
　　上 10-5B-2， 上 10-5B-4， 上 18-9A-6，
　　上 23-11A-4， 上 24-11B-4， 上 28-13A-1，
　　上 29-13A-8， 上 30-14A-5， 上 32-15A-4，
　　上 33-15A-9， 上 35-16B-4， 上 36-17A-2，
　　上 39-18A-6， 上 43-20A-2， 上 45-20B-4，
　　上 45-20B-7， 上 51-23A-9， 下 25-36A-9，
　　下 28-37B-2， 下 31-38B-7， 下 32-39B-1，
　　下 36-41A-7， 下 40-43A-4， 下 44-44B-9，
　　下 49-46B-9， 下 49-47A-5， 下 50-47B-5）

得起：2（下 42-44A-1， 下 44-45A-5）

登：1（下 9-28B-5）

等：13（上 5-3A-4， 上 9-5A-4， 上 22-10B-7，
　　上 26-12A-8， 上 34-16A-2， 下 1-25A-1，
　　下 18-32B-9， 下 20-33B-8， 下 22-35A-1，
　　下 22-35A-1， 下 24-36A-1， 下 45-45A-8，
　　下 45-45A-9）

等着：2（下 20-33B-5， 下 37-42A-1）

磴兒：1（下 11-30A-4）

瞪眼：2（上 6-3B-2， 下 15-31B-4）

低：1（上 41-19A-9）

低頭：1（下 42-44A-4）

底下：5（上 31-14B-3， 上 35-16B-2，
　　下 22-34B-7， 下 34-40B-3， 下 42-44A-3）

底子：1（上 49-22B-6）

地：2（上 32-14B-8，下 46-45B-5）
地步兒：1（上 3-2B-1）
地方兒：28（上 9-5A-3，上 11-6A-1，
　　　上 14-7A-3，上 14-7A-4，上 18-8B-8，
　　　上 20-9B-9，上 22-10B-3，上 23-11A-5，
　　　上 31-14B-4，上 32-14B-7，上 32-14B-8，
　　　上 36-16B-9，上 43-20A-5，下 6-27B-3，
　　　下 6-27B-6，下 7-27B-9，下 10-29B-4，
　　　下 16-32A-1，下 22-34B-9，下 23-35B-1，
　　　下 29-37B-5，下 29-37B-8，下 33-39B-6，
　　　下 39-42B-5，下 39-42B-9，下 43-44B-7，
　　　下 44-44B-9，下 49-47A-3）
地根兒：2（上 22-10B-2，上 37-17A-7）
地兒：1（下 47-46A-8）
地下：2（上 35-16A-8，上 35-16B-4）
弟兄們：7（上 15-7B-4，上 17-8A-7，
　　　上 17-8B-2，上 17-8B-4，上 17-8B-5，
　　　上 19-9A-9，下 46-45B-8）
遞：1（上 7-4A-5）
第：1（下 36-41A-5）
第二天：1（上 52-23B-8）
第一：1（上 13-6B-8）
顛：1（上 33-15A-7）
點：1（下 19-33B-3）
點燈：2（上 35-16B-4，下 46-46A-1）
點兒：12（上 2-1B-2，上 3-2A-8，
　　　上 31-14A-9，下 38-42A-7，上 46-21B-2，
　　　上 49-22B-5，上 52-24A-1，下 18-33A-2，
　　　下 18-33A-4，下 19-33A-7，下 21-34B-4，
　　　下 36-41A-8）
點頭：2（上 19-9B-1，下 32-39B-3）
點子：1（下 17-32B-2）
玷辱：1（下 49-47A-3）
奠酒：1（下 23-35B-3）
貂鼠端罩：1（上 34-15B-5）
弔：1（下 35-40B-7）
弔喪：1（下 24-35B-7）
弔死：1（下 35-41A-3）
調戲：1（上 41-19A-6）
跌：2（下 4-26B-5，下 47-46A-8）

跌倒：2（下 4-26B-6，下 38-42B-2）
迭：2（上 27-12B-6，下 43-44B-4）
叠：1（下 2-25B-3）
叮：1（下 44-44B-9）
釘：2（下 34-40A-8，下 34-40A-8）
頂：2（下 23-35A-6，下 35-41A-2）
定：4（4 上 21-10A-6，上 33-15B-3，
　　　下 29-38A-2，下 33-39B-9）
定不得：1（上 12-6A-7）
定不住：1（上 10-5B-3）
丟：4（上 38-17B-9，上 38-18A-2，
　　　下 29-38A-4，下 36-41B-2）
東方：1（下 23-35A-7）
東花園兒：1（下 41-43B-4）
東西：21（上 28-12B-8，上 35-16B-3，
　　　上 35-16B-4，上 38-17B-6，上 38-17B-7，
　　　上 45-21A-2，上 46-21B-2，上 49-22B-7，
　　　上 50-23A-2，上 52-24A-1，下 4-26B-6，
　　　下 6-27B-2，下 12-30A-5，下 17-32B-1，
　　　下 18-32B-5，下 20-34A-2，下 25-36B-1，
　　　下 26-36B-7，下 29-37B-6，下 43-44B-6，
　　　下 44-45A-3）
東西兒：2（下 19-33B-3，下 26-36B-4）
冬：1（下 42-44A-7）
懂：2（下 4-26A-8，下 48-46B-4）
懂得：2（上 2-1B-3，上 7-4A-2）
動：11（上 37-17B-1，上 46-21A-9，
　　　上 48-22A-3，下 11-29B-6，下 14-31A-5，
　　　下 19-33B-1，下 38-42A-8，下 38-42A-8，
　　　下 41-43B-6，下 41-43B-6，下 50-47B-4）
動火氣：1（下 32-39A-8）
動靜兒：1（下 8-28A-9）
動氣：1（上 42-19B-4）
動兒：1（上 37-17B-1）
動身：1（下 20-33B-6）
動作兒：1（下 4-26A-7）
凍：4（下 46-45B-4，下 47-46A-7，
　　　下 47-46A-7，下 47-46A-8）
都：127（上 1-1A-4，上 1-1A-7，上 2-1B-6，
　　　上 4-2B-3，上 4-2B-6，上 5-3A-1，

上 5-3A-2，上 5-3A-2，上 5-3A-7，
上 7-4A-7，上 8-4B-1，上 8-4B-4，
上 10-5A-7，上 10-5B-2，上 11-6A-1，
上 11-6A-3，上 12-6A-9，上 12-6A-9，
上 12-6A-9，上 14-7A-7，上 15-7B-6，
上 16-8A-5，上 17-8A-8，上 17-8B-1，
上 23-11A-4，上 24-11B-6，上 27-12A-9，
上 28-13A-1，上 30-13B-9，上 30-14A-4，
上 31-14A-7，上 32-15A-1，上 33-15A-8，
上 33-15B-1，上 36-16B-6，上 36-16B-8，
上 36-17A-2，上 36-17A-2，上 36-17A-4，
上 37-17B-1，上 37-17B-2，上 38-17B-6，
上 38-18A-3，上 39-18A-8，上 39-18B-1，
上 39-18B-1，上 40-18B-8，上 41-19A-6，
上 41-19A-8，上 42-19B-1，上 44-20A-7，
上 44-20A-8，上 44-20B-2，上 45-20B-4，
上 46-21A-6，上 46-21A-7，上 47-21B-3，
上 47-21B-5，上 47-21B-7，上 48-22A-8，
上 49-22B-2，上 49-22B-6，上 49-22B-7，
上 51-23A-8，上 51-23B-4，下 1-25A-5，
下 3-26A-1，下 4-26A-7，下 5-26B-8，
下 7-28A-5，下 8-28A-9，下 9-29A-1，
下 9-29A-4，下 13-30B-8，下 13-31A-1，
下 14-31A-4，下 20-33B-9，下 20-33B-9，
下 23-35B-1，下 24-35B-5，下 25-36A-9，
下 25-36B-2，下 26-36B-5，下 26-36B-7，
下 28-37B-1，下 29-37B-7，下 29-37B-9，
下 29-38A-4，下 33-39B-8，下 33-39B-9，
下 33-40A-3，下 34-40A-6，下 34-40A-6，
下 34-40A-9，下 34-40A-9，下 36-41A-6，
下 36-41A-9，下 36-41A-9，下 36-41B-5，
下 37-41B-9，下 41-43B-5，下 41-43B-5，
下 41-43B-7，下 41-43B-7，下 41-43B-8，
下 42-44A-2，下 42-44A-3，下 42-44A-5，
下 43-44B-4，下 43-44B-4，下 44-44B-8，
下 44-44B-9，下 44-45A-4，下 46-45B-9，
下 46-46A-1，下 47-46A-2，下 47-46A-2，
下 47-46A-3，下 47-46A-5，下 47-46A-7，
下 48-46B-4，下 48-46B-7，下 49-47A-2，
下 50-47B-1，下 50-47B-3，下 50-47B-4，

下 50-47B-4）
兜屁股將：1（下 6-27B-6）
抖抖擻擻：1（上 15-7B-2）
鬪笑兒：1（下 3-25B-9）
毒藥：1（上 48-22A-8）
獨：1（上 7-4A-7）
獨自：2（上 40-18B-4，下 25-36B-3）
讀書：1（下 49-47A-4）
堵得住：1（下 29-37B-9）
睹錢：1（下 33-39B-6）
肚腸子：1（下 4-26B-3）
肚皮：1（上 24-11B-6）
肚子：3（上 17-8A-7，上 46-21B-1，
　　下 48-46B-4）
度命兒：1（下 42-44A-6）
端端正正兒：1（下 36-41B-4）
短：6（上 5-3A-3，上 31-14A-8，
　　上 41-19A-7，上 43-20A-4，下 20-33B-7，
　　下 28-37B-2）
段兒：1（上 2-1B-3）
緞子：1（上 34-15B-8）
斷：4（上 15-7B-3，上 26-12A-7，
　　上 27-12B-5，下 4-26B-3）
斷斷：1（上 9-5A-4）
斷氣兒：1（下 50-47B-2）
堆：1（上 23-11A-4）
對：1（上 39-18B-1）
對兒：2（上 3-2A-5，下 33-40A-1）
對過兒：1（上 37-17A-6）
對勁兒：3（上 33-15B-3，上 34-16A-6，
　　下 39-43A-2）
對讓：1（上 18-8B-8）
頓：4（上 9-5A-5，下 10-29B-4，
　　下 19-33B-3，下 25-36A-7）
多：18（上 3-2A-4，上 3-2A-6，上 11-6A-1，
　　上 12-6A-6，上 17-8A-9，上 38-18A-1，
　　上 39-18A-7，上 41-19A-2，上 48-22A-4，
　　上 50-23A-6，下 4-26B-1，下 6-27B-4，
　　下 15-31B-7，下 17-32B-1，下 30-38A-5，
　　下 31-39A-2，下 35-40B-7，下 39-42B-9）

多大：1（上28-13A-5）
多少：2（上32-15A-3，上34-15B-5）
多餘：1（上50-23A-4）
多遠兒：1（下21-34A-7）
多喒：5（上5-3A-6，上6-3B-4，
　　　上39-18A-7，上39-18A-9，下24-35B-8）
躲：8（上17-8B-4，上17-8B-5，
　　　上23-11A-1，上27-12B-6，上36-17A-2，
　　　上45-20B-9，下12-30A-5，下43-44B-4）
躲避：2（上37-17B-3，上44-20A-8）

E

鵝：1（下43-44B-6）
餓：5（上11-5B-8，上28-13A-6，
　　　上46-21B-1，下13-30B-8，下20-33B-9）
鄂博：1（上36-17A-3）
恩：3（上1-1A-8，上16-7B-7，下27-37A-7）
恩情：1（上4-2B-7）
兒：1（上44-20A-9）
兒女：1（下35-40B-7）
兒子：3（上48-22A-6，下33-39B-5，
　　　下36-41A-7）
而且：22（上2-1B-3，上3-2A-2，上3-2A-4，
　　　上8-4B-5，上15-7B-1，上21-10A-6，
　　　上22-10B-2，上24-11B-3，上27-12B-2，
　　　上28-13A-4，上30-14A-2，上34-15B-8，
　　　上34-16A-5，上43-20A-4，上49-22B-6，
　　　上50-22B-9，上50-23A-2，下1-25A-4，
　　　下27-37A-5，下39-42B-6，下39-43A-1，
　　　下44-44B-9）
耳傍風：1（上6-3B-7）
耳朵：5（上6-3B-6，上22-10B-7，
　　　上35-16A-7，上47-21B-9，上49-22B-6）
二百：1（上34-15B-6）
二百五十：1（上34-15B-7）
二哥：2（下4-26A-9，下10-29B-1）
二三：1（下50-47B-4）
二十：1（上7-4A-3）
二則：1（上1-1A-4）

F

發：1（下48-46B-2）
發愁：1（上41-19A-9）
發燒：1（上49-22B-5）
乏：1（上14-7A-3）
乏乏：1（上23-11A-1）
法：1（上8-4A-9）
法兒：3（上6-3B-9，上38-17B-8，
　　　下20-33B-8）
法子：3（上46-21B-1，下6-27B-4，
　　　下43-44B-7）
翻過：1（下34-40A-7）
翻來覆去：1（下44-44B-9）
繙譯：4（上1-1A-3，上5-3A-4，上7-4A-2，
　　　上7-4A-4）
煩：1（下7-28A-4）
煩人：1（下16-32A-1）
煩瑣：1（下30-38A-6）
反穿：1（上34-16A-2）
反倒：10（上4-2B-8，上9-5A-2，
　　　上29-13A-9，上42-19B-3，下1-25A-4，
　　　下6-27B-1，下10-29A-7，下10-29B-3，
　　　下11-29B-9，下26-36B-6）
犯：2（上11-6A-1，上47-21B-8）
飯：6（上28-12B-9，下19-33A-9，
　　　下20-33B-9，下21-34B-2，下25-36A-7，
　　　下41-43B-5）
方纔：5（上21-10A-5，上31-14B-1，
　　　下13-30B-3，下15-31B-3，下37-41B-8）
防備：2（上16-7B-7，下8-28B-1）
妨：1（下35-40B-5）
妨碍：1（下2-25B-3）
房：1（下50-47B-3）
房門：1（下46-45B-4）
房門兒：2（上11-6A-2，下7-28A-1）
房屋：1（上36-16B-8）
房子：3（上29-13B-4，上37-17A-6，
　　　上37-17A-7）
放：13（上6-3B-6，上12-6A-4，

上21-10A-6，上27-12B-6，上38-18A-2，
　　上40-18B-9，下8-28A-7，下13-31A-2，
　　下19-33A-8，下20-33B-9，下20-34A-3，
　　下31-38B-9，下41-43B-2）
放寬：1（下8-28B-1）
放屁：1（下32-39A-8）
放生：1（上40-18B-9）
放下：2（上36-17A-1，下32-39A-7）
飛：1（上40-18B-7）
飛鷹：1（上33-15B-1）
肥馬輕裘：1（下13-30B-4）
費：6（上5-3B-1，上6-3B-5，上33-15A-6，
　　上33-15A-6，下32-39B-1，下49-47A-3）
費事：1（下32-39A-7）
費手：1（下37-41B-9）
費心：2（上50-23A-2，下21-34B-3）
廢物：1（下3-25B-8）
分：2（上31-14B-3，下19-33B-2）
分辯：1（下14-31A-7）
分別：1（下40-43A-6）
分兒：5（上4-2B-8，上29-13B-1，
　　上51-23A-8，下10-29B-2，下15-31B-2）
分家：1（上16-8A-4）
分解：1（下8-28A-8）
墳：2（上36-17A-1，下24-36A-2）
墳地：1（下24-35B-9）
墳院：1（上36-16B-8）
紛紛：1（下46-45B-9）
豐盛：1（上32-14B-9）
風：1（下47-46A-4）
風流：1（上41-19A-4）
風毛：1（上34-15B-8）
風清月朗：1（下38-43B-1）
風兒：4（下12-30A-6，下40-43A-7，
　　下47-46A-2，下47-46A-6）
風水：1（下23-35B-1）
風絲兒：1（下42-44A-1）
逢：1（上34-16A-4）
逢迎：1（上4-2B-5）
縫：1（下34-40A-7）

奉還：1（上31-14A-9）
佛教：1（下28-37B-3）
夫妻：2（下33-39B-9，下35-41A-4）
扶住：1（下4-26B-5）
浮生如夢：1（上29-13A-7）
服：2（上15-7B-6，上49-22B-7）
服侍：1（上43-20A-2）
服藥：1（上53-24A-3）
福：2（下36-41A-7，下36-41A-8）
福分：1（下48-46B-7）
福氣：1（上52-23B-8）
福田：1（上28-13A-5）
斧：1（上8-4B-3）
府上：1（下21-34B-4）
父母：10（上4-2B-3，上4-2B-7，
　　上16-7B-7，上16-7B-7，上16-8A-3，
　　上19-9A-9，上39-18A-9，上51-23B-3，
　　下12-30B-1，下33-39B-9）
赴席：1（上48-22A-4）
復元兒：1（上52-23B-9）
富：1（下36-41A-9）
富富餘餘：1（上29-13B-3）
富貴：2（上11-5B-7，下18-32B-9）
富庶：1（上14-7A-7）

G

噶拉兒：1（上22-10B-5）
該：10（上6-3B-3，上11-6A-1，上14-7A-3，
　　上14-7A-3，上16-7B-7，上17-8B-2，
　　上38-18A-2，下2-25B-6，下6-27B-1，
　　下48-46B-5）
該班兒：1（下24-35B-6）
該當：8（上11-5B-6，上13-6B-7，
　　上32-15A-4，上34-16A-4，上53-24A-3，
　　下5-27A-1，下18-32B-8，下37-41B-8）
該死：2（上44-20A-9，上52-23B-6）
改：7（上10-5B-3，上45-20B-9，
　　上45-20B-9，上45-21A-3，下4-26B-6，
　　下15-31B-7，下26-36B-9）

改好：1（下 3-26A-6）
改悔：1（下 18-32B-7）
改天：1（下 21-34B-4）
改一改：1（上 7-4A-4）
葢：1（上 37-17A-8）
乾乾淨淨兒：1（下 8-28B-3）
乾淨：1（下 40-43A-8）
乾淨：4（上 10-5B-2，上 14-7A-6，
　　　上 23-11A-4，上 37-17A-8）
甘心：1（下 15-31B-8）
赶：1（下 38-42A-8）
趕：6（上 3-2A-7，上 21-10A-9，
　　上 40-18B-8，上 40-18B-8，下 23-35A-8，
　　下 40-43A-6）
趕不上：3（上 31-14B-1，下 34-40B-3，
　　　下 37-42A-2）
趕到：1（下 41-43B-8）
趕得上：1（下 34-40B-3）
趕回：1（下 41-43B-4）
趕忙：3（上 9-4B-9，上 18-9A-1，
　　　上 40-18B-7）
趕上：3（上 21-10A-9，下 4-26B-5，
　　　下 38-42A-9）
趕着：8（上 2-1B-7，上 7-4A-8，上 9-5A-1，
　　　上 18-9A-2，上 27-12B-5，上 40-18B-7，
　　　下 24-36A-4，下 46-45B-8）
敢：2（上 3-2A-5，下 17-32B-3）
感激：1（上 1-1B-1）
感情：1（上 50-23A-2）
剛：5（上 36-17A-2，上 40-18B-7，
　　下 10-29A-6，下 37-42A-2，
　　下 47-46A-3）
剛纔：2（上 40-18B-4，下 24-35B-6）
剛剛兒：7（下 19-33A-8，下 23-35A-8，
　　　下 32-39B-3，下 34-40B-2，下 38-42A-9，
　　　下 41-43B-3，下 44-45A-1）
高：2（上 30-13B-9，下 40-43A-9）
高等兒：1（上 13-7A-1）
高低兒：2（下 8-28B-2，下 11-30A-3）
高高兒：1（下 46-45B-9）

高貴：1（上 12-6A-9）
高明：1（上 39-18A-7）
高親貴友們：1（下 17-32B-1）
高陞：2（上 13-6B-6，上 15-7B-2）
高興：1（下 46-46A-1）
告：1（下 35-41A-3）
告訴：30（上 2-1B-7，上 9-5A-2，
　　　上 18-8B-9，上 18-9A-3，上 21-10A-7，
　　　上 21-10A-9，上 22-10B-5，上 22-10B-7，
　　　上 25-12A-2，上 26-12A-6，上 31-14B-2，
　　　上 32-15A-3，上 36-16B-6，上 37-17B-4，
　　　上 38-17B-7，上 39-18A-6，上 40-18B-4，
　　　上 45-20B-4，下 6-27B-7，下 12-30A-8，
　　　下 20-33B-5，下 22-35A-2，下 25-36B-2，
　　　下 30-38B-4，下 31-39A-2，下 31-39A-4，
　　　下 32-39A-7，下 36-41B-5，下 38-42B-3，
　　　下 39-43A-1）
肐星兒：1（上 7-4A-5）
胳肢窩：1（上 35-16B-2）
哥：1（上 51-23B-1）
哥哥：24（上 1-1A-4，上 1-1A-4，上 1-1A-6，
　　　上 1-1A-7，上 1-1B-1，上 7-4A-4，
　　　上 9-4B-9，上 9-5A-1，上 11-5B-5，
　　　上 11-5B-5，上 11-5B-5，上 11-5B-9，
　　　上 11-5B-9，上 11-6A-2，上 12-6A-4，
　　　上 20-9B-7，上 27-12B-1，上 27-12B-4，
　　　上 27-12B-5，上 31-14A-9，上 31-14B-5，
　　　上 37-17A-7，下 3-26A-3，下 19-33A-6）
哥哥們：3（上 36-16B-6，上 50-23A-1，
　　　下 41-43B-5）
革退：1（上 13-6B-7）
隔：6（上 14-7A-6，上 20-9B-4，
　　上 24-11B-6，上 40-18B-5，上 47-21B-3，
　　下 19-33B-2）
隔壁兒：1（上 22-10B-8）
隔斷：1（上 7-4A-2）
個：142（上 1-1A-7，上 2-1B-4，上 2-1B-7，
　　　上 3-2A-3，上 5-3A-7，上 6-3B-2，
　　　上 6-3B-2，上 6-3B-4，上 10-5A-7，
　　　上 11-5B-7，上 12-6A-5，上 16-7B-9，

上 17-8A-7，上 17-8B-3，上 18-8B-8，
上 18-8B-9，上 18-8B-9，上 22-10B-6，
上 22-10B-8，上 22-10B-9，上 23-11A-5，
上 24-11B-2，上 24-11B-4，上 26-12A-5，
上 27-12B-1，上 27-12B-2，上 27-12B-3，
上 28-13A-2，上 28-13A-3，上 30-13B-9，
上 30-14A-1，上 30-14A-3，上 30-14A-4，
上 32-15A-1，上 34-16A-1，上 35-16A-7，
上 35-16A-8，上 35-16B-5，上 36-17A-2，
上 37-17A-6，上 37-17A-7，上 39-18A-5，
上 39-18A-8，上 39-18A-9，上 39-18B-3，
上 40-18B-4，上 40-18B-4，上 40-18B-6，
上 40-18B-6，上 40-18B-8，上 41-19A-2，
上 41-19A-2，上 41-19A-8，上 42-19B-5，
上 43-19B-8，上 43-19B-9，上 43-20A-2，
上 45-20B-6，上 46-21B-1，上 47-21B-8，
上 47-21B-9，上 47-22A-1，上 49-22B-4，
上 52-23B-8，上 53-24A-3，上 53-24A-5，
上 53-24A-6，上 53-24A-7，上 53-24A-8，
下 1-25A-2，下 2-25B-6，下 3-26A-2，
下 3-26A-4，下 4-26A-7，下 4-26A-8，
下 5-27A-6，下 6-27A-9，下 6-27A-9，
下 6-27B-6，下 7-28A-3，下 8-28A-8，
下 8-28B-1，下 8-28B-2，下 9-28B-6，
下 9-28B-9，下 11-30A-3，下 11-30A-4，
下 12-30A-5，下 12-30A-5，下 12-30A-6，
下 12-30A-7，下 12-30A-9，下 12-30B-2，
下 14-31A-7，下 14-31A-9，下 15-31B-1，
下 15-31B-5，下 18-32B-5，下 19-33A-8，
下 20-33B-6，下 21-34A-5，下 21-34A-9，
下 22-34B-9，下 23-35B-4，下 24-36A-1，
下 26-36B-9，下 26-37A-1，下 29-37B-7，
下 29-38A-4，下 30-38B-2，下 30-38B-4，
下 31-39A-2，下 31-39A-4，下 33-40A-1，
下 34-40B-4，下 35-40B-5，下 35-40B-7，
下 35-41A-1，下 35-41A-1，下 36-41A-5，
下 36-41A-6，下 36-41A-6，下 36-41A-6，
下 36-41A-7，下 36-41B-1，下 36-41B-2，
下 37-41B-8，下 38-42A-6，下 38-42A-9，
下 38-42B-1，下 40-43A-4，下 40-43A-9，

下 41-43B-2，下 42-44A-2，下 43-44A-9，
下 44-44B-8，下 45-45A-8，下 46-45B-6，
下 48-46B-4，下 48-46B-4，下 49-47A-6，
下 50-47A-9）

個兒：1（上 40-18B-4）

個個兒：1（下 47-46A-5）

個人：1（下 6-27B-1）

各：2（上 27-12B-5，下 11-30A-4）

各別另樣：1（上 13-6B-8）

各處兒：6（上 31-14A-8，上 38-17B-8，
下 13-30B-8，下 18-32B-9，下 42-44A-6，
下 45-45B-2）

各處兒各處兒：1（上 1-1A-2）

各人：1（下 47-46A-3）

各樣兒：4（上 28-12B-8，上 36-16B-8，
上 53-24B-1，下 39-42B-6）

各自：3（上 13-6B-4，上 27-12B-3，
上 27-12B-3）

各自各兒：1（上 17-8A-9）

虼蚤：1（下 44-44B-9）

給：43（上 1-1A-7，上 1-1B-1，上 4-2B-3，
上 8-4B-2，上 11-5B-5，上 15-7B-6，
上 18-9A-6，上 23-11A-6，上 24-11B-3，
上 25-11B-9，上 28-12B-9，上 30-14A-4，
上 31-14A-9，上 31-14B-2，上 32-15A-3，
上 36-17A-3，上 38-17B-8，上 38-17B-8，
上 40-19A-1，上 41-19A-5，上 43-20A-1，
上 53-24A-7，下 2-25B-2，下 6-27B-6，
下 8-28B-2，下 9-28B-9，下 10-29B-2，
下 10-29B-5，下 16-32A-4，下 16-32A-5，
下 16-32A-6，下 18-33A-4，下 24-36A-1，
下 26-36B-5，下 26-36B-5，下 26-36B-6，
下 26-36B-6，下 27-37A-7，下 30-38B-1，
下 30-38B-2，下 33-40A-3，下 34-40A-5，
下 43-44B-6）

根子：1（下 11-29B-8）

跟：3（上 24-11B-4，下 6-27B-5，
下 41-43B-5）

跟前：9（上 1-1A-5，上 19-9A-9，
上 19-9A-9，上 20-9B-5，上 48-22A-6，

上 51-23A-9，下 4-26A-7，下 6-27A-7，
　　　下 10-29B-2）
跟前兒：6（上 27-12B-2，上 40-18B-5，
　　　上 43-20A-1，下 3-25B-9，下 13-30B-3，
　　　下 41-43B-3）
跟着：3（下 16-32A-2，下 31-38B-9，
　　　下 38-42A-8）
更：12（上 2-1B-4，上 9-5A-5，上 16-8A-3，
　　　上 45-20B-9，上 47-22A-1，上 53-24B-1，
　　　下 10-29B-2，下 11-30A-2，下 40-43A-4，
　　　下 40-43A-9，下 41-43B-7，下 46-46A-1）
工夫兒：5（上 7-4A-3，上 16-8A-5，
　　　上 35-16B-1，下 25-36A-7，下 40-43A-4）
弓：4（上 10-5A-7，上 10-5A-8，上 10-5B-3，
　　　下 38-42A-7）
公事：1（上 20-9B-9）
供：2（上 16-8A-2，下 28-37A-8）
供飯：1（下 23-35A-7）
恭恭敬敬：2（下 6-27A-7，下 48-46B-2）
恭喜：1（上 12-6A-4）
拱手兒：1（上 45-20B-5）
勾引：1（下 6-27B-4）
溝眼：1（上 28-12B-9）
狗：2（下 9-28B-9，下 48-46B-4）
縠：1（上 45-20B-4）
沽：1（上 6-3B-4）
古：3（上 14-7A-4，上 18-9A-5，
　　　下 34-40B-1）
古來：1（上 8-4A-9）
古兒：2（上 8-4B-1，上 36-16B-6）
古時候兒：1（上 18-8B-7）
古語兒：1（下 27-37A-3）
骨：1（下 48-46B-3）
骨肉：2（上 6-3B-8，下 33-39B-8）
骨肉相關：1（上 17-8B-4）
骨瘦如柴：1（上 51-23A-9）
骨頭：1（上 51-23A-9）
臓：1（下 48-46B-3）
故：1（上 46-21A-5）
故此：11（上 14-7A-6，上 15-7B-6，

上 24-11B-5，下 11-30A-2，下 22-34B-7，
　　　下 23-35B-1，下 24-35B-6，下 31-39A-4，
　　　下 37-41B-9，下 39-43A-1，下 43-44B-2）
故意兒：1（上 35-16B-5）
固辭：1（下 17-32A-7）
僱：1（下 34-40A-5）
僱人：1（下 34-40A-9）
颳：6（下 39-42B-7，下 47-46A-3，
　　　下 47-46A-3，下 47-46A-4，下 47-46A-4，
　　　下 47-46A-4）
寡：2（上 12-6A-5，下 3-26A-4）
寡嘴：1（下 2-25A-9）
掛：1（下 5-27A-6）
掛齒：1（下 19-33B-3）
罣碍：1（下 1-25A-3）
挂：1（上 38-18A-3）
挂子：1（上 34-16A-1）
拐灣兒：1（上 22-10B-4）
怪：10（上 1-1A-5，上 2-1B-4，上 36-17A-5，
　　　上 37-17A-9，上 47-21A-4，下 6-27A-9，
　　　下 6-27B-7，下 14-31A-7，下 30-38A-5，
　　　下 39-43A-1）
怪事：1（上 36-16B-6）
怪物：1（上 35-16A-8）
關：4（上 22-10B-5，下 22-35A-3，
　　　下 28-37B-3，下 41-43B-8）
關碍：2（上 31-14B-5，下 6-27B-6）
關棒：1（上 34-16A-2）
關門：1（上 40-18B-7）
關外頭：1（下 41-43B-6）
關係：2（下 5-27A-2，下 29-37B-5）
關心：1（上 50-23A-3）
觀望：1（下 6-27B-5）
官：1（上 39-18A-9）
官差：1（下 42-44A-5）
官場：1（下 49-47A-5）
官米：1（下 49-47A-1）
官人兒們：1（上 31-14B-3）
官身子：1（上 32-14B-7）
官員們：1（下 49-47A-6）

管：2（上 53-24A-6，下 31-38B-6）
管保：1（下 8-28B-4）
管教：1（上 9-5A-4）
管仲鮑叔：2（上 18-8B-7，上 18-9A-4）
慣：5（上 9-5A-5，上 27-12B-1，
　　　上 28-13A-4，下 10-29A-9，
　　　下 42-44A-5）
慣會：1（下 36-41A-7）
光：1（下 2-25B-5）
光滑：1（上 38-18A-1）
光景：6（上 25-12A-2，上 29-13A-7，
　　　下 14-31A-9，下 31-39A-3，下 32-39B-3，
　　　下 43-44B-1）
逛：4（上 18-8B-8，上 39-18B-3，
　　　下 39-42B-8，下 41-43B-2）
規過：1（下 15-31B-2）
規矩：1（下 37-42A-4）
規模兒：1（上 2-1B-2）
鬼：6（上 16-8A-5，上 35-16A-9，
　　　上 35-16B-2，上 35-16B-5，上 36-16B-6，
　　　上 37-17A-9）
櫃子：1（上 38-18A-2）
貴：1（上 32-15A-4）
跪：2（上 44-20A-8，下 31-38B-9）
棍：1（上 8-4B-3）
國：1（上 8-4B-2）
國家：2（上 4-2B-3，下 27-37A-6）
果然：14（上 4-2B-3，上 12-6B-2，
　　　上 20-9B-5，上 29-13B-2，上 35-16B-2，
　　　上 47-21B-5，上 53-24A-3，下 2-25B-6，
　　　下 5-26B-9，下 8-28B-2，下 11-30A-3，
　　　下 17-32A-9，下 18-33A-1，
　　　下 25-36A-6）
菓子：1（上 36-17A-1）
過：42（上 5-3A-1，上 8-4B-3，上 11-5B-7，
　　　上 12-6B-1，上 12-6B-1，上 12-6B-1，
　　　上 19-9A-9，上 19-9B-3，上 27-12B-2，
　　　上 29-13B-5，上 30-13B-7，上 33-15A-7，
　　　上 39-18A-6，上 39-18A-8，上 42-19B-2，
　　　上 43-20A-4，上 45-20B-8，上 50-22B-9，

上 51-23B-2，上 51-23B-3，下 4-26B-4，
下 6-27B-3，下 9-29A-2，下 13-30B-9，
下 18-32B-6，下 18-32B-7，下 19-33B-2，
下 19-33B-4，下 24-35B-5，下 26-36B-5，
下 34-40A-8，下 35-40B-6，下 38-42A-8，
下 38-42A-9，下 38-42B-1，下 39-42B-7，
下 40-43A-5，下 40-43A-9，下 44-44B-9，
下 44-45A-3，下 45-45A-9，
下 46-46A-1）
過不去：2（下 6-27B-2，下 26-36B-5）
過過：1（下 3-26A-5）
過後兒：1（上 45-21A-3）
過獎：1（上 3-2A-2）
過來：5（上 52-23B-7，上 52-23B-9，
　　　下 18-32B-7，下 18-32B-8，下 21-34A-7）
過年：1（下 10-29A-6）
過去：8（上 15-7B-4，上 39-18A-6，
　　　上 39-18B-1，上 52-23B-6，下 9-28B-7，
　　　下 11-30A-1，下 13-30B-5，下 38-42B-1）
過日子：4（上 28-12B-8，上 29-13B-1，
　　　下 28-37B-4，下 49-47A-1）
過時：1（上 34-16A-3）
過於：3（下 14-31A-3，下 16-31B-9，
　　　下 16-31B-9）
過譽：1（上 29-13B-1）

H

還 hai：97（上 1-1A-3，上 1-1A-6，
　　　上 2-1B-3，上 2-1B-4，上 2-1B-6，
　　　上 3-2A-4，上 5-3A-3，上 5-3A-4，
　　　上 7-4A-7，上 7-4A-7，上 8-4B-2，
　　　上 8-4B-5，上 9-4B-7，上 9-4B-7，
　　　上 9-5A-2，上 10-5A-8，上 10-5B-2，
　　　上 10-5B-3，上 11-5B-9，上 11-6A-1，
　　　上 13-6B-7，上 15-7B-5，上 15-7B-6，
　　　上 17-8B-2，上 17-8B-4，上 17-8B-5，
　　　上 20-9B-5，上 23-11A-7，上 24-11B-7，
　　　上 25-12A-1，上 26-12A-4，上 27-12B-2，
　　　上 27-12B-7，上 29-13B-5，上 29-13B-6，

上 31-14A-7, 上 31-14A-8, 上 31-14B-1,
上 34-16A-3, 上 37-17A-9, 上 40-18B-9,
上 41-19A-5, 上 43-20A-2, 上 45-21A-2,
上 50-23A-1, 上 50-23A-3, 上 51-23A-7,
上 53-24A-5, 上 53-24A-7, 下 1-25A-8,
下 2-25B-3, 下 2-25B-7, 下 3-26A-4,
下 4-26B-1, 下 4-26B-1, 下 4-26B-6,
下 5-26B-8, 下 6-27B-1, 下 7-28A-2,
下 8-28B-2, 下 9-28B-7, 下 9-28B-9,
下 9-29A-1, 下 9-29A-2, 下 10-29A-6,
下 10-29B-3, 下 11-30A-1, 下 11-30A-3,
下 16-31B-9, 下 17-32B-2, 下 18-33A-3,
下 18-33A-3, 下 19-33A-7, 下 19-33B-3,
下 20-34A-3, 下 21-34B-3, 下 21-34B-4,
下 23-35B-4, 下 26-36B-5, 下 26-36B-9,
下 27-37A-5, 下 31-39A-3, 下 34-40B-3,
下 35-40B-6, 下 35-41A-3, 下 37-41B-8,
下 37-42A-1, 下 37-42A-2, 下 37-42A-5,
下 42-44A-4, 下 42-44A-8, 下 43-44B-6,
下 43-44B-7, 下 45-45A-6, 下 48-46B-4,
下 48-46B-5, 下 50-47B-1）

還好：3（下 35-40B-6, 下 36-41A-8,
下 47-46A-6）

還是：20（上 3-2A-6, 上 6-3B-5,
上 16-8A-2, 上 18-9A-4, 上 21-10A-2,
上 29-13B-2, 上 29-13B-4, 上 30-14A-2,
上 45-21A-1, 上 45-21A-3, 下 17-32A-7,
下 17-32A-8, 下 17-32B-4, 下 17-32B-4,
下 25-36B-1, 下 26-37A-1, 下 44-45A-3,
下 44-45A-3, 下 48-46B-3, 下 49-47A-1）

還有：12（上 1-1A-4, 上 1-1B-1, 上 4-2B-4,
上 16-8A-3, 上 38-18A-3, 下 8-28B-1,
下 9-28B-6, 下 18-32B-8, 下 18-33A-4,
下 18-33A-4, 下 33-40A-1, 下 43-44B-7）

孩子：5（上 20-9B-4, 上 20-9B-8,
上 42-19B-1, 下 9-28B-9, 下 36-41B-2）

孩子們：4（上 29-13A-9, 下 33-39B-9,
下 34-40A-6, 下 36-41B-3）

害：6（上 24-11B-4, 上 37-17B-3,
上 48-22A-9, 上 49-22B-6, 下 6-27A-8,

下 15-31B-4）

害怕：1（上 45-20B-7）

害羞：1（上 25-12A-2）

含糊：1（上 38-17B-6）

漢人們：1（上 1-1A-2）

漢書：2（上 1-1A-3, 上 7-4A-2）

漢音：1（上 3-2A-4）

漢仗兒：2（上 19-9A-8, 上 24-11A-9）

漢子：5（下 5-27A-4, 下 8-28B-1,
下 35-40B-5, 下 35-40B-6, 下 48-46B-6）

漢子家：2（下 5-27A-1, 下 25-36A-8）

汗：1（上 38-18A-1）

汗下如雨：1（下 42-44A-6）

旱：1（上 32-14B-9）

豪橫：1（下 48-46B-2）

好：105（上 1-1A-1, 上 3-2A-2, 上 3-2A-3,
上 3-2A-4, 上 3-2A-6, 上 7-4A-6,
上 8-4A-9, 上 9-5A-5, 上 10-5A-7,
上 10-5A-9, 上 10-5B-2, 上 12-6A-6,
上 13-6B-5, 上 14-7A-8, 上 16-7B-8,
上 16-7B-8, 上 17-8B-5, 上 21-10B-1,
上 22-10B-6, 上 23-11A-4, 上 24-11B-1,
上 24-11B-4, 上 25-12A-3, 上 27-12B-1,
上 27-12B-6, 上 29-13B-5, 上 30-14A-5,
上 32-14B-9, 上 33-15A-6, 上 33-15A-9,
上 33-15A-9, 上 34-15B-9, 上 34-16A-2,
上 34-16A-3, 上 34-16A-4, 上 34-16A-5,
上 34-16A-5, 上 37-17A-9, 上 37-17B-3,
上 37-17B-3, 上 38-17B-7, 上 38-17B-9,
上 41-19A-2, 上 42-19B-2, 上 43-20A-2,
上 45-20B-9, 上 47-21B-5, 上 47-22A-1,
上 48-22A-4, 上 50-23A-4, 上 50-23A-6,
上 51-23B-1, 上 51-23B-2, 上 51-23B-3,
上 51-23B-5, 上 52-23B-6, 上 52-23B-8,
上 52-23B-9, 上 52-24A-1, 上 52-24A-2,
上 53-24A-3, 上 53-24A-5, 上 53-24A-9,
上 53-24B-1, 下 3-26A-5, 下 4-26A-9,
下 5-27A-2, 下 12-30A-6, 下 15-31B-1,
下 15-31B-2, 下 16-32A-3, 下 17-32A-8,
下 17-32B-1, 下 17-32B-1, 下 18-32B-9,

下 18-32B-9，下 18-33A-3，下 19-33A-8，
　下 20-34A-2，下 21-34B-2，下 23-35A-9，
　下 23-35B-1，下 26-36B-9，下 29-37B-8，
　下 31-38B-7，下 31-39A-5，下 32-39B-2，
　下 33-40A-1，下 35-40B-6，下 36-41B-2，
　下 38-42B-2，下 39-42B-6，下 40-43A-3，
　下 40-43A-8，下 38-43B-1，下 42-44A-1，
　下 42-44A-3，下 43-44B-6，下 43-44B-6，
　下 44-45A-3，下 45-45B-2，下 46-45B-4，
　下 46-45B-7，下 48-46B-4，下 49-47A-5）
好啊歹啊：1（下 25-36B-1）
好啊歹的：1（上 49-22B-7）
好處兒：2（上 14-7A-4，上 44-20B-1）
好歹：4（上 15-7B-1，下 9-29A-3，
　下 9-29A-4，下 48-46B-1）
好道兒：1（上 24-11B-3）
好端端：1（下 9-28B-6）
好漢子：1（下 11-30A-4）
好好兒：6（上 44-20B-1，上 50-23A-6，
　下 14-31A-6，下 26-36B-8，下 27-37A-5，
　下 31-38B-6）
好話：1（下 2-25B-1）
好幾：1（上 32-15A-4）
好久：1（上 22-10B-4）
好朋友：1（上 47-22A-1）
好人：1（下 16-31B-9）
好事：5（上 5-3B-1，上 48-22A-4，
　上 48-22A-5，下 3-26A-4，下 28-37A-8）
好説：1（上 11-5B-5）
好天：1（下 47-46A-2）
好像：1（下 38-42B-3）
好些：3（上 32-14B-6，下 26-36B-5，
　下 30-38B-2）
好心：1（下 15-31B-4）
好意思：2（下 1-25A-6，下 31-39A-1）
好運：1（上 13-6B-5）
浩浩如銀：1（下 40-43A-6）
喝：21（上 11-6A-1，上 11-6A-3，
　上 12-6B-2，上 31-14B-2，上 45-20B-4，
　上 45-21A-1，上 45-21A-3，上 45-21A-3，

　上 46-21A-7，上 46-21B-1，上 48-22A-3，
　上 48-22A-3，上 48-22A-4，上 48-22A-5，
　上 48-22A-8，上 48-22A-9，下 10-29B-1，
　下 40-43A-9，下 41-43B-4，下 42-44A-2，
　下 45-45A-8）
喝風：1（下 28-37B-4）
喝酒：3（上 45-21A-2，下 10-29A-6，
　下 30-38B-3）
合：4（上 12-6B-2，上 20-10A-1，
　上 38-17B-7，下 11-30A-3）
合夥兒：1（上 21-10A-4）
合上：1（下 34-40A-7）
合時：1（上 34-15B-9）
合式：1（下 37-42A-2）
合意：1（下 33-40A-3）
何：4（上 23-11A-6，上 32-15A-4，
　上 39-18B-3，下 48-46B-1）
何必：4（上 21-10A-2，下 4-26B-6，
　下 10-29B-1，下 31-39A-5）
何不：2（下 19-33A-5，下 49-47A-4）
何曾：1（上 53-24A-3）
何等：1（上 17-8A-8）
何妨：3（上 48-22A-5，下 5-27A-1，
　下 20-33B-7）
何干：1（下 1-25A-1）
何況：1（下 27-37A-4）
何如：2（上 23-11A-6，下 26-36B-7）
何足：1（下 19-33B-3）
何足掛齒：1（下 17-32B-2）
河沿兒：1（下 39-42B-6）
闔家：1（下 50-47B-3）
闔家子：1（上 51-23A-8）
和：35（上 2-1B-7，上 2-1B-8，上 5-3A-3，
　上 6-3B-8，上 8-4B-2，上 12-6A-8，
　上 18-9A-2，上 20-9B-6，上 24-11B-1，
　上 33-15B-3，上 34-16A-6，上 42-19B-5，
　上 45-20B-5，上 50-23A-1，上 52-24A-2，
　下 4-26B-1，下 6-27B-4，下 8-28A-7，
　下 8-28B-2，下 10-29A-5，下 10-29A-9，
　下 11-29B-6，下 11-29B-9，下 12-30A-9，

下 18-32B-9，下 22-34B-7，下 26-36B-4，
　　下 30-38A-8，下 30-38B-4，下 31-38B-7，
　　下 32-39A-6，下 34-40B-1，下 39-43A-2，
　　下 40-43A-5，下 43-44B-2）

和氣：1（上 13-6B-8）

和尙道士們：1（下 28-37B-1）

和言悅色：1（上 14-7A-4）

和顏悅色：1（上 16-7B-8）

黑：3（上 34-15B-8，下 12-30A-6，
　　下 45-45A-6）

黑豆：1（上 32-15A-1）

黑下：3（上 35-16A-7，下 40-43A-3，
　　下 46-45B-4）

黑下白日：1（上 10-5A-6）

黑早兒：1（下 30-38B-4）

很：86（上 1-1A-1，上 3-2A-3，上 3-2A-4，
　　上 7-4A-2，上 7-4A-6，上 10-5A-8，
　　上 10-5B-2，上 14-7A-2，上 14-7A-3，
　　上 14-7A-5，上 17-8A-9，上 19-9B-1，
　　上 20-9B-5，上 20-9B-8，上 20-9B-9，
　　上 20-9B-9，上 21-10A-6，上 21-10A-9，
　　上 22-10B-8，上 23-11A-4，上 23-11A-6，
　　上 24-11A-9，上 24-11A-9，上 24-11B-1，
　　上 24-11B-4，上 27-12B-7，上 29-13B-1，
　　上 30-14A-5，上 32-14B-9，上 33-15B-2，
　　上 34-16A-6，上 35-16A-7，上 36-16B-9，
　　上 36-16B-9，上 37-17A-7，上 37-17A-8，
　　上 37-17B-4，上 38-18A-1，上 38-18A-1，
　　上 39-18A-5，上 39-18A-7，上 41-19A-2，
　　上 41-19A-4，上 41-19A-9，上 42-19B-3，
　　上 42-19B-3，上 43-20A-1，上 46-21A-5，
　　上 46-21A-6，上 48-22A-3，上 48-22A-3，
　　上 48-22A-7，上 49-22B-1，上 50-23A-1，
　　下 6-27B-4，下 7-28A-2，下 7-28A-3，
　　下 9-28B-5，下 9-29A-2，下 9-29A-2，
　　下 9-29A-4，下 11-30A-3，下 13-30B-4，
　　下 13-30B-7，下 15-31B-1，下 15-31B-4，
　　下 15-31B-5，下 19-33A-8，下 22-34B-9，
　　下 23-35A-6，下 24-35B-9，下 24-35B-9，
　　下 24-36A-3，下 29-37B-6，下 32-39A-6，

　　下 32-39A-7，下 33-40A-2，下 34-40B-2，
　　下 35-40B-8，下 39-42B-4，下 39-43A-1，
　　下 41-43B-5，下 42-44A-5，下 45-45A-6，
　　下 46-45B-7，下 47-46A-2）

很很的：2（上 42-19B-4，下 13-30B-5）

很很心：1（上 45-20B-8）

狠：1（上 2-1B-2）

恨：2（上 16-8A-5，上 23-11A-5）

哼：1（下 32-39B-2）

哼啊哼：1（上 6-3B-2）

哼哼：1（下 50-47B-1）

橫攔：1（下 35-40B-7）

橫竪：1（上 33-15A-6）

轟：1（下 13-30B-3）

哄：3（上 42-19B-6，下 2-25B-4，
　　下 13-30B-6）

哄人：1（下 16-32A-6）

紅：1（上 42-19B-5）

猴兒：3（上 11-5B-9，上 30-14A-4，
　　上 43-20A-3）

猴兒們：1（上 44-20A-7）

後：2（下 38-42A-7，下 45-45B-1）

後悔：2（上 28-13A-6，下 29-38A-2）

後來：16（上 9-4B-9，上 17-8A-8，
　　上 20-9B-5，上 24-11B-2，上 27-12B-2，
　　上 37-17A-8，上 37-17A-9，上 40-18B-9，
　　下 4-26B-4，下 4-26B-6，下 13-30B-6，
　　下 31-39A-3，下 32-39A-9，下 41-43B-6，
　　下 47-46A-6，下 50-47B-1）

後頭：4（上 12-6A-9，下 16-32A-3，
　　下 31-38B-8，下 38-42A-9）

厚：1（上 34-15B-9）

厚道積福：1（上 14-7A-6）

厚敦：1（上 34-15B-8）

忽然：12（上 35-16A-9，上 36-17A-2，
　　上 37-17A-8，上 46-21A-5，上 46-21A-5，
　　下 4-26B-2，下 9-28B-6，下 20-33B-6，
　　下 40-43A-7，下 44-45A-2，下 45-45A-8，
　　下 47-46A-2）

忽然間：1（下 40-43A-7）

胡：1（上 47-21B-5）
胡哩嗎哩：1（上 53-24A-8）
胡游亂走：1（下 33-39B-6）
鬍子：2（上 30-14A-2，上 47-21B-3）
糊口：1（下 28-37B-1）
糊裡糊塗：1（下 4-26A-9）
糊裡麻裡：1（上 26-12A-6）
糊塗：5（上 8-4B-4，上 9-5A-2，
　　上 21-10A-8，上 42-19B-5，上 49-22B-3）
焐焐：1（上 36-17A-2）
護：2（上 14-7A-5，上 19-9B-1）
花：2（上 29-13B-4，上 39-18B-2）
花兒：1（上 23-11A-3）
花樣兒：1（上 34-15B-9）
滑：1（上 15-7B-2）
滑東西：1（上 9-5A-3）
化子：1（下 18-32B-5）
畫：1（上 41-19A-4）
畫不土来：1（上 41-19A-4）
話：75（上 1-1A-5，上 1-1A-9，上 2-1B-2，
　　上 2-1B-4，上 2-1B-8，上 3-2A-7，
　　上 3-2A-8，上 5-3A-3，上 6-3B-3，
　　上 7-4A-6，上 9-4B-8，上 9-4B-9，
　　上 11-5B-6，上 12-6A-8，上 17-8A-9，
　　上 18-9A-5，上 20-9B-6，上 20-9B-7，
　　上 20-10A-1，上 22-10B-5，上 22-10B-9，
　　上 23-11A-1，上 25-12A-1，上 26-12A-4，
　　上 26-12A-8，上 29-13B-2，上 29-13B-4，
　　上 31-14A-8，上 31-14B-3，上 36-17A-3，
　　上 39-18B-2，上 39-18B-2，上 47-21B-5，
　　上 47-21B-6，上 51-23B-4，上 51-23B-5，
　　上 53-24A-3，下 1-25A-2，下 1-25A-5，
　　下 3-26A-3，下 4-26B-4，下 7-28A-4，
　　下 8-28A-7，下 9-28B-6，下 10-29A-5，
　　下 10-29A-8，下 10-29B-3，下 11-30A-1，
　　下 12-30A-9，下 14-31A-4，下 15-31B-3，
　　下 15-31B-5，下 15-31B-7，下 18-32B-8，
　　下 20-33B-6，下 20-33B-8，下 22-34B-8，
　　下 22-34B-8，下 24-36A-4，下 25-36B-2，
　　下 26-36B-9，下 27-37A-3，下 28-37B-1，
　　下 28-37B-2，下 32-39A-7，下 32-39A-8，
　　下 33-39B-8，下 33-40A-1，下 33-40A-3，
　　下 34-40B-1，下 37-41B-7，下 37-42A-4，
　　下 38-42B-2，下 42-44A-5，下 49-47A-6）
話靶兒：1（下 9-28B-8）
話兒：12（上 3-2A-4，上 24-11B-6，
　　上 28-13A-4，上 36-16B-6，下 4-26B-1，
　　下 6-27B-4，下 19-33A-9，下 21-34B-5，
　　下 33-39B-7，下 36-41B-5，下 41-43B-4，
　　下 46-45B-6）
話條子：1（上 1-1A-7）
話頭話尾：1（下 5-26B-8）
壞：4（上 42-19B-1，下 11-29B-6，
　　下 25-36B-2，下 31-39A-4）
壞處兒：1（上 42-19B-3）
壞名：1（上 4-2B-6）
換：1（下 43-44B-5）
荒郊：1（上 18-8B-7）
黃河：1（上 32-14B-8）
黃昏：1（下 25-36A-8）
黃紙：1（上 35-16A-8）
恍兒：1（上 29-13A-8）
恍恍惚惚：3（下 41-43B-6，下 44-45A-1，
　　下 45-45B-1）
謊話：1（上 8-4B-4）
隳：1（上 27-12B-1）
隳心：1（上 2-1B-5）
恢：1（上 52-23B-8）
回：4（上 53-24A-8，下 18-32B-8，
　　下 38-43B-1，下 42-44A-3）
回家：1（下 1-25A-7）
回敬：1（下 30-38B-2）
回來：20（上 6-3B-7，上 9-5A-1，上 9-5A-2，
　　上 22-10B-3，上 22-10B-7，上 31-14A-9，
　　上 36-16B-7，上 38-18A-3，上 44-20A-6，
　　上 50-23A-6，下 2-25B-2，下 2-25B-5，
　　下 13-30B-3，下 22-34B-6，下 22-35A-2，
　　下 23-35A-5，下 23-35A-6，下 31-39A-4，
　　下 41-43B-6，下 41-43B-9）
回去：7（上 18-9A-3，上 18-9A-5，

上 21-10A-3，上 30-13B-9，下 17-32B-4，
　　　下 25-36A-8，下 31-39A-1）
回手：1（下 38-42A-7）
會：11（上 2-1B-7，上 2-1B-9，上 4-2B-3，
　　　上 13-6B-5，上 24-11B-1，上 27-12B-3，
　　　上 28-13A-4，上 38-17B-9，下 6-27B-4，
　　　下 34-40A-6，下 36-41B-5）
會得：1（上 3-2A-6）
會子：1（下 42-44A-8）
晦：1（上 16-8A-3）
昏：1（上 52-23B-6）
渾河：1（上 32-14B-9）
渾身：5（上 35-16A-8，上 49-22B-1，
　　　上 49-22B-4，上 49-22B-5，下 43-44B-4）
混：4（上 43-19B-9，上 53-24A-8，
　　　下 12-30A-7，下 48-46B-3）
混混：2（上 24-11B-2，下 11-29B-7）
混説：1（下 5-27A-5）
混賬：2（上 20-9B-8，下 12-30A-6）
魂靈兒：1（上 16-8A-2）
活：1（上 29-13B-5）
活計兒：1（下 35-40B-6）
活人兒：1（上 16-8A-2）
活脱兒：1（上 43-19B-8）
活魚活蝦：1（下 39-43A-1）
火：2（上 49-22B-5，下 21-34A-9）
火棍兒：1（上 43-20A-4）
或：2（上 31-14A-9，上 31-14A-9）
或是：4（上 2-1B-8，上 17-8A-9，
　　　下 8-28A-9，下 34-40A-9）
或者：2（下 10-29B-3，下 42-44A-8）
禍：3（上 48-22A-6，下 29-38A-1，
　　　下 50-47A-8）
禍事：1（上 17-8B-4）

J

譏誚：1（下 11-29B-6）
饑寒：1（上 16-7B-9）
機會：2（上 7-4A-8，上 13-6B-4）

喞叮咕咚：1（上 43-20A-3）
積善之家必有餘慶：1（上 20-10A-1）
及至：1（上 44-20A-6）
極惡：1（下 6-27B-3）
極了：1（下 8-28A-7）
吉人天相：1（上 19-9B-3）
即便：1（上 45-21A-1）
即如：1（下 5-27A-2）
急：3（下 32-39B-4，下 41-43B-6，
　　　下 42-44A-8）
急繃繃：1（下 1-25A-5）
急急忙忙：1（上 53-24A-7）
急忙：4（上 21-10A-9，下 4-26B-5，
　　　下 30-38B-4，下 46-45B-4）
急燥子：1（下 1-25A-1）
脊梁：2（下 4-26B-4，下 12-30B-1）
幾：32（上 1-1A-3，上 1-1A-7，上 8-4B-3，
　　　上 10-5A-7，上 10-5B-3，上 11-5B-7，
　　　上 20-9B-4，上 22-10B-2，上 27-12A-9，
　　　上 27-12B-1，上 29-13A-8，上 31-14B-1，
　　　上 32-15A-3，上 39-18A-8，上 39-18A-9，
　　　上 41-19A-2，上 49-22B-1，下 2-25B-6，
　　　下 5-26B-9，下 7-27B-8，下 19-33B-2，
　　　下 22-34B-8，下 22-34B-9，下 31-38B-7，
　　　下 35-40B-5，下 36-41A-5，下 36-41B-2，
　　　下 37-41B-8，下 40-43A-4，下 40-43A-9，
　　　下 38-43B-1，下 41-43B-2）
幾兒：3（上 32-14B-6，下 3-26A-1，
　　　下 19-33B-2）
幾幾乎：2（上 53-24A-4，下 4-26B-5）
幾天：1（上 47-21B-3）
幾天兒：1（下 11-29B-9）
擠擠顧顧：1（上 43-19B-9）
擠滿：1（上 39-18A-7）
記：6（上 2-1B-8，上 3-2A-4，上 16-7B-7，
　　　上 31-14B-5，下 9-28B-7，下 26-36B-9）
記得：1（上 8-4A-9）
記性：1（下 14-31A-3）
記在：1（上 50-23A-4）
忌諱：1（下 37-42A-5）

劑：1（上 49-22B-7）
旣：1（下 18-32B-8）
旣到：1（上 21-10A-2）
旣然：4（上 1-1A-8，上 6-3B-3，
　　上 25-11B-9，上 45-20B-8）
繼娶：1（下 35-40B-5）
祭：1（下 37-41B-7）
祭奠：1（上 36-17A-4）
加：1（下 41-43B-8）
加倍：1（上 32-15A-5）
夾：1（上 27-12B-6）
家：28（上 4-2B-3，上 11-5B-9，上 11-6A-3，
　　上 20-9B-8，上 21-10A-3，上 21-10A-8，
　　上 21-10A-8，上 22-10B-4，上 22-10B-7，
　　上 27-12B-3，上 30-13B-8，上 38-17B-6，
　　上 53-24A-8，下 1-25A-8，下 7-27B-9，
　　下 10-29A-7，下 13-30B-9，下 19-33B-4，
　　下 20-33B-6，下 21-34A-5，下 21-34A-8，
　　下 22-34B-6，下 22-34B-6，下 24-35B-9，
　　下 30-38A-9，下 41-43B-5，下 44-45A-4，
　　下 47-46A-4）
家產：1（上 17-8A-9）
家常：1（下 5-27A-1）
傢伙：2（下 42-44A-2，下 50-47B-3）
家裡：17（上 11-5B-7，上 21-10A-3，
　　上 21-10A-7，上 23-11A-2，上 37-17B-1，
　　上 39-18B-2，下 7-28A-1，下 7-28A-1，
　　下 21-34A-6，下 22-35A-1，下 24-35B-5，
　　下 24-35B-5，下 25-36A-8，下 31-38B-6，
　　下 34-40A-9，下 39-42B-4，下 43-44B-6）
家裡人：2（下 21-34A-9，下 43-44B-2）
家裡人們：1（下 43-44B-2）
家雀兒：1（上 40-18B-6）
家人們：1（下 22-35A-1）
家生子兒：1（上 43-20A-4）
家下人：2（上 35-16B-4，下 30-38B-3）
家鄉：1（下 11-29B-8）
家業：2（上 14-7A-7，上 47-21B-8）
價兒：5（上 32-15A-1，上 32-15A-3，
　　上 32-15A-4，上 34-15B-7，上 37-17B-2）

架：2（上 8-4B-3，上 27-12B-5）
假：3（上 16-8A-1，上 20-9B-6，下 9-29A-2）
架子：2（上 24-11B-3，下 5-27A-6）
尖兒上：1（下 39-42B-7）
間：4（上 37-17A-7，下 7-27B-9，
　　下 7-28A-1，下 24-36A-2）
揀：2（上 18-8B-8，上 18-8B-9）
剪草為馬，撒豆兒成兵：1（上 8-4B-4）
簡簡決決：1（上 2-1B-5）
簡決：1（下 20-33B-9）
見：16（上 14-7A-2，上 14-7A-5，
　　上 16-8A-2，上 23-11A-3，上 24-11A-9，
　　上 36-17A-4，上 38-17B-6，上 38-17B-7，
　　上 47-21B-9，下 8-28B-2，下 10-29A-7，
　　下 11-30A-3，下 19-33A-6，下 22-35A-1，
　　下 24-35B-9，下 36-41B-3）
見不得：1（下 25-36B-1）
見兒：1（下 36-41B-4）
見利忘義：1（上 18-9A-6）
見面兒：1（上 22-10B-2）
見勢頭兒：1（下 50-47B-2）
見識：2（上 8-4B-5，下 2-25B-6）
件：21（上 17-8B-4，上 19-9B-1，
　　上 21-10A-6，上 34-15B-5，上 34-15B-6，
　　上 34-16A-1，上 34-16A-2，上 34-16A-4，
　　上 36-16B-6，下 7-28A-4，下 14-31A-3，
　　下 19-33A-6，下 19-33A-8，下 29-37B-5，
　　下 30-38A-5，下 30-38A-6，下 30-38A-7，
　　下 31-38B-7，下 32-39A-6，下 35-40B-6，
　　下 36-41B-5）
件件兒：1（上 39-18A-9）
賤：4（上 32-15A-2，上 34-15B-7，
　　上 44-20A-6，下 39-43A-1）
賤貨兒：4（上 43-19B-8，下 11-29B-9，
　　下 12-30B-1，下 48-46B-7）
賤賤：1（上 37-17B-2）
漸漸兒：2（上 17-8A-8，下 3-26A-5）
箭：3（上 10-5A-8，下 38-42A-7，
　　下 38-42B-2）
箭箭兒：1（上 10-5A-9）

將就：2（上 33-15B-3，下 21-34B-4）
講：2（上 14-7A-4，下 10-29A-8）
講究：1（上 34-16A-3）
降：1（上 36-17A-3）
降福：1（下 28-37B-1）
糨稠麻子：1（上 30-14A-2）
交：1（下 30-38A-9）
嚼：1（下 12-30A-7）
餃子：1（上 11-5B-7）
僥倖：2（上 12-6A-7，上 24-11B-7）
脚：1（下 4-26B-5）
脚趾：1（下 49-47A-2）
脚兒：1（上 48-22A-4）
攪：1（下 30-38B-2）
叫：73（上 1-1A-9，上 2-1B-5，上 4-2B-6，
　　上 4-2B-8，上 5-3A-4，上 6-3B-8，
　　上 6-4A-1，上 9-4B-8，上 15-7B-3，
　　上 15-7B-3，上 16-7B-8，上 16-7B-9，
　　上 16-8A-4，上 21-10A-5，上 22-10B-3，
　　上 22-10B-5，上 22-10B-6，上 26-12A-7，
　　上 26-12A-8，上 26-12A-8，上 27-12B-6，
　　上 29-13B-3，上 29-13B-3，上 35-16B-4，
　　上 38-18A-3，上 39-18A-8，上 39-18A-9，
　　上 42-19B-6，上 43-20A-1，上 44-20B-1，
　　上 48-22A-8，上 50-22B-9，下 2-25B-7，
　　下 4-26B-3，下 5-27A-5，下 6-27B-2，
　　下 7-28A-3，下 9-29A-1，下 10-29A-5，
　　下 11-29B-8，下 11-30A-2，下 12-30A-7，
　　下 12-30A-8，下 12-30B-2，下 13-30B-5，
　　下 14-31A-4，下 17-32B-4，下 18-33A-2，
　　下 19-33A-6，下 19-33B-4，下 21-34A-9，
　　下 22-35A-3，下 25-36B-1，下 25-36B-1，
　　下 27-37A-3，下 28-37B-3，下 29-37B-7，
　　下 31-39A-1，下 31-39A-4，下 35-40B-8，
　　下 36-41B-1，下 37-41B-7，下 37-42A-2，
　　下 39-42B-7，下 41-43B-7，下 44-45A-4，
　　下 44-45A-4，下 46-45B-7，下 46-45B-8，
　　下 47-46A-4，下 48-46B-4，下 48-46B-4，
　　下 48-46B-7）
叫喊：1（下 1-25A-7）

叫喚：1（下 42-44A-6）
教：8（上 5-3A-3，上 5-3A-4，上 5-3A-6，
　　上 5-3A-7，上 5-3A-9，上 46-21B-1，
　　下 3-26A-5，下 36-41B-5）
教導：3（上 6-3B-9，上 14-7A-3，
　　上 14-7A-4）
接不上：1（上 2-1B-4）
接連不斷：2（上 14-7A-3，上 39-18A-7）
揭：1（下 50-47B-4）
揭短：1（下 11-29B-8）
街坊：4（上 20-9B-4，下 13-30B-4，
　　下 44-45A-4，下 50-47A-9）
結：1（上 15-7A-9）
結髮夫妻：1（下 35-40B-5）
結果：1（下 48-46B-7）
結記：1（上 50-23A-3）
結結巴巴：1（下 4-26A-7）
結結寔寔：2（上 29-13A-7，上 44-20B-2）
結寔：1（上 33-15A-9）
解：1（下 28-37A-9）
解恨：1（上 43-20A-3）
解救：1（上 52-23B-6）
解悶兒：1（上 39-18B-3）
戒：1（上 8-4A-9）
戒酒：1（上 45-20B-8）
戒一戒兒：1（上 48-22A-4）
借：2（上 22-10B-8，上 31-14A-8）
借端：1（下 28-37B-1）
借債：1（上 29-13B-4）
觔斗：1（上 24-11B-5）
今：1（上 14-7A-4）
今兒：22（上 6-3B-2，上 30-13B-7，
　　上 31-14A-8，上 36-17A-3，上 38-17B-7，
　　上 44-20A-8，上 45-20B-6，上 45-20B-8，
　　上 45-21A-3，上 46-21B-1，下 10-29A-6，
　　下 10-29A-8，下 15-31B-7，下 19-33A-7，
　　下 22-35A-4，下 23-35A-5，下 23-35A-7，
　　下 30-38A-7，下 42-44A-1，下 43-44B-1，
　　下 47-46A-5，下 50-47B-4）
今年：2（上 32-14B-9，下 36-41B-2）

金魚：1（上 23-11A-4）

金玉良言：1（上 31-14B-5）

金元寶：3（上 18-8B-8，上 18-8B-9，
　　上 18-9A-3）

金子：2（上 18-9A-1，上 18-9A-3）

筋骨：1（上 29-13A-9）

儘力兒：1（上 14-7A-5）

儘量兒：1（下 32-39B-2）

儘溜頭兒：1（上 22-10B-5）

儘自：1（下 25-36A-9）

緊：5（上 21-10A-6，上 33-15B-3，
　　上 51-23B-1，下 32-39A-7，下 38-42A-8）

緊催：1（下 38-42A-9）

盡：6（下 25-36B-3，下 26-36B-5，
　　下 28-37B-3，下 32-39A-6，下 35-41A-1，
　　下 48-46B-7）

盡頭兒：1（上 28-13A-4）

盡心：1（上 6-3B-9）

進：1（下 4-26A-8）

進不去：1（下 1-25A-2）

進城：1（下 43-44B-5）

進來：8（上 21-10A-2，上 21-10A-8，
　　上 30-13B-9，上 35-16B-3，下 10-29A-6，
　　下 23-35A-8，下 43-44A-9，下 46-45B-7）

進去：9（上 23-11A-3，上 36-16B-9，
　　上 44-20A-7，上 47-21B-7，上 48-22A-3，
　　下 6-27B-5，下 25-36A-6，下 30-38B-2，
　　下 33-40A-3）

進退：1（下 1-25A-7）

近：3（上 39-18A-5，下 24-35B-9，
　　下 34-40B-2）

勁兒：2（上 6-3B-5，下 2-25B-3）

浸透：1（上 38-18A-1）

經：1（下 44-45A-5）

經過：4（上 36-16B-7，下 7-28A-4，
　　下 8-28A-7，下 47-46A-8）

驚醒：1（下 25-36A-5）

精：1（下 5-26B-9）

精光：1（上 47-21B-9）

精熟：1（上 3-2A-9）

精通：1（上 2-1B-8）

景致：2（下 38-43B-1，下 46-45B-9）

淨：1（上 29-13B-4）

靜靜兒：4（上 16-8A-5，上 53-24B-1，
　　下 28-37B-3，下 42-44A-8）

竟：20（上 22-10B-3，上 38-18A-4，
　　上 39-18A-5，上 42-19B-5，上 43-19B-8，
　　上 43-20A-1，上 43-20A-2，上 51-23A-7，
　　上 51-23A-8，上 51-23A-9，下 1-25A-2，
　　下 7-28A-2，下 15-31B-5，下 19-33A-7，
　　下 19-33B-4，下 22-35A-1，下 40-43A-6，
　　下 41-43B-2，下 42-44A-8，下 48-46B-4）

敬：1（上 19-9B-2）

究竟：1（上 33-15B-4）

九：2（下 36-41A-6，下 36-41A-6）

久：7（上 11-6A-1，上 12-6A-8，上 14-7A-6，
　　上 28-13A-5，下 4-26B-1，下 36-41A-7，
　　下 50-47B-1）

久而久之：3（上 37-17A-9，上 51-23A-7，
　　下 3-26A-3）

久而自明：1（下 14-31A-8）

酒：10（上 12-6B-2，上 36-17A-2，
　　上 36-17A-4，上 36-17A-4，上 48-22A-3，
　　上 48-22A-7，上 48-22A-7，下 18-32B-8，
　　下 39-42B-9，下 41-43B-4）

酒菜：2（下 46-45B-7，下 46-45B-8）

酒鬼：1（下 10-29B-4）

酒色：1（上 50-22B-9）

酒糟：1（上 48-22A-8）

舊：6（上 20-9B-4，上 34-16A-6，
　　下 5-27A-1，下 13-30B-4，下 13-31A-1，
　　下 23-35A-9）

舊規矩：1（下 34-40B-3）

舊規矩兒：1（下 34-40A-6）

舅舅：1（上 27-12B-2）

就：141（上 1-1A-2，上 1-1B-1，上 2-1B-4，
　　上 2-1B-7，上 2-1B-9，上 3-2A-8，
　　上 3-2B-1，上 5-3A-6，上 6-3B-3，
　　上 7-4A-3，上 7-4A-3，上 9-5A-5，
　　上 11-5B-8，上 11-5B-9，上 14-7A-5，

上 15-7A-9, 上 16-8A-2, 上 16-8A-5,
上 17-8B-2, 上 17-8B-3, 上 19-9B-1,
上 20-9B-8, 上 21-10A-2, 上 21-10A-7,
上 23-11A-2, 上 23-11A-2, 上 25-11B-9,
上 26-12A-4, 上 26-12A-6, 上 27-12A-9,
上 27-12B-1, 上 28-13A-6, 上 29-13A-8,
上 29-13B-5, 上 31-14A-7, 上 31-14B-4,
上 32-14B-7, 上 32-15A-1, 上 33-15A-6,
上 33-15A-7, 上 33-15B-1, 上 33-15B-3,
上 34-15B-7, 上 34-16A-3, 上 36-16B-6,
上 36-17A-1, 上 37-17B-1, 上 37-17B-1,
上 37-17B-3, 上 37-17B-4, 上 38-18A-1,
上 41-19A-6, 上 42-19B-3, 上 42-19B-3,
上 42-19B-3, 上 43-20A-2, 上 44-20A-6,
上 45-20B-6, 上 45-21A-2, 上 45-21A-3,
上 45-21A-3, 上 46-21A-6, 上 46-21A-8,
上 46-21B-2, 上 47-21B-6, 上 49-22B-1,
上 49-22B-4, 上 49-22B-5, 上 52-23B-8,
上 53-24A-7, 下 1-25A-5, 下 1-25A-7,
下 3-26A-5, 下 3-26A-6, 下 4-26B-2,
下 4-26B-2, 下 5-27A-3, 下 6-27A-9,
下 6-27B-6, 下 7-27B-9, 下 8-28A-7,
下 9-28B-7, 下 10-29A-7, 下 10-29A-8,
下 11-29B-6, 下 12-30A-7, 下 13-30B-5,
下 13-30B-6, 下 13-30B-9, 下 13-31A-1,
下 15-31B-2, 下 15-31B-7, 下 16-32A-1,
下 18-32B-8, 下 18-32B-9, 下 18-33A-4,
下 19-33B-1, 下 20-34A-1, 下 20-34A-2,
下 21-34A-7, 下 21-34B-1, 下 21-34B-2,
下 22-35A-3, 下 23-35A-6, 下 23-35A-7,
下 23-35A-9, 下 23-35B-2, 下 24-36A-2,
下 24-36A-3, 下 25-36B-2, 下 26-36B-4,
下 27-37A-4, 下 29-38A-2, 下 29-38A-3,
下 29-38A-3, 下 30-38A-8, 下 30-38A-8,
下 30-38A-9, 下 30-38B-3, 下 30-38B-4,
下 32-39A-9, 下 32-39B-4, 下 33-39B-6,
下 33-40A-1, 下 33-40A-3, 下 34-40A-8,
下 35-40B-6, 下 35-41A-1, 下 37-41B-7,
下 37-42A-3, 下 40-43A-8, 下 41-43B-4,
下 41-43B-5, 下 43-44B-3, 下 44-45A-2,

下 46-45B-7, 下 47-46A-4, 下 47-46A-7,
下 47-46A-8, 下 48-46B-7, 下 50-47A-9）

就好了：1（上 38-18A-2）

就是：38（上 1-1A-6, 上 2-1B-5, 上 4-2B-4,
　　　上 5-3A-8, 上 8-4B-1, 上 10-5A-6,
　　　上 13-6B-6, 上 18-9A-3, 上 24-11B-4,
　　　上 24-11B-6, 上 26-12A-7, 上 27-12B-4,
　　　上 28-13A-2, 上 29-13B-5, 上 34-15B-9,
　　　上 35-16A-9, 上 38-17B-8, 上 46-21B-2,
　　　上 47-21B-8, 上 51-23B-3, 上 51-23B-5,
　　　下 2-25A-9, 下 2-25B-6, 下 5-27A-5,
　　　下 8-28B-2, 下 12-30A-6, 下 12-30B-1,
　　　下 17-32B-1, 下 17-32B-3, 下 20-34A-4,
　　　下 23-35B-4, 下 26-36B-6, 下 28-37A-9,
　　　下 31-38B-8, 下 40-43A-8, 下 43-44B-7,
　　　下 48-46B-1, 下 48-46B-2）

就是了：1（上 6-3B-9）

就是咯：6（上 13-6B-7, 上 29-13B-1,
　　　上 31-14B-5, 上 34-16A-1, 上 34-16A-2,
　　　下 23-35B-3）

就算：1（上 16-8A-1）

就要：2（上 19-9A-7, 上 22-10B-3）

居家：1（上 19-9A-8）

局：1（上 24-11B-7）

舉動：1（下 17-32A-8）

舉動兒：1（下 11-30A-3）

句：10（上 2-1B-4, 上 3-2A-8, 上 20-9B-6,
　　　上 20-10A-1, 下 4-26B-3, 下 9-28B-6,
　　　下 22-34B-8, 下 33-39B-7, 下 33-39B-8,
　　　下 36-41A-6）

句句兒：1（上 7-4A-4）

捲：1（下 46-45B-9）

捲毛兒：1（上 30-14A-2）

噘嘴：1（上 42-19B-4）

決：1（下 29-38A-2）

決斷：1（上 15-7A-9）

覺：6（上 4-2B-4, 上 25-12A-2,
　　　上 35-16A-7, 上 49-22B-7, 下 3-26A-1,
　　　下 40-43A-9）

絕意：1（下 17-32B-4）

俊俏：1（上 41-19A-4）

K

開：5（上 21-10A-5，上 53-24A-8，
　　下 3-26A-6，下 8-28A-8，下 29-37B-9）
開開：2（上 35-16B-1，下 46-45B-4）
開口：2（上 1-1A-5，下 30-38A-5）
開手：2（上 47-21B-9，下 8-28B-4）
楷書：1（上 5-3A-3）
砍：3（上 8-4B-3，上 18-9A-2，上 18-9A-4）
砍頭的：3（上 45-20B-6，下 2-25B-2，
　　下 18-32B-6）
砍頭的們：1（上 44-20A-8）
看：34（上 2-1B-8，上 3-2A-7，上 8-4A-9，
　　上 8-4A-9，上 8-4B-1，上 8-4B-2，
　　上 10-5A-9，上 11-6A-2，上 13-6B-4，
　　上 18-9A-3，上 20-9B-8，上 27-12B-7，
　　上 30-14A-4，上 33-15A-6，上 35-16B-1，
　　上 36-16B-7，上 40-18B-6，上 45-20B-8，
　　上 48-22A-3，上 52-23B-9，下 1-25A-5，
　　下 14-31A-9，下 14-31A-9，下 16-32A-3，
　　下 18-33A-1，下 21-34A-7，下 21-34B-2，
　　下 23-35B-1，下 23-35B-3，下 31-39A-3，
　　下 31-39A-3，下 39-42B-9，下 44-45A-4，
　　下 50-47B-2）
看八字兒的：1（上 39-18A-5）
看不得：1（上 30-14A-1）
看不見：1（上 43-19B-9）
看待：1（上 16-7B-9）
看見：19（上 8-4B-5，上 18-8B-8，
　　上 23-11A-1，上 23-11A-2，上 32-15A-4，
　　上 35-16A-9，上 36-16B-7，上 40-18B-4，
　　上 51-23A-8，下 10-29B-1，下 13-30B-5，
　　下 24-35B-5，下 25-36B-1，下 26-36B-4，
　　下 30-38B-1，下 30-38B-3，下 41-43B-6，
　　下 45-45B-1，下 47-46A-5）
看看：1（下 24-36A-1）
看起：1（上 47-21B-7）
看起來：7（上 17-8B-5，上 20-9B-6，

　　上 33-15A-8，下 2-25A-9，下 8-28B-3，
　　下 19-33B-4，下 35-40B-9）
看輕：2（上 30-14A-5，下 11-30A-2）
看一看：1（上 14-7A-6）
看着：4（上 16-8A-5，上 24-11B-1，
　　下 32-39B-2，下 46-46A-1）
看着容易做着難：1（上 10-5A-6）
炕：2（上 51-23A-9，下 50-47B-3）
考：6（上 7-4A-5，上 7-4A-5，上 7-4A-6，
　　上 7-4A-7，上 7-4A-7，上 7-4A-8）
考較：1（上 24-11B-2）
烤：1（上 49-22B-5）
靠頭兒：1（下 21-34A-9）
靠着：2（上 52-24A-1，下 49-47A-1）
疴疴巴巴：1（上 43-19B-9）
磕頭：6（上 1-1B-1，上 11-5B-6，
　　上 44-20A-9，上 44-20A-9，上 50-23A-4，
　　下 33-40A-4）
咳嗽：1（上 44-20A-7）
可：16（上 1-1A-6，上 2-1B-5，上 4-2B-3，
　　上 5-3A-8，上 6-4A-1，上 15-7B-3，
　　上 24-11B-5，上 29-13B-5，上 33-15B-2，
　　上 41-19A-4，上 43-20A-4，下 2-25B-1，
　　下 12-30A-8，下 18-33A-2，下 31-38B-8，
　　下 43-44B-4）
可不是：1（上 3-2A-5）
可不是麼：2（上 1-1A-2，下 23-35A-9）
可恥：1（下 5-27A-3）
可惡：1（下 6-27A-8）
可觀：1（上 33-15B-1）
可憐：1（下 36-41B-4）
可憐見兒的：1（下 6-27A-9）
可怕：2（上 24-11B-6，下 47-46A-4）
可是：6（上 19-9B-2，上 30-14A-3，
　　上 36-16B-9，上 45-20B-9，下 34-40B-3，
　　下 38-42B-2）
可惜了兒的：3（上 38-17B-9，上 41-19A-5，
　　下 29-37B-6）
可笑：4（上 30-14A-1，上 35-16B-4，
　　下 4-26B-1，下 38-42B-2）

可信：1（下 49-47A-6）
可以：16（上 3-2A-4，上 5-3A-6，上 7-4A-5，
　　　上 17-8B-2，上 17-8B-2，上 18-9A-6，
　　　上 26-12A-6，上 26-12A-6，上 33-15A-7，
　　　上 51-23A-7，下 2-25B-3，下 10-29B-3，
　　　下 25-36B-2，下 27-37A-4，下 36-41A-7，
　　　下 42-44A-1）
渴：1（下 42-44A-2）
克食：1（下 37-42A-4）
刻薄：2（下 5-26B-8，下 6-27B-1）
客：4（上 49-22B-3，下 1-25A-1，
　　　下 20-34A-1，下 46-45B-7）
客們：1（下 37-42A-5）
肯：10（上 9-4B-8，上 15-7B-2，上 17-8B-5，
　　　上 33-15B-2，下 3-26A-3，下 14-31A-7，
　　　下 26-36B-8，下 26-36B-8，下 27-37A-5，
　　　下 31-39A-3）
坑害：1（上 24-11B-5）
空：1（上 24-11B-3）
空兒：16（上 3-2A-2，上 5-3A-4，上 5-3A-9，
　　　上 6-3B-8，上 7-4A-8，上 20-9B-8，
　　　上 21-10A-5，上 22-10B-3，上 43-20A-1，
　　　上 50-23A-6，下 3-26A-5，下 19-33A-7，
　　　下 34-40A-8，下 38-42A-7，下 38-42A-8，
　　　下 45-45A-8）
空飯：1（下 19-33B-3）
空空兒：1（上 11-6A-2）
空手兒：1（上 18-9A-4）
空子：1（下 6-27B-5）
孔雀翎子：1（上 12-6A-6）
恐怕：8（上 9-5A-3，上 17-8B-4，
　　　上 23-11A-7，上 42-19B-2，下 20-33B-7，
　　　下 22-35A-3，下 27-37A-5，
　　　下 37-42A-2）
口：2（上 33-15B-1，下 11-30A-1）
口瘡：1（下 21-34B-1）
口袋：1（下 29-38A-4）
口氣兒：1（下 1-25A-4）
叩求：1（下 33-39B-7）
扣：1（上 40-18B-9）

窟窿：1（上 40-18B-6）
苦處：1（上 14-7A-5）
苦口良言：1（上 6-3B-6）
苦扳苦掖：1（下 33-40A-1）
苦兒：1（下 18-32B-7）
誇：1（下 48-46B-6）
誇獎：1（上 24-11B-1）
誇口：1（下 5-26B-8）
塊兒：3（上 4-2B-4，下 23-35B-1，
　　　下 31-38B-7）
快：13（上 3-2A-3，上 7-4A-8，上 33-15A-8，
　　　上 47-21B-3，上 50-23A-6，下 20-33B-9，
　　　下 21-34B-1，下 21-34B-2，下 41-43B-6，
　　　下 41-43B-7，下 43-44A-9，下 43-44B-3，
　　　下 47-46A-3）
筷子：2（下 13-30B-9，下 20-34A-3）
寬綽：1（下 5-27A-2）
誆騙：1（下 28-37B-2）
曠野：1（下 39-42B-5）
曠野地：1（下 43-44B-4）
况且：12（上 2-1B-4，上 7-4A-7，
　　　上 19-9B-1，上 20-9B-9，上 28-13A-2，
　　　上 34-16A-5，下 8-28A-9，下 19-33B-3，
　　　下 34-40A-8，下 34-40B-2，下 37-42A-5，
　　　下 42-44A-7）
虧損：1（上 50-22B-9）
虧心：2（上 51-23B-3，下 31-39A-5）
魁偉：1（上 24-11A-9）
綑：2（上 9-5A-4，下 50-47B-3）
捆兒：3（上 28-13A-3，上 47-21B-7，
　　　下 16-32A-1）
困：1（下 18-32B-5）
睏：2（下 44-45A-1，下 44-45A-1）

L

拉：3（上 10-5A-6，上 10-5A-7，
　　　上 33-15A-7）
拉扯：1（下 29-38A-3）
拉開：1（下 38-42A-7）

拉緈：1（上 28-13A-1）
來：129（上 1-1A-4，上 8-4B-4，上 9-4B-7，
　　上 9-4B-7，上 9-4B-8，上 9-5A-1，
　　上 9-5A-4，上 11-5B-9，上 11-6A-2，
　　上 12-6A-4，上 12-6B-2，上 14-7A-3，
　　上 15-7B-6，上 16-8A-2，上 17-8B-4，
　　上 20-9B-8，上 21-10A-5，上 21-10A-7，
　　上 21-10A-8，上 22-10B-7，上 22-10B-7，
　　上 23-11A-6，上 23-11A-7，上 23-11A-7，
　　上 24-11B-5，上 27-12B-3，上 30-13B-7，
　　上 30-13B-7，上 30-13B-7，上 30-14A-4，
　　上 30-14A-5，上 31-14A-9，上 31-14B-1，
　　上 31-14B-1，上 32-14B-6，上 32-14B-6，
　　上 32-14B-7，上 32-14B-7，上 32-15A-3，
　　上 32-15A-5，上 33-15A-7，上 35-16B-4，
　　上 35-16B-5，上 35-16B-5，上 36-16B-5，
　　上 38-17B-6，上 38-17B-7，上 38-17B-8，
　　上 38-17B-8，上 38-18A-1，上 39-18A-5，
　　上 40-18B-8，上 44-20A-8，上 47-21B-4，
　　上 47-21B-7，上 48-22A-6，上 50-23A-2，
　　上 50-23A-6，下 1-25A-5，下 2-25A-9，
　　下 3-26A-4，下 4-26B-3，下 4-26B-4，
　　下 7-28A-3，下 8-28A-9，下 8-28A-9，
　　下 9-28B-9，下 11-29B-6，下 11-29B-9，
　　下 12-30B-1，下 13-30B-3，下 16-32A-3，
　　下 17-32A-7，下 17-32A-9，下 17-32A-9，
　　下 17-32B-1，下 17-32B-3，下 19-33A-8，
　　下 19-33A-8，下 19-33B-1，下 19-33B-2，
　　下 19-33B-2，下 20-33B-5，下 20-33B-6，
　　下 20-33B-8，下 21-34A-6，下 21-34A-7，
　　下 21-34A-9，下 21-34B-1，下 21-34B-2，
　　下 21-34B-4，下 22-35A-1，下 22-35A-1，
　　下 22-35A-3，下 22-35A-4，下 24-35B-6，
　　下 25-36A-5，下 25-36A-6，下 25-36A-6，
　　下 29-37B-5，下 30-38A-7，下 30-38A-7，
　　下 31-38B-7，下 32-39A-8，下 32-39B-1，
　　下 33-39B-5，下 33-40A-2，下 34-40A-5，
　　下 34-40A-7，下 36-41B-3，下 37-42A-2，
　　下 37-42A-2，下 38-42A-7，下 38-42B-1，
　　下 39-42B-5，下 40-43A-4，下 40-43A-7，
　　下 41-43B-4，下 43-44A-9，下 45-45A-9，
　　下 46-45B-6，下 46-45B-7，下 46-45B-8，
　　下 46-46A-1，下 47-46A-5，下 48-46B-2，
　　下 48-46B-7，下 49-47A-7，下 50-47A-8）
來到：2（上 50-23A-1，上 53-24A-7）
來客：1（下 25-36A-5）
來來往往：1（下 39-42B-8）
來去：1（下 37-42A-5）
來往：1（下 24-36A-2）
來着：44（上 17-8A-8，上 20-9B-5，
　　上 30-13B-8，上 30-14A-4，上 34-16A-1，
　　上 37-17A-7，上 38-17B-9，上 46-21A-6，
　　上 49-22B-2，上 51-23A-7，下 4-26A-9，
　　下 4-26B-4，下 9-28B-6，下 9-28B-9，
　　下 9-29A-3，下 12-30A-5，下 13-30B-6，
　　下 13-30B-7，下 14-31A-3，下 14-31A-8，
　　下 14-31A-8，下 19-33A-6，下 19-33B-2，
　　下 21-34A-5，下 21-34A-5，下 22-34B-6，
　　下 22-34B-6，下 22-35A-3，下 23-35A-5，
　　下 30-38B-2，下 31-38B-6，下 31-39A-3，
　　下 31-39A-5，下 32-39A-6，下 34-40A-6，
　　下 34-40A-9，下 37-41B-8，下 37-42A-4，
　　下 38-42A-6，下 40-43A-3，下 43-44B-1，
　　下 47-46A-2，下 48-46B-6，下 50-47B-1）
攔：4（上 26-12A-8，下 1-25A-3，
　　下 2-25B-7，下 6-27B-1）
攔住：1（下 30-38B-4）
襤褸：1（下 18-32B-5）
懶：1（上 5-3A-9）
懶怠：2（上 8-4B-6，上 46-21A-9）
懶惰：1（下 27-37A-3）
爛：1（下 12-30A-7）
撈：2（上 12-6A-7，上 15-7B-3）
撈摸：2（上 26-12A-6，下 25-36B-1）
勞唇乏舌：1（下 4-26B-6）
勞乏：3（上 1-1A-6，上 50-23A-2，
　　下 31-38B-8）
勞苦：2（上 16-7B-7，上 33-15A-9）
老：6（上 16-7B-7，上 16-7B-8，
　　上 29-13A-8，上 33-15B-1，上 36-17A-3，

下 34-40A-6）
老背：1（上 16-8A-3）
老大哥：1（下 37-41B-7）
老大人：1（上 15-7A-9）
老哥哥：1（上 11-5B-6）
老虎：1（下 2-25B-4）
老家兒：2（上 20-9B-7，下 17-32A-8）
老媽媽兒：1（上 22-10B-6）
老婆：1（下 35-40B-5）
老親：1（下 33-39B-8）
老人家：6（上 14-7A-6，上 14-7A-8，
　　上 16-7B-9，上 52-23B-7，上 52-23B-8，
　　下 17-32B-3）
老人家們：1（上 51-23A-8）
老生兒子：1（下 36-41A-5）
老寔：1（上 33-15B-3）
老實：2（下 6-27A-9，下 16-31B-9）
老天爺：1（下 36-41B-1）
老樣兒：1（上 47-21B-3）
老爺：2（上 22-10B-7，下 33-40A-2）
老爺兒：1（上 40-18B-5）
老爺們：3（上 30-13B-8，下 33-39B-7，
　　下 33-39B-7）
老遠：2（上 23-11A-2，下 13-30B-3）
老子：4（上 43-19B-8，上 45-21A-2，
　　下 48-46B-6，下 48-46B-7）
老子娘：1（上 4-2B-6）
潦：1（上 32-14B-9）
樂：6（上 29-13A-8，上 29-13B-3，
　　上 29-13B-3，下 40-43A-3，下 40-43A-3，
　　下 40-43A-9）
樂處兒：1（下 3-26A-1）
樂兒：1（下 49-46B-9）
樂一樂兒：1（上 29-13B-1）
了：676（上 1-1A-3，上 1-1A-7，上 1-1A-7，
　　上 1-1B-1，上 2-1B-2，上 2-1B-5，
　　上 2-1B-9，上 3-2A-7，上 3-2A-7，
　　上 3-2A-8，上 4-2B-2，上 4-2B-4，
　　上 4-2B-8，上 5-3A-4，上 5-3B-1，
　　上 5-3B-1，上 6-3B-3，上 6-3B-5，
　　上 6-3B-5，上 6-3B-5，上 6-3B-5，
　　上 6-3B-6，上 6-3B-6，上 6-3B-7，
　　上 6-3B-7，上 6-3B-9，上 7-4A-2，
　　上 7-4A-3，上 7-4A-4，上 7-4A-6，
　　上 7-4A-8，上 8-4B-2，上 8-4B-3，
　　上 8-4B-4，上 9-4B-7，上 9-4B-7，
　　上 9-4B-8，上 9-4B-9，上 9-4B-9，
　　上 9-5A-1，上 9-5A-2，上 9-5A-3，
　　上 9-5A-4，上 9-5A-5，上 9-5A-5，
　　上 10-5A-7，上 10-5A-9，上 10-5A-3，
　　上 11-5B-8，上 11-5B-8，上 11-6A-1，
　　上 11-6A-2，上 11-6A-2，上 12-6A-4，
　　上 12-6A-4，上 12-6A-4，上 12-6A-9，
　　上 12-6A-9，上 12-6A-9，上 12-6B-2，
　　上 12-6B-2，上 13-6B-6，上 13-6B-9，
　　上 14-7A-2，上 14-7A-2，上 14-7A-4，
　　上 14-7A-5，上 14-7A-6，上 15-7B-2，
　　上 15-7B-3，上 16-7B-9，上 16-8A-2，
　　上 16-8A-3，上 16-8A-3，上 16-8A-3，
　　上 16-8A-6，上 17-8A-8，上 17-8A-8，
　　上 17-8A-9，上 17-8B-1，上 17-8B-1，
　　上 17-8B-2，上 17-8B-2，上 17-8B-2，
　　上 17-8B-3，上 17-8B-3，上 18-9A-1，
　　上 18-9A-3，上 18-9A-4，上 18-9A-4，
　　上 19-9B-2，上 20-9B-4，上 20-9B-5，
　　上 20-9B-5，上 20-9B-5，上 20-10A-1，
　　上 20-10A-1，上 21-10A-3，上 21-10A-3，
　　上 21-10A-5，上 21-10A-5，上 21-10A-8，
　　上 21-10A-8，上 22-10B-2，上 22-10B-2，
　　上 22-10B-3，上 22-10B-4，上 22-10B-5，
　　上 22-10B-5，上 22-10B-6，上 22-10B-6，
　　上 22-10B-7，上 22-10B-7，上 22-10B-8，
　　上 22-10B-9，上 22-10B-9，上 23-11A-1，
　　上 23-11A-1，上 23-11A-2，上 23-11A-3，
　　上 23-11A-3，上 23-11A-3，上 23-11A-7，
　　上 24-11A-9，上 24-11B-2，上 24-11B-5，
　　上 25-11B-9，上 25-11B-9，上 25-12A-3，
　　上 26-12A-5，上 26-12A-6，上 27-12B-1，
　　上 27-12B-2，上 27-12B-3，上 27-12B-3，
　　上 27-12B-5，上 27-12B-6，上 27-12B-7，

上 28-13A-2, 上 28-13A-4, 上 28-13A-5,
上 28-13A-6, 上 28-13A-6, 上 29-13A-8,
上 29-13A-9, 上 29-13B-1, 上 29-13B-4,
上 29-13B-4, 上 29-13B-4, 上 29-13B-5,
上 30-13B-7, 上 30-13B-7, 上 30-13B-8,
上 30-13B-9, 上 30-14A-3, 上 30-14A-3,
上 30-14A-4, 上 30-14A-5, 上 30-14A-6,
上 30-14A-6, 上 31-14A-7, 上 31-14A-7,
上 31-14A-8, 上 31-14A-9, 上 31-14B-1,
上 31-14B-2, 上 31-14B-4, 上 32-14B-6,
上 32-14B-6, 上 32-14B-6, 上 32-14B-7,
上 32-14B-9, 上 32-14B-9, 上 32-14B-9,
上 32-15A-4, 上 33-15A-7, 上 33-15A-7,
上 33-15B-1, 上 33-15B-2, 上 33-15B-3,
上 34-15B-7, 上 34-16A-1, 上 34-16A-2,
上 34-16A-2, 上 34-16A-3, 上 34-16A-3,
上 34-16A-3, 上 34-16A-5, 上 35-16A-7,
上 35-16A-9, 上 35-16B-1, 上 35-16B-2,
上 35-16B-3, 上 35-16B-4, 上 35-16B-4,
上 35-16B-4, 上 35-16B-4, 上 36-16B-8,
上 36-16B-8, 上 36-17A-1, 上 36-17A-1,
上 36-17A-2, 上 36-17A-2, 上 36-17A-3,
上 36-17A-4, 上 36-17A-4, 上 37-17A-8,
上 37-17A-8, 上 37-17A-8, 上 37-17A-9,
上 37-17A-9, 上 37-17B-1, 上 37-17B-1,
上 37-17B-1, 上 37-17B-2, 上 37-17B-4,
上 38-17B-5, 上 38-17B-6, 上 38-17B-7,
上 38-17B-7, 上 38-17B-7, 上 38-17B-8,
上 38-17B-9, 上 38-18A-1, 上 38-18A-2,
上 38-18A-3, 上 38-18A-3, 上 38-18A-3,
上 39-18A-5, 上 39-18A-7, 上 39-18A-8,
上 39-18A-8, 上 39-18A-9, 上 39-18B-1,
上 40-18B-6, 上 40-18B-6, 上 40-18B-7,
上 40-18B-8, 上 40-18B-9, 上 40-18B-9,
上 40-19A-1, 上 40-19A-1, 上 41-19A-5,
上 41-19A-5, 上 41-19A-6, 上 42-19B-2,
上 42-19B-3, 上 42-19B-4, 上 42-19B-4,
上 43-20A-3, 上 43-20A-4, 上 43-20A-4,
上 44-20A-6, 上 44-20A-7, 上 44-20A-7,
上 44-20A-9, 上 44-20B-1, 上 44-20B-1,

上 44-20B-1, 上 44-20B-1, 上 44-20B-3,
上 45-20B-4, 上 45-20B-4, 上 45-20B-5,
上 45-20B-7, 上 45-20B-8, 上 45-21A-1,
上 45-21A-2, 上 45-21A-3, 上 45-21A-3,
上 46-21A-4, 上 46-21A-7, 上 46-21A-7,
上 46-21A-7, 上 46-21A-7, 上 46-21A-8,
上 46-21A-8, 上 46-21A-8, 上 46-21B-1,
上 46-21B-1, 上 46-21B-2, 上 47-21B-3,
上 47-21B-4, 上 47-21B-4, 上 47-21B-4,
上 47-21B-4, 上 47-21B-6, 上 47-21B-9,
上 48-22A-3, 上 48-22A-3, 上 48-22A-6,
上 48-22A-7, 上 48-22A-7, 上 48-22A-7,
上 48-22A-9, 上 49-22B-1, 上 49-22B-3,
上 49-22B-3, 上 49-22B-3, 上 49-22B-4,
上 49-22B-4, 上 49-22B-5, 上 49-22B-6,
上 49-22B-7, 上 49-22B-7, 上 49-22B-7,
上 50-22B-9, 上 50-23A-1, 上 50-23A-2,
上 50-23A-2, 上 50-23A-3, 上 50-23A-4,
上 50-23A-4, 上 50-23A-5, 上 50-23A-6,
上 51-23A-7, 上 51-23A-7, 上 51-23A-8,
上 51-23A-8, 上 51-23A-8, 上 51-23B-1,
上 51-23B-1, 上 51-23B-2, 上 51-23B-2,
上 51-23B-3, 上 51-23B-3, 上 51-23B-3,
上 51-23B-3, 上 51-23B-4, 上 51-23B-5,
上 52-23B-6, 上 52-23B-7, 上 52-23B-7,
上 52-23B-8, 上 52-23B-8, 上 52-23B-8,
上 52-23B-9, 上 52-23B-9, 上 52-24A-1,
上 52-24A-1, 上 52-24A-1, 上 52-24A-2,
上 52-24A-2, 上 52-24A-2, 上 53-24A-4,
上 53-24A-5, 上 53-24A-7, 上 53-24A-8,
上 53-24A-9, 下 1-25A-1, 下 1-25A-3,
下 1-25A-5, 下 1-25A-7, 下 2-25B-1,
下 2-25B-2, 下 2-25B-2, 下 2-25B-4,
下 2-25B-4, 下 2-25B-4, 下 2-25B-5,
下 3-25B-9, 下 3-26A-1, 下 3-26A-2,
下 3-26A-4, 下 3-26A-6, 下 3-26A-6,
下 3-26A-6, 下 4-26B-3, 下 4-26B-5,
下 4-26B-5, 下 4-26B-5, 下 4-26B-6,
下 5-26B-8, 下 5-27A-5, 下 6-27A-8,
下 6-27B-1, 下 6-27B-2, 下 6-27B-5,

下 7-28A-2, 下 7-28A-3, 下 7-28A-3,
下 7-28A-3, 下 7-28A-4, 下 7-28A-5,
下 8-28A-9, 下 8-28B-3, 下 8-28B-3,
下 8-28B-4, 下 9-28B-5, 下 9-28B-6,
下 9-28B-7, 下 9-28B-7, 下 9-28B-7,
下 10-29A-5, 下 10-29A-6, 下 10-29A-6,
下 10-29A-6, 下 10-29A-8, 下 10-29A-8,
下 10-29A-9, 下 10-29B-2, 下 10-29B-3,
下 11-29B-6, 下 11-29B-6, 下 11-29B-8,
下 11-30A-1, 下 11-30A-1, 下 12-30A-8,
下 12-30B-1, 下 13-30B-3, 下 13-30B-3,
下 13-30B-4, 下 13-30B-4, 下 13-30B-5,
下 13-30B-6, 下 13-30B-6, 下 13-30B-8,
下 13-31A-1, 下 13-31A-1, 下 13-31A-1,
下 13-31A-1, 下 13-31A-1, 下 14-31A-3,
下 14-31A-4, 下 14-31A-5, 下 14-31A-5,
下 14-31A-6, 下 14-31A-6, 下 14-31A-7,
下 14-31A-8, 下 14-31A-9, 下 15-31B-1,
下 16-31B-9, 下 16-31B-9, 下 16-32A-3,
下 16-32A-4, 下 16-32A-4, 下 16-32A-5,
下 16-32A-6, 下 17-32A-8, 下 17-32B-3,
下 17-32B-3, 下 17-32B-4, 下 17-32B-4,
下 18-32B-5, 下 18-32B-5, 下 18-32B-7,
下 18-33A-1, 下 18-33A-4, 下 19-33A-5,
下 19-33A-6, 下 19-33A-7, 下 19-33A-7,
下 19-33A-8, 下 19-33A-8, 下 19-33A-9,
下 19-33B-1, 下 20-33B-5, 下 20-33B-8,
下 20-33B-8, 下 20-33B-9, 下 20-34A-1,
下 20-34A-2, 下 20-34A-4, 下 21-34A-6,
下 21-34A-7, 下 21-34A-9, 下 21-34A-9,
下 21-34B-1, 下 21-34B-1, 下 21-34B-2,
下 22-34B-8, 下 22-34B-8, 下 22-34B-8,
下 22-35A-1, 下 22-35A-2, 下 22-35A-3,
下 22-35A-3, 下 23-35A-6, 下 23-35A-6,
下 23-35A-7, 下 23-35A-7, 下 23-35A-7,
下 23-35A-8, 下 23-35A-8, 下 23-35A-9,
下 23-35A-9, 下 23-35B-1, 下 23-35B-3,
下 24-35B-8, 下 24-36A-1, 下 24-36A-1,
下 25-36A-5, 下 25-36A-5, 下 25-36A-6,
下 25-36A-6, 下 25-36A-7, 下 25-36A-8,

下 25-36A-8, 下 25-36A-9, 下 25-36A-9,
下 25-36B-1, 下 25-36B-3, 下 26-36B-4,
下 26-36B-5, 下 26-36B-5, 下 26-36B-6,
下 26-36B-7, 下 26-36B-9, 下 27-37A-4,
下 28-37A-9, 下 29-37B-6, 下 29-37B-6,
下 29-37B-7, 下 29-37B-9, 下 29-37B-9,
下 29-38A-1, 下 29-38A-1, 下 29-38A-1,
下 29-38A-2, 下 29-38A-2, 下 29-38A-3,
下 29-38A-3, 下 29-38A-4, 下 30-38A-5,
下 30-38A-7, 下 30-38A-7, 下 30-38A-8,
下 30-38A-8, 下 30-38A-9, 下 30-38B-1,
下 30-38B-2, 下 30-38B-3, 下 30-38B-3,
下 30-38B-4, 下 30-38B-4, 下 31-38B-7,
下 31-38B-8, 下 31-39A-1, 下 31-39A-2,
下 31-39A-3, 下 31-39A-4, 下 31-39A-4,
下 31-39A-4, 下 32-39A-7, 下 32-39A-7,
下 32-39A-8, 下 32-39A-8, 下 32-39A-8,
下 32-39A-9, 下 32-39A-9, 下 32-39B-1,
下 32-39B-1, 下 32-39B-2, 下 32-39B-2,
下 32-39B-3, 下 32-39B-4, 下 33-40A-3,
下 34-40A-5, 下 34-40A-6, 下 34-40A-8,
下 34-40B-2, 下 34-40B-4, 下 34-40B-4,
下 34-40B-4, 下 35-40B-5, 下 35-40B-6,
下 35-40B-7, 下 35-40B-8, 下 35-40B-9,
下 35-40B-9, 下 35-41A-1, 下 35-41A-1,
下 35-41A-3, 下 35-41A-3, 下 35-41A-3,
下 36-41A-5, 下 36-41A-5, 下 36-41A-6,
下 36-41A-6, 下 36-41A-7, 下 36-41A-9,
下 36-41A-9, 下 36-41B-1, 下 36-41B-2,
下 36-41B-2, 下 36-41B-3, 下 37-41B-7,
下 38-42A-7, 下 38-42A-8, 下 38-42A-8,
下 38-42A-9, 下 38-42A-9, 下 38-42B-1,
下 38-42B-1, 下 38-42B-1, 下 38-42B-2,
下 39-42B-5, 下 39-42B-9, 下 39-43A-1,
下 40-43A-3, 下 40-43A-4, 下 40-43A-5,
下 40-43A-8, 下 40-43A-8, 下 40-43A-9,
下 38-42B-2, 下 38-43B-1, 下 41-43B-2,
下 41-43B-2, 下 41-43B-3, 下 41-43B-4,
下 41-43B-4, 下 41-43B-5, 下 41-43B-6,
下 41-43B-6, 下 41-43B-7, 下 41-43B-7,

下 41-43B-7，下 41-43B-8，下 41-43B-8，
　　下 42-44A-2，下 42-44A-2，下 42-44A-3，
　　下 42-44A-3，下 42-44A-4，下 42-44A-5，
　　下 42-44A-8，下 43-44B-1，下 43-44B-2，
　　下 43-44B-2，下 43-44B-5，下 43-44B-7，
　　下 44-44B-8，下 44-44B-8，下 44-44B-9，
　　下 44-45A-1，下 44-45A-2，下 44-45A-3，
　　下 44-45A-3，下 44-45A-4，下 45-45A-7，
　　下 45-45A-7，下 45-45A-8，下 45-45A-8，
　　下 45-45A-8，下 45-45A-8，下 45-45A-8，
　　下 45-45A-9，下 46-45B-4，下 46-45B-5，
　　下 46-45B-5，下 46-45B-8，下 46-45B-8，
　　下 46-46A-1，下 46-46A-1，下 46-46A-1，
　　下 46-46A-1，下 47-46A-2，下 47-46A-2，
　　下 47-46A-3，下 47-46A-4，下 47-46A-5，
　　下 47-46A-7，下 48-46B-7，下 48-46B-7，
　　下 48-46B-7，下 48-46B-7，下 49-47A-3，
　　下 50-47A-8，下 50-47A-9，下 50-47B-2，
　　下 50-47B-3，下 50-47B-3，下 50-47B-4，
　　下 50-47B-4）

冷：3（下 42-44A-7，下 46-45B-4，
　　下 47-46A-9）

冷孤丁：1（上 46-21A-4）

冷清：1（上 23-11A-6）

離：6（上 3-2A-6，上 48-22A-5，
　　下 21-34A-7，下 23-35A-5，下 24-35B-8，
　　下 41-43B-5）

離不得：1（上 48-22A-3）

離間：1（上 17-8A-9）

裏：3（上 33-15A-8，下 5-27A-5，
　　下 7-27B-9）

裡：39（上 17-8A-7，上 22-10B-5，
　　上 22-10B-8，上 24-11B-4，上 24-11B-8，
　　上 27-12B-3，上 28-12B-9，上 31-14B-1，
　　上 32-14B-6，上 34-15B-5，上 34-15B-5，
　　上 35-16A-8，上 35-16A-8，上 35-16B-2，
　　上 36-17A-2，上 37-17A-9，上 38-17B-8，
　　上 38-18A-2，上 38-18A-2，上 40-18B-7，
　　上 41-19A-6，上 45-21A-1，上 47-21B-9，
　　上 47-21B-9，下 5-27A-3，下 11-29B-7，

　　下 23-35B-1，下 23-35B-4，下 25-36A-5，
　　下 30-38B-1，下 30-38B-1，下 33-39B-9，
　　下 34-40A-9，下 38-42A-6，下 40-43A-3，
　　下 40-43A-3，下 40-43A-7，下 43-44B-4，
　　下 45-45A-6）

裡兒：1（下 34-40A-7）

裡頭：16（上 1-1A-9，上 13-6B-8，
　　上 19-9B-1，上 21-10A-2，上 30-13B-9，
　　上 31-14B-3，上 36-16B-8，上 53-24A-5，
　　下 15-31B-2，下 17-32B-1，下 22-34B-9，
　　下 30-38A-9，下 33-40A-3，下 33-40A-3，
　　下 48-46B-2，下 49-47A-6）

里：2（下 24-35B-9，下 50-47B-4）

理：13（上 7-4A-7，上 11-6A-2，上 19-9B-3，
　　上 23-11A-2，上 23-11A-7，上 29-13B-6，
　　上 35-16B-2，上 38-17B-6，下 9-28B-7，
　　下 10-29B-1，下 13-30B-6，下 21-34A-8，
　　下 42-44A-7）

理論：1（下 9-29A-2）

力量兒：2（上 53-24A-9，下 23-35A-9）

立墳：1（下 23-35B-1）

立櫃：1（上 35-16B-1）

立刻：2（上 36-17A-4，上 46-21A-8）

立夏：1（下 42-44A-1）

利害：8（上 27-12B-2，下 2-25B-2，
　　下 3-26A-2，下 3-26A-2，下 6-27B-3，
　　下 9-28B-8，下 28-37B-2，下 42-44A-1）

倆：9（上 18-8B-7，上 18-8B-8，上 18-9A-2，
　　上 18-9A-3，上 22-10B-2，上 27-12B-3，
　　上 30-13B-7，上 39-42B-8，上 39-43A-1）

倆眼：1（上 45-20B-5）

連：13（上 4-2B-6，上 6-3B-4，上 11-6A-3，
　　上 22-10B-2，上 38-18A-3，上 47-21B-8，
　　上 49-22B-6，下 1-25A-3，下 29-38A-4，
　　下 34-40A-9，下 36-41A-9，下 44-44B-8，
　　下 50-47B-3）

連鬢鬍子：1（上 30-14A-1）

連累：1（上 17-8B-4）

連忙：1（上 18-9A-1）

連夜兒：1（下 34-40B-3）

連陰：1（下 44-44B-8）
憐愛：1（上 15-7B-1）
簾子：1（下 46-45B-9）
臉：8（上 21-10A-6，上 35-16A-8，
　　　上 45-20B-8，上 48-22A-8，下 13-30B-5，
　　　下 32-39A-7，下 45-45A-7，
　　　下 47-46A-7）
臉旦兒：1（上 41-19A-3）
臉面：1（上 31-14B-4）
臉面兒：2（上 52-23B-9，下 7-28A-2）
臉軟：1（下 31-38B-9）
臉上：5（上 42-19B-5，上 46-21A-4，
　　　下 15-31B-8，下 16-32A-5，下 26-36B-5）
臉上下不來：2（下 1-25A-7，下 9-28B-9）
臉子：2（下 11-29B-7，下 31-39A-5）
良善：1（上 20-9B-8）
良藥：1（下 15-31B-5）
良藥苦口：1（上 42-19B-6）
糧米：1（下 27-37A-6）
涼：4（上 46-21A-5，上 46-21A-6，
　　　上 46-21B-2，上 49-22B-5）
涼茶：1（上 46-21A-7）
涼快：1（上 36-16B-9）
涼快涼快：1（上 46-21A-7）
涼一涼兒：1（下 21-34B-2）
兩：8（上 16-7B-9，上 20-9B-6，
　　　上 43-19B-9，上 49-22B-1，下 23-35A-6，
　　　下 25-36A-7，下 39-42B-8，下 46-46A-1）
兩（量）：5（上 31-14B-1，上 34-15B-6，
　　　上 34-15B-6，上 34-15B-7，上 34-15B-8）
兩半兒：1（上 18-9A-4）
兩截兒：1（上 18-9A-2）
兩難：1（下 1-25A-7）
兩兒（雨兒）：1（下 12-30A-6）
兩三：3（上 7-4A-3，下 13-30B-9，
　　　下 22-35A-3）
兩頭兒蛇：2（上 18-9A-1，上 18-9A-2）
兩下裏：1（下 12-30A-8）
兩下裡：2（上 1-1A-4，下 29-37B-7）
兩樣兒：1（上 5-3A-3）

亮：2（下 45-45A-6，下 46-45B-4）
亮兒：1（下 23-35A-7）
亮鐘：1（下 44-44B-9）
撩：1（下 31-39A-5）
嘹亮：1（下 2-25A-9）
了不得：2（下 6-27B-3，下 11-29B-6）
了不的：1（下 2-25B-2）
了兒：1（下 38-43B-1）
了手：1（上 6-3B-4）
料：1（上 33-15A-6）
料想：1（上 3-2B-1）
撂：4（上 27-12B-6，上 47-21B-9，
　　　上 49-22B-2，下 8-28B-3）
撂臉子：1（上 42-19B-4）
撂下：3（上 18-8B-8，上 43-20A-2，
　　　上 51-23B-4）
臨期：1（下 41-43B-8）
臨終：1（上 47-21B-8）
臨走：1（下 4-26B-4）
伶便：1（上 33-15A-9）
伶牙俐齒：1（上 24-11A-9）
翎子：1（上 10-5B-2）
零碎：1（上 5-3A-2）
靈：1（上 39-18A-5）
領受：1（下 15-31B-8）
另：3（上 25-12A-3，上 53-24A-3，
　　　下 19-33B-1）
另請：1（上 52-23B-8）
另外：1（下 36-41B-3）
令郎：1（下 36-41A-5）
留：5（上 24-11B-7，上 36-17A-3，
　　　下 10-29B-2，下 15-31B-2，下 22-34B-7）
留分兒：1（下 2-25B-3）
留空兒：1（下 34-40B-2）
留情：1（下 8-28B-2）
留下：3（上 22-10B-9，上 30-14A-4，
　　　下 22-34B-8）
留心：1（上 17-8A-9）
流血：1（上 35-16A-8）
柳枝兒：1（下 39-42B-6）

六十：1（上41-19A-5）
咯：136（上1-1A-4，上1-1B-1，上2-1B-5，
上2-1B-6，上2-2A-1，上3-2B-1，
上6-3B-5，上6-3B-5，上6-3B-5，
上6-3B-7，上9-4B-7，上9-5A-4，
上10-5B-2，上12-6A-4，上12-6A-6，
上12-6A-6，上12-6A-8，上12-6A-9，
上15-7A-9，上17-8B-2，上17-8B-5，
上18-8B-9，上18-9A-4，上18-9A-5，
上19-9A-7，上21-10A-3，上21-10A-8，
上22-10B-4，上23-11A-7，上24-11B-7，
上27-12B-6，上35-16B-5，上37-17A-9，
上38-17B-9，上38-17B-9，上38-18A-4，
上38-18A-4，上40-18B-7，上40-18B-8，
上40-19A-1，上41-19A-7，上43-20A-2，
上43-20A-5，上44-20A-7，上44-20A-8，
上44-20A-8，上44-20B-1，上44-20B-3，
上46-21A-4，上46-21A-8，上47-21B-3，
上51-23A-9，下3-26A-1，下4-26B-5，
下6-27A-9，下7-27B-8，下8-28A-7，
下9-28B-5，下9-28B-6，下9-28B-7，
下10-29A-6，下10-29A-8，下10-29B-1，
下10-29B-2，下11-29B-6，下11-29B-7，
下11-29B-9，下11-30A-1，下11-30A-2，
下11-30A-2，下16-32A-4，下16-32A-5，
下18-32B-8，下19-33A-6，下19-33A-8，
下21-34B-3，下21-34B-4，下22-35A-2，
下23-35B-1，下23-35B-2，下24-35B-5，
下24-35B-6，下25-36A-5，下25-36B-2，
下26-36B-6，下29-37B-5，下30-38A-7，
下30-38B-5，下31-39A-2，下31-39A-5，
下32-39A-7，下32-39B-3，下33-39B-5，
下33-40A-1，下35-40B-6，下37-42A-2，
下37-42A-4，下38-42A-8，下40-43A-3，
下40-43A-7，下40-43A-9，下41-43B-2，
下41-43B-3，下41-43B-7，下42-44A-1，
下42-44A-2，下43-44A-9，下43-44B-3，
下43-44B-3，下43-44B-4，下44-44B-8，
下44-45A-1，下44-45A-4，下45-45A-9，
下45-45B-1，下45-45B-2，下46-45B-6，
下46-45B-7，下46-45B-8，下47-46A-4，
下47-46A-8，下48-46B-5，下48-46B-5，
下48-46B-6，下48-46B-7，下49-47A-3，
下50-47A-8，下50-47A-8，下50-47B-1，
下50-47B-1，下50-47B-2，下50-47B-2，
下50-47B-3，下50-47B-3，下50-47B-4，
下50-47B-4）

聾：1（上22-10B-8）
聾子啞巴：1（上45-20B-5）
爖：1（下46-45B-8）
漏：2（上9-5A-1，下44-44B-8）
漏出：1（上47-21B-3）
蘆葦：1（下40-43A-6）
鹿：1（下38-42B-1）
亂：3（上48-22A-7，上51-23A-8，
下7-28A-4）
亂烘烘：1（上51-23A-8）
亂來：1（上31-14B-4）
略：12（上48-22A-4，上48-22A-4，
下4-26A-9，下11-30A-4，下12-30A-5，
下18-33A-2，下21-34B-2，下22-34B-7，
下29-37B-5，下42-44A-3，下45-45A-7，
下47-46A-5）
畧：20（上7-4A-4，上10-5B-3，上10-5B-3，
上23-11A-3，上26-12A-4，上30-13B-9，
上31-14B-1，上36-16B-9，上42-19B-2，
上43-20A-5，上47-21B-5，上49-22B-8，
上52-23B-9，下2-25B-3，下12-30A-7，
下17-32B-3，下18-32B-7，下32-39B-4，
下38-42A-7，下48-46B-5）
畧畧兒：1（上46-21B-2）
論：6（上12-6A-8，上12-6A-9，上13-6B-7，
上14-7A-2，上26-12A-4，下15-31B-2）
烙：2（下34-40A-8，下34-40A-8）
落：5（上24-11B-4，上24-11B-7，
上40-18B-4，下38-42A-7，下41-43B-6）

M

馬：9（上32-15A-4，上33-15A-6，

上 33-15A-6，上 33-15A-9，上 33-15A-9，
上 33-15B-1，上 33-15B-1，下 38-42A-7，
下 38-42A-9）
馬步箭：1（上 20-9B-8）
馬箭：1（上 33-15A-8）
馬錢：1（上 53-24A-8）
罵：3（下 10-29B-4，下 12-30B-1，
下 12-30B-2）
罵人：1（下 48-46B-3）
買：18（上 32-15A-3，上 32-15A-3，
上 32-15A-4，上 33-15A-6，上 33-15A-6，
上 33-15B-2，上 34-15B-5，上 34-15B-5，
上 34-15B-6，上 34-16A-2，上 37-17A-6，
上 37-17B-4，上 37-17B-4，上 38-17B-8，
上 40-18B-9，下 18-33A-4，下 34-40A-9，
下 35-41A-1）
賣：6（上 29-13B-4，上 34-15B-7，
上 37-17B-2，上 38-17B-8，下 39-42B-9，
下 39-42B-9）
顢頂：1（上 25-12A-2）
瞞：1（下 39-43A-2）
瞞不過：1（上 15-7B-1）
瞞得住：2（下 10-29A-5，下 10-29A-5）
滿：2（上 30-14A-2，上 40-18B-7）
滿臉：1（下 10-29B-3）
滿心裡：1（下 32-39A-9）
滿洲：2（下 49-47A-1，下 49-47A-3）
滿洲話：2（上 1-1A-1，上 3-2A-3）
滿洲人：1（上 10-5A-6）
滿洲書：5（上 1-1A-1，上 1-1A-3，
上 5-3A-1，上 6-3B-3，上 7-4A-8）
慢慢兒：5（上 40-18B-5，上 51-23A-9，
下 32-39B-3，下 40-43A-5，下 46-45B-8）
慢皮性兒：1（下 6-27A-9）
忙：6（上 27-12B-5，上 36-17A-3，
上 36-17A-4，下 19-33A-7，下 24-35B-6，
下 30-38B-4）
蟒緞錦緞：1（下 5-27A-5）
毛病兒：4（上 10-5A-8，上 19-9A-9，
上 33-15A-8，下 15-31B-5）

毛道兒：1（上 34-15B-8）
毛稍兒：1（上 34-16A-1）
冒失：1（下 10-29B-3）
冒雨兒：1（下 43-44B-7）
帽子：2（上 40-18B-8，下 34-40A-9）
麼：148（上 1-1A-1，上 1-1A-2，上 1-1A-6，
上 1-1A-8，上 1-1A-9，上 2-1B-2，
上 3-2A-8，上 4-2B-7，上 4-2B-9，
上 5-3A-2，上 5-3A-7，上 6-3B-8，
上 7-4A-7，上 7-4A-8，上 9-4B-8，
上 9-4B-8，上 9-4B-9，上 9-5A-3，
上 11-5B-8，上 11-5B-9，上 11-6A-2，
上 11-6A-2，上 12-6A-5，上 12-6A-7，
上 13-6B-8，上 13-7A-1，上 16-8A-2，
上 17-8B-5，上 19-9A-7，上 19-9B-3，
上 21-10A-2，上 23-11A-2，上 23-11A-2，
上 23-11A-3，上 23-11A-8，上 24-11B-8，
上 26-12A-6，上 26-12A-8，上 27-12B-7，
上 28-12B-9，上 28-13A-1，上 29-13B-6，
上 30-13B-7，上 31-14A-7，上 31-14B-2，
上 32-14B-8，上 32-15A-2，上 34-15B-5，
上 35-16B-2，上 36-17A-5，上 37-17B-2，
上 37-17B-3，上 38-17B-6，上 39-18A-5，
上 41-19A-5，上 42-19B-2，上 44-20B-1，
上 44-20B-1，上 45-20B-7，上 47-21B-7，
上 48-22A-8，上 48-22A-9，上 50-23A-3，
上 51-23B-1，上 51-23B-2，上 53-24A-4，
上 53-24A-9，下 1-25A-2，下 1-25A-3，
下 1-25A-5，下 2-25B-4，下 2-25B-7，
下 3-25B-9，下 3-25B-9，下 3-26A-2，
下 3-26A-3，下 3-26A-5，下 5-26B-8，
下 5-27A-4，下 6-27B-7，下 7-27B-9，
下 7-28A-2，下 7-28A-6，下 8-28A-8，
下 8-28B-1，下 8-28B-2，下 8-28B-3，
下 9-28B-5，下 9-29A-2，下 9-29A-2，
下 9-29A-4，下 10-29A-5，下 10-29A-5，
下 10-29A-6，下 10-29A-8，下 11-29B-6，
下 11-30A-3，下 13-30B-6，下 14-31A-5，
下 14-31A-6，下 14-31A-7，下 15-31B-4，
下 15-31B-6，下 16-32A-3，下 17-32B-2，

下 18-32B-5，下 18-33A-2，下 18-33A-4，
下 18-33A-4，下 20-34A-2，下 21-34A-6，
下 21-34B-4，下 23-35A-5，下 24-35B-7，
下 25-36A-9，下 25-36B-3，下 25-36B-3，
下 26-36B-5，下 26-36B-5，下 26-36B-7，
下 26-36B-8，下 26-37A-2，下 28-37A-9，
下 28-37B-2，下 28-37B-4，下 29-37B-7，
下 30-38A-7，下 31-38B-6，下 31-39A-4，
下 34-40A-5，下 34-40A-6，下 34-40B-2，
下 35-40B-5，下 36-41A-6，下 37-42A-1，
下 37-42A-4，下 37-42A-5，下 37-42A-5，
下 38-43B-1，下 42-44A-4，下 42-44A-7，
下 42-44A-8，下 43-44B-7，下 43-44B-7，
下 45-45B-3，下 48-46B-2，下 49-47A-5，
下 50-47B-5）

沒：60（上 2-1B-4，上 2-1B-6，上 4-2B-8，
上 5-3A-3，上 6-3B-9，上 8-4B-1，
上 9-4B-7，上 9-4B-7，上 9-5A-2，
上 11-6A-3，上 17-8B-2，上 18-9A-3，
上 21-10A-7，上 21-10A-9，上 22-10B-3，
上 22-10B-6，上 22-10B-7，上 23-11A-3，
上 26-12A-7，上 27-12B-5，上 30-13B-8，
上 31-14A-7，上 31-14B-1，上 32-14B-6，
上 32-14B-7，上 38-17B-6，上 38-17B-8，
上 38-18A-3，上 39-18A-5，上 47-21B-5，
上 51-23B-2，上 51-23B-3，上 51-23B-4，
上 52-23B-7，上 52-24A-1，下 3-26A-6，
下 4-26A-9，下 4-26B-5，下 5-27A-5，
下 6-27B-3，下 7-28A-1，下 8-28A-9，
下 8-28B-3，下 9-28B-6，下 9-29A-2，
下 10-29B-1，下 13-30B-9，下 17-32B-1，
下 18-32B-6，下 18-32B-7，下 19-33A-4，
下 20-33B-8，下 22-35A-2，下 30-38A-9，
下 42-44A-5，下 43-44B-4，下 47-46A-8，
下 49-47A-3，下 50-47B-1，下 50-47B-5）

沒出息兒：2（下 12-30A-5，下 23-35B-3）
沒得：1（上 22-10B-2）
沒的：1（下 36-41B-2）
沒法兒：5（上 22-10B-8，上 31-14A-9，
　　　上 37-17B-2，上 40-19A-1，下 42-44A-2）

沒勁兒：1（上 49-22B-1）
沒趣兒：1（下 31-39A-1）
沒事：1（上 48-22A-5）
沒事兒：1（下 8-28B-3）
沒味兒：1（上 27-12B-7）
沒用：2（上 37-17B-2，下 36-41B-6）
沒有：95（上 3-2A-3，上 5-3A-2，上 5-3A-5，
　　　上 5-3A-5，上 5-3A-8，上 7-4A-5，
　　　上 7-4A-6，上 9-4B-7，上 10-5A-8，
　　　上 10-5A-9，上 12-6A-5，上 13-6B-5，
　　　上 15-7B-3，上 16-7B-8，上 17-8B-5，
　　　上 19-9A-9，上 23-11A-1，上 23-11A-5，
　　　上 24-11B-6，上 26-12A-4，上 29-13A-8，
　　　上 30-14A-3，上 31-14A-8，上 32-15A-2，
　　　上 33-15A-8，上 33-15B-3，上 33-15B-3，
　　　上 34-15B-9，上 38-17B-5，上 38-17B-6，
　　　上 45-20B-5，上 45-20B-7，上 47-22A-1，
　　　上 50-23A-3，上 51-23B-5，上 52-23B-9，
　　　上 53-24A-4，上 53-24A-7，下 1-25A-3，
　　　下 3-26A-4，下 4-26B-1，下 5-27A-1，
　　　下 5-27A-3，下 5-27A-3，下 8-28A-7，
　　　下 9-28B-9，下 10-29B-1，下 12-30A-9，
　　　下 14-31A-3，下 14-31A-3，下 15-31B-1，
　　　下 16-31B-9，下 19-33A-9，下 20-33B-5，
　　　下 20-33B-7，下 22-34B-8，下 23-35A-8，
　　　下 23-35A-9，下 23-35B-1，下 23-35B-2，
　　　下 23-35B-2，下 23-35B-4，下 24-35B-6，
　　　下 24-35B-7，下 24-36A-2，下 24-36A-3，
　　　下 25-36A-7，下 25-36A-8，下 25-36B-2，
　　　下 26-36B-9，下 28-37B-3，下 28-37B-3，
　　　下 30-38A-6，下 31-39A-2，下 32-39B-2，
　　　下 33-39B-5，下 33-40A-1，下 35-40B-7，
　　　下 35-41A-3，下 36-41A-5，下 37-41B-9，
　　　下 37-42A-1，下 39-42B-4，下 39-43A-1，
　　　下 42-44A-2，下 43-44B-5，下 44-44B-9，
　　　下 44-45A-1，下 44-45A-4，下 45-45A-6，
　　　下 45-45B-1，下 45-45B-2，下 46-45B-6，
　　　下 47-46A-2，下 47-46A-3）

沒造化：1（上 42-19B-5）
沒准兒：1（上 46-21A-5）

每：1（上 48-22A-3）
每逢：2（下 24-36A-2，下 26-36B-4）
每人：2（上 18-9A-4，上 30-14A-4）
每日：1（下 11-29B-7）
每天：2（上 38-18A-1，下 36-41A-8）
門：3（上 22-10B-5，上 22-10B-6，
　　下 50-47A-9）
門檻兒：1（下 9-28B-5）
門檻子：1（下 4-26B-4）
門口兒：2（上 21-10A-3，上 30-13B-8）
門面房：1（上 37-17A-7）
門兒：2（上 22-10B-5，下 10-29A-6）
悶的慌：2（下 19-33A-8，下 39-42B-4）
猛然：2（上 35-16B-3，下 25-36A-5）
猛然間：1（下 4-26B-3）
迷魂：1（下 33-39B-6）
米：2（上 28-13A-1，下 29-38A-3）
米粒兒：2（上 28-13A-2，下 27-37A-4）
棉花：1（下 34-40A-7）
免：2（下 42-44A-8，下 49-47A-5）
面兒：1（下 19-33A-6）
面貌兒：1（下 13-30B-4）
面子：1（上 34-15B-8）
苗：1（下 29-38A-1）
廟：2（上 34-15B-5，下 40-43A-7）
廟門兒：1（下 28-37B-3）
滅：1（上 36-17A-4）
敏捷：1（上 15-7A-9）
名兒：2（上 34-16A-1，下 49-47A-5）
名師：1（下 3-26A-5）
名字：1（上 7-4A-6）
明：3（下 8-28A-7，下 13-31A-1，
　　下 48-46B-1）
明白：9（上 3-2A-2，上 4-2B-2，上 4-2B-2，
　　上 9-5A-2，上 15-7B-1，上 32-15A-3，
　　下 2-25A-9，下 3-26A-6，下 17-32A-7）
明兒：4（下 10-29A-8，下 20-33B-8，
　　下 30-38B-4，下 43-44B-5）
明明白白兒：1（下 31-39A-1）
明明兒：2（上 8-4B-4，下 19-33B-4）

命：3（上 18-9A-3，上 51-23B-3，
　　下 42-44A-4）
命定：1（上 53-24A-9）
摸不着：1（上 1-1A-3）
摸得着：1（上 24-11B-3）
摩：1（上 53-24A-8）
抹脖子：1（下 35-40B-7）
末了兒：1（上 47-21B-8）
末尾兒：1（下 41-43B-8）
歿：1（上 16-8A-2）
某人：1（下 13-30B-4）
母親：1（上 17-8A-7）
木雕坭塑：1（下 3-25B-8）
木頭：1（上 53-24A-3）

N

拏：1（下 28-37B-2）
拿：37（上 8-4B-3，上 9-4B-7，上 9-4B-9，
　　上 16-7B-8，上 18-9A-4，上 27-12B-3，
　　上 27-12B-4，上 29-13B-3，上 30-14A-4，
　　上 31-14B-1，上 31-14B-2，上 35-16B-1，
　　上 35-16B-2，上 35-16B-3，上 38-17B-5，
　　上 38-17B-5，上 38-17B-6，上 38-17B-7，
　　上 38-17B-9，上 38-18A-1，上 38-18A-1，
　　上 38-18A-2，上 40-18B-7，上 40-18B-8，
　　上 40-18B-8，上 40-18B-9，上 43-20A-2，
　　上 48-22A-5，下 6-27B-4，下 11-29B-6，
　　下 21-34A-9，下 25-36B-1，下 26-36B-7，
　　下 27-37A-6，下 27-37A-7，下 43-44B-5，
　　下 46-46A-1）
拿不住：1（下 47-46A-7）
拿定：1（上 3-2A-9）
拿上：1（上 53-24A-8）
拿稳：1（上 7-4A-5）
拿住：3（上 15-7B-3，上 40-18B-7，
　　上 40-18B-8）
那 3：5（上 4-2B-4，下 15-31B-3，
　　下 26-36B-6，下 31-38B-7，下 49-47A-6）
那兒 3：29（上 2-1B-2，上 2-1B-6，

上 2-1B-8, 上 5-3A-1, 上 5-3A-5,
上 7-4A-6, 上 10-5A-7, 上 10-5B-3,
上 12-6A-8, 上 21-10A-7, 上 24-11B-3,
上 27-12B-4, 上 30-14A-4, 上 32-14B-8,
上 38-18A-3, 上 39-18B-2, 上 43-19B-9,
上 45-20B-9, 下 2-25B-6, 下 7-28A-1,
下 10-29A-6, 下 17-32B-3, 下 19-33A-5,
下 19-33A-7, 下 21-34A-5, 下 24-35B-8,
下 36-41B-1, 下 41-43B-3, 下 43-44A-9）

那 4：43（上 2-1B-7, 上 3-2A-4, 上 3-2A-8,
上 8-4B-2, 上 8-4B-4, 上 17-8B-4,
上 19-9A-7, 上 20-10A-1, 上 21-10A-4,
上 29-13B-5, 上 30-14A-1, 上 32-15A-1,
上 36-16B-7, 上 36-16B-8, 上 37-17A-6,
上 38-17B-5, 上 52-23B-6, 下 6-27A-9,
下 7-28A-4, 下 10-29A-9, 下 11-30A-2,
下 12-30A-5, 下 12-30A-6, 下 12-30B-1,
下 13-31A-2, 下 16-32A-1, 下 20-34A-3,
下 23-35B-1, 下 26-36B-8, 下 26-36B-9,
下 29-38A-1, 下 29-38A-1, 下 29-38A-3,
下 30-38A-7, 下 34-40B-3, 下 35-40B-8,
下 38-42B-2, 下 40-43A-3, 下 40-43A-5,
下 46-45B-5, 下 46-45B-9, 下 47-46A-6,
下 48-46B-1）

那邊兒 4：2（下 21-34A-5, 下 38-42B-1）

那兒 4：22（上 18-8B-9, 上 18-9A-1,
上 32-14B-9, 上 32-15A-4, 上 39-18A-8,
上 41-19A-2, 上 53-24A-6, 下 12-30A-8,
下 12-30A-8, 下 13-30B-7, 下 18-32A-9,
下 19-33A-5, 下 23-35A-6, 下 23-35B-1,
下 24-35B-5, 下 24-35B-7, 下 35-40A-9,
下 39-42B-7, 下 43-44B-4, 下 44-44B-8,
下 44-45A-5, 下 45-45A-9）

那個 4：60（上 3-2B-1, 上 6-3B-8,
上 8-4B-3, 上 8-4B-3, 上 9-4B-7,
上 9-5A-3, 上 11-6A-2, 上 18-8B-9,
上 18-9A-4, 上 20-9B-4, 上 27-12B-4,
上 28-13A-3, 上 30-14A-3, 上 34-16A-1,
上 35-16B-3, 上 35-16B-3, 上 35-16B-4,
上 37-17A-7, 上 37-17B-3, 上 41-19A-3,

上 43-20A-2, 上 43-20A-3, 上 45-20B-4,
上 51-23B-2, 上 51-23B-5, 下 2-25B-2,
下 3-25B-9, 下 3-26A-1, 下 4-26A-7,
下 4-26B-2, 下 6-27B-2, 下 6-27B-3,
下 7-27B-8, 下 7-27B-8, 下 9-29A-1,
下 9-29A-2, 下 11-30A-1, 下 13-30B-9,
下 16-31B-9, 下 18-32B-5, 下 24-36A-3,
下 25-36A-6, 下 30-38B-1, 下 30-38B-1,
下 31-38B-7, 下 31-39A-2, 下 32-39A-6,
下 34-40A-7, 下 34-40A-7, 下 35-40B-5,
下 35-40B-8, 下 35-41A-1, 下 35-41A-2,
下 35-41A-3, 下 36-41B-3, 下 36-41B-4,
下 36-41B-6, 下 37-41B-9, 下 47-46A-4,
下 50-47A-8）

那個樣兒：2（上 38-18A-1, 下 7-28A-5）

那們：2（上 11-5B-9, 下 13-30B-5）

那們樣：1（上 34-16A-2）

那們着：2（上 23-11A-6, 下 20-34A-3）

那麼：7（上 11-5B-8, 上 41-19A-7,
下 7-28A-4, 下 10-29A-7, 下 16-32A-3,
下 28-37B-2, 下 44-45A-5）

那麼着：3（上 46-21B-2, 上 47-21B-5,
下 1-25A-4）

那時候兒：1（下 18-32B-9）

那天：1（下 45-45A-7）

那些：1（上 28-13A-2）

那些個：1（下 25-36A-9）

那樣兒：10（上 42-19B-1, 上 46-21A-9,
上 49-22B-6, 上 50-23A-5, 上 51-23A-7,
下 8-28B-1, 下 9-28B-8, 下 16-32A-4,
下 22-34B-6, 下 25-36A-7）

哪：24（上 1-1A-8, 上 3-2A-4, 上 3-2A-7,
上 7-4A-2, 上 11-5B-6, 上 11-5B-6,
上 25-12A-3, 上 29-13B-4, 上 39-18A-7,
上 42-19B-6, 上 43-19B-8, 上 47-21B-3,
上 50-23A-5, 上 51-23B-5, 下 1-25A-2,
下 18-32B-8, 下 19-33B-1, 下 20-33B-9,
下 22-35A-1, 下 23-35A-6, 下 24-35B-9,
下 31-39A-5, 下 36-41A-7,
下 39-43A-2）

耐：2（上 33-15A-9，下 42-44A-8）
難：9（上 1-1A-5，上 3-2A-7，上 23-11A-6，
　　　上 42-19B-3，下 7-28A-4，下 23-35A-9，
　　　下 29-37B-7，下 30-38A-5，下 36-41B-1）
難經：1（上 26-12A-7）
難處：2（上 10-5A-7，上 28-13A-1）
難處兒：1（下 29-38A-1）
難道：1（下 1-25A-3）
難免：1（上 15-7B-3）
男人：1（下 35-40B-6）
難事：1（下 7-28A-5）
難受：1（下 44-44B-9）
囊中之錐：1（上 19-9A-7）
惱：3（上 21-10A-3，下 9-28B-7，
　　　下 24-36A-1）
腦：2（上 21-10A-7，上 21-10A-7）
腦袋：1（下 25-36A-9）
鬧：3（上 17-8B-3，上 37-17A-9，
　　　上 43-20A-3）
鬧出事來：1（上 21-10A-6）
鬧得：1（下 32-39A-7）
呢：221（上 1-1A-1，上 1-1A-3，上 1-1A-5，
　　　上 1-1A-5，上 1-1A-6，上 1-1A-8，
　　　上 1-1A-9，上 1-1A-9，上 1-1B-1，
　　　上 2-1B-2，上 2-1B-3，上 2-1B-5，
　　　上 2-1B-6，上 2-2A-1，上 3-2A-3，
　　　上 3-2A-4，上 3-2A-5，上 3-2A-6，
　　　上 3-2A-7，上 4-2B-2，上 4-2B-3，
　　　上 4-2B-3，上 5-3A-4，上 5-3A-8，
　　　上 5-3B-1，上 6-3B-5，上 6-3B-8，
　　　上 6-4A-1，上 7-4A-6，上 7-4A-7，
　　　上 7-4A-8，上 8-4B-2，上 8-4B-2，
　　　上 8-4B-5，上 9-4B-7，上 9-5A-2，
　　　上 10-5A-7，上 10-5A-9，上 10-5B-1，
　　　上 10-5B-2，上 10-5B-4，上 11-5B-6，
　　　上 11-6A-1，上 12-6A-7，上 12-6A-8，
　　　上 12-6B-2，上 13-6B-8，上 15-7B-5，
　　　上 16-8A-1，上 16-8A-5，上 17-8B-1，
　　　上 17-8B-3，上 17-8B-5，上 17-8B-6，
　　　上 19-9A-8，上 21-10A-2，上 21-10A-3，

上 21-10A-4，上 21-10A-6，上 22-10B-4，
上 22-10B-5，上 23-11A-1，上 23-11A-6，
上 23-11A-7，上 24-11B-3，上 25-12A-1，
上 25-12A-1，上 26-12A-4，上 26-12A-4，
上 26-12A-8，上 27-12B-2，上 27-12B-4，
上 28-12B-9，上 28-13A-1，上 28-13A-3，
上 28-13A-4，上 29-13A-8，上 29-13A-9，
上 29-13A-9，上 29-13B-2，上 29-13B-3，
上 29-13B-4，上 29-13B-5，上 30-14A-3，
上 31-14B-1，上 32-15A-5，上 33-15B-2，
上 34-16A-3，上 38-17B-5，上 38-18A-3，
上 39-18B-2，上 39-18B-3，上 40-18B-9，
上 41-19A-2，上 41-19A-6，上 41-19A-7，
上 41-19A-9，上 42-19B-7，上 43-20A-4，
上 44-20A-7，上 45-20B-9，上 47-21B-6，
上 48-22A-4，上 48-22A-5，上 49-22B-2，
上 51-23A-9，上 51-23B-4，上 52-24A-1，
上 53-24A-4，上 53-24A-5，上 53-24A-6，
下 1-25A-7，下 1-25A-8，下 2-25B-5，
下 2-25B-7，下 3-26A-1，下 3-26A-2，
下 3-26A-4，下 3-26A-6，下 4-26A-7，
下 4-26A-9，下 4-26B-1，下 4-26B-1，
下 4-26B-6，下 4-26B-7，下 5-26B-9，
下 5-27A-1，下 5-27A-2，下 5-27A-2，
下 5-27A-5，下 6-27B-1，下 6-27B-7，
下 7-28A-1，下 7-28A-1，下 7-28A-5，
下 8-28A-9，下 8-28A-9，下 9-28B-8，
下 9-29A-1，下 9-29A-3，下 10-29A-9，
下 10-29B-1，下 10-29B-1，下 11-29B-8，
下 11-29B-9，下 12-30B-2，下 13-31A-2，
下 14-31A-9，下 15-31B-3，下 17-32A-7，
下 17-32A-8，下 17-32A-9，下 17-32B-2，
下 17-32B-3，下 17-32B-4，下 18-33A-2，
下 18-33A-3，下 19-33A-5，下 19-33A-7，
下 19-33A-7，下 19-33A-9，下 19-33B-2，
下 19-33B-3，下 19-33B-3，下 20-33B-7，
下 20-34A-1，下 20-34A-3，下 20-34A-3，
下 21-34A-7，下 21-34A-9，下 21-34A-9，
下 21-34B-3，下 22-34B-7，下 23-35B-4，
下 24-35B-5，下 24-35B-8，下 24-36A-3，

下 25-36A-5, 下 25-36A-5, 下 25-36A-6,
　　下 26-36B-4, 下 26-36B-7, 下 26-36B-7,
　　下 26-37A-1, 下 27-37A-4, 下 27-37A-5,
　　下 27-37A-7, 下 27-37A-7, 下 28-37B-4,
　　下 29-37B-8, 下 29-38A-1, 下 29-38A-1,
　　下 29-38A-4, 下 30-38A-5, 下 31-38B-8,
　　下 31-39A-1, 下 31-39A-5, 下 32-39B-1,
　　下 33-39B-8, 下 34-40A-6, 下 34-40B-3,
　　下 34-40B-4, 下 35-41A-3, 下 35-41A-4,
　　下 36-41B-1, 下 37-41B-7, 下 37-41B-9,
　　下 37-42A-2, 下 37-42A-4, 下 37-42A-5,
　　下 42-44A-4, 下 42-44A-4, 下 43-44B-4,
　　下 45-45A-6, 下 47-46A-9, 下 48-46B-3,
　　下 48-46B-6, 下 48-46B-8, 下 49-46B-9,
　　下 49-47A-1, 下 49-47A-4）
内裡：1（上 49-22B-7）
内外：1（上 31-14B-3）
能：23（上 10-5A-7, 上 10-5B-2,
　　上 10-5B-4, 上 15-7B-5, 上 16-8A-5,
　　上 17-8B-3, 上 20-9B-4, 上 21-10A-6,
　　上 28-13A-5, 上 37-17B-3, 上 41-19A-6,
　　上 43-20A-1, 上 47-21B-3, 上 51-23B-4,
　　下 2-25B-6, 下 5-26B-9, 下 11-29B-9,
　　下 17-32A-9, 下 20-34A-2, 下 25-36B-3,
　　下 38-43B-1, 下 42-44A-6, 下 48-46B-8）
能幹：2（下 27-37A-4, 下 36-41A-7）
能彀：20（上 1-1A-5, 上 1-1A-7, 上 2-1B-6,
　　上 4-2B-7, 上 4-2B-7, 上 13-6B-8,
　　上 29-13A-8, 上 39-18B-1, 下 8-28A-9,
　　下 8-28B-3, 下 9-29A-3, 下 21-34A-7,
　　下 23-35B-4, 下 28-37A-9, 下 29-37B-7,
　　下 29-37B-9, 下 30-38A-6, 下 33-39B-9,
　　下 42-44A-7, 下 42-44A-8）
能耐：1（下 26-36B-9）
能人：1（上 27-12B-7）
擬：2（上 12-6A-4, 上 12-6A-5）
你：282（上 1-1A-1, 上 1-1A-5, 上 1-1A-8,
　　上 1-1A-8, 上 1-1A-8, 上 1-1A-8,
　　上 1-1A-9, 上 2-1B-2, 上 2-1B-6,
　　上 2-1B-7, 上 2-1B-7, 上 3-2A-2,

　　上 3-2A-5, 上 3-2A-7, 上 3-2A-7,
　　上 4-2B-4, 上 4-2B-4, 上 4-2B-7,
　　上 5-3A-1, 上 5-3A-6, 上 5-3A-6,
　　上 5-3B-1, 上 7-4A-2, 上 7-4A-4,
　　上 7-4A-7, 上 7-4A-7, 上 7-4A-8,
　　上 8-4B-6, 上 9-5A-1, 上 9-5A-1,
　　上 9-5A-1, 上 10-5B-1, 上 10-5B-2,
　　上 10-5B-4, 上 12-6A-5, 上 16-7B-9,
　　上 16-8A-1, 上 16-8A-5, 上 17-8B-5,
　　上 18-8B-9, 上 19-9A-7, 上 19-9B-2,
　　上 20-9B-7, 上 21-10A-2, 上 21-10A-3,
　　上 21-10A-4, 上 21-10A-5, 上 21-10A-8,
　　上 23-11A-1, 上 23-11A-6, 上 23-11A-6,
　　上 24-11B-4, 上 24-11B-4, 上 25-11B-9,
　　上 25-12A-1, 上 25-12A-1, 上 25-12A-2,
　　上 26-12A-5, 上 27-12A-9, 上 28-12B-8,
　　上 28-12B-9, 上 28-13A-1, 上 28-13A-5,
　　上 28-13A-6, 上 29-13B-2, 上 29-13B-4,
　　上 29-13B-6, 上 29-13B-6, 上 30-14A-5,
　　上 31-14A-7, 上 31-14B-1, 上 31-14B-1,
　　上 31-14B-2, 上 31-14B-2, 上 31-14B-2,
　　上 32-15A-3, 上 33-15A-8, 上 33-15B-2,
　　上 33-15B-2, 上 34-15B-6, 上 34-15B-9,
　　上 34-16A-1, 上 37-17A-6, 上 37-17B-2,
　　上 38-17B-5, 上 38-17B-6, 上 38-17B-6,
　　上 38-17B-6, 上 38-17B-7, 上 38-17B-7,
　　上 38-17B-7, 上 38-17B-8, 上 38-17B-8,
　　上 38-17B-8, 上 38-17B-9, 上 39-18A-5,
　　上 40-18B-4, 上 40-18B-9, 上 41-19A-4,
　　上 41-19A-4, 上 41-19A-4, 上 41-19A-5,
　　上 41-19A-7, 上 41-19A-7, 上 41-19A-7,
　　上 41-19A-9, 上 45-20B-4, 上 45-20B-4,
　　上 45-21A-2, 上 46-21A-4, 上 46-21A-4,
　　上 46-21A-9, 上 46-21B-1, 上 47-21B-4,
　　上 47-21B-4, 上 47-21B-7, 上 47-21B-7,
　　上 48-22A-3, 上 48-22A-8, 上 48-22A-9,
　　上 50-23A-6, 上 51-23B-1, 上 53-24A-3,
　　上 53-24-6, 上 53-24A-8, 上 53-24A-9,
　　下 1-25A-1, 下 1-25A-2, 下 1-25A-3,
　　下 1-25A-3, 下 1-25A-4, 下 1-25A-5,

下1-25A-5, 下1-25A-6, 下1-25A-7,
下1-25A-8, 下2-25A-9, 下2-25A-9,
下2-25A-9, 下2-25B-1, 下2-25B-2,
下2-25B-6, 下2-25B-6, 下2-25B-6,
下2-25B-7, 下2-25B-7, 下2-25B-7,
下2-25B-7, 下3-25B-8, 下3-25B-8,
下3-25B-9, 下3-25B-9, 下3-26A-1,
下3-26A-2, 下3-26A-3, 下3-26A-4,
下4-26B-3, 下5-26B-8, 下6-27A-7,
下6-27A-7, 下6-27A-8, 下6-27B-1,
下6-27B-2, 下6-27B-3, 下6-27B-4,
下6-27B-4, 下6-27B-5, 下6-27B-6,
下6-27B-6, 下8-28A-7, 下8-28A-9,
下8-28A-9, 下8-28A-9, 下8-28B-1,
下8-28B-1, 下8-28B-2, 下8-28B-2,
下8-28B-2, 下8-28B-2, 下8-28B-4,
下8-28B-4, 下9-28B-5, 下9-29A-2,
下10-29A-5, 下10-29A-7, 下10-29A-9,
下10-29A-9, 下10-29B-1, 下10-29B-2,
下10-29B-3, 下10-29B-4, 下10-29B-5,
下11-29B-6, 下11-29B-8, 下11-29B-8,
下12-30A-5, 下12-30A-9, 下12-30A-9,
下14-31A-3, 下14-31A-4, 下14-31A-6,
下14-31A-6, 下14-31A-7, 下14-31A-8,
下15-31B-1, 下15-31B-3, 下15-31B-5,
下16-31B-9, 下16-31B-9, 下16-31B-9,
下16-32A-4, 下17-32B-3, 下18-32B-5,
下18-33A-3, 下19-33A-5, 下19-33A-6,
下19-33A-8, 下19-33A-9, 下19-33B-2,
下19-33B-2, 下19-33B-3, 下19-33B-3,
下19-33B-4, 下20-33B-5, 下20-33B-5,
下20-33B-6, 下20-33B-8, 下20-33B-9,
下20-34A-2, 下23-35A-5, 下24-35B-7,
下24-35B-9, 下24-36A-1, 下24-36A-1,
下25-36B-3, 下26-36B-5, 下26-36B-5,
下26-36B-6, 下26-36B-6, 下26-36B-7,
下26-36B-7, 下26-36B-7, 下26-36B-8,
下26-36B-8, 下26-36B-9, 下26-36B-9,
下26-37A-1, 下27-37A-7, 下29-37B-8,
下29-37B-9, 下29-37B-9, 下29-37B-9,

下29-38A-1, 下29-38A-2, 下30-38A-7,
下30-38B-4, 下31-38B-8, 下31-38B-9,
下31-39A-1, 下32-39A-6, 下32-39A-9,
下32-39B-1, 下32-39B-3, 下32-39B-4,
下33-39B-7, 下34-40B-1, 下35-40B-5,
下36-41A-5, 下36-41B-3, 下37-42A-1,
下37-42A-1, 下42-44A-4, 下42-44A-5,
下43-44A-9, 下43-44B-3, 下43-44B-5,
下43-44B-6, 下48-46B-2, 下49-46B-9,
下49-47A-4, 下49-47A-6, 下50-47B-5)

你們：28 (上5-3A-3, 上5-3A-5, 上6-3B-3,
上6-3B-4, 上6-3B-5, 上6-3B-5,
上6-3B-7, 上6-3B-8, 上6-3B-8,
上6-4A-1, 上15-7B-4, 上18-9A-2,
上22-10B-7, 上26-12A-6, 上32-14B-8,
上34-16A-3, 上36-16B-6, 上36-16B-6,
上36-17A-3, 上37-17A-6, 上44-20A-9,
上44-20B-2, 下4-26A-9, 下4-26A-9,
下9-28B-5, 下20-33B-5, 下30-38A-8,
下36-41B-1)

你納：39 (上3-2A-2, 上7-4A-4,
上10-5A-9, 上12-6A-6, 上12-6A-7,
上12-6A-8, 上12-6A-8, 上12-6A-9,
上12-6A-9, 上12-6B-1, 上12-6B-1,
上12-6B-1, 上12-6B-3, 上12-6B-3,
上13-6B-6, 上42-19B-1, 上47-21B-3,
上47-21B-5, 上50-23A-5, 下13-30B-7,
下16-32A-3, 下17-32A-7, 下17-32B-1,
下21-34A-5, 下21-34A-6, 下21-34A-7,
下21-34A-8, 下21-34A-8, 下21-34B-3,
下22-34B-7, 下22-34B-8, 下22-34B-9,
下30-38A-6, 下30-38A-6, 下30-38A-7,
下37-41B-8, 下39-43A-1, 下39-43A-2,
下39-43A-2)

溺：2 (下5-26B-9, 下50-47A-9)

年：9 (上1-1A-3, 上2-1B-9, 上7-4A-3,
上7-4A-3, 上12-6A-8, 上22-10B-2,
上32-15A-2, 上36-16B-7, 下13-30B-7)

年紀兒：4 (上14-7A-2, 上16-8A-3,
上28-13A-4, 上41-19A-7)

年輕：6（上 11-5B-8，上 12-6A-9，
　　　上 14-7A-4，上 27-12A-9，上 34-16A-3，
　　　下 5-27A-3）
粘：1（下 20-33B-6）
捻手捻脚兒：1（上 40-18B-5）
撐出去：1（下 1-25A-6）
念：12（上 1-1A-3，上 1-1A-3，上 1-1A-7，
　　　上 3-2A-6，上 5-3A-1，上 5-3A-2，
　　　上 5-3A-5，上 5-3A-6，上 6-3B-3，
　　　上 7-4A-3，上 8-4B-2，上 42-19B-2）
念經：1（下 28-37B-3）
念書：10（上 4-2B-2，上 4-2B-5，上 4-2B-8，
　　　上 5-3A-1，上 5-3A-4，上 5-3A-5，
　　　上 5-3B-1，上 23-11A-5，上 23-11A-6，
　　　下 3-26A-5）
娘家：1（下 35-41A-3）
孽：1（下 48-46B-7）
寧可：1（上 47-22A-1）
擰斷：1（上 43-20A-3）
妞兒：1（下 36-41B-1）
扭：2（下 11-30A-1，下 13-30B-5）
鈕子：2（下 34-40A-8，下 34-40A-8）
饟揉：1（上 16-8A-2）
弄：5（上 24-11B-3，上 31-14B-4，
　　　上 47-21B-8，下 14-31A-6，下 18-33A-2）
弄清：1（下 1-25A-2）
奴才們：4（上 21-10A-8，上 44-20A-6，
　　　上 44-20A-9，下 37-41B-8）
努力：1（下 27-37A-6）
怒氣：1（下 10-29B-3）
怒氣冲冲：1（下 1-25A-6）
煖和：1（上 34-16A-3）
女：1（下 35-40B-5）
女孩兒：1（下 33-40A-2）
女人：8（上 17-8B-2，上 39-18A-9，
　　　上 41-19A-7，上 48-22A-6，下 35-40B-8，
　　　下 35-41A-1，下 35-41A-1，
　　　下 35-41A-2）
女人們：3（上 37-17B-1，上 41-19A-2，
　　　上 41-19A-6）

女壻：1（下 34-40A-5）

O

偶然：2（上 17-8B-3，下 5-26B-9）
漚：1（上 43-20A-1）

P

怕：15（上 1-1A-8，上 2-1B-4，上 12-6B-2，
　　　上 16-8A-1，上 36-17A-3，上 44-20B-2，
　　　下 8-28A-9，下 8-28B-1，下 8-28B-3，
　　　下 10-29B-2，下 10-29B-3，下 11-30A-3，
　　　下 39-43A-2，下 42-44A-4，下 43-44B-7）
怕羞：1（上 4-2B-6）
排牖兒：1（上 38-18A-2）
派：1（下 31-39A-4）
攀：1（上 13-6B-9）
盤：1（下 46-46A-1）
盤纏銀子：1（上 31-14A-7）
盤素珠兒：1（上 38-17B-5）
胖：1（下 13-30B-4）
胖兒：1（下 11-29B-9）
胖子：2（上 30-13B-9，上 30-14A-3）
脖：1（下 50-47A-9）
麅子：2（下 38-42A-6，下 38-42A-7）
袍子：1（上 46-21A-7）
跑：5（上 33-15A-7，下 38-42A-6，
　　　下 38-42B-1，下 42-44A-6，下 47-46A-6）
泡：1（下 37-42A-3）
炮燥：1（上 46-21A-7）
陪：1（上 12-6A-5）
陪坐：1（上 49-22B-3）
配：2（下 33-40A-1，下 35-41A-3）
盆傾大雨：1（下 45-45A-9）
盆子：1（下 46-45B-8）
朋友：19（上 3-2A-3，上 18-8B-7，
　　　上 23-11A-5，上 35-16A-7，上 37-17A-6，
　　　上 37-17B-3，上 39-18A-8，下 7-27B-8，
　　　下 9-29A-1，下 9-29A-1，下 9-29A-4，

下 15-31B-3，下 16-31B-9，下 17-32A-9，
下 22-34B-6，下 24-36A-3，下 30-38B-3，
下 31-39A-2，下 43-44A-9，）

朋友們：16（上 2-1B-8，上 12-6A-8，
上 13-6B-8，上 19-9B-1，上 20-9B-5，
上 24-11B-5，上 25-12A-1，上 31-14B-3，
上 47-21B-7，下 1-25A-8，下 9-28B-8，
下 15-31B-2，下 22-34B-9，下 32-39B-1，
下 37-42A-2，下 48-46B-1）

膨悶：1（上 49-22B-5）

蓬鬆：1（上 35-16A-9）

碰釘子：1（下 2-25B-4）

碰見：1（上 18-8B-9）

披：2（上 41-19A-5，下 18-32B-6）

霹雷：1（下 45-45A-8）

皮：1（上 25-11B-9）

皮臉：1（上 6-3B-6）

皮着臉子：1（上 8-4B-2）

皮子：1（上 41-19A-5）

琵琶：4（下 49-46B-9，下 49-47A-4，
下 49-47A-5，下 49-47A-6）

脾氣：1（下 18-33A-3）

匹：3（上 32-15A-4，上 33-15A-6，
上 33-15A-6）

屁股：1（下 31-38B-8）

僻地方兒：1（下 43-44B-5）

僻靜：1（下 10-29B-4）

譬如：2（上 6-3B-7，下 42-44A-5）

偏：1（上 13-6B-5）

偏偏兒：1（下 30-38A-8）

偏疼：1（上 43-20A-5）

副：1（下 20-34A-1）

便宜：7（上 20-9B-9，上 32-15A-1，
上 32-15A-5，下 2-25B-1，下 2-25B-4，
下 14-31A-6，下 43-44B-7）

片兒：1（下 46-45B-6）

騙：1（下 6-27B-2）

飄飄颻颻：1（下 46-45B-5）

平：2（上 10-5A-8，上 44-20A-9）

平白：2（下 19-33B-1，下 29-37B-6）

平常：4（上 13-6B-4，上 34-15B-7，
上 48-22A-9，下 35-40B-6）

平素：2（下 7-27B-9，下 24-36A-2）

平正：1（上 34-15B-8）

憑：2（下 14-31A-3，下 23-35B-2）

憑據：1（下 6-27B-4）

頗：1（上 3-2A-6）

潑婦：1（下 35-41A-3）

破：3（上 34-16A-6，下 18-32B-6，
下 30-38B-1）

破敗：1（下 18-32B-5）

破家：1（上 28-13A-4）

破爛：1（上 36-16B-8）

破綻：1（下 6-27B-5）

破嘴：1（上 42-19B-3）

噗哧：1（上 30-14A-3）

菩提：1（上 38-18A-1）

樸寔：1（上 20-9B-8）

普裡：1（上 49-22B-2）

鋪開：1（下 43-44B-2）

鋪上：1（下 34-40A-7）

鋪子：3（上 34-15B-5，上 34-15B-5，
上 38-17B-8）

噗哧：1（上 40-18B-6）

Q

七：2（上 37-17A-7，下 36-41B-2）

妻妾：1（上 17-8A-8）

棲身：1（下 43-44B-7）

欺：1（下 10-29B-2）

欺負：1（下 35-40B-8）

漆黑：2（上 41-19A-3，下 45-45A-7）

齊：2（上 27-12B-5，下 46-45B-8）

齊截：1（上 34-15B-8）

其：6（上 25-12A-2，上 50-23A-3，
下 16-32A-4，下 19-33B-1，下 26-36B-5，
下 49-47A-3）

其餘：1（上 53-24A-6）

棋：1（下 46-46A-1）

奇處：1（下 5-27A-5）
奇處兒：1（上 12-6A-6）
奇特：1（下 33-39B-5）
騎：6（上 23-11A-1，上 23-11A-2，
　　上 33-15A-7，上 33-15B-1，下 13-30B-4，
　　下 41-43B-6）
騎馬：1（下 13-30B-3）
旂杆：1（下 34-40B-3）
旅人：1（下 27-37A-5）
旂下：1（上 12-6B-1）
豈：10（上 19-9B-3，上 48-22A-9，
　　下 2-25B-7，下 14-31A-5，下 15-31B-6，
　　下 21-34A-8，下 28-37A-9，下 38-43B-1，
　　下 45-45B-2，下 48-46B-2）
豈可：1（下 28-37B-2）
起：9（上 11-5B-6，上 11-5B-6，上 11-5B-7，
　　上 17-8A-9，上 34-15B-7，上 43-20A-2，
　　下 11-29B-9，下 15-31B-7，下 30-38B-4）
起初：3（上 20-9B-5，上 24-11A-9，
　　上 37-17A-9）
起根兒：1（下 31-38B-9）
起來：28（上 4-2B-8，上 12-6A-8，
　　上 14-7A-2，上 27-12B-4，上 27-12B-7，
　　上 30-14A-5，上 35-16B-3，上 36-17A-1，
　　上 37-17A-9，上 43-20A-4，上 44-20A-8，
　　上 46-21A-6，上 46-21A-8，上 53-24A-5，
　　下 2-25B-4，下 4-26B-1，下 4-26B-2，
　　下 14-31A-5，下 38-42A-5，下 43-44B-3，
　　下 45-45A-6，下 45-45A-7，下 46-45B-4，
　　下 46-45B-6，下 46-45B-9，下 47-46A-4，
　　下 48-46B-6，下 50-47B-1）
起身：4（上 31-14A-7，上 31-14A-7，
　　下 23-35A-6，下 23-35A-7）
起誓：1（上 45-20B-6）
起誓發願：1（上 21-10A-5）
起先：1（下 50-47B-1）
氣：4（上 43-20A-3，上 44-20A-9，
　　下 10-29A-8，下 11-30A-2）
氣兒：2（上 43-20A-4，下 32-39B-3）
棄嫌：1（下 33-39B-7）

恰好：1（上 40-18B-6）
千：1（上 8-4B-1）
牽：1（上 33-15A-7）
牽連：1（下 1-25A-3）
前：4（上 10-5A-9，上 36-17A-1，
　　下 22-35A-2，下 38-42A-8）
前非：1（下 15-31B-7）
前鋒校：1（上 12-6A-5）
前年：1（上 53-24A-4）
前兒：10（上 39-18A-8，上 46-21A-6，
　　上 52-23B-9，下 4-26B-3，下 14-31A-3，
　　下 23-35A-5，下 23-35A-6，下 24-35B-5，
　　下 40-43A-3，下 41-43B-2）
前生：1（下 36-41A-8）
前世：1（下 33-39B-9）
前手：1（上 10-5B-3）
前仰兒後合：1（上 45-20B-5）
錢：2（上 32-15A-1，上 39-18B-2）
錢財兒：2（上 29-13B-4，上 31-14B-4）
錢兒：1（下 42-44A-6）
錢糧：1（下 49-47A-1）
欠：1（上 47-21B-4）
欠債：1（下 5-27A-2）
鎗：4（上 8-4B-3，上 27-12B-1，
　　上 27-12B-4，上 27-12B-5）
鎗尖兒：1（上 27-12B-5）
強：6（上 12-6B-1，上 33-15B-4，
　　上 49-22B-3，下 2-25B-1，下 37-42A-4，
　　下 44-45A-1）
強如：1（上 43-20A-5）
強壓：1（下 31-39A-4）
強壓着頭：1（上 26-12A-7）
強要：1（上 16-8A-4）
敲：1（上 22-10B-6）
瞧：37（上 8-4B-6，上 21-10A-2，
　　上 22-10B-5，上 22-10B-7，上 22-10B-9，
　　上 23-11A-5，上 30-13B-7，上 32-14B-7，
　　上 35-16A-8，上 35-16B-1，上 39-18A-9，
　　上 39-18A-9，上 41-19A-4，上 42-19B-1，
　　上 43-19B-8，上 44-20A-8，上 45-20B-4，

上 50-23A-1，上 50-23A-2，上 50-23A-6，
下 4-26B-3，下 7-28A-2，下 12-30A-5，
下 12-30A-9，下 18-33A-1，下 18-33A-2，
下 19-33A-6，下 22-34B-6，下 25-36A-6，
下 30-38B-1，下 39-42B-5，下 40-43A-5，
下 44-45A-3，下 45-45A-6，下 46-45B-4，
下 46-45B-9，下 50-47B-2）
瞧見：2（上 51-23B-1，下 33-40A-1）
瞧瞧：7（上 1-1A-4，上 7-4A-4，
　　　上 39-18A-8，上 48-22A-8，下 33-40A-2，
　　　下 33-40A-3，下 48-46B-3）
睄：1（下 6-27A-9）
巧：1（上 23-11A-4）
巧話兒：1（下 11-29B-6）
悄悄兒：3（上 35-16B-1，下 8-28B-4，
　　　下 14-31A-4）
且：1（下 10-29A-8）
且住：1（上 6-3B-3）
妾：1（下 35-41A-1）
怯：1（下 8-28A-7）
親：4（上 22-10B-2，上 36-17A-4，
　　上 45-21A-2，上 48-22A-3）
親近：1（上 19-9B-2）
親戚：3（上 50-23A-3，下 7-28A-3，
　　　下 21-34A-5）
親戚們：2（上 5-3A-8，上 49-22B-2）
親戚骨肉：1（上 51-23B-4）
親熱：5（上 14-7A-2，上 17-8A-8，
　　　上 19-9A-9，上 24-11A-9，下 24-36A-3）
親叔叔：2（下 24-35B-7，下 24-35B-7）
親自：1（上 36-16B-7）
勤：1（上 19-9A-8）
勤謹：3（上 13-6B-8，上 15-7B-1，
　　　上 20-9B-9）
勤學：2（下 27-37A-3，下 27-37A-6）
清楚：2（上 3-2A-3，上 7-4A-5）
清話：5（上 2-1B-2，上 2-1B-8，上 2-1B-5，
　　　上 3-2A-2，上 3-2A-3）
清話指要：1（上 5-3A-3）
清清楚楚兒：1（下 7-28A-5）

清書：1（上 5-3A-5）
清雅：1（下 46-45B-9）
清早兒：1（下 45-45A-6）
清字：1（上 5-3A-3）
輕：2（上 9-5A-1，上 24-11B-4）
輕放：1（上 15-7B-3）
輕慢：1（下 11-29B-6）
情理：1（下 2-25B-7）
情願：2（下 15-31B-8，下 31-38B-6）
晴：1（下 47-46A-2）
請：30（上 1-1A-5，上 5-3A-6，上 8-4B-3，
　　　上 10-5B-1，上 11-5B-5，上 11-5B-6，
　　　上 11-5B-6，上 11-5B-7，上 11-5B-7，
　　　上 11-5B-7，上 11-6A-2，上 12-6B-3，
　　　上 23-11A-7，上 30-13B-8，上 32-15A-3，
　　　上 47-21B-6，上 52-23B-7，上 53-24A-6，
　　　下 3-26A-5，下 9-28B-9，下 17-32B-3，
　　　下 19-33B-3，下 21-34A-8，下 21-34B-1，
　　　下 22-34B-8，下 37-41B-8，下 38-42A-1，
　　　下 38-42A-1，下 38-42A-3，下 46-45B-8）
窮：1（下 13-30B-7）
窮的伴富的，伴的沒褲子：1（下 18-32B-7）
窮兒：1（下 6-27B-3）
秋波：1（上 41-19A-3）
秋天：1（下 45-45B-2）
求：12（上 1-1A-4，上 1-1A-6，上 7-4A-4，
　　　上 26-12A-8，上 29-13B-6，上 44-20A-9，
　　　上 44-20A-9，下 16-32A-1，下 29-37B-5，
　　　下 30-38A-5，下 30-38A-6，下 31-38B-8）
求不着：1（下 13-31A-1）
求告：1（下 5-27A-2）
求借：1（上 31-14A-9）
求親：1（下 33-39B-5）
求情：1（上 45-21A-1）
屈：1（上 24-11B-5）
取：4（上 9-4B-7，上 9-4B-7，上 9-4B-8，
　　上 9-5A-1）
娶：2（上 17-8B-2，下 34-40B-2）
娶妾：1（下 35-40B-7）
娶媳婦兒：1（下 9-28B-9）

去：113（上 2-1B-8，上 2-1B-8，上 3-2A-9，
　　上 5-3A-1，上 5-3A-1，上 5-3A-6，
　　上 5-3A-6，上 9-4B-7，上 9-4B-7，
　　上 9-4B-8，上 9-4B-8，上 9-4B-9，
　　上 9-5A-1，上 9-5A-2，上 9-5A-2，
　　上 9-5A-4，上 10-5B-3，上 10-5B-4，
　　上 11-6A-1，上 11-6A-1，上 11-6A-1，
　　上 11-6A-2，上 13-6B-9，上 14-7A-6，
　　上 15-7B-1，上 18-8B-9，上 18-8B-9，
　　上 18-9A-1，上 21-10A-5，上 21-10A-7，
　　上 21-10A-7，上 21-10A-8，上 21-10A-9，
　　上 22-10B-3，上 22-10B-3，上 22-10B-5，
　　上 22-10B-7，上 22-10B-9，上 26-12A-8，
　　上 27-12B-6，上 31-14B-2，上 32-15A-2，
　　上 36-17A-1，上 38-17B-5，上 38-17B-5，
　　上 38-17B-6，上 38-17B-7，上 38-17B-9，
　　上 38-18A-1，上 38-18A-2，上 38-18A-3，
　　上 39-18A-7，上 39-18A-8，上 39-18A-8，
　　上 39-18B-3，上 40-19A-1，上 41-19A-2，
　　上 41-19A-6，上 44-20A-6，上 44-20B-3，
　　上 45-20B-7，上 45-20B-9，上 50-23A-1，
　　上 52-23B-9，上 53-24A-8，下 1-25A-7，
　　下 2-25B-1，下 2-25B-7，下 2-25B-7，
　　下 4-26B-4，下 4-26B-5，下 6-27B-5，
　　下 7-28A-1，下 7-28A-2，下 8-28A-7，
　　下 9-28B-9，下 19-33A-5，下 19-33A-9，
　　下 19-33B-3，下 19-33B-4，下 21-34A-5，
　　下 21-34A-5，下 21-34B-2，下 21-34B-3，
　　下 22-34B-6，下 22-34B-6，下 22-34B-8，
　　下 22-34B-8，下 22-34B-9，下 22-35A-3，
　　下 23-35A-5，下 23-35B-3，下 24-36A-1，
　　下 24-36A-2，下 26-36B-7，下 30-38A-8，
　　下 30-38A-9，下 30-38B-4，下 31-38B-6，
　　下 35-40B-6，下 37-41B-8，下 37-42A-1，
　　下 38-42A-6，下 38-42A-8，下 38-42A-8，
　　下 38-42A-9，下 39-42B-5，下 41-43B-3，
　　下 43-44A-9，下 43-44B-1，下 43-44B-4，
　　下 43-44B-5，下 50-47B-3）
去處兒：6（上 1-1A-4，上 10-5B-1，
　　下 2-25B-3，下 5-27A-3，下 33-39B-6，
　　下 40-43A-7）
去來：1（下 24-35B-7）
去年：2（下 16-32A-2，下 18-32B-6）
趣兒：3（上 29-13B-1，下 2-25B-5，
　　下 30-38B-3）
圈兒：1（下 22-34B-9）
圈套兒：2（上 24-11B-4，下 6-27B-4）
權當：1（上 39-18B-3）
全：5（上 6-3B-7，上 46-21B-1，
　　下 16-32A-2，下 26-36B-7，下 30-38A-6）
全都：1（下 14-31A-6）
全靠：1（上 4-2B-5）
勸：7（上 42-19B-1，上 53-24A-3，
　　下 1-25A-1，下 4-26B-6，下 4-26B-7，
　　下 6-27B-1，下 15-31B-3）
瘸子：2（上 27-12B-3，上 27-12B-4）
却：4（上 13-6B-7，下 2-25A-9，下 5-27A-2，
　　下 6-27B-3）
却是：1（下 12-30A-5）
雀兒：3（上 40-18B-5，上 40-18B-8，
　　上 40-18B-9）
雀鳥兒：1（下 39-42B-6）
羣：2（上 21-10A-4，下 13-30B-3）
羣兒：1（上 41-19A-6）

R

然而：1（下 17-32B-2）
然後：1（下 6-27B-5）
嚷：1（上 18-9A-2）
嚷罵：1（下 50-47B-1）
嚷鬧：1（下 50-47B-4）
壤：2（上 34-16A-1，下 50-47B-3）
讓：3（下 26-36B-8，下 37-42A-4，
　　下 37-42A-5）
讓人：1（下 29-37B-6）
饒：2（上 45-20B-8，上 45-21A-3）
繞：1（下 41-43B-3）
惹：6（上 48-22A-6，下 2-25B-1，
　　下 3-25B-9，下 32-39A-9，下 32-39A-9，

下 50-47A-8）
熱：5（上 46-21A-5，上 46-21A-6，
　　下 42-44A-1，下 42-44A-2，
　　下 42-44A-7）
熱茶：1（下 21-34B-2）
熱鬧：2（上 9-5A-3，下 30-38B-2）
熱天氣：1（上 50-23A-2）
人：104（上 1-1A-7，上 4-2B-2，上 4-2B-3，
　　上 4-2B-6，上 4-2B-8，上 7-4A-2，
　　上 8-4B-1，上 8-4B-2，上 8-4B-5，
　　上 10-5B-2，上 11-6A-1，上 12-6A-8，
　　上 13-6B-5，上 13-6B-9，上 14-7A-2，
　　上 14-7A-3，上 15-7B-1，上 15-7B-1，
　　上 15-7B-3，上 16-8A-3，上 16-8A-3，
　　上 16-8A-4，上 16-8A-4，上 17-8B-5，
　　上 19-9B-3，上 21-10A-2，上 24-11B-2，
　　上 24-11B-3，上 24-11B-4，上 24-11B-5，
　　上 26-12A-6，上 27-12B-2，上 30-13B-7，
　　上 30-14A-6，上 32-15A-2，上 34-16A-3，
　　上 35-16B-5，上 37-17B-3，上 39-18A-7，
　　上 41-19A-5，上 41-19A-5，上 41-19A-7，
　　上 42-19B-2，上 42-19B-6，上 43-19B-8，
　　上 43-19B-8，上 43-20A-1，上 46-21A-5，
　　上 50-23A-3，上 50-23A-5，下 1-25A-2，
　　下 1-25A-5，下 1-25A-6，下 2-25B-2，
　　下 2-25B-3，下 3-26A-1，下 3-26A-2，
　　下 3-26A-3，下 4-26B-3，下 4-26A-8，
　　下 5-27A-2，下 6-27A-9，下 6-27A-9，
　　下 6-27B-4，下 8-28A-8，下 9-29A-1，
　　下 10-29B-2，下 11-30A-2，下 13-30B-3，
　　下 13-31A-1，下 14-31A-3，下 14-31A-4，
　　下 14-31A-4，下 14-31A-5，下 15-31B-1，
　　下 22-34B-8，下 22-35A-3，下 24-36A-4，
　　下 25-36B-2，下 26-36B-6，下 27-37A-3，
　　下 28-37A-8，下 28-37B-2，下 28-37B-2，
　　下 30-38A-6，下 31-38B-6，下 31-38B-7，
　　下 31-39A-2，下 33-39B-6，下 33-39B-9，
　　下 34-40A-5，下 36-41A-7，下 36-41A-9，
　　下 37-42A-1，下 39-43A-2，下 40-43A-4，
　　下 40-43A-9，下 40-43A-9，下 41-43B-5，

　　下 41-43B-5，下 44-45A-4，下 48-46B-1，
　　下 48-46B-4，下 50-47A-8）
人家：35（上 2-1B-2，上 4-2B-6，上 4-2B-8，
　　上 8-4B-2，上 14-7A-5，上 15-7B-6，
　　上 16-8A-1，上 25-11B-9，上 25-12A-1，
　　上 25-12A-3，上 40-18B-9，上 53-24A-6，
　　上 53-24A-7，下 1-25A-4，下 4-26A-7，
　　下 4-26A-8，下 6-27A-7，下 6-27A-8，
　　下 10-29B-3，下 11-29B-8，下 12-30B-2，
　　下 15-31B-1，下 25-36A-8，下 25-36A-9，
　　下 25-36B-2，下 26-36B-4，下 26-36B-4，
　　下 26-36B-7，下 26-37A-1，下 30-38B-3，
　　下 31-38B-9，下 31-39A-4，下 34-40A-9，
　　下 38-42B-2，下 48-46B-4）
人家兒：1（上 28-13A-3）
人敬：1（上 48-22A-7）
人們：18（上 8-4B-5，上 18-9A-5，
　　上 18-9A-6，上 21-10A-3，上 21-10A-7，
　　上 24-11B-7，上 28-13A-4，上 39-18A-7，
　　下 5-27A-5，下 18-32B-9，下 23-35B-1，
　　下 24-35B-5，下 28-37A-9，下 36-41A-9，
　　下 36-41B-1，下 41-43B-7，下 47-46A-5，
　　下 50-47B-2）
人情：1（下 26-36B-6）
人兒：13（上 11-5B-8，上 14-7A-2，
　　上 22-10B-6，上 23-11A-5，上 24-11A-9，
　　上 27-12B-1，上 48-22A-9，下 2-25B-6，
　　下 12-30A-9，下 27-37A-4，下 31-39A-2，
　　下 36-41B-3，下 46-45B-6）
人兒們：4（上 12-6A-9，上 14-7A-4，
　　上 34-16A-4，下 5-27A-3）
人人兒：1（上 46-21A-7）
人身子：1（下 12-30A-5）
人生：2（上 29-13A-7，下 24-36A-3）
人手兒：1（下 37-42A-1）
人往高處兒走，水往低處兒流：1
　　（下 49-47A-4）
人心：3（上 24-11B-6，下 18-32B-7，
　　下 48-46B-5）
人子：2（上 4-2B-7，上 16-7B-7）

仁德：1（上14-7A-5）
忍：4（上17-8B-1，下13-30B-8，
　　下26-36B-8，下44-45A-1）
忍不住：1（上28-12B-8）
認：3（下11-30A-1，下13-30B-4，
　　下13-30B-4）
認得：3（上15-7B-1，下16-32A-2，
　　下21-34B-4）
認的：2（上12-6A-5，上33-15A-9）
認識：3（下9-28B-8，下30-38B-2，
　　下31-38B-7）
任：2（上43-19B-9，下35-41A-1）
任憑：6（上3-2A-9，上16-7B-9，
　　下2-25B-6，下28-37A-9，下32-39B-1，
　　下49-47A-4）
任意兒：3（上28-12B-9，上44-20A-6，
　　上48-22A-8）
仍：2（上18-9A-3，上45-21A-3）
仍舊：1（上45-20B-9）
日：1（下5-26B-9）
日後：1（下29-38A-1）
日平西：2（下22-35A-1，下41-43B-4）
日頭：3（下41-43B-6，下45-45B-1，
　　下47-46A-2）
日月：1（上6-3B-4）
日子：8（上3-2A-6，上11-5B-7，
　　上32-14B-6，上34-16A-4，下7-27B-9，
　　下17-32A-8，下34-40B-2，下44-44B-8）
榮宗耀祖：1（上4-2B-7）
容讓：1（下32-39B-1）
容易：4（上7-4A-2，上28-13A-2，
　　上42-19B-3，下32-39A-6）
揉挫：1（下11-29B-9）
肉：7（上44-20B-1，上52-24A-1，
　　下28-37B-1，下37-41B-7，下37-41B-7，
　　下37-42A-3，下37-42A-4）
肉麻：1（下48-46B-4）
如：1（上41-19A-3）
如此：1（下18-32B-8）
如果：2（下14-31A-9，下24-35B-9）

如何：9（上3-2A-5，上21-10A-6，
　　上32-14B-9，上37-17A-6，上38-17B-9，
　　下6-27B-7，下9-29A-3，下15-31B-3，
　　下48-46B-8）
如今：33（上1-1A-1，上2-1B-2，上5-3A-3，
　　上6-3B-9，上18-9A-6，上20-9B-4，
　　上22-10B-2，上33-15B-2，上41-19A-8，
　　上42-19B-3，上45-20B-4，上47-21B-4，
　　上50-22B-9，上51-23B-1，上51-23B-2，
　　上52-24A-2，上53-24A-5，下8-28B-2，
　　下9-28B-5，下11-29B-9，下13-31A-1，
　　下14-31A-4，下14-31A-6，下14-31A-7，
　　下18-33A-1，下18-33A-1，下34-40B-1，
　　下34-40B-2，下35-41A-3，下36-41B-2，
　　下36-41B-2，下48-46B-2，下49-47A-6）
如同：2（上17-8B-5，下40-43A-4）
辱：1（上4-2B-6）
入眼：1（上23-11A-5）
軟：4（上10-5B-3，上33-15B-2，
　　上49-22B-1，下10-29B-2）
軟弱：1（下35-40B-8）
若：94（上1-1A-3，上1-1A-7，上2-1B-3，
　　上2-1B-9，上5-3B-1，上7-4A-2，
　　上7-4A-5，上8-4A-9，上8-4B-3，
　　上9-5A-1，上9-5A-2，上9-5A-4，
　　上10-5A-7，上10-5A-9，上10-5B-2，
　　上10-5B-3，上12-6A-8，上12-6A-9，
　　上12-6B-2，上13-6B-4，上13-6B-8，
　　上14-7A-6，上18-8B-7，上19-9B-1，
　　上21-10A-4，上23-11A-1，上23-11A-6，
　　上24-11B-7，上25-12A-1，上26-12A-6，
　　上26-12A-7，上28-12B-8，上29-13A-8，
　　上29-13B-2，上29-13B-4，上32-14B-7，
　　上33-15A-6，上35-16B-2，上41-19A-6，
　　上42-19B-3，上42-19B-6，上43-20A-1，
　　上43-20A-2，上44-20B-2，上45-20B-6，
　　上45-21A-2，上47-21B-4，上47-21B-6，
　　上48-22A-8，上53-24A-3，上53-24A-6，
　　下1-25A-4，下2-25B-6，下3-25B-9，
　　下5-27A-3，下5-27A-4，下6-27B-1，

下 6-27B-5, 下 8-28B-2, 下 8-28B-4,
下 10-29B-2, 下 11-29B-8, 下 11-30A-3,
下 11-30A-4, 下 12-30A-7, 下 12-30A-9,
下 12-30A-9, 下 15-31B-3, 下 16-32A-1,
下 17-32A-9, 下 18-32B-7, 下 19-33A-7,
下 19-33B-2, 下 20-33B-7, 下 20-34A-3,
下 21-34A-6, 下 21-34A-7, 下 23-35B-3,
下 26-36B-8, 下 27-37A-6, 下 28-37B-2,
下 28-37B-3, 下 29-38A-2, 下 33-39B-6,
下 35-41A-3, 下 36-41B-1, 下 36-41B-5,
下 38-42B-2, 下 40-43A-9, 下 42-44A-6,
下 42-44A-8, 下 48-46B-1, 下 48-46B-5,
下 49-47A-5）
若果：2（上 23-11A-7, 下 18-33A-3）
若是：58（上 1-1A-5, 上 1-1A-9, 上 4-2B-3,
上 4-2B-8, 上 7-4A-3, 上 7-4A-6,
上 13-6B-7, 上 14-7A-2, 上 14-7A-4,
上 15-7B-3, 上 15-7B-5, 上 16-7B-8,
上 17-8B-3, 上 17-8B-4, 上 23-11A-6,
上 24-11B-4, 上 26-12A-7, 上 28-13A-4,
上 28-13A-5, 上 31-14B-4, 上 32-15A-2,
上 33-15A-9, 上 34-16A-2, 上 34-16A-5,
上 37-17B-3, 上 42-19B-2, 上 43-20A-3,
上 45-20B-9, 上 46-21B-2, 上 47-21B-7,
上 47-22A-1, 上 48-22A-4, 上 50-23A-3,
上 52-23B-6, 上 53-24A-8, 上 53-24A-9,
下 3-25B-8, 下 3-26A-3, 下 5-27A-6,
下 6-27A-8, 下 6-27B-6, 下 20-34A-3,
下 21-34B-1, 下 23-35A-9, 下 23-35B-4,
下 24-35B-9, 下 26-36B-6, 下 26-36B-9,
下 27-37A-4, 下 29-37B-6, 下 29-37B-8,
下 29-37B-9, 下 29-37B-9, 下 29-38A-3,
下 32-39B-4, 下 34-40A-9, 下 34-40B-3,
下 38-43B-1）
若要：2（上 3-2A-7, 下 29-37B-5）
弱：1（上 50-22B-9）
弱柳：1（上 41-19A-3）

S

撒：2（上 10-5B-2, 下 50-47A-9）
撒袋：1（上 33-15B-1）
撒謊：4（上 11-5B-9, 下 6-27A-8,
　　　下 19-33A-8, 下 38-42B-3）
腮：1（下 47-46A-7）
腮幫子：1（上 49-22B-6）
三：2（上 9-4B-9, 下 13-30B-7）
三百：1（上 34-15B-6）
三更天：2（上 49-22B-4, 下 47-46A-4）
三天打魚兩天曬網：1（上 7-4A-3）
三五成羣兒：1（下 39-42B-8）
散：4（上 49-22B-4, 下 1-25A-1,
　　下 46-46A-1, 下 47-46A-3）
嗓子：2（上 46-21A-8, 下 25-36A-6）
騷擾：1（下 19-33B-1）
殺：3（上 43-20A-4, 下 8-28A-9,
　　下 11-30A-3）
煞胳肢窩：1（下 34-40A-7）
傻白：1（上 46-21A-4）
傻子：1（下 48-46B-4）
山：2（下 38-42A-8, 下 38-42A-9）
山崩地裂：1（下 44-45A-2）
山川：1（下 46-45B-9）
山梁兒：3（下 38-42A-8, 下 38-42A-9,
　　　下 38-42B-1）
山牆：1（下 44-45A-4）
山嚷怪叫：1（下 1-25A-7）
山子石兒：1（上 23-11A-4）
山嘴兒：1（下 40-43A-5）
扇門：1（下 41-43B-7）
善射：1（上 12-6B-1）
善終：1（上 16-8A-5）
傷：3（上 17-8B-3, 上 37-17B-1,
　　上 48-22A-8）
傷風：1（上 46-21A-8）
傷命：1（上 53-24A-5）
傷心：6（上 16-7B-9, 上 16-8A-4,
　　　上 51-23B-5, 上 51-23B-5, 下 36-41B-3,

下 41-43B-9）

商量：3（下 14-31A-4，下 22-34B-7，
　　　下 32-39A-7）

晌午：2（下 30-38A-9，下 43-44B-1）

賞賜：1（下 33-39B-7）

賞功罰罪：1（上 15-7B-5）

上：21（上 4-2B-8，上 5-3A-8，上 16-8A-3，
　　　上 17-8A-9，上 34-15B-6，上 34-15B-7，
　　　上 34-16A-4，上 36-16B-7，上 38-18A-3，
　　　上 47-21B-4，下 1-25A-3，下 9-28B-6，
　　　下 10-29A-8，下 13-30B-3，下 23-35A-7，
　　　下 28-37B-1，下 32-39A-8，下 35-40B-7，
　　　下 36-41B-2，下 38-42A-8，下 45-45A-7）

－上：45（上 9-5A-4，上 13-7A-1，
　　　上 15-7B-2，上 18-9A-5，上 19-9A-8，
　　　上 20-9B-9，上 24-11B-2，上 27-12B-4，
　　　上 27-12B-6，上 28-12B-8，上 28-13A-6，
　　　上 33-15A-9，上 33-15B-1，上 33-15B-1，
　　　上 34-15B-5，上 34-16A-5，上 35-16B-4，
　　　上 37-17A-8，上 40-18B-4，上 40-18B-7，
　　　上 43-20A-1，上 46-21B-8，上 48-22A-3，
　　　上 51-23A-9，下 1-25A-2，下 10-29A-8，
　　　下 23-35A-5，下 23-35B-3，下 24-36A-2，
　　　下 24-36A-3，下 35-40B-6，下 35-41A-2，
　　　下 38-42B-1，下 39-42B-6，下 39-42B-6，
　　　下 39-42B-7，下 39-42B-8，下 39-42B-8，
　　　下 40-43A-4，下 44-45A-2，下 46-46A-1，
　　　下 47-46A-5，下 49-47A-2，下 49-47A-4，
　　　下 50-47B-1，下 50-47B-3）

上凍兒：1（下 18-32B-9）

上房：3（上 50-23A-1，下 25-36A-5，
　　　下 30-38A-9）

上墳：2（下 23-35A-5，下 23-35A-9）

上來：4（上 43-20A-3，下 11-30A-2，
　　　下 44-45A-1，下 46-45B-8）

上領子：1（下 34-40A-8）

上馬：1（下 41-43B-6）

上年紀兒：1（上 51-23B-3）

上前：1（下 36-41B-4）

上山擒虎易，開口告人難：1（上 31-14A-8）

上湯：1（下 37-42A-3）

上天：1（下 27-37A-7）

上頭：15（上 6-3B-3，上 8-4B-6，
　　　上 21-10A-7，上 22-10B-8，上 36-16B-9，
　　　上 42-19B-4，上 43-20A-5，上 44-20A-9，
　　　上 49-22B-2，上 49-22B-4，下 7-28A-3，
　　　下 30-38B-1，下 32-39A-8，下 37-41B-9，
　　　下 49-47A-3）

上學：1（上 42-19B-3）

上月：1（上 38-18A-2）

上坐：2（上 11-5B-7，下 21-34A-8）

尚且：3（上 26-12A-5，下 6-27B-1，
　　　下 17-32A-8）

稍：1（下 1-25A-3）

燒：1（下 23-35B-4）

少：4（上 27-12B-7，上 38-18A-1，
　　　下 17-32B-2，下 22-34B-9）

少年：1（上 15-7B-1）

少年們：1（上 33-15A-9）

少少兒：1（上 46-21B-1）

舌頭：1（上 2-1B-9）

蛇：1（上 18-9A-2）

捨臉：1（上 31-14A-8）

捨命：2（上 17-8B-4，上 45-21A-2）

射：7（上 10-5A-6，上 10-5B-1，上 10-5B-4，
　　　上 33-15A-8，下 38-42A-7，下 38-42A-9，
　　　下 38-42B-1）

射箭：1（上 10-5A-9）

伸：1（下 42-44A-6）

身：2（上 4-2B-6，上 48-22A-8）

身上：1（下 44-45A-3）

身心：1（上 8-4A-9）

身子：15（上 10-5A-8，上 29-13A-8，
　　　上 33-15B-2，上 34-15B-9，上 46-21A-6，
　　　上 46-21A-8，上 46-21A-9，上 49-22B-2，
　　　上 50-22B-9，上 50-22B-9，上 50-23A-5，
　　　上 52-23B-9，下 3-26A-4，下 4-26B-5，
　　　下 36-41B-4）

深：6（上 3-2A-6，上 21-10A-5，
　　　上 48-22A-3，下 31-38B-9，下 37-42A-1，

下 40-43A-6）
深密：1（上 36-16B-9）
深信：1（下 28-37B-2）
深知：1（下 4-26B-1）
甚麼：135（上 1-1A-5，上 1-1A-9，
　　上 1-1B-1，上 2-2A-1，上 3-2A-2，
　　上 3-2A-3，上 3-2A-5，上 4-2B-3，
　　上 4-2B-8，上 5-3A-2，上 5-3B-1，
　　上 8-4B-2，上 8-4B-6，上 10-5B-1，
　　上 10-5B-2，上 11-5B-5，上 11-5B-6，
　　上 12-6A-6，上 12-6B-2，上 13-6B-4，
　　上 13-6B-9，上 15-7A-9，上 16-8A-1，
　　上 16-8A-2，上 16-8A-3，上 17-8A-9，
　　上 18-9A-2，上 19-9A-8，上 23-11A-1，
　　上 23-11A-1，上 23-11A-5，上 25-12A-1，
　　上 26-12A-4，上 26-12A-5，上 26-12A-5，
　　上 28-13A-1，上 28-13A-3，上 28-13A-3，
　　上 29-13A-7，上 29-13B-1，上 29-13B-3，
　　上 30-13B-9，上 33-15A-6，上 33-15B-1，
　　上 34-16A-1，上 34-16A-3，上 37-17A-6，
　　上 38-17B-5，上 38-17B-7，上 39-18A-9，
　　上 39-18A-9，上 40-18B-9，上 41-19A-6，
　　上 41-19A-8，上 42-19B-1，上 42-19B-5，
　　上 42-19B-7，上 43-19B-8，上 44-20B-1，
　　上 47-21B-6，上 47-21B-7，上 47-21B-8，
　　上 47-22A-1，上 47-22A-2，上 48-22A-5，
　　上 51-23B-2，上 53-24A-4，下 1-25A-4，
　　下 2-25B-1，下 2-25B-5，下 3-26A-1，
　　下 3-26A-4，下 3-26A-6，下 4-26A-7，
　　下 5-27A-2，下 5-27A-2，下 5-27A-5，
　　下 6-27A-8，下 6-27B-4，下 7-28A-4，
　　下 7-28A-5，下 7-28B-8，下 9-28B-8，
　　下 10-29A-6，下 10-29A-9，下 11-29B-7，
　　下 11-29B-9，下 11-30A-2，下 12-30B-2，
　　下 13-30B-6，下 13-30B-9，下 14-31A-6，
　　下 16-32A-1，下 16-32A-1，下 16-32A-3，
　　下 16-32A-5，下 17-32A-7，下 18-32B-6，
　　下 18-32B-7，下 18-32B-8，下 19-33B-4，
　　下 20-34A-1，下 20-34A-2，下 20-34A-3，
　　下 24-36A-2，下 25-36B-1，下 26-36B-4，
　　下 26-37A-1，下 27-37A-4，下 27-37A-5，
　　下 27-37A-6，下 27-37A-7，下 29-37B-8，
　　下 29-38A-1，下 30-38A-5，下 30-38B-3，
　　下 31-39A-5，下 32-39B-1，下 34-40A-5，
　　下 34-40B-4，下 35-41A-1，下 36-41B-6，
　　下 36-41A-8，下 36-41B-5，下 37-41B-7，
　　下 37-41B-7，下 37-42A-3，下 41-43B-2，
　　下 42-44A-4，下 43-44B-6，下 43-44B-6，
　　下 43-44B-7，下 46-45B-9，下 49-46B-9，
　　下 50-47B-5）
甚麼的：1（下 20-33B-9）
甚麼兒：1（上 43-19B-9）
甚麼時候兒：1（上 12-6A-8）
神：2（上 16-8A-4，下 37-41B-7）
神佛：2（下 28-37A-8，下 28-37A-9）
神鬼：1（下 2-25B-1）
神仙：2（上 8-4B-4，下 40-43A-8）
神仙轉世：1（上 39-18A-5）
升：1（上 32-15A-1）
陞：4（上 12-6A-9，上 13-6B-8，上 13-7A-1，
　　上 30-13B-7）
陞官：1（上 11-5B-6）
陞騰：1（下 48-46B-8）
生：11（上 3-2A-8，上 4-2B-2，上 6-3B-2，
　　上 13-6B-5，上 17-8A-7，上 20-9B-7，
　　上 48-22A-5，下 3-26A-4，下 12-30B-1，
　　下 36-41A-6，下 36-41A-7）
生暗氣：1（下 35-40B-9）
生成：2（上 15-7B-5，上 45-21A-2）
生分：1（上 17-8A-8）
生來：1（上 19-9A-8）
生氣：4（上 16-7B-9，上 16-8A-4，
　　下 1-25A-1，下 10-29B-4）
生性兒：1（上 26-12A-7）
生養：1（下 27-37A-7）
牲口腸子：1（下 12-30A-5）
聲：4（上 35-16B-4，上 40-18B-7，
　　上 44-20A-7，下 44-45A-2）
聲兒：6（上 3-2A-2，上 37-17A-9，
　　下 30-38A-9，下 47-46A-4，下 50-47B-1，

下 50-47B-4）
聲名：1（上 31-14B-5）
省儉：2（上 28-12B-8，上 28-13A-5）
盛京：1（下 38-42A-6）
盛設：1（下 20-34A-2）
剩不下：1（上 47-21B-8）
剩下：3（上 6-3B-7，上 51-23A-9，
　　下 18-33A-4）
尸位素餐：1（上 13-6B-7）
屍親：1（下 50-47B-3）
失望：1（上 21-10A-9）
失言兒：1（下 11-30A-1）
失意：1（下 41-43B-9）
師傅：1（上 5-3A-7）
師傅們：1（上 2-1B-8）
施主：1（上 41-19A-2）
濕：1（下 44-44B-8）
濕透：1（下 43-44B-4）
十：5（上 1-1A-3，上 27-12B-1，
　　下 34-40B-2，下 36-41B-2，下 36-41B-2）
十分：4（上 32-15A-1，上 49-22B-3，
　　上 50-23A-2，下 17-32A-7）
十咯：1（上 32-15A-1）
十五：1（上 12-6B-1）
石：1（上 32-15A-3）
時候兒：70（上 9-4B-8，上 9-5A-4，
　　上 15-7B-2，上 17-8A-7，上 18-9A-5，
　　上 27-12A-9，上 28-13A-5，上 29-13A-9，
　　上 29-13B-4，上 29-13B-5，上 31-14A-9，
　　上 32-15A-2，上 34-16A-2，上 34-16A-4，
　　上 35-16A-7，上 35-16B-3，上 36-17A-1，
　　上 36-17A-3，上 36-17A-4，上 38-18A-2，
　　上 40-18B-7，上 41-19A-8，上 44-20A-6，
　　上 44-20B-1，上 46-21A-6，上 46-21A-6，
　　上 48-22A-4，上 50-23A-1，上 50-23A-4，
　　上 51-23A-7，下 3-26A-2，下 3-26A-4，
　　下 3-26A-5，下 3-26A-6，下 4-26B-4，
　　下 8-28A-8，下 9-29A-2，下 12-30A-7，
　　下 12-30A-8，下 13-30B-7，下 13-31A-1，
　　下 14-31A-9，下 16-32A-2，下 18-33A-1，

　　下 20-33B-6，下 22-35A-2，下 23-35A-9，
　　下 24-36A-3，下 25-36A-5，下 25-36A-8，
　　下 29-37B-9，下 29-38A-2，下 29-38A-3，
　　下 30-38A-8，下 33-40A-4，下 34-40A-6，
　　下 34-40A-7，下 34-40B-1，下 36-41B-4，
　　下 38-42A-6，下 38-42A-7，下 39-42B-4，
　　下 40-43A-4，下 42-44A-8，下 43-44B-2，
　　下 46-45B-5，下 47-46A-5，下 47-46A-6，
　　下 48-46B-2，下 50-47B-1）
時間：1（上 17-8B-1）
時時刻刻：1（上 2-1B-9）
時運：2（上 13-6B-4，上 37-17B-3）
識人識面不知心：1（下 9-29A-3）
實蛛蛛：1（下 41-43B-5）
寔兒：1（上 26-12A-7）
寔寔在在：1（下 31-38B-7）
寔在：12（上 3-2A-7，上 18-9A-6，
　　上 21-10A-9，上 23-11A-4，上 25-12A-2，
　　上 25-12A-2，上 41-19A-4，下 25-36A-2，
　　下 29-37B-7，下 36-41A-7，下 38-42A-2，
　　下 39-42B-5）
實在：12（上 4-2B-6，上 52-23B-7，
　　上 52-23B-8，上 52-24A-2，下 11-30A-2，
　　下 12-30A-6，下 15-31B-5，下 17-32A-9，
　　下 17-32B-4，下 40-43A-6，下 41-43B-8，
　　下 44-44B-9）
拾：1（下 13-30B-8）
食：1（上 49-22B-7）
使：10（上 8-4B-3，上 8-4B-3，上 8-4B-3，
　　上 18-9A-2，上 27-12B-5，上 31-14B-2，
　　上 40-18B-8，上 44-20A-7，上 53-24A-8，
　　下 13-31A-1）
使不得：1（上 9-5A-4）
使得：11（上 4-2B-9，上 7-4A-6，上 7-4A-7，
　　上 11-6A-2，上 12-6A-7，上 36-17A-5，
　　上 48-22A-8，下 6-27B-7，下 9-29A-4，
　　下 31-39A-4，下 49-47A-1）
使的：5（上 1-1A-2，上 26-12A-6，
　　上 27-12B-1，上 29-13B-2，下 15-31B-3）
使喚：2（上 9-4B-7，下 35-41A-3）

使性子：1（下 26-36B-6）
世：1（上 4-2B-2）
世上：3（下 14-31A-3，下 35-40B-9，
　　　下 36-41A-9）
世務：1（下 3-26A-6）
式：1（下 11-30A-3）
試：2（上 33-15A-7，下 6-27B-3）
試試：2（上 27-12B-3，上 53-24A-7）
事：30（上 1-1A-5，上 4-2B-3，上 5-3A-4，
　　　上 8-4B-5，上 10-5A-6，上 13-6B-4，
　　　上 19-9B-1，上 39-18A-6，上 39-18B-1，
　　　上 41-19A-8，下 1-25A-3，下 2-25B-3，
　　　下 4-26B-1，下 5-26B-9，下 6-27B-1，
　　　下 6-27B-4，下 7-28A-4，下 7-28A-5，
　　　下 8-28A-7，下 19-33A-9，下 20-33B-7，
　　　下 25-36A-8，下 29-37B-5，下 30-38A-5，
　　　下 31-38B-7，下 31-39A-2，下 31-39A-5，
　　　下 32-39B-1，下 39-42B-4，下 46-45B-6）
事情：44（上 1-1A-1，上 8-4A-9，
　　　上 15-7A-9，上 22-10B-3，上 24-11B-2，
　　　上 25-11B-9，上 26-12A-4，上 26-12A-4，
　　　上 26-12A-5，上 26-12A-7，上 29-13B-2，
　　　上 39-18B-1，上 43-20A-1，上 45-20B-4，
　　　上 47-21B-9，上 48-22A-6，上 48-22A-7，
　　　下 1-25A-5，下 5-26B-9，下 6-27A-8，
　　　下 6-27B-6，下 12-30A-8，下 14-31A-3，
　　　下 14-31A-6，下 14-31A-7，下 15-31B-6，
　　　下 16-32A-2，下 16-32A-3，下 19-33A-6，
　　　下 19-33A-8，下 24-36A-3，下 25-36A-9，
　　　下 27-37A-4，下 29-37B-8，下 30-38A-5，
　　　下 30-38A-6，下 30-38A-7，下 31-38B-6，
　　　下 31-39A-3，下 32-39A-6，下 32-39B-4，
　　　下 35-40B-9，下 36-41B-5，下 50-47A-8）
事情兒：1（下 12-30A-7）
是：355（上 1-1A-1，上 1-1A-2，上 1-1A-2，
　　　上 1-1A-6，上 1-1A-7，上 1-1A-8，
　　　上 1-1A-9，上 2-1B-6，上 2-1B-6，
　　　上 2-1B-7，上 3-2A-2，上 3-2A-4，
　　　上 3-2A-8，上 3-2A-9，上 4-2B-2，
　　　上 4-2B-2，上 5-3A-1，上 5-3A-2，

上 5-3A-2，上 5-3A-2，上 5-3A-7，
上 5-3A-7，上 5-3A-7，上 5-3A-7，
上 5-3A-9，上 6-3B-3，上 6-3B-4，
上 6-3B-4，上 6-3B-4，上 6-3B-4，
上 6-3B-5，上 6-3B-6，上 6-3B-8，
上 7-4A-2，上 7-4A-4，上 7-4A-6，
上 8-4B-1，上 8-4B-3，上 8-4B-4，
上 8-4B-4，上 9-5A-3，上 10-5A-6，
上 10-5A-9，上 10-5B-3，上 11-5B-6，
上 11-5B-8，上 11-5B-9，上 12-6A-4，
上 12-6A-5，上 12-6A-5，上 12-6A-7，
上 12-6A-8，上 12-6B-1，上 12-6B-1，
上 12-6B-2，上 12-6B-2，上 12-6B-2，
上 13-6B-6，上 13-6B-9，上 14-7A-5，
上 14-7A-7，上 15-7B-2，上 15-7B-4，
上 15-7B-5，上 16-8A-1，上 16-8A-1，
上 16-8A-5，上 17-8A-7，上 17-8A-8，
上 17-8A-9，上 17-8B-3，上 18-9A-3，
上 18-9A-5，上 18-9A-5，上 19-9A-7，
上 19-9A-7，上 19-9A-9，上 19-9B-1，
上 20-9B-4，上 20-9B-6，上 20-9B-6，
上 20-9B-6，上 20-9B-7，上 20-9B-7，
上 21-10A-3，上 21-10A-3，上 21-10A-5，
上 22-10B-4，上 23-11A-2，上 24-11B-6，
上 24-11B-7，上 25-12A-1，上 25-12A-2，
上 26-12A-4，上 26-12A-5，上 27-12A-9，
上 27-12B-1，上 27-12B-2，上 28-12B-8，
上 28-12B-9，上 28-13A-1，上 29-13B-2，
上 29-13B-2，上 29-13B-3，上 30-13B-7，
上 30-13B-9，上 30-13B-9，上 30-14A-2，
上 30-14A-6，上 31-14B-2，上 31-14B-5，
上 31-14B-5，上 32-14B-6，上 32-14B-7，
上 32-14B-8，上 32-15A-1，上 32-15A-2，
上 32-15A-3，上 32-15A-4，上 33-15B-1，
上 34-16A-3，上 34-16A-3，上 34-16A-4，
上 34-16A-4，上 35-16B-2，上 35-16B-5，
上 36-16B-6，上 36-16B-7，上 36-17A-4，
上 37-17B-2，上 37-17B-3，上 38-18A-2，
上 39-18A-5，上 39-18A-5，上 39-18B-2，
上 39-18B-3，上 40-18B-6，上 41-19A-3，

上 41-19A-8，上 41-19A-8，上 42-19B-2，
上 42-19B-5，上 43-19B-9，上 43-20A-1，
上 43-20A-2，上 43-20A-4，上 45-20B-7，
上 45-20B-8，上 45-21A-2，上 46-21A-9，
上 47-21B-5，上 47-21B-5，上 47-21B-6，
上 47-21B-7，上 47-21B-8，上 47-22A-1，
上 48-22A-5，上 48-22A-7，上 49-22B-5，
上 49-22B-5，上 49-22B-7，上 50-22B-9，
上 50-23A-3，上 50-23A-4，上 50-23A-5，
上 51-23B-1，上 52-23B-7，上 52-23B-8，
上 53-24A-8，上 53-24A-9，上 53-24A-9，
下 1-25A-2，下 1-25A-4，下 1-25A-5，
下 2-25B-2，下 2-25B-3，下 3-25B-8，
下 3-25B-9，下 3-26A-3，下 3-26A-5，
下 4-26A-7，下 5-26B-9，下 5-27A-6，
下 6-27A-7，下 6-27A-9，下 6-27A-9，
下 7-27B-9，下 7-28A-2，下 7-28A-3，
下 7-28A-4，下 8-28A-8，下 8-28B-3，
下 9-28B-5，下 9-28B-8，下 9-29A-1，
下 9-29A-4，下 10-29A-5，下 10-29A-6，
下 10-29B-1，下 10-29B-2，下 11-29B-9，
下 11-30A-1，下 12-30A-5，下 12-30A-5，
下 12-30A-6，下 12-30A-6，下 12-30B-2，
下 13-30B-4，下 13-30B-7，下 13-30B-8，
下 14-31A-4，下 14-31A-6，下 14-31A-8，
下 14-31A-8，下 15-31B-1，下 15-31B-3，
下 15-31B-4，下 15-31B-5，下 15-31B-5，
下 16-32A-2，下 17-32A-7，下 17-32A-9，
下 17-32A-9，下 17-32A-9，下 17-32B-2，
下 17-32B-2，下 18-32B-5，下 18-32B-8，
下 18-33A-1，下 18-33A-4，下 19-33B-4，
下 20-34A-1，下 20-34A-2，下 21-34A-6，
下 21-34A-7，下 21-34A-8，下 21-34B-2，
下 22-34B-9，下 23-35A-5，下 23-35A-9，
下 23-35B-2，下 23-35B-2，下 23-35B-2，
下 24-35B-7，下 24-35B-8，下 25-36A-6，
下 25-36A-6，下 25-36A-6，下 25-36B-2，
下 26-36B-6，下 26-36B-6，下 26-36B-8，
下 26-36B-8，下 26-37A-1，下 27-37A-3，
下 27-37A-5，下 27-37A-5，下 28-37A-8，

下 28-37A-9，下 28-37B-1，下 29-37B-7，
下 29-37B-8，下 29-37B-8，下 30-38A-7，
下 31-38B-6，下 31-38B-9，下 31-39A-2，
下 31-39A-3，下 31-39A-5，下 32-39A-8，
下 32-39B-1，下 33-39B-6，下 33-39B-8，
下 33-39B-8，下 33-39B-8，下 33-39B-9，
下 33-40A-1，下 33-40A-2，下 34-40A-5，
下 34-40A-5，下 34-40A-9，下 34-40B-4，
下 35-40B-5，下 35-40B-5，下 35-40B-7，
下 35-40B-9，下 35-40B-9，下 35-41A-1，
下 35-41A-4，下 36-41A-5，下 36-41A-5，
下 36-41A-6，下 36-41A-7，下 36-41A-7，
下 36-41A-9，下 36-41B-2，下 37-41B-8，
下 37-41B-8，下 37-42A-1，下 37-42A-3，
下 37-42A-4，下 38-42B-3，下 39-42B-6，
下 39-42B-6，下 39-42B-7，下 39-42B-8，
下 40-43A-3，下 40-43A-5，下 40-43A-6，
下 40-43A-6，下 40-43A-8，下 40-43A-8，
下 40-43A-8，下 41-43B-2，下 41-43B-2，
下 41-43B-5，下 41-43B-8，下 42-44A-1，
下 42-44A-2，下 42-44A-3，下 42-44A-4，
下 42-44A-5，下 42-44A-7，下 43-44B-1，
下 44-44B-9，下 44-45A-2，下 44-45A-4，
下 45-45A-6，下 45-45A-7，下 45-45A-9，
下 45-45B-2，下 46-45B-5，下 46-46A-1，
下 47-46A-5，下 47-46A-6，下 47-46A-6，
下 47-46A-7，下 48-46B-1，下 48-46B-3，
下 48-46B-4，下 48-46B-4，下 48-46B-5，
下 48-46B-6，下 48-46B-6，下 48-46B-7，
下 49-46B-9，下 49-47A-1，下 49-47A-1，
下 49-47A-1，下 49-47A-2，下 49-47A-3，
下 49-47A-6，下 50-47A-9，下 50-47B-4，
下 50-47B-5）

是非：1（下 15-31B-1）

收：4（上 29-13A-7，上 32-14B-9，
　　上 38-18A-3，下 17-32B-4）

收成：1（下 45-45B-2）

收拾：4（下 19-33B-1，下 37-41B-9，
　　下 37-41B-9，下 46-45B-7）

收收兒：1（上 47-21B-5）

手：4（上 43-20A-5，上 51-23B-1，
　　下 23-35B-3，下 45-45A-7）
手長：1（上 31-14B-4）
手脚：2（上 17-8B-3，下 14-31A-5）
手裡：2（上 24-11B-5，上 37-17A-8）
手拿：1（上 39-18A-6）
手兒：1（上 3-2A-6）
手藝：1（下 27-37A-6）
手指頭：2（上 53-24A-8，下 47-46A-7）
受：7（上 4-2B-8，上 28-13A-1，下 2-25B-2，
　　下 18-32B-6，下 25-36A-9，下 32-39B-2，
　　下 35-41A-3）
受不得：4（上 41-19A-5，上 42-19B-4，
　　上 49-22B-3，下 3-26A-1）
受不的：1（上 46-21A-7）
受累：1（下 19-33A-7）
受傷：1（上 12-6B-1）
受享：1（上 16-8A-2）
受罪：1（下 41-43B-2）
瘦：3（上 46-21A-4，上 51-23A-8，
　　上 51-23A-9）
書：14（上 2-1B-8，上 3-2A-6，上 5-3A-2，
　　上 5-3A-2，上 6-3B-2，上 8-4A-9，
　　上 9-4B-7，上 9-4B-9，上 14-7A-2，
　　上 20-9B-8，上 42-19B-2，下 16-32A-3，
　　下 16-32A-4，下 16-32A-5）
書房：1（上 23-11A-4）
舒服：2（上 37-17A-8，下 21-34A-8）
叔叔：2（上 36-17A-2，下 24-35B-6）
練：1（下 47-46A-7）
熟：6（上 2-1B-7，上 2-1B-9，上 10-5B-2，
　　上 12-6A-6，上 33-15A-9，下 44-44B-8）
熟練：1（上 3-2A-4）
熟燙：1（下 36-41A-7）
熟習：1（上 2-1B-8）
屬：1（上 39-18A-9）
數：2（下 4-26A-8，下 42-44A-6）
數落：1（下 32-39B-2）
樹：1（下 42-44A-3）
樹林子：1（下 39-42B-9）

樹木：2（上 36-16B-8，下 46-46A-1）
樹稍兒：1（下 47-46A-4）
樹枝兒：1（下 39-42B-6）
恕：1（下 11-30A-1）
數 4：1（下 47-22A-1）
耍刀：1（上 27-12B-3）
耍錢：1（上 47-21B-7）
耍錢場兒：2（上 21-10A-5，上 47-21B-4）
摔：2（上 27-12B-6，下 47-46A-4）
摔搭：1（下 26-36B-6）
拴：3（上 32-15A-4，上 33-15A-6，
　　上 33-15A-6）
涮涮：2（下 43-44B-3，下 45-45A-8）
爽快：3（上 24-11A-9，上 46-21A-9，
　　下 42-44A-8）
爽爽利利兒：1（上 13-6B-6）
誰：58（上 2-1B-7，上 5-3A-7，上 8-4B-2，
　　上 8-4B-2，上 9-4B-7，上 10-5B-4，
　　上 12-6A-5，上 12-6B-1，上 16-8A-1，
　　上 16-8A-2，上 18-8B-8，上 19-9B-1，
　　上 19-9B-2，上 19-9B-2，上 21-10A-7，
　　上 26-12A-8，上 30-13B-7，上 30-13B-8，
　　上 30-14A-3，上 30-14A-6，上 38-18A-3，
　　上 39-18A-6，上 51-23B-4，下 1-25A-6，
　　下 2-25B-2，下 2-25B-3，下 3-25B-8，
　　下 3-25B-9，下 9-28B-5，下 10-29A-5，
　　下 10-29B-3，下 11-29B-8，下 11-29B-8，
　　下 11-30A-3，下 11-30A-3，下 11-30A-3，
　　下 11-30A-3，下 13-30B-7，下 13-31A-2，
　　下 14-31A-4，下 16-32A-2，下 16-32A-2，
　　下 20-33B-9，下 22-34B-6，下 24-35B-5，
　　下 25-36A-6，下 26-36B-8，下 28-37B-4，
　　下 29-37B-9，下 31-38B-6，下 32-39A-6，
　　下 33-39B-8，下 33-39B-8，下 36-41B-5，
　　下 37-42A-2，下 47-46A-8，下 48-46B-5，
　　下 50-47B-5）
水：2（下 39-42B-7，下 40-43A-5）
水兒：1（下 40-43A-5）
水清山靜：1（下 40-43A-6）
水洗：1（下 40-43A-8）

睡：6（上 10-5A-7，上 35-16A-7，
　　上 35-16A-7，上 49-22B-1，下 44-45A-1，
　　下 44-45A-2）
睡覺：3（上 49-22B-2，下 25-36A-5，
　　下 44-44B-8）
睡夢：3（上 35-16A-9，下 44-45A-5，
　　下 46-45B-4）
睡着：3（上 49-22B-4，下 4-26A-8，
　　下 20-33B-5）
順：1（下 32-39B-3）
順便兒：2（上 22-10B-4，下 21-34A-5）
順當：1（上 7-4A-5）
順順當當兒：1（下 32-39B-2）
順着：3（下 40-43A-5，下 40-43A-7，
　　下 47-46A-6）
順嘴兒：1（上 2-1B-9）
說：241（上 1-1A-5，上 1-1A-8，上 1-1A-9，
　　上 1-1A-9，上 1-1B-1，上 2-1B-2，
　　上 2-1B-3，上 2-1B-3，上 2-1B-3，
　　上 2-1B-5，上 2-1B-5，上 2-1B-7，
　　上 2-1B-8，上 2-1B-9，上 2-2A-1，
　　上 3-2A-2，上 3-2A-3，上 5-3A-6，
　　上 5-3A-8，上 6-3B-3，上 6-3B-6，
　　上 6-3B-6，上 6-3B-7，上 7-4A-8，
　　上 8-4B-3，上 9-4B-9，上 9-5A-1，
　　上 9-5A-2，上 10-5B-1，上 10-5B-2，
　　上 10-5B-3，上 12-6A-4，上 12-6A-7，
　　上 12-6B-1，上 12-6B-2，上 13-6B-6，
　　上 14-7A-3，上 14-7A-7，上 15-7B-4，
　　上 15-7B-4，上 16-8A-3，上 18-8B-7，
　　上 18-8B-9，上 18-9A-2，上 18-9A-3，
　　上 19-9B-1，上 19-9B-2，上 20-9B-5，
　　上 20-9B-7，上 21-10A-3，上 21-10A-4，
　　上 21-10A-9，上 22-10B-4，上 22-10B-7，
　　上 22-10B-7，上 22-10B-7，上 24-11B-1，
　　上 24-11B-1，上 24-11B-6，上 24-11B-6，
　　上 24-11B-7，上 26-12A-6，上 27-12B-3，
　　上 28-12B-8，上 28-13A-4，上 29-13B-2，
　　上 29-13B-2，上 30-13B-7，上 30-13B-8，
　　上 31-14B-5，上 32-14B-7，上 32-14B-9，

　　上 32-14B-9，上 32-15A-1，上 36-16B-6，
　　上 36-16B-6，上 36-16B-9，上 36-17A-3，
　　上 36-17A-4，上 37-17A-8，上 37-17B-3，
　　上 38-17B-5，上 39-18A-5，上 39-18B-2，
　　上 39-18B-2，上 40-18B-9，上 41-19A-4，
　　上 41-19A-7，上 42-19B-3，上 42-19B-5，
　　上 42-19B-6，上 43-20A-1，上 44-20A-9，
　　上 44-20A-9，上 44-20B-2，上 45-20B-9，
　　上 45-21A-2，上 47-21B-6，上 49-22B-6，
　　上 50-23A-1，上 50-23A-4，上 50-23A-5，
　　上 50-23A-5，上 50-23A-6，上 51-23A-9，
　　上 51-23B-1，上 51-23B-5，上 52-23B-7，
　　上 52-24A-1，上 52-24A-2，上 53-24A-8，
　　上 53-24A-9，下 1-25A-1，下 1-25A-1，
　　下 1-25A-2，下 1-25A-4，下 1-25A-4，
　　下 1-25A-5，下 2-25B-2，下 2-25B-5，
　　下 3-25B-8，下 3-25B-9，下 3-26A-3，
　　下 3-26A-3，下 4-26B-1，下 4-26B-2，
　　下 4-26B-2，下 4-26B-3，下 4-26B-4，
　　下 5-27A-6，下 6-27A-7，下 6-27A-7，
　　下 6-27A-7，下 7-28A-4，下 8-28A-8，
　　下 9-28B-6，下 9-28B-7，下 9-29A-2，
　　下 9-29A-3，下 9-29A-4，下 10-29A-5，
　　下 10-29A-7，下 10-29A-7，下 10-29A-8，
　　下 10-29B-2，下 10-29B-3，下 11-29B-7，
　　下 11-29B-8，下 11-29B-8，下 11-30A-1，
　　下 11-30A-1，下 12-30A-7，下 12-30A-9，
　　下 12-30A-9，下 13-30B-6，下 13-31A-1，
　　下 14-31A-3，下 15-31B-3，下 15-31B-4，
　　下 15-31B-4，下 15-31B-5，下 16-32A-1，
　　下 16-32A-3，下 16-32A-4，下 17-32A-9，
　　下 17-32B-3，下 18-32B-5，下 18-32B-7，
　　下 18-32B-8，下 18-32B-9，下 18-33A-1，
　　下 18-33A-1，下 18-33A-3，下 19-33A-7，
　　下 19-33A-9，下 20-33B-5，下 20-33B-7，
　　下 20-33B-8，下 20-34A-1，下 20-34A-3，
　　下 21-34A-5，下 22-34B-8，下 22-35A-2，
　　下 23-35A-9，下 23-35B-1，下 24-35B-6，
　　下 24-35B-8，下 24-35B-9，下 24-36A-4，
　　下 25-36A-9，下 25-36B-2，下 26-36B-9，

下 26-37A-1，下 27-37A-3，下 28-37A-8，
　　　下 28-37A-8，下 30-38A-8，下 30-38A-9，
　　　下 30-38B-4，下 31-38B-7，下 31-38B-7，
　　　下 31-39A-2，下 31-39A-3，下 31-39A-3，
　　　下 31-39A-4，下 31-39A-5，下 32-39A-6，
　　　下 32-39A-8，下 32-39A-8，下 32-39A-8，
　　　下 32-39A-9，下 33-39B-8，下 33-40A-1，
　　　下 33-40A-2，下 34-40B-1，下 35-40B-5，
　　　下 35-40B-7，下 35-41A-1，下 36-41A-6，
　　　下 36-41B-5，下 38-42B-2，下 39-42B-5，
　　　下 39-43A-2，下 40-43A-3，下 41-43B-5，
　　　下 41-43B-7，下 42-44A-1，下 43-44B-2，
　　　下 43-44B-3，下 43-44B-4，下 43-44B-6，
　　　下 44-45A-4，下 45-45A-6，下 45-45A-9，
　　　下 46-45B-7，下 47-46A-3，下 49-46B-9，
　　　下 49-47A-5，下 50-47A-9，下 50-47B-4）
說不完：1（下 20-33B-7）
說長道短：1（下 10-29A-5）
說錯：1（上 3-2A-7）
說到：1（上 16-8A-4）
說道：1（下 24-36A-1）
說話：7（上 2-1B-4，上 2-1B-7，上 15-7B-6，
　　　下 9-29A-1，下 11-29B-6，下 15-31B-7，
　　　上 30-14A-2）
說話兒：1（下 25-36A-5）
說開：1（下 8-28A-7）
說來：1（下 6-27A-9）
說說：4（上 5-3A-6，上 5-3B-1，
　　　下 31-38B-8，下 46-45B-6）
說完：2（上 50-23A-6，上 51-23B-4）
說着：1（下 41-43B-4）
絲毫：2（上 39-18B-1，上 43-20A-1）
絲毫無干：1（上 53-24A-9）
思：1（上 13-6B-5）
思量：1（上 11-6A-1）
死：7（上 17-8B-2，上 29-13B-5，
　　　上 29-13B-5，上 41-19A-6，上 52-24A-1，
　　　下 11-30A-1，下 18-33A-2）
死肉：1（下 20-33B-6）
死守：1（下 34-40B-3）

四：1（上 9-4B-9）
四方臉兒：1（上 30-14A-1）
似：12（上 16-7B-9，上 33-15B-1，
　　　上 35-16A-8，上 39-18B-3，上 41-19A-3，
　　　上 43-20A-1，上 43-20A-3，上 46-21A-8，
　　　下 1-25A-6，下 3-25B-9，下 38-42B-3，
　　　下 47-46A-7）
似的：2（下 13-30B-8，下 48-46B-4）
似乎：1（下 29-37B-5）
四五：1（上 2-1B-4）
四五十：1（下 24-35B-9）
鬆快：1（上 49-22B-8）
送：9（上 11-6A-2，上 50-23A-2，
　　　下 16-32A-3，下 17-32B-1，下 21-34B-2，
　　　下 24-36A-2，下 24-36A-2，下 37-41B-7，
　　　下 37-41B-8）
送殯：1（下 43-44B-1）
送命：1（下 35-40B-9）
送祟：1（上 37-17B-2）
餿：1（下 25-36A-9）
廋：1（下 7-28A-2）
甦醒：1（上 52-23B-6）
俗語兒：6（上 14-7A-7，上 24-11B-6，
　　　上 42-19B-6，下 2-25B-5，下 9-29A-3，
　　　下 18-32B-7）
素常：2（上 20-9B-8，下 17-32A-8）
素珠兒：2（上 38-17B-7，上 38-18A-1）
宿：1（上 49-22B-1）
筭：1（下 17-32A-9）
筭是：1（下 5-26B-8）
算：14（上 3-2A-3，上 10-5A-9，上 13-6B-6，
　　　上 32-15A-3，上 34-16A-1，上 39-18A-6，
　　　上 39-18B-1，上 41-19A-6，下 7-28A-5，
　　　下 29-38A-1，下 34-40B-2，下 36-41A-7，
　　　下 48-46B-3，下 49-47A-5）
算不清：1（上 24-11B-5）
算得起：1（上 3-2A-4）
算計：3（上 12-6A-6，上 29-13B-1，
　　　下 22-34B-8）
算是：2（上 24-11B-7，下 22-35A-1）

雖：16（上 2-1B-3，上 18-9A-5，
　　上 38-18A-1，上 47-21B-9，上 52-23B-9，
　　上 52-24A-1，上 53-24A-5，下 2-25A-9，
　　下 5-27A-2，下 6-27B-3，下 12-30A-5，
　　下 17-32A-9，下 18-33A-1，下 23-35A-8，
　　下 24-36A-2，下 33-40A-1）
雖然：17（上 3-2A-9，上 6-3B-6，
　　上 15-7B-4，上 20-9B-7，上 24-11B-4，
　　上 30-14A-5，上 37-17B-3，上 39-18B-1，
　　上 39-18B-2，上 49-22B-2，上 50-23A-4，
　　上 52-23B-7，下 7-28A-4，下 33-39B-5，
　　下 34-40B-1，下 43-44B-1，下 43-44B-5）
雖說：1（下 15-31B-2）
隨：1（上 6-4A-1）
隨便兒：1（下 21-34B-4）
隨羣兒：1（上 13-6B-8）
隨手：1（上 33-15A-8）
隨心：1（上 13-6B-6）
隨着：1（下 1-25A-4）
歲：6（上 41-19A-5，下 2-25B-6，
　　下 35-40B-7，下 36-41B-2，下 36-41B-2，
　　下 36-41B-2）
歲數兒：1（下 3-26A-4）
碎：1（下 47-46A-8）
損壞：1（下 44-45A-4）
所：11（上 1-1A-7，上 13-6B-5，上 13-6B-6，
　　上 29-13B-1，上 36-17A-2，上 36-17A-4，
　　上 37-17A-6，上 46-21A-9，上 46-21B-1，
　　下 1-25A-5，下 9-29A-1）
所屬：1（上 32-14B-8）
所行所為：1（上 24-11B-2）
所以：4（上 50-22B-9，下 22-35A-3，
　　下 30-38B-3，下 31-39A-1）
所有：6（上 5-3A-7，上 49-22B-7，
　　下 9-28B-8，下 26-36B-5，下 42-44A-2，
　　下 44-45A-3）
索性：7（上 25-12A-2，上 34-16A-6，
　　上 38-17B-9，下 10-29B-2，下 11-29B-9，
　　下 14-31B-8，下 42-44A-8）

T

他：248（上 2-1B-7，上 2-1B-7，上 3-2A-4，
　　上 3-2A-5，上 3-2A-5，上 3-2A-6，
　　上 3-2A-7，上 3-2A-8，上 3-2A-9，
　　上 3-2A-9，上 3-2B-1，上 4-2B-5，
　　上 4-2B-6，上 5-3A-9，上 9-4B-8，
　　上 9-4B-8，上 9-4B-8，上 9-4B-9，
　　上 9-4B-9，上 9-5A-1，上 9-5A-1，
　　上 9-5A-2，上 9-5A-4，上 9-5A-4，
　　上 9-5A-5，上 12-6A-5，上 13-6B-5，
　　上 14-7A-4，上 14-7A-5，上 14-7A-7，
　　上 15-7B-1，上 15-7B-3，上 15-7B-3，
　　上 16-8A-5，上 16-8A-6，上 18-8B-9，
　　上 19-9A-7，上 19-9A-8，上 19-9B-1，
　　上 19-9B-1，上 19-9B-1，上 19-9B-2，
　　上 19-9B-2，上 20-9B-7，上 20-10A-1，
　　上 21-10A-7，上 22-10B-3，上 22-10B-4，
　　上 22-10B-7，上 22-10B-7，上 24-11A-9，
　　上 24-11B-1，上 24-11B-1，上 24-11B-2，
　　上 24-11B-3，上 24-11B-4，上 24-11B-5，
　　上 24-11B-5，上 24-11B-7，上 24-11B-7，
　　上 25-12A-2，上 26-12A-8，上 26-12A-8，
　　上 26-12A-8，上 27-12B-2，上 27-12B-2，
　　上 27-12B-4，上 27-12B-4，上 27-12B-6，
　　上 30-14A-5，上 30-14A-6，上 34-15B-7，
　　上 35-16B-1，上 35-16B-2，上 35-16B-3，
　　上 37-17A-6，上 37-17B-3，上 37-17B-4，
　　上 37-17B-4，上 39-18A-6，上 39-18A-8，
　　上 39-18A-9，上 39-18B-2，上 40-18B-9，
　　上 40-18B-9，上 40-19A-1，上 40-19A-1，
　　上 41-19A-3，上 42-19B-1，上 42-19B-2，
　　上 42-19B-2，上 42-19B-3，上 42-19B-4，
　　上 42-19B-5，上 42-19B-6，上 42-19B-7，
　　上 43-19B-8，上 43-20A-4，上 43-20A-5，
　　上 45-20B-4，上 45-20B-5，上 45-20B-5，
　　上 45-20B-6，上 45-20B-7，上 45-20B-7，
　　上 45-20B-7，上 45-20B-9，上 45-21A-1，
　　上 45-21A-2，上 45-21A-2，上 45-21A-3，
　　上 50-23A-1，上 51-23A-9，上 51-23B-1，

上 51-23B-5, 上 52-23B-6, 上 52-23B-8,
上 52-23B-9, 上 52-24A-2, 上 53-24A-6,
上 53-24A-9, 上 53-24A-9, 下 1-25A-1,
下 1-25A-3, 下 2-25A-9, 下 2-25B-1,
下 2-25B-2, 下 2-25B-3, 下 3-26A-5,
下 4-26A-7, 下 4-26A-9, 下 4-26B-1,
下 4-26B-6, 下 4-26B-7, 下 5-26B-8,
下 5-27A-3, 下 5-27A-5, 下 6-27A-8,
下 6-27A-8, 下 6-27B-2, 下 6-27B-3,
下 6-27B-7, 下 7-27B-8, 下 7-27B-9,
下 7-27B-9, 下 7-28A-1, 下 7-28A-2,
下 7-28A-3, 下 8-28A-7, 下 8-28A-7,
下 8-28A-9, 下 8-28B-2, 下 8-28B-3,
下 9-28B-6, 下 9-28B-9, 下 10-29A-5,
下 10-29A-5, 下 10-29A-6, 下 10-29A-7,
下 10-29A-7, 下 10-29A-9, 下 10-29A-9,
下 10-29B-1, 下 10-29B-2, 下 10-29B-2,
下 10-29B-4, 下 10-29B-4, 下 11-30A-1,
下 11-30A-2, 下 11-30A-2, 下 12-30A-7,
下 12-30A-8, 下 12-30A-9, 下 12-30B-1,
下 12-30B-1, 下 12-30B-1, 下 12-30B-1,
下 13-30B-5, 下 13-30B-6, 下 13-30B-6,
下 13-30B-9, 下 13-31A-2, 下 14-31A-3,
下 14-31A-9, 下 15-31B-4, 下 16-32A-1,
下 16-32A-1, 下 16-32A-1, 下 16-32A-2,
下 16-32A-2, 下 16-32A-3, 下 16-32A-3,
下 16-32A-3, 下 18-33A-1, 下 18-33A-2,
下 18-33A-3, 下 18-33A-3, 下 18-33A-4,
下 20-33B-7, 下 20-33B-8, 下 22-34B-6,
下 23-35B-2, 下 23-35B-4, 下 24-35B-6,
下 24-36A-1, 下 24-36A-1, 下 24-36A-2,
下 25-36A-5, 下 25-36A-6, 下 25-36B-1,
下 25-36B-1, 下 28-37A-9, 下 28-37A-9,
下 28-37B-4, 下 30-38A-8, 下 30-38A-9,
下 30-38B-4, 下 31-38B-6, 下 31-38B-6,
下 31-38B-8, 下 31-38B-8, 下 31-39A-1,
下 31-39A-2, 下 31-39A-4, 下 31-39A-5,
下 32-39A-6, 下 32-39A-7, 下 32-39A-7,
下 32-39A-9, 下 32-39B-1, 下 32-39B-2,
下 32-39B-3, 下 32-39B-3, 下 32-39B-3,

下 35-40B-7, 下 35-41A-2, 下 36-41B-5,
下 36-41B-5, 下 42-44A-7, 下 48-46B-2,
下 48-46B-6, 下 48-46B-6, 下 48-46B-7,
下 48-46B-7, 下 50-47A-9, 下 50-47B-2,
下 50-47B-3, 下 50-47B-5）

他們：28（上 4-2B-5, 上 6-3B-2,
上 16-7B-8, 上 16-7B-8, 上 18-8B-7,
上 18-8B-8, 上 18-9A-2, 上 18-9A-3,
上 22-10B-8, 上 27-12B-3, 上 30-13B-9,
上 30-14A-4, 下 5-26B-9, 下 5-27A-3,
下 5-27A-4, 下 5-27A-6, 下 5-27A-6,
下 14-31A-5, 下 23-35B-3, 下 24-35B-5,
下 24-35B-5, 下 24-35B-8, 下 28-37B-2,
下 30-38B-3, 下 35-40B-5, 下 35-41A-4,
下 41-43B-5, 下 50-47A-9）

攔：1（下 46-45B-8)

抬舉：1（下 13-31A-1）

太：17（上 6-3B-6, 上 7-4A-4, 上 11-6A-1,
上 25-11B-9, 上 50-23A-2, 上 50-23A-2,
下 1-25A-1, 下 6-27B-1, 下 8-28A-7,
下 11-30A-2, 下 15-31B-1, 下 16-31B-9,
下 16-32A-6, 下 20-34A-2, 下 22-35A-3,
下 26-36B-4, 下 30-38A-5）

太太們：3（下 33-40A-2, 下 33-40A-3,
下 33-40A-3）

貪：1（上 50-22B-9）

嘆口氣：1（上 29-13B-5）

炭火：1（下 46-45B-8）

探聽：1（下 8-28B-4）

搪：1（上 8-4B-3）

倘：1（下 29-38A-3）

倘若：5（上 21-10A-6, 上 26-12A-8,
下 6-27A-8, 下 14-31A-5, 下 25-36B-1）

躺倒：1（上 51-23A-7）

燙手兒：1（下 42-44A-2）

搯：1（下 34-40B-2）

掏溝：1（上 46-21A-5）

韜署兒：1（上 30-14A-5）

桃花兒：1（下 39-42B-6）

淘氣：2（上 43-20A-1, 上 43-20A-2）

討：5（上42-19B-7，上43-19B-8，
　　上48-22A-5，下6-27A-7，下6-27B-4）
討好：1（上15-7B-3）
討人嫌：2（下16-32A-6，下20-33B-6）
套：5（上9-4B-9，上9-4B-9，上9-5A-1，
　　下6-27B-5，下18-33A-4）
芯芯：1（下44-45A-3）
特：2（上38-17B-7，下19-33B-3）
特為：2（上4-2B-2，上24-11B-7）
特意：2（下27-37A-3，下29-37B-5）
疼：6（上49-22B-6，下17-32B-3，
　　下20-34A-4，下25-36A-9，下31-38B-8，
　　下47-46A-7）
疼愛：3（上1-1A-6，上31-14B-4，
　　下33-39B-7）
提：3（下16-32A-1，下16-32A-4，
　　下16-32A-4）
提拔：1（上15-7B-2）
提撥：1（下2-25B-7）
提起：2（上24-11B-5，上36-16B-6）
題：1（上30-14A-5）
題起：1（下36-41B-3）
體面：8（上4-2B-4，上15-7B-1，
　　上24-11A-9，下5-27A-4，下5-27A-5，
　　下13-30B-4，下13-30B-6，下26-36B-4）
體體面面兒：1（下3-25B-8）
替：15（上4-2B-6，上5-3A-6，上5-3B-1，
　　上11-6A-3，上12-6A-6，上17-8B-5，
　　上19-9B-2，上25-12A-2，上32-15A-3，
　　上41-19A-9，下10-29A-7，下17-32B-1，
　　下24-36A-1，下31-38B-8，下36-41B-3）
天：24（上5-3A-3，上5-3A-4，上18-8B-7，
　　上39-18A-8，上41-19A-2，上41-19A-8，
　　上45-21A-3，上49-22B-1，下7-27B-8，
　　下13-30B-5，下19-33A-9，下19-33B-2，
　　下21-34B-5，下22-35A-3，下34-40A-8，
　　下34-40B-2，下35-41A-4，下40-43A-6，
　　下42-44A-3，下43-44B-1，下43-44B-5，
　　下45-45A-6，下45-45A-7，下46-45B-4）
天必降福：1（上19-9B-3）

天地不容：1（上16-8A-4）
天地懸隔：1（上3-2A-5）
天兒：2（上20-9B-4，上29-13A-8）
天亮：1（下40-43A-9）
天明：1（下45-45B-1）
天氣：2（下43-44B-3，下47-46A-3）
天堂：1（下28-37B-1）
天天兒：10（上2-1B-8，上5-3A-1，
　　上5-3A-8，上15-7B-4，上17-8B-1，
　　上27-12B-1，下13-30B-8，下35-41A-3，
　　下38-42A-6，下49-46B-9）
天下：1（上27-12B-7）
天陰陰：1（下43-44B-1）
添：2（上34-15B-6，上34-15B-7）
添病：1（上51-23A-7）
田地：2（下14-31A-6，下45-45B-2）
舔：1（下30-38B-1）
腆臉子：1（下48-46B-5）
挑：1（下42-44A-5）
挑担子：1（下27-37A-6）
挑缺：1（上15-7B-2）
挑唆：1（上17-8A-9）
挑選：1（上12-6A-4）
條：2（上18-9A-1，上18-9A-2）
跳：7（上18-9A-1，上35-16A-9，
　　上35-16A-9，上35-16A-9，上35-16B-1，
　　上53-24A-5，下44-45A-3）
跳神：1（上37-17B-1）
跳跳鑽鑽：1（上40-19A-1）
鐵石人：1（上51-23B-5）
聽：18（上6-3B-3，上6-3B-6，上6-4A-1，
　　上6-4A-1，上8-4B-2，上8-4B-5，
　　上9-4B-8，上17-8A-8，上17-8A-9，
　　上17-8B-1，上42-19B-3，上47-21B-9，
　　上51-23B-5，下2-25B-1，下25-36A-5，
　　下25-36A-9，下33-39B-8，下48-46B-5）
聽不見：2（上22-10B-8，下14-31A-5）
聽的見：1（下50-47B-4）
聽見：14（上20-9B-4，上32-14B-6，
　　上32-14B-7，上32-14B-7，上35-16A-8，

下 5-26B-8，下 10-29B-1，下 12-30A-6，
　　下 12-30A-7，下 18-32B-5，下 24-35B-6，
　　下 30-38A-9，下 40-43A-7，下 50-47B-5）
聽見說：5（上 1-1A-1，上 2-1B-2，
　　上 39-18A-5，上 40-18B-8，上 47-21B-4）
停住：1（上 49-22B-7）
通報：1（上 21-10A-2）
通共：1（下 31-39A-2）
通鑑：1（上 8-4A-9）
通天鬼：1（上 43-20A-2）
通知：1（下 33-40A-3）
同：1（下 24-36A-1）
同喜：1（上 11-5B-5）
痛：1（下 15-31B-7）
痛哭：1（上 16-8A-1）
痛痛快快：1（上 45-20B-6）
偷：1（上 38-18A-3）
頭：3（上 38-17B-9，下 16-32A-2，
　　下 38-42B-1）
頭等頭兒：3（上 1-1A-1，上 4-2B-2，
　　下 42-44A-1）
頭頂：1（下 49-47A-2）
頭頂兒：1（下 35-41A-2）
頭髮：2（上 35-16A-9，上 41-19A-3）
頭臉：1（下 50-47B-1）
頭疼：2（上 24-11B-6，上 46-21A-8）
頭尾：1（下 48-46B-3）
頭緒兒：2（上 1-1A-3，上 7-4A-3）
透：3（上 48-22A-9，下 44-45A-4，
　　下 45-45B-2）
透澈：1（下 9-29A-3）
透汗：1（上 46-21A-7）
圖：1（下 31-39A-5）
徒然：1（下 38-43B-1）
吐：2（上 46-21B-1，下 47-46A-7）
推辭：1（上 1-1A-6）
推托：1（下 31-39A-1）
腿：1（上 33-15B-2）
腿子：1（上 33-15A-9）
退：1（下 4-26A-8）

屯：3（上 27-12B-3，上 31-14B-1，
　　上 32-14B-6）
托：1（上 19-9B-1）
託：2（上 12-6A-7，下 30-38A-5）
脫：1（上 46-21A-7）
脫皮：1（上 52-24A-1）
脫身兒：1（下 19-33A-7）
脫完兒：1（下 10-29A-7）
馱子：1（上 31-14A-7）
妥當：4（上 31-14A-7，上 33-15A-8，
　　下 30-38B-4，下 43-44B-3）
唾沫：1（下 47-46A-8）

W

瓦：1（下 50-47B-3）
歪：3（上 36-16B-8，上 36-16B-8，
　　下 4-26B-5）
歪歪扭扭：1（上 30-14A-5）
外：1（下 30-38A-6）
外道：1（下 19-33B-2）
外面兒：1（下 2-25A-9）
外面皮兒：1（下 6-27B-2）
外人：2（上 1-1A-8，上 5-3A-8）
外人兒：2（上 16-7B-9，上 21-10A-2）
外頭：2（上 36-16B-7，下 50-47B-4）
灣灣曲曲：1（下 39-42B-8）
完：17（上 6-3B-9，上 37-17B-4，
　　上 44-20B-2，下 1-25A-5，下 8-28A-7，
　　下 16-32A-2，下 16-32A-4，下 17-32B-3，
　　下 18-33A-4，下 20-34A-1，下 29-38A-3，
　　下 30-38B-4，下 33-40A-1，下 34-40A-8，
　　下 35-41A-3，下 41-43B-4，下 48-46B-7）
完全：1（下 27-37A-4）
玩笑：1（上 41-19A-6）
頑兒：6（上 9-5A-4，上 17-8A-7，
　　上 47-21B-5，下 3-26A-5，下 10-29A-9，
　　下 10-29B-2）
頑話兒：1（下 36-41A-6）
頑笑：1（下 3-26A-3）

碗：1（上 46-21A-7）
挽回：1（下 31-39A-3）
晚：4（下 22-34B-6，下 22-35A-3，
　　下 29-38A-2，下 43-44B-5）
晚兒：1（上 5-3A-9）
晚飯：2（下 40-43A-4，下 46-46A-1）
晚上：3（上 49-22B-1，下 13-30B-8，
　　下 23-35A-7）
萬不得以兒：1（上 5-3A-9）
萬慮俱消：1（下 40-43A-7）
萬全之計：1（下 29-37B-7）
萬物：1（下 48-46B-1）
萬幸：1（上 23-11A-7）
萬一：2（上 4-2B-7，上 29-13B-5）
聰：1（下 42-44A-6）
王法：1（上 21-10A-6）
枉然：2（上 7-4A-4，上 37-17B-2）
往：32（上 2-1B-8，上 5-3A-1，上 8-4B-6，
　　上 9-5A-3，上 14-7A-4，上 27-12B-4，
　　上 34-16A-4，上 38-18A-2，上 42-19B-2，
　　上 42-19B-3，上 44-20A-6，上 45-21A-1，
　　下 1-25A-8，下 13-30B-3，下 13-30B-5，
　　下 19-33A-5，下 19-33B-4，下 20-33B-6，
　　下 21-34A-5，下 21-34A-5，下 21-34B-3，
　　下 22-34B-6，下 23-35A-5，下 30-38B-1，
　　下 38-42A-8，下 38-42A-9，下 38-42B-1，
　　下 39-42B-5，下 40-43A-5，下 43-44A-9，
　　下 43-44B-4，下 47-46A-5）
往後：1（下 4-26B-5）
往回裡：1（下 23-35A-7）
往回裏：1（下 43-44B-2）
往前：1（下 33-39B-7）
旺：1（上 27-12A-9）
望：4（上 30-14A-2，下 13-30B-5，
　　下 14-31A-5，下 31-39A-5）
望着：1（上 24-11A-9）
忘：8（上 1-1A-7，上 3-2A-7，上 38-18A-3，
　　上 41-19A-6，上 45-20B-7，下 8-28B-3，
　　下 13-31A-1，下 34-40A-6）
忘八：1（下 35-40B-8）

微物兒：1（下 17-32B-2）
圍：2（上 12-6A-5，下 50-47B-2）
圍場：1（上 33-15A-9）
為 2：6（上 4-2B-7，上 8-4A-9，上 8-4A-9，
　　上 16-7B-7，下 35-40B-8，下 40-43A-9）
為難：1（下 17-32B-4）
惟天可表：1（下 14-31A-8）
尾巴：1（下 38-42A-8）
委曲：2（下 6-27B-7，下 14-31A-7）
為 4：8（上 5-3A-4，上 16-7B-7，
　　下 1-25A-5，下 21-34B-3，下 30-38A-7，
　　下 32-39B-1，下 32-39B-1，下 33-39B-9）
為甚麼：9（上 6-3B-8，上 9-5A-1，
　　上 17-8B-5，上 28-12B-9，上 45-20B-5，
　　下 8-28A-7，下 10-29A-9，下 35-41A-4，
　　下 50-47A-8）
未：1（下 4-26B-5）
未必：3（上 7-4A-6，上 39-18B-1，
　　下 23-35B-4）
未來：1（上 39-18B-1）
未免：2（下 11-29B-8，下 16-32A-6）
味：1（下 18-32B-8）
味兒：4（上 11-6A-2，上 29-13A-9，
　　上 46-21A-5，下 8-28B-1）
位：7（上 14-7A-6，上 15-7A-9，上 19-9A-7，
　　下 3-26A-5，下 33-40A-2，下 35-41A-1，
　　下 36-41A-5）
畏首畏尾：1（下 4-26A-8）
温温兒：1（上 42-19B-2）
文墨：1（下 48-46B-4）
文生：1（上 7-4A-6）
蚊子：1（下 44-44B-9）
穩：1（上 33-15A-7）
穩重：1（下 3-25B-8）
問：14（上 22-10B-4，上 30-14A-3，
　　上 37-17A-6，上 45-20B-4，下 4-26A-7，
　　下 7-28A-3，下 13-30B-5，下 13-30B-5，
　　下 16-32A-4，下 25-36B-1，下 25-36B-1，
　　下 32-39A-9，下 36-41B-5，下 41-43B-3）
問好：2（上 11-6A-3，下 36-41B-4）

問一問：1（下 24-35B-6）
搵：1（下 50-47A-9）
我：432（上 1-1A-1, 上 1-1A-3, 上 1-1A-4,
上 1-1A-4, 上 1-1A-5, 上 1-1A-6,
上 1-1A-6, 上 1-1A-6, 上 1-1A-7,
上 1-1A-7, 上 1-1A-7, 上 1-1B-1,
上 2-1B-3, 上 2-1B-3, 上 2-1B-3,
上 2-1B-5, 上 2-1B-5, 上 2-1B-7,
上 3-2A-3, 上 3-2A-3, 上 3-2A-5,
上 3-2A-5, 上 4-2B-5, 上 4-2B-6,
上 5-3A-4, 上 5-3A-5, 上 5-3A-5,
上 5-3A-6, 上 5-3A-6, 上 5-3A-7,
上 5-3B-1, 上 6-3B-3, 上 6-3B-3,
上 6-3B-4, 上 6-3B-5, 上 6-3B-6,
上 6-3B-7, 上 6-3B-7, 上 6-3B-9,
上 6-3B-9, 上 6-4A-1, 上 7-4A-4,
上 9-4B-8, 上 9-4B-9, 上 10-5A-9,
上 11-5B-7, 上 11-5B-9, 上 11-5B-9,
上 11-6A-1, 上 11-6A-2, 上 11-6A-3,
上 12-6A-4, 上 12-6A-6, 上 12-6A-6,
上 12-6A-6, 上 12-6B-1, 上 12-6B-2,
上 12-6B-2, 上 13-6B-6, 上 14-7A-6,
上 15-7B-5, 上 15-7B-5, 上 15-7B-5,
上 15-7B-6, 上 15-7B-6, 上 18-9A-2,
上 18-9A-3, 上 18-9A-3, 上 20-9B-5,
上 20-9B-5, 上 21-10A-2, 上 21-10A-3,
上 21-10A-4, 上 21-10A-5, 上 21-10A-5,
上 21-10A-7, 上 21-10A-8, 上 21-10A-9,
上 21-10A-9, 上 21-10A-9, 上 22-10B-2,
上 22-10B-4, 上 22-10B-4, 上 22-10B-5,
上 22-10B-5, 上 22-10B-7, 上 22-10B-7,
上 22-10B-8, 上 22-10B-9, 上 23-11A-1,
上 23-11A-2, 上 23-11A-3, 上 23-11A-5,
上 23-11A-6, 上 23-11A-7, 上 23-11A-7,
上 23-11A-7, 上 24-11B-1, 上 24-11B-7,
上 25-12A-2, 上 26-12A-7, 上 26-12A-7,
上 26-12A-7, 上 26-12A-7, 上 27-12B-1,
上 27-12B-1, 上 27-12B-2, 上 27-12B-4,
上 27-12B-5, 上 28-12B-8, 上 28-12B-8,
上 29-13B-2, 上 29-13B-2, 上 29-13B-3,

上 29-13B-4, 上 29-13B-6, 上 29-13B-6,
上 30-13B-8, 上 30-13B-8, 上 30-14A-2,
上 30-14A-2, 上 30-14A-3, 上 30-14A-3,
上 30-14A-4, 上 31-14A-8, 上 31-14A-9,
上 31-14B-2, 上 32-14B-6, 上 32-14B-6,
上 32-14B-7, 上 32-15A-3, 上 32-15A-3,
上 32-15A-3, 上 32-15A-3, 上 33-15A-7,
上 33-15B-3, 上 33-15B-3, 上 34-15B-6,
上 34-16A-1, 上 34-16A-3, 上 34-16A-5,
上 35-16A-7, 上 36-16B-6, 上 36-16B-7,
上 36-16B-7, 上 36-17A-2, 上 36-17A-4,
上 37-17A-6, 上 37-17A-7, 上 37-17A-8,
上 37-17B-3, 上 37-17B-4, 上 38-17B-5,
上 38-17B-5, 上 38-17B-7, 上 38-17B-7,
上 38-17B-8, 上 38-18A-2, 上 39-18A-8,
上 39-18A-8, 上 39-18A-8, 上 39-18A-9,
上 39-18B-1, 上 40-18B-4, 上 40-18B-4,
上 40-18B-5, 上 40-18B-7, 上 40-18B-7,
上 40-18B-9, 上 41-19A-4, 上 41-19A-4,
上 41-19A-9, 上 42-19B-3, 上 42-19B-4,
上 42-19B-5, 上 42-19B-5, 上 42-19B-6,
上 43-20A-3, 上 43-20A-5, 上 44-20A-6,
上 44-20A-6, 上 44-20A-7, 上 44-20A-9,
上 44-20A-9, 上 45-20B-4, 上 45-20B-5,
上 45-20B-6, 上 45-20B-8, 上 45-20B-8,
上 45-21A-1, 上 46-21A-9, 上 46-21B-1,
上 47-21B-9, 上 47-22A-1, 上 48-22A-3,
上 49-22B-1, 上 49-22B-2, 上 49-22B-4,
上 49-22B-6, 上 50-23A-3, 上 50-23A-3,
上 50-23A-3, 上 51-23A-8, 上 51-23A-9,
上 51-23B-1, 上 51-23B-1, 上 51-23B-1,
上 51-23B-1, 上 51-23B-2, 上 51-23B-3,
上 51-23B-3, 上 51-23B-4, 上 52-23B-7,
上 52-23B-9, 上 52-24A-1, 上 52-24A-2,
上 53-24A-3, 上 53-24A-3, 上 53-24A-3,
上 53-24A-4, 上 53-24A-9, 上 53-24A-9,
下 1-25A-2, 下 1-25A-4, 下 2-25B-6,
下 2-25B-7, 下 4-26B-3, 下 4-26B-4,
下 4-26B-5, 下 4-26B-6, 下 5-26B-8,
下 5-26B-8, 下 5-27A-1, 下 5-27A-2,

下 5-27A-3, 下 5-27A-6, 下 6-27A-9,
下 6-27B-2, 下 6-27B-6, 下 6-27B-7,
下 6-27B-7, 下 7-28A-2, 下 7-28A-3,
下 7-28A-3, 下 8-28B-4, 下 9-28B-7,
下 9-28B-8, 下 9-28B-8, 下 9-28B-9,
下 9-29A-1, 下 9-29A-1, 下 9-29A-2,
下 9-29A-2, 下 10-29A-5, 下 10-29A-7,
下 10-29A-7, 下 10-29A-8, 下 10-29B-2,
下 10-29B-4, 下 11-29B-6, 下 11-29B-6,
下 11-29B-7, 下 11-29B-7, 下 11-29B-7,
下 11-29B-8, 下 11-29B-8, 下 11-29B-9,
下 11-30A-1, 下 11-30A-2, 下 11-30A-3,
下 12-30A-9, 下 13-30B-3, 下 13-30B-5,
下 13-30B-5, 下 13-30B-6, 下 13-30B-6,
下 13-30B-6, 下 13-30B-9, 下 13-30B-9,
下 14-31A-3, 下 14-31A-7, 下 14-31A-7,
下 14-31A-7, 下 14-31A-7, 下 14-31A-8,
下 14-31A-8, 下 14-31A-8, 下 15-31B-5,
下 15-31B-5, 下 15-31B-5, 下 15-31B-5,
下 15-31B-6, 下 15-31B-7, 下 15-31B-8,
下 15-31B-8, 下 16-32A-3, 下 16-32A-3,
下 16-32A-4, 下 16-32A-4, 下 17-32A-7,
下 17-32A-7, 下 17-32A-8, 下 17-32B-1,
下 17-32B-1, 下 17-32B-2, 下 17-32B-2,
下 17-32B-3, 下 17-32B-3, 下 17-32B-4,
下 17-32B-4, 下 18-32B-9, 下 18-33A-2,
下 19-33A-5, 下 19-33A-6, 下 19-33A-7,
下 19-33A-7, 下 19-33A-8, 下 19-33A-8,
下 19-33A-9, 下 19-33B-1, 下 19-33B-1,
下 19-33B-2, 下 19-33B-3, 下 19-33B-4,
下 19-33B-4, 下 20-33B-5, 下 20-33B-5,
下 20-33B-8, 下 20-34A-4, 下 21-34A-5,
下 21-34A-7, 下 21-34A-8, 下 21-34A-9,
下 21-34B-1, 下 21-34B-3, 下 21-34B-4,
下 21-34B-4, 下 22-34B-7, 下 22-34B-7,
下 22-34B-8, 下 22-34B-9, 下 22-35A-1,
下 22-35A-2, 下 22-35A-2, 下 22-35A-2,
下 22-35A-3, 下 22-35A-3, 下 22-35A-3,
下 24-35B-5, 下 24-35B-5, 下 24-35B-6,
下 24-35B-7, 下 24-36A-1, 下 24-36A-1,

下 24-36A-1, 下 24-36A-2, 下 25-36A-5,
下 25-36A-5, 下 26-36B-8, 下 26-36B-8,
下 26-36B-9, 下 29-37B-5, 下 29-37B-7,
下 29-38A-2, 下 30-38A-5, 下 30-38A-6,
下 30-38A-6, 下 30-38A-8, 下 30-38A-8,
下 30-38A-9, 下 30-38B-1, 下 30-38B-2,
下 30-38B-3, 下 30-38B-4, 下 30-38B-4,
下 31-38B-6, 下 31-38B-7, 下 31-38B-7,
下 31-38B-7, 下 31-38B-8, 下 31-38B-9,
下 31-38B-9, 下 31-39A-1, 下 31-39A-3,
下 31-39A-4, 下 31-39A-4, 下 31-39A-5,
下 31-39A-5, 下 32-39A-6, 下 32-39A-7,
下 32-39A-8, 下 32-39A-8, 下 32-39A-9,
下 32-39B-2, 下 32-39B-3, 下 33-39B-5,
下 33-39B-8, 下 33-40A-1, 下 36-41A-5,
下 36-41A-6, 下 36-41B-3, 下 37-42A-1,
下 37-42A-1, 下 38-42A-7, 下 38-42A-8,
下 38-42A-9, 下 38-42B-1, 下 39-42B-5,
下 39-42B-5, 下 39-43A-1, 下 41-43B-3,
下 41-43B-5, 下 42-44A-2, 下 42-44A-6,
下 43-44A-9, 下 43-44B-2, 下 43-44B-5,
下 44-44B-8, 下 44-45A-2, 下 45-45A-6,
下 45-45A-7, 下 45-45A-9, 下 46-45B-4,
下 46-45B-4, 下 46-45B-6, 下 46-45B-7,
下 47-46A-3, 下 47-46A-3, 下 47-46A-6,
下 48-46B-2, 下 48-46B-2, 下 49-47A-5）

我們：45（上 5-3A-5, 上 5-3A-6, 上 5-3A-7,
　　上 5-3A-8, 上 5-3A-9, 上 5-3A-9,
　　上 9-4B-8, 上 9-5A-1, 上 9-5A-2,
　　上 21-10A-3, 上 22-10B-2, 上 34-16A-5,
　　上 34-16A-6, 上 36-16B-7, 上 36-16B-9,
　　上 36-17A-1, 上 41-19A-2, 上 50-23A-1,
　　上 50-23A-1, 上 50-23A-5, 上 50-23A-5,
　　上 50-23A-6, 下 9-28B-9, 下 20-33B-6,
　　下 20-33B-8, 下 20-34A-1, 下 20-34A-3,
　　下 21-34A-5, 下 22-34B-6, 下 24-35B-8,
　　下 24-36A-2, 下 33-39B-5, 下 33-40A-2,
　　下 35-40B-9, 下 36-41B-1, 下 37-42A-2,
　　下 38-42A-6, 下 38-42A-6, 下 39-42B-8,
　　下 39-43A-1, 下 40-43A-3, 下 40-43A-4,

下 40-43A-9，下 41-43B-2，下 43-44B-5）
卧：1（下 2-25B-4）
屋裡：2（下 44-45A-3，下 45-45A-6）
屋子：2（上 40-18B-7，下 50-47B-3）
無妨：2（上 46-21B-2，下 43-44B-4）
無妨無碍：1（下 8-28B-4）
無妨無妨：1（上 52-23B-7）
無故：1（下 16-32A-6）
無價寶：1（下 35-41A-1）
無聊無頼：1（下 7-27B-8）
無論：3（上 2-1B-7，上 4-2B-4，上 15-7A-9）
無能：1（下 35-40B-8）
無情打彩：1（上 42-19B-3）
無涉：1（下 2-25B-3）
無事生事：1（下 12-30A-6）
無所：1（下 40-43A-6）
無頭無尾：1（下 4-26B-3）
無味：1（上 49-22B-6）
無緣無故：2（上 2-1B-4，下 50-47A-9）
五：1（上 37-17A-7）
五百：1（上 34-15B-8）
五十：1（下 35-40B-6）
武職：1（上 34-16A-5）
悮：3（上 6-3B-5，上 6-3B-5，下 34-40B-4）

X

西北：1（下 44-45A-2）
西城根兒：1（下 22-34B-7）
西山：1（下 40-43A-3）
西頭兒：1（上 22-10B-4）
吸吸哈哈：1（下 47-46A-6）
希罕：1（下 13-30B-8）
希奇：1（上 28-13A-3）
稀：1（下 36-41B-1）
稀罕：2（下 16-32A-5，下 26-36B-4）
稀爛：1（上 45-20B-4）
稀少：1（上 48-22A-7）
惜：1（下 38-43B-1）
惜衣得衣，惜食得食：1（上 28-13A-5）

洗：1（下 45-45A-7）
洗澡：1（下 42-44A-2）
喜歡：5（上 14-7A-3，上 16-7B-8，
　　上 40-19A-1，上 42-19B-6，下 46-45B-7）
喜酒：1（上 12-6B-2）
喜事：1（上 48-22A-4）
繋：1（上 33-15B-1）
細：2（上 4-2B-8，下 13-30B-4）
細細兒：3（上 17-8B-6，上 24-11B-2，
　　上 47-21B-6）
盼：1（上 15-7B-4）
瞎說：1（上 8-4B-1）
下：13（上 10-5B-4，上 47-21B-8，
　　下 12-30B-1，下 33-39B-8，下 40-43A-5，
　　下 43-44B-3，下 45-45A-8，下 45-45B-1，
　　下 46-45B-5，下 46-45B-6，下 46-45B-7，
　　下 46-45B-9，下 46-46A-1）
下巴：2（上 30-14A-2，上 33-15B-1）
下巴壳子：1（上 29-13A-9）
下班兒：1（下 24-36A-1）
下地獄：1（下 28-37B-1）
下賤：2（下 5-27A-5，下 49-47A-5）
下來：4（上 23-11A-1，上 36-16B-7，
　　上 49-22B-7，上 51-23B-4）
下起：1（下 45-45A-8）
下去：1（上 49-22B-2）
下雪：1（下 7-27B-9）
下雨：4（下 7-27B-9，下 43-44B-1，
　　下 44-44B-8，下 45-45A-7）
嚇：4（上 18-9A-1，上 35-16A-9，
　　上 35-16B-5，上 37-17B-1）
嚇唬：2（下 28-37B-2，下 35-40B-7）
嚇唬：1（上 36-17A-2）
嚇醒：1（下 44-45A-2）
夏：1（下 42-44A-7）
夏天：2（上 35-16A-7，上 51-23A-7）
仙女：1（上 41-19A-3）
先：11（上 2-1B-4，上 5-3A-6，上 9-4B-8，
　　上 21-10A-2，上 26-12A-5，上 32-14B-9，
　　下 7-28A-2，下 8-28B-1，下 17-32A-9，

下 21-34A-8，下 47-46A-6）
鮮紅：1（下 39-42B-6）
鮮明：1（下 5-27A-4）
閒：3（上 36-16B-7，下 39-42B-4，
　　下 42-44A-5）
閒兒：1（上 5-3A-8）
絃子：4（下 49-46B-9，下 49-47A-4，
　　下 49-47A-5，下 49-47A-6）
嫌：1（上 43-19B-9）
嫌多：1（下 36-41A-9）
顯而易見：1（下 29-37B-8）
顯形兒：1（上 37-17B-1）
現成兒：7（上 11-5B-7，下 19-33A-9，
　　下 19-33B-3，下 21-34B-2，下 21-34B-3，
　　下 29-37B-6，下 42-44A-7）
現在：5（上 5-3A-2，上 12-6B-1，
　　上 14-7A-7，上 22-10B-4，下 26-36B-9）
陷：1（上 47-21B-7）
羨慕：1（上 24-11B-1）
獻勤兒：1（上 15-7B-2）
郷談：1（上 1-1A-2）
相：1（下 23-35A-5）
相干兒：1（下 50-47B-5）
相好：6（上 22-10B-2，上 47-22A-1，
　　下 4-26A-9，下 9-28B-5，下 9-29A-4，
　　下 12-30A-9）
相貌：1（上 24-11A-9）
相貌兒：2（下 35-40B-6，下 36-41B-3）
相宜：1（上 33-15B-2）
相與：5（上 18-8B-7，上 18-9A-5，
　　下 4-26B-1，下 9-29A-1，下 15-31B-2）
相與相與：1（上 24-11B-1）
廂房：1（上 37-17A-8）
香：1（下 39-42B-7）
詳細：2（上 26-12A-5，上 26-12A-5）
享：1（下 48-46B-7）
响：2（下 44-45A-2，下 45-45A-8）
响聲兒：1（下 44-45A-5）
響聲兒：1（上 35-16B-8）
想：33（上 2-1B-5，上 4-2B-8，上 12-6B-2，

上 15-7B-6，上 25-12A-1，上 28-13A-3，
　　上 35-16B-2，上 38-17B-8，上 39-18B-1，
　　上 43-20A-4，上 45-20B-7，上 47-21B-7，
　　上 49-22B-7，上 53-24A-5，下 4-26B-2，
　　下 6-27B-6，下 8-28B-3，下 9-28B-5，
　　下 13-30B-6，下 13-30B-6，下 18-33A-2，
　　下 25-36A-6，下 25-36A-6，下 31-39A-3，
　　下 31-39A-3，下 32-39A-6，下 32-39A-6，
　　下 32-39A-9，下 32-39A-9，下 36-41B-1，
　　下 37-42A-2，下 45-45A-6，下 48-46B-8）
想必：3（上 11-5B-8，上 21-10A-3，
　　下 20-33B-9）
想不到：2（下 38-42B-1，下 38-42B-2）
想來：6（下 10-29B-1，下 17-32B-2，
　　下 19-33A-9，下 24-36A-3，下 30-38A-6，
　　下 45-45B-2）
想頭：1（上 53-24A-3）
想想：1（上 17-8B-6）
想一想：3（上 4-2B-7，上 17-8B-2，
　　下 32-39B-3）
想着：3（上 5-3A-5，上 50-23A-3，
　　下 46-45B-6）
向前：1（上 13-6B-9）
嚮晴：1（下 43-44B-1）
像：37（上 1-1A-2，上 2-1B-3，上 6-3B-4，
　　上 7-4A-6，上 10-5B-2，上 14-7A-5，
　　上 16-7B-9，上 17-8B-3，上 26-12A-6，
　　上 28-13A-2，上 29-13B-3，上 33-15B-1，
　　上 34-15B-7，上 38-18A-1，上 39-18A-6，
　　上 43-19B-8，上 49-22B-5，下 1-25A-6，
　　下 2-25A-9，下 2-25B-1，下 3-25B-9，
　　下 4-26A-8，下 5-27A-3，下 5-27A-4，
　　下 6-27A-8，下 6-27B-3，下 7-28A-2，
　　下 35-41A-1，下 36-41B-1，下 36-41B-5，
　　下 36-41B-5，下 37-42A-5，下 42-44A-6，
　　下 44-45A-2，下 47-46A-7，下 48-46B-4，
　　下 48-46B-5）
像貌：1（上 30-14A-5）
小：7（上 17-8A-7，上 37-17B-4，
　　上 41-19A-5，上 51-23B-4，下 7-28A-4，

下 12-30A-7，下 36-41A-8）
小便宜兒：2（下 26-37A-1，下 29-38A-1）
小船兒：1（下 39-42B-7）
小道兒：1（下 39-42B-8）
小孩子：2（上 40-18B-8，下 5-26B-9）
小孩子們：1（上 40-18B-8）
小街兒：1（上 22-10B-4）
小買賣人兒：1（下 42-44A-5）
小舖兒：1（上 22-10B-8）
小晌午兒：1（下 46-45B-5）
小説兒：2（上 8-4B-1，上 18-9A-5）
小心：5（上 15-7B-3，上 20-9B-9，
　　　上 28-13A-5，上 44-20B-2，下 4-26B-4）
小猪子：1（下 43-44B-6）
小子們：1（下 22-35A-2）
小嘴兒：1（下 36-41B-4）
孝：2（上 4-2B-3，下 24-35B-5）
孝敬：1（上 16-7B-8）
孝順：1（上 19-9A-9）
孝悌忠信：1（下 28-37A-8）
孝心：1（下 17-32B-2）
笑：3（上 30-14A-3，下 4-26B-3，
　　　下 30-38A-9）
笑話：3（上 8-4B-5，上 16-8A-1，
　　　下 34-40A-9）
笑話兒：1（上 40-18B-4）
笑嘻嘻：1（上 52-24A-2）
些：2（上 44-20A-9，上 48-22A-4）
些兒：24（上 1-1A-6，上 10-5B-3，
　　　上 26-12A-4，上 30-13B-9，上 31-14A-8，
　　　上 31-14B-1，上 37-17A-9，上 43-20A-2，
　　　上 43-20A-5，上 49-22B-8，上 51-23B-1，
　　　下 5-27A-1，下 12-30A-6，下 20-33B-7，
　　　下 20-33B-9，下 20-34A-2，下 22-34B-7，
　　　下 31-38B-8，下 32-39B-1，下 33-39B-7，
　　　下 36-41A-8，下 42-44A-3，下 47-46A-5，
　　　下 47-46A-6）
些個：2（上 31-14B-2，上 41-19A-8）
些微：2（下 6-27B-5，下 29-38A-1）
歇：3（下 23-35A-6，下 23-35A-7，

　　　下 23-35A-8）
歇手：2（上 19-9B-2，下 2-25B-4）
歇歇兒：2（上 6-3B-8，上 36-16B-9）
歇心：1（上 25-12A-3）
邪祟：1（上 37-17B-3）
挾：1（上 35-16B-1）
斜：1（上 30-14A-2）
寫：1（上 22-10B-9）
寫：1（上 5-3A-3）
寫字：4（上 5-3A-3，上 5-3A-4，
　　　下 42-44A-4，下 42-44A-7）
血：1（上 45-21A-2）
血氣：1（上 27-12A-9）
洩漏：1（下 14-31A-4）
謝儀：1（上 36-17A-3）
心：8（上 27-12A-9，上 41-19A-4，
　　　上 52-23B-7，下 7-28A-4，下 8-28B-2，
　　　下 14-31A-8，下 20-34A-2，
　　　下 49-47A-3）
心腸：2（下 18-32B-8，下 33-40A-1）
心口：1（上 27-12A-4）
心裏：2（上 49-22B-5，上 50-23A-4）
心裡：37（上 4-2B-5，上 13-6B-6，
　　　上 15-7B-1，上 17-8B-1，上 21-10A-9，
　　　上 24-11B-1，上 24-11B-3，上 27-12B-4，
　　　上 28-12B-9，上 35-16B-2，上 41-19A-7，
　　　上 42-19B-4，上 45-20B-7，上 49-22B-3，
　　　上 49-22B-7，上 51-23A-8，上 52-23B-7，
　　　上 53-24A-5，下 1-25A-2，下 2-25A-9，
　　　下 2-25B-7，下 6-27B-2，下 6-27B-3，
　　　下 8-28A-7，下 15-31B-1，下 15-31B-4，
　　　下 18-33A-2，下 19-33B-1，下 26-36B-5，
　　　下 26-36B-7，下 32-39A-8，下 36-41A-9，
　　　下 41-43B-7，下 44-44B-8，下 44-45A-3，
　　　下 46-45B-6，下 46-45B-7）
心裏頭：2（下 5-27A-2，下 40-43A-7）
心裡頭：3（上 14-7A-6，下 9-29A-3，
　　　下 42-44A-3）
心上：1（上 6-3B-6）
心思：1（上 23-11A-4）

心下：1（上 38-17B-8）
心眼子：1（下 12-30A-6）
心遠：1（上 24-11B-7）
心直口快：1（上 15-7B-6）
辛苦：1（上 28-13A-2）
新：3（上 5-3A-2，上 39-18A-5，下 5-26B-9）
新近：3（下 9-28B-9，下 21-34A-6，
　　　下 35-41A-1）
新喜：1（上 11-5B-5）
新鮮：1（上 34-15B-9）
信：10（上 16-8A-1，上 18-9A-3，
　　　上 25-12A-1，上 26-12A-7，上 26-12A-8，
　　　上 31-14A-8，上 53-24A-6，下 8-28B-4，
　　　下 14-31A-7，下 48-46B-3）
信不的：3（上 32-15A-1，下 9-29A-2，
　　　下 12-30A-9）
信兒：4（下 8-28B-4，下 12-30A-8，
　　　下 24-36A-1，下 31-39A-4）
信服：1（下 15-31B-5）
興：1（下 40-43A-9）
興頭：1（下 48-46B-6）
興旺：1（上 14-7A-7）
星子：1（下 45-45A-7）
刑：1（下 50-47B-4）
刑部：1（下 50-47B-4）
刑法：1（上 47-21B-8）
行：19（上 4-2B-9，上 13-6B-9，
　　　上 26-12A-7，上 29-13B-4，上 31-14B-3，
　　　上 41-19A-8，上 41-19A-8，上 44-20B-2，
　　　上 47-21B-6，下 2-25B-6，下 6-27B-1，
　　　下 6-27B-1，下 8-28A-8，下 16-32A-2，
　　　下 28-37A-8，下 29-37B-5，下 29-37B-7，
　　　下 29-37B-9，下 35-41A-2）
行動兒：1（上 19-9A-8）
行李：1（上 31-14A-7）
行事：3（上 15-7B-6，上 25-12A-1，
　　　下 9-29A-2）
行為：1（下 13-31A-2）
行爲：1（上 14-7A-8）
行子：3（下 12-30A-6，下 16-32A-1，

　　　下 26-36B-8）
行走：8（上 12-6A-8，上 13-6B-4，
　　　上 13-6B-7，下 1-25A-8，下 9-28B-6，
　　　下 9-28B-7，下 9-28B-7，下 17-32A-8）
醒：3（上 49-22B-4，下 4-26A-8，
　　　下 46-45B-4）
幸而：2（上 46-21A-9，上 49-47A-1）
幸虧：1（上 31-14B-1）
性：1（上 48-22A-7）
性命兒：2（上 37-17B-1，上 53-24A-6）
性子：3（上 25-11B-9，下 26-36B-8，
　　　下 32-39B-4）
姓：2（上 30-14A-4，上 39-18A-9）
凶：1（上 37-17A-7）
兇漢子：1（下 35-41A-4）
兇徒：1（下 50-47A-8）
兄弟：7（上 1-1A-7，上 31-14B-5，
　　　上 39-18A-9，上 51-23B-4，下 20-33B-9，
　　　下 20-34A-4，下 39-42B-5）
修品：2（上 4-2B-5，上 4-2B-9）
修橋補路：1（下 28-37A-9）
羞：1（下 5-27A-1）
羞惱變成怒：1（下 14-31A-5）
羞辱：2（下 2-25B-2，下 13-30B-5）
秀才：1（上 7-4A-7）
袖椿兒：2（下 34-40A-8，下 34-40A-8）
虛：1（上 24-11B-3）
虛度：2（上 6-3B-4，下 38-43B-1）
虛名：1（上 6-3B-4）
許：2（上 7-4A-7，下 16-32A-4）
許多：9（上 22-10B-2，上 23-11A-3，
　　　上 23-11A-3，上 32-15A-1，上 35-16B-1，
　　　上 47-21B-4，下 20-34A-1，下 36-41B-6，
　　　下 44-44B-8）
許久：1（上 23-11A-3）
序齒兒：1（下 37-42A-3）
叙談叙談：1（上 22-10B-3）
絮煩：1（下 26-36B-4）
絮叨：1（下 20-33B-7）
學：30（上 1-1A-1，上 1-1A-3，上 1-1A-8，

上 1-1A-9，上 2-1B-2，上 2-1B-8，
上 2-1B-9，上 3-2A-2，上 3-2A-6，
上 3-2A-9，上 4-2B-2，上 4-2B-2，
上 4-2B-3，上 5-3A-4，上 6-3B-3，
上 7-4A-2，上 7-4A-2，上 7-4A-4，
上 7-4A-8，上 16-8A-6，上 18-8B-7，
上 20-9B-8，上 27-12B-7，上 42-19B-3，
上 48-22A-7，下 5-27A-4，下 27-37A-5，
下 49-47A-2，下 49-47A-3，
下 49-47A-4）

學房：2（上 5-3A-5，上 5-3A-6）
學壞：1（上 42-19B-2）
學會：1（上 3-2A-8）
學來學去：1（上 2-1B-6）
學問：2（上 8-4A-9，上 14-7A-2）
雪：3（下 46-45B-5，下 46-45B-5，
下 46-45B-9）
雪白：3（上 35-16A-9，上 41-19A-3，
下 46-46A-1）
尋：4（上 38-17B-8，下 13-30B-9，
下 26-36B-4，下 50-47B-5）
尋趁：1（下 2-25A-9）

Y

壓：1（上 10-5B-4）
呀：23（上 5-3A-7，上 9-5A-1，上 11-5B-9，
上 20-9B-8，上 28-12B-8，上 29-13B-2，
上 29-13B-2，上 31-14B-5，上 47-21B-5，
上 48-22A-5，上 52-24A-2，下 3-26A-4，
下 3-26A-5，下 5-26B-8，下 8-28A-9，
下 8-28B-4，下 11-29B-9，下 14-31A-6，
下 31-39A-3，下 33-40A-2，下 35-40B-5，
下 42-44A-1，下 49-47A-6）
牙關：1（下 32-39A-6）
牙青口白：1（下 14-31A-7）
衙門：3（上 5-3A-8，下 13-30B-3，
下 45-45A-7）
啞：1（上 46-21A-8）
啞吧：1（下 3-25B-9）

焉：3（上 16-8A-5，上 17-8B-3，
下 17-32A-9）
延繩：1（上 50-23A-1）
嚴嚴兒：1（上 9-5A-4）
言語兒：1（下 36-41B-3）
沿路兒：1（下 41-43B-3）
顏色兒：3（上 34-15B-8，上 34-16A-2，
下 40-43A-6）
掩：2（下 23-35A-8，下 41-43B-7）
眼：2（上 41-19A-3，上 47-21B-9）
眼巴巴兒：1（上 15-7B-4）
眼瞅着：2（上 13-6B-6，下 33-39B-9）
眼兒：2（下 30-38B-1，下 34-40B-4）
眼角兒：1（下 5-27A-3）
眼睛：6（上 15-7B-1，上 35-16A-8，
上 43-19B-9，上 49-22B-3，下 10-29B-4，
下 44-45A-1）
眼看：2（上 13-6B-4，上 20-9B-4）
眼淚：1（上 51-23B-4）
眼淚汪汪：1（上 42-19B-5）
眼裡：1（下 13-31A-2）
眼面前兒：1（上 5-3A-2）
眼皮子：1（上 49-22B-3）
眼皮子淺：1（下 26-37A-2）
眼瞧着：1（上 52-23B-8）
眼色兒：1（上 44-20A-7）
眼珠兒：2（下 4-26B-2，下 5-27A-5）
眼珠子：1（上 44-20B-2）
演習：1（上 27-12B-1）
厭煩：5（上 23-11A-6，上 23-11A-7，
上 42-19B-7，上 48-22A-6，下 48-46B-5）
厭物：2（下 25-36A-6，下 32-39A-6）
仰面兒：2（上 24-11B-4，下 4-26B-5）
養：6（上 23-11A-3，上 33-15B-3，
上 53-24B-1，下 36-41B-6，下 43-44B-6，
下 48-46B-7）
養活：2（上 16-7B-7，下 28-37B-4）
養兒：1（上 16-7B-7）
養身子：1（上 50-23A-6）
癢癢：2（上 44-20B-1，下 15-31B-6）

様兒：22（上 5-3A-2，上 9-5A-3，
　　上 10-5B-2，上 16-8A-2，上 16-8A-4，
　　上 16-8A-6，上 23-11A-4，上 28-13A-1，
　　上 30-13B-9，上 33-15A-9，上 34-16A-3，
　　上 41-19A-4，上 41-19A-4，上 42-19B-1，
　　上 51-23B-2，下 4-26A-7，下 7-28A-4，
　　下 7-27B-8，下 7-28A-2，下 25-36B-2，
　　下 36-41B-6，下 37-42A-4）
様様兒：1（上 13-6B-4）
様子：2（上 34-15B-9，下 31-39A-3）
腰：1（上 41-19A-3）
腰刀：1（上 35-16B-3）
謠言：1（上 32-15A-1）
搖搖擺擺：1（下 5-27A-4）
咬定：1（下 11-30A-1）
咬舌兒：1（上 30-14A-2）
藥：3（上 51-23B-2，上 53-24A-4，
　　上 53-24B-1）
藥方子：1（上 53-24A-8）
藥性：1（上 53-24A-7）
要：72（上 1-1A-8，上 2-1B-8，上 4-2B-5，
　　上 5-3A-8，上 5-3B-1，上 10-5A-8，
　　上 10-5A-8，上 10-5A-8，上 10-5B-1，
　　上 11-6A-1，上 12-6A-6，上 13-6B-5，
　　上 13-6B-8，上 13-6B-8，上 15-7B-4，
　　上 18-9A-3，上 21-10A-2，上 21-10A-9，
　　上 27-12B-3，上 27-12B-6，上 28-12B-8，
　　上 36-17A-2，上 37-17A-6，上 38-17B-5，
　　上 38-17B-7，上 40-19A-1，上 41-19A-4，
　　上 42-19B-2，上 44-20B-2，上 46-21A-7，
　　上 47-22A-1，上 49-22B-1，下 1-25A-1，
　　下 1-25A-6，下 1-25A-7，下 1-25A-7，
　　下 7-28A-3，下 8-28B-2，下 10-29A-7，
　　下 11-30A-3，下 13-30B-5，下 13-30B-9，
　　下 15-31B-7，下 16-32A-3，下 19-33A-6，
　　下 19-33B-3，下 20-33B-6，下 20-34A-1，
　　下 21-34B-3，下 22-34B-7，下 22-35A-3，
　　下 23-35B-3，下 26-36B-7，下 26-37A-1，
　　下 28-37B-3，下 28-37B-3，下 29-38A-4，
　　下 30-38A-5，下 30-38B-4，下 31-39A-3，
　　下 32-39A-8，下 32-39A-9，下 35-40B-7，
　　下 35-40B-7，下 37-41B-8，下 43-44B-1，
　　下 43-44B-3，下 45-45A-7，下 47-46A-3，
　　下 48-46B-8，下 49-46B-9，下 49-47A-1）
要緊：10（上 1-1A-1，上 4-2B-2，
　　上 10-5A-6，上 26-12A-4，上 31-14B-4，
　　上 48-22A-6，下 7-28A-5，下 19-33A-8，
　　下 19-33A-9，下 20-33B-6）
爺們：1（下 20-33B-9）
也：140（上 2-1B-5，上 2-1B-6，上 2-1B-8，
　　上 3-2A-8，上 3-2B-1，上 4-2B-4，
　　上 5-3A-6，上 6-3B-4，上 6-3B-6，
　　上 6-3B-9，上 7-4A-4，上 9-5A-3，
　　上 11-6A-3，上 12-6A-7，上 12-6A-9，
　　上 14-7A-3，上 16-8A-2，上 16-8A-5，
　　上 17-8B-2，上 17-8B-2，上 18-8B-8，
　　上 20-9B-7，上 20-9B-9，上 21-10A-8，
　　上 23-11A-4，上 25-11B-9，上 25-12A-3，
　　上 26-12A-4，上 27-12B-1，上 27-12B-7，
　　上 28-13A-1，上 28-13A-2，上 28-13A-4，
　　上 28-13A-6，上 29-13B-1，上 29-13B-3，
　　上 31-14B-1，上 32-14B-7，上 33-15A-6，
　　上 33-15B-1，上 34-15B-9，上 34-16A-1，
　　上 34-16A-5，上 36-16B-6，上 37-17B-2，
　　上 37-17B-2，上 37-17B-3，上 38-17B-8，
　　上 38-18A-2，上 39-18A-7，上 39-18A-8，
　　上 39-18B-1，上 41-19A-4，上 42-19B-3，
　　上 44-20B-2，上 45-21A-1，上 46-21A-8，
　　上 46-21A-8，上 46-21A-9，上 46-21B-1，
　　上 46-21B-2，上 47-21B-8，上 47-21B-9，
　　上 48-22A-3，上 49-22B-3，上 49-22B-3，
　　上 50-23A-3，上 50-23A-3，上 51-23B-5，
　　上 52-23B-9，上 52-24A-1，上 53-24A-5，
　　下 1-25A-3，下 1-25A-3，下 4-26A-8，
　　下 4-26A-9，下 5-26B-9，下 5-27A-3，
　　下 6-27A-9，下 7-28A-5，下 8-28A-8，
　　下 9-28B-7，下 9-28B-9，下 11-30A-3，
　　下 11-30A-4，下 13-30B-4，下 13-30B-5，
　　下 13-30B-9，下 14-31A-9，下 15-31B-2，
　　下 16-32A-4，下 17-32B-1，下 17-32B-2，

下 17-32B-3, 下 18-32B-7, 下 19-33A-9,
下 19-33A-9, 下 19-33B-1, 下 20-34A-3,
下 22-35A-1, 下 23-35A-8, 下 23-35B-3,
下 24-35B-6, 下 24-35B-9, 下 24-36A-2,
下 24-36A-3, 下 25-36B-1, 下 26-36B-4,
下 26-36B-5, 下 26-37A-1, 下 28-37B-1,
下 30-38A-6, 下 32-39B-2, 下 33-39B-6,
下 33-40A-1, 下 33-40A-2, 下 33-40A-3,
下 33-40A-3, 下 33-40A-4, 下 35-40B-6,
下 35-40B-6, 下 36-41B-1, 下 36-41B-2,
下 37-42A-5, 下 39-42B-9, 下 39-42B-9,
下 39-42B-9, 下 39-43A-1, 下 40-43A-8,
下 40-43A-9, 下 41-43B-6, 下 42-44A-2,
下 43-44B-5, 下 44-44B-8, 下 44-44B-8,
下 46-45B-6, 下 48-46B-5, 下 48-46B-6,
下 49-47A-2, 下 50-47B-3)

野外:1（上 18-8B-7）

夜:3（上 52-23B-6, 下 23-35A-6,
下 23-35A-7）

一:164（上 2-1B-4, 上 3-2A-3, 上 4-2B-4,
上 4-2B-6, 上 5-3A-7, 上 6-3B-2,
上 6-3B-2, 上 8-4B-2, 上 8-4B-2,
上 9-4B-9, 上 9-5A-1, 上 9-5A-5,
上 12-6A-5, 上 13-6B-5, 上 14-7A-6,
上 16-8A-3, 上 17-8A-7, 上 17-8B-1,
上 17-8B-3, 上 17-8B-3, 上 17-8B-3,
上 18-8B-7, 上 18-8B-8, 上 18-8B-9,
上 18-8B-9, 上 18-9A-1, 上 18-9A-1,
上 18-9A-1, 上 18-9A-3, 上 19-9B-1,
上 21-10A-6, 上 22-10B-4, 上 22-10B-5,
上 22-10B-6, 上 23-11A-5, 上 24-11B-4,
上 27-12B-2, 上 27-12B-3, 上 27-12B-4,
上 27-12B-5, 上 27-12B-6, 上 29-13A-8,
上 30-13B-9, 上 30-14A-1, 上 30-14A-1,
上 30-14A-2, 上 30-14A-3, 上 30-14A-4,
上 32-15A-1, 上 34-16A-1, 上 35-16A-8,
上 35-16A-8, 上 35-16A-9, 上 35-16A-9,
上 35-16A-9, 上 35-16B-4, 上 35-16B-4,
上 36-16B-6, 上 36-16B-7, 上 36-16B-8,
上 36-17A-2, 上 36-17A-4, 上 39-18A-5,
上 40-18B-4, 上 40-18B-6, 上 40-18B-6,
上 40-18B-6, 上 40-18B-7, 上 40-18B-8,
上 41-19A-2, 上 41-19A-2, 上 42-19B-5,
上 44-20A-8, 上 47-21B-8, 上 49-22B-4,
上 49-22B-7, 上 52-23B-6, 上 52-23B-8,
上 52-24A-1, 上 53-24A-3, 上 53-24A-6,
上 53-24A-8, 下 1-25A-2, 下 2-25B-6,
下 3-26A-2, 下 3-26A-5, 下 4-26B-3,
下 4-26B-5, 下 6-27A-9, 下 6-27A-9,
下 6-27B-6, 下 7-28A-3, 下 9-28B-6,
下 9-28B-9, 下 10-29A-6, 下 10-29B-4,
下 11-30A-1, 下 11-30A-4, 下 12-30A-9,
下 13-30B-3, 下 13-30B-4, 下 13-30B-6,
下 13-30B-8, 下 16-32A-2, 下 16-32A-2,
下 16-32A-4, 下 16-32A-5, 下 18-33A-4,
下 18-33A-4, 下 19-33A-6, 下 19-33A-9,
下 19-33B-3, 下 20-33B-6, 下 21-34A-5,
下 21-34B-5, 下 22-34B-7, 下 23-35A-6,
下 23-35A-7, 下 23-35B-3, 下 23-35B-4,
下 24-36A-1, 下 25-36A-5, 下 25-36A-6,
下 26-36B-9, 下 29-37B-5, 下 29-37B-7,
下 30-38A-5, 下 30-38A-8, 下 30-38B-1,
下 31-39A-2, 下 31-39A-3, 下 32-39A-9,
下 32-39A-9, 下 33-39B-8, 下 35-40B-6,
下 35-40B-7, 下 35-41A-1, 下 35-41A-1,
下 36-41B-1, 下 36-41B-5, 下 38-42A-7,
下 38-42A-9, 下 38-42B-1, 下 39-42B-5,
下 39-42B-9, 下 40-43A-5, 下 41-43B-7,
下 43-44A-9, 下 44-45A-2, 下 44-45A-3,
下 44-45A-4, 下 45-45A-6, 下 45-45A-7,
下 45-45A-8, 下 46-45B-4, 下 46-45B-4,
下 46-45B-5, 下 46-45B-6, 下 46-45B-8,
下 46-45B-9, 下 49-47A-6, 下 50-47A-9,
下 50-47A-9, 下 50-47B-2)

一般一配:2（下 10-29A-9, 下 18-32B-9）
一半:1（下 9-28B-6）
一半兒:2（上 18-9A-4, 上 31-14B-2）
一輩子:3（下 25-36B-2, 下 27-37A-4,
下 48-46B-6）
一步兒:1（上 20-9B-9）

一塲：1（上 52-24A-1）
一處兒：4（上 14-7A-2，上 24-11B-2，
　　　下 4-26B-1，下 30-38B-2）
一次：1（上 45-20B-8）
一旦：1（下 13-31A-1）
一點：3（上 43-20A-1，下 1-25A-3，
　　　下 15-31B-2）
一點兒：21（上 1-1A-3，上 3-2A-3，
　　　上 7-4A-5，上 19-9A-9，上 27-12B-4，
　　　上 33-15A-8，上 41-19A-7，下 2-25B-3，
　　　下 15-31B-1，下 17-32B-2，下 18-32B-7，
　　　下 20-34A-2，下 26-36B-9，下 27-37A-4，
　　　下 32-39B-4，下 33-39B-6，下 39-42B-4，
　　　下 42-44A-1，下 44-45A-4，下 47-46A-2，
　　　下 48-46B-5）
一定：8（上 9-5A-3，上 10-5B-4，
　　　上 12-6A-6，上 12-6A-7，上 40-18B-9，
　　　下 22-34B-9，下 31-38B-8，下 43-44B-3）
一對兒：1（下 35-41A-4）
一頓：2（上 42-19B-4，上 45-20B-6）
一概：1（下 9-29A-4）
一個頂十個：1（下 36-41B-6）
一個個：1（上 44-20A-8）
一個樣：10（上 14-7A-5，上 17-8B-3，
　　　上 43-19B-8，上 49-22B-5，下 2-25B-1，
　　　下 35-40B-9，下 36-41B-5，下 40-43A-5，
　　　下 40-43A-6，下 44-45A-2）
一個樣兒：7（上 1-1A-2，上 31-14B-3，
　　　上 39-18A-6，下 18-32B-6，下 33-39B-8，
　　　下 34-40B-1，下 40-43A-8）
一好兒：1（上 51-23B-3）
一紅一白：1（下 16-32A-5）
一會兒：3（上 46-21A-6，下 44-45A-1，
　　　下 45-45A-8）
一會一會兒：1（上 21-10A-6）
一會子：4（上 22-10B-6，上 52-23B-6，
　　　下 32-39B-2，下 44-45A-3）
一家兒：1（上 5-3A-7）
一家子：1（下 49-47A-2）
一截兒：3（上 27-12B-5，下 47-46A-8，

　　　下 47-46A-8）
一塊：1（下 18-32B-6）
一塊兒：5（上 12-6A-8，上 17-8A-7，
　　　上 17-8A-7，下 4-26B-1，下 11-29B-7）
一連：3（上 2-1B-4，上 49-22B-1，
　　　下 31-38B-7）
一兩：5（上 2-1B-9，上 45-21A-3，
　　　上 53-24A-6，下 34-40A-8，下 43-44B-6）
一溜兒：1（下 37-42A-3）
一面兒：2（下 46-45B-7，下 46-45B-7）
一片兒一片兒：1（下 43-44B-2）
一撲納心兒：3（上 6-3B-3，上 13-6B-9，
　　　上 19-9A-9）
一齊：2（上 40-18B-8，上 44-20A-7）
一人有福托帶滿屋：1（上 14-7A-7）
一身：2（上 10-5A-8，上 46-21A-7）
一生：1（上 19-9B-3）
一聲：2（上 44-20A-7，上 44-20B-3）
一聲兒：1（下 32-39B-2）
一時：1（上 48-22A-3）
一天：2（下 13-30B-9，下 39-43A-1）
一天比一天：1（上 52-23B-9）
一跳一跳：1（上 40-18B-5）
一下兒：1（上 35-16B-4）
一一：1（下 8-28A-8）
一則：1（上 1-1A-4）
一陣兒：3（下 39-42B-7，下 39-42B-7，
　　　下 45-45A-9）
一整天：1（下 24-35B-8）
一直：2（上 21-10A-2，下 45-45B-1）
一族：1（上 42-19B-6）
衣裳：12（上 16-7B-8，上 34-16A-5，
　　　上 35-16B-1，上 35-16B-2，上 49-22B-4，
　　　下 5-26B-9，下 5-27A-4，下 5-27A-6，
　　　下 18-33A-4，下 34-40A-5，下 34-40A-6，
　　　下 43-44B-5）
依：6（上 9-5A-1，上 29-13B-4，
　　　下 14-31A-8，下 14-31A-9，下 14-31A-9，
　　　下 32-39A-7）
醫生：1（上 53-24A-7）

醫生們：1（上 53-24A-5）
疑惑：2（下 7-28A-3，下 15-31B-4）
已：1（下 22-35A-2）
已經：8（上 6-3B-5，上 33-15B-2，
　　　下 14-31A-7，下 21-34A-9，下 21-34B-4，
　　　下 22-35A-2，下 32-39A-8，下 46-45B-8）
以：2（上 8-4A-9，上 8-4A-9）
以和為貴：1（上 31-14B-3）
以後：3（上 44-20B-2，上 45-20B-8，
　　　下 1-25A-8）
以來：1（下 10-29A-6）
以前：2（下 13-30B-7，下 47-46A-3）
以致：1（上 17-8B-1）
義學生：1（上 7-4A-7）
議論：3（上 47-21B-7，下 1-25A-3，
　　　下 25-36A-7）
異：1（下 48-46B-1）
益處：4（上 8-4B-1，上 8-4B-2，上 16-8A-3，
　　　下 18-33A-4）
意兒：1（下 35-41A-2）
意思：10（上 6-3B-9，上 12-6B-3，
　　　上 25-12A-1，上 38-17B-8，上 42-19B-2，
　　　下 1-25A-4，下 11-29B-9，下 17-32B-3，
　　　下 19-33B-4，下 27-37A-3）
因：9（上 21-10A-7，上 37-17A-8，
　　　上 38-17B-6，上 48-22A-7，上 50-23A-3，
　　　下 6-27B-7，下 10-29A-8，下 16-32A-4，
　　　下 19-33B-1）
因此：5（上 19-9B-2，上 35-16B-3，
　　　下 30-38A-6，下 37-42A-1，下 50-47B-2）
因其：1（上 51-23A-7）
因為：43（上 1-1A-4，上 5-3A-9，上 6-3B-3，
　　　上 6-3B-8，上 7-4A-8，上 21-10A-9，
　　　上 22-10B-8，上 27-12B-6，上 36-16B-9，
　　　上 38-17B-6，上 42-19B-4，上 43-20A-5，
　　　上 44-20A-9，上 45-20B-7，上 46-21A-5，
　　　上 49-22B-1，上 49-22B-2，上 49-22B-2，
　　　上 49-22B-4，上 49-22B-6，上 50-22B-9，
　　　上 50-23A-5，下 7-28A-2，下 9-28B-6，
　　　下 16-32A-4，下 17-32A-7，下 17-32A-8，

下 22-35A-3，下 23-35A-6，下 23-35B-1，
下 24-35B-6，下 24-36A-3，下 26-36B-8，
下 30-38A-5，下 30-38A-9，下 30-38B-2，
下 31-39A-1，下 32-39A-8，下 33-39B-5，
下 37-41B-9，下 38-42A-9，下 39-43A-2，
下 47-46A-2）
陰：1（下 45-45A-7）
陰功：1（上 20-9B-7）
陰險：1（上 24-11B-3）
音信：1（下 8-28B-3）
銀錢：2（上 29-13B-3，上 53-24A-4）
銀子：10（上 31-14A-9，上 31-14B-1，
　　　上 31-14B-4，上 32-15A-3，上 34-15B-5，
　　　上 34-15B-6，上 34-15B-8，下 18-33A-2，
　　　下 18-33A-3，下 49-47A-2）
銀子錢：2（上 28-13A-3，上 29-13A-7）
淫婦：1（下 35-40B-8）
引誘：1（上 14-7A-4）
飲食：1（上 49-22B-6）
應：6（上 15-7B-5，上 15-7B-5，上 19-9B-1，
　　　上 39-18B-1，上 39-18B-2，下 18-33A-1）
應承：4（上 25-11B-9，下 31-39A-1，
　　　下 31-39A-3，下 31-39A-4）
應當：1（上 29-13B-3）
應該：4（上 16-7B-7，上 18-8B-7，
　　　下 17-32A-9，下 28-37A-8）
應時：1（下 45-45B-2）
應許：1（下 16-32A-3）
英雄：1（上 33-15A-9）
迎：1（上 9-5A-2）
迎風兒：1（下 47-46A-6）
塋地：1（下 24-35B-8）
影兒：4（上 8-4B-1，上 26-12A-4，
　　　上 40-18B-5，上 47-21B-5）
硬：3（上 10-5A-8，上 29-13A-9，
　　　下 10-29B-2）
永遠：2（上 1-1A-7，上 31-14B-5）
勇往：1（上 13-6B-9）
用：5（上 7-4A-7，上 16-8A-1，上 23-11A-4，
　　　上 31-14B-1，下 49-47A-3）

用工：1（上5-3A-9）
用心：2（上3-2A-9，上8-4B-6）
優等：1（上13-6B-6）
憂愁：1（下7-28A-5）
悠悠揚揚：1（下40-43A-7）
猶：1（下4-26B-5）
猶疑：1（下29-38A-2）
由：4（上21-10A-7，上37-17B-4，
　　下20-33B-7，下26-36B-7）
由不得：1（下33-39B-9）
由頭：1（下3-26A-3）
游魂：1（下13-30B-8）
游人：1（下39-42B-8）
游玩：3（上36-16B-7，下18-32B-9，
　　下39-43A-1）
游頑：2（下39-42B-5，下40-43A-3）
有：145（上1-1A-5，上1-1A-5，上2-1B-2，
　　上2-1B-4，上2-1B-6，上2-1B-7，
　　上3-2A-3，上4-2B-4，上7-4A-3，
　　上7-4A-7，上8-4B-1，上8-4B-2，
　　上8-4B-2，上8-4B-5，上9-4B-9，
　　上9-5A-3，上10-5A-7，上10-5A-7，
　　上10-5A-9，上10-5B-1，上10-5B-4，
　　上11-6A-2，上12-6A-5，上12-6A-6，
　　上12-6B-2，上13-6B-5，上13-7A-1，
　　上14-7A-2，上14-7A-5，上15-7A-9，
　　上15-7B-1，上16-8A-3，上18-8B-7，
　　上18-8B-8，上18-8B-9，上18-9A-1，
　　上18-9A-2，上20-9B-4，上20-9B-7，
　　上20-9B-9，上20-9B-9，上23-11A-2，
　　上23-11A-4，上23-11A-6，上23-11A-8，
　　上24-11B-7，上27-12B-1，上27-12B-4，
　　上28-13A-3，上28-13A-3，上28-13A-4，
　　上28-13A-5，上29-13B-1，上29-13B-3，
　　上29-13B-3，上30-13B-7，上30-13B-7，
　　上30-14A-5，上31-14B-4，上31-14B-5，
　　上32-15A-5，上34-16A-1，上34-16A-1，
　　上35-16A-8，上35-16A-8，上35-16B-2，
　　上36-16B-8，上36-17A-3，上37-17A-7，
　　上37-17B-1，上37-17B-3，上38-17B-6，
　　上39-18A-7，上39-18B-3，上40-18B-8，
　　上42-19B-1，上43-20A-5，上47-21B-7，
　　上47-21B-8，上47-21B-9，上48-22A-4，
　　上51-23B-2，上52-23B-6，上53-24A-3，
　　上53-24A-4，上53-24A-5，上53-24A-5，
　　下1-25A-5，下2-25B-3，下2-25B-5，
　　下2-25B-7，下3-26A-1，下4-26B-6，
　　下5-26B-9，下5-26B-9，下5-27A-2，
　　下5-27A-5，下6-27B-6，下7-27B-8，
　　下7-28A-4，下8-28A-7，下9-28B-5，
　　下10-29A-9，下11-29B-9，下11-30A-2，
　　下15-31B-2，下15-31B-6，下16-32A-1，
　　下16-32A-1，下16-32A-3，下16-32A-3，
　　下16-32A-5，下17-32B-1，下18-32B-7，
　　下19-33A-7，下19-33A-8，下20-34A-1，
　　下20-34A-2，下21-34A-7，下21-34A-8，
　　下21-34A-9，下23-35B-2，下24-35B-9，
　　下26-36B-9，下27-37A-4，下29-37B-5，
　　下29-37B-8，下30-38B-2，下35-41A-1，
　　下36-41A-7，下36-41B-1，下36-41B-2，
　　下37-42A-4，下39-42B-9，下39-42B-9，
　　下39-42B-9，下39-43A-2，下38-43B-1，
　　下42-44A-8，下43-44B-1，下43-44B-5，
　　下45-45B-2，下46-45B-7，下48-46B-5，
　　下49-46B-9）
有吃有穿：1（下26-37A-1）
有出息兒：1（下23-35B-3）
有的：1（下23-35B-2）
有點兒：7（上3-2A-7，上43-20A-5，
　　上47-21B-7，下1-25A-3，下9-29A-2，
　　下12-30A-7，下29-37B-5）
有拐棍兒不跌跤，有商量兒不失着：1
　　（下2-25B-5）
有害：1（下29-38A-2）
有勁兒：1（上10-5A-8）
有空：1（上19-9B-3）
有空兒：1（下19-33A-5）
有理：2（下33-40A-2，下34-40B-1）
有利：1（下29-38A-1）
有名兒：1（下2-25B-2）

有氣兒：1（上 29-13B-5）
有趣兒：1（上 33-15A-6）
有生以來：1（下 47-46A-8）
有事：4（上 13-6B-9，上 48-22A-5，
　　　上 49-22B-1，下 20-33B-8）
有條有理兒：1（上 15-7A-9）
有心：1（下 6-27A-8）
有要沒緊兒：1（上 9-4B-8）
有一點兒：1（上 10-5B-3，下 6-27B-5）
有用：1（下 49-47A-3）
有緣：1（下 33-39B-5）
有志不在年高：1（上 20-9B-6）
有志者事竟成：2（上 3-2A-7，上 20-9B-6）
有滋有味兒：2（上 8-4B-5，下 41-43B-8）
又：112（上 2-2A-1，上 3-2A-2，上 3-2A-3，
　　　上 3-2A-3，上 5-3A-8，上 5-3B-1，
　　　上 8-4B-3，上 8-4B-3，上 9-5A-3，
　　　上 10-5B-2，上 10-5B-2，上 10-5B-2，
　　　上 12-6B-1，上 13-6B-5，上 14-7A-5，
　　　上 15-7B-1，上 19-9A-8，上 19-9A-8，
　　　上 19-9A-9，上 19-9A-9，上 19-9B-1，
　　　上 20-9B-8，上 20-9B-9，上 21-10A-2，
　　　上 21-10A-3，上 21-10A-6，上 22-10B-2，
　　　上 22-10B-6，上 23-11A-1，上 23-11A-3，
　　　上 24-11A-9，上 24-11A-9，上 24-11A-9，
　　　上 24-11B-1，上 24-11B-3，上 25-11B-9，
　　　上 26-12A-5，上 28-12B-8，上 30-14A-2，
　　　上 32-14B-7，上 32-14B-9，上 33-15A-8，
　　　上 33-15A-8，上 33-15A-8，上 33-15A-9，
　　　上 33-15B-2，上 33-15B-2，上 33-15B-3，
　　　上 34-15B-8，上 34-15B-8，上 34-15B-9，
　　　上 34-15B-9，上 35-16B-3，上 39-18B-3，
　　　上 40-18B-7，上 45-20B-4，上 45-20B-5，
　　　上 46-21A-6，上 46-21A-7，上 49-22B-6，
　　　上 50-22B-9，上 50-23A-2，上 51-23B-3，
　　　上 51-23B-4，下 1-25A-7，下 3-26A-1，
　　　下 3-26A-6，下 4-26B-3，下 7-28A-3，
　　　下 7-28A-5，下 10-29B-1，下 11-29B-8，
　　　下 13-30B-7，下 13-31A-2，下 16-32A-6，
　　　下 17-32B-2，下 19-33A-5，下 19-33B-3，
　　　下 20-33B-6，下 20-33B-6，下 20-33B-7，
　　　下 20-34A-1，下 20-34A-3，下 21-34B-3，
　　　下 22-35A-3，下 23-35A-7，下 26-36B-9，
　　　下 27-37A-5，下 29-37B-5，下 29-37B-6，
　　　下 29-37B-7，下 29-37B-7，下 30-38A-6，
　　　下 30-38A-9，下 32-39B-1，下 32-39B-2，
　　　下 34-40B-2，下 35-40B-8，下 35-40B-8，
　　　下 36-41A-9，下 37-41B-7，下 38-42A-8，
　　　下 38-42A-9，下 41-43B-4，下 41-43B-5，
　　　下 43-44B-1，下 43-44B-2，下 44-44B-9，
　　　下 44-45A-1，下 45-45A-8，下 45-45B-1，
　　　下 46-45B-8）
又搭着：3（上 10-5A-8，上 46-21A-5，
　　　下 22-34B-7）
幼不學老何為：1（下 27-37A-3）
幼兒：1（下 27-37A-6）
於：3（上 8-4A-9，上 17-8B-1，上 31-14B-4）
愚蠢：1（下 6-27B-3）
與：9（上 25-12A-2，上 33-15B-2，
　　　上 53-24A-9，下 1-25A-1，下 1-25A-3，
　　　下 2-25B-3，下 48-46B-1，下 49-47A-3，
　　　下 50-47B-5）
與其：3（上 32-15A-4，上 39-18B-2，
　　　上 53-24B-1）
雨：2（下 43-44B-3，下 45-45B-2）
雨淋：1（下 44-45A-4）
雨衣：1（下 43-44B-4）
預備：4（下 14-31A-9，下 19-33B-3，
　　　下 21-34B-3，下 46-45B-8）
預先：1（下 6-27B-4）
遇：1（下 15-31B-6）
遇見：12（上 2-1B-7，上 14-7A-4，
　　　上 27-12B-2，上 45-21A-1，下 3-26A-1，
　　　下 9-28B-8，下 9-29A-1，下 19-33A-5，
　　　下 20-33B-6，下 24-36A-3，下 30-38A-8，
　　　下 39-43A-2）
園子：3（上 38-18A-2，下 23-35B-1，
　　　下 23-35B-4）
原：3（上 16-7B-7，上 32-15A-3，
　　　下 32-39A-6）

原來：7（上 24-11B-2，上 33-15A-9，
　　　上 35-16B-5，下 3-26A-2，下 6-27B-2，
　　　下 45-45A-6，下 46-45B-4）
原諒：1（下 10-29B-3）
原想：1（下 30-38B-2）
緣分：1（下 33-39B-9）
緣故：19（上 2-1B-7，上 3-2A-6，
　　　上 17-8A-8，上 17-8A-9，上 19-9A-8，
　　　上 21-10A-4，上 21-10A-4，上 27-12A-9，
　　　上 37-17A-8，上 37-17B-3，上 38-17B-5，
　　　上 53-24A-4，下 5-27A-2，下 7-27B-8，
　　　下 8-28A-8，下 12-30B-2，下 17-32A-7，
　　　下 26-37A-1，下 30-38A-5）
遠：6（上 27-12B-6，上 33-15B-3，
　　　下 22-34B-6，下 23-35A-6，下 24-35B-9，
　　　下 41-43B-5）
遠處兒：1（下 23-35A-8）
遠道兒：1（上 31-14B-3）
遠近：1（下 15-31B-3）
遠遠兒：1（下 6-27B-5）
院牆：1（上 36-16B-8）
院子：1（下 45-45A-6）
願意：1（上 15-7B-6）
約會：2（下 37-42A-1，下 39-42B-5）
約束：2（上 15-7B-5，上 15-7B-5）
月底：1（下 24-35B-8）
月亮：3（上 35-16A-8，下 40-43A-4，
　　　下 41-43B-7）
越：7（上 43-19B-8，上 43-19B-8，
　　　下 1-25A-1，下 1-25A-1，下 42-44A-2，
　　　下 42-44A-2，下 46-46A-1）
越發：1（下 46-45B-5）
越更：1（下 48-46B-6）
暈暈忽忽：1（上 46-21A-8）
雲彩：1（上 46-21A-8）
雲裡來霧裡去：1（上 8-4B-4）
匀：1（上 5-3A-9）
運氣：1（上 37-17B-2）

Z

雜碎：3（下 25-36B-2，下 37-41B-9，
　　　下 37-41B-9）
雜種：1（上 43-20A-3）
栽：1（上 23-11A-3）
宰：1（下 43-44B-6）
宰猪：2（下 37-41B-9，下 37-41B-9）
再：35（上 1-1A-3，上 2-1B-7，上 10-5A-9，
　　　上 11-6A-1，上 17-8B-2，上 17-8B-2，
　　　上 17-8B-3，上 17-8B-5，上 27-12B-7，
　　　上 31-14B-2，上 32-15A-2，上 34-16A-2，
　　　上 44-20B-2，上 50-23A-4，上 50-23A-6，
　　　下 1-25A-1，下 9-29A-1，下 10-29A-8，
　　　下 14-31A-3，下 14-31A-9，下 15-31B-7，
　　　下 16-31B-9，下 18-33A-1，下 19-33B-2，
　　　下 19-33B-4，下 21-34B-4，下 24-35B-9，
　　　下 24-36A-1，下 25-36B-2，下 27-37A-6，
　　　下 29-38A-3，下 33-40A-4，下 43-44B-5，
　　　下 45-45A-9，下 48-46B-8）
再是：1（上 45-21A-1）
再說：1（下 20-33B-8）
再也：1（上 50-23A-5）
再者：3（上 5-3A-8，上 51-23B-4，
　　　下 33-40A-2）
在：97（上 4-2B-2，上 4-2B-3，上 5-3A-1，
　　　上 6-3B-6，上 10-5A-7，上 11-5B-7，
　　　上 11-5B-9，上 12-6A-9，上 13-6B-9，
　　　上 14-7A-2，上 17-8A-7，上 18-8B-7，
　　　上 20-9B-5，上 20-9B-8，上 21-10A-3，
　　　上 21-10A-7，上 21-10A-8，上 21-10A-8，
　　　上 22-10B-5，上 22-10B-7，上 22-10B-8，
　　　上 23-11A-2，上 24-11B-4，上 24-11B-5，
　　　上 24-11B-7，上 27-12B-6，上 28-12B-9，
　　　上 30-13B-8，上 30-13B-8，上 32-14B-8，
　　　上 32-14B-8，上 32-15A-4，上 34-15B-5，
　　　上 35-16B-1，上 35-16B-4，上 36-16B-6，
　　　上 36-17A-1，上 36-17A-3，上 38-17B-6，
　　　上 38-18A-2，上 38-18A-2，上 39-18B-2，
　　　上 43-20A-1，上 45-20B-8，上 46-21A-8，

上 48-22A-6，上 49-22B-2，上 51-23A-9，
上 51-23B-4，下 1-25A-7，下 3-25B-9，
下 4-26A-7，下 4-26A-9，下 6-27A-7，
下 7-27B-9，下 7-28A-1，下 7-28A-1，
下 8-28A-7，下 10-29A-6，下 10-29B-4，
下 11-29B-7，下 12-30A-8，下 13-30B-7，
下 13-31A-2，下 15-31B-8，下 17-32B-4，
下 20-33B-9，下 21-34A-6，下 22-34B-7，
下 23-35A-6，下 23-35A-8，下 23-35B-1，
下 23-35B-4，下 24-35B-5，下 24-35B-7，
下 24-35B-8，下 25-36A-8，下 30-38A-9，
下 30-38B-2，下 31-38B-6，下 31-38B-7，
下 31-38B-8，下 34-40B-3，下 35-41A-2，
下 36-41B-1，下 38-42A-6，下 38-42A-6，
下 39-42B-4，下 39-42B-7，下 39-42B-7，
下 40-43A-3，下 41-43B-8，下 42-44A-3，
下 43-44B-4，下 49-47A-3，下 49-47A-3，
下 50-47A-9）

在世：2（下 24-36A-3，下 40-43A-9）
咱們：48（上 1-1A-1，上 1-1A-9，上 3-2A-8，
上 3-2A-9，上 10-5A-6，上 20-9B-4，
上 21-10A-2，上 21-10A-4，上 23-11A-3，
上 23-11A-5，上 28-13A-2，上 32-14B-7，
上 32-15A-4，上 36-16B-9，上 39-18A-6，
上 39-18A-6，上 39-18A-7，上 39-18B-2，
上 47-21B-3，上 47-22A-1，下 1-25A-2，
下 1-25A-3，下 3-26A-4，下 6-27B-1，
下 7-27B-8，下 13-30B-4，下 13-30B-7，
下 14-31A-4，下 14-31A-5，下 18-32B-5，
下 18-33A-2，下 19-33A-9，下 19-33B-2，
下 21-34A-7，下 21-34B-5，下 22-34B-9，
下 23-35B-2，下 24-36A-4，下 32-39A-7，
下 33-39B-7，下 33-39B-8，下 34-40A-6，
下 37-42A-3，下 37-42A-4，下 43-44B-3，
下 47-46A-3，下 49-47A-1，
下 50-47A-8）
攢湊攢湊：1（下 18-33A-2）
臟：2（上 30-14A-1，下 6-27B-2）
葬埋：1（下 23-35A-8）
遭塌：1（上 41-19A-7）

遭遭兒：1（上 38-17B-6）
糟爛：1（上 37-17A-8）
糟心：1（下 37-42A-2）
早：10（上 2-1B-3，上 5-3A-9，上 31-14B-1，
上 32-14B-7，下 3-26A-4，下 19-33A-6，
下 20-33B-8，下 21-34A-7，下 22-35A-2，
下 31-39A-5）
早飯：4（上 46-21A-6，下 30-38A-8，
下 45-45B-1，下 46-45B-5）
早起：6（上 6-3B-2，上 44-20A-8，
下 13-30B-8，下 30-38A-8，下 43-44B-1，
下 47-46A-5）
早晚兒：2（上 10-5B-1，上 31-14A-7）
早已：6（上 27-12B-6，上 30-14A-6，
上 39-18A-8，下 8-28B-3，下 41-43B-4，
下 50-47B-2）
造：2（下 33-39B-9，下 36-41A-8）
造化：5（上 12-6A-7，上 23-11A-7，
上 52-23B-8，下 12-30B-1，下 29-37B-9）
燥熱：1（下 42-44A-3）
躁塌：1（下 9-28B-8）
責罰：2（上 45-20B-6，上 45-21A-1）
責任：1（上 6-3B-9）
賊：1（上 35-16B-5）
賊眉鼠眼：1（上 44-20A-7）
怎麼：53（上 1-1A-8，上 2-1B-5，上 3-2A-5，
上 5-3A-8，上 11-6A-1，上 15-7B-5，
上 16-8A-1，上 21-10A-3，上 21-10A-4，
上 23-11A-4，上 23-11A-5，上 24-11B-1，
上 25-12A-1，上 34-15B-7，上 38-17B-9，
上 41-19A-5，上 44-20B-1，上 46-21A-4，
上 47-21B-3，上 49-22B-2，上 49-22B-5，
下 1-25A-6，下 1-25A-6，下 1-25A-8，
下 3-25B-8，下 4-26A-7，下 4-26A-7，
下 4-26A-8，下 4-26A-8，下 4-26A-9，
下 6-27A-7，下 9-28B-5，下 9-29A-1，
下 10-29A-7，下 12-30A-5，下 14-31A-3，
下 18-33A-3，下 19-33A-5，下 19-33B-2，
下 20-33B-5，下 20-33B-7，下 20-33B-7，
下 20-34A-1，下 21-34A-9，下 21-34B-3，

下 23-35A-5，下 29-37B-7，下 30-38A-7，
　　下 31-39A-1，下 42-44A-4，下 46-45B-6，
　　下 48-46B-6，下 49-46B-9）
怎麼咯：1（上 47-21B-3）
怎麼說：1（下 48-46B-6）
怎麼樣：21（上 1-1A-6，上 4-2B-5，
　　上 33-15B-2，上 35-16B-1，上 41-19A-7，
　　上 43-20A-4，下 2-25B-6，下 7-27B-8，
　　下 8-28A-9，下 14-31A-9，下 16-32A-4，
　　下 16-32A-5，下 16-32A-6，下 18-33A-1，
　　下 18-33A-2，下 31-38B-8，下 32-39A-8，
　　下 32-39A-9，下 35-40B-8，下 48-46B-3，
　　下 50-47A-8）
怎麼樣兒：7（上 3-2A-9，上 6-4A-1，
　　上 21-10A-9，上 29-13B-5，下 23-35B-2，
　　下 28-37A-9，下 49-47A-4）
扎：3（上 8-4B-3，上 27-12B-4，
　　下 47-46A-7）
扎掙：3（上 49-22B-3，上 50-23A-1，
　　上 51-23A-7）
扎掙不住：2（上 46-21B-1，上 50-23A-5）
喳：1（上 44-20B-2）
渣子：1（下 15-31B-1）
閘口兒：2（下 41-43B-3，下 41-43B-4）
眨眼：1（上 16-8A-5）
柵欄兒：1（下 22-35A-3）
齋僧道：1（下 28-37A-8）
窄：2（下 16-32A-2，下 23-35B-2）
占：1（下 26-37A-1）
占便宜：2（上 15-7B-3，下 25-36B-3）
占理：1（下 2-25B-4）
沾染：1（上 20-10A-1）
氊褂子：1（下 43-44B-4）
戰抖抖：1（下 18-32B-6）
戰戰兢兢：1（下 44-45A-2）
站：4（上 6-3B-2，上 30-13B-8，
　　上 45-20B-4，下 47-46A-5）
站不住：3（上 45-20B-4，上 48-22A-3，
　　下 47-46A-5）
站住：1（上 36-17A-3）

張：2（上 33-15A-8，下 23-35B-4）
張羅：1（下 13-30B-8）
張揚：1（下 12-30A-7）
張嘴：1（上 6-3B-2）
章京：1（上 12-6A-4）
長 zhang：11（上 30-14A-5，上 36-16B-9，
　　上 41-19A-2，上 43-19B-8，上 48-22A-7，
　　上 52-23B-9，下 2-25B-6，下 3-26A-4，
　　下 4-26A-9，下 21-34B-1，下 48-46B-3）
長輩兒：1（下 33-40A-1）
長輩兒們：1（上 48-22A-6）
長成：1（上 6-3B-5）
長大：2（上 17-8A-8，上 20-9B-4）
長價兒：1（下 10-29B-2）
長進：1（上 2-1B-6）
仗：4（上 10-5B-1，上 15-7B-4，
　　下 11-30A-2，下 31-38B-8）
賬：1（上 47-21B-4）
招：1（下 3-26A-1）
着 zhao：5（上 13-6B-4，上 36-17A-2，
　　上 46-21B-2，上 49-22B-4，下 48-46B-2）
着急：4（上 13-6A-4，上 14-7A-5，
　　上 26-12A-5，下 31-38B-9，上 41-43B-7）
找：8（上 6-3B-7，上 18-9A-1，上 21-10A-7，
　　上 22-10B-3，上 22-10B-5，上 31-14A-9，
　　上 38-18A-3，上 42-19B-5）
找不着：1（上 38-18A-4）
照：11（上 2-1B-9，上 13-6B-5，上 16-8A-5，
　　上 21-10A-8，上 22-10B-4，上 32-15A-3，
　　上 35-16B-4，上 40-18B-5，下 10-29A-7，
　　下 29-38A-2，下 40-43A-4）
照樣兒：2（上 45-21A-3，下 16-32A-1）
照照鏡子：1（上 48-22A-8）
折：1（上 17-8B-3）
折福：1（上 28-13A-4）
折磨：1（下 35-41A-3）
這：100（上 1-1A-5，上 2-1B-6，上 3-2A-7，
　　上 3-2A-8，上 4-2B-6，上 5-3A-3，
　　上 5-3A-4，上 5-3A-6，上 5-3A-9，
　　上 6-3B-3，上 6-3B-5，上 7-4A-6，

上 8-4B-6， 上 10-5B-3， 上 11-5B-7，
上 12-6B-2， 上 15-7A-9， 上 17-8A-9，
上 18-9A-5， 上 20-9B-6， 上 20-10A-1，
上 21-10A-7， 上 22-10B-8， 上 23-11A-6，
上 24-11B-6， 上 26-12A-4， 上 27-12A-9，
上 30-14A-3， 上 30-14A-4， 上 31-14B-2，
上 32-15A-4， 上 33-15B-1， 上 34-15B-5，
上 34-15B-6， 上 35-16A-9， 上 36-16B-9，
上 36-17A-4， 上 37-17B-2， 上 39-18A-8，
上 41-19A-2， 上 42-19B-4， 上 43-20A-5，
上 44-20A-9， 上 45-20B-8， 上 47-21B-5，
上 48-22A-4， 上 49-22B-1， 上 49-22B-2，
上 49-22B-4， 上 49-22B-7， 上 51-23B-1，
上 52-24A-1， 下 1-25A-7， 下 2-25B-4，
下 2-25B-5， 下 5-26B-9， 下 5-27A-1，
下 5-27A-3， 下 6-27A-7， 下 7-27B-8，
下 7-28A-2， 下 7-28A-5， 下 9-28B-8，
下 14-31A-3， 下 15-31B-4， 下 15-31B-5，
下 17-32B-2， 下 18-32B-8， 下 20-33B-8，
下 20-34A-1， 下 21-34A-8， 下 22-34B-9，
下 25-36B-2， 下 30-38A-6， 下 30-38A-9，
下 31-38B-7， 下 31-39A-5， 下 32-39A-6，
下 32-39A-7， 下 32-39A-8， 下 32-39B-1，
下 33-40A-2， 下 33-40A-3， 下 34-40A-5，
下 36-41A-5， 下 36-41A-5， 下 36-41B-6，
下 37-41B-8， 下 37-41B-9， 下 37-42A-3，
下 37-42A-4， 下 38-42B-2， 下 39-42B-4，
下 42-44A-5， 下 43-44B-3， 下 45-45A-9，
下 48-46B-7， 下 49-46B-9， 下 49-47A-3，
下 50-47B-5）

這兒：20（上 5-3A-1， 上 28-13A-2，
上 32-15A-4， 上 36-17A-3， 上 40-18B-4，
上 45-20B-8， 上 49-22B-2， 上 51-23B-4，
下 1-25A-5， 下 1-25A-7， 下 12-30A-7，
下 12-30A-8， 下 17-32B-4， 下 18-32B-8，
下 20-33B-9， 下 21-34A-6， 下 21-34A-8，
下 21-34A-9， 下 22-35A-2， 下 44-44B-8）

這個：51（上 3-2A-4， 上 4-2B-8， 上 6-3B-8，
上 7-4A-8， 上 8-4B-3， 上 8-4B-3，
上 16-8A-4， 上 17-8B-5， 上 20-9B-6，
上 21-10A-3， 上 23-11A-4， 上 27-12B-7，
上 28-13A-3， 上 29-13A-7， 上 29-13B-2，
上 29-13B-4， 上 33-15A-8， 上 36-16B-7，
上 36-16B-9， 上 38-17B-6， 上 43-20A-2，
上 45-20B-6， 下 1-25A-2， 下 1-25A-2，
下 3-25B-9， 下 3-26A-4， 下 3-26A-5，
下 4-26B-1， 下 4-26B-2， 下 6-27B-6，
下 10-29A-8， 下 10-29B-4， 下 13-30B-9，
下 14-31A-6， 下 19-33B-4， 下 24-36A-3，
下 27-37A-3， 下 29-37B-8， 下 30-38B-1，
下 30-38B-2， 下 33-39B-5， 下 34-40A-7，
下 34-40A-7， 下 35-40B-9， 下 35-41A-4，
下 37-42A-4， 下 37-42A-4， 下 43-44B-5，
下 43-44B-6， 下 48-46B-7， 下 49-47A-1）

這個樣：1（上 6-3B-6）

這個樣兒：18（上 18-9A-5， 上 19-9B-3，
上 20-9B-7， 上 25-12A-1， 上 39-18A-7，
上 46-21A-4， 上 47-21B-9， 上 50-23A-2，
下 5-27A-4， 下 6-27B-1， 下 9-29A-1，
下 11-30A-2， 下 15-31B-6， 下 40-43A-9，
下 42-44A-3， 下 42-44A-6， 下 43-44A-9，
下 47-46A-8）

這幾天：1（上 46-21A-5）

這們：3（上 49-22B-5， 下 13-30B-3，
下 38-42B-1）

這麼：33（上 1-1A-8， 上 2-1B-9，
上 13-6B-6， 上 15-7B-4， 上 20-9B-7，
上 23-11A-3， 上 25-12A-2， 上 26-12A-5，
上 28-13A-4， 上 32-15A-2， 上 33-15A-6，
上 34-15B-7， 上 37-17B-3， 上 39-18B-2，
上 41-19A-7， 上 41-19A-7， 上 44-20B-2，
上 45-21A-1， 上 47-21B-3， 上 48-22A-9，
上 50-23A-4， 下 3-26A-3， 下 6-27B-1，
下 6-27B-7， 下 8-28B-1， 下 16-32A-3，
下 17-32A-7， 下 20-34A-1， 下 21-34A-8，
下 25-36A-6， 下 28-37B-2， 下 33-40A-1，
下 47-46A-5）

這麼個：1（上 2-1B-6）

這麼樣：2（上 2-1B-5， 下 36-41A-9）

這麼樣兒：10（上 2-1B-5， 上 6-3B-4，

上 28-13A-5, 上 34-15B-9, 下 3-25B-8,
下 8-28B-2, 下 17-32A-8, 下 31-38B-9,
下 32-39A-6, 下 40-43A-8）

這麼着：11（上 1-1A-4, 上 1-1B-1,
上 5-3B-1, 上 21-10A-9, 上 32-15A-2,
上 38-17B-6, 下 21-34A-7, 下 21-34B-1,
下 24-35B-9, 下 38-42A-9, 下 47-46A-2）

這上頭：1（上 27-12B-6）

這天：1（下 38-42A-6）

這些：7（上 17-8B-1, 上 21-10A-2,
下 1-25A-6, 下 14-31A-5, 下 15-31B-3,
下 34-40A-5, 下 36-41A-6）

這些個：1（上 17-8B-6）

這樣兒：18（上 7-4A-7, 上 27-12B-2,
上 34-15B-7, 上 42-19B-1, 上 45-20B-7,
上 46-21A-5, 下 3-26A-2, 下 8-28B-1,
下 9-28B-7, 下 10-29B-2, 下 14-31A-7,
下 15-31B-3, 下 15-31B-7, 下 18-33A-1,
下 18-33A-3, 下 19-33B-1, 下 25-36A-7,
下 37-42A-5）

這一次：1（上 7-4A-5）

這一向：3（上 21-10A-4, 下 7-28A-1,
下 19-33A-5）

這種：6（上 9-5A-3, 上 15-7B-3,
上 16-8A-4, 上 24-11B-7, 下 5-27A-3,
下 25-36B-2）

這種樣兒：2（下 12-30B-1, 下 28-37B-1）

－着：247（上 2-1B-5, 上 2-1B-9,
上 2-2A-1, 上 4-2B-4, 上 4-2B-5,
上 5-3A-4, 上 5-3A-9, 上 6-3B-2,
上 6-3B-2, 上 6-3B-2, 上 6-3B-6,
上 9-4B-9, 上 9-5A-2, 上 10-5A-7,
上 10-5B-1, 上 12-6A-6, 上 12-6A-7,
上 12-6A-7, 上 12-6A-7, 上 12-6B-2,
上 13-6B-4, 上 13-6B-5, 上 14-7A-5,
上 15-7B-3, 上 15-7B-3, 上 15-7B-4,
上 15-7B-4, 上 16-7B-7, 上 16-7B-7,
上 16-8A-4, 上 16-8A-5, 上 17-8B-4,
上 18-9A-1, 上 18-9A-2, 上 18-9A-4,
上 19-9B-2, 上 20-9B-4, 上 21-10A-5,
上 21-10A-8, 上 22-10B-4, 上 22-10B-5,
上 22-10B-5, 上 22-10B-6, 上 22-10B-6,
上 23-11A-1, 上 23-11A-2, 上 23-11A-3,
上 24-11B-5, 上 24-11B-7, 上 25-12A-1,
上 25-12A-2, 上 26-12A-6, 上 26-12A-8,
上 26-12A-8, 上 27-12B-6, 上 28-12B-9,
上 28-13A-3, 上 28-13A-3, 上 28-13A-5,
上 29-13A-7, 上 29-13A-8, 上 29-13A-9,
上 29-13B-1, 上 29-13B-2, 上 29-13B-4,
上 29-13B-5, 上 30-13B-8, 上 30-14A-2,
上 30-14A-2, 上 31-14A-8, 上 31-14B-5,
上 32-15A-3, 上 32-15A-4, 上 33-15A-6,
上 33-15A-6, 上 33-15B-3, 上 33-15B-3,
上 34-15B-9, 上 35-16A-7, 上 35-16A-7,
上 35-16A-7, 上 35-16A-9, 上 35-16B-1,
上 35-16B-2, 上 35-16B-2, 上 36-17A-1,
上 36-17A-1, 上 36-17A-2, 上 36-17A-4,
上 36-17A-4, 上 36-17A-4, 上 37-17A-7,
上 37-17A-8, 上 37-17B-3, 上 38-17B-6,
上 38-17B-7, 上 38-17B-8, 上 38-18A-3,
上 39-18A-6, 上 39-18B-3, 上 40-18B-4,
上 40-18B-4, 上 40-18B-5, 上 40-19A-1,
上 40-19A-1, 上 42-19B-4, 上 42-19B-6,
上 44-20A-6, 上 44-20A-8, 上 44-20A-8,
上 45-20B-5, 上 45-21A-3, 上 46-21B-1,
上 48-22A-5, 上 48-22A-8, 上 49-22B-3,
上 49-22B-3, 上 49-22B-3, 上 49-22B-4,
上 49-22B-8, 上 50-23A-1, 上 50-23A-3,
上 50-23A-6, 上 51-23A-7, 上 53-24A-7,
上 53-24B-1, 下 1-25A-3, 下 1-25A-6,
下 1-25A-7, 下 2-25B-1, 下 2-25B-3,
下 2-25B-4, 下 2-25B-7, 下 2-25B-7,
下 2-25B-7, 下 3-25B-8, 下 4-26A-8,
下 4-26B-2, 下 4-26B-2, 下 4-26B-3,
下 4-26B-4, 下 4-26B-5, 下 6-27B-5,
下 7-28A-1, 下 8-28B-1, 下 9-28B-6,
下 10-29A-5, 下 11-30A-1, 下 11-30A-2,
下 12-30A-5, 下 13-30B-3, 下 13-30B-5,
下 13-30B-7, 下 13-30B-8, 下 13-30B-8,
下 15-31B-4, 下 15-31B-4, 下 15-31B-6,

下 16-32A-1, 下 17-32B-4, 下 18-32B-6,
下 18-33A-2, 下 18-33A-2, 下 19-33A-9,
下 20-33B-8, 下 20-34A-2, 下 21-34A-6,
下 21-34A-7, 下 21-34A-8, 下 21-34B-4,
下 21-34B-5, 下 22-34B-9, 下 23-35A-8,
下 24-35B-5, 下 24-35B-6, 下 24-36A-1,
下 25-36A-7, 下 25-36A-8, 下 25-36B-1,
下 25-36B-1, 下 26-36B-9, 下 27-37A-6,
下 28-37B-2, 下 28-37B-3, 下 28-37B-3,
下 29-38A-2, 下 31-38B-6, 下 31-38B-8,
下 31-38B-9, 下 31-39A-4, 下 31-39A-5,
下 32-39A-9, 下 32-39B-2, 下 32-39B-3,
下 34-40A-9, 下 34-40B-2, 下 34-40B-3,
下 34-40B-3, 下 35-40B-7, 下 35-40B-7,
下 35-41A-2, 下 37-42A-1, 下 37-42A-3,
下 38-42A-7, 下 38-42A-9, 下 38-42B-1,
下 39-42B-4, 下 39-42B-4, 下 39-43A-2,
下 40-43A-5, 下 41-43B-2, 下 41-43B-3,
下 41-43B-3, 下 41-43B-3, 下 41-43B-4,
下 41-43B-6, 下 41-43B-6, 下 41-43B-8,
下 41-43B-8, 下 42-44A-4, 下 42-44A-4,
下 42-44A-5, 下 42-44A-5, 下 42-44A-6,
下 42-44A-6, 下 42-44A-8, 下 42-44A-8,
下 43-44B-2, 下 43-44B-3, 下 43-44B-3,
下 43-44B-7, 下 44-44B-8, 下 44-45A-1,
下 46-45B-6, 下 46-45B-9, 下 46-45B-9,
下 47-46A-3, 下 47-46A-4, 下 47-46A-6,
下 48-46B-3, 下 48-46B-3, 下 48-46B-5,
下 49-46B-9, 下 49-47A-2, 下 49-47A-2,
下 49-47A-3, 下 50-47B-2)

針兒：1（下 47-46A-7）

珍饈美味：1（上 16-8A-2）

眞：19（上 8-4B-5, 上 11-5B-9, 上 12-6B-2,
上 15-7B-2, 上 20-9B-6, 上 20-9B-6,
上 23-11A-7, 上 30-14A-1, 上 32-15A-2,
上 32-15A-2, 上 33-15B-1, 下 1-25A-4,
下 14-31A-7, 下 35-40B-9, 下 36-41A-7,
下 36-41B-2, 下 45-45B-2, 下 47-46A-4,
下 49-47A-3）

眞假：1（上 24-11B-3）

眞情話：1（上 37-17B-4）

眞是：7（上 5-3A-4, 上 13-6B-5,
上 14-7A-6, 上 19-9A-9, 上 23-11A-7,
上 23-11A-7, 上 41-19A-3）

眞眞：1（下 6-27B-2）

斟：2（上 36-17A-2, 上 36-17A-4）

斟酒：1（下 30-38B-1）

診脈：1（上 53-24A-8）

枕頭：2（上 49-22B-4, 上 52-24A-1）

振：1（下 13-30B-8）

爭：2（上 17-8A-9, 下 10-29A-9）

掙脱：1（上 40-18B-7）

掙銀子錢：1（上 53-24A-6）

睜：1（下 34-40B-4）

睜開眼：3（上 35-16A-8, 上 51-23B-1,
下 44-45A-3）

睜開眼睛：1（上 41-19A-6）

整：1（上 8-4B-1）

整理：1（上 31-14A-7）

整年家：1（上 13-6B-7）

整天：2（上 14-7A-3, 下 25-36A-8）

整天家：1（下 19-33A-7）

整一天：1（下 22-35A-1）

整月：1（下 10-29A-7）

正：19（上 10-5A-8, 上 12-6A-4,
上 20-10A-1, 上 34-16A-4, 上 35-16A-7,
上 35-16B-2, 上 36-17A-1, 上 39-18B-1,
上 40-18B-7, 上 41-19A-2, 上 44-20A-7,
下 3-26A-5, 下 4-26B-2, 下 19-33A-8,
下 25-36A-5, 下 30-38B-2, 下 35-41A-4,
下 38-42B-1, 下 43-44B-3）

正經：10（上 24-11B-2, 上 26-12A-4,
上 26-12A-6, 上 42-19B-2, 上 43-20A-1,
上 48-22A-7, 下 35-41A-2, 下 41-43B-2,
下 49-47A-2, 下 49-47A-5）

正派：1（上 15-7B-6）

正是：2（上 23-11A-5, 下 29-38A-1）

正似：1（下 44-45A-1）

之：3（上 2-1B-4, 下 30-38A-6,
下 42-44A-7）

之後：4（上 16-7B-9，上 30-13B-7，
　　上 49-22B-3，下 42-44A-1）
之間：1（下 13-31A-1）
之前：3（上 16-7B-8，下 24-36A-1，
　　下 30-38A-9）
之中：1（下 44-45A-5）
支吾：1（下 16-32A-5）
吱兒喳兒：1（下 36-41A-8）
枝：1（下 38-42B-2）
椿：1（上 35-16A-7）
知：1（下 16-32A-2）
知恥：1（下 48-46B-5）
知道：72（上 3-2A-8，上 4-2B-5，
　　上 12-6B-2，上 21-10A-4，上 21-10A-5，
　　上 21-10A-9，上 27-12A-9，上 28-13A-1，
　　上 28-13A-1，上 29-13B-2，上 30-14A-3，
　　上 30-14A-6，上 33-15A-7，上 37-17B-2，
　　上 38-18A-3，上 39-18A-8，上 44-20B-2，
　　上 45-20B-7，上 45-21A-2，上 46-21A-4，
　　上 47-21B-6，上 47-21B-6，上 47-22A-1，
　　上 49-22B-5，上 50-22B-9，上 51-23B-2，
　　上 53-24A-6，上 53-24A-7，上 53-24A-7，
　　上 53-24A-9，下 3-26A-2，下 4-26A-8，
　　下 4-26B-6，下 5-26B-9，下 5-27A-4，
　　下 5-27A-4，下 6-27A-7，下 6-27A-7，
　　下 6-27A-7，下 6-27A-8，下 6-27A-9，
　　下 6-27B-2，下 6-27B-3，下 7-27B-9，
　　下 7-28A-3，下 9-28B-5，下 9-29A-3，
　　下 10-29A-9，下 10-29B-1，下 11-29B-8，
　　下 11-30A-2，下 13-30B-7，下 14-31A-4，
　　下 14-31A-5，下 14-31A-9，下 15-31B-1，
　　下 15-31B-6，下 17-32A-9，下 17-32A-9，
　　下 18-33A-3，下 21-34A-7，下 29-37B-9，
　　下 30-38A-7，下 31-38B-6，下 31-38B-9，
　　下 31-39A-5，下 33-39B-8，下 37-41B-8，
　　下 37-42A-1，下 41-43B-3，下 45-45A-9，
　　下 48-46B-6）
知己：1（上 47-22A-1）
知覺：1（下 48-46B-5）
知其一不知其二：1（下 34-40B-1）

知人知面不知心：1（上 24-11B-6）
知識：1（下 3-26A-6）
知足：1（下 26-36B-5）
隻：2（上 17-8B-3，下 43-44B-6）
隻眼：1（上 30-14A-1）
直：6（上 27-12B-4，下 4-26B-4，
　　下 8-28A-7，下 15-31B-1，下 40-43A-9，
　　下 47-46A-4）
直到：3（上 49-22B-4，下 23-35A-6，
　　下 45-45B-1）
直瞪：1（上 45-20B-5）
直撅撅兒：1（上 44-20A-8）
直流：1（上 51-23B-4）
直說：1（下 25-36A-7）
直挺挺：1（下 25-36A-6）
直下：1（下 45-45A-9）
直言奉上：1（下 15-31B-2）
值：1（上 34-15B-6）
值得：1（下 7-28A-5）
姪兒：2（上 7-4A-8，上 37-17A-8）
職名：1（上 30-14A-4）
止：1（下 29-37B-7）
止住：2（下 20-33B-8，下 50-47B-2）
只：25（上 9-4B-9，上 10-5B-2，上 13-6B-4，
　　上 13-6B-7，上 16-8A-5，上 28-13A-1，
　　上 29-13B-1，上 33-15B-3，上 51-23B-3，
　　上 53-24A-3，上 53-24A-6，下 3-26A-5，
　　下 5-27A-4，下 9-28B-7，下 11-29B-7，
　　下 13-30B-6，下 15-31B-1，下 15-31B-3，
　　下 17-32B-3，下 23-35B-3，下 33-39B-8，
　　下 34-40B-1，下 35-40B-9，下 45-45A-9，
　　下 48-46B-4）
只當：2（上 39-18B-3，下 10-29B-1）
只管：5（上 48-22A-5，下 1-25A-6，
　　下 16-32A-1，下 20-33B-7，下 29-38A-3）
只好：2（上 1-1B-1，上 6-3B-9）
只見：2（上 18-9A-1，上 38-42A-7）
只怕：2（上 3-2A-7，上 7-4A-6）
只是：23（上 1-1A-5，上 1-1A-8，上 6-3B-2，
　　上 6-3B-8，上 14-7A-7，上 20-9B-8，

上 25-11B-9，上 31-14A-7，上 42-19B-5，
　　下 2-25A-9，下 15-31B-6，下 16-32A-5，
　　下 16-32A-6，下 17-32A-7，下 20-33B-5，
　　下 20-33B-7，下 25-36B-3，下 26-37A-1，
　　下 30-38A-5，下 30-38A-6，下 33-39B-6，
　　下 42-44A-4，下 49-47A-2）
只要：2（上 3-2A-9，上 7-4A-2）
只有：2（上 50-23A-4，下 35-40B-6）
指撥：1（上 14-7A-3）
指撥人：1（上 14-7A-3）
指出：2（上 12-6A-4，下 49-47A-6）
指教：1（下 29-37B-5）
指教指教：1（下 4-26A-9）
指使：1（下 2-25B-1）
指頭兒：2（上 24-11B-5，下 34-40B-2）
指望：2（上 12-6A-7，上 13-6B-8）
指望兒：1（上 52-23B-7）
指着：2（下 10-29B-4，下 12-30B-1）
紙錢：1（下 23-35B-4）
至：1（上 34-15B-7）
至不及：1（下 13-30B-9）
至不濟：1（上 34-15B-6）
至多：2（上 2-1B-9，上 45-21A-3）
至今：7（上 1-1A-3，上 3-2A-6，上 9-4B-7，
　　上 9-5A-2，上 53-24A-5，下 8-28B-3，
　　下 35-41A-3）
至少：1（下 24-35B-9）
至於：2（上 8-4B-1，上 48-22A-7）
治：3（上 51-23B-2，上 52-23B-8，
　　下 15-31B-5）
治病：1（上 53-24A-7）
治身子：1（上 53-24A-4）
置：1（上 17-8B-2）
中：7（上 10-5A-9，上 16-8A-1，
　　上 35-16A-9，上 53-24A-5，下 38-42B-1，
　　下 46-45B-4，下 49-47A-5）
中暑：1（下 42-44A-4）
中用：1（上 29-13A-8）
中止：1（下 29-37B-6）
忠言逆耳：1（上 42-19B-6）

盅子：1（上 48-22A-5）
鐘：3（上 36-17A-4，下 23-35B-3，
　　下 45-45A-8）
鐘聲兒：1（下 40-43A-7）
鐘子：1（上 36-17A-1）
腫：1（上 49-22B-6）
種：5（上 4-2B-4，上 4-2B-6，上 8-4B-2，
　　上 13-6B-5，上 16-8A-3）
種地：2（上 28-13A-1，下 27-37A-5）
衆：2（上 14-7A-5，上 19-9B-1）
衆人：1（上 36-17A-2）
重 zhong：1（下 42-44A-5）
重落：1（上 51-23B-3）
重重兒 zhong：1（上 45-21A-1）
咒罵：2（上 4-2B-6，上 4-2B-8）
晝夜：1（上 48-22A-9）
主兒：1（上 26-12A-4）
主人：2（上 22-10B-7，上 37-42A-2）
主意：11（上 3-2A-9，上 26-12A-6，
　　上 51-23A-8，下 6-27A-7，下 6-27B-5，
　　下 6-27B-7，下 14-31A-8，下 26-36B-6，
　　下 29-37B-8，下 29-38A-2，下 29-38A-3）
主子：2（下 27-37A-7，下 49-47A-2）
主子管奴才，靴子裡摸襪子：1（上 45-20B-9）
煮：1（上 11-5B-7）
住：21（上 22-10B-4，上 32-14B-7，
　　上 37-17A-7，上 37-17A-8，上 40-18B-9，
　　上 44-20A-7，上 48-22A-4，下 2-25B-4，
　　下 7-28A-1，下 13-30B-5，下 13-30B-7，
　　下 16-32A-2，下 18-32B-5，下 21-34A-6，
　　下 21-34A-7，下 22-34B-6，下 23-35B-4，
　　下 29-38A-3，下 45-45B-1，下 47-46A-5，
　　下 50-47B-1）
住不得：1（上 37-17A-7）
住處：1（下 11-29B-8）
住口兒：2（上 24-11B-1，下 16-31B-9）
住嘴兒：1（下 25-36A-7）
抓：3（上 40-18B-6，上 40-18B-6，
　　上 49-22B-4）
抓住：1（上 40-18B-6）

專心：1（上 7-4A-2）
轉：4（上 52-23B-9，下 4-26B-4，
　　下 16-32A-2，下 40-43A-5）
轉眼：1（下 38-42A-8）
粧：3（上 35-16B-5，下 11-29B-9，
　　下 14-31A-9）
粧假：1（上 11-5B-8）
庄稼：1（下 45-45B-2）
莊稼：1（上 32-14B-9）
莊稼漢：3（上 18-8B-9，上 18-8B-9，
　　上 18-9A-4）
莊子：1（下 23-35A-5）
裝滿：1（上 17-8B-1）
撞：1（上 43-19B-9）
撞客：1（上 37-17B-1）
准：1（上 7-4A-7）
桌子：1（下 20-33B-9）
斫：1（上 35-16B-4）
斫頭的：1（上 35-16B-3）
子：1（上 11-5B-6）
子弟：1（上 5-3A-7）
子弟們：1（上 15-7B-1）
子孫：5（上 14-7A-7，上 16-8A-5，
　　下 23-35B-4，下 36-41A-9，下 36-41B-1）
子孫們：2（下 23-35A-9，下 23-35B-3）
子孫娘娘：1（下 36-41A-7）
仔細：2（上 9-5A-1，下 15-31B-4）
紫糖色兒：1（上 30-14A-1）
自：1（下 27-37A-6）
自此：1（上 44-20B-1）
自從：3（上 51-23B-2，下 10-29A-5，
　　下 42-44A-1）
自古至今：1（下 42-44A-7）
自己：26（上 4-2B-6，上 5-3A-9，上 6-3B-5，
　　上 6-3B-5，上 14-7A-5，上 23-11A-5，
　　上 25-12A-2，上 28-13A-6，上 36-17A-2，
　　上 41-19A-5，上 47-21B-6，上 47-21B-6，
　　上 48-22A-9，上 48-22A-9，上 53-24B-1，
　　下 11-29B-7，下 13-31A-1，下 13-31A-2，
　　下 16-32A-3，下 32-39A-9，下 32-39B-1，
　　下 33-39B-9，下 35-40B-8，下 35-41A-2，
　　下 48-46B-3，下 50-47B-5）
自己人：1（上 1-1A-9）
自家：2（上 2-1B-3，下 20-34A-3）
自今：1（上 45-20B-8）
自來：1（下 25-36A-7）
自然：5（上 4-2B-3，上 7-4A-3，上 10-5A-8，
　　上 32-15A-2，下 11-30A-2）
自然而然：4（上 2-1B-9，上 27-12A-9，
　　上 52-23B-6，下 3-26A-6）
自已：3（上 4-2B-4，下 3-26A-1，
　　下 32-39A-9）
字兒：1（上 22-10B-9）
字字兒：1（上 7-4A-5）
踪影兒：1（上 38-18A-3）
總：17（上 13-6B-4，上 14-7A-2，
　　上 20-10A-1，上 22-10B-8，上 31-14A-8，
　　上 32-14B-6，下 2-25B-1，下 9-28B-5，
　　下 9-28B-7，下 16-32A-5，下 17-32A-9，
　　下 19-33A-5，下 23-35A-8，下 25-36A-7，
　　下 31-38B-9，下 45-45B-1，下 49-47A-5）
總而言之：3（上 41-19A-3，上 48-22A-7，
　　下 23-35B-2）
總要：1（上 26-12A-5）
縱然：1（下 14-31A-7）
走：34（上 13-6B-5，上 18-8B-9，
　　上 18-9A-4，上 20-9B-9，上 24-11B-2，
　　上 24-11B-3，上 36-17A-2，上 40-18B-5，
　　上 44-20A-7，上 44-20A-8，上 51-23A-7，
　　上 51-23A-9，下 4-26B-4，下 4-26B-4，
　　下 10-29A-6，下 12-30A-6，下 21-34A-8，
　　下 23-35A-7，下 23-35A-7，下 25-36A-6，
　　下 25-36B-2，下 39-42B-8，下 39-42B-9，
　　下 40-43A-5，下 41-43B-2，下 41-43B-5，
　　下 41-43B-7，下 43-44B-2，下 43-44B-3，
　　下 43-44B-7，下 45-45A-9，下 47-46A-3，
　　下 47-46A-6，下 47-46A-6）
走不動：1（上 22-10B-6）
走岔：1（上 9-5A-3）
走動：1（下 24-36A-4）

走走：1（下 19-33A-5）
足足：1（下 39-43A-1）
族兄：2（上 5-3A-7，上 5-3A-8）
祖宗：2（上 12-6A-7，下 37-42A-4）
鑽幹：1（上 4-2B-5）
鑽頭覓縫兒：1（上 5-3A-5）
鑽心兒：1（下 49-47A-3）
揝住：1（上 51-23B-1）
嘴：6（上 28-13A-3，上 48-22A-5，
　　　下 10-29A-9，下 15-31B-1，下 15-31B-6，
　　　下 29-37B-9）
嘴巴：1（下 48-46B-3）
嘴唇：1（下 4-26B-2）
嘴裡：6（上 24-11B-3，上 43-19B-9，
　　　上 50-23A-4，上 52-23B-7，下 21-34B-1，
　　　下 29-37B-6）
嘴兒：2（上 3-2A-6，下 48-46B-3）
嘴直：1（上 47-21B-4）
最：7（上 10-5A-6，上 14-7A-5，上 14-7A-5，
　　　上 15-7B-1，上 27-12B-1，下 5-27A-5，
　　　下 48-46B-1）
醉：5（上 45-20B-4，上 45-21A-1，
　　　上 48-22A-3，下 10-29B-1，下 40-43A-9）
罪：2（上 51-23B-2，下 36-41A-8）
罪惡：1（下 28-37A-9）
罪兒：1（下 18-32B-6）
罪孽：1（下 42-44A-4）
尊貴：1（下 48-46B-1）
尊重：1（上 4-2B-4）
遵：1（下 28-37B-3）
昨兒：28（上 12-6A-4，上 22-10B-3，
　　　上 33-15A-7，上 44-20A-6，上 46-21A-9，
　　　上 49-22B-1，上 50-23A-1，下 7-28A-1，
　　　下 22-34B-6，下 23-35A-7，下 24-35B-7，
　　　下 26-36B-8，下 37-41B-7，下 39-42B-4，
　　　下 45-45A-6，下 46-45B-4，下 47-46A-2，
　　　下 50-47B-4）
左不過：1（下 37-41B-8）
左近：1（上 5-3A-5）
作：20（上 4-2B-5，上 18-9A-6，

上 23-11A-1，上 29-13A-7，上 33-15A-6，
上 37-17A-6，上 40-18B-9，上 42-19B-5，
上 42-19B-7，上 47-22A-2，下 2-25B-1，
下 6-27A-8，下 20-34A-1，下 28-37A-8，
下 30-38B-3，下 33-39B-9，下 35-41A-1，
下 36-41B-6，下 37-41B-7，下 48-46B-7）
作大會：1（上 41-19A-2）
作惡：1（下 28-37A-8）
作官：1（下 27-37A-5）
作好人兒：1（下 12-30A-9）
作客：2（上 11-5B-9，下 21-34B-4）
作祟：1（上 37-17A-9）
作主兒：1（下 26-36B-7）
坐：32（上 11-5B-5，上 14-7A-2，
　　　上 23-11A-2，上 30-13B-9，上 36-17A-1，
　　　上 39-18B-3，上 40-18B-4，上 46-21A-8，
　　　下 1-25A-5，下 1-25A-6，下 1-25A-7，
　　　下 3-25B-8，下 7-28A-1，下 7-28A-1，
　　　下 17-32B-4，下 19-33A-9，下 21-34A-8，
　　　下 21-34A-9，下 21-34A-9，下 21-34B-5，
　　　下 24-35B-7，下 25-36A-7，下 25-36A-8，
　　　下 27-37A-6，下 31-38B-6，下 32-39B-2，
　　　下 33-39B-8，下 39-42B-4，下 41-43B-5，
　　　下 42-44A-4，下 45-45A-8，下 46-45B-6）
坐不安睡不寧：1（下 7-28A-2）
坐車：1（下 22-34B-8）
坐兒：1（下 45-45A-8）
坐乏：1（下 20-33B-8）
坐上：2（下 40-43A-4，下 41-43B-3）
坐臥不安：1（上 49-22B-6）
坐下：3（下 4-26B-1，下 21-34A-9，
　　　下 37-42A-3）
坐坐兒：2（上 23-11A-3，下 21-34A-6）
座：1（上 36-16B-8）
做：13（上 8-4B-6，上 11-5B-5，上 12-6A-9，
　　　上 34-15B-9，上 47-22A-1，下 13-30B-6，
　　　下 24-35B-7，下 27-37A-6，下 34-40A-5，
　　　下 34-40A-6，下 34-40A-9，下 34-40A-9，
　　　下 34-40B-3）
做伴兒：1（上 23-11A-6）

做得來：1（上 1-1A-5）
做官：2（上 4-2B-3，上 20-9B-5）

『登瀛篇』(1860) 全語彙索引

A

阿：3（20-10B-4，21-11A-3，29-15A-7）
啊：2（15-8A-3，27-14A-1）
捱：1（25-13A-2）
欸：1（44-22B-2）
矮：3（2-1B-1，2-1B-2，2-1B-4）
矮子：1（2-1B-7）
哎：1（19-10A-3）
愛：10（15-8A-4，16-8B-1，17-9A-2，
　　28-14B-3，31-16A-7，34-17B-3，
　　34-17B-5，34-17B-5，40-20B-4，
　　48-24B-4）
碍：3（15-8A-6，20-10B-1，22-11B-4）
碍口失羞：1（45-23A-1）
安排：1（15-8A-5）
熬：1（41-21A-2）

B

八：1（4-2B-1）
八百：1（4-2B-4）
拔：1（22-11B-1）
把：22（5-3A-1，5-3A-2，5-3A-5，7-4A-9，
　　10-5B-1，10-5B-8，10-5B-8，13-7A-8，
　　15-8A-8，15-8A-9，20-10B-6，
　　27-14A-1，28-14B-2，28-14B-7，
　　29-15A-6，38-19B-3，40-20B-2，
　　40-20B-9，42-21B-1，45-23A-4，
　　45-23A-9，46-23B-5）
把不得：1（45-23A-8）
罷：26（6-3B-1，6-3B-2，7-4A-8，8-4B-9，
　　10-5B-1，10-5B-6，10-5B-8，12-6B-9，
　　13-7A-6，14-7B-7，16-8B-6，17-9A-6，
　　18-9B-7，18-9B-9，18-9B-9，19-10A-3，
　　19-10A-4，19-10A-6，20-10B-7，
　　23-12A-5，24-12B-2，26-13B-5，
　　28-14B-1，33-17A-2，44-22B-3，
　　48-24B-1）
罷了：1（13-7A-9）

罷咧：2（32-16B-4，37-19A-2）
白：7（29-15A-5，38-19B-1，46-23B-5，
　　46-23B-6，46-23B-6，47-24A-1，
　　47-24A-3）
白吃：1（46-23B-6）
白丁兒：1（46-23B-7）
白饒：1（29-15A-5）
白日：1（46-23B-7）
白手成家：1（46-23B-6）
白水：1（38-19B-9）
百：1（4-2B-1）
擺拂：1（38-19B-6）
敗：1（23-12A-4）
班竹：1（40-20B-4）
搬家：1（16-8B-2）
搬指兒：1（40-20B-3）
板子：1（24-12B-7）
辦：9（6-3B-8，6-3B-9，14-7B-2，
　　22-11B-5，22-11B-8，22-11B-8，
　　26-13B-4，28-14B-4，31-16A-5）
辦不得：1（6-3B-9）
辦得來：1（23-12A-7）
辦理：2（6-3B-1，6-3B-9）
辦事：4（6-3B-8，7-4A-4，14-7B-8，
　　25-13A-2）
辦妥：1（13-7A-7）
辦完：1（20-10B-1）
半天：3（21-11A-1，29-15A-1，29-15A-4）
半夜三更：1（48-24B-3）
幫：6（12-6B-4，14-7B-2，22-11B-8，
　　22-11B-9，23-12A-5，28-14B-9）
幫手：1（46-23B-4）
綁緊：1（26-13B-5）
包：1（39-20A-3）
包袱：1（39-20A-3）
包含：1（44-22B-7）
包子：1（38-19B-3）
寶劍贈與烈士，紅粉贈與佳人：1（43-22A-2）
保：1（46-23B-3）
保不定：1（21-11A-2）

抱：2（13-7A-8，43-22A-5）
盃：3（7-4A-1，7-4A-3，7-4A-4）
北：2（10-5B-1，10-5B-4）
北面兒：1（10-5B-4）
背：1（22-11B-9）
背書：1（47-24A-8）
本：2（14-7B-3，35-18A-5）
本兒：1（28-14B-3）
本分：1（41-21A-1）
本來：1（35-18A-6）
本錢：1（29-15A-6）
本事：4（21-11A-5，22-11B-2，43-22A-5，48-24B-3）
体漢子：1（37-19A-6）
体頭体腦：1（35-18A-5）
竝：1（35-18A-9）
比：22（2-1B-1，2-1B-2，2-1B-8，3-2A-3，3-2A-8，3-2A-8，6-3B-5，7-4A-4，13-7A-4，17-9A-3，25-13A-3，25-13A-3，25-13A-5，25-13A-6，26-13B-2，29-15A-2，29-15A-6，29-15A-7，29-15A-7，41-21A-2，41-21A-5，48-24B-2）
彼此：3（6-3B-1，6-3B-5，25-13A-5）
筆：1（18-9B-5）
筆管兒：1（40-20B-4）
筆跡兒：1（48-24B-4）
筆尖兒：1（37-19A-7）
筆墨：1（39-20A-8）
必得：1（41-21A-8）
必定：5（5-3A-1，5-3A-4，11-6A-1，19-10A-1，19-10A-1）
必是：1（19-10A-2）
必要：1（29-15A-3）
必有：1（27-14A-6）
閉戶：1（44-22B-6）
閉門思過：1（45-23A-5）
壁：1（36-18B-6）
避諱：1（45-23A-5）
碧綠：1（32-16B-6）

邊：1（10-5B-1）
鞭子：1（25-13A-2）
扁：2（42-21B-4，42-21B-4）
扁擔：1（40-20B-8）
變卦：1（30-15B-7）
徧：1（47-24A-6）
辨：1（47-24A-9）
表：1（17-9A-8）
憋：1（41-21A-2）
癟：2（37-19A-3，37-19A-4）
別：58（7-4A-1，7-4A-9，8-4B-6，11-6A-9，12-6B-2，12-6B-2，12-6B-3，12-6B-3，12-6B-4，12-6B-6，13-7A-1，13-7A-5，14-7B-3，14-7B-7，16-8B-5，17-9A-6，17-9A-8，19-10A-8，19-10A-8，20-10B-2，20-10B-3，20-10B-4，21-11A-2，21-11A-4，21-11A-7，21-11A-8，22-11B-2，22-11B-7，23-12A-6，23-12A-8，23-12A-8，24-12B-1，25-13A-6，28-14B-6，29-15A-3，30-15B-4，31-16A-3，31-16A-6，33-17A-1，34-17B-8，35-18A-1，35-18A-8，36-18B-4，36-18B-5，36-18B-9，37-19A-4，37-19A-8，37-19A-9，40-20B-1，41-21A-4，42-21B-3，42-21B-3，43-22A-1，44-22B-1，44-22B-2，47-24A-1，47-24A-2，48-24B-1）
別處兒：1（21-11A-5）
別的：6（21-11A-3，21-11A-5，21-11A-6，22-11B-5，23-12A-2，23-12A-6）
別管：1（12-6B-8）
別人：1（47-24A-6）
癟嘴子：1（37-19A-3）
賓服：1（39-20A-4）
冰：2（34-17B-2，34-17B-2）
兵：2（7-4A-1，7-4A-8）
兵權：1（43-22A-8）
梹榔：2（24-12B-3，36-18B-6）

並：2（18-9B-1，27-14A-6）
并：1（22-11B-1）
病：11（1-1A-3，1-1A-6，1-1A-6，1-1A-6，1-1A-9，3-2A-5，3-2A-5，23-12A-4，27-14A-2，28-14B-2，31-16A-1）
病人：1（1-1A-1）
撥攔：1（46-23B-6）
波浪鼓兒：1（19-10A-4）
波蘿：1（30-15B-3）
餑餑：1（40-20B-4）
補：1（26-13B-7）
補綻：1（41-21A-1）
不：82（1-1A-1，2-1B-4，2-1B-8，5-3A-5，5-3A-7，6-3B-5，6-3B-6，6-3B-9，7-4A-4，7-4A-9，8-4B-2，8-4B-5，8-4B-6，8-4B-6，10-5B-3，10-5B-3，10-5B-3，10-5B-5，10-5B-5，13-7A-4，13-7A-6，13-7A-7，13-7A-9，14-7B-2，14-7B-9，15-8A-2，16-8B-6，17-9A-5，17-9A-5，18-9B-2，18-9B-4，19-10A-2，19-10A-2，20-10B-8，21-11A-3，22-11B-1，22-11B-4，22-11B-6，23-12A-2，23-12A-2，23-12A-2，23-12A-8，23-12A-9，24-12B-7，25-13A-1，25-13A-6，25-13A-8，26-13B-8，27-14A-2，27-14A-5，27-14A-5，28-14B-3，28-14B-4，29-15A-9，30-15B-5，31-16A-4，31-16A-8，31-16A-8，31-16A-9，32-16B-1，32-16B-4，32-16B-7，32-16B-7，34-17B-8，35-18A-1，35-18A-8，36-18B-1，38-19B-8，39-20A-4，40-20B-6，42-21B-4，42-21B-4，43-22A-1，43-22A-3，44-22B-6，44-22B-9，45-23A-9，45-23A-9，46-23B-3，47-24A-5，48-24B-3，48-24B-4）
不碍：2（22-11B-2，24-12B-7）
不必：2（6-3B-5，20-10B-6）
不長不短兒：2（33-17A-5，35-18A-6）

不成材料兒：1（47-24A-6）
不成話：1（46-23B-1）
不出：1（8-4B-4）
不大：8（1-1A-9，1-1A-9，2-1B-6，17-9A-1，18-9B-2，25-13A-8，26-13B-2，27-14A-5）
不等：1（37-19A-6）
不定：2（20-10B-2，27-14A-2）
不懂：4（34-17B-7，35-18A-6，35-18A-7，43-22A-4）
不動：2（18-9B-4，19-10A-7）
不對：3（11-6A-2，11-6A-2，17-9A-4）
不分：4（2-1B-3，2-1B-6，2-1B-6，4-2B-6）
不分青紅皂白：2（34-17B-5，38-19B-1）
不服：4（3-2A-8，3-2A-9，5-3A-8，6-3B-6）
不該：2（8-4B-6，14-7B-3）
不敢：4（8-4B-3，14-7B-4，14-7B-4，16-8B-7）
不縠：2（12-6B-2，27-14A-1）
不管：2（16-8B-1，21-11A-7）
不過：7（7-4A-2，7-4A-3，7-4A-5，28-14B-7，30-15B-5，31-16A-1，37-19A-4）
不好：16（1-1A-2，2-1B-5，2-1B-6，2-1B-7，6-3B-5，13-7A-8，13-7A-8，22-11B-5，23-12A-1，23-12A-6，24-12B-9，26-13B-2，26-13B-5，33-17A-4，33-17A-4，42-21B-6）
不好吃：1（42-21B-8）
不好意思：1（44-22B-3）
不合：1（19-10A-4）
不很：1（2-1B-6）
不會：3（7-4A-8，46-23B-1，48-24B-5）
不及：1（22-11B-1）
不濟：2（25-13A-3，29-15A-9）
不拘：1（13-7A-8）
不肯：7（7-4A-2，9-5A-4，9-5A-8，9-5A-8，9-5A-9，12-6B-3，19-10A-6）
不了：2（1-1A-6，23-12A-7）

不論：5（2-1B-3，2-1B-9，3-2A-9，6-3B-8，
　28-14B-8）
不能：10（7-4A-4，7-4A-9，15-8A-6，
　19-10A-2，19-10A-2，20-10B-8，
　23-12A-8，23-12A-8，24-12B-1，
　24-12B-4）
不怕：3（21-11A-7，24-12B-6，32-16B-5）
不上不下：1（33-17A-3）
不少：3（1-1A-2，2-1B-9，4-2B-6）
不勝其任：1（47-24A-8）
不是：30（1-1A-6，1-1A-6，1-1A-7，
　1-1A-7，1-1A-8，4-2B-6，6-3B-2，
　9-5A-8，11-6A-3，13-7A-7，15-8A-3，
　15-8A-3，15-8A-6，15-8A-6，15-8A-7，
　15-8A-7，17-9A-2，18-9B-1，21-11A-7，
　22-11B-4，24-12B-8，24-12B-9，
　25-13A-3，25-13A-4，34-17B-9，
　35-18A-5，35-18A-6，37-19A-1，
　45-23A-4，45-23A-7）
不是東西：1（31-16A-7）
不舒服：2（3-2A-9，5-3A-8）
不笑：1（24-12B-7）
不算：1（25-13A-4）
不通：2（30-15B-4，30-15B-4）
不同：12（1-1A-3，1-1A-5，3-2A-2，
　3-2A-5，3-2A-7，4-2B-7，4-2B-7，
　5-3A-7，6-3B-3，6-3B-3，14-7B-5，
　38-19B-5）
不相干：1（47-24A-6）
不想：2（7-4A-3，26-13B-2）
不要：11（3-2A-7，4-2B-8，5-3A-3，
　6-3B-4，6-3B-6，9-5A-8，18-9B-5，
　22-11B-2，28-14B-9，39-20A-1，
　46-23B-6）
不要臉：1（39-20A-3）
不用：2（7-4A-8，10-5B-6）
不在：3（3-2A-2，20-10B-5，37-19A-1）
不在行：1（38-19B-6）
不着：1（37-19A-8）
不知道：1（8-4B-3）

布：1（15-8A-8）
步步兒留心：1（38-19B-7）
步行兒：2（37-19A-7，47-24A-3）

C

猜：3（11-6A-1，16-8B-4，36-18B-4）
纔：31（5-3A-1，5-3A-3，5-3A-8，6-3B-5，
　9-5A-1，9-5A-4，9-5A-9，11-6A-5，
　13-7A-9，15-8A-1，15-8A-2，16-8B-3，
　16-8B-5，17-9A-6，17-9A-7，19-10A-1，
　20-10B-1，20-10B-9，21-11A-1，
　23-12A-6，26-13B-4，26-13B-6，
　28-14B-3，28-14B-4，28-14B-7，
　29-15A-6，33-17A-7，41-21A-5，
　42-21B-2，46-23B-8，47-24A-7）
財主：1（26-13B-3）
裁：1（29-15A-3）
菜：6（3-2A-1，3-2A-4，3-2A-7，6-3B-6，
　7-4A-2，7-4A-5）
菜園：1（3-2A-3）
菜園子：2（42-21B-3，42-21B-7）
慚愧：1（41-21A-5）
艙：1（28-14B-3）
藏私：1（31-16A-8）
草：3（23-12A-3，23-12A-4，40-20B-1）
草雞：1（38-19B-8）
騲驢：1（37-19A-9）
側身子：1（33-17A-8）
插：1（38-19B-3）
搽胭抹粉兒：1（42-21B-6）
茶：5（7-4A-1，7-4A-3，7-4A-3，
　19-10A-7，34-17B-2）
差：1（23-12A-7）
差點兒：1（12-6B-2）
柴火：1（39-20A-1）
攙和：1（30-15B-7）
長蟲：1（25-13A-6）
常：4（9-5A-1，9-5A-4，16-8B-1，
　24-12B-8）

常來常去：1（9-5A-4）
唱曲兒：1（44-22B-3）
朝：2（27-14A-1，45-23A-5）
吵嚷：2（12-6B-2，14-7B-4）
炒：1（28-14B-8）
車：1（20-10B-6）
臣：2（2-1B-1，2-1B-3）
成：2（13-7A-3，27-14A-7）
成天家：1（16-8B-5）
程：1（3-2A-1）
程子：1（26-13B-4）
澄沙：1（38-19B-3）
秤：2（23-12A-5，23-12A-8）
吃：15（15-8A-2，17-9A-2，20-10B-9，28-14B-4，29-15A-2，30-15B-7，32-16B-9，35-18A-5，36-18B-3，36-18B-3，36-18B-6，40-20B-4，40-20B-7，41-21A-6，44-22B-8）
吃不得：1（12-6B-6）
吃飯：2（12-6B-3，24-12B-8）
吃虧：1（28-14B-4）
吃怕：1（30-15B-3）
吃煙：1（15-8A-2）
吃洋烟：1（30-15B-8）
吃藥：2（14-7B-9，15-8A-1）
喫：3（7-4A-1，7-4A-2，7-4A-6）
喫不得：1（7-4A-2）
喫飯：2（7-4A-5，7-4A-5）
遲：2（21-11A-6，45-23A-1）
充：4（7-4A-1，7-4A-6，7-4A-9，36-18B-8）
仇：1（27-14A-3）
愁眉不展：1（36-18B-6）
臭：1（32-16B-8）
出：6（10-5B-1，16-8B-7，29-15A-8，34-17B-1，42-21B-5，44-22B-6）
出花兒：1（23-12A-1）
出來：11（5-3A-5，5-3A-9，10-5B-8，14-7B-4，14-7B-4，15-8A-8，27-14A-7，28-14B-7，29-15A-4，34-17B-8，47-24A-1）
出門：3（5-3A-5，5-3A-8，20-10B-6）
出名：1（40-20B-2）
出去：7（5-3A-4，5-3A-8，10-5B-8，10-5B-9，17-9A-1，17-9A-1，32-16B-3）
出入：2（5-3A-1，5-3A-7）
出身：1（44-22B-8）
出世：1（16-8B-8）
出言不遜：1（42-21B-7）
出於：1（29-15A-5）
除：1（12-6B-8）
廚子：1（36-18B-5）
處：1（40-20B-2）
搋麵：1（36-18B-3）
川流不息：1（41-21A-2）
穿：6（11-6A-3，19-10A-4，32-16B-7，38-19B-6，40-20B-6，45-23A-3）
穿房兒入屋：1（41-21A-1）
船：2（15-8A-9，43-22A-5）
船稍兒：1（38-19B-2）
窓戶：1（32-16B-3）
窗戶：2（12-6B-1，20-10B-7）
闖禍：1（47-24A-7）
吹：1（12-6B-6）
吹哨子：1（38-19B-3）
磁器：1（37-19A-7）
此地：1（35-18A-3）
跐：1（33-17A-7）
刺：1（12-6B-9）
莿撓：1（38-19B-4）
從來：1（13-7A-9）
從前：6（4-2B-1，4-2B-2，4-2B-5，5-3A-6，25-13A-7，48-24B-2）
從頭至尾：1（47-24A-6）
湊着使：1（30-15B-8）
粗：1（19-10A-8）
粗粗糲糲：1（46-23B-3）
粗風暴雨：1（32-16B-9）
粗魯：2（35-18A-5，39-20A-8）
醋罐子：1（43-22A-5）

翠藍布：1（32-16B-7）
村兒：1（27-14A-4）
搓磨：1（11-6A-9）
錯：3（18-9B-2, 33-17A-1, 35-18A-1）
錯兒：2（15-8A-3, 30-15B-5）

D

耷拉：1（36-18B-5）
搭：2（15-8A-4, 24-12B-2）
答應：1（35-18A-4）
打：5（26-13B-6, 41-21A-9, 43-22A-8, 45-23A-9, 46-23B-2）
打扮：1（26-13B-1）
打扮兒：1（26-13B-1）
打飽呃：1（36-18B-3）
打辮子：2（16-8B-6, 36-18B-1）
打發：3（20-10B-2, 20-10B-3, 30-15B-2）
打開：1（23-12A-3）
打鳴兒：1（38-19B-8）
打水：1（39-20A-6）
打死：1（30-15B-2）
打算打算：1（41-21A-9）
打圖書：1（39-20A-7）
打雜兒的：1（13-7A-1）
打仗：4（7-4A-1, 7-4A-7, 7-4A-7, 27-14A-3）
打主意：1（48-24B-1）
大：21（1-1A-1, 1-1A-5, 1-1A-8, 3-2A-8, 6-3B-5, 13-7A-3, 14-7B-6, 15-8A-3, 18-9B-3, 19-10A-8, 21-11A-3, 25-13A-6, 29-15A-5, 30-15B-5, 37-19A-9, 39-20A-9, 42-21B-9, 46-23B-4, 46-23B-6, 46-23B-7, 48-24B-4）
大財：1（29-15A-8）
大處兒不算小處兒算：1（36-18B-7）
大兒子：1（1-1A-4）
大夫：1（27-14A-2）
大漢：1（44-22B-8）

大家：2（43-22A-1, 44-22B-3）
大家夥兒：1（38-19B-2）
大亮：1（47-24A-7）
大錢：1（22-11B-3）
大清早起：2（31-16A-6, 32-16B-9）
大衫：1（32-16B-7）
大手大脚：1（31-16A-9）
大水：1（42-21B-5）
大小：3（1-1A-4, 2-1B-5, 6-3B-8）
大搖大擺：1（31-16A-7）
呆住：1（20-10B-4）
歹：4（2-1B-1, 2-1B-4, 2-1B-5, 12-6B-6）
帶：3（7-4A-1, 7-4A-3, 7-4A-5）
戴：3（31-16A-7, 31-16A-8, 42-21B-1）
擔錯兒：1（48-24B-1）
單：1（25-13A-2）
單兒：1（46-23B-4）
單寒：1（40-20B-6）
單人獨馬：1（39-20A-6）
單絲不成線，孤木不成林：1（46-23B-4）
躭擱：2（12-6B-2, 27-14A-8）
躭悞：1（15-8A-6）
淡：2（19-10A-7, 45-23A-9）
蛋：1（15-8A-8）
當：6（7-4A-6, 7-4A-6, 7-4A-6, 7-4A-6, 7-4A-9, 8-4B-4）
當兵：1（7-4A-7）
當今：1（39-20A-4）
擋：1（21-11A-4）
刀：4（12-6B-9, 38-19B-3, 41-21A-8, 44-22B-2）
到：15（5-3A-1, 5-3A-4, 5-3A-4, 5-3A-4, 5-3A-4, 9-5A-1, 9-5A-2, 9-5A-3, 16-8B-7, 16-8B-9, 17-9A-6, 19-10A-5, 40-20B-1, 43-22A-4, 46-23B-9）
到手：1（44-22B-2）
倒：4（19-10A-1, 19-10A-4, 22-11B-6, 41-21A-2）
倒過來：1（28-14B-6）
道：1（13-7A-9）

道兒：1（21-11A-4）
道理：2（8-4B-2，8-4B-6）
得 de2：4（44-22B-3，44-22B-7，45-23A-3，46-23B-8）
得一步進一步：1（31-16A-4）
的：488（1-1A-1，1-1A-2，1-1A-2，
　　1-1A-3，1-1A-3，1-1A-4，1-1A-4，
　　1-1A-5，1-1A-5，1-1A-6，1-1A-6，
　　1-1A-6，1-1A-7，1-1A-7，1-1A-7，
　　1-1A-8，1-1A-8，1-1A-8，1-1A-8，
　　1-1A-9，1-1A-9，1-1A-9，2-1B-2，
　　2-1B-5，2-1B-5，2-1B-5，2-1B-7，
　　2-1B-8，2-1B-8，2-1B-9，3-2A-2，
　　3-2A-2，3-2A-2，3-2A-2，3-2A-3，
　　3-2A-4，3-2A-4，3-2A-5，3-2A-5，
　　3-2A-6，3-2A-6，3-2A-7，3-2A-8，
　　3-2A-9，4-2B-2，4-2B-3，4-2B-4，
　　4-2B-5，4-2B-5，4-2B-5，4-2B-6，
　　4-2B-7，4-2B-8，4-2B-9，4-2B-9，
　　5-3A-2，5-3A-3，5-3A-4，5-3A-5，
　　5-3A-6，5-3A-6，5-3A-6，5-3A-8，
　　5-3A-8，5-3A-9，6-3B-2，6-3B-2，
　　6-3B-3，6-3B-4，6-3B-4，6-3B-5，
　　6-3B-6，6-3B-6，6-3B-9，6-3B-9，
　　7-4A-5，7-4A-7，7-4A-7，7-4A-7，
　　7-4A-8，7-4A-8，7-4A-8，7-4A-9，
　　7-4A-9，7-4A-9，7-4A-9，8-4B-3，
　　8-4B-4，8-4B-5，8-4B-5，8-4B-5，
　　8-4B-6，8-4B-6，8-4B-7，8-4B-8，
　　8-4B-8，8-4B-9，9-5A-4，9-5A-6，
　　9-5A-6，9-5A-7，9-5A-7，9-5A-9，
　　10-5B-2，10-5B-2，10-5B-3，10-5B-4，
　　10-5B-4，10-5B-7，10-5B-7，10-5B-7，
　　10-5B-7，10-5B-8，10-5B-8，11-6A-2，
　　11-6A-2，11-6A-4，11-6A-4，11-6A-6，
　　11-6A-7，11-6A-8，12-6B-2，12-6B-8，
　　12-6B-8，13-7A-1，13-7A-2，13-7A-4，
　　13-7A-5，13-7A-6，13-7A-6，13-7A-7，
　　14-7B-2，14-7B-5，14-7B-9，14-7B-9，
　　15-8A-1，15-8A-2，15-8A-3，15-8A-3，
　　15-8A-3，15-8A-3，15-8A-5，15-8A-5，
　　15-8A-6，15-8A-6，15-8A-7，15-8A-8，
　　16-8B-1，16-8B-3，16-8B-3，16-8B-4，
　　16-8B-5，16-8B-8，16-8B-9，17-9A-1，
　　17-9A-1，17-9A-2，17-9A-2，17-9A-3，
　　17-9A-4，17-9A-5，17-9A-6，17-9A-7，
　　17-9A-7，17-9A-8，17-9A-8，17-9A-8，
　　18-9B-3，18-9B-5，18-9B-6，18-9B-6，
　　18-9B-7，18-9B-9，19-10A-1，
　　19-10A-1，19-10A-2，19-10A-2，
　　19-10A-3，19-10A-3，19-10A-4，
　　19-10A-5，19-10A-6，19-10A-8，
　　19-10A-9，19-10A-9，20-10B-2，
　　20-10B-3，20-10B-4，20-10B-7，
　　20-10B-7，21-11A-3，21-11A-5，
　　21-11A-7，21-11A-9，22-11B-2，
　　22-11B-4，22-11B-5，22-11B-5，
　　22-11B-6，22-11B-8，22-11B-9，
　　23-12A-1，23-12A-1，23-12A-3，
　　23-12A-4，23-12A-4，23-12A-5，
　　23-12A-6，23-12A-7，23-12A-9，
　　23-12A-9，24-12B-1，24-12B-2，
　　24-12B-6，24-12B-8，25-13A-5，
　　25-13A-5，25-13A-7，25-13A-8，
　　26-13B-1，26-13B-1，26-13B-1，
　　26-13B-2，26-13B-2，26-13B-3，
　　26-13B-4，26-13B-7，26-13B-8，
　　26-13B-8，26-13B-9，26-13B-9，
　　27-14A-2，27-14A-3，27-14A-4，
　　27-14A-5，27-14A-7，27-14A-9，
　　28-14B-1，28-14B-1，28-14B-3，
　　28-14B-3，28-14B-4，28-14B-7，
　　28-14B-7，28-14B-9，29-15A-1，
　　29-15A-2，29-15A-4，29-15A-6，
　　29-15A-6，29-15A-6，29-15A-7，
　　29-15A-9，29-15A-9，30-15B-1，
　　30-15B-1，30-15B-4，30-15B-4，
　　30-15B-4，30-15B-5，30-15B-7，
　　30-15B-8，30-15B-9，31-16A-1，
　　31-16A-1，31-16A-2，31-16A-2，

31-16A-2, 31-16A-3, 31-16A-3,
31-16A-3, 31-16A-5, 31-16A-5,
31-16A-6, 31-16A-6, 31-16A-6,
31-16A-7, 31-16A-7, 31-16A-9,
31-16A-9, 31-16A-9, 32-16B-1,
32-16B-2, 32-16B-2, 32-16B-3,
32-16B-3, 32-16B-3, 32-16B-4,
32-16B-5, 32-16B-5, 32-16B-6,
32-16B-6, 32-16B-6, 32-16B-6,
32-16B-6, 32-16B-7, 32-16B-7,
32-16B-7, 32-16B-7, 32-16B-8,
32-16B-8, 32-16B-8, 32-16B-8,
32-16B-8, 32-16B-8, 32-16B-8,
32-16B-9, 32-16B-9, 32-16B-9,
33-17A-1, 33-17A-2, 33-17A-2,
33-17A-3, 33-17A-3, 33-17A-3,
33-17A-3, 33-17A-4, 33-17A-5,
33-17A-5, 33-17A-5, 33-17A-5,
33-17A-6, 33-17A-6, 33-17A-7,
33-17A-8, 33-17A-9, 34-17B-2,
34-17B-2, 34-17B-2, 34-17B-2,
34-17B-2, 34-17B-3, 34-17B-4,
34-17B-5, 34-17B-6, 34-17B-6,
34-17B-7, 34-17B-7, 34-17B-9,
35-18A-1, 35-18A-1, 35-18A-2,
35-18A-3, 35-18A-4, 35-18A-4,
35-18A-4, 35-18A-4, 35-18A-5,
35-18A-5, 35-18A-6, 35-18A-7,
35-18A-7, 35-18A-7, 35-18A-8,
35-18A-8, 35-18A-8, 35-18A-9,
35-18A-9, 36-18B-1, 36-18B-1,
36-18B-6, 36-18B-6, 36-18B-6,
36-18B-7, 36-18B-7, 36-18B-8,
36-18B-8, 36-18B-8, 36-18B-9,
37-19A-1, 37-19A-3, 37-19A-3,
37-19A-3, 37-19A-5, 37-19A-5,
37-19A-6, 37-19A-7, 37-19A-7,
37-19A-7, 37-19A-8, 37-19A-8,
37-19A-8, 37-19A-9, 37-19A-9,
37-19A-9, 38-19B-3, 38-19B-3,

38-19B-5, 38-19B-5, 38-19B-7,
38-19B-8, 38-19B-8, 38-19B-9,
39-20A-1, 39-20A-1, 39-20A-2,
39-20A-3, 39-20A-3, 39-20A-4,
39-20A-5, 39-20A-6, 39-20A-6,
39-20A-7, 39-20A-7, 40-20B-1,
40-20B-3, 40-20B-4, 40-20B-6,
40-20B-6, 40-20B-6, 40-20B-9,
40-20B-9, 41-21A-1, 41-21A-1,
41-21A-1, 41-21A-2, 41-21A-2,
41-21A-3, 41-21A-4, 41-21A-5,
41-21A-5, 41-21A-8, 41-21A-9,
41-21A-9, 42-21B-1, 42-21B-1,
42-21B-2, 42-21B-4, 42-21B-4,
42-21B-4, 42-21B-4, 42-21B-6,
42-21B-7, 42-21B-7, 42-21B-8,
42-21B-8, 42-21B-9, 43-22A-1,
43-22A-3, 43-22A-3, 43-22A-4,
43-22A-5, 43-22A-6, 43-22A-7,
43-22A-7, 43-22A-8, 44-22B-1,
44-22B-3, 44-22B-4, 44-22B-4,
44-22B-5, 44-22B-5, 44-22B-6,
44-22B-6, 44-22B-9, 45-23A-1,
45-23A-1, 45-23A-2, 45-23A-2,
45-23A-3, 45-23A-6, 45-23A-7,
45-23A-7, 45-23A-8, 45-23A-8,
45-23A-9, 45-23A-9, 46-23B-1,
46-23B-1, 46-23B-3, 46-23B-7,
47-24A-1, 47-24A-2, 47-24A-3,
47-24A-3, 47-24A-6, 47-24A-7,
47-24A-7, 47-24A-9, 48-24B-1,
48-24B-2, 48-24B-3, 48-24B-3,
48-24B-3, 48-24B-4, 48-24B-5,
48-24B-5, 48-24B-6）

的很：4（14-7B-1, 38-19B-3, 40-20B-2,
42-21B-7）

得0：24（2-1B-1, 3-2A-4, 4-2B-5,
6-3B-4, 6-3B-4, 7-4A-2, 7-4A-5,
8-4B-5, 8-4B-5, 13-7A-9, 14-7B-2,
14-7B-8, 16-8B-7, 16-8B-9, 17-9A-8,

20-10B-8, 20-10B-9, 21-11A-6,
22-11B-9, 24-12B-1, 25-13A-1,
25-13A-8, 27-14A-8, 28-14B-1）
得很：5（3-2A-5, 4-2B-5, 6-3B-8, 7-4A-5,
24-12B-5）
得 dei：1（14-7B-7）
燈：2（13-7A-2, 45-23A-4）
燈蛾兒：1（45-23A-4）
燈光：1（35-18A-1）
等：7（9-5A-1, 9-5A-9, 14-7B-6,
20-10B-3, 21-11A-1, 29-15A-4,
29-15A-8）
等一等兒：1（11-6A-6）
低：3（2-1B-1, 2-1B-2, 2-1B-6）
低三兒下四：1（32-16B-2）
底下：2（28-14B-3, 41-21A-9）
地：3（6-3B-2, 13-7A-5, 22-11B-7）
地兒：3（18-9B-1, 19-10A-8, 33-17A-1）
地方：1（6-3B-1）
地方兒：6（6-3B-8, 18-9B-5, 21-11A-8,
34-17B-7, 35-18A-9, 37-19A-4）
地土：1（6-3B-7）
地主兒：1（19-10A-9）
弟兄們：1（5-3A-9）
遞給：1（45-23A-2）
第：1（18-9B-8）
掂掂：1（40-20B-7）
顛三倒四：1（40-20B-6）
點：1（6-3B-1）
點不着：1（19-10A-5）
點燈：1（11-6A-2）
點兒：15（6-3B-7, 6-3B-8, 12-6B-2,
14-7B-1, 15-8A-8, 17-9A-9, 19-10A-6,
20-10B-9, 22-11B-6, 24-12B-2,
26-13B-5, 27-14A-1, 28-14B-6,
28-14B-9, 30-15B-2）
點子：1（37-19A-2）
墊：1（40-20B-7）
靛缸裡拉不出白布去：1（40-20B-8）
釣魚：1（43-22A-4）

釣魚竿兒：1（43-22A-4）
掉皮：1（31-16A-5）
跌：2（20-10B-4, 21-11A-3）
碟子：2（15-8A-9, 15-8A-9）
疊：1（40-20B-9）
釘：1（33-17A-9）
釘書：1（41-21A-7）
頂：13（13-7A-6, 14-7B-5, 17-9A-4,
19-10A-6, 21-11A-3, 23-12A-9,
25-13A-4, 26-13B-2, 27-14A-2,
30-15B-4, 33-17A-6, 44-22B-1,
45-23A-6）
頂冠束帶：1（42-21B-4）
丟：4（11-6A-7, 24-12B-8, 44-22B-2,
46-23B-3）
丟開手：1（45-23A-6）
丟人：1（42-21B-9）
東邊兒：1（10-5B-3）
東家：1（30-15B-9）
東拉西扯：1（33-17A-1）
東南西北：2（10-5B-2, 10-5B-4）
東西：19（5-3A-1, 5-3A-2, 5-3A-6,
5-3A-9, 6-3B-4, 10-5B-2, 10-5B-8,
11-6A-6, 17-9A-8, 29-15A-7,
35-18A-6, 36-18B-5, 37-19A-1,
40-20B-5, 41-21A-6, 44-22B-8,
44-22B-9, 45-23A-7, 46-23B-5）
懂：1（26-13B-2）
動手：1（19-10A-8）
凍：1（35-18A-7）
凍瘡：1（20-10B-3）
都：83（2-1B-1, 2-1B-3, 2-1B-5, 2-1B-6,
2-1B-7, 2-1B-7, 2-1B-8, 2-1B-9,
2-1B-9, 3-2A-6, 3-2A-7, 3-2A-7,
3-2A-8, 3-2A-9, 4-2B-3, 4-2B-4,
4-2B-4, 4-2B-6, 4-2B-6, 4-2B-7,
4-2B-8, 4-2B-8, 5-3A-7, 5-3A-9,
6-3B-6, 7-4A-3, 7-4A-9, 8-4B-7,
10-5B-6, 10-5B-7, 10-5B-8, 10-5B-9,
10-5B-9, 11-6A-6, 11-6A-6, 11-6A-8,

11-6A-9, 12-6B-8, 13-7A-8, 15-8A-9,
16-8B-1, 16-8B-9, 17-9A-3, 17-9A-9,
18-9B-1, 19-10A-9, 20-10B-7,
21-11A-7, 21-11A-8, 23-12A-3,
26-13B-1, 26-13B-5, 27-14A-2,
27-14A-4, 27-14A-7, 29-15A-5,
29-15A-5, 29-15A-5, 30-15B-6,
33-17A-6, 33-17A-9, 34-17B-1,
34-17B-4, 35-18A-7, 37-19A-6,
37-19A-7, 38-19B-1, 38-19B-7,
38-19B-9, 39-20A-5, 40-20B-8,
40-20B-8, 41-21A-3, 41-21A-6,
41-21A-6, 41-21A-8, 42-21B-5,
42-21B-8, 43-22A-6, 46-23B-7,
46-23B-8, 46-23B-9, 48-24B-2）

鬭：1（31-16A-1）
荳腐：1（38-19B-9）
荳蔻：1（24-12B-3）
豆子：1（28-14B-8）
嘟嚷：1（46-23B-2）
獨：1（44-22B-9）
獨門獨院兒：1（39-20A-7）
獨占鼇頭：1（38-19B-5）
堵住：1（39-20A-5）
肚子：1（36-18B-4）
妬嫉：1（39-20A-6）
鍍金：1（39-20A-5）
蠹魚兒：1（39-20A-4）
端：1（40-20B-1）
端硯：1（42-21B-5）
短：2（12-6B-2, 28-14B-2）
叚兒：1（40-20B-2）
對：4（21-11A-5, 23-12A-4, 25-13A-7,
  28-14B-9）
對出光兒來：1（35-18A-8）
對換：1（29-15A-7）
對門兒：1（45-23A-5）
對面兒：1（39-20A-9）
燉：2（39-20A-2, 45-23A-9）
頓：1（25-13A-2）

多：29（1-1A-2, 1-1A-5, 2-1B-3, 2-1B-6,
  2-1B-9, 3-2A-4, 4-2B-4, 4-2B-5,
  5-3A-5, 5-3A-5, 6-3B-6, 6-3B-7,
  7-4A-4, 13-7A-9, 15-8A-8, 18-9B-4,
  21-11A-1, 21-11A-2, 27-14A-5,
  27-14A-8, 27-14A-8, 29-15A-6,
  32-16B-3, 32-16B-8, 36-18B-3,
  38-19B-9, 40-20B-2, 40-20B-7,
  48-24B-5）
多半天：1（14-7B-7）
多大：3（1-1A-4, 14-7B-8, 26-13B-3）
多久：1（21-11A-1）
多少：20（2-1B-9, 4-2B-4, 7-4A-4,
  12-6B-7, 14-7B-7, 14-7B-8, 15-8A-4,
  15-8A-4, 15-8A-4, 21-11A-3,
  22-11B-7, 24-12B-2, 24-12B-4,
  24-12B-5, 26-13B-7, 27-14A-5,
  28-14B-8, 28-14B-8, 30-15B-6,
  44-22B-5）
多少錢：3（24-12B-4, 26-13B-7, 42-21B-1）
多用：1（7-4A-7）
多咱：7（19-10A-1, 20-10B-1, 21-11A-1,
  24-12B-7, 25-13A-8, 28-14B-4,
  29-15A-6）
多咱晚兒：1（17-9A-7）
多嚜：4（11-6A-3, 11-6A-5, 13-7A-2,
  14-7B-7）
多躓：1（16-8B-6）
多嘴：1（19-10A-3）
多嘴多舌：1（34-17B-5）
躱躱閃閃：1（41-21A-1）
躱懶：1（12-6B-3）
柁工：1（38-19B-2）

E

惡人：1（2-1B-4）
餓：1（11-6A-6）
兒女：1（22-11B-7）
兒子：5（1-1A-1, 1-1A-4, 7-4A-5,

9-5A-7, 23-12A-5）
耳：1（8-4B-1）
耳不聽, 心不煩, 眼不見, 嘴不饞：1（42-21B-8）
耳朵：2（22-11B-9, 36-18B-5）
耳圈兒：1（32-16B-6）
耳聞不如眼見：1（43-22A-1）
二：3（4-2B-1, 4-2B-9, 18-9B-8）
二人同一心, 黃土變成金：1（33-17A-4）
二十：3（27-14A-6, 27-14A-8, 46-23B-8）

F

發：1（29-15A-8）
發財：1（26-13B-8）
發獃：1（28-14B-6）
發福：1（39-20A-2）
發痧子：1（31-16A-1）
發怯：1（30-15B-4）
發芽兒：1（27-14A-4）
乏：3（1-1A-1, 1-1A-4, 1-1A-9）
乏乏：1（34-17B-6）
法子：1（26-13B-3）
翻臉：1（46-23B-9）
翻騰：1（17-9A-8）
繙譯：1（29-15A-4）
凡事：1（46-23B-9）
反：2（28-14B-6, 28-14B-7）
反覆：1（39-20A-2）
反覆不長：1（39-20A-3）
反覆不定：1（37-19A-6）
犯法：1（31-16A-2）
犯歉：1（44-22B-1）
飯：3（7-4A-1, 7-4A-2, 7-4A-6）
方：1（10-5B-1）
房：1（2-1B-1）
房裡：1（4-2B-7）
房簷兒：1（40-20B-3）
房子：19（2-1B-2, 2-1B-4, 2-1B-6, 3-2A-3, 3-2A-3, 3-2A-8, 3-2A-9, 4-2B-2, 4-2B-3, 4-2B-4, 8-4B-7, 10-5B-4, 10-5B-4, 16-8B-2, 25-13A-7, 26-13B-1, 35-18A-3, 40-20B-8, 48-24B-3）
彷彿：2（25-13A-4, 39-20A-5）
放：1（32-16B-8）
放賬：1（24-12B-2）
非：2（35-18A-9, 47-24A-7）
費：2（27-14A-8, 29-15A-1）
費心：2（11-6A-5, 29-15A-9）
分：6（2-1B-5, 2-1B-5, 3-2A-7, 4-2B-7, 8-4B-4, 10-5B-4）
分（単位）：4（4-2B-9, 4-2B-9, 4-2B-9, 4-2B-9）
分不開：1（25-13A-5）
分不清：1（38-19B-8）
分開：1（3-2A-7）
分外：1（7-4A-8）
份兒：1（13-7A-7）
風：1（19-10A-8）
風兒：1（12-6B-6）
逢場做戲：1（32-16B-4）
縫縫：1（41-21A-1）
佛口蛇心：1（48-24B-4）
夫妻：1（38-19B-9）
膚皮：1（38-19B-9）
扶：1（38-19B-8）
浮水：1（18-9B-6）
浮頭兒：1（39-20A-1）
幅：1（39-20A-4）
福氣：1（48-24B-2）
斧子：1（39-20A-1）
府上：1（40-20B-4）
父母：3（3-2A-1, 3-2A-2, 3-2A-6）
父親：2（3-2A-2, 12-6B-5）
父子：1（38-19B-9）
副主考：1（39-20A-2）
富：2（1-1A-3, 1-1A-7）
富貴：1（26-13B-9）

G

嘎雜子：1（36-18B-8）
該：20（2-1B-5，2-1B-7，7-4A-6，12-6B-5，12-6B-5，12-6B-8，12-6B-8，17-9A-7，18-9B-7，18-9B-8，19-10A-5，19-10A-6，24-12B-2，25-13A-2，26-13B-3，26-13B-3，26-13B-4，26-13B-4，29-15A-6，42-21B-2）
該當：2（7-4A-6，21-11A-6）
該錢：2（2-1B-9，2-1B-9）
該殺：3（2-1B-1，2-1B-3，4-2B-8）
改天：1（12-6B-7）
改邪歸正：1（43-22A-9）
蓋：1（16-8B-2）
蓋：1（6-3B-1）
蓋房子：2（6-3B-3，6-3B-8）
乾：1（15-8A-3）
乾菓子：1（41-21A-6）
甘心情願：1（43-22A-3）
趕不上：5（26-13B-9，34-17B-3，43-22A-5，45-23A-1，47-24A-3）
敢：3（8-4B-1，46-23B-2，48-24B-1）
感化：1（43-22A-4）
幹：19（16-8B-3，17-9A-4，19-10A-3，21-11A-9，22-11B-4，26-13B-2，28-14B-9，29-15A-3，30-15B-3，32-16B-2，32-16B-5，34-17B-4，35-18A-7，36-18B-4，38-19B-6，40-20B-6，43-22A-3，43-22A-6，45-23A-7）
幹事：3（20-10B-8，33-17A-5，43-22A-6）
剛：2（5-3A-1，13-7A-9）
剛纔：2（5-3A-3，5-3A-5）
剛剛兒：1（5-3A-6）
高：12（2-1B-1，2-1B-2，2-1B-4，2-1B-6，2-1B-6，3-2A-3，19-10A-3，25-13A-6，33-17A-6，43-22A-5，43-22A-9，44-22B-1）
高長：1（44-22B-8）

高低：2（2-1B-5，2-1B-6）
高帽子：1（31-16A-7）
告饒兒：1（38-19B-2）
告訴：7（15-8A-1，18-9B-3，18-9B-7，20-10B-9，23-12A-2，29-15A-6，34-17B-8）
乾脯：1（47-24A-4）
擱：15（5-3A-1，5-3A-2，5-3A-6，5-3A-6，12-6B-2，12-6B-5，12-6B-7，12-6B-8，12-6B-8，17-9A-9，18-9B-1，18-9B-1，20-10B-5，24-12B-3，48-24B-1）
擱不到：1（47-24A-7）
擱不住：1（47-24A-4）
哥兒：2（24-12B-9，38-19B-8）
擱回：2（18-9B-9，20-10B-5）
擱開：1（14-7B-1）
隔：1（42-21B-3）
隔壁兒：1（18-9B-8）
個：81（1-1A-3，1-1A-8，2-1B-7，2-1B-8，4-2B-2，4-2B-3，4-2B-7，4-2B-8，5-3A-9，7-4A-7，11-6A-9，12-6B-9，13-7A-1，13-7A-4，13-7A-6，15-8A-4，16-8B-3，17-9A-7，20-10B-4，20-10B-8，22-11B-6，22-11B-7，22-11B-8，24-12B-9，26-13B-2，27-14A-3，27-14A-8，28-14B-1，28-14B-2，28-14B-5，29-15A-1，29-15A-2，29-15A-9，30-15B-5，30-15B-6，31-16A-7，33-17A-6，33-17A-6，34-17B-3，34-17B-6，34-17B-8，34-17B-9，35-18A-5，35-18A-5，35-18A-6，35-18A-7，36-18B-1，37-19A-1，37-19A-1，37-19A-1，37-19A-5，37-19A-6，38-19B-1，38-19B-2，38-19B-4，38-19B-8，40-20B-4，41-21A-6，41-21A-7，41-21A-9，42-21B-6，43-22A-2，43-22A-5，43-22A-7，43-22A-8，43-22A-9，44-22B-7，44-22B-9，45-23A-1，45-23A-4，

45-23A-7，45-23A-9，45-23A-9，
46-23B-4，46-23B-5，46-23B-5，
46-23B-7，46-23B-7，46-23B-9，
47-24A-9，48-24B-5）
個人：1（41-21A-4）
個人兒：1（41-21A-5）
個頭：1（48-24B-5）
各：3（3-2A-1，3-2A-2，39-20A-6）
各處兒：1（42-21B-9）
各個兒：1（18-9B-9）
各人：1（38-19B-5）
各式各樣兒：1（20-10B-7）
各樣兒：1（42-21B-8）
各自個兒：3（14-7B-8，15-8A-7，24-12B-8）
各自樣兒：1（36-18B-1）
給：29（5-3A-1，5-3A-3，5-3A-3，6-3B-4，
6-3B-8，6-3B-9，9-5A-1，9-5A-5，
9-5A-5，9-5A-5，9-5A-7，9-5A-7，
9-5A-7，9-5A-7，9-5A-8，9-5A-8，
9-5A-8，9-5A-8，12-6B-3，13-7A-1，
13-7A-4，15-8A-4，24-12B-4，
24-12B-5，28-14B-8，29-15A-6，
30-15B-9，43-22A-8，47-24A-9）
給你臉不要臉：1（42-21B-9）
根：1（43-22A-4）
跟：10（10-5B-1，10-5B-5，11-6A-7，
14-7B-3，14-7B-5，17-9A-8，19-10A-7，
19-10A-8，24-12B-2，25-13A-9）
更：15（13-7A-8，14-7B-6，14-7B-9，
19-10A-9，24-12B-9，25-13A-5，
25-13A-5，25-13A-6，26-13B-2，
26-13B-4，26-13B-5，27-14A-1，
29-15A-2，46-23B-1，48-24B-2）
工夫兒：4（22-11B-6，27-14A-5，29-15A-1，
45-23A-3）
工錢：2（24-12B-4，29-15A-1）
公：1（38-19B-8）
公雞：1（38-19B-8）
共：1（28-14B-8）
共總：2（26-13B-7，29-15A-5）

鉤搭：1（44-22B-6）
狗：1（36-18B-5）
狗拿耗子，多管閒事：1（31-16A-8）
殼：3（18-9B-4，18-9B-4，28-14B-3）
殼不着：1（34-17B-9）
估摸：3（13-7A-7，24-12B-4，45-23A-3）
咕囔：1（46-23B-2）
軲轆：1（40-20B-1）
古：1（3-2A-3）
古今：2（3-2A-1，3-2A-8）
古來：1（4-2B-2）
古人：1（3-2A-8）
古窰：1（37-19A-7）
故意兒：1（15-8A-3）
顧：1（21-11A-6）
顧前不顧後：1（41-21A-3）
僱：1（39-20A-9）
颳：1（41-21A-7）
刮臉：1（46-23B-2）
掛：3（28-14B-1，28-14B-1，39-20A-4）
掛子：1（13-7A-5）
怪：7（11-6A-7，32-16B-9，32-16B-9，
33-17A-3，33-17A-3，34-17B-2，
35-18A-7）
關：1（12-6B-1）
關門：2（25-13A-6，44-22B-6）
關餉：1（29-15A-7）
關心：1（43-22A-1）
官板兒：1（11-6A-9）
官兒：1（41-21A-9）
官宦：1（44-22B-4）
鰥寡孤獨：1（43-22A-3）
館子：1（40-20B-1）
管：7（13-7A-6，14-7B-7，15-8A-1，
26-13B-3，26-13B-4，30-15B-5，
43-22A-3）
管換：1（44-22B-6）
慣：5（16-8B-8，28-14B-7，31-16A-9，
43-22A-4，45-23A-2）
灌：1（43-22A-3）

光明正大：1（34-17B-6）

逛：1（17-9A-4）

逛逛：1（42-21B-9）

規矩：1（18-9B-4）

鬼：1（34-17B-3）

鬼頭鬼腦：1（32-16B-5）

貴：4（16-8B-3, 24-12B-1, 29-15A-8,
　　30-15B-1）

貴國：1（15-8A-4）

滾熱：1（34-17B-2）

滾刀肉：1（34-17B-8）

鍋：1（39-20A-2）

國家：2（4-2B-1, 4-2B-6）

過：23（5-3A-1, 5-3A-3, 5-3A-6, 6-3B-6,
　　8-4B-8, 8-4B-9, 10-5B-1, 10-5B-6,
　　12-6B-9, 13-7A-9, 14-7B-1, 16-8B-3,
　　21-11A-2, 21-11A-8, 21-11A-9,
　　23-12A-9, 26-13B-6, 27-14A-5,
　　28-14B-5, 35-18A-1, 35-18A-3,
　　36-18B-5, 44-22B-9）

過過兒：1（28-14B-6）

過來：1（5-3A-2）

過去：2（10-5B-9, 11-6A-9）

過日子：2（14-7B-8, 43-22A-8）

過堂：1（30-15B-1）

過於：1（45-23A-1）

H

還 hai：31（5-3A-1, 5-3A-3, 5-3A-4,
　　5-3A-6, 5-3A-8, 5-3A-9, 6-3B-8,
　　7-4A-6, 9-5A-1, 9-5A-3, 10-5B-6,
　　10-5B-6, 13-7A-9, 13-7A-9, 14-7B-9,
　　17-9A-9, 18-9B-5, 20-10B-8,
　　23-12A-7, 25-13A-3, 25-13A-4,
　　25-13A-8, 26-13B-6, 27-14A-8,
　　28-14B-3, 28-14B-9, 29-15A-6,
　　41-21A-5, 43-22A-7, 44-22B-2,
　　47-24A-5, 48-24B-3）

還是：1（10-5B-8）

還有：4（5-3A-6, 5-3A-9, 22-11B-2,
　　25-13A-7）

孩：1（3-2A-1）

孩子：9（13-7A-8, 14-7B-5, 14-7B-5,
　　15-8A-7, 25-13A-1, 25-13A-1,
　　31-16A-7, 40-20B-5, 45-23A-1）

孩子們：1（11-6A-4）

害怕：2（12-6B-4, 35-18A-1）

害臊：1（13-7A-4）

含含糊糊：2（32-16B-5, 35-18A-4）

含糊：1（44-22B-8）

寒兒：1（36-18B-1）

喊：2（11-6A-4, 20-10B-6）

翰林：1（44-22B-8）

好：66（1-1A-1, 1-1A-2, 1-1A-5, 1-1A-6,
　　1-1A-6, 1-1A-7, 2-1B-5, 2-1B-8,
　　6-3B-4, 6-3B-5, 6-3B-7, 6-3B-8,
　　7-4A-2, 7-4A-2, 7-4A-5, 8-4B-7,
　　9-5A-8, 11-6A-8, 12-6B-6, 13-7A-4,
　　13-7A-8, 14-7B-6, 15-8A-5, 16-8B-8,
　　17-9A-4, 17-9A-7, 18-9B-1, 18-9B-2,
　　18-9B-4, 19-10A-1, 20-10B-9,
　　22-11B-1, 23-12A-9, 24-12B-7,
　　24-12B-9, 24-12B-9, 25-13A-2,
　　25-13A-2, 25-13A-3, 25-13A-5,
　　25-13A-5, 26-13B-2, 26-13B-3,
　　26-13B-4, 27-14A-2, 28-14B-3,
　　28-14B-5, 28-14B-5, 28-14B-7,
　　29-15A-4, 30-15B-2, 30-15B-2,
　　30-15B-4, 33-17A-7, 35-18A-6,
　　36-18B-1, 40-20B-9, 41-21A-5,
　　42-21B-3, 42-21B-6, 42-21B-9,
　　44-22B-1, 47-24A-2, 47-24A-2,
　　48-24B-2, 48-24B-5）

好吃：2（17-9A-5, 41-21A-2）

好吃懶做：1（31-16A-7）

好歹：7（2-1B-3, 2-1B-5, 34-17B-7,
　　34-17B-8, 35-18A-6, 35-18A-7,
　　43-22A-4）

好話：2（31-16A-5, 46-23B-9）

好貨：1（35-18A-5）
好久：2（8-4B-3，8-4B-9）
好看：1（24-12B-6）
好容易：2（16-8B-5，25-13A-8）
好使：1（35-18A-4）
好聽：1（40-20B-6）
好些：6（22-11B-5，27-14A-8，29-15A-1，29-15A-9，43-22A-7，46-23B-5）
好些兒：1（45-23A-1）
號令：1（38-19B-5）
耗子：1（27-14A-8）
喝：13（7-4A-1，7-4A-2，7-4A-3，7-4A-3，7-4A-3，7-4A-4，7-4A-4，7-4A-4，7-4A-6，43-22A-3，43-22A-3，45-23A-2，45-23A-7）
喝得來：1（7-4A-9）
喝嗆：1（45-23A-2）
喝醉：1（7-4A-3）
和：7（6-3B-1，6-3B-3，9-5A-1，9-5A-5，10-5B-6，10-5B-6，27-14A-3）
和睦：1（38-19B-8）
和暖：1（33-17A-2）
合：2（8-4B-1，37-19A-1）
合式：1（13-7A-3）
合意：1（8-4B-5）
何況：1（20-10B-8）
河：2（27-14A-7，41-21A-9）
河邊兒：1（17-9A-4）
河沿兒：1（42-21B-5）
核兒：2（23-12A-6，31-16A-3）
荷蘭薯：1（27-14A-9）
黑：1（39-20A-8）
黑上：1（13-7A-5）
黑下：1（46-23B-7）
很：61（2-1B-1，2-1B-3，2-1B-4，2-1B-4，2-1B-5，2-1B-6，2-1B-7，2-1B-9，3-2A-5，4-2B-8，8-4B-5，8-4B-6，9-5A-9，10-5B-4，14-7B-5，20-10B-7，22-11B-9，23-12A-3，23-12A-4，23-12A-6，23-12A-9，24-12B-3，

24-12B-7，24-12B-7，24-12B-9，25-13A-5，26-13B-2，28-14B-3，30-15B-4，31-16A-3，32-16B-1，32-16B-1，33-17A-3，34-17B-4，34-17B-7，35-18A-1，35-18A-2，35-18A-3，35-18A-3，35-18A-7，37-19A-9，38-19B-4，40-20B-5，40-20B-6，42-21B-4，42-21B-8，43-22A-4，43-22A-5，43-22A-6，43-22A-9，44-22B-3，44-22B-4，44-22B-4，44-22B-5，44-22B-6，44-22B-6，44-22B-9，45-23A-8，46-23B-7，48-24B-2，48-24B-3）
橫豎：1（34-17B-8）
閑狗咬豬：1（26-13B-8）
齁：4（32-16B-8，32-16B-8，32-16B-8，32-16B-8）
候：2（4-2B-1，41-21A-9）
後：3（5-3A-7，16-8B-4，17-9A-1）
後兒：2（15-8A-2，27-14A-2）
後來：3（5-3A-3，5-3A-7，18-9B-7）
胡拉溜扯：1（33-17A-2）
煳焦：1（28-14B-6）
蝴蝶兒：1（12-6B-7）
餬口：1（29-15A-4）
糊說八道：1（33-17A-2）
花：5（3-2A-1，24-12B-2，30-15B-9，31-16A-9，37-19A-2）
花兒：2（3-2A-7，6-3B-7）
花園：1（3-2A-2）
花園子：1（42-21B-3）
滑：1（33-17A-6）
畫兒：1（39-20A-4）
畫符念咒：1（39-20A-1）
畫畫兒：1（38-19B-7）
話：13（8-4B-1，8-4B-4，8-4B-5，8-4B-5，8-4B-6，8-4B-8，8-4B-8，14-7B-9，28-14B-4，30-15B-6，31-16A-1，35-18A-8，43-22A-1）
話兒：1（21-11A-7）

懷裡：1（43-22A-5）
壞：2（31-16A-3，47-24A-7）
歡天喜地：2（35-18A-1，44-22B-5）
還：1（43-22A-7）
換過：1（30-15B-4）
喚：1（35-18A-4）
患難：1（44-22B-5）
慌：3（14-7B-2，34-17B-2，35-18A-7）
黃泉路上沒老少：1（41-21A-4）
晃晃兒：1（47-24A-9）
幌離幌盪：1（33-17A-7）
熀：1（14-7B-2）
慌慌兒：2（14-7B-6，15-8A-1）
回：11（5-3A-1，7-4A-8，9-5A-1，
　　16-8B-3，16-8B-8，18-9B-8，18-9B-8，
　　25-13A-3，25-13A-3，25-13A-3，
　　25-13A-3）
回家：2（12-6B-9，13-7A-4）
回來：8（5-3A-8，9-5A-4，10-5B-4，
　　14-7B-2，14-7B-6，20-10B-6，
　　21-11A-1，21-11A-1）
回兒：2（14-7B-8，27-14A-5）
回去：3（9-5A-4，20-10B-5，20-10B-5）
會：12（7-4A-1，15-8A-9，18-9B-6，
　　18-9B-6，22-11B-3，22-11B-8，
　　25-13A-2，28-14B-2，30-15B-1，
　　30-15B-8，32-16B-1，43-22A-9）
會兒：1（17-9A-1）
渾身：1（41-21A-8）
混：4（17-9A-8，34-17B-6，43-22A-1，
　　44-22B-2）
混吣溷說：1（46-23B-1）
溷：6（31-16A-6，36-18B-4，36-18B-8，
　　41-21A-4，42-21B-3，47-24A-1）
劐：1（37-19A-2）
活：2（27-14A-3，47-24A-1）
活便：1（20-10B-9）
活動：1（33-17A-6）
活扣兒：1（19-10A-9）
火：2（8-4B-1，35-18A-1）

火輪船：2（9-5A-1，9-5A-5）
火燒：1（8-4B-7）
夥計：1（24-12B-2）
或是：2（20-10B-2，20-10B-2）

J

幾：9（7-4A-1，7-4A-2，7-4A-3，7-4A-4，
　　13-7A-2，16-8B-8，22-11B-7，
　　27-14A-5，47-24A-6）
幾兒：1（13-7A-2）
機密：1（22-11B-8）
雞：4（26-13B-6，31-16A-1，31-16A-1，
　　31-16A-2）
雞犬不留：1（43-22A-9）
雞子兒：1（12-6B-7）
積僭錢：1（47-24A-2）
急：1（23-12A-8）
擠眼兒：1（37-19A-8）
記性：1（29-15A-9）
劑：1（31-16A-2）
寄居：1（35-18A-3）
家：2（12-6B-1，17-9A-7）
家常飯：1（7-4A-5）
家當兒：1（16-8B-4）
家裡：3（4-2B-4，4-2B-7，5-3A-9）
家兄：1（5-3A-2）
價：1（29-15A-5）
價兒：5（13-7A-3，16-8B-3，19-10A-6，
　　30-15B-1，30-15B-9）
假：4（7-4A-9，7-4A-9，19-10A-2，
　　19-10A-2）
假充：1（7-4A-8）
假公濟私：1（43-22A-2）
假話：3（8-4B-3，8-4B-4，8-4B-4）
假粧：2（15-8A-3，43-22A-6）
奸臣：1（2-1B-3）
奸心：1（2-1B-7）
奸詐：1（42-21B-7）
間：8（4-2B-1，4-2B-2，4-2B-3，4-2B-4，

4-2B-4，4-2B-4，4-2B-6，25-13A-7）
肩膀子：1（38-19B-8）
煎：2（24-12B-2，41-21A-2）
減：1（19-10A-6）
見：11（12-6B-9，13-7A-9，15-8A-2，
　　16-8B-9，23-12A-9，26-13B-4，
　　32-16B-1，34-17B-3，44-22B-8，
　　44-22B-9，45-23A-2）
見財起意：2（32-16B-5，34-17B-9）
件：14（4-2B-1，4-2B-8，6-3B-9，13-7A-5，
　　21-11A-6，32-16B-7，33-17A-3，
　　38-19B-6，44-22B-4，45-23A-3，
　　45-23A-6，45-23A-6，46-23B-7，
　　47-24A-9）
餞行：1（41-21A-3）
賤賣不賒：1（48-24B-6）
濺：1（36-18B-2）
建功立業：1（43-22A-2）
漸漸兒：1（25-13A-2）
見面兒：1（35-18A-8）
見世面：1（34-17B-2）
見天：1（14-7B-9）
見天兒：1（26-13B-1）
講究：1（44-22B-9）
降伏：1（39-20A-3）
交：1（29-15A-5）
嬌養：2（16-8B-8，45-23A-2）
椒鹽兒：1（38-19B-3）
焦黃：2（31-16A-3，32-16B-7）
脚：4（20-10B-3，20-10B-7，33-17A-7，
　　37-19A-2）
脚底下：1（31-16A-5）
脚面兒：1（27-14A-6）
攪：4（12-6B-3，14-7B-3，28-14B-6，
　　46-23B-3）
傲倖：1（48-24B-1）
叫：24（6-3B-1，6-3B-2，6-3B-2，6-3B-9，
　　7-4A-6，8-4B-7，8-4B-7，9-5A-1，
　　9-5A-2，10-5B-2，10-5B-2，10-5B-2，
　　10-5B-3，11-6A-5，13-7A-1，17-9A-2，

　　20-10B-2，25-13A-3，25-13A-9，
　　26-13B-7，28-14B-6，34-17B-1，
　　38-19B-1，42-21B-5）
叫喚：1（44-22B-4）
較：1（29-15A-3）
教：1（22-11B-2）
接頭兒：1（14-7B-1）
街坊：1（26-13B-9）
節兒：1（35-18A-1）
結：1（19-10A-3）
結菓子：2（23-12A-6，23-12A-7）
結實：2（22-11B-8，22-11B-9）
解：2（14-7B-3，19-10A-9）
解解手兒：1（32-16B-3）
解手兒：1（34-17B-1）
今兒：12（10-5B-5，12-6B-6，12-6B-9，
　　13-7A-2，13-7A-2，13-7A-2，14-7B-5，
　　17-9A-6，20-10B-6，20-10B-9，
　　28-14B-6，30-15B-1）
今兒個：1（7-4A-3）
今人：1（3-2A-8）
金鐲子：1（32-16B-7）
金子：1（27-14A-7）
僅殼：1（28-14B-7）
儘：1（13-7A-2）
儘力兒：1（45-23A-7）
儘量兒：2（21-11A-8，45-23A-7）
緊：2（19-10A-7，26-13B-4）
緊底下：1（39-20A-1）
緊着：1（19-10A-6）
謹愼：2（26-13B-5，28-14B-7）
錦上添花：1（32-16B-3）
盡：5（15-8A-3，15-8A-7，15-8A-7，
　　23-12A-4，45-23A-3）
盡力兒：1（28-14B-9）
盡是：1（46-23B-6）
進：2（5-3A-1，5-3A-5）
進來：2（32-16B-3，44-22B-3）
進去：2（5-3A-5，13-7A-8）
近來：1（4-2B-5）

近視眼：1（47-24A-2）
近遠：1（4-2B-1）
近硃者赤，近墨者黑：1（40-20B-4）
勁兒：6（11-6A-2, 17-9A-4, 23-12A-4,
　　25-13A-7, 28-14B-9, 46-23B-7）
經管：1（11-6A-8）
京：1（41-21A-9）
京話：1（30-15B-9）
驚：1（34-17B-1）
精淡：1（32-16B-8）
精濕：2（18-9B-6, 40-20B-1）
井：1（21-11A-3）
井水：1（41-21A-2）
井台兒：1（39-20A-6）
竟：6（26-13B-8, 28-14B-2, 32-16B-2,
　　37-19A-2, 39-20A-3, 42-21B-2）
竟顧：1（21-11A-6）
鏡子：1（29-15A-3）
九：1（4-2B-1）
久：3（8-4B-1, 8-4B-8, 12-6B-2）
酒：9（7-4A-1, 7-4A-3, 7-4A-3, 7-4A-4,
　　7-4A-6, 7-4A-9, 36-18B-3, 43-22A-3,
　　45-23A-7）
酒肉朋友，柴米夫妻：1（44-22B-7）
舊：3（3-2A-3, 3-2A-8, 25-13A-5）
舊書：1（39-20A-4）
就：31（5-3A-1, 5-3A-5, 6-3B-5, 6-3B-7,
　　7-4A-2, 7-4A-8, 8-4B-6, 15-8A-4,
　　16-8B-1, 16-8B-9, 17-9A-5, 18-9B-2,
　　19-10A-3, 21-11A-2, 21-11A-7,
　　25-13A-9, 28-14B-5, 28-14B-8,
　　29-15A-8, 30-15B-2, 30-15B-6,
　　31-16A-8, 34-17B-3, 35-18A-9,
　　36-18B-7, 36-18B-7, 42-21B-3,
　　45-23A-1, 46-23B-9, 47-24A-7,
　　47-24A-8）
就好了：2（36-18B-1, 38-19B-4）
就是：14（7-4A-6, 7-4A-7, 7-4A-7,
　　17-9A-7, 19-10A-2, 20-10B-5,
　　30-15B-1, 30-15B-1, 34-17B-1,
　　34-17B-2, 37-19A-7, 37-19A-8,
　　39-20A-6, 41-21A-7）
就是了：2（13-7A-2, 23-12A-6）
舉薦：1（41-21A-5）
句：6（8-4B-1, 8-4B-3, 8-4B-8, 8-4B-8,
　　30-15B-9, 31-16A-1）
句兒：1（22-11B-6）
捐官：1（42-21B-2）
剝皮兒：1（41-21A-8）
捲：1（43-22A-2）
捲兒：1（43-22A-2）
均攤勻散：1（40-20B-9）
俊：2（25-13A-1, 28-14B-1）

K

開：3（3-2A-1, 3-2A-2, 46-23B-6）
開不得：1（3-2A-7）
開船：1（14-7B-7）
開口：1（3-2A-7）
開舖子：1（6-3B-3）
砍：3（11-6A-1, 12-6B-7, 44-22B-2）
看：9（12-6B-7, 15-8A-7, 21-11A-4,
　　22-11B-7, 24-12B-4, 24-12B-7,
　　43-22A-3, 47-24A-1, 47-24A-6）
看不出：1（48-24B-4）
看不見：3（18-9B-2, 31-16A-2, 43-22A-6）
看不清：1（47-24A-2）
看見：6（8-4B-1, 8-4B-9, 12-6B-1,
　　37-19A-5, 41-21A-1, 42-21B-3）
看守：1（44-22B-2）
看樣兒：1（13-7A-9）
礦兒：1（28-14B-5）
礦子：1（44-22B-1）
炕：1（39-20A-9）
棵：1（22-11B-1）
咳嗽：1（14-7B-1）
可：5（12-6B-9, 17-9A-6, 18-9B-3,
　　18-9B-7, 20-10B-4）
可是：1（44-22B-7）

可惜了兒的：1（29-15A-9）
可笑：1（39-20A-1）
可以：8（9-5A-1，9-5A-9，10-5B-3，
　　10-5B-3，10-5B-3，10-5B-6，11-6A-1，
　　24-12B-6）
可意：1（23-12A-5）
可着：1（41-21A-3）
客：1（13-7A-3）
肯：3（7-4A-1，9-5A-1，19-10A-8）
坑：1（40-20B-7）
空兒：1（46-23B-7）
空拳頭：1（43-22A-8）
空手兒：1（29-15A-7）
恐怕：1（35-18A-8）
口：3（3-2A-1，3-2A-2，3-2A-7）
口氣兒：1（8-4B-9）
口音：3（3-2A-5，3-2A-7，29-15A-9）
口子：1（46-23B-5）
窟窿：1（39-20A-5）
苦：2（32-16B-8，32-16B-9）
摳：1（36-18B-2）
摳癢癢兒：1（36-18B-2）
塊：6（6-3B-1，6-3B-2，8-4B-7，9-5A-1，
　　19-10A-9，46-23B-3）
塊兒：1（25-13A-7）
快：10（11-6A-2，13-7A-2，13-7A-5，
　　14-7B-2，16-8B-9，17-9A-5，24-12B-1，
　　24-12B-7，26-13B-7，37-19A-7）
快樂：1（22-11B-5）
寬：3（21-11A-8，22-11B-6，26-13B-5）
寬綽：4（35-18A-3，35-18A-3，35-18A-3，
　　44-22B-1）
揆情度理：1（39-20A-5）
捆：1（38-19B-7）
睏：1（11-6A-7）

L

拉後：1（20-10B-6）
拉老婆舌頭：1（37-19A-2）

拉篷扯縴：1（43-22A-8）
拉縴：1（43-22A-7）
邋遢：1（36-18B-5）
擸：1（46-23B-5）
剌：1（46-23B-5）
來：71（4-2B-3，4-2B-3，4-2B-5，4-2B-5，
　　4-2B-5，4-2B-6，5-3A-2，5-3A-2，
　　5-3A-3，5-3A-3，6-3B-2，7-4A-5，
　　7-4A-6，8-4B-4，9-5A-1，9-5A-2，
　　9-5A-2，9-5A-2，9-5A-3，9-5A-3，
　　9-5A-3，9-5A-3，9-5A-7，9-5A-7，
　　9-5A-9，10-5B-3，10-5B-3，10-5B-5，
　　11-6A-3，11-6A-3，11-6A-4，11-6A-5，
　　11-6A-7，12-6B-3，12-6B-6，12-6B-6，
　　12-6B-7，13-7A-1，13-7A-5，14-7B-3，
　　14-7B-6，15-8A-2，16-8B-8，16-8B-8，
　　16-8B-9，17-9A-5，18-9B-6，18-9B-7，
　　18-9B-9，19-10A-1，20-10B-2，
　　20-10B-3，20-10B-9，21-11A-6，
　　22-11B-1，22-11B-6，23-12A-2，
　　26-13B-2，27-14A-5，27-14A-9，
　　28-14B-6，29-15A-1，29-15A-8，
　　30-15B-2，30-15B-4，38-19B-7，
　　41-21A-7，46-23B-7，46-23B-8，
　　46-23B-8，48-24B-4）
來到：1（9-5A-9）
來得：1（6-3B-5）
來回：1（47-24A-6）
來來往往：1（9-5A-4）
來往：2（9-5A-5，9-5A-5）
來着：5（15-8A-5，16-8B-8，17-9A-2，
　　17-9A-9，18-9B-6）
藍：2（32-16B-7，32-16B-7）
籃子：1（36-18B-2）
懶惰：4（2-1B-1，2-1B-2，2-1B-4，2-1B-8）
勞駕：1（11-6A-5）
勞碌：1（40-20B-2）
老：7（1-1A-2，1-1A-8，1-1A-8，1-1A-8，
　　1-1A-9，45-23A-2，47-24A-6）
老佛爺：1（39-20A-4）

老江湖：1（27-14A-1）
老年：1（1-1A-3）
老少：2（1-1A-1，1-1A-3）
老實：2（8-4B-4，23-12A-2）
老實人：1（17-9A-1）
老是：2（14-7B-1，15-8A-6）
老太太：1（36-18B-6）
老頭子：1（47-24A-9）
老樣兒：1（28-14B-1）
老爺：1（33-17A-1）
老爺兒：3（13-7A-5，14-7B-2，31-16A-8）
老早：2（5-3A-4，5-3A-8）
烙餅：1（36-18B-3）
樂得：1（45-23A-8）
了：320（1-1A-1，1-1A-4，1-1A-4，
　　1-1A-5，1-1A-6，1-1A-7，1-1A-9，
　　1-1A-9，2-1B-7，2-1B-9，3-2A-2，
　　3-2A-6，5-3A-2，5-3A-2，5-3A-2，
　　5-3A-3，5-3A-4，5-3A-5，5-3A-8，
　　5-3A-9，6-3B-2，6-3B-5，6-3B-7，
　　7-4A-2，7-4A-3，7-4A-3，7-4A-3，
　　7-4A-4，7-4A-4，7-4A-4，7-4A-5，
　　8-4B-3，8-4B-7，8-4B-7，8-4B-7，
　　8-4B-7，8-4B-8，8-4B-8，8-4B-9，
　　9-5A-6，9-5A-6，9-5A-6，9-5A-6，
　　9-5A-6，9-5A-6，9-5A-7，9-5A-8，
　　9-5A-9，10-5B-6，10-5B-9，10-5B-9，
　　10-5B-9，11-6A-1，11-6A-3，11-6A-3，
　　11-6A-5，11-6A-5，11-6A-6，11-6A-6，
　　11-6A-6，11-6A-7，11-6A-7，11-6A-7，
　　12-6B-1，12-6B-1，12-6B-2，12-6B-2，
　　12-6B-4，12-6B-6，12-6B-8，12-6B-8，
　　12-6B-9，12-6B-9，13-7A-1，13-7A-2，
　　13-7A-2，13-7A-2，13-7A-3，13-7A-3，
　　13-7A-3，13-7A-3，13-7A-4，13-7A-5，
　　13-7A-8，13-7A-9，14-7B-5，14-7B-6，
　　15-8A-1，15-8A-5，15-8A-5，15-8A-6，
　　15-8A-9，15-8A-9，15-8A-9，16-8B-3，
　　16-8B-3，16-8B-4，16-8B-5，16-8B-5，
　　16-8B-8，16-8B-8，16-8B-9，16-8B-9，
　　16-8B-9，17-9A-1，17-9A-2，17-9A-3，
　　17-9A-4，17-9A-4，17-9A-5，17-9A-5，
　　17-9A-5，17-9A-6，17-9A-7，17-9A-8，
　　17-9A-8，18-9B-2，18-9B-3，18-9B-4，
　　18-9B-5，18-9B-7，18-9B-9，19-10A-2，
　　19-10A-3，19-10A-3，19-10A-5，
　　19-10A-5，19-10A-5，19-10A-7，
　　19-10A-7，19-10A-8，20-10B-1，
　　20-10B-3，20-10B-3，20-10B-4，
　　20-10B-5，20-10B-5，20-10B-5，
　　20-10B-6，20-10B-7，21-11A-1，
　　21-11A-1，21-11A-2，21-11A-3，
　　21-11A-3，21-11A-5，21-11A-6，
　　22-11B-4，22-11B-6，22-11B-7，
　　22-11B-8，23-12A-1，23-12A-1，
　　23-12A-2，23-12A-2，23-12A-3，
　　23-12A-4，23-12A-4，23-12A-5，
　　23-12A-5，23-12A-7，23-12A-8，
　　23-12A-8，23-12A-8，24-12B-5，
　　24-12B-5，24-12B-6，24-12B-7，
　　25-13A-2，25-13A-2，25-13A-3，
　　25-13A-4，25-13A-5，25-13A-6，
　　25-13A-9，25-13A-9，25-13A-9，
　　26-13B-1，26-13B-5，26-13B-5，
　　26-13B-6，26-13B-6，26-13B-6，
　　26-13B-7，27-14A-1，27-14A-1，
　　27-14A-2，27-14A-2，27-14A-3，
　　27-14A-4，27-14A-4，27-14A-5，
　　27-14A-7，27-14A-7，28-14B-2，
　　28-14B-2，28-14B-4，28-14B-5，
　　28-14B-5，28-14B-5，28-14B-6，
　　28-14B-6，28-14B-7，28-14B-7，
　　28-14B-7，28-14B-8，28-14B-8，
　　28-14B-9，29-15A-1，29-15A-1，
　　29-15A-1，29-15A-2，29-15A-4，
　　29-15A-6，29-15A-8，29-15A-8，
　　29-15A-9，30-15B-3，30-15B-6，
　　30-15B-7，30-15B-7，30-15B-8，
　　30-15B-8，30-15B-9，31-16A-5，
　　31-16A-9，32-16B-1，32-16B-4，

32-16B-4, 32-16B-8, 33-17A-1,
33-17A-2, 33-17A-6, 33-17A-6,
33-17A-7, 33-17A-7, 33-17A-9,
34-17B-1, 34-17B-3, 34-17B-6,
35-18A-1, 35-18A-3, 35-18A-5,
35-18A-6, 35-18A-6, 35-18A-8,
35-18A-9, 35-18A-9, 36-18B-2,
36-18B-2, 36-18B-3, 36-18B-3,
36-18B-8, 36-18B-8, 36-18B-8,
37-19A-1, 37-19A-2, 37-19A-2,
37-19A-4, 37-19A-6, 37-19A-7,
38-19B-1, 39-20A-1, 39-20A-2,
39-20A-2, 39-20A-7, 39-20A-8,
39-20A-9, 39-20A-9, 40-20B-5,
40-20B-6, 40-20B-7, 40-20B-7,
40-20B-8, 40-20B-9, 41-21A-6,
41-21A-7, 41-21A-8, 41-21A-8,
42-21B-1, 42-21B-1, 42-21B-2,
42-21B-3, 42-21B-5, 43-22A-2,
43-22A-4, 43-22A-9, 44-22B-2,
44-22B-5, 44-22B-6, 44-22B-7,
44-22B-7, 45-23A-1, 45-23A-1,
45-23A-2, 45-23A-2, 45-23A-4,
45-23A-4, 45-23A-9, 45-23A-9,
46-23B-1, 46-23B-3, 46-23B-3,
46-23B-5, 46-23B-5, 46-23B-5,
46-23B-5, 46-23B-6, 46-23B-8,
47-24A-1, 47-24A-4, 47-24A-4,
47-24A-6, 47-24A-6, 47-24A-7,
47-24A-7, 47-24A-8, 48-24B-2,
48-24B-2, 48-24B-3）
擂鼓：1（36-18B-3）
冷：12（8-4B-1, 8-4B-6, 8-4B-6, 10-5B-1,
10-5B-4, 33-17A-3, 33-17A-5,
35-18A-5, 35-18A-7, 35-18A-8,
36-18B-1, 36-18B-3）
冷不防：1（35-18A-9）
冷淡：1（35-18A-9）
冷清：1（44-22B-6）
冷清清：1（35-18A-9）

禮拜：2（13-7A-2, 20-10B-8）
禮貌：1（31-16A-3）
裏：2（13-7A-5, 37-19A-1）
裏頭：1（6-3B-7）
裡：12（4-2B-3, 18-9B-1, 19-10A-8,
24-12B-8, 27-14A-4, 31-16A-2,
32-16B-3, 33-17A-1, 33-17A-2,
38-19B-3, 40-20B-1, 42-21B-5）
裡面兒：1（28-14B-7）
裡頭：5（3-2A-1, 3-2A-2, 27-14A-8,
39-20A-4, 45-23A-5）
理會：1（7-4A-9）
力量兒：1（31-16A-2）
立刻：2（34-17B-2, 36-18B-7）
利害：3（22-11B-9, 23-12A-4, 23-12A-7）
利錢：1（29-15A-6）
倆：8（4-2B-1, 4-2B-2, 4-2B-7, 5-3A-7,
11-6A-8, 15-8A-4, 16-8B-6, 34-17B-8）
連：3（7-4A-1, 7-4A-3, 7-4A-4）
連竄帶跳：1（41-21A-5）
連環：1（44-22B-6）
連哭帶喊：1（44-22B-4）
簾子：1（44-22B-3）
臉：1（29-15A-3）
臉旦兒：1（32-16B-6）
臉上：3（31-16A-3, 39-20A-2, 43-22A-9）
戀戀不捨：1（40-20B-9）
粮船：1（43-22A-7）
涼：1（34-17B-2）
涼快：1（33-17A-2）
涼涼兒：1（20-10B-3）
涼兒：1（33-17A-2）
兩：18（4-2B-1, 4-2B-2, 4-2B-3, 4-2B-7,
7-4A-7, 12-6B-4, 16-8B-3, 22-11B-6,
24-12B-9, 27-14A-3, 31-16A-2,
33-17A-7, 33-17A-7, 38-19B-8,
40-20B-1, 43-22A-8, 44-22B-3,
48-24B-5）
兩（量）：7（4-2B-9, 4-2B-9, 15-8A-8,
16-8B-4, 22-11B-3, 24-12B-5,

46-23B-8)
兩半：1（21-11A-2）
兩口子不和氣：1（46-23B-9）
兩三：1（47-24A-7）
兩頭兒：3（34-17B-9，35-18A-1，35-18A-8）
兩萬：1（4-2B-8）
兩樣兒：1（30-15B-7）
亮：2（18-9B-2，35-18A-1）
晾：1（35-18A-5）
了不得：6（2-1B-2，2-1B-7，2-1B-8，
　　3-2A-4，28-14B-1，42-21B-7）
了不的：2（31-16A-9，36-18B-9）
了不了：1（45-23A-6）
裂：1（15-8A-9）
趔趄：1（33-17A-6）
臨到：1（19-10A-5）
伶俐：1（14-7B-5）
伶牙俐齒：1（35-18A-4）
零：2（4-2B-1，27-14A-7）
零八：1（4-2B-9）
零三：1（4-2B-9）
另：1（14-7B-1）
令：1（5-3A-1）
令弟：1（5-3A-2）
令兄：1（5-3A-3）
溜打溜打：1（14-7B-3）
留：1（47-24A-9）
留神：1（29-15A-3）
留下：1（30-15B-8）
留心：1（20-10B-8）
流：1（27-14A-7）
流黏涎子：1（41-21A-6）
六：1（4-2B-1）
六月：1（33-17A-5）
聾：1（20-10B-8）
倆：1（28-14B-1）
樓板：1（24-12B-3）
漏臉兒：1（32-16B-4）
爐子：1（39-20A-9）
滷麵：1（40-20B-1）

滷牲牠：1（29-15A-2）
櫓船：1（39-20A-9）
鹿觭角：1（40-20B-3）
轆轤：1（39-20A-6）
路：1（41-21A-7）
露水：1（40-20B-1）
驢肉脯兒　正主考：1（39-20A-2）
綠：2（32-16B-7，32-16B-7）
論：1（2-1B-1）
落：2（23-12A-1，38-19B-1）
落不出好來：1（45-23A-8）
落欽：1（44-22B-1）

M

麻：1（20-10B-7）
麻利：1（36-18B-4）
馬：8（12-6B-4，14-7B-4，15-8A-5，
　　15-8A-5，26-13B-3，27-14A-9，
　　29-15A-7，34-17B-1）
馬上：3（11-6A-4，34-17B-2，36-18B-7）
螞蜂：1（25-13A-9）
螞蟻：1（38-19B-1）
埋怨：1（42-21B-3）
買：12（6-3B-2，6-3B-2，6-3B-3，6-3B-4，
　　6-3B-4，6-3B-5，6-3B-5，6-3B-5，
　　15-8A-8，24-12B-1，24-12B-2，
　　29-15A-2）
買東西：2（9-5A-1，9-5A-3）
買賣：2（6-3B-1，48-24B-2）
賣：8（6-3B-4，6-3B-5，16-8B-9，
　　23-12A-2，27-14A-9，28-14B-5，
　　28-14B-8，37-19A-7）
賣線的：1（19-10A-4）
賣字：1（6-3B-3）
饅頭：1（44-22B-5）
滿：3（18-9B-6，19-10A-5，27-14A-7）
滿地：1（19-10A-1）
滿地下：1（40-20B-1）
滿肚子：1（36-18B-2）

滿漢酒席：1（44-22B-9）
滿臉：1（41-21A-5）
滿頭：1（38-19B-9）
滿洲字：1（40-20B-5）
滿嘴：1（37-19A-5）
滿嘴裡：4（31-16A-6, 33-17A-2, 38-19B-2, 46-23B-1）
忙：1（23-12A-8）
莽撞：1（18-9B-9）
猫叨耗子：1（12-6B-9）
毛病兒：3（25-13A-7, 46-23B-3, 47-24A-1）
冒失：1（14-7B-7）
帽襻兒：1（33-17A-9）
帽子：2（28-14B-1, 33-17A-9）
麼：70（3-2A-3, 3-2A-5, 4-2B-8, 5-3A-2, 6-3B-2, 6-3B-4, 7-4A-9, 8-4B-2, 8-4B-2, 9-5A-5, 10-5B-6, 11-6A-6, 11-6A-7, 11-6A-8, 13-7A-3, 13-7A-4, 13-7A-6, 13-7A-7, 14-7B-9, 14-7B-9, 15-8A-5, 16-8B-6, 16-8B-8, 16-8B-9, 16-8B-9, 16-8B-9, 17-9A-1, 17-9A-1, 17-9A-2, 17-9A-2, 17-9A-4, 17-9A-8, 17-9A-9, 18-9B-3, 18-9B-5, 18-9B-6, 18-9B-6, 19-10A-1, 19-10A-2, 19-10A-3, 19-10A-6, 19-10A-6, 19-10A-9, 20-10B-4, 20-10B-5, 20-10B-9, 22-11B-3, 23-12A-3, 23-12A-7, 23-12A-9, 24-12B-2, 24-12B-5, 24-12B-9, 25-13A-7, 25-13A-8, 25-13A-8, 26-13B-3, 26-13B-9, 27-14A-3, 27-14A-4, 27-14A-9, 28-14B-2, 28-14B-8, 29-15A-1, 29-15A-2, 32-16B-5, 36-18B-7, 41-21A-3, 47-24A-3, 47-24A-5）
沒：57（1-1A-3, 1-1A-4, 1-1A-5, 1-1A-7, 2-1B-2, 4-2B-4, 5-3A-3, 5-3A-4, 7-4A-5, 7-4A-6, 8-4B-6, 9-5A-3, 9-5A-5, 10-5B-6, 12-6B-1, 12-6B-1, 12-6B-1, 12-6B-1, 13-7A-7, 13-7A-9,
14-7B-6, 17-9A-5, 18-9B-2, 18-9B-3, 20-10B-1, 20-10B-1, 20-10B-9, 21-11A-3, 21-11A-8, 22-11B-6, 23-12A-2, 23-12A-6, 24-12B-9, 25-13A-2, 25-13A-4, 25-13A-6, 25-13A-6, 26-13B-4, 26-13B-6, 27-14A-4, 27-14A-6, 28-14B-3, 28-14B-8, 29-15A-3, 29-15A-5, 30-15B-9, 31-16A-3, 34-17B-2, 34-17B-3, 36-18B-5, 37-19A-3, 37-19A-3, 37-19A-4, 37-19A-8, 42-21B-8, 44-22B-5, 46-23B-7）
沒酒兒三分醉：1（32-16B-1）
沒情沒理：1（6-3B-9）
沒甚麼：2（10-5B-5, 22-11B-2）
沒事：1（25-13A-3）
沒羞沒臊：1（13-7A-4）
沒用頭：1（11-6A-2）
沒有：38（1-1A-1, 1-1A-4, 1-1A-5, 1-1A-7, 3-2A-7, 4-2B-7, 5-3A-7, 5-3A-7, 5-3A-8, 5-3A-9, 11-6A-9, 14-7B-9, 15-8A-2, 16-8B-2, 17-9A-3, 19-10A-2, 21-11A-2, 21-11A-5, 21-11A-5, 21-11A-5, 21-11A-6, 22-11B-1, 27-14A-8, 27-14A-9, 29-15A-7, 30-15B-6, 33-17A-9, 33-17A-9, 35-18A-9, 37-19A-7, 39-20A-7, 43-22A-7, 44-22B-1, 44-22B-2, 44-22B-7, 45-23A-2, 45-23A-8, 46-23B-8）
玫瑰花兒：1（17-9A-6）
玫瑰露酒：1（40-20B-2）
眉清目秀：1（48-24B-2）
煤火：1（39-20A-9）
每：2（20-10B-8, 20-10B-9）
每月：1（24-12B-4）
美：1（36-18B-8）
妹妹：1（20-10B-6）
門：4（5-3A-1, 13-7A-8, 28-14B-5, 33-17A-8）

門兒：3（5-3A-5，15-8A-1，44-22B-6）
門口兒：1（5-3A-5）
門子：1（35-18A-7）
悶：1（36-18B-6）
矇亮兒：1（47-24A-8）
夢見：1（42-21B-9）
米：3（12-6B-1，28-14B-4，36-18B-3）
棉襖：1（38-19B-6）
靦覥：1（40-20B-5）
面：1（10-5B-1）
面兒：1（45-23A-2）
覛視：1（45-23A-6）
妙齡：1（47-24A-7）
名：1（10-5B-1）
名兒：3（10-5B-2，10-5B-2，20-10B-2）
名聲兒：1（26-13B-9）
名字：1（10-5B-2）
明：1（9-5A-1）
明白：3（16-8B-5，17-9A-3，40-20B-2）
明兒：4（16-8B-2，27-14A-2，29-15A-7，41-21A-3）
明兒個：2（10-5B-4，17-9A-5）
明年：1（9-5A-4）
摸不清：1（45-23A-3）
摸不着：1（36-18B-6）
摸糊：1（14-7B-2）
摸摸捼捼：1（36-18B-7）
模樣兒：1（37-19A-9）
某人：1（13-7A-1）
母：1（38-19B-8）
母親：1（3-2A-5）
畝：1（22-11B-7）
木頭：2（40-20B-5，41-21A-8）
目覩眼見：1（39-20A-2）
募化重修：1（38-19B-9）

N

拿：60（5-3A-1，5-3A-2，5-3A-2，5-3A-2，5-3A-3，5-3A-3，7-4A-9，8-4B-4，9-5A-1，9-5A-5，9-5A-6，9-5A-6，9-5A-6，9-5A-7，9-5A-7，9-5A-7，9-5A-7，9-5A-8，9-5A-8，9-5A-8，9-5A-9，9-5A-9，9-5A-9，10-5B-8，10-5B-8，10-5B-9，10-5B-9，11-6A-3，11-6A-5，12-6B-8，13-7A-1，14-7B-9，15-8A-8，15-8A-9，17-9A-7，17-9A-7，26-13B-2，27-14A-1，29-15A-3，30-15B-2，33-17A-8，33-17A-9，36-18B-3，39-20A-1，39-20A-3，39-20A-8，40-20B-7，40-20B-7，40-20B-7，40-20B-8，41-21A-7，41-21A-8，41-21A-8，42-21B-2，43-22A-3，43-22A-4，44-22B-2，46-23B-2，46-23B-6，47-24A-2）
拿不出來：1（10-5B-8）
拿到：4（5-3A-6，9-5A-6，10-5B-9，10-5B-9）
那３：2（14-7B-4，17-9A-7）
那兒３：23（3-2A-6，5-3A-4，5-3A-4，6-3B-9，8-4B-3，9-5A-2，9-5A-2，9-5A-6，10-5B-9，11-6A-3，12-6B-3，12-6B-6，15-8A-4，15-8A-5，16-8B-8，16-8B-8，17-9A-9，18-9B-1，23-12A-1，24-12B-8，27-14A-9，40-20B-4，41-21A-3）
那塊兒３：1（42-21B-5）
那一樣兒３：1（27-14A-2）
那４：47（1-1A-8，2-1B-4，3-2A-8，3-2A-8，4-2B-2，4-2B-3，6-3B-6，6-3B-9，8-4B-2，8-4B-6，9-5A-8，10-5B-7，10-5B-7，10-5B-8，10-5B-8，10-5B-9，13-7A-1，15-8A-1，15-8A-2，15-8A-7，15-8A-9，17-9A-2，17-9A-2，17-9A-3，17-9A-6，19-10A-9，20-10B-7，21-11A-5，21-11A-6，22-11B-2，22-11B-7，22-11B-8，23-12A-9，24-12B-8，25-13A-7，26-13B-2，28-14B-1，29-15A-5，29-15A-5，29-15A-7，31-16A-1，

31-16A-2，40-20B-2，44-22B-4，
45-23A-1，46-23B-3，46-23B-7）
那邊兒 4：2（22-11B-3，27-14A-7）
那兒 4：15（3-2A-4，3-2A-5，3-2A-6，
4-2B-8，5-3A-2，5-3A-6，6-3B-8，
10-5B-9，11-6A-1，12-6B-2，12-6B-5，
17-9A-9，18-9B-5，18-9B-9，27-14A-9）
那個 4：47（1-1A-1，1-1A-2，1-1A-2，
1-1A-6，1-1A-8，1-1A-8，1-1A-8，
2-1B-7，3-2A-3，3-2A-8，3-2A-9，
5-3A-5，5-3A-6，5-3A-7，5-3A-9，
6-3B-4，8-4B-7，8-4B-9，10-5B-2，
10-5B-7，11-6A-2，13-7A-3，13-7A-3，
13-7A-4，13-7A-7，13-7A-8，14-7B-5，
14-7B-9，15-8A-6，15-8A-7，16-8B-1，
16-8B-4，21-11A-2，22-11B-1，
22-11B-1，22-11B-4，22-11B-5，
23-12A-5，24-12B-5，24-12B-6，
25-13A-1，25-13A-4，25-13A-5，
26-13B-2，30-15B-2，37-19A-1，
45-23A-2）
那些：3（26-13B-2，26-13B-6，28-14B-2）
那些個：1（13-7A-6）
那樣兒：1（20-10B-2）
哪：1（29-15A-3）
耐煩：1（35-18A-1）
男人們：1（16-8B-6）
南：2（9-5A-1，9-5A-3）
南邊兒：1（10-5B-9）
南腔北調：1（40-20B-6）
難：5（8-4B-1，8-4B-4，23-12A-4，
33-17A-6，44-22B-1）
難道：1（24-12B-5）
難過：1（15-8A-3）
難受：3（31-16A-1，34-17B-7，43-22A-6）
難聞：1（38-19B-4）
撓：1（36-18B-6）
撓頭：1（36-18B-9）
鬧：2（32-16B-1，45-23A-3）
鬧糟饍：1（38-19B-2）

鬧賊：1（31-16A-8）
呢：49（5-3A-1，5-3A-4，5-3A-9，8-4B-3，
9-5A-1，9-5A-8，10-5B-9，13-7A-5，
13-7A-7，14-7B-6，15-8A-2，15-8A-3，
15-8A-5，15-8A-6，15-8A-9，16-8B-2，
17-9A-4，17-9A-7，18-9B-4，18-9B-7，
19-10A-1，19-10A-8，20-10B-3，
20-10B-8，20-10B-9，21-11A-1，
21-11A-4，22-11B-2，22-11B-3，
24-12B-3，24-12B-8，25-13A-1，
26-13B-6，27-14A-2，27-14A-3，
27-14A-8，28-14B-3，28-14B-3，
28-14B-5，28-14B-9，29-15A-5，
30-15B-3，30-15B-3，37-19A-3，
41-21A-9，42-21B-5，43-22A-4，
45-23A-8，45-23A-8）
內：1（4-2B-7）
內外：1（4-2B-1）
能：6（7-4A-1，11-6A-5，17-9A-9，
23-12A-7，24-12B-3，39-20A-3）
能處：1（21-11A-5）
能幹：1（45-23A-6）
能耐：1（21-11A-3）
能言快語：1（38-19B-5）
能者多勞：1（36-18B-4）
坭：2（27-14A-6，37-19A-3）
你：169（1-1A-1，1-1A-2，1-1A-4，
1-1A-5，1-1A-7，2-1B-2，2-1B-4，
2-1B-6，2-1B-7，3-2A-5，3-2A-7，
4-2B-5，4-2B-7，5-3A-2，5-3A-3，
5-3A-4，5-3A-4，6-3B-4，6-3B-4，
6-3B-5，8-4B-2，8-4B-5，9-5A-2，
9-5A-2，9-5A-5，9-5A-8，10-5B-3，
10-5B-3，10-5B-6，10-5B-6，11-6A-1，
11-6A-3，11-6A-3，11-6A-5，11-6A-5，
11-6A-6，11-6A-6，11-6A-6，11-6A-8，
11-6A-8，11-6A-9，12-6B-1，12-6B-2，
12-6B-3，12-6B-5，12-6B-5，12-6B-6，
12-6B-6，12-6B-7，12-6B-8，12-6B-9，
13-7A-1，13-7A-2，13-7A-3，13-7A-4，

13-7A-4，13-7A-6，13-7A-6，13-7A-6，
14-7B-2，14-7B-2，14-7B-3，14-7B-7，
14-7B-7，14-7B-8，14-7B-8，15-8A-1，
15-8A-2，15-8A-2，15-8A-4，15-8A-5，
15-8A-7，16-8B-2，16-8B-4，16-8B-5，
16-8B-5，16-8B-7，16-8B-8，16-8B-8，
17-9A-2，17-9A-7，17-9A-7，17-9A-8，
17-9A-9，17-9A-9，18-9B-1，18-9B-2，
18-9B-2，18-9B-3，18-9B-5，18-9B-5，
18-9B-6，18-9B-6，18-9B-6，18-9B-7，
19-10A-1，19-10A-1，19-10A-3，
19-10A-3，19-10A-6，19-10A-9，
20-10B-1，20-10B-1，20-10B-2，
20-10B-3，20-10B-3，20-10B-4，
20-10B-4，20-10B-6，20-10B-8，
20-10B-9，21-11A-1，21-11A-1，
21-11A-2，21-11A-3，21-11A-4，
21-11A-4，21-11A-4，21-11A-5，
21-11A-6，21-11A-6，21-11A-9，
21-11A-9，22-11B-2，22-11B-3，
22-11B-3，22-11B-3，22-11B-6，
22-11B-7，22-11B-7，23-12A-2，
23-12A-3，23-12A-9，24-12B-1，
24-12B-3，24-12B-4，24-12B-4，
24-12B-5，24-12B-7，24-12B-7，
24-12B-7，25-13A-3，25-13A-4，
25-13A-5，25-13A-6，25-13A-7，
25-13A-7，25-13A-8，25-13A-9，
26-13B-3，26-13B-9，26-13B-9，
27-14A-2，27-14A-4，28-14B-2，
28-14B-9，29-15A-2，29-15A-4，
30-15B-3，30-15B-6，34-17B-7，
34-17B-8，36-18B-4，42-21B-6，
43-22A-3，44-22B-9，46-23B-2，
46-23B-2，47-24A-9）
你們：2（1-1A-3，1-1A-7）
你納：4（11-6A-5，11-6A-5，40-20B-4，
45-23A-8）
你情我願：1（42-21B-4）
溺：2（37-19A-3，37-19A-3）

溺臊氣：1（38-19B-4）
年紀：4（1-1A-1，1-1A-3，1-1A-4，
1-1A-8）
年輕：1（1-1A-3）
念：6（18-9B-2，18-9B-2，18-9B-7，
19-10A-3，19-10A-5，23-12A-3）
念熟：1（47-24A-8）
娘兒們：2（30-15B-8，45-23A-6）
鳥鎗：1（30-15B-6）
捏：1（37-19A-3）
寧可：2（23-12A-9，25-13A-1）
擰：1（22-11B-8）
妞兒：1（17-9A-7）
牛：1（30-15B-2）
扭：1（23-12A-5）
鈕釦子：1（41-21A-4）
鈕襻兒：1（33-17A-9）
弄：7（7-4A-1，7-4A-2，7-4A-5，11-6A-6，
17-9A-9，28-14B-5，33-17A-3）
弄壞：2（17-9A-6，25-13A-5）
弄髒：1（13-7A-1）
奴才：1（39-20A-9）
努力：1（33-17A-5）
努嘴兒：1（37-19A-8）
女人們：1（16-8B-6）
煖和：1（39-20A-9）

P

趴：1（36-18B-6）
怕：7（14-7B-4，23-12A-1，32-16B-9，
37-19A-5，40-20B-5，41-21A-1，
45-23A-1）
排子：1（45-23A-3）
蹩：1（33-17A-7）
胖大：1（23-12A-9）
拋頭露面：1（32-16B-2）
脬：1（37-19A-3）
跑：1（20-10B-6）
跑獅：1（26-13B-1）

賠本兒：1（48-24B-2）
佩服：1（34-17B-4）
噴：2（32-16B-8，37-19A-6）
噴香：1（45-23A-9）
朋友：2（44-22B-5，48-24B-5）
朋友們：1（32-16B-4）
碰：1（21-11A-2）
劈：1（39-20A-1）
脾氣：4（36-18B-6，36-18B-8，37-19A-6，41-21A-3）
匹：1（37-19A-9）
疋：1（12-6B-4）
屁股：1（25-13A-9）
屁股懶：1（31-16A-5）
偏：1（22-11B-3）
便宜：4（15-8A-8，19-10A-6，24-12B-3，29-15A-2）
騙：1（35-18A-9）
撇：1（39-20A-1）
貧富：1（37-19A-6）
平：1（24-12B-7）
平常：3（7-4A-1，7-4A-4，25-13A-4）
平生：1（44-22B-9）
平西：2（17-9A-5，26-13B-7）
破：2（12-6B-9，38-19B-6）
撲：1（45-23A-4）
鋪蓋：2（38-19B-7，43-22A-2）
鋪開：1（23-12A-4）
撲滅：1（45-23A-4）
普天底下：2（38-19B-7，46-23B-8）
譜：1（38-19B-7）
舖：1（6-3B-1）
舖子：2（18-9B-8，18-9B-8）

Q

七：4（4-2B-1，4-2B-9，15-8A-8，20-10B-8）
欺軟怕硬：2（31-16A-4，36-18B-7）
欺善怕惡：1（36-18B-8）

漆黑：2（31-16A-2，32-16B-6）
齊截：4（11-6A-6，11-6A-6，15-8A-1，25-13A-2）
齊心：1（33-17A-5）
奇怪：3（23-12A-9，24-12B-1，45-23A-9）
騎：1（37-19A-9）
騎馬：1（37-19A-7）
起：3（16-8B-2，22-11B-1，38-19B-7）
起開：1（21-11A-2）
起來：8（11-6A-2，11-6A-9，15-8A-9，18-9B-1，20-10B-7，21-11A-4，23-12A-8，28-14B-1）
起身：2（47-24A-7，47-24A-8）
起頭兒：3（26-13B-5，28-14B-4，30-15B-7）
氣：1（8-4B-1）
氣頭兒上：1（36-18B-9）
千：1（4-2B-1）
千萬：3（8-4B-6，20-10B-3，40-20B-1）
牽：1（27-14A-9）
牽腸掛肚：1（43-22A-6）
謙恭：1（43-22A-6）
前半天兒：1（33-17A-1）
前不着村兒，後不着店兒：1（34-17B-7）
前功竟棄：1（45-23A-4）
前門大街：1（35-18A-6）
前年：1（4-2B-5）
前兒個：1（7-4A-3）
前思後想：1（32-16B-1）
前頭：1（4-2B-3）
前仰兒後合：1（33-17A-8）
錢：23（1-1A-2，1-1A-3，1-1A-4，1-1A-5，1-1A-5，1-1A-5，2-1B-3，4-2B-6，5-3A-4，5-3A-9，9-5A-5，9-5A-5，9-5A-5，9-5A-6，9-5A-6，9-5A-7，9-5A-7，9-5A-8，9-5A-9，24-12B-4，28-14B-3，28-14B-5，46-23B-6）
錢鏝兒：1（40-20B-5）
欠：1（43-22A-7）
蜣蜋：1（30-15B-2）
强：6（14-7B-9，29-15A-7，29-15A-7，

46-23B-2，46-23B-3，46-23B-8）
牆：1（39-20A-4）
墻兒：1（36-18B-6）
牆上：1（39-20A-7）
瞧：1（47-24A-9）
瞧不見：1（15-8A-9）
瞧不起：1（45-23A-5）
瞧着：1（25-13A-3）
巧妙：1（38-19B-5）
悄不聲兒：1（37-19A-9）
撬開：1（33-17A-8）
俏皮：2（23-12A-3，37-19A-9）
鞘子：1（38-19B-3）
切碎：1（24-12B-6）
起坡子：1（33-17A-6）
親近：1（42-21B-3）
親戚：2（3-2A-1，3-2A-9）
勤：1（28-14B-6）
清：1（41-21A-9）
清醬：1（40-20B-7）
清楚：1（45-23A-8）
清香：1（17-9A-6）
輕：2（1-1A-2，33-17A-4）
輕巧：1（17-9A-8）
輕重：1（1-1A-1）
情：2（4-2B-1，10-5B-1）
情理：2（29-15A-5，30-15B-4）
情投意合：1（35-18A-5）
情形：1（29-15A-6）
請：3（12-6B-7，41-21A-3，45-23A-8）
窮：3（1-1A-3，1-1A-7，34-17B-3）
窮富：1（1-1A-1）
求：2（25-13A-4，34-17B-8）
曲曲灣灣：1（29-15A-1）
娶媳婦兒：1（47-24A-2）
去：60（5-3A-1，5-3A-4，5-3A-4，9-5A-1，
　　9-5A-2，9-5A-2，9-5A-2，9-5A-3，
　　9-5A-6，9-5A-6，9-5A-6，9-5A-6，
　　9-5A-7，9-5A-7，9-5A-9，9-5A-9，
　　10-5B-4，11-6A-4，11-6A-7，11-6A-8，
　　11-6A-8，12-6B-3，12-6B-3，12-6B-4，
　　12-6B-4，12-6B-8，13-7A-4，13-7A-6，
　　14-7B-7，14-7B-7，14-7B-8，16-8B-3，
　　17-9A-4，17-9A-4，17-9A-7，18-9B-5，
　　18-9B-5，18-9B-8，18-9B-8，18-9B-8，
　　18-9B-9，19-10A-5，19-10A-6，
　　19-10A-7，20-10B-1，20-10B-5，
　　20-10B-6，23-12A-5，23-12A-5，
　　23-12A-9，24-12B-7，26-13B-7，
　　27-14A-2，36-18B-7，38-19B-3，
　　39-20A-1，41-21A-8，42-21B-9，
　　44-22B-7，47-24A-9）
去年：1（48-24B-1）
權變：1（43-22A-9）
全：3（14-7B-9，38-19B-1，47-24A-5）
全家兒：1（23-12A-4）
痊愈：1（11-6A-7）
顴骨：1（43-22A-9）
泉水：2（41-21A-2，41-21A-3）
拳頭：1（43-22A-8）
跧：1（43-22A-7）
勸：1（43-22A-9）
缺少：1（46-23B-5）
雀兒：2（37-19A-1，38-19B-1）

R

讓：1（11-6A-9）
饒人兒：1（31-16A-9）
繞：1（22-11B-9）
遶遠兒：1（38-19B-2）
惹：1（36-18B-9）
惹人厭：1（46-23B-1）
熱：8（8-4B-1，8-4B-6，8-4B-6，8-4B-6，
　　14-7B-5，20-10B-3，33-17A-3，
　　33-17A-5）
熱鬧：1（44-22B-6）
熱水：1（8-4B-7）
人：63（1-1A-2，1-1A-5，1-1A-6，1-1A-9，
　　2-1B-4，2-1B-4，2-1B-7，2-1B-8，

2-1B-9, 3-2A-4, 3-2A-6, 3-2A-7,
3-2A-8, 4-2B-2, 4-2B-3, 4-2B-3,
4-2B-4, 4-2B-5, 4-2B-7, 4-2B-8,
5-3A-5, 5-3A-9, 7-4A-7, 8-4B-2,
8-4B-9, 14-7B-4, 17-9A-3, 21-11A-7,
22-11B-5, 22-11B-9, 26-13B-7,
28-14B-3, 29-15A-6, 29-15A-9,
30-15B-2, 30-15B-4, 30-15B-4,
30-15B-7, 30-15B-8, 31-16A-3,
31-16A-3, 32-16B-3, 34-17B-2,
34-17B-5, 34-17B-6, 34-17B-6,
34-17B-6, 34-17B-8, 34-17B-9,
35-18A-4, 35-18A-5, 37-19A-3,
37-19A-7, 37-19A-8, 41-21A-1,
41-21A-2, 42-21B-7, 42-21B-7,
43-22A-3, 43-22A-8, 47-24A-3,
47-24A-9, 48-24B-4）

人不知，鬼不覺：2（33-17A-4, 35-18A-8）
人家：14（4-2B-6, 8-4B-8, 8-4B-8,
31-16A-4, 31-16A-6, 32-16B-5,
36-18B-5, 37-19A-5, 37-19A-6,
39-20A-6, 42-21B-3, 43-22A-1,
43-22A-7, 43-22A-8）
人家兒：1（44-22B-4）
人兒：3（22-11B-7, 27-14A-3, 45-23A-4）
人人：1（1-1A-5）
人人兒：1（17-9A-3）
忍氣吞聲：1（48-24B-5）
認：3（23-12A-8, 26-13B-8, 26-13B-8）
認得：2（13-7A-6, 13-7A-6）
認識：8（8-4B-1, 8-4B-2, 8-4B-2, 8-4B-2,
8-4B-3, 11-6A-8, 25-13A-8,
47-24A-3）
任甚麼兒：1（16-8B-1）
扔：1（23-12A-6）
仍舊：1（13-7A-8）
日子：4（14-7B-7, 14-7B-8, 27-14A-8,
29-15A-7）
容易：3（19-10A-9, 24-12B-8, 33-17A-6）
肉：6（8-4B-1, 8-4B-7, 20-10B-1,

20-10B-1, 37-19A-7, 45-23A-9）
如今：2（35-18A-3, 41-21A-6）
入耳：3（8-4B-5, 8-4B-5, 8-4B-5）
入門兒：1（5-3A-7）
軟弱：1（19-10A-7）
若要人不知，除非己莫爲：1（34-17B-4）
弱：1（46-23B-8）

S

撒歡兒：1（14-7B-4）
撒驩兒：1（34-17B-1）
撒謊：2（21-11A-7, 31-16A-5）
撒賴：1（12-6B-6）
撒溺：1（34-17B-1）
撒尿：1（34-17B-1）
撒野：1（25-13A-1）
三：5（4-2B-1, 14-7B-5, 22-11B-3,
43-22A-5, 47-24A-4）
三鼻子眼兒多出氣兒：1（32-16B-2）
三鼻子眼兒多生氣：1（16-8B-2）
三點兒半鐘：1（26-13B-6）
三分之二：1（28-14B-8）
三四：2（4-2B-9, 5-3A-9）
三萬零三百：1（4-2B-3）
饊子：1（42-21B-1）
散班兒：1（42-21B-1）
穎子：1（42-21B-5）
掃：1（24-12B-5）
澀：1（32-16B-9）
霎刻：1（23-12A-1）
殺：7（2-1B-6, 2-1B-7, 2-1B-7, 3-2A-6,
4-2B-8, 5-3A-5, 43-22A-9）
殺生害命：1（32-16B-6）
砂仁：1（24-12B-3）
篩子：1（36-18B-3）
攛鑼：1（36-18B-3）
晒：2（18-9B-1, 33-17A-1）
山頂尖兒：1（41-21A-4）
山嚷怪叫：1（32-16B-7）

珊瑚頂子：1（42-21B-1）
扇子：1（44-22B-1）
善：1（3-2A-8）
善惡：2（2-1B-1，2-1B-3）
善人：1（2-1B-7）
傷寒病：1（14-7B-1）
上：6（12-6B-4，14-7B-6，17-9A-8，
　　18-9B-5，20-10B-2，27-14A-1）
－上：16（12-6B-7，20-10B-3，24-12B-3，
　　28-14B-1，33-17A-9，38-19B-1，
　　38-19B-2，39-20A-4，39-20A-6，
　　40-20B-1，40-20B-3，40-20B-5，
　　41-21A-4，42-21B-5，43-22A-5，
　　44-22B-1）
上岸：1（17-9A-4）
上檔：2（28-14B-4，42-21B-2）
上來：3（17-9A-5，25-13A-2，25-13A-3）
上年：1（6-3B-6）
上坡兒：1（33-17A-6）
上前兒：1（20-10B-4）
上山：1（28-14B-2）
上天：2（6-3B-4，6-3B-7）
上頭：3（23-12A-3，23-12A-4，43-22A-7）
上吐下瀉：1（39-20A-5）
上下：1（6-3B-1）
上月：1（46-23B-8）
晌：1（21-11A-2）
晌午：1（33-17A-1）
稍：1（13-7A-1）
燒：5（8-4B-1，8-4B-7，8-4B-7，20-10B-1，
　　48-24B-3）
燒化：1（19-10A-5）
少：6（2-1B-9，3-2A-2，3-2A-6，7-4A-4，
　　30-15B-2，42-21B-8）
少年：1（1-1A-3）
少有：1（45-23A-9）
潲：2（18-9B-6，32-16B-3）
舌頭：1（40-20B-6）
申末西初：1（26-13B-6）
伸：1（43-22A-7）

身：1（8-4B-1）
身上：5（33-17A-3，38-19B-4，38-19B-6，
　　40-20B-6，47-24A-4）
身子：1（34-17B-6）
深：3（21-11A-3，27-14A-6，27-14A-6）
深不的淺不的：1（33-17A-4）
甚麼：74（3-2A-1，3-2A-3，4-2B-7，
　　5-3A-7，6-3B-4，6-3B-6，6-3B-6，
　　7-4A-2，7-4A-9，8-4B-2，9-5A-1，
　　9-5A-3，9-5A-3，10-5B-2，10-5B-2，
　　10-5B-2，10-5B-6，11-6A-4，11-6A-8，
　　12-6B-1，12-6B-1，12-6B-6，13-7A-3，
　　13-7A-7，13-7A-8，14-7B-6，14-7B-8，
　　15-8A-7，16-8B-2，16-8B-5，17-9A-2，
　　17-9A-3，17-9A-4，18-9B-2，18-9B-3，
　　18-9B-4，18-9B-5，18-9B-7，19-10A-3，
　　20-10B-1，20-10B-2，20-10B-9，
　　21-11A-4，21-11A-4，21-11A-7，
　　21-11A-7，21-11A-9，21-11A-9，
　　22-11B-3，22-11B-4，24-12B-4，
　　24-12B-9，25-13A-4，25-13A-7，
　　26-13B-3，28-14B-5，29-15A-4，
　　30-15B-3，30-15B-5，30-15B-5，
　　30-15B-9，31-16A-4，31-16A-4，
　　31-16A-9，35-18A-7，36-18B-4，
　　36-19B-6，41-21A-3，42-21B-9，
　　42-21B-9，43-22A-3，43-22A-6，
　　46-23B-2，46-23B-2）
甚麼時候兒：2（4-2B-5，16-8B-4）
神仙：1（41-21A-5）
生：2（37-19A-4，47-24A-1）
生氣：1（37-19A-4）
牲犯：2（29-15A-2，45-23A-7）
聲兒：2（17-9A-2，19-10A-3）
繩子：2（22-11B-8，22-11B-9）
省：1（39-20A-6）
省錢：1（30-15B-8）
剩：2（13-7A-9，41-21A-7）
濕：1（36-18B-2）
釃酒：1（36-18B-3）

十：4（2-1B-7，4-2B-1，7-4A-3，31-16A-3）
十冬臘月：1（33-17A-5）
十分：12（2-1B-1，2-1B-2，2-1B-8，2-1B-8，5-3A-5，6-3B-9，8-4B-4，8-4B-5，9-5A-9，35-18A-6，41-21A-7，42-21B-7）
十九萬八千七百六十五：1（4-2B-9）
十三科道：1（38-19B-6）
石榴：1（17-9A-2）
石頭：2（19-10A-7，46-23B-3）
時：1（3-2A-1）
時候兒：8（3-2A-3，5-3A-8，14-7B-3，15-8A-1，19-10A-5，29-15A-8，47-24A-5，47-24A-7）
實：1（8-4B-1）
實在：1（8-4B-3）
使：3（26-13B-3，27-14A-1，28-14B-7）
使絆子：1（31-16A-5）
使不得：1（18-9B-5）
使得：4（17-9A-1，18-9B-7，18-9B-9，18-9B-9）
試：1（22-11B-5）
試試：1（46-23B-7）
試演試演：1（42-21B-6）
試一試：2（12-6B-4，21-11A-8）
事：35（2-1B-4，2-1B-5，3-2A-3，4-2B-8，6-3B-9，6-3B-9，7-4A-7，7-4A-8，10-5B-8，14-7B-2，21-11A-6，21-11A-6，21-11A-8，21-11A-9，22-11B-2，22-11B-4，22-11B-5，22-11B-7，22-11B-8，24-12B-7，25-13A-4，26-13B-2，29-15A-6，33-17A-3，39-20A-3，39-20A-7，41-21A-1，44-22B-4，45-23A-3，45-23A-6，45-23A-6，45-23A-9，46-23B-6，46-23B-7，47-24A-9）
事情：16（4-2B-2，4-2B-7，6-3B-8，7-4A-8，10-5B-7，20-10B-7，29-15A-3，31-16A-5，32-16B-3，32-16B-5，33-17A-9，36-18B-4，36-18B-9，40-20B-6，44-22B-6，44-22B-8）
事兒：1（43-22A-6）
是：192（1-1A-1，1-1A-3，1-1A-5，1-1A-5，1-1A-5，1-1A-6，1-1A-7，1-1A-8，1-1A-8，1-1A-8，1-1A-8，1-1A-9，1-1A-9，2-1B-3，2-1B-4，2-1B-5，2-1B-5，2-1B-8，2-1B-8，3-2A-2，3-2A-4，3-2A-5，3-2A-6，3-2A-7，3-2A-9，4-2B-2，4-2B-3，4-2B-4，4-2B-5，4-2B-5，4-2B-6，4-2B-6，4-2B-7，4-2B-8，4-2B-9，5-3A-4，5-3A-8，6-3B-2，6-3B-2，6-3B-4，6-3B-4，6-3B-7，7-4A-2，7-4A-5，8-4B-2，8-4B-3，8-4B-4，8-4B-8，8-4B-9，9-5A-3，9-5A-6，9-5A-7，9-5A-8，9-5A-9，10-5B-2，10-5B-3，10-5B-6，10-5B-7，10-5B-7，10-5B-7，10-5B-7，10-5B-8，11-6A-1，11-6A-1，11-6A-4，11-6A-4，11-6A-4，11-6A-8，12-6B-8，12-6B-8，13-7A-5，13-7A-7，14-7B-4，14-7B-5，15-8A-2，15-8A-2，15-8A-3，15-8A-4，15-8A-4，15-8A-6，15-8A-7，16-8B-3，16-8B-4，16-8B-5，16-8B-9，17-9A-1，17-9A-2，17-9A-3，17-9A-3，17-9A-4，17-9A-6，17-9A-7，18-9B-4，18-9B-5，18-9B-6，18-9B-7，19-10A-1，19-10A-3，19-10A-3，19-10A-6，19-10A-9，19-10A-9，20-10B-6，21-11A-3，21-11A-8，22-11B-5，22-11B-5，23-12A-1，23-12A-4，23-12A-5，23-12A-9，23-12A-9，24-12B-1，25-13A-7，26-13B-1，26-13B-3，26-13B-6，26-13B-8，26-13B-8，26-13B-9，26-13B-9，27-14A-1，27-14A-2，27-14A-3，27-14A-7，27-14A-9，28-14B-1，28-14B-3，28-14B-4，29-15A-5，29-15A-5，29-15A-5，29-15A-6，29-15A-7，

29-15A-9，30-15B-1，30-15B-2，
　　　30-15B-4，30-15B-5，30-15B-5，
　　　30-15B-5，30-15B-6，30-15B-7，
　　　30-15B-7，30-15B-8，31-16A-2，
　　　31-16A-2，31-16A-3，31-16A-3，
　　　31-16A-3，32-16B-3，33-17A-9，
　　　34-17B-1，34-17B-4，34-17B-6，
　　　34-17B-6，35-18A-5，35-18A-7，
　　　36-18B-1，36-18B-4，37-19A-3，
　　　37-19A-5，37-19A-6，38-19B-9，
　　　39-20A-5，39-20A-9，40-20B-5，
　　　40-20B-8，41-21A-1，41-21A-3，
　　　42-21B-1，42-21B-1，42-21B-2，
　　　42-21B-2，42-21B-4，42-21B-6，
　　　42-21B-7，43-22A-3，44-22B-4，
　　　44-22B-5，44-22B-8，45-23A-2，
　　　45-23A-7，46-23B-4，46-23B-4，
　　　46-23B-4，46-23B-7，47-24A-5，
　　　47-24A-8，47-24A-9，48-24B-1，
　　　48-24B-6）
螫：2（25-13A-9，25-13A-9）
收：4（5-3A-1，5-3A-3，5-3A-9，5-3A-9）
收歛：1（41-21A-6）
手：7（36-18B-3，37-19A-2，38-19B-8，
　　　40-20B-7，43-22A-8，46-23B-5，
　　　46-23B-6）
手裡：2（40-20B-8，43-22A-4）
手頭兒：1（35-18A-3）
手藝人：1（47-24A-8）
首飾：1（39-20A-5）
受：2（23-12A-8，36-18B-5）
受不的：2（36-18B-8，42-21B-2）
受罰：1（24-12B-5）
受賄賂：1（40-20B-1）
書：8（11-6A-4，11-6A-7，13-7A-1，
　　　23-12A-1，23-12A-2，23-12A-2，
　　　23-12A-3，40-20B-2）
舒服：5（3-2A-1，3-2A-5，37-19A-4，
　　　41-21A-5，43-22A-4）
舒展：1（40-20B-9）

梳篦：1（16-8B-6）
熟：1（47-24A-1）
數：1（4-2B-1）
數兒：1（4-2B-8）
樹：6（11-6A-4，13-7A-1，23-12A-6，
　　　23-12A-7，25-13A-4，27-14A-4）
樹根兒：1（38-19B-1）
樹稍兒：1（38-19B-1）
刷：1（23-12A-1）
刷鍋：1（34-17B-1）
耍拳脚：1（43-22A-9）
雙兒：1（46-23B-4）
雙生兒：1（46-23B-9）
爽快：2（21-11A-3，34-17B-6）
誰：37（9-5A-1，9-5A-6，11-6A-2，
　　　11-6A-4，11-6A-4，14-7B-2，15-8A-2，
　　　15-8A-6，16-8B-3，16-8B-5，16-8B-6，
　　　16-8B-7，17-9A-7，17-9A-9，17-9A-9，
　　　18-9B-8，18-9B-8，18-9B-8，19-10A-5，
　　　19-10A-8，19-10A-9，20-10B-2，
　　　20-10B-3，22-11B-2，24-12B-2，
　　　24-12B-6，25-13A-4，26-13B-4，
　　　26-13B-7，28-14B-4，28-14B-4，
　　　29-15A-8，30-15B-5，46-23B-7，
　　　46-23B-8，46-23B-8，48-24B-1）
水：14（6-3B-1，7-4A-2，8-4B-6，13-7A-1，
　　　15-8A-3，15-8A-3，18-9B-6，22-11B-6，
　　　27-14A-6，32-16B-3，34-17B-2，
　　　36-18B-2，37-19A-6，45-23A-2）
水陸平安：1（40-20B-3）
水土：1（6-3B-6）
水性楊花：1（34-17B-9）
水烟袋：1（45-23A-2）
睡：1（48-24B-3）
睡慣早覺：1（27-14A-1）
睡覺：2（34-17B-6，37-19A-8）
順情說好話：1（34-17B-4）
順情說好話，耿直惹人嫌：1（35-18A-2）
說：44（8-4B-1，8-4B-3，8-4B-3，8-4B-4，
　　　8-4B-5，8-4B-8，8-4B-8，8-4B-9，

8-4B-9, 10-5B-1, 10-5B-5, 10-5B-6,
　　10-5B-6, 10-5B-6, 10-5B-6, 10-5B-6,
　　11-6A-2, 12-6B-1, 14-7B-7, 16-8B-6,
　　18-9B-4, 18-9B-6, 21-11A-7,
　　21-11A-7, 21-11A-7, 22-11B-3,
　　25-13A-1, 29-15A-5, 29-15A-9,
　　30-15B-5, 30-15B-8, 30-15B-9,
　　30-15B-9, 31-16A-1, 31-16A-4,
　　31-16A-5, 31-16A-6, 31-16A-8,
　　34-17B-8, 38-19B-4, 42-21B-9,
　　45-23A-8, 46-23B-1, 46-23B-9）
說不出來：3（10-5B-7, 36-18B-2,
　　47-24A-1）
說不來：1（10-5B-7）
說得來：1（10-5B-7）
說話：17（31-16A-8, 31-16A-9, 32-16B-5,
　　33-17A-1, 33-17A-2, 34-17B-5,
　　34-17B-5, 35-18A-2, 35-18A-4,
　　39-20A-2, 39-20A-8, 43-22A-6,
　　44-22B-8, 45-23A-1, 46-23B-1,
　　46-23B-1, 46-23B-3）
說話兒：1（34-17B-8）
說破：1（11-6A-3）
說說話兒：1（43-22A-1）
絲毫不錯：1（38-19B-4）
斯文：1（30-15B-7）
斯文人：1（37-19A-5）
死：3（11-6A-5, 23-12A-1, 25-13A-4）
死擺架子：1（45-23A-3）
似：1（17-9A-8）
四：4（4-2B-1, 4-2B-2, 39-20A-4,
　　40-20B-9）
四點兒鐘：1（26-13B-6）
四方：1（10-5B-2）
四面兒：1（10-5B-4）
伺候：2（30-15B-1, 41-21A-2）
送：2（13-7A-4, 23-12A-3）
蘇州：1（12-6B-4）
酥脆：1（42-21B-1）
俗人：1（2-1B-9）

宿：1（37-19A-8）
酸：1（32-16B-8）
酸軟：1（41-21A-8）
酸甜苦辣：1（36-18B-5）
筭：2（18-9B-2, 22-11B-3）
筭賬：1（16-8B-6）
算：4（4-2B-1, 4-2B-9, 48-24B-4,
　　48-24B-4）
算不了：1（4-2B-8）
算了：1（7-4A-2）
算盤子兒：1（41-21A-9）
算是：1（45-23A-1）
算算數兒：1（4-2B-2）
隨便兒：1（23-12A-6）
隨手兒：1（47-24A-2）
歲：2（27-14A-6, 27-14A-8）
碎：1（15-8A-9）
所：1（47-24A-3）
鎖：1（46-23B-3）
鎖上：1（13-7A-8）

T

他：326（1-1A-2, 1-1A-2, 1-1A-2,
　　1-1A-4, 1-1A-4, 1-1A-6, 1-1A-6,
　　1-1A-7, 1-1A-7, 1-1A-9, 1-1A-9,
　　1-1A-9, 2-1B-2, 2-1B-2, 2-1B-2,
　　2-1B-2, 2-1B-4, 2-1B-4, 2-1B-5,
　　2-1B-8, 2-1B-8, 2-1B-9, 3-2A-2,
　　3-2A-6, 3-2A-6, 3-2A-6, 3-2A-8,
　　3-2A-9, 3-2A-9, 4-2B-5, 5-3A-3,
　　5-3A-3, 5-3A-4, 5-3A-5, 5-3A-5,
　　5-3A-8, 5-3A-8, 5-3A-9, 6-3B-2,
　　6-3B-2, 6-3B-3, 6-3B-4, 6-3B-5,
　　6-3B-6, 6-3B-8, 6-3B-9, 7-4A-2,
　　7-4A-4, 7-4A-6, 7-4A-7, 7-4A-8,
　　7-4A-9, 8-4B-2, 8-4B-2, 8-4B-3,
　　8-4B-7, 8-4B-7, 8-4B-9, 9-5A-2,
　　9-5A-2, 9-5A-2, 9-5A-2, 9-5A-3,
　　9-5A-3, 9-5A-3, 9-5A-3, 9-5A-3,

9-5A-4, 9-5A-5, 9-5A-5, 9-5A-5, 9-5A-6, 9-5A-6, 9-5A-6, 9-5A-6, 9-5A-7, 9-5A-7, 9-5A-7, 9-5A-8, 9-5A-9, 9-5A-9, 9-5A-9, 10-5B-2, 10-5B-3, 10-5B-3, 10-5B-4, 10-5B-4, 10-5B-5, 10-5B-5, 10-5B-5, 10-5B-6, 10-5B-8, 10-5B-8, 11-6A-1, 11-6A-3, 11-6A-5, 11-6A-8, 11-6A-9, 12-6B-1, 12-6B-3, 12-6B-4, 12-6B-4, 12-6B-4, 12-6B-5, 12-6B-7, 13-7A-4, 13-7A-5, 13-7A-6, 13-7A-8, 13-7A-9, 13-7A-9, 14-7B-1, 14-7B-1, 14-7B-4, 14-7B-5, 14-7B-5, 14-7B-6, 14-7B-7, 14-7B-7, 14-7B-8, 15-8A-1, 15-8A-2, 15-8A-3, 15-8A-3, 15-8A-4, 15-8A-4, 15-8A-4, 15-8A-5, 15-8A-5, 15-8A-5, 15-8A-5, 15-8A-6, 15-8A-7, 16-8B-1, 16-8B-1, 16-8B-3, 16-8B-4, 16-8B-7, 16-8B-8, 16-8B-8, 16-8B-9, 17-9A-1, 17-9A-1, 17-9A-1, 17-9A-2, 17-9A-3, 17-9A-4, 17-9A-4, 17-9A-6, 17-9A-9, 17-9A-9, 18-9B-2, 18-9B-5, 18-9B-5, 18-9B-6, 18-9B-8, 18-9B-9, 19-10A-5, 19-10A-5, 19-10A-7, 19-10A-8, 20-10B-1, 20-10B-3, 20-10B-4, 20-10B-5, 20-10B-5, 20-10B-6, 20-10B-6, 20-10B-8, 20-10B-8, 20-10B-9, 21-11A-1, 21-11A-4, 21-11A-5, 21-11A-7, 21-11A-7, 21-11A-7, 21-11A-7, 22-11B-4, 22-11B-5, 22-11B-5, 22-11B-6, 22-11B-7, 22-11B-7, 22-11B-8, 22-11B-8, 23-12A-1, 23-12A-3, 23-12A-4, 23-12A-4, 23-12A-4, 23-12A-5, 23-12A-5, 23-12A-9, 24-12B-1, 24-12B-2, 24-12B-5, 24-12B-6, 24-12B-6, 24-12B-8, 25-13A-1, 25-13A-1, 25-13A-1, 25-13A-2, 25-13A-2, 25-13A-8, 25-13A-9, 26-13B-1, 26-13B-3,

26-13B-4, 26-13B-8, 26-13B-8, 26-13B-8, 26-13B-8, 26-13B-8, 26-13B-9, 26-13B-9, 27-14A-1, 27-14A-2, 27-14A-3, 27-14A-4, 27-14A-6, 27-14A-7, 27-14A-8, 28-14B-1, 28-14B-1, 28-14B-3, 28-14B-5, 28-14B-5, 28-14B-5, 28-14B-6, 28-14B-7, 28-14B-8, 28-14B-8, 29-15A-2, 29-15A-4, 29-15A-6, 29-15A-9, 30-15B-1, 30-15B-4, 30-15B-5, 30-15B-6, 30-15B-7, 30-15B-8, 30-15B-8, 30-15B-8, 30-15B-9, 31-16A-1, 31-16A-3, 31-16A-3, 31-16A-8, 31-16A-9, 32-16B-2, 32-16B-7, 34-17B-1, 34-17B-3, 34-17B-4, 34-17B-4, 34-17B-6, 34-17B-6, 35-18A-2, 35-18A-3, 35-18A-4, 35-18A-5, 35-18A-5, 35-18A-7, 35-18A-7, 35-18A-8, 35-18A-9, 35-18A-9, 36-18B-4, 36-18B-6, 36-18B-9, 37-19A-5, 37-19A-5, 37-19A-9, 38-19B-1, 38-19B-6, 39-20A-1, 39-20A-3, 39-20A-3, 39-20A-4, 39-20A-5, 39-20A-6, 39-20A-8, 40-20B-2, 41-21A-2, 41-21A-3, 41-21A-4, 41-21A-6, 41-21A-7, 42-21B-3, 42-21B-7, 43-22A-1, 43-22A-3, 43-22A-3, 43-22A-3, 43-22A-4, 43-22A-4, 43-22A-4, 43-22A-5, 43-22A-6, 43-22A-8, 43-22A-9, 43-22A-9, 43-22A-9, 44-22B-2, 44-22B-4, 44-22B-5, 44-22B-7, 44-22B-8, 45-23A-2, 45-23A-2, 45-23A-5, 45-23A-5, 45-23A-5, 45-23A-6, 46-23B-6, 46-23B-7, 47-24A-1, 47-24A-4, 47-24A-8, 47-24A-9, 47-24A-9, 48-24B-2, 48-24B-6）

他們：11（1-1A-1, 1-1A-5, 5-3A-7,

5-3A-9, 27-14A-3, 27-14A-4,
　　29-15A-1, 29-15A-7, 30-15B-2,
　　34-17B-8, 48-24B-5）
跋拉：1（43-22A-5）
太：24（2-1B-1, 2-1B-2, 2-1B-4, 2-1B-7,
　　2-1B-9, 8-4B-6, 8-4B-6, 13-7A-3,
　　13-7A-3, 16-8B-3, 19-10A-3,
　　19-10A-3, 19-10A-8, 21-11A-9,
　　22-11B-6, 24-12B-1, 26-13B-5,
　　27-14A-7, 27-14A-8, 27-14A-8,
　　29-15A-8, 30-15B-2, 31-16A-7,
　　39-20A-8）
太陽：5（17-9A-5, 17-9A-5, 18-9B-1,
　　19-10A-8, 26-13B-7）
坍塌：1（40-20B-8）
貪玩兒：1（15-8A-7）
貪心不足：1（31-16A-4）
彈：1（29-15A-3）
彈絃子：1（44-22B-3）
癱瘓病：1（44-22B-7）
探：2（8-4B-1, 8-4B-9）
湯：1（41-21A-2）
糖：1（23-12A-5）
輨：1（47-24A-6）
躺：2（33-17A-8, 33-17A-8）
燙：4（8-4B-1, 8-4B-6, 8-4B-7, 34-17B-2）
餡兒：1（44-22B-5）
淘氣：1（31-16A-7）
討人嫌：2（35-18A-2, 47-24A-3）
討厭：1（42-21B-7）
套兒：1（28-14B-1）
忒：1（19-10A-7）
疼：3（22-11B-9, 23-12A-5, 45-23A-1）
膛空：1（29-15A-2）
揚氣：1（36-18B-9）
提溜：1（18-9B-4）
題：1（22-11B-7）
體面：1（15-8A-4）
體面人：1（15-8A-2）
替：3（16-8B-7, 42-21B-6, 43-22A-3）

剃頭：1（36-18B-1）
剃頭刀子：1（46-23B-2）
天：11（6-3B-1, 7-4A-2, 20-10B-8,
　　32-16B-9, 33-17A-5, 33-17A-5,
　　44-22B-3, 44-22B-5, 47-24A-4,
　　47-24A-7, 47-24A-7）
天長日久：1（47-24A-2）
天寒火冷：1（34-17B-5）
天理昭彰：1（48-24B-1）
天氣：4（8-4B-6, 33-17A-2, 33-17A-3,
　　38-19B-3）
天兒：1（27-14A-5）
天生：1（20-10B-8）
天塌地陷：1（44-22B-4）
天天兒：1（8-4B-8）
天下：1（6-3B-7）
田：3（6-3B-1, 6-3B-6, 6-3B-6）
甜：1（32-16B-8）
填平：1（40-20B-7）
舔：1（40-20B-6）
挑揀：2（42-21B-9, 47-24A-2）
挑子：1（27-14A-7）
調羹：1（28-14B-2）
條：7（25-13A-6, 33-17A-7, 40-20B-7,
　　40-20B-8, 43-22A-7, 43-22A-7,
　　44-22B-1）
跳：1（35-18A-9）
貼：1（39-20A-7）
貼錢買罪受：1（37-19A-4）
鉄通條：1（33-17A-8）
聽：10（8-4B-1, 8-4B-4, 8-4B-5, 8-4B-5,
　　8-4B-5, 8-4B-5, 8-4B-6, 21-11A-7,
　　25-13A-1, 45-23A-8）
聽見：3（8-4B-8, 8-4B-8, 25-13A-6）
聽見說：1（21-11A-8）
聽說：1（19-10A-2）
停當：1（14-7B-9）
同：3（1-1A-1, 4-2B-7, 10-5B-5）
同居各爨：1（41-21A-5）
同來同去：1（9-5A-4）

痛：1（11-6A-9）
痛快：2（34-17B-5，44-22B-8）
偷偷兒：1（37-19A-8）
頭兒：1（18-9B-2）
頭髮：2（32-16B-6，37-19A-8）
頭惛腦悶：1（34-17B-7）
投機：2（28-14B-4，34-17B-8）
頭裡：1（4-2B-3）
頭上：1（42-21B-1）
透：2（20-10B-1，20-10B-1）
禿：1（37-19A-7）
禿子：1（37-19A-8）
圖：2（31-16A-9，37-19A-4）
圖財害命：1（39-20A-7）
屠家：1（37-19A-7）
土：3（6-3B-1，6-3B-6，40-20B-7）
土地：1（6-3B-7）
吐：1（31-16A-3）
兔死狐悲，物傷其類：1（39-20A-8）
腿：3（33-17A-7，43-22A-7，43-22A-7）
腿兒：1（33-17A-7）
腿腕子：1（23-12A-5）

W

外：1（4-2B-7）
外國：1（30-15B-6）
外國人：2（4-2B-4，30-15B-6）
外鄉：1（29-15A-9）
灣一灣船：1（30-15B-3）
丸散膏丹：1（40-20B-8）
完：7（7-4A-1，7-4A-5，7-4A-6，
　　21-11A-5，23-12A-3，28-14B-4，
　　28-14B-8）
玩兒：2（11-6A-7，19-10A-8）
頑兒：1（13-7A-5）
頑意兒：1（37-19A-3）
碗：3（7-4A-1，7-4A-3，40-20B-1）
晚：2（16-8B-7，16-8B-9）
晚半晌兒：1（17-9A-6）

萬：1（4-2B-1）
萬不能：1（45-23A-6）
萬事起頭兒難：1（36-18B-9）
萬數：1（16-8B-4）
賏：2（28-14B-5，28-14B-8）
往：12（5-3A-1，5-3A-4，9-5A-1，9-5A-2，
　　9-5A-2，9-5A-3，10-5B-4，12-6B-3，
　　17-9A-4，18-9B-5，19-10A-8，
　　30-15B-3）
往好裏：1（12-6B-5）
往來：1（4-2B-1）
往前：1（4-2B-6）
望看：1（27-14A-5）
忘：2（14-7B-5，17-9A-8）
爲2：2（2-1B-1，2-1B-3）
爲難：1（32-16B-1）
爲人：2（2-1B-8，44-22B-4）
桅杆：1（43-22A-5）
委屈：1（36-18B-2）
爲4：1（15-8A-7）
爲甚麼：10（3-2A-4，3-2A-9，5-3A-8，
　　9-5A-2，9-5A-8，10-5B-5，12-6B-5，
　　12-6B-7，20-10B-4，21-11A-6）
未必：1（19-10A-1）
位：1（15-8A-2）
喂：1（15-8A-5）
喂飽：1（15-8A-5）
憎嫌：1（44-22B-2）
文理：1（30-15B-4）
文武全才：1（48-24B-3）
紋銀：1（31-16A-3）
蚊子：1（28-14B-2）
穩：2（33-17A-7，40-20B-7）
窩兒：1（37-19A-1）
蹲：2（37-19A-2，37-19A-2）
我：205（1-1A-1，1-1A-2，1-1A-3，
　　1-1A-5，1-1A-6，1-1A-7，1-1A-7，
　　1-1A-7，1-1A-9，2-1B-2，2-1B-2，
　　2-1B-6，3-2A-2，3-2A-4，3-2A-5，
　　3-2A-6，3-2A-8，3-2A-8，3-2A-9，

3-2A-9, 4-2B-5, 4-2B-7, 4-2B-8,
5-3A-2, 5-3A-5, 5-3A-8, 6-3B-2,
6-3B-2, 6-3B-4, 6-3B-4, 6-3B-5,
6-3B-5, 6-3B-6, 6-3B-8, 6-3B-8,
6-3B-9, 7-4A-4, 7-4A-5, 8-4B-2,
8-4B-3, 8-4B-3, 8-4B-4, 8-4B-5,
8-4B-5, 8-4B-8, 8-4B-9, 9-5A-2,
9-5A-2, 9-5A-5, 9-5A-5, 9-5A-5,
9-5A-5, 9-5A-7, 9-5A-7, 9-5A-8,
9-5A-8, 9-5A-8, 9-5A-9, 10-5B-3,
10-5B-5, 10-5B-5, 10-5B-6, 11-6A-1,
11-6A-1, 11-6A-2, 11-6A-6, 11-6A-6,
11-6A-7, 11-6A-7, 11-6A-7, 11-6A-8,
11-6A-9, 11-6A-9, 11-6A-9, 12-6B-1,
12-6B-3, 12-6B-3, 12-6B-9, 13-7A-4,
13-7A-5, 13-7A-6, 13-7A-6, 13-7A-7,
13-7A-7, 13-7A-7, 13-7A-9, 14-7B-2,
14-7B-2, 14-7B-3, 14-7B-3, 14-7B-4,
14-7B-4, 14-7B-4, 14-7B-5, 14-7B-6,
14-7B-8, 14-7B-9, 14-7B-9, 15-8A-1,
15-8A-1, 15-8A-2, 15-8A-3, 15-8A-6,
15-8A-7, 15-8A-8, 16-8B-3, 16-8B-3,
16-8B-5, 16-8B-6, 16-8B-6, 16-8B-7,
16-8B-7, 16-8B-7, 16-8B-9, 17-9A-2,
17-9A-4, 17-9A-7, 17-9A-8, 18-9B-3,
18-9B-4, 18-9B-7, 19-10A-4,
19-10A-7, 20-10B-3, 20-10B-6,
20-10B-7, 20-10B-7, 20-10B-8,
20-10B-9, 20-10B-9, 21-11A-1,
21-11A-2, 21-11A-3, 21-11A-9,
21-11A-9, 22-11B-2, 22-11B-3,
22-11B-4, 22-11B-4, 22-11B-4,
22-11B-5, 22-11B-8, 22-11B-9,
23-12A-7, 23-12A-8, 23-12A-9,
24-12B-2, 24-12B-2, 24-12B-4,
25-13A-1, 25-13A-1, 25-13A-2,
25-13A-2, 25-13A-3, 25-13A-3,
25-13A-5, 25-13A-6, 25-13A-6,
25-13A-8, 25-13A-8, 25-13A-9,
25-13A-9, 26-13B-2, 26-13B-4,
26-13B-4, 26-13B-9, 28-14B-3,
28-14B-3, 28-14B-9, 28-14B-9,
28-14B-9, 28-14B-9, 29-15A-6,
29-15A-9, 29-15A-9, 30-15B-2,
30-15B-3, 30-15B-4, 30-15B-9,
32-16B-9, 34-17B-1, 34-17B-4,
34-17B-8, 37-19A-6, 39-20A-3,
39-20A-4, 41-21A-3, 41-21A-7,
42-21B-6, 43-22A-5, 44-22B-2,
44-22B-9, 45-23A-2, 45-23A-2,
45-23A-3, 45-23A-4, 45-23A-5,
45-23A-8, 46-23B-2, 46-23B-5,
47-24A-3, 47-24A-3, 47-24A-5,
47-24A-9, 48-24B-1）

我們：15（1-1A-6, 3-2A-5, 4-2B-2,
7-4A-5, 16-8B-2, 18-9B-8, 19-10A-5,
19-10A-6, 24-12B-6, 26-13B-9,
27-14A-4, 28-14B-4, 28-14B-5,
29-15A-2, 45-23A-5）

屋：1（6-3B-1）

屋子：7（6-3B-7, 18-9B-6, 21-11A-9,
24-12B-8, 27-14A-8, 31-16A-2,
44-22B-1）

無干：1（22-11B-4）

無花菓：1（27-14A-9）

無可奈何：1（16-8B-7）

無來由：1（47-24A-9）

五：2（4-2B-1, 15-8A-4）

五方：1（33-17A-5）

五府六部：1（38-19B-6）

侮弄：1（31-16A-6）

物：1（42-21B-6）

悮：1（24-12B-7）

X

希罕：3（44-22B-8, 44-22B-8, 44-22B-9）

稀糊腦子爛：1（45-23A-9）

稀爛：1（45-23A-9）

稀鬆平常：1（47-24A-5）

唏唏哈哈：1（37-19A-3）
媳婦兒：2（20-10B-6，30-15B-8）
喜歡：3（13-7A-6，20-10B-7，27-14A-2）
洗手：1（12-6B-3）
筅箒：1（36-18B-3）
洗澡：3（16-8B-3，36-18B-1，38-19B-4）
繫：1（19-10A-6）
細：1（24-12B-5）
盻：1（40-20B-5）
瞎：1（22-11B-8）
瞎話：4（21-11A-7，31-16A-6，31-16A-8，38-19B-4）
瞎子：1（31-16A-6）
下：1（7-4A-8）
下巴殼兒：1（27-14A-6）
下半晚兒：1（32-16B-9）
下邊兒：1（18-9B-7）
下船：2（17-9A-2，24-12B-7）
下次：1（26-13B-4）
下蛋：1（38-19B-8）
下回：1（18-9B-8）
下坡兒：1（33-17A-6）
下棋：1（38-19B-7）
下去：1（21-11A-3）
下剩：1（24-12B-2）
下藥：1（27-14A-2）
下雨：1（19-10A-9）
下月：1（46-23B-8）
下膆：1（36-18B-4）
唬：1（35-18A-9）
先：3（5-3A-7，7-4A-6，16-8B-4）
先後：1（5-3A-1）
先前：2（5-3A-3，5-3A-6）
先生：2（12-6B-1，13-7A-6）
先頭兒：1（26-13B-4）
先頭裏：1（25-13A-5）
掀：1（44-22B-3）
鮮菓子：1（41-21A-6）
鮮紅：1（32-16B-6）
閑：1（44-22B-3）

絃子：1（29-15A-3）
鹹：2（32-16B-8，45-23A-9）
顯：1（44-22B-3）
險：2（44-22B-4，44-22B-4）
現今：1（20-10B-5）
現在：3（18-9B-8，23-12A-2，30-15B-3）
限：1（44-22B-5）
線：1（24-12B-5）
羨慕：1（41-21A-7）
鄉：1（17-9A-2）
相：1（6-3B-1）
相干：1（20-10B-1）
相好：1（6-3B-5）
相貌：1（48-24B-3）
相同：1（6-3B-5）
箱子：1（29-15A-2）
香：1（32-16B-8）
香山：1（12-6B-5）
鑲：1（27-14A-7）
想：18（6-3B-1，6-3B-2，6-3B-3，11-6A-8，13-7A-5，14-7B-2，14-7B-2，18-9B-1，20-10B-9，21-11A-9，21-11A-9，24-12B-1，25-13A-1，25-13A-9，25-13A-9，26-13B-8，34-17B-6，41-21A-6）
想不到：2（32-16B-3，33-17A-9）
想法子：2（31-16A-4，38-19B-6）
享福：3（3-2A-1，3-2A-4，22-11B-5）
響聲兒：1（17-9A-3）
向來：6（21-11A-8，23-12A-2，23-12A-6，25-13A-9，31-16A-8，47-24A-5）
向着：1（22-11B-3）
像：8（22-11B-1，24-12B-9，24-12B-9，25-13A-5，30-15B-6，31-16A-4，39-20A-5，46-23B-9）
像樣兒：1（32-16B-1）
逍遙：1（22-11B-5）
小：5（1-1A-1，13-7A-3，41-21A-8，48-24B-4，48-24B-4）
小襖兒：2（11-6A-3，12-6B-2）

小便宜兒：1（34-17B-3）
小刀子：1（24-12B-8）
小東西兒：1（5-3A-7）
小兒子：2（1-1A-4，1-1A-6）
小公兒：1（34-17B-1）
小孩子：2（3-2A-6，11-6A-4）
小漢仗兒：1（44-22B-9）
小夥子：1（47-24A-9）
小晌午兒：1（32-16B-9）
小樹兒：1（22-11B-1）
小頑意兒：1（46-23B-2）
小心：6（16-8B-1，17-9A-9，20-10B-4，
　　　21-11A-3，29-15A-2，48-24B-3）
小性兒：1（48-24B-4）
笑：1（37-19A-3）
笑話：2（32-16B-5，34-17B-5）
笑話兒：1（30-15B-5）
笑頭兒：1（13-7A-7）
効勞：1（47-29A-3）
效勞：1（38-19B-1）
些：1（3-2A-1）
些個：5（32-16B-2，33-17A-9，35-18A-7，
　　　37-19A-2，39-20A-3）
些兒：9（20-10B-6，25-13A-7，26-13B-4，
　　　28-14B-7，29-15A-7，42-21B-3，
　　　42-21B-6，43-22A-6，44-22B-7）
些微：2（6-3B-1，6-3B-3）
歇歇兒：1（40-20B-3）
蝎子：1（25-13A-9）
斜差兒：1（16-8B-1）
鞋：1（41-21A-8）
鞋兒：1（43-22A-5）
寫：3（25-13A-8，37-19A-7，47-24A-4）
寫字：1（29-15A-4）
洩底：1（48-24B-6）
心：5（2-1B-1，23-12A-2，23-12A-6，
　　　35-18A-8，43-22A-4）
心腸：1（29-15A-3）
心慈面軟：1（41-21A-1）
心活：1（35-18A-3）

心急腿慢：1（34-17B-3）
心寬：1（44-22B-1）
心裡：1（48-24B-1）
心裏頭：1（26-13B-8）
心裡頭：4（3-2A-9，34-17B-9，35-18A-1，
　　　47-24A-1）
心胸：1（13-7A-2）
心眼兒：1（35-18A-4）
心窄：1（44-22B-1）
辛苦：3（11-6A-5，30-15B-1，31-16A-9）
辛辛苦苦：1（31-16A-9）
新：7（3-2A-2，3-2A-8，4-2B-3，13-7A-5，
　　　16-8B-2，18-9B-6，23-12A-7）
新舊：1（3-2A-1）
新鮮：1（41-21A-6）
新鮮樣兒：2（32-16B-2，34-17B-4）
信：5（13-7A-7，22-11B-6，25-13A-8，
　　　43-22A-1，47-24A-5）
信兒：2（13-7A-1，13-7A-4）
信服：1（48-24B-2）
興：2（17-9A-9，30-15B-5）
行不來：1（45-23A-6）
行樂圖：1（39-20A-7）
行李：1（38-19B-7）
性命：1（46-23B-3）
兄弟：1（5-3A-1）
熊：1（23-12A-9）
脩盍：1（26-13B-1）
羞惱變成怒：1（39-20A-9）
秀氣：1（48-24B-3）
戌初三刻：1（18-9B-4）
戌正一刻：1（18-9B-3）
許：1（13-7A-6）
懸燈結綵：1（44-22B-6）
懸心：2（33-17A-3，44-22B-5）
漩窩：1（41-21A-9）
選：1（41-21A-9）
鏇：1（41-21A-8）
楦頭楦：1（41-21A-8）
颮風：1（41-21A-7）

學：1（12-6B-5）
學習：1（16-8B-8）
雪白：1（32-16B-6）
尋：1（12-6B-1）
訓：1（32-16B-8）

Y

呀：6（11-6A-1, 15-8A-2, 16-8B-7, 19-10A-1, 20-10B-2, 21-11A-9）
鴉片烟：1（27-14A-9）
鴉片煙：1（24-12B-3）
牙：3（22-11B-9, 33-17A-6, 37-19A-3）
牙疼：1（26-13B-5）
啞：1（20-10B-8）
雅人：1（2-1B-9）
雅俗：3（2-1B-1, 2-1B-4, 2-1B-9）
烟燻火燎：1（42-21B-4）
淹：1（42-21B-5）
腌臢：1（42-21B-4）
嚴明：1（38-19B-5）
言不應口：1（30-15B-7）
言聽計從：1（48-24B-6）
言語：4（14-7B-4, 37-19A-8, 37-19A-9, 48-24B-1）
鹽：3（17-9A-5, 32-16B-8, 42-21B-8）
顏色：1（42-21B-8）
顏色兒：1（23-12A-1）
眼：1（22-11B-8）
眼錯不見：1（34-17B-3）
眼兒：3（31-16A-6, 37-19A-1, 37-19A-1）
眼睛：3（14-7B-2, 14-7B-2, 22-11B-7）
眼皮子淺：1（48-24B-4）
厭：1（42-21B-6）
厭煩：1（42-21B-7）
硯台：1（15-8A-2）
嚥不下去：1（42-21B-5）
揚氣：1（15-8A-4）
羊角風：1（41-21A-7）
仰八脚兒：1（20-10B-4）
仰八脚子：1（33-17A-8）
養活：1（12-6B-4）
樣：1（8-4B-1）
樣兒：5（20-10B-9, 29-15A-3, 30-15B-6, 40-20B-9, 42-21B-4）
樣子：1（22-11B-4）
搖：1（19-10A-4）
搖撼：1（33-17A-9）
搖揑：1（22-11B-2）
搖鈴兒：1（19-10A-4）
搖頭幌腦：1（36-18B-8）
藥：4（26-13B-5, 31-16A-2, 40-20B-8, 41-21A-2）
要：53（2-1B-3, 2-1B-3, 2-1B-5, 2-1B-6, 2-1B-9, 3-2A-4, 3-2A-7, 3-2A-9, 4-2B-6, 4-2B-6, 5-3A-4, 5-3A-6, 6-3B-5, 6-3B-8, 9-5A-3, 9-5A-9, 9-5A-9, 10-5B-6, 11-6A-1, 11-6A-3, 14-7B-7, 14-7B-7, 14-7B-8, 14-7B-8, 15-8A-4, 16-8B-3, 18-9B-5, 18-9B-8, 18-9B-8, 20-10B-9, 20-10B-9, 21-11A-3, 21-11A-4, 21-11A-4, 22-11B-2, 22-11B-4, 25-13A-1, 25-13A-4, 25-13A-8, 26-13B-1, 26-13B-5, 26-13B-9, 28-14B-3, 28-14B-9, 29-15A-1, 29-15A-2, 30-15B-2, 30-15B-3, 30-15B-9, 37-19A-4, 41-21A-5, 42-21B-9, 43-22A-6）
要價兒還價兒：1（47-24A-5）
要緊：2（2-1B-1, 2-1B-5）
鑰匙：1（46-23B-3）
也：20（6-3B-1, 6-3B-2, 6-3B-6, 7-4A-8, 13-7A-5, 13-7A-9, 17-9A-1, 22-11B-6, 23-12A-6, 23-12A-7, 24-12B-6, 25-13A-6, 27-14A-1, 29-15A-6, 30-15B-1, 30-15B-1, 32-16B-5, 37-19A-2, 37-19A-2, 39-20A-1）
野鹿：1（40-20B-2）
一：48（4-2B-1, 4-2B-3, 4-2B-8, 7-4A-3,

7-4A-8, 8-4B-3, 11-6A-9, 12-6B-9,
13-7A-6, 15-8A-1, 16-8B-3, 17-9A-7,
20-10B-8, 21-11A-6, 22-11B-6,
22-11B-7, 22-11B-8, 24-12B-5,
25-13A-3, 25-13A-3, 25-13A-3,
25-13A-3, 27-14A-7, 28-14B-2,
30-15B-2, 31-16A-2, 32-16B-7,
35-18A-9, 37-19A-3, 37-19A-9,
38-19B-6, 39-20A-2, 39-20A-7,
39-20A-9, 40-20B-2, 40-20B-6,
42-21B-1, 43-22A-2, 43-22A-7,
43-22A-7, 44-22B-2, 44-22B-7,
44-22B-9, 45-23A-4, 46-23B-3,
46-23B-5, 46-23B-5, 47-24A-6）
一半兒：3（19-10A-4, 19-10A-4, 21-11A-2）
一輩子：1（47-24A-1）
一邊兒：2（13-7A-1, 27-14A-1）
一遍：1（45-23A-8）
一大半兒：1（36-18B-1）
一道兒：1（28-14B-2）
一等：1（14-7B-4）
一點兒：7（6-3B-3, 7-4A-2, 23-12A-7,
23-12A-9, 25-13A-6, 27-14A-7,
43-22A-1）
一定：1（24-12B-8）
一肚子氣：1（37-19A-4）
一對：1（46-23B-9）
一個巴掌拍不响：1（46-23B-4）
一個鼻子眼兒出氣兒：1（48-24B-5）
一個個兒：1（15-8A-8）
一個樣：3（31-16A-2, 34-17B-1, 34-17B-2）
一股子：1（38-19B-4）
一會兒：1（29-15A-8）
一家子團圓：1（42-21B-2）
一塊兒：6（9-5A-4, 10-5B-5, 10-5B-9,
11-6A-7, 27-14A-4, 27-14A-6）
一連氣兒：1（47-24A-4）
一千：1（4-2B-4）
一竅不通：1（37-19A-5）
一身：2（36-18B-2, 37-19A-6）

一身不能當二役：1（47-24A-8）
一天：7（16-8B-3, 20-10B-1, 21-11A-2,
40-20B-5, 40-20B-5, 45-23A-3,
47-24A-6）
一文錢：1（41-21A-2）
一線：1（41-21A-7）
一樣：1（37-19A-6）
一樣兒：8（15-8A-6, 21-11A-8, 25-13A-9,
29-15A-5, 30-15B-6, 32-16B-1,
32-16B-1, 46-23B-5）
一陣兒：2（19-10A-9, 19-10A-9）
衣裳：7（19-10A-4, 30-15B-4, 32-16B-4,
36-18B-2, 39-20A-3, 40-20B-9,
45-23A-3）
衣冠齊楚：1（35-18A-2）
疑惑：2（18-9B-2, 18-9B-3）
疑心太重：1（47-24A-4）
已經：3（12-6B-4, 12-6B-9, 16-8B-9）
椅子：1（11-6A-5）
意思：6（6-3B-1, 6-3B-2, 6-3B-2,
16-8B-5, 36-18B-4, 45-23A-4）
陰：1（33-17A-2）
音：1（3-2A-1）
銀：1（4-2B-9）
銀錢：1（1-1A-1）
銀錢如糞土，臉面值千金：1（39-20A-8）
銀子：15（1-1A-2, 15-8A-8, 16-8B-1,
16-8B-4, 23-12A-1, 24-12B-2,
24-12B-2, 24-12B-5, 27-14A-8,
29-15A-8, 30-15B-9, 37-19A-2,
42-21B-2, 44-22B-2, 46-23B-8）
銀子錢：3（1-1A-9, 1-1A-9, 37-19A-4）
印：2（23-12A-2, 23-12A-2）
應：1（7-4A-6）
應酬：2（32-16B-4, 48-24B-5）
應當：5（7-4A-1, 7-4A-4, 7-4A-6,
7-4A-7, 7-4A-8）
應分：1（7-4A-7）
應該：4（7-4A-7, 7-4A-7, 7-4A-8,
30-15B-1）

英國：1（27-14A-3）
英國話：1（22-11B-3）
英話：1（17-9A-6）
英雄漢：1（41-21A-2）
營生：1（35-18A-7）
硬：1（19-10A-7）
永遠：2（24-12B-1，24-12B-6）
用：7（2-1B-3，2-1B-7，4-2B-6，21-11A-5，
　　24-12B-3，30-15B-3，36-18B-3）
用處：1（24-12B-4）
用工：3（2-1B-1，2-1B-2，6-3B-7）
用頭：4（14-7B-6，18-9B-3，21-11A-4，
　　27-14A-5）
用心：2（2-1B-8，46-23B-7）
用心用意：1（29-15A-4）
猶預不決：1（34-17B-9）
油：3（12-6B-1，19-10A-5，42-21B-8）
有：93（1-1A-3，1-1A-3，1-1A-4，1-1A-4，
　　1-1A-5，1-1A-5，1-1A-5，1-1A-7，
　　1-1A-8，1-1A-9，1-1A-9，2-1B-4，
　　2-1B-6，2-1B-9，3-2A-2，3-2A-3，
　　3-2A-5，3-2A-5，3-2A-7，3-2A-8，
　　4-2B-2，4-2B-3，4-2B-3，4-2B-4，
　　4-2B-4，4-2B-4，4-2B-6，4-2B-9，
　　5-3A-6，5-3A-7，6-3B-2，6-3B-3，
　　6-3B-8，6-3B-9，7-4A-5，7-4A-8，
　　8-4B-5，8-4B-5，8-4B-8，9-5A-5，
　　9-5A-5，9-5A-5，12-6B-6，12-6B-6，
　　12-6B-7，13-7A-5，13-7A-7，14-7B-1，
　　14-7B-5，16-8B-4，18-9B-3，20-10B-7，
　　21-11A-4，22-11B-5，22-11B-6，
　　22-11B-7，22-11B-9，24-12B-2，
　　24-12B-4，25-13A-2，25-13A-6，
　　25-13A-7，26-13B-7，27-14A-3，
　　27-14A-5，27-14A-6，27-14A-6，
　　27-14A-9，27-14A-9，28-14B-8，
　　30-15B-6，30-15B-8，31-16A-1，
　　33-17A-3，38-19B-7，39-20A-4，
　　39-20A-6，40-20B-1，40-20B-3，
　　40-20B-7，41-21A-3，41-21A-6，

　　41-21A-9，42-21B-8，43-22A-9，
　　44-22B-2，45-23A-5，45-23A-9，
　　46-23B-3，46-23B-9，47-24A-1，
　　47-24A-9，48-24B-2）
有邊兒：1（31-16A-5）
有點兒：7（22-11B-9，28-14B-6，34-17B-7，
　　36-18B-9，39-20A-5，44-22B-2，
　　47-24A-4）
有情有理：1（6-3B-9）
有情有義：1（35-18A-4）
有人：2（3-2A-3，8-4B-9）
有事：2（11-6A-6，30-15B-9）
有限：1（47-24A-3）
有心：1（6-3B-3）
有心爲善：1（2-1B-3）
有益：2（15-8A-7，19-10A-1）
又：5（20-10B-8，20-10B-8，27-14A-3，
　　30-15B-4，40-20B-5）
與：2（22-11B-4，47-24A-6）
雨：2（32-16B-4，36-18B-2）
雨傘：2（42-21B-1，46-23B-5）
玉器：1（40-20B-3）
冤曲：1（42-21B-2）
園：1（3-2A-1）
圓：2（42-21B-4，42-21B-4）
原本：1（42-21B-2）
原處兒：1（20-10B-5）
緣故：2（16-8B-2，22-11B-6）
遠：3（4-2B-5，19-10A-7，42-21B-3）
遠近：1（4-2B-6）
院牆：1（42-21B-3）
月：1（16-8B-3）
越：5（18-9B-4，18-9B-4，25-13A-5，
　　34-17B-3，34-17B-3）

Z

宰：1（30-15B-2）
再：20（11-6A-3，12-6B-4，17-9A-3，
　　19-10A-2，20-10B-2，21-11A-1，

21-11A-2, 21-11A-5, 22-11B-5,
25-13A-3, 26-13B-5, 28-14B-6,
29-15A-3, 35-18A-5, 41-21A-9,
42-21B-9, 43-22A-1, 45-23A-1,
45-23A-8, 47-24A-8）

再也：3（23-12A-8, 23-12A-8, 25-13A-6）
在：65（3-2A-1, 3-2A-2, 3-2A-3, 3-2A-4,
3-2A-5, 3-2A-6, 3-2A-6, 4-2B-2,
4-2B-3, 4-2B-7, 4-2B-7, 5-3A-2,
5-3A-6, 5-3A-6, 6-3B-8, 9-5A-1,
9-5A-4, 10-5B-5, 10-5B-9, 11-6A-1,
11-6A-3, 12-6B-1, 12-6B-2, 12-6B-5,
12-6B-6, 12-6B-7, 12-6B-8, 13-7A-1,
13-7A-5, 13-7A-9, 14-7B-6, 15-8A-5,
16-8B-8, 16-8B-8, 17-9A-9, 17-9A-9,
18-9B-1, 18-9B-1, 18-9B-8, 21-11A-1,
21-11A-1, 21-11A-9, 22-11B-1,
23-12A-1, 23-12A-3, 23-12A-4,
24-12B-3, 24-12B-8, 24-12B-8,
27-14A-4, 27-14A-4, 27-14A-6,
27-14A-7, 27-14A-9, 28-14B-3,
33-17A-1, 35-18A-3, 38-19B-3,
40-20B-4, 41-21A-9, 42-21B-5,
43-22A-8, 45-23A-5, 47-24A-5,
48-24B-1）

暫且：1（40-20B-3）
鏨花兒：1（41-21A-4）
偺們：7（16-8B-6, 17-9A-1, 17-9A-4,
18-9B-2, 28-14B-7, 30-15B-3,
42-21B-6）

遭塌：1（23-12A-7）
遭遢：2（34-17B-6, 36-18B-5）
早：3（5-3A-1, 5-3A-3, 48-24B-1）
早就：2（8-4B-2, 8-4B-8）
早早兒：1（17-9A-5）
造：3（20-10B-9, 21-11A-4, 29-15A-8）
造化：1（44-22B-7）
造謠言：1（38-19B-4）
燥熱：1（38-19B-3）
賊咬一口，入骨三分：1（38-19B-5）

怎：1（3-2A-1）
怎們：1（28-14B-3）
怎麼：18（3-2A-9, 11-6A-9, 14-7B-3,
15-8A-9, 15-8A-9, 18-9B-1, 18-9B-6,
19-10A-7, 19-10A-8, 21-11A-6,
24-12B-3, 26-13B-3, 28-14B-2,
30-15B-1, 30-15B-3, 30-15B-9,
40-20B-9, 47-24A-2）

怎麼樣：2（23-12A-2, 30-15B-7）
怎麼樣兒：4（8-4B-9, 18-9B-7, 19-10A-1,
21-11A-4）

增：1（36-18B-1）
紮：1（19-10A-7）
謠言兒：1（36-18B-4）
乍：1（36-18B-1）
乍冷乍熱：1（31-16A-1）
詐：1（28-14B-7）
齋戒沐浴：1（38-19B-9）
窄：1（21-11A-9）
占：1（21-11A-8）
沾：1（40-20B-7）
沾染：1（41-21A-3）
佔：1（15-8A-8）
站：2（41-21A-4, 42-21B-5）
站不住：3（33-17A-7, 33-17A-8, 36-18B-6）
湛：1（13-7A-5）
張：1（39-20A-7）
張羅張羅：1（15-8A-1）
張揚：1（14-7B-4）
章：1（3-2A-1）
章程：1（3-2A-2）
豒鹺：1（40-20B-2）
長 zhang：6（20-10B-3, 25-13A-1,
28-14B-1, 37-19A-9, 48-24B-2,
48-24B-3）

長成：1（27-14A-3）
長大：1（26-13B-6）
掌：1（13-7A-2）
仗：3（14-7B-8, 29-15A-4, 43-22A-8）
招：1（47-24A-7）

着用：1（21-11A-5）
找：4（23-12A-3, 26-13B-7, 27-14A-4, 35-18A-7）
找不出來：1（38-19B-7）
找人：1（16-8B-1）
照：5（14-7B-9, 17-9A-6, 26-13B-3, 29-15A-3, 29-15A-3）
照舊：2（18-9B-9, 20-10B-5）
兆頭兒：1（46-23B-9）
照應：2（16-8B-1, 29-15A-2）
照應兒：1（45-23A-5）
遮掩：1（42-21B-6）
遮遮掩掩：1（37-19A-5）
這：109（1-1A-1, 1-1A-8, 2-1B-2, 2-1B-5, 2-1B-6, 3-2A-8, 4-2B-2, 4-2B-6, 4-2B-8, 7-4A-5, 7-4A-7, 7-4A-9, 8-4B-2, 8-4B-4, 8-4B-7, 8-4B-8, 8-4B-8, 9-5A-9, 10-5B-2, 10-5B-6, 10-5B-7, 11-6A-4, 11-6A-4, 11-6A-4, 11-6A-8, 12-6B-7, 13-7A-6, 13-7A-7, 14-7B-3, 15-8A-8, 15-8A-8, 15-8A-9, 15-8A-9, 18-9B-2, 18-9B-4, 18-9B-5, 18-9B-8, 19-10A-3, 19-10A-4, 19-10A-5, 19-10A-6, 19-10A-7, 19-10A-8, 19-10A-9, 20-10B-1, 20-10B-1, 20-10B-2, 20-10B-7, 21-11A-3, 21-11A-4, 21-11A-6, 21-11A-8, 21-11A-9, 21-11A-9, 22-11B-1, 22-11B-2, 22-11B-4, 22-11B-8, 22-11B-9, 23-12A-1, 23-12A-1, 23-12A-2, 23-12A-2, 23-12A-4, 23-12A-5, 23-12A-6, 23-12A-7, 24-12B-5, 24-12B-7, 25-13A-1, 25-13A-4, 25-13A-7, 25-13A-8, 26-13B-3, 26-13B-4, 26-13B-5, 26-13B-7, 26-13B-7, 27-14A-1, 27-14A-1, 27-14A-7, 27-14A-9, 28-14B-4, 28-14B-8, 29-15A-2, 29-15A-3, 29-15A-8, 30-15B-5, 30-15B-9, 31-16A-1, 31-16A-1, 31-16A-2, 31-16A-3, 31-16A-7, 35-18A-3, 36-18B-5, 36-18B-9, 40-20B-2, 40-20B-5, 40-20B-7, 42-21B-1, 42-21B-4, 44-22B-3, 44-22B-9, 45-23A-3, 45-23A-6, 45-23A-6, 47-24A-5, 48-24B-6）
這邊兒：1（22-11B-3）
這兒：26（3-2A-3, 3-2A-4, 3-2A-6, 4-2B-2, 5-3A-6, 6-3B-6, 9-5A-2, 9-5A-3, 11-6A-7, 12-6B-8, 12-6B-8, 13-7A-9, 14-7B-6, 14-7B-6, 16-8B-8, 20-10B-2, 20-10B-5, 21-11A-1, 21-11A-1, 21-11A-9, 22-11B-1, 22-11B-2, 25-13A-6, 27-14A-9, 29-15A-8, 30-15B-5）
這個：88（1-1A-2, 1-1A-3, 1-1A-7, 1-1A-7, 1-1A-8, 2-1B-4, 2-1B-5, 2-1B-7, 3-2A-3, 3-2A-5, 4-2B-8, 5-3A-2, 5-3A-2, 6-3B-4, 6-3B-7, 8-4B-2, 9-5A-7, 9-5A-7, 9-5A-9, 11-6A-1, 11-6A-2, 11-6A-2, 12-6B-3, 12-6B-5, 12-6B-6, 12-6B-7, 12-6B-8, 12-6B-8, 12-6B-8, 13-7A-3, 13-7A-3, 13-7A-4, 13-7A-8, 14-7B-3, 14-7B-5, 16-8B-3, 16-8B-4, 16-8B-5, 16-8B-5, 16-8B-7, 16-8B-9, 16-8B-9, 17-9A-3, 18-9B-3, 18-9B-4, 18-9B-7, 18-9B-9, 18-9B-9, 21-11A-2, 21-11A-5, 22-11B-1, 22-11B-1, 22-11B-4, 22-11B-4, 23-12A-3, 23-12A-3, 23-12A-5, 23-12A-7, 23-12A-8, 23-12A-9, 24-12B-3, 24-12B-6, 24-12B-6, 25-13A-5, 25-13A-7, 25-13A-8, 26-13B-2, 26-13B-3, 26-13B-4, 26-13B-4, 26-13B-5, 26-13B-7, 26-13B-9, 27-14A-5, 27-14A-5, 28-14B-1, 28-14B-2, 28-14B-4, 28-14B-5, 29-15A-1, 29-15A-4, 29-15A-8, 30-15B-3,

30-15B-8，30-15B-9，37-19A-1，
　　39-20A-5，40-20B-7）
這個樣兒：5（14-7B-1，24-12B-9，26-13B-3，
　　26-13B-9，27-14A-3）
這會兒：1（24-12B-3）
這們：9（17-9A-1，17-9A-8，18-9B-1，
　　18-9B-3，19-10A-8，20-10B-2，
　　21-11A-8，31-16A-1，46-23B-6）
這們樣：1（15-8A-6）
這們着：4（11-6A-1，14-7B-6，24-12B-9，
　　42-21B-2）
這麼：20（3-2A-4，7-4A-4，8-4B-9，
　　10-5B-5，11-6A-2，12-6B-5，13-7A-5，
　　14-7B-3，14-7B-7，19-10A-2，
　　19-10A-7，20-10B-3，23-12A-8，
　　23-12A-8，24-12B-1，24-12B-1，
　　25-13A-9，27-14A-6，27-14A-6，
　　30-15B-1）
這麼些：1（24-12B-4）
這麼樣：3（11-6A-3，18-9B-1，45-23A-4）
這麼樣兒：2（19-10A-2，24-12B-1）
這麼着：3（3-2A-4，24-12B-9，47-24A-5）
這山看着那山高：1（35-18A-2）
這時候兒：1（19-10A-6）
這些：1（28-14B-2）
這些個：2（24-12B-7，28-14B-9）
這些日子：1（15-8A-5）
這樣兒：2（22-11B-8，25-13A-4）
這一個：1（25-13A-2）
一着：92（3-2A-1，3-2A-2，3-2A-4，
　　3-2A-6，3-2A-6，3-2A-8，4-2B-2，
　　4-2B-3，4-2B-4，4-2B-6，8-4B-4，
　　8-4B-5，12-6B-4，12-6B-4，12-6B-9，
　　13-7A-7，14-7B-2，14-7B-8，14-7B-9，
　　15-8A-6，17-9A-6，18-9B-1，20-10B-3，
　　21-11A-2，21-11A-4，21-11A-8，
　　21-11A-9，22-11B-3，22-11B-7，
　　22-11B-9，23-12A-5，24-12B-4，
　　25-13A-1，25-13A-4，25-13A-9，
　　25-13A-9，27-14A-1，27-14A-4，

　　28-14B-6，28-14B-7，28-14B-9，
　　29-15A-3，29-15A-4，29-15A-7，
　　30-15B-7，31-16A-6，31-16A-8，
　　32-16B-7，33-17A-1，33-17A-2，
　　33-17A-7，33-17A-7，33-17A-8，
　　33-17A-8，33-17A-8，36-18B-5，
　　36-18B-6，37-19A-2，37-19A-3，
　　37-19A-4，37-19A-9，38-19B-1，
　　38-19B-2，38-19B-6，38-19B-8，
　　39-20A-4，39-20A-7，40-20B-7，
　　40-20B-8，41-21A-4，41-21A-9，
　　42-21B-3，42-21B-3，42-21B-5，
　　42-21B-6，43-22A-1，43-22A-4，
　　43-22A-5，43-22A-5，43-22A-7，
　　43-22A-7，43-22A-8，43-22A-8，
　　44-22B-2，44-22B-3，44-22B-7，
　　45-23A-3，45-23A-7，45-23A-7，
　　46-23B-9，47-24A-9，48-24B-3）
針：2（15-8A-9，33-17A-9）
針線兒：1（41-21A-7）
眞：15（7-4A-9，7-4A-9，16-8B-9，
　　17-9A-2，19-10A-2，20-10B-4，
　　23-12A-7，24-12B-1，24-12B-6，
　　32-16B-3，34-17B-5，39-20A-1，
　　40-20B-6，44-22B-1，45-23A-9）
眞草隸篆：1（40-20B-9）
眞話：3（8-4B-3，8-4B-4，8-4B-4）
眞假：2（7-4A-1，8-4B-4）
眞是：1（34-17B-8）
眞眞：1（42-21B-6）
陣兒：1（21-11A-6）
睜：2（31-16A-6，37-19A-1）
整千整萬：1（22-11B-9）
整天家：1（19-10A-7）
整整齊齊兒：1（26-13B-1）
整治：1（35-18A-7）
正：7（13-7A-3，18-9B-2，21-11A-5，
　　25-13A-1，28-14B-9，29-15A-9，
　　37-19A-8）
正南正北：2（45-23A-7，45-23A-7）

正派：1（34-17B-9）
正晌午：2（18-9B-3, 33-17A-1）
正是：1（21-11A-9）
正在：2（36-18B-9, 47-24A-7）
之：1（41-21A-7）
之乎者也：1（37-19A-5）
之外：1（29-15A-5）
枝：1（43-22A-5）
隻：8（15-8A-9, 22-11B-7, 30-15B-2, 31-16A-1, 31-16A-1, 31-16A-2, 33-17A-7, 39-20A-9）
知道：14（8-4B-1, 8-4B-2, 10-5B-1, 10-5B-3, 10-5B-3, 10-5B-3, 10-5B-5, 11-6A-9, 16-8B-1, 16-8B-6, 17-9A-3, 20-10B-4, 25-13A-8, 28-14B-3）
蜘蛛網：1（40-20B-3）
搘：1（20-10B-7）
值：3（24-12B-4, 26-13B-7, 30-15B-1）
止：1（44-22B-1）
只：2（22-11B-7, 41-21A-7）
只顧：1（15-8A-8）
只管：1（17-9A-7）
只是：1（30-15B-2）
指：1（8-4B-1）
指頭：3（8-4B-7, 11-6A-9, 12-6B-9）
紙：1（17-9A-8）
至親：1（38-19B-9）
至少：1（46-23B-8）
制台：1（39-20A-6）
治：2（26-13B-5, 28-14B-2）
中國：1（27-14A-3）
中年：1（29-15A-6）
忠：2（2-1B-3, 2-1B-8）
忠厚：1（17-9A-3）
忠奸：2（2-1B-1, 2-1B-6）
鐘：2（17-9A-5, 26-13B-7）
鐘弦：1（17-9A-8）
腫：1（47-24A-4）
種 4：6（6-3B-1, 6-3B-6, 6-3B-6, 22-11B-7, 27-14A-4, 42-21B-7）

種不得：1（6-3B-7）
種田：1（6-3B-2）
眾人：1（48-24B-2）
重 zhong：6（1-1A-2, 1-1A-6, 1-1A-9, 3-2A-5, 33-17A-4, 40-20B-7）
舟山：1（30-15B-3）
肘子：1（47-24A-4）
珠寶：1（40-20B-3）
蛛蛛網子：1（24-12B-5）
猪：1（36-18B-4）
主兒：1（16-8B-7）
主意：1（16-8B-7）
主子：1（39-20A-9）
煮：4（20-10B-1, 24-12B-2, 38-19B-9, 40-20B-4）
住：25（3-2A-1, 3-2A-2, 3-2A-3, 3-2A-4, 3-2A-6, 3-2A-6, 3-2A-9, 4-2B-2, 4-2B-3, 4-2B-4, 4-2B-5, 4-2B-6, 10-5B-1, 10-5B-5, 11-6A-3, 12-6B-5, 17-9A-9, 20-10B-5, 27-14A-4, 27-14A-4, 27-14A-7, 27-14A-9, 39-20A-7, 40-20B-4, 45-23A-5）
住伙食：1（29-15A-8）
註解：1（40-20B-2）
蛀：1（38-19B-1）
蛀蟲蛀：1（40-20B-5）
轉向兒：1（36-18B-8）
粧模：1（31-16A-6）
粧妖作怪：1（37-19A-9）
莊稼：1（42-21B-5）
裝模做樣：1（37-19A-1）
裝：4（19-10A-4, 19-10A-5, 27-14A-5, 28-14B-6）
裝藥：1（30-15B-6）
追不上：1（11-6A-8）
準：1（17-9A-8）
拙嘴忲腮：1（46-23B-1）
捉弄：1（31-16A-4）
桌腿兒：1（40-20B-7）
桌子：2（12-6B-7, 22-11B-2）

桌子腿兒：1（41-21A-8）
濯：1（36-18B-2）
濯濕：1（32-16B-4）
自各兒：1（15-8A-8）
自己：5（8-4B-1，8-4B-9，9-5A-1，9-5A-6，48-24B-6）
字：15（6-3B-1，6-3B-3，7-4A-6，7-4A-6，7-4A-6，7-4A-6，7-4A-7，8-4B-2，10-5B-1，11-6A-8，14-7B-3，30-15B-5，30-15B-6，40-20B-9，47-24A-4）
字兒：1（29-15A-4）
總：10（7-4A-1，7-4A-2，7-4A-9，22-11B-1，22-11B-1，22-11B-4，22-11B-7，26-13B-2，34-17B-3，45-23A-3）
總督：1（39-20A-6）
總算：1（28-14B-8）
縱：1（25-13A-1）
走：10（5-3A-1，17-9A-5，17-9A-8，19-10A-7，19-10A-8，21-11A-1，26-13B-7，29-15A-1，36-18B-7，47-24A-6）
走徧：1（46-23B-8）
走不動：1（33-17A-7）
走道兒：2（31-16A-7，38-19B-2）
走水：1（35-18A-6）
足：1（31-16A-3）
揝：2（28-14B-5，43-22A-8）
嘴：3（46-23B-2，46-23B-2，46-23B-2）
嘴饞：1（31-16A-5）
嘴唇兒：1（32-16B-6）
嘴裡：3（31-16A-5，33-17A-6，34-17B-6）
嘴裡頭：2（38-19B-3，41-21A-6）
嘴碎嘮叨：1（47-24A-3）
嘴硬：1（26-13B-8）
最：15（6-3B-1，6-3B-4，15-8A-4，22-11B-8，23-12A-4，23-12A-5，34-17B-3，34-17B-5，38-19B-9，39-20A-3，39-20A-4，39-20A-9，40-20B-2，40-20B-4，40-20B-5）

醉：3（7-4A-1，7-4A-4，26-13B-1）
尊大人：1（11-6A-7）
尊貴：1（24-12B-1）
昨兒：1（8-4B-7）
左不過：1（19-10A-3）
左右做人難：1（33-17A-3）
作：4（16-8B-5，16-8B-9，26-13B-8，26-13B-8）
作不得：1（16-8B-7）
作踐：2（41-21A-4，47-24A-1）
作甚麼：1（23-12A-3）
作死：1（11-6A-1）
坐：4（33-17A-2，33-17A-7，38-19B-2，43-22A-1）
坐臥不寧：1（37-19A-2）
做：43（2-1B-4，2-1B-5，3-2A-3，7-4A-8，9-5A-3，9-5A-3，11-6A-4，11-6A-5，11-6A-8，12-6B-5，13-7A-2，14-7B-1，14-7B-3，14-7B-9，15-8A-3，16-8B-4，16-8B-4，16-8B-5，16-8B-5，16-8B-7，17-9A-1，17-9A-9，17-9A-9，18-9B-7，20-10B-3，20-10B-4，21-11A-4，21-11A-6，21-11A-9，22-11B-6，22-11B-6，23-12A-6，25-13A-3，25-13A-8，26-13B-5，28-14B-5，29-15A-1，30-15B-5，30-15B-9，36-18B-5，39-20A-3，41-21A-9，48-24B-2）
做兵：1（7-4A-8）
做不到：1（10-5B-8）
做不來：3（10-5B-7，24-12B-6，45-23A-4）
做好：1（44-22B-5）
做臉兒：2（32-16B-4，32-16B-4）
做買賣：1（6-3B-3）
做事：5（2-1B-1，2-1B-2，2-1B-8，2-1B-8，44-22B-8）
做樣：1（31-16A-6）

影印本文

語言自邇集 初版（一八六七年、架蔵）

語言自邇集

YÜ-YEN TZŬ-ERH CHI,

A PROGRESSIVE COURSE

DESIGNED TO ASSIST THE STUDENT OF

COLLOQUIAL CHINESE,

AS SPOKEN IN THE CAPITAL AND THE METROPOLITAN DEPARTMENT;

In Eight Parts;

WITH KEY, SYLLABARY, AND WRITING EXERCISES;

BY

THOMAS FRANCIS WADE C.B.

SECRETARY TO H.B.M. LEGATION AT PEKING.

LONDON:
TRÜBNER & CO., 60, PATERNOSTER ROW.

MDCCCLXVII.

PREFACE.

"What Chinese is it that you want to learn, Sir?" asked the first sinologue of established reputation that I consulted; "there is the language of the ancient classics, and the language of more modern books, and the language of official documents, and the epistolary language, and the spoken language, of which there are numerous dialects; now which Chinese is it that you wish to begin with?" The learned gentleman was one of a very small number, who, at the time the Treaty of Nanking was signed, monopolised the credit of an acquaintance with the language, and, in the pride of this exceptional eminence, he was by no means averse to mystification of the uninitiated. Still, without doubt, the question with which he began and ended is the first that must be answered by any one who aspires to learn Chinese, or professes to teach it; what does either mean by Chinese, divided as it is into written and spoken, and subdivided as the written and spoken languages are, the former by its variety of styles, the latter by more dialectic differences than the most advanced scholar is as yet in a position to define.

The answer must depend upon the vocation of the enquirer. Is he a philologist, pure and simple, or a merchant who wishes for direct intercourse, orally or in writing, with his native constituents, or a missionary whose object is the propagation of spiritual truth, or an official interpreter whose duties, as an international agent, will continue, until such time as the Chinese become competent to interpret and translate for themselves, scarcely inferior to the duties of the missionary in importance?

The business of the writer is with aspirants of the last mentioned class. It is one of his duties to direct the studies of the gentlemen destined to recruit the ranks of Her Majesty's Consular Service in China, and although the work now submitted to the public will not perhaps be esteemed valueless by either the missionary or the merchant who may use it, its primary object is to assist the Consular Student in grounding himself with the least possible loss of time in the spoken government language of this country, and in the written government language as it is read, either in books, or in official correspondence, or in documents in any sense of a public character.

The work is in two principal divisions, respectively denominated Colloquial and Documentary Series. The words TZǓ ERH CHI which recur in the title of both may be fairly translated Progressive Course. To go far, says a Chinese classic,* we must start *tzŭ erh*, from what is near. The two courses are *chi*, collections of matter, of which that distinguished by the prefix *yü-yen*, words and phrases, is the colloquial, the other, being a collection of *wên-chien*, written papers, the documentary course.

---

* The CHUNG YUNG, Rule of the Mean, or avoidance of extremes, the second of the Four Books known as Confucian, the bible of Chinese morality, contains the following passage:

自 *tzŭ* 高 *kao*, 如 *ju* 邇 *erh*; 必 *pi* 行 *hsing* 辟 *pi* 之 *chih* 君 *Chün*
卑 *pi*. 必 *pi* 登 *têng* 辟 *pi* 自 *tzŭ* 遠 *yüan* 如 *ju* 道 *tao*, 子 *tzŭ*

"The way [in wisdom] of the *chün tzŭ*, model man, is as that of the traveller, who to go far must start from what is near; or of him that climbs, who to go high must start from what is low." Whoever would be a proficient, must begin with what is elementary.

PREFACE.

The first, that contained in the present volume, is the only one of the two that is legitimately denominated progressive. This does lead the scholar *tzŭ erh*, from what is near, to no inconsiderable distance in the spoken language, and if he have the patience thoroughly to master the text of it before venturing on the documentary series, he will have so familiarised himself with the form and meaning of written words as greatly to lessen his difficulties as a translator. Beyond this the colloquial is not an introduction to the documentary series, nor can any one of the sixteen parts of the latter be said to be an introduction to any other part; the term series, therefore, as applied to the volume of documents, is in some sort a misnomer. But this is unimportant. That collection of papers fairly answers the end proposed, which is to set before the student in bold type and properly punctuated, a number of specimens of Chinese documentary composition. A Key or Commentary, now in course of preparation, will accompany the course, and may possibly be followed by a translation of the whole of the papers contained in it.

Our immediate affair is the Colloquial Series, which occupies the volume before us. In the Appendices are repeated all the words that have been met with in the Chinese text, in the order in which they first occur. The Key forms an additional volume; the Syllabary, of which more will be said by-and-bye, another; and the Writing Course, another. The student is recommended to keep these four volumes separate.

The first part of the Series is devoted to Pronunciation, the second, headed the Radicals, to the construction of the written words ordinarily known as Chinese characters. The third, fourth, fifth, and sixth, are exercises, some in one shape, some in another, in the oral language of the metropolitan department, styled for brevity the Peking Dialect; the seventh is a set of exercises designed to illustrate the influence of the Tones upon the dialect in question; the eighth and last, entitled a Chapter on the Parts of Speech, is a talk in colloquial Chinese upon certain, though by no means upon the whole, of those conditions that are the equivalents in Chinese of such as we describe by the term grammatical. Something farther will be said regarding this last part elsewhere, which will explain to the reader the occasion of this cautious periphrasis.

The order of the Colloquial Series has been dictated by the following considerations. The persons whose requirements it is the primary object of its compilation to satisfy are, as I have said above, Consular Students, to whom the knowledge of the written is not less indispensable than that of the oral language. They have to learn not only to talk, but to translate from and into written Chinese. Their foremost duty is beyond doubt application to the spoken language; not because there devolves upon the interpreter a heavier responsibility as a speaker than as a translator; on the contrary, an error in the *litera scripta* may be unquestionably of the greater significance; but because it is established by experience that, while the difficulties of the written language give way perceptibly before a sustained effort to surmount them, even comparative proficiency in speaking is not to be achieved by adults of average aptitude, unless the dialect to be spoken is specially and diligently laboured at while the ear is fresh. On the other hand, it has been admitted by some of the very few foreigners who have limited themselves to the acquisition of a dialect phonetically, and some of the best speakers have so limited themselves, that the difficulties of the written language, when they did at last turn to it, appeared doubly disheartening. Why this should be so, it is needless here to enquire; the data on which either of the above conclusions is based are not abundant; but they suffice, in my opinion, to justify the recom-

PREFACE.

mendation that while, for a given time, he accept improvement in speaking as his chief obligation, the student should nevertheless allow himself to consider no word or phrase added to his vocabulary, of the written form of which he is not assured. He is not at all engaged by this injunction to the study of Chinese composition, between the idiom of which, no matter in which of its departments, and that of the colloquial language, no matter in which of its dialects, there are notable diversities; but he is called upon to examine, with his eyes, the constitution of every word or phrase that he is committing to memory. This conceded, that the eye is so far to assist the ear, it follows that his first step must be to acquaint himself with the construction of written words. He cannot do this until he is familiar with the Radicals, and accordingly a list of these, with translation, illustrations, and test tables, is supplied him in Part II. These are the indices under which all words are classed by modern Chinese lexicographers; many of them are themselves independent words used both in speech and writing; some are used in writing alone; some are obsolete symbols; but whether words or symbols, they must of course be retained each by a name or sound, and as every sound has to be represented by a combination of the letters of foreign alphabets, a consideration of the orthographic system employed to this end must of necessity precede the study of the Radicals, and the system here employed is therefore assigned a place under the head of Pronunciation in Part I.

The question of Pronunciation, it will there be seen, is divided into Sound, Tone, and Rhythm. The two last are all-important, and have been farther treated of with some detail in the prefatory pages of the Key to Part VII. The first, which should rather have been described as Orthography, is of less consequence by much. No orthography that professes to reproduce the syllabic sounds of a Chinese dialect is at the best more than an approximation. Neither vowels nor consonants, even when their defectiveness has been relieved by diacritic marks, are equal to the whole duty imposed upon them. Still, the learner, having made choice of a dialect, would soon find himself embarrassed, if he tried to make way without any orthographic system at all, and his confusion of both sounds and tones would certainly be augmented, if, while still in his apprenticeship, he attempted the fabrication of a system, in preference to adopting the work of an older hand. Students using the present work are, of course, left no option as to dialect or orthographic system. The system it provides, except that, to include certain occasional varieties, the number of syllables in it has been raised from 397 to 420, is almost the same as that contained in the HSIN CHING LU, an elementary work published by me in 1859. This system has been by no means universally approved, and although the objections taken to it have come generally from those who had commenced their studies before its appearance, it will be to the advantage of any beginner who may use it, that these objections should be declared and combated *in limine*. But before going farther into this question, it may be as well to explain why the particular dialect here set before him has been selected.

Some standard was necessary. Scarcely any stranger can have heard the spoken language of China mentioned without observing that one form of it is alluded to as the Mandarin Dialect. This is the *kuan 'hua*; properly translated, the oral language of government. The word *kuan*, an official, has been europeanised through the Portuguese as *mandarin*, and this term has become, as Mr. Edkins remarks,[*]

---

[*] Grammar of the Chinese Colloquial Language, commonly called the Mandarin Dialect, by the Revd. Joseph Edkins. Shanghai, 1864. 2nd Edition, page 7.

PREFACE.

too convenient an equivalent for *kuan* to be lightly abandoned; but the word *dialect* is misleading; for the *kuan 'hua* is the colloquial medium not only of the official and educated classes, but of nearly four-fifths of the people of the empire. In so vast an area, however, it follows that there must be a vast variety of dialects. Mr. Edkins, than whom no one has more diligently explored the laws and limits of these differences, divides the *kuan 'hua* into three principal systems, the southern, the northern, and the western, of which, he makes Nanking, Peking, and Ch'êng-tu, the capital of the province of Ssŭ Ch'uan, respectively the standards. The Nanking mandarin, he observes, is more widely understood than that of Peking, although the latter is more fashionable, but he admits that "the Peking dialect must be studied by those who would speak the language of the imperial court, and what is, when purified of its localisms, the accredited *kuan 'hua* of the empire."

The opinion here cited but confirms a conclusion long since arrived at by myself, to wit, that Pekinese is the dialect an official interpreter ought to learn. Since the establishment of foreign legations with their corps of students at Peking, it has become next to impossible that any other should take precedence. When, in due time, the beginner's services are required at the Yamên of Foreign Affairs, he finds that the language he has been learning is that spoken by the chief officers of the Imperial Government. Meanwhile, his teachers, servants, and nine-tenths of the people he comes in contact with, naturally speak nothing else. Lastly, whether it be the fact or not that the peculiarities of Pekinese are, as it is alleged, by degrees invading all other dialects of the mandarin, the student may rest assured that if he speak Pekinese *well*, he will have no difficulty in understanding or being understood by any mandarin-speaking native whose dialect is not a flagrant divergence from the standard under which it would be enrolled by the geographer or the philologist. I have seen one interpreter who was really a proficient in Pekinese, as intelligible at Hankow as in the capital; I have known another, who was reputed to speak a local dialect of mandarin with fluency, unable to communicate with any mandarin but one whom circumstances had made familiar with the particular dialect he spoke.

This point, the selection of a dialect, decided, now some twenty years ago, the next step was the construction of an orthography. No one at the time had written on Pekinese, and the orthographies professing to represent the southern mandarin, those of Dr. Morrison, compiler of the first dictionary in Chinese and English, Dr. Medhurst, and Dr. Wells Williams, were far from unassailable representatives of the native system they professed to reproduce. To the first, Mr. Edkins goes so far as to deny all claim to be regarded as a mandarin orthography. "Morrison," says he, "in preparing his very useful syllabic dictionary, was not aware that the sounds he followed were not Mandarin at all, but an obsolete pronunciation." Dr. Medhurst, with some modifications for the better, nearly copied Dr. Morrison's orthography; not, he says, as being the best, but because it was the best known. Dr. Williams, working, I believe, in concert with the lexicographer's accomplished son, Mr. John Robert Morrison, recast the system of the Syllabic Dictionary, but only so far as the mode of spelling is concerned. The last orthography, consequently, though more symmetrical, is, in my opinion, hardly nearer accuracy than the first.* The only sinologue of standing who spoke the Peking mandarin was

---

* I should be sorry were it to appear that I spoke without sufficient respect for the labours of Dr. Morrison. It is impossible, as Mr. Meadows has remarked, not to feel a sort of gratitude to one who has so abridged the toil of the student. Dr. Wells Williams, the most industrious of sinologues, has nearly ready for the press a dictionary, which, as it will be an improvement upon his very useful work published some ten years ago, will be a notable addition to the materials for an education in Chinese.

PREFACE.

Mr. Robert Thom. By his advice that dialect had been studied, and with great success, by Mr. Thomas Meadows, and to the latter gentleman I was indebted not only for a right direction at starting, but for much assistance which there was at the time no one else within reach to afford. His Desultory Notes appeared shortly after, and to the chapters in that work relating to the language and administration of China, I am bound to acknowledge my obligations. These Notes contain, I believe, the first published scheme of a Pekinese orthography, but while admitting in general the justice of the author's appreciation of the characteristics of the dialect, I did not as a rule subscribe to his method of representing those characteristics; and, although it was in the main due to Mr. Meadows's suggestions that I got upon the right track, I am not, on reflection, aware of having adopted any thing from his system but the initial *hs;* of which more in the proper place.

My difficulty, when I first tried to form a list of syllables, was this, that no native work contained a syllabic system at all to be relied on. If you want to speak Cantonese as it is spoken in Canton, you can buy a vocabulary that will keep you perfectly straight, so far as sound is concerned. The Chinese have a rude expedient which it is an abuse of terms to call spelling, by which a native who is more or less lettered can divine the sound of a new written word once he has found it. The written word *p'ao*, for instance, tells him the initial sound of a certain word; the written word *t'ien*, below *p'ao*, supplies the final; and amalgamation of *p'ao* and *t'ien*, gives him *p'ien*. The Canton vocabulary is divided into chapters according to the Tones, and the initials being arranged after a predetermined order, and the terminals, also in a fixed order, under every initial, the word sought is looked for under its terminal. The process of course involves some preliminary acquaintance with the Chinese written language. Other dialects besides Cantonese have similar standard vocabularies; there are some for various shades of the mandarin; there are also phrase books with elaborate orthographic systems for instructing outsiders, at all events Cantonese, in mandarin pronunciation; but the latter I found to possess almost all two serious defects; the mandarin they attempted to reproduce was both in idiom and sound an antiquated dialect; and the initial and final sounds combined in them to effect an imitation of the mandarin syllable, still presenting themselves to the provincial student as unmutilated syllables of the dialect he had been accustomed to speak, neither adequately informed the eye, nor confirmed the ear.

It was not till 1855, when I had been making and re-making orthographies for some eight years, that a native author brought out a fair approximation to a Peking sound-table. This was published at Canton; but my teacher YING LUNG-T'IEN had already of his own motion compiled for me an index of words, which, after reducing the syllables to alphabetic order, I eventually appended to the HSIN CHING LU as the Peking Syllabary. His base was an old edition of the *Wu Fang Yüan Yin*, Sounds in the general language of the empire according to their Rhymes; a vocabulary with a most limited exegesis, but comprising some 10,000 authorised characters, that is, written words, arranged in five Tone divisions (see Part I, page 6), the words in each division being classed with reference to twelve initials and twenty finals in a prescribed order. Having struck out of this all words that he thought unavailable for colloquial purposes, he re-classed the remainder, retaining the primitive initials and finals as indices of syllabic categories, but changing either the Sound or Tone, or both, of a large number of words, and entirely suppressing the 5th or re-entering Tone. His judgments both on Sound and Tone, I have found, during the seven years his table has been on trial, to be generally held correct.

PREFACE.

His measure of the number of words that should suffice a speaker has proved somewhat restricted, and this is remarkable, for his own stock of phraseology was as copious as it was elegant. He died in 1861, and to supply what was defective in his list, an independent selection has since been made for me, by other native assistants, from a much larger vocabulary than that which he had dissected. The revised collection being then incorporated in the original Syllabary, a fresh copy of this and its Appendix was carefully prepared for the press under the superintendence of Mr. Charles Bismarck, Chinese Secretary of the Prussian Legation, a scholar of much promise whether as a speaker or translator. The new Appendix is entirely the work of his hand.

The value of the Syllabary, practically, is this. The eye and the ear, it will be borne in mind, are so to work together that no word is to be considered in the student's possession, until he shall have assured himself of its written form. The written form, or character, (see Part II, page 13,) consists of two parts, the Radical, which vaguely indicates the sense of the word, the Phonetic which vaguely indicates its sound. When his teacher uses a word unknown to the student, the latter, by referring to the Syllabary, (and after a very short acquaintance with the orthography his ear will guide him to the right syllable,) will find under that syllable not only the word he seeks in its proper tone-class, and printed in its authorised form, but grouped as near as may be on the same line with it, all words of the same Sound which have also the same Phonetic. His comparison of these, his observations of the difference between their Radicals, and the difference or identity of their Tones, will do much to impress the word sought, with all its incidents, form, sound, and tone, upon the memory. In the absence of his teacher, again, he will find his recollection of the characters he ought to know, in general strengthened, and, particularly, his knowledge of the Tones confirmed, by reference to the Syllabary, while the distinction between Sounds and Tones common to the same words, is taught or recalled to him by the Appendix.

The method of spelling resorted to in this work, I have said above, has been more or less attacked. Accuracy being impossible, I have inclined to the combinations that seemed to me to reproduce most simply the Syllabic Sounds without indifference to the exigencies of the Tone-scale; and for the sake both of printer and student I have always, where I could, employed alphabetic symbols in preference to diacritic marks. Thus the *i* as in *ship*, is shortened in *chih*, *shih*, by the *h*, which succeeds it, instead of being written *ĭ*. Neither *chi* nor *chih* will be pronounced correctly without the information that must accompany any orthographic system, but it appears to me that the alphabetic method has the advantage of simplicity. The vowel *u* in the various diphthongs in which it figures, is preferred to *w*, because, as the Tone Exercises in Part VII will shew, the emphasis falls, under some Tones, on the *u*, under others, on the vowel or vowels coming after it. The syllable *yu*, under some Tones, reads like *yo* in *yore*, but it is elsewhere incontestably *yu*, and we want *yo* as a distinct sound for the syllable *yo* as in *yonder*. So with *iu*, in the the syllables *liu*, *miu*, *niu*. These, under some Tones, are nearly *leyeu*, *meyeu*, *neyeu*, but under the second Tone, the student will find that he requires, if I may call it so, the more monosyllabic sound of *liu*. For like reasons I prefer *ui* to *uei*. The sound which is, to my ear, *er* in *perch*, or *ur* in *murrain*, Mr. Edkins writes *rĭ*; I have preferred *erh*. The initial *j* is intended to approach the sound of *s* in *fusion*, *z* in *brazier*, the French *j* in *jaune*. If the organs exercised in the pronunciation of this consonant be closely watched, it will no doubt appear that it is preceded by something like *r* or *er*; but not so markedly as to call for special indication. A speaker softening the *j* as

PREFACE.

in French, will be as surely understood when he says *ju jo*, as if he strives to utter a modification of *ru ro;* indeed with greater certainty than if he makes this latter effort. Lastly, there is the initial *hs*, which some complain is liable to confusion with *sh.* The aspirate precedes the sibilant; if the first *i* in *hissing* be dropped, you retain very exactly the Chinese syllable *hsing.* Rules cannot go far in such matters. The ear must advise itself by practice.*

On the sounds which I write *ssŭ*, *tzŭ*, and *tz‘ŭ*, it is scarcely necessary to discourse. The vowels in these syllables defy a European alphabet more obstinately than any we have to deal with. Dr. Morrison's *sze* was changed by Dr. Williams to *sz'*. I used this for many years, but a tendency I noticed in some speakers to pronounce the syllable *sizz*, determined me to restore the vowel. Mr. Edkins writes *sĭ*, which is neither better nor worse than *ssŭ*, or, as it read in the old Syllabary, *szŭ.* The vowel that *ĭ* or *ŭ* is supposed to stand for does not exist in our system, and, represent it by what letter we will, some diacritic mark is indispensable.

For practical purposes the beginner, having at his side of course a native instructor,—no orthography, however scientific, will teach him to pronounce without one,—will find, I believe, the illustrations that accompany the orthography in Part I, with the farther observations prefixed to the Key of Part VII, amply sufficient to regulate his ear. Until some more ambitious dictionary than any as yet published by a foreigner, overbears the distinctions taken by existing controversialists, controversy on the subject of syllabification will continue. The notes attached to the different parts of this course will enable the beginner to dispense almost entirely with a dictionary, and I would advise him, for the time being, to take what they tell him upon trust, and until he shall have reached a point considerably beyond their limits, to refrain from theorising in the matter either of sense or of sound.

---

* This initial *hs*, as the Sound Table will shew, is only met with before the vowel sounds of the Italian *i* or the French *u*, and the syllables beginning with it have a history of their own which claims a passing remark. Many of the words now pronounced *hsi*, were some years ago *hi*, many others *si*; similarly, words now pronounced *hsü*, were some of them *hü* and some *sü*. In very modern mandarin vocabularies, these syllabic distinctions are preserved. The fusion of them is variously accounted for. While the Peking Syllabary was undergoing revision, I was urged by my friend Mr. Edkins to admit into my orthography some change that might serve as an index of the original sound in the case of words differing as above, and had the work been of a lexicographic character, I would have adopted the suggestion. Nothing could be easier than to mark all words that have been HI, as H^SI, and all that have been SI, as ^HSI; so with *hsü* and *sü*; and to the philologist this recognition of pedigree might be of a certain value; but the syllable to be learned by the student of the colloquial language in this dialect, whether he express it by *hsi*, *hsü*, or otherwise, is still a sound common to all the words classed under it by the native speakers who compiled the syllabaries; the change would have involved a double tabular arrangement under all the syllables concerned, and it is to be doubted whether the beginner would not have been rather confused than advantaged by having what is now become, practically, but one category of sound, subdivided into two. If I live to publish a vocabulary, (not of Pekinese, but of Mandarin in general,) for which I have been for some years collecting materials, the peculiarity will not be left unnoticed.

The initial *ch* is common before all the vowels, but wherever it precedes the above vowel sounds *i* or *ü*, it has been, and in other dialects still is, either *k* or *ts*. Thus *kiang*, and *tsiang*, are now both pronounced by a Pekinese, *chiang*; *kin* and *tsin* have both become *chin*. With some speakers, the articulation will sometimes vacillate between *ch* and *ts*, in these sounds, but the *ch* as a rule predominates, and you never hear the *k* hard. It is an instance of the caprice of these dialectic peculiarities that in the adjoining department of Tien-tsin, *ch* is *ts* even before *a*; the word *ch‘a*, tea, is *ts‘a*. At Shanghai, it is something like *dzó*; at Foochow, *t‘a*; at Amoy *t‘i*, (our *tea*;) and at Canton, again *ch‘a*.

PREFACE.

The notice on the third page of the Key will enable any one to proceed with Part III who has fairly worked up the Test Tables in Part II, and then onward to the end of Part VI. The principle of instruction in all these, especially in Part III, is, to a certain extent, that which the methods of Ahn and Ollendorf have popularised in Europe. To a certain extent only. All specimens of these methods that I have examined, it is true, at once introduce the pupil to a certain stock of words and sentences; but the order of their lessons is regulated by that of the divisions of ordinary European grammars. They begin with the Article, decline the Noun, conjugate the Verb, and so on. I shall have to refer again to the absence of inflectional mechanism in Chinese, and the consequent impossibility of legislating as in other tongues for its etymology. Suffice it here to say, that preliminary investigation of etymological laws aids us less in this than perhaps in any language; the sooner we plunge into phraseology the better. The Forty Exercises of Part III were prepared two years ago, at first with fifty characters in the vocabulary column placed on the right of each. A gentleman of above average proficiency in certain European languages, whom chance made the *corpus vile* of the experiment, remonstrated against the magnitude of this task as excessive for a tiro. The vocabulary was accordingly reduced, and after four revisions, the Exercises were left as they now are. The progress of the Consular Students who have used them in manuscript, is fair guarantee of their utility as elementary lessons.

The Ten Dialogues of Part IV, which come next, were dictated by me to a remarkably good teacher of the spoken language, who of course corrected my idiom as he took them down. The matter of most of them is trivial enough, but they give the interpreter some idea of a very troublesome portion of his duties, namely, the cross-examination of an unwilling witness. It was with this object that they were composed.

The Dialogues are followed by the Eighteen Sections, the term section being chosen for no reason but to distinguish the divisions of this Part V from those of the foregoing parts and of the next succeeding one. The phrases contained in each of its eighteen pages are a portion of a larger collection written out years ago by YING LUNG-T'IEN. I printed the Chinese text of this with a few additions of my own in 1860. Finding them in some favor with those who have used them, I have retained all but my own contributions to the original stock, or such phrases in the latter as are explained in other parts of this work, and now republish them as a sort of continuation of Part III. The contents of that part are in Chinese styled *San Yü*, detached phrases; those of the fifth part are *Hsü San Yü*, a supplement to those phrases. The intermediate Dialogues are *Wên Ta Chang*, question and answer chapters, and the papers which follow in Part VI, are *T'an Lun P'ien*, or chapters of chat, for distinction's sake entitled The Hundred Lessons. These last are nearly the whole of a native work compiled some two centuries since to teach the Manchus Chinese, and the Chinese Manchu, a copy of which was brought southward in 1851 by the Abbé Huc. Its phraseology, which was here and there too bookish, having been thoroughly revised by YING LUNG-T'IEN, I printed it with what is now reduced to the *Hsü San Yü*; but it has since been carefully retouched more than once by competent natives.

The Sections and Lessons of the two last parts possess the advantage of being the spontaneous composition of native speakers. As such they are of course more incontestably idiomatic than the Exercises and Dialogues of Parts III and IV.

The words *Lien-hsi Yen Shan P'ing-Tsê Pien*, which form the Chinese title of Part VII, will

PREFACE.

translate freely as Exercises in the Tone System of Peking, and the prefecture in which it stands. Of the Exercises themselves it is unnecessary to say much more than that, from the very commencement, the student will do well to have a portion of them read over and over again to him daily by his teacher, whom he should try to follow *vivâ voce*. This will be to many a very irksome operation, and the Exercises are all translated in order that the learner may be spared the dulness of attending to the sound of words in complete ignorance of their sense; but their chief end is to drill him thoroughly in the nature and law of the Tones, and although, if he retain their meanings, he will find a large share of these a useful addition to his vocabulary, he should be more anxious to acquire from them a just notion of the rules and practice of accentuation which they are intended to illustrate. His command of speech will be every day receiving accessions from the earlier portions of the Series, on which he will naturally bestow the greater share of his attention. The Key to this Part will inform him of the plan of these Tone Exercises, which are in the order of the syllables alphabetically arrayed in the Sound Table appended to Part I.

He is at the same time specially invited to observe the principle on which the Chinese notes appended to the characters that act as Syllabic indices in this Part are constructed.

The *tzŭ*, written words of the Chinese language, as observed in Part I, are some thousands, while the *yin*, sounds, by which the *tzŭ* are called, are but a few hundreds, in number. Many of the *tzŭ* will never be met with in the oral language, but whether the student be engaged on the oral language or the written, his instructor will be constantly making reference, by its *yin*, to such or such a *tzŭ*; and inasmuch as, under many of the sounds, a number of *tzŭ* are known not only by one *yin*, syllabic sound, but often by the same *shêng*, intonation, of that sound, the confusion between the *tzŭ* alluded to and other homophonous *tzŭ*, unless the written form of the first be before the hearer's eye, may be imagined. The difficulty is fairly met by the Chinese practice of recalling the dissyllabic or polysyllabic combination in which the *tzŭ* spoken of most commonly plays a part. Just as in English, if it be necessary to particularise whether by a certain sound we mean *wright*, *write*, *right*, or *rite*, we make our meaning clear by a context that shews whether the syllable uttered is that in ship*wright*, to *write* letters, *right* and left, or *rite* of baptism, so a Chinese will explain that the *ai* he is speaking of, is the *ai* in *ai-ch'iu*, to implore, in *ch'ên-ai*, dust, in *kao ai*, tall and short, or in *ai-hsi*, to love; but homophony being, in his language, as much the rule as in ours it is the exception, he is very constantly obliged to fall back on this expedient.

The moral of this digression is that when studying Chinese, oral or written, the student should always endeavour to connect a newly discovered monosyllable with its best known associate; if his teacher be worth anything he will always be ready with this when called upon; and then, never forgetting that, in a large majority of instances, the *tzŭ*, no matter with what others they may combine, preserve their capability of employment as independent monosyllables or in distinct alliances, he will find the difficulties presented by the acquisition of a *primâ facie* monosyllabic language considerably diminished. The dialogue which closes the Supplement of Part VIII is an illustration of the difficulty in question, and the expedient proposed to remove it.

And now to come to the Eighth and last Part of this Series, and its supplement. In the memorandum appended to the Table of Contents for the guidance of the student, he will see that this Supplement is the first thing that he is to look at; not, as he might lawfully suppose, because Chinese text is

xi

PREFACE.

read from what with us is the latter end of the book, but because the text of the Supplement contains a certain number of words and phrases which are among the first that he will require to use. It was an after-thought, or its matter might easily have been worked into the earlier Exercises of Part III. As regards Part VIII itself, after what has been said above on the subject of grammatical analysis, the introduction of a chapter purporting to treat of the Parts of Speech in Chinese may be thought an inconsistency. The reader is requested to bear in mind that the chapter is not, and does not assume to be, a grammar. It is no more than the result of an experiment which there has not been time to elaborate; of an attempt to set before the student some of the chief contrasts and analogies in the grammatical conditions of inflected English and uninflected Chinese.

The foreign linguist tells us that Grammar, as the Science of Words, is divisible into Etymology and Syntax, and that Etymology again subdivides itself into the laws of Inflection and of Derivation. The Chinese language yields but a qualified submission to this decree. In the sense of *derivation* its Etymology has something in common with that of other tongues; in the sense of *inflection* it has no etymology.

As to Derivation, the pedigree of all single words in Chinese is to a certain point accessible, for the single words have, with rare exceptions, each one its representative in the written language, and these representative forms, called with some confusion Chinese characters, are invariably made up of two elements known to foreign sinologues as the Radical and the Phonetic. The Radical indicates the category of *sense*, the Phonetic the category of *sound*, to which any word belongs. Neither Radical nor Phonetic, it is true, is in all cases such an index of sense or sound as to ensure prompt recognition of either; for although there has never been in Chinese that fusion of parts that has so obliterated the primitive features of other languages, the monosyllabic sound has been in many instances modified in the course of time, and both Radicals and Phonetics, but especially the latter, there is reason believe, have on occasion been corruptly exchanged. Still, the native dictionaries supply us with information fairly satisfying as regards the hereditary descent of some thousands of the single words constantly met with. In what we may call polysyllabic combinations, the work is apparently easier, because each syllable is a word in its original integrity, and we are at first sight led to infer that explaining the separate parts we can explain the whole. But it is far from being always evident how, its ancient or its more modern signification considered, the word claiming attention has come to play the part it does as the confederate of the word or words to which we now see it allied. The sense in which the compound is used, both colloquially and in writing, is frequently to be arrived at only by referring to the text of the classical work in which it first appears, or of the historian or other later writer who has applied the classical quotation after a fashion of his own; and interpretation of the polysyllabic compound by as it were a sub-translation of its component parts, will often be as utterly misleading as an explanation of the epithet Shakesperian based on the hypothesis that the words *shake* and *spear* contain the secret of its meaning.

It is essential, therefore, that, while examining each member of a compound apart, for without this examination the single word will not be retained in his memory, the student should be on the watch against temptation too eagerly to adopt what may seem the self-evident conclusion deducible from his analysis. This caution is not wholly valueless with reference to any of the polysyllabic languages, where it is but seldom that the compound retains its parts so unmodified as to force upon us

PREFACE.

the recollection of their independent significations; but it is doubly necessary in Chinese, because, from the relation of the spoken and written languages, no one syllable of a compound ever presents itself in any other form than what belongs to it when it is employed as an a independent monosyllable. Experience of the danger to which a vicious process of etymological investigation exposes the translator, must be my excuse for occupying so much space with the subject.

As to the other branch of Etymology, namely Inflection, it cannot, I repeat, be allowed to have a place in Chinese grammar at all; and the versatility, if it be lawful to call it so, of the Chinese word, the capacity common to so many words (especially to those that we are wont to call nouns and verbs,) for grammatical services so widely differing, is such that any attempt to divide the language authoritatively into the categories known to us as Parts of Speech would be futile. Still, our Parts of Speech must of course have their equivalents in Chinese, whether we are able to categorise them as Parts of Speech or not; nor could Chinese be a language unless it possessed within itself the means of producing most of the results effected in all other tongues by inflection. It does not break off portions of its words or incorporate in them fragments of words, extant or obsolete, for the purpose of indicating the conditions we describe by the terms Case, Number, Mood, Tense, Voice, or the like; but it achieves nearly as much as these modifications can effect by a syntactic disposition of words, all extant, and almost all universally retaining their power to employ themselves integrally and independently elsewhere.

Now, for speculative purposes there are various treatises on Mandarin grammar, which may be perused with profit by the more advanced student; in particular those by M. Bazin and Mr. Edkins; but I have no faith in these, or in any Grammar that I have examined, as helps, *in the beginning*, towards acquisition of the spoken language. It occurred to me, nevertheless, shortly after I had put my hand to the elementary course now published, that if this were accompanied by a collection of examples that should give some notion, as I have said above, of the contrasts and analogies of the two languages, it might avail to remove some of the stumbling-blocks common to beginners in either, without committing them to the bondage of rules fashioned too strictly after our European pattern; and taking the simplest school grammar I could find, I went through its etymology with the able teacher before mentioned, translating the examples to him *vivâ voce*, and expounding to the best of my ability the rules and definitions these examples were intended to illustrate. Our embarrassment was a grammatical nomenclature; for as China does not as yet possess the science of grammar, she is of course very ill found in its terminology; and the reader will see to what straits the would-be grammarian is reduced in describing, for instance, the Case of the Noun. The teacher, thus inoculated, suggested sundry amplifications and curtailments as we read on, and the text finally approved being submitted to another learned native, he pronounced it to be a *Yen Yü Li Lüo*, or Summary of the Laws of Phraseology, by which somewhat pretentious designation it is accordingly distinguished in the Tzŭ Erh Chi. The experiment was pursued so desultorily, and the Chapter on the Parts of Speech, as I prefer to call it, is so crude and incomplete a production, that I am scarcely willing to expose it to the criticism of the majority who, notwithstanding the modesty of this title, can scarce fail to be as little pleased with it as its author. To the beginner, for all that, and it is for the beginner that the colloquial course is intended, its text and notes will prove of a certain value; not the least this, that its matter and method will together provide both his Chinese teacher and himself with a means of adding largely to the kind

PREFACE.

of information which the chapter does not profess more than partially to supply. The memorandum before mentioned will shew how I think he will best turn its contents to account.

The whole Colloquial Series has been either written or rewritten in the last two years, and it has been printed with the Documentary Series at Shanghai in the last few months. The fact that five presses, scarce any of them accustomed or adapted to the execution of printing on a grand scale, have been employed at the same time upon the volumes now issued, must be my excuse for the long list of errata appended to some of them. The errors noticed would have been more numerous but for the friendly offices of Messrs. Mowat and Jamieson, Consular Assistants stationed at Shanghai. The former gentleman bids fair to become an authority upon the Tone System. I am indebted to him for calling my attention to a grave oversight in the construction of the 3rd Tone Exercises in Part VII, and it is to his accuracy and diligence that the present correctness of the Key to that Part is mainly to be ascribed.

If I do not wind up as is the wont of diffident writers, with a depreciation of the merits of my work, it is not because I am blind to its imperfections. Still, these admitted, a campaign extending over about a quarter of a century encourages me to believe that the Series will be of no small assistance to the interpretorial wants which it is more particularly designed to relieve. The collection of elementary matter it contains will put any student of ordinary aptitude and application in possession of a very respectable acquaintance with the oral language in one twelve-month from the day he arrives at Peking. The course is far from exhaustive, but the speaker who can pass in it will find himself in a position of which he need not be ashamed. Let him give it a fair chance for at least his first eighteen months, and above all let him abstain during that period from exploration of any shorter path to perfection that he may imagine he has discovered; from all original attempts at systematisation. There is much about the written language to lure a novice from what he may not unnaturally regard as the less serious, because it appears the less formidable, undertaking. A man with a quick ear may fancy that, working at written texts with a native instructor, the verbal explanations of the latter will bring him the habit of speech without any special consecration of his powers to its acquirement, and his progress in reading is so much more evident, and as such so flattering to his self-love, that he may easily persuade himself to prefer the labour that seems to promise the more immediate remuneration of his pains. There can be no greater error. If he yield to the temptation, if he neglect the spoken language for the written during his noviciate, he will repent his mistake throughout the whole of his career. Even when his acquaintance with the colloquial course before him shall have satisfied a competent examiner, he must not by any means look upon the oral language as a thing that will now take care of itself. All that the course professes to give him is a respectable foundation. To fit himself for the higher duties of his calling, he must considerably enlarge his range. For this purpose, he can draw on no better source than popular fictions of the country. The dialogue and descriptions, under proper guidance, will enrich his vocabulary, and he will gather from both a knowledge of Chinese thought and character, which, restricted as difference of habits makes our intercourse with this people, is no where else more pleasantly or usefully supplied. In Chinese, of all languages, it is an economy of time to consult a good translation, and the student may safely trust to Sir John Davis's version of The Fortunate Union, or to those of *Les Deux Cousines* and *Les Jeunes Filles Lettrées* recently published by M. Stanislas Julien,

PREFACE.

the greatest of living sinologues. But, translated or untranslated, the novel should be read with a native sufficiently learned to explain the allusions in it, and to guard his pupil against too ready adoption of its phrases as colloquial. A fair proportion of them of course are colloquial, but deeply as the vulgar tongue of China is rooted in her literature, there is much in such works as we are speaking of that is far too classical for every day use, and the random employment of quasi-Johnsonian phraseology would be to a native hearer as astounding as Sir Walter Scott's visitors are stated to have thought his resuscitation of Froissart. This rock avoided, the future interpreter should remember that improvement in its form is scarcely less a duty than augmentation of his vocabulary.

It is in no spirit of academical purism that I make this observation. It is justified by the peculiar circumstances which render the relations of the foreign and Chinese official so far from satisfactory. The latter, rising from the educated class which is in reality the governing class of this empire, is a man thoroughly conversant with the philosophy, history, law, and polite literature of his own country, and there is nothing that more confirms him in the stubborn immobility which so baffles the foreign agent, than his conviction that it is impossible for that barbarian to rise to the level of Chinese education. The discussion of affairs may often be conducted, I grant, in Chinese little better than the French of Arthur Pendennis, without any perceptible prejudice to the interests immediately at stake; but I hold that the foreign agent is responsible for something more than a mere hand-to-mouth despatch of his daily business. It is essential to the interests of China and of foreign nations alike, that the governing class should be brought to amend its erroneous estimate of foreign men and foreign things. His opportunities of influencing it are not numerous, but with the exception of the foreign agent, there is no one who possesses any opportunity of influencing the governing class at all. Beginning as late as most of us begin, it would be hardly possible, were it desirable, that we should traverse the enormous field in which a lettered Chinese is so at home, but it is by no means an extravagant ambition that our speech should become sufficiently polished to disabuse the learned man of his belief that we are incapable of cultivation; and it lies, I say, almost exclusively with the foreign official to commence the removal of this impression. I had hoped to bring out this year a short history of China, which might have served to introduce the Student Interpreter to that higher style of language to which I conceive it incumbent upon him to strive to advance; but this, with some other enterprises projected on his behalf, must wait. Pending their maturity, I commend to his patient attention the humbler phraseology of this elementary course.

SHANGHAI, 16th May, 1867.

CONTENTS OF THE TZŬ ERH CHI.

CONTENTS OF THE TZŬ ERH CHI. Colloquial Series.

		PAGE
I. Pronunciation.		
	Sound or Orthography	1
	Tone	6
	Rhythm	7
	Sound Table	8
II. The Radicals		13
	General Table	15
	Abbreviations	23
	Test Table I.	25
	Test Table II.	26
	Test Table III.	27
	Exercise in the Colloquial Radicals	28
III. *San Yü Chang*, The Forty Exercises		31
IV. *Wên-Ta Chang*, The Ten Dialogues		from 109 to 74
V. *Hsü San Yü*, The Eighteen Sections		112
VI. *T'an-Lun P'ien*, The Hundred Lessons		from 214 to 132
VII. *Lien-hsi Yen Shan P'ing Tsê Pien*, The Tone Exercises		219
VIII. *Yen Yü Li Lüo*, The Chapter on the Parts of Speech		from 288 to 245
	Supplement	289
	APPENDICES containing all characters in Parts III, IV, V, VI, and VII.	

CONTENTS OF THE KEY TO THE TZŬ ERH CHI.

	PAGE
Observations on the Use of the Key to Parts III, IV, V, and VI.	3
Translation of Part III.	4
Table of Weights, Measures, &c.	84
Notes on Part III.	85
Translation and Notes of Part IV.	105
Do. do. Part V.	141
Do. do. Part VI. . . . . . . *(second series of pages.)*	1
Do. do. Part VII.	57
Do. do. Part VIII.	101
Errata of the Colloquial Series, Key, Syllabary, and Writing Exercises	133

TZŬ ERH CHI. Colloquial Series.

1. Tables of the Corrections and Additions required in the Tzŭ Erh Chi, the Appendices, the Key, the Syllabary, and the Writing Exercises, will be found at the end of the Key, and the Student's first care should be to amend the text throughout.
2. He should observe also that the order of the pages of the Key has been broken at the end of Part V. It recommences with page 1 of Part VI.
3. Having secured a teacher, he should have the Sound Table given on page 8 read over to him, carefully noting the value of the vowels and consonants employed in the orthography, as explained on pages 3–6.
4. He should at once get up the Supplement commencing on page 289. The text is in columns ranging from right to left on each page, with the orthography of every character placed to its right. The numbers will shew him the order of the sentences, and will guide him through the English version which he will find on the last pages of the Key. The phrases in this Supplement are of the simplest kind, and with the exception of those in the conversation with the teacher at the close of it, he had better learn them *by ear*, without troubling himself to retain the characters in which they are written. A servant of moderate education would be able to read them to him.
5. There is nothing to prevent him at the same time studying the Radicals. He will find on page 13 sufficient information as to the course he is to pursue with these.
6. To retain them he should write them out, and to avoid a false direction, he had better copy them as he finds them in the Writing Exercises, of which they form the first part. His teacher will shew him how they must be traced, and while he forms his hand by the practice, the interval that he devotes to it will relieve both eye and ear.
7. As soon as he is fairly familiar with the Tables and Exercises on pages 25–28, he will proceed to Part III. Page 3 of the Key renders farther direction unnecessary regarding the use of this or the succeeding parts to the end of Part VI. He should keep to the Writing Exercises as far as they carry him, and when these are ended, he should have slips copied for him in a large hand from the Appendices, which will always serve him as a sort of test table of his knowledge of the characters in the course.
8. From the moment he has read Part I, he should, for at least an hour a day, have read to him a portion of the Tone Exercises in Part VII. He will see that the Key supplies him with a full translation of these; but, as I have observed in the Preface, he need not at first regard the Tone Exercises as a contribution to his vocabulary. In the orthography there given, the tone of every syllable is marked in the manner explained in Part I, page 7; these tone marks will assist his ear, and he must patiently repeat what his teacher will read aloud to him, till the latter pronounces his intonation correct. When he comes to Part III, he should not only watch his teacher's intonation of the single words, combined words, and short sentences, but he should continually invite his criticism as well as that of other teachers. His attention is at the same time particularly called to the observations on page 57 of the Key to Part VII, regarding the rhythm of short sentences or other polysyllabic combinations. Until he has finished Part III, he need not trouble himself with the Syllabary, but thenceforth it should be frequently consulted, and the difference in Breathing should be as carefully noted as that in Tone. See remarks on page 6 of Part I.
9. I should recommend that the English version of Part VIII be read through as soon as the student is ready to go on with Part III. The translation which accompanies this in the Key, and the Notes commencing on page 85 of it, will tell him almost all he can require to know about the Exercises in this Part; but he will soon begin to apply what he learns from these in conversation with his teacher, and the text of Part VIII, especially from page 105 to the end, will often stand him in the stead of a vocabulary.

xviii

MEMORANDUM for the GUIDANCE of the STUDENT.

More careful examination of the Chinese text of Part VIII may be deferred until he has accomplished the Ten Dialogues. He will then find himself able to read all the short dialogues illustrative of the Verb, Adverb, &c.

10. As to general directions:—I have insisted much in the Preface upon the danger of being seduced from the spoken by the attractions of the written language. The student must equally guard against a temptation to abandon the more fatiguing for the easier parts of the Colloquial Series. A man of average aptitude and power of work should be able to pass in the Forty Exercises in three months. He will then know by sight the written forms of some 1,200 words, the Radicals included. There are not 300 new words in the Ten Dialogues, and he will fly through these consequently in a few days; but I should urge him to read them some eight or ten times before he goes farther. Proceeding next to the Eighteen Sections, he will find these, though full of fresh matter, comparatively unattractive; but, if he get them up so as to pass in them, he will be repaid both by the improvement of his idiom, and large increase of his store of words. The part, moreover, is of no great length. Part VI contains several dialogues, and these, and of course, similarly, the dialogues of Part IV, will be best turned to account by having them read aloud by two teachers. As the student goes through either of these Parts with notes and translation, he should engage one of his colleagues to combine with him in this *vivâ voce* exercise. The value of listening is scarcely enough appreciated in any language. The learner is generally too anxious to begin to talk.

Finally, let the more eager beware of over zeal at starting, and let all, as far as in them lies, have fixed hours for the different sections of their work. They are proposing to themselves, primarily, the acquisition of the oral language, and, subsidiarily, such acquaintance with its written forms as will enable them to recognise those they have met in reading, and to reproduce them in writing. For the time being, the last object is of the less consequence; the more important is the first; but if the student is to use this course, the first is scarcely separable from the second. The relative quickness of the eye and ear is so different in different persons, that proportions of work to be assigned to either must be left to the individual. He should early decide which it is incumbent on him to use the more; learning by his teacher's repetition of the text, if his ear is slow; reperusing the text, if he finds that the characters slip from his memory. Under any circumstances, let him, as soon as possible, lay down a rule for the division of his time; so much for reading, so much for writing, so much for exercise of the ear, whether listening or conversing, and for some months to come let him be slow to disturb his rule. There is no language of which the acquirement is so forwarded by method as the Chinese, be the memory quick or slow.

These remarks, he will bear in mind, refer exclusively to the Colloquial Series. When he is ready for the Documentary Series, the Key to that Series will give him some hints regarding his course of study as a translator.

PART I. PRONUNCIATION.

TZŬ ERH CHI.

COLLOQUIAL SERIES.

PART I. PRONUNCIATION.

PART II. RADICALS.

PART I. PRONUNCIATION.

In order to correctness of Pronunciation in Chinese, three conditions must be satisfied; there must be accuracy of Sound, of Tone, and of Rhythm.

Of these three conditions accuracy of Sound, as considered with reference to the expression of it, syllabically or alphabetically, is the least important. We run less chance of being misunderstood if we say *lan* for *nan*, for instance, provided that we preserve the correct tone, than if we were to say *nan²* when we should have said *nan¹*.

Still, we must have a distinct idea of the syllable we are to pronounce, and as Chinese furnishes, in comparison with our alphabets, nothing but the most imperfect aid to the end in view, we are forced to supply the deficiency by combinations of our own alphabetic symbols, sometimes at the rate of their prescriptive values, sometimes reinforcing them by diacritic marks, or arbitrarily constraining them to do a duty for which there is little precedent.

1. **Sound.** The values assigned to the letters of the alphabet employed in the spelling of the syllables given below are here considered independently of *tone*; but the syllable has been spelt generally in the form that appeared to approach nearest to an adequate representation of the spoken *sound*, and at the same time to admit, without change of the letters composing it, of an application to it of the inflections proper to a change of *tone*.

Vowels and Dipthongal Sounds.

a; the *a* in *father*; when pronounced singly, in particular after words terminating in vowel sounds, slightly nasalised, as though preceded by '*ng*.

ai; nearly our sound *aye*, but better represented by the Italian *ai*, in *hái*, *amái*.

ao; the Italian *ao* in *Aosta*, *Aorno*; but not unfrequently inclining to *á-oo*, the Italian *au* in *cauto*.

e; in *eh*, *en*, as in *yet*, *lens*.

ei; nearly *ey* in *grey*, *whey*, but with greater distinctness of the vowels as in the Italian *lei*, *contei*.

ê; nearest approached in English by the vowel sound in *earth*, in *perch*, or in any word where *e* is followed by *r*, and a consonant not *r*; as in *lurk*. Singly, or as an initial, it has the nasal prefix '*ng* stronger than the syllable *a*.

i͂; the foregoing *ê* followed enclitically by *y*. Strike out the *n* from the word *money*, and you have the syllable *mêi*. If the syllable *nêi* exist at all, which some Chinese dispute, the *êi* is most apparent in *nêi*.

êrh; the *urr*, in *burr*, *purr*.

i; as a single syllable, or as a final, the vowel sound in *ease*, *tree*; in *ih*, *in*, *ing*, shortened as in *chick*, *chin*, *thing*.

ia; with the vowels distinct; not *ya*, but as in the Italian *piazza*, *Maria*. In some syllables terminating in *ia*, *iang*, *iao*, the *ia* is, in certain tones almost *éa* or *eyah*. This is oftener observable where the initial is *l*, *m*, or *n*; but even with these the usage is capricious.

iai; the *iaj* in the Italian *vecchiaja*.

iao; the vowels as in *ia* and *ao*, with the terminal peculiarity of the latter. This sound is also modified by the *tones*.

ie; with the vowels distinct, as in the Italian *siesta*, *niente*. The *i* is modified, as in case of *ia*, under similar circumstances; that is, in certain tones *ie*, inclines to become *éé*, or *eyeh*, often making *lien*, *nien*, almost *leyen*, *neyen*.

io; shorter than the Italian *io*; more nearly the French *io* in *pioche*.

iu; as a final, nearly *eeyew* or *eeoo*, at all times longer than our *ew*. Thus *chiu* is not *chew*, but rather *chyew*, and the tone may even make the vowel sounds more distinct. In the syllables *liu*, *niu*, the *i* is affected as in *ia*, *ie*; they become almost *leyew*, *neyew*. In *chiung*, *hsiung*, (the only syllables ending in consonants into which I have introduced *iu*,) it must be admitted that in most instances, though not in all, the *iung*, is rather *eeyōng*, than *eeyoong*; the *ō*, representing *o* in *roll*.

o; something between the vowel sound in *awe*, *paw*, and that in *roll*, *toll*. When single, it commences with a slight consonantal sound, part nasal and part guttural, which the '*ng* inadequately expresses, and is inflected at the close as if an *a*, or *ah*, were appended to it. The Tones seriously modify this syllable. As a final the power of the vowel remains the same, with the same terminal inflection, and not altogether divested of the guttural peculiarity which it is not within the compass of our alphabet to reproduce. Let the reader, as an experiment, try to pronounce *lo*, as, *law*, prolonging the *aw* in his throat.

ou; in reality *êō*; the vowel-sounds in *burrow*, when all the consonants are withdrawn; in English, nearest the *ou* in *round*, *loud*.

ü; when uttered alone, as it is at times for *yü*, or when a final, nearest the vowel-sound in the French *eût*, *tu*. In *ün* it is not so long as in the French *une*; but nearer the *ün*, in the German *München*.

üa; occurs only in the final *üan*, which in some tones is *üen*; the *ü* as above, but the *a* much flatter than in the final *an*; nearer the *an* in *antic*.

üe; the *ü* as above, the *e* as in *eh*; the vowel sounds in the French *tu es*, represent this combination perfectly.

üo; a disputed sound, used, if at all, interchangeably with *io* in certain syllables.

u; when single, (as at times instead of *wu*,) and when a final, the *oo*, in *too*; in *un* and *ung*, it is shorter, as in the Italian *punto*, *lungo*. In the latter final it vacillates between *ung* and *ōng*; being nasalised at the close so as to produce a sound between the French *long* and *longue*.

ua; as we pronounce it in Juan; nearly *ooa*, which in many instances contracts to *wa*. In the finals *uan*, *uang*, it is also sometimes *óa*, or *oá*, as the Tones may rule.

uai; as in the Italian *guai*; the above sound *ua*, with the *i* in *ai* appended to it; the *u* subject to the same changes as in *ua*.

uei; the *u* as in *ua*, *uai*, often in value *w*; the *ei* as in *ei* final; the vowel sounds in the French *jouer* answer fairly to *uei*.

uê; the *u* as in *ua*; the *ê* as explained before. It is found only in the final *uên*, which sounds as if written *ú-ŭn*, frequently *wên*, or *wun*. It is in many cases difficult to distinguish *uên* from *un*.

ui; the *u* as above, followed enclitically by *i*, as if *oo-y*; the vowel sounds in *screwy*; more enclitic than in the French *Louis*, or the Italian *lui*.

uo; the *u* as above; the *o* as in *lone*; the Italian *uo* in *fuori*; often *wo*, and, at times, nearly *ŏō*.

ŭ; between the *i* in *bit* and the *u* in *shut*; only found with the initials *ss*, *tz*, *tz'*, which it follows from the throat, almost as if the speaker were guilty of a slight eructation. We have no vowel sound that fairly represents it.

Consonantal Sounds.

ch; before any of the above finals except *ih*, simply as in *chair*, *chip*; before *ih*, it is softened to *dj*; *chih*, being in many cases pronounced *djih*.

ch'; a strong breathing intervening between the initial *ch* and the vowel sound, but without reduplicating the latter. Drop the first vowel in *chàhá*, or the italicised letters in *much-harm*, and the *ch-ha* remaining will give a fair idea of the syllable *ch'a*. This may also be obtained if we contrast the smooth syllable *cha* with *tcha*; the breathing becoming apparent in the greater effort needed to utter the latter syllable. The *ch'* does sometimes soften like the unaspirated *ch* before *ih*, but much more rarely.

f; as in *farm*.

'*h*; as the *ch*, in the Scotch *loch*; the *ch* of the Welch and Gaelic.

PART I. PRONUNCIATION.

hs; a slight aspirate preceding and modifying the sibilant, which is, however, the stronger of the two consonants. To pronounce *hsing*, let the reader try to drop the first *i* in *hissing*. He will exaggerate both the aspirate and the sibilant, but the experiment will give him a clear idea of the process. The aspiration is effected by closing the middle of the tongue upon the back of the palate, before the tip of the tongue is raised for the sibilation. It differs from *sh*, although this difference is less observable before the dipthongs *ia*, *ie*.

j; most nearly the French *j* in *jaune*; our *s*, in *fusion*, or *z* in *brazier*, are the nearest imitation of which our alphabet admits.

k; as *c* in *car*, *k* in *king*; but when following other sounds, often softened to *g* in *go*, *gate*. In the word *ko*, for instance, the Numerative (see EXERC. I, note), proper to many nouns, when this is preceded by *na*, that, or *chê*, this, the *k* is softened; the two syllables being pronounced almost *nago*, *chêgo*.

kʻ; the aspirate as in *chʻ*. Drop the italicised letters in *kick-hard* and you will have *kʻa*.

l; as in English.

m; as in English.

n; as in English.

'ng; a consonantal sound of partly nasal and partly guttural influence upon the vowels it precedes. To produce *'nga*, take the italicised consonants in the French mon *galant*; for *'ngai*, in mon *gaillard*; for *'ngo* in son *gosier*. It is never so evident in a syllable pronounced by itself, as when following another syllable that terminates in a vowel, or in *n*.

p; as in English.

pʻ; the aspirate as in *chʻ*, *kʻ*. Observe the manner in which an Irishman pronounces *party*, *parliament*; or drop the italicised letters in *slap-hard*, and you will retain *pʻa*.

s; as in English.

sh; as in English.

ss; *ssŭ* is the only syllable in which this initial is found. The object of employing *ss* is to fix attention on the peculiar vowel sound *ŭ*, which, as stated above, it is so hard to reproduce.

t; as in English.

tʻ; as in *kʻ*, *pʻ*, &c. Observe an Irishman's pronunciation of *t* in *terror*, *torment*; or drop the italics in *hit-hard*, and you have *tʻa*.

ts; as in *jetsam*, *catsup*; after another word, often softened to *ds* in *gladsome*.

tsʻ; the aspirate intervening as in *ch*, and other initials. Let the reader drop the italicised letter in *bets-hard*, and he will retain *tsʻa*.

tz; is employed to mark the peculiarity of the final *ŭ*, but is hardly of greater power than *ts*.

tzʻ; like *tsʻ* above. This and the preceding initial are, like *ss*, only used before the *ŭ*.

w; as in English; but very faint before *u*, if indeed it exist at all.

y; as in English, but very faint before *i*, or *ü*.

In the Final *ao* I have followed the Manchu spelling, against Morrison and Williams, who write *aou*, *áu*. This, as I have admitted, is the approximate sound in certain Tones.

The Final *eh*, used only in *yeh*, may seem unnecessarily separated from *ieh*. In my opinion the consonant *y* is sufficiently plain to authorise it, and the tone-inflection is not less practicable in the syllable *yeh* than in *ieh*. So with the final *ên*.

In the Final *ê* some confusion with *o* is unavoidable. I have endeavoured to guide myself by the Manchu; but find that, although native teachers consign them to different finals, it is next to impossible, in many words, to say, whether *ê* (or *ngê*,) *chê*, *jê*, *kê*, *mê*, *tê*, or *o*, *cho*, *jo*, *ko*, *lo*, *mo*, *to*, be the correct orthography. The same is true with the aspirated *ch*, *k*, *t*; but I think that, after the aspirate in general, the *o* prevails; also, that while none of these syllables, sometimes sounded as ending in *ê*, is exempt from the changes to *o*, there are many in *o* which never change to *ê*. It will be found that some natives incline more to the one and some more to the other.

The Final *êi* is of doubtful existence even in *nêi*, which certainly ends in a sound somewhat different from the terminal of *lei*, *mei*. These have taken the place of *lui*, *mui*, the old orthography of the mandarin as spoken in the south.

TZŬ ERH CHI. **Colloquial Series.**

The Finals *ên* and *êng* were originally substituted for *un* and *ung* in syllables beginning with *f, m, p,* after the latest native works published at Canton to teach the Cantonese to talk Mandarin, and the modification has been found to be fully authorised by the Pekinese. The Manchu orthography of last century was *fung, mung,* but always *fên, mên, pên.*

The *u* in *iung, ung,* and in *ua, uai,* and other combinations, in which it figures both as *o* and *w,* has been retained nevertheless, as the vowel most certainly to be recognised in the simplest form of the *sound,* and as the most convenient for exhibiting the variation of the *tone,* without change of *syllable;* to which end, moreover, it was expedient to avoid using the initials *'hw, kw.*

Breathings

The Aspirate which intervenes between the initials *ch, k, p, t, ts, tz,* and the vowels following them, is indicated, as will have been seen above, by an inverted comma in preference to an *h,* lest the English reader following his own laws of spelling, should be led to pronounce *ph* as in *triumph, th* as in *month,* and so on; which would be a serious error. The full recognition of the aspirate's value is of the last importance; the *tones* themselves are not of more. A speaker who says *kan* when he ought to say *khan,* might as well speak of Loudon for London. The aspirate prefixed to the initial *h* is a very strong breathing, but the omission of it is not attended with the same serious consequences.

2. **Tone.** There is no subject on which it is more important to write, and none on which it is harder to avoid repeating what has been said by others.

The ideas of a Chinese are capable of expression in writing in some thousands of characters that may be used singly or in combination with each other. The sound of each of these is such that without much violence to fact we call it a monosyllable. The Chinese term this monosyllable *yin;* in no dialect known to us does the number of the *yin* exceed a few hundreds; hence great confusion to the ear, and distress to the memory, when it would distinguish between sounds, characters, or ideas, which it can only recall by an alphabetic denomination common to many. Under the *yin,* or sound, *i,* in Morrison's Dictionary there are 1165 characters differing in form and meaning. Of this *yin* there are, however, subordinate divisions, the *shêng,* which we translate Tones; keys in which the voice is pitched, and by which a variety of distinctions is effected, so delicate as to be retained only after long and anxious watching by the foreign ear, but so essential an acquisition that, until by practice his intonation be accurate, the foreign speaker is in hourly danger of making very laughable mistakes. A good deal that he says will no doubt be understood, but, whether he theorise or not on the matter, until his speech be *tonically* correct, no missionary or interpreter need imagine himself secure of being intelligible.

The term *Tone* has been so long accepted as the equivalent of the Chinese *shêng;* that it may be hardly worth while attempting to disturb the usage. It might be notwithstanding rendered with greater propriety *note,* in a musical sense, although no musical instrument to my knowledge is capable of exhibiting more than an approximation to the *shêng.* Dr. Hager, in his folio on the Elementary Character of the Chinese Language (1801), has tried to give an idea of the *shêng* as musical notes. The attempt has been repeated, I believe, more recently, by the late Dr. Dyer, the celebrated sinologue.

The number of the *shêng* differs in different dialects. Books recognise five. In the Peking dialect there are now four; 1st, the *shang p'ing,* or upper even tone; 2nd, the *hsia p'ing,* or lower even tone; 3rd, the *shang,* or ascending tone; 4th, the *ch'ü,* receding or departing tone.

In the *first* tone, the *upper even*, it may be enough to observe, the vowel sound, whether the word be pronounced quickly or slowly, proceeds without elevation or depression. One of our sinologues has not incorrectly styled it the *affirmative* tone.

In the 2nd tone, the *lower even,* the voice is jerked, much as when in English we utter words expressive of doubt and astonishment.

In the 3rd tone, the *ascending,* the sound becomes nearly as abrupt, but more resembling what with us would indicate indignation and denial.

In the 4th tone, the *receding,* the vowel sound is prolonged as it were regretfully.

The *ju,* or *entering,* an abrupt tone still recognised in studying the written language, that is to say in committing Chinese books to memory, is now ignored in the practice of the spoken language of Peking; most of the words or characters ranged under it in the vocabularies having been transferred to the 2nd tone.

PART I. PRONUNCIATION.

It is simplest, as Mr. Meadows suggests, to distinguish the Four Tones by numbers. I write the *shêng* of the syllable *pa*, accordingly, as follows:—

$$pa^1, \quad pa^2, \quad pa^3, \quad pa^4.$$

The sounds of the syllables repeated in the above order form a sort of a *chime* which can only be learned by the ear, but which it is not difficult to learn. When he has caught it, the student should never hear a new phrase without taking it to pieces and satisfying himself and his teacher, word by word, of the proper tone, or note, of each. So long as his teacher declines to pass his notation as correct, so long should he carefully repeat the word or words disputed.* When absent from the teacher he will be able to fortify his ear by recurrence to the Syllabary.

There is some danger of misleading a student who has *not* caught the chime, and once he has he will dispense with all illustration. We will hazard but one parallel, for better or for worse. Let A, B, C, D, be four persons engaged in conversation, and a question be put by B regarding the fate of some one known to them all. In the four lines below, I have supposed A to assert his death in the 1st tone, B, to express his apprehension that he has been killed, in the 2nd, C, to scout this suspicion, in the 3rd, and D, to confirm it sorrowfully, in the 4th.

1.—*shang-p'ing*,   A.   Dead.
2.—*hsia-p'ing*,   B.   Killed?
3.—*shang*,   C.   No!
4.—*ch'ü*,   D.   Yes!

Now in this short dialogue, or tetralogue, English speakers would ordinarily so pitch the voice as to make the whole a tolerable approximation to the chime the student has to acquire. But the analogy would entirely mislead him were he not to qualify it by remembering that in the four words instanced, the voice rises and falls according to the emotion of the speaker; whereas the pitch of pa^3, pa^4, or any other syllables, is independent of any such motive. The tone of the syllable has as little relation to its sense as the note allotted to any word in most of our songs has to its meaning. The distinction next to be observed is this, that, while there is nothing to prevent the same word being allotted in different songs to any note in the scale, it is only by exception that, in Chinese speech, the place of a word in the tone-scale is ever exchanged for another. So *p'a* to fear, is always $p'a^4$; *chiao*, to teach, is at times $chiao^1$, at times $chiao^4$; for with a new meaning a word will change its Tone; sometimes, even its Sound.

As the student has been told above, however, the correct application of the Tones will only come to him by the practice of the ear, and in order to the discipline of his ear a set of Tone Exercises has been prepared in Part VII of this colloquial series. To these his attention is earnestly recommended.

3. **Rhythm.** What tone is to the individual sound, Rhythm is to the sentence. Like the tone, it can only be acquired from a native. The student must take careful note of the proper place of the emphasis. He must not be surprised to find the Rhythm in apparent antagonism to the Tone in some cases; especially when an adjective or adverb is formed by reduplication of a word with the enclitic particle *ti* appended; as in *sung-sung-ti, hsieh-hsieh-ti*; where his teacher will refuse to recognise any difference between the tones of the two *sung*, or the two *hsieh*, although, to our ear, the accent of the second differs widely from that of the first, resting in some of these polysyllabic combinations on the one, and in some, on the other syllable.

And now for the sake of securing an accurate idea of the pronunciation of each syllable, let the student carefully follow a Pekinese through the Sound Table which occupies the next four pages.

---

* To give an instance of the scrapes into which inaccuracy in the tones may betray the speaker; a gentleman, who really speaks the language well, was asking where the salt for the supply of Peking was obtained, and was told first, to his astonishment, that it was all imported by foreigners. Objecting to this, and explaining that he meant fresh salt, or the salt consumed in daily food, he was yet more astonished to hear that it was brought from the province of Ho Nan; nor was it until after some minutes' cross-examination that the Chinese addressed, detecting his error and correctly intoning the syllable, replied, "from the salines of the province of course." The foreigner had been intoning yen^2, the sound for, amongst others, the word *salt*, as though it were yen^1, the sound for, amongst others, the word *smoke*; and the Chinese had believed the first question to refer to Opium, commonly called smoke, and the second, in which some qualifications had been added, to refer to native tobacco.

TZŬ ERH CHI. Colloquial Series.

#	Syllable	字	#	Syllable	字	#	Syllable	字	#	Syllable	字	#	Syllable	字
	A		23	chi	吉	50	chou	晝	76	chung	中	94	ʻhan	寒
1	a *	阿	24	chʻi	奇	51	chʻou	抽	77	chʻung	充	95	ʻhang	砰
2	ai	愛	25	chia	家	52	chü	句	78	chʻuo	擉	96	ʻhao	好
3	an	安	26	chʻia	恰	53	chʻü	取				97	ʻhê, hei	黑
4	ang	昂	27	chʻai	楷	54	chüan	捐		**E**		98	ʻhên	很
5	ao	傲	28	chiang	江	55	chʻüan	全	79	ê *	額	99	ʻhêng	恆
			29	chʻiang	搶	56	chüeh	絕	80	ên	恩	100	ʻho	河
			30	chiao	交	57	chʻüeh	缺	81	êng	唔	101	ʻhou	後
	CH		31	chʻiao	巧	58	chün	君	82	êrh	兒	102	ʻhu	戶
6	cha	乍	32	chieh	街	59	chʻün	羣				103	ʻhua	花
7	chʻa	茶	33	chʻieh	且	60	chüo	爵		**F**		104	ʻhuai	壞
8	chai	窄	34	chien	見	61	chʻüo	卻	83	fa	法	105	ʻhuan	換
9	chʻai	柴	35	chʻien	欠				84	fan	反	106	ʻhuang	黃
10	chan	斬	36	chih	知	62	chu	主	85	fang	方	107	ʻhui	回
11	chʻan	產	37	chʻih	尺	63	chʻu	出	86	fei	非	108	ʻhuên, ʻhun	混
12	chang	章	38	chin	斤	64	chua	抓	87	fên	分	109	ʻhung	紅
13	chʻang	唱	39	chʻin	親	65	chʻua	欻	88	fêng	風	110	ʻhuo	火
14	chao	兆	40	ching	井	66	chuai	拽						
15	chʻao	吵	41	chʻing	輕	67	chʻuai	揣	89	fo	佛		**HS**	
			42	chio	角	68	chuan	專	90	fou	否	111	hsi	西
16	chê	這	43	chʻio	郤	69	chʻuan	穿	91	fu	夫	112	hsia	夏
17	chʻê	車	44	chiu	酒	70	chuang	壯				113	hsiang	向
18	chei	這	45	chʻiu	秋	71	chʻuang	牀		**H**		114	hsiao	小
19	chên	真	46	chiung	窘	72	chui	追	92	ʻha	哈	115	hsieh	些
20	chʻên	臣	47	chʻiung	窮	73	chʻui	吹	93	ʻhai	害	116	hsien	先
21	chêng	正	48	cho	卓	74	chun	准						
22	chʻêng	成	49	chʻo	綽	75	chʻun	春						

* See note on page 11.

PART I. SOUND TABLE, OR LIST OF SYLLABLES.

#	syl	char		#	syl	char		#	syl	char		#	syl	char		#	syl	char
117	hsin	心		137	ju	如		158	ko, k'ê	各		182	lan	懶		207	lun	論
118	hsing	性		138	juan	輭		159	k'o, k'ê	可		183	lang	浪		208	lung	龍
119	hsio	學		139	jui	瑞		160	kou	狗		184	lao	老				
120	hsiu	修		140	jun	潤		161	k'ou	口		185	lê	勒			**M**	
121	hsiung	兄		141	jung	絨		162	ku	古		186	lêi, lei	累		209	ma	馬
122	hsü	須						163	k'u	苦		187	lêng	冷		210	mai	買
123	{hsüan, hsüen}	喧			**K**			164	kua	瓜		188	li	立		211	man	慢
124	hsüeh	雪		142	ka	嘎		165	k'ua	跨		189	lia	倆		212	mang	忙
125	hsün	巡		143	k'a	卡		166	kuai	怪		190	liang	兩		213	mao	毛
126	hsüo	學		144	kai	改		167	k'uai	快		191	liao	了		214	mei	美
				145	k'ai	開		168	kuan	官		192	lieh	裂		215	mên	門
	I			146	kan	甘		169	k'uan	寬		193	lien	連		216	mêng	夢
127	i	衣		147	k'an	看		170	kuang	光		194	lin	林		217	mi	米
				148	kang	剛		171	k'uang	況		195	ling	另		218	miao	苗
	J			149	k'ang	炕		172	kuei	規		196	lio	略		219	mieh	滅
128	jan	染		150	kao	告		173	k'uei	愧		197	liu	留		220	mien	面
129	jang	嚷		151	k'ao	考		174	{kuên, kun}	棍		198	lo	駱		221	min	民
130	jao	繞		152	kei	給		175	{k'uên, k'un}	困		199	lou	陋		222	ming	名
131	jê	熱		153	k'ei	刻		176	kung	工		200	lü	律		223	miu	謬
132	jên	人		154	kên	根		177	k'ung	孔		201	lüan	戀		224	mo	末
133	jêng	扔		155	k'ên	肯		178	kuo	果		202	lüeh	略		225	mou	謀
134	jih	日		156	kêng	更		179	k'uo	闊		203	lün	掄		226	mu	木
135	jo	若		157	k'êng	坑						204	lüo	略				
136	jou	肉							**L**			205	lu	路				
								180	la	拉		206	luan	亂				
								181	lai	來								

TZǓ ERH CHI. Colloquial Series.

N		250 nuan	暖	271 pi	必	294 sê	嗇	314 shu	書
227 na	那	251 nun	嫩	272 p'i	皮	295 sên	森	315 shua	刷
228 nai	奶	252 nung	濃	273 piao	表	296 sêng	僧	316 shuai	衰
229 nan	男			274 p'iao	票			317 shuan	拴
230 nang	囊			275 pieh	別	297 so	索	318 shuang	雙
231 nao	鬧	**O**		276 p'ieh	撇	298 sou	搜	319 shui	水
		253 o *	訛	277 pien	扁	299 su	素	320 shun	順
232 nei	內	254 ou	偶	278 p'ien	片	300 suan	筭	321 shuo	說
233 nên	嫩			279 pin	賓	301 sui	碎		
234 nêng	能			280 p'in	貧	302 sun	孫		
		P		281 ping	兵	303 sung	送	**SS**	
235 ni	你	255 pa	罷	282 p'ing	憑			322 ssŭ	絲
236 niang	娘	256 p'a	怕						
237 niao	鳥	257 pai	拜	283 po	波			**T**	
238 nieh	捏	258 p'ai	派	284 p'o	破	**SH**		323 ta	大
239 nien	念	259 pan	半	285 pou	不	304 sha	殺	324 t'a	他
240 nin	您	260 p'an	盼	286 p'ou	剖	305 shai	曬	325 tai	歹
241 ning	寧	261 pang	幫	287 pu	不	306 shan	山	326 t'ai	太
242 nio	虐	262 p'ang	旁	288 p'u	普	307 shang	賞	327 tan	單
243 niu	牛	263 pao	包			308 shao	少	328 t'an	炭
		264 p'ao	跑			309 shê	舌	329 tang	當
244 no	挪					310 shên	身	330 t'ang	湯
245 nou	耨	265 pei	北	**S**		311 shêng	生	331 tao	道
		266 p'ei	陪	289 sa	撒	312 shih	事	332 t'ao	逃
246 nü	女	267 pên	本	290 sai	賽	313 shou	手	333 tê	得
247 nüeh	虐	268 p'ên	盆	291 san	散			334 t'ê	特
248 nüo	虐	269 pêng	迸	292 sang	桑			335 tei	得
249 nu	奴	270 p'êng	朋	293 sao	掃				

* See note on page 11.

PART I. SOUND TABLE, OR LIST OF SYLLABLES.

336 têng	等	361 tung	冬	384 tsu	祖	403 wo	我
337 t'êng	疼	362 t'ung	同	385 ts'u	粗	404 wu	武
338 ti	的			386 tsuan	攒		
339 t'i	替弔	**TS**		387 ts'uan	竄	**Y**	
340 tiao	桃	363 tsa	雜	388 tsui	嘴	405 ya	牙
341 t'iao	疊	364 ts'a	擦	389 ts'ui	催	406 yai	涯
342 tieh	貼	365 tsai	在	390 tsun	尊	407 yang	羊
343 t'ieh	店	366 ts'ai	才	391 ts'un	寸	408 yao	要
344 tien	天	367 tsan	贊	392 tsung	宗	409 yeh	夜言
345 t'ien	定	368 ts'an	慚	393 ts'ung	蔥	410 yen	
346 ting	聽	369 tsang	葬			411 yi	益
347 t'ing	丟	370 ts'ang	倉			412 yin	音
348 tiu		371 tsao	早	**TZ**		413 ying	迎
349 to	多	372 ts'ao	草	394 tzŭ	子	414 yo	約
350 t'o	妥	373 tsê	則	395 tz'ŭ	次	415 yü	魚
351 tou	豆	374 ts'ê	策			416 yüan	原
352 t'ou	頭	375 tsei	賊	**W**		417 yüeh	月
353 tu	妬	376 tsên	怎	396 wa	瓦	418 yün	雲
354 t'u	土	377 ts'ên	參	397 wai	外	419 yu	有
355 tuan	短	378 tsêng	增	398 wan	完	420 yung	用
356 t'uan	團	379 ts'êng	層	399 wang	往		
357 tui	對	380 tso	作	400 wei	為		
358 t'ui	退	381 ts'o	錯	401 wên	文		
359 tun	敦	382 tsou	走	402 wêng	翁		
360 t'un	吞	383 ts'ou	湊				

Note.—The following sounds:—

a, ê,
ai, ên,
an, êng,
ang, o,
ao, ou,

are as often pronounced

^{ng}a, ^{ng}ai, ^{ng}an,

and so on. See the remarks on the subject on page 5, under the initial *ng*.

PART II. THE RADICALS.

We now come to the written character, which the student must, for the time, be pleased to accept as made up of two parts, its Radical, and that part which is not its Radical. The latter various sinologues have for fairly sufficient reasons agreed to term its Phonetic.

The Radicals are 214 in number. Some of them are subject to modifications which entirely change their figure. The following Table shews them arranged in 17 classes according to the number of pencil strokes in each Radical; that is, the Radicals of one stroke in the first class; those of two in the second, and so on. Before each Radical is a number marking its place in the general series, and the name of the character so numbered; after the character, its meaning, and then a number of characters, never exceeding three, which have been selected as illustrating the part that the Radical after which they stand generally plays in the composition of characters, whether in its full or its modified form. The Radicals that undergo modification are marked with an asterisk, and their modified forms are collected at the end of the great table.

The character, it has been said above, consists of its Radical and its Phonetic. Let the student turn to Radical 3, and he will see in the character given to illustrate its part in the composition, that the Radical *chu*, a point, stands on the top of it. The remainder, three horizontal strokes and a vertical one, are its Phonetic. Let him turn to the 12th Radical, *pa*, eight, and he will see that it is placed under the Phonetic in the three characters given as examples. In the examples opposite the 64th Radical, *shou*, the hand, the Radical stands in the first example, in full form, on the left of the Phonetic; in the second, in modified form, also on the left; in the third, in full form, underneath the Phonetic.

To look out a character in the Dictionaries arranged according to Radicals, it is essential, of course, in the first place to decide correctly under what Radical it is classed. This point assured, the number of strokes in the Phonetic must be accurately counted; because in the Dictionaries in question the characters under each Radical are subdivided into classes according to the number of strokes in the Phonetic. The counting of these, even where they are numerous, will not be found so formidable a task once the student becomes familiar with the Radicals; for he will observe that the Phonetic is either resolvable into other Radical characters, or, in some instances, is simply a single Radical character added to the Radical; and once he knows, as he soon will, the place of any Radical in the great table, he will recall the number of strokes composing it without the trouble of counting them. Take the third example opposite the 85th Radical, *shui*, water. The Radical itself is the abbreviated form of *shui*; the Phonetic resolves itself into four Radicals; the centre of the upper part is the 149th, of seven strokes; this is flanked on both sides by the 120th, of six strokes, and below is the 59th, of three strokes, making in all twenty-two strokes. In the 2nd example of the 29th Radical, the Phonetic is simply the 128th Radical; in the second example of the 75th Radical, the Phonetic is that same Radical repeated. The rule regarding the composition of the Phonetic is not strictly universal, but by the beginner may be accepted as very generally obtaining.

To assist the Student in acquiring a working knowledge of the Radicals, three Test Tables are subjoined.

The first contains all the characters chosen to illustrate the use of the Radicals in the great table, arranged in order of the number of their strokes collectively. When the student shall have examined the first thirty, or twenty, or even ten, of the Radicals in the great table, let him run down the right hand column of the test table, and try to identify the Radicals of the characters therein placed, turning to the great table for assistance, whenever his memory fails him. This will speedily acquaint him with the Radicals and the part they most commonly play.

14　　　　　　　TZŭ ERH CHI. **Colloquial Series.**

The second test table contains all the Radicals redistributed in categories of subjects, according to the meaning of each. Some are in consequence repeated. At the top of the right hand column, for instance, we have the 72nd, as the sun, followed by the 73rd, the moon; then the 72nd, again as day, followed by the 36th, as night. It is hoped that this will at the same time aid and exercise the memory; but it will not be of as great service to him as the following table, the third.

The third table exhibits the Radicals in three classes, distinguished for brevity's sake, as Colloquial, Classical, and Obsolete. The Colloquial are those which represent words used, many of them frequently, in conversation; the Classical, those not met with in conversation but found in books and writings; the Obsolete, those which, although the Dictionaries allot them a signification, are no longer employed except as Radical indices. The Colloquial Radicals are 137 in number, the Classical 30, the Obsolete 47.

The student is recommended when he shall have examined the great table sufficiently to have formed a definite idea of the nature and functions of the Radical characters arranged in it, to betake himself to the Exercise in the Colloquial Radicals which immediately follows this third test table. In this he will find a number of short combinations of words, all of them, with the exception of one or two, which are separately explained, Radical characters, arranged more or less in categories of subjects; while on the opposite page he has a translation. If he will keep to this Exercise till he really knows every character in it, he will be master of 137 of the 214 Radicals, and he will have easy victory over the remaining 77.

PART II. THE RADICALS. GENERAL TABLE.

1 Stroke.

1	*yi*	一	one; unity.
2	*kun*	丨	a stroke connecting the top with the bottom.
3	*chu*	丶	a point; period.
4	*p'ieh*	丿	a line running obliquely to the left.
5	*yi*	乙	a character in the time cycle of China.
6	*chüeh*	亅	a hooked end.

2 Strokes.

7	*êrh*	二	two.
8	*t'ou*	亠	above.
9	*jên*	人 *	man.
10	*jên*	儿	man.
11	*ju*	入	in, into; to enter.
12	*pa*	八	eight.
13	*chiung*	冂	border waste-land.
14	*mi*	冖	to cover over.
15	*ping*	冫	an icicle.
16	*chi*	几	a stool.
17	*k'an*	凵	able to contain.
18	*tao*	刀 *	a knife; a sword.
19	*li*	力	strength.
20	*pao*	勹	to wrap round.
21	*pi*	匕	a spoon or scoop; weapon.
22	*fang*	匚	a chest.
23	*hsi*	匸	able to contain or conceal.
24	*shih*	十	ten.
25	*pu*	卜	to divine.
26	*chieh*	卩 *	a joint.
27	*han*	厂	a ledge that shelters.
28	*ssŭ; mou*	厶	private; selfish.
29	*yu*	又	again.

且 乏 亂

不 乍 也 事

亮 你 兒 兩 典

七 中 主 久 九 了

五 交 今 允 内 六 冒 冠 冬 凡 凸 分 助 勺 北 匠 匹 千 占 危 厎 去 反

井 京 來 兆 全 兵 晃 准 凳 凹 別 勁 包 匙 匪 半 卡 却 厚 參 取

湊 出 則 勒

南 原 疊

3 Strokes.

30	k'ou	口	the mouth.
31	wei	囗	able to enclose.
32	t'u	土	earth.
33	shih	士	a scholar.
34	chih	夂	to step onwards.
35	ts'ui	夊	to step slowly.
36	hsi	夕	evening.
37	ta	大	great.
38	nü	女	a female.
39	tzŭ	子	a son.
40	mien	宀	roof of a cave.
41	ts'un	寸	an inch.
42	hsiao	小	little.
43	wang	尢*	bent as an ailing leg.
44	shih	尸	a corpse.
45	ch'ê	屮	sprouting; vegetation.
46	shan	山	a hill.
47	ch'uan	巛*	streams.
48	kung	工	labour.
49	chi	己	self.
50	chin	巾	a napkin; head-gear.
51	kan	干	a shield; to concern.
52	yao	幺	small.
53	yen	广	roof of a house.
54	yin	廴	continued motion.
55	kung	廾	the hands folded as in salutation.
56	yi	弋	to shoot with the bow.
57	kung	弓	a bow (arcus).
58	ch'i	彐*	pointed like a pig's-head.
59	shan	彡	streaky, like hair.
60	ch'ih	彳	to step short.

嚷團壞壽 夢奇姓學寒對層 齒困墓壺 夜天好孫家尊尖屋嶺巡巧帳年店建弟後 可回在壯夛夏外太奶孔官專少就尺屯夆州左巷布平幻床廷弄式弔彙彩往 差 幫幹幾廚 張 得

PART II. THE RADICALS. GENERAL TABLE.

4 Strokes.

61	hsin	心*	heart, mind.	
62	ko	戈	a lance, spear.	
63	hu	戶	a house door.	
64	shou	手*	the hand.	*un appui*
65	chih	支	a prop; to issue money.	
66	p'u	支*	to tap lightly.	
67	wên	文	stripes or streaks; ornament as opposed to plainness; literature	
68	tou	斗	Chinese bushel.	
69	chin	斤	Chinese pound; an axe.	
70	fang	方	square.	
71	wu	无*	not.	
72	jih	日	the sun, the day.	
73	yüeh	曰	to speak.	
74	yüeh	月	the moon.	
75	mu	木	wood; trees.	
76	ch'ien	欠	to owe; to be wanting in.	
77	chih	止	to stop (neuter).	
78	tai	歹*	decayed bones of a murdered man; bad.	
79	shu	殳	a quarter-staff. *un bâton à deux bouts / un bâton de bâtonniste*	
80	wu; kuan	母	do not!	
81	pi	比	to compare; lay side by side.	
82	mao	毛	hair, fur.	
83	ch'i	气	vapour.	
84	shih	氏	family from past time till now.	
85	shui	水*	water.	
86	huo	火*	fire.	
87	chao	爪*	claws.	
88	fu	父	father.	
89	yao	爻	cross wise.	
90	ch'iang	爿	the radical of 91 reversed.	
91	p'ien	片	a slab of wood; a slice or piece.	

必成房拜 愛我扁換 慢或掌 敦 新

改斌 散斑斟斬旗 畫替朝柴

料斧旁 既昻更 春書朋林欻步 武

有本次

正死殺每

毯氣民永炕為爺爽㸚腮 河炭爵 灣然

牆

TZŬ ERH CHI. Colloquial Series.

92	ya	牙	the back teeth.
93	niu	牛*	oxen; kine.
94	ch'üan	犬*	the dog.

5 Strokes.

95	yüan	玄	black. *(formly hsüan, to avoid name change)*
96	yü	玉*	precious stones.
97	kua	瓜	the gourd.
98	wa	瓦	tiles.
99	kan	甘	sweet.
100	shêng	生	to live; to produce.
101	yung	用	to use.
102	t'ien	田	fields; arable land.
103	p'i	疋	the bale or piece of cloth, silk, &c.
104	ni	疒	disease.
105	po	癶	back to back.
106	pai; po	白	white.
107	p'i	皮	skin; bark.
108	min	皿	covered dishes.
109	mu	目	the eye.
110	mou	矛	a long lance.
111	shih	矢	arrows.
112	shih	石	stone.
113	ch'i; shih	示	spiritual power; revelation.
114	jou	肉*	the print of a fox's foot.
115	'ho	禾	any kind of grain.
116	hsüeh	穴	a cave in the side of a hill.
117	li	立	to stand up, or still.

6 Strokes.

118	chú *chu*	竹	the bamboo.
119	mi	米	rice uncooked.
120	mi; ssŭ	糸	raw silk as spun by the worm.

牽獸 璃 略 皇盞直短碎禁竇竪簋糞絲

特獸 牽瑞辦 甜 留病 的 盆盼 矩砮票秦窮章 策粱累

牲狗 玆玻瓢瓶甚產甬男疑疼發百癥盅看矜知破祖禽秋窖站 等粗紅

PART II. THE RADICALS. GENERAL TABLE.

121 *fou*	缶	earthenware.
122 *wang*	网*	a fishing-net.
123 *yang*	羊	sheep.
124 *yŭ*	羽	feathers.
125 *lao*	老	old.
126 *êrh*	而	and; but yet.
127 *lei*	耒	the plough.
128 *êrh*	耳	the ear.
129 *yü*	聿	a pencil.
130 *jou*	肉*	flesh; meat.
131 *ch'ên*	臣	servant of the sovereign.
132 *tzŭ*	自	self; from.
133 *chih*	至	to come or to go; arrive at.
134 *chiu*	臼	a stone mortar.
135 *shê*	舌	the tongue.
136 *ch'uan*	舛	at issue; in error.
137 *chou*	舟	ships; boats.
138 *kên*	艮	limitation; also character in the time cycle.
139 *sê, shai*	色	colour.
140 *ts'ao*	艸*	plants; herbs.
141 *'hu*	虍	the tiger's streaks.
142 *ch'ung; 'hui*	虫	reptiles having feet.
143 *hsieh, hsüeh*	血	blood.
144 *'hang; hsing*	行	*'hang,* a row as of buildings; *hsing,* to go, to do.
145 *yi*	衣	clothes.
146 *sha; hsi*	西*	to cover; the west.

7 Strokes.

147 *chien*	見	to perceive, with the eye, nose, ear, or mind.
148 *chio*	角	horns; a corner.
149 *yen*	言	words.
150 *ku*	谷	a valley.

151 tou	豆	beans; a sacrificial bowl of wood.	豈	豐			
152 shih	豕	the pig.	象				
153 chai; ti	豸	reptiles without feet.	貌			賓	
154 pei	貝	the tortoise; his shell; hence, precious.	貧	賊		蠻	
155 ch'ih	赤	flesh colour.	赦	赶		輕	
156 tsou	走	to walk or run.	起	路		辯	
157 tsu	足	the foot; enough.	跨	躲		這	
158 shên	身	the body.	躬	載		鄙	
159 ch'e; chü	車	vehicles; sedans.	輩	辭		豐	
160 hsin	辛	bitter.	辜			量	
161 ch'ên	辰	the 5th horary period of the Chinese day, 7 to 9 o'clock A.M.; also a character in the time-cycle.	辱				
162 ch'o	辵*	moving and pausing.	送	迎			
163 yi	邑*	any centre of population.	却	那			
164 yu	酉	the 10th horary period 5 to 7 P.M.; also a character in the time-cycle.	醫	酒		鑿	
165 ts'ai; pien	釆	to part and distinguish.	釋	野		關	
166 li	里	a hamlet of 25 families; the Chinese mile.	重			陪	

8 Strokes.

167 chin	金	the metals; gold.	針	錯		雞
168 chang; ch'ang	長*	to grow; length.	開	問		
169 mên	門	a gate, a door.	阿	陋		
170 fu	阜*	a mound of earth.	隷	雙		
171 li; tai	隷	to reach to, arrive at.	隻	雲		
172 chui	隹	short-tailed birds.	雪	靜		
173 yü	雨	rain.	靖	靠		
174 ch'ing	青	sky-blue.	靠			
175 fei	非	negative; wrong.				
176 mien	面	the face; the outside.				

9 Strokes.

177 kê, ko	革	a hide stripped of hair; so to strip the hide, to flay.	靴	鞋
178 wei	韋	tanned hide.	韓	
179 chiu	韭	leeks.	韭	

PART II. THE RADICALS. GENERAL TABLE.   21

180 yin	音	sound.	韻	響	類
181 yeh	頁	the head; page of a book.	頂	頭	
182 fêng	風	wind.	颭	飄	
183 fei	飛	to fly as birds.			
184 shih	食	to eat.	飲	養	餓
185 shou	首	the head.	馘	馥	
186 hsiang	香	fragrance. *parfum*	馨		

10 Strokes.

187 ma	馬	the horse	騎	騾	驚
188 ku	骨	the bones.	體	髓	
189 kao	高	high.			
190 piao	髟	shaggy.	髮	鬆	鬢
191 tou	鬥	to fight; to emulate.	鬧	鬪	
192 ch'ang	鬯	{ a sacrificial bowl of China; luxurious vegetation; contentment.	鬱		
193 ko; li	鬲	a sacrificial vase on crooked feet.	鬴	鬻	
194 kuei	鬼	spirits of the dead.	魁	魂	魔

11 Strokes.

195 yü	魚	fish.	魯	鮮	鼇
196 niao	鳥	birds.	鳳	鴨	鷹
197 lu	鹵	natural salts.	鹹	鹽	
198 lu	鹿	the deer species.	麒	麗	麟
199 mai	麥	wheat.	麪		
200 ma	麻	hemp.	麼		

12 Strokes.

201 'huang	黃	yellow; clay color.		黌	
202 shu	黍	millet.	黎	黏	
203 'hei; 'hê	黑	black.	點	黨	
204 chih	黹	embroidery.	黻	黼	

13 Strokes.

205 mêng; min	黽	of the frog or toad kind.	鼇	
206 ting	鼎	a two-eared tripod used in sacrifice.		

TZŬ ERH CHI. Colloquial Series.

207 ku	鼓	the drum, &c.		鼛	鼗
208 shu	鼠	the rat kind.			

14 Strokes.

209 pi	鼻	the nose.		鼽	
210 ch'i	齊	arranged, in order.		齋	齎

15 Strokes.

211 ch'ih	齒	front teeth.		齡	齧

16 Strokes.

212 lung	龍	the dragon tribe.		龔	龕
213 kuei	龜	the tortoise, turtle, &c.		鼇	

17 Strokes.

214 yo	龠	flutes, pipes, &c.		龢	

The characters in the foregoing table, marked with an asterisk, are, some generally, some always, modified when employed as Radicals of other characters. On the opposite page are given the modifications recognised in the great Chinese Lexicon of K'ang Hsi. There are a few others allowed in manuscript, which will be acquired without great difficulty.

PART II. THE RADICALS. ABBREVIATIONS.

Rad.			changes to		
,, 9 jên	人		"	亻	
,, 18 tao	刀		"	刂	
,, 26 chieh	卩		"	巴	
,, 43 wang	尢		"	尣	兀
,, 47 ch'uan	巛		"	巜	巜 川
,, 58 ch'i	彐		"	彑	
,, 61 hsin	心		"	忄	小
,, 64 shou	手		"	扌	
,, 66 p'u	攴		"	攵	
,, 71 wu	无		"	旡	
,, 78 tai	歹		"	歺	
,, 85 shui	水		"	氵	氺
,, 86 huo	火		"	灬	
,, 87 chao	爪		"	爫	
,, 93 niu	牛		"	牜	
,, 94 ch'üan	犬		"	犭	
,, 96 yü	玉		"	王	
,, 114 jou	禸		"	禸	
,, 122 wang	网		"	罒	冖 网
,, 130 jou	肉		"	月	
,, 140 ts'ao	艸		"	艹	
,, 146 sha; hsi	襾		"	西	
,, 162 ch'o	辵		"	辶	
,, 163 yi	邑		"	阝	
,, 168 { chang / ch'ang	長		"	镸	
,, 170 fu	阜		"	阝	

畫爽牽瓶甜產略票章粗累羞翎習船規訛欲貧赦這野雪頂冕壺寒尊

就幾換掌散敦斌斑替朝炊毯然為爺牽發短碎禽等策粱絲畫舒泉街

銜輩辜量開間雲飲豐嗇幹廚彙愛尌新瑞盞碎禁羣聖葬號解象賊跨

路載靖靴韮鳳亂凳團墓壽夢對慢旗獸豎筧聞臺與蜜說貌賓躲輕尉

魁魂麼璃層窗疑皺窮罷舞餓衙靠鞋颱養髮鬨黎學耩親錯隸靜頭鴨

槑嶺幫爾牆瓢糞罄舉艱韓鹹鮮魃黏點黻竃齋竄舊謬豐魘醫雙雞馥

騎墊壞獸臨關韻鬍魯麒麗繃毀軀類壞辮覺辭釋響飄馨鹹麪鬢黨齡

蠹辯驟魔鰲齋韜聽鷺襲龕龢驚體髓鬪麟艷鬢鷹灣鹽叠黷龔鑒鬱

PART II. RADICAL TEST TABLE I.   25

七九了久也凡勺千不中乏五井今六分匹反太天孔少尺屯弔且主乍
允丙冬凸凹出包北半占卡去可外左巧布平幼必本正民永变兆全匠
危回在夅奶好尖州年式成有次死每百考那你兵別助却底困壯巡床
廷弄弟往我改更步甬男罕艮却阿事京來兒兩典卦取夜奇姓官店或
房斧昂朋林武河炕狀狗的直知岡者服肯花虎虬衫表迎陋亮冒冠則
勁南屋巷建後扁拜春炭性玻甚皇盅盆看盼矜秋紅美耍耐臭虐哀要
邵重准匪厚原夏孫峯差料旁書柴殺氣特茲畱疼病矩破祖秦窖
站缺翁耕能草豈起趕躬辱酒針陪隻送湊勒匙參專巢帳張彩得斬旣

26　　　　　TZŬ ERH CHI. RADICAL TEST TABLE II.

1 日月日夕 2 風雨气冫水 3 鬼示卜鬯豆鼎鬲 4 金鼓龠音 5 干支乙辛子

酉辰艮爻 6 金木水火土 7 山川谷穴阜田門 8 玉石鹵水 9 色青黃赤白黑

玄 10 人儿氏自己爻子女士臣 11 身心廾手足首頁而影耳鼻面目見面 12 言

日口舌牙齒皮肉骨血气 13 力用工 14 尸首骨月尢疒 15 入夂夊廴行走辵隶

彳止立食 16 厶屮歹鬥攴 17 生長大小長幺 18 厂宀广西口里門戶邑阜 19 衣巾

爿 20 舟車皿几匕斗白瓦缶 21 魚网牛耒糸皮韋 22 刀匕干戈弋弓矢矛殳

斤 23 囗勹匚匸 24 艸木竹瓜耑山禾米豆韭麥麻黍 25 辛甘香 26 牛羊犬豕馬

鹿 27 鳥隹虫豸龍魚龜黽角貝 28 羽飛爪肉采文彡虍髟 29 疋斗斤寸方長

30 一二八十 31 片比彐 32 无欠足齊 33 亠丷高彑聿 34 母又氺舛非 35 丨丶丿

丿

TZŬ ERH CHI. RADICAL TEST TABLE III.

1 Colloquial.

一二人入八刀力十卜又口土士大女子小寸尸山川工己巾干弓心戈戶手
支文斗斤方日月木欠止歹比毛氏水火爪爻片牙牛玉瓜瓦甘生用田疋白
皮目矢石禾穴立竹米羊羽老而耳肉臣自至舌舛舟色虫血行衣西見角言
谷豆貝赤走足身車辛辰酉里金長門雨青非面革韭音頁風飛食首香馬骨
高鬼魚鳥鹿麥黍黃黑鼎鼓鼠鼻齊齒龍

2 Classical.

乙几匕夕弋无曰爻母犬玄皿矛舌耒聿白艮豕豸邑阜韋鬯鬲鹵黹龜

3 Obsolete.

气爿疒癶帀内糸网艸虍辵釆隶隹髟鬥龠
丶丿乚几冂冖冫凵勹匸匚卩厂厶口夂夊屮尢尣廴廾彐彡彳攴

I. 人1 氏2 女3 父4 子5 戶6 口7 自8 已9 貝10 子11 臣12 子13 士14 子15 鬼16 子17 鼓18 手19

II. 人1 身2 心3 口4 手5 足6

III. 用1 力2

耳1 目2 牙3 齒4 口5 舌6 口7 音8 目9 肉10 尸11 首12 骨13 血14 面15 目16 鼻17 子18 骨19 尸20 口21 齒22 手23 心24

用1 工2 入3 門4 支5 用6 生7 長8 立9 止10 甘11 心12 辛13 苦14 鼎15 舛16 錯17 人18 力19 行20 走21

IV. 大1 小2 子3 比4 父5 高6 老7 小8

行1 文2 食3 言4 音5 小6 心7 比8 方9 齊10 心11 見12 長13 見14 小15 心16 高17 用18 人19

V. 手1 巾2 雨3 衣4 皮5 衣6

VI. 舟1 車2 車3 馬4 門5 戶6 瓦7 面8 瓦9 片10

VII. 刀1 子2

心1 戈2 矢3 石4 弓5 矢6 弓7 刀8 石9

VIII. 西1 瓜2 禾3 黍4 米5 麥6 豆7 角8 小9 廉10 子11 竹12 子13 韮14 黃15 香16 瓜17 肉18 片19

IX. 牛1 羊2 牛3 馬4 魚5 虫6 飛7 鳥8 大9 鹿10 金11 魚12 長13

牛1 肉2 羊3 肉4 鹿5 肉6 老7 米8 白9 米10 小11 米12 子13 麥14 子15

X. 金1 木2 水3 火4 土5 又6 風7 又8 雨9

虫1 西2 口3 馬4 龍5 爪6 老7 鼠8 羊9 皮10 羽11 毛12 羊13 毛14 香15 牛16 皮17 牛18 角19

XI. 長1 一2 寸3 八4 寸5

田1 土2 山3 水4 山5 川6 山7 谷8 石9 穴10 西11 方12 欠13 雨14 土15 山16 子17 黃18 土19 黑20 土21 雨22 水23

XII. 日1

二1 八2 斗3 豆4 子5 十6 斤7 米8 一9 二10 疋11 八12 十13 二14 里15 非16 止17 一18 人19 八20 口21 人22 一23 方24 人25

日1 月2 月3 自4 辰5 至6 酉7

XIII. 青1 白2 黑3 白4 青5 黃6 赤7 色8 黃9 而10 黑11 香12 色13

XIV. 火1 石2 白3 玉4

PART II. THE RADICALS.

EXERCISE IN THE COLLOQUIAL RADICALS.

I.—1. *jên-shih*, a person from such or such a place; [*e.g.* What is he? He is a Canton man.] 2. *tzŭ nü*, sons and daughters. 3. *fu tzŭ*, father and son. 4. *'hu-k'ou*, persons in a family; *lit.* mouths in the house. 5. *tzŭ-chi*, one's-self; by oneself. 6. *pei-tzŭ*; Chinese for *beitsê*, a Manchu title of nobility. 7. *ch'ên-tzŭ*, a minister of state. 8. *shih-tzŭ*, a scholar, lettered man. 9 *kuei-tzŭ*, a devil; term generally applied to foreigners. 10. *ku-shou*, a drummer.

II.—1. *jên shên*, a man's person, 2. *hsin-k'ou*, the breast; *lit.* the heart's mouth. 3. *shou tsu*, hand and foot; not used literally, but figuratively, of the relationship of brothers. 4. *êrh mu*, the sight and hearing, when spoken of as quick or not; a police detective. 5. *ya-ch'ih*, the teeth. 6. *k'ou shê*, altercation; *lit.* mouth and tongue. 7. *k'ou-yin*, accent, pronunciation; *lit.* the mouth's sounds. 8. *mu li*, strength of sight. 9. *ku-jou*, bone and flesh; not literally, but figuratively of intimate relationship. 10. *shih-shou*, a corpse; *lit.* corpse and head. 11. *ku-hsüeh*, bone and blood; *fig.* of intimate relationship. 12. *mien mu*, the face; *lit.* face and eyes. 13. *pi-tzŭ*, the nose. 14. *ku-shih*, a corpse; *lit.* bone and corpse. 15. *k'ou-ch'ih*, the teeth; specially with reference to dental sounds. 16. *shou-hsin*, the palm of the hand; *lit.* the hand's heart.

III.—1. *yung li*, to exert oneself; use strength. 2. *yung kung*, to work hard; use labour. 3. *ju mên*, to enter a door; not literally, but figuratively of commencing a study. 4. *chih-yung*, expenditure; *lit.* what one issues and uses. 5. *shêng chang*, to be born and bred, *lit.* to be born and to grow up. 6. *li-chih*, to come to a stand, to stop. 7. *kan-hsin*, willing; *lit.* with sweet or pleasant heart or mind. 8. *hsin-k'u*, affliction, trouble; *lit.* bitterness; the second character, *k'u*, which is not a Radical, has the same meaning as the first. 9. *ting ko*, the sacrificial urn taken away; *lit.* stripped off; figuratively for loss of the throne, subversion of a dynasty. 10. *ch'uan-ts'o*, error; the second character *ts'o*, which is not a Radical, means to err. 11. *jên li*, man's ability, *lit.* strength. 12. *hsing-tsou*, *lit.* to move; specially of attendance in the court or public office in which one is employed. 13. *i ch'i*, all together; *lit.* in unity complete. 14. *chien mien*, to see the person, whom one has been to visit. 15. *shih jou*, to eat meat. 16. *ko mien*, to reform oneself thoroughly, *lit.* flay the face. 17. *hsing wên*, to write a despatch; *lit.* execute a composition. 18. *shih yen*, to eat one's words. 19. *t'u-yin*, a local dialect or accent. 20. *hsiao-hsin*, careful; beware! 21. *pi-fang*, for instance. *Obs., fang* is probably corruptly used for another character. 22. *ch'i hsin*, unanimous. 23. *chien chang*, to grow physically; *chien ch'ang*, to make progress intellectually. *Obs.,* the verb *chien* as to feel. 24. *chien hsiao*, to be of niggardly mind. 25. *hsin kao*, of lofty aims. 26. *yung jên*, to employ people with discrimination.

IV.—1. *ta hsiao*, great and small. 2. *tzŭ pi fu kao*, the son higher, more eminent, than the father. 3. *lao hsiao*, old and young. 4. *hsin tai*, of evil disposition. 5. *kao-ta*, tall, lofty. 6. *ta ch'ên*, ministers of a certain rank.

V.—1. *shou chin*, a handkerchief. 2. *yü i*, waterproof dress. 3. *p'i i*, fur-lined clothes.

VI.—1. *chou chü*, (politely,) junk or cart, land or water carriage. 2. *ch'ê ma*, or *chü ma*, carts and horses. 3. *mên-hu*, an entrance-gate; specially, a pass of importance. 4. *wa mien*, a tiled roof. 5. *wa p'ien*, a bit of tile.

VII.—1. *tao-tzŭ*, a knife.   2. *kan ko*, shield and spear, figuratively for war.   3. *shih shih*, the arrow and the stone; archery and slinging.   4. *kung shih*, bow and arrow; archery.   5. *kung, tao, shih*, bow, sword, and stone.   *Obs.*, Military graduates have to prove their strength by drawing the bow, exercise with the sword, and raising the stone.

VIII.—1. *hsi kua*, water melon, *lit.* western melon.   2. *'ho shu*, rice and milet, uncut.   3. *mi mai*, rice and wheat, cut; as we say corn or grain.   4. *tou-chiao*, a bean-pod.   5. *hsiao ma-tzŭ*, cummin.   6. *chu-tzŭ*, bamboo.   7. *chiu 'huang*, leeks, *lit.* leeks yellow; *chiu*, by itself, is generic of vegetables of the kind.   8. *hsiang kua*, melon; *lit.* scented melon.   9. *jou p'ien*, a slice or slices of meat.   10. *niu-jou*, beef.   11. *yang-jou*, mutton.   12. *lu-jou*, venison.   13. *lao mi*, old rice.   14. *pai mi*, new, *lit.* white, rice.   15. *hsiao mi-tzŭ*, oats.   16. *mai-tzŭ*, wheat.

IX.—1. *niu yang*, sheep and oxen.   2. *niu ma*, cattle and horses.   3. *yü ch'ung*, fish and reptiles.   4. *fei niao*, birds; *lit.* flying birds.   5. *ta lu*, the red, *lit.* great, deer.   6. *chin yü*, gold fish.   7. *ch'ang ch'ung*, a serpent, *lit.* the long reptile.   8. *hsi-k'ou ma*, a horse from the western frontier; *lit.* western mouths, *sc.* frontier passes.   9. *lung chao*, dragon's claws; as in embroidery, painting, &c.   10. *lao shu*, a rat; *lit.* old rat.   11. *yang-p'i*, sheep's skin.   12. *yü-mao*, camlet; *lit.* feathers and hair.   13. *yang-mao*, wool.   14. *hsiang niu p'i*, Russia leather; *lit.* scented cow-hide.   15. *niu-chiao*, or *niu-chio*, cow's horn.

X.—1. *chin, mu, shui, 'huo, t'u*, metal, wood, water, fire, earth; the five elements of China.   2. *yu fêng yu yü*, both wind and rain.   3. *t'ien t'u*, lands; fields.   4. *shan shui*, scenery.   5. *shan ch'uan*, hills and streams; mountain and water systems of a country.   6. *shan ku*, hill and valley.   7. *shih-hsüeh*, an artificial cave or grotto.   8. *hsi-fang*, the west, *lit.* western region; used only of Buddha's land.   9. *ch'ien yü*, rain is wanting.   10. *t'u shan-tzŭ*, a mound, natural or artificial.   11. *'huang t'u*, clay.   12. *'hei t'u*, black loam; specially of the soil in Peking.   13. *yü-shui*, rain; also the name of one of the 24 periods into which the year is divided.

XI.—1. *ch'ang i ts'un*, one inch long.   2. *pa ts'un êrh*, eight inches and two [tenths].   3. *pa tou tou-tzŭ*, eight measures of beans.   4. *shih chin mi*, ten catties of rice.   5. *i êrh p'i*, a bale or two [of cloth, silk, &c].   6. *pa-shih-êrh li*, eighty-two li; something over 25 miles.   7. *fei chih i jên*, it is not only one man [that says, does, &c].   8. *pa k'ou jên*, eight persons.   9. *shih k'ou jên*, ten persons.   10. *i fang*, a whole neighbourhood.

XII.—1. *jih jih*, daily.   2. *yüeh yüeh*, monthly.   3. *tzŭ ch'ên chih yu*, from about 8 A.M. to about 5 P.M.; *ch'ên* being the fourth of the two hourly periods after midnight; *yu*, the third from noon.

XIII.—1 *ch'ing-pai*, of a sickly countenance; *lit.* blue and white.   2. *'hei-pai*, black and white; used when saying that a man is too stupid even to distinguish between these colours.   3. *ch'ing-'huang*, blue and yellow; unripe grain is said not to have reached the time when these colours mingle; the phrase is also applied to a sickly countenance.   4. *ch'ih sê*, bright scarlet, such as is used on temple walls, &c.   5. *'huang êrh 'hei*, yellow and yet black; of a sickly countenance.   6. *hsiang sê*, joss-stick colour, a pale yellow dye seen in silk, cloth, &c.

XIV.—1. *'huo shih*, a flint.   2. *pai yü*, white jade.

END OF PART II.

TZŬ ERH CHI.

COLLOQUIAL SERIES.

PART III.

THE FORTY EXERCISES.

(CHINESE TEXT.)

散語四十章之一

1. 兩
2. 三
3. 第四
4. 五
5. 六
6. 七
7. 九
8. 幾千
9. 數百
10. 萬
11. 零
12. 來
13. 多少
14. 有
15. 好些
16. 個

1. 十六、九二十、三十四、五十七、六十八。
2. 第十七個、二三百、二三千、兩個、三五個、五七百個。
3. 百個、五十七萬、零六百一十七萬零二十。第一、第二十七、第一千八百六十五。第一百萬、零一百萬、三十五萬、五百萬零八十。
4. 萬零五百零七十萬。七萬、一百九十一、千萬、四十六萬、一千。
5. 八九萬、八千四百零二、千零五、四千零七十二、八千三百六十七、一萬零六一
6. 百零三。一百一十八、二百五十四、九百九十萬三千。
7. 人有好些個、人有多少人來三萬多。
8. 八九個、十數個、十來個、九個、十二百多五千多。
9. 肉六斤、羊肉幾斤魚。
10. 數十個、幾十個、兩個幾個、十個多、有幾個人來有些個。
11. 長三寸四一身一口五斤牛
12. 七斗麥子、九斗米、一斗黍子。
13. 幾個牙長幾萬里足四萬里有山足高二百里。

PART III. THE FORTY EXERCISES. *San Yü Chang.* 1-2.

散語四十章之二

1. 你
2. 我
3. 他
4. 偺
5. 們
6. 倆
7. 這
8. 在
9. 那兒
10. 的
11. 沒
12. 了
13. 甚
14. 麼
15. 買
16. 賣
17. 得
18. 很
19. 誰
20. 要
21. 不
22. 是
23. 東
24.

1 你的、我的、他的。
2 你們、我們、他們。
3 你們的、我們的、他們的。
4 我們兩個人。我們倆。
5 偺們倆。偺們三個人。
6 這個、那個。這兒、那兒。
7 這麼大、那麼小。
8 甚麼人。甚麼東西。
9 那個人是誰,那個人是個好人。
10 這兒買東西、賣東西。
11 甚麼買賣人、賣甚麼的、賣好些個東西。
12 那個人來、沒有人來。
13 他是那兒的人、他不是這兒的。
14 我要好的、有沒有、沒有了。
15 他們來了多少個人。
16 有多少人在那兒、有十幾個人。
17 這個很好、那個不好。
18 有甚麼人來、沒有人來。
19 他是那兒的人、他不是這兒的。
20 他們來了好些個人。
21 我不要這個、他們要這個。
22 這個人很好、那個人很不好。
23 你們有這個東西沒有、我們不要這個。
24 有多少人在那兒、有十幾個人。
25 他來了沒有、他沒有來。
26 這個人很好、那個人很不好。
27 這個東西是甚麼人的、是我們的。
28 你們那兒有很好的沒有、沒有好的、你沒有很好的、我們不要了。

散語四十章之三

1. 進
2. 城
3. 家
4. 住
5. 著
6. 街上
7. 房間
8. 屋裏
9. 開
10. 鋪
11. 關
12. 牕
13. 出
14. 去
15. 往
16. 外頭
17. 知
18. 道
19. 做
20. 過
21.
22.
23.
24.

住房子¹。住家²。城裏城外³。裏頭外頭⁴。屋裏⁵。三間房子⁶。十八間屋子⁷。四個舖子⁸。關門⁹。開牕戶¹⁰。出去進來¹¹。過去¹²。走着¹³。上街¹⁴。街上走著¹⁵。往東往西¹⁶。東城西城¹⁷。知道¹⁸。做甚麼¹⁹。你在那兒住,我在城裏頭²⁰。你們那兒²¹有多少房子,有三十五間房子²²。這個房子比那個房子好多了²³。開了門,關上牕戶²⁴。進屋裏來,外頭土大²⁵。你住的房子大小,我住的是三間小屋子²⁶。他在家裏做甚麼,沒在家,往那兒去了,你知道不知道,上街去了²⁷。那個人開着²⁸七個舖子,他的舖子是甚麼買賣,開在那兒。在城裏頭,東城有三個,西城有四²⁹個,我們這兒沒有那麼大的買賣³⁰。那個舖子裏買東西的人很多³¹。外頭來了³²五六個人,是甚麼人,我不知道。這個³³屋子沒有人住。那個舖子是我的。他³⁴沒進來,過去往西去了,他出去做甚麼,上街上買東西去了。街上³⁵的人很多。

PART III. THE FORTY EXERCISES. *San Yü Chang.* 3–4.

散語四十章之四

1. 前後
2. 叫
3. 站起
4. 躺地
5. 快慢
6. 都
7. 愛
8. 坐
9. 轎
10. 樓下
11. 囘
12. 到
13. 驢
14. 騾
15. 匹
16. 輛
17. 步
18. 頂
19. 筍
20. 說
21.
22.
23.
24.
25.

1 躺著，坐著，起來，站著，走著，步行。
2 叫人叫人來。快走，慢走。
3 衙門，樓上地下。一輛車，一頂轎子，三匹馬，兩頭騾子，四頭驢。
4 前頭，後頭。回來，到了。
5 愛不愛。
6 他在道兒上躺著，叫他起來，他不愛。
7 我在樓上坐著，他是地下坐著。
8 我是坐車來的，他是步行兒來的。
9 他在後頭走。
10 我走得快，他走得慢。
11 他那個人回來了沒有，他沒回來，他快回來了，他是往那兒去了，上衙門去了。
12 他那個人愛不愛，他們那些人我都不愛。
13 他那個人回來了沒有，他沒回來，他快回來了。
14 他那個人坐轎去了，是坐車去，是坐著一頂小轎子，他不愛坐車。他那
15 他買的是馬麼，不是，買的是騾子。
16 這兒一匹騾子他買了多少頭，買的是三頭騾子，七頭驢。是
17 買馬這兒的騾子好，是那兒的騾子好，這兒的騾子沒有那兒的好，這兒的騾子比那兒的慢，那兒的騾子聽都快。

散語四十章之五

1. 真正
2. 抄寫
3. 教學
4. 請瞧
5. 拿字典
6. 話
7. 找看
8. 先認
9. 還肯
10. 告訴
11. 呢
12. 記問
13. 騎跑
14.
15.
16.
17.
18.
19.
20.
21.
22.
23.
24.
25.

1 先生。2 教學。3 學生。4 拿字典、看字典。5 找字、認字。6 抄寫、寫字。7 找先生請先生、請教。8 我問你、請你告訴。記得不記得。9 騎著跑著、你是步行兒來的、是騎馬來的。10 口音正、說話真。11 看見你看見過沒有、你還沒有看見過麼、看過了。12 你找過先生沒有、我找過了。13 這個字你瞧過沒瞧過、你告訴先生教話。14 請先生教話。15 請先生拿字、我不記得那個字了、還有不記得的字麼那兒沒有呢、記得的少、不記得的多。16 這個字你認得不認得、這個字我不記得的。17 你的口音正說話真。18 我問你這個字你認得不認得、這個字我不認得請他教我們說話。19 我請過先生教我、他不肯來、請他教我說學生多、不肯來。20 你告訴我說、他那個人的口音有你這麼好沒有、我的口音沒有甚麼大好、他認得的字比我認得的多。

散語四十章之六

1. 紙張筆管墨塊把本書念完可以給官會分聽明也懂平聲忘錯
2.
3.
4.
5.
6.
7.
8.
9.
10.
11.
12.
13.
14.
15.
16.
17.
18.
19.
20.
21.
22.
23.
24.
25.

1. 一張紙、一本書、兩塊墨、五管筆。官話。
2. 懂得聽見、忘了。
3. 四聲是上平、下平、上聲、去聲。不錯完了、不會明白可以。
4. 你把那一本書拏來給我、那一張紙拏給我看、你給我買十管筆兩塊墨。
5. 我聽見說你學官話學得很好、四聲你會分不會、四聲都可以分得開。
6. 那一本書你看完了沒有、十分裏我看過八分明白不明白、有幾分不明白也有幾個字不認得。
7. 那書上的字都記得麼不都記得、忘了好些個也有記錯了的。他那個人懂得官話不懂、我聽見說他不懂他認得字不認得字還認得認過四五千字、你那兒知道呢、上月我們在一塊兒看書、我叫他抄寫他可以不可以、沒有甚麼不可以的。
8. 我問你他的話、你聽得出來聽不出來。
9. 你念過的書千萬不可忘了、不錯你說得很是。

散語四十章之七

1. 炕
2. 蓆
3. 床
4. 帳
5. 鋪蓋
6. 桌
7. 椅
8. 爉燈
9. 盞
10. 隻
11. 酒杯
12. 茶碗
13. 盅
14. 厨
15. 煑飯
16. 鍋
17. 鍋
18. 勺
19. 壞
20.
21.
22.
23.
24.

1 鋪炕，一張床。

2 帳子，蓆子，鋪蓋。

3 一張桌子，一張椅子。

4 一盞燈，爉燈。

5 厨房。

6 一把刀子，一把鏟子，一把勺子，一口飯鍋，一個鍋蓋，一個茶碗，一個茶盅，一隻酒杯，一個酒盅子。

7 煑飯。壞了。

8 他在炕上鋪蓆子。

9 我要在這張床上躺著，你快把鋪蓋鋪上。

10 那一張床上有帳子沒有。

11 他在床上躺著，我在椅子上坐著。

12 這屋裏很黑，拏一盞燈來。

13 有人拏了那盞燈去。

14 桌子上的那爉燈誰拏了去了，是我給厨子拏過去了。

15 厨房裏沒有火。

16 飯鍋是煑飯用的，鍋蓋是飯鍋的蓋兒。茶碗茶盅都可以有蓋兒。

17 酒杯酒盅子，這兩個東西不大分。

18 那屋裏那些桌子椅子都壞了。我19叫你買的那茶碗，你買了沒買，買了多少個買了二十個，是在那兒買的，都是在城外頭鋪子裏買的。

20 你們的屋裏有蓆子沒有，我們的屋裏炕上都有蓆子。

PART III. THE FORTY EXERCISES. San Yü Chang. 7–8.

散語四十章之八

1. 傢伙
2. 攪條
3. 倒
4. 壺
5. 花瓶
6. 破
7. 收拾
8. 盤
9. 碟
10. 吃
11. 點
12. 吹
13. 滅
14. 使
15. 燒
16. 爐
17. 空
18. 滿
19. 同
20. 算
21. 碎

傢伙¹。一條攪子一個攪子也說得。²一個爐子。³花瓶、酒瓶、酒壺、茶壺、盤子、碟子。⁴吃飯的傢伙有刀子、鏟子、勺子、盤子、碟子、飯碗、酒杯。⁵點燈吹燈燒火滅火。⁶倒水。⁷空壺滿壺空了，壺滿了。⁸使得破壞收拾。⁹家裏用的東西都是傢伙。¹⁰床桌椅，都是屋裏用的傢伙。爐子，攪，都是屋裏用的傢伙。¹¹吃飯的傢伙炕頭裏也是爐子。¹²爐子有大小不同，廚房做飯是爐子。花瓶也算是傢伙麼？花瓶還可以算是傢伙。¹³那碗裏的水倒在鍋裏。¹⁴那酒瓶，酒壺，茶壺，茶碗也都是零用的傢伙。¹⁵那碗裏的水倒在鍋裏。¹⁶倒茶是叫人把茶倒在碗裏頭。¹⁷你點了燈沒有，我點上燈了，是他吹滅了。¹⁸吹燈是滅燈火，滅火是滅了爐子的火。¹⁹那倆壺裏頭有水沒有水，一個是空的，一個是滿的，你把那空的倒滿了水。²⁰那花瓶是甚麼人破壞的，我不知道是誰，快去叫人收拾，使得使不得，叫人收拾很使得。

散語四十章之九

1. 今年時令暖和昨天就定晝晴亮鐘半刻氣候冷熱雪涼颱
2.
3.
4.
5.
6.
7.
8.
9.
10.
11.
12.
13.
14.
15.
16.
17.
18.
19.
20.
21.
22.
23.

1 前年去年今年明年後年。2 上月本月下月。3 前兒就是前天昨兒昨天今兒今天明兒明天後兒後天都是那麼著。4 時令就是一年的四時。5 天氣可以分天時候天亮白晝黑下一會兒一點鐘兩刻半點鐘一點半鐘就是一點鐘雨刻一下鐘就是一點鐘。6 冷天熱天涼天暖和颱風晴天下雪。7 那人他看過二十多年的書做過五六個月的先生。8 我今兒走下月可以回來。9 你今兒八下鐘還沒起來。10 前年後年可以說前月後月不大很說。11 這兒天熱的時候兒下雨天冷的時候兒下雪。12 昨兒黑下颱風天亮的時候兒很冷。13 他愛白晝出去騎馬黑下回家看書。14 昨兒黑下下雨今兒晴了天。15 今兒是個晴天。16 今年天氣暖和得很沒有去年那麼冷。17 我們倆到這兒好些年了。18 他是去年來的我是上月到的他們倆是去年來過了。

PART III. THE FORTY EXERCISES. *San Yü Chang.* 9–10.　41

散語四十章之十

1. 更夫
2. 每夜
3. 得
4. 打
5. 罷
6. 早
7. 晚
8. 晌午
9. 嗏
10. 事情
11. 擱
12. 各樣
13. 短
14. 雲彩
15. 陰
16. 霧
17. 空
18.
19.
20.
21.
22.
23.

1. 每年,每月,每天,每日,各樣。
2. 早起,晌午,晚上,上半天,下半天。
3. 夜裏,前半夜,後半夜。
4. 定更,打更,更夫。
5. 天長,天短,夜長,夜短。
6. 多嗏。
7. 工夫。
8. 陰天,雲彩。
9. 下霧。
10. 得有事情。
11. 擱著。
12. 罷了。
13. 每年不是年年麼,每月就是月月,每天每日還是那麼樣。
14. 他是早起起來,晌午街上走,晚上回家看書,到夜裏三更天就躺在炕上罷了。天天都是這麼樣。
15. 情得你各自各兒去那房子就是他各自各兒住著。
16. 各自各兒就是自己一個人這個事情得。
17. 上半天下了雨,下半天就晴了。
18. 夜裏那更夫打更一夜分有五更頭一更就是定更。
19. 三更天就是半夜。
20. 前半夜還暖和,後半夜冷。
21. 天長做事的工夫多,天短沒有空兒事情得擱著罷。
22. 他多嗏回來,明兒可以回來。
23. 那茶壺擱在那兒了,擱在屋裏桌子上了。
24. 天上的雲彩滿了,就是陰天。
25. 今兒早起下得霧很大,大山都看不見了。

散語四十章之十一

1. 怕裳件太腌臜換乾淨刷洗臉盆縫補穿鞋脫靴雙襪最溫
2.
3.
4.
5.
6.
7.
8.
9.
10.
11.
12.
13.
14.
15.
16.
17.
18.
19.
20.
21.
22.
23.

1. 刷洗。
2. 腌臜乾淨。
3. 衣裳靴子鞋襪子。
4. 穿上脫下來，換上。
5. 縫補。
6. 一雙靴子兩雙鞋十雙襪子一條手巾八件衣裳一個臉盆。
7. 這盆水腌臜了，換乾淨的拏來我洗臉。那些衣裳腌臜拏刷子刷一刷這一件衣裳破了，叫人來縫補。
8. 你快起來穿上衣裳。
9. 他脫了衣裳躺著。
10. 那一件衣裳他穿了好些日子沒換呢。
11. 今兒個天涼你得多穿一件衣裳。
12. 這一條手巾腌臜擱在盆裏洗一洗。
13. 他是穿靴子，是穿鞋他是穿著靴子來著。
14. 你愛穿的是靴子是鞋。
15. 你的那皮靴子擱得日子多得刷洗了。
16. 我在家裏坐著穿鞋上衙門去穿靴子。
17. 你洗手是愛使凉水是愛使開水兩樣兒都不好，凉水太凉，開水太熱好的是溫和水兒。
18. 你快把這個水倒在鍋裏溫一溫。
19. 那火要滅了，這水溫了半天，開不了。
20. 要洗衣裳使熱水最好，刷洗靴子得使凉水。

PART III. THE FORTY EXERCISES. San Yü Chang. 11–12.

散語四十章之十二

1. 儘
2. 摘
3. 戴
4. 撣
5. 帽
6. 砍肩
7. 汗衫
8. 單夾
9. 綿褲
10. 裁
11. 褂袖
12. 梳髮
13. 針線
14. 腌
15. 澡
16.
17.
18.
19.
20.
21.
22.

1 綿衣裳夾衣裳單衣裳。 2 砍肩兒汗衫褂子褲子。 3 帽子戴帽子摘帽子。 4 針線一個針一條線。 5 裁縫裁衣裳縫衣裳。 6 撣子撣衣裳。 7 洗澡。 8 頭髮梳頭髮。 9 單衣裳是就有一面兒沒有裏兒的夾衣裳是有裏兒有面兒的綿衣裳裏頭中間有綿花的。 10 砍肩兒是有前後沒袖子的那一件衣裳汗衫是儘裏頭穿的單衣裳褂子是儘外頭穿的衣裳短的就叫馬褂子。 11 這一條褲子是綿的。 12 帽子分得是小帽兒官帽兒官帽兒裏有涼帽暖帽兩樣人在街上得戴帽子進屋裏來可以摘帽子。 13 你會針線不會我不會就叫一個裁縫來把我那一件汗衫補了。 14 那一件砍肩兒裁了還沒縫呢。 15 那一件破馬褂子得縫補了。 16 撣撣子撣一撣衣裳上的土。 17 那一把木梳是誰梳頭髮的。 18 洗澡是一身都洗天天兒洗澡很好。

散語四十章之十三

1. 銀
2. 銅
3. 鐵
4. 錢
5. 吊
6. 票
7. 桿秤
8. 稱
9. 價值
10. 貴
11. 賤
12. 便宜
13. 輕
14. 重
15. 借
16. 賬
17. 該
18. 費
19. 當於
20. 好

1 欠賬，借錢該錢。2 賬目。3 花費。4 價值價錢。5 很賤不貴便宜。6 銀子錢、銅錢鐵錢票子。一兩銀子一吊錢四吊錢的票子。7 這個輕那個重不知道他的輕重拏秤稱一稱。8 我把人家的錢拏來我使我借給人錢是把我的錢拏給人使。9 他欠人的賬目不少。10 我借錢是我把人家的錢拏來使了。11 他該的賬目不下一千兩銀子。12 花費是把錢使去了。13 他愛花錢好花錢都說得是他過於費錢。14 那房子價錢不貴這一件皮褂子價值很便宜那個花瓶不值錢今年的綿花很賤。15 他家裏一個大錢都沒有。16 那當十的大錢裏頭有七分是銅的有三分是鐵的。17 票子是一張紙上頭寫著錢數兒買東西同銀子錢一個樣兒。18 金子比銀子重鐵比銀子輕。19 買東西要稱分兩的都得使秤。20 那些秤秤可以稱多少斤兩最大的可以稱三百斤。

PART III. THE FORTY EXERCISES. San Yü Chang. 13-14.

散語四十章之十四

1. 煤炭
2. 柴
3. 麵
4. 油
5. 芝糖
6. 鹽
7. 粗
8. 細
9. 湯
10. 雞
11. 奶
12. 果
13. 菜
14. 饅
15. 喝
16. 弄
17. 端
18. 撒
19. 熟
20. 論
21. 石

1. 柴火、煤炭。米、麵、饅頭、白糖、雞子兒、牛奶、果子。燈油、香油。粗鹽、細鹽。
2. 茶端茶撒了。吃飯喝湯。
3. 我昨兒買了三百斤煤、五十斤炭、八十斤柴、四石米、二百斤麵。燈油是豆子做的、香油是芝麻做的、燈油比香油賤。
4. 就是燒火。天氣冷的時候兒、煤炭用得多。
5. 盆是屋裏用的、不能做飯做水。炕爐子是用煤、火盆是用炭、生
6. 茶是地下長出來、就可以吃得。茶有生的有熟的、在火上做的都是熟茶生
7. 要牛奶不要牛奶便宜、我可以要幾斤。你去給我買一隻小雞子三四個雞子兒還
8. 碗論瓶買果子也不論斤、都是論個兒。
9. 我愛喝湯、愛喝甚麼湯呢、肉湯雞湯都好。
10. 你愛吃饅頭、愛吃飯、兩樣兒都不愛
11. 甚麼是撒了呢、你吃完了飯、都摯下去、那就是撒了。

你快弄飯去、飯得了就端了來。

散語四十章之十五

1. 京
2. 遠
3. 近
4. 南
5. 北
6. 路
7. 直
8. 繞
9. 河
10. 海
11. 邊
12. 深
13. 淺
14. 船
15. 客
16. 店
17. 掌
18. 櫃
19. 計
20. 受
21. 累
22. 苦
23. 乏
24. 歇
25. 運

進京,直走,繞著走,都可以。[1] 筭計道路的遠近,直走近,繞著走遠。[2] 南邊北邊。[3] 一隻船。[4] 坐船過河,走海水深水淺。[5] 客店掌櫃的,辛苦,受累乏了,歇著。[6] 你去年進京在那兒住著在客店裏我聽見說城外頭客店有不很好住的那都看掌櫃的好不好在我說人乏了那兒都好,到店裏不過歇著罷了。[7] 你走路愛坐車愛坐船,都是看地方兒,南邊沒有車走道兒的,客人都是坐船走河路都是小船兒,走海的船大。[8][9] 河裏的水淺沒海水深。[10] 你前年坐海船不是受了累了麼,不錯是颳大風,船在山東海邊兒上擱了淺,我們那些人辛苦得了不得。[11] 船上吃飯是甚麼人管,也是船家管。[12] 筭計盤費是坐船貴是坐車貴,坐車比坐船花的錢多,那兒車價比船價貴呢,車價買都是我們北邊那個車店裏的掌櫃的,也要使些個錢。

PART III. THE FORTY EXERCISES. *San Yü Chang.* 15–16.

1. 李
2. 箱
3. 包
4. 袋
5. 氈
6. 布
7. 矮
8. 駱駝
9. 牲
10. 跟班
11. 裝
12. 帶
13. 馱
14. 追趕
15. 喚
16. 無
17. 利害
18. 春
19. 夏
20. 秋
21. 冬

散語四十章之十六

行李[1]、箱子、包兒、口袋、氈子。一定布[2]。矮牲口、駱駝、馱子。跟班[4]。裝箱子、帶東西、帶牲口。追趕[6]。太利害[7]。春夏秋冬[8]。行李是走道兒的客人帶的東西。箱子有皮子做的、有木頭做的、甚麼都可裝得。包兒是把東西用甚麼包起來、他是拏氈子把那小箱子包起來、口袋是裝零碎東西的、我們使的都是布口袋。道兒上到店裏得矮牲口[11]。駱駝都是口外來的。牲口身上馱著[13]。你小心著行李、馱子都齊了。我出門去他的[16]東西就叫馱子驢馱子騾馱子馬馱子都說得。跟班[15]的是使喚的人、他叫跟班的把箱子裝在車上。跟班的在後頭追趕我追了半天也沒趕上。那個人在那兒呢、他出去了[17]、你快跑可以趕得上他、他早走了、怕是趕不上罷、無論趕得上趕不上、你快跑著追他、就是了。冬天太冷、夏天太熱、春沒有冬冷、秋沒有夏熱。[18]

散語四十章之十七

1. 腦
2. 辮子
3. 眼睛
4. 嘴
5. 唇
6. 鬍
7. 胳臂
8. 指甲
9. 抓
10. 腰
11. 腿
12. 壯健
13. 輭弱
14. 拉
15. 拽
16. 病
17. 疼
18. 奇怪

1. 腦袋辮子耳朵眼睛鼻子嘴嘴裏嘴脣子鬍子胳臂指頭指甲腰腿。

2. 壯健輭弱。

3. 拉著拽著拉拽抓破。

4. 連著。

5. 有病很疼奇怪。

6. 人的頭裏有腦子就叫腦袋。

7. 你這個辮子得梳了。

8. 人老了耳朵聽不真眼睛也看不真。

9. 那人鼻子眼睛長得奇怪。

10. 這個人很健壯那個人輭弱得很。

11. 你的身子有病麼沒有病我是身子輭弱。

12. 偺們五六年沒有見你的鬍子都白了,是我的身子這幾年病得利害。

13. 街上那兒躺著的那個人兩腿都破了。

14. 腰上有病直不起來。

15. 你這麼慢走是身子有病麼不是是人老了腰腿都不好。

16. 他的舌頭有病連嘴骨子都破了。

17. 嘴裏吃東西嘴裏說話都說得。

18. 那女人的指甲長把他的胳臂抓破了。

19. 我的指頭疼。拉車用甚麼牲口呢,用騾子驢子馬都可以拉得。

20. 拽是說人拏手用力的拉把那門拽住了,他拉拽著我。

PART III. THE FORTY EXERCISES. *San Yü Chang.* 17–18.

散語四十章之十八

1. 眉
2. 鬢
3. 顋
4. 頰
5. 巴
6. 頦
7. 脖
8. 嗓
9. 節
10. 刮
11. 剃
12. 胸
13. 背
14. 脊
15. 梁
16. 髈
17. 肚
18. 波
19. 棱
20. 踝
21. 腳
22. 體
23. 斬
24. 賊
25. 級

眉毛鬢角兒顋頰下巴頦兒鼻子眼兒脖子嗓子眼兒。[1] 肩髈兒脊梁脊[2] 梁背兒胸前肚子。[3] 波棱蓋兒踝子骨骨節兒。[4] 刮臉剃頭斬賊首級。[5] 頦頰是嘴兩邊兒的肉。[6] 嘴下頭的骨頭是下巴頦兒。[7] 眉毛是眉棱骨上的毛鬢角兒是腦門子兩邊兒的頭髮。[8] 肩髈兒是胳臂的上頭。[9] 兩個肩髈後頭的地方兒叫脊梁脊背兒。[10] 腦袋下頭叫脖子前頭叫嗓子。[11] 胸前是脖子以下肚子以上。[12] 波棱蓋兒是腿中間兒的骨頭節兒腳上頭的骨頭節兒叫踝子骨。[13] 年輕的人沒鬍子的時候兒得拏刀子刮臉。[14] 剃頭剃的是那辮子以外的短頭髮不剃頭的那個賊就叫長髮賊。[15] 拏住賊就斬斬下來的腦袋就叫首級。[16] 說體面人是說那個人的行止沒有甚麼不好說那個人長得體面是說他長得好看。[17] 他那個房子蓋得體面也說得。[18]

49

散語四十章之十九

1. 君民主爵位參贊尊武兵缺額捐充謀策殺退勒索中底全姓名
2.
3.
4.
5.
6.
7.
8.
9.
10.
11.
12.
13.
14.
15.
16.
17.
18.
19.
20.
21.
22.
23.
24.
25.

1. 君上,下民,主子,家主兒底下人。
2. 爵位參贊尊貴。
3. 官民文官武官官兵。
4. 開
5. 缺,補缺,額數。捐官,充當。官人。
6.
7. 謀算計策殺退。
8. 全是。
9. 民人姓名,百姓。
10. 君上是百官萬民的主子,家主兒是底下人的主人。
11. 官民就是官長下民小
12. 爵位尊,是說人做的官大,說小官不算爵位比方參贊的官爵位也尊貴。管民的是文官,帶兵的是武官。官兵的額數有一定的,有開了缺的得補,沒補的缺,得找人充補。
13.
14.
15. 充數兒是假的,沒有甚麼眞本事,是人是東西都說得。
16. 說民人充兵當兵,那都是說他做兵。
17. 用銀子錢買官,那叫捐官。
18. 去年賊很多,帶兵的大官全是謀算不好,不會定計策,叫賊全跑了。那賊退到河北裏,見人就殺,河北的官民會齊了追趕,把賊全殺退了。
19. 那賊頭兒的姓名知道不知道,有一個姓黃名龍是賊中的頭兒。

PART III. THE FORTY EXERCISES. San Yü Chang. 19-20.

1. 國
2. 章程
3. 卡倫
4. 巡察
5. 刻
6. 搜
7. 律例
8. 治理
9. 暴虐
10. 亂
11. 謬
12. 普
13. 羣
14. 耕耨
15. 囊
16. 總
17. 謂
18. 之
19.
20.
21.
22.
23.
24.
25.

國章程卡倫巡察刻搜律例治理暴虐亂謬普羣耕耨囊總謂之

章程[1] 卡倫[2] 巡察搜拏搜察刻搜[3] 律例[4] 治亂[5] 暴虐[6] 大亂太謬[7] 普天下[8] 一羣[9] 耕耨耕田囊中[10] 名目[11] 西路那邊兒道

兒上，有卡倫是盤察出入人的那卡倫都有一定的章程過客的行李總得搜察。城門[13]的官兵巡察是有定羣也不可太刻搜。國[14]家定的律例是治理百姓的不是出於暴虐中國的道理不教而殺謂之虐。耕耨[15]是小民的本分夏

天人人兒都耕田。近年[16]天下大亂是官長治理得不好是普天下百姓知道的。那塊兒[17]的官太謬不肯聽話百姓告訴他說賊快來了，他總不理會全不治理地方也不搜拏賊過了一會兒賊就來了，殺燒得利害得很，那跑了的一

羣百姓囊中都沒有錢苦得了不得。百姓[18]一齊跑著謂之一羣，騾馬牛羊好

些個在一塊兒也有這個一羣的名目。天下[19]治亂總在於官。

散語四十章之二十一

1. 搶奪
2. 偷
3. 股
4. 逃竄
5. 散
6. 混
7. 懶惰
8. 棍
9. 扔
10. 放槍
11. 恰巧
12. 特意
13. 偶然
14. 成硬
15. 按
16. 思
17.
18.
19.
20.
21.
22.
23.
24.

搶奪偷東西。一股賊。逃竄逃散。混跑混說。懶惰。一根小棍子一條槍一桿槍裝槍放槍。扔東西。恰巧特意偶然自然按著。人拏東西不教人知道是偷把人家的東西硬拏了去就是槍奪不分夜裏白日都說得。那一股賊都逃散了。山東那一股賊竄到河南去了,百姓見了賊來,都四下裏混跑。說話沒有理,那算是混說。人不愛用工夫謂之懶惰。那一天有倆賊一個拏著一條大棍子混打恰巧人拏着一桿槍來了,看見了那個賊,混打趕着裝上槍就打,那個賊扔下棍子就跑了。帶着鳥槍的那個人是特意來的,還是偶然來的也不定。他那個人很懶惰,怕不是成人的人不愛念書,那兒可以成呢,人的心裏有力,自然可以成事。人不按著道兒走,就是混走。

PART III. THE FORTY EXERCISES. *San Yü Chang.* 21-22.

散語四十章之二十二.

1. 凡
2. 揣摩
3. 約
4. 准否
5. 更改
6. 妥當
7. 專失神
8. 參差
9. 忙
10. 向
11. 規
12. 幹
13. 辦法
14. 胧
15. 鬧
16. 掄
17. 催
18.
19.
20.
21.
22.
23.
24.
25.

凡[1]事大約。

凡[2]論專說。揣摩[3]准否[4]更改妥當。專心[5]失神太忙參差。

定[6]向定規。幹[7]事辦事辦理法子。胡鬧混掄。催[8]人。凡[9]做事總得有定向。

來[11]的人是誰。我揣摩著是姓張的。大約是他。那[12]一件事還沒有辦妥當章程得改也不知道李大人准否，大約沒有甚麼更改了。

不可太忙，辦事太忙，就有參差了。要[14]幹甚麼事，先得定規立准了主意就謂之定向。念書[13]寫字都得專心也

定規。那[17]個人有一件事得趕辦，他一點不忙同人催他快著些兒他不肯辦事的時候兒心裏不在那就叫失神。定[16]妥了辦事的法子就叫

聽掌著棍子混掄眞是胡鬧。論事[18]不能指定那就謂之凡論說那一股賊有幾萬，那就是賊數兒的大凡。以上[19]這幾章是專說大股賊的多。他[20]那個人

辦理甚麼事，都辦得不妥當多有參差不齊。

散語四十章之二十三

1. 語
2. 句
3. 吵喧嚷
4. 哼阿哈
5. 嘎
6. 訛
7. 衰
8. 困極
9. 夢
10. 貌美
11. 陋
12. 摔
13. 掉
14. 擱
15. 掇
16. 窄
17. 則
18. 況
19. 且
20.
21.
22.
23.
24.
25.

言語一句話。吵鬧、喧嚷、哼阿哼阿哼的。哈哈的笑。嘎嘎的笑、冷笑。訛錯氣[5]血衰困極了。做夢。貌美、貌陋。摔[7]了、掉下來、掉下去、擱了、掇住。地方[8]兒窄。

他[10]的言語你懂得不懂他這麼哼阿哼的、我一句話都聽不出來、他那一個人、我也不愛同他說話、一則我一開口他就是哈哈的笑、二則他說的話也訛錯的多、況且他那個土音我聽著很費事。城門口兒的地方[11]兒窄、來往的車馬多。外頭[12]是甚麼人喧嚷跟班的趕車的他們吵鬧呢。那[13]老頭子氣血衰困極了、躺在道兒上做著夢說話、那些人都嘎嘎的笑他。你[14]看那兩個小人兒、一個很貌美、一個很貌陋、那貌美的笑話那貌陋的、那貌陋的生了氣、把茶碗摔碎了、有人說了他兩句、他害怕就說茶碗是掉下去的、掇住他的辮子要拉了他去、他倒在地下把胳臂擱了。

散語四十章之二十四

1. 兆
2. 吉凶
3. 祥瑞
4. 安寗
5. 順
6. 寬綽
7. 貧窮
8. 窘
9. 恆產
10. 朋友
11. 賞
12. 相幫
13. 留
14. 能
15. 丟
16. 根
17. 現

1. 先兆、吉兆、凶兆、祥瑞、安寗、順當。

2. 寬綽、貧窮、很窘、恆產。好朋友。賞東西、賞錢幫人銀錢。留下不能丟了。

3. 底根兒現在今日下。事情不論吉凶都有個先兆兒。那就叫做恆產。甚麼是安寗呢。比方去年河南那一塊兒下連陰雨、秋天沒有收成、民人兒窘得很、地方官趕著賞了些米、把要逃的百姓、都留住了。那時候兒、我甚麼都丟了、找一個朋友、說俗們這些年的相好、你幫我幾個錢、肯不肯。他說、沒有甚麼不肯、真是不能、我們底根兒有那些錢、現在恆產沒了、一個大錢都沒有、連我自己也沒喫的。

散語四十章之二十五

1. 您
2. 喳
3. 親
4. 旁
5. 祖
6. 翁
7. 兄
8. 孫
9. 舍
10. 弟
11. 奴
12. 才
13. 迎
14. 接
15. 葬
16. 絲
17. 團
18. 絨
19. 尺
20. 貨
21. 昂
22. 替
23. 挑

您[1]尊重。旁人[3]祖上、老翁、家兄、舍弟、子孫、兒子、孫子、奴才。喳得一聲[4]迎[5]接。下葬[6]一團絲、幾尺絨、土貨[7]替我。挑好的[9]昂貴[10]。粗細[11]。稱人[12]您是有點兒尊重人的意思、您多喳來的就使得。我的家祖、就是我父親[13]的老子。旁人[14]的父親可以稱老翁。令[15]祖好阿、令尊好阿、是問您祖您父親的安。向人稱自已的弟兄說的是家兄舍弟稱人家的弟兄、是說令兄令弟。我兒子的兒女、是我的孫子孫女。奴才[18]就是使喚的人、有是買的、有不是買的還是說底下人的多。家[19]主兒叫底下人喳得一聲、是順著聽話的意思。今兒家[20]祖回來、我去迎接、後兒他們老翁下葬、我得幫幫他們去。那[21]兩團絲、那[22]絲不是你們這兒的土貨麼、可不是麼那絨還不是土貨、請您替我挑一點兒好的、近來價錢昂貴、一尺不下二錢多銀子。

PART III. THE FORTY EXERCISES. *San Yü Chang.* 25–26.

散語四十章之二十六

1. 想怎却睡覺對賽嗇吞疊次增蔥苗嫩桑樹林森綠草溼曬晒
2. 怎
3. 却
4. 睡
5. 覺
6. 對
7. 賽
8. 嗇
9. 吞
10. 疊
11. 次
12. 增
13. 蔥
14. 苗
15. 嫩
16. 桑
17. 樹
18. 林
19. 森
20. 綠
21. 草
22. 溼
23. 曬
24. 晒

想[1]著。怎[2]麽。却[3]是。睡[4]覺。相對[5]。倆人賽對賽。嗇[7]刻。吞[8]了。向來[9]。增[10]多、疊次。一[11]斤蔥。草木、青草、苗兒、老嫩、桑樹林子、綠森森。溼[13]了、曬乾。怎麽[14]呢。大家都喝酒。你就睡了覺了麽。你想[15]這個錢不是他吞了。却是誰。我們向來沒賽過。不肯花錢、他們怎麽知道他好不好。他[16]們倆人對賽著寫字。那個姓李的寫的字比你的好不好。他[17]那倆兄弟利害得很、都是過於嗇刻、不分老嫩、都是二百錢一斤。分[19]牛羊肉的好歹、也有老嫩之說。草[20]木是這兩天貴不分老嫩、都是二百錢一斤。的銀錢一天比一天增多、那個蔥這兩天怎麽知道他好不好。他[17]那倆兄弟還是疊次吞人家的錢。那個[18]蔥這兩天苗[21]子是四川東南的人分生的熟的。樹[22]多謂之樹林子、那桑樹林子綠森森的。樹[23]林子底下的地溼得很。要[24]把溼衣裳弄乾了、得鋪在日頭地裏曬一曬、曬乾了就疊起來罷。

散語四十章之二十七

1. 某乍初和別素原待敦厚薄傲嫉妬慚愧絕交實憑賓拜應陪
2.
3.
4.
5.
6.
7.
8.
9.
10.
11.
12.
13.
14.
15.
16.
17.
18.
19.
20.
21.
22.
23.
24.

某人。乍見。起初原是原來平素。厚刻薄傲慢慢待慚愧嫉妬。實在。憑他。可憑。賓客相拜。陪着正陪。

和我和別人、待人相待。親熱厚薄、敦厚刻薄、傲慢慢待慚愧嫉妬。

某人是不說出姓名來的人、有某人嫉妬我這個好兒很刻薄我的了不得這刻薄原是嘴裏的刻薄話卻是敦厚的對面兒。

初乍見某人是平素沒見過的人、初次見他、多日沒見的人見了、也可以說乍見。他和我不和和別人也不對、他不分厚薄待人都是刻薄他這個人不同、待人沒有不敦厚的、實在沒可慚愧。

他們倆起初相好、近來絕了交了。他的爵位原來大待人有點兒傲慢他那一天有賓客來拜他卻不見憑他那兒的話呢您去理應是見我沒有一句可憑的我還要拜他去見不見憑他慢待我可以不論。

專主的是正幫同的是陪著您去、好不好、憑他慢待我可以不論。

PART III. THE FORTY EXERCISES. *San Yü Chang.* 27–28.   59

散語四十章之二十八

裱糊匠染顏紅藍淡新舊紗氈必須光潤玻璃料「擦碰裂行

1. 裱糊。
2. 匠人。
3. 一定紗一定布氈子。
4. 新的光潤舊的顏色兒太淡染紅的染藍的都行。
5. 玻璃料貨。
6. 必須。
7. 擦一擦。
8. 碰著碰壞了破了碰破了破裂裂了碎了破碎。
9. 窗戶紙裂了叫裱糊匠來糊上單張紙糊在那兒是糊雙張兒紙糊在一塊兒是裱。各行的手工人叫匠人的多木匠瓦匠鐵匠都說得。
10. 有一塊布有一塊紗顏色舊了必須染別的那紗原來是好紗又是布是綿花做的紗是絲做的。
11. 顏色原舊的顏色兒是紅的還可以染藍的要染甚麼顏色都憑人家的主意。
12. 你瞧那一定紅紗顏色兒光潤不光潤怎麼是光潤呢那紗原來是好紗說光潤不止於說紗說別的也行。
13. 新的染得顏色兒又好看這新的染得顏色兒光潤不光潤。
14. 料貨是玻璃東西的總名。
15. 我拏那個玻璃瓶來要擦一擦碰在桌子上破壞了。
16. 有兩隻船相碰這一隻壞了那一隻破碎了。
17. 茶碗掉在地下碎了。

散語四十章之二十九

1. 剛纔
2. 再等
3. 取送
4. 落
5. 永
6. 湊
7. 挪
8. 拴
9. 套
10. 商量
11. 斛
12. 酌
13. 疑惑
14. 喊
15. 答應
16. 從末
17. 剛纔
18. 再等
19. 取送
20. 落
21. 永
22. 湊
23. 挪
24.

1 剛纔。 2 等著，從來從前。 3 再來，再三再四。 4 永遠。 5 末末了兒。 6 取東西，送東西。 7 落下了，挪開湊到一塊兒。 8 拴牲口套車。 9 量米。 10 不斛。 11 一石。 12 斛酌，等了半天他不答應，我疑惑他沒聽見。 13 喊叫答應。 14 剛纔我們在這兒論起這件事來，再三的喊他過來後永遠不改了。 15 俗們今兒商量半天纔定規以邊兒去的。 16 再三再四的，請他過來，他都不肯，末末了兒還是我到他那本錢取回去的。我瞧這個我也不肯再把錢送了去了。 17 我們十個人從前定得湊錢做買賣，後來落下了兩個人還有把怎麼挪那麼遠。 18 叫你把箱子挪開了，不止五石不是二套車怕拉不了。 19 這米我量了不彀五石，一個單套車就拉了。 20 我是南邊來的，從來沒坐過車，那趕車的到店裏，立刻就要錢，我疑惑從來沒這個理，叫他等一等再來。

PART III. THE FORTY EXERCISES. San Yü Chang. 29–30.

1. 臺灣江湖流浪闊浮橋井坑衚衕巷野屯墳墓峯嶺尖

臺灣[1]。江河湖海長江流水順流波浪寬闊。浮橋[3]。一眼井一個坑一條衚衕[4]。大街小巷野地屯裏墳墓。山峯山嶺峯嶺。尖兒[7]。臺灣是中國東南海裏的地方兒南北兩頭兒山嶺兒也多也大那峯嶺也很好看。江河湖海是天下大水的總名兒。俗們這兒的小河兒很窄有浮橋就可以過去那長江之流打西到東湖北來的船到江西去一路都是順流到了江西那兒的山水也可以。那山峯的尖兒是個個不同山峯也高而尖的樣子。尖兒[13]。尖兒那個字眼兒甚麼刀尖筆尖都說得。京城[14]裏沒有河水喝的都是井水。京城[15]的買賣大半在大街上開鋪子衚衕小巷都是住家兒的多。城外頭[16]沒甚麼住家兒的就叫野地連有墳墓的也罷。民人[17]湊到一塊住的北邊那就叫屯。

散語四十章之三十一

1. 男爺娘幼輩頑耍蠢笨獸冒爽靜舒服艱難耐羞辱討嫌
2.
3.
4.
5.
6.
7.
8.
9.
10.
11.
12.
13.
14.
15.
16.
17.
18.
19.
20.
21.
22.

男女男人女人爺們娘兒們老爺。老幼老少長輩晚輩。頑耍頑意兒要刀。獸子蠢笨冒失。爽快拉絲。安靜熱鬧。舒服欠安。艱難耐著。羞辱討人嫌。男女就是爺們娘兒們賊把男女老少都殺了。是不分年高年輕的都不舒服。和祖父一輩兒他一家子老幼都病了是晚輩。頑耍是小人兒們弄甚麼頑意兒要刀的是長輩和兒孫一輩兒裏的事情。蠢笨是粗而無能的別名獸子是外面不明白的事做了就是冒失。不該說的話說了不該做的事做了很實在蠢笨都可以說得。說話做事不會拉絲就是爽快。人心安靜是說人心裏平定。他是個安靜人不愛熱鬧。心裏沒累是舒服身上欠安也謂之不舒服。日子不好過是艱難總得耐著。自已不體面討人嫌受了人的不好話謂之羞辱。他吞了錢受大家羞辱。

PART III. THE FORTY EXERCISES. San Yü Chang. 31–32.

散語四十章之三十二

1. 皇宮
2. 朝廷
3. 建立
4. 臨
5. 強良
6. 禁
7. 舞
8. 為匪
9. 反
10. 犯罪
11. 死黨
12. 爭鬥
13. 號
14. 靖
15. 恩赦
16. 免
17. 隨
18.
19.
20.
21.
22.
23.
24.
25.

皇上[1]朝廷。建立[2]皇宮[3]。臨民[4]臨死。鼓舞[5]良民強暴[6]。禁止禁地[7]。反了[8]為匪賊匪死黨爭鬥。號令[9]地方不靖犯罪。恩典[11]赦罪寬免難免[10]。皇上[12]朝廷都說得是主子家。朝廷隨地酌情建立地方官為臨民的官。臨[14]有事情民人出了力、地方官賞給銀錢。這地方[17]皇宮裏頭都築禁地、向例禁止民人不准出入。走是快要走的時候臨死是就要死。那是鼓舞的意思。反了近來的官很好、把從前的事情都反過來把民民那官不管末了兒民民也反了。頭裏大為不靖、每有強暴兩下裏爭鬥難為民民那官、末了兒民民也反了。賊匪湊的多、為黨為股、和賊頭兒最親近的是死黨。號令[19]是帶兵的官出的口號法令兵不聽號令、就是犯了大罪。赦罪[20]是人犯了罪、皇上隨事酌情寬免了。那都是皇上的恩典受恩赦罪之後、再有為匪的那寶在難免死罪。

散語四十章之三十三

1. 古
2. 世
3. 孔聖
4. 儒
5. 佛
6. 廟座
7. 僧俗
8. 尚
9. 傳經
10. 楷
11. 率
12. 更濃
13. 貼牆
14. 層
15. 掛畫
16. 唱曲
17. 抽
18.
19.
20.
21.
22.
23.
24.
25.

古來往古後世。孔子聖人聖教儒教佛爺佛教老子道教。幾座廟，僧家道士念經。俗家，俗說俗話。和尚，告示。楷書行書草字草率墨濃。裱幾層，貼在牆上掛著。畫兒。抽空兒唱曲。早已過的時候兒是往古。

有個聖人姓孔他的教後世謂之聖教，為中國最尊的同時還有老子的教謂之道教佛教是西方僧家傳來的尊佛爺出家的是僧家，俗說叫和尚尊老子出家的是道士聖教又名儒教儒教裏的人叫俗家，三教的總名，就是僧道儒。

京城的廟多，有幾座是和尚廟，有幾座是道士廟，在那兒念經的聲兒是和人唱曲兒一個樣。牆上貼的告示，寫的得用楷書用行書那就算草率，那草字更使不得寫楷書比寫行書墨得濃。我屋裏牆上掛的那一張古字，今兒拏新紙裱上一層。老弟畫得這麼好怎麼不裱上掛在屋裏呢。

PART III. THE FORTY EXERCISES. *San Yü Chang.* 33–34. 65

散語四十章之三十四

倉庫宗考如若雜另派盼望列眾涯依戀跨捨礙碍彼此處偏或

1. 倉[1]庫,米倉,銀庫。
2. 國[2]計民生。大宗兒。
3. 如[3]若。
4. 考[4]察。
5. 雜亂[5]。
6. 另派[6]。
7. 別人,彼[7]
8. 此眾人。盼望[8]
9. 列位[9]散了。
10. 此處[10]。
11. 海[11]角天涯。
12. 依戀[12]。
13. 跨著[13]。
14. 倉[14]庫是米
15. 倉銀庫的總名。
16. 米石銀兩是國計的大宗兒,米銀不足,實在礙於國計民生。
17. 這[16]一件事辦得雜亂無章聽見說要另派別人,不是要派眾人,此處兒
派來的那一位爵位大些兒,百姓盼望他來好考察眾人甚麼是眾人
說的是手下的小官兒,那大人考察小官兒的辦事,如若雜亂,那小官兒難免
重辦。列[17]位是你們這些位是尊稱眾人的字眼兒衙門裏都散了,是眾
官都回去了。海[18]角天涯是說彼此相離的過遠的話頭兒。出[19]門往遠處去
臨走的時候兒,難免依戀那依戀是捨不得的意思或親戚或朋友或本家都
說得。人[20]跨馬是偏在馬一旁坐著車外頭跨著是一條腿空著坐在車外邊
兒。

散語四十章之三十五

1. 揑
2. 灑
3. 洒掃
4. 帚
5. 砌
6. 磚
7. 狗
8. 欵
9. 修
10. 表
11. 圓
12. 扁
13. 剖
14. 寃
15. 枉
16. 迸
17. 跳
18. 造
19. 報
20. 彷彿
21. 笐
22.
23.

揑著揑做。揑造揑報, 彷彿。水灑了。掃地一把條帚。砌牆, 打碎。一條狗。欵一聲, 迸跳跳過去。修理。時辰表鐘表。圓的, 扁的。剖開, 分剖。那瓦盆兒是盆兒匠揑做的。那15 寃枉。他13 手裏揑著管筆, 彷彿要寫甚麼。他帶著貨物揑報是行李, 叫卡倫察出, 全收入官。賊揑造告示, 做爲官出的。那一條狗害怕, 欵一聲跳過牆去見了他的主人滿洒字和灑字, 是一個字, 水在地下散開了, 是水灑了。挈條帚來, 把地掃乾凈了。要砌牆, 先得打碎。那20 一個人打牆上迸下來。那個時辰表有點兒毛病, 得找個鐘表匠修理。若論圓扁的不同, 那西瓜就是圓的, 那一本書就是扁的, 那個錢是又圓又扁的。我沒犯法, 人告我是賊, 那不是我的寃枉麼, 有人替我說明白了, 那就是他給我分剖了。剖開, 是用刀子破開, 單說西瓜不說別的。

PART III. THE FORTY EXERCISES. San Yü Chang. 35–36.

散語四十章之三十六

1. 歲紀壽
2. 因為緣故
3. 耽悞
4. 容易
5. 方便
6. 勁
7. 塗
8. 喜歡
9. 惜
10. 欺哄
11. 誆騙
12. 屜
13.
14.
15.
16.
17.
18.
19.
20.
21.
22.

歲紀兒年紀高壽。

因為緣故[2]。耽悞、耽擱、可惜。

容易費事。方便、便宜。變情[6]。

對勁兒[7]。使勁兒。糊塗[8]。喜歡愛惜、可惜。欺哄誆騙。抽屜[11]。

我是年輕的[12]，他是有年紀的，他多大歲數兒他有六十多歲了。您高壽，我今年四十五歲。那[14]一件事耽悞了，是因為甚麼緣故，那緣故太多，不容易說。這個辦法[15]容易，那個費事得很。可惜那個人過於糊塗說不明白，耽擱了我半天的工夫，實在是不方便。屯[17]裏有好些個不便宜，我喜歡在京裏住。我們倆彼此[18]很對勁，可惜那個兄弟很會欺哄人去年還誆騙了我幾兩銀子，誆騙這兩個字我懂得，他欺哄人是怎麼著呢。比方那一天，他知道某人和他父親有交情，他捏造一個字兒，筭是他父親要借皮袱子，後來他給賣了。抽[19]是使勁兒拉出來，抽屜是桌子裏櫃子裏拉得出來的屜子。把[20]抽屜關上。

散語四十章之三十七

1. 常
2. 屢
3. 公私
4. 開空
5. 悶慌
6. 樂
7. 煩急
8. 奉求
9. 託
10. 發信
11. 雇
12. 孩子
13. 撒謊
14. 賺
15. 星
16. 所
17. 雖
18.
19.
20.
21.
22.
23.
24.
25.

平常，屢次。公私公道。事務，家務。開空兒。煩悶悶得慌。奉求託您。打發送信。屯裏。雇人。孩子。撒謊賺錢。所以雖然。那流星也是常有的，我屢次的看見過。說某事是平常多有的意思。公事原是官事，大衆的事也謂之公事，就是家務都可以分得公私，總得按著公道辦。他在家裏閒坐悶得慌，我心裏有些煩悶。雖然煩雜心裏還樂，我有一件要事實在累得慌，奉求您替我打筭。您的公事那相好的，因爲小孩子病，心裏煩悶急要發信到屯裏問一問，託我替他雇一個人送信，我雇了一個人打發他去了，到後半天他回來，說沒有找著，我知道他是撒謊，所以不肯給錢。小價錢買來的大價錢賣，那就是賺錢，那貨是一兩銀子一斤買的，還是一兩銀子賣的，所以不能賺錢。

PART III. THE FORTY EXERCISES. San Yü Chang. 37–38.

散語四十章之三十八

1. 承差任署習部堂司委員吏役皁隸供稟帖存稿陳案照式

2. 差使。
3. 實任、署理、署任、本任、幫辦、學習。
4. 六部堂官。
5. 平行、上司、司官、委員。
6. 書吏、書手、書班、供事、皁隸、衙役。
7. 稟帖、稟報、知會、存稿、稿底子、陳案、文書、來文、去文、照會、家信。
8. 式樣、承辦。
9. 官事不論大小都叫差使。
10. 本任的官、或是公派委員署理。
11. 出、或是撤任、有官替他辦事、那就是署任、和實任不同、所出的缺不大、上司官、為學習行走。
12. 六部的上司、都稱堂官、堂官之下、就是司官、新到衙門候補的司官、為學習行走。
13. 文書所論的是公事、家信論的是私事、從下往上告報事件、當用稟帖、行文的式樣不同、中外各國有事情、得知會、平行的官來往用照會。
14. 京城的衙門辦稿底子、不是司官辦、就是書班辦、這宗官人也叫書吏、書手、供事、是有頂子的書班、還是相同的差使。文書發了、把存稿存著、那叫陳案。
15. 衙門裏使喚的承辦零碎差使的人、總名叫衙役、皁隸。

散語四十章之三十九

1. 脾
2. 性
3. 禍
4. 福
5. 命
6. 運
7. 志
8. 益
9. 活
10. 動
11. 聰
12. 願
13. 功
14. 勞
15. 辜
16. 負
17. 抱怨
18. 寒
19. 悔
20. 善
21. 惡
22. 其
23. 餘
24. 靈
25.

脾氣志氣性情性急好性兒。[1] 禍福命運運氣天命。[2] 各處處好處益處。[3] 聰明活動死樣。[4] 用功力量。[5] 願意情願情願意。[6] 喫虧。[7] 辜負。[8] 抱怨後悔。[9] 善惡。[10] 其餘。[11] 他[12]脾氣好不好他性急得很,也不是不好性兒。你性[13]情愛抱怨日後難免後悔。他那一件事情成了,是他的命運好,在我說不關[14]運氣都是他有志氣肯用功的好處兒。善人惡人處處都有他們的好處苦[15]處各有不等,說是運氣的好歹,也是天按著善惡的功過命定了的禍福。人[16]活的壽數長短,都是天命所定。那姓李的叫他那麼寒心是姓李的辜負他[17]的好處騙他的銀錢,令他很喫了虧,如今姓李的後了悔,願意相幫,他倒情願[18]意喫虧不用姓李的力量。在那些人裏分其善惡,內有三個是善,其餘全是[19]惡人。聰明是心裏有靈動,是蠢笨的對面活動是死樣的對面。

PART III. THE FORTY EXERCISES. *San Yü Chang.* 39–40.　　71

散語四十章之四十

1. 緊
2. 預備
3. 通共
4. 合式
5. 合除剩盈像似
6. 像似
7. 攔橫竪
8. 傷棚著,着
9. 棚
10.
11.
12.
13.
14.
15.
16.
17. 準勢
18. 勢

¹要緊、緊急。²預備。³通共。⁴合式。⁵合筭除了，下剩，盈餘。⁶像似不像。⁷攔、橫竪。⁸傷心着急。⁹馬棚。¹⁰你天天兒來不來，都不要緊有緊急的事去叫你去。¹¹你預備的那車輛都很合式。¹²可惜他蓋的那房子不像房子的式樣實在像馬棚兒似的住着很不合式。¹³那房子通共多少間通共有百餘間除了人住的下餘還有四五十間。¹⁴我合筭起來有一萬兩銀子的賬除了還人之外下剩還有一二千兩銀子的盈餘。¹⁵我月月兒進的錢總不彀沒有盈餘反倒剩下些個賬目不能還過這個日子實在傷我的心彷彿天天兒着急沒有法子。¹⁶有個人放槍把他那小孩子打傷了很重。門旁邊兒的木頭是竪的門上下的木頭是橫的。¹⁷在地下平擱的東西說橫說竪那都是隨勢酌情的活動話如若在面前直着的爲竪在旁面的人就以爲是橫。

END OF PART III.

THE FORTY EXERCISES.

(CHINESE TEXT.)

TZŬ ERH CHI.

COLLOQUIAL SERIES.

PART IV.

THE TEN DIALOGUES.

(CHINESE TEXT.)

一步一步的長進那工夫不間斷自然一個月比一個月的見強。那是必然的彷彿簷溜還可以穿石呢。不錯是因爲這個我所以把這些個淺近的給先生看也不怕貽笑大方。那兒的話呢登高自卑行遠自邇彼此兩國的人互相受敎都無非是由淺以及深的這個理阿。

的叫甚麼呢。那清文指要先生看見過沒有。彷彿是看見過那是清漢合璧的幾卷話條子那部書是不是。是那部書。那一部書却老些兒漢文裏有好些個不順當的。先生說得是因為這個我早已請過先生從新删改了，斟酌了不止一次都按着現時的說法兒改好的改名叫談論篇。這就很好了。纔剛說不是還有一本正在辦着那也是本着我們這兒的成書作的麼。還是談論篇的樣子，不是那麼着是我和我的先生這幾個月裏零碎做的。是散話章的樣子。兩樣兒都不是這一本書不是專為我們的學生可以學貴國話就與中國人要學我們的也有點兒益處。是字彙字典的樣子麼。也不然貴國除了清文啟蒙之外怕沒有這樣兒的書就是清文啟蒙那個相似的地方兒也有些個得細細兒分的。依您這麼說這一部書所論的想來是我們這兒說話的神氣層次句法呀。有些微點兒那麼着別的不別的先把這些書做成了底下還可以有別的要續上也不定總是望着學生念了，有音都算上阿。聲可不在裏頭竟單說音若是分聲那有三倍多呢。不是閣下算過我估摸着竟音沒有那麼些個。算得數兒不錯您看這一篇字是音全在上頭。這裏頭似乎有幾個是重些兒的。那可不能免的是有三兩個音却是一個字的比方那畧字不是僅有一個念法。所以呢就是定那音目不能不重複的。看這音目裏畧其畧字的音不同。那些散話章把這些京音都是常用的字。不錯都是話裏常用的字弄成那些散話章有大音有好些不同的我把這京音編在散話裏頭爲得是學生看過這個就可以羅織在題目字裏。閣下很講究這音目是何所取義。那是彼此兩國的口練習口音不論甚麼音沒有沒閱歷過的。閣下總說的這散話章有四十章阿。不錯整是四十章。說的不是先學部首後念這四十章麽。那都不拘也可以一面學部首一面看這四十章。學生看熟了這四十章還有甚麼進益的書可以看呢。還有兩樣兒一本是辦妥的一本是正在辦着。辦妥了可自然的就瞧底下那些幾數零來各等字那都是望數目字連絡的纔成小句兒做成小句兒之後您看就連着小句兒編成話係予先生瞧明白了沒有這[37]我都明白了就是有一件事學生不認得漢字那兒可以知道是甚麼音怎麼講呢。等我們刷[38]印出書來半篇是漢話半篇是英話凡是那個題目字應該甚麼音的都相對着記出來其餘的解法都按着分段的次序繙譯明白。用[39]貴國的字記我們的口音是按着我們的反切的理麼。我們那[40]反切的理有不大相同的地方兒比貴國那反切的理細些兒中國反切不過上下兩音湊到一塊兒也不能很合我們那二十多個音母不算是字單寫出來並沒實義不過是用他定音有四五個音母成中國一個字音的雖然不能個個恰對、還比貴國反切較近一點兒那京話字音的定數兒先生知道不知道。這[41]一件事我們的人沒有算過的因爲沒有甚麼用處。那是[42]不錯的貴國人算那個寶在沒有甚麼益處我却都算過共總有四百一十多音。那是[43]連聲帶熟的時候兒，隨時看了，可以提補他們的意思。阿[21]閣下這宗教導寶在周密得很，貴國的人得這個開手的門路算計着得多少天可以記得部首。也[22]看人的記性，若是聰明人半個月就可以會了，就是笨的，有一個月的工夫也沒有不行的。半[23]個月能記得，怕少罷就是這個部首熟了之後請問還怎麼樣呢。部[24]首熟了之後，有先生幫我作的四十張散話兒。這[25]是我都聽見說過得，是按着類分出字來，是不是。那[26]說按着類的理，還有一點兒，也不能全是按着類。怎[27]麼呢。我[28]當初的主意是把數目，你我房屋，像伙，動作等類的字，各歸一張，試了一試不行。有[29]甚麼不行呢。那[30]些類裏頭竟用本類的字，不能成話，總得把外字湊上纔行。這[31]些散話章，閣下可以給我看一看。可[32]以，這兒有這頭一章請細細兒的看一看，頭一行是題目，凡是數目的字，都在這兒。那[33]可不彀罷，一二八十這些字，在那兒呢。那[34]都是部首的字，學生已經看熟了，這四十章的題目裏頭，不用再提。我[35]這就明白了，連部首算足了。

個字專作部首的書上也不見話裏也不說這算第三層分這三層的道理先生懂得不懂得。那[13]都懂得。就是定過這三層之後就把那話裏頭可用的部首作成一章字眼兒教學生學習是一面認得那些部首先生想好不好。好[15]是很好一舉兩得但是二三兩層還有甚麼好學法兒閣下可以提一提。我[16]正在要說這二三兩層通共七十八個部首既是話裏常用的又做成一章字眼兒呢只好選擇這些部首裏所屬的字有話裏常用的又做成一章字眼兒也有一面學部首的益處不知道先生明白這個立意不明白。我雖明白卻不十分了然閣下手底下有這兩章可以給我看一看。就[18]是這兩章您請看。阿[19]是這麼着頭一章是專用頭一層部首的字連成字眼兒這二章裏頭頭一層部首的字還有那不是部首的字就是擇其歸爲二三層部首的做個榜樣這個主意很妙。那[20]兒的話呢可是這兩章是叫人學習了還有一章是把所有的部首按義分類是爲學生學得快

PART IV. THE TEN DIALOGUES. Wên-Ta Chang. IX — X.

見⁴不錯是昨兒定規的我的做友請先生教話您想出甚麼教的頭緒來沒有。

我們⁵人學滿洲話有一樣兒話條子不知道貴國有這宗樣兒入手的書沒有。

話條子⁶是有阿但是竟有英文的學生們那兒可以知道繙甚麼漢話呢若說到漢文他們不認得字怎麼能解那個意思。

那⁷是不錯的總得要英漢合璧的字典察一察。

察一察⁸是必得的還是先明白部首是不是。我們⁹人向來沒有專學部首的理。

那¹⁰是貴國的人念書的時候兒都認得的是整字不用分其原歸那一個部首細算筆畫兒這麼個累贅。

閣下¹¹說得就是我們人有不認得的字也得按着部首察雖然沒有專學的那却不大很費事就可以熟習。

所以¹²是我昨兒提的有個學話的法子是這麼着我早已把部首的字分作三層頭一層是比方人口牛馬這宗字有一百三十六都是話裏常用的那歸一項第二層是比方日犬白邑這宗字有三十個是書上有話裏所不說的另歸一項其餘四十八

TZU ERH CHI. Colloquial Series. 81

解說講過一年多就自己看註子後來作了二年多的文章纔進學。阿[40]十六歲中秀才也就算早阿是先生的天分高。那兒的話呢那也是微倖後來鄉試下了多少場七八年纔中了舉人。先生[42]今年貴庚。我[43]今年三十歲。先[44]生中舉人之後這六年裏頭有甚麼公幹。沒[45]有甚麼事情前二年在家裏教書後幾年在外頭作幕幫朋友。請問[46]令友榮任是甚麼官。是[47]山東的知縣。他去年不在了我纔回來的。先生[48]作過幕那更好了。怎麼[49]更好呢。好[50]處是這麼樣我那朋友學話之後還要學文書。可惜[51]就是這個教話沒頭緒。那[52]我倒有一個法子今兒個忙些沒空兒細說請先生明兒過來咱們再商量。可以[53]不可以。可以沒有甚麼不可以的我就遵命了明兒個幾點鐘見。明[54]兒咱們申初見罷。那[55]麼我失陪了。您[56]請。請[57]。

問答十章之十

昨[1]兒來的那蘇先生來了。請[2]進來阿先生來了。是[3]咱們昨兒定規的今兒能說些兒那看書再說。他²¹一字不懂我從那兒教起。先生²²是老手了在貴國教過多少門生怎麼不能教他。我們²³的教學那是另有一說說話是不學而會的至於念書是由從小兒背念熟了的恐怕令友不能照着我們這兒的小孩子那麼費事罷。那²⁴是自然的也可以商量一個法子先生從多大念書。我²⁵從七歲念起。先生²⁶一念是先念三字經千字文麼。三字經是三個字一句爲得是小孩子容易念那千字文因爲沒有重字小孩子念了就可以認得一千字。念²⁷不錯先念的是那個。貴²⁸國都先念這兩個小書兒實在有甚麼益處兒呢。念³⁰了這個之後念甚麼呢。常³¹念的都是先念四書後來念五經。您³²從念四書起到念完了五經有幾年的工夫兒。兩³³頭兒算起來有六七年的工夫。阿³⁴那五經念完了就是先生十四歲那一年。不³⁵錯還沒到十四歲呢。先生³⁶從多大歲數兒上開講。我³⁷從十二歲上纔開講。開講³⁸的時候兒還是自己看註子還是聽先生的解說。我³⁹一開講的時候兒是聽先生的很好又老實又快來往進京有三四回。那[84]麼我可以到行裏商量商量還有那些大箱子運到通州的時候兒雇甚麼人送進京去。老爺[85]就可以雇小的好不好。好倒沒甚麼不好的只怕是這麼些日子你們行裏離不開你不容[86]你去。可以離得開今兒打發我來不是聽老爺的吩咐來了麼。

問答十章之九

有[1]先生來要見老爺。請[2]進來。進來[3]了。先生請坐。請[5]坐。先生貴姓。[6]

賤[7]姓蘇。先生[8]到這兒來貴幹。昨[9]兒聽見一個相好的提說閣下是我要

阿[10]必是那張先生說的。不[11]錯是張先生說的。張先生他告訴您是我要

我[13]先生是我替人我先生。他沒告訴我詳細可不是閣下要請麼。不[14]是我

要請、是一個相好的託我請。令[15]友還是貴國的人麼。是[16]本國的人、到貴處

日子不多。旣[17]是新來的、我們的話恐怕不懂罷。不[18]錯、漢話一句都不懂、漢

字一個也不認得。這[19]麼着我怎麼能教給他書呢。先[20]生先得教他說話話

樣呢。 老爺的行李有多少。就是門外頭擱着的那些東西。甚麽那些大箱子也是老爺的麽。原是。老爺想兩天進京恐怕不能都帶罷不但用好些個大車費錢還不能很快。那麽你說還有甚麽好法子。依我說老爺那個鋪蓋等項可以雇一個小車兒裝上同老爺一塊兒走其餘上船打通州那們走。按照那麽着我就坐裝行李的那輛車麽。老爺再另雇一輛小車兒坐好罷。那車是單套是二套。老爺要快必得二套的現在的雨水大道兒不好走三套的也可以。哎道兒不好走坐車不大對我的勁兒在這兒雇馬行不行。騾子馬都可以雇只怕我們的鞍子老爺騎着不合式我們那兒馬身上的傢伙我都帶着呢。也怕不行那馬鞍子我們的馬還可以背那籠頭却不肯戴。籠頭是甚麽呢。就是牡口嘴裏的嚼子人拉的扯手都在裏頭恐怕我們的馬戴不慣與老爺有礙不如買匹外國馬倒好。外國馬在天津這兒那兒可以買。可以我們行裏有匹馬是我們行中夥計的要賣那馬有是店東做掌櫃的、有是店東外請別人替他照應買賣、做掌櫃的、就是這個房錢可以望我要多少錢。那倒難說、老爺會說我們的話、可以先望他商量、看他要的價兒若很多、不妨駁他、再還他價兒。那都行了、就是第二天進京、還得打那麼走。還有二十多里、是馬頭、從馬頭還算有二十里地、到張家灣那個老城。早起離了河、西務還是往西北去有二十多里、是到安平張家灣、不是先有個小河兒麼。不是、那城是南北下裏騎着河面的老爺進了南門、順着大街、過了河、就出北門、那北門外頭有兩股盆道兒、往北的是上通州去、往西偏着點兒的、那就是進京的了。那離京還有多遠呢。看老爺進那個門、若是城外店裏住、進沙窩門兒、還算有五十多里路、若是到城裏頭、走東便門、那是往北點兒、多個二三里地、也不算很遠。上外國的公館、是進那門好。那外國公館、都是在海岱門裏頭、御河橋一帶、在我說是進東便門方便些兒。很好、如今我明白了、還有一件事、我走得這麼快、我的行李怎麼一個順來、兩個都是大店、一個在街南頭兒、一個在街北頭兒。這兩個是那[36]個方便呢。若論房子吃食、都差不多、南頭兒方便、北頭兒方便、那是隨老爺[37]的意。南的北的有甚麼不同、相離得很遠麼。離得却不甚遠、河西務沒有[39]這兒府城那麼大地方、不過是個鎮店、一條長街、兩邊兒有些個鋪子甚麼的[40]。這麼說起來、南的北的有甚麼不一樣的、是我向來沒有甚麼不一樣的、是我向來[41]給老爺們帶道、總是一進街就住下的時候兒多。你說的那是打天津來的[42]在南頭兒住、打京裏來的、在北頭兒住、是不是、不錯、老爺明白、就是了、我[44]到了店裏頭叫他們弄甚麼茶好呢。老爺怕沒吃過我們的茶罷。沒吃過[46]呢。阿老爺還沒吃過、不如從天津做一點兒好拿的茶帶着、甚麼、自己帶[48]着、到了店裏不吃他們的飯、他們願意麼。那倒沒甚麼、店裏還得他們的房[49]錢。這房錢有一定的價兒麼。我們人住店、差不多有一定的價兒、若是外[51]國客人、怕那掌櫃的、可以多要幾個錢。那掌櫃的、就是店東麼。那都不定、[53]

車馬沒甚麼那都可以擺過去。[19] 往[20]後怎麼樣呢。 往[21]後是這麼着離了擺渡口兒還是往大道走到離天津三十多里的那個鎮叫浦口就是頭一段兒。那[22]兒呢頭一段兒不是河西務麼。河[23]西務遠多了那算是一天的道兒過了浦口之後先到楊村後到南蔡村挨晚兒的時候兒可以到河西務這些地方兒相隔大約都是三十多里地。按[24]道兒說這河西務離京還有多遠道兒說可以算得是中間兒在那兒住一夜明兒個可以進了京。住[25]一夜是在那兒呢。貴[26]國的人向來有住店的有住廟的。是[27]店裏好是廟裏好。依[28]我說是店裏方便些兒廟裏留客是格外的事情一來不定有房子沒有二來如果趕車的多和尚不願意再者丟了東西爲誰是問。阿[29]店裏丟東西是店主人應管麼。原[30]是那麼着還有一說吃的喝的店裏都可以預備廟裏連厨房都沒有。沒[31]厨房廟裏在那兒弄飯呢。他[32]們弄的都是素菜葷的他們不能弄。阿[33]那麼不如店裏好河西務那兒還是那個店好。那[34]兒有一個富興[35]

PART IV. THE TEN DIALOGUES. Wên-Ta Chang. VII — VIII.

問答十章之八

他親自還來呢。

請老爺安。[1] 好阿你是甚麼人。我是英順行打發來給老爺帶路進京的老爺定規多喒走。[2] 明兒就要走。[3] 老爺要走的是水路是旱路。[4] 是旱路好,是水路好。[5] 水路呢,這幾天雨大,河水長了,上水的船拉着費事,再遇着北風怕五六天到不了通州。[6] 爺明兒動身趕着走第二天晚上就可以到京,慢着點兒,第三天足可以。[7] 若是老旱路你熟罷。[8] 哎這十幾年常來往,怎麼是不熟呢。[9] 比方,我不用人帶道,[10] 細細兒告訴我都是打那麼走,行不行。[11] 可以沒甚麼不行的,老爺出了城東邊兒那個浮橋知道不知道。那個知道。[12] 您過了這一道橋,到熱鬧街兒那兒,再打聽第二道橋,過了第二道橋,往西北就是進京的大道。[13] 聽見說還有過河的地方,有沒有。[14] 那是擺渡罷,擺渡是有。[15] 擺渡是有,那車馬怎麼樣呢。[16][17][18]

孩子麼。不錯[78]是個七八歲的小孩子。必是[79]我那小孫子、噯、那早晚兒那兒去。老爺[80]放心、有點兒事情、有點兒[81]甚麼事情呢、車驚了麼。不是[82]本來道兒不好走。那麼是[83]車翻了麼。也不然[84]、是和對頭兒車碰了、碰了[85]、老沒說開麼怎麼那早晚還在那兒。倒不是[86]沒說開。就是[87]小孫子受了傷了却[88]沒有甚麼很利害、他從車上跳下來的時候兒把腿扭了一下兒。可惡[89]知道那個車是誰的不知道。就是[90]那個張爺他姪兒的。還是[91]他呀、那麼送畫兒是作甚麼呢。這畫兒[92]是給你納令孫的。特意兒[93]買畫兒壓驚是甚麼意思呢。畫兒[94]是先買的、不是特意買的。碰[95]車的時候兒、他手裏拿着呢、是不是。原是[96]剛纔從我們那兒買的。是[97]小孫子跟他要來着麼。不是[98]令孫哭了。他說你別哭、我送你點兒玩意兒。就是[99]這個畫兒算玩意兒為甚麼不送到小兒那兒去呢。那[100]張大爺的姪兒今兒早起到我們鋪子裏來打聽令郎的住處、我們說知道你納、不知道他、他叫我們把畫兒送到府上就是了、過兩天多嗒回來了。甚麼⁵⁰回來呢、他出外來着麼。他⁵¹從前不是跟官出去麼。那⁵²個我不知道是那年出去的、我⁵³記得是前年往江西去了。前年⁵⁴出去的、我從去年還見他在城裏頭。那⁵⁵都不論他給我送畫兒是作甚麼。本⁵⁶不是給你納買的。不⁵⁷是給我買的、你拿來作甚麼、我萬不肯買、說甚麼買呀、錢是他給過了。你⁵⁹這個來回的話我始終不明白、等⁶⁰我再告訴你幾句話。就⁶¹別儘自耽悞工夫兒。你納的少爺、不是在戶部有差使麼。你⁶³這個人問他住在甚麼地方兒。他⁶⁴不是單住麼。他這會兒單搬出去了。請⁶⁶竟是打聽小兒原是在戶部。他⁶⁷在交民巷西頭路北裏。他⁶⁸是在交民巷住麼。眞⁶⁹是你疑惑作甚麼。我⁷⁰估摸是城外頭住的。離荷⁷¹們遠不行、你怎麼估摸着是城外頭呢。昨⁷²兒日頭落磀見他的車在琉璃廠。那⁷³有這個話、他昨⁷⁴兒晚上在我這兒來着。車是他的、他却沒在車上。他⁷⁵沒在車上、你怎麼知道車是他的。車⁷⁶上坐着個老婆子、他說是孟大爺的車。老⁷⁷婆子抱着個不[14]是送書來了。怎麽[15]手裏拿的不是書麽。不[16]是書竟是個書套。沒[17]有書竟送個空書套作甚麽。這[18]書套不是空的。不[19]是空的還裝着甚麽。裝[20]着是幾張畫兒。畫兒[21]怕不是送這兒來的罷。沒[22]錯是給這兒送來的。爲[23]甚麽我沒有買了畫兒。我[24]知道不是你納買的。那麽[25]爲甚麽給我送了來。有[26]別人給你納這兒買。給[27]我買畫兒是甚麽意思你納倒[28]買的意思你納到[29]底是誰給買的。那[30]堂子胡同住的張爺你納認識不認識。張爺[31]我認識就是他買的麽。還[32]不是他。不[33]是他、提他作甚麽。我[34]提他有原故。有[35]原故爲甚麽不說呢。你[36]納太急囘來就明白了。你[37]這是要戲我的話我不服。那[38]兒敢要戲你納有[39]正經話爲甚麽不說。提[40]起來話還長。就[41]是你不能說、我進去了你去罷。噯[42]別忙、別忙、還有話說。有[43]話就快說。那[44]張爺你納說是認得。那[45]我先告訴你了。他[46]那姪兒你納認得不認得。見[47]過一次不很熟悉。叫[48]送這個畫兒就是他。他[49]叫送來的他話是告訴他我出了城了。他[46]若是問大人多喒回來。你[47]就說不知道多喒回來。若[48]是這麽着他若是天天兒來打聽呢。憑他來多少回總不許叫他進來。我[50]想不如簡直告訴他、若打算甚麽事你轉託別人不用倚靠大人好不好。那[51]却不行若是簡直告訴他不肯相幫必得把所以然的話細說明白了、那更不必了。哼[52]院子裏說話不是徐永的聲兒麽。如[53]若是他、隨你用甚麽話推辭、我是決計不見他了。我[54]是說着玩兒呢、來的是刻字匠要錢來了。叫[55]他月底再來罷。他[56]先來過兩囘了。不[57]錯是有的、我應許了還錢得給。大[58]人不必費事了我替您開發了罷。

問答十章之七

是[1]你叫門麽。是[2]我叫門。你[3]是那兒的。我[4]是城外頭來的。你[5]找誰。我[6]找姓孟的。我[7]就姓孟。阿[8]你納就是孟爺。不[9]錯我姓孟、我我作甚麽。廣[10]文齋打發我來的。廣[11]文齋不是書鋪麽。不[12]錯、是書鋪。叫[13]你送甚麽書來麽。

沒考過就保舉了。 是[28]個甚麼差使。 是[29]個貼寫的事情,沒有一個月,就不要他了。 不[30]要他是因為他行止不好,是因為他沒本事。兩樣兒都不好,楷書[31]所不能寫,怎麼能做貼寫呢,而且說的話一句靠不住。 那[32]個人奇怪呀,沒有錢穿的,怎麼那麼體面呢。體面[33]是甚麼體面呢,那天穿的那褂子也不怎麼樣。 怎麼[34]不怎麼樣,也算是值錢的,他騎的那騾子也是很好的。 我[35]估摸他是坐車來的。 不[36]是坐車,騎着騾子來的,那騾子十分膘壯。 既然[37]是這麼着,你既知道他這麼靠不住,又好花錢,你還這麼徇庇着他,是個甚麼道理。 比[38]方有人從前很享福,如今沒了路兒了,我見了他心裏怎麼能不憐恤。 噯[39]怎麼憐恤他是憑你竟是有一句話,可不用託我給他找甚麼事情,可惜了[40]兒的眼看着他這個人是要要飯的。 等[41]他要飯的時候兒給他頓飯吃可以,叫我保他做甚麼,我萬也不能。 按[42]那天定的約後兒來。 後[43]兒他來了,你可以把我起先說的那話告訴他。 告[44]訴他,大人一定不肯幫他。 不[45]是那個前一年捐的。是[14]捐過阿，然而海賊那一案，怎麼會干涉着他的功名呢，難道他與海賊通了麼。却[15]不因為海賊是因為走私，怎麼那個走私是叫官場中察着了。哎[17]你想一想那官役勒索的錢多，官塲中也不察照他們，有這個理麼。勒索[18]了不過三百兩銀子，也不算很多。你[19]說是不多，這數兒也是應當和他們同事的均分的，那巡船上的人不但沒按着分兒分給同事的，他自己留的，也是彼此相爭。大家[20]為錢爭鬧，後來有個報了官的，是不是。就[21]是了，官既知道這件事，細究個水落石出，把老徐從重的罰了，還把他的功名革了。老徐[22]這個丟臉，也難怪徐永遮掩。遮掩[23]是該遮掩，誰叫他張揚來着，也不用編造這些他父親因朋友受累的假話。那[24]實在過逾虛詐。他說這個話的時候兒，我就有一半不信，我記得那李永成和他父親很熟，我心裏打着望他打聽打聽這個人。大槪[26]那姓李的說他沒有甚麼好話罷。——[27]一句好話都沒有，那徐永他是很認得那人，頭裏求他給找一個事情，他心軟了，依了

問答十章之六

那旁岔兒的話算結了，他那年辦洋藥，是甚麼人託他的，他告訴了你沒有。

我不記得。他不是說是他父親叫他的麼。

那我實在是不記得。不論你

記得不記得，實在是他父親叫他買的，後來他父親賠本的緣由就是因為這

個。那兒呢，是他打算的不好麼。打算得不好，那一句話也可以說那洋藥

出口是往天津去的。阿在天津叫人搜出來了。

山東海面上，叫海賊把船扣住了。這麼着老徐的資本全丟了。不錯，不但

丟了資本，連頂戴也丟了。他原來有個功名麼，那我却不知道。是他就是

不明白。一則是寡不敵衆，二則是他心裏膽虛。膽虛是應該膽虛到了兒

怎麼樣呢。那巡哨船早躲開了，徐永他經過那個就長了一個見識，不照前

次從豐只給十兩銀子罷了。他們依不依。那兒不依呢，他們都喝的半酣

了，要搜他的船也不能了，他給的不論怎麼少都可以依的。

是若不給三百兩是要全封了。這[57]三百兩他給不給。他[58]沒有這麼些個錢。沒[59]有這麼些個錢他還有甚麼法子辦呢。他[60]寫了個字兒叫他們跟上海洋行裏取錢。奇[61]怪他們也肯要這個字兒噯他出了這個虎口是個便宜還[62]有這不算所出了虎口。怎[63]麼呢這巡役們要了這個字兒又有甚麼反悔麼。不[64]是那們樣他們大家沒商量妥的時候兒柴艇和巡船一塊往下走撞了人家灣着的兩隻船。又[65]是兩隻巡哨船麼。不[66]是關上的船是欽差劉大人的船一隻是他下人坐的。可[67]笑還是半夜的時候麼。不[68]到半夜二更多天。二[69]更多天、劉大人和底下人、必都睡了罷。劉[70]大人怕是在城裏頭公館裏底下人們還在船上樂呀唱阿的鬧呢。就[71]是那些個底下人們到底與海關事情無干。原[72]是竟是徐永那個柴艇撞了、他們先是一[73]驚訝、後來心定了一定兒就望他要賠補的錢。要[74]賠補甚麼呢。賠補他們受驚、賠補官船的損壞、隨便甚麼都算應賠補的。他[75]甘心受他們這個我那時都是躉船棧房裏藏的。喫的時候兒還是在外國洋行裏麼。不是徐永常去的、是個窄衚衕兒裏頭一個小鋪兒後頭。阿這徐永也常上煙館麼喫的也不大很利害。阿自己不喫竟是替人辦的罷、就是他那個難是甚麼呢。眞是有甚麼老子有甚麼兒子。那時煙禁未解他辦得了要出洋還是耽悞好些日子。底下出口還怎麼樣呢。有裝柴火的艇他把煙下在裏頭偸着出口。我想上海的柴火都是進口的、出口是往那兒去呢。所以出口鬧出事來了。鬧出事來是這麼着那艇裝的實在是柴火少洋藥多。兒大槪不遠那艇順着水放下去、抽冷子有巡船來抓住了。就把這個貨封了。還沒有封這些巡役們說你若不多多兒給我們錢可就要搜你的船了。巡役們跟他要多少錢。他們沒說數兒竟是叫他從豐。這徐永他要給多少。他那人糊塗說要給一百兩。一百兩那實在是從豐了。那巡役們也不覺多。那兒不覺多看柴火艇給一百兩銀子是沒有的說早[12]去了世麼。他那些個兒女卻誰養活呢。他[13]女兒在他沒去世之前、就都死了兒子單生了一個、就是這個撒謊的。那怕[14]大人是聽錯了罷。一點[15]也沒聽錯、我細細的考查過了、你不是說和徐家有層親麼。不錯[16]我說過、這[17]四五年來你都沒見過罷。不止[18]四五年、有九年十年的光景沒見了。就是[19]了、那[20]一時人就說他狂傲沒有甚麼別的不好。他[21]不是很愛吃煙麼。吃煙[22]是有的、也有點兒貪酒。却[23]原來就是你在上海遇見那徐永他在那兒作甚麼。他[24]說是人托他辦土貨出洋。這些土貨要運到那甚麼[25]土貨呢、是茶葉、是湖絲。有[26]茶葉、有湖絲、有藥材。這些土貨呢、是茶葉、是湖絲兒去。他[28]說得是往北往南我不記得。他[29]沒提辦洋貨呀。他[30]巧了提過、我不記得。沒[31]提過辦洋藥麼。辦[32]洋藥原有的、大人提到我繞想起來那辦洋藥一層、他還些微有點難處。還[33]是那洋藥短了罷。短[34]是不短、價錢天天見長、東西還足殼買的、處處兒都是賣的。賣[35]的還是公然賣麼。也[36]不算公然

問答十章之五

龍田那徐永再來的時候兒你告訴他我出城去了。嗳²可惜叫他失望,他怎麼得罪了大人了。甚麼得罪呢,他那些個話通身都是假的。怎麼呢,他不是徐福慶的兒子麼。這徐福慶的兒子那却是。他說他父親賠本不是眞的麼。賠本原是賠本,也不像他說的那麼賠本。不是像他說的賠本還是怎麼着呢。他賠本全是他自己糊塗,自己抛費了,沒別的。到底家裏養活的人口多。他養活家口那倒總沒有,不用提別的,那徐福慶早就不在了。

你的意思是要託我給你我個事情。老大人很這麼疼愛我,我感激的心一言難盡了。就是你今兒個來意實在是因爲這個不是。非是老大人先提起來,我實在不敢開口。很好,等我給你打算打算,請你過了十天前後兒來再說。實在是大人的提拔,我過幾天再來請安。俗們過兩天見請。大人請坐。

可是欠主兒彆了。大人不是那麼樣我父親保那個朋友跑了可惡就是令尊的精神因爲這個受傷是不是。自然是家裏人口多沒力量養活不免着急。你父親跟前你們幾個。我們弟兄四個還有三個姐妹。這麼多呢、未必都在家裏罷。個個兒都在家裏。我想那姑娘都是出嫁的。本有兩個出了門子給得都是武官上回西路出兵都陣亡了。阿他們倆孀婦就回家來麼。是、都回家來了、一個帶着兩個孩子一個帶着六個孩子。噯、那人口實在的不少、還有一個姑娘沒出門子麼。那倒是歲數還小呢、常愛病。常愛病麼是甚麼病。從我母親死了他缺奶後來不很足壯這實在可憐。你還有你們弟兄們量必可以幫着過日子。我却很願意可惜沒個道路。是長房的不是。我排二。可是你大哥作甚麼呢。他腿脚有殘疾甚麼都不能幹。噯這個光景可了不得還有你的兄弟可怎麼樣呢。我父親賠本的時候兒他們還小呢不能栽培他們念書他們學得還算不深。說來說去阿[23]那徐福慶阿、他我還記得來的是他的兒子麼。不[24]錯是他的兒子、讓[25]他進來。老大人讓你哪。大[26]人讓你哪。大[27]人好。請[28]坐、請坐。大[29]人請坐、請坐、請坐來。不[30]錯家父名字是徐福慶。喳[31]。沏[32]茶來貴姓是徐麼。賤[33]姓徐。徐[34]福慶是你父親。不[35]錯家父名字是徐福慶。前[36]幾年我們就認識他好阿。托[37]大人的福、打發我來請大人的安。叫[38]他惦記着實勞你的駕該[39]當的。我[40]模模糊糊記得他眼睛不大好、如今好了沒有。年[41]紀這麼大眼睛還算可以。那[42]兒說到年紀歲數兒和我差不多。家[43]父今年六十九。我[44]七十一、比他大兩歲。看[45]大人這麼康健、怎[46]麼不能呢、他沒有我受的累多。大[47]人是爲國家當重任辦事受的累多、我老子爲家業心裏也有他的辛苦。那[48]是從前做買賣時候兒累的、如今是囘家歇着了。囘[49]家是囘家、也是無可奈何。怎[50]麼呢、買賣不好麼、也[51]不竟是那們樣。怎[52]麼呢、莫不是銀錢被了[53]竊。比[54]丟了還可惡、所掙的錢差不多叫人都騙淨了。可[55]惜了兒這麼樣、車價你可放心罷這個茶館兒裏的事情你望他沒話麼。沒話、沒話、請老爺給了錢小的同去了。你寶在是個忠厚人哪肯擔待人的不是竟是你囘村兒裏告訴來順他老子他兩個兒子沒有一點兒誠實這宗樣兒的人我決不要他。

問答十章之四

龍田。大人叫我作甚麼。院子裏那個人是誰。那個人是姓徐的。阿是你認識的麼。是我陳認識的。你們倆是在那兒遇見的。是在上海會過的。是多咱呢。前好些年。你和他很有交情麼。可以我們本是個遠親阿、有層親麼、他作甚麼來了你知道不知道。不知道、大人要我問他麼、問他也好。他說是來要見大人、來見我作甚麼。他說是他父親打發他來、請大人的安。他那父親是作甚麼的呢。從前是作買賣現在是開住。這人我所不記得是個作甚麼買賣的。西城那個大布鋪大人那兒不記得。

那⁹³你不用管我只要我問你甚麼你說甚麼。老爺⁹⁴還問甚麼。這⁹⁵個張來順是馬駒橋人麼。他父親在鎭店外頭開着個茶園子。這⁹⁷麼着、這來順必是你素來認得的。他⁹⁸小時候兒在街上玩兒我長看見他。他⁹⁹小時候兒是老實阿、是賊猾呢。小¹⁰⁰的不肯說人短處。不¹⁰¹要你偏說短處、他有好處不可以說麼。請¹⁰²老爺補還我的車錢我走了。就¹⁰³是毆打你的是那兒的人呢。是¹⁰⁴來順在那兒喝茶來着麼。不是喝茶、是喝酒吃東西。你¹⁰⁹同他在一塊兒吃麼。沒¹¹⁰有、我囘來他們先跑了。鞭子拴好、就囘茶館兒了麼。不¹¹⁴但車價連茶館兒的飯錢都沒給。原¹¹⁶是我不肯給他們打了我。茶館兒離¹⁰⁵城有多遠兒。就¹⁰⁶在沙窩門兒外頭。是¹⁰⁷來順道兒上茶館兒裏的人。我出去拴鞭子去了。跑¹¹³了就是騙你的車價麼。跑了、茶館兒就是望你要這個錢麼。打你這層我有甚麼法子。打¹¹⁸不打沒甚麼要緊、請老爺補還車價、我走了。阿¹¹⁵、他們趕¹¹²我囘來他們先跑了。車¹¹⁹價還容易、把他的工錢折給你罷了。老²⁰爺可以立刻賞給叫小的囘去。

104　PART IV. THE TEN DIALOGUES. Wên-Ta Chang. III

麼了。我⁶²的車錢他那兒給過麼。是⁶³北城來的那個車麼。甚⁶⁴麼個北城咱們是馬駒橋店裏的。咳⁶⁵這個尚得詳細你可以小心細說。小⁶⁶的若有一句謊⁶⁷老爺要了我的腿都使得你今兒甚麼時候兒起身。雞⁶⁸叫的時候兒纔套車。是⁶⁹單套車。是⁷⁰二套車。是二套車為走得快。車⁷¹上就是這個來順一個坐兒麼。還⁷²有他一個同伴兒要⁷³快是那個的主意。來⁷⁴順僱車來的時候兒說若快可以多加幾個錢。你⁷⁵們說明白是多少錢說⁷⁶定的是五吊錢。連⁷⁷他要給加的錢都在裏頭。是⁷⁸都說在一塊兒小的不訛人車價還可以。是因為這個打架麼。你⁸¹不是纔說的挨了打麼。總⁸⁰沒有和他打架。不⁸³是他是誰。有⁸⁴好些個人小的不認得是誰。他們是搶奪小⁸²的說挨打不是他打的。都⁸⁵是來順帶了來的伴兒麼。不⁸⁶是一個也沒有來順帶來的。的⁸⁷麼。也⁸⁸不然嗳喲說起來話長。就⁸⁹是話長你也得說了。請⁹⁰老爺補還我的錢我走了。別⁹¹忙這件事我還得分晰明白。不⁹²值得躭誤老爺的工夫。

也可以。阿,那不是來順進來了。阿叫他進來,你可以去罷。老爺沒有甚麼別的事使喚小的。沒事,你去罷,來順。小的糊塗,請老爺寬恕,實在是糊塗,出去為甚麼不言語。老爺欠安,他們是急於和我要錢。他們是誰,要的是甚麼錢。那天替老爺買的桌子,鋪子裏要錢。那鋪子不是西城麼。不是,鋪子在城外頭。城外麼,離那個門近。子在北邊兒在南邊兒還不知道麼。阿小的想起來,在安定門外。頭我有點兒不大明白。老爺不明白甚麼。你這個人總得說實話。小的不敢撒謊。阿,院子裏甚麼人吵嚷。小的可以出去看一看,不用出去放窗戶罷。唉,有個人闖進來,是甚麼事情。你不是趕車的,闖進來做甚麼。噯哎丟了錢挨了打,求老爺伸冤。你的丟錢挨打,與我何干。不關老爺却關老爺的底下人。我那個底下人,可是那個來順麼。阿不錯,就是他,我頭裏沒理會。他和你怎

PART IV. THE TEN DIALOGUES. Wên-Ta Chang. II — III.

問答十章之三

來[1]。喳[2]，進來問老爺叫做甚麼。你[3]是甚麼人。小的叫來福[4]。你姓甚麼。小的姓張[6]。你[7]在這兒做甚麼。小的是替哥哥來替工[8]。你哥哥是誰[9]。小[10]的哥哥叫來順。阿[11]是給我看書房的那個來順麼。是[12]那個來順麼。他[13]沒告假怎麼走了麼。因[14]為老爺欠安，他不便告假，怎麼不等我好呢。家裏[16]有件很要緊的事。有[17]甚麼要緊的事情。家母[18]病得利害。既[19]這麼著，怎麼他[20]囘去，是家父叫他小的來，是怕耽誤老爺這兒的工夫。阿[21]別的先勿論，底下人出門，到底應當告假，請老爺寬恕小的哥哥快來了。你[23]家裏離這兒遠近。不算很遠[24]。怎麼[25]不很遠。至[26]多有四里地，還是東城的地方兒。就[27]是你這個人可以去罷。小的[28]哥哥得立刻就來。到[29]晚晌來

長子爲甚麼歸你。從前先父在的時候，家兄就管買賣，阿[58]就是你在家裏伺候令堂。原是因爲舍弟也是在外頭作幕。

麼依着你納的主意教我怎麼辦呢。那王大人不是你的親戚麼。那是我的本家。更好了他新近不是放了巡撫了麼。原是放的是河南巡撫你納還有甚麼高見。我想你若還當差使那老大人必肯幫你。你是錯了你不知道他向來不喜歡我。你不過這們想甚麼是個對證他上次出外我求他帶我罷。他怎麼回答的你。他說的就是天底下沒有人我也不要你阿他說的這麼言重有甚麼緣故麼。他恨我年輕的時候兒不勤儉。唉你放心罷既往不咎老大人那兒還那麼恨你。你不知道他還有別的話。那有總不肯寬宥的話麼。他說過我無論到甚麼分兒上再不能照應你。可惜有這個好事由兒你得不着益處。沒法子誰叫我底根兒沒出息兒呢。還令尊留下的家產專歸你一個人兒了。還有家兄舍弟一個人分了一分兒。分的還是令兄的多呀。不是是三個人均分的。留下的是銀錢哪。是產業呀。有現銀子也有房子買賣。身底下住房你又不是

問答十章之二

你¹納騎的不是我們這兒的馬麼。原是在貴處買的。是誰替你買的。

店⁴裏那些人替我挑的。他們和你要多少錢。他們要的是三十兩銀子。

你⁷給了沒給呢。我看着價錢多一點沒給。阿¹²你為甚麼沒給了。因為家裏

沒錢纔賣了。那時候有毛病阿。一點兒毛病都沒有。你根兒裏多少

錢買的。那¹⁷時候兒是有差使。吥呀²⁰令尊病的日子雖²³不能出門、

門²¹到我們先父去世的時候兒擱下了同去料理家務。可以當不可以

還可以管家裏的事。令²⁴尊還在世你的差使還可以當麼。

當不定。怎²⁶麼不定呢。差²⁷使的得項若是多些我還願意。你²⁸從前當着賠

墊麼。倒²⁹沒那個、總得能多點兒纔寬綽。你³⁰別怪我說、你擱下的不當、那³¹

問答十章之一

您[1]貴處是那兒。做處是天津,沒領教。我[3]也是直隷人。阿[4]原來是同鄉。他[5]那一位是甚麼人。他[6]是外國人。到[7]這兒來做甚麼。我[8]不知道,你問他自己就知道。請問尊駕到我們這兒做甚麼。來得都是甚麼貨。都[12]是東洋的油漆碎貨。阿[13]您貴國是日本國麽。不[14]錯,是日本國。怎[15]麼呢,我聽見說過貴處出入很難。頭[16]裏却難近來解了禁好些兒。我[17]們的商民也有到過那兒的沒有。貴[18]國的商民也有。我[19]們的人怕[22]沒在那兒是那一省的多。多[20]一半是廣東福建的。他[21]們的買賣大小甚麼很大的。爲[23]甚麼沒有本錢麽。那[24]個錢大概不很多。他[25]們沒錢往東洋去做甚麼。他[26]們多一半是跟太西國的人去的。太[27]西國帶他們有甚麼益處兒。原[28]是用他們管行作爲經手的。他[29]們和日本國的人,對勁兒不對勁兒。彼[30]此怕都有點兒異心。

PART IV.

THE TEN DIALOGUES.

(CHINESE TEXT.)

TZŬ ERH CHI.

COLLOQUIAL SERIES.

PART V.

THE EIGHTEEN SECTIONS.

(CHINESE TEXT.)

TZŬ ERH CHI. Colloquial Series.

SECTION I.

續散語十八章之一

他¹砍我。我²猜是這們着。這個³是了。你⁴必定要作死。這⁵個沒用頭那⁶個不對。誰⁷這麽說的。你⁸要說破了。穿⁹小襖兒。拏¹⁰了他來。馬¹¹上去做。喊¹²孩子們來。你¹³多嘴纔能做。辛¹⁴苦了你。我¹⁵餓了。你¹⁶的東西都齊截了麽。你¹⁷都弄齊截了。這¹⁸是甚麽做的。跟我一塊兒去。尊¹⁹大人痊愈了麽。來²⁰這兒玩兒。這²¹是甚麽做的。你²²想去竟管去。你²³追不上我。別²⁴搓磨他。我²⁵指頭痛。起²⁶來讓我過去。我²⁷一個官板兒都沒有。你²⁸尋甚麼。別²⁹耽擱久了。差³⁰點兒。短³¹點兒。別³²躱懶。別³³懆我。去³⁴幫著他。他³⁵已經上蘇州去了。他³⁶父親香山住。你³⁷爲甚麼這麽做。除³⁸了這個都拏了去。你³⁹在那兒來。今³⁹甚麼風兒吹了你來。別⁴⁰撒賴。改⁴¹天來。除⁴²了這個都拏了去。這⁴³是該擱在這兒的。這⁴⁴兒是該擱這個的。貓⁴⁵叨著一個耗子來。今⁴⁶兒你可回家罷。刀⁴⁷剌破指頭了，在⁴⁸樹那一邊兒。叫⁴⁹打雜兒的拏水來。稍⁵⁰個信兒給某人。儘⁵¹你的心胸做，就是了。今⁵²兒幾兒了。快⁵³掌燈了。你⁵⁴成了客了麽。你⁵⁵不害臊麽。

PART V. THE EIGHTEEN SECTIONS. *Hsü San Yü.*

SECTION II.

續散語十八章之二

1. 沒羞沒臊的。
2. 我也是這麼想呢。
3. 別在老爺兒地裏頑兒。
4. 他有件港新的褂子。
5. 快黑上來了。
6. 先生許我去的麼。
7. 那些個，我頂喜歡這一個。
8. 你管你的罷。
9. 我估摸著不是。
10. 我不信那個。
11. 這份兒是我的麼。
12. 有甚麼笑頭兒。
13. 沒辦法呢。
14. 不拘甚麼都好。
15. 鎖上那個門，把孩子抱進去。
16. 他仍舊
17. 他17
18. 我從來沒見過他。
19. 剩得也不多了。
20. 他纔剛還在這兒。
21. 看樣兒還
22. 攔開點兒。接頭兒另做過。
23. 接頭兒另做過。
24. 老是這個樣兒。
25. 他有傷寒病。
26. 他咳嗽得很。
27. 想我幫你不想。
28. 我眼睛模糊得慌。
29. 老爺兒熀眼睛。你辦
30. 你辦
31. 這時候兒別攪我。
32. 你本不該這麼做。跟我來溜打溜打。我怕
33. 跟我來溜打溜打。
34. 我怕
35. 馬撒歡兒。
36. 他是那一等人。
37. 他是很伶俐的孩子。今兒頂熱。他多囔開船
38. 今兒頂熱。
39. 沒甚麼大用頭。在這兒等我回來呢。
40. 在這兒等我回來呢。
41. 他慌慌兒上這兒來。管他說去罷。
42. 他多囔開船
43. 別這麼冒失。
44. 你要得多少日子
45. 你要去多半天。
46. 管他說去罷。
47. 你要去
48. 還沒有停當麼。
49. 全照著我的話做
50. 拏那個不更強麼。

續散語十八章之三

我¹見天的喫藥。慌慌兒張羅張羅。你³見我的硯台沒有。他難過不是假
糚的。他⁵盡故意兒的做的。倆搭五個是多少。他⁷最愛體面揚氣。他矮
飽他的馬了。他⁹安排餒好他的馬了。誰¹⁰的不是一樣兒呢。不能老是
這們樣。那¹²孩子盡貪玩兒。只¹³顧自各兒多佔黠兒便宜。把¹⁴這蛋一個個
兒拏出來。任¹⁵甚麼兒都不管。三¹⁶鼻子眼兒多出氣。你¹⁷蓋起新房子沒有。
過了¹⁸一個月，我繞去。他¹⁹有萬數兩銀子的家當兒。我²⁰好容易繞明白這個
意思了。你²¹成天家做甚麼。女人²²們梳纂。男人²³們打辮子。我²⁴無可奈何
呀。我²⁵作不得主兒。他²⁶也是老寶人。他²⁷嬌養慣了。他²⁸來這兒好幾回了。
這²⁹個我就見來得快了。再³⁰沒有比這個明白了。
聲兒。他³³上船了。再³⁴沒有比這個明白了。
岸去了麼。太³⁷陽平西了。太³⁸陽快上來了。明³⁹兒個早早兒的來。清⁴⁰香的
玫瑰花兒。你⁴¹多嗒晚兒繞去呢。只⁴²管拏就是了。

PART V. THE EIGHTEEN SECTIONS. *Hsü San Yü.*

Section IV.

續散語十八章之四

1. 你是誰家的妞兒。
2. 別混擱騰東西。
3. 我忘了上鐘弦了。
4. 跟紙的似的這麼輕巧。
5. 誰與你做來著。
6. 小心點兒弄他。
7. 你怎麼這們想起來。
8. 並不是這麼樣。
9. 這個大有用頭。
10. 越多越好。
11. 我提溜不動。
12. 你會浮水麼。
13. 你會水麼。
14. 你怎麼說來著。
15. 淅的滿屋子精溼。
16. 第二回該誰去。
17. 下回誰要去。
18. 他舖子在我們舖子隔壁兒。
19. 照舊擱回那兒去。
20. 他各個兒來的芥撞。
21. 未必麼。
22. 必定有益你的。
23. 必定怎麼樣兒纔好呀。
24. 不能這麼樣兒聽說。
25. 不能不假。
26. 再沒有不假的。
27. 左不過是你幹的。
28. 喰這是甚麼。
29. 太多嘴了。
30. 搖鈴兒是賣線的。
31. 搖波浪鼓兒的。
32. 倒一半兒。
33. 裝一半兒罷。
34. 這油。
35. 臨到誰念了。
36. 你不肯減點兒麼。
37. 繫緊著。
38. 緊緊他。
39. 我頓弱走。
40. 這茶忒淡了。
41. 跟石頭這麼硬。
42. 誰肯跟他動手。
43. 別玩兒的。
44. 這塊地主兒是誰。
45. 活扣兒更容易解。
46. 礙你甚麼相干。
47. 這肉沒。
48. 熟透。這肉沒燒透。
49. 別再上這兒來。
50. 我腳上長凍瘡了。

續散語十八章之五

1 熱了,等他涼涼兒著。
2 你可別小心做,
3 為甚麼呆住上前兒阿。
4 他跌了個仰八脚兒。
5 攔回原處兒去。
6 把車拉後些兒。
7 我媳婦兒是他妹妹。
8 搯起這窗戶來罷。
9 我的脚麻了。
10 各式各樣兒的都有。
11 他幹事不留心,
12 他天生得又聾又啞。
13 我還不能呢,何況你。
14 每七天一個禮拜,
15 每樣兒要點兒。
16 我要造得活便纔好呢。
17 在這兒多半天了。
18 那個就保不定。
19 你起開別再碰著我。
20 這井是頂深的阿。
21 小心跌下去了。
22 沒別的能耐,
23 你起來,別擋著道兒。
24 沒有別的能處。
25 你為甚麼來得這麼遲,
26 竟顧那一件事,這陣兒該當做了。
27 別佔這們寬地方兒。
28 別聽他說瞎話。
29 他不管甚麼話兒都說,
30 並沒有在這兒。
31 儘著量兒試一試。
32 這正是我想著的呀。
33 你偏著那邊兒。
34 拔起這棵小樹兒來。
35 別搖撼這桌子。
36 你向著我這邊兒。
37 他是逍遙快樂的。
38 你種著多少畝地。
39 那事,總別題他了。
40 瞎了一個眼,那事他辦的機密。
41 幫我摔結實這繩子,
42 幫著繞結實這繩子。
43 有整千整萬的人。
44
45

PART V. THE EIGHTEEN SECTIONS. *Hsü San Yü.*
SECTION VI.

續散語十八章之六

1. 耳朵有點兒背。
2. 怕落了顏色兒。
3. 這書在那兒刷的。
4. 這書不印來賣了。
5. 這書現在不印了。
6. 向來沒別的心。
7. 打開在草頭上。
8. 這個你送的很俏皮。
9. 他全家兒敗盡了。
10. 這個可意罷。
11. 這是他最疼的兒子。
12. 他扭了腿腕子了。
13. 核兒也別扔。
14. 隨便兒就是了。
15. 這樹纔結菓子。
16. 這樹新結菓子。
17. 這個差的真利害了。
18. 我還能辦得來麼。
19. 我再也不能受了。
20. 再也不能認了。
21. 你見過熊麼。
22. 我寧可不去。
23. 他是頂胖大的。
24. 別這麼快。
25. 我跟他搭夥計。
26. 煎點兒，下剩的羹罷。
27. 誰有銀子放賬麼。
28. 攔在樓板上。
29. 每月多少工錢。
30. 難道你給多少麼。
31. 他受罰了一兩銀子。
32. 掃了那個蛛蛛網子。
33. 切碎了他。
34. 那個我們永遠做不來的。
35. 快去，你看慌了。
36. 他常丟小刀子。
37. 很像哥兒兩個。
38. 他縱孩子撒野。
39. 這孩子長得俊，漸漸兒好上來了。
40.
41. 一回比一回好上來了。
42. 一回比一回還不濟。
43. 那個誰頂著不是。
44. 比先頭裏的更好。
45. 越舊的更好。
46. 我叫螞蜂螫著了。
47. 蝎子螫了手。
48. 跑獅馬的打扮兒。

SECTION VII.

1. 打扮的整整齊齊兒的。
2. 房子要脩蓋了。
3. 這是該管的麽。
4. 他多大財主。
5. 這程子我沒見他。
6. 這都不好、起頭兒再做罷。
7. 太寬了、綁緊點兒。
8. 更要謹愼了。
9. 打過了四點兒鐘了。
10. 找人補這個去。
11. 他心裏頭竟想發財。
12. 鬪狗咬猪。
13. 他嘴硬不認是他作的。
14. 把這一邊兒朝上拏著。
15. 他更是老江湖了。
16. 睡慣早覺了。
17. 犬夫不下藥了。
18. 他又活了麽。
19. 長成是這個樣兒的。
20. 他們兩個人兒有仇。
21. 那兩國打仗呢。
22. 他在我們村兒裏住。
23. 你種的樹都發芽兒了。
24. 水有下巴頦兒這麼深。
25. 有脚面兒這麼深。
26. 都是金子鑲成的。
27. 一桃子零這一點兒。
28. 屋子裏頭好些個耗子耽擱日子太多。
29. 這兒有無
30.
31. 鴉片烟是從那兒來的。
32. 掛起這個來罷。
33. 弄個套兒掛上他。
34. 那是老樣兒的帽子。
35. 怎麽這些個蚊子。
36. 你會治這個病麽。
37. 那些調羹短了一把了。
38. 在艙底下呢。
39. 還沒彀我的本兒呢。
40. 這個誰上檔。
41. 話不投機。
42. 他擋了我們了。
43. 他賣這個賺好錢呢。
44. 過個門磡兒就好了。

PART V. THE EIGHTEEN SECTIONS. *Hsü San Yü.*

SECTION VIII.

1 今兒有點兒發獃。 2 倒過來再裝。 3 勤點兒攪著別叫他糊焦了。 4 不過僅彀俗們使的。 5 不論聽多少賣了他就完了。 6 這豆子沒炒麼 7 我盡力兒幫著你幹。 8 曲曲灣灣的走了半天。 9 你小心照應這牲口。 10 要喫個滷牲口。 11 拿鏡子照臉。 12 沒心腸幹事情。 13 用心用意的寫字。 14 他仗著甚麼翻口。 15 把這個字兒繙譯出來。 16 那都是白說。 17 那都是白饒。 18 出於情理之外。 19 也是中年的人了。 20 他該的利錢比本錢還多。 21 把事的情形告訴我。 22 明兒是關餉的日子。 23 比沒有東西強阿。 24 比空著手兒強些兒。 25 這時候兒發了大財了。 26 這兒住伙食太貴。 27 我是外鄉人。 28 我就打發人來拏。 29 打死那個蜣螂。 30 他們要宰一隻牛。 31 俗們要往舟山灣一灣船。波羅我喫怕了。管他做甚麼。 32 33 別發怯。 34 很不通情理的人。 35 又不通文理。 36 不過是說個笑話兒。 37 38 這個不大典。 39 鳥鎗裝了藥沒有。 40 兩樣兒，攙和著喫。 41 變了卦了。 42 言不應口。 43 他是斯文的人。 44 留下這個湊著使。 45 他是省錢的娘兒們。

續散語十八章之九

說¹這句京話怎麼說。東²家有事給我做。他³有發瘧子的病。這⁴隻雞圖不過那隻雞。這⁵是一劑藥。那⁶是犯法的。別⁷吐核兒。他⁸是沒禮貌的人。這⁹是十足紋銀。臉¹⁰上焦黃的。貪¹¹心不足。得¹²一步進一步。撒¹³謊掉皮的。嘴¹⁴裏說好話腳底下使絆子。事¹⁵情辦的有邊兒了。大¹⁶清早起別涮說。睜¹⁷著眼兒的瞎子。滿¹⁸嘴裏的瞎話侮弄人家。愛¹⁹戴個高帽子。大²⁰搖大擺的走道兒。這²¹孩子太瀾氣。好²²喫懶做的不是東西。戴²³老爺兒就鬧賊。狗²⁴拏耗子多管閒事。說²⁵話不藏私。他²⁶說話不饒人兒。大²⁷手大腳的花慣了。辛²⁸辛苦苦的圖甚麼。沒²⁹酒兒三分醉前³⁰思後想很爲難。鬧³⁰的很不像樣兒了。低³⁴三兒下四的。見³¹一樣兒會一樣兒。拋³⁵頭露面的。錦³⁶上添花的人多。他³³竟幹些個新鮮樣兒。逢³⁷場做戲的應酬朋友們罷咧。雨³⁸濯涇。了³⁹衣裳了。做³⁹臉兒不做臉兒。幹⁴⁰事情鬼頭鬼腦的。見⁴¹財起意。說⁴²話含含糊糊的。殺⁴³生害命的。雪⁴⁴白的臉蛋兒。鮮⁴⁵紅的嘴脣兒。漆⁴⁶黑的頭髮。

PART V. THE EIGHTEEN SECTIONS. *Hsü San Yü.*
SECTION X.

續散語十八章之十

碧綠的耳圈兒[1]。翠藍布的大衫[2]。焦黃的金鐲子[3]。他穿著一件藍不藍綠不綠的[4]。鹽放多了齁鹹[5]的。齁酸[6]的。噴香的[7]。精淡[8]的。齁苦[9]的。訓甜[10]的。齁酸的[11]。怪澁的[12]。粗風暴雨的天[13]。晌午錯了[14]。說話東拉西扯的[15]。說話胡拉溜扯的[16]。陰涼兒裏坐著涼快罷[17]。滿嘴裏胡說八道的[18]。有件事[19]，很懸心。左右做人難[20]。深[21]不的。淺不的。輕[22]不好。重不好。人不知鬼不覺[23]的。二人同一心黃土變成金[24]。齊心努力的幹事[25]。十冬臘月的天冷[26]。滑了個趔趄[27]。頂高的個趔坡子[28]。下坡兒容易上坡兒難[29]。嘴裏的牙都活動了[30]。兩隻腳跳穩了纔好[31]。晃離晃盪的站不住[32]。盤著腿兒坐著[33]。側著[34]身子躺著。前仰兒後合的站不住[35]。拏鐵通條撬開門[36]。帽子沒有帽襻兒[37]。拏針釘上鈕襻兒[38]。馬驚了[39]。冰涼[40]的水冰的慌。滾熱[41]的茶怪燙的。馬上[42]就是立刻一個樣。沒見世面的人[43]。眼錯不見的就沒了[44]。心急腿慢總趕[45]不上他。越窮越見鬼[46]。我很佩服他[47]。若[48]要人不知除非已莫爲。

TZŬ ERH CHI. Colloquial Series.
SECTION XI.

續散語十八章之十一

多嘴多舌的愛說話。[1] 不分青紅皂白。[2] 天寒火冷。[3] 說話眞痛快。[4] 他是光明正大的人。[5] 嘴裏混遭遏人。[6] 前不著村兒後不著店兒的地方兒。[7] 頭惱悶的很難受。[8] 你有點兒不懂好歹。[9] 求你好歹別說出來。[10] 眞是個滾刀肉。[11] 我橫竪不告訴人。[12] 水性楊花的。[13] 心裏頭猶預不决。[14] 兩頭兒害怕。[15] 心裏頭很不耐煩。[16] 別錯了過節兒。[17] 順情說好話耿直惹人嫌。[18] 衣冠齊楚[19]。寄居在此地。[20] 手頭兒寬綽。[21] 心活了。[22] 說話伶牙俐齒的。[23] 有情有義[24]。他的心眼兒好使喚。情投意合的。[25][26] 他是個粗魯人。[27] 他本不是個好貨。[28] 瞭涼了再喫。[29] 本來不是個好東西。[30] 前門大街走了水了。[31] 兩頭兒[32]不見面兒的話。恐怕對出光兒來。[33] 他非并就騙[34]冷不防的唬了一跳。[35] 冷冷清清的地方兒。[36] 濺了一身水。[37] 滿肚子委屈說不出來。[38] 摑癢癢兒。[39] 攞籃子[40]喫飽了打飽呃。[41] 擯鑼擂鼓[42] 擎籂子筛米。[43] 酒冷了釃酒。[44] 用手摅麪烙餅喫。[45] 幹事情麻利。[46] 別溷話言兒。[47] 沒受過酸甜苦辣。[48]

PART V. THE EIGHTEEN SECTIONS. *Hsü San Yü.*
Section XII.

續散語十八章之十二

這廚子做東西邋遢[1]。狗耳朵奉拉著[2]。趴牆兒撓壁的站不住[3]。老太太喫[4]檳榔悶著。愁眉不展的[5]。大處兒不算小處兒筭[6]。摸摸搩搩的[7]。惡的脾氣轉了向兒了[8]。搖頭愰腦的[9]。正在氣頭兒上別惹他[10]。睜個眼兒合個[11]眼兒[12]。這事情萬事起頭兒難[13]。裝模做樣的不是個東西[14]。有點兒撓頭[15]。竟拉些個老婆舌頭[16]。劃著花點子銀子罷咧[17]。腳也蹺了手也蹺了[18]。貼錢[19]唏唏哈哈的笑[20]。瘺嘴子是沒牙的人[21]。藏著一肚子氣沒地方兒生[22]。遮遮掩掩的怕人家看見他[23]。滿嘴的之乎者也[24]。一竅不通[25]。筆尖兒都寫禿[26]。我是個怵漢子[27]。反覆不定的脾氣。屠戶就是賣肉的人[28]。努嘴兒擠眼兒[29]。偷偷兒的別[30]言語。古窰的磁器[31]。沒頭髮的人就是禿子。悄不聲兒的別言語[32]。長的模樣兒很俏皮[33]。正宿的睡不著覺[34]。樹稍兒上落著個雀兒[35]。樹根兒都叫螞蟻蛀了[36]。他騎著一匹大騾驢[37][38][39]。白効勞[40]。滿嘴裏告饒兒[41]。船稍兒上坐著個柁工[42]。大家夥兒鬧糟糕[43]。

續散語十八章之十三

1. 嘴裏頭吹哨子。
2. 把刀插在鞘子裏去。
3. 身上莉撓洗個澡就好了。
4. 造謠言、說瞎話。
5. 絲毫不錯。
6. 賊咬一口入骨三分。
7. 能言快語的。
8. 各人的巧妙不同。
9. 號令嚴明。
10. 獨占鼇頭。
11. 下棋畫畫兒都有譜。
12. 步步兒留心。
13. 公的母的分不清。
14. 草雞下蛋公雞打鳴兒。
15. 哥兒兩個不和睦。
16. 慕化重修。
17. 齋戒沐浴。
18. 白水煮荳腐。
19. 畫符念咒眞可笑。
20. 浮頭兒的、撇了他去。
21. 緊底下的。
22. 拏斧子劈柴火。
23. 臉上發了福。
24. 目覩眼見。
25. 我最能降伏他。
26. 拏包袱包衣裳。
27. 竟做些個不要臉的事。
28. 牆上掛著四幅畫兒。
29. 我最不賓服他。
30. 當今的老佛爺。
31. 舊書裏頭有蠹魚子。
32. 堵住這個窟窿。
33. 揆情度理。
34. 首飾都是鍍金的。
35. 上吐下瀉。
36. 各省的總督就是制台。
37. 單人獨馬的。
38. 井台兒上有轆轤打水。
39. 獨門獨院兒的住。
40. 圖財害命的事。
41. 打了圖書沒有。
42. 牆上貼著一張行樂圖。
43. 免死狐悲物傷其類。
44. 銀錢如糞土、臉面值千金。
45. 羞惱變成怒了。
46. 催了一隻大櫓船。
47. 到館子裏端兩碗滷麵。

PART V. THE EIGHTEEN SECTIONS. *Hsü San Yii.*
SECTION XIV.

續散語十八章之十四

千萬別受賄賂。[1] 滿地下軔轆。[2] 勞碌得很。[3] 轡應野鹿最多。[4] 鹿觭角的搬指兒。[5] 水陸平安。[6] 珠寶玉器。[7] 房簷兒上有蜘蛛網。[8] 暫且歇歇兒。[9] 近礤者赤近墨者黑。[10] 最愛喫個煮餑餑。[11] 你納府上在那兒住。[12] 這孩子很恬憺。[13] 錢鏝兒上是滿洲字。[14] 幹事情顛三倒四的。[15] 話了一舌頭。[16] 拏土墩平了這個坑。[17] 墊穩了這條桌腿兒。[18] 拏手掂掂有多重。[19] 拏清醬沾著喫。[20] 靛缸裏[21] 拉不出白布來。[22] 九散會丹都是藥。[23] 手裏拏著條扁擔。[24] 均攤勻散的。[25] 把衣裳盪舒展了。[26] 真草隸篆四樣兒字。[27] 縫縫補綻是本分事。[28] 穿房入屋[29] 的。[30] 心慈面輭的。[30] 煎湯熬藥的伺候他。[31] 一文錢懋倒英雄漢[32] 川流不息[33] 的人。[34] 可著那兒都是泉水。[35] 顧前不顧後的脾氣。[36] 明兒給他餞行。[37] 別淘[38] 作踐他。[38] 鏨花兒的鈕釦子。[39] 黃泉路上沒老小。[40] 同居各爨。[41] 連竄帶跳的。[42] 要個人兒舉薦纔好。[43] 比神仙還舒服。[44] 乾菓子鮮菓子都有。[45] 嘴裏頭流黏涎子。[46] 如今他都收歛了。[47] 只剩了一線之路。拏個針線兒來釘書。

SECTION XV.

續散語十八章之十五

我[1]十分羨慕他。颶颶風[2]就是羊角風。拏刀剝了皮兒去[3]。鞋小必得拏楦頭楦[4]。桌子腿兒木頭鏇的[5]。渾身都酸輭了[6]。河底下有個漩窩[7]。在京候選的官兒[8]。筭盤子兒打得清著呢[9]。頭上戴的是珊瑚頂子[10]。散了班兒了[11]。這[12]雨傘是多少錢一把。寃屈的受不得[13]。一[14]家子團圓了。拏銀子捐官竟是上檔[16]。原本該這們著纔是[16]。隔著院牆就看見了[17]。別[18]涸埋怨人家。這[19]是你情我願的。烟燻火燎的、很腌臢[20]。頂冠束帶的[21]。莊稼都叫大水淹[22]了。額子裏嚥不下去[23]。端硯出在那塊兒[24]。俺們試演試演好不好[25]。你替[26]我遮掩著些兒。搽胭抹粉兒的[27]。十分討人厭[28]。出言不遜[29]。奸詐[30]的了不得。眼[31]不見嘴不饞耳不聽心不煩。大丢人[32]。給你臉不要臉[33]。夢見甚麼[34]。再別混信人家的話。耳聞不如眼見[36]。他[37]一點兒不關心。建功[38]立業。寶劍贈與烈士紅粉贈與佳人[39]。假公濟私[40]。捲了一個鋪蓋捲兒[41]。甘心[42]情願替他。鰥寡孤獨的人[43]。拏酒灌他、看他喝不喝[44]。

PART V. THE EIGHTEEN SECTIONS. *Hsü San Yü.*
Section XVI.

1. 手裏拏著根釣魚竿兒,釣魚呢。
2. 感化他的心。
3. 船上三枝桅杆很高。
4. 跐拉著鞋兒。
5. 牽腸掛肚的很難受。
6. 說話幹事要謙恭些兒。
7. 假粧看不見。
8. 欠人家的還沒有還。
9. 糧船上頭好些個拉縴的。
10. 伸著一條腿,踡著一條腿。
11. 他給人家拉篷扯縴的。
12. 撐著拳頭打人。
13. 仗著兩個空拳頭過日子,兵權
14. 在手。
15. 他會打拳腳。
16. 臉上顴骨高。
17. 他很有權變。
18. 殺了個雞犬不留。
19. 勸他改邪歸正。
20. 扇子上別落欵。
21. 沒有犯條欵。
22. 看守著,別丟了。
23. 我有點
24. 兒憎嫌他。掀簾子進去罷。
25. 他為人很險。
26. 那是件很險的事。
27. 連哭帶喊
28. 的叫喚。天塌地陷。
29. 官宦人家兒。
30. 饅頭是沒餡兒的。
31. 限他多少天做好
32. 了。很懸心。
33. 患難的朋友。
34. 懸燈結綵很熱鬧。
35. 關門閉戶的很冷清。
36. 鈎搭連環的事情。
37. 出了門兒不管換。
38. 酒肉朋友,柴米夫妻。
39. 他得了一個
40. 癱瘓病。包含著些兒。
41. 說話含糊。
42. 做事痛快。
43. 他是翰林出身。
44. 喫希罕
45. 東西,見希罕事情。不希罕你的東西。
46. 小漢仗兒。
47. 滿漢酒席很講究。

Section XVII.

續散語十八章之十七

1. 再遲了，就趕不上了。
2. 我老沒有見他的面兒。
3. 遞給我那個水烟袋。
4. 喝水喝啥了。
5. 我總摸不清這件事。
6. 穿衣裳盡鬧排子。
7. 死擺架子。
8. 一個人兒做不來。
9. 前功盡棄了。
10. 撲燈蛾兒把燈撲滅了。
11. 我避諱他。
12. 閉門思過。
13. 瞧不起他。
14. 藐視他。
15. 頂能幹的孃兒們。
16. 萬不能丟開手。
17. 這件事了不了。
18. 儘著量兒喝酒。
19. 落不出好來。
20. 我沒有很聽清楚。
21. 打了個稀糊腦子爛。
22. 把肉燉了個稀爛噴香。
23. 拙嘴悴願的不會說話。
24. 滿嘴裏混吣濁說。
25. 嘴咕。
26. 嘴嘟嚷甚麼。
27. 你敢強嘴我打你。
28. 性命不保。
29. 那鎖丟了鑰匙了。
30. 粗粗糲糲的一塊石頭。
31. 是個大幫手。
32. 一個巴掌拍不響。
33. 單絲不成線孤
34. 拏手撥擷開他。
35. 盡是白費事。
36. 白手成家。
37. 是個白丁兒。
38. 來試試誰的勁兒大。
39. 誰強誰弱。
40. 普天底下都走徧了。
41. 說著好話就翻臉。
42. 兩口子不和氣。
43. 倒像一對雙生兒。
44. 白活了一輩子。
45. 天長日久的怎麼好。
46. 隨手兒拏別挑揀。
47. 近視眼看不清。
48. 我所認識的人有限。

PART V. THE EIGHTEEN SECTIONS. *Hsü San Yü.*

Section XVIII.

1. 嘴碎嘮叨的討人嫌。
2. 他疑心太重。
3. 骾髒肘子腫了。
4. 要價兒、還價兒。
5. 稀鬆平常。
6. 從頭至尾的看了一遍。
7. 與別人不相干。
8. 老不成材料兒了。
9. 閗禍招非的。
10. 正在妙齡的時候兒。
11. 不勝其任。
12. 矇矇亮兒就起身。
13. 念熟了再背書。
14. 一身不能當二役。
15. 他是手藝人。
16. 他是個無來由的人。老頭
17. 他
18. 子小夥子。天理昭彰。誰敢擔錯兒。做買賣賠了本兒。衆人都信服他。
19.
20.
21.
22. 長得眉清目秀、很有福氣。相貌長得很秀氣。文武全才的本事。小性兒。賤賣。
23.
24.
25.
26. 眼皮子淺愛小。看不出筆跡來。忍氣吞聲的。這是他自己洩底
27.
28.
29.
30.
31. 不瞅。不言聽計從的。

END OF PART V.

THE EIGHTEEN SECTIONS.

(CHINESE TEXT.)

TZŬ ERH CHI.

COLLOQUIAL SERIES.

PART VI.

THE HUNDRED LESSONS.

(CHINESE TEXT.)

使上也不巴結只是在這上頭鑽着心兒學眞是玷辱了滿洲咯與其把有用的心思費在這沒用的地方兒何不讀書呢。人往高處兒走水往低處兒流琵琶絃子上任憑你學到怎麽樣兒的好卑汚下賤的名兒總不能免正經官場中能彀把彈琵琶絃子算得本事麽。若說我的話不可信大人們官員裡頭那一個是從彈琵琶絃子的出身的呀你如今能指出來麽。

PART VI THE HUNDRED LESSONS. T'an Lun P'ien. 99—100.

們裡頭、你我彼此恭恭敬敬的、豈不好麼。他[3]如今來了的時候兒、動不動兒的、就發豪橫、信着嘴兒混罵人、算是自己的本事啊、還是怎麼樣呢、你們瞧瞧長得那個嘴巴骨子、臟着個大肚子、直是個儍子、還自充懂文墨的、好叫人肉麻啊、再那說話的聲兒像狗叫啊似的、人家都厭煩得不聽咯。有一點兒人心的、也該知覺咯、還腆着臉不知恥、倒像是誰喜歡他呢、越發與頭起來咯。他[5]老子一輩子也是漢子來着、不知道怎麼作了孽、養出這個賤貨兒來噯、完了、福分都叫他老子享盡了、這就是他的結果了、再想要陞騰、如何能呢。

談論篇百章之一百

你[1]這是怎麼說呢、天天兒喫得飽飽兒的、竟抱着琵琶弦子彈、有甚麼益處兒呢、要從此成名啊、還是要靠着這個過日子呢。

咱[2]們幸而是滿洲喫的是官米月間有的是錢糧、一家子頭頂着腳跐着、都是主子的、並不學正經本事、差

談論篇百章之九十八

昨兒個、在衙門的時候兒、一點風兒都沒有很晴的好天來着、忽然變了日頭都慘淡了、這麼着麼我就說天氣不安要颳大風趁着沒有颳起咱們快走罷各人也怕是這麼樣、都散了。我剛到了家就颳起來了、實在是大樹稍兒叫風摔得那個聲兒眞可怕直颳到三更天纔略住了些兒。今兒早起往這麼來的時候兒看見道兒上的人們、都是站不住、個個兒是吸吸哈哈的跑、我先是順着風兒走、還好些兒、後來迎着風兒走的時候兒、那臉啊、頤啊、就像是鍼兒扎的似的、凍得疼手指頭拘攣了、連鞭子都拏不住、吐的唾沫沒到地兒也就凍成冰一截兒一截兒的跌碎咯。噯呀有生以來、誰經過這個樣兒的冷呢。

談論篇百章之九十九

人是比萬物最尊貴的若不懂好歹、不明道理、與那畜性何異啊。就是朋友

PART VI THE HUNDRED LESSONS. T'an Lun P'ien. 96 — 99.

談論篇百章之九十七

庄稼豈有不收成的呢。

再走那兒知道直下了一天一夜總沒有住到了今兒早飯後纔恍恍惚惚的看見日頭却是應時的好雨啊想來各處兒的田地沒有不透的咯秋天的

前兒黑下好冷啊睡夢中把我凍醒了天一亮我急忙起來開開房門一瞧原來是白亮亮的下了一地的雪。喫了早飯小晌午的時候兒那雪飄飄颻颻的越發下起大片兒的來咯我心裡想着沒有事怎麼能彀得一個朋友來說說話兒也好啊。可巧家下人們進來說有客來咯我心裡很喜歡一面兒就叫收拾下酒菜兒一面兒又叫爐了一盆子炭火趕着請了弟兄們來酒菜已經預備齊咯端上來慢慢兒的喝着酒把簾子高高兒的捲起來一瞧那雪景兒比甚麼都清雅紛紛的下着山川樹木都是雪白看着更高了與挈過棋來下了兩盤喫了晚飯點上鐙纔散了。

談論篇百章之九十六

這許多日子的連陰雨下得我心裡都熟略這兒也漏了那兒也溼了連個睡覺的地方兒都沒有而且又是蚊子臭虫蛇蚤叮得實在難受翻來覆去的過了亮鐘並沒有睏把眼睛強閉着又忍了一會兒剛剛兒的恍恍惚惚的睏上來略正似睡不睡的忽然從西北上就像山崩地裂的是一個橡响了一聲把我陡然間嚇醒了過了好一會子身上還是打戰兒心裡還是突突的跳睜開眼一瞧屋裡所有的東西都沒有損壞一點兒叫人出去一看說是街坊家的山牆叫雨淋透了倒咯嗳呀睡夢之中那兒經得起那麽大的响聲兒震哪。

昨兒清早兒起來屋裡很黑我疑惑是天還沒有亮呢到院子裡一瞧嗳呀原來是天陰的漆黑我洗了手臉纔要上衙門那天一星子半點兒的下起雨來了略等了一會兒涮涮的下响了又坐了一坐兒喝了盅茶的窑兒忽然打了個霹雷這雨就傾盆似的下來了我想着這不過是一陣兒暴雨罷咧等過了

的時候兒俗語兒說得心定自然涼、若竟着會子急、還能脫了麼。

談論篇百章之九十四

哎¹這個樣兒的大雨、你往那兒去來着、快進來罷。我²的一個朋友不在咯、送殯去來着今兒早起天陰陰兒的、雖然有要下雨的光景、到了晌午又是嚁晴的天、往囘裡走着的時候兒忽然一片一片的鋪開了稠雲了、我就和家裡人們說、這天氣不妥當、快走罷、不然咱們一定要着雨咯、正說着就涮涮的下起來咯兒、台你說在漫荒野地裡、可往那兒去躱呢、雨衣氊掛子還沒穿迭當、渾身都濕透咯。無妨³我有衣裳拏出來你先換上、天也晚了、明兒再進城罷、我們這個僻地方兒、雖然沒有甚麼好東西、家裡養的小猪子、雞宰一兩隻給你喫。曖喫⁴還說甚麼、但得這個好地方兒棲身、就是便宜了、不然還怕不冒着雨兒走麼、又有甚麼法子呢。

談論篇百章之九十五

談論篇百章之九十三

忙着往囘來趕。到了關裏的時候兒恍恍惚惚的月亮都出來了、從城裏頭出去的人們都叫快走、說掩了一扇門咯心裏更着了急、緊加鞭子催着馬趕到了跟前兒末尾兒的還是關在城外頭了。實在是乘興而往、掃興而囘。

今兒好利害呀、自從立夏之後可以說得起是頭一天兒的熱咯、一點兒風絲兒也沒有、所有的像伙都是燙手兒的、熱越喝涼水越渴、沒了法兒咯、我洗了個澡、在樹底下乘了會涼兒、心裡頭繞略好了些兒、嗐這樣兒的燥熱天別人兒都是光着脊梁坐着還怕中暑呢、你怎麼只是低着頭寫字、是甚麼罪孽啊、不要命了麼。你這都是沒官差白閒着安閒慣了的話、譬如小買賣人兒們、挑着很重的擔子、壓着肩膀伸着脖子、各處兒跑着吆喝、汗流如雨的、纔能掙得百數錢兒度命、若像我這個樣兒的、從從容容的寫字、他能彀麼。況且冬冷夏熱是自古至今不易之理、索性靜靜兒的耐着、或者倒有爽快

PART VI. THE HUNDRED LESSONS 91—93.

談論篇百章之九十二

兒往下走、轉過了山嘴兒一瞧、那水和天的顏色兒上下一樣、浩浩如銀、竟無所分別、寶在是水清山靜。趕撐到蘆葦深的去處兒、忽然聽見廟裡的鐘聲兒、順着風兒悠悠揚揚的來了、那時候心裡頭萬慮皆空、好像水洗了似的那麼乾淨、就是出了世的神仙、也不過是這麼樣兒樂罷咧、我們幾個人更高了興、略直喝到天亮、也不覺醉、也不覺乏。人生在世、像這個樣兒的風清月朗的景致、能彀遇着幾回、若是徒然虛度了、豈不可惜了兒的麼。

前兒、我們幾個人甚麼是逛來着、竟是受了罪咧、出了城兒、放着正經道兒不走、不知道繞到那兒去了、沿着路兒間着找着剛剛兒的到了閘口的跟前兒、坐上船、彼此說着話兒、喝着酒、到了東花園兒、又趕同閘上來、早已就日平西了。繞吃完了飯、我就說、衆位俗們走罷、跟的人都是步行兒、家又離得很遠、他們還說說笑笑的、儘自坐着、動也不動、後來看見日頭快落了、這繞上了馬、不是麼昨兒我兄弟來了往城外頭游玩去約會我出城到了曠野的地方兒遠遠的一瞧春景兒眞令人可愛河沿兒上的桃花兒是鮮紅柳枝兒是碧綠而且樹枝兒上各樣的雀鳥兒在那兒叫喚的實在好聽一陣兒一陣兒的春風兒颳得草香樸鼻水上的小船兒也是來來往往的不斷兩岸上的游人都是三五成羣兒的逛我們倆從小道兒上曲曲灣灣的走到了樹林子多的地方兒一看也有彈的也有唱的也有賣茶賣酒的而且賣活魚活蝦的都很賤故此我們倆足足的游玩了一天兒可別怪我沒有來約不是瞞着你納只怕遇見和你納有不對勁兒的人哪所以沒找你納來

談論篇百章之九十一

前兒、我們往西山裡逛去那個樂可說得是盡了興了白日裡游玩的樂啊那是不必說的了到了黑下的時候兒更暢快。我們幾個人喫了晚飯坐上船不大的工夫兒月亮就上來了、照得如同白日一樣、慢慢兒的撐着船順着水

PART VI THE HUNDRED LESSONS T'an Lun P'ien. 88—91.

肉啊、是祖宗的克食、有強讓的理麼、況且親友們來去、還不迎不送呢、像這樣兒讓起來、使得麼。

談論篇百章之八十九

我們在關東的時候兒、天天兒打圍來着、這天我們打圍去、在草裡跑出個麅子來、我趕緊的打馬、拉開弓、一射、略落了點兒、後同手拔箭的空兒、只見麅子的尾巴動啊動的、一轉眼就跑過了山梁兒、奔山前往上去、疾忙我緊跟着趕了去、又過了個山梁兒、往山後頭去了。這麼着麼、就緊催着馬、剛剛兒的趕上、一射箭、又從他頭上過去了、想不到從那邊兒來了一個鹿、纔過山梁兒往這們跑着、正中了我射的那枝箭、跌倒了。彩頭兒好、實在可笑、正是人家說的、想不到的倒得了、若把這個話告訴別人見說、好像是撒謊的似的。

談論篇百章之九十

這春天的時候兒、一點兒事沒有、白閒着、竟在家裡坐着、很覺悶得慌啊。可

談論篇百章之八十八

昨兒喫了祭神的肉就是了又叫送背鐙的肉作甚麼。甚麼話呢老兄台咯是該當送的方纔還要叫人請兄台去來着你納是知道的就是這幾個奴才們宰豬的宰豬收拾雜碎的收拾雜碎那個都不費手呢因爲這個纔沒有能彀打發人去請。你的事情沒有人替手兒我是知道的還等着你請麼此纔約會着朋友們來喫大肉來了我們還恐怕趕不上呢誰想來的正是時候兒衆位別叫主人分心咱們就序着齒一溜兒坐下喫。兄台們請喫肉泡上湯喫。哎呀這是甚麼話呢錯了咱們當初有這個様兒的規矩來着麼這個

人兒的時候兒身子端端正正兒的安安詳詳兒的上前間好可憐見兒的那個小嘴兒甚麼話兒都會說若問他一件事情倒像誰教給他的一個様從頭至尾的告訴一句兒也落不下像那個様兒的孩子一個頂十個養這許多沒用的作甚麼。

PART VI THE HUNDRED LESSONS. T'an Lun P'ien. 86 — 88.

談論篇百章之八十七

兄[1]台你這位令郎是第幾個的。這[2]是個老生兒子。出[3]了花兒了沒有。去[4]年出得花兒。這[5]些個都是挨肩兒的麼。都[6]是挨肩的生了九個存了九個。哎[7]眞是難得的兄台這不是我說句頑兒話大嫂子眞能幹哪久慣會養兒子可以算得是個子孫娘娘了，實在是有福的人哪。甚[8]麼福啊，前生造的罪罷咧，大些兒的還好點兒這幾個小的每天吱兒喳兒的吵得我腦袋都疼了。世[9]上的人都是這麼樣子孫富的人們又嫌多了抱怨像我們子孫稀少的人們想有一個在那兒呢叫老天爺也難了。你[10]們妞兒若不丟如今也有十幾歲了。七[11]歲上沒得若有今年十歲了。那[12]纔眞是個好孩子到如今題起他來，我都替你傷心那個像貌兒言語兒比別的孩子們另外的不同見了很有理就請通知裡頭太太們把小兒帶進去給太太們瞧瞧彼此都合了意的時候兒再磕頭也不遲啊。

談論篇百章之八十六

這不是給女婿做的衣裳麼。是啊。這些人是做甚麼的。他們是僱了來的裁縫們。哎呀咱們家裡的舊規矩兒你們都忘了麼老時候兒的孩子們都會做衣裳來着就以做棉襖論罷鋪上棉花合上裡兒都是大家動手翻過來的時候兒這個縫大襟那個打盪子這個煞胳肢窩那個上領條兒沿袖口兒的沿袖口兒釘鈕子的釘鈕子不過一兩天的空兒就做完了況且連帽子兄台都是家裡做來着若是僱人做或是買着穿人家都從鼻子裡見笑啊。的話說的雖然有理但你只知其一不知其二那個老時侯兒和如今一個樣兒比得麼況且娶的日子眼看着就到了招着指頭兒算剛剛兒的賸了十天的工夫如今這麼不留空兒的叫裁縫連着夜兒做趕得上趕不上還不定呢

PART VI. THE HUNDRED LESSONS. T'an-Lun P'ien. 84 — 86.

談論篇百章之八十五

吾兄今兒來有甚麼見教。因[2]為有緣我們特來求親來咯,我這個孩子雖然沒有超羣的才貌奇特的本事但只是不喫酒不賭錢就是那些迷惑人的去處兒胡游亂走的地方兒也一點兒沒到過若不棄嫌老爺們就賞賜句疼愛的話兒你往前些兒咱們叩求。老[3]爺們別大家坐下聽我說一句話咱們都是老親一個樣兒的是骨肉誰不知道誰呢但只是作夫妻這件事都是前世裡造定的緣分由不得人的爲父母的自己眼聽着孩子們原不過盼着能彀配個好對兒纔把苦拔苦掖的心腸也就完了話雖是這麼說我還有長輩兒沒有賬見令郎呢,再者來的太太們把我們女孩兒也賬賬。是[4]啊,老爺說的

兒也沒有哼全都忍了,又坐了好一會子,看着他的光景,順着他的氣兒,慢慢兒的哀求他,剛剛兒的他纔點了頭咯。你[5]想一想,我的性子若是略急一點兒,你的事情就不妥了。

談論篇百章之八十四

明明白白兒的告訴了那個朋友略、不承望不是他一個人兒的事、說是人多掣肘沒肯應承、我還要看光景再說來着、後來想了一想、說罷呀、看事情的樣子、是不能挽回了、必定強壓派着叫人家應允使得麽。故此我囬來告訴了他個信兒、倒說我壞了他的事、略望着我攎臉子、好叫人虧心哪、早知道這麽樣、我何必說來着、這是圖甚麽呢。

我原想你這件事情和他說去很容易來着、誰想這宗可惡的東西、竟這麽樣兒的口緊不依、倒鬧得很費了事略。我把咱們商量的話、告訴了他一遍、他倒沉下臉來、說我說的話是胡說、我一聽這話氣就到了脖頸子上了、心裡說要怎麽樣就怎麽樣罷、滿心裡要惹他一惹。後來我想了一想、自己問着自己說、你錯了、這來不是爲自己的事、爲的是朋友們、若是鬧起來不耽誤了人家的事麽、容讓他些兒又費了我甚麽呢。任憑他儘着量兒數落我一聲

談論篇百章之八十三

誰情願去管他的事情來着麼我是好好兒的在家裡坐着的人啊不知道他在那塊兒打聽得說我認識那個人一連來了好幾次和我說兒台我這件事實實在在的仗着你納了求我疼他一定替他說說在屁股後頭跟着總不放我。我起根兒臉頓你是深知道的人家這麼樣兒的着急跪着哀求怎麼好意思呢叫他沒趣兒囘去呢因為推托不開所以我總應承了。把他的事情

兒的遇見他不在家纔變晌午我又去了剛一進院子就聽見上房裡頭說啊笑的聲兒我上了台階兒悄悄的把窗戶紙兒舔破了從窗戶眼兒裡往裡一聽，看見這個給那個斟酒那個給這個囘敬正攪在一處兒喫喝熱鬧呢我原想進去來着因為有好些個不認識的朋友冲散了人家喝酒的趣兒怪不得人意兒的我又就抽身出來了他們家下人看見要告訴去我急忙擺手兒攔住了你可別忙明兒我起個黑早兒和他說安當了就完咯。

人有這個理麽行又不是止又不是實在是叫我進退兩難了怎麽能發得一箇萬全之計纔好啊。這²個事情是顯而易見的有甚麽不得主意的地方兒呢你若是不行是你的造化若是行了你能堵得住誰的嘴啊趕到吵嚷開了人人都知道了你那纔到了難處兒了呢這點兒微的小便宜兒算甚麽那正是日後的禍苗呢有利必定有害喫了虧的時候兒後悔就晚了若照着我的主意你別猶豫不決的拏定主意不行就完了儻再遲疑不斷的拉扯住了那就打不成米連口袋都丟了要出個不像事的大醜呢。

談論篇百章之八十二

我¹有一件事要託吾兄只是怪難開口的甚麽緣故呢實在求的事情太多了但只是不求你納除你納之外再也沒有能成全我這件事的人因此我又煩瑣你納來咯。你²不是爲找姓張的那件事情來了麽。是³啊你納怎麽知道了。今⁴兒早起你們令郎就和我說了喫早飯的時候兒我就去了一次偏偏力呢,拏着甚麼報答上天生養的恩呢。

談論篇百章之八十

作好事,是說人應該行孝悌忠信的道理並不是竟會供神佛,齋僧道就算作好事了,比方作惡的人們任憑怎麼樣兒的喫齋修橋補路,焉能解了他的罪惡呢,就是神佛也不能發降福給他啊。那喫齋的上天堂,喫肉的下地獄這種樣兒的話,都是和尚道士們借端糊口的,豈可深信得麼,他們若不拏着這麼長那麼短的利害話嚇諕人的錢財呢,若叫他們盡遵着佛教關着廟門兒天天在裏頭靜靜兒的持齋念經不出來化緣,要喫沒有得喫,要穿沒有得穿,叫誰養活他呢他竟喝風過日子麼。

談論篇百章之八十一

我有一件事,特來求吾兒指教來咯,若要行,似乎略有點兒關係的地方兒,若是中止了不行,又很可惜了兒的現成兒的,到了嘴裡的東西不喫。平白的讓反倒使性子摔搭人那兒有這個情理呢比方是你的東西人家愛惜你自己也不愛惜麼若是不由你作主澈底兒都拏了去你心裡頭怎麼樣呢。昨兒因為是我肯忍你那行子的性子罷咧若除了我不拘是誰也肯讓你麼好好兒的記着我這話快快兒的改了。你若是個沒有一點兒能為的那還又是一說現在還是有喫有穿的只是要占個小便宜是個甚麼緣故呢也不怕人家背地裡說你眼皮子淺麼。

談論篇百章之七十九

古語兒說的幼不學老何為這個話是特意叫人勤學不可懶惰的意思啊說是不拘甚麼樣兒的人學會了米粒兒大的一點兒能幹就算得完全了一輩子的事情了何況是好好兒的肯學還有甚麼不能幹的何怕不作官呢。而且又是旗人喫的不愁穿的不愁不用種地不用挑擔子不用作手藝坐着喫國家的糧米有這些個便宜自幼兒若不努力勤學以着甚麼本事給主子出

PART VI THE HUNDRED LESSONS. T'an Lun P'ien. 77—79.

去一瞧果然是他直挺挺的坐着議論不斷的自來了總沒有住嘴兒這樣兒那樣兒的直說了兩頓飯的工夫兒到了黃昏的時候兒他纔走了。漢子家又沒有甚麼事情就在人家家裡整天家坐着說話這也受得麼他那個東西不但把些個陳穀子爛芝蔴人家講究餿了的事情儘自說聽得人家的腦袋都疼了還有一樣可惡的每逢他來不拘甚麼好啊歹啊的還得先藏起來叫他瞧見不得儻若叫他看見了連間也不問摟摸着拏着就走。實在他這一輩子也沒有甚麼說頭兒了像這種樣兒的雜碎都壞盡了就是你這麼愛便宜能彀獨自得麼。

談論篇百章之七十八

這[1]是個甚麼意思呢甚麼稀罕東西每逢看見就和人家尋也不覺絮煩麼實在太不體面了罷人家臉上過不去也給過你好些次了你心裡還不知足麼。況[2]且給是人情不給是本分你必定叫人家盡其所有的都給了你能彀麼。

談論篇百章之七十七

為忙着來該班兒也沒得問一問剛纔聽見說是他叔叔不在了是他親叔叔麼。不錯、是他親叔叔。你弔喪去來沒有。昨兒念經我在那兒坐了一整天呢。多啥出殯啊知道不知道。說是月底呢。他們的塋地在那兒離我們家的墳地很近。噯若是這麼着道兒很遠哪至少說着也有四五十里地如果你再去見了他可以替我說道惱啊等下了班兒再同着你去看看他給他道煩惱出殯之前還請你千萬給我個信兒就不能送到他墳上去也必送到城外頭了平素間我們雖沒有甚麼大來往每逢遇見的時候兒說起話兒來、就很親熱、况且人生在世那個不是朋友呢他這樣兒的喪事我盡個人情、想來也沒有人說咱們趕着他走動的話罷。

他來的時候兒我在家裡正睡覺呢、猛然驚醒了、一聽上房裡來了客了、在那兒說話兒呢、想是誰來了呢、說話這麼大嗓子必是那個討厭的來了罷走進

了身、直走到晚上、纔到了墳上、昨兒個供了飯、奠了酒、又歇了一夜、今兒東方
亮兒、就起身往囬裡走、道兒上除了打尖也總沒有敢歇着、剛剛兒的趕掩城
門兒的時候兒、纔進來了。在遠[5]地方兒立墳雖說是好、若是到了子孫們沒
有力量兒、就難按着時候兒上墳了。可[6]不是麽、舊塋地裡倒離得很近、因爲
沒有地方兒葬埋人口、請了看風水的人瞧照他們都說那一塊地好、故此在
那兒立了墳咯、遠這些是遠總而言之咱們有是有的道理、沒有是沒有的道理
無論是怎麼樣兒的窮、不能彀坐車、連步行兒去、也要到墳上奠一鍾酒啊、若
到了子孫們、就難定了、只看他們有出息兒、沒出息兒、就是咯、若是個沒有出
息兒、不惦念上墳的子孫、就是他們住得離着墳地很近、還未必能彀燒一張
紙錢呢。

談論篇百章之七十六

他[1]們家裡誰不在了、大前兒我從那兒過、看見他家裡的人們、都穿着孝呢、因

談論篇百章之七十四

昨兒往誰家去來着回來的那麽晚。 我²是瞧咱們朋友去來着、他家住得太遠、在西城根兒底下呢、又搭着留我喫了一頓飯、故此回來的略遲些兒。 我³有一件事要和你納商量打發了幾次人去請去、你納那兒家下人們說坐了車出去了、也沒留下話、我算計着你納去的地方兒很少、不過是咱們圈兒內的這幾個朋友們罷咧、瞧完了一定到我家裡來、誰知道等到日平西也不見來、算是白等了一天哪。 兄⁴台打發找我的人沒到、已經早出了門了回家的時候兒、小子們告訴說、老兄這兒打發了兩三次人來叫我、彼時就要來來着、因爲太晚了、又恐怕關了栅欄兒、所以今兒纔來。

談論篇百章之七十五

你¹前兒往莊子上、上墳去來着麽。 是²啊。 怎³麽今兒纔回來。 我⁴們墳地離得很遠哪、所以當天去不能回來、又在那兒歇了兩夜、前兒個、頂城門兒就起

PART VI. THE HUNDRED LESSONS.　T'an-Lun P'ien. 73 — 75.　　155

我還有甚麼說得呢、那就是愛惜我兄弟了。

談論篇百章之七十三

你¹納往那兒去來着、我²往那邊兒一個親戚家去來着、閣下順便兒到我們家裡坐坐兒罷。兄³台你納在這左近住麼。是啊⁴新近纔搬在這房子來的。若⁵是這麼着咱們住的離着却不甚遠啊、我若是知道府上在這兒就早過來瞧來了老兄先走。豈⁶有此理這是我家啊、你納請上坐、我⁷這兒坐着舒服。你⁸納這麼坐了、叫我怎麼坐呢。我⁹已經坐下了、這兒有個靠頭兒。老¹¹兄我不喫煙嘴裡長了口瘡了。若¹²是這麼着快倒茶來。兄¹³台擎火來。請喫茶。老¹⁴弟請看飯去把現成兒的先擎了來。兄¹⁵台別費心我還要往別處兒去呢。怎¹⁶麼了、現成兒的東西、又不是爲你納預備的、隨便兒將就着喫點兒罷。兄¹⁷台我還是外人、已經認得府上了、改日再來、咱們坐着說一天的話兒、今兒實在沒空兒告假了。

東西、我沒喫過啊、你若這樣兒的不寶誠、竟是明明兒的、叫我再別往你家去的意思啊。

談論篇百章之七十二

老兄、你怎麼纔來、我等了這麽半天了、差一點兒沒有睡着了。我告訴你說、我們纔要動身往這兒來、想不到遇見個討人嫌的死肉剌剌不休、又不要緊這麼長那麼短的、只是說不完、我若沒有事絮叨些兒何妨呢、只管由他說罷啊、但只怕你等急了、沒法兒我說我們有事明兒再說罷、這纔把他的話攔住了、不然早來都坐煩了。別說太遲了、來的正是時候兒、來誰在這兒呢、快放桌子想必爺們都餓了、飯哪甚麽的都簡決些兒。噯兄弟你這是怎麼說呢、有剩的白肉就得了、又要這麼許多的菜蔬作甚麼、把我們當客待麼。我這不過是一點兒心也沒有甚麼好東西啊、兄台就着喫些兒。你這就不必過讓了、太盛設了、我們自家喫呢、若不喫飽也不肯放下筷子啊。若是那們着

談論篇百章之七十一

這¹一向你又往那兒奔波去了，遇見有空兒何不到我這兒走走呢，怎麼總不見你的面兒咯。我²早要瞧兒台來着不想叫一件旁不相干兒的事情絆住了，竟受了累了，整天家忙那兒有點兒空兒呢，若不是今兒還不能彀脫身兒呢，今兒個摘脫，是說我有件要緊的事情，撒了個謊，剛剛兒的纔放了我來了。你³來的很好，我正悶得慌呢，想來你也可以抽點兒空兒麼，咱們坐着說一天的話兒，現成兒的飯喫了去，我也不另弄別的喫的咯。但⁴只往這兒來了，無緣無故的，就這麼樣騷擾啊，我心裡也不安哪，因其這個我就不敢常來。怎麼這麼外道呢，咱們從幾兒分過彼此來着，若再隔幾天你不來，我還要預備點東西兒，特請你去呢，這一頓現成兒的空飯，又何足掛齒，況且你的甚麼

談論篇百章之七十

兒就是愛惜我了使我的意思總完了但是決意不收下我還是在這兒坐着啊還是回去呢實在叫我倒爲了難了。

兒¹台你聽見了麼咱們那個饞嘴的東西說是破敗得很困住了襤褸成個花子樣兒戰抖抖的披着一塊破袯。那²趁該死的去年甚麼罪兒他沒受過甚麼苦兒他沒喫過但分有一點兒志氣也改悔過來了俗語兒說的窮的伴富的伴兒的沒褲子這話是當眞哪旣如此就該當回過味兒來咯還有甚麼心腸說這兒的酒好那兒的茶好和富貴人們一般一配的各處兒游玩那時候兒我就說等着到了上冬的時候看他怎麼樣再瞧罷咧如今果然應了我的話了。老³兄話雖是這樣兒說現在他旣落到這步田地可當眞的瞧着叫他死麼我心裡想着咱們大家畧攢湊攢湊弄點兒銀子幫幫他總好。若⁴像這麼樣兒幫他銀子還不是主意怎麼說呢他的皮氣你還不知道麼一到了

PART VI THE HUNDRED LESSONS T'an Lun P'ien. 69—70.

談論篇百章之六十九

年窄住的時候兒求到我跟前誰問他有甚麼來着他自己說他有好書你納要看我送來。像這麼樣兒的應許我後來事情完了書連提也不提了日子久沒信兒那一天我遇見他說你許給我那部書怎麼樣了誰知當面兒一問他臉上一紅一白的只是支吾說不出甚麼緣故來咯。這一部書有甚麼稀罕啊給我不給我也不要緊竟是無故的哄人未免太討人嫌了。

兄台你納這麼固辭我的東西不肯留下我十分不明白你的心意還是因為我來遲了故此纔這麼樣兒待我還是因為別的呢。素常我向且長長兒的來老家兒的好日子倒不來那怎麼是朋友呢實在是知道晚了若是先知道應當早來纔是。雖說是有我不多沒我不少替你納待待客也好啊若論你納高親貴友送來的禮物還少麼想來是喫不了的我這點子微物兒又何足掛齒呢然而也是我一點兒孝心。那兒敢必定請老人家喫呢但只略嘗點

談論篇百章之六十八

點分兒也不肯留必要直言奉上雖然交朋友有規過的道理也當看他的爲人可勸再勸罷咧若不這樣兒只說是個朋友並不分親疏就勸那如何使得呢方纔說的這些話那不是好心麼他倒心裡很不舒服瞪着眼疑惑着說噯呀要小心啊保不定這是害我罷。兄台你說的這些話實在是給我治病的良藥啊我很信服這原是我一生的毛病兒我豈不知道麼就是遇見這樣兒的事情不由的嘴就癢癢說出來古語原有不可與言而與之言謂之失言的話啊從今兒起我痛改前非罷日後再要這麼樣兒多說話縱使兄台往我臉上啐吐沫我也甘心領受。

好人再沒有過於你了還不住口兒的稱讚你那個朋友太過於老實了那混帳行子有甚麼大講究頭兒啊斷不可提他。他若有求煩人的事情別人說甚麼話他就照樣兒依着行他的事情一完把頭一轉是人全不認得。他去

PART VI. THE HUNDRED LESSONS 66—68.

談論篇百章之六十六

噯[1]世上沒有記性的人再沒有比你過逾的了、前兒我怎麼囑咐你來着、這件事情、任憑他是誰、總不可叫人知道了、你到底兒洩漏了、咱們倆、悄悄兒商量的話、如今吵嚷的處處兒沒有人沒聽見過了、他們這些人、儻若羞惱變成怒了、望咱們不依動起手腳兒來、咱們得了甚麼便宜了麼、把好好兒的事情倒弄壞了、全都是你呀。老兄[2]像你這麼樣兒怪我我真委屈現在事情已經這樣兒了我縱然分辨個牙清口白的你肯信麼我的心就是老天爺看得真是我說來着不是我說來着久而自明依我的主意你先不必抱怨索性粧個不知道看他們的動靜依呢就依了、如果不依的時候兒、再作道理、預備也不遲啊。

談論篇百章之六十七

你[1]啊、是個很好的人心裡沒有一點渣兒就是嘴太直知道了人家的是非一

談論篇百章之六十五

方纔我上衙門回來從老遠的轟得一羣人騎着馬往這邊來了到了跟前兒細認了一認原是咱們舊街坊某人穿的騎的都很體面眞是肥馬輕裘的面貌兒也大胖了他看見我連理也沒理把臉往那們一扭望着天就過去了彼時我就要叫住他很很的羞辱他來着後來我想了一想說罷啊做甚麼他理我我就體面了麼誰那們大工夫和他計較這些個。噯老兄你納不記得麼三年以前在咱們那兒住着的時候兒那是甚麼樣兒來着很窮啊喫了早起巴結晚上的天天兒遊魂似的忍着餓各處兒張羅拾着一根草都是希罕的一天至不及也到我家兩三次不是尋這個就是要那個我的甚麼他沒喫過筷子都呷明了如今是求不着人了一旦之間就變了性咯忘了舊時候兒的景況了也不是咱們自己擡舉自己這種小人乍富的皮氣俗們很可以不理他罷了。

PART VI. THE HUNDRED LESSONS. T'an-Lun P'ien. 63—65.

談論篇百章之六十四

你的話是了一口咬定了、不肯認錯、能不叫人更生氣麼。你太把我看輕咯、寶在不知道、你仗着甚麽能彀有這個樣兒的舉動兒、誰也不能殺了誰、誰還怕誰麼、若果然要見個高低兒、很合我的式、若略打一個磴兒、也不是好漢子。

那是個沒出息兒的東西、你怎麼瞧上他來着呢、雖是個人身子、却是個牲口腸子、總是躲着他些纔好呢。你把我這句話、你擱在心上、他原是個無事生事的混帳行子啊、心眼子又黑、常是聽見雨兒就是雨兒的人家略有點兒細故、叫他聽見他就滿處兒混嚼說張揚個不堪啊、把這兒的事情傳在那兒、把那兒的信兒告訴這兒、叫兩下裏成了雛的時候、他可從中作好人兒。你看他那信不得、你瞧不但沒有一個人兒和他相好的、若不指着他的脊梁罵他、那就是他的便宜了。噯、他父母生下這種樣兒的賤貨兒來討人家的厭、也寶在是沒德行咯。

好跟人要個嘴皮子、你有甚麼不知道的、想來又是喝醉了、你只當是沒看見、沒有聽見就結了、何必理他呢。老弟、你不知道這樣兒頓的怕的東西、跟前若給他留點分兒、他更長了價兒了、他索性說我是頑兒不知不覺的話說冒失了、人家或者可以原諒罷咧、反倒滿臉的怒氣、誰還怕他不成兒、你別生氣、我把這個酒鬼、帶在僻靜的地方兒、指着臉兒罵他一頓、給你出出氣。

談論篇百章之六十三

壞了腸子咯、把我輕慢得了不得、我和你說話、都不配麼、動不動兒的、就掌巧話兒譏誚我、把自己當成甚麼咯、每日裡鼻子臉子的常在一塊兒混混、我只不說罷咧、我若說出根子來、未免又說我揭短了。你的家鄉、我的住處、誰不知道誰呢、你不受人家的揉挫、纔有幾天兒啊、如今賤貨兒、這就和我作起足來了、是甚麼意思呢、索性說失了言兒咯、那個還可以恕得過去、偏死扭着說友們當作話把兒塔塌我這是甚麼心意呢,新近給我們孩子娶媳婦兒,我還臉上下不來,請他去來着,連一個狗也沒打發來,我所遇見的朋友都是這個薄情的,可叫我怎麼再往後結交呢。那個人說話行事很假,信不得,我沒過麼,那個時候兒,你還理論麼,倒很有點兒不舒服我來着。原是俗語兒說的,知人知面不知心,他心裏頭的好歹,如何能彀知道得透澈呢,將來只得小心。那就是了,不分好歹,一概都說是很相好的,使得麼。

談論篇百章之六十二

誰和他說長道短了麼,本是他的話,逼着叫我說啊,瞞得住別人兒,瞞得住你麼,自從過年以來,他還走了甚麼差使麼,今兒是在那兒喝了酒了,剛一進門兒來,就是噯呀,我怎麼纔瞧見你啊,若照他那麼說,我不脫空兒的整月家替他當差使,反倒不是了麼,真使我的氣,就到了脖脛子上了,今兒且不必論,明兒再說罷。

老兄,不用往他較量,這個和他一般一配的爭競,做甚麼,他一味他也是個人罷咧能彀不按着道理行麽說出緣故來你就從頭至尾的一一的分解開了怕他能彀把你怎麽樣兒怕殺呀或是怕嚇了你呢。況且別人都沒動靜兒你來不來的先這麽怕這樣兒那樣兒的防備着還有個漢子的味兒麽。依³我勸你也放寬了心罷他果然不依你若和你見個高低兒還給你留情麽你如今就是這麽樣兒的怕了能彀乾乾淨淨兒沒事兒麽我看起來到而今也沒個音信想是他早已忘了你若不信悄悄的探聽個信兒管保你無妨無礙的呀。

談論篇百章之六十一

你們¹很相好啊如今怎麽了總不登你的門檻兒了麽。我²不知道他想是有誰得罪了他咯罷不然還有一說從前我們還好好端端的行走着來着就是因爲一半句話上也不犯記在心裏惱了就不往我行走了不行走也沒甚麽要緊怎麽背地裡還只說我這樣兒不好那樣兒利害所有遇見我認識的朋

談論篇百章之五十九

咱們那個朋友是遭甚麼爲難的事麼這幾天看他那個愁容滿面無聊無賴的樣兒是有甚麼緣故呢。不知道他素來沒一天不在街上下雨下雪的日子,他總在家裏除此以外是地方兒他就去逛叫他在家裏白坐着那兒坐得住呢,這一向因沒出大門兒竟在家裡呢昨兒我去瞧他。啊臉面兒還像先麼。很瘦了,竟是坐不安睡不寧似的我瞧着很疑惑總要問他,可巧又來了一個親戚把話打住了。噯呀若依你這麼說大約是叫那件事絆住心亂了,雖是那麼說然而有經過大難不怕小煩的話啊他那個人從前甚麼樣兒的難事都清清楚楚兒的辦完了,這些細故又算甚麼要緊的呢,也值得那麼憂愁麼。

談論篇百章之六十

你太沒有經過事怯極了,有話爲甚麼放在心裏,直去和他講明說開就完了,

談論篇百章之五十八

你[1]這麼冤他是甚麼道理人家恭恭敬敬的、在你跟前討個主意、知道就說知道、不知道就說不知道罷了、撒謊作甚麼、儻若把人家的事情躭誤了、倒像你有心害他似的、他若是個可惡的人也就不怪你這麼樣兒待他、我看他那個人很老實、一瞧就知道是個慢性子、別人若是這麼欺貧他、咱們還當攔勸呢、你反倒這樣兒的刻薄了、真真的我心裡過不去。兄[2]台、你原來不知道、可要叫他誆哄了啊、那宗東西、外面皮兒雖像愚蠢、心裏却不得他那性情險惡之極、你沒試過、就不知道他的壞處兒了、法子多、圈套兒大、慣會和人討憑據、不論甚麼事、預先拏話勾引你、把你的主意套了去、然後遠遠兒的觀望着聽你的空子、稍微有點兒破綻跟進去、就給你一個兜屁股將兄台你想這個事情原有關礙我的地方兒啊、若是把徹底子的主意告訴他、如何使得呢、你這麼怪我、我不委屈麼。

長兒的勸他呢後來知道他的皮氣不能改了不是有出息兒的東西何必白勞骨乏舌的勸他呢。

談論篇百章之五十七

兒[1]台你聽見了麼話頭話尾的都是刻薄我穿的贗舊。[2]不是我誇口他呀還算是小孩子呢能彀懂得甚麼這也不是他們知道的事情啊新衣裳是偶然有事情穿的罷咧我這不過家常穿的舊些兒何妨呢漢子家沒有本事該當羞罷咧穿的有甚麼關係呢即如我雖不穿好的心裏頭却比那穿好的還寬綽。[3]甚麼緣故呢不求告人不欠債這就沒有可恥的地方兒若像他們這種年輕的人兒們我眼角兒裡也沒有他、只知道穿鮮明衣裳搖搖擺擺的竟充體面能知道學漢子的本事麼若像他們這個樣兒的就是叫綢緞裹到底兒又有甚麼奇處兒呢。[4]最下賤沒眼珠兒的人們混說他體面巴結他們罷咧若是我說他們不過是個掛衣裳的架子。

談論篇百章之五十六

他那個動作兒是個甚麼樣兒呢、在人家跟前兒說話、結結巴巴的、怎麼問、怎麼答、都不知道畏首畏尾的、怎麼進、怎麼退、也不懂得醒着倒像人家睡着了一樣的、白充個人數兒糊裡糊塗的、怎麼長來着呢、你們相好啊、略指教指教他、也就好了。這個人、你納沒在一塊兒長來往、還沒這個可笑的事還多呢、和他一處兒坐下、說起話兒來、正說着這個忽然想起別的來、就說那個、不然就搭拉着嘴骨不錯眼珠兒的聽着你、猛然間又說出一句無頭無尾的獸話來、叫人笑斷了肚腸子啊、前兒瞧我去來着、後來臨走的時候兒不往前直走、轉過脊梁來倒退着走、我說兒台小心門檻子、話沒說完、絆住腳了、身子往後一歪、仰着面兒跌了去咯、我急忙趕上扶住、幾幾乎沒跌倒、我還長

的意見、不如趁這個空兒、趕緊請一位名師教他念書、漸漸兒的知識開了、明白了、世務的時候兒、自然而然的就敉好了、又愁甚麼沒出息呢。

着的老虎哄起來了自找喫虧這有甚麼趣兒呢俗語兒說的有拐棍兒不跌跤有商量兒不失着光你一個人兒的見識能彀到那兒任憑怎麼樣我總比你長幾歲這一層若果然是該行的就是你心裏不願意去我還該提撥着你催着你叫你去呢豈有倒攔着你的情理麼。

談論篇百章之五十五

你¹怎麼這麼樣兒不穩重若是體體面面兒坐着誰說你是木雕泥塑的廢物麼你若不言不語的誰說你是啞吧麼倒像在人跟前兒故意兒鬭笑兒似的惹了這個又招那個有甚麼樂處兒呢你自己不覺罷咯傍邊兒的人都受不得了多暗遇見一個利害人喫了虧的時候兒你纔知道有關係呢。老弟²你令兒的話實在是不錯頑笑是辯嘴的由頭久而久之生出甚麼好事來呀若是傍不相干兒的人肯這麼說得關切麼你寡長了身量歲數兒還早呢務必要留心改了啊。咱們³沒有從那個時候過過麼正是貪頑兒的時候兒呀我

談論篇百章之五十四

望礙麼、他們議論他、連咱們也稍上了、你不攔着反倒隨着他們的口氣兒說、這是甚麼意思、我心裏真有點兒不服。不是那麼着若有話從從容容兒的說、你這麼急繃繃的難道就算完了事咯麼、你看這兒在坐的人、都是為你的事情來的、你只管這麼怒氣冲冲的、倒像要把誰攆出去的似的、這些人怎麼好意思坐着呢、要走罷又恐怕你臉上下不來、若在這兒多坐會兒、你又山嚷怪叫的叫喊、這就叫人進退兩難了啊、以後朋友們還怎麼和你來往呢。

看起你來只就是嘴能幹外面兒雖像明白心裏却不燎亮、他不尋噴你來就是你的便宜、你可惹他作甚麼好話總不聽、倒像神鬼指使的一個樣強拗着去了、到底碰了釘子回來咯。那該死的你說他是誰、了不得有名兒的利害人啊、從不給人留分兒、與他不相干的事還可以咯、有一點兒妨碍他的地方兒、不拘是誰、憂着勁兒必要站住理、得了便宜纔歇手。這不是咯、到底把臥

PART VI THE HUNDRED LESSONS. T'an Lun P'ien. 52—54.

談論篇百章之五十三

不是看財奴有愛惜銀錢不愛惜身子的理麼、都因為前年我喫錯了藥幾幾乎沒有喪了命、到今兒想起來心裏還跳呢。如今的醫生好的雖有、百裏也不過挑一其餘的只知道擇銀子錢他那兒管人家的性命死活呢。你若不信、請一個醫生來試一試藥性他還不定懂得了沒有、就大着膽子給人家治病、慌慌張張的來到家裏說是診脈其實不過使指頭混摩一囘胡哩嗎哩、開個藥方兒拏上馬錢去了、若是好了、算是他的力量兒、若是不好、說是你的命定與他毫不相干。我這個病我不知道麼與其喫各樣兒的藥不見效不如自己靜靜兒的養着倒好。

別[1]人說他與你何干呢、怎麼我這麼勸你越勸越生氣哎太急燥了罷等客散了、再說罷、必定此刻要分辨明白麼。兄[2]台你說得這個話我心裏竟聽不進去、咱們是一個船兒上的人哪、這個事也與你有點兒牽連、難道沒有一點兒得下誰呢。話沒說完眼淚直流下來好傷心哪就是鐵石的人聽了他的那個話也沒有不慘得慌的。

談論篇百章之五十一

人若是不該死自然而然的有救星兒他那一夜病得很沉重昏過去了等了好一會子纔甦醒過來我嘴裏雖然是安慰老人家說請放心無妨無妨心裏實在是沒指望兒了。誰想那老人家的福氣大病人的造化好到了第二天另請了一個大夫治了治眼看着一天比一天的好了。前兒我去看他見他的身子雖然沒有還元兒臉上的氣色兒可轉過來了也略長了點兒肉了在那兒靠着枕頭喫東西呢我說好啊大喜咯這一場病可不輕雖然沒死也脫了一層皮呀。他和我笑嘻嘻的說托着大家的福如今出了災咯可大好了。

談論篇百章之五十二

你勸我喫藥何曾不是好話但只是我另有一個心思若果然該當服藥我又

談論篇百章之五十

這麼惦記我麼我也沒有甚麼說的只是記在心裏等着病好了再磕頭道謝罷。他[3]嘴裏雖然是這麼說身子可露出扎掙不住的憛兒來了。我們[4]就說老弟你是個很聰明的人不用我們多說好好兒的養着身子快好了罷我們得空兒再來瞧你說完就囬來了。

夏天[1]的時候兒他還可以扎掙着走來走近來這些日子添了病竟軃下了閫家子亂亂烘烘的沒主意老家兒們愁得都瘦了。那[2]一天我去瞧他見他瘦得不成樣兒了。在炕上倒氣兒呢我慢慢兒的走到他跟前兒說你如今好了些兒麼。他[3]睜開眼瞧見我把我的手緊緊的攬住說哎我的病到這個分兒上大料是不能好了我不知道麼自從有病那個大夫沒治過甚麼樣兒的藥沒喫過纔好了一好兒又重落了這是我命該如此我並不委屈但只惦記父母上了年紀兄弟又小再者親戚骨肉都在這兒我能撂

談論篇百章之四十九

他本是個弱身子，又不知道保養，過貪酒色，所以氣血虧損了。如今的病很延纏，昨兒我們去瞧的時候兒，他還扎掙着來到上房和我們說這懍兒的熱纔覺着鬆快些兒。停住食了就服了一劑打藥把內裏所有好啊歹的東西都打下來了，這心裏一懍又搭上害耳朶底子疼得連頭煩都腫了，飲食無味，坐臥不安。我想是更天纔醒不知道是怎麽着了點兒凉，覺着腹中膨悶，渾身發燒，就像火烤的糊塗了沒法子，等到客一散，就抓了個枕頭，穿着渾身的衣裳睡着了，直到四扎掙着還在那兒陪着坐，哎眼睛却十分受不得了，眼皮子也搭拉了，心裏也只因親戚們普裏普兒的都在這兒會齊兒，我怎麽撂下去睡呢，身子雖然强

天氣常勞動兒台們來瞧太勞乏了，我實在不敢當又不住的送東西過於費心，我十分感情不盡總還是親戚們關心想着我，若是傍不相干兒的人能殼

PART VI. THE HUNDRED LESSONS 47 — 49.

談論篇百章之四十七

我看你酒上很親一時也離不開貪得過逾了每逢喝酒必要喝得很醉到站不住腳兒的時候兒纔算了這不是好事啊少喝點兒不好麼。若是赴席有喜事呢多喝點兒還無妨若不論有事沒事只管擎着盅子不離嘴的喝生出甚麼好事來呀不過是討女人兒子厭煩在長輩兒們跟前得不輕着貽誤了要緊的事情重着要惹出大禍來咯若說是藉着酒學了本事長了才幹成了正經事情的叫人家敬重那個可少啊。總而言之酒就是亂性傷身子的毒藥任着意兒喝萬萬使不得你若不信照着鏡子瞧一瞧鼻子臉都叫酒糟透了你又不是平常的人兒不分晝夜的這麼喝這不是自己害了自己麼的作甚麼總是不賭錢纔好我必定打聽作甚麼呢。

談論篇百章之四十八

我這幾天有事一連熬了兩夜渾身很乏沒有勁兒。

昨兒晚上要早睡來着

談論篇百章之四十六

哎老弟你怎麼咯咱們纔隔了幾天哪這麼快鬍子都白咯露出老樣兒來了、你別怪我嘴直聽見說你如今上了要錢場兒了、還該下許多的賬若果然是那麼着、不是玩兒的呀、得略收收兒纔好哪。這都是沒影兒的話胡編造的你納若不信請細細兒的打聽打聽就知道了。哎說的是甚麼話呢、自己行的自己不知道麼看起朋友們議論你來想必你是有點兒罷咧這要錢有甚麼捆兒若是陷進去了、那是個底兒、就是不犯王法也是連一個大錢贜不下、都是家業弄個精光的、纔撂開手這樣兒的事情我眼裏見的耳朵裏聽的雖不多也有了百數個咯、咱們是知己的朋友旣知道了若是不勸要相好

PART VI. THE HUNDRED LESSONS. T'an-Lun P'ien. 44 — 46.　　179

今以後叫他很很心戒了酒罷俗語兒說的主子管奴才靴子裏摸襪子他能躱到那兒去啊敓呢更好若是不敓仍舊還是這麼往醉裏喝那時候兒台重重的責罰他我就是再遇見也不管求情了。

老弟你不知道他是生來不成器的東西若說喝酒就捨了命比他老子的血還親今兒饒了他我保他不能改至多一兩天不喝罷咧過了後兒必定還是照着樣兒喝。

談論篇百章之四十五

兒台你怎麼咯臉上刷白的冷孤丁的就瘦成這個樣兒了。老弟你不知道因爲這幾天淘溝的味兒很不好又搭着天氣乍涼乍熱的沒準兒故此人都不能保養身子前兒喫早飯的時候兒就很涼來着一會兒的時候兒又熱起來了人人都受不得我炮燥的出了一身透汗脫了袍子要涼快涼快又喝了碗涼茶立刻就頭疼起來了鼻子也傷了風咯嚓子也啞了身子像坐在雲彩上的一樣暈暈忽忽的不舒服。

不獨你是那樣兒我的身子也不爽快懶怠

回來、那猴兒們正吵嚷呢、我咳嗽了一聲走進來、一齊都住了聲咯、賊眉鼠眼的使眼色兒一個個的躱避着走咯。今兒早起剛起來、該殺的們都來咯、直橛兒的跪着說奴才們該死求的磕頭、這樣兒的哀求我的氣纔略平了些兒、我說你們怎麼咯不好好兒的肉癢癢了罷、必定叫我打一頓、有甚麼便宜呢、從今兒以後再要這麼着、小心你們那皮肉、若不結結實實的打你們、也不知道怕呀。說完、都喳的一聲、答應着出去了。

談論篇百章之四十四

老[1]弟、你瞧他今兒又醉了、喝得成了泥咯、站都站不住了、我問他那個事情、你告訴人家沒有、他前仰兒後合的直瞪着兩眼、一聲兒不言語、又不是聾子啞吧、爲甚麽不答言兒、今兒若不把這個該殺的痛痛快快的責罰他一頓、我就起個誓。兄[2]台罷喲、他想是忘了、沒有去他的不是、他不知道麽、因爲這個心裏害怕、不敢答言兒、今兒旣然是我在這兒、看着我的面上、饒過這一次罷、從

PART VI THE HUNDRED LESSONS. T'an Lun P'ien. 32—44.

兒的哄着叫他喜歡呢、必定討他的厭煩作甚麼。

談論篇百章之四十二

你[1]看這種賤貨竟不是個人哪、長得活脫兒的像他老子一個樣、越瞧越討人嫌。不[2]論是到那兒、兩隻眼睛擠顧擠顧的、任甚麼兒巴巴的實在是漚人。正經[3]事情上絲毫不中用、若是陶氣很能一點兒空兒不給、常叫他在跟前兒服侍還好些、若不然就陶氣的了不得、真是個閙事、真得把他打死了纔解恨、過了氣兒又一想、可怎麼樣呢、當真的打殺他罷、又精摺下這個挈起那個猴兒似的一樣、唧叮咕咚的不安靜。我[4]若是氣上來、怪不忍得、而且是家生子兒、火棍兒短、強如手撥咯、遇着我有一點兒得項、或是有點兒喫喝兒的地方兒、倒偏疼他些兒。

談論篇百章之四十三

昨[1]兒個、我往別處兒去的時候兒、這賤奴才們、就任着意兒辯嘴吵鬧、趕到我雀兒、繞一倒手嗻嚕的一聲飛咯、我趕緊關上門、剛拏住又挣脫了、滿屋子裏正趕着拏的時候兒、小孩子們聽見說拏住雀兒了、一齊都來咯、趕的拏的拏、有一個小孩子使帽子扣住了。後來我說哎、人家還買雀兒放生呢、你拏他作甚麼、放了罷、他一定不肯、打着墜轂轆兒的要、沒法兒、給了他咯、他繞跳跳鑽鑽的喜歡着去了。

談論篇百章之四十一

兒台、你納罷、這種樣兒的壞孩子可有麼、別人這樣兒那樣兒的勸他、不過是要他好、恐怕他學壞了的意思、人都是這樣兒、往正經本事上學很難、若往壞處兒學就很容易。到如今我就是說破了嘴、他也不肯聽、反到無精打彩的噘着嘴、撆着臉子、剛繞我心裏實在受不得、動了氣、很很的打了他一頓。他臉上一紅和我說、只是找我的錯縫子、作甚麼、眼淚汪汪的走了、眞是個糊塗沒造化的人哪。俗語兒說的、良藥苦口忠言逆耳、若不是一家兒、我巴不得

PART VI THE HUNDRED LESSONS T'an Lun P'ien. 39—41.

的一個樣兒把咱們過去的事倒像誰告訴他的算得極真說得準對咱們的人們去的很多整天家接連不斷的命棚裏都擠滿了有這樣兒的高明人咱們何不也叫他瞧瞧去。我早已知道了我的朋友這幾天都去過前兒我也到了那兒把我的八字兒叫他瞧了瞧爹母屬甚麼兄弟有幾個女人姓甚麼多僻得的官件件兒都算得正對絲毫也不錯的我想過去的事情雖然都應了，但只未來的事怕未必能應他的話罷。雖然話是這麼說咱們那兒花不了這幾百錢呢與其在家裏白坐着不如去逛一逛只當解個悶兒又有何不可呢。

談論篇百章之四十

我告訴你個笑話兒剛纔我一個人兒這兒坐着看見窗戶檔兒上落着一個雀兒老爺兒照着他的影兒一跳一跳的。我慢慢兒的捻手捻腳兒的走到跟前兒隔着窗戶紙兒一抓把窗戶抓了個大窟窿恰好抓住了一看是個家

談論篇百章之三十八

兄台、你那盤誦珠兒、我說要拏去、到底沒有拏了去。甚麼緣故呢。我遭兒來了、你都沒在家、沒見你、舍糊着拏你的東西去、有這個理麼、因爲這麼着、我今兒特來見你告訴了、我好拏了去、你要甚麼東西、合着你的意思、我買了來補你的情、就是鋪子裏沒有賣的、我也必定想着法子各處兒尋了來給你、你心下如何。索性你頭裏拏了去、倒好了。怎麼咯。丢咯。嗐、可惜了兒的、菩提誦珠兒雖多、像那個樣兒的、却很少啊、天天的拏來拏去、汗漚透了、很光滑了、不拏的時候兒、該收在櫃子裏就好了。哎、也是該丢、上月我往園子裏去、在排牏兒上掛着、忘了沒收回來一找、那兒還有呢、連踪影兒都不見了、不知道叫誰偷了去咯。

談論篇百章之三十九

兄台、你可聽見麼、新近城外頭、來了一個算命的、都說是很靈、就像神仙轉世

PART VI. THE HUNDRED LESSONS 36—39.

談論篇百章之三十七

你們對過兒的那所房子如何。你[2]問他作甚麼。我[3]有個朋友要買。那[4]個房子住不得,很凶底根兒是我們家兄住着來着,地勢很好,門面房七間,到底兒五層,住着很合像,又乾淨後來到了我姪兒的手裏,說廂房夥爛了,從新蓋了蓋,忽然鬼啊怪的,作起祟來了,起初鬧的還好些兒久而久之的,白日裏出了聲兒咯,後來就顯了形兒了,家裏的女人們,動不動兒的就撞磕着嚇的了性命兒的都有,跳神也枉然,送祟也沒法兒,賤賤的價兒就賣了。兄[5]台你知道麼這都是運氣不好的緣故,若是時運旺的時候兒,就有邪祟他也躱避着,不能害人,但是我那個朋友膽兒很小,我把這個打聽的實話告訴他就完了,買不買由他罷。

的話啊,今兒降在這兒了,忙斟了一鍾酒,禱告着,祭奠了祭奠那所着的酒立刻都滅了。這[5]是我親見的事情,你們說怪不怪。

戶裏跳出去了。我那朋友心裏暗想着若果然是鬼有拏衣裳的理麽正想着的時候兒那個該殺的叉進來了我那朋友就猛然起來拏着把腰刀把他研了一下兒那個東西哎呀了一聲倒在地下了。叫了家下人來點上鐙一照很可笑原來是個賊爲偷東西故意兒的粧成鬼來嚇人來咯。

談論篇百章之三十六

兒台們提起話兒來就說鬼我也告訴你們一件怪事你們說的都是在古兒詞上看下來的我這個是我親自經過的。那一年我們出城閒逛囬來的時候看見道傍邊兒有座大墳院房屋牆垣都破爛了歪的歪倒的倒那裏頭各樣兒的樹木長得可是很深密。我們說這個地方兒很涼快咱們進去略歇一歇兒把帶着的果子茶放下就在墳前坐着喫喝起來了正喫喝着的時候兒鍾子裏所斟的酒忽然自己焫焫的都着了。衆人看見都嚇愣了剛要躱着走我一個叔叔忙攔手兒說站住你們別怕頭裏時候兒有給鄂博留謝儀有個掛子的名兒就是咯毛稍兒也壞了顏色兒也變了反穿不得了。若是[10]那們樣等關了俸的時候兒再買件好的就是咯。哎[11]我是過了時的人了還講究甚麼樣兒呢但只煖和就是了，你們是年輕的人兒們正在往上巴結的時候兒遇着朝會的日子穿件好的打扮打扮是該當的我若是穿了好的不但不得樣兒而且不舒服況且我們武職差使上也用不着好衣裳索性穿舊的破的倒和我們很對勁兒。

談論篇百章之三十五

我有個朋友，膽子很大，夏天的時候兒黑下搭着窗戶睡正睡着了覺着耳朵裏聽見有響聲兒睜開眼一瞧，大月亮底下，有一個怪物臉似黃紙眼睛裏流血渾身雪白頭髮蓬鬆着一跳一跳的前來。我那朋友在睡夢中驚醒忽然看見嚇了一大跳心裏說哎呀這就是鬼罷悄悄兒的瞧着看他怎麼樣。那[3]鬼跳了不久的工夫兒就開開了立櫃挐出許多衣裳來挾在胳肢窩裏從窗

談論篇百章之三十四

好又伶便那種好的就是英雄少年們繫上撒袋騎着像飛鷹一般眞可觀你這馬是甚麼口也老了下巴都搭拉了腿也頓肯打前失況且你的身子又笨與你不大相宜呀。哎可怎麼樣呢如今已經買定了只得將就着養活罷咧我並沒有緊差使又沒有甚麼遠差使但是老實就和我對勁兒究竟比步行兒強啊。

這件貂鼠褂子是在鋪子裏買的麼。不是鋪子裏的是廟上買的。多少銀子買的。你猜一猜。這件至不濟也值三百兩銀子。我從二百兩上添起添到二百五十兩他就賣了。怎麼這麼賤哪我想從前像這樣兒的至平常也得五百兩銀子你看這一件顏色兒黑毛道兒厚又平正而且風毛出得齊截面子的緞子又厚花樣兒也新鮮又合如今的時樣兒就是比着你的身子做也不過這麼樣罷咧。我記得你納也有一件來着。哎我那個算甚麼白

PART VI THE HUNDRED LESSONS. T'an Lun P'ien. 32—34.

談論篇百章之三十三

不如在那兒帶了來有減半兒的便宜呢。
你納槽上拴着好幾匹馬買豆子餧是該當的與其在咱們這兒買的價兒貴
石來用多少銀子算明白了告訴我我照着原買的價兒給你。是[16]啊我看見
眞[13]麼。可[14]不是眞麼。若[15]是這麼着你再打發人去的時候兒請替我買幾
說別的黑豆的價兒就十分便宜十來個錢一升這有許多年沒有這麼賤了。
了。這[11]奇怪咯他們不是先說潦了又說旱了麼。那[12]都是謠言信不得的別
河麼。不[8]是是渾河那塊兒。今[9]年那兒的莊稼好不好。好[10]得很十分收成

若[1]買就買匹好馬拴着看也有趣兒費草費料的拴着這麼匹儳頭馬作甚麼。
兒[2]台不知道這匹馬昨兒牽了來我就拉到城外頭試過了可以騎得顚得
穩跑得又快射馬箭一點兒張裏的毛病兒都沒有又隨手又安當。看[3]起這
個來你原來不認得馬若是好馬骰子必定結實耐得勞苦圍場上又熟檫兒

子還短點兒俗語兒說上山擒虎易開口告人難的話我今兒纔信了捡着臉兒各處兒借總沒借着沒法兒找兄台來了或銀子或當頭求你納借給我點兒等我回來的時候兒本利一併奉還幸虧你來得早若略遲些兒就趕不上了方纔屯裏拏了幾兩銀子來還沒用呢你拏一半兒去使等喝了茶我再稱給我問你你這不是初次出門麼。是。我告訴你些個話出遠門兒的道理處朋友們以和爲貴待底下的官人們不必分內外都是一樣兒的疼愛就有可以弄銀子錢的地方兒也該想着臉面要緊別手長了若是亂來於聲名上大有關係呀。兄台說的都是金玉良言兄弟永遠記着就是咯。

談論篇百章之三十二

老弟是幾兒打屯裏來的。我到了好些日子了。老弟來了我總沒聽見說若是聽見也早來瞧你來了。咱們住的地方兒寫遠你納又是官身子那裏聽得見呢。我問你你們的地在那兒。在霸州所屬的地方兒。挨着琉璃

談論篇百章之三十

今兒有誰來過麼。你納出去之後有倆人來、說是你納陞了官道喜來了。誰出去答應的。我在門口兒站着來着、說你納沒在家老爺們請到裏頭坐罷、他們不肯進來囘去了。都是甚麼樣兒呢。一個是胖子比你納略高些兒四方臉兒連鬢鬍子暴子眼兒紫糖色兒那一個眞可笑臟得看不得一隻眼、還是斜着又是燒稠麻子滿下巴的捲毛鬍子咬着舌兒望我一說話我差一點兒沒有噗哧的笑了。那個胖子我知道了這一個可是誰呢。我問他們的姓來着每人都留下了個職名等我挈來給你納看。哎呀這猴兒從那兒來你們別把他看輕了相貌雖然長得歪歪扭扭的筆底下很好心裏也有韜略兒是早已出了名的人了題起他來誰不知道呢。

談論篇百章之三十一

你還沒起身麼。早晚兒就要起身了、馱子行李都整理妥當了、只是盤纏銀

談論篇百章之二十九

人生百歲不過一眨眼兒的光景把銀子錢結結實實的收着作甚麼我想這個浮生如夢的身子能殼樂幾天兒呢一恍兒就不中用了不如趁着沒有老喫點兒穿點兒若到了筋骨硬的時候兒穿呢也不成樣兒喫呢也不得味兒聽着孩子們的下巴頦兒過日子有甚麼趣兒啊只是別過逾了就是咯算計着所得的分兒樂一樂也很使得呀。這個話你是知道我的事情說的呀還是糊摸着說的呢我果然是銀錢富富餘餘的樂也是應當的只是不像別人有銀錢有產業叫我拏甚麼樂呢叫我借了債穿哪還是賣了房子喫呢若是依你這個話行錢財兒花盡了的時候兒歎口氣就死了縱好萬一不死還有氣兒活着可怎麼樣兒過呢到那時候兒就是我求你你還理我麼。

衣惜食得食你的福田能有多大呢若是這麼樣兒的不會過隄防着日子久了自己捱上了餓那時候兒縱後悔也就遲了啊。

PART VI. THE HUNDRED LESSONS. T'an-Lun P'ien. 27—29.

談論篇百章之二十八

從容容的使刀一架、我們家兒的鎗尖兒齊各碴兒的斷了一截兒去了、趕着就抽鎗沒抽迭瘸子的刀早已放在脖子上了、我們家兒要躲叫他夾着脖子一摔摞出好遠的去了。因爲這麼着他很沒趣兒、我也再不學了、看起這個來、天下的能人還少麼。

哎[1]你太奢侈了、各樣兒的東西上、必得愛惜儉省纔是過日子的道理呀、我若不說你、我又忍不住、若是把喫不了的飯給家下人們喫、那不好麼、你竟任着意兒倒在溝眼裏、是爲甚麼呢、心裏也安穩麼。你這個人[2]只知道喫飯並不知道米的艱難種地的拉摞的、受的都是甚麼樣兒的辛苦、纔到得這兒、就是一個米粒兒也不是容易得的啊。况且[3]咱們不能像那些個財主人家兒喫着這個想着那個、有的是現成的銀子錢、嘴有甚麼捆兒呢、喫有甚麼盡頭兒呢、若是這麼慣了、不但折福、而且要破家呀。

有年紀兒[4]的人們常說惜衣得

兒尚且不着急你先這麼催逼着這是個甚麼道理啊。不論甚麼事情總要詳細了又詳細得了正經主意纔可以告訴人若像你們糊裏麻裏的不得准兒就說了，可以使得麼。我生來的性兒就是難纏若是事情沒得實兒強壓着頭叫我行，我斷不肯若信我的話就叫他等着儻若不信叫他求別人兒去辦罷咧誰攔着他呢。

談論篇百章之二十七

你不知道這種好強都是年輕血氣旺的緣故等着奧過幾次虧自然而然的就心灰了。我這個人從前最好打把勢天天兒演習後來歇手是為甚麼呢我們家兄也好動勁兒慣使的是鎗就有十幾個人兒也到不了他跟前兒這樣兒的本事。這一日在我舅舅家還遇見了一個瘸子會要刀他們倆說要試一試本事各自拏了各自的兵器。我們家兄心裏那兒有他呢拏起鎗來直往他心口上就是一扎那個瘸子一點兒也不忙從

PART VI. THE HUNDRED LESSONS 24—27.

兒走嘴裏雖然跟你好背地裏害得你很不輕人若是落在他的圈套兒裏就是一個仰面的勛斗在他手裏坑害的人可不少了屈着指頭兒算不清啊故此朋友們提起他來都說是可怕沒有不頭疼的。這就是俗語兒說的人心隔肚皮知人面不知心的話兒是特為這種人們說的咯。我還算是僥倖若不留心遠着他必定也受了他的籠絡。

談論篇百章之二十五

哎你的性子也太疲了若是不能的事情就罷了既然應承了又不趕緊的辦只是給人家就擱着是甚麽意思呢若像這麽樣兒的行事朋友們還怎麽信你的話呢。想來你是自己不覺罷了我實在替你害羞與其這麽顛頂着索性把實在的光景告訴人家他也好歇了心另外打算哪。

談論篇百章之二十六

這是甚麽話呢論事情還沒有影兒呢就略遲些兒也不要緊正經事情的主

談論篇百章之二十四

起初我見他的時候兒待人兒很親熱又很爽快相貌又體面漢仗兒又魁偉伶牙利齒的真會說話兒我看着很羨慕他心裏說怎麼能和他相與相與纔好不住口兒的誇獎他。後來交上了一塊兒常混混細細兒考較他所行所為的事情原來不是個正經人虛架子弄空的而且心裏又陰險不給人好道

就罷了我在老遠的就看見了有騎着的理麼。咱們許久沒見了我進去略坐一坐兒哎呀栽了許多的花兒了麼又養着許多金魚兒山子石兒堆得也好心思用得很巧層層都有樣兒這個書房實在乾淨怎麼瞧怎麼入眼正是咱們念書的地方兒。自己沒有甚麼朋友一個人兒念書很冷清。你作伴兒來何如。若是那們着真是我的造化了我請還恐怕不來呢若果真來真是我的萬幸咯那兒還有厭煩的理呢。

兄台不到家裏坐麼。是啊好雖是好啊但只恨是我這有何難呢你若不厭煩我給

談論篇百章之二十二

我們倆底根兒相好而且又連了幾層親,如今許多年沒得見面兒了,我打出兵來,同就要找了他去,叙談叙談不想叫事情絆住,竟沒空兒去,到昨兒順便兒到他家一問,那兒的人說他搬了好久咯,現在小街兒西頭兒,扔灣兒住着呢。我照着告訴的話找了去一瞧,在儘溜頭兒嚋拉兒裏頭,繞找着了他的門兒關着呢,我叫了半天並沒人兒答應又敲着門兒大聲兒叫了好一會子,繞出來了一個走不動的老媽兒來了,他說主人沒在家別處兒去了,我說,等見我沒法兒,就在他們隔壁兒小鋪兒裏借了個筆硯把我瞧他去的話寫了個字兒留下了。

談論篇百章之二十三

兄台請騎着我失躲避了啊,乏乏的又下來作甚麽。甚麽話呢,若沒有看見得項的地方兒、他總不沾染、這正是合了積善之家必有餘慶的那句話了。

談論篇百章之二十一

咱們這些人裏頭、你還是外人兒麼、要瞧我、就一直進來、又何必先通報呢、既到了門口兒、怎麼又回去了呢、想必是我們家裡的人們說我不在家、你惱咯、是這個緣故不是啊、我若不說出緣故來、你怎麼知道呢。這一向咱們那羣孩子們、合着夥兒開了要錢場兒了、方纔來起誓發願的必定叫我去、我不得空兒、你是深知道的、一會兒一會兒的差使、如何能定呢、而且王法又很緊、若鬧出一件事來、把臉放在那兒啊。因爲這上頭、惱就由他惱罷、我到底沒去告訴家裡的人們、不拘誰來找我、答應不在家、想不到你來了、糊塗奴才們也照着懞兒答應不在家打發了去咯、總進來告訴我、我急忙差人去趕他囘來說沒趕上、叫我心裏很過意不去、實在我是不知道、你納千萬別計較。

居家過日子是一樸納心兒的勤儉父母跟前又孝順弟兄們跟前又親熱眞是沒有一點兒毛病兒況且待朋友們又很護衆不拘誰托他一件事他不應就罷了他若是點了頭必定替你盡力的辦不成不肯歇手因此誰不敬他誰不親近他。是啊他這樣兒的人豈有空過一生的理麼俗語兒說吉人天相天必降福啊。

談論篇百章之二十

那[1]個人哪是咱們舊街坊啊眼看着長大的孩子隔了能有幾天兒如今聽見說很出息了做了官了起初我還半信半疑的來着後來在朋友們跟前打聽果然是眞的看起這個來是有志者事竟成和有志不在年高這兩句話眞是不假啊。兄[2]台你的話雖然是這麼說也是他老家兒有陰功纔生出這樣兒成人的孩子來呢很樸實又艮善除了學馬步箭的工夫素常在家就是看書荒唐的道兒一步兒也不肯走况且公事上又很小心很勤謹至於有便宜有的地方兒逛、看見道傍邊兒、有一個金元寶。他們彼此對讓誰也不肯揀、仍撂下走咯。遇見一個莊稼漢就告訴他說那兒有個金元寶你去揀去罷。那個莊稼漢聽了這話趕忙着去到那兒一找並不見金子只見有一條兩頭兒蛇。嚇了一大跳連忙使鋤把蛇砍成兩截兒就追趕他們倆嚷着說我和你們有甚麼讎啊、把一條兩頭兒蛇告訴我說是金元寶差點兒沒要了我的命。他們倆不信、回去一看、仍舊是金子、只是砍成兩半兒咯。管仲鮑叔每人拏了一半兒走咯、那個莊稼漢還是空着手兒回去咯。古時候兒的人們相與的道理、是這個樣兒啊。這話雖是小說兒上的、寶在可以給如今見利忘義的人們、作個榜樣兒。

談論篇百章之十九

你打聽的、不是那位老弟麼。是啊。他是個囊中之錐不久就要出頭咯。

甚麼緣故呢。他生來得安靜學問淵博行動兒漢仗兒又出衆差使上又勤

PART VI. THE HUNDRED LESSONS 17—19.

談論篇百章之十七

弟[1]兄們是一個母親肚子裏生的小的時候兒在一塊兒喫一塊兒頑兒不分彼此何等樣兒親熱來着後來長大了漸漸兒的生分的緣故大約都是聽了妻妾的挑唆就爭家產或是聽了傍人離間的話各自各兒懷着異心的很多。就[2]是天天兒聽了這些讒言耳濡目染到心裏都裝滿了一時間不能忍以致於打架辯嘴就成了讎咯。也可以再娶弟兄們若是傷一個也該想一想產業沒了還可以再置女人死了比[4]方偶然鬧出一件禍事來那還得骨肉相關的弟兄們捨命巴結着搭救啊若是傍人恐怕連累着躲還躲不迭呢還肯替你出力麽。看[5]起這個來再沒有如同弟兄們親的咯人爲甚麼不細細兒的想想這些個呢。

談論篇百章之十八

若[1]說相與朋友應該學古時候兒的管仲鮑叔。他[2]們倆有一天在荒郊野外

談論篇百章之十六

行事還正派故此人家都服我願意給我出力啊。

養兒原為防備老為人子的應該想着父母的勞苦養活的恩就趁着父母在着拏好穿的好喫的孝敬他和顏悅色的叫老家兒喜歡。若是喫穿不管饑寒不問的像外人兒似的看待叫兩個老人家傷心生氣到了百年之後任憑你怎麼慟哭中甚麼用啊就算是你出於誠心誰信呢不過因為怕人家笑話假的罷咧就是供甚麼樣兒的珍饈美味誰見靈魂兒來受享了麼也還是活人兒饞揉罷咧死的人有甚麼益處啊。還有一種更不好的人說父母上了年紀兒了老輩晦了吵鬧着強要分家的說到這個塲處不由的叫人生氣傷心這種樣兒的人天地不容神鬼都是恨的焉能善終呢。你只靜靜兒的看着一眨眼兒的工夫兒他的子孫也就照着他的樣兒學了。

就像是他自己的一個樣兒、很着急必定儘着力兒搭救眞是一位厚道積福的老人家、故此我若是隔久了不去看一看心裏頭只是不過意。俗語兒說的一人有福托帶滿屋現在那家業兒足子孫興旺、都是他老人家行為好的報應啊。

談論篇百章之十五

啊衆位弟兄們可要小心這位老大人的才情敏捷有決斷、無論甚麼事情到手、就有條有理兒辦結略、而且心裏明白認得人、好歹瞞不過他的眼睛去又最憐愛人凡有勤謹體面少年的子弟們、到了挑缺應陞的時候兒、眞肯提拔保舉但是遇着差使上滑的面子上要獻勤兒討好、占便宜的這種人可小心着難免叫他摰住若是叫他楞着了斷沒有輕放過去的。你們的話雖是這麼說弟兄們天天兒眼巴巴兒的盼着要仗着我成人我若是應保舉的不保舉、應約束的不約束怎麼還能賞功罰罪呢我是生成的心直口快想來說話、當差行走的、只看各自的機會時運、若平常樣樣兒總不着、不論甚麼事、眼看着要成、偏會生出杈兒來、有一種彩頭好走好運的人、眞是沒有不照着他所思所算的、爽爽利利兒隨了心的眼聽着就是優等高陞。你納是這麼說、我心裏却不然、只論巴結不巴結、就是咯、若是素餐尸位的、整年家不行走還該當革退呢、再指望陞官、能彀麼、當差的人、第一要勤謹、朋友們裏頭要和氣、別各別另樣的、别不隨羣兒、有事不攣人、不論甚麼差使、一樸納心兒的辦、勇往向前行了去、必定是在高等兒上、有不得的道理麼。

談論篇百章之十四

這姓張的待人很冷淡、我認得一個有了年紀兒的人、却不是這樣兒、見了人很親熱、若是坐在一處兒、論起學問來、很喜歡講今比古的、接連不斷、整天家說也不乏。若是遇見年輕的人兒們了、他和顏悅色的、往好處兒引誘該指撥的地方兒、指撥該教導的地方兒、教導、最仁愛、又最護衆、見了人家有苦處、

PART VI THE HUNDRED LESSONS T'an Lun P'ien. 12—14.

茶也沒喝、請呀、改日再見、到家裡都替我問好罷。

談論篇百章之十二

兄[1]台、恭喜咯、說放章京揀選上了。是[2]啊、昨兒揀選的、把我擬了正了。擬陪的是誰啊。你[4]不認得、是一個前鋒校。他[5]有兵麼。沒[6]有兵、寡有圍。我[7]替你納算計熟咯、一定要戴孔雀翎子咯。別過獎咧、我有甚麼奇處兒、比我好的多着的呢、一定指望着使得麼、不過是託着祖宗的福蔭、徽倖掾着、也定不得。這[9]是太謙了、你納是甚麼時候兒的人、若論起來、和你納一塊兒行走的朋友、都作了大人咯、在你納後頭年輕的人兒們、也都陞了、若論你納的差使、出過兵、受過傷、現在又是十五善射、你納說旗下強過你納的是誰、我知道了、想是怕我來喝喜酒啊。喝[10]酒有甚麼呢、果然若得了、別說是酒合着你納的意思、我請你納。

談論篇百章之十三

談論篇百章之十一

兄台新喜啊。好說大家同喜啊。兄台請坐。做甚麼。給兄台拜年哪。

甚麼話呢。老兄長啊、是該當磕頭的。

日子啊、請起請上坐、這現成兒的羹餃子請喫幾個罷。我在家裡喫了出來的呀在你納家、我還作客麼不敢撒謊。那們就沏茶來。我不喝。怎麼。眞

的。喫得那麼飽麼年輕的人兒纔喫了就餓啊、若不喫想必是粧假罷。

我還要到別處兒去呢、該去的地方兒多太去晚了人都犯思量兒、兄台請喫罷。

別送看帶了味兒去。那兒有這個理不出房門兒使得麼吱來了空空的、連

沒有若不是的地方兒、請撥正撥正。你射的步箭有甚麼說得呢、早晚兒要仗着大拇指頭戴翎子咯、憐兒又好又很熟撒得又乾淨人若都能像你、還說甚麼呢、但只是弓還略頓些兒前手略有一點兒定不住把這幾處兒毛病兒若改了、不拘到那兒去射一定出衆、有誰能壓得下你去呢。

談論篇百章之十

回來的時候兒把他捆上重重兒的打一頓纔好不然慣了他就更不堪了。

回來呢、若差人迎他去罷又恐怕走岔了道兒。

一定是往那個熱鬧地方兒頑兒去咯、若不嚴嚴兒的管教、斷斷使不得、等他

回來必不依你呀、他反倒說我們告訴得糊塗不明白、抱怨着去了、至今還沒

他只拏了三套來、我們說他、你爲甚麼漏下了一套、若不趕着取去了、那一部書不是四套麼、

打發那小孩子取去了、我們先叫他去、他肯聽我們的話麼、有要沒緊兒的

就攔時候兒後來我說有兄台的話、他纔趕忙着去了、

這種樣兒的滑東西、也有麼

射步箭是咱們滿洲人最要緊的事、看着容易、做着難、就是黑下白日的長拉

抱着弓睡的都有、若拉到出類拔萃的好、能出了名的、有幾個。難處在那兒

呢。身子要正、髈子要平、一身要很自然、沒有毛病兒、還又搭着弓硬箭出去

的有勁兒、再箭兒中繩算得是好呢。

兄台、你納看我射箭、比從前出息了

你快補名字罷別錯過了機會啊。

談論篇百章之八

你看小說兒這種書若是看書看通鑑可以長學問記得古來的事情以好的為法以不好的為戒於身心大有益處啊。至於看小說兒古兒詞都是人編的沒影兒的瞎話就是整千本兒的看了有甚麼益處呢。有一種人還皮着臉兒念給人家聽呢從前那一國誰和誰打過幾次仗這個拏刀砍那個使斧架這個又拏鎗扎那個又使棍搪若說是敗了請了來的都是雲裏來霧裏去的神仙剪草為馬撒豆兒成兵的。明明兒的是謊話那糊塗人們當成真事還獸頭獸腦有滋有味兒的聽呢有見識的人看見不但笑話而且懶怠瞧。

你往這上頭用心做甚麼。

談論篇百章之九

那個書取了來咯沒有。 取去了還沒拏來呢。 使喚誰去的至今還沒來麼。

談論篇百章之七

你¹是明白漢字的人哪、要學繙譯很容易、只是專心別隔斷了、挨着次兒的學兩三年的工夫兒、自然就有頭緒兒了、若是三日打魚兩日曬網的、就念到二十年也是枉然。兒²台、照照我的繙譯、求你納略改一改。你³學得大有長進了、句句兒順當、字字兒清楚、沒有一點兒肮髒兒、若是可以操必勝之權、這一次考筆帖式遞了名字沒有。若⁴是考得很好、只怕秀才未必准考罷。這⁵是那兒的話呢、像你這樣兒的八旗都許考、獨不准你考的理有麼、況且義學生、還准考呢、秀才倒不准咧、因爲准考、你姪兒這個空兒、纔趕着學滿洲書呢、

可怎麼樣兒呢。
錯縫子、譬如我當了差使回來、賸下的空兒歇歇兒、那不好麼、只是和你們這個那個的、爲甚麼呢、不過因爲是骨肉叫你們出息成人的意思啊。我⁵如今也沒法兒了、只好盡心的教導完我的責任就是了、聽不聽隨你們罷咧、叫我

談論篇百章之六

今兒早起背他們的書一個比一個的生哼啊哼的張着嘴瞪着眼只是站着。看他們這麼着我說且住了聽我的話你們旣然是念滿洲書就該一樸納心兒的學像這麼樣兒的充數兒沽虛名多僣是個了手啊不但你們是虛度日月連我也是白費了勁兒咯這是你們自己悞了自己咯還是我悞了你們咯呢。已經長成了大漢子的說着也是這個樣耳朶雖然聽了並不放在心上太皮臉了罷把我說的苦口良言全當成了耳傍風咯。別說我找你們的

量敎我們的是誰啊是師傅麼不是呀是我的一個族兄所有敎的都是我們一家兒的子弟再者就是親戚們並沒有外人可怎麼說呢我們族兄又要天天兒上衙門不得閒兒是因爲我們過懶不肯自己用功他萬不得已兒勻着空兒敎我們若不是這麼着兄台要念書也是好事罷咧替你說說又費了我甚麼呢。

談論篇百章之五

老弟、你天天從這兒過、都是往那兒去啊。念書去。不是念滿洲書麼。是。現在念的、都是甚麽書。沒有新樣兒的書、都是眼面前兒的零碎話和清話指要這兩樣兒。還教你們寫清字楷書不啊。等着天長了、不但教寫字、還教學繙譯呢。老弟、我爲這念書的事、眞是鑽頭竟縫兒的那兒沒有找到啊、可惜我們左近沒有念清書的學房、我想着你們念書的這學房、就可以找到多俗我也去念去、請你替我先說說罷。兄台、你打

還有一種不念書不修品的、全靠着鑽幹逢迎作他的本事、我不知道他們心裏、到底要怎麼樣啊、我實在替他害羞。這一種人不但自己辱身壞名連老子娘、都叫人家咒罵啊。老弟、你白想一想父母的恩情爲人子的能彀報得萬一麼、旣不能彀光宗耀祖的罷咧、反倒叫父母受人家的咒罵沒出息、到甚麽分兒上了。細想起這個來人若是不念書不修品使得麽。

獎、我的清話算甚麼呢、我有個朋友、滿洲話說得很好、又清楚、又快、沒有一點兒、漢音很熟練哪、不但這個、而且記得話兒還多、那纔可以算得起是好呢、他比你如何。我怎麼敢比他、我可不是他的對兒啊、差得天地懸隔呢、甚麼緣故呢。他學得日子深、會得多、頗好書、至今還是不住嘴兒的念、不離手兒的拏着看、若要趕他、寶在難哪。弟台你這話、只怕有點兒說錯了罷、你忘了有志者事竟成這句話了麼、他也是學會得罷咧、並不是生了來、就知道的啊、咱們那點兒不如他、任憑他是怎麼樣兒的精熟、咱們只要拏定主意、用心去學、雖然到不了他那個地步兒、料想也就差不多兒咯。

談論篇百章之四

人生在世、頭一件要緊是學、念書呢、特爲的是明白道理、學得道理明白了、在家呢、孝順父母、做官呢、給國家出力、不論甚麼事、可自然都會成就。人若是學得果然有了本事、無論到那塊兒、不但別人尊重你、就是你自己、也覺着體

談論篇百章之二

聽見說你的淸話、如今學得很有點兒規模兒了麽。那兒的話呢、人家說的

我雖懂得、我自家要說還早呢、不但我說的、不能像別人兒說得成片叚兒而

且一連四五句話就接不上了、還有個怪處兒、是臨說話的時候、無緣無故的

怕錯不敢簡簡決決的說、這麽樣、可叫我怎麽說呢、我也灰了心咯、想著就是

這麽樣兒學來學去、也不過就是這麽個本事兒咯、那兒還能彀有長進呢。

這都是你沒熟的緣故、我告訴你、無論他是誰、但凡遇見個會說淸話的、你就

趕著和他說、再有那淸話精通的師傅們、也要往他們那兒去學、或是和淸話

熟習的朋友們、時常談論、天天兒看書記話、平常說慣了嘴兒、若照着這麽學

至多一兩年、自然而然的、就會順着嘴兒說咯、又愁甚麽不能呢。

談論篇百章之三

老弟、你的淸話、是甚麽窑兒學的、聲兒說得好、而且又明白。啊、承兄台的過

談論篇百章之一

我[1]聽見說你如今學滿洲書呢麼很好滿洲話是咱們頭一宗兒要緊的事情就像漢人們各處兒各處兒的鄉談一個樣兒不會使得麼。可[2]不是麼我念了十幾年的漢書至今還摸不着一點兒頭緒呢若再不念滿洲書不學繙譯兩下裏都躭誤咯。因爲這麼着我一則來瞧瞧兄台[2]二則還有奉求[3]的事情咱們倆只是怪難開口的。這[3]有甚麼難呢有話請說若是我做得來的事情我還推辭[5]麼。我[4]所求的是你納疼愛我就是勞[8]乏些兒可怎麼樣呢抽空兒[9]給我編幾個話條子我念兄弟若能殼成了人都是兄台所賜的我再不敢忘了恩[13]哪必要重報[14]的。你[5]怎麼這麼說呢你是外人嗎只怕你不肯學旣然要學[15]巴不得敎你成人呢說報恩是甚麼話呢咱們自己人說得嗎。若[6]是這麼着我就感激不盡了只好給兄台磕頭咯還有甚麼說得呢。

PART VI.

THE HUNDRED LESSONS.

(CHINESE TEXT.)

TZŬ ERH CHI.

COLLOQUIAL SERIES.

PART VII.

THE TONE EXERCISES.

(CHINESE TEXT.)

TZŬ ERH CHI. **Colloquial Series.** PART VII. SOUND TABLE. 219

A	46 窘	88 風	J	174 棍	217 米	257 拜	302 孫	340 弔	386 揩
1 阿	47 窮	89 佛	128 染	175 困	218 苗	258 派	303 送	341 挑	387 賣
2 愛	48 卓	90 否	129 嚷	176 工	219 滅	259 半		342 疊	388 騂
3 安	49 綽	91 夫	130 繞	177 孔	220 面	260 盼	SH	343 貼	389 催
4 昂	50 畫		131 熱	178 瑞	221 民	261 幫	304 殺	344 店	390 奪
5 傲	51 抽	'H	132 八	179 絨	222 名	262 旁	305 瞳	345 天	391 寸
	52 句	92 哈	133 拗		223 謬	263 包	306 山	346 定	392 宗
CH	53 取	93 害	134 日	L	224 末	264 跑	307 賞	347 聽	393 蔥
6 乍	54 捐	94 塞	135 若	180 拉	225 謀	265 北	308 少	348 丟	
7 茶	55 全	95 碎	136 肉	181 來	226 木	266 陪	309 舌	349 多	TZ
8 奎	56 絕	96 好	137 如	182 懶		267 本	310 身	350 安	394 子
9 柴	57 缺	97 黑	138 頓	183 浪	N	268 盆	311 生	351 豆	395 次
10 斬	58 君	98 很	139 瑞	184 老	227 那	269 迸	312 事	352 頭	
11 產	59 羣	99 恆	140 潤	185 勒	228 奶	270 朋	313 手	353 肚	W
12 章	60 却	100 河	141 絨	186 累	229 男	271 必	314 書	354 土	396 瓦
13 唱	61 出	101 後		187 冷	230 囊	272 皮	315 刷	355 短	397 外
14 兆	62 主	102 戶	K	188 立	231 鬧	273 表	316 褱	356 團	398 完
15 吵	63 抓	103 花	142 嘎	189 兩	232 內	274 票	317 拴	357 對	399 往
16 這	64 掀	104 壞	143 卡	190 了	233 嫩	275 撇	318 雙	358 退	400 為
17 軍	65 拽	105 換	144 改	191 裂	234 能	276 扁	319 水	359 敦	401 文
18 這	66 揣	106 黃	145 開	192 連	235 你	277 片	320 順	360 吞	402 翁
19 眞	67 專	107 回	146 甘	193 林	236 娘	278 寳	321 說	361 冬	403 我
20 臣	68 穿	108 混	147 看	194 另	237 鳥	279 貧		362 同	404 武
21 正	69 壯	109 紅	148 剛	195 略	238 担	280 兵	TS		
22 成	70 狀	110 火	149 炕	196 留	239 念	281 憑		363 雜	Y
23 吉	71 追		150 告	197 駱	240 您	282 波	SS	364 擦	405 牙
24 奇	72 吹	HS	151 考	198 陋	241 寧	283 破	322 絲	365 在	406 涯
25 家	73 淮	111 西	152 刻	199 律	242 牛	284 不		366 才	407 羊
26 恰	74 春	112 夏	153 根	200 戀	243 挪	285 剖	T	367 贊	408 要
27 楷	75 中	113 同	154 肯	201 略	244 辣	286 不	323 大	368 慚	409 夜
28 江	76 充	114 小	155 更	202 拾	245 女	287 普	324 他	369 葬	410 言
29 捨	77 揣	115 些	156 吭	203 略	246 虐	288	325 夕	370 倉	411 益
30 交	78	116 先	157 各	204 路	247 奴		326 太	371 早	412 晉
31 巧		117 心	158 可	205 亂	248 腰	S	327 單	372 草	413 迎
32 銜	ngE	118 性	159 狗	206 論	249 嫩	289 撒	328 炭	373 則	414 約
33 且	79 額	119 學	160 口	207 籠	250 濃	290 塞	329 湯	374 策	415 魚
34 見	80 恩	120 修	161 古	208		291 散	330 道	375 賊	416 原
35 欠	81 哼	121 兒	162 苦		ngO	292 桑	331 逃	376 怎	417 月
36 知	82 兒	122 須	163 瓜	M	253 訛	293 掃	332 得	377 參	418 雲
37 尺		123 喧	164 跨	209 馬	254 偶	294 嗇	333 特	378 增	419 有
38 斤	F	124 雪	165 怪	210 買		295 僧	334 等	379 層	420 用
39 親	83 法	125 巡	166 快	211 慢	P	296 索	335 疼	380 作	
40 井	84 反	126 學	167 官	212 忙	255 罷	297 搜	336 的	381 錯	
41 輕	85 方		168 寬	213 毛	256 怕	298 素	337 替	382 走	
42 角	86 非	I	169 光	214 美		299 算	338	383 湊	
43 鄰	87 分	127 衣	170 況	215 門		300 碎	339	384 徂	
44 酒			171 規	216 夢		301		385 粗	
45 秋			172 愧						
			173						

TONE EXERCISES. a — ch'ên.

20 臣	眞	這	車	吵	兆	唱	產	斬 10	柴	窄	茶	乍	傲 5	昂	安	愛	阿
是君臣之臣	是眞假之眞	是這塊兒之這	是車馬之車	是這個那個之這	是先兆之兆	是歌唱之唱	是章程之章	是產業生產之產	是斬絞之斬	是柴炭之柴	是寬窄之窄	是茶酒之茶	是乍見乍冷乍熱	是狂傲之傲	是低昂之昂	是平安之安	是愛惜之愛	是阿哥之阿

| 嗔臣碜趁 | 眞○枕震 | ○○○這 | 車○扯撤 | 吵○炒鈔 | 遮摺者這 | 娼長廠唱 | 章○長賬 | 攙饞產站 | 沾宅窄册○ | 拆柴㧦債 | 齋○拟債 | 渣○襖傲 | 熬熬襖傲 | 昂昂○○ | 安○俺岸 | 京埃矮愛 | 阿○阿阿 |

| 嗔怪 | 眞假 | ○○ | 車馬 | 吵嚷 | 遮掩 | 娼妓 | 章程 | 攙雜 | 拆毀 | 柴炭 | 齋戒 | 义手 | 渣滓 | 熬菜 | 低昂 | 平安 | 哀求 | 是阿 |

| 君臣 | ○○ | ○○ | 摺奏 | 窩巢 | 著急 | 長短 | 嘴饞 | ○○ | 住宅 | 茶酒 | 劄文 | 熬夜 | ○ | 昂貴 | ○ | 塵埃 | | |

| 砢磣 | 枕頭 | ○○ | 拉扯 | 煎炒 | 再者 | 木廠 | 生長 | 產業 | 一盞燈 | 寬窄 | 拟腰 | 一拃 | 綿襖 | ○ | 俺們 | 高矮 | 阿甚麼 | |

| 趁著 | 地震 | 這塊兒 | 裁撤 | 錢鈔 | 先兆 | 歌唱 | 帳目 | 懺悔 | 驛站 | 欠債 | 樹杈 | 乍見 | 狂傲 | ○ | 河岸 | 愛惜 | 阿哥 | |

PART VII. TONE EXERCISES.　chêng — ch'ing.

正	成	吉	奇	家25	恰	楷	江	搶30	巧	街	且	見35	欠	知	尺	斤	親40	井	輕
是邪正之正	是成敗之成	是吉凶之吉	是奇怪之奇	是住家之家	是恰巧之恰	是楷書之楷	是大江之江	是搶奪之搶	是巧妙之巧	是街道之街	是況且之且	是見面之見	是該欠之欠	是知道之知	是尺寸之尺	是斤兩之斤	是親戚之親	是井泉之井	是輕重之輕
正〇整正	稱成懲秤	雞七奇吉已起記氣	家夾卡價恰	招〇〇卡恰	〇〇〇楷匠	江〇講匠	腔牆搶鐵叫	敲嚼橋腳俏	交巧結解借	街切茄且妾	切減見	千錢淺欠	知值指志	赤遲尺翅	斤〇錦近	親勤寢噯	晴〇井靜	輕晴請慶
正月	稱呼	雞犬	七八	住家	招花	〇	大江	腔調	交代	敲打	街道	切肉	奸臣	千萬	知道	紅赤赤	斤兩	親戚	眼睛	輕重
〇	成敗	吉凶	奇怪	夾帶	〇	〇	〇	牆壁	嚼過	橋梁	完結	茄子	〇	錢財	值班	遲誤	〇	勤儉	〇	陰晴
整齊	懲辦	自己	起初	卡子	盔甲	楷書	講究	搶奪	手腳	巧妙	解開	況且	裁減	深淺	指頭	尺寸	錦繡	寢食	井泉	請安
邪正	斗秤	記載	氣血	價錢	恰巧	〇	匠人	戧木	叫喊	俏皮	借貸	姬妾	見面	該欠	志向	翅膀	遠近	狗噯	安靜	慶弔

却	爵60	羣	君	缺	絕55	全	捐	取	句	抽50	畫	綽	卓	窘45	酒	秋	却	角
見上	是爵位之爵	是成羣之羣	是君王之君	是補缺之缺	是斷絕之絕	是齊全之全	是捐納之捐	是取送之取	是句段之句	是抽查之抽	是畫夜之畫	是寬綽之綽	是桌樑之桌	是貧窘之窘	是窖追之窖	是春秋之秋	是酒肉之酒	是推却之却	是角色之角

[table of characters with circles continues below]

PART VII. TONE EXERCISES. chio — ên.

練習燕山平仄編

主	出	抓	欻(65)	拽	襈	尃	穿	壯	牀	追	吹	准(75)	春	中	充	擋	額	恩(80)
是賓主之主	是出外之出	是抓住抓破之抓	是欻一聲之欻	是拉拽之拽	是襈摩之襈	是尃門之尃	是穿戴之穿	是壯健之壯	是牀鋪之牀	是追趕之追	是吹打之吹	是准駁之准	是春夏之春	是中外之中	是充當之充	是擋擋之擋	是額數之額	是恩典之恩
猪竹主住	出厨處處	抓○爪○	欻○跍○	襈襈踹○	襈○襈踹	尃○轉傳	穿船喘串	裝襈葵壯	臕牀閗創	追○○墜	吹○打○	○○准○	春純蠢○	中○腫重	充虫寵銃	擋○○○	阿額我惡	恩○○○搵
猪羊	出外	抓破	欻一聲	拽泥	懷襈	尃門	穿戴	裝載	臕戶	追趕	吹打	○春夏	中外	充當	擋撞	太阿	恩典	
竹子	厨房	○	○	○	○	○	車船	○	牀鋪	○	錘手	純厚	○	虫蟻	○	領數	○	
賓主	處分	雞爪子	○	鴨跍	擋摩	轉移	疢喘	粗葵	閗入	○	○	准駁	蠢笨	腫疼	寵愛	○	爾我	○
住處	住處	○	○	拉拽	蹬踹	經傳	串通	壯健	創始	廢墜	○	○	○	輕重	鐵銃	善惡	搵倒	

哼	兒	法	反	方85	非	分	風	佛	否90	夫	哈	害	寒	碎95	好	黑	很
是哼阿之哼	是兒女之兒	是法子之法	是反倒之反	是方圓之方	是是非之非	是分開之分	是風雨之風	是佛老之佛	是然否之否	是夫妻之夫	是哈哈笑之哈	是利害之害	是寒涼之寒	是打碎之碎	是好歹之好	是黑白之黑	是很好之很
哼〇〇〇	〇兒耳二	發法	翻煩反法	方房訪放	非肥匪費	分墳粉分	風縫粉分	〇佛〇〇	〇浮否埠	夫扶斧父	哈蝦	害孩海害	預寒喊漢	碎行〇項	蒿毫好好	〇黑〇黑	痕很恨
哼阿	〇兒耳二	發遣	翻騰	方圓	是非	分開	風雨		〇	夫妻	哈哈笑	咳聲	顢頂	打碎	蒿草	黑白	〇
	〇兒女	法子	煩惱	房屋	肥瘦	墳墓	裁縫	佛老	浮沉	扶持	蝦蟆	孩子	寒涼	各行	絲毫	〇	傷痕
	〇耳朶	頭髮	反倒	訪查	賊匪	脂粉	〇		然否	斧鉞	哈吧	江海	叫喊	〇	好不好	黑豆	好得很
	〇二三	佛法	喫飯	放肆	使費	職分	供奉	〇	埠口	父母	哈什馬	利害	滿漢	〇	好喜	〇	恨怨

PART VII. TONE EXERCISES. êng — hsin.

練習燕山平仄編

心	先	些 115	小	向	夏	西	火 110	紅	混	囘	黃	換 105	壞	花	戶	後	河	恆 100
是心性之心	是先後之先	是些微之些	是大小之小	是方向之向	是春夏之夏	是東西之西	是水火之火	是紅綠之紅	是混亂之混	是囘去囘來之囘	是青黃之黃	是更換之換	是損壞之壞	是花草之花	是戶口之戶	是前後之後	是江河之河	是恆久之恆
心尋○信	先開險限	些燅血謝	消學小笑	香詳想向	瞎霞○夏	西席喜細	劉活火貨	烘紅哄耗	昏魂渾混	灰囘悔賄	荒黃謊晃	歡環緩換	○懷○壞	花消話	忽侯吼後	喝河○賀	哼恆○橫	
心性	先後	些微	消滅	香臭	瞎子	東西	劉口子	烘烤	昏暗	石灰	荒亂	歡喜	○	花草	忽然	駒鹹	喫喝	哼哈
尋東西	清閒	靴鞋	學徒	詳細	雲霞	酒席	死活	紅綠	鬼魂	囘去	青黃	連環	懷想	泥滑	茶壺	公侯	江河	恆久
○	危險	氣血	大小	思想	○	喜歡	燒火	欺哄	渾厚	後悔	撒謊	鬆緩	○	話敢人	龍虎榜	牛吼	○	○
書信	限期	謝恩	談笑	方向	春夏	粗細	貨物	煉耗	混亂	賄賂	一晃兒	更換	損壞	說話	戶口	前後	賀喜	兕橫

姓	學 120	修	兄	須	喧	雪	巡 125	學	衣		染	嚷	繞 130	熱	人	扨	日	若 135	肉
是姓名之姓	是學問之學	是修理之修	是兄弟之兄	是必須之須	是喧嚷之喧	是雨雪之雪	是巡察之巡	見上	是衣裳之衣		是沾染之染	是嚷鬧之嚷	是圍繞之繞	是冷熱之熱	是人物之人	是扨棄之扨	是日月之日	是若論之若	是骨肉之骨
星行醒姓	○學○朽袖	修○朽袖	兄熊	須懸選續	喧懸選選	靴穴雪穴	熏巡○汎	○衣一尾易			○然染	嚷瓢嚷讓	○饒繞繞	○○○熱	○人忍任	扨	○○○日	○○○若	揉柔○肉
星宿	○修理	兄弟	須喧嚷	靴鞋	熏蒸	○衣裳				○嚷嚷	○○○	○○○	○○○	扨棄	○○○	揉的一聲
行為	學問	○狗熊	徐圖	懸掛	穴道	巡察	○一個		然否	饒裕	○人物	○○○	○○○	剛柔
睡醒	○糟朽	○應許	揀選	雨雪	○尾巴	沾染	嚷鬧	圍繞	容忍	○○○	○○○	○○○
姓名	○領袖	○接續	候選	鑽穴	營汎	○容易	○謙讓	繞住	冷熱	責任	○日月	若論	骨肉

PART VII. TONE EXERCISES. hsing — k'ên.

如	軟	瑞	潤	榮	嘎	卡	改	開	甘	看	剛	炕	告	考	給	刻	根	肯
		140						145					150				155	
是如若之如	是軟弱之軟	是祥瑞之瑞	是潤澤之潤	是榮耀之榮	是嘎嘎笑的聲兒	是卡倫之卡	是改變之改	是開閉之開	是甘苦之甘	是看見之看	是剛繞之剛	是火炕之炕	是告訴之告	是考察之考	是放給之給	是刻搜之刻	是根本之根	是肯不肯之肯
如如入入	○○軟○	○○諥瑞	○○○潤	榮○耏○	嘎嘎嘎嘎	卡○○○	該改概	開慷○	甘趕幹	看斫看	剛堋杠	康扛抗炕	高稿告	尻考靠	○○○	刻○○	根哏艮	○肯掯
如貼	○	○	○	○	嘎嘎的笑	卡倫	該當	開閉	甘苦	看守	剛繼	康健	高低	尻骨	○	刻搜	根本	闚哏
如若	○	○	○	榮耀	打嘎兒	○	○	○	○	○	○	扛擡	○	○	○	○	○	○
強入	軟弱	花蕋	○	耏毛	嘎雜子	○	改變	慷慨	追趕	刀斫	土堋子	不抗不卑的	稿案	考察	放給	○	○	肯不肯
出入	○	祥瑞	潤澤	○	雞嘎嘎蛋兒	○	天概	○	才幹	看見	擡杠	火炕	告訴	依靠	○	○	艮卦	一掯子

練習燕山平仄編

228　TZŬ ERH CHI. Colloquial Series.

更	坑	各	可	狗 160	口	古	苦	瓜 165	跨	怪	快	官	寬 170	光	況	規	愧	棍	困 175
是更多更少之更	是坑坎之坑	是各人之各	是可否之可	是猪狗之狗	是口舌之口	是古今之古	是苦甜之苦	是瓜果之瓜	是跨馬之跨	是怪道之怪	是快慢之快	是官員之官	是寬窄之寬	是光明之光	是況且之況	是規矩之規	是慚愧之愧	是棍棒之棍	是乏困之困
更〇埂更	坑〇〇〇	哥格各個	可可渴客	溝狗狗殼	摳〇口叩	估骨古固	窟苦苦褲	瓜寡掛	誇俛跨	乖拐怪	摳快	官管慣〇	寬〇款〇	光〇廣逛	誆狂〇況	規〇詭貴	虧揆愧愧	〇〇滾棍	坤〇閫困
更改	坑坎	哥哥	可惜了兒	溝渠	摳破了	料估	窟窿	瓜果	誇奬	乖張	〇	官員	寬窄	光明	誆騙	規矩	虧欠	〇	坤道
〇	〇	影格	可否	小狗兒的	〇	骨頭	〇	〇	〇	〇	〇	〇	〇	〇	狂妄	〇	揆守	〇	〇
道埂子	〇	各自各兒	饑渴	猪狗	口舌	古今	甜苦	多寡	傍子	拐騙	摳瘁瘁	管理	款項	廣大	〇	詭詐	愧儡	翻滾	閫閫
更多	〇	幾個	賓客	足殼	叩頭	堅固	褲子	懸掛	跨馬	怪道	快慢	習慣	〇	遊逛	況且	富貴	慚愧	棍子棒子	乏困

PART VII. TONE EXERCISES. kêng — lin.

練習燕山平仄編

林	連	列	了	兩	俩	立	冷	累	勒	老	浪	懶	來	拉	闊	果	孔	工
								185						180				
是	是	是	是	是	是	是	是	是	是	是	是	是	是	是	是	是	是	是
樹	接	擺	了	斤	俩	站	冷	連	勒	老	波	懶	來	拉	寬	結	面	工
林	連	列	斷	雨	三	立	熱	累	索	幼	浪	惰	去	扯	闊	果	孔	夫
之	之	之	之	之	之	之	之	之	之	之	之	之	之	之	之	之	之	之
林	連	列	了	雨	俩	立	冷	累	勒	老	浪	懶	來	拉	闊	果	孔	工

○	連	唎	了	量	○	璃	○	累	勒	榔	撈	鬘	○	拉	○	鍋	空	工
林	憐	唎	憐	涼	俩	離	冷	雷	○	狼	朗	婪	來	邋	○	國	○	○
檁	臉	唎	了	兩	俩	禮	冷	累	○	老	浪	懶	○	蜊	○	果	孔	礦
賃	練	列	諒	料		立		類	樂	澇	楞	爛	賴	蠟	闊	過	空	共

| | 接 | 罷 | | | | 玻 | | 勒 | 勒 | 打 | 檳 | 鬘 | | 拉 | | 飯 | 空 | 工 |
| | 連 | 唎 | | | | 璃 | | 死 | 索 | 撈 | 榔 | 蒙 | | 扯 | ○ | 鍋 | 虛 | 夫 |

樹	憐	瞎	無	涼		分		雷	勞	狼	勞	貪	來	邋		國	○	○
林	恤	唎	聊	熱		離		電	角	虎	苦	婪	去	遢		家		
子		唎																

房	臉	唎	了	斤	俩	禮	冷	累		老	光	懶		蜊		結	面	金
檁	面	嘴	斷	雨	三	貌	熱	次		幼	朗	惰	○	蜊	○	果	孔	礦
														蛄				

| 租 | 練 | 擺 | 料 | 原 | ○ | 站 | 發 | 族 | 歡 | 旱 | 波 | 燦 | 倚 | 蠟 | 寬 | 過 | 閉 | 通 |
| 賃 | 習 | 列 | 理 | 諒 | | 立 | 愣 | 類 | 樂 | 澇 | 浪 | 爛 | 賴 | 燭 | 闊 | 去 | 空 | 共 |

229

另195	略	留	駱	陋	律	戀	略	掄	略	路205	亂	倫	龍		馬210	買	慢	忙	毛
是另外之另	是謀略之略	是收留之留	是駱駝之駱	是鄙陋之陋	是律例之律	是依戀之戀	是忽略之略	是混掄之掄	是大略之略	是道路之路	是雜亂之亂	是五倫之倫	是龍虎之龍		是馬匹之馬	是買賣之買	是快慢之慢	是急忙之忙	是羽毛之毛
○○○零領另	○○○略	遛遛柳六	擄驟祼駱	樓屢篆律	○○○戀	○○○略	掄倫圇論	○嘟嘟	篷龍隴弄輪圇論			媽麻馬罵	○埋買賣	顢聯滿慢	苊忙恭○	貓毛卯貌
○	○	一遛兒	擄起袖子	摟衣裳	○	○	混掄	○嘟嘟	窿窿			爹媽	顢頂	白茫茫	貓狗
零碎	○	收留	驟馬	樓房	驢馬	○	人倫	爐灶	○	車輪	龍虎榜		麻木	葬埋	隱瞞	急忙	羽毛
領袖	○	楊柳	祼身	酒篓	屢次	○	○	渾圇著	○	船櫓	圇圇	瓦隴		馬鞍	收買	豐滿	鹵莽	卯刻
另外	謀略	五六	駱駝	鄙陋	律例	依戀	忽略	講論	大略	道路	雜亂	沒論	胡弄		打罵	發賣	快慢	○	相貌

PART VII. TONE EXERCISES.　ling — nei.

練習燕山平仄編

#	字	定義	四聲	陰平例	陽平例	上聲例	去聲例
	內	是內外之內	○○○內	○	○	○	內外熱鬧
230	鬧	是熱鬧之鬧	撓鐃惱鬧	撓着	鐃鈸	煩惱	熱鬧
	囊	是囊袋之囊	嚷囊攮齉	喞嚷	囊袋	攮了一刀子	齉鼻子
	男	是男婦之男	喃男○難	喃喃噥語	男婦	○	災難
	奶	是牛奶之奶	○○奶耐	○	○	牛奶	耐時
	那	是問人那個之那	那拏那那	在這兒那	拏賊	那個	那裏
	木	是草木之木	○模母木	○	模樣	父母	草木
225	謀	是圖謀之謀	○謀某○	○	圖謀	某人	○
	末	是始末之末	摩麼抹○	揣摩	甚麼	塗抹	始末
	謬	是謬妄之謬	○○○謬	○	○	○	謬妄
	名	是姓名之名	○名○命	○	姓名	○	性命
220	民	是民人之民	○民憫○	○	民人	憐憫	○
	面	是臉面之面	○綿勉面	○	綿花	勉力	臉面
	滅	是滅火之滅	哔○○滅	哔哔的羊叫	○	○	滅火
	苗	是禾苗之苗	喵苗藐廟	喵喵的貓叫	禾苗	藐小	廟宇
	米	是米糧之米	眯迷米密	眯瞪眼	迷惑	米糧	機密
	夢	是睡夢之夢	懜盟猛夢	懜懂	結盟	勇猛	睡夢
	門	是門扇之門	捫門○悶	捫摟	門扇	○	憂悶
215	美	是美貌之美	○煤美昧	○	煤炭	美貌	愚昧

TZŬ ERH CHI. Colloquial Series.

濃	嫩	暖	奴	虐	女	耨	挪	牛	虐	您	念	鳥	娘	你	能	嫩
	250					245				240				235		
是濃淡之濃	是老嫩之嫩	是暖和之暖	是奴僕之奴	見上	見上	是耕耨之耨	是挪移之挪	是牛馬之牛	是暴虐之虐	是安甯之甯	是想念之念	是捏弄之捏	是爹娘之娘	是你我之你	是才能之能	是老嫩之嫩

是稱呼人的話你納的字本

○	○	○	○	○	○	○	○	○	○	甯	扸	捏	嚷	○	○	○
○	濃	暖	奴	○	女	耨	挪	鈕牛	虐	攝	年	○	○	鳥	泥	能
○	○	○	努	○	○	○	鈕	拗		侫	捻	辇	尿	孃	擬	○
弄	嫩	○	怒		○	○	懦				念				匿	嫩

| | | | | | | | | 妞兒 | | | 扸花 | 捏弄 | 嚷嚷的貓叫 | | | |

濃淡	老嫩	○	奴僕	○	○	○	挪移	牛馬	○	安甯	年月	呆獃	○	爹娘	泥土	才能
		暖和	努力	○	男女	○	○	鈕扣	○	攝壞	捻匿	○	鳥獸	○	擬議	○
擺弄	老嫩	喜怒	○	暴虐	拗不過來	懦弱	耕耨	伎口	○	念誦	罪孽	尿尿	蘊釀	藏匿	○	老嫩

PART VII. TONE EXERCISES. nên — p'í.

練習燕山平仄編

皮	必	朋 270	逬	盆	本	陪	北 265	跑	包	旁	幫	盼 260	半	派	拜	怕	罷 255	偶	訛
是皮毛之皮	是務必之必	是朋友之朋	是迸跳之迸	是木盆之盆	是根本之本	是陪伴之陪	是南北之北	是跑脫之跑	是包裹之包	是旁邊之旁	是幫助之幫	是盼望之盼	是整半之半	是分派之派	是拜客之拜	是恐怕之怕	是罷了之罷	是偶然之偶	是訛錯之訛
批皮鄙屁	逼鼻筆必	烹朋棒碰	繃○○迸	噴盆○噴	奔○本奔	披陪○配	○北背	拋袍跑礮	包薄袍抱	幫○綁謗	攀○○盼	班○板半	擗白百拜	拍牌瓬派	八拔把罷	○哦○噁	殷○偶嘔		
批評	逼迫	割烹	繃鼓	噴水	奔忙	披衣	背負	拋棄	包裹	幫助	高攀	輪班	拍打	擗開	八九	琵琶	扒桿兒	殷一聲	哦
皮毛	口鼻	朋友	盆礮	根本	陪伴	袍袖	厚薄	旁邊	袍祫	綑綁	盤查	○	木牌	黑白	提拔	扒桿兒	○	偶然	訛錯
鄙俚	筆墨	手捧	○	○	根本	○	南北	跑脫	保護	吹謗	綑綁	○	板片	一屁股瓬下	千百	把持	○	○	○
屁股	務必	碰破	迸跳	噴香	投奔	配偶	向背	搶跑	懷抱	胖瘦	毀謗	盼望	整半	分派	拜客	恐怕	罷了	嘔氣	善惡

表	票	別275	撤	扁	片	賓280	貧	兵	憑	波	破285	不	剖	不	普	洒灑	賽290	散
是表裏之表	是文票之票	是分別之別	是撤開之撤	是圓扁之扁	是片叚之片	是賓主之賓	是貧窮之貧	是兵丁之兵	是憑據之憑	是水波之波	是破碎之破	不字作詩裏有作上平用的	是剖開之剖	是不是之不	是普遍之普	是洒掃之洒	是賭賽之賽	是散放之散
標○表鰾	漂嫖漂票	憋別彆彆	擎○撤	邊○扁便	偏便諞片	賓○殯	摒貧品牝	兵○稟病	砰憑○聘	波駁播簸	坡婆筐破		掊○剖○	不不補不	鋪葡普鋪	撒瞅洒○	撒○賽○	三○傘散
標文書	嫖沒	憋悶	擎拿	邊沿	偏正	賓主	摒命	兵丁	砰磅	水波	土坡		掊翘	我不	鋪蓋	撒手		三四
○	嫖賭	分別	○	○	便宜	○	貧窮	○	憑據	准駁	婆娘		不是	○	葡萄		題頫	○
表裏	嫖布	彆嘴	撤了	圓扁	編拉	○	品級	稟報	聘米	播米	筐籮		剖開	補缺	普遍	酒掃	○	傘蓋
鰾膠	彆票子	彆拗	○方便	片叚	殯葬	牝牡	疾病	聘嫁	簸箕	破碎	○	不可	鋪子	○	賭賽	散放

PART VII. TONE EXERCISES. piao — shên.

練習燕山平仄編

桑	掃	嗇 295	森	僧	索	搜	素	算 300	碎	孫	送	殺	曬 305	山	賞	少	舌	身 310
是桑梓之桑	是掃地之掃	是客嗇之嗇	是森嚴之森	是僧道之僧	是勒索之索	是搜察之搜	是平素之素	是算計之算	是零碎之碎	是子孫之孫	是迎送之送	是殺死之殺	是曬乾之曬	是山川之山	是賞賜之賞	是多少之少	是脣舌之舌	是身體之身
桑〇嗓喪	騷〇掃掃	嗇〇〇嗇	森〇〇〇	僧〇〇〇	唆〇鎖瑣	搜〇叟〇	蘇速〇素	酸隨髓碎	碎〇〇〇	松〇竦送	孫〇損〇	殺〇償㓕	篩〇色曬	山〇閃善	商晌賞上	燒杓少少	賒舌捨射	身神審慎
桑梓	騷擾	嘣嘣的叫狗	森嚴	僧道	唆唆	搜察	蘇州	酸的鹹的		雖然	子孫	松樹	殺死	山川	篩子	山川	商量	火燒	賒欠	身體
																		神仙
〇	〇	〇	〇	〇	〇	迅速	〇	跟隨	〇			〇	〇	〇	晌午	刀勺	脣舌	
嗓子	掃地	〇	〇	〇	鎮上	老叟	〇	骨髓	損益	毛骨悚然	〇	凝儉	顏色	雷閃	賞賜	多少	棄捨	審問
喪氣	掃帚	客嗇	〇	〇	追溯	咳嗽	平素	算計	零碎	〇	迎送	擎剪子㓁一點	曬乾	善惡	上下	老少	射箭	謹慎

生	事	手	書	刷315	衰	拴	雙	水	順320	說	絲	大	他	歹325	太	單	炭
是生長之生	是事情之事	是手足之手	是詩書之詩	是刷洗之刷	是衰敗之衰	是拴捆之拴	是成雙之雙	是山水之水	是順當之順	是說話之說	是絲線之絲	是大小之大	是他人之他	是好歹之歹	是太甚之太	是單雙之單	是柴炭之炭
生繩省謄	失十使事	收熟手獸	書贖數數	刷○要率	衰○摔率	拴○○涮	雙○爽雙	○○水睡	○誰○順	說○○朔	絲○死四		答搭打大	他○塔楊	獸○歹代	胎檀○太	單○膽蛋	貪談坦炭
生長	失落	收拾	詩書	刷洗	衰敗	拴捆	成雙		說話		絲線		答應	他人	獸呆	孕胎	單雙	貪贓
繩子	九十	生熟	贖罪	○	○	○			誰人		○		搭救	○	○	扛擡	○	談論
各省	使喚	手足	數錢	要笑	摔東西	○	爽快	山水	○		死生		毆打	佛塔	好歹	○	膽子大	平坦
謄下	事情	禽獸	數目	○	草率	涮洗	雙生	睡覺	順當	朔望	四五		歹小	狀楊	交代	太甚	雞蛋	柴炭

PART VII. TONE EXERCISES. shêng — tiu.

當	湯	道	逃	得	特	得'	等	疼	的	替	弔	桃	疊	貼	店	天	定	聽	丟
	330				335					340					345				
是應當之當	是喝湯之湯	是道理之道	是逃跑之逃	是得失之得	是特意之特	是必得之得'	是等第等候之等	是疼痛之疼	是你的我的之的	是替工之替	是弔死之弔	是挑選之挑	是重重疊疊之疊	是體貼之貼	是客店之店	是天地之天	是定規之定	是聽見之聽	是丟失之丟
當〇擋當	湯糖鐺燙	刀擣倒道	叨逃討套	叨得〇特	忑〇忑	鏑〇得〇	燈〇等鐙	鏊疼〇撬	的敵底地	梯提體替	貂〇弔	挑條挑跳	參〇〇〇	貼〇鐵帖	搌〇點店	天田餂掭	釘〇頂定	聽停梃聽	丟〇唗〇
應當	喝湯	刀槍	叨恩	話叨叨	忑忑	小鑼兒鏑鏑的聲兒	燈燭	鏊鏊的鼓聲兒	我的	樓梯	貂皮	挑選	爹娘	體貼	損量	天地	釘子	聽見	丟失
〇	白糖	逃跑	得失	〇	〇	〇	疼痛	仇敵	提拔	〇	條陳	重疊	〇	莊田	〇	停止	〇	呀嗒	
擋住	鐺臥	頗倒	討要	〇	必得	等候	〇	到底	體量	〇	挑荐	銅鐵	圈點	掣舌頭餂	頂戴	樹梃	定規		
典當	燙手	道理	圈套	〇	特意	〇	馬鐙	板櫈	天地	替工	弔死	跳躍	〇	牙帖	客店	搌筆	〇	聽其自然	〇

多 350	妥	豆	頭	妒	土 355	短	團	對	退	敦 360	吞	冬	同	雜	擦	在	才	贊 365
是多少之多	是妥當之妥	是綠豆之豆	是頭臉之頭	是妹妒之妒	是塵土之土	是長短之短	是團圓之團	是對面之對	是進退之退	是敦厚之敦	是吞吐之吞	是冬夏之冬	是會同之同	是雜亂之雜	是擦抹之擦	是在家在外之在	是才幹之才	是參贊之贊
多奪朶	託駝妥唾	梡○斗豆	偷頭○透	督毒賭妒	禿塗土唾	端○短斷	○團○對	堆○○對	推○骸退	敦○旽鈍	吞屯○褪	冬○懂動	通同統痛	賸贜	擦雜○咱	栽○宰在	猜才彩莱	簪偺攅贊
多少	託情	兜底子	偷盜	督撫	禿子	端正	○	堆積	推諉	敦厚	吞吞吐吐	冬夏	通達	腌臢	擦抹	○	栽種	簪子
搶奪	駱駝	○	頭臉	毒害	塗抹	○	團圓	○	○	○	屯田	○	會同	雜亂	○	○	才幹	偺們
花朶兒	妥當	升斗	○	賭博	塵土	長短	○	○	骰快	打盹兒	○	懂得	統帥	○	○	宰殺	雲彩	攢錢
懶惰	唾沫	綠豆	透澈	妹妒	唾沫	斷絕	○	對面	進退	遲鈍	禠手	動靜	疼痛	○	○	在家	菜飯	參贊

PART VII. TONE EXERCISES. to — ts'uan.

練習燕山平仄編

竇	揍 385	粗	祖	湊	走	錯	作 380	層	增	參	怎	賊 375	策	則	草	早	倉	葬 370	慚
是逃竇之竇	是揍住之揍	是粗細之粗	是祖宗之祖	是湊合之湊	是行走之走	是錯失之錯	是作為之作	是層次之層	是增減之增	是參差之參	是怎麼之怎	是賊匪之賊	是計策之策	是則例之則	是草木之草	是早晚之早	是倉庫之倉	是葬埋之葬	是慚愧之慚
礦攢○竄	鑽○纂揍	粗○○醋	租足祖○	○○走湊	搓矬○錯	作昨左作	增○怎贈	蹭層○蹭	參○○○	○○賊○	○○○策	○○則○	操槽草○	遭鑿早造	賊喒○葬	參慚慘儳			
馬驢	鑽幹	粗細	租賃		揉搓	作房	蹭一聲上了房	增減	參差				操練	週遭	倉庫	瞞藏	貪賊		參考.
攢湊	○○	○○	手足	○○	矬子	昨日	層次	○○	○○	賊匪	○○	則例	馬槽	穿鑿	瞞藏	嗒們	慚愧		
○	纂修	○○	祖宗	○	行走	○	左右	怎麼	○	怎麼	○○	○○	草木	來得早	○○	○○	悽慘		
逃竇	揍住	喫醋	○	湊合	奏事	錯失	作為	蹭蹬	饞贈	○○	○○	計策	○	造化	○	葬埋	儳頭		

武	我	翁	文	為 400	往	完	外	瓦	次	子 395	葱	宗	寸	尊 390	催	嘴
是文武之武	是你我之我	是老翁之翁	是文武之文	是行爲之爲	是來往之往	是完全之完	是內外之外	是甎瓦之瓦	是次序之次	是子孫之子	是葱蒜之葱	是大宗之宗	是尺寸之寸	是尊重之尊	是催逼之催	是嘴脣之嘴
屋無武物	窩○我臥	翁○○甕	溫文穩問	微為委位	汪王往忘	灣○完晚萬	歪○歪外	挖娃瓦襪	齜磁此次	資○子字	葱從○○總縱○	宗○總縱○	村存忖寸	尊隨○樽○	催隨○萃	堆○嘴罪
房屋	窩巢	老翁	溫和	微弱	汪洋	水灣兒	歪正	刨挖	齜著牙兒笑	寶格	葱蒜	天宗	村莊	尊重	催逼	一堆
有無	○	○	行為	○	完全	○	娃娃	磁器	○	依從	○	存亡	尊重	○	○隨他去	
文武	你我	○	文武	安穩	來往	○	昏水	甎瓦	彼此	子孫	○	總名	忖量	撐節	○嘴脣	
萬物	坐臥	水甕	問答	委位	忘記	千萬	內外	鞋襪	次序	寫字	○	縱容	尺寸	○	萃集	犯罪

PART VII. TONE EXERCISES. tsui — yung.

牙 405	涯	羊	要	夜	言	益	音	迎	約	魚 415	原	月	雲	有	用 420
是牙齒之牙	是天涯之涯	是牛羊之羊	是討要之要	是牛夜之夜	是言語之言	是損益之益	是聲音之音	是迎接之迎	是約會之約	是魚蝦之魚	是原來之原	是年月之月	是雲彩之雲	是有無之有	是使用之用
丫牙雅壓	○涯○○	夬羊養樣	腰遙養要	噎爺野夜	煙言眼沿	揖益○易	音銀引印	應迎影應	約○樂	愚魚雨預	冤原遠願	日○月 喊	暈雲允運	憂油有右	庸容永用
丫頭	○	央求	腰骹	噎住	喫煙	作揖	聲音	應該	約會	愚濁	冤屈	子曰	頭暈	憂愁	平庸
牙齒	天涯	牛羊	遙遠	老爺	言語	益處	金銀	迎接	○	魚蝦	原來	乾礬	雲彩	香油	容易
文雅	○	養活	咬一口	野地	眼睛	○	勾引	沒影兒	○	風雨	遠近	○	應允	有無	永遠
壓倒	○	各樣	討要	半夜	河沿兒	易經	用印	報應	音樂	○	預備	願意	年月	氣運	左右	使用

END OF PART VII.

THE TONE EXERCISES.

(CHINESE TEXT.)

TZŬ ERH CHI.

COLLOQUIAL SERIES.

PART VIII.

CHAPTER ON THE PARTS OF SPEECH.

(CHINESE TEXT.)

(244)

    The following Chinese Text has been set up differently from that in any foregoing Part. That of the thirteen divisions which properly constitute the Chapter on the Parts of Speech runs, Chinese fashion, from right to left, ending on page 245. The pages of the Supplement, marked XIV, run from left to right, but the reader must begin with the right hand column of each page. He will be guided sufficiently by the numbers prefixed to each sentence.

TZŬ ERH CHI.

COLLOQUIAL SERIES.

PART VIII.

(CHINESE TEXT.)

PART VIII. CHAPTER ON THE PART OF SPEECH. 247

那麼順當麼、哎呀你受了這些年的辛苦、還不知道憐恤別人麼、可惡那個人不但白耽悞工夫還鬧了許多的錯兒、可惜了兒他的官都快陞了、因爲不要緊的事把他革了、啊你們外國的機器眞是巧妙得很、你那天作的那首詩是王老爺瞧過就讚妙不止一次連呼妙妙、奇怪他放着好的不要、偏要那個壞的、有這個道理麼、情願那張老爺的傷快好了、就可以來救援我、聽見說他好了、他好了好極、又間他後天可以來、後天麼巴不得。

PART VIII. ON THE PARTS OF SPEECH. XI—XIII.

路走,他[22]是搭輪船從大江去,得[23]多少天纔到七[24]天,我[25]估摸輪船從上海到漢口,不是四天就到麼,四[26]天就到也可以,此次是因為沿江各口又上貨又下貨,所以不能那麼快。

言語例畧第十二段

雖然[125]下很大的雨,他也到過衙門,今[2]年冬天也不大冷,也不大潮,那天那個熱鬧,不但小童出來看,連小妞兒也看,他寫的字不論粗細他想人都可以看得出來,[5]不管你去不去,連他帶我都是受傷,[7]我想等你試一囘不怕你不喜歡,憑你去辦,兩個法子都好,你[9]快說,或東或西,是怎麼樣,這個事不是竟[10]不喜歡,還有實在好處。

言語例畧第十三段

那[126]心裡驚訝嘴裡說出來的話,就是有歎美的,有喜歡的,有憐恤的,有憎惡的,有想不到而驚的,有情願的,各等神氣不同,咳[2]你學話不彀三個月,說的可以費了很大的力沒成效那[20]個地方兒頭裡居民很衆如今很蕭條道兒離遠我可以快走不大工夫就到了。

言語例畧第十一段

牆頭兒上露出一個人來他[2]倚靠着牆那[3]羣人我那時都見過姓張的不在那裡頭他們倆交情日子深[5]我瞧他去他沒在家我留下話日落之前我再來他[6]們把一根木頭橫在道兒上絆了我一個勛斗他[7]道兒上遇見了很利害的一個險房子[8]背後有園子沒有山[9]上有個廟山背後洞裡有房子我們是從東華門外頭過去你[11]是進園子裡頭去麼我們從裡頭打過個穿兒昨兒個一天都是熟僣們那[14]天論的那個事從分手後還沒聽見甚麼消息那[15]上水的小船兒都是頂水拉着把[16]那馬從馬圈裡拉了來騙上跑了我[17]昨兒個圍着皇城走了一遭先[18]是看他往那邊去後來轉過臉見往我這邊來了那[19]個人跑過這塊莊稼地從小道兒奔大道跑了張[20]老爺他如今往漢口去了是[21]由水路走是由旱

PART VIII. ON THE PARTS OF SPEECH. X — XI.   251

是這兩個法子你說那一個好這一個還可以商量那一個萬不可行那兩個人,你找着了沒有找了姓李的沒在家姓張的並沒有這麼一個人風颳得可怕,今兒晚上星宿很亮可喜那個雪下得過逾深那茶葉實在是壞的也不是全壞,還有幾分可用,那位先生教得不好他唱得很好聽我身子些微有點兒乏,那小孩子在那兒呢左右是在家裡總不過是在家,他辦過這件事是甚麼時候兒甚麼地方兒甚麼緣故甚麼法子辦的我都知道他一聽見那件事子不多,他這些天裡頭來過一盪他剛出門去瓦面就叫風全脫了早起天晴立刻就走了,他早已有病,至今沒好,他早已的病如今好了,他這一次來的日忽然雲彩鋪滿了我早起起來常嵬是天一亮的時候兒那箱子我帶不了來是一時收拾不及那客人們動身晚了趕不出城來,他每月受五兩銀子的工錢,他差一點兒壞了官那底下人他差一點兒散了工,我天天兒出去逛一逛我們到他那塊兒賺賺他總是很喜歡他和賊對敵,打了個敗仗,他辦那件事說比初次多到三倍、我也不能應許進去。

這個很好、那個不好、得很、他兄弟寫得十分好、他[122,1]

美你納那天請他喫飯他很覺體面京北那件事鬧出來皇上氣極了、你[6]為[3]十分讚[2]寫得字不大很好、

一件不要緊的事過於生氣說話太傷雅了那人過於糊塗甚麼話都不懂、那[7]

件衣裳可以多喒拏了來、昨兒晚上差不多得了料估着這時候准得了、那[8]

房子上月差不多就得了、如今縂全完了、我好些天縂沒看書通鑑是差不多[9]

忘了、那漢書所全忘了、今兒遇見的那倆人姓張的差不多沒有了、是百姓太不照[10]

李的所不認得了、頭裡那山上樹木很密如今差不多沒有了、是百姓太不照[11]

應、那些人都好、最好的是姓李的、那[12]些人他都不願意要頂不願意要的是姓[13]

劉的、那些人他都責罰得利害偏重的是姓王的、他[14]今兒來着重的是帶他兒[15]

子見我、你昨兒個不是這麼說、是這麼說的、你[16]昨兒個說的不是這麼着我[17]

說的原是這麼着、這個不是好法子麼、不好怎麼呢、不是你納的法子麼、縂不[18]

PART VIII. ON THE PARTS OF SPEECH. X.

輛車我的親戚在左邊宋都老爺在右邊勇從左邊擁來了要搶車把車擁得橫躺下倆人都甩下來了我的親戚在上頭宋都老爺在底下摔得傷很重哎[19]呀到這個地步兒勇怎麼不要他們的命唉他們脫身是個徼倖的事是來了甚麼救星呢是這麼着勇正把車裡的箱子拉出來的時候兒他們的那些跟人騎着牲口趕了來了勇聽見馬跑的聲兒不知道是甚麼都四下裡驚散了。[20]

你[121,1]到過那關帝廟是多少囘到過門口兒三囘往裡頭就是一次頭一次進去,第二次為甚麼不進去,我頭一次進去是先給了廟裡點兒香錢第二次呢是他們不肯要錢麼,他們要是我說上囘給,是因為初次來,繞給這一囘不給了,既[4]是這麼第二次不教你進去,怎麼第三次又去呢,有人說第二次是彼此沒說明白不如再試一試就[5]是那第三次和尚怎麼樣呢,他更不愛商量直說斷不能進去為甚麼原故呢,他說一來是官廟二來當家的沒在家三來那一天你納沒給香資就是了,他[7]既有這個話你還沒提給他錢麼,我倒提了,他那兒沒有你問得是那兒我說得是通州沒到過通州到過張家灣一次到張家灣怎麼沒到通州呢打天津坐船就到了張家灣啊這麼看起來你不是京城的人麼我不是京城的人那麼你貴處是那塊兒呢我是江蘇人還是江蘇那一府呢本藉是蘇州蘇城東門裡頭的那宋家你認得不認得怕是東門外罷，內外我不狠記得是從前作過御史的原是我到過他家好些囬他囬了藉不是前年麽我記不很清楚他前前後後時常得來往他在道兒上受了多少的罪那是那一次呢咳就是前年的事情我一個親戚同他一塊兒走來着不是在大名府那個地方兒遇見賊了麼不是賊是鄉勇變了，是叫他們追上了是遇見了都不是他風聞得大道兒上有事他走岔道兒斜着往南去那麽着那兒不可以躲避呢不但沒躲避反倒走到他們跟前兒去了是坐着車是騎着牲口是坐車到某處兒前後都是勇是那進退兩頭兒難聽見說勇還放槍沒放槍那麽是受得甚麽傷呢傷的是這麼着我的親戚和宋都老爺坐着一

PART VIII. ON THE PARTS OF SPEECH. X.

了、不錯、那就是前十年了、是不是、原是也快十年了、初[10]次進京、不是隨王大人一塊兒麼、不是、那是第三次了、你納通共進過幾次京、共總五次、初次是隨着先父[12]令尊是多咱進京是那道光二十三年的時候兒多咱[13]同去的、三四個月的工夫兒就回去了、二[14]次是怎麼來的是過了二年先父打發我有事進京來、我[15]都記得那次你納進京、住得日子也不多、我在京幾天家裡有個急信來啊[16]、不是令尊病重啊、不是、是舍弟受傷說是要死令[17]弟還在罷不錯、他的傷痕慢慢的好了、我彷彿記得那時候兒是令尊病着來着是真的、我在道兒上的時候兒、聽見說病到了家幾天、就不在了、是[19]所以後來你納許久沒進京、自然的、丁憂不能出門的、滿服後就是跟王大人來的那一次、王[20]大人如今還在京麼、現在出差了、過些日子就回來了、聽見[21]說你納慢慢兒的也有出京的意思不錯、可以快走了、這兒差使的期滿了、就可以回去。他是那兒來的人、他是[120]通州來的、離[2]京是通州遠是張家灣遠、由齊化門論、到通州近一點兒、你[3]到過跑了,那人找到他丈人家求他們給他打算些兒,他們雖然是有錢,囘答說,我們近來的買賣很不好,甚麼都喫虧,萬難相幫,你想他初次叫人寃枉挨罵挨打,後來是賊搶受傷,並且家裡一無所有,他一身受了這些苦處,還叫他女人家裡見笑,像人受這樣兒苦難,向來還有的麼。

言語例署第十段

那119一個人今兒個可以來不可以來,怕今兒不能來,明兒個可以來,他2昨兒個爲甚麼不來呢,他昨兒個是來了,來得晚,你來得早,他爲甚麼來得晚,我在衙門裡先散的,他後散的,常是這麼着,他來的是我出門的時候兒沒出門的時候兒,你納先走了,他後來的,你5告訴他明兒個散衙門趕着來,恐怕不行,他明兒個來了,我纔可以見他,不能先見着,那兒6個呢,你立刻到衙門裡,不能見麼,一定趕不上,我到衙門裡,他必先走了,他7如今住的是那兒住的是我從前住的那個衚衕,你8說的從前是甚麼時候兒,是你納初次進京的時候兒,那9是早已

PART VIII. ON THE PARTS OF SPEECH. IX—X.

拉着你[63]滿嘴裡的話都是誆哄我我不再問了咳[64]這是那兒的話你各自各兒起疑不再問也好啊。

上頭[115]剛看的那個問答章原意是作出英話用這活字的榜樣就是因為那都是行的多受的少現在打算再添幾句補足了那受的格局。父母[116]都是養兒子,那句話所提是父母行的兒子為父母所養這一句是兒子受的。你打我[117]那字眼兒是分定那打是你行的,我被你打是那打為我所受的,就是那受那字眼兒做門上是被人的寃屈說他私受銀錢因為這個挨打很利害,就把他辭麼的理漢話論的不止一樣的字眼兒。比方那人實在可憐從前在王大人那兒去道兒上又碰見賊把他攄到山中不但甚麼都搶乾淨了還受了傷很重不是有車從那兒過有人把他扶起來他一定要死了,等他[3]囘到本村了,他[2]囘鄉去就知道他那住的地方新近都是被賊擾亂他父親的房子也燒了,所有的產業,也都毁壞了,他[4]女人原是財主家裡的姑娘賊鬧的時候兒是叫兒子拐下麼駁與不駁沒要緊那時候兒你看見他動身也可以告訴我那時候兒你上樓自己可以看見了那時候兒你不許我上樓這時候兒你不許我上樓麼隨你愛上樓愛找那個人去都使得找他幹甚麼迨他大概迨他半天也看不見噯別有氣我不是有氣就是不信你的話噯你別這麼着從前就打量着是誰如今是真的你誆了是這麼半天了就打量着這麼半天是誰你與你何妨總而言之你想我這會兒逭趕得上麼我頭裡叫你去的時候兒你就走還容易趕上就是那會兒走也未必准能按着他的道兒去你真矯情可以不叫你去罷你叫我去罷這個人你不認得不能找我囘去了我如今上來了你先指給我他往那們去了指給不指給不要緊還得等三天他可以囘來他這三天上那兒去他上墳地裡監工去你說不認得怎麼知道是修墳地去頭裡我不認得後來我看出來是王立王立在這兒打人做甚麼我沒提他是打人他還是打馬來着麼不是打馬是打騾子他騎着騾子我那兒趕得上呢他不是騎着是

PART VIII. ON THE PARTS OF SPEECH. IX.

打甚麼呢,[5]那個人你認得不認得我[6]從前沒見過你[7]在這兒坐着看了有多大工夫兒呢,[8]不很大的工夫兒你看錯沒[9]有這個人打甚麼,沒[10]錯到這時候我還看着呢,[11]我還怕是錯了,沒有這個人,那兒沒這個人的[12]時候兒看是看現在還是看[13]我沒問你的時候兒,你看見過沒有呢,早[14]我就看見了,你剛纔說[15]在這兒坐的工夫不大,我那時候兒說的是實話,我[16]出去看一看,你看的那個人[17]是有沒有[18]很好,你到那兒就知道有沒有,你[19]等我回來行不行,你[20]快回來,我還在這兒坐着,你[21]沒有甚麼事辦甚麼事[22]還有到不了,你回來我就准辦結了,到那[23]兒了,果有這個人回來我認錯,等[24]你看明了,至不濟我先有三天的笑話不完怎麼[25]先有三天的笑話呢,我說至不濟,你得等三天纔得問明,[26]我就去看怎麼[27]會耽誤三天,你立刻去看,還趕不上呢,[28]那兒你還看着那個人,我怎麼趕不上[29]呢,叫[30]我說他還在那兒,那就是撒謊,你[31]這半天沒有正是看着的話麼,當[32]時正看着,未必此時還能趕上,你[33]說他走了,是不是,我[34]若是說他走了,你還能駁我是爲的、所有時候不同、總不過分三等、是已經的、就是過去的、是未有的、就是將來的、是目下的、就是現在的、這是三個大綱、還有細目得分的。我[112]昨天上衙門今天看書明天再歇歇這三句、就是分時候三等的大概、至於那[113]細目、就是你辦過那個文書沒有、我正在辦着你[2]買過那本書沒有買過了、他[3]早起來的時候兒、我正在喫飯、到晩上囘來、我已經出門去了、你[4]多喒可以過來麼、我明兒晌午來好不好、你是晌午來、我正要上衙門去、你倒放心罷、改日彼此相見你那一件事必是我給你先都辦妥了、我[5]是寫信給京城裡叫他們把我那些書都從船上寄了來、我這半天也都是寫信來着、到後天我看那個書已經三個月了、到今天晚上第八本就看完了、你[6]總得用心罷、用心我是用心我不是不用心買馬的那時候兒你爲甚麼不找個好的呢、找是找過了總沒找着。

你[114]在樓上坐着看甚麼呢、我[2]坐着看那個人、看[3]他在那兒作甚麼呢、我[4]看他是

PART VIII. ON THE PARTS OF SPEECH. IX.

人的、就有走罷、跑去、是令人走令人快走的。 他愛看書那句話裡頭有愛字[109]
看字、都是活字、其中那愛字、旣屬他字所主、就是按英文定例歸爲直說的式
樣那看字不屬專主、尙算凡論的限制看書是個好事這些看字是無
論看書的是誰、與他看書是專指某人是看書的、兩個說法不同一見就可以
了然。英文的活字上頭五個變換畧說明白了、剩有一個是較比難些兒試[110]
論當時那姓張的、他那些孩子們、他最疼愛的那個病了、那漢帝最寵的那臣
子謀叛那炸砲炸開的時候兒、那些兵站着的打傷了、躺着的都躲避了、我骨
頭那麼眞是個疼愛的寵的、站着、躺着坐着都是不安國勢大亂、就彷彿牆要躺下了這
些句裡頭、那疼愛的寵的、站着、坐着、要下、各等字樣、繙做英話都算是
歸活字第六個式樣的裡頭細查那的字着字實用像似活字所議是作是爲
的專一指的、就是那正義再加那的字着字、那都是陪出旁義是爲補足專指
其事、或可正在現有、或可正在已有、或可正在將有、各等形勢。 事情是作的[111]

能算全是對的、權用也無不可、讓我把兩國隨用那活字、有相對有相反的地方兒、勉強做個榜樣。卽如有漢人說馬跑鳥飛蟲扒魚游、這幾句話、旣是這麼接連着所說的必是馬類都是跑的、鳥類都是飛的、虫類都是扒的、魚類都是游的這個意思。或101是偶爾聽見那旁人說馬跑那句話、必算他專指有匹馬、正在跑着、還是常說那個馬跑的多。他102念書、我寫字、這兩句所論可以是現在我們倆、正在那兒做這兩件事、也可以是向來各人如此分課的意思。有103間的你們倆在那兒都是睡覺麼答的可是有他睡我醒着、他是睡覺我醒着他睡覺我是醒着這些樣子都無不可。這104裡頭用活字、是作為的光景多那行的受的、可以綏商先把那英文使用活字各有分定六個式樣說一說。比105方我愛他、你肯不肯那愛字肯字各當直說直問指明准定的意思。他106來我必見他、那是包是否准來未定的意思。他107可以做先生那句話、就是或指他會做先生、或指他願意、繞能殼做先生。叫108人、用來一個字、那是令

PART VIII. ON THE PARTS OF SPEECH. VIII — IX.

麼多、你[6]不要這麼些個、還可以轉賣給別人、你[7]是多少錢買得是四吊錢一百斤買的、哎[8]買得這麼貴、是在那一個鋪子裡買的、是平安街泰興煤鋪他[11]這麼貴、你為甚麼不到別處去呢、離這兒左近沒有別的煤鋪那兒[13]的話呢、我那一天上平安街看見好幾個煤鋪呢、往[14]遠些兒鋪子是有還是彼此通氣兒、還可以還價兒、不能這兒要多少、那兒也是要多少、都是彼此相襯的意思、看煤也不見很好、這宗煤要賣四吊錢一百斤、實在是豈有此理、我彷彿記得去年這宗煤還貴些兒別[17]的、這斤數兒太多、我可不能全買、憑你撥出幾成轉賣給別人罷咧、你[18]不要全數兒實要多少可[19]以留三四百斤都可以、那[20]煤價呢、你可以給了、改日子再給罷。[21]

言語例畧第九段

英[99]國無論人物所有議及是為的、是做的、是受的、這宗字樣、都是歸為那九項之一、漢文並沒有這個限制、較難創出個專名子來、就是那活字、這字樣、雖不那一個不論那一個我都不愛喜你們這些人進來的時候兒個個都得帶腰牌你看這兩個那一個好呢那一個都好這兩樣兒玉器你要那一個兩個都好論一個那一個都使得。

那磁器他要買那一個呢通共他都要買你要買的是那一件兒我都不要買是你有理是他有理呢衆人都說是我有理他家裡那個病鬧得利害除了他一個人其餘都死了那件事是人都可以明白那件事他爲甚麽不找人打一個主意沒有人能替打算這宗事情是人都可以打算大家都說這個人執拗所以他不肯聽別人的主意他實在可憐人人都不管也不是有幾個人管他不多却有幾個恨他很利害的啊有幾個可以數得出來的你算是幾個我算着有五個人我想不止五個人還多得很呢有人告訴你麽不錯有某人告訴我說有某家幾個人就很不喜歡他。哎呀你買的這個煤是多少斤共總八百斤怎麽買的這麽多呢你說的得買好些個我說好些個也不要這

PART VIII. ON THE PARTS OF SPEECH. VIII.

告訴上司、不[16]用人告訴他們、他們自己就可以查出來了。

這[95]兩匹馬那一個好依我說這一匹好、那一[2]不好、那[3]一道河的兩岸兒那一邊兒好那[4]一邊兒有景致這一邊兒荒些這些牛都是你買的這[5]三個黃的是我的那幾個黑的是他買的、你[6]拏我這些東西作甚麼、不都是你的、那[7]一個不是我的呢、這一樣就不是你的、就是了。這一個我可不要、那些個你擱下罷。

國[96]家的百官各人有各人的差使、他們倆人各人有各人的辦法賭錢的各自各兒下各自各的注、那兩個主意都不好用、那[2]一天有兩個人給他出主意誰的都可以救他的命、可惜那兩個主意他都沒肯聽、他[3]間我賃房子是長住是暫住、我說怎麼着都可以、這[4]個單子你們倆不論誰抄寫都可以、他們倆每月[5]三次回家、每次准一個人同去、明兒個怕有事你們倆總得留下一個人、不[6]論誰都使得、他那一天喝醉遇見人就打、你說得那個賊、都是腦袋上纏着紅布麼、共[7]總有沒有、我可不知道、我見的是個個纏着紅布的、他們倆人、你愛喜個說人說物都可以。他⁹⁰在那兒辦的是甚麽事、辦的是甚麽事、他還沒告訴我說。他⁹¹實在要的是這們着。所有犯法的總得究辦無⁹²論是誰犯了法、就得究辦無⁹³論是誰、該賞我必得賞那賊很兒遇誰都殺凡有進入內地必取執照那話是假的、憑誰說都不可信、憑⁴他保舉是誰、都得陞賞他⁵叫我辦甚麽我必得辦甚麽我⁶不是叫你把那邊所有的書、都挐過來麽原⁷是還有我沒挐過來的麽立⁸櫃裡頭的那一本還落下了。

他⁹⁴不是你的父親麼、不²是是我的哥哥、哦他的歲數兒多大呢、比⁴我大二十多那⁵一本書是你的、是你借來的、是⁶我本人的、哦⁷是你託那姓張的給你買的麽不⁸是是我本人買的、你⁹今兒上東花園兒逛逛罷不¹⁰行、我今兒有差使、交給我替你當好不好、費¹²你納的心、必得我自己辦的、你¹³各自個兒辦和別人辦有甚麽不一樣、不¹⁴但是我本人的責任、若是我自己個兒不辦必招上司的挑斥誰¹⁵

PART VIII. ON THE PARTS OF SPEECH. VIII.

你我提起旁人稱為是他。

所[82]稱的不止一個人為我們俗們你們他們

話裡頭提起禽獸來他字可以說得論死物那他字用不着[84]提起狗來着可漢[83]

以說他會看家問人那桌子拏過來了麼人答拏過來了不能說拏他過來了。

我[85]去拜的那個人沒在家你去拜的是誰是從前教我說官話一位先生他姓[4]

甚麼姓[5]張是[6]在虎皮衚衕住的那張家的麼再說是甚麼胡同[8]我說得是虎皮

衚衕是在東大街南頭兒路西裡第四條的那個衚衕那[9]倒不是張先生住得

那個衚衕他住得是城外頭他[10]如今教得是誰他[11]教得有倆人都是我的親戚

教[12]他們甚麼功課呢教[13]那個大的辦文書小的看四書他們倆那一個見長[15]我

看那小的比大的強[16]現在看得是甚麼書還[17]是你去年送給我的那一本

書。說[86]誰字兒就是提人繼用得說甚麼說那個這倆字眼兒提人提東西都

用得着。叫[87]你來得是誰叫你來得是甚麼人。你[88]要甚

麼來。我要那茶碗來。你在這兒做甚麼我在這兒拾到屋子。你[89]愛喜是那一

字眼兒是輔助的。比[68]方單說好一個字是空說沒有着落好字之外必得添人添物纔爲分項之用。比[69]方這是個好人那個人好這兩句那好字是品評人的字眼兒。這[70]個紙白那個紙紅這紅白兩個字是分紙項的。粗[71]紙細紙這個紙粗那個紙細各等句裡頭這粗細兩個字是分等的。至[72]於用那輔助的字眼兒也得分層次看這一章就可以知道。他[73]明白你更明白你比他明白這些人裡最明白是他他比他們那些人明白他比人明白他是天底下最明白的人。那[74]是做不來的那更是做不來的那再做不來的這些法子頂做不來的是那個。京[75]城裡頭的房脊頂高的是皇宮。他[76]的錢比我的錢多。我[77]比不起他的能幹。他[78]身量高我的身量矮。他[79]們倆說官話那一個強姓李的強些兒。這[80]三個人的學問那一個強還是姓李的強。

言語例畧第八段

人[81]說話裡頭、稱自己爲我、我向誰說話、稱誰爲你、你我倆們兩個之外爲旁人。

PART VIII. ON THE PARTS OF SPEECH. V — VIII.

不可和他穿換。

那賊匪燒過我老人家的房子這一句裡按着英話的說法賊匪是頭等房子是二等老人家是三等。怎麽見得呢比方要問放火是誰是那賊匪燒的是甚麽是房子是誰的房子是老人家的房子。總之那名目不論甚麽是行的當為頭等受的就當為二等歸為的就當為三等。

言語例畧第六段

人分得是男女禽獸分得是公母凡死物東西都不分陰陽山水木石都算是死物。那邊兒坐着的一個爺們一個娘兒們是夫婦麼不是是兄妹。我買了七隻小鷄子有兩隻公的五隻母的。兒馬是公的騾馬是母的。犛牛話裡頭是公牛母牛是母牛。

言語例畧第七段

那名目的寶字若要分項定等必得加字眼兒寶字像是為主的分項定等的

言語例畧第五段

英[46]國用名目是人是物限定三个式樣都是隨勢改換漢話裏旣是沒有這個分別權且分出三等請看以下四段就是分三等先後的榜樣。那[47]茶碗是誰砸得是那小孩子砸得。這[48]個字是甚麼人寫得是姓張的那個人寫得。畜[49]牲裏最靈的是甚麼最靈的是狗。那[50]小小子兒打得是誰他打得是那妞兒。那[51]樵夫在那兒做甚麼呢他在那兒砍樹枝子呢。他[52]把那本書丟了丟得是誰的書是我的那本書。你[53]那本書不是送給他麼不是送給他的。是借給他的你跟他要他的那本補你的罷咧他那一本和我的不一樣。你[55]是那一天借給他的就是前天借給他的。他[56]呢他在街上遇見我拏着這本書他和我借我不肯。你[57]不肯他怎麼拏了去得呢我說不肯他打手裏頭硬搶了去說後天還我。他[58]實在可惡你以後

PART VIII. ON THE PARTS OF SPEECH. IV — V.

目用的、有用這纍多、多少、好些、個、都、均、全、大家、諸凡、等這些字的、到了要說名目的數兒有把數目字加在上頭的、有先提出名目後加數目字的。比方聽見眾人說來的人很多。有多少有好些個。都是甚麼人均屬良善。為甚麼全來了大家有公事求諸位辦理。凡事有個頭緒、這些人等、自然就囘去了。來了多少人那句話也可以當來了許多人。有人來、這句話不能定是一個人來、是多少人來、有兩個人來、有三個人來、這都可以說得三個人以上常說得是幾個人。說好些個人、是人數較多些兒似乎一看數不清。那家裏那些人們狠不和睦。話裏不提人用不着們字。他來的是賣牛羊這句話必不是賣一隻牛一隻羊的意思。有人說他要賣隻牛賣匹馬賣的一定是一隻牛一匹馬。這間房子是單說一間、這房子是閒數兒不定。有人來了、是幾個人、四個人、那些人做甚麼來、他們是拉了幾匹馬來、那幾匹馬是誰要買的、不是都要買的、買一匹也可以、我不大很要買馬。

尊一尊礮也說一位礮一架礮。

尾一尾魚還說一條魚。

位位字的本義是人是物或坐或立各歸其應得之所就是了話裏頭有三位大人一位礮幾位客這宗樣子。

文那文字除了銅錢之外不當陪伴字樣問其原由是周朝鑄錢上頭加字文的時候兒起的一文錢常說是一個大錢或問這東西要幾文錢答的是多少大錢這麼說。

眼眼就是說并用這個眼字作陪伴。

言語例畧第四段

就是剛講的這些陪伴的字看起來每與數目自連着而用的多再要提起名目裏的數兒那有單的有總的不同就是漢話分單數兒總數兒有好些個是有本名目不加數目字眼兒可以當數目字用的有重用名目的字可以當數

PART VIII. ON THE PARTS OF SPEECH. III.

貼 是常說的到了一條河也說一道河一條被還說一牀被。

頂 除了一貼膏藥沒別的話、一貼金箔多說是一張金箔。

朶 這頂字、就是做轎子帽子的陪伴。

垛 除了一朶花沒別的用處、那朶還沒開花之先俗名叫咕朶。

頭 一垛木頭一垛磚說得是擺得齊整。

堵 一頭牛一頭騾子、一頭驢隨便說一個騾子、一個驢一個牛也使得惟獨羊是論隻不論頭。

堆 堵是做牆字的陪伴、用堵字道字都是一樣。

頓 堆字和垛字彷彿、但垛是整齊堆是雜亂、也有說一堆木頭一堆磚、也說一堆土等類。

座 一頓飯、一頓打、是這個頓字做陪伴、像似因爲有些兒足了的意思。

一座山、一座墳、一座廟、一座塔、都說得。

擡 t'ai² present
擡本是兩個人或是數人搭着一樣兒東西，出殯的可以有六十四擡。送禮物的擡都是雙數。

擔 tan⁴ charge
擔¹是一個人拏扁擔挑着東西。他²挑着一擔柴火，那是他挑扁擔兩頭兒挑着柴火。比³方僅有一綑柴火那是用棍子挑着扛在肩髈兒上。

刀 tao¹ couteau
刀就是一刀紙這一句話本是幾十張紙擱平搭在一塊兒，是因用刀力可以裁得開的。

道 tao⁴
一¹道河一道橋一道牆一道口子一道上諭都是條字的意思。京²城前門外頭那是個三道橋。

套 t'ao⁴ enveloppe
一套書是幾本書套在一塊兒可以是一部全書也可以是一部書分為幾套。一²套衣裳是一袍一褂可以裡邊穿一件外面套一件。

條 t'iao²
一條線一條繩子一條帶子一條鎖³一條狗一條虹一條理一條街這都

首那首數兒不是一定必要雙數做三五首都好。

嫁²粧至少的八擡富家可以一百多擡。

PART VIII. ON THE PARTS OF SPEECH. II — III.   275

首 shou⁴ tête	扇 shan⁴ eventail	所 so³ place	鋪 p'u¹ 〃	篇 p'ien¹ tablette	疋 p'i³ piece	匹 p'i³ num. of horses
首字單是做詩纔用,彷彿限定首尾的意思,詩家做詩,看題隨做詩首多寡不定,各首句數不同,或有四句,或有八句,最多十二句,十六句都說一	扇¹本是趨暑招風的東西,因為門的樣兒彷彿故此說扇。那²房子門扇不齊,還得做四五扇。	一所房子和一處房子相同,都是總論一個大門之內的。	除了一鋪炕之外沒有甚麼別的,是牀總得說一張牀,那鋪店之鋪是同音不同聲的。	這書有多少篇兒,那是論張數兒,和成章有點分別。一篇文章一篇賦一篇論都是成章的意思,所以用篇做陪伴。到²了說	疋字專做綢緞綾羅紗布等項的陪伴,必是兩頭兒不缺纔可以說。	馬字的陪伴是專用匹字,到了一匹驢騾,還可以說一頭,若活說一個也可以,駱駝常說是幾個。

管是長柄的東西、中間是空的、作爲陪伴字、卽如一管筆、一管笛、一管籥、敢說一枝也是一樣。

綑柴火一綑草一綑葱這些說都是因為有束在一塊兒的意思。

一粒米一粒九藥都是指那東西的形像而論。

除了一領蓆子一領葦箔別沒有甚麼用處。

這面字就是做鑼鼓旗鏡的陪伴字。

是有把兒手裡可以拏的東西都論幾把。比方一把茶壺兩把刀子一把鑵子一把叉子一把扇子一把鎖頭這類都是。椅子說一把說一張都使得。

凡是收裹起來的都可以用包字做陪伴的字、卽如一包糖一包煙土等類就是。

一本書、一本帳、都說得、一本書還可以說一卷書、帳却不能說卷字。

PART VIII. ON THE PARTS OF SPEECH. III.

棵 顆 口 股 塊

這棵字就是專做樹的陪伴、沒別的用法。

一顆珠子、一顆首級、都是按那名目形像說的、是圓的東西、都可以分一顆一顆的多。

一口鍋、一口鐘、一口刀、一口缸、幾口人、都說得、雖然這口字是這些名目的陪伴、獨論人還有分別、總說男女的人數兒、是論口、單說婦女也是論口、至於專論衆男人、也說多少名、也說多少個。一口刀原是兵器一把刀、也可以說屠戶用的、也是一把刀。那一口鐘的鐘是廟裡掛的鐘裡頭沒有鐸、有人撞纔有聲兒。

一股道、就是一條道、文話一股路、也說得。

一塊洋錢、一塊墨、一塊磚、一塊區、都可以說、這塊字的用處、也是最廣的、比方拏一塊銀子、買了一塊饅子。

牀　方　封　幅　副　桿　根　個

一牀被、一牀褥子、一牀毡子、都說得。

這方字就是做磚石的陪伴。

這封字是做書信等字的陪伴、因爲這個字本有包藏不露的理、所以說一封書字、一封信。

幅和張不同、與條字近些兒、但是寬窄沒甚分別、一幅箋紙就是一張箋紙、論布可以說一幅布、論綢也有一幅一幅的說、都是兩邊織就的意思。

一副對字、一副環子、都是一對的意思。

說一桿槍、一桿秤、一桿叉、都是因那東西的形像總說、若是長槍說一條也使得、其餘別的却不能。

用這根字陪伴那桅杆、旗杆、棍子、杆子、燈草、木頭、頭髮、鬍子、等名目、都是按着形像說的。一根棍子說一條棍子也可以。

這個字的用處最多、惟獨幾個人、這個理、這個東西、是更常說的、別的用

PART VIII. ON THE PARTS OF SPEECH. III.

軸　句　卷　炷　處　串　椿

是一枝子兵一枝子勇可以用。

一軸畫兒是一張裱了的條幅因爲底下兩頭兒露出木頭軸兒來故此纔說還有話封論幾軸也是一樣的意思。

這句字就是陪伴話文這兩個字。

一卷冊子一卷書還是說一本冊子一本書的多。

一炷香是單說一枝香若是好些炷用紙束在一塊兒那爲一股五股在一塊兒爲一封。

處就是地方兒的意思說買了一處房子是一個院牆之內的那些間房子都在裏頭連單間沒院牆的也可以說。

一串珠子一串誦珠一串朝珠。誦珠朝珠也說一掛單珠是顆字陪伴。

地下埋的木橛叫椿話裏說有一椿事情是在多少事情裏單要提出這個來說是特立樣子常說還是一件事多。

間不等、那樓分間在外頭、說是五七間房子、
我們倆在一個屋裏住這句話、是那幾間屋子連到一塊兒出入都是由
一個門走、或說我們倆在一間屋子住、那是一個單間另有屋門的。這
一溜房子有多少間、是問這橫連着的房子有多少。

件

字樣要換別的字陪伴也可以。比方說一椿事情幾樣傢伙幾套文書
這陪伴衣裳的字是專用件字、到了一件事情幾件傢伙幾件文書這宗
都使得。

隻

那隻字的陪伴、有鷄、鴨、鵝、牛、羊、虎、船、箱等字、又有鞁、靴、襪、胳臂、手、腳、眼睛、
都是原來成雙的、要指一半而說、所以纔用這個隻字、卽如那個鞋丟了
一隻。

枝

枝是樹上長得一枝枝字、一枝花兒、那是好些朶花兒在一塊兒長着、一
枝筆、一枝笛、可以說也沒有一管筆、一管笛、說的多、枝子和枝不同用、就

PART VIII. ON THE PARTS OF SPEECH. III.

陣 一陣大雨、一陣大風、一陣吵鬧、這個陣字本意原是打仗、是因那個忽然的形勢、故此用做陪伴字、彷彿是來的很急不能等着的神氣。

乘 那乘字本是乘船乘車乘馬的乘字。轎[2]有說一乘的、又說一頂的多。

劑 一劑藥、是合好些味藥做湯飲的、若是把好些味藥要配丸藥、那稱為一料藥。

架 一架礮、一架鷹、一架鐘、一架房柁、這裡頭就是兩架房柁、還可以說一對。

間 是[1]四根柱子的中間為一間、故此為房子、屋子、這些名目的陪伴、還得細分的。比方[2]人說我買了房子、那是買了一所、一處、必是包着好些間房子在裡頭、或說那個房子好、那是統一個大門裏都算上、或問那個[3]房子裏有多少間、那人回答有三十多間、那都是那個房子裏頭不分大小、按各間而說。王公府[4]裏、大約北面都有個後樓、上下兩層、各分五七的比方話裏說馬船的大數兒也可說馬匹船隻這麼樣又有本名目剛先提過接着說的話可以把陪伴字做爲替換之用設若有人買了牛他告訴我說我昨兒買了牛我問他買了多少隻他回答買了十幾隻這就是牛字作爲本名目那隻字就是陪伴的有陪伴的替換本名目本名目就可以不重複再提了這替換名目的也是文裡有時可以替換總之細察那陪伴字的實用像是把總類專項分晰辯明的意思卽如皇天之天后土之土是有類無項的名目那兒有陪伴的字樣至若那些有類可以分項的那宗總名要數出每類多少項就把那陪伴字當作細目爲方便如今把那些陪伴的字眼兒連各司的名目一併開列於左爲學話的便用。

盞 擎¹一盞燈來我要看書。那個燈籠是走道兒用的。那盞字也當碗字用,一盞茶一碗茶都可以說。

張 所有桌椅牀凳弓紙機羅這些字用張字做陪伴,是因爲像形稍有寬大

PART VIII. ON THE PARTS OF SPEECH. II — III.

泛論。漢話裡用那個其字,像似和英文裡指定的字眼兒,有時相合,也不能常。那[26]可不錯,比方其餘的那個其字,原是指定了,早已開除之外所剩的都在裡頭,還有其要在此,那一句是專指最要的地方兒,所論像是那個人其心不可問,這一句裡那其字,不過是當他字講,至於名目裡不用先加指定的字樣,兩國的話裡,都有可去的地方兒,即如人是萬物裡最靈的,金比銀重,這兩句裡,那人字,金字,銀字,這都是大類的總名,是可以直說的,還有人姓地名等頭,也是這麼着。

言語例畧第三段

至[27]於漢話裡頭,那名目又有個專屬,是這麼着,話裡凡有提起是人是物,可以有上頭加一個同類的名目,是要看形像的用處,做為陪伴的字,即如一個人,一位官,一匹馬,一隻船,這四個裡頭,那個字,位字,匹字,隻字,就是陪伴人官馬船這些名目的,這陪伴的字,都不但竟是加在上頭,也有可以隨着本名目說

言語例畧第二段

這²¹句段分的綱目中國也不是總沒有這個道理但是東家所說的單字分有九項那是從前還沒有聽見提過。可²²是先生沒聽見過那單字的分項、漢話裡沒有如此指明、就是那英文凡有人物事勢此等字樣所分字項的定制、皆稱爲名目、即如人字書字病字年字這四個字都是名目英國不分作文說話裡、凡有遇用那名目多有先加字樣可以指明所提是否已議及、這等字樣漢話裡雖然沒有詳細分別凡遇其勢也有分其已準未準之法比方凡說有個人來、有一個人來、這兩句聽了、可以知道所論的人並不是個早已論及的、那傳話的心裡還茫無定向呢設若傳話的人說、那個人來了、聽了可以知道來的、是早已提過的那個人、傳話的如此分清了界限那就是確然指明了、我們²³這些那字這字原是分別彼此之用。那²⁴可自然那個且等後來再說、就是這第二十二句裡專用那個人的那字、却沒有彼此之分、實因指定不是

PART VIII. ON THE PARTS OF SPEECH. I—II.

隨時隨勢可以互相變通的理。變[17]通是全能彀變通的甚至於有人說不論那個字都可以做半活半死的用。我[18]們英國話文限制死些兒沒有漢字那變換的活動權分其大端有單字有句法那字各歸九項就是論單字的一端至於連字成句連句成叚那就是句法。倣[19]國向來作文章也有分股分叚的式樣東家剛說這句法可以是那麼樣罷。那[20]却不同貴國作文憑那句法是專管那個字句的長短我們成句之理就是無論何句必有綱目兩分方能成句人家所題那人那物那事為綱論綱的是非有無動作也都為目看起這個來竟有死字沒有活字難算成句較比人雨馬竟說這三個字不添活字實屬有頭無尾焉能算是話竟是有活字沒有死字其理相同不待言矣那人是好下雨那馬快這三句達出來的意思全了所以纏成句分其綱目就是這頭一句裡那人字為綱論人的好不好是目第二句下雨雨字是綱論起下雨不下是目第三句馬字為綱論起走得快為目。

的文較比我們中國省事些兒。那[14]是外國的作文、其單字各字都歸准類連字成句、又有句法明文那些書、貴國並無這些指定句法的書成句都是記得書上記載的字樣句既作成就可以連句成文至於那單字統分虛實兩大項那是我考察了多少囘至今總沒有透澈這個理。實字其中要看用法還有死活之分虛字較難細辨比方你不要錢麽那一句那麼字本無正義用之竟是因爲指明了、是訂問的口氣就是虛字、其餘的幾個裡那個不字雖有實義漢文裡頭還算是虛字、那你字要字錢字、那都爲實字至於那個死的活的不同就是此處你錢這兩個字是死的、那要字一個字是活的、然而那要字繞說是活字在此處固然是活的、別處也可以當死的用比方其要在速這一句、那要字速字、可不是死字麼再問這句裡活字沒有麼就是那在字必算是活字、又考這些字裡虛實之分、就是那其在這兩字、雖然本有正義此處仍算是虛字。

看[16]起這個來、就是虛字實字這些個名目大有

PART VIII. ON THE PARTS OF SPEECH. I.

用處。那[7]清文頗有幾分相似漢文雖不相同那漢文寫的還分八筆稱爲字母和貴國的筆畫可不同麼。其[8]用大不相同那漢文單着的筆畫雖有本音作成整字其音與筆畫本音並不相干比方寫一個十字那是數目裡一個字,寫的是橫豎兩筆那橫的原名一字豎的原名滾字這兩筆合成十字一看就知是專管這個字形於聲音毫無干涉這是外國人學漢字以爲最難的地方兒。外[9]國定音的還有甚麼好法子呢。是[10]這麼着外國寫字那有二十多個筆畫把那筆畫連成字也不用很多的工夫就可以知道那個理學會之後遇見甚麼字都可以定得準他的音至若漢字並沒有一個可以準是定的地方兒沒念過決不能知道必得察一察察過一次日後再見了還是不能保其不忘記。那[11]是不錯的我們漢人們不怕忘記了是因爲從小兒先認單字的。就[12]是了我們外國旣是沒念過貴國的書看書的時候兒未免有那單字的難處,等到把單字連上成文那作文的難就比單字更甚萬分。聽[13]見說外國

言語例畧第一段

看[1]貴國的人學我們的漢話都像是費事得很却是甚麼難處呢。唉[2]那難處不止一樣了,有口音的難處,有單字的難處,更有文法的難處。怎麼呢,外國[3]人各國互相學話看着像不用很多的工夫,難道我們這漢話和貴國的話,全是兩樣的麼。那[4]到不必說,天下各國的話沒有全不相同的地方兒,是人那念頭發出來,隨勢自可分好些神氣,有直說有無有間,有令,有願望,有驚訝比方這人死了,那人沒死,那是直說有無的話,斬那人罷,是令人的話,把不得那人好了,是願望的話,可惜了兒,那人死了沒有,是問人的話,那兒[5]不明白,這就可算文話的總例是中外各國人情自然相同之理。可[6]不是麼,就是論及單字的那個難處,這惟漢文獨異怎麼呢,就是除了中國之外是有文各國寫字就有那些筆畫的定數這些筆畫各有本音可以把數筆連在一塊兒,不但會整字,還有指定聲音的

PART VIII. (*Supplement.*) XIV.   289

附編

言語例畧第十四段

127.

1. 來。 lai!

2. 喳。 cha!

3. 拏水來。 na shui lai.

4. 老爺要的是涼水是開水。 lao-yeh yao-ti shih liang shui, shih k'ai shui.

5. 要涼水洗澡要溫水洗 yao liang shui hsi-tsao, yao wên shui hsi

臉。 lien.

6. 臉盆裡有溫水,那澡盆是漏的,怕不能倒水。 lien-p'ên li yu wên shui; na tsao-p'ên shih lou-ti, p'a pu nêng tao shui.

7. 快叫人收拾罷,我那衣裳, k'uai chiao jên shou-shih pa! wo na i-shang

你抽打了沒有。 ni ch'ou-ta-liao mo yu?

8. 衣裳是早已抽打了,靴子也刷了。 i-shang shih tsao i ch'ou-ta-liao; hsüeh-tzŭ yeh shua-liao.

9. 怎麼呢,那手巾那姨子 tsĕng-mo ni? na shou-chin, na i-tzŭ

還擱在那裡。 'han ko tsai na li?

10. 那姨子在屜板兒上;手巾在架子上掛着。 na i-tzŭ tsai t'i-pan-'rh shang; shou-chin tsai chia-tzŭ shang kua-cho.

128.

1. 老爺的行李來了。 lao-yeh-ti hsing-li lai-liao.

2. 啊,狠好,那箱子你數過了沒有。 a! hên hao, na hsiang-tzŭ ni shu-kuo-liao mo yu?

3. 數了,大小通共二十四件。 shu-liao; ta hsiao t'ung-kung erh-shih-ssŭ chien.

4. 那裡有那麼些,怕不是都是我的。 na-li yu na-mo hsieh? p'a pu shih tou shih wo-ti.

5. 老爺的箱子幾隻記得不記得。 lao-yeh-ti hsiang-tzŭ chi chih, chi-tê pu chi-tê?

6. 有三隻皮箱一隻木箱,還有鋪蓋,還有零碎包兒兩件,共總七樣兒。 yu san chih p'i hsiang, i chih mu hsiang, 'han yu p'u-kai, 'han yu ling-sui pao-erh liang chien; kung-tsung ch'i yang-'rh.

7. 請老爺出去看看那個是老爺的。 ch'ing lao-yeh ch'u-ch'ü k'an-k'an na-ko shih lao-yeh-ti.

8. 就是了,那車錢呢,還得給多少。 chiu shih la! na ch'ê ch'ien ni, 'han tei kei to shao?

9. 向來天津來的那大車都是五塊錢,小車是三塊錢。 hsiang-lai T'ien-ching lai-ti, na ta ch'ê tou shih wu k'uai ch'ien; hsiao ch'ê shih san k'uai ch'ien.

10. 等一會兒,我同那些老爺們筭清了給他。 têng i 'hui-erh, wo t'ung na hsieh lao-yeh-mên suan-ch'ing liao, kei t'a.

PART VIII. (*Supplement.*) XIV.   291

129.
1. 我屋裡的那些傢伙在那兒去買？ wo u li -ti na hsieh chia-huo tsai na 'rh ch'ü mai?

2. 老爺屋裡這些還不殼用的麼？ lao-yeh u li chê hsieh 'han pu kou yung -ti mo?

3. 這個不是我的，都是借的。 chê ko pu shih wo -ti, tou shih chieh -ti.

4. 就是那桌子椅子，我可以給老爺在鋪子裡買去。 chiu shih na cho -tzǔ, i -tzǔ, wo k'o-i kei lao-yeh tsai p'u-tzǔ li mai ch'ü.

5. 還要書架子裝書。 'han yao shu chia -tzǔ chuang shu.

6. 那書架子沒現成的，得叫木匠做；那臉盆架，老爺要 na shu chia -tzǔ mêi hsien-ch'êng -ti, tei chiao mu-chiang tso; na lien-p'ên-chia, ch'uang, lao-yeh yao

不要？ pu yao?

7. 臉盆架要買，牀有我帶來的。 lien-p'ên-chia yao mai; ch'uang yu wo tai lai -ti.

8. 老爺的牀在那兒？ lao-yeh -ti ch'uang tsai na 'rh?

9. 那牀是鐵的，在那 na ch'uang shih t'ieh -ti, tsai na

長木箱子裏裝着。 ch'ang mu hsiang-tzǔ li chuang-cho.

10. 我去找木匠來把他打開。 wo ch'ü chao mu-chiang lai pa t'a ta-k'ai.

11. 還有我的衣裳臟了，得洗。 'han yu wo -ti i -shang tsang liao, tei hsi.

12. 我已經告訴洗衣裳的了，可以快來。 wo i-ching kao-su hsi -i -shang -ti liao; k'o-i k'uai lai.

130.

1. 老爺點油燈點蠟燭。

2. 我帶來的有一盞油燈，還有幾包蠟。

3. 老爺今兒點那個呢？

4. 今兒快黑了，先點蠟，明兒再買油。

5. 如今天快冷了，老爺屋裡地下鋪毡子不鋪？

6. 毡子是要鋪的，那燒火的煤炭呢？

7. 那炭是廚子管，那煤是老爺們合夥兒買。

8. 後頭那窗戶透風得利害，沒有擋住的好法子？

9. 此地那窗戶冬天都是拏紙糊上。

10. 啊，是這麼着，就是明天可以把那後頭的糊上，前頭不用糊。

PART VIII. (Supplement.) XIV.

131.

1. 老爺先生來了。 lao-yeh, hsien-shêng lai liao.

2. 請擎茶來啊！先生請坐。 ch'ing na ch'a lai a! hsien-shêng ch'ing tso.

3. 請坐。 ch'ing tso.

4. 昨天看那話條子,有幾處不懂得。 tso t'ien k'an na 'hua-t'iao-tzŭ, yu chi ch'u pu tung tê.

5. 還有甚麼難處呢、您納說一說。 'han yu shen-mo nan ch'u ni? nin-na shuo i shuo.

6. 這一個字我找不着。 chê i ko tzŭ wo chao pu chao.

7. 那是個俗字字典上沒有的、 na shih ko su tzŭ; tzŭ-tien-shang mo yu-ti.

8. 就是這個呢。 chiu shih chê ko ni?

9. 那是亂字。 na shih luan tzŭ.

10. 還是歸那個部首。 'han shih kuei na ko pu-shou?

11. 那部首本是乙您納找的是那個部首。 na pu-shou pên shih Yi; nin na chao-ti shih na ko pu-shou?

12. 我找的是爪部。 wo chao-ti shih Chao pu.

13. 那是錯了,那亂字的意思您納明白不明白。 na shih ts'o liao; na luan tzŭ-ti i-ssŭ, nin-na ming-po pu ming-po?

14. 我彷彿記得見過一次也不定常說的是連那個字說先生請告訴我。 wo fang-fu chi-tê chien-kuo i tz'ŭ, yeh pu ting; ch'ang shuo-ti shih lien na ko tzŭ shuo, hsien-shêng ch'ing kao-su wo.

15. 那字眼多了,有雜亂,有反亂,有荒亂,有混亂,有擾亂,有治亂。 na tzŭ-yen to liao lo; yu tsa-luan, yu fan luan, yu 'huang luan, yu 'hun-luan, yu jao-luan, yu chih luan.

16. 唉、慢慢的、這些字眼兒都是甚麼意思。 ai! man-man-ti; chê hsieh tzŭ-yen-'rh tou shih shên-mo i ssŭ?

17. 那亂字本是不整齊的意思東西 na luan tzŭ pên shih pu chêng-ch'i-ti i-ssŭ; tung-hsi

沒布置是雜亂、辦事也有雜亂無章之說、那賊匪鬧得利害、是反亂年歲不收 mei pu chih shih tsa-luan; pan shih yeh yu tsa-luan wu chang chih shuo; na tsei-fei nao tê li-hai, shih fan-luan nien-sui pu shou-

成、百姓沒有吃穿各處兒搶奪、那就是荒亂、家裡沒規矩是混亂世界混亂是 ch'êng, pai po-hsing mê yu ch'ih ch'uan, ko ch'u 'rh ch'iang-to, na chiu shih huang luan; chia-li mei kuei-chü, shih 'hun luan; shih-chieh 'hun-luan, shih

說普天下大亂之極、那擾亂地方、是匪類把某處百姓不是殺就是燒治亂無 shuo p'u t'ien-hsia ta luan chih chi; na jao-luan ti-fang, shih fei-lei pa mou ch'u pai po hsing, pu shih sha, chiu shih shao; chih luan wu

常這一句是天下有時太平、有時大亂、都不能定的意思。 18. 領教就是這些句 ch'ang chê i chü, shih t'ien-hsia yu shih t'ai p'ing, yu shih ta luan, tou pu nêng ting-ti i-ssŭ. 18. ling chiao; chiu shih chê hsieh chü

裡頭最常用的是那個字眼兒。 19. 隨常用的怕是雜亂罷、隨便甚麼都可以說 li-t'ou, tsui ch'ang yung ti shih na ko tzŭ-yen-'rh? 19. sui-ch'ang yung -ti p'a shih tsa-luan pa; sui pien shen-mo tou k'o-i shuo

雜亂。 tsa--luan.

20. 就是底下見這亂字，我可以記得是雜亂之亂。 chiu shih ti -hsia, chien chê *luan* tzǔ, wo k'o i chi -tê shih tsa--luan chih luan.

TZŬ ERH CHI.

COLLOQUIAL SERIES.

APPENDICES

TO

PARTS III, IV, V, & VI.

Appendix I, contains all characters new to the Student in Part III, or the Forty Exercises; Appendix II, those in Part IV, or the Ten Dialogues; Appendix III, those in Part V, or the Eighteen Sections; and Appendix IV, those in Part VI, or the Hundred Lessons.

The characters in Appendix I, are numbered and arranged exactly as they are in the Vocabulary Columns of Part III. In Appendix II, the characters follow each other in the order of their first appearance in the Ten Dialogues, and the number by the side of each refers the Student to the question or answer in which the character is first found, consequently, to the Note on it, in the Key, which explains its meaning. The same rule is observed in Appendix III, the numbers given indicating the place of each character in the particular Section and sentence to which it belongs.

In the Key to Part VI, it will be seen that the Notes appended to the translation of each Lesson are numbered independently of the paragraphs or other subdivisions of the Text of the Lesson, and the number accompanying each character in Appendix IV will simply guide the Student to the Note explaining it in the Key.

Where an asterisk stands by the side of any character, the Student will observe that there are more forms than one of that character used in the *Tzŭ Erh Chi*, but that the form given in the Appendix is the correct form. In Part III, great pains have been taken to avoid the repetition of any character before met with, except it be used with a new Sound or Tone. In the Appendices to Parts IV, V, and VI, some few characters have been repeated, with or without reason, a second or even a third time; but this need not perplex the Student, who should use these lists, not only as indices of reference, but also, and principally, as tables to test his memory.

Appendix I. CHARACTERS IN THE FORTY EXERCISES.

1.	2.	3.	4.	5.	6.	7.	8.
1. 兩	1. 你	1. 進	1. 前	1. 眞	1. 紙	1. 炕	1. 傢
2. 三	2. 我	2. 城	2. 後	2. 正	2. 張	2. 蓆	2. 伙
3. 第	3. 他	3. 家	3. 叫	3. 抄	3. 筆	3. 床	3. 欖
4. 四	4. 偺	4. 住	4. 站	4. 寫	4. 管	4. 帳	4. 條
5. 五	5. 們	*5. 著	5. 起	5. 教	5. 墨	5. 鋪	5. 倒
6. 六	6. 倆	6. 街	6. 躺	6. 學	6. 塊	6. 蓋	6. 壺
7. 七	7. 這	7. 上	7. 地	7. 請	7. 把	7. 卓	7. 花
8. 九	8. 在	8. 房	8. 快	8. 瞧	8. 本	8. 椅	8. 瓶
9. 幾	9. 那	9. 間	9. 慢	9. 拏	9. 書	9. 蠟	9. 破
10. 千	10. 兒	10. 屋	10. 都	10. 字	10. 念	10. 燈	10. 收
11. 數	11. 的	11. 裏	11. 愛	11. 典	11. 完	11. 盞	11. 拾
12. 百	12. 沒	12. 開	12. 坐	12. 話	12. 可	12. 隻	12. 盤
13. 萬	13. 了	13. 鋪	13. 轎	13. 找	13. 以	13. 酒	13. 碟
14. 零	14. 甚	14. 關	14. 樓	14. 看	14. 給	14. 杯	14. 喫
15. 來	15. 麼	15. 膓	15. 下	15. 先	15. 官	15. 茶	15. 點
16. 多	16. 買	16. 出	16. 回	16. 認	16. 會	16. 碗	16. 吹
17. 少	17. 賣	17. 去	17. 到	17. 還	17. 分	17. 盅	17. 滅
18. 有	18. 得	18. 往	18. 驢	18. 肯	18. 聽	18. 厨	18. 使
19. 好	19. 很	19. 外	19. 騾	19. 告	19. 明	19. 煮	19. 燒
20. 些	20. 誰	20. 頭	20. 匹	20. 訴	20. 也	20. 飯	20. 爐
21. 個	21. 要	21. 知	21. 輛	21. 呢	21. 懂	21. 鍋	21. 空
	22. 不	22. 道	22. 步	22. 記	22. 平	22. 鍾	22. 滿
	23. 是	23. 做	23. 頂	23. 問	23. 聲	23. 勺	23. 同
		24. 東	24. 荷	24. 騎	24. 忘	24. 壞	24. 算
				25. 說	25. 跑	25. 錯	25. 碎

Appendix I. CHARACTERS IN THE FORTY EXERCISES.

9.	10.	11.	12.	13.	14.	15.	16.
1. 今	1. 更	1. 怕	1. 儘	1. 銀	1. 煤	1. 京	1. 李
2. 年	2. 夫	2. 裳	2. 摘	2. 銅	2. 炭	2. 遠	2. 箱
3. 時	3. 每	3. 件	3. 戴	3. 鐵	3. 柴	3. 近	3. 包
4. 令	4. 夜	4. 太	4. 撣	4. 錢	4. 麵	4. 南	4. 袋
5. 暖	5. 得	5. 腌	5. 帽	5. 吊	5. 油	5. 北	5. 氈
6. 和	6. 打	6. 臟	6. 砍	6. 票	6. 芝	6. 路	6. 布
7. 昨	7. 罷	7. 換	7. 肩	7. 桿	7. 糖	7. 直	7. 矮
8. 天	8. 早	8. 乾	8. 汗	8. 秤	8. 鹽	8. 繞	8. 駱
9. 就	9. 晚	9. 淨	9. 衫	9. 稱	9. 粗	9. 河	9. 駝
10. 定	10. 晌	10. 刷	10. 單	10. 價	10. 細	10. 海	10. 牲
11. 晝	11. 午	11. 洗	11. 夾	11. 值	11. 湯	11. 邊	11. 跟
12. 晴	12. 嘮	12. 臉	12. 縣	12. 貴	12. 雞	12. 深	12. 班
13. 亮	13. 事	13. 盆	13. 褲	13. 賤	13. 奶	13. 淺	13. 裝
14. 鐘	14. 情	14. 縫	14. 裁	14. 便	14. 果	14. 船	14. 帶
15. 半	15. 擱	15. 補	15. 袖	15. 宜	15. 菜	15. 客	15. 馱
16. 刻	16. 各	16. 穿	16. 袖	16. 輕	16. 饅	16. 店	16. 追
17. 氣	17. 樣	17. 鞋	17. 梳	17. 重	17. 喝	17. 掌	17. 趕
18. 候	18. 短	18. 脫	18. 髮	18. 借	18. 弄	18. 櫃	18. 喚
19. 冷	19. 雲	19. 靴	19. 針	19. 賬	19. 端	19. 計	19. 無
20. 熱	20. 彩	20. 雙	20. 線	20. 該	20. 撤	20. 受	20. 利
21. 雪	21. 陰	21. 襪	21. 胰	21. 費	21. 熟	21. 累	21. 害
22. 涼	22. 霧	22. 最	22. 澡	22. 當	22. 論	22. 苦	22. 春
23. 颳	23. 空	23. 溫		23. 於	23. 石	23. 乏	23. 夏
				24. 好		24. 歇	24. 秋
						25. 連	25. 冬

Appendix I. CHARACTERS IN THE FORTY EXERCISES.

17.	18.	19.	20.	21.	22.	23.	24.
1. 腦	1. 眉	1. 君	1. 國	1. 搶	1. 凡	1. 語	1. 兆
2. 辮	2. 鬢	2. 民	2. 章	2. 奪	2. 揣	2. 句	2. 吉
3. 柔	3. 顋	3. 主	3. 程	3. 偷	3. 摩	3. 吵	3. 凶
4. 眼	4. 頰	4. 爵	4. 卡	4. 股	4. 約	4. 喧	4. 祥
5. 睛	5. 巴	5. 位	5. 倫	5. 逃	5. 准	5. 嚷	5. 瑞
6. 嘴	6. 頦	6. 參	6. 巡	6. 竄	6. 否	6. 哼	6. 安
7. 脣	7. 脖	7. 贊	7. 察	7. 散	7. 更	7. 阿	7. 寧
8. 鬍	8. 嗓	8. 尊	8. 刻	8. 混	8. 改	8. 哈	8. 順
9. 胳	9. 節	9. 武	9. 搜	9. 懶	9. 姿	9. 嘎	9. 寬
10. 臂	10. 刮	10. 兵	10. 律	10. 惰	10. 當	10. 訛	10. 綽
11. 指	11. 剃	11. 缺	11. 例	11. 棍	11. 專	11. 衰	11. 貧
12. 甲	12. 胸	12. 額	12. 治	12. 扔	12. 失	12. 困	12. 窮
13. 抓	13. 背	13. 捐	13. 理	13. 放	13. 神	13. 極	13. 窘
14. 腰	14. 脊	14. 充	14. 暴	14. 槍	14. 參	14. 夢	14. 恆
15. 腿	15. 梁	15. 謀	15. 虐	15. 恰	15. 差	15. 貌	15. 產
16. 壯	16. 髂	16. 策	16. 亂	16. 巧	16. 忙	16. 美	16. 朋
17. 建	17. 肚	17. 殺	17. 謬	17. 特	17. 向	17. 陋	17. 友
18. 頓	18. 波	18. 退	18. 普	18. 意	18. 規	18. 摔	18. 賞
19. 弱	19. 棱	19. 勒	19. 羣	19. 偶	19. 幹	19. 掉	19. 相
20. 拉	20. 踝	20. 索	20. 耕	20. 然	20. 辦	20. 擲	20. 幫
21. 拽	21. 腳	21. 中	21. 耨	21. 成	21. 法	21. 搭	21. 留
22. 病	22. 體	22. 底	22. 囊	22. 硬	22. 胡	22. 窄	22. 能
23. 疼	23. 斬	23. 全	23. 總	23. 按	23. 鬧	23. 則	23. 丟
24. 奇	24. 賊	24. 姓	24. 謂	24. 思	24. 掄	24. 況	24. 根
25. 怪	25. 級	25. 名	25. 之	25.	25. 催	25. 且	25. 現

Appendix I. CHARACTERS IN THE FORTY EXERCISES.

25.	26.	27.	28.	29.	30.	31.	32.
1. 您	1. 想	1. 某	1. 裱	1. 剛	1. 臺	1. 男	1. 皇
2. 喳	2. 怎	2. 乍	2. 糊	2. 纔	2. 灣	2. 爺	2. 宮
3. 親	3. 却	3. 初	3. 匠	3. 再	3. 江	3. 娘	3. 朝
4. 旁	4. 睡	4. 和	4. 染	4. 等	4. 湖	4. 幼	4. 廷
5. 祖	5. 覺	5. 別	5. 顏	5. 取	5. 流	5. 輩	5. 建
6. 翁	6. 對	6. 素	6. 紅	6. 送	6. 浪	6. 頑	6. 臨
7. 兄	7. 賽	7. 原	7. 藍	7. 落	7. 闊	7. 耍	7. 强
8. 孫	8. 齒	8. 待	8. 淡	8. 永	8. 浮	8. 蠢	8. 民
9. 舍	9. 吞	9. 敦	9. 新	9. 湊	9. 橋	9. 笨	9. 禁
10. 弟	10. 疊	10. 厚	10. 舊	10. 挪	10. 井	10. 獸	10. 舞
11. 奴	11. 次	11. 薄	11. 紗	11. 拴	11. 坑	11. 冒	11. 爲
12. 才	12. 增	12. 傲	12. 氈	12. 套	12. 衚	12. 爽	12. 匪
13. 迎	13. 蔥	13. 嫉	13. 必	13. 商	13. 衕	13. 靜	13. 反
14. 接	14. 苗	14. 妬	14. 須	14. 量	14. 巷	14. 舒	14. 犯
15. 葬	15. 嫩	15. 慚	15. 光	15. 殼	15. 野	15. 服	15. 罪
16. 絲	16. 桑	16. 愧	16. 潤	16. 斟	16. 屯	16. 艱	16. 死
17. 團	17. 樹	17. 絕	17. 玻	17. 酌	17. 墳	17. 難	17. 黨
18. 絨	18. 林	18. 交	18. 璃	18. 疑	18. 墓	18. 耐	18. 爭
19. 尺	19. 森	19. 實	19. 料	19. 惑	19. 峯	19. 羞	19. 鬪
20. 貨	20. 綠	20. 憑	20. 擦	20. 喊	20. 嶺	20. 辱	20. 號
21. 昂	21. 草	21. 寶	21. 碰	21. 答	21. 尖	21. 討	21. 靖
22. 替	22. 濕	22. 拜	22. 裂	22. 應		22. 嫌	22. 恩
23. 挑	23. 曬	23. 應	23. 行	23. 從			23. 赦
		24. 晒	24. 陪		24. 末		24. 免
							25. 隨

Appendix I. CHARACTERS IN THE FORTY EXERCISES.

33.	34.	35.	36.	37.	38.	39.	40.
1. 古	1. 倉	1. 捏	1. 歲	1. 常	1. 承	1. 脾	1. 緊
2. 世	2. 庫	2. 酒	2. 紀	2. 屢	2. 差	2. 性	2. 預
3. 孔	3. 宗	3. 灑	3. 壽	3. 公	3. 任	3. 禍	3. 備
4. 聖	4. 考	4. 掃	4. 因	4. 私	4. 署	4. 福	4. 通
5. 儒	5. 如	5. 帚	5. 爲	5. 務	5. 習	5. 命	5. 共
6. 佛	6. 若	6. 砌	6. 緣	6. 閒	6. 部	6. 運	6. 合
7. 廟	7. 雜	7. 碎	7. 故	7. 空	7. 堂	7. 志	7. 除
8. 座	8. 另	8. 狗	8. 耽	8. 悶	8. 司	8. 盆	8. 剩
9. 僧	9. 派	9. 欻	9. 悞	9. 慌	9. 委	9. 活	9. 盈
10. 俗	10. 盼	10. 修	10. 容	10. 樂	10. 員	10. 動	10. 像
11. 尙	11. 望	11. 表	11. 易	11. 煩	11. 吏	11. 聰	11. 似
12. 傳	12. 列	12. 圓	12. 便	12. 急	12. 役	12. 願	12. 橫
13. 經	13. 衆	13. 扁	13. 勁	13. 奉	13. 皂	13. 功	13. 竪
14. 楷	14. 涯	14. 剖	14. 塗	14. 求	14. 隸	14. 虧	14. 傷
15. 率	15. 依	15. 寃	15. 喜	15. 託	15. 供	15. 幸	15. 棚
16. 更	16. 戀	16. 枉	16. 歡	16. 發	16. 桌	16. 夐	*16. 著
17. 濃	17. 跨	17. 逆	17. 惜	17. 信	17. 帖	17. 抱	17. 準
18. 貼	18. 捨	18. 跳	18. 欺	18. 雇	18. 存	18. 怨	18. 勢
19. 牆	19. 礙	19. 造	19. 哄	19. 孩	19. 稿	19. 寒	
20. 層	20. 碍	20. 報	20. 誆	20. 撒	20. 陳	20. 悔	
21. 掛	21. 彼	21. 彷	21. 騙	21. 謊	21. 案	21. 善	
22. 畫	22. 此	22. 彿	22. 扉	22. 賺	22. 照	22. 惡	
23. 唱	23. 處	23. 答		23. 星	23. 式	23. 其	
24. 曲	24. 偏			24. 所		24. 餘	
25. 抽	25. 或			25. 雖		25. 靈	

Appendix II. CHARACTERS in PART IV. DIALOGUES 1–5.

Dial. 1.		Dial. 2.		Dial. 3.			Dial. 4.			Dial. 5.		
2	傲	1	納	8	哥	103	殿	4	徐	64	孀	1	永	78	躲
2	津	20	哎	13	假	104	館	5	識	64	婦	9	拋	80	酬
2	領	20	呀	18	母	106	沙	6	陳	70	憐	15	查		
4	鄉	20	久	19	著	106	窩	7	遇	73	排	20	狂		
9	駕	27	頃	19	着	110	鞭	23	慶	75	殘	21	煙		
12	洋	28	賠	21	勿	114	但	25	讓	75	疾	22	貪		
12	漆	28	墊	22	恕	119	折	32	泖	76	景	25	葉		
16	解	31	依	23	離	123	患	37	托	77	栽	26	湖		
19	省	32	王	48	敢	123	擔	38	恬	77	培	26	藥		
20	廣	32	戚	49	院	123	竟	38	勞	79	感	26	村		
28	行	34	放	52	鬧	123	村	40	糢	79	激	32	微		
28	作	34	撫	54	嗳	123	誠	45	康	79	盡	36	蔓		
30	異	37	歡	54	磕	123	決	49	奈	81	提	36	棧		
		38	證	56	挨			52	莫	83	拔	36	藏		
		43	恨	56	伸			52	被			44	艇		
		43	勤	57	與			52	竊			49	封		
		43	儉	57	何			53	惡			52	豐		
		44	唉	64	駒			53	擇			61	虎		
		44	既	65	咳			54	繃			64	撞		
		44	各	65	詳			55	保			65	哨		
		46	宥	72	伴			56	精			66	欽		
		48	由	74	加			57	養			66	劉		
		49	息	79	架			59	姐			72	驚		
		50	歸	88	喲			59	妹			72	訝		
		53	均	91	昕			60	未			74	損		
		54	哪	93	只			62	姑			76	寡		
		54	業	96	鎮			62	嫁			76	敵		
		58	伺	96	園			63	陣			76	膽		
		59	幕	99	猾			63	亡			76	虛		

Appendix II. CHARACTERS IN PART IV. DIALOGUES 6–10.

Dial. 6.		Dial. 7.	Dial. 8.	Dial. 9.	Dial. 10.	
1 岔	50 倚	6 孟	3 英	7 蘇	5 洲	50 { 複復
1 結	53 推	10 齋	5 旱	9 閣	6 繡	52 復羅
9 始		37 戲	9 州	18 漢	7 壁	52 織
9 終		46 姪	17 攏	36 講	10 鏊	54 練
9 扣		47 悉	17 渡	38 註	10 習	54 閱
10 貧		65 搬	21 浦	40 中	11 選	54 歷
14 涉		72 琉	21 段	40 秀	16 擇	58 拘
16 塲		72 厰	23 楊	41 徽	16 屬	62 清
21 究		76 婆	23 蔡	41 倖	16 榜	63 卷
21 罰		83 翻	23 隔	41 試	19 妙	66 删
22 遮		88 扭	29 格	42 庚	19 義	66 談
22 掩		93 壓	33 葷	46 榮	20 類	71 彙
23 楊		98 哭	35 富	47 縣	20 導	72 啓
23 編		100 鄒	35 典	51 緒	21 周	72 蒙
24 逌		100 府	55 妨	53 遵	21 密	74 續
24 詐				55 駁	54 申	21 題	74 斷
27 舉				63 岱		32 絡	75 簷
31 靠				63 御		36 印	75 溜
35 估				69 恐		38 篇	76 貽
35 模				77 鞍		38 序	77 登
36 臚				79 籠		38 譯	77 卑
37 徇				81 嚼		39 切	77 邇
37 庇				81 扯		40 並	77 互
38 亨				81 慣		40 較	77 及
38 恤				83 夥		44 倍	77
41 頓				87 盼		47 乎
49 許				87 咐		48 罨
50 簡						48 僅
50 轉						

散話九章第二十二字涼,是涼熱的涼,涼是風俗涼薄的涼。○問答三章第十九節,以著爲正字,以着爲俗字,兩形雖異義實相同。○問答十章第五十節複字單是重複字用,俗多用復至反復各等字樣止用復字不能用複。

Appendix III. CHARACTERS IN PART V. SECTIONS 1–12.

Sec. 1.		33 溜		3 弦		35 提		46 蜂		3 焦		21 陶		27 滑		29 晾
2 猜猻		37 伶俐		5 典		38 逍		46 螯		6 炒曲		25 藏		27 翅		33 恐
9 禊		37 俐慌		10 越淅		38 遙		47 蝎		8 曲		28 圖		27 赳坡		34 骿
15 餓		41 慌		15 淅壁		39 種		48 獬		10 滷鏡		32 醉		28 坡		35 防
16 截痊		48 停		18 壁芬		40 屻		48 扮		11 鏡腸		33 鮮		31 趾		35 嚇
19 痊				20 芬		42 機密				12 腸		35 露		31 穩		37 濺
24 搓磨		Sec. 3.		30 搖		42 密		Sec. 7.		14 餬		36 錦		32 盪		38 屈
24 磨		2 羅		30 鈴		43 摔		4 財		17 饒		37 戲		33 甓		39 摳
25 痛板		3 硯粧		37 繫		43 結		7 邦		21 形		37 逢		34 側		39 癢
27 板		4 粧		38 紮		43 繩		8 謹慎		22 餉		37 酬		36 撬		40 籃
28 尋		6 搭楊		40 忒		45 整		12 慎		29 蟣		38 濯		37 襻		41 呃
30 差		7 楊		47 透				12 開		29 蟀		42 舍		38 釘		42 摁
33 攬		8 飽		50 凍		Sec. 6.		20 咬		30 宰		46 漆		38 鈕		42 鑼
40 賴		13 顧		50 瘡		4 印		20 仇		32 蘿				41 滾		42 播
45 叨		13 佔				8 俏		21 仗		33 怯		Sec. 10.		41 燙		43 篩
45 耗		14 蛋		Sec. 5.		9 敗		23 芽		40 擾		1 碧		47 佩		43 籮
47 剌稍		22 簒		3 呆		9 腕		25 坭		41 變		1 圈				44 醹
50 稍		27 嬌		4 趺		13 核		26 鑲		41 卦		2 翠		Sec. 11.		45 摅
55 臊		27 慣		4 仰		21 熊		31 鴉		45 省		3 鐲		4 痛		45 烙
		31 榴		7 媳		23 胖		35 蚊				5 齣		6 遭		47 謠
Sec. 2.		35 幹		8 婦		26 煎		37 調		Sec. 9.		6 鹹		6 邊		48 辣
4 港		36 岸		8 揩		31 罰		37 羹		3 瘍		6 臭		8 惜		
11 份		37 陽		12 蕈		32 蛛		38 艙		4 闢		7 噴		13 楊		Sec. 12.
14 拘		40 玫		12 啞		32 網		40 檔		5 劑		10 訓		14 猶		1 邋
15 鎖		40 瑰		14 禮		33 切		41 投		7 吐		10 酗		18 耿		2 夯
17 仍				23 擋		38 縱		44 礎		9 紋		11 酸		18 惹		3 趴
26 咳		Sec. 4.		25 遲		39 俊				14 絆		12 澀		19 冠		3 撬
26 嗽		1 妞		28 瞎		40 漸		Sec. 8.		16 溷		19 懸		20 寄		4 抵
28 糢		2 擷		33 並		42 濟		3 勤		17 睜		25 努		20 居		4 郷
29 糊		2 騰		34 棵		46 螞		3 湖		18 侮		26 臘		27 魯		5 愁

Appendix III. CHARACTERS IN PART V. SECTIONS 12–18.

No.	Char	No.	Char	No.	Char	No.	Char	No.	Char	No.	Char	No.	Char	No.	Char
5	展	Sec. 13.		28	幅	4	鑾	26	篆	12	傘	3	桅	44	罕
7	搽	1	哨	31	盡	4	廳	27	繒	18	埋	3	杆	47	席
9	轉	2	插	32	堵	5	簿	27	綻	20	熉	4	跋	Sec. 17.	
16	婆	2	鞘	32	窟	5	搬	29	慈	20	潦	5	牽	1	遞
17	劐	4	謠	32	篷	6	陸	30	熬	21	束	6	謙	4	噙
18	跮	5	毫	33	揆	7	珠	30	伺	22	稼	6	恭	7	擺
19	唏	9	獨	33	度	7	寶	31	懸	22	淹	9	緯	7	架
20	癆	10	占	34	飾	8	蜘	33	泉	23	曬	10	蹉	9	乘
21	薇	10	鼇	34	鍍	9	曹	35	餞	25	演	11	篷	10	撲
24	乎	11	棋	35	吐	10	硃	36	踐	27	搽	14	權	10	蛾
24	者	11	譜	35	瀉	11	餘	37	鏊	27	胭	16	顴	11	避
25	窾	14	鳴	36	督	13	恬	37	釦	27	抹	16	邪	11	諱
26	体	15	睦	36	制	13	愜	38	泉	27	粉	16	扇	14	藐
27	覆	16	慕	38	轆	14	鏝	39	灤	28	厭	20	歎	14	視
28	屠	16	重	38	轤	15	顛	44	仙	29	遜	20	掀	21	稀
29	禿	17	齋	38	台	16	餂	44	黏	30	奸	24	簾	21	爛
30	窨	17	戒	40	圖	17	壜	45	涎	30	詐	24	險	22	燉
30	磁	17	沐	43	兔	18	墊	45	歙	31	饞	25	陷	22	噴
32	攝	18	齒	43	狐	19	掂	Sec. 15.		39	劍	28	宦	23	拙
34	宿	19	符	43	悲	20	醬	1	羨	39	瞻	29	餡	24	呲
35	悄	19	咒	43	物	21	靛	1	慕	39	烈	30	限	25	咕
37	駢	20	撇	44	糞	21	缸	3	剝	41	佳	31	綷	25	嚷
38	雀	22	斧	46	櫓	22	九	4	檀	43	捲	33	患	26	嘟
39	蟻	22	劈	47	館	22	膏	5	鑹	43	鱗	35	閉	26	噥
39	蚌	24	覯	Sec. 14.		22	丹	7	漩	43	孤	36	鈎	29	鎖
40	劾	25	降	1	賄	23	擔	8	窩	44	灌	36	環	29	匙
40	勞	25	伏	1	賂	24	均	10	珊			39	癱	30	櫥
42	柂	26	袄	2	粘	24	勻	10	瑚			39	瘓	32	拍
43	糟			3	碌	24	攤	Sec. 16.				43	翰		
43	糕							1	釣			44	希		
								1	竿						

No.	Char
32	響
34	撥
34	擷
37	丁
40	偏
45	久
46	楝
Sec. 18.	
1	唠
1	骸
2	髒
3	肘
3	腫
5	鬆
6	尾
6	偪
10	齒
11	勝
12	瞍
15	藝
18	昭
18	彰
27	跡
28	忍
29	洩
30	賕

Appendix IV. CHARACTERS IN PART VI. LESSONS 1–30.

Les. 1.		Les. 17.		Les. 28.
4 賜	7 度	2 箭	6 仁	13 忘	5 堆	1 奢
	11 譬	4 萃	7 護	2 妻	11 幸	1 侈
Les. 2.	12 責	9 櫢	8 救	3 桃	Les. 19.	3 溝
7 師		10 拇	9 積	3 唆	1 錐	4 穩
7 傳	Les. 7.	11 翎	13 旺	4 爭	2 淵	5 粒
	4 盹	12 壓		5 閏	2 博	6 捆
Les. 3.	7 遞		Les. 15.	6 懷	3 居	8 折
1 獎	8 旗	Les. 11.	1 敏	異	5 豈	12 隈
4 頗	9 獨	2 陞	3 瞞	8 讒	6 相	13 揑
	11 姪	餃	4 獻	9 濡	7 降	
Les. 4.			7 束	10 致		Les. 25.
2 孝	Les. 8.	Les. 12.	賞	11 辯	Les. 20.	1 疲
5 種	2 鑑	3 擬		12 雌	1 坊	6 率	Les. 29.
6 品	5 影	4 鋒	Les. 16.	13 置	6 樸	6 索	4 債
7 鑽	6 瞎	4 校	1 防	14 娶	7 唐	7 景	5 嘆
8 逢	9 扎	6 園	2 趁	15 折			
10 咒	10 搪	10 撈	3 饑	16 捨	Les. 21.	Les. 26.	Les. 30.
10 罵	13 剪		6 珍	18 迭	3 誓	3 催	3 鬢
13 耀	15 滋	Les. 13.	6 饈		4 王	3 逼	4 髫
	18 怠	1 扠	7 魂	Les. 18.	7 較	5 纏	6 紫
Les. 5.		4 聰	享	1 仲		8 倘	7 斜
2 覔	Les. 9.	5 優	9 饞	2 鮑	Les. 22.	9 攔	8 糙
2 縫	1 漏	7 饕	9 搡	叔	3 叙		9 稠
5 族	2 依	9 攀	10 晦	3 郊	6 拐	Les. 27.	13 噗
	3 嚴	10 勇	14 焉	4 迸	8 嚸	7 舅	13 哧
Les. 6.	5 捆		15 終	5 元	9 敲	8 窗	14 職
2 瞪	7 堪	Les. 14.	16 靜	7 擤	10 媽	10 扎	15 猴
4 樸		3 悅	17 眨	9 蛇		11 鎒	16 歪
5 沽	Les. 10.	4 引		10 嚇	Les. 23.	12 夾	17 韜
	1 射	4 誘		11 鋤	4 罨	14 趣	

Appendix IV. CHARACTERS IN PART VI. LESSONS 31–64.

Les. 31.	Les. 35.	Les. 38.	Les. 42.	Les. 46.		Les.		Les. 59.
6 併	1 響	2 誦	5 侍	3 賭	9 慘	6 拘		2 聊
7 幸	2 睜	5 嘻	6 漏	Les. 47.	Les. 51.	7 釘		3 賴
9 處	4 蓬	6 菩	8 唧	3 赴	2 沉	12 哄		
11 係	4 鬆	8 汗	8 叮	7 藉	3 甦	14 跤		Les. 60.
	5 醒	9 漏	8 咕	8 敬	4 慰	Les. 55.		3 低
Les. 32.	6 櫃	11 牖	8 咚	9 毒	8 嘻	1 佻		5 探
1 寫	7 挾	12 踪	11 忍	10 鏡	9 災	2 雕		
2 霸	8 叹			11 糟		3 塑		Les. 62.
3 潭	10 暗	Les. 39.	Les. 43.		Les. 52.			5 頸
5 潦	11 猛	3 極	3 橛	Les. 48.	1 曾	Les. 56.		6 配
6 謠			4 跪	1	2 看	3 畏		7 競
7 升	Les. 36.	Les. 40.	5 哀	2	3 幾	5 扶		13 諒
8 槽	3 垣	1 捻		4 枕	4 喪			15 僻
9 滅	4 鍾	4 倒	Les. 44.	5 腹	5 醫	Les. 57.		16 罵
	5 烙	5 嘈	3 趴	6 膨	6 診	1 膛		
Les. 33.	6 愣	5 嚕	9 戒	8 烤	9 效	2 誇		Les. 63.
1 儼	10 鄂	8 墜		10 飲		3 即		2 譏
2 牽	11 謝	9 轂	Les. 45.	11 臥	Les. 53.	5 恥		2 諂
3 顚	12 儀	9 轆	1 刷	12 停	1 躁	7 綢		4 揭
4 裏	14 禱		3 瘦		2 辨	8 裹		5 揉
6 繫	15 祭	Les. 41.	4 掏	Les. 49.	3 望			6 挫
8 鷹	15 奠	2 勸	5 炮	1 損	5 繃	Les. 58.		7 恕
9 觀		4 啾	5 燥	2 延	7 怒	3 愚		11 磴
	Les. 37.	6 淚	6 袍	7 怗	8 冲	3 蠢		
Les. 34.	4 廁	7 汪	7 暈		9 撣	6 勾		Les. 64.
1 貂	5 齶	8 忠	8 忽	Les. 50.		8 挽		6 傳
6 緞	6 祟	9 逛	11 妨	1 閻	Les. 54.	8 屁		7 德
7 俸				2 烘	2 燎	8 股		
				3 倒	3 嗔			
				6 大				

Appendix IV. CHARACTERS IN PART VI. LESSONS 65—100.

Les. 65.	8 趁	Les. 76.	8 撩	6 蝦	3 涮	Les. 99.
2 裘	16 攢	4 喪			5 棲	1 畜
4 游	Les. 71.	5 殯	Les. 85.	Les. 91.		2 豪
6 筷	1 莽		5 超	2 暢	Les. 95.	6 臧
7 咂	2 摘	Les. 77.	6 迷	3 撐	2 蚊	7 儍
9 旦	4 騷	1 挺	7 棄	4 浩	3 蚝	9 胂
11 檟		4 餿	8 叩	5 蘆	3 蚤	
	Les. 72.	6 惡	9 掖	5 葦	4 叮	Les. 100.
Les. 66.	2 刺			6 悠	6 崩	1 琵
1 嘱	3 休	Les. 79.	Les. 86.	7 慮	7 响	1 琶
	4 絮	1 藝	1 堉	8 皆	8 陡	2 絃
Les. 67.	5 叨	2 努	3 襟	10 朗	11 震	5 玷
1 渣	8 刷		4 盪	11 致		6 汚
7 晬	9 蔬	Les. 80.	5 煞	12 徒	Les. 96.	
8 沫	12 盛	1 悌	7 沿		1 霹	
	13 設	5 獄	9 搯	Les. 92.	2 雷	
Les. 68.		7 翩		3 聞	3 傾	
2 吾	Les. 73.	8 持	Les. 87.	5 恍		
	5 瘡		4 嫂	5 惚	Les. 97.	
Les. 69.		Les. 81.	5 吱	6 加	1 飄	
1 囫	Les. 74.	1 顯			2 飆	
5 囕	3 栅	5 醜	Les. 88.	Les. 93.	3 爐	
	3 欄		5 泡	4 暑	4 簾	
Les. 70.		Les. 82.	6 克	5 孽	5 雅	
1 饞	Les. 75.	1 瑣		6 肱	6 紛	
3 褳	4 供	3 階	Les. 90.	6 喝		
3 褸	6 瑩		1 曠		Les. 98.	
5 戰		Les. 83.	3 桃	Les. 94.	2 吸	
6 料		4 掣	4 柳	1 嫋	3 孿	
7 披		5 揽	5 彈	2 稠		

Appendix V. CHARACTERS IN PART VII. SYLLABLES 6–417.

嘁	417	萄	288	盟	216	瓢	129	倨	56	滓	6
		瞰	289	眯	217	堋	148	瘸	57	册	9
		叟		瞼	218	杠	151	菌	58	娼	13
		閃	306	哖	219	尻	154	鴨	66	妓	
		孕	326	喃	229	眼	155	跩		歌	
		檮	331	囈		揩	156	蹬	67	煎	15
		忐	334	曩	230	埂	161	踹		鈔	20
		忑		欓		摳	176	痰		砢	
		鐙	336	欜		礦	182	喘	69	碜	25
		蟊	337			鏊		串		盔	29
		鏑		鈸	231	蔘		獎	70	腔	
		梯	339	嚷	237	棼		闖	71	鈬	
		舔	345	屎		稜	187	創		嚼	30
		眙	359	尿		檁	194	墜	72	貸	32
		褪	360	擗	257	遛	197	銃	77	茄	33
		鑿	371	瓞	258	裸	198	榲	80	姬	
		蹭	379	胖	262	摟	199	埠	90	奸	34
		蹉	381	滂		簍		鋨	91	翅	37
		驟	387	鏢	273	圇	203	蟆	92	唉	39
		忖	391	誦	278	嚕	205	什		糗	45
		齟	395	砰	282	囵	207	蒿	96	軸	50
		盆	396	磅		巃	208	吼	101	渠	53
		刨		簸	283	參	209	烤	109	眷	54
		娃	397	箕		貓	213	汞		吠	55
		甕	408	筐	284	卵		熊	121	噘	56
		噎	409	籮	284	擗	215	熏	125	撩	
		沿	410	葡	288	撵		汎		靨	

END OF

THE APPENDICES.

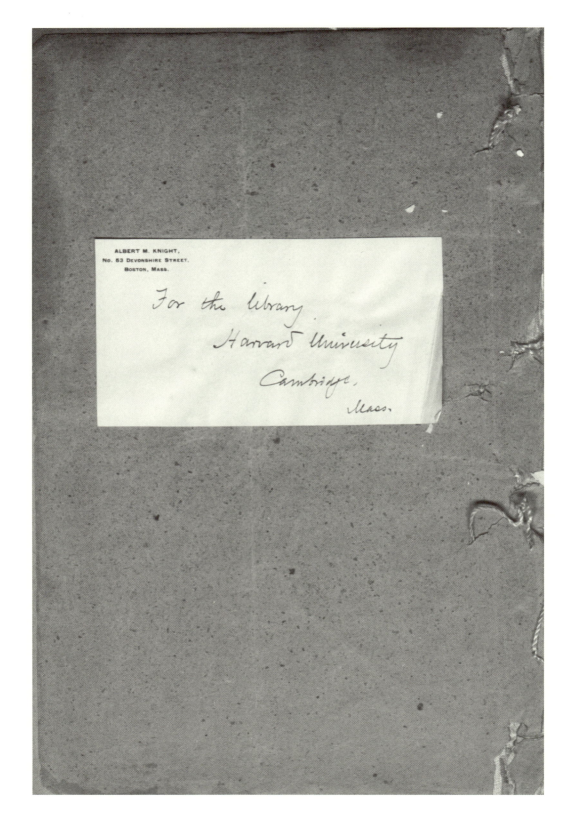

往頭臉上打起來咯、起先打的時候兒還嚷罵來着、後來打久咯哼哼的聲兒都沒（那個人的工夫久了連）
咯、圍着瞧的人們、見勢頭兒不好、止住打一看、早已斷了氣兒咯、因此步甲們、把他（攔）
綑了去咯、屍親的闔家大小、把他的屋子炕都拆毀咯、傢伙也打壞了、連房上的瓦（全摔得）
都揭咯、嚷鬧的聲兒二三里外頭都聽的見、說是昨兒到了刑部、今兒動了刑咯、大（送過 兒）

哥你沒聽見麼、　　這是他自巳尋得與誰甚麼相干兒啊、
　　　　　　　　（六我沒聽見說、做自受 也）

從此成名啊、還是要靠着這個過日子呢咱們幸而是滿洲吃的是官米使得是錢糧銀子、一家子頭頂着腳趾着都是主子的並不學正經本事差使上也不把結只是在這上頭鑽着心兒學眞是玷辱了滿洲咯與其把有用的心費在沒用的地方兒、何不讀書呢人往高處兒走水往低處兒流琵琶絃子上任憑你學到怎麼樣兒得好卑汚下賤的名兒總不能免、正經官場中把彈琵琶絃子算得本事麼若說我的話不可信大人們官員們裡頭那一個是從彈琵琶絃子出身的呀你如今指出來、

第五章一 咱們那個兒徒惹出大禍來了、 二 怎麼樣咯、 三 打死人咯、 四 爲甚麼情、 五 無緣無故的說是他們一個街坊在他門傍撒了一脬溺不問長短搵倒、就

第四十六章

人是比萬物最尊貴的、若不懂好歹不明道理、與那畜牲何異啊、就是朋友們裡頭、你我彼此恭恭敬敬的、豈不好麼、他如今來到的時候兒就是我著發蒙橫不顧頭尾信着嘴兒混罵人算是自己的本事啊、還是怎麼樣呢、瞧瞧長的嘴巴骨臉着個大肚子、竟是個儍子還只是自懂文墨的好叫人肉麻啊像狗叫的似的、人家都誇他的越更興頭起來咯、是怎麼說呢、他老子一輩子、也是漢子來着不知道怎麼厭煩的不聽咯、若略有一點兒人心的、也該知覺咯、還腆着臉子不知恥倒像是誰喜歡呢、發作了孽咯、養出這個賤貨兒來嚷、完了扁分都叫他老子享盡了、這就是他的結果了、再想要陞騰如何能呢、

第四十七章

你這是怎麼說呢、天天兒吃得飽飽兒的、抱着琵琶絃子彈有甚麼樂兒啊要

問答篇

第七章

川樹木都是雪白看着越更高了、興拿過棋來、下了兩盤、吃了晚飯、點上燈纔散了、

昨兒一點兒風兒都沒有、很晴的好天來着、忽然變了日頭都慘淡了、因為這麽着我說天氣不安要颳大風趁着沒有颳以前咱們快走罷、各人都散了、我剛到了家就颳起大風來咯、樹稍兒叫風颳着撑的那個聲兒、真可怕、直颳到三更天纔略住了些兒、今兒早起往這麽來的時候兒看見道兒上的人們、都是站不住個個兒是哈吸哈哈的跑、我先是順着風兒走還好些、後來迎着風兒走的時候兒那臉啊腮啊、就像是針兒扎的似的凍的疼、手指頭凍的拘攣了鞭子都拿不住、吐的唾沫沒到地兒、就凍成冰一截兒一截兒的跌碎咯、噯呀、有生以來、誰經過這個樣兒的冷呢、

第四章

昨兒黑下、好冷啊睡夢中、把我凍醒了天一亮、我急忙起來開開房門一瞧、原來是白花花的下了一地的雪、吃了早飯小晌午兒的時候兒那雪飄飄颻颻的越發下起大片兒的來咯我心裡想着沒有事怎麼得一個人兒來坐着說說話兒也好啊、家下人們進來說有客來咯我心裡很喜歡、一面兒就叫收拾下酒菜一面兒又叫爐了一盆子炭火趕着請了弟兄們來、酒菜已經預備齊、咯、擡上來慢慢兒的吃喝着把簾子高高兒的捲起來一瞧、那雪的景致比甚麼都清雅紛紛的下着、山

問答篇 話章四十五六

第五十五章

昨兒清早我起來、屋裡很黑、我說想是天還沒有亮呢、到院子裡一瞧、嗳呀原來是天陰的漆黑、我洗了手臉纔要上衙門、那天一星子半點子的下起雨來了、咯等了一會兒瀾瀾的下响了、又坐了一坐兒、喝了鐘茶的空兒忽然打了個霹雷、這雨就似的下了、想着起盆傾大雨來咯、我只說這不過是一陣兒暴雨罷咧、等過了再走、那兒知道直下

沒有睏、把眼睛強閉着、又忍了一會兒剛剛兒的恍恍惚惚的睏上來咯、正似睡不着的、忽然從西北上就像山崩地裂的是一個樣、响了一聲把我戰戰兢兢的嚇醒了、過了好一會子身上還是打戰、心裡還是忑忑的跳、睜開眼一瞧、屋裡所有的東西都沒有損壞、一點兒叫人出去一看、說是街坊家的山牆叫雨淋透了倒咯、嗳呀睡夢之中那兒經得起那麼大的响聲兒啊震哪

送殯去來着、今兒早起天陰陰的雖然有要下雨的光景、到了晌午又是響晴的天、往回裏走着的時候兒又一片兒一片兒的鋪開了稠雲了、故此我和家裡人們說、這天氣不妥當快走不然咱們一定要着雨咯、正說着就涮涮的下起來咯、太哥你說在曠野地裡可往那兒去躲呢、雨衣氊褥子都沒穿送當渾身都濕透咯、無妨我有衣裳拿出來你换天也晚了明兒再進城去我們這個僻地方兒雖然沒有甚麽好東西家裡養的小猪子、鵝宰一兩隻給你吃、吃還說甚麼但得這個地方兒棲身就是便宜了、不然還怕不冒着雨走麽、還有甚麼法子麽

簷罩上月那的許多日子連陰着下雨我心裡都熟略這兒也漏了、那兒也濕了、連個睡覺的地方兒都沒有而且又是蚊子、臭蟲、跳蚤可的實在難受、翻來覆去的過了亮鐘並

問答篇

第壹章一

今兒好利害呀、自從立夏之後可以說得起是頭等頭兒的熱咯、一點兒風絲兒也沒有所有的傢伙都是燙手兒的熱越喝冰水越渴、沒了法兒咯、我洗了個澡、在樹底下來了回涼兒心裡頭纔略好了些兒這個樣兒的燥熱天、別人兒都是赤身露體的坐着還怕中暑呢你怎麼只是低着頭寫字的是甚麼罪孽啊、不要命了麼、

二

你這都是沒官差、白棚着安閒慣了的話譬如小買賣人兒們、挑着很重的担子、壓着肩膀、伸着脖子各處兒跑着叫噢喝汗下如雨的、纔能聽得百數錢兒度命兒若像我這個樣兒的吃現成兒的從從容容的寫字他能彀麼況且冬冷夏熱是自古至今不易之理、索性靜靜兒的辞着或着倒有爽快的時候兒若竟着會子急還能彀免了麼、

第四章一

哎呀、這個樣兒的大雨你往那兒去來快進來罷、我的一個朋友不在咯、

話章四十二三四

問答篇 昌

問答篇

第罕章

前兒、我們幾個人甚麼是逛竟是受了罪咯出了城兒放著正經道兒不走、不知道繞到那兒去咯沿著路兒問著我著剛剛兒的、到了閘口兒的跟前兒坐上船、彼此說著話兒喝著酒到了東花園兒又趕回閘口兒來早已就日平西了、繞吃完了飯我就說哥哥們走罷跟的人都是步行兒家又離的很遠、他們都實蹴蹴的坐著動也不動後來看見日頭快落了纔騎上馬急著回來到了關外頭恍恍惚惚的月亮都出來了從城裏頭出去的人們、都叫快走、說掩了一扇門咯、心裡更著了急、加著鞭子催著馬趕到了臨期末尾兒都關在城外頭了、實在是有滋有味兒的鬧去傷心失意的回來、

的風清月朗的好景致能有幾回若是徒然虛度了豈不可惜了兒的麼

問答篇

而且活魚活蝦的很賤、故此我們倆、足足的游玩了一天、大哥你納別怪我沒有告訴你納說、不是瞞着因為怕遇見和你納有不對勁兒的人哪、

第四章

前兒我們在西山裡好樂來着白日裡遊頑樂啊那是不必說的咯到了黑下的時候兒裏暢快、我們幾個人吃了晚飯坐上船不久的工夫見月亮上來照得如同白日是一個樣、慢慢兒的撐着船順着水兒往下走、轉過了山嘴兒一瞧那水和天的顏色兒是一個樣、竟無所分別活活如銀實在是水清山靜趕撐到蘆葦深的去處兒忽然聽見廟裡的鐘聲兒順着風兒慢悠揚揚的來咯忽然鬧心裏頭、萬慮俱消就好是水洗了的是一個樣兒的乾淨就是出了世的神仙也不過是這麼樣兒樂罷咧我們幾個人更高了興咯直喝到天亮也不覺醉寫人在世若過這個樣兒

問答篇

第一章

他頭上過去了、想不到從那邊兒來了一個鹿繞過山梁兒往這們跑着、正中了我射的那枝箭跌倒了、寔在可笑、彩頭兒好、可是人家說的、想不到的倒得了若把這話告訴別人兒好像是撒謊的似的、

這春天的時候兒、一點兒事沒有白閒着在家裡坐着很悶的慌啊、可不是昨兒我兄弟來說往城外頭游頑去約會我出城、到了曠野的地方兒一瞧春景兒寔在可愛、好啊河沿兒上的桃花兒是緋紅柳枝兒是碧綠而且樹枝兒上各樣兒的雀鳥兒在那兒叫一陣兒一陣兒的春風兒颳的草香在鼻子尖兒上過、水上的小船兒是來來往往的不斷的走兩岸上的游人是三五成羣兒的進、我們倆從小道兒上灣灣曲曲的走到了樹林子多的地方兒一看也有唱的也有彈的也有賣茶賣酒的、

問答篇

有打發人去請、你沒有人手兒我是深知道的、還等著你請麼、因此我約會着朋友們來吃大肉來咯我們還恐怕趕不上呢、誰想剛合式阿哥們別叫主人糟心、咱們就席着罷、一溜兒坐下吃、阿哥們請吃肉泡上湯吃、哎呀這是甚麼話呢錯咯咱們當初有這個樣兒的規矩來着麼、這個肉啊、這是祖宗的克食强讓的麼況且客們來去還不迎不送呢像這樣兒讓起來也不是謹麼、親友們在盛京的時候兒我們天天兒打圍來着、這天我們打圍去在草裡跑出個麅子來、我打着馬拉開弓、一射的時候兒、咯落了點兒、後回手拔箭的空兒、只見麅子的尾巴動啊動的、轉眼的空兒過了山梁兒奔山前往上去咯、我緊跟着趕了去、又過了個山梁兒往山後頭去了、因為這麼着我緊催着馬、剛剛兒的趕上一射又從

問答篇

像我們子孫稀的人們、想有一個、在那兒呢、叫老天爺也難了、你們妞兒若不丟、如今也有十幾歲了、七歲上沒的今年十歲了、真是個好孩子到如今題起來我替你傷心那個相貌兒言語兒比別的孩子們另外的大不相同見了人兒的時候兒身子端端正正兒的安安詳詳兒的上前問好可憐見兒的那個小嘴兒、甚麼話兒都會說若問他一件事情倒像誰教他的一個樣從頭至尾的告訴那個樣兒的一個頂十個養這許多沒用的作甚麼、

第三章

昨見吃了祭神的肉就罷了、又叫送背燈的肉作甚麼、

二

啊該當送的罷咧方纔還要請大哥去來著你納是知道的左不過是這幾個奴才們罷咧宰豬的宰豬收拾雜碎的收拾雜碎那個都不費手呢因為這上頭故此沒

個街坊有一位阿哥新近買了一個女人作了妾、盡像是個無價寶那個女人說甚麼就任
依甚麼任着他的意見行不敢駮回兒把那個娼婦頂在頭頂兒上、倒把自己正經女人給挫磨
使喚、天天兒受折磨、如今弔死了、娘家告了至今還沒有完呢、若把那個潑婦配了
這個兒漢子正是一對兒天爲甚麼不把他們湊成夫妻呢、
第二十六章
太哥你這位令郎是第幾個的 這是我的老生兒子
去年出得花兒麼
這些三個都是挨肩兒的 生了九個存了九個
大嫂子真能幹哪久慣會生兒子可以算得是個子孫娘娘了寔在是有福的人啊
甚麼福啊、前生造的罪罷咧、大些兒的還好點兒小些兒的每天唉兒喧兒的
吵的連心裡都熬燙了、
世上的人都是這麼樣子孫富的人們、又嫌多了、抱怨
得我腦袋疼、
問答卷冊 話章三十六七

問答篇二

啊、大哥的話說的雖然有理、但你只知其一、不知其二、古時候兒、和如今一個樣兒比的麼況且娶的日子又很近了揸着指頭兒算、剛剛兒的十天、如今不留空兒的連着夜兒做趕得上趕不上還不定呢、若是死守着舊規矩、那可是在笊籬底下操了大睜眼兒瞅愒了、是個甚麼意思呢、

第五十五章一

他們老婆漢子、你說是結髮夫妻麼不是啊、是繼娶的呀那個女的妨了幾個漢子咯相貌兒也還好活計兒上也還去的就只有一件平常好吃醋男人過了五十多歲了、並沒有兒女說是要娶一個妾、他橫攔着不依要上弔抹脖子嚇唬着吵鬧、那個無能爲的忘八又很軟弱叫女人欺負病了又不能、把那淫婦怎麼樣自己只是生暗氣送了命了

看起這個來世上的事情、眞是不能一個樣兒我們那兒、

配個好對兒、把苦巴苦掖的心腸也就完咯話雖是這麽說我還有長輩兒沒有瞧見這位阿哥呢、

令郎呢、

再者來的太太們、把我們女孩兒也瞧瞧、

是呀老爺說的很有理、把這話就通知裡頭太太們、把阿哥也帶進去給裡頭太太們、也瞧瞧彼此都合了意的時候兒、再磕頭也不遲啊、

第五章一

這不是給女壻的衣裳麽、

二、是啊、

三、這些人、是做甚麽的傭了來的裁縫們呢、

四、哎呀咱們的舊規矩兒、都忘了麽老時候兒的孩子們、都會做衣裳來着、就以做棉襖合上裡兒、翻過來的時候兒、這個縫大襟那個打盪子這個絮絮胎胲窩那鋪上棉花合上裡兒、翻過來的時候兒、這個縫大襟那個打盪子這個絮絮胎胲窩那個上領子烙綳椿兒的烙綳椿兒釘鈕子的釘鈕子、不過一兩天的空兒就完了兒、

且連帽子、都是家裡做來着、若是僱人做、或是買着穿人家都從鼻子眼兒裡笑話

問答篇

第三五章 一

這來、不是為自己的事、不過為得是朋友們容讓他些兒又費了我甚麼了呢任憑
他儘着量兒數落我一聲兒也沒有哼、順順當當兒的受了又坐了好一會子看着
他的光景順着他的氣兒慢慢兒的哀求他剛剛兒的繞點了頭咯、你想一想我的
性子若是暑怠一點兒、你的事情就不安了、

因為有緣我們求親來咯我這個兒子雖然沒有超羣的才貌奇特的本事但
只是不吃酒不賭錢就是迷魂人的去處兒胡游亂走的地方兒也一點兒不到若
不是嫌老爺們賞賜句疼愛的話兒阿哥你往前些兒咱們帥求、老爺們別大
家坐下聽我說一句話咱們都是老親一個樣兒的是骨肉誰不知道誰呢、但只是
作夫妻都是前世裡造定的緣分由不得人的為父母的、自己眼瞅着孩子們能殼

你怎麼好意思的叫他沒趣兒回去呢、因為推托不開所以我總應承了明明沒有兒的通其告訴了那個朋友咯、不承蒙不是他一個人兒的事說是人多擎肘、肯應承、我還要看光景說來着、後來想了一想說罷呀看事情的樣子、是不能挽回了、必定強派着叫人家應承使得麼、故此我回來告訴了他倆信兒倒說我壞了他的事咯、望着我撩臉子好驚心哪、早知道我何必說來着誰想那個厭物竟這麼圖甚麼呢、

第三章

一、我原想你這件事情和他說很容易來着、

二、我把咱們商量的話告訴了他、他倒放下臉來說我說的話是放屁因為這上頭我動了火已經到了脖頸子上了心裡說要怎麼樣就怎麼樣罷滿心裡要惹他一惹後來、我想了一想自己問着自己說你錯了

問答 語章三十二三

問答篇

第三章

主頭我把窗戶紙兒舔破了從窗戶眼兒裡往裡一瞧、看見這個、給那個斟酒那個給這個回敬正攢在一處兒吃喝熱鬧了我原想進去來着因爲有好些個不認識的朋友冲散了人家喝酒的趣兒作甚麼所以我就輸身出來了他們家下人看見要告訴去我急忙擺手兒攔住了你別忙、明兒我起個黑早兒和他說安當了就完咯、

誰情愿去管他的事情來着麼、我是好好兒的、在家裡坐着的人啊不知道他、在那塊兒打聽得說我認識那個人一連來了好幾次和我說大哥我這件事寔寔在在的仗着你了、就是勞乏些兒可怎麼樣呢求我疼他一定替他說說、在屁股後頭跟着總不放我我起根兒臉軟、你是深知道的人家這麼樣兒的着急跪着哀求

第三九章

一 吾兒、我要託大哥一件事、只是怪難開口的甚麼緣故呢、因為求的事情太多了、但連口袋都丟了、要出個不像兒的大醜呢、主意不行就完了、倘再只管躊躇不斷的、若是拉扯住了的時候兒、那就打不成米、必定有害、吃了虧的時候兒、後悔就晚了、若照着我的主意你別猶疑不決的打定了你那纔到了難處兒了呢、這一微的小便宜兒算甚麼、那正是日後的禍苗呢、有利這點

二 你不是為那件事情來了麼、是啊、大哥怎麼知道了、今瑱你納來咯、你納除你納之外想來也沒有能彀成全我這件事情的人、因此我又煩只是不求你納

三 你納、今兒早起你們阿哥就和我說了、吃早飯的時候兒我就去了一次、偏偏兒的遇見他不在家、纔翁爺晌午我又去了、沒到他上房之前就聽見裡頭說啊笑的聲兒、因為這

[話章三十三]

問答篇二

也不便降福啊吃齋的上天堂吃肉的下地獄、這種樣兒的話都是和尚道士們借
端餬口的、豈可深信得麼、他們若不拿着這麼長那麼短的利害話嚇唬人誆騙人
的錢財呢若叫他們天天在裏頭、不出來化緣、
若盡遵着佛教開着廟門兒靜靜兒的持齋念經要吃沒有得吃要穿沒有得穿叫
誰養活他呢喝風過日子麼、

第三章一

我有一件事特意求大哥指教來咯、若要行又似乎略有點兒關係的地方兒、
若是中止了不行、又很可惜了兒的、現成見的、到了嘴裡的東西不吃平白的讓人
麼行又不是止又不是、毫在是叫我兩下裡都難了、怎麼能彀得一個萬全之計纔
有這個理

好啊、

二

這個事情是顯而易見的、有甚麼不得主意的地方兒你若是不行、是
你的造化你若是行了的時候兒、你能彀堵得住誰的嘴啊、若是吵嚷開了都知道

還是有吃有穿的、只是要占小便宜兒、是個甚麼緣故呢、也不怕人家背地裡說你眼皮子淺麼、

第二十七章

古語兒說的勁不學老何爲這個話是特意叫人勤學剐懶惰的意思啊、就是甚麼人兒若是有米粒兒大的一點兒能幹就可以完全了一輩子的事情呢何况是好好兒的肯學還愁甚麼恐怕不作官呢、而且又是舷人吃的、用的、不挑担子不做手藝坐着吃國家的糧米自幼兒若再不肯努力勤學拿甚麼本事給主子出力呢拿甚麼報答上天生養你的恩呢

第二十八章

作好事是說人應該行孝悌忠信的道理並不是俱神佛齋僧道比方說作惡的人們任憑他是怎麼樣兒的吃齋修橋補路豈能毀解了他的罪惡麼就是神佛、

甚麼好啊歹啊的東西還是叫他看見不得儞若叫他看見了問也不問撈摸着拿着就走罷在是這一輩子再沒有可以告訴人家說的話咯這種樣兒人的雜碎都壞盡了、就是你占便宜麼你獨自得麼

第三章 這是個甚麼意思呢、

甚麼稀罕東西呢每逢看見就和人家鬪也不覺絮煩太不體面了罷人家臉上過不去也給過你好些歇了心裡還不知足麼必定盡其所有的都給了你況且、給你是人情不給是本分反使性子撅搭人那就是打錯了主意咯比方著是你的東西呢、人家愛你不愛麼全不由你作主兒澈底兒都要拿了去你心裡何如呢、昨兒因爲是我肯忍你那行子的性子罷咧若除了我、不拘是誰肯讓你麼好好兒的記着我的話改了好你此刻若是個沒有一點兒能耐的那還又有一說你現在

問答篇

可以、他替我說道惱啊、等我下了班兒再同着你去看看他出殯之前你給我一個信兒、我就不能送到他墳上去、也送到城外頭平素間我們雖沒有甚麼大來往、遇見的時候兒就很親熱人生在世、那個不是朋友呢、因爲這個事情上想來也沒有人說咱們趕着走動的話罷、

第三章 一

他來的時候兒我正睡覺呢、猛然驚醒了一聽、上房裡來了客喀說話兒呢、我想是誰來了呢、這麼嗓子大、想是那個厭物來了罷、走進去一瞧、果然是他直挺挺的坐着、議論不斷的自來到總沒有住嘴兒這樣兒那樣兒的直說了兩頓飯的工夫兒、到了黃昏的時候兒纔回去了、漢子家沒有事在人家家裡整天的坐着說話這也不但、受得麼把那些個陳穀子爛蔴的餿了的事情儘自說聽的人家腦袋都疼了不拘

問答篇

塋地、例離得很近、

園子裡因爲沒有地方兒咯、看風水的人們都說那塊兒好、故此繞在那兒立了墳
遠、此是遠、
略總而言之咱們有是有的道理沒有是沒有的道理憑他是怎麼樣兒的管就步
車連步 到墳上盡
行兒去也要奠一鐘酒啊若到了子孫們手上只看他們有出息兒沒出息兒就是
略、若是個沒有出息兒的子孫、就是他住在園子裡還未必能發燒一張紙錢呢、

第二十四章 一

他們家裡、誰不在咯前兒我在他們那兒過、看見家裡的人們、都穿着孝呢我
因爲忙着來該班兒故此也沒有得問一問、剛纔我聽見說他叔叔不在咯了
三
他親叔叔麼、不錯是親叔叔、你雲喪去來沒有、昨兒做道塲、我在那兒坐
了一整天呢、 多喒出殯啊 說是月底呢、他們的塋地在那兒、離我們
家的墳地很近、哎若是這麼着、道兒很遠哪、至少說也有四五十里如果你再見

問答篇

家裡來的、竟等到日平西也不見來、我算是白等了整一天哪、
沒到已前我已經早出了門咯我回來的時候兒小子們告訴我說、大哥這兒打發
了兩三次人去叫我我彼時就要來來着因為天太晚了又恐怕關柵欄兒、所以我
今兒纔來、
第五十三章
你前兒往莊子上上墳去來着麽、是啊、怎麽今兒纔回來、
得的很遠哪、因爲當天不能回來在那兒歇了兩夜前兒一頂城門兒就起了身直到
晚上、纔走到了昨兒供了飯又歇了一夜今兒東方亮兒、就起身往回裡走道兒上、
除了打尖兒也總沒有歇着剛剛兒的趕掩城門兒繞進來了、
說是好若是到了子孫們、沒有力量兒、就難按着時候兒上墳了、可不是麽舊

話章二十三四

問答篇

（士）老兄
太哥我不吃煙嘴裡長了口瘡了、若是這麼着就快倒茶來、大哥請茶

（古）老弟請
好熱茶啊略涼一涼兒罷、是啊、看飯去說把現成兒的快送了來

（毛兒治）
太哥別費心我還要往別處兒去呢、怎麼略現成兒的又不是爲你納預備的、隨便兒辮就着吃點兒罷

（丸兒治）
太哥我還作客麼已經認的府上略改天我再來

咱們坐着說一天的話兒罷、今兒實在沒空兒告假了

第三十章
昨兒往誰家去來着回來的那樣兒晚、貴瞧我們朋友去來着他家住的遠在西城根兒底下呢、又捨着留我吃便飯故此略遲些兒、我要合你納商量一句話、打發養女人去請你納的家下人們說、坐了車出去了沒有留下話、我算計着你納去的地方兒很少不過是咱們圈兒裡頭的這幾個朋友們罷咧、一定到我

129 問答篇

這是怎麽說呢、有一副的白肉就完了、又要這麽許多的菜蔬作甚麽、把我們當客待麽、不過是一點兒心能有甚麼好東西啊、大哥就着吃些兒啊、我們自家吃呢若不飽也不肯放筷子啊、

就是疼我兄弟了、

第三章

一 你納往那兒去來着、

二 我往那邊兒、一個親戚家去來着、閣下順便兒到我們家裡坐坐兒罷、

三 兄台、大哥你納在這兒住着麽、

四 是啊、新近搬來、總在這兒、

五 是這麽着咱們住的、離着能彀有多遠兒呢、我若知道就早過來看你納來了、大哥先走、

六 豈有此理這是我家啊、你納請上坐、

七 我這兒坐着舒服、你納這麽坐了、叫我怎麽坐呢、我已經坐下了、這兒有個靠頭兒、

八

九

十 家裡人呢拿火來、

問答篇 話章二十二 三

問答篇

（四）
不勞收拾菜、弄別的吃的咯、

（五）往這兒、
但只我來動了平白的就騷擾啊我心裡也不安哪、因其這樣兒、
我不敢常來、你怎麼外道呢、咱們從幾兒分過彼此來着若再隔幾天你不來、
就要預備點東西兒特請你去呢、這一頓現成兒的空飯又何足掛齒呢況且你的
東西我沒吃過啊看起這個來竟是明明兒的叫我再到往你家去的意思啊

第三章
老兄、你怎麼這麼半天才
太哥你怎麼繞來我只是等着你們差一點兒沒有睡着了、我告訴你說、
我們繞要動身往家來的時候兒忽然遇見一個、討人嫌你死肉語又粘又不要緊、
這麼長怎麼短的只是說不完若沒有事絮絮叨叨些兒何妨呢只管由他說罷咧、但只恐
怕你等着沒法兒我說我們有事明兒再說罷這繞把他的話止住了不然早來坐乏不
三別說太選了來的正是時候兒來誰在這兒呢
誰在這兒呢快放桌子想必爺們都餓了、飯哪甚麼的都簡宪些兒、哎兄弟啊你

問答篇

問答篇二 話章十九二十

的時候兒、看他怎麽樣、再瞧罷咧、如今果然應了、大哥說雖是這樣兒說、如今
他說落到這步田地可怎麽樣呢當眞的瞧着叫他死麽、我心裏想着咱們大家略攢湊攢湊、弄點兒銀
子幫幫他纔好、　　　　四　像麽、幇幇他、是主意
麽、一到了手、就完還有剩下的麽、倒是買一套衣裳給他、還有點兒盆處
第大章　一　　　　　　　　若果這樣兒辦銀子還不好怎麽說呢、他的脾氣你還不知道
　　　　這一向你又往那兒奔波去了、遇見有空兒何不到我那兒走走呢、怎麽總不
見你的面見略　我早要瞧哥哥來着不想叫一件傍兒不相干兒的事情絆住了
竟受了累了、整天家忙那兒有點兒空兒呢、若不是今兒還不能脫身呢、我說我
有件要緊的事情撒了個謊剛剛兒的纔放了我來略　　　你來的很好我正悶的
慌呢、想來你也沒有要緊的事咱們坐着說一天的話見現成兒的飯吃了去、我也
可以抽點空兒麽

問答篇二

第六章 兄台

有我不多,沒我不少,替你納待待客,也好啊,就是高親貴友們裡頭送來的好東西、還少麼,想來是吃不了的,我這點子微物兒,又何足掛齒呢,然而也是我一點兒孝心,那兒敢說必定請老人家吃呢,但只圖嚐嚐就是,疼我了我來的意思也完了,你絕意不收的我還是在這兒坐着啊,還是回去呢,實在叫我倒為了難了。

大哥你聽見了麼,咱們那個饞嘴的東西說是破敗的很困住了,襤褸成個化子,一個樣兒戰抖抖的披着一塊破被,那趁願的砍頭的去年甚麼罪兒沒受過、甚麼苦兒沒吃過,若署有一點兒人心也改悔過來咯,俗語兒說的窮的伴當富的沒褲子,這話是當真哪,既如此就該當回過味兒來,咯還有甚麼心腸說這兒的酒好,那兒的菜好和富貴人們一般一配的各處見遊玩,那時候兒我就說等到上凍兒混賬、大講究頭、斷不可、那行子有甚麼捆兒啊只管提他他若有求煩人的地方兒別人說甚麼他就照着那行子有甚麼捆兒啊只管提他他若有求煩人的地方兒別人說甚麼他就照着樣兒跟着、把頭一轉是誰全不認的他去年窘住的時候見誰知我跟前難問來着他有甚麼了麽他自己說他有好書你納要看我送來這麼那麼的、像樣兒、誰知情完了提也不提了因其那樣兒我說你許給我的書怎麼樣咯、因其當面兒一問書連日子久沒信、那一天我遇見他說那部、甚麼緣故、說臉上一紅一白的只是支吾總答應不出來咯、這一部書有甚麼稀罕啊給了怎麼樣不給又怎麼樣但只是無故的哄人未免太討人嫌了、我也一不要緊竟第二章兒台、大哥你納只是這麼固辭的我十分不明白是甚麼緣故呢還是因為我來遲故此纔、待我、東西不肯留下、常常來、你的心意了這麼樣兒舉動啊還是因為別的呢、素常伺且不時的行走老家兒的好日子我、那怎麼、晚咯是先、早來總是倒不來焉能算是朋友呢實在是總不知道若果然知道當眞的應該先來雖說是

第十五章

你啊、是個很好的人心裡沒有一點兒渣子但只嘴太直、知道了人家的是非、一點分兒不肯留就直言奉上雖說朋友們裡頭有規過的道理也論相與好不好的勸罷咧若不這樣兒只說是朋友、並不分遠那如何使的呢方纔的這些話你說的不是好心麼他心裡很不舒服瞪着眼疑惑着說噯呀仔細啊、保不定這是害我罷、太哥你說的話竟是治我的病的良藥啊、我很信服這實在是我的個毛病兒我豈不知道麼但只是過着這個樣兒的事情不由的嘴癢癢有不可與言而與之言謂之失言的話啊、從今兒起我痛改前非罷再要這樣兒的多說話大哥就往我臉上啐吐沫、我情願甘心領受

第十六章

好人、再沒有過於你的了、還不住口兒的稱贊、你那個朋友、你太過於老實了、

第十四章

哎世上沒有記性的人再沒有過於你的了前兒我怎麼說來着這件事情憑他是誰叫人知道你倒底洩漏了咱們悄悄兒的商量的話如今吵嚷的處處兒人都知道了他們豈聽不見麼這些人倘若羞惱變成怒了、瑩咱們不依動起手脚來得是誰叫人知道你倒底洩漏了、咱們悄悄兒的商量的話如今吵嚷的處處兒人都

總不可

沒聽見過

這麼樣兒

怪我我真委曲如今事情已經這樣兒了，我總然分辯個牙青口白的你肯信麼，我了甚麼便宜了麼，把好好兒的事情如今弄到這個田地、全都是你呀、

就老爺看得真

的心是惟天可表了是我來着不是我來着久而自明、依我的主意、你別抱怨索性

粧個不知道看他怎麼樣依呢依了、如果不依的時候兒再看光景預備也不遲啊、

都便明了、如今說求不着人了、一旦之間就變了忘了舊時候兒子不是自已抬舉

這種小人作富的脾氣咱們很可以不理他罷了

自己他那行爲誰又放在眼裡呢

問答篇

第十三章

指着他的眷梁罵他的、那就是他的造化了、噯、他父母生下這種樣兒的賤貨兒來、討人家罵是個甚麼緣故呢、的歇也實在是沒德行咯

方纔我上衙門回來、從老遠的轟的一羣人騎着馬往這邊來了、到了跟前兒、細認了一認、是咱們舊街坊某人穿的騎的很體面肥馬輕裘的面貌兒也大胖了、他連理沒理、看見我問也不問、把臉往那們扭塋着天過去了、彼時我就要叫住很的羞辱他、來着、後來我想了一想、說罷做甚麼、他理我我就體面了麼、他只哄別人兒罷咯、

二老兒、記得麼、噯大哥你納不知道啊三年以前在咱們那兒住着的時候兒、又是誰來着、很窮啊吃了早起巴結晚上、天天兒游魂似的忍着餓、各處兒張羅拾着一根草都是希罕的、一天至不及、也到我家兩三次不尋這個就要那個、我的甚麼他沒吃過、筷子

第十二章

性說失了言兒咯、那個我還惱的過去死扭着說他的話是一口咬定了不肯認不是、自然那更叫人氣土來咯他太把我看輕咯、實在不知道他仗着甚麽、故此有這個樣兒的舉動兒誰也不能殺誰誰還怕誰麽、若果然要見個高低兒很合我的式、若略打一個各碰兒也不是好漢子、

那是個沒出息兒的東西你怎麽瞧來着雖是個人身子、却是牲口腸子略躲着些兒走好那是個無事生事的混賬行子啊、心眼子黑實在是聽見風兒就是兩兒的若畧有點兒小事情兒叫他聽見就混嚼說爛張揚個不堪啊、把這兒的事情傳在那兒、把那兒的信兒告訴這兒叫兩下裏成了仇的時候兒他可從中作好人兒你若說我說的話信不的你瞧不但沒有一個人兒和他相好的若不

的呢、想來又喝醉咯、只當是沒看見沒有聽見罷咯、何必理他呢、二哥、你不知道這樣兒軟的欺硬的怕的人跟前若給他留分兒、他更長了價兒咯、你索性說我是頑兒、不知不覺的話說冒失了人家或者可以原諒你罷咧、反倒滿臉的怒氣誰還怕他不成、大哥你別生氣我把這個酒鬼帶在僻靜地方兒指着眼睛罵他一頓、

第三章

給你出出氣

五兄台

壞了腸子咯、把我輕慢的了不得我和你說話不配麼來勁不動兒就拿巧話兒譏誚我把自已當成甚麼咯、每日裡鼻子臉子的、常在一塊兒混混我只不說罷咧、我若說出根子來、未免又說我揭短兒你的家鄉我的住處誰不知道誰呢、你不叫人家揉挫的能有幾天呢、如今賤貨兒反倒和我粧起胖兒來咯是甚麼意思呢、索

第十章

一　誰和他說長道短了麽、是他的話過着叫我說啊瞞的朋人兒瞞的住你麽自

二　本

三　今兒是在那兒喝了酒略剛一進門兒來、就說嘮呀、我怎麼纔見你啊、要照他那麽說、我不脫空兒的整月家替他當差使反

論　說、

真使

從趙年以來他還當了甚麽差使了麽、

倒不是了麽因這個話土我的氣就到了脖腔子上略、今兒且不必說明兒再講罷、

三老兒不庸往他較量這個大哥你為甚麽和他一般一配的爭呢他那頑兒慣了的嘴你有甚麽不知道

四　俗語兒說的識人識面不知心心裡頭的好歹如何能彀知道的透澈呢、

五　那就是不分好歹、一概都說是很相好的朋友使得麽、

朋友、涼情呵
　
我所遇見的都是這個樣兒的朋友呼我怎麽再還相與朋友呢、那個人的說話行事很假信不的我沒說過麽那個時候兒你還理論麽倒很有點兒不舒服我來着、

往後結交

問答篇

的、先這麼怕這樣兒那樣兒的防備着你還有個漢子的味兒麼、不妨你放寛
心罷他若果然不依你、要和你見個高低兒還給你留情麼你如今就是這麼樣兒
的怕了能夠乾乾淨淨兒的沒事兒麼看起至今並沒音信來想是他早已忘了罷、
開手了你若不信悄悄兒的探聽信兒、我管保你無妨無碍的呀、
第九章 一、你們很相好啊如今怎麼咯登你的門檻兒了麼 二、我不知道想是有誰
得罪了他咯罷還有一說、從來沒個好端端的行走着來着、忽然因為一半句話上、
也不犯心裏、記窄過去惱了就總不行走了的理不行走咯也罷了背地裡還只說我這樣兒不
好、那樣兒利害所有遇見認識我的朋友們當作話靶兒蹧塌我、這是甚麼意思呢、
新近給我們孩子要媳婦兒我還臉上下不來、請他去來着狗也沒有打發一個來

問答篇

第八章

一、你太沒有經過事快極了有話為甚麼放在心裡直去和他明說開就完咯他也是個人罷咧不按着道理行麼說出緣故來從頭至尾的一一的分解開的時候兒他能彀把你怎麼樣呢怕殺呀或是吃了你呢況且別人都沒動靜兒你來不

閙嚷去在家裡白坐着他那兒坐的住呢、這一向沒出房門兒在家裡呢昨兒我去瞧他、啊臉面兒還像先麼、很瘦了竟是坐不安睡不寧的樣兒困為這上頭我很疑惑纔要問他又來了一個親戚打住了 噯呀我知道了大約是叫那件事絆住心亂了、雖然是那麼說有經過大難不怕小煩的話啊從前甚樣兒的難事都清清楚楚兒的辦完了這又算甚麼要緊的事呢也值得憂愁成那個樣兒麼、

問答篇

個人、別人若是這麼行咱們尚且還該攔勸呢你反倒行這個樣兒的刻薄事太錯了、

真真的我心裡過不去、大哥你原來不知道叫他騙了啊那個髒東西外面皮

兒、雖像憨蠢心裡却不得他的那個窮兒極惡利害的地方兒你沒試過不知道

罷咧法子多圈套兒大很會和人討憑據不論甚麼事預先拿話兒勾引你把你的

主意套了去然後遠遠兒的觀望着瞧你的空子若些微的有一點兒破綻跟進去

就給你一個冤屁股將大哥你想這個事情有關碍我的地方兒啊若是把徹底子

的主意告訴他如何使的呢因這個怪我我不委曲麼、

第七章

一 咱們那個朋友怎麼樣咯這幾天他那個愁容滿面無聊無賴的樣兒有甚麼

緣故麼、 二 不知道平素間下雨下雪的日子他在家裏除此以外是地方兒他就

情穿的罷咧、我這不過家常穿的舊些兒何妨呢漢子家沒有本事、該當羞罷咧、穿

的有甚麽關係呢、卽如我雖不穿好的、心裏頭却寬綽甚麽緣故呢、不求人不欠

債、這就沒有可恥的去處兒、若像他們這種年輕的人兒們、我眼角兒裏也沒有他、

只知道穿鮮明衣裳搖搖擺擺的充體面知道學漢子的本事麽若像他們這個樣

兒的、就是叫蟒緞錦緞裹了有甚麽奇處呢最下賤沒眼珠兒的人們混說他體面、

巴結他們罷咧若是我說他們不過是個掛衣裳的架子

第六章一

你這是怎麽說人家恭恭敬敬的在你跟前討主意知道說知道說不知道說不

知道撒謊作甚麽個若把人家的事情就悞了倒像你有心害他的他若是可惡的

罷了、就不怪你這麽樣兒待他我看他那個人狠老實、

人、我也不說來咯那是一個老實人怪可憐見兒的一瞧就知道、是個慢皮性兒的

問答篇

一塊兒久相與還沒有深知呢、比這個可笑的事還多呢、和他一處兒坐下說起話兒來、正說着這個忽然想起別的來、就說那個不然就搭拉着嘴唇不錯眼珠兒的聽着你猛然間又說出一句無頭無尾的獃話來叫人笑斷了肚腸子啊前兒瞧我去來着後來臨走的時候兒不直走轉過春梁來倒退着走我說大哥小心門檻子話猶未了絆住脚一歪仰着面兒跌了去咯我急忙趕上扶住幾乎沒跌倒從前我還勸他呢後來知道不能改了、不是有出息兒的東西何必自勞唇舌的勸他呢、

第五章 兒台

太哥你聽見了麼話頭話尾的都刻薄我穿的膽舊不是我誇口他呀還算是懂得甚麼

小孩子呢能有幾日的溺精這也果然不是他們知道的事啊新衣裳是偶然有事

個、又招那個、有甚麼樂處兒呢、你自己不覺罷咯、傍邊兒的人都受不的了、幾兒週見一個利害人吃了虧的時候兒、你纔知道呢、哎呀、原來這樣兒的利害麼阿哥你哥哥的話若是傍不相干兒的人肯這麼說、頑笑是拌嘴的由頭久而久之、生出甚麼好事來呀、你寡長了個身子歲數兒還早呢咱們沒有從那個時候兒過麼、正是好頑兒的時候兒呀、這個空兒就只請一位名師教他念書、漸漸兒的知識開了、明白了世務的時候兒、自然而然的就改好了、又愁甚麼沒出息呢第四章一 他那個動作兒是個甚麼樣兒呢、在人家跟前結結巴巴的怎麼問怎麼答都不知道畏首畏尾的、怎麼進怎麼退也不懂的、醒着像人家睡着的樣糊裡糊塗的、怎麼長來着呢、你們相好啊、略指教指教他也好了

問答   話章四五

的便宜你可惹他作甚麼好話總不聽倒像神鬼指使的一個樣、強拘着去了、到底作罷了、

二、該死、那個砍頭的你說他是誰了不的、有名兒的利害人啊、從不給人留分兒與他無涉的事還可以略有一點兒妨礙的去處兒、他地方不相干、

三哥、這不是麼倒底把臥着的老虎哄起來了、碰了釘子回來了、這有甚麼趣兒呢、俗語兒說的、有拐棍兒不跌跤有商量兒不失着光必要占住理得了便宜纔歇手、

你一個人兒的見識能到那兒、任憑怎麼樣、我比你長幾歲若果然該行的、就是你心裡不要去我還提撥着你、催着你叫你去呢、豈有倒攔着你的情理麼、

第三章一

你、怎麼這麼樣兒的不穩重若是體體面面兒坐着誰說你是木雕坭塑的廢物、麼、你若不言不語的那個說你是啞吧麼倒像在誰跟前兒鬭笑兒似的惹了這

問答篇

第二章

別人說他與你何干越勸越生氣太急燥子罷等客散了再說罷必定此刻要辯明白、

二兄台、大哥你說的這個話我心裡竟進不去咱們是一個船兒上的人哪、這個事、也與你有點兒牽連難道沒有一點兒碍麼議論他、連咱們也稍上不你不攔着說而且反倒隨着人家的口氣你說的是甚麼意思我真不服、不是那麼着若有話從容容的說急繃繃的就完了麼你看這兒所坐的人、都是為你的事情來的你只管怎麼怒氣冲冲的倒像要把誰攆出去的似的這些人怎麼好意思坐着呢要回家去臉上下不來要在這兒坐着你又吵嚷怪叫的凶喊這就進退兩難了啊以後朋友們還怎麼往你家行走呢

第三章一

看起你來只是寡嘴外面兒雖像明白、心裡却不瞭亮他不尋趁你來就是你

與其吃各樣兒的藥〔不見效倒〕不如自己靜靜兒的養着〔還〕更好、

第五十三章

你勸我的何曾不是好話、但只我另有一個想頭、若果然該當服藥、我不是木頭啊、有愛惜銀錢不治身子的道理麼、甚麼緣故呢、前年我吃錯了藥、幾乎沒有傷了命、至今想起來、心裡還跳呢、如今的醫生們裡頭好的雖有、百個中也不過有一兩個罷咧、其餘的只知道掙銀子錢、他那兒管人家的性命兒呢、你若不信、請一個醫生試試、藥性還不知道知道了沒有、就大著膽子給人家治病、急急忙忙來到你家、說是診脈、使手指頭混摩一回、胡哩嗎哩的開個藥方子拿上馬錢去了、若是好了、是他的力量兒、若是不好、說是你的命定、與他絲毫無干、我的病我不知道麼、

問答篇

你如今好了些兒了麼、他睜開眼瞧見我把我的手緊揙住說噯、我的哥這是我的罪啊如今病沉了不能好了我不知道麼自從病那個大夫沒治過甚麼樣兒的藥沒吃過纔好了一好兒了、我的命了我並不虧心但只父母上了年紀見了兄弟又小再者親戚骨肉都在這兒我能撂的下誰呢、話沒說完眼淚直流下來、好傷心哪、就是鐵石人聽了他說的那個話、也沒有不傷心的啊

筆至章 若是不該死他自然而然的有解救那一夜沉重了昏過去好一會子纔甦醒過來了我嘴裡雖然說無妨無妨請放寬心安慰老人家心裡實在是沒了指望兒了、恢就了實在是老人家的福氣他的造化好第二天另請了一個大夫治眼瞧着一天比一天的好了前兒我去看他身子雖沒有復元兒、臉面兒轉過來了也畧長

纏住了很延纏昨兒我們去瞧的時候兒他還扎掙着來到上房和我們說哥哥們太勞乏了這個樣兒的熱天氣常來瞧而且又不時的送東西太費心了十分感情不盡了也因其是親戚關心想着我若是傍不相干兒的人還結記着我麼我也沒有多餘的說的了、只有記在心裏、病好了的時候兒、再道謝磕頭啓嘴裡雖然是這麼說、身子再也扎掙不住了因其那樣兒我們說、大哥你納是聰明人哪、不用我們多說、好好兒的養着身子快好罷、空兒我們再來瞧你說完就回來了、

第五十二章

夏天的時候兒還可以扎掙着走來着久而久之添了病竟躺倒了因其那樣兒、鬧家子亂烘烘的不得主意老人家們心裡愁的都瘦了、竟瘦了亂分兒了、我看見他瘦得骨瘦如柴的竟剩下骨頭咯在炕上倒氣兒呢我慢慢兒的走到跟前說

問答篇

第四十九章

這幾天鬧爲有事、一連熬了兩宿眼渾身沒勁兒、很軟的、昨兒晚上我就要睡覺來着因爲親戚們、普裡都在這兒我怎麼搬下去睡覺呢、因爲這上頭身子雖然強扎掙着陪着坐着眼睛十分受不得了眼皮子也搭拉了心裡也糊塗了、往後一散我就抓了個枕頭穿着渾身的衣裳睡着了、直到三更天纔醒因爲這上頭着了點兒涼不知道是怎麼這們心裡不舒服臟悶渾身發燒就像火烤的是一個樣、而且又害耳朵底子疼的連腮幫子都腫了、飲食無味、坐臥不安、因其那樣兒我說這想是停住食了服了一劑打藥內裡所有的好啊歹的東西、都打下來了心裡覺着纔暑鬆快些兒、

第五十章

本是弱身子、而且又不知道保養因爲過貪酒色、所以身子虧損了如今凶病

第六十六章

必定扔聽佈甚麽、

我看你酒上很親、一時也離不得深進去了每喝動了必定喝到很醉站不住腳兒的時候兒總住這不是好事啊喀戒一戒兒好若是赴廟有喜事呢略喝多些何妨呢不論有事沒事只管拿着盅子不離嘴的喝生出甚麽好事來呀不過是討女人兒子的厭煩在長輩兒們跟前得不是、惹出大禍來就悞了要緊的事情罷略因酒學了本事長了才幹至於人敬成了正經事情的很稀少總而言之酒是亂性傷身的毒藥任着意兒喝使得麽阿哥你若不信照照鏡子瞧瞧鼻子臉都叫酒糟透了、你不是平常人兒啊、不分晝夜的這麽喝、豈不是自己害自己麽

百數個咱們是知已的好朋友知道若是不勸要相好的做甚麽寧可沒有更好、我開貪得過於、逢酒、要得少喝點不好麽、多點還算了、

問答篇

吃所喝的全吐了不然今兒也扎掙不佳了、我教你個法子、但只餓着肚子、少兒的吃東西若是那麼着就是暑暑兒的着點兒涼、也就無妨了、

哎呀、你納怎麽咯咱們能隔了幾天哪、怎麽這麽快、鬍子都白咯漏出老樣兒來了、

第七章 一

阿哥你別怪我嘴直聽見說、你如今上了耍錢場兒了、欠了許多的賬若果然是那麽着不是頑兒的呀暑收收兒好哪、這都是沒影兒的話胡編造的你納若不信請細細兒的打聽就知道了、哎說的是甚麽話呢、自己行的自己不知道麽、看起朋友們都議論你的來、想是你有點兒罷咧、耍錢有甚麽捆兒若是陷進去、有甚麽存的下的、臨終末了呢、就是不犯刑法也是連一個大錢剩不下、家業弄個精光的縂搭開了手這個樣兒的事情、我的眼裡見的耳朵裡聽的雖不多也有

還是這麼、往醉裡喝、大哥重重兒的責罰他、我即便再是遇見也不來情了、那時候兄台就是管

哥你不知道他是生成的不成器的東西、若說喝酒就捨了命、比他老子的血還親、大考弟 來、也領意

今兒饒了他、就改不成至多一兩天不喝罷咧、過了後兒仍就還是照着樣兒喝、我保他能改 一定 舊的

第四十六章一

大哥你怎麼咯臉上儍白的冷孤丁的瘦成這個樣兒了、 上Sha Kū ying Sho 二兄台 大哥你不知道

這幾天掏溝的味兒很不好又搭着忽然熱忽然涼的沒准兒因爲這樣兒故此人 天氣忽然乍熱 像 一樣

都不能佴養身子前兒、吃早飯的時候兒、就很涼來着、一會兒又熱起來

了、人人見都受不的炮燥的出了一身透汗繞脫了袍子、要涼快涼快又喝了碗涼茶、 我 song jon 像

就立刻頭疼起來了、鼻子也傷了風咯、嗓子也瘂了身子坐在雲彩上的似的暈暈 三兒 hwan 一樣

忽忽的不舒服 不獨你是那樣兒、我的身子也不爽快懶怠動、幸而昨兒把所

問答 全可 話章四十六七

怎麼咯、不好好兒的肉癢癢了麼必定叫打了的時候兒得了甚麼好處兒了麼自此以後再要這麼行小心眼珠子若不結結寔寔的打你們也不知道怕說完都喳的一聲答應了去咯

第四五章 一老弟、他兒醉

永哥你瞧如今又殼了、喝得稀爛醉的站都站不住了、我問他那個事情你告訴了他沒有他前仰兒後合的直瞪着倆眼和我拱手兒又不是聾子啞巴為甚麼不答言兒今兒若不把這個砍頭的痛痛快快的責罰他一頓、我就起個誓、哥罷唷他想是忘了沒有去、他得不是他不知道麼、因為這樣兒心裡害怕不敢言見今兒旣然是在我這兒看我的臉饒過這一次罷自今以後很很心戒了酒罷俗語可是說的主子管奴才靴子裡摸襪子他躲到那兒去啊改呢更好若是不改仍舊

竟是漚人似的正經事情上絲毫不中用、若說淘氣很能一點空兒不給常叫在跟前兒服侍還好些兒著不然就淘氣得不堪咯、竟是個通天鬼拿起那個撂下這個、拿起那個、猴兒似的不安靜唧叮咕咚的鬧我若是氣上來、把那個雜種的腸子摔斷了纔解恨過了氣兒想起來可怎麼樣呢當眞的殺了他罷而且是家生子兒撥火棍兒短強如手撥略因爲這上頭我畧有點兒吃喝兒的地方兒倒偏疼他些兒

第四十章

昨兒我往別處兒去了的時候兒賤奴才們就任着意兒辯嘴吵鬧及至我回來、猴兒們正吵嚷呢我咳嗽了一聲走進去一齊都住了聲咯、賊眉鼠眼的使眼色兒、一個個的躲過着走咯今兒早起起來一瞧砍頭的們都來咯直撅撅兒的跪着說、奴才們該死求的求、磕頭的磕頭、因爲這上頭我的氣纔畧平了些兒我說你們

問答書一 語章四十四五

問答篇

第四十三章

大哥你納瞧甚麼樣兒的壞孩子、都有啊、別人兒這樣兒那樣兒的勸他、不過是要他好恐怕他學壞了的意思把念過的書罣溫溫兒不好麼人若是往正經本事上學就很難若往壞處兒學就很容易如今我就說破了嘴他也不肯聽反倒無精打彩的嘍着嘴撅擦臉子因為這上頭我心裡受不的動了氣很很的打了他一頓他臉上一紅和我說貝是我的錯縫子作甚麼眼淚汪汪的竟是個糊塗沒造化的人哪俗語兒說的良藥苦口忠言逆耳若不是一族我巴不得的哄着叫他喜歡呢、必定討他的壓煩作甚麼呢

第四十四章 你看這種甚麼賤貨兒啊、竟不是個人哪、長的洒脫兒的、像他老子一個樣越瞧越討人嫌不論是到那兒、兩個眼睛擠擠顧顧的任甚麼見看不見混撞嘴裡疴疴巴巴的、

第四十二章 一

這幾天我們那兒正作大會呢、施主的女人們去的很多、一個比一個長的好看、真是仙女似的雪白的臉旦兒漆黑的頭髮、眞是眼是秋波腰如弱柳、總而言之、他那個風流俊俏的樣兒畫也畫不主來、很可惜我的心在受不的、可惜了兒的人皮子怎麼給你披了奔六十歲的人了、還小麼把自己的死都忘了睜開眼睛就到女人們羣兒裡去玩笑調戲算甚麼能處兒呢、別人兒若說你女人這麼長那麼短的、遭塌你、你心裡怎麼樣呢這麼大年紀兒的人喀、一點兒不按着道理行、倒行的都是些個吃屎的事是個甚麼意思啊、如今的時候兒天低啊我很替你發愁呢、

兒、都算的正對、絲毫也不錯、過去的事情雖然都應了、但是未來的事我想未必能
毅、應他說的話罷、　雖然話是這麼說咱們那兒不花幾百錢呢與其在家裡白
坐着呆當是逛去似的權當解悶兒又有何不可呢

第四十章

我告訴你個笑話兒剛纔我獨自個兒這兒坐着看見窗戶檔兒上落着一個
雀兒老爺兒照的影兒一跳一跳的我慢慢兒的捻手捻脚兒的走到跟前兒隔着
窗戶紙兒一抓把窗戶抓了個大窟窿恰好抓住一看是個家雀兒纔一倒手唿
哨的一聲飛咯我趕忙關上門剛拿住又掙脫了滿屋子裡我正趕着拿的時候兒
小孩子們聽見說拿住雀兒了一齊都來咯趕的趕、拿的拿、有一個小孩子使帽子
扣住了、後來我說、大家還買雀兒籠坐呢你拿他作甚麼放了罷、他一定不肯打

問答篇

話章三十九四十

的菩提素珠兒雖多像那個樣兒的就很少啊、每天拿來拿去的、汗浸透了、很光滑了、不拿的時候兒放在櫃子裡就好了、哎也是該丟、上月我往園子裡去、在那槅兒上擱着忘了沒收回來、我那兒還有呢、連踪影兒都不見了、不知道叫誰偷了去略、竟我不着略、

魯元章一 大哥你沒聽見說麼新近城外頭來了一個看八字兒的、說是很靈竟是神仙轉世的一個樣兒把咱們過去的事倒像誰告訴過他的、手拿把穩兒的算得着咱們的人們去的很多接連不斷的擠滿了、有這個樣兒的高明人哪、到多嗻、咱們也叫他瞧瞧去、

二 我早已知道了、我的個朋友、這幾天都去過、前見我也到了那兒、把我的八字兒叫他瞧了瞧父母屬甚麼、兄弟幾個、女人姓甚麼、多嗻得的官件件

問答篇

就顯了形兒了、家裡的女人們、動不動見的就撞客、嚇的都存跳神也枉然、送祟也沒用、沒法兒賤賤的價兒賣了、大哥你知道麼、這都是運氣不好的緣故、若是時運好、就有邪祟他也躲避着、能害人麼、雖然是這麼說、我那個朋友很胆兒小、我把打聽的眞情話告訴他、就完了、買不買由他罷、

第六章
一、大哥你那盤素珠兒、我說要拿去到底沒有拿了去、
二、甚麽緣故呢、我遭遭見來了、你都沒在家、因沒有見你含糊着拿你的東西去、有這個理麼、因為這遭我今兒特來見你、告訴了我好拿了去、除了素珠兒、你要甚麼東西合着你的意思買來給你、就是舖子裡沒賣的、我也必定想着法兒各處兒尋了來給你、你心下如何、四、索性你頭會拿了去、倒好來着、五、怎麼咯、六、丟咯、七、可惜了兒

把帶了去的菓子茶放下、就在墳前坐着吃喝起來了、正吃喝着的時候兒我們鐘
子裏斟得酒忽然自己焴焴的都着了、眾人都嚇睏了、剛要躲着走、我一個叔叔、
忙擺手兒說站住你們別怕老時候兒有給鄂博留謝儀的話啊今兒降在這兒了、
忙斟了一鐘酒禱告着祭奠着的時候兒月着的酒立刻都滅了、這是我親見的
不怪使得麼、

第三毛章一
你們對過見的那所房子如何、

二
你問他作甚麼、

三
有我的個朋友要買
那個房子住不的很凶地根兒我有個哥哥住着來着門面房七間到底兒五間
住着很舒服乾淨後來因到了我姪兒手裏說廂房糟爛了從新盖了的緣故上忽
然鬼啊怪的作起祟來了、起初還好些兒久而久之白日裡出了聲兒咯後來

問答篇

悄悄兒的瞧着、看他怎麼樣、跳了不久的工夫兒開開立櫃拿出許多衣裳來、挾在胳肢窩底下、從窗戶裡出去了、他心裡暗想着若然是鬼、有拿衣裳的理麼、正想着的時候兒那個研頭的刃進來了、因此他猛然起來拿出把腰刀來、把那個東西

那個東西哎呀了一聲倒在地下了、叫了家下人來點上燈一照、很可笑、原來是個賊、故意兒的粧成鬼來嚇人來咯。

第三章

哥哥們提起話兒來就說鬼、我也告訴你們一件怪事、你們說的都是在古兒詞上看下來的、我這個是我親自經過的那一年我們出城外頭閒游玩回來看見道傍邊兒有一座大墳院、房屋院牆都破爛了、歪的歪倒的倒了、那裡頭各樣兒樹木、長的可是很深密、因為這上頭、我們說這個地方兒很涼快、咱們進去畧歇歇兒、

我記得哥你也有一件來着、我那個算甚麼自有個袖子的名兒就是咯毛稍兒壞了、顏色兒變了反穿不的了、

（九）

哎我是過了時的人了、還講究甚麼樣兒呢、但只煖和就好了你們是年輕的人兒們、正是往上巴結的時候兒逢朝會的日子穿件好的打扮打扮是該當的咯、

我若是穿了好的、不但不得樣兒而且不舒服兒且我們武職差使上也不用著好衣裳、索性穿舊的破的倒和我們很對勁兒、

第三章

我的個朋友胆子很大夏天的時候兒黑下揣著窗戶睡正睡着了覺着耳朵裡聽見有響聲兒睜開眼一瞧大月亮地下有一個怪物臉似黃紙、眼睛裡流血渾身雪白、頭髮蓬鬆着一跳一跳的睡夢中忽然看見嚇了一大跳哎呀這就是鬼罷

問答篇

年們繫上撒袋騎上馬就像飛鷹似的真可觀這馬是甚麼口也老了、下巴都搭拉了、腿又軟肯打前失你的身子又笨與你很不相宜、如今可怎麼樣呢、已經買定了將就着養着罷了我並沒有緊差使又沒有遠差使、但只老寔就和我對勁兒究竟比步行兒強啊、

第三章

這件貂鼠端罩在舖子裡買的麼、不是舖子裡的廟上買的、多少銀子買的、這件至不濟值三百兩銀子、我從二百兩上添起、添到二百五十兩上、他就賣了、價兒怎麼這麼賤、從前像這樣兒的至不得五百兩銀子顏色兒黑毛道兒厚敦又平正而且風毛出的齊截面子的緞子又厚花樣兒又新鮮樣子又合時就是比着你的身子做、也沒有這麼樣兒好

麼、那都是謠言信不的、別說別的、黑豆的價兒、就十分便宜十咯個錢一升許多年、沒有這麼賤的、真麼、自然是真的、若是這麼着再打發人去的時候兒、替我買幾石來、多少銀子算明白告訴我、我照着原買的價兒給你、是啊、我看見拴着好幾匹馬、這是該當的、與其在咱們這兒買得價兒貴、何不在那兒帶了來、有加倍的便宜呢、

第三章一

若買就買匹好馬、拴着看、也有趣兒、橫豎費草費料的、拴着這麼匹儸頭馬、作甚麼、

二

大哥不知道、昨兒牽了來、我就拉到城外頭試過了、可以騎的、頭的穩跑得又快、射馬箭一點兒張裏的毛病兒都沒有、又隨手又安當、

三

看起這個來、你那種好的就是原來不認的、馬若是好馬、腿子結實、耐得勞苦圍塲上熟樣兒、好又俗便、英雄的少

問答篇

幸虧你來的早、暑還些兒、也趕不上方繞屯裡、拿了幾兩銀子來、還沒用呢、你拿一半兒去使喝了茶再稱給你們、是初次出門麼、我告訴你些個禮行遠道兒的道理、朋友們裡頭、以和為貴待底下的官人兒們、不必分內外一個樣兒的疼愛、就有得銀子弄錢財兒的地方兒、臉面要緊別手長了若是亂來於聲名是大有關礙的呀

第二章

阿哥是幾兒打屯裡來的、哥哥說的是金玉良言兒弟永遠記着就是咯、我到了好些日子了、阿哥來了我總沒聽見說若聽見我也早來瞧了、你們的地在那兒、在霸州所屬的地方兒、咱們住的地方兒不同、又是官身子沒聽見、罷咯、渾河、今年那兒的莊稼如何、好很豐盛大收了、黃河麼、不是、是先說潦了又說早了

高些兒、四方臉兒、連鬢鬍子、暴子眼兒、紫糖色兒那一個真可笑、髒的看不得、一隻眼、而且還是斜着、又是糙稠麻子、滿下巴的捲毛兒鬍子、咬着舌兒望我說話、我差一點兒沒有噗哧的笑了、

那個胖子我知道了這一個可是誰呢、我問他們的姓來着每人都留下了一個職名我拿來給大哥看、哎呀這猴兒從那兒來你倒剛把他看輕了儴貌雖然長得歪歪扭扭的筆底下很好有翰墨兒題起來誰不知道

是早已出了名的人了題起他來誰不知道

第三十章

一、你還沒起身麼、

二、要走、早晚兒就起身了、馱子行李都整理安當了只是盤纏銀子還短些兒、上山擒虎易開口告人難、我今兒纔信了、捨着臉各處兒借、總沒有得沒法兒找哥哥來了或銀子、或當頭求借給我點兒、回來的時候兒本利奉還

問答篇

子過日子、有甚麼趣兒啊、只別過譽了、就是咯算計着所得的分兒樂一樂兒也很使的呀、

二、這個話、你是知道我的事情說的呀、還是揣摸着說的呢、我若果然是富富餘餘的、樂也是應當的、並不能像別人兒有銀錢有產業叫我拿甚麼樂呢、我借了債、穿哪還是賣了房子吃呢、若依着你這個話、有錢財兒花淨了的時候兒、嘆口氣就死了繞好、萬一不死、還有氣兒活着、可怎麼樣兒過呢、到那時候兒就是我求你、你還理我麼、

第三章一

今兒有誰來過麼、

二、大哥出去之後、有倆人瞧來了、說是大哥陞了道喜來了、

三、誰出去答應的、

四、我在門口兒站着來着、我說大哥沒在家、老爺們請到裡頭坐罷、他們不肯進來、回去了、

五、都是甚麼樣兒、

六、一個是胖子、比大哥畧

裡也安穩麼、你只知道吃飯不知道米的難處呢、種地的拉縴的受得都是甚麼樣兒的辛苦纔到了這兒、就是個米粒兒也不是容易得的啊、況且咱們不能像那些個財主人家兒吃着這個想着那個的、不希奇的銀子錢嘴有甚麼捆兒呢吃有甚麼盡頭兒呢若是這麼慣了不但會破家而且也折福有年紀兒的人們說的話兒、惜衣得衣惜食得食、你的福卽能有多大若是這麼樣兒不省儉小心着久了的時候兒自己捱上餓了、你後悔也就遲了啊

第元章 一

人生百歲不過貶眼的光景把銀子錢結結寔寔的收着作甚麼這個浮生如夢的身子能彀樂得幾天兒呢、一恍兒就不中用了趁着沒有老若不吃不穿的到得筋骨硬了的時候兒穿呢不成樣兒、吃呢不得味兒反倒瞜着孩子們的下巴壳

瞧了、我從前最好打把勢天天見演習、我哥哥慣使的是鎗就有十幾個人見也到不了他跟前見這樣兒的本事、而且後來還遇見了一個人、是瘸子、舅家從屯裡來了、個瘸子會耍刀、他們倆說要試試本事、各自拿了各自的兵器、我哥哥心裡那兒有他呢、拿起鎗來、直往他心口上就是一扎、那個瘸子趕着抽鎗沒忙從從容容的使刀一架、我哥哥的鎗尖兒齊各鐔兒的斷了一截兒、趕着抽鎗沒揷选刀早已放在脖子上了、纔要躲叫他夾着脖子一摔、摔出好遠的去咯、因為這上頭很澇味兒、再也不學了、看起這個來、天下的能人還少麽、

第六章 哎你太奢侈了

要各樣兒的東西上愛惜省儉、纔是過日子的道理呀、我若不說你我又忍不住把吃不了的飯給家下人們吃不好麼、任着意見、倒在溝眼裡、是為甚麼呢、你心若是那、你竟

人家就攔着、是甚麼意思呢、若這個樣兒的行事朋友們、還怎麼信你的話呢、你想來是你自己不覺罷咧、我竟在替你害羞與其這麼顧頂着索性把竟在的光景告訴他、人家也好歇了心另打算哪、

第王章
這是甚麼話呢、論事情還沒有影見呢、就畧遲些兒、也不要緊、正經事情主兒、何且不着急、你先這麼催逼的是個甚麼道理啊、不論甚麼事情總要詳細了又詳細得了正經主意纔可以告訴人、若像你們糊裡麻裡的撈摸着就說可以使的麼、我的生性兒就是難總若是事情沒得竟兒、強壓着頭叫我行、我斷不肯、若信我的話、叫他等着倘若不信、叫他求別人兒去辦罷誰攔着他呢、

第三章
你不知道、這都是年輕血氣旺的緣故、吃幾卓齣戲的時候兒、自然而然的就心

問答篇 話章二十六七八

齒的，會說我看着很羨慕心裡說、怎麽和他相與、相與繞好、不住口兒的誇獎他、後來走上了一處兒、常混混細細兒考較他、所行所爲的事情、原來不是個正經人、虛架子、弄空的、他的真假那兒摸得着呢、而且心裡又陰險不給人好道兒走、嘴裡雖然跟你好、背地裡害得你很不輕、人若是落在他的圈套兒裡、就是一個仰面見觔斗在他手裡坑害的人可不少了、屈着指頭兒算不清啊、故此朋友們提起他來、都說是可怕、沒有不頭疼的、這就是俗語兒說的人心隔肚皮、知人知面不知心的話兒、是特爲這種人們說的咯、我還算是饒倖若不留心遠着他、有不落在他的局裡的麽、

第幾章

你的性子也太皮了、旣然不能就罷了、應承了人家的事情、又不能成只是給

第三章

一 兄台請、

大哥騎着我躲了你了啊、乏乏的、又下來作甚麼、 二 甚麼話呢、若沒有看見就罷了、我在老遠的就看見了有騎着的理麼、 三 兄治 大哥不到家裡坐麼、是啊、 四 咱們許久沒見了、我進去罾坐坐見哎呀、栽了這麼許多 金魚山子石兒堆得也好心思用的很、層層都有樣兒這個書房寔在乾淨怎麼瞧、怎麼入眼正是咱們念書的地方兒、 五 好雖是好 但 我自已沒有甚麼朋友一個人兒念書、很冷清 六 這有何難呢、你若不厭煩我給你做伴兒來、何如 那邊有 若是那們着真是我的造化了、我請還懇朝請不來呢、若果真來、眞是我得萬幸略厭煩的理、

第二章 一 我 的時候見待 起初見了他、奎着人兒很親熱、又很爽快、相貌又體面、漢仗見又魁偉、倫牙側 有麼 呢、

問答篇全卷 話章二十三四五

第五章

我們倆地根兒相好、而且如今、又連了幾層親許多年沒得見面兒了、我可出兵的地方兒回來就要我可他去敘談敘談、不想叫事情絆住竟沒空兒去、到昨兒我順便兒到他家一問、說他搬了好久咯現在小街兒西頭兒拐灣兒住着呢、我照着告訴我的話找了去、瞧在儘溜頭兒噶拉兒裡關着門兒呢我叫了半天的門兒、並沒人答應又敲着門大着聲兒叫了好一會子出來了一個走不動的老媽媽兒、他說主人沒在家別處兒去了、我說等你們老爺回來告訴說我來瞧來了他耳朵很聾總聽不見因爲這上頭我沒法兒在他側隔壁兒小舖兒裡借了個筆硯、把我瞧去的話寫了個字兒留下了、

怎麼樣兒總好你納千萬詞評較

問答篇

第三十章

咱們這些人裡頭、你還是外人兒麼要瞧我就一直進來又何必先通報呢、旣到門口兒怎麼又回去了呢想必是我們家裡的人們、說我不在家你惱咯、是這個緣故不是啊、我若不說出緣故來你怎麼知道呢、這一向咱們那群阿哥們、合着夥兒開了要錢場兒了、方纔來起誓發願的、必定叫我去我不得空兒你是深知道的、一會兒的差使、如何能定呢、而且王法又很緊、倘若鬧出一件事來把臉放在那兒啊、因這上頭腦就惱他腦去罷我到底沒去告訴家裡的人們、不拘誰來我、我答應不在家不想你來了、糊塗奴才們、也照着答應不在家、打發了去咯、繞進來告訴我、因爲這麼着我急忙差人去趕說沒趕上、我心裡很失望寔在不知道要怎

問答篇 話章二十二

問答篇

病見、況且朋友們裡頭、又很護眾不拘誰托他一件事他不應就罷了他若說是點了頭、必定替你辦不成不肯歇手因此誰不敬他誰不要親近他、可是說的三是啊他

第二十章一人

古人天祖這個樣兒的人豈有空過一生的理麼天必降福啊

那個阿哥、是咱們舊街坊啊眼看着長大的孩子隔了有幾年兒如今聽見說、很出息了、做了官了、起初我還半信半疑的來着後來我在朋友們跟前打聽果然是真的看起這個來、是有志者事竟成和有志不在年高的這兩句話真是不假啊、

哥哥你的話雖然是這麼說也是他老家兒有陰功纔生出這個樣兒的成人的孩子來呀很樸實又良善、除了學馬步箭的空兒素常在家、就只是看書混賬的道兒、一步兒也不肯走、況且公事上、又很小心、很勤謹、有便宜有得項的地方兒、

漢趕忙着去到那兒一看並不見金子只見有一條兩頭兒蛇、嚇了一大跳、連忙使鋤、把蛇砍成兩截兒、就追趕他們倆嚷着說、我和你們有甚麼讐啊、把條兩頭兒蛇、告訴我說是金元寶、差點兒沒要了我的命、他們倆不信、回去一看仍就是金子、砍成兩半兒咯、

只是

回去咯、古時候兒的人們、相與的道理是這個樣兒啊、管仲鮑叔每人拿了一半兒走了、那個莊稼漢還是空着手兒、這話雖是小說兒上的、寔在可以給如今見利忘義的人們作得榜樣啊

第十九章

你打聽的、不是那位哥哥麼、是啊、他是囊中之錐不久就要出頭咯、

甚麼緣故呢、他生來的安靜尊學行動兒漢仗兒又出衆差使上又勤居家是一撲納心兒的過父母跟前又孝順弟兄們跟前又親熱眞是沒有一點兒毛

問答會話章十九二十

問答篇

麼緣故呢、

三、天天兒聽了這些讒言心裡都裝滿了一時間不能忍以致於打架辯嘴就成了譬咯也該想一想產業沒了還可以再置、女人死了也可以再娶、弟兄們若是傷一個就像手腳折了一隻的、是一個樣、焉能再得呢、比方偶然鬧出一件禍事來、那還得骨肉相關的弟兄們、捨命巴結着搭救啊、若是傍人恐怕連累躲還躲不迭呢、肯替你出力麼、看起這個來、再沒有如同弟兄們親的咯、人為甚麼不細細兒的想想這些個呢、

第十六章 一

若說相與朋友應該學古時候兒的管仲鮑叔、他們倆有一天在荒郊野外的地方兒逛、看見道傍邊兒有一個金元寶、他們倆彼此對讓誰也不肯揀撂下走咯、遇見一個莊稼漢告訴他說那兒有一個金元寶你去揀去罷、那個莊稼

怎麼痛哭中甚麼用啊、就算是你出於誠心誰信呢、不過是怕人家笑話、假的罷咧、就供甚麼樣兒的珍饈美味誰見魂靈兒來受享了麼、也還是活人見饞揉罷咧、死的人有甚麼益處啊、還有一種更不好的人說父母上了年紀兒了、老背晦了、吵鬧着強要分家的說到這個塌塲處、不由的叫人生氣傷心這種樣兒的人天地不容神鬼都是恨的、焉能善終呢、你只靜靜兒的看着眨眼的工夫兒他的子孫也就照着他的樣兒學了、

第七章一

弟兄們是一個母親的肚子裡生的小的時候兒在一塊兒吃、一塊兒頑兒、不分彼此何等的親熱來着、後來長大了、漸漸兒的生分的緣故大約都是聽了妻妾的挑唆爭家產或是聽了傍人離間的話各自各兒的很多、二、這是甚

而且心裡明白認得人好歹瞞不過他的眼睛去、又最憐愛人有勤謹體面少年子弟們、到了挑缺高陞的時候兒真是肯提拔保舉、但是差使上滑的抖抖擻擻的獻勤兒討好占便宜的這種人可小心着難免叫他撈着了斷沒有輕放過去的、

你們說雖然是這麼說啊、弟兄們、天天兒眼巴巴兒的盼着要伙着我成人我若是應保舉應約束的不約束怎麼還能賞功罰罪呢我是生成的心直口快想來說話行事還正派故此人家都服我願意給我出力啊

第十六章

養兒原為防備老為人子的應該把着父母的勞苦養活的恩、當趁着父母沒有老老商拿好衣裳好吃的孝敬他們和顏悅色的叫他們喜歡若是吃穿不管、飢寒不問的像外人兒似的看待叫兩個老人家傷心生氣到了百年之後任憑你

第四章 這娃張的樣人很伶俐我認得一個有了年紀的人都不是這樣兒見了人很親熱

有了年紀的人總不同啊見了人很親熱若是坐在一處兒論起書來學問來很喜歡接連不斷的整天的說也不乏該指撥人的地方兒指撥該教導人的地方兒教導講今比古的若是遇見年輕的人兒們了他和言悅色的往好處兒引誘又最仁德最護衆見了人家有苦處就像是他自己的一個樣很着急必定盡着力兒搭救眞是一位乾淨厚道積福的老人家故此若隔久了我不去看一看心裏頭只是不過意俗話兒說的一人有福托帶滿屋現在家業富庶子孫興旺都是他老人家行為好的報應啊、

第十五章一啊這幾位弟兄們可要小心

這位老大人的才情敏捷有決斷無論甚麼事情到手就有條有理兒辦結咯、

高等兒上有不匱的道理麼、

問答篇

你納的差使出過兵受過傷現在又是十五善射、你納說旂下強過你納的、是誰我知道了想是怕我來喝喜酒、這有甚麼呢若果然是眞得了、訓說是酒我合着你納的意思請你納

第十三章

當差行走的只看各自的機會時運若平常樣樣兒總不着不論甚麼事眼看着要成偏會又生出杈兒來有一種彩頭好走好運的人眞是沒有不照着他所思所算的爽爽利利兒的隨了心咯眼瞧着就是優等高陞、

你納是這麼說我心裡却不然只論巴結不巴結就是咯若是尸位素餐的整年家不行走還該當革退呢、若指望陞能發麼第一差使要勤謹朋友們裡頭要和氣謝各別另樣的、謝不隨輩兒有事不攀人不論甚麼差使一撲納心兒的辦勇往向前的行了去必定是在

第十三章

一、哥哥恭喜咯、說放章京指出來了。

二、是啊、昨兒挑選的把我擬了正了。

三、擬陪的是誰啊、你不認的是一個前鋒校。

四、他有兵麼、沒有寫圖。

五、我有甚麼奇處兒比我好的多着呢。你納說的是

六、你納算計熟咯、一定要戴孔雀翎子咯、謝過獎咧、不過是

七、我替你納算計熟咯、一定要戴孔雀翎子咯、不過是的呢、一定指望着使得麼託着祖宗的造化儜儜撈着也定不得

八、那兒的話呢、你納是甚麼時候兒的人年久咯、若論起來和你納一塊兒行走的朋友們都做了大人咯、在你納後頭的年輕的人見們、都匪了、都比你納高貴了、若論

問答篇

不是的地方兒、
不舒服的去處兒請撥正撥正、

拇指頭戴翎子咯樣兒又好又很熟撒得又乾淨人若都能像你還說甚麼呢但只

弓還畧軟些兒前手畧有一點兒定不住把這幾處見若就是改了、不拘到那見去

射一定出眾有誰能壓得下你去呢、

第十二章 一、哥哥新喜啊、 二、好說大家同喜啊、 三、哥哥請坐、 四、做甚麼、 給哥哥

拜年哪、 六、甚麼話呢、 七、老哥哥啊、是該當磕頭的、 八、請起請起陞官哪、得子

啊過富貴的日子啊請起請上坐這現成兒的煮餃子請吃幾個罷、 九、我在家裡

吃了出來的、 十、吃的那麼飽麼年輕的人兒繞吃了就餓啊想必是糕假罷

十二、眞的呀在哥哥家我還作客麼撒謊的是猴兒、 十三、那們就倒茶來、 哥哥、我不

五、你射的步箭有甚麼說得呢早晚兒要使着大

問答篇　話章十一

來、我們說他、你為甚麼漏了一套、若不趕着取去、伻細你哥哥回來不輕饒你呀、他反倒說我們告訴得糊塗不明白、抱怨着去了、至今還沒回來呢、若差人迎他去罷、又恐怕走岔了道兒、

第十章

一
射步箭是咱們滿洲人最要緊的事、看着容易做着難、就是黑下白日的長拉、頑兒去略若不嚴嚴兒的管教、斷使不得、等他來了的時候兒把他網上重重兒的打一頓繞好、不然慣了他就更不堪了、這種樣兒的滑東西也有麼、一定是往那個熱鬧地方兒又

二
抱着弓睡的都有、若拉到出類拔萃的好能出了名的有幾個、難處在那兒呢、

三
身子要正、腿有毛病兒、骻子要平、一身要很自然、還又搭着弓硬箭出去的有勁兒、再箭箭中、纔算得是好呢、

四
大哥你納看我射箭比前出息了沒有、若有

大有益處啊、至於看小說兒古兒詞都是人編的沒影兒的瞎話、就是整千本兒的看、有甚麼益處呢、有一種人還皮着臉子念給人家聽呢、從前那一國誰和誰打過幾次仗這個拿刀砍那個使刃架這個又使鎗扎那個又使棍搪、若說是敗了、請了來的、都是雲裡來霧裡去的神仙剪草爲馬撒豆兒成兵明明兒的是謊話那糊塗人們當成眞事還獸頭獸腦有滋有味兒的聽呢、有見識的人看見不但笑話而且懶怠瞧你往這上頭用心做甚麼

第九章 一

那個書取了來咯沒有、 二 取去了還沒拿來呢、 三 使喚誰去的至今還沒來麽、 四 那小孩子們打發他取去了、我先叫他去他肯聽我們的話麽有要沒緊兒的就攔時候兒後來我說有哥哥的話他纔趕忙着去了、一部書不是四套麽他只拿了三套

第七章

你是懂得漢書的人哪、若學繙譯很容易只要專心、謝隔斷了、挨着次兒的學兩三年的工夫兒自然就有頭緒兒了、若是三日打魚兩日曬網的、就念到二十年、也是枉然　哥哥瞧瞧我的繙譯求你納罕改一改、你學的太長了句句兒順當字字兒清楚沒有一點兒肐星兒、若考可以拿得穩必得這一次考筆帖式遞了名字沒有、若是考得很好、只怕亥生未必使得罷　這是那兒的話呢你這樣兒的入旂都許考獨不准你考的理、有麼況且義學生還使得呢秀才還用說麼因爲考的你姪兒這個空兒繞趕着學滿洲書呢快補名罷別錯過了機會啊准咧

第八章　你謝看小說兒這樣書、若看書看通鑑長學問記得古來的事情以好的爲法以不好的爲戒於身心

聽不聽隨你們罷咧、叫我可怎麼樣兒呢、

一 明白字

二 後台

三 鱘有長進 可

四

五 操必勝之權

秀才 是 倒不

准考

是

第六章

今兒早起背他們的書一個比一個的生、哼啊哼的張着嘴瞪着眼、只是站着像是這麼樣兒的充數兒沽虛名多喒是了手啊、不但你們是虛度日月、連我也是白費了勁兒咯這是你們自己咯慪了自己咯、還是我慪了你們咯呢已經長成了大漢子的說着也是這個樣耳朶雖然聽了並不放在心上太皮臉了罷把我說的苦口良言全當成了耳傍風咯別說我我你們的錯縱子譬如我當了差使回來剩下的空兒歇歇兒不好麼只是和你們這個那個的為甚麼呢不過因為是骨肉叫你們出息成人的意思啊我如今也沒法兒了只好盡心的教導完我的責任就是了、們若不是這麼着大哥要念書好事罷咧替你說說又費了我甚麼了呢、

周為這上頭我說且住了聽我的話你們旣然是念滿洲書就該一撲納心兒的學

看他們這麼着

第五章 兄弟

一　阿哥你天天兒在這兒過都是往那兒去啊、念書去、不是念滿洲書

二
三
麼、

四　是、

五　現在念的都是甚麼書、沒有新樣兒的書都是眼面前兒的零

六
碎話和清話指要這兩樣兒、還教你們寫清字楷書不啊、如今天短沒寫

七
字的空兒等着天長了不但教寫字還叫學繙譯呢、阿哥我為這念書的事真

八
是鑽頭覓縫兒的那兒沒有我到啊、我們左近沒有念清書的學房、我想着你們念

書的這學房就可以到多嗎我也去念去請你替我先說說罷、大哥你說教我

們的是誰啊是師傅麼不是呀是我的一個族兄所有教的都是我們一家兒的子

弟、再者就是親戚們並沒有外人可怎麼說呢我們族兄又要天天兒上衙門不得

閒兒這是因為我們早啊晚兒的懶不肯自已用工他萬不得以兒匀着空兒教我

第四章

人生在世頭等頭兒要緊是學念書呢特爲的是明白道理、學得道理明白了、在家呢孝父母做官呢給國家出力、不論甚麼事可自然都會成就、人若是學的果然有了本事無論到那塊兒不但別人尊重你就是你自己覺着也體面還有一種不念書、不修品的人、全靠着鑽幹逢迎作他的本事我不知道他們心裡到底要怎麼樣啊、我實在替他怕羞這一種人不但自己辱身壞名連老子娘都叫人家罵啊、阿哥你白想一想父母的恩情爲人子的能彀報得萬一麼不能彀榮宗耀祖的罷咧、反倒叫受人家的咒罵沒出息兒到甚麼分兒上了、細想起這個來、人若是不念書、不修品行使得麼、

第三章 兄弟

阿哥你的清話是甚麼空兒學的聲兒說得好而且又明白、着嘴兒說咯、又愁甚麼不能呢、

二
啊、承你納的過獎、我的清話算甚麼呢我有一個朋友滿洲話說得很好、又清楚、又快沒有一點兒漢音很熟練哪不但這個而且記得話兒還多那纔可以算得起是好呢、他比你如何、

四
我怎麼敢比他我可不是他的對兒啊、差得天地懸隔的呢、甚麼緣故呢、

五
他學得日子深會得多頗好書至今還是不住嘴兒的念不離手兒的拿着看呢若要趕他寔在難哪、

阿哥你這話只怕有點兒說錯了罷你忘了有志者事竟成這句話了麼、他也是學會得罷咧、並不是生出來就知道的啊、咱們那點兒不如他任憑他是怎麼樣兒的精熟咱們只要拿定主意用心的學丟雖然到不了

問答篇

第二章 一

聽見說你的清話如今學得很有點兒規模兒了麼、那兒的話呢、人家說的我雖懂得、我自家要說還早呢、不但我說的不能像別人兒說的成片叚兒、而且一連四五句話就接不上了、還更有一個怪處兒、是說話之先、無緣無故的怕錯、不敢簡簡決決的說這麼樣、可叫我怎麼說呢、我也躁了心咯、想著就是這麼樣的學來學去、也不過是這麼個本事兒咯、那兒還能發有長進呢、 三 這都是你沒熟的緣故、我告訴你、無論他是誰、但凡遇見個會說的、你就趕著和他說話、再有那清話精通的師傅們、也要往那兒去學、或是和清話熟習的朋友們去說、天天兒看書記話時刻刻的說、熟了舌頭若照着這麼學、至多一兩年自然而然的就會順

第一章

一

我聽見說、你如今學滿洲書呢麼、很好、滿洲話是咱們頭等頭兒的、要緊的事情、就像漢人們各處兒各處兒的鄉談是一個樣兒、不會使的麼、

二

我念了十幾年的漢書至今還摸不著一點兒頭緒兒呢、若再不念滿洲書、不學繙譯兩下裡都耽悮咯、因為這麼着我一則來瞧瞧哥哥二則我還有求哥哥的去處兒呢、只是怪難開口的、

三

誰呢、你有話請說、若是我能彀做得來的事你盡着、前我還推辭麼、

四

我所求的是哥哥疼愛我就是勞之些兒可怎麼樣呢抽空兒給我編幾個話條子我念、兄弟若能彀成了人都是哥哥所賜的、我永遠不敢忘了恩哪、必定要重報的、

五

你怎麼這麼說呢、你是外人麼、只是怕你不肯學、旣然你要學、巴不得的叫你成人呢、說報恩的是甚麼話呢、咱們自己人裡頭說的麼、若

嚆矢也刊成於上海官舍因書其首
降生一千八百六十年四月初七日英國威
妥瑪序

論語子所雅言舊說謂雅言猶後世之官話古者有瞽史大行人聽聲音諭書名之掌後世但以京師士大夫所習之語言為官話直省之方言不得並焉入官者非先能官話則齟齬而跲於辭子

奉
命來中土職兼教習繙譯事務因與龐君龍田以官話設為問答筆之於篇又為登瀛薦是二編也誠後學之舌人翻譯之

Mondōhen — Dialogue
   Chinese.
"The record of the conversation
of a Chinese native official
interpreter with an English
gentleman." — translated
into Chinese.
   It is the first translation
ever made into the native
~~language~~ language from English.
        1860, 7th April
        Shanghai

問答篇（一八六〇、ハーバード大学燕京図書館蔵）

登瀛篇 章四十八

一 天理昭彰、
二 擱在心裡別言語、
三 我是去年儍倖的、
四 誰敢擔錯兒、
五 早打主意罷、
六 做買賣賠了本兒、
七 比從前更好了、
八 眾人都信服他、
九 長的眉清目秀很有福氣、
十 小心燒着了房子、
十一 相貌長的很秀氣、
十二 文武全才的本事、
十三 半夜三更的還不睡、
十四 小性兒、
十五 眼皮子淺愛小算小不算大、
十六 看不出筆跡兒來、
十七 佛口蛇心的人、
十八 忍氣吞聲的、
十九 不會應酬朋友、
二十 他們兩個好的多個頭、
二十一 一個鼻子眼兒出氣兒、
二十二 這是他自己洩底、
二十三 賤賣不賒、言聽計從的、

登瀛篇 章四十七

一、熟說不出來、心裡頭有毛病兒看的出來、

二、白活了一輩子、別涸作踐他、

三、天長日久的怎麼好、積儹錢好娶媳婦兒、隨手兒拿別挑揀、近視眼看不清、

四、步行兒趕不上、我所認識的人有限、我白劾勞麼、嘴碎嘮叨的討人嫌、

五、他疑心太重、一連氣兒寫了三天字、身上有點兒攔不住、骶膊肘子腫了、

六、這時候兒還在、要價兒還價兒、向來是這麼着、稀鬆平常、我全不信、

七、一天來回走幾趟、從頭至尾的看了一徧、與別人不相干、老不成材料兒、

八、鬧禍招非的、正在妙齡的時候兒、攔不到兩三天、就壞了、天大亮了總起身、

九、不勝其任、矇亮兒就起身、念熟了再背書、一身不能當二役、他是手藝人、

十、我兒兒去瞧他、有件事留着給你辦、他是個無來由的人、老頭子小夥子、

一 更說的不成話了、拙嘴体腮的不會說話、說話惹人厭、
二 嘴咕囔甚麼、嘴嘟嚷甚麼、小頑意兒、拿剃頭刀子刮臉、你敢強嘴我打你、
三 滿嘴裡混吣渾說
四 說話攪強、性命不保、那鑰丟了鑰匙了、有毛病兒、粗粗糲糲的一塊石頭
五 是個大幫手、是雙兒是單兒、一個巴掌拍不响、單絲不成線孤木不成林
六 缺少了好些個、我撇了一把雨傘、手刺了一個口子、白得了一樣兒東西、
七 拿手撥擷開他、盡是白費事、白吃、不要錢、白長了這們大、白手成家
八 白日黑下都沒個空兒、是個白丁兒、來試試誰的勁兒大、那件事他很用心
九 誰強誰弱、至少得二十兩銀子、上月沒有來下月纔來、普天底下、都走徧了、
十 凡事都有個兆頭兒、說着好話就翻臉、兩口子不和氣、到像一對雙生兒

登瀛篇 章四十五

一、碍口失羞的、怕說話、
二、再遲了就趕不上了、算是個好些兒的、
三、過於疼那孩子、
四、我老沒有見他的面兒、
五、遞給我那個水烟袋、
六、他是嬌養慣了的、喝水喝啥、
七、穿衣裳盡鬧排子、死擺架子、
八、我總摸不清這件事、估摸着得一天的工夫兒、
九、一個人兒做不來、我意思不是這麼樣、前功竟棄了、
十、他住在我們對門兒、我避諱他、閉門思過、朝裡頭有照應兒、賺不起他、
十一、他、頂能幹的娘兒們、萬不能丟開手、這件事了不、這件事行不來、
十二、撲燈蛾兒把燈撲滅了、
十三、藐視他、
十四、正南正北的不是東西、正南正北的是個牲𤞟、儘着量兒喝酒、儘着力兒幹、
十五、把不得的呢、樂得的呢、落不出好來、我沒有很聽清楚、請你納再說一遍、
十六、打了個稀糊腦子爛、把肉燉了個稀爛噴香、不鹹不淡的、少有的事真奇怪、

章四十四

一、好寬綽屋子，心寬心窄、
二、扇子上別落欵、
三、沒有犯條欵、
四、頂高的磚子真難上、
五、有一欵銀子還沒有到手、
六、看守着別丟了、
七、拿刀混砍、
八、我有點兒憎嫌他、
九、掀簾子進來罷、
十、彈絃子唱曲兒、
十一、這兩天很得閒兒、
十二、顯着大家不好意思的、
十三、他為人很險、那是件很險的事、
十四、連哭帶喊的叫喚、天塌地陷、官宦人家兒、
十五、饅頭是沒餡兒的、
十六、限他多少天做好了、很懸心、歡天喜地、患難的朋友、
十七、懸燈結綵很熱鬧、關門閉戶的很冷清、鈎搭連環的事情、出了門兒不管、
十八、酒肉朋友、柴米夫妻、他得了一個癱瘓病、包含着些兒、沒有去可是造化了、
十九、說話含糊、做事痛快、他是翰林出身、吃希罕東西見希罕事情、高長大漢、
二十、不希罕你的東西、小漢仗兒、滿漢酒席很講究、我平生獨見過這一個

登瀛篇

一、別信人家的話、大家坐著說說話兒、
二、耳聞不如眼見、他一點兒不關心、
三、
四、建功立業、
五、寶劍贈與烈士、紅粉贈與佳人、
六、假公濟私、捲了一個鋪蓋捲兒、
七、
八、
九、甘心情願替他、
十、他到舒服慣了、手裡拿著根釣魚竿兒釣魚呢、
十一、你是管幹甚麼的、拿酒灌他看他喝不喝、
十二、
十三、鰥寡孤獨的人、感化他的心、他很不懂好歹、
十四、
十五、
十六、懷裡抱著個醋罐子、船上三枝桅杆很高、我的本事兒趕不上他、趿拉著鞋兒、
十七、
十八、牽腸掛肚的很難受、說話幹事要謙恭些兒、甚麼事兒他都幹、假裝看不見、
十九、
二十、欠人家的還沒有還、㹴船上頭好些個拉縴的、伸著一條腿踡著一條腿
二十一、
二十二、
二十三、他給人家拉篷扯縴的、揹著拳頭打人、仗著兩個空拳頭過日子、兵權在手、
二十四、
二十五、
二十六、他會耍拳腳、臉上顴骨高、他很有權變、殺了個雞犬不留、勸他改邪歸正、

一、頭上戴的是珊瑚頂子、
二、酥脆的餑子、
三、散了班兒了、
四、這雨傘是多少錢一把、
五、崑曲的受不的、
六、一家子團圓了、
七、拿銀子捐官竟是上檔、
八、原本該這們着鑲是
九、遠着些兒好別親近他、
十、茶園子花園子、
十一、隔着院牆就看見了、別淘埋怨人家、
十二、圓不圓扁不扁的樣兒、
十三、這是你情我願的、烟燻火燎的很腌臢、頂冠束帶的、
十四、莊稼都叫大水淹了、
十五、額子裡嚇不下去、河沿兒上站着呢、端硯出在那塊兒、
十六、咱們試演試演好不好、你替我遮掩着些兒、他是種茶園子的人好詐的了不得、
十七、十分討人厭、厭煩的很、出言不遜、耳不聽心不煩眼不見嘴不饞、
十八、各樣兒的顏色都有、少油沒鹽的很不好吃、各處兒逛逛去、夢見甚麼說甚麼、
十九、大丟人、給你臉不要臉、挑揀好的再要、

登瀛篇

一、糨纏補綻是本分事、
二、穿房兒入屋的、
三、躲躲閃閃的怕人看見、
四、心慈面軟的、
五、煎湯熬藥的伺候他、
六、一文錢憋倒英雄漢、
七、泉水比井水好吃、
八、川流不息的人、
九、可着那兒都是泉水、
十、顧前不顧後的脾氣、
十一、我有甚麽沾染麽、
十二、明兒請他餞行、
十三、山頂尖兒上站着個人、別澗作踐他、
十四、鏨花兒的鈕釦子、黃泉路上沒老少、
十五、同居各爨、連竄帶跳的、要個人兒舉薦纔好、滿臉的慚愧、比神仙還舒服、
十六、想吃個新鮮東西、乾菓子鮮菓子都有、嘴裡頭流黏涎子、如今他都收斂了、
十七、只剩了一線之路、拿個針線兒來釘書、我十分羨慕他、颺颺風就是羊角風、
十八、拿刀剝了皮兒去、鞋小必得拿楦頭楦、桌子腿兒木頭鑲的、渾身都酸軟了、
十九、河底下有個漩窩、在京候選的官兒、打算打算再做、算盤子兒打的清着呢、

章四十一

一、到館子裡端兩碗滷麵、

二、草上有露水精濕的、

三、千萬別受賄賂、

四、滿地下軋轆、

五、那一處玫瑰露酒出名、

六、勞碌的很、

七、麋鹿野鹿最多、把這段兒書註解明白他、

八、鹿觭角的搬指兒、

九、水陸平安、珠寶玉器、房簷兒上有蜘蛛網、暫且歇歇兒、

十、

十一、近硃者赤近墨者黑、最愛吃個煮餑餑、你納府上在那兒住、班竹的筆管兒、

十二、

十三、木頭東西最怕蛀蟲蛀、眈了一天又一天、這孩子很悃憊、錢鏝兒上是滿洲字、

十四、

十五、南腔北調的真不好聽、幹事情顛三倒四的、身上穿的很單寒、餂了一舌頭、

十六、

十七、拿土填平了這個坑、墊穩了這條桌腿兒、拿手扐搭有多重、拿清醬沾着吃、

十八、

十九、靛缸裡拉不出白布去、九散膏丹都是藥、手裡拿着條扁擔、房子都坍塌了、

二十、

二十一、均攤勻散的、戀戀不捨的怎麼好、把衣裳搌舒展了、真草隸篆四樣兒字、

登瀛篇

一、畫符念咒真可笑，
二、浮頭兒的撇了他去，
三、緊底下的也不要，
四、拿斧子劈柴火，
五、燉了一鍋驢肉脯兒，
六、正主考副主考，
七、臉上發了燒，
八、說話反覆，
九、目覩眼見的、
十、他反覆不長的、
十一、我最能降伏他、
十二、拿包袱包衣裳、
十三、當今的老佛爺、
十四、牆上掛着四幅畫兒、
十五、我最不賓服他、
十六、舊書裡頭有蟲魚兒、
十七、上吐下瀉、
十八、彷彿有點兒像他、
十九、堵住這個窟窿、
二十、揆情度理、首領都是鍍金的、
二十一、他妒嫉人家、
二十二、各省的總督、就是制台、
二十三、單人獨馬的、
二十四、獨門獨院兒的住、
二十五、圖財害命的事、
二十六、打了圖書沒有、
二十七、牆上貼着一張行樂圖、
二十八、井台兒上有轆轤打水、
二十九、拿筆搽黑了他、
三十、免死狐悲、物傷其類、
三十一、銀錢如糞土、臉面值千金、說話太粗魯、
三十二、主子奴才是對面兒、
三十三、羞惱變成怒了、
三十四、煤火爐子炕最煖和、
三十五、僱了一隻大樽船、

登瀛篇　第三十九章

章三十八

一、他全不分青紅皂白。
二、樹稍兒上落着個雀兒、樹根兒、都叫螞蟻了、白效勞。
五、走道兒遠遠兒、
六、滿嘴裡告饒兒、
七、船稍兒上坐着個柁工、
八、大家夥兒鬧糟慥。
九、嘴裡頭吹哨子、
十、椒鹽兒的、澄沙的包子、把刀插在鞘子裡去、天氣燥熱的很。
十一、身上莿撓洗個澡就好了
十二、一股子溺臊氣很難聞、造謠言說瞎話、絲毫不錯。
十三、賊咬一口入骨三分、能言快語的、各人的巧妙不同、號令嚴明、獨占鼇頭
十四、身上穿着一件破棉襖。
十五、想法子擺拂他、幹甚麽不在行、五府六部十三科道
十六、下棋盡盡兒都有譜、捆起鋪蓋行李來、普天底下、我不出來的、步步兒留心
十七、公的母的分不清、草雞下蛋公雞打鳴兒、哥兒兩個不和睦、手扶着肩膀子
十八、募化重修、齋戒沐浴、夫妻父子都是至親、滿頭的膚皮最多、白水煮荳腐。

登瀛篇

一、裝模做樣的不是個東西、
二、睜個眼兒合個眼兒、
三、這個雀兒不在那個窩兒裏了、
四、竟拉些個老婆舌頭、
五、坐臥不寧、
六、剩着花點子銀子罷咧、
七、腳也蹉了、手也蹉了、
八、唏唏哈哈的笑、
九、藏着一脖溺沒溺呢、
十、瘆唏的是沒牙的人、坭捏的頑意兒、
十一、別生氣了、
十二、藏着一肚子氣沒地方兒生、
十三、貼錢買罪受、要銀子錢不過圖舒服、
十四、遮遮掩掩的怕人家看見他、滿嘴的之乎者也、
十五、他是個斯文人、一竅不通
十六、我是個休漢子、噴了人家一身水、貧富不等、都一樣、反覆不定的脾氣
十七、步行兒沒有騎馬的快、屠家就是賣肉的人、筆尖兒都寫禿了、古窰的磁器、
十八、沒頭髮的人、就是禿子、努嘴兒、擠眼兒、偷偷兒的、別言語、正宿的睡不着覺、
十九、悄不聲兒的別言語、長的模樣兒很俏皮、他騎着一匹大騾駒、鞋妖作怪的、

章三十七

一 大牢兒是好的、增寒兒乍冷的、剃頭不打辮子各自檁兒、洗個澡就好了、

二 淋了一身水、雨濕濕了衣裳、滿肚子委屈說不出來、攞癢癢兒、攞籃子、

三 吃多了打飽呃、撼鑼搖鼓、拿篩子篩米、酒冷了釀酒、用手攪麵烙餅吃、

四 豬肚子下膛、你猜他是甚麼意思、能者多勞、幹事情麻利、別潤謠言兒、

五 沒受過酸甜苦辣、逗廚子做東西邀過、別遭遇過人家、狗耳朵拏拉着

六 跛塌兒撬壁的站不住、老太太吃檳榔悶着、愁眉不展的、摸不着他的脾氣、

七 馬上就去麼 立刻就走、大處兒不算小處兒算、摸摸挼挼的、欺軟怕硬的、

八 欺善怕惡的脾氣、轉了向兒了、搖頭惶膽的、美的受不了的、澗充嘎雜子、

九 正在氣頭兒上別惹他、揚氣的了不的、這事情有點兒撓頭、萬事起頭兒難

章三十六

一、兩頭兒害怕、燈光火亮的、心裡頭很不耐煩、歡天喜地的、別錯了過節兒、

六、順情說好話、歌直惹人嫌、他說話很討人嫌、衣冠齊楚的、這山看着那山高、

十、寄居在此地、他如今過的很寬綽、這房子很寬綽、手頭兒寬綽、心活了、

說話伶牙俐齒的、含含糊糊的答應、有情有義的人、他的心眼兒好使喚、

情投意合的、他是個粗魯人、林頭林腦的、他本不是個好貨、瞭冷了再吃、

本來不是個好東西、十分不懂好歹、不長不短兒的、前門大街走了水了、

他很不懂好歹、我個門子整治他、幹的都是些個甚麼營生、怪冷的凍的慌、

兩頭兒不見面兒的話、恐怕對出光兒來、人不知鬼不覺的、別冷了他的心、

他非駢就罵、冷不防的唬了一跳、冷冷清清的地方兒、冷淡了他沒有、

登 言贛 䜝門   章三十五

章三十四

一、出小公兒、就是解手兒、撒尿撒溺都是一個樣、

二、馬驚了撒驂兒、

三、他叫我刷鍋、

五、冰涼的水冰的慌、滾熱的茶怪燙的、馬上就是立刻一個樣、

七、沒見世面的人、

九、眼錯不見的就沒了、心急腿慢總趕不上他、越窮越見鬼、最愛個小便宜兒、

十三、我很佩服他、他幹的都是新鮮樣兒、若要人不知除非己莫為、順情說好話、

十七、多嘴多舌的愛說話、不分青紅皂白、天寒火冷、最愛笑話人、說話真痛快、

二十一、身子乏乏的想睡覺了、他是光明正大的人、嘴裡混遭遢人、他是個爽快人、

二十五、前不着村兒後不着店兒的地方兒、頭惛腦悶的很難受、你有點兒不懂好歹、他們倆說話兒投機、

二十九、求你好歹別說出來、真是個滾刀肉、我橫竪不告訴人、

三十二、禹頭兒發不着、不是個正派人、見財起意、水性楊花的、心裡頭猶預不決、

一、前半天兒、正晌午、晌午錯了、說話東拉西扯的、別在老爺地見裡晒着、
二、
三、
四、
五、
六、說話胡拉溜扯的、陰涼兒裡坐着涼快罷、天氣和暖了、滿嘴裡糊說八道的、
七、
八、
九、
十、身上怪冷的、天氣怪熱的、有件事很懸心、弄的不上不下的、左右做人難、
十一、
十二、深不的淺不的、輕不妥重不好、人不知鬼不覺的、二人同一心黃土變成金、
十三、
十四、不長不短兒的、齊心努力的幹事、十冬臘月的天冷、五方六月的天熱
十五、
十六、滑了個趔趄、頂高的個趄坡子、下坡兒容易上坡兒難、嘴裡的牙都活動了、
十七、
十八、兩條腿走不動了、兩隻腳趾穩了幌好、幌離幌邊的站不住、蹩着腿兒坐着、
十九、
二十、仰入脚子躺着、側着身子躺着、前仰兒後合的站不住、拿鉄通條撬開門、
二一、
二二、搖撼了沒有、帽子沒有帽襻兒、拿針釘上鈕襻兒、都是些個、想不到的事情、

一 前思後想很為難、鬧的很不像樣兒了、見一樣兒會一樣兒、沒酒兒三分醉、

二 他竟幹些個新鮮樣兒、三鼻子眼兒多出氣兒、低三見下四的、拋頭露面的、

五 出去解解手兒、眞是想不到的事情、錦上添花的人多、窗戶裡瀰進來的水、

九 逢場做戲的應酬朋友們罷咧、雨灌濕了衣裳了、漏臉兒、做臉兒不做臉兒、

十 也不怕人家笑話麼、幹事情鬼頭鬼腦的、見財起意、說話含含糊糊的、

十七 殺生害命的、雪白的臉旦兒、鮮紅的嘴唇兒、漆黑的頭髮、碧綠的耳圈兒、

二十 翠藍布的大衫、焦黃的金鐲子、他穿着一件藍不藍綠不綠的、山嚷怪叫的、

二十六 鹽放多了齁鹹的、齁臭的、噴香的、精淡的、齁苦的、訓甜的、齁酸的、

三十 怪苦的、我怕吃、怪澁的、粗風暴雨的天、大清早起、小晌午兒、下半晚兒、

一 這句話這們說、
二 他有發瘋子的病、
三 乍冷乍熱的難受、
四 這隻雞、鬭不過那隻雞、
五 兩隻雞的力量兒、一個樣、
六 這是一劑藥、那是犯法的、
七 屋子裡漆黑的、看不見、
八 他是沒體貌的人、這是十足紋銀、他是很壞的人、臉上焦黃的、
九 別哄孩兒、
十 欺軟怕硬、貪心不足、得一步、進一步、想法子捉弄人家、說甚麼不像甚麼、
十一 撒謊掉皮的、嘴裡說好話腳底下使絆子、事情辦的有邊見了、嘴饞屁股懶、
十二 大清早起別胡說、睜着眼兒的瞎子、滿嘴裡的瞎話侮弄人家、粧模做樣的、
十三 愛戴個高帽子、大搖大擺的走道兒、這孩子太淘氣、好吃懶做的、不是東西、
十四 戴着老爺兒就鬧賊、狗拿耗子多管閒事、他向來不說瞎話、說話不藏私、
十五 他說話不饒人兒、辛苦的了不的、大手大脚的北慣了、辛辛苦苦的圖甚麼、

一、就是辛苦也是應該的、
二、就是伺候也值的、怎麼會這麼貴價兒、他今兒過堂、
五、我就打發人來拿、
六、好是好、只是太少點兒、
七、打死那個蟋蟀、他們要宰一隻牛、
九、偺們要往舟山灣一灣船、波蘿我吃怕了、
十、換過我的衣裳來、
十一、你現在幹甚麼呢、這個怎麼用呢、
十二、管他做甚麼、這兒不大興、這是甚麼字
十三、別發恠、他是頂好的人、很不通情理的人、又不通文理、
十四、不過是說個笑話兒、是誰的錯兒、
十五、他外國都是一樣兒話、你就像個外國
十六、字有多少樣兒、鳥銃裝了藥沒有、
十七、兩樣兒、攪和着吃、起頭兒是怎麼樣、變了卦了、言不應口、他是斯文的人、
十八、人說他有了媳婦兒了、留下這個湊着使、他是省錢的娘兒們、他會吃洋烟
三十、這個要甚麼價兒、他的銀子花沒了、說這句京話怎麼說、東家有事給我做、

一、做這個、費了好些個工夫兒、
二、他們要工錢來了麼、
三、曲裡彎彎的走了半天、
四、你小心照應這牲口、要吃個滿牲口、
五、
六、比我們買的更便宜、
七、他箱子膛空了麼、
八、拿鏡子照臉、照着樣兒裁較、
九、這必要留神哪、沒心腸幹事情、別再彈絃子、
十、
十一、
十二、用心用意的寫字、等了你好半天、
十三、他仗着甚麼俏口、把這個字兒繙譯出來、
十四、
十五、
十六、
十七、共總都是一樣兒大、
十八、那都是白饒、出於情理之外、沒交價呢、
十九、
二十、也是中年的人了、他該的利錢比本錢還多、
二十一、
二十二、
二十三、明兒是開銷的日子、比沒有東西強阿、比空着手兒強些兒、他們對換那馬、
二十四、
二十五、
二十六、這時候兒發了大財了、造這個誰出銀子、這兒住伙食太貴、等一會兒就來、
二十七、
二十八、
二十九、可惜了兒的費了好些個心、他的口音說的不正、我記性不濟、我是外鄉人、

一、他長得俊的了不得、
二、掛起這個來罷、俫個套兒掛上他、
三、一道兒竟上山、怎麼這些個蚊子、你會治這個病麼、那是老樣兒的帽子、
四、那些調羹短了一把了、
五、他是很愛要錢的人、
六、我們的米吃完了、這是誰吃虧、這個誰上檔、多皆纔起頭兒辦、
七、還沒發我的本兒呢、我不知道怎們纔好、
八、在艙底下呢、
九、他擀了我了、
十、話不投機、
十一、他賣這個聽好錢呢、弄他做甚麼、過個門磡兒就好了、
十二、今兒有點兒發獃、反過過兒來、倒過來再裝、勤點兒攪着別叫他煳焦了、
十三、把裡面兒反出來了、不過僅殼僂們使的、他詐慣了的了、謹慎着些兒纔好、
十四、不論聽多少賣了他就完了、這豆子沒炒麼、共總算有多少、給他三分之二、
十五、我盡力兒幫着你幹、正對我的勁兒、我還要點兒呢、我不要這些個了、

一、把這一邊兒朝上拿着、
二、這點兒也不彀使啊、
三、他更是老江湖了、
四、睡慣早覺了、
五、明兒後兒去都不定、
六、你頂喜歡是那一樣兒呢、
七、大夫不下藥了、
八、他的病好了、
九、他又活了麼、
十、長成是這個樣兒的、
十一、他們兩個人兒有仇、英國和中國打仗呢、
十二、他們沒在一塊兒住、他在我們村兒裡住、
十三、你種的樹都發芽兒了、我着了麼、
十四、這個有用頭不、這個裝多少、
十五、不大回兒的工夫兒、
十六、不多幾天兒來望看過了、
十七、有下巴壳兒這麼深、不多幾天兒來望看過了、
十八、有脚面兒這麼深、沒並在一塊兒、
十九、水有下巴壳兒這麼深、呢有脚面兒這麼深、沒並在一塊兒、
二十、都是金子鑲成的、他在河那邊兒住、一挑子零這一點兒、太滿了流出來了、
二十一、屋子裡頭好些個耗子、他還沒有二十歲呢、費得銀子太多、就擱日子太多、
二十二、這兒有無花菓沒有、鴉片烟是在那兒來的、那兒有荷蘭薯賣麼、牵住這馬、

一、跑獐的打扮兒、打扮的整整齊齊兒的、
二、
三、房子要脩蓋了、
四、他見天兒都是醉、
五、不大很懂的、那事我總不想幹、拿那些個頂好的來、那個比這個更不好、
六、
七、
八、
九、
十、
十一、這是該管的麼、
十二、這個誰該管的、這個該先頭兒辦、這程子我沒見他、
十三、這個馬怎麼這個樣兒、照你該使甚麼法子好、他多大財主、
十四、
十五、
十六、下次我更緊些兒纔好、
十七、這都不好起頭兒再做罷、太寬了、綁緊點兒、更要謹愼了、這個藥治牙疼、
十八、
十九、
二十、
二十一、那些誰這沒長大呢、打過了四點兒鐘了、申末酉初了、纔是三點兒半鐘、
二十二、
二十三、
二十四、
二十五、我人補這個去、太陽平西了、誰叫這鐘走的快、這值多少錢、共總有多少、
二十六、
二十七、
二十八、
二十九、
三十、
三十一、他心裏頭竟想發財、闖狗咬猪、他嘴硬不認是他作的、他認是他作的、
三十二、
三十三、
三十四、
三十五、
三十六、你要的是這個麼、我趕不上你這個樣兒、他的名聲兒富貴、他是我們街坊、
三十七、

一、他縱孩子撒野、他說不聽、我寧可要那個、

二、

三、

四、他說孩子長得俊、我正想着他呢、

五、

六、我沒齊截他該捶頓好鞭子、他會辦事了、漸漸兒好上來了、我單有這一個、

七、

八、

九、

十、一回比一回好上來了、我瞧着不是、一回比一回還不濟、我沒事再叫你做、

十一、

十二、

十三、

十四、還沒甚麼事求你、這兒不算平常、那個誰頂着不是、這樹彷彿要死了、

十五、

十六、比先頭裏的更好、這個很像那個、越舊的更好、我分不開彼此、你弄壞了、

十七、

十八、

十九、我比你更高、這兒有條大長蟲、一點兒也沒聽見、我再也沒了、別不關門、

二十、

二十一、

二十二、那是甚麼毛病兒、你還有些兒麼、這個對你的勁兒、從前這塊兒有間房子、

二十三、

二十四、我不認識他、這信多半寫的、好容易做得麼、你還要這個麼、我不大知道、

二十五、

二十六、向來我就這麼想、我叫螞蜂蜇着了、蠍子螫了屁股了、他想着跟你一樣兒、

一、他是尊貴的，你這麼想真奇怪，別這麼快、

二、你這麼想真奇怪、

三、煎點兒下剩的煮罷、

四、永遠不能這麼樣兒、

五、買得太貴、

六、我跟他搭夥計、

七、我該花多少銀子買、

八、誰有銀子放賬麼、

九、這會兒鴉片煙很便宜、

十、砂仁荳蔻檳榔、擱在樓板上、這個你怎麼能用呢、

十一、看你有甚麼用處、

十二、你估摸着值多少錢、

十三、我不能給這麼些錢、

十四、每月多少工錢、

十五、難道你給多少麽、他受罰了一兩銀子、這線細得很、掃了那個蛛蛛網子、

十六、切碎了他、這個真好看、

十七、這些個不算很好、快去你看愧了、這板子不很平、你多咎下船、不碍你事、

十八、在那兒吃飯呢、在各自個兒屋子裡、他常丟小刀子、那一定不是容易的、

十九、很像哥兒兩個、像這個樣兒更好、這麼着不是不好麼、這們着沒甚麼好、

一、怕落了顏色兒、
二、出花兒死了、
三、這書在那兒刷的、
四、他是濰刻的、
五、這銀子不好、
六、這書不印來賣了、
七、這書現在不印了、
八、老實告訴你不怎麼樣、
九、向來沒別的心、
十、都念完這個書了麼、他我作甚麼、
十一、這個你送的很俏皮、
十二、打開在草上頭、
十三、鋪開在草上頭、他全家兒敗盡了、很難對他的勁兒、
十四、他扭了腿腕子了、
十五、這是他最病的利害了、
十六、這個可意罷、這是他最疼的兒子、
十七、去幫著秤那個糖去、
十八、向來沒別的心、做的很不好、核兒也別扔、隨便兒就是了、這樹纏結菓子
十九、這樹新結菓子、
二十、這個差的真利害了、我還能辦得來麼、一點兒也遭塌不了、
二一、這個秤不起來了、我再也不能受了、再也不能認了、別這麼忙、別這麼急、
二二、你見過熊麼、這個好二點兒、我寧可不去、他是頂胖大的、那是很奇怪的

一 那個總不及這個好、那個總不像這個、并沒有在這兒、

四 拔起這棵小樹兒來、

五 這兒沒甚麼、誰教你的本事、別搖撼這桌子、還有呢、要不要、那不礙我事、

十 三兩大錢、籌甚麼事呢、你會說英國話麼、你偏着那邊兒、你向着我這邊兒、

十一 這碼他甚麼事了、我總不幹這個、那個與我無干、這個樣子不是我要的、

十八 我有好些事辦、他是逍遙快樂的、他是享福的人、那個不好、再試別的、

十九 一句兒也不信、你傲的太寬了、沒工夫兒做他、倒點兒水來、有兩個緣故、

二十 你種着多少畝地、你有幾個兒女、那事總別題他了、他只一隻眼睛看人兒、

二十一 瞎了一個眼、那事他辦的機密、他最會辦這樣兒、幫我擰結實這繩子、

二十二 幫着擰結實這繩子、有整千整萬的人、耳朵有點兒背、我牙疼得很利害、

一、他在這兒多久了。
二、在這兒多半天了。
三、等我回來.你再走、你多咱回來呢、
四、你多咱回來呢、
五、那個就保不定、
六、這個沒有一半兒多、
七、過了一天兩半晌、你起開別再碰着我、
八、你起開別再碰着我、
九、這井是頂深的阿、
十、小心跌下去了、我大不爽快了、你要多少、沒別的能耐、
十一、你起來別擋着道兒、
十二、看你要怎麼樣兒造呢、
十三、這有甚麼用頭、你要他做甚麼、
十四、那正對他的本事、沒有別的能處、再沒有別處兒着用、
十五、這個你用完了沒有、
十六、這陣兒該當做了、
十七、你寫甚麼來得怎麼遲、竟顧那一件事、沒有別的事你顧、
十八、別聽他說瞎話、他不管甚麼話兒都說、他不怕甚麼就說、他不是撒謊的人、
十九、這事向來沒聽見說過、都是一樣兒、別占這個寬地方兒、儘着量兒試一試、
二十、這屋子太窄、你想我做甚麼、這正是我想着的呀、你在這兒幹過甚麼事、

一、他去了一天、礙你甚麼相干、
二、誰打發你來的呀、別再上這兒來、
三、這叫甚麼名兒、你多咱纔辦完、
四、這肉沒煮透、
五、這肉沒燒透、
六、誰打發你來的呢、我脚上長凍瘡了、熱了等他涼涼兒着、你千萬別這麼做、
七、你可別小心做、你知道的真麼、為甚麼呆住、上前兒阿、他跌了個仰八脚兒、
八、或是這們、或是那樣兒不定、
九、攔回原處兒去、照舊攔回去就是了、他回去了麼、他現今不在這兒住了、
十、跑了去喊他回來、把車拉後些兒、你今兒不必出門、我媳婦兒是他妹妹、
十一、揹起這窗戶來罷、那事情我很喜歡、我的脚麻了、各式各樣兒的都有、
十二、他幹事不留心、他天生得又聾又啞、我還不能呢何況你、每七天一個禮拜、
十三、每樣兒要點兒、他今兒沒來麼、你想吃甚麼告訴我、我要造得活便纔好呢、

登瀛篇

一、你是多昝来的呢、未必麽、必定有益你的、必定怎麽樣兒纏好呀、倒滿地、

六、不能這麽樣兒聽說、必是真的、不能不假的、再沒有不假的、就是這麽了麽

二、你念的聲兒太高、左不過是你幹的、嚷這是甚麽、就結了麽、太多嘴了罷、

七、搖鈴兒賣線的、搖波浪鼓兒的、倒一半兒、裝一半兒罷、這衣裳不合我穿、

八、燒化了他、裝滿他、這油點不着、臨到誰念了、到我們該去的時候兒了

九、這時候兒、我們該去罷、你不肯減點兒麽、這是頂便宜的價兒麽、繫繫着

十、縈縈他、我軟弱走不動這麽遠、這茶忒淡了、跟石頭怎麽硬、整天家去了、

十一、這風怎麽這們大呢、誰肯跟他動手、別玩兒的太粗了、別往太陽地兒裡走

十二、那都是你的麽、這塊地主兒是誰、活却見更容易解、一陣兒一陣兒的下雨、

登瀛 李爾 章十九

一、你怎麼這們想起來、擱在那兒都好、並不是這麼樣、擱在太陽地兒晒着、

五、不大亮看不見、偺們就筭他好、這沒甚麼疑惑頭兒、你念不正、

十、沒甚麼可疑惑的、正晌午、這個大有用頭、戌正一刻了、你這們告訴我麼、

戌初三刻了、這是規矩、這個彀不彀、越多越好、我提溜不動、說甚麼呢、

這是你的筆麼、他上甚麼地方兒去了、他往那兒去、你還要不要、便不得、

你會浮水麼、你會水麼、他是新來的、你怎麼說來着、下邊兒的可念了、

你是怎麼樣兒告訴來、我後來該做甚麼呢、澌的滿屋子精濕、這個使得罷、

現在這回誰要去、第二回該誰去、下回誰要去、他舖子在我們舖子隔壁兒、

照舊擱回那兒去、他各個兒來的莽撞、這個使得罷、這個使得了罷、

登瀛篇

一、他出去了不大會兒、
二、他後出去的、
三、偺們這們做使得的麼、
四、他也是老實人麼、
五、那不是真的、
六、你愛吃石榴麼、
七、叫我來着麼、
八、那是甚麼鄉的聲兒、
九、他下船了、
十、那是甚麼響聲兒、
十一、人人兒都知道、
十二、再沒有比這個明白了、
十三、他是忠厚的人、
十四、偺們頂好是幹甚麼呢、
十五、他上岸去了麼、
十六、他往河邊兒逛去了、
十七、不對我的勁兒、
十八、太陽平西了、
十九、太陽快上來了、
二十、明兒個早早兒的來、沒鹽就不好吃、鐘不走了、
二十一、清香的玫瑰花兒、
二十二、那是照着英話罷、可別弄壞了、他今兒晚半晌兒繞到
二十三、你多咱晚兒繞去呢、我該拿那一個好的、只管拿就是了、你是誰家的如兒、
二十四、別混擱騰東西、你的表走得準麼、我忘了上鐘弦了、跟紙似的這們輕巧、
二十五、你擱在那兒、誰與你做來着、小心點兒弄他、他還在那兒住麼、誰都能做

一 他就知道愛銀子、
二 任甚麽兒都不管、
三 小心照應那個、
四 他常找人的斜差兒、
五 我們明兒搬家、
六 甚麽緣故呢、
七 三鼻子眼兒多生氣、
八 你蓋起新房子沒有
九 他要的價兒太貴了、
十 過了一個月我繞去、
十一 一天我洗兩回澡、
十二 這個是誰幹的、
十三 他有萬數兩銀子的家當兒、
十四 先做這個後做那個、
十五 我好容易纔明白這個意思了、
十六 你猜是甚麽時候兒了、
十七 偺們兩個噴算賬、
十八 你成天家做甚麽、
十九 你別做了、
二十 誰知道麽、
二十一 他到得晚、
二十二 女人們梳纂、
二十三 男人們打辮子、
二十四 我說我不來罷、
二十五 你替誰做這個、
二十六 我不敢出主意、
二十七 我作不得主兒、
二十八 我無可奈何呀、
二十九 你在那兒出世的、
三十 他嬌養慣了、
三十一 你在那兒學習來着麽、
三十二 他來這兒好幾回了、
三十三 他到都晚了、
三十四 已經作了麽、
三十五 這個我就見來得快了、
三十六 這個賣麽、
三十七 是真的麽、

21 登瀛篇

一、我纔吃了藥、
二、慌慌兒張羅張羅、你齊裁的時候兒告訴我、他管那一門兒、
三、後兒纔來呢、那位是誰呀、
四、
五、
六、
七、你吃煙不吃、你見我的硯台沒有、他是體面人
八、
九、
十、
十一、他難過不是假裝的、他盡故意兒的做的、水大啊是水乾呢、不是我的錯兒
十二、
十三、他要多少、就給他多少、倆搭五個是多少、你貴國是那兒、他最愛體面揚氣
十四、
十五、這些日子,你在那兒來着呢、他喂飽他的馬了麼、他安排喂好他的馬了、
十六、
十七、
十八、誰的不是一樣兒呢、不能老是這們樣、那個是碍着他的、
十九、
二十、不是我的不是、那孩子盡貪玩兒、把這蛋一個個兒拿出來、他盡為各自個兒有盆、你看那個是甚麼
廿一、
廿二、
廿三、只顧自各兒多佔點兒便宜、把這蛋一個個兒拿出來、這布我買七兩銀子的
廿四、
廿五、那隻船瞧不見了、把這針都拿起來、這碟子怎麼碎了、碟子怎麼會裂了呢、

章十四

一、攔開點兒、接頭兒另做過、
二、
三、老是這個樣兒、他有傷寒病、他咳嗽的很、
四、
五、
六、想我幫你不想、我眼睛摸糊得慌、老爺兒燙眼睛、你辦誰的事、快着回來、
七、
八、
九、
十、
十一、這時候兒別攪我、這個字怎麽解、你本不該這麽做、跟我來溜打溜打、
十二、
十三、
十四、
十五、我怕言語、馬撒歡兒、我不敢吵嚷出來、我不敢張揚出來、他是那一等人、
十六、
十七、
十八、
十九、他有三孩子、這個跟那個不同、他是很伶俐的孩子、今兒頂熱、我忘了、
二十、
二十一、
二十二、
二十三、沒甚麽大用頭、在這兒等我回來呢、這們着更好了、他慌慌兒上這兒來、
二十四、
二十五、
二十六、他多嚃開船、別這麽冒失、你要得多少日子、管他說去罷、
二十七、
二十八、
二十九、你要得多大回兒、他仗着甚麽過日子、我各自個兒辦事、你要去多半天、你要去多少日子、
三十、
三十一、
三十二、
三十三、遛沒有停當麽、全照着我的話做、拿那個不更強麽、我見天的吃藥
三十四、
三十五、
三十六、

登瀛篇

一、在樹那一邊兒、別弄髒了你的書、
二、叫打雜兒的拿水來、
三、稍個信兒給某人、
四、儘你的心胸、做就是了、
五、今兒幾兒了、今兒多喒了、今兒禮拜幾、快掌燈了、
六、這個太大了、那個太小了、那個正合式、這個甚麽價兒、你成了客了麽、
七、你不害臊麽、沒羞沒臊的、
八、這個比這個好、你給我送個信兒、他回家去了
九、我也是這麽想呢、別在老爺兒地裏頑兒、他有件湛新的袿子、快黑上來了
十、先生許我去的麽、你認得他不認得、那些個我頂喜歡這一個、你管你的罷、
十一、我估摸着不是、我不信那個、這份兒是我的麽、有甚麽笑頭兒、沒辦妥呢、
十二、不拘甚麽都好、鎮上那個門、把孩子抱進去、這個更不好了、他仍舊不好、
十三、我從來沒見過他、剩得也不多了、他纔剛選在這兒、看樣兒還道罷了、

章十二

一、你等甚麼。
二、關窗戶、沒米了、沒油了、
三、先生沒在家、我沒看見、他說甚麼、
四、別就擱久了、別吵嚷、不彀、差點兒、短點兒、你的小襖見、擱在那兒了、
五、你往那兒去、洗手、別躱懶、他不肯來、去吃飯、別攪我、這個給我、
六、再試一試、去幫着他、別害怕、他已經上蘇州去了、他養活着兩疋馬、
七、他父親香山佳、這個該擱在那兒、你爲甚麼這麼做、你該往好裏學、
八、這個吃不得、你在那兒來、今兒甚麼風兒吹了你來、有好有歹、別撒賴、
九、這有多少雞子兒、你爲甚麼砍他、改天來、請看這個蝴蝶兒、擱在桌子上、
十、除了這個都拿了去、這個是該擱這個的、你別管
十一、貓叼着一個耗子、今兒你可回家罷、刀刺破指頭了、我已經見過了、

登瀛篇

一、可以呀、他砍我、我猜是這們着、
二、他砍我、
三、我猜是這們着、在那兒、這個是了、你必定要作死、
四、在那兒、這個是了、
五、你必定要作死、
六、
七、點燈、這個沒用頭、那個不對、這個不對我的勁兒、快起來、誰這麼說的、
八、這個沒用頭、
九、那個不對、
十、這個不對我的勁兒、
十一、快起來、誰這麼說的、
十二、
十三、你要說破了、穿小襖兒、在那兒住、不是這麼樣、拿了他來、
十四、穿小襖兒、
十五、在那兒住、
十六、不是這麼樣、拿了他來、
十七、這小孩子是誰的、這是甚麼樹、這書是誰的、馬上去做、喊孩子們來、
十八、這是甚麼樹、
十九、這書是誰的、
二十、馬上去做、喊孩子們來、
二十一、你多嚷纔能做、辛苦了你、叫你納費心、勞你納駕、拿椅子來、他死了、
二十二、辛苦了你、
二十三、叫你納費心、
二十四、勞你納駕、拿椅子來、他死了、
二十五、我有事、你等一等兒、我餓了、你的東西都齊截了麼、你都弄齊截了、
二十六、我餓了、
二十七、你的東西都齊截了麼、
二十八、你都弄齊截了、
二十九、我怪餓的、跟我一塊兒去、尊大人痊愈了麼、來這兒玩兒、
三十、跟我一塊兒去、
三十一、尊大人痊愈了麼、
三十二、來這兒玩兒、
三十三、我丟了書了、你想去經管去、倆都好、你追不上我、他認識字麼、
三十四、你想去經管去、
三十五、倆都好、
三十六、你追不上我、他認識字麼、
三十七、這是甚麼做的、我指頭痛、起來讓我過去、你怎麼知道、我一個官板兒都沒有、
三十八、我指頭痛、
三十九、起來讓我過去、
四十、你怎麼知道、我一個官板兒都沒有、
四十一、別搓磨他

方名北字知道邊面冷住跟說罷過出情把

一 東南西北是四方的名兒、

二 他的名字叫甚麼、那個東西叫甚麼名兒、這叫甚麼、

三 你知道不知道、我不知道、叫他來你可以不可以、可以、

四 他是東邊兒來的、

五 他往北去、房子的北面兒很冷、房子的四面兒分東南西北、他明兒個回來、

六 今兒為甚麼不來、沒甚麼、不知道他、他同我在一塊兒住、他跟我這麼說、

七 你和我說罷、他和你還沒說麼、都說過了、還要說甚麼、這是可以不用說、

八 那個是說不來的、這是說得來的、那是說不出來的、那都是做不來的事情

九 那還是做不到的事、把他拿出來、他是拿不出來的、把那東西都拿出去罷、

十 都拿出去了、拿到那兒呢、拿到南邊兒那一塊兒了、都在那兒拿過去了、

15 登瀛篇

來、去、叫、往、甚麼、還、買、東西、南、明、繞、回、肯、常、塊、和、火輪船、拿、給、自己、到、誰、等、可以、在、呢

他來、我去、你往那兒去、我往他那兒去、他為甚麼到逗見來、他還沒來、他到逗見來做甚麼、他來做甚麼、他來買東西、他是要往南去、明年纔回來、他不肯回去、常來常去、來來往往的、同來同去、常在一塊兒、我和他有來往、有火輪船來往、我沒錢給他、你有錢給我麼、他拿錢給我、他拿到那兒去、他的錢是誰拿了去、他的錢他拿了去了、他自己拿了去了、拿給他的兒子去了、這個錢是他拿來給我的、這個錢拿給我來、拿去給他、那錢不要給他、拿給我好了是不是、我不肯拿給你、為甚麼不肯拿給我呢、這錢是我十分要的、這個他不肯拿來、他很要拿了去、等他來到纔可以拿去

聲調篇 章八

認識 知道 冷熱 久話 句寶 敢說 耳聽 合難 氣燙 火燒 肉指 身看見 自己 樣探

一、你認識這個人麼、
二、早就認識他、
三、他認識字麼、
四、那我不知道、這是甚麼道理、
五、認識他好久了、那兒不知道呢、
六、我說的是老實話、拿着假話當真話、聽不出假話真話來、這真假十分難分、
七、我說的是真話、一句假話我實在不敢說、
八、話有聽得入耳的、有聽不入耳的、你說的話我很聽得入耳、聽着十分合我意
九、沒道理的話、千萬別聽、
十、天氣很冷、不冷不熱的、那水不該太熱、太熱就燙、
十一、這塊肉燒好了、他那個房子昨見燒了、他的指頭叫火燒了、都叫熱水燙了、
十二、這句話、早就聽見人家說的了、這句話久有人家說過了、是我天天見聽見的、
十三、我自己看見過了罷、好久有人這麼說、探他那個人的口氣兒、是怎麼樣見聽說、

登瀛篇

一、好幾天喫不得飯，弄了甚麼好菜，他總不肯喫，喝得不過是一點兒水，就算了。

二、幾喫喝飯弄應當充平常能會肯總連酒帶茶醉碗盃完剔兵打仗眞假

三、連酒帶茶都不想喝。

四、平常醉了不能辦事，應當不喝這麼多。

五、前兒個喝了幾十盃酒喝醉了。

六、他比我少喝了幾盃酒，連喝了多少。

七、今兒個，不過喝了一碗茶，飯還沒喫完，先叫他喝酒來，應字當該字，充字當當字，當就是應當該當多用的就是應該這兩個字。

八、我們有的不過是家常飯，這菜弄得好得很，沒喫完飯。

九、帶了我兒子來喫飯。

十、人當兵應該打仗，打仗就是他的應分應當的事分外的事情，也有應當做的，假充兵，就不會做兵的事，下一回應該不用他罷。

十一、他甚麼都不理會，別拿眞的當假的，總不能把假的充眞的，這酒喝得來麼。

章七

章六

意思想叫最些徽點天地方屋田土上下塊買賣辦理種也罷蓋舖字和彼此相水

一、他的意思是叫我來、我想叫他買塊地、買了是有種田的意思、也不是罷

五、他想蓋房子、有心開舖子做買賣、買字和賣字些微的不同、有一點兒不同、

九、我買得這個東西是最好的、你買得是甚麼、他上天賣給我的那個你不要麼、

十三、好纔要買、不好就不必買、他買了來得比我賣的大不相同、你我彼此相好、

十七、那田上年種過甚麼菜、他的田土不多甚麼都不要種、這兒的水土我也不服、

十九、屋子裏頭是土地、這個地土種不得花兒、多用點兒工就好了、上天、天下、

二十一、地方兒不論大小還要蓋房子、我在那兒有點兒事情辦、他給我辦事好得很、

二十七、有事叫我給他辦理、有情有理的那兒不辦、沒情沒理的十分辦不得那件事、

五　東西兄弟拿給出入把先後擱令過到還早纔收剛必定呢去走進門往就回
十　
十五
一　我家兄拿逗個東西來、把這個擱在那兒、你的令弟拿了來了麼、拿過來了
十二
十四
五　還沒拿來、拿給你的令兄、早給過了、他先前不要、後來纔收、他剛纔來、
十三
十　
他到必定要錢、還沒到呢、老早的到了、你是到那兒去、你出去往那兒去、
十六
十七
他那個門口兒出來進去的人多、我不十分多出門、剛纔進門兒就把他殺了、
十八
十九
剛剛兒拿到的、那個東西還要擱在這兒、先前還有在那兒擱過的、從前有的
二十
廿一
後來沒有、先有後沒有、他們倆、出入不同、那個小東西兒、甚麼都不入門兒、
廿二
廿三
我出門的時候襲見不舒服、他是為甚麼不服、他老早的出去了、還沒有回來、
廿四
廿五
他們家裡的弟兄們、還有三四個人、那個東西都收了、他還沒有出來收錢呢、

登瀛　章五

章四

一、一二兩倆三四五六七八九十百千萬零候數內外國家件間算從前往來近遠情

二、這兩間房子、從前有四個人住着、那是古來的事情、

三、頭裡有兩個人來、新來的人有三萬零三百、

四、我們倆在這兒算算數兒、

五、有多少間房子、都有一千間、有八百多間、都是外國人住着的、家裡沒人

六、近來來的人多、他是甚麼時候兒來的、你是前年來的、我從前住得遠得很、

七、國家要用的錢都不少、這間是有人家住着、不分遠近都要往前來、是不是、

八、我在內你在外、分兩個人的事情、房裡家裡同不同、沒有甚麼不同倆都是、

九、那兒的兩萬人都該殺咸、一個都不要殺、這件事很是、我這個算不了數兒、

十、算的是十九萬八千七百六十五兩零三分二分、三四分有的、七兩零八分銀、

登瀛篇

一 新舊古今父母孩親戚園花菜裡頭甚麼怎享福舒服各口章程開些音在住着時

二 各口新開的章程、少有不同的、

三 我的父母不在了、他的父親、是在花園裡頭住着、

四 舊住的那個房子比這個房子高、古時候兒有人在這兒做菜園、有甚麼事麼、

五 這兒的菜為甚麼這麼多、我要的是這麼着、人在那兒住着享福得了不得、

六 我在那兒舒服得很、我們的這個口音不同、你的母親有病麼、病是有很重

七 他的小孩子都殺了、他的父母、在那兒住着、他是在我那兒住着、這兒人少

八 分人的口音都是不同、都要分開、花兒有菜沒有、你不要開口、開不得口

九 我那舊房子比這新的大、古今都有、那古人比着今人善、他那個人我不服

十 為甚麼不服他、他要我親戚住的那個房子、不論怎麼是我心裡頭、都不舒服

章二

得高低矮用工懶惰善惡雅俗忠奸比太房做事十分很論歹都要緊爲臣該殺心

一、他比我高、
二、我沒他矮、
三、你這房子太低、
四、他做事懶惰的了不得、他十分用工、
五、
六、用錢很多、
七、不分善惡、
八、不論好歹都要、爲臣是要忠、奸臣該殺、有心爲善
九、
十、
十一、他是惡人、人有雅俗、他那房子很高、你很懶惰、這個人太矮、不做歹事
十二、
十三、
十四、歹事是不好做的、這是很要緊的、要這個好、分他的大小高低好歹都該分
十五、
十六、這房子有多高、不大高、不很低
十七、
十八、
十九、十個人都殺了、善人都該用、那個矮子不好殺、你這個奸心太很的了不得
二十、
二十一、
二十二、
二十三、他是個懶惰的十分不用心做事、他爲人做事比人忠、十分是都好的了不得
二十四、
二十五、
二十六、
二十七、雅俗都有、俗人太多、雅人很少、他該錢不少、該人的錢不論多少都要了
二十八、

我你他們這那個是不沒有同好大小老少輕重窮富銀錢乏病人兒子年紀的了

一、他好不好，二、這個輕，三、那個重，四、你的錢多，五、我的銀子不少，六、他那個人

七、是個有年紀的，八、你們這個年輕的沒錢，九、少年富老年窮，十、老少不同，十一、我有病

十二、他乏了，十三、兒子有大小，十四、他的大兒子沒了，十五、你的小兒子年紀多大、有錢沒有，

十六、錢是有了，十七、你有我沒有，他們是有錢的，人是沒錢的多，好大

十八、病好不了，十九、我的小兒子病好了，二十、他的病重，二十一、他那個人不是，他富我窮，這是你的不是，我沒

二十二、你們的這個有了，我沒有他的好，他那個是年紀大的，老的有

二十三、這是那不是、那個是個老的、這個是個老的、那個是那個老的，

二十四、人不大老，他的病不大重，他的銀子錢是有了，銀子錢他是有的，我乏了，

嚆矢也刊成於上海官舍因書其首

降生一千八百六十年四月初七日英國威

妥瑪序

論語子所雅言舊說謂雅言猶後世之官話古者有瞽史大行人聽聲音諭書名之掌後世但以京師士大夫所習之語言為官話直省之方言不得並焉入官者非先能官話則翻譅而跆於辭予

奉
命來中土職兼教習繙譯事務因與龐君龍田以官話設為問答筆之於篇又為登瀛篇是二編也誠後學之舌人翻譯之

登瀛篇 庚申年鐫

Teng ying pien.
Easy sentences in mandarin.

登瀛篇（一八六〇、オーストラリア国立図書館蔵）

［編著者略歴］

内田　慶市（うちだ　けいいち）

　1951年福井県生まれ。関西大学外国語学部、東アジア文化研究科教授。博士（文学）、博士（文化交渉学）。専攻は中国語学、文化交渉学。主著に『近代における東西言語文化接触の研究』（関西大学出版部、2001）、『遐邇貫珍の研究』（沈国威、松浦章氏との共著、関西大学出版部、2004）、『19世紀中国語の諸相──周縁資料（欧米・日本・琉球・朝鮮）からのアプローチ』（沈国威氏との共編、雄松堂出版、2007）、『文化交渉学と言語接触──中国言語学における周縁からのアプローチ』（関西大学出版部、2010）、『漢訳イソップ集』（ユニウス、2014）などがある。

氷野　歩（ひの　あゆみ）

　関西大学東西学術研究所非常勤研究員。関西大学大学院文学研究科博士後期課程修了。博士（文化交渉学）。専門は中国語学および中国語教育史。論文に『語言自邇集』成立過程における語彙の変遷──旗人語"阿哥"を中心に」（『関西大学　中国文学会紀要』第32号、2011）、著書に『清代民國漢語文獻目録』遠藤光暁・竹越孝・氷野善寛氏らとの共編著、2011、學古房）などがある。

宋　桔（Song Ju）

　1983年中国浙江桐庐出生。复旦大学国际文化交流学院讲师，博士（文学）。专攻中国语言学史、近代汉语、汉语国际教育史。主要研究成果有《〈语言自迩集〉的汉语语法研究》（复旦大学出版社，2014）、《〈马氏文通〉前西人的汉语量词研究》（《语言研究》2014年第4期）、《〈自迩集〉诸版本及其双语同时语料价值》（《语言教学与研究》2013年第1期）、《浅析早期中华书局英文部编小型英汉词典》（收入《中华书局与中国近现代文化》，（上海人民出版社2013年）等。

文化交渉学と言語接触研究・資料叢刊 4
語言自邇集の研究

2015 年 2 月 28 日　初版発行

編著者：内田慶市　氷野歩　宋桔
発行所：関西大学アジア文化研究センター
　　　〒564-8680 大阪府吹田市山手町 3 丁目 3 番 35 号

発売元：株式会社 好文出版
　　　〒162-0041 東京都新宿区早稲田鶴巻町 540 林ビル 3F
　　　Tel.03-5273-2739　Fax.03-5273-2740
　　　http://www.kohbun.co.jp/

印刷所：株式会社 遊文舎

ⓒ2015 Keiichi UCHIDA, Ayumi HINO, Ju SONG　Printed in Japan ISBN978-4-87220-187-1

本書の一部または全部を著作権法の定める範囲を超えて、無断で複製・転載することを禁じます。乱丁落丁の際はお取り替えいたしますので、発売元好文出版宛にお送りください。
定価はカバーに表示されています。